2025

스포츠지도사 2급 필기

스포츠윤리

단원별 출제빈도 분석

단원	2015 (전문)	2015 (생활)	2016	2017	2018	2019	2020	2021	2022	2023	2024	누계 (개)	출제율 (%)
제1장 스포츠와 윤리	4	6	3	6	7	10	7	11	9	7	10	80	36
제2장 경쟁과 페어플레이	1	2	3	6	5	2	3	4	2	3	3	34	16
제3장 스포츠와 불평등	3	1	3	3	2	1	4	2	1	3	2	25	11.5
제4장 스포츠에서 환경과 동물윤리	1	1	2	2	1	2	2		1		2	14	6.5
제5장 스포츠와 폭력	3	4	2	1	1	1	1	1	2	1	1	18	8
제6장 경기력 향상과 공정성	3	1	3	1	1	1	2	1	1	4	1	19	8.5
제7장 스포츠와 인권	2	3			1	2			2		1	11	5
제8장 스포츠조직과 윤리	3	2	4	1	2	1	1	1	2	2		19	8.5
합계	20	20	20	20	20	20	20	20	20	20	20	220	100

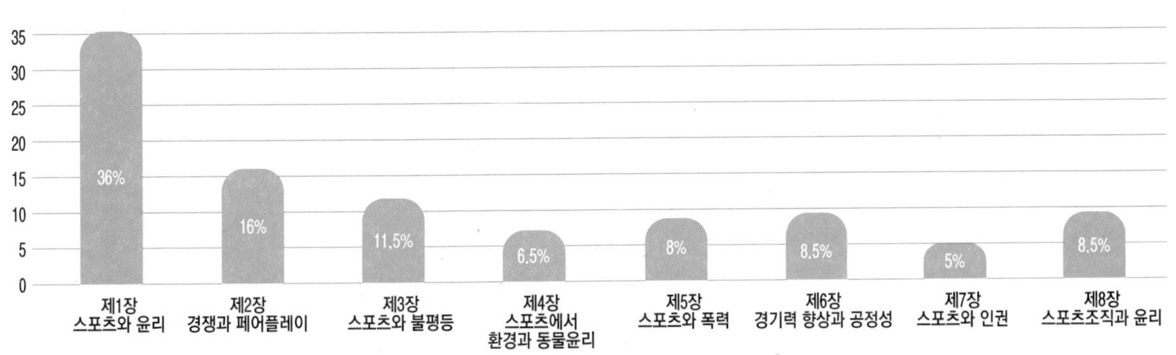

단원별 출제비율 그래프

스포츠와 윤리

도덕, 윤리, 법의 차이

도덕	모든 인간이 지켜야 할 공통적인 규범과 도리를 뜻하고, 스스로 알아서 실천하는 행위에 중점을 둔다.
윤리	한 인간이 집단 안에서 조화로운 생활을 영위하기 위해 서로 지켜야 할 도리를 뜻하고, 실천하지 않으면 다른 사람들로부터 비난을 받는다.
법	법은 반드시 지켜야 하고, 지키지 않으면 강제적으로 지키게 만들거나 처벌받는다.
도덕과 윤리	도덕은 만인이 다 지켜야 할 보편적인 도리인 데 비하여 윤리는 특정한 사람이 지켜야 할 도리이다. 예를 들어 의사로서의 직업윤리는 의사가 지켜야 할 윤리이다.

사실판단과 가치판단의 차이

사실판단은 있는 그대로의 사실을 객관적으로 판단하는 것이고, 가치판단은 어떤 기준 혹은 규범에 비추어서 옳고 그름을 판단하는 것이다. 그러므로 윤리학은 가치판단에 근거하여 옳은 것을 제시하는 학문이다.

가치판단의 종류에는 사리분별적 가치판단, 미적 가치판단, 도덕적 가치판단이 있다.

사실판단과 가치판단

사실판단	가치판단
관찰 · 과학적 또는 역사적 탐구와 같은 객관적인 사실을 근거로 진위를 밝힘.	좋고/나쁨, 옳고/그름, 아름다움/추함 등 주관적 가치를 근거로 당위성을 밝힘.

스포츠윤리의 목적과 필요성

스포츠세계나 일반세계는 규칙에 정해져 있는 벌칙에 의해서 질서가 유지되는 것이 아니라 법과 규칙을 지키려고 하는 정신에 의해서 유지되는 것이다. 정신은 법이나 규칙으로 강제되는 것이 아니라 도덕과 윤리에 의해서 함양되는 것이다. 만약 스포츠윤리가 없이 벌칙으로만 옳지 못한 행위를 규제하려고 한다면 경기는 할 수 없고 규칙만 외우다가 끝나고 말 것이다.

☞ 스포츠윤리의 목적 : 스포츠인의 도덕적 자율성(moral autonomy) 함양.
도덕적 자율성은 자신의 생활을 영위하거나 타인의 행위를 평가할 때 외부의 권력이나 명령에 따르지 않고 스스로 획득한 원리를 따르는 것이다. 다시 말하면 스포츠산업의 성장 이면에는 스포츠인들에게 도덕적 자율성을 함양시켜 스포츠상황에서 발생하는 다양하고 복잡한 윤리적 문제를 분석하고 가장 바람직한 방식으로 해결할 수 있는 능력을 기르는 것이다.

☞ 스포츠 윤리의 필요성 : 승리 추구로 인한 비윤리적인 사건의 지속적인 발생이 뒤따르고 있으

므로, 스포츠현장에서 윤리의 필요성이 강조되고 있다.

스포츠윤리의 문제

- 경기장 내
  - ⑧ 의도적인 반칙을 어디까지 허용할 것인가?
  - ⑧ 심판의 판정오류는 어떻게 줄일 것인가?
- 경기장 밖
  - ⑧ 테러리스트의 문제
  - ⑧ 도핑 문제
  - ⑧ 스포츠도박과 승부조작의 문제
  - ⑧ 기타 : 성 문제, 환경 문제, 인종차별 문제, 동물윤리 문제
- 스포츠윤리는 정해져 있는 것이 아니라 스포츠참가자 전체의 뜻에 따라서 더 좋은 경기를 수행할 수 있는 방향으로 꾸준히 새롭게 창조되어 가고 있다.

윤리이론

윤리적인 상황의 파악과 인식, 도덕적 갈등의 해소를 위해서 윤리이론이 필요하다.

1 목적론적(결과론적) 윤리

어떤 행위의 결과에 따라서 가치를 판단하는 윤리체계이다.

예 : 상대 팀의 중심 타자에게 빈볼을 던진 투수의 행동은 옳은가?

우리 팀의 많은 선수들의 사기를 올렸으므로 옳다고 판단한다. 공리주의라고도 한다.

내용	» 인간이 추구해야 할 어떤 궁극적인 목적이 있음을 전제로 함. » 최선의 결과를 가져오는 행위, 결과적으로 행복을 가져오는 행위가 선하고 옳은 행위임. » 궁극적인 목적은 넓은 의미로는 행복이고, 좁은 의미로는 쾌락임. » 감각적 경험과 행복한 삶을 중시하고, 목적의 성취와 일의 효용성 강조. » 행복과 의무가 충돌할 경우 목적론자는 행복을 선택하게 됨.
단점	» 목적이 모든 수단을 정당화시킴. » 목적달성을 위해서는 수단과 방법을 가리지 않아도 된다는 위험성이 있음. » 행위의 결과를 정확하게 예측할 수 없기 때문에 행위를 할 당시에는 옳고 그름을 판단할 수 없음. » 배분적 정의를 고려하지 못함.

2 의무론적 윤리

어떤 행위가 도덕적인 규칙에 맞느냐 어긋나느냐에 따라서 가치를 판단하는 윤리체계이다.

예 : 상대 팀의 중심 타자에게 빈볼을 던진 투수의 행동은 도덕적인 규칙에 어긋나므로 옳지 않은 행동이라고 판단한다.

도덕적인 규칙을 지키는 것을 인간의 의무라고 보는 것이다. 의무론이 옳은 경우도 있고, 결과론이 옳은 경우도 있다.

내용	» 인간이 추구해야 할 어떤 궁극적인 목적보다는 언제 어디서나 지켜야 할 행위의 근본원칙에 주목함. » 인간행위의 옳고 그름을 행위 그 자체의 옳고 그름 및 행위자의 의도와 동기로 판단함. » 도덕적 행위는 의무이기 때문에 행위의 결과에 상관없이 해야 됨. » 인간이 언제 어디서나 지켜야 할 도덕적 책무를 중시함. » 합리적 이성에 대한 신뢰를 바탕으로 의로운 삶을 중시하고, 공정한 절차와 정당한 원칙을 강조함. » 도덕적 법칙은 보편적이며 절대적임.
단점	» 수많은 도덕 규칙 중에서 어떤 것이 옳은 도덕 규칙인지를 가려 줄 기준이 모호함. 칸트는 모든 사람이 따를 수 있는 보편적인 법칙이 올바른 도덕 규칙이라고 하였지만, 보편적인 법칙을 고르는 것도 불분명함. » 규칙의 절대성을 지나치게 강조하고, 도덕 규칙에 예외를 허용하지 않으려고 함. » 칸트는 "약속을 어기고 거짓말을 하면 좀 더 유익한 결과가 생긴다."고 하더라도 규칙에 예외가 있을 수 없으므로 "약속은 지키고, 거짓말을 하면 안 된다." 고 함. 그러나 예외 없는 규칙은 있을 수 없을 뿐만 아니라 공리주의 입장에서 보면 옳지 않은 행위가 됨, » 두 가지 도덕 법칙이 서로 대립될 경우 해결방법이 없음.

3 덕론적 윤리

어떤 행위를 한 사람의 덕성 판단을 중시한다. 즉 미덕을 행하는 것은 옳은 것이고, 악덕을 행하는 것은 그른 것이다. 책임, 정직, 충성, 신뢰, 공정, 배려, 신뢰 등이 미덕에 해당된다.

예 : 빈볼을 던지는 행위는 미덕인가? 악덕인가? 판단이 어렵다.

가치판단에 서로 충돌이 생겼을 때는 윤리적 상황에 실제로 직면하고 있는 '당사자의 관점'에서 '창의적인 중도' 방법으로 해결책을 찾는 것이 가장 현명하다.

내용	» 이상적인 인격모델을 제시하고, 도덕적 탁월성을 실현할 수 있다고 봄. » 윤리의 실천 가능성을 높이고, 대인관계에서 도덕적 행동 실천을 위한 구체적인 동기를 제공함. » 스스로 도덕적 행동을 할 수 있도록 격려하고, 도덕공동체를 지향하게 함. » 새로운 공동체를 만들고 공동체에서 살 수 있도록 하는 덕의 육성을 강조함.

단점	» 상대주의의 위험성 : 덕은 특정 사회의 전통이나 문화와 밀접한 관련이 있어 보편성을 확보하기 쉽지 않음. » 판단의 불확정성 : 유연한 도덕적 판단 때문에 때로는 판단의 불확정성을 동반할 수도 있음. » 주관적 요소 : 행위자 중심으로 도덕적 판단을 하면 주관적인 요소가 개입될 수도 있음. » 우연적 요소 : 덕을 구비하는 것은 자신의 의지 · 노력에 환경적인 요소도 필요함.

동양의 윤리사상

1 유교

인간의 본성에 순응하면 선(善)이고, 거역하면 악(惡)이다.

▶ 공자

공자는 "백성을 강제적으로 다스리려고 하면 안 되고, 통치자가 도덕적 수양을 쌓아서 백성에게 감동과 감화를 주어 순화시키면 백성들이 저절로 그를 향하여 모일 것"이라는 도덕정치를 주장하였다.

▶ 맹자

인간에게는 선천적으로 선(善)이 내재되어 있으므로, 그 선을 적극적으로 끌어내면 인(仁)에 의한 도덕정치가 가능하게 된다는 성선설을 주장하였다.

ⓐ 맹자의 4단(四端)

* 측은지심(惻隱之心 : 남의 불행을 불쌍히 여기는 마음)은 인지단(仁之端)
* 수오지심(羞惡之心 : 자기의 옳지 못함을 부끄러워 하고, 남의 옳지 못함을 미워하는 마음)은 의지단(義之端)
* 사양지심(辭讓之心 : 겸손한 마음으로 받지 않거나, 남에게 양보하는 마음)은 예지단(禮之端)
* 시비지심(是非之心 : 옳고그름(시비)을 가릴 줄 아는 마음)은 지지단(智之端)

ⓐ 맹자의 7정 : 희(喜), 노(怒), 애(哀), 구(懼), 애(愛), 오(惡), 욕(欲)

▶ 순자

인간의 본성에는 탐욕과 부정이 내재되어 있다고 하는 성악설을 주장하였다.

2 묵가사상

☞ 겸애(兼愛) : 보편적인 사랑, 전체를 사랑함, 조건 없는 사랑을 의미한다.

☞ 천지(天志) : 하느님의 뜻을 의미한다. 묵자는 하느님이 겸애하시며, 또한 인간이 겸애하기를 바란다고 하면서 겸애를 하면 하느님이 상을 주고, 하지 않으면 벌을 준다고 하였다.

☞ 상동(尙同) : 위와 같아짐을 이미한다. 아랫사람은 반드시 윗사람의 명령을 따라야 하고, 윗사람은 반드시 아랫사람들에게 겸애를 해야 한다.

☞ 상현(尙賢) : 현명한 사람(현자)을 높이는 것, 즉 현자를 윗사람으로 추대하는 것을 의미한다.

☞ 절용(節用)과 절장(節葬) : 물자의 쓰임새를 절약하고, 장례와 제사를 최소화하는 것을 의미한다.

3 법가사상

한비자는 순자의 성악설을 근거로 인간성의 회복과 사회의 안녕을 위해서는 인간의 본성에 내재되어 있는 악을 제거해 나갈 수밖에 없다고 보았다.

4 도가사상

도가사상(道家思想)은 노자(老子)가 창시하고, 장자(莊子)에 의해서 완성되었기 때문에 노장사상이라고도 한다. 도가에서는 "천지만물과 세상의 모든 존재는 도(道)에서 비롯된다."고 본다.

노자는 상선약수(上善若水)라 하여 "세상에서 가장 으뜸 되는 선(善)은 물과 같이 사는 것이다."라고 가르쳤다.

선과 악

도덕(윤리)은 사회 유지에 필요한 규율이기 때문에 '옳고-그름(善-惡, good and evil)'을 반드시 구별해야 한다. 일반적으로 사회가 도덕적 가치로 인정하면서 그것의 확대를 추진하는 것을 선이라 하고, 그 반대를 악이라고 한다.

1 선과 악의 평가 기준

☞ 관념론자들 : 선·악을 시대나 사회 상태를 초월한 영원한 것이라고 규정한다.

☞ 중세 : (종교적 입장에서) 율법의 준수를 선이라 하면서 선을 신적이고 초월적인 것으로 규정하였다.

☞ 칸트 : (의무론적인 입장에서) 인간에게 내재되어 있는 도덕법에 일치하는 것에서 선을 발견해야 한다고 하였다.

☞ 유물론 : 인간의 쾌·불쾌를 기준으로 선과 악을 구별하려고 하였다.

☞ 엥겔스(Engels, F.) : 사회의 발전이 요구하는 행위를 하는 것이 선이고, 그것에 반하는 것이 악이라고 하였다.

☞ 성리학 : 사람의 인성은 인(仁)·의(義)·예(禮)·지(智)에 의한 본연의 성(性)과, 본연의 성을 흐리게 하여 변형을 초래하는 기질의 성으로 구성된다고 본다.

2 선과 악에 관한 사상들

☞ 초기 그리스 철학자 : 악이란 참으로 악이 아니라 다른 종류의 선이요, 선 전체를 위해서 필요한 일부분이다.

☞ 소피스트(Sophist) : 인간은 각자 무엇이 선이고, 무엇이 악인지 스스로 결정할 권리를 가지고 있다.

☞ 소크라테스(Socrates) : 지혜가 최고의 선이다. 무엇이 옳은가를 아는 사람은 옳은 것을 행한다.

☞ 플라톤(Plato) : 감각의 세계는 악의 세계이고, 이데아의 세계는 선의 세계이다.

☞ 아리스토텔레스(Aristoteles) : 제각기 가지고 있는 재능과 능력을 완전히 실현하는 자기실현이 최고의 선이다.

☞ 에피쿠로스학파 : 모든 인간 활동의 목적은 쾌락이며, 행복은 모든 것 가운데 최고의 선이다.

☞ 스토아학파 : 최고의 선은 세계와 조화롭게 행동하는 데에 있다.

☞ 그리스종교사상가 : 신은 모든 선의 근원이며, 물질은 모든 악의 근원이다.

☞ 아우구스티누스(Augustinus) : 세계에 있는 모든 것은 선하다. 악이란 상대적이고, 선의 결핍이다.

☞ 홉즈(Hobbes) : 인간을 즐겁게 하는 것은 선이고, 고통이나 괴로움의 원인이 되는 것은 악이다.

☞ 로크(Locke) : 행복을 가져오는 것이 선이고, 고통을 초래하는 것이 악이다.

☞ 라이프니츠(Leibniz) : 인간의 영혼 속에는 선과 악의 표준에 이르는 어떤 생득적(선천적) 원칙들이 있다. 이 원칙에서 선한 행위와 악한 행위를 추론할 수 있다.

☞ 칸트(Kant) : 선한 의도를 가지고 도덕법칙을 존경하는 마음에서 한 행위는 선한 것이다. 행위의 결과가 선·악을 결정짓는 것이 아니다.

▶칸트(Kant)의 도덕 법칙

* 칸트는 "순수이성비판"에서 학문적 지식의 확장 정도를 밝히고, 이를 통해 자연에 대한 보편적·필연적인 지식의 한계를 밝혔다.
* 칸트는 당위의 세계를 '있어야 할 세계', 즉 도덕의 세계, 가치의 세계로 보고, 인간은 이성적 존재자로 실천적인 도덕의 세계에서 살아가고 있다고 하였다.
* 칸트는 사람은 도덕적 의지를 추구하므로 다른 이성체계인 실천이성을 가지고 있다고 하였다.
* 행위의 결과 또는 목적과 관계없이 행위만으로도 도덕적 가치를 가지고 있다(정언적 명령).

☞ 피히테(Fichte) : 도덕성이나 선은 단 한 번에 성취할 수 있는 상태가 아니라 모든 상황에서 도덕 법칙에 부응하도록 행동하기 위한 지적(知的)인 노력이다.

☞ 밀(Mill), 벤담(Bentham) : 최대다수의 최대행복이 선의 척도이다.

☞ 스펜서(Spencer) : 개인을 위해, 함께 살고 있는 사람들을 위해, 그리고 뒤에 올 사람들을 위해 삶을 풍요롭게 만들어주는 것이 최선의 행위이다.

☞ 제임스(James), 듀이(Dewey) : 집단과 그 집단 안에 있는 개인의 목적에 이바지하는 것이 선이다.

☞ 중용(中庸) : 하늘에서 내리는 명령을 선이라 한다.

☞ 주역(周易) : 음과 양의 조화에 따라 만물이 생성 변화하는 것이 도이고, 도를 따르는 것이 선이다.

☞ 맹자(孟子) : 현자(현명한 사람)가 하고자 할 만한 것이 선이다.

☞ 이이(李珥) : 인성의 자연스러운 발현이 선이고, 마음속에서 비교 계산하여 사사로움에 기울어진 것이 악이다.

윤리학의 분류

사물의 이치를 물리(物理)라고 한다면, 윤리는 인간관계의 이치이다. 영어에서 윤리의 의미를 가진 에틱스(ethics)는 '습속 또는 성격'이라는 뜻의 그리스어 에토스(ēthos)에서 유래하였고, 도덕철학(moral philosophy)이라고도 불린다.

다음은 근대 이후에 나온 여러 가지 윤리이론(기존의 전통윤리이론을 재해석한 것도 포함)이다.

1 규범윤리(normative ethics)

인간행동의 기준 또는 규범을 탐구하는 학문으로, 옳고그름을 판단하는 기준과 도덕원리 등을 알아내려고 한다.

2 메타윤리(meta ethics)

20세기 초·중반에 영미권(특히 미국)에서 집중적으로 논의되었던 윤리학의 한 갈래로 분석윤리학이라고도 한다. 가치판단이나 도덕판단 또는 도덕적 실천에는 관심이 없고, 윤리학 자체를 연구한다.

3 기술윤리(descriptive ethics)

어떤 물건을 만드는 기술(技術)이라는 뜻이 아니고, 무엇을 기록하고 설명한다는 기술(記述)이다. 도덕은 사회적 관습에서 시작되고, 도덕적 행위는 문화적 현상이므로 문화가 서로 다르더라도 어느 것이 옳고 어느 것이 그르다고 주장하지 말고 서로 이해하는 것이 중요하다고 강조하는 것이 기술윤리이다.

4 응용윤리(applied ethics)

과학기술이 급속도로 발달하면서 생겨나는 새로운 형태의 윤리적 문제(기존의 규범윤리로서는 해결할 수 없는 문제)를 해결하려고 생겨난 것이 응용윤리이다.

☞ 의료윤리……의사와 간호사 등 의료계에서 발생하는 윤리적 문제들을 다룬다.

☞ 공학윤리……공학 분야에서 발생하는 윤리적 문제들을 다룬다.

5 사회윤리(social ethics)

독일에서 미국으로 이주한 복음파 신학자 니부어(Niebuhr, Reinhold)가 제창한 사상이다.

6 환경윤리(생태철학)

독일 태생 유대인 철학자 요나스(Jonas, H.)가 『책임의 원칙』이라는 책에서 "자연을 망치면 인간의 자유도 망친다."고 하면서 인간의 책임 범위를 자연으로까지 확장한 윤리사상이다.

☞ 심정윤리와 책임윤리

베버(Weber, M.)는 직업윤리를 심정윤리와 책임윤리라는 두 가지 유형으로 분류하였다. 심정윤리는 행위자가 선한 의도에서 어떤 행위를 했다면 설령 그 행위의 결과가 나쁠지라도 행위자에겐 책임이 없다고 보는 윤리이고, 책임윤리는 선한 의도로 한 행위라도 행위자가 결과에 대한 책임을 져야 한다고 보는 윤리이다.

☞ 정의윤리와 배려윤리

이성(理性), 개별성(個別性), 공정성(公正性), 보편적 원리 등을 강조하는 것을 정의윤리라 한다.

미국의 여성 윤리학자 길리건(Gilligan, C.)과 나딩스(Noddings, N.)가 정의윤리는 여성의 도덕적 특징을 간과했다고 비판하면서 배려와 인간관계 등의 가치를 강조한 윤리사상을 배려윤리라고 한다.

정의(正義)

1 아리스토텔레스의 정의의 본질

- ☞ 평균적 정의……개인 상호간의 매매와 손해 및 배상, 범죄와 형벌 등은 '같은 것은 같은 방법으로'의 원칙에 따라 균형을 취해야 한다는 것
- ☞ 일반적 정의(법적 의무)……사회에서 개인들 간에는 권리를 서로 존중해야 하고, 개인이 국가 또는 사회의 일원으로서 국가 또는 사회에 대한 의무를 다해야 한다는 것
- ☞ 배분적 정의(실질적 평등의 원리)……사람은 각자 자신의 능력이나 사회에 공헌한 정도에 따라 다른 대우를 받아야 한다는 것

2 롤스의 정의론

롤스(Rawls, J.)는 공정한 사회를 이룩하려면 다음 2가지 기본 원칙이 선행되어야 한다고 하였다.

- ☞ 정의의 제1원리(평등한 자유의 원칙) : 모든 사람들에게 기본적인 자유를 완벽하게 누릴 수 있도록 해야 한다.
- ☞ 정의의 제2원리(차등의 원칙) : 사회적·경제적 불평등 문제는 다음 2가지 조건을 만족시킬 수 있을 때에만 정당한 불동등(不同等)으로 인정받을 수 있고, 그 불동등이 해소될 수 있도록 조정되어야 한다.
  - * 기회균등의 원칙
  - * 최소 수혜자 우선성의 원칙

3 샌델의 정의

샌델(Sandel, M. J.)은 정의로움을 판단할 수 있는 기준으로 다음의 3가지를 제시하였다.

① 사회구성원의 행복에 도움을 줄 수 있는가? - 공리주의, 최대다수의 최대행복

② 사회 구성원 각자의 자유로움을 보장할 수 있는가? - 자유주의

③ 사회에 좋은 영향을 끼칠 수 있는 미덕인가? - 공동체주의

4 여러 가지 정의

- ☞ 사회정의(social justice)
- ☞ 보상적(시정적) 정의와 분배적 정의
- ☞ 절차적 정의와 결과적 정의
- ☞ 일원론적 정의관과 다원론적 정의관

도덕성

1 도덕성의 세 가지 요소

☞ 정서적 요소……프로이드(Freud)와 같은 정신분석이론가들은 '잘못을 저질렀을 때 부끄러움이나 수치심을 느끼는 것'과 같은 도덕성의 정서적 측면을 강조하였다.

☞ 인지적 요소……피아제(Piaget)와 같은 인지발달이론가들은 '합리적이고 공정한 기준에 근거해서 도덕적인 판단을 내릴 수 있는 지적 능력', 즉 도덕성의 인지적 요소를 강조하였다.

☞ 행동적 요소……스키너(Skiner)와 같은 행동주의심리학자들은 '자신의 잘못된 행동 또는 도덕적으로 옳지 못한 행동을 수정해서 더 바람직한 행동으로 변화시키려고 하는 것'과 같은 도덕성의 행동적 요소를 강조하였다.

2 피아제의 도덕발달의 특징

피아제(Piaget)는 아동들의 도덕성은 다음 2단계로 순서적으로 발달한다고 주장하였다.

☞ 타율적(사실적) 도덕성의 단계……6~10세의 아동은 규칙과 신념에 대한 존중감이 강하고, 그것에 항상 복종해야 한다고 생각한다. 또한 규칙이란 권위적 인물이 일방적으로 부과하며 매우 신성하고 결코 변경될 수 없다고 생각한다.

☞ 자율적(상대적) 도덕성의 단계……10~11세가 되면 2번째 단계인 자율적 도덕 단계가 시작된다. 자율적 도덕성의 단계에 있는 아동들은 규칙은 사람들의 임의적인 합의에 의해서 만들어진 것이라는 것을 깨닫게 된다.

3 콜버그(Kohlberg)의 도덕발달 이론

☞ 제1수준(Pre-conventional level = 前 인습적 수준 = 前 도덕성 수준)……도덕적 선악의 개념은 있으나, 준거는 권위자의 힘이나 개인적 욕구에 관련시켜 해석한다.

* 1단계(벌과 복종의 단계)……3~7세에서 나타나는 단계이다. 복종과 처벌이 판단의 기준이 된다.
* 2단계(상대적 쾌락주의)……8~11세의 어린이에게 나타나는 단계이다. 자신의 욕구를 충족시킬 수 있는지 없는지가 도덕적 판단의 기준이 된다. 제2단계의 어린이들은 모든 사람이(어른과 아이가) 똑같은 대우를 받기를 요구한다.

☞ 제2수준(Conventional level = 인습 수준 = 타율 도덕성 수준)……자신이 속한 집단의 기대나 기준에 맞추어 행동해야 된다고 생각한다.

* 3단계(착한 아이 지향 = 개인 상호간의 동조 지향)……12~17세의 청소년에게 나타나는 단계이다.
* 4단계(사회체제와 양심 지향 = 사회질서와 권위 지향)……18~25세에 주로 나타난다.

☞ 제3수준(Post-conventional level = 後 인습적 수준 = 자율도덕성 수준)……자신의 가치관과 도덕적 원리원칙이 자신이 속한 집단과 별개의 것임을 깨닫게 되면서 개인의 양심에 근거하여 행위를 하게 된다.

* 5단계(공리성과 개인 권리의 지향 = 권리 우선과 사회계약의 단계)……일부의 사람들만이 단계에 도달하기 때문에 나이를 제시할 수 없다.

* 6단계(보편적 윤리원칙 지향)……극히 소수만이 이 단계에 도달하기 때문에 나이를 제시할 수 없다.
* 7단계(우주적 영생을 지향하는 단계)……콜버그는 말년에 7단계를 추가하였다. 도덕 문제는 도덕이나 삶 자체가 문제가 아니라 우주적 질서와의 통합이라고 보는 단계이다.

▶ 콜버그의 도덕성 발달이론의 특징

» 도덕 발달의 단계별 순서가 정해져 있어서 변하지 않고, 발달은 하지만 퇴행은 없다.

» 낮은 단계에 있는 사람은 높은 단계를 이해하지 못하지만, 높은 단계에 있는 사람은 낮은 단계를 이해할 수 있다.

» 딜레마적인 상황에 처했을 때 그것을 해결하기 위해서 인지적 구조가 재조정되는 것이 도덕성의 발달이다.

» 미국인 남성을 대상으로 콜버그의 도덕성 발달이론을 검증하는 연구를 한 결과 10~16세 소년들은 5, 6단계가 전혀 없었지만, 24세 된 성인들은 약 10%가 5, 6단계였다.

» 대부분의 성인이 3, 4단계에 머물러 있었지만, 연령 증가에 따라 5, 6단계에 도달하는 사람도 증가되었다.

4 길리건(Gilligan, C.)의 도덕성 발달이론

☞ 정의 지향……사람들이 서로 공유하는 규칙·원리·권리·의무를 지키면서 살아가고, 서로를 공정하게 대우해야 이 사회가 정의로운 사회 또는 도덕적인 사회가 된다는 사고방식(주로 남성의 도덕성)

☞ 배려 지향……사람들이 서로 간의 관계를 유지하는 것과 다른 사람의 어려움이나 심리적 고통을 덜어주려는 데에 관심을 기울여야 도덕적인 사회가 된다는 사고방식(주로 여성의 도덕성)

5 레스트(Rest)의 도덕성 4-구성요소 모형

☞ 제1요소(도덕 감수성)……도덕적인 반응을 필요로 하는 상황인지 아닌지를 지각할 수 있는 능력이다.

☞ 제2요소(도덕 판단력)……특정 행동이 도덕적으로 옳은지 그른지를 판단할 수 있는 능력이다.

☞ 제3요소(도덕 동기화)……"어떤 일에 관심이 있고, 어떤 일을 더 가치 있게 생각하느냐?"를 도덕 동기라고 한다.

☞ 제4요소(도덕적 품성, 도덕적 성격)……자신이 선택한 도덕적 행동을 실천에 옮길 수 있는 기술과 실행능력을 말한다.

필수 및 심화 문제

필수문제

01 스포츠윤리의 목적으로 적절하지 않은 것은?

① 스포츠 행위의 공정한 조건을 제시한다.
② 의도적 반칙에 대한 정당화의 근거를 제시한다.
③ 스포츠를 통한 도덕적 자질과 인격 함양을 추구한다.
④ 스포츠맨십, 페어플레이 등 스포츠윤리 규범을 통한 바람직한 공동체의 모습을 제시한다.

■ **스포츠윤리의 목적**
· 스포츠인의 도덕적 자율성 함양
· 스포츠 행위의 공정한 조건 제시
· 스포츠윤리규범을 통한 바람직한 공동체의 모습 제시

심화문제

02 스포츠윤리의 특징으로 적절하지 않은 것은?(2024)

① 스포츠 경쟁의 윤리적 기준이다.
② 올바른 스포츠 경기의 방향이 된다.
③ 보편적 윤리로는 다룰 수 없는 독자성이 었다.
④ 스포츠인의 행위, 실천의 기준이다.

■ 위 문제 참조.

필수문제

03 보기에서 스포츠윤리의 역할로 적절한 것으로만 고른 것은?

보기
㉠ 스포츠 상황에서 행동의 옳고그름을 판단할 수 있는 원리 탐구
㉡ 스포츠 현상을 사실적으로 기술하는 방법 탐구
㉢ 스포츠 현상의 미학적 탐구
㉣ 윤리적 원리와 도덕적 덕목에 기초하여 스포츠인에게 요구되는 행위 탐구

① ㉠, ㉡ ② ㉠, ㉣ ③ ㉡, ㉢ ④ ㉡, ㉣

■ ㉡ : 사실판단에 관한 설명임.
■ ㉢ : 가치판단에 관한 설명임.

심화문제

04 현대스포츠에서 발생하는 윤리적 문제의 원인에 대한 해결방안으로 바른 것은?

① 승리를 최우선 목적으로 설정
② 권위주의 기반의 상하 교육체계
③ 스포츠 경기를 위한 전술 훈련
④ 인간성 회복과 감성의 스포츠 교육

■ ①~③은 윤리적인 문제와는 관련이 없다.

정답 01 : ②, 02 : ③, 03 : ②, 04 : ④

05 스포츠윤리의 실천과제로 적당하지 않은 것은?

① 스포츠윤리 의식의 패러다임 전환 ② 우수선수의 연금 수혜에 대한 과제
③ 스포츠행위자에 대한 법적 과제 ④ 스포츠윤리강령 제정 및 조정시스템 구축

■ 우수선수의 연금 수혜는 스포츠윤리의 실천과제가 아니다.

06 스포츠 행위에서 '윤리적 비난'의 대상이 아닌 것은?

① 폭력행위 ② 약물복용
③ 부정행위 ④ 체중감량

■ 체중감량은 스포츠 행위에서 윤리적 비난 대상이 될 수 없다.

필수문제

07 보기의 괄호에 들어갈 용어로 알맞은 것은?

보기
스포츠윤리 교육의 목적은 스포츠인의 도덕적 (   ) 함양이라고 할 수 있다. 도덕적 (   )이란 "도덕적 문제에 대한 비판적, 독립적인 사고를 바탕으로 스포츠 상황에 적용하는 능력"을 의미한다.

① 민감성 ② 자율성 ③ 우월성 ④ 존엄성

■ 스포츠윤리의 궁극적 목적은 스포츠인의 **도덕적 자율성 함양**에 있다. 도덕적 자율성은 도덕적인 문제에 대해 비판적이고 독립적인 사고와 이러한 독립적 사고를 스포츠 상황에서 발생하는 도덕적 상황에 적용하는 능력이다.

심화문제

08 스포츠윤리에 관한 설명으로 바르지 않은 것은?

① 스포츠행위 중 가장 기본적이고 상식적인 것
② 스포츠를 어떻게 해야 할 것인가에 대한 올바른 목적과 행위
③ 승리를 위한 의도적 파울 전략
④ 스포츠 현장에서 요구하는 규칙과 기본적 원리 준수

■ 승리를 위한 의도적 파울은 승리지상주의와 관련된 내용으로 스포츠의 도덕성을 훼손시키는 행위이다.

09 스포츠윤리의 독자성에 대한 설명으로 옳지 않은 것은?

① 스포츠의 문제 해결과 관련하여 법의 필요성을 강조한다.
② 경쟁의 도덕적 조건과 가치 있는 승리의 의미를 밝힌다.
③ 비도덕적 행위의 유형과 공정성의 조건을 제시한다.
④ 스포츠를 통한 도덕적 자질과 인격의 함양을 추구한다.

■ 모든 것을 법으로 해결한다면 윤리는 필요 없다.

정답 05 : ②, 06 : ④, 07 : ②, 08 : ③, 09 : ①

필수문제

10 보기에 담긴 윤리적 규범과 관련이 없는 것은?(2024)

> 보기
> 나는 운동선수로서 경기의 규칙을 숙지하고 준수하여 공정하게 시합을 한다.

① 페어플레이(fair play)
② 스포츠딜레마(sport dilemma)
③ 스포츠에토스(sport ethos)
④ 스포츠퍼슨십(sportpersonship)

■**스포츠에토스** : 에토스는 도덕성을 의미함(p. 37 참조)
■**스포츠퍼슨십** : 스포츠맨십
■**스포츠딜레마** : 딜레마는 진퇴양난, 진퇴유곡, 난제, 궁지 등을 뜻함.

심화문제

11 보기에서 A선수가 취한 윤리적 입장의 난점으로 가장 적절한 것은?

> 보기
> A선수는 마라톤 대회에 참가하여 2등으로 달리고 있던 중, 결승선 바로 앞에서 탈진하여 쓰러진 1등 선수를 발견하였다. A선수는 그 선수를 무시하고 1등을 차지할 수 있었지만, 쓰러진 선수를 돕는 것이 스포츠선수로서의 마땅한 행위라고 생각했다. 그래서 넘어진 선수를 부축하여 결승선까지 함께 도착하였으나 최종 성적은 순위권 밖으로 밀려났다.

① 인간 그 자체를 항상 목적으로 대해야 한다.
② 자연적인 경향성을 극복하고 의무를 따라야 한다.
③ 보편적 입법의 원리가 될 수 있도록 행동해야 한다.
④ 행위가 가져올 사회의 이익과 손해를 고려하여 행동해야 한다.

■결과적으로 A선수는 우승을 하지 못해서 사회적 손해를 보았다. 만약 ④를 고려했다면 결승선에 골인을 해서 우승을 한 다음에 다친 선수를 돌보았을 것이다.

12 스포츠윤리의 역할로 적절하지 않은 것은?

① 스포츠인의 행위에서 요구되는 도덕적 원리와 덕목을 고찰한다.
② 스포츠 현상에 대한 사실만을 기술한다.
③ 스포츠 상황에서 행동과 목적의 옳고 그름을 결정할 수 있는 근본원리를 탐색한다.
④ 도덕적 의미의 용어를 스포츠 환경에 적용할 때 그 기준과 방법에 대해 탐색한다.

■스포츠윤리는 스포츠 현상뿐만 아니라 인간이 갖추어야 할 기본적인 덕목도 포함한다.

정답 10 : ②, 11 : ④, 12 : ②

필수문제

13 스포츠 상황에서 도덕적 가치가 충돌할 때 바람직한 판단 방법으로 적절하지 않은 것은?

① 주어진 윤리적 상황을 다각도로 분석하는 것이 필요하다.
② 주어진 상황에 적용할 수 있는 다양한 윤리이론을 고려해본다.
③ 윤리적 상황에 직면한 행위자의 관점이 아니라 재판자의 관점에서만 판단하는 것이 바람직하다.
④ 윤리적 상황에 적용되는 도덕규칙과 결과의 공리성을 비교·분석하여 최선의 방안을 찾으려는 노력이 필요하다.

■ 재판자의 관점에서 판단하는 것은 법과 관계가 있다.

필수문제

14 보기의 설명이 옳으면 O, 틀리면 X로 표시한다고 할 때 옳은 것은?

보기
» 스포츠윤리는 스포츠라는 특수한 상황에서 요구되는 규범이나 도덕적 기준을 다룬다.(　)
» 스포츠윤리는 개인윤리, 직업윤리, 사회윤리의 요소를 모두 포함하고 있다.(　)
» 스포츠윤리는 스포츠선수의 역할이나 직업을 잘 수행하게 만드는 데 목적이 있다.(　)
» 스포츠윤리는 스포츠행위에 있어서 옳고그름의 판단기준을 제공하는 것이 목표이다.(　)

① X O X O　　② O O X X　　③ O O O X　　④ O O X O

■ 윤리는 ㅇㅇ을 잘 수행하는 것이 아니라, 옳고그름을 판단하는 것이다.

심화문제

15 스포츠에서 공격이 윤리적이어야 하는 이유의 근거로 적절하지 않은 것은?

① 타인의 탁월성 발휘를 침해하지 않아야 하기 때문이다.
② 파괴적인 것이 아니라 합리적인 방법과 전술의 개발 등 생산적이어야 하기 때문이다.
③ 공격 당사자의 본능, 감정, 의지를 폭력적인 수단에 의해 관철해야 하기 때문이다.
④ 규칙의 범위 내에서 공격과 방어의 교환이라는 소통의 구조를 가져야 하기 때문이다.

■ 공격 당사자의 본능·감정·의지를 폭력적으로 관철하는 것은 윤리적인 공격의 근거가 될 수 없음.

정답 13 : ③, 14 : ④, 15 : ③

■**도덕** : 모든 인간이 공통으로 지켜야 할 규범과 도리. 스스로 알아서 실천하는 행위에 중점을 둠.
■**윤리** : 한 집단 안에서 지켜야 할 도리이며, 실천하지 않으면 비난을 받음.

16 괄호 안에 들어갈 말을 순서대로 바르게 짝지어 놓은 것은?

> 체육교사가 배우자 명의로 배우자와 함께 술집을 운영하는 것은 (　　)으로는 문제가 되지 않을 수 있지만, 교직 (　　)으로는 문제가 될 수 있다.

① 상식적 – 도덕적　② 도덕적 – 윤리적
③ 윤리적 – 도덕적　④ 도덕적 – 상식적

■공정한 스포츠가 되려면 스포츠인의 도덕적 자율성과 제도적 강제성이 조화되어야 한다.

17 보기는 개인윤리와 사회윤리에 대한 내용이다. 괄호 안에 공통으로 들어갈 용어는?

> 보기
> 공정한 스포츠는 스포츠인의 도덕적 자율성과 (　　)의 조화에서 찾을 수 있다. 하지만 (　　)이 집중되면 조직의 감시와 통제, 억압, 착취를 받을 가능성이 높다.

① 제도적 자율성　② 개인적 존엄성
③ 개인적 정당성　④ 제도적 강제성

■**사실판단** : 객관적인 사실을 근거로 옳고 그름을 밝힘. 진위를 가릴 수 있음.
■**가치판단** : 주관적인 가치를 근거로 당위성에 근거를 둠.

필수문제

18 보기에서 ㉠, ㉡에 들어갈 용어가 바르게 연결된 것은?

> 보기
> 스포츠에서 일어나는 사건이나 현상에 대한 사유작용을 판단이라고 한다. 판단은 크게 사실판단과 가치판단으로 구분된다. 사실판단은 실제 스포츠에서 일어난 사건과 현상에 대한 진술을 말한다. 따라서 (㉠)을/를 가릴 수 있다. 이에 비해 가치판단은 옳고 그름 혹은 바람직하거나 그렇지 못한 것 등 가치에 대한 진술로 이루어진다. 가치판단은 주로 (㉡)에 근거한다.

	㉠	㉡		㉠	㉡
①	진위	당위	②	진위	허위
③	진리	상상	④	진리	선택

정답 16 : ②, 17 : ④, 18 : ①

필수문제

19 보기에서 가치판단에 해당하는 것만을 모두 고른 것은?

보기
㉠ 체조경기에서 선수들의 연기는 아름답다.
㉡ 건강을 위해서는 고지방 음식을 피해야 한다.
㉢ 시합이 끝난 후 상대방에게 인사를 하는 것은 옳은 행위이다.
㉣ 이상화는 2010년 밴쿠버동계올림픽경기대회에서 금메달을 획득하였다.

① ㉠, ㉢ ② ㉡, ㉢ ③ ㉠, ㉡, ㉢ ④ ㉠, ㉡, ㉢, ㉣

■ 가치판단 : 좋고/나쁨, 옳고/그름, 아름다움/추함과 같은 주관적 가치를 근거로 당위성을 밝히는 것.
㉠은 미적인 가치판단
㉡은 분별적인 가치판단
㉢도덕적인 가치판단
㉣은 객관적인 사실을 근거로 옳고/그름을 밝히는 사실판단임.

심화문제

20 보기의 ㉠, ㉡에 들어갈 용어는?

보기
(㉠)은 실제 사건과 현상에 대한 진술이라면, (㉡)은 마땅히 그렇게 되어야 할 것을 지시하거나 어떤 기준, 규범에 따르는 것이어야 함을 나타낸다. 예를 들면 '박태환 선수는 아시아선수권 수영대회에서 자유형 200m 대회신기록을 수립했다'는 (㉠)이고, '축구경기 중 넘어진 상대선수를 일으켜 준 박지성 선수의 행동은 매우 훌륭했다'는 (㉡)이다.

	㉠	㉡
①	사실판단,	주관판단
②	객관판단,	가치판단
③	사실판단,	가치판단
④	객관판단,	주관판단

■ 18번 문제 참조

21 스포츠윤리학의 주요 관심사인 가치판단의 형태로 적절하지 않은 것은?

① 도덕적인 것(moral values) ② 미적인 것(aesthetic values)
③ 사실적인 것(realistic values) ④ 사리분별에 관한 것(prudential values)

■ 사실판단과 가치판단에 관한 설명을 자세히 읽어볼 것.
사실적인 것은 가치판단의 형태가 아니다.

22 가치판단적 진술이 아닌 것은?

① 추신수는 정직한 선수이다. ② 페어플레이는 좋은 행위이다.
③ 감독은 선수를 체벌해서는 안 된다. ④ 김연아는 올림픽경기에서 금메달을 땄다.

■ ④는 사실판단이다.

23 가치판단의 사례로 적절하지 않은 것은?

① 선수들에게 폭력을 행사하면 안 된다.
② 스포츠 선수들의 기부는 사회적으로 긍정적인 영향을 준다.
③ 2020년 제32회 도쿄올림픽이 1년 연기되었다.
④ 피겨스케이팅 선수들의 연기는 매우 아름답다.

■ 가치판단은 어떤 기준 혹은 규범에 비추어 옳고 그름을 판단하는 것이다. 종류는 사리분별적 가치판단(①), 미적 가치판단(④), 도덕적 가치판단(②)이 있다.

정답 19 : ③, 20 : ③, 21 : ③, 22 : ④, 23 : ③

스포츠윤리

필수문제

24 셀러(M. Scheler)의 가치 서열 기준과 이를 스포츠에 적용한 사례로 연결이 적절하지 않은 것은?

■셀러는 지속성이 높고, 분할성이 작고, 기초성이 높고, 성취로 인한 만족도가 크고, 덜 상대적이며, 더 절대적이어야 가치가 높다고 하였다.

① 지속성 - 도핑으로 메달을 획득하는 것보다 지속적으로 훈련을 하여 경기에 참여하는 것이 가치가 더 높다.
② 만족의 깊이 - 자신의 실수를 인정하여 패배하는 것이 속임수를 쓰고 승리하여 메달을 획득하는 것보다 가치가 더 높다.
③ 근거성 - 올림픽 경기에서 메달 획득으로 병역 혜택을 받는 것보다 올림픽 정신을 토대로 세계적인 선수들과 정정당당하게 겨루는 것이 가치가 더 높다.
④ 분할 향유 가능성-상위 팀이 상금(몫)을 독점하는 것보다는 적더라도 보다 많은 팀이 상금(몫)을 받도록 하는 것이 가치가 더 높다.

필수문제

25 보기에서 국제축구연맹(FIFA)의 판단과정에 영향을 준 윤리 이론은?

> 보기
> 국제축구연맹은 선수의 부상 위험과 종교적인 갈등을 불러일으킬 수 있다는 이유로 경기 중 히잡(hijab) 착용을 금지했었다. 그러나 국제축구연맹 부회장인 알리빈 알 후세인은 이러한 조치가 오히려 종교적인 역차별이라는 주장을 내세우며 제도의 개선을 요구하였다. 오늘날 국제축구연맹은 히잡을 쓴 이슬람권 여성 선수의 참가를 허용하고 있다.

■도덕과 비도덕을 가르는 초문화적·초객관적 기준은 없고, 도덕이 개인 또는 문화에 따라 상대적이라는 주장이다. 즉 **윤리적 상대주의**에서 '상대주의'란 말의 뜻과 같이 상황에 따라 도덕적 행위가 비도덕적 행위로 될 수 있다는 관점이다.

① 윤리적 절대주의　② 윤리적 상대주의
③ 윤리적 의무주의　④ 윤리적 환원주의

심화문제

26 보기에서 A 투수의 판단에 영향을 준 윤리이론의 난점에 대한 설명으로 옳은 것은?

> 보기
> 보복성 빈볼을 지시받은 A 투수는 빈볼이 팀 전체에 이익을 줄 수는 있지만, 아무 잘못이 없는 상대 선수에게 위협을 가하거나 부상을 입히는 행위는 도덕적으로 옳지 않다고 판단했다.

① 결과에 의해 행위를 평가하는 까닭에 정의의 문제를 소홀히 다룰 수 있다.
② 도덕규칙 간의 갈등상황에서 실질적인 해결책을 제시하지 못할 수 있다.
③ 상식적이고 보편적인 도덕직관과 충돌하는 결론을 이끌어 낼 수 있다.
④ 자신의 쾌락추구가 선(善)이라고 해서 항상 전체의 쾌락추구도 선이라는 결론이 성립하지 않을 수 있다.

■목적론적 윤리관과 의무론적 윤리관이 충돌할 때에는 어떤 윤리이론으로도 설명할 수 없다.

정답 24 : ④, 25 : ②, 26 : ②

27 동양사상과 윤리체계에 해당하지 않는 것은?

① 유교사상 ② 불교사상 ③ 묵가사상 ④ 기독사상

■ ④는 서양의 사상이다.

스포츠윤리

필수문제

28 '도덕적 선(善)'의 의미를 내포한 것은?

① 축구 경기에서 득점과 연결되는 '좋은' 패스
② 피겨스케이팅 경기에서 고난도의 '좋은' 연기
③ 농구 경기에서 상대 속공을 차단하는 수비수의 '좋은' 반칙
④ 경기에 패배했음에도 불구하고 상대팀에게 박수를 보내는 '좋은' 매너

■ ④ 경기에 패배했음에도 상대팀에게 박수를 보내는 좋은 매너는 '도덕적 선'이다.
■ ①, ②, ③은 뛰어난 경기기술을 뜻함.

필수문제

29 보기에서 스포츠에 관한 결과론적 윤리관에 해당하는 것으로만 고른 것은?

보기
㉠ 경기에서 지더라도 경기규칙은 반드시 준수해야 한다.
㉡ 개인의 최우수선수상 수상보다 팀의 우승이 더 중요하다.
㉢ 운동선수는 훈련과정보다 경기에서 승리하는 것이 더 중요하다.
㉣ 스포츠 경기는 페어플레이를 중시하기 때문에 승리를 위한 불공정한 행위를 해서는 안된다.

① ㉠, ㉢ ② ㉠, ㉣ ③ ㉡, ㉢ ④ ㉢, ㉣

■ **결과론적(목적론적) 윤리** : 어떤 행위의결과에 따라서 가치를 판단하는 윤리체계(p. 3 참조). ㉡과 ㉢
■ ㉠ : 의무론적 윤리관
■ ㉣ : 스포츠맨십

필수문제

30 보기의 내용에 해당하는 윤리적 태도는?(2024)

보기
나는 경기에 참여할 때마다, 나의 행동 하나하나가 가능한 많은 사람이 만족하는데 기여할 수 있도록 노력한다.

① 행위 공리주의 ② 제도적 공리주의
③ 규칙 공리주의 ④ 직관적 공리주의

■ **공리주의(목적론적 윤리** : Bentham, J.과 Mill, J. S.의 사회사상
· 행위 공리주의 : 도덕적 행동의 본질을 중시하며, 특정 행동의 도덕성 평가에 중점을 둠.
· 규칙 공리주의 : 일반적인 도덕적 규칙을 중시하며, 행동의 결과보다는 규칙을 통해 도덕적 가치를 평가함.
· 제도적 공리주의 : 제도를 통해 최대다수의 최대행복을 실현하려는 공리주의.
· 직관적 공리주의 : Sidgwick, H.이 대표적이며, 보편적 행복을 목적으로 하는 최고의 원칙은 기초적인 도덕적 직관에 의존해야 한다는 주장.

정답 27 : ④, 28 : ④, 29 : ③, 30 : ①

스포츠윤리

31 보기에서 설명하는 윤리 이론으로 적절한 것은?

■ 공리주의(목적론적 윤리) : 어떤 행위의 결과에 따라서 가치를 판단하는 윤리체계

> 보기
> » 모든 스포츠인의 권리는 동등하게 보장되어야 한다.
> » 스포츠 규칙 제정은 공평성과 평등의 원칙에 근거해야 한다.
> » 선수의 행동이 좋은 결과를 얻었다면 도덕적으로 옳은 것이다.

① 공리주의 ② 의무주의 ③ 덕윤리 ④ 배려윤리

필수문제

32 보기의 축구 경기 비디오 판독(VAR)에서 심판 B의 판정 견해를 지지하는 윤리 이론에 가장 부합하는 것은?(2024)

■ 의무주의(의무론적 윤리) : Kant, I.
· 하늘이 무너져도 정의는 지켜져야 한다.
· 옳은 행위와 그른 행위를 분간하는 데에는 표준이 되는 절대로 옳은 도덕적 원칙이 있다.

> 보기
> 심판 A : 상대 선수가 부상을 입었지만 퇴장은 가혹하다.
> 심판 B : 그 선수가 충돌을 피할 수 있는 시간은 충분했다. 그러나 그는 피하려 하지 않았다. 따라서 퇴장의 처벌은 당연하다.

① 최대다수의 최대행복 ② 의무주의
③ 쾌락주의 ④ 좋음은 옳음의 근거

필수문제

33 보기의 주장과 가장 밀접한 관련이 있는 것은?(2024)

> 보기
> 스포츠 경기에서 승자의 만족도는 '1'이고, 패자의 만족도는 '0'이라고 말하는 사람이 있다. 그러나 스포츠 경기에서 양자의 만족도 합은 '0'에 가까울 수 있고, '2'에 가까울 수도 있다. 승자와 패자의 만족도가 각각 '1'에 가까울 수 있기 때문이다.

① 칸트 ② 정언명령
③ 공정시합 ④ 공리주의

■ 31번 문제 참조.

정답 31 : ①, 32 : ②, 33 : ④

필수문제

34 보기의 사례에서 나타나는 윤리적 태도와 가장 밀접한 관련이 있는 것은?(2024)

보기

선수는 윤리적 갈등을 겪을 때면, 우리 사회에서 오랫동안 본보기가 되어온 위인들을 떠올린다. 그리고 그 위인들처럼 행동 하려고 노력한다.

① 멕킨타이어(A. MacIntyre) ② 의무주의(deontology)
③ 쾌락주의(hedonism) ④ 메타윤리 (metaethics)

필수문제

35 보기에서 지영이의 윤리적 입장에 대한 설명으로 적절하지 않은 것은?

보기

상화: 스포츠윤리는 선수들이 규칙과 도덕적 원리만 따르면 확립될 수 있다고 생각해.

지영: 아니야. 나는 스포츠윤리에서 중요한 것은 도덕적 원리가 아니라 행위자의 내면적 품성과 도덕적 행위의 실천이라고 생각해.

① 행위의 주체보다는 행위 자체에 초점을 맞추고 있다.
② 인간에게 내재되어 있는 감정을 도덕적 동기로 인정한다.
③ '무엇을 해야 하는가'보다 '어떻게 살아야 하는가'가 중요하다.
④ 인간 내면에 있는 도덕성의 근원과 개인의 인성을 중요시한다.

필수문제

36 보기에서 의무론적 도덕 추론에 해당하는 것을 바르게 고른 것은?

보기

㉠ 의무론적 도덕 추론은 정언적 도덕 추론이라고도 한다.
㉡ 행위의 결과에 상관없이 절대적인 도덕규칙에 따라 판단을 내린다.
㉢ 행위를 함에 있어 유용성의 원리, 공평성의 원리 등이 적용된다.
㉣ 행위에 있어 선 의지가 중요하며, 목적은 수단을 정당화할 수 없다.
㉤ 행위의 옳고 그름은 그 행위로 인해 발생하는 결과에 따라 결정된다.

① ㉠, ㉡, ㉢ ② ㉡, ㉢, ㉤ ③ ㉠, ㉡, ㉣ ④ ㉠, ㉢, ㉤

정답 34 : ①, 35 : ①, 36 : ③

■ 보기는 "행위자의 덕(품성)에 따라서 도덕적 행동이 정해진다."고 보는 덕윤리이다(Anscombe, E., MacIntyre, A., Sandel, M. 등).
■ **의무주의** : "하늘이 무너져도 정의는 지켜져야 한다."(Kant, I.)
■ **쾌락주의** : 쾌락만이 선의 최종적 판단기준으로 본다(키레나학파, 특히 아리스티모스)
■ **메타윤리** : 가치판단이나 도덕판단 내지 도덕적 실천에는 관심이 없고 윤리학 자체를 연구한다(20세기 초중반 영미권 학자들).

■ ①은 의무론적 윤리. 지영이는 덕론적 윤리 관점을 취하고 있으며, 그 특징은 다음과 같다.
· 개인의 자유 및 선택보다는 공동체와 전통 및 역사 중시
· 덕을 갖춘 성품과 공동체 구성원으로서의 인간의 삶에 관심
· 의무론과 공리주의를 비판하고 도덕적 행동의 실천은 행위자의 덕에 의해 정해진다고 봄
· 사람의 구체적인 성품과 인간 관계 중시
· 적절한 행동여부를 판단할 수 있는 지혜를 갖춘 사람 강조

의무론적 도덕 추론 (=정언적 도덕 추론)
■ 결과에 상관없이 절대적인 의무와 원리, 즉 도덕규칙에 따라 판단한다.
■ 행위의 옳고 그름을 행위 그 자체의 옳고 그름 및 행위자의 의도와 동기로 판단한다(즉 행위의 선 의지를 중요시한다)
※**스포츠윤리**(2009). 대경북스. pp. 26~29 참조.

심화문제

37 보기에서 의무론적 도덕 추론에 해당하는 것만을 모두 고른 것은?

> 보기
> ㉠ 의무론적 도덕 추론은 가언적 도덕 추론이라고도 한다.
> ㉡ 스포츠지도자, 선수 등의 행위 주체에 초점을 맞추고 있다.
> ㉢ 행위의 결과에 상관없이 절대적인 도덕규칙에 따라 판단을 내린다.
> ㉣ 선의지는 도덕적인 선수가 갖추어야 할 내적인 태도이자 도덕적 행위의 필요충분조건이다.
> ㉤ 정정당당하게 경기에 임하려는 선수의 착한 의지는 경기결과에 상관없이 그 자체로 선한 것이다.

① ㉠, ㉡, ㉢ ② ㉠, ㉢, ㉣ ③ ㉡, ㉣, ㉤ ④ ㉢, ㉣, ㉤

■㉠ 의무론적 도덕추론은 정언적 도덕추론이다.
■행위의 결과와 상관없이 행위 자체의 옳고 그름과 ㉡ 행위자의 의도와 동기로 판단한다.

38 스포츠에 있어서 경기 결과의 좋고 나쁨이 아니라 그 행위가 도덕적 의무를 준수했는가를 판단의 기준으로 하는 윤리이론은?

① 결과론적 윤리체계 ② 의무론적 윤리체계
③ 덕론적 윤리체계 ④ 목적론적 윤리체계

■의무론적 윤리체계 : 어떤 종류의 행동이 그 행동의 결과와 상관없이 옳거나 그르다고 주장하는 이론

39 보기의 사례에서 투수가 선택한 윤리체계는?

> 보기
> 야구경기 중 코치가 빈볼(머리를 겨누어 던지는 투구)을 지시했지만, 투수는 이것이 도덕원칙에 어긋난다고 생각하여 정상적으로 투구했다.

① 의무론 ② 결과론 ③ 인간중심주의 ④ 공리주의

■**의무론**은 어떠한 경우에서도 나쁜 일을 하면 안 된다는 주장으로 결과보다는 과정을 중시하는 철학이다.

필수문제

40 스포츠윤리 이론 중 덕윤리의 특징으로 적절하지 않은 것은?

① 스포츠 상황에서의 행위의 정당성보다 개인의 인성을 강조한다.
② 비윤리적 행위는 궁극적으로 스포츠인의 올바르지 못한 품성에서 비롯된다.
③ '어떠한 행위를 하는 선수가 되어야 하는가'보다 '무엇이 올바른 행위인지'를 판단하는 데 더 주목한다.
④ 스포츠인의 미덕을 드러내는 행동은 옳은 것이며, 악덕을 드러내는 행동은 그릇된 것으로 간주한다.

■③ 덕윤리는 "얼마나 좋은 인간이 되어야 할 것인가"에 초점을 맞춘다. 그런데 무엇이 올바른 행위인지의 판단은 의무론적 윤리관이다.
■덕윤리 : p. 4 참조

정답 37 : ④, 38 : ②, 39 : ①, 40 : ③

심화문제

41 보기에서 A 선수의 행위를 판단하는 윤리적 관점으로 옳은 것은?

보기
프로야구 A 선수는 매 경기마다 더위에 고생하고 있는 어린 볼보이들을 위해 시원한 음료를 제공했다.

① 의무론적 관점에서 A 선수의 행위는 선수로서 긍정적인 이미지를 구축하기 위한 행동으로 볼 수 있다.
② 덕론적 관점에서 A 선수의 행위는 유덕한 품성으로부터 나온 선한 행동으로 볼 수 있다.
③ 결과론적 관점에서 A 선수의 행위는 어린 볼보이들을 안쓰럽게 여겼기 때문에 나온 행동이라고 볼 수 있다.
④ 상대론적 관점에서 A 선수의 행위는 도덕법칙에 따라 행동한 것이라고 볼 수 있다.

■A선수의 행위는 승패(결과론), 규칙(의무론)과는 아무런 상관이 없고, 미덕일 뿐이다.
■**덕론적 윤리체계** : 어떤 행위를 한 사람의 덕성 판단을 중시하는 것

42 보기에서 제헌이가 주장하는 윤리이론에 대한 설명으로 옳지 않은 것은?

보기
유리: 스포츠윤리는 선수들이 규칙과 도덕적 원리만 따르면 확립되는 거 아니야?
제헌: 아니. 난 윤리에서 중요한 것은 행위자의 도덕적 원리가 아니라 행위자의 내면적 품성에 대한 판단이며, 도덕적 행위의 실천이라고 생각해.

① 행위의 주체보다는 행위 자체에 초점을 맞추고 있다.
② 행위자의 인성을 중시한다.
③ '무엇을 해야만 하는가'가 아니라 '어떻게 살아야 하는가'가 근본적인 질문이다.
④ 감정을 도덕적 동기로 인정한다.

■행위 자체보다 행위의 주체에 초점을 맞추고 있다.

필수문제

43 보기의 ㉠~ ㉢에 해당하는 용어가 바르게 제시된 것은?(2024)

보기
공자의 사상은 (㉠)(으)로 설명할 수 있다. (㉡)은/는 마음이 중심을 잡아 한쪽으로 치우치지 않는 상태를 의미하고, (㉢)은/는 나와 타인의 마음이 서로 다르지 않다는 뜻으로 배려와 관용을 나타낸다. 공자는 (㉢)에 대해 "내가 원하지 않은 일을 남에게 하지 말라(己所不欲勿施於人)"는 정언명령으로 규정한다. 이는 스포츠맨십과 상통한다.

	㉠	㉡	㉢		㉠	㉡	㉢
①	충효(忠孝)	충(忠)	효(孝)	②	정의(正義)	정(正)	의(義)
③	정명(正名)	정(正)	명(名)	④	충서(忠恕)	충(忠)	서(恕)

■**충서** : 내 마음의 중심을 잡은 상태에서 타인과 공감하는 개인적 윤리덕목
■**충** : 참된 마음으로 자기에게 정성을 다하는 것으로, 자신을 긍정하라는 뜻.
■**서** : 내 마음과 같이 한다는 뜻. 자기가 하기 싫은 일은 남에게 시키지 마라.

정답 41 : ②, 42 : ①, 43 : ④

스포츠윤리

필수문제

44 보기의 ㉠, ㉡에 해당하는 유교 사상이 바르게 묶인 것은?

보기

㉠	공자는 "내가 원하지 않는 일을 남에게 하지 말라(己所不欲 勿施於人)"는 원리를 인간관계의 기본적인 행위 준칙으로 보았다. 내가 원하지 않는 것은 타인도 원하지 않을 것이라는 동등고려(equal consideration)의 원리는 스포츠맨십의 바탕이기도 하다. 스포츠맨십은 하지 말아야 할 행위를 하지 않는 것이 아니라 스스로 원하지 않는 것을 상대 선수에게 행하지 않는 원리를 실천하는 것이다.
㉡	사회구성원의 모든 행위가 그 이름(역할)에 적합하도록 행해야 한다는 도덕적 요구를 말한다. "임금은 임금답고 신하는 신하다우며, 아버지는 아버지답고 자식은 자식다워야 한다(君君臣臣 父父子子)"는 주문으로 각자에게 주어진 이름과 역할에 걸맞게 행동하라는 도덕적 명령이다. 스포츠인을 스포츠인답게 만드는 것이 곧 스포츠맨십이다.

	㉠	㉡
①	충(忠)	예시예종(禮始禮終)
②	서(恕)	정명(正名)
③	충(忠)	절차탁마(切磋琢磨)
④	서(恕)	극기복례(克己復禮)

■ **서** : 자기가 하고 싶지 않은 일은 남에게 시키지 마라.
■ **정명** : 실제 사물에 붙인 이름과 내실이 일치해야 한다.

필수문제

45 보기에서 밑줄 친 A 선수의 입장과 관련된 맹자(孟子)의 사상으로 적절한 것은?

보기

태권도 국가대표선발 결승전. 먼저 득점하면 경기가 종료되는 서든데스(sudden death) 상황에서 A 선수가 실수로 경기장의 한계선을 넘었다. A 선수가 패배해야 할 상황이었지만 심판은 감점을 선언하지 않았다. 상대 팀 감독과 선수는 강력히 항의했으나 판정은 번복되지 않았고 경기는 계속 진행됐다. <u>결국 A 선수는 승리했지만, 부끄러운 마음에 팀 동료들과 승리의 기쁨을 나누지 않고 조용히 집으로 돌아갔다.</u>

① 수오지심(羞惡之心)
② 시비지심(是非之心)
③ 측은지심(惻隱之心)
④ 사양지심(辭讓之心)

■ **수오지심** : 자기의 옳지 못함을 부끄러워하고, 남의 옳지 못함을 미워하는 마음.
■ **측은지심** : 남의 불행을 불쌍히 여기는 마음.
■ **사양지심** : 겸손한 마음으로 받지 않거나, 남에게 양보하는 마음.
■ **시비지심** : 옳고그름(시비)을 가릴 줄 아는 마음.

정답 44 : ②, 45 : ①

심화문제

46 마라톤경기 중 넘어진 경쟁자를 부축해주는 선수의 마음은?

① 수오지심(羞惡之心) ② 사양지심(辭讓之心)
③ 시비지심(是非之心) ④ 측은지심(惻隱之心)

■ 문제 45 참조

47 보기의 ㉠, ㉡과 관련된 맹자(孟子)의 사상이 바르게 연결된 것은?

보기
㉠ 농구 경기에서 자신과 부딪쳐서 부상을 당해 병원으로 이송되는 상대 선수를 걱정해 주는 마음
㉡ 배구 경기에서 자신의 손에 맞고 터치 아웃된 공을 심판이 보지 못해서 자기 팀이 득점을 했을 때 스스로 부끄러워하는 마음

	㉠	㉡
①	수오지심(羞惡之心)	측은지심(惻隱之心)
②	측은지심(惻隱之心)	수오지심(羞惡之心)
③	사양지심(辭讓之心)	시비지심(是非之心)
④	측은지심(惻隱之心)	사양지심(辭讓之心)

■ 문제 45 참조

필수문제

48 보기에서 설명하는 스포츠에 대한 입장으로 적절한 사상가는?

보기
승리지상주의가 팽배하는 현대 스포츠 현장에서 승리의 추구보다 스포츠 자체를 즐길 수 있도록 자기 자신을 낮추고 겸양과 배려로 상대를 대할 때, 진정한 의미의 스포츠윤리가 발현될 수 있다. 이를 위해서는 스포츠에서 인위적 제도나 구속이 최소화되도록 해야 하며, 윤리적 행위가 스포츠 자체를 통해 자연스럽게 발현되도록 해야 한다.

① 공자(孔子) ② 맹자(孟子)
③ 순자(荀子) ④ 노자(老子)

■ 노자의 도가사상은 자연에 순응하여 무위(아무것도 인위적으로 하지 않음)의 삶을 살아갈 것을 주장하고 있다.
※**스포츠윤리**(2009). 대경북스. p. 41 참조.

정답 46 : ④, 47 : ②, 48 : ④

스포츠윤리

심화문제

※ [49~50] 보기는 고대 동양 사상가들의 윤리적 입장이다. 물음에 답하시오.

보기

㉠ 인(仁), 의(義), 효(孝), 우(友), 충(忠), 신(信), 관(寬), 서(恕), 공(恭), 경(敬)을 포함한 10가지 덕을 터득하여, 그 상황에서의 인식, 판단, 도덕적 행위를 선택할 수 있는 능력을 배양해야 한다.

㉡ 인(仁), 의(義), 예(禮), 지(智)가 도덕적 성향의 토대가 되면, 윤리적 사고가 필요한 상황에서 자연스럽게 실천적 행위가 가능하다.

㉢ 무릇 도(道)는 실재한다는 확실한 믿음이 있지만, 인위적인 행함이 없고, 그 형체도 없다. 마음으로 전할 수는 있으나, 형체가 있는 것처럼 주고받을 수는 없다.

49 ㉠과 ㉡의 입장에 대한 설명으로 적절하지 않은 것은?

① ㉠ : 정도(正道)를 지키기 위해 정정당당하게 승부한다.
② ㉡ : 상선약수(上善若水)를 중심으로 한 스포츠맨십을 중요시한다.
③ ㉠ : 선수 개인의 윤리와 함께 스포츠에서 제도의 중요성을 강조한다.
④ ㉡ : 부상 당한 선수를 도와주는 것은 본능적인 행동이기에 권장한다.

■**상선약수**는 최고의 선은 물과 같다는 뜻으로, 물의 성질을 최고의 이성적인 경지로 삼는 노자의 사상.

50 ㉢의 입장에서 ㉡에 대해 제기할 수 있는 반론으로 가장 적절한 것은?

① 지속적인 교육을 통해 넘어진 선수를 도와줄 수 있도록 만들어야 한다.
② 넘어진 선수를 도와줄 수 있도록 제도나 규정을 강화하여야 할 것이다.
③ 넘어진 선수를 부축하는 것은 순자(荀子)의 주장에 위배되는 행동이다.
④ 남의 눈치 때문에 다른 사람을 부축하기보다 내면의 윤리성이 중요하다.

■행동 자체보다 의도와 마음이 더욱 중요하다.

필수문제

51 보기의 괄호 안에 공통으로 들어갈 용어는?

보기

» 칸트(I. Kant)에게 도덕성의 기준은 (   )이다.
» 칸트에 의하면, 페어플레이도 (   )이/가 없으면 도덕적이라 볼 수 없다.
» (   )은/는 도덕적인 선수가 갖추어야 할 내적인 태도이자 도덕적 행위의 필요충분 조건이다.

① 행복　　② 선의지　　③ 가언명령　　④ 실천

■**칸트의 선의지** : 칸트가 본 도덕성의 기준임. 마음속으로 옳다고 믿고 따라하고자 하는 순수 동기에서 나온 의지, 즉 경향성을 따르지 않고 도덕 법칙에 의해 규정된 의지.
■p. 7 참조

정답 49 : ②, 50 : ④, 51 : ②

심화문제

52 보기의 ( ) 안에 들어갈 용어와 대표적인 사상가가 바르게 연결된 것은?

> 보기
> 스포츠에서 도덕법칙은 "승리를 원한다면 열심히 훈련하라.", "위대한 선수가 되기 위해서는 스포츠맨십에 충실하라." 등과 같이 가언적으로 주어지지 않고, 어떠한 경우에도 선수의 의무로서 반드시 행하라는 ( ) 명령의 형태로 존재한다.

① 공리적 – 칸트(I. Kant)
② 공리적 – 벤덤(J. Bentham)
③ 정언적 – 칸트(I. Kant)
④ 정언적 – 벤덤(J. Bentham)

필수문제

53 보기의 내용과 가장 밀접한 것은?(2024)

> » 정정당당하게 경기에 임하라.
> » 어떠한 경우에도 최선을 다해라.
> » 운동선수는 페어플레이를 해야 한다.

① 모방욕구
② 가언명령
③ 정언명령
④ 배려윤리

필수문제

54 보기의 상황과 관련된 학자와 이론이 바르게 연결된 것은?

> 보기
> 학생선수 A는 양심적으로 교칙을 준수하고, 다친 친구 대신 가방을 들어주는 등 도덕적 성품을 지니고 있다. 하지만 축구 경기에서는 상대 선수를 심판 모르게 공격하는 등 반칙을 하거나 상대 선수를 배려하지 않고 팀의 이익을 위해 행동하는 팀 분위기에 동화되고 있다.

① 베버(M. Weber) – 책임윤리
② 요나스(H. Jonas) – 책임윤리
③ 니부어(R. Niebuhr) – 사회윤리
④ 나딩스(N. Noddings) – 배려윤리

정답 52 : ③, 53 : ③, 54 : ③

▪ **칸트의 도덕법칙(정언적 명령)** : 행위의 결과에 구애받지 않고 그 자체가 선이므로 무조건 그 행위를 수행할 것이 요구되는 도덕적 명령.

▪ **정언명령** : 위 문제 해설 참조
▪ **모방욕구** : 다른 것을 본뜨거나 본받으려는 행위
▪ **가언명령** : 정언명령의 반의어로, '조건부명령'이라고도 함. 어떠한 가설이나 조건을 붙여 그것을 달성하기 위한 수단으로서의 명령.
▪ **배려윤리** : 배려와 인간관계 등의 가치를 강조한 윤리사상.

▪ **베버–책임윤리** : 선한 의지로 한 일이면 결과에 관계없이 괜찮다는 것이 심정윤리이고, 예견할 수 있는 결과에 대하여 엄격한 책임을 져야한다는 것이 책임윤리이다.
▪ **요나스–책임윤리** : 책임을 중요시하여 예견할 수 있는 결과는 당연히 책임을 져야 하고, 설령 의도치 않은 결과에 대해서도 책임이 있다는 것이다.
▪ **니부어–사회윤리** : 점잖은 사람이라도 예비군복만 입으면 다른 사람으로 변하듯이 개인윤리보다 사회윤리가 도덕성이 떨어진다.
▪ **나딩스–배려윤리** : 남성들이 보편적 기준을 중시하는 것이 정의윤리이고, 여성들이 배려를 중시하는 것이 배려윤리이다.

스포츠윤리

필수문제

55 보기에서 설명하는 윤리 이론은?

보기
» 윤리적 가치의 근거를 페미니즘에서 찾음
» 이성의 윤리가 아닌 감성의 윤리
» 경기에 처음 출전하는 후배를 격려하는 선배의 친절
» 근육 경련을 일으킨 상대 선수를 걱정하고 보살피는 행위
» 타자의 요구와 정서에 공감하고 대응하는 것이 도덕의 출발임

① 공리주의 ② 의무주의 ③ 배려윤리 ④ 대지윤리

■ **배려윤리** : 길리건(Gilligan, C.)과 나딩스(Noddings, N.)가 배려와 인간관계 등의 가치를 강조한 윤리사상.

필수문제

56 보기에서 A선수의 판단 근거가 되는 윤리이론의 난점에 관한 설명으로 적절한 것은?

보기
농구경기 4쿼터 종료 3분 전, 감독에게 의도적 파울을 지시받은 A선수는 의도적 파울이 팀 승리에 기여할 수 있지만, 상대 선수에게 위협을 가하거나 자칫 부상을 입힐 수 있기 때문에 도덕적으로 옳지 않다고 판단했다.

① 사회 전체의 이익을 고려하지 않는 경우가 발생한다.
② 상식적이고 보편적인 도덕직관과 충돌하는 판단을 내릴 수 있다.
③ 행위의 결과를 즉각 산출하기 어려울 경우에 명료한 지침을 제시하지 못할 수 있다.
④ 도덕을 수단적으로 인식한다는 점에서 근본적인 도덕개념들과 양립하기 어렵다.

■ 보기는 의무론적 윤리 이론의 난점을 설명한 것임. 이것은 사회 전체의 이익을 고려하지 않을 경우에 발생한다.
■ 의무론적 윤리 → p. 3 참조

정답 55 : ③, 56 : ①

필수문제

57 보기에서 ㉠, ㉡에 들어갈 용어가 바르게 연결된 것은?

보기
롤스(J. Rawls)는 (㉠)이 인간 발전의 조건이며, 모든 이의 관점에서 선이 된다고 하였다. 스포츠는 신체적 (㉡)을 훈련과 노력으로 극복하며, 기회의 균등이 정의로 작용하고 있음을 보여준다.
즉 인간이 갖는 신체적 능력의 (㉡)은 오히려 (㉠)을 개발할 기회를 마련해주며, 이를 통해 스포츠 전체의 선(善)이 강화된다.

	㉠	㉡		㉠	㉡
①	탁월성	평등	②	규범성	조건
③	탁월성	불평등	④	규범성	불평등

■ 롤스의 정의의 원칙
롤스는 공정한 사회로서 갖추어야 할 두 가지 기본원칙으로 자유의 배분에 관한 것(제1원칙)과 사회적 · 경제적 배분에 관한 것(제2원칙)을 제시하였다.
제1원칙은 사람들이 기본적 자유를 평등하게 나누어 가져야 한다는 것이다.
제2원칙은 사회의 직위 · 직책은 모든 사람에게 개방되고, 사회경제적 불편등은 최소 수혜자의 입장을 개선시키는 한도 내에서 정당화될 수 있다는 차등 원칙(the difference principle)이다.
다시 말하면 모든 사람에게는 똑같은 기회가 주어져 있고, 만약 불평등한 제도가 있다면 그 제도는 사회의 혜택을 못 받는 사람들에게도 이익이 되고, 그에 관한 모든 절차가 공개되어 있을 때만 허용될 수 있다는 것이다. 따라서 인간 발전의 조건은 탁월성인데, 이것이 모든 사람의 관점에서 선이 된다고 하였다. 스포츠는 신체적 불평등을 훈련과 노력으로 극복하므로, 기회 균등이 정의로 작용한다. 즉 인간의 신체적 능력의 불평등은 오히려 탁월성을 개발할 기회를 주는데, 이것을 통하여 스포츠 전체의 선이 강화된다고 하였다.

심화문제

58 보기에서 설명하는 롤스(J. Rawls)의 '정의의 원칙'으로 가장 적절한 것은?

보기
상대적으로 사회적 약자인 저소득층 자녀들에게 지역의 사설 스포츠 센터 무료 이용권, 건강운동 강좌 수강이 가능한 스포츠 바우처(voucher)를 제공하여 누구나 경제적 형편에 상관없이 공평하게 스포츠를 누릴 수 있도록 정책을 마련한다.

① 자유의 원칙 ② 차등의 원칙
③ 기회균등의 원칙 ④ 원초적 원칙

■ 경제사회의 가장 열악한 계층에게 최대 이익이 돌아갈 수 있도록 재화를 분배하는 것이 **차등의 원칙(제원칙)**이다.

정답 57 : ③, 58 : ②

스포츠윤리

■ 아리스토텔레스의 3가지 정의
· **평균적 정의** : 인간은 인간으로서 동일한 가치를 가지고 있으므로 모든 사람은 평등하게 다루어져야 함. 급부와 반대 급부의 균형, 범죄와 형벌의 균형 등을 도모함. 적용할 때 개인차는 문제시하지 않음.
· **일반적 정의(절차적 정의)** : 사회는 개인들 간에는 서로 권리를 존중해 주어야 하고, 개인은 국가와 사회에 대해 의무를 다해야 함. 조직 구성원에게 주는 보상의 결정절차에 대한 공정성. 절차(과정, 노력)에 논점을 둠.
· **배분적(분배적) 정의** : 능력이나 사회의 공헌도에 따른 대우를 받아야 함. 누구나 수긍할 만한 원칙과 공정한 절차를 전제로 정당하게 분배하는 것

필수문제

59 보기의 ㉠, ㉡에 해당하는 정의의 유형은?

라우 : 스포츠는 ㉠ <u>동등한 조건의 참가와 동일한 규칙의 적용</u>이 이루어져야 해. 그렇지 않으면 정의의 원칙에 어긋나게 되거든.
형린 : 그런데 모든 것이 동등하지는 않아. 피겨스케이팅과 다이빙에서 ㉡ <u>높은 난이도의 연기를 펼친 선수는 그렇지 않은 선수보다 더 높은 점수를 받아야해.</u> 이것도 정의의 원칙이라고 할 수 있어.

	㉠	㉡
①	분배적	절차적
②	평균적	분배적
③	평균적	절차적
④	분배적	평균적

심화문제

60 보기의 ㉠~㉢에 해당하는 정의의 유형이 바르게 연결된 것은?

보기
㉠ 유소년 축구 생활체육지도자 A는 남녀학생 구분없이 경기에 참여하도록 했다. 또한 장애 학생에게도 비장애 학생과 동일한 참여 시간을 보장했다.
㉡ 테니스 경기에서는 공정한 경기를 위해 코트를 바꿔가며 게임을 하도록 규칙을 적용한다.
㉢ B지역 체육회는 당해 연도에 소속 선수의 경기실적에 따라 연봉을 차등 지급하기로 결정했다.

	㉠	㉡	㉢
①	평균적	절차적	분배적
②	평균적	분배적	절차적
③	절차적	분배적	분배적
④	분배적	절차적	평균적

61 보기의 ㉠, ㉡과 스포츠에서의 정의(justice)에 대한 개념을 바르게 연결된 것은?

보기
㉠ 핸드볼 – 양 팀에 동일한 골대의 규격을 적용
㉡ 테니스 – 시합 전 동전 던지기로 선공/후공을 결정

	㉠	㉡
①	평균적 정의	절차적 정의
②	분배적 정의	평균적 정의
③	평균적 정의	분배적 정의
④	분배적 정의	절차적 정의

■ 59번 문제 참조.

정답 59 : ②, 60 : ①, 61 : ①

스포츠윤리

62 보기에서 설명하는 정의의 유형은?

보기
다이빙, 리듬체조, 피겨스케이팅 등의 종목은 기술 난이도에 따라 차등적으로 점수를 받는다. 경기 수행이 어려울수록 더 많은 점수(가산점)를 받는다. 다만 이 경우 모든 참가자가 동의할 수 있는 절차가 마련되어 있어야 한다.

① 자연적 정의 ② 평균적 정의 ③ 절차적 정의 ④ 분배적 정의

■ 59번 문제 참조.

63 보기에서 설명하고 있는 정의의 유형은?

보기
동등한 기회 보장을 강조하는 공정성의 원리는 바람이나 햇볕 같은 통제 불가능한 외적 요인으로 인해 실현되지 않을 수 있다. 이와 같은 불평등은 테니스에서 동전을 던져 코트를 결정하거나, 축구에서 전 · 후반 진영 교체와 같은 방법을 통해 해소될 수 있다.

① 절차적 정의 ② 평균적 정의 ③ 분배적 정의 ④ 법률적 정의

■ 정의는 불평등과 반대되는 용어이다. 분배적 정의는 경제에서, 법률적 정의는 '법 앞에서 만인이 평등'을 의미한다.

64 보기의 괄호 안에 들어갈 정의(justice)의 유형은?

보기
운동선수의 신체는 훈련으로 만들어지기도 하지만 유전적 요인으로 결정되는 경우가 많다. 농구와 배구선수의 키는 타고난 우연성에 해당한다. 일반적으로 스포츠 경기에서는 이러한 불평등 문제에 (   ) 정의를 적용하지 않는다. 왜냐하면 스포츠는 전적으로 개인의 자발적인 선택의 문제이기 때문이다.

① 자연적 ② 절차적 ③ 분배적 ④ 평균적

■ 평균적 정의는 누구나 동등하게 스포츠에 참여할 수 있는 기회를 갖는다는 가치로 적용됨. 그러나 스포츠는 보기와 같이 신장과 같이 통제할 수 없는 자연적 현상 때문에 동등한 결과를 줄 수 없으므로 평균적 정의를 적용할 수 없다.
■ 59번 문제 참조.

65 보기의 설명에 해당하는 스포츠에서의 정의(justice)는?(2024)

보기
정의는 공정과 준법을 요구한다. 모든 선수에게 동등한 기회를 보장해야 한다는 공정의 원칙은 지켜지지 않을 때가 있다. 스포츠 에서는 완전한 통제가 어려운 불평등을 줄이기 위해 공수 교대, 전후반 진영 교체, 홈 · 원정 경기, 출발 위치 제비뽑기 등을 한다.

① 자연적 정의 ② 평균적 정의
③ 분배적 정의 ④ 절차적 정의

■ **자연적 정의** : 영국의 법원리인데, 우리나라와 미국에서도 적법적 절차조항에 의해 헌법적 원리로 적용되고 있음.
■ **평균적 정의, 분배적 정의, 절차적 정의** : 59번 문제 참조

정답 62 : ④, 63 : ①, 64 : ④, 65 : ④

스포츠윤리

■ 도덕 원리의 검토(비판적 사고) 방법
· ㉠ 보편화 결과 검토 : 모두가 선택한 원리에 따라 행동하는 것을 생각해보기
· ㉡ 역할 교환 검토 : 입장을 바꿔서 생각해보기
· 포섭 검토 : 제시된 도덕적 판단이 보다 일반적인 도덕적 판단에 포함되는지의 여부를 검토해보기
· 반증 사례 검토 : 도덕 원리가 반대로 적용되는 사례를 제시하기

필수문제

66 보기의 ㉠, ㉡에 해당하는 도덕 원리의 검토 방법이 바르게 묶인 것은?

보기

㉠ '나 혼자 의도적 파울을 하는 것은 괜찮겠지'라는 판단은 '모든 선수가 의도적 파울을 한다면'이라는 원리에 비추어 검토한다.

㉡ '부상당한 선수를 무시하고 경기를 진행하라'는 주장의 지시에 '자신이 부상당한 경우를 가정하여 판단해보라'고 이야기한다.

	㉠	㉡
①	포섭 검토	보편화 결과의 검토
②	반증 사례의 검토	포섭 검토
③	역할 교환의 검토	반증 사례의 검토
④	보편화 결과의 검토	역할 교환의 검토

■ 맥페일 : 인본주의를 주축으로하여 행동주의를 약간 결합시킨 이론. 도덕적 가치들은 중요한 타자들이 우리와 다른 사람들에 대해 어떻게 행동하는가를 관찰하는 것에 의해 학습된다. 도덕적 가치들은 교사의 모범을 포함한 타자들의 모범으로부터 학습된다.

■ 피터스 : 교육은 가치가 있으며, 교육으로 사람을 변화시킬 수 있다고 주장하여 교육개념 속에 있는 가치를 도덕적으로 알맞은 방법으로 사용하여 의도적으로 전달할 수 있다고 하였다.

■ 피아제 : 인지발달 이론
· 1단계 : 벌과 복종
· 2단계 : 상대적 쾌락주의
· 3단계 : 개인상호간의 동조 지향
· 4단계 : 사회질서와 권위 지향
· 5단계 : 권리우선과 사회 계약
· 6단계 : 보편적 윤리원칙 지향
· 7단계 : 우주적 영생 지향

■ 콜버그 : 69번 문제 참조

필수문제

67 보기의 (　　) 안에 들어갈 사상가는?

보기

(　　　)은/는 "도덕적 가치들은 중요한 타자들(significant others)이 어떻게 행동하고 있는가를 관찰하는 것에 의하여 학습된다."고 하였다. 스포츠 도덕교육에서 스포츠지도자는 중요한 타자에 해당된다. 스포츠의 도덕적 가치는 스포츠지도자의 도덕적 모범에 의해 학습되어지며, 참여자는 스포츠지도자를 통해 관찰학습과 사회적 모델링을 하게 된다.

① 맥페일(P. McPhail)
② 피아제(J. Piajet)
③ 피터스(R. Peters)
④ 콜버그(L. Kohlberg)

정답 66 : ④, 67 : ①

필수문제

68 보기에서 ㉠, ㉡에 들어갈 용어가 바르게 연결된 것은?

보기
독일의 철학자 (㉠)는 인간의 행위에 대한 탐구를 통해 성공적인 삶을 실현하는 사회적 조건으로 (㉡)을 들고 있다.
인간은 누구나 타인에게 (㉡)을 받고 싶은 욕구가 있다.
스포츠에서 승리에 대한 욕구는 가장 원초적인 (㉡)투쟁이라고 할 수 있다.

	㉠	㉡
①	호네트(A. Honneth)	인정
②	호네트(A. Honneth)	보상
③	아렌트(H. Arendt)	인정
④	아렌트(H. Arendt)	보상

■ **호네트** : 인정 투쟁은 긍정적 삶의 조건이라고 한 독일의 사회철학자.
■ 호네트는 인간 사회에서 성공적 삶을 실현하는 사회적 조건을 **인정**(認定)으로 보았다. 인간은 누구나 타인에게 인정받고 싶은 욕구가 있는데, 스포츠에서 승리를 위한 욕구가 가장 원초적인 인정투쟁이라 하겠다.

필수문제

69 사상가와 스포츠를 통한 도덕교육 방법이 바르게 연결되지 않은 것은?

① 루소(J. Rousseau) – 어린 시절부터 다양한 신체활동을 통해 성평등, 동료애, 공동체에서의 협력과 책임을 지는 습관을 길러준다.
② 베닛(W. Bennett) – 스포츠 상황에서 발생하는 다양한 사건에 대한 논리적 추론과 가치명료화 등을 통해 도덕적 판단능력을 길러준다.
③ 위인(E. Wynne) – 스포츠 경기의 전통을 이해하고, 규칙 준수 등의 바람직한 행동을 습관화할 수 있도록 가르친다.
④ 콜버그(L. Kohlberg) – 스포츠에서 발생하는 도덕적 딜레마에 대한 토론을 통해 도덕적 갈등상황을 이해하고, 자율적으로 대처할 수 있도록 가르친다.

■ **베닛**은 도덕적 사회화를 주장. 가치중립적이고 도덕적 상대주의적 접근. 가치명료화 비판

정답 68 : ①, 69 : ②

스포츠윤리

■ 레스트의 도덕성 구성요소
· 제1요소(도덕적 감수성) : 도덕적인 반응을 필요로 하는 상황인지 아닌지를 지각할 수 있는 능력.
· 제2요소(도덕적 판단력) : 특정 행동이 도덕적으로 옳은지 그른지를 판단할 수 있는 능력.
· 제3요소(도덕적 동기화) : 도덕적으로 동기화(어떤 일에 관심이 있고, 어떤 일을 더 가치있게 생각하느냐)되면 자신의 도덕관을 반영할 수 있는 도덕적 행동을 선택하게 되는 능력.
· 제4요소(도덕적 품성, 도덕적 성격) : 자신이 선택한 도덕적 행동을 실천에 옮길 수 있는 기술과 실행 능력.

필수문제

70 보기의 ㉠에 해당하는 레스트(J. Rest)의 도덕성 구성요소는?

보기

상빈 : 직업 선수에게 가장 중요한 것은 무엇이라고 생각해?

미라 : 연봉이지! 직업 선수의 연봉이 그 선수의 능력을 나타내는 것이라고 생각해. 나는 작년 성적이 좋아서 올해 연봉이 200% 인상되었어.

은숙 : 연봉은 매우 중요하지. 하지만 ㉠ 나는 연봉, 명예 등의 가치보다 스포츠인으로서 스포츠맨십과 페어플레이가 가장 중요한 가치라고 생각해.

① 도덕적 감수성(moral sensitivity)
② 도덕적 판단력(moral judgement)
③ 도덕적 동기화(moral motivation)
④ 도덕적 품성화(moral character)

심화문제

71 보기의 ㉠에 해당하는 레스트(J. Rest)의 도덕성 구성요소는?

보기

(　　㉠　　)은/는 스포츠 현장에서 발생하는 특정 상황 속에 내포된 도덕적 이슈들을 감지하고 그 상황에서 어떠한 행동을 할 수 있으며 그 행동들이 관련된 사람들에게 어떤 영향을 미칠 수 있는가를 상상하는 것을 말한다.

① 도덕적 감수성(moral sensitivity)
② 도덕적 판단력(moral judgement)
③ 도덕적 동기화(moral motivation)
④ 도덕적 품성화(moral character)

정답 70 : ③, 71 : ①

72 **보기는 레스트(J. Rest)의 도덕성 4 구성요소 모형을 스포츠윤리 교육에 적용한 내용이다. ㉠, ㉡에 해당하는 것으로 바르게 연결된 것은?**

보기
1. 도덕적 민감성(moral sensitivity) : 스포츠 상황에서 도덕적 딜레마를 지각하게 하는 것
2. 도덕적 판단력(moral judgement) : 스포츠 상황에서 옳고 그름을 판단하게 하는 것
3. (㉠) : (㉡)
4. 도덕적 품성화(moral character) : 스포츠 상황에서 장애요인을 극복하여 실천할 수 있는 강한 의지, 용기, 인내 등의 품성을 갖게 하는 것

	㉠	㉡
①	도덕적 추론화 (moral reasoning)	상대 선수와 팀을 존중하게 하는 것
②	도덕적 동기화 (moral motivation)	상대 선수의 의도적 반칙에 반응하게 하는 것
③	도덕적 추론화 (moral reasoning)	감독의 부당한 지시를 도덕적 문제상황으로 감지하게 하는 것
④	도덕적 동기화 (moral motivation)	다른 가치보다 정정당당하게 경기하는 것에 가치를 두게 하는 것

■도덕적 감수성, 판단력, 동기화, 품성화가 Rest의 도덕적 구성의 4요소이다.
· **도덕적 동기화** : 도덕적 가치를 다른 가치보다 우선시하는 것
■70번 문제 참조.

필수문제

73 **보기의 주장에 나타난 윤리적 관점은?(2024)**

스포츠 행위의 도덕적 가치는 사회에 따라, 또는 사람에 따라 다를 수 있다. 물론 도덕적 준거가 없는 것은 아니다.

① 윤리적 절대주의
② 윤리적 회의주의
③ 윤리적 상대주의
④ 윤리적 객관주의

■**윤리적 상대주의** : 우리가 옳다고 믿는 모든 가치는 상대적이라는 주장(즉 모든 것은 상대적이다).

정답 72 : ④, 73 : ③

경쟁과 페어플레이

아곤(agon)과 아레테(aretē)의 차이

아곤	아레테
» 자유로운 경쟁과 승리 추구 » 스포츠 경기의 경우 일반적인 경쟁 스포츠에 해당됨. » 경쟁 상대와 비교하여 자신의 가치 평가	» 덕 · 탁월함 · 훌륭함을 추구 » 경쟁스포츠뿐만 아니라 극기스포츠와 미적 스포츠도 해당됨. » 타인과의 경쟁이나 비교없이 자신만의 고유 기능으로 가치 평가 » 아곤보다 더 포괄적인 개념임. » 승리지상주의를 막기 위해 아레테를 중시함.

스포츠맨십

☞ 스포츠맨십은 스포츠맨이라면 마땅히 따라야 할 준칙과 갖추어야 할 태도를 의미하므로, 다른 말로 표현하면 스포츠도덕이다.

☞ 놀이에서의 스포츠도덕은 규칙의 자발적 준수, 즉 공정하게 경기에 임하려는 의지와 태도이다.

☞ 경쟁에서의 스포츠도덕은 극단적인 경쟁상황에서도 스포츠 자체를 존중하고, 경쟁상대를 인격체로 대하고자 하는 의지와 태도이다.

페어플레이(공정시합, fair play)

☞ 경기할 때 공정하게 하는 것이 페어플레이이고, 거래할 때 공정하게 하는 것이 페어트레이드(공정거래)이다.

☞ 페어플레이 정신은 결과에 초연하고 과정을 중시하는 삶의 태도에서 비롯되었다.

☞ 참가자들이 동등한 조건에 있어야 한다는 것을 전제로 한다.

공정시합에 대한 견해 차이

☞ 형식주의……정해져 있는 규칙을 어기지 않고 경기를 하면 페어플레이로 본다.

☞ 비형식주의……경기종목마다 경기를 실천하는 규칙과 관습이 있고, 관습은 윤리적인 면도 포함하므로 관습을 잘 지키면 페어플레이로 본다.

☞ 형식주의는 지나치게 경기규칙만을 강조해서 윤리적으로 비난을 받을 수도 있고, 비형식주의는 공정과 불공정을 구분하기 어렵다는 단점이 있다.

의도적 반칙

☞ 반칙을 함으로써 기대되는 어떤 것을 얻고자 계획적이면서도 의도적으로 반칙을 하는 행위이다.

☞ 농구의 반칙작전처럼 작전의 하나로 의도적 반칙을 할 수도 있기 때문에 무조건 비난받을 행위는 아니다.

승부조작(match fixing)

☞ 금전 같은 '경기 외적 이득'을 얻을 목적으로 경기 전에 경기결과를 미리 정해 놓고 경기과정을 왜곡시키는 행위이다.

☞ 승부조작은 경쟁적 스포츠의 가치를 근본적으로 훼손시키는 행위이고, 윤리적으로나 도덕적으로 비난받을 행위일 뿐만 아니라 범죄행위이다.

스포츠 에토스

☞ 에토스는 도덕성을 의미하며, 사람이 윤리적으로나 도덕적으로 바르게 살려고 노력하는 원동력이 바로 에토스이다.

☞ 스포츠 에토스를 실현하려면

» 경기의 본질에서 벗어나는 목적을 추구하지 않는다.

» 규칙에 없더라도 불편부당한 이득을 발생시키는 행위를 하지 않는다.

» 최선을 다 하지 아니함으로써 상대 · 동료 · 심판 · 지도자 · 관중의 기대를 저버리면 안 된다.

놀이의 구분

네덜란드의 호이징가(John Huizinga)가 인간은 본질적으로 유희를 추구하고, 인간 문명의 원동력은 바로 '놀이'라고 주장하는 "호모 루덴스(놀이 하는 인간)"라는 논문을 발표했다. 거기에서 놀이를 다음 4종류로 구분하였다.

일링크스(ilinx)	무아지경과 몰입의 상태를 즐기는 놀이(몰입놀이)
알레아(alea)	운에 맡기는 놀이(확률놀이)
아곤(agon)	규칙을 지키면서 경쟁하는 놀이(경쟁놀이)
미미크리(mimicry)	따라하거나 모방하는 놀이(역할놀이)

필수 및 심화 문제

필수문제

01 보기에서 설명하는 법령은?(2024)

보기
이 법은 국민 모두가 스포츠 및 신체활동에 자유롭고 평등하게 참여하여 건강하고 행복한 삶을 영위할 수 있도록 스포츠의 가치가 교육, 문화, 환경, 인권, 복지, 정치, 경제, 여가 등 우리 사회 영역 전반에 확산될 수 있게 국가와 지방자치단체가 그 역할을 다하며, 개인이 스포츠 활동에서 차별받지 아니하고, 스포츠의 다양성, 자율성과 민주성의 원리가 조화롭게 실현되도록 하는 것을 기본 이념으로 한다.

① 스포츠클럽법 ② 스포츠기본법
③ 국민체육진흥법 ④ 학교체육진흥법

■보기는 법률 제1838호(2021.8.10 제정) **스포츠기본법 제2조**(기본이념)의 내용이다.

필수문제

02 보기의 ㉠, ㉡에 들어갈 용어로 바른 것은?

보기
스포츠에는 (㉠)적 요소와 (㉡)적 요소가 모두 내재되어 있다.
(㉠)적 요소는 경기에 긴장과 흥미를 불러일으킨다. 선수들은 승리하려는 강렬한 욕망으로 인해 경기에 몰입하고, 스포츠팬들 역시 승부로 인해 응원의 동기를 갖게 된다. 그러나 경쟁심이 과열되고 승리가 절대화될 경우 제도화된 규칙이 무시될 우려가 있으며, 스포츠는 폭력의 투쟁으로 변질될 수 있다. 이것이 스포츠에서 (㉠)적 요소보다 (㉡)적 요소를 더욱 중시하는 이유이다.

	㉠	㉡
①	일링크스(linx)	미미크리(mimicry)
②	아곤(agon)	아레테(aretē)
③	도덕(morality)	윤리(ethics)
④	가치판단(value judgement)	사실판단(factual judgement)

■**아곤** : 자유로운 경쟁, 경쟁상대와 비교하여 가치평가, 일반적인 경쟁스포츠.
■**아레테** : 덕·탁월함·훌륭함을 의미, 타인과 경쟁이나 비교가 없음. 극기스포츠.

정답 01 : ②, 02 : ②

심화문제

03 아곤(agon)과 아레테(arete)에 관한 설명으로 옳지 않은 것은?

① 아곤은 경쟁과 승리를 추구한다.
② 아곤은 타인과의 비교를 전제하지 않는다.
③ 아레테는 아곤보다 더 포괄적인 개념이다.
④ 아레테는 신체적·도덕적 탁월성을 추구한다.

■② 아곤은 경쟁상대와 비교하여 가치를 평가함.

04 스포츠 상황에서 아레테(aretē)가 갖는 의미와 거리가 먼 것은?

① 선수의 덕성 ② 지도자의 탁월성
③ 선수의 최적의 기능수준 ④ 상대와의 경쟁을 통한 승리추구

■경쟁은 아곤이고, 덕 · 탁월 · 훌륭함은 아레테이다.

필수문제

05 보기의 설명 중에서 옳은 것을 모두 고른 것은?

보기
㉠ 스포츠경기의 목적은 자유로운 경쟁을 의미하는 아곤(agon)을 추구하는 것이다.
㉡ 스포츠경기의 목적은 덕 · 탁월함 · 훌륭함을 의미하는 아레테(arete)를 추구하는 것이다.
㉢ 스포츠경기에는 아곤적 요소와 아레테적 요소가 모두 있지만, 아레테를 더 중요시해야 한다.
㉣ 아곤은 경쟁하는 상대의 성과와 비교함으로써 가치가 평가되지만, 아레테는 타인과의 경쟁이나 비교가 없어도 추구할 수 있다.

① ㉠, ㉡, ㉣ ② ㉠, ㉡, ㉢, ㉣ ③ ㉢, ㉣ ④ ㉡, ㉢, ㉣

■모두 옳다.

심화문제

06 보기에서 괄호 안에 들어갈 용어는?

보기
스포츠 선수의 (   )은/는 자신에게 주어진 모든 가능성을 최대한 활용하여 최고의 실력을 정당하게 발휘하고자 하는 마음가짐과 태도라고 할 수 있다.

① 로고스(logos) ② 에토스(ethos) ③ 아곤(agon) ④ 아레테(aretē)

07 카이요와(R. Caillois)가 구분한 놀이의 요소 중 경쟁성을 기반으로 하는 스포츠와 관련 있는 것은?

① 아곤(Agon) ② 미미크리(Mimicry) ③ 알레아(Alea) ④ 일링크스(Ilinx)

■경쟁성을 기반으로 하는 것은 아곤이다.

정답 03 : ②, 04 : ④, 05 : ②, 06 : ④, 07 : ①

■ **테크네** : 예술(art)과 기술(technique)의 공통어원으로, 필요한 것을 능숙하게 만들어 내는 능력
■ **② 아크라시아** : 명령 부족 또는 약함, 자제력이 부족하거나 스스로 하는 더 나은 판단에 반하는 행동
■ **③ 에피스테메** : 실천적 지식(프로네시스)과 상대적 의미로서의 이론적 지식, 또는 감성에 바탕을 둔 억견(臆見 ; 독사)과 상대되는 참의 지식
■ **④ 프로네시스** : 고대 그리스 철학, 특히 아리스토텔레스에 의한 철학적 개념이자 '실천적인 지(智)'를 뜻함.

■ 아곤은 경쟁, 아레테는 덕 또는 탁월함, 에토스는 기풍 또는 정신, 알레아는 던져진 주사위(우연적인 놀이)를 의미한다.

■ **스포츠맨십** : 12번 문제 참조
■ **페어플레이** : 15번 문제 참조
■ **규칙 준수** : 규칙은 스포츠에서 제도화된 것으로, 행위 시에 지켜야 할 규정임과 동시에 시합 성립의 조건이다.

필수문제

08 보기의 사례로 나타나는 품성으로 스포츠인에게 권장하지 않는 것은?(2024)

보기
» 경기 규칙의 위반은 옳지 않음을 알면서도 불공정한 파울을 행하기도 한다.
» 도핑이 그릇된 일이라는 점을 알고 있지만, 기록갱신과 승리를 위해 도핑을 강행한다.

① 테크네(techne) ② 아크라시아(akrasia)
③ 에피스테메(episteme) ④ 프로네시스(phronesis)

심화문제

09 스포츠 또는 스포츠윤리와 가장 거리가 먼 것은?

① 아곤(agon) ② 아레테(aretē)
③ 알레아(alea) ④ 에토스(ethos)

필수문제

10 그림은 스포츠윤리규범의 구조이다. ㉠~㉢에 해당하는 용어가 바르게 연결된 것은?

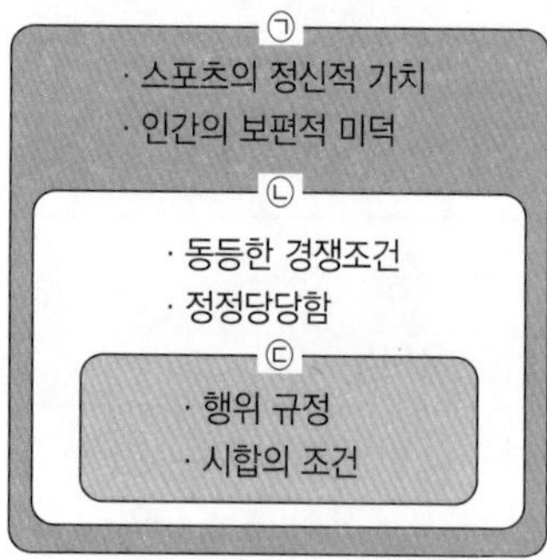

	㉠	㉡	㉢
①	규칙준수	스포츠맨십	페어플레이
②	스포츠맨십	페어플레이	규칙준수
③	페어플레이	규칙준수	스포츠맨십
④	스포츠맨십	규칙준수	페어플레이

정답 08 : ②, 09 : ③, 10 : ②

심화문제

11 보기의 내용과 관련 있는 용어는?

보기
» 상대 존중, 최선, 공정성 등을 포함
» 경쟁이 갖는 잠재적 부도덕성의 제어
» 스포츠 참가자가 마땅히 따라야 할 준칙과 태도
» 스포츠의 긍정적 가치를 유지하려는 도덕적 기제

① 테크네(techne) ② 젠틀맨십(gentlemanship)
③ 스포츠맨십(sportsmanship) ④ 리더십(leadership)

▪ **테크네** : 기술, 능숙함 혹은 예술을 뜻함.
▪ **젠틀맨십** : 신사도
▪ **리더십** : 조직체를 이끌어 나가는 지도자의 역할, 자질.

12 스포츠맨십(sportsmanship) 행위가 아닌 것은?

① 패자에게 승리의 우월성 과시 ② 악의없는 순수한 경쟁
③ 패배에 대한 겸허한 수용 ④ 승자에 대한 아낌없는 박수

▪ 스포츠맨십은 경쟁상대를 인격체로 대해야 하는 것인데, ①과 같은 행위는 스포츠맨십이 아님.

13 스포츠맨십에 대한 설명으로 옳지 않은 것은?

① 페어플레이에 비해 보다 구체적이고 상대적인 윤리규범이다.
② 일반적인 도덕규범을 통해 경쟁의 부정적인 요소를 억제하는 태도이다.
③ 경기에서 일반적인 윤리덕목을 지키고 강화하려는 정신이다.
④ 이상적인 신사(gentleman)의 인간상이 스포츠에 적용되면서 만들어진 가치이다.

▪ 스포츠맨십은 일반적인 도덕규범이 아니라 스포츠라고 하는 특수한 상황하에서의 도덕규범이다.

14 스포츠의 가장 포괄적인 도덕규범으로 볼 수 있는 것은?

① 규칙의 준수 ② 스포츠맨십 ③ 아마추어리즘 ④ 상대선수의 존중

필수문제

15 보기에서 설명하는 스포츠윤리 규범은?

보기
스포츠의 규범은 근대스포츠의 탄생과 밀접한 연관을 갖는다. 규칙의 준수가 근대 시민 계급의 도덕성 함양에 기여할 수 있다고 여겨지면서 하나의 윤리 규범으로 정착하였다. 특히 진실과 성실의 정신(spirit of truth and honesty)을 바탕으로 경기에 임하는 도덕적 태도와 같은 의미로 쓰이면서 오늘날 스포츠의 보편적인 윤리 규범이 되었다.

① 유틸리티(utility) ② 테크네(techne)
③ 젠틀맨십(gentlemanship) ④ 페어플레이(fairplay)

▪ 오늘날 스포츠의 보편적인 윤리규범은 페어플레이다.

정답 11 : ③, 12 : ①, 13 : ①, 14 : ②, 15 : ④

심화문제

16 페어플레이의 설명으로 바르지 않은 것은?

① 영국의 귀족과 신사가 스포츠를 할 때 강조한 것이다.
② 공정한 시합이라는 의미다.
③ 보편적인 스포츠윤리라고 말할 수 없다.
④ 행위나 동작을 강조할 때 공정행위로 표현할 수 있다.

■ 페어플레이는 보편적인 스포츠윤리라고 할 수 있다.

17 페어플레이에 대한 설명으로 적절하지 않은 것은?

① 선수 개인의 의도나 목적에 따라 변화하는 도덕적 행위이다.
② 규칙 준수, 상대 존중 등 근대적 시민의 도덕규범과 일치한다.
③ 규칙의 준수로서 페어플레이는 행위에 대한 요구와 제재를 의미한다.
④ 패자 앞에서 과도한 승리 세리모니를 하는 것은 규범으로서의 페어플레이를 위반한 것이다.

■ 선수 개개인의 의도와 목적에 따라 변화하면 페어플레이가 아니다.

18 보기의 ㉠, ㉡에 알맞은 용어는?

보기
» (㉠)은/는 스포츠인이 마땅히 지켜야 할 준칙과 갖추어야 할 태도를 의미한다.
» (㉡)은/는 스포츠인이 지켜야 할 정정당당한 행위로서 경쟁자에 대한 배려를 포함한다.
» 이처럼 (㉠)은/는 (㉡)에 비해 보다 일반적이고, 보편적인 윤리규범이라 할 수 있다.

① ㉠ 페어플레이, ㉡ 스포츠맨십
② ㉠ 스포츠맨십, ㉡ 페어플레이
③ ㉠ 규칙준수, ㉡ 페어플레이
④ ㉠ 규칙준수, ㉡ 스포츠맨십

■ **스포츠맨십**은 스포츠인 개인에 대한 것이고, **페어플레이**는 경쟁자에 대한 것이므로 좀더 보편적인 윤리규범이다.

필수문제

19 공정시합에 관한 견해 중 비형식주의에 대한 설명으로 가장 적절한 것은?

① 명확한 판정기준을 제공한다.
② 규제적 규칙의 준수를 강조한다.
③ 구성적 규칙과 규제적 규칙을 준수하면 공정시합은 실현된다고 강조한다.
④ 공정의 개념을 규칙의 준수보다 더 포괄적으로 적용할 것을 제안한다.

■ 경기종목마다 경기를 실천하는 규칙과 관습이 있는데, 관습에는 윤리적인 것도 포함되므로 관습을 잘 지키면 페어플레이로 보는 것이 비형식주의이다.

정답 16 : ③, 17 : ①, 18 : ②, 19 : ④

심화문제

20 형식적 공정에 위배되는 선수의 행위는?

① 실수로 파울을 범한 상대선수를 화난 표정을 지으며 노려보는 행위
② 이기고 있는 팀이 시합종료까지 시간을 끌기 위해 공을 돌리는 행위
③ 경기력 향상을 위해 금지약물을 은밀하게 복용하는 행위
④ 자신의 이익을 위해 심판의 오심을 알고도 묵인하는 행위

■ ①, ②, ④의 행위는 규칙에 정해져 있지 않기 때문에 형식주의의 입장에서는 불공정 행위가 아니다.

21 스포츠의 공정성을 실현하는 방법 중 형식주의(formalism)에 관한 설명으로 옳은 것은?

① 공정성은 스포츠 경기의 공유된 관습을 지키는 것이다.
② 공정성은 구성적 규칙과 규제적 규칙을 모두 준수하면 실현된다.
③ 경기규칙의 준수보다 더 포괄적인 적용과 정당화가 가능한 견해이다.
④ 경기의 관습뿐만 아니라 문서화된 경기규칙을 지켜야 한다.

■ 형식주의에서는 정해져 있는 규칙을 어기지 않고 경기를 하면 페어플레이로 본다.

22 스포츠에서 형식적 공정 유지를 위해 가장 필요한 것은?

① 승리 ② 기술 ③ 행운 ④ 규칙

■ 스포츠경기의 공정성은 예외없이 적용되는 규칙에 의해 이루어진다.

필수문제

23 보기의 내용에 해당하는 반칙은?

> 보기
> A팀과 B팀의 농구 경기는 종료까지 12초가 남았다. A팀은 4점 차로 지고 있고 팀 파울에 걸렸다. B팀이 공을 잡자 A팀의 한 선수가 B팀 선수에게 반칙을 해서 자유투를 유도한 후, 공격권을 가져오려고 한다.

① 의도적 구성 반칙 ② 비의도적 구성 반칙
③ 의도적 규제 반칙 ④ 비의도적 규제 반칙

■ **구성적 규칙** : 특정 스포츠경기의 진행방법을 구성함. 어떤 스포츠를 행하는 목적·수단·공간·시간·용구·용품·평가방법·벌칙 등에 관한 사항
■ **규제적 규칙** : 특정 스포츠경기의 참가자격, 선수 개개인의 행동(예 : 축구에서 시간끌기, 농구에서 고의적인 파울 등) 등을 정해 놓은 것

심화문제

24 스포츠에서 규제적 규칙(regulative rules)을 위반한 행위가 아닌 것은?

① 야구에서 배트에 철심을 넣어 보다 강력한 타격이 나오게 만드는 행위
② 태권도에서 전자호구를 조작하여 타격이 없더라도 점수를 높이는 행위
③ 수영에서 화상자국을 은폐하기 위해 전신수영복을 입고 출전하는 행위
④ 사이클에서 산소운반능력을 높이기 위하여 도핑을 하고 출전하는 행위

■ **구성적 규칙위반**은 그 스포츠게임이 이루어지지 못하도록 위반한 행위이고, **규제적 규칙위반**은 게임 자체는 성립되지만 불공정게임이 되도록 하는 규칙위반이다.
②는 게임 자체가 이루어질 수 없다.

정답 20 : ③, 21 : ②, 22 : ④, 23 : ③, 24 : ②

스포츠윤리

25 보기의 설명에 해당하는 반칙의 유형은?(2024)

보기
» 동기, 목표가 뚜렷하다.
» 스포츠의 본질적인 성격을 부정하는 의미로 해석할 수 있다.
» 실격, 몰수패, 출전 정지, 영구 제명 등의 처벌이 따른다.

■구성적 규칙위반은 경기 자체가 성립되지 못하게 하는 규칙위반이다.
■앞의 23번 문제 참조.

① 의도적 구성 반칙
② 비의도적 구성 반칙
③ 의도적 규제 반칙
④ 비의도적 규제 반칙

26 보기의 (가)에서 A팀의 행동을 지지하는 이론의 제한점을 (나)에서 모두 고른 것은?

■A팀의 감독은 목적론적 윤리의 입장에서 자기팀의 선수들에게 팀 승리를 위해 비윤리적 행위 가담을 지시함.
· ㉠ 목적론적 윤리의 입장에서 목적 달성 여부로 행위의 옳고 그름을 판단.
· ㉢ 목적론적 윤리의 입장에서 경기 중의 규칙 위반이므로 도덕적 당위성을 따질 수 없음.
· ㉤ 목적론적 윤리의 입장에서 개인의 이익보다 공공의 이익을 중시한다. 따라서 목적 달성을 위해서는 개인의 희생은 필수라고 봄.

보기

(가)	A팀과 B팀의 축구 경기 중 경기 종료 20분을 남기고 A팀이 1대0으로 이기고 있었다. 그러나 팀 선수들의 체력은 이미 고갈되었고, B팀은 무섭게 공격을 이어가고 있다. 이때 A팀 감독은 이대로 경기가 진행될 경우 역전당할 위험이 있다고 판단하여 선수들에게 시간을 끌 것을 지시하였다. A팀 선수들은 부상 당한 척 시간을 지연시키는 이른바 침대 축구를 하였고, 결과적으로 A팀이 승리하게 되었다.
(나)	㉠ 결과로 행위를 평가하기 때문에 정의의 문제가 소홀해질 수 있다. ㉡ 도덕규칙 간의 충돌 문제가 발생했을 때 실질적인 도움을 주지 못할 수 있다. ㉢ 일반적인 사실로부터 도덕적인 당위를 추론하지 못할 수 있다. ㉣ 사회 전체의 이익을 제대로 고려하지 못하는 경우가 있다. ㉤ 개인의 이익과 공공의 이익이 충돌할 때 사익(弘益)의 희생을 당연시한다.

① ㉠, ㉡, ㉤ ② ㉡, ㉢, ㉤ ③ ㉠, ㉢, ㉤ ④ ㉠, ㉡, ㉢, ㉣

정답 25 : ①, 26 : ③

27 **보기에서 (가)의 상황과 동일한 윤리적 입장으로 볼 수 있는 내용을 (나)에서 찾아 바르게 묶은 것은?**

보기

(가) 블루팀과 레드팀의 농구경기는 종료까지 2분 남았다. 블루팀은 1점 차이로 뒤지고 있고, 팀 파울에 걸려 있다. 그때부터 블루팀은 의도적인 반칙을 통해, 시간 단축과 더불어 공격기회를 한 번이라도 더 얻기 위해 노력하였다.

(나)
㉠ 팀 승리 및 사기 진작을 위해서는 스포츠에서 용인될 수 있는 행동이다.
㉡ 상대에게 고의적으로 반칙을 하는 행동은 목적 자체가 그릇된 행동이다.
㉢ 팀원뿐 아니라 팀을 위해 응원하는 관중에게 보답하고자 하는 행동이다.
㉣ 형식주의 관점에서 규칙을 위반했기 때문에 정당화될 수 없는 행동이다.

① ㉠, ㉢ ② ㉠, ㉣
③ ㉡, ㉢ ④ ㉡, ㉣

■ (가)는 의도적 반칙 허용에 해당된다. 이것은 스포츠종목별 규칙에 의해 수행하는 선수의 행동 규제를 찬성하는 것이다. 그러나 ㉡, ㉣은 종목별로 적용되는 규칙에 의해 수행하는 개인의 행동에도 반드시 윤리적 규제가 따라야 한다는 입장이다.

28 **보기의 내용을 찬성하는 입장으로 적절하지 않은 것은?**

보기

프로농구 결승전, 경기종료 1분을 앞두고 3점차로 지고 있던 A팀의 선수 '김태풍'은 의도적 반칙을 행한다. 그런데 우리는 종종 반칙을 한 선수에게 비난하기 보다는 뛰어난 선수라며 오히려 칭찬하는 경우를 발견한다.

① 김태풍이 구성적 규칙을 위반한 것이 사실이지만, 규제적 규칙을 위반한 것은 아니다.
② 의도적 반칙은 농구경기의 일부이며, 농구의 본질, 가치를 손상시키지 않는다.
③ 팀의 전략적 능력과 그 전략을 실행하는 선수의 수행능력을 표현한 것이다.
④ 능력에 따라 승패를 결정하는 경기, 즉 경쟁적 스포츠의 윤리에서 벗어난 것이 아니다.

■ 규제적 규칙을 어기면 벌점을 받으면 그만이지만, 구성적 규칙을 어기면 경기 자체가 성립되지 않는다.

정답 27 : ①, 28 : ①

필수문제

29 보기에서 영준과 효지의 윤리적 입장에 대한 설명으로 옳지 않은 것은?

보기
영준 : 승부조작이 발생하는 원인은 모두 개인의 도덕성 결핍에 있다고 생각해.
효지 : 아니야. 윤리적 문제는 스포츠 사회구조나 제도가 정의롭지 않을 때 발생하는 거야.

① 영준은 개인의 도덕적 의지와 책임을 강조하는 입장이다.
② 효지는 문제의 원인이 잘못된 사회제도에 있다고 본다.
③ 영준은 개인의 행동이 사회구조에 의해 결정된다고 본다.
④ 효지는 사회 윤리적 관점, 영준은 개인 윤리적 관점이다.

■영준 : 경기에서 발생하는 승부조작의 원인이 선수 개인의 잘못된 윤리적 판단에 의한 도덕성 결핍에 있다고 보는 개인 윤리적 관점
■효지 : 승부조작의 원인이 잘못된 사회제도에 있다고 보는 사회 윤리적 관점

심화문제

30 선수의 내적 통제를 통해서 승부조작을 최소화할 수 있는 방안은?

① 윤리교육 강화
② 법적 처벌 강화
③ 비디오 판독 시스템 구축
④ 심판의 수 증가

■②, ③, ④는 모두 외적 통제이다.

필수문제

31 에토스(ethos)의 실천으로 적절하지 않은 것은?

① 축구에서 상대 선수가 부상으로 쓰러져 걱정되는 마음에 공을 경기장 밖으로 걷어냈다.
② 배구에서 블로킹할 때 훈련한 대로 네트에 손이 닿지 않도록 주의를 기울였다.
③ 야구에서 투수가 던진 공에 상대팀 타자가 맞아 투수는 모자를 벗어 타자에게 미안함을 표현했다.
④ 농구에서 경기 종료 1분을 남기고, 우리 팀이 큰 점수 차로 이기고 있는 상황에서 감독은 상대를 배려하는 마음에 작전 타임을 부르지 않았다.

■에토스 : 도덕성을 의미함.
②는 스포츠에서 에토스의 실천이 아니라 규칙을 준수하려는 것임.

정답 29 : ③, 30 : ①, 31 : ②

심화문제

32 보기의 괄호 안에 들어갈 용어는?

> 보기
> 축구 경기 중 상대 선수가 부상으로 쓰러졌을 경우, 공을 밖으로 걷어내고 부상자를 돌보는 행위는 (　　　　)을/를 준수한 것이다.

① 경기 규칙　② 스포츠 에토스　③ 규제적 규칙　④ 스포츠 법령

■ 에토스 : 도덕성을 의미함.

33 보기에서 A팀 주장이 취한 윤리적 입장의 난점으로 볼 수 없는 것은?

> 보기
> 프로축구 A팀 감독은 주장을 불러 상대팀 선수에게 의도적 반칙을 하여 부상을 입히라는 작전지시를 내렸다. A팀 주장은 고민 끝에 실행에 옮겼고, 결과적으로 팀의 승리를 가져왔다.

① 결과만 놓고 보면 부상을 입힌 선수의 행위는 옳은 것으로 간주될 수 있다.
② 팀 전체의 이익보다 선수 개인의 이익이 더 중요할 수 있다.
③ 선수가 갖는 상식적이고 보편적인 도덕적 직관과 충돌하는 결론을 이끌어 낼 수 있다.
④ 우리 팀이 행복할 수 있다고 해서 축구경기에 참가한 모든 사람이 행복한 것은 아니다.

■ 선수 개인보다 팀의 승리, 즉 팀 전체의 이익을 더 중요시한 결과이다.

34 스포츠 규칙의 원리로 적절하지 않은 것은?

① 편파성　② 임의성(가변성)　③ 제도화　④ 공평성

■ 스포츠규칙에는 편파성이 있어서는 안 된다.

35 보기에서 나타난 현준과 수연의 공정시합에 관한 관점이 바르게 연결된 것은?

> 보기
> 현준: 승부조작은 경쟁적 스포츠의 본래적 가치를 훼손시키는 행위지만, 경기규칙을 위반하지 않았다면 윤리적으로 문제없는 것이 아닌가?
> 수연: 나는 경기규칙을 위반하지 않았다 하더라도, 스포츠의 역사적 · 사회적 보편성과 정당성 속에서 형성되고 공유된 에토스(shared ethos)에 충실해야 한다고 생각해! 그래서 스포츠의 가치를 근본적으로 훼손시키는 승부조작은 추구해서도, 용인되어서도 절대 안 돼!

	현준	수연		현준	수연
①	물질만능주의	인간중심주의	②	형식주의	비형식주의
③	비형식주의	형식주의	④	인간중심주의	물질만능주의

■ 승부조작은 금전과 같은 '경기 외적 이득'을 얻기 위하여 경기 결과를 미리 정해 놓고 경기 과정을 왜곡시키는 행위이다.
■ **형식주의** : 규칙에 명시된 것만 지키면 된다는 견해.
■ **비형식주의** : 경기 종목마다 규칙뿐만 아니라 지켜야 할 윤리인 관습도 지켜야 한다는 견해.

정답 32 : ②, 33 : ②, 34 : ①, 35 : ②

스포츠와 불평등

스포츠와 성차별

- 고대 그리스의 4대 제전경기에서부터 성차별이 있었다.
- 근대 올림픽이 시작될 때에도 여성의 올림픽 참가를 제한하였다.
- 1972년에 미국에서 Title Ⅸ(인권헌장)이 통과된 이후부터 여성의 스포츠 참가가 확대되기 시작하였다.
- 근대올림픽의 창시자인 쿠베르탱은 여성은 격렬한 운동을 수행하기에 어려운 신체를 가지고 있다는 신념을 가지고 있었기 때문에 여성의 올림픽 참가를 제한하였다. 1972년에 미국에서 Title Ⅸ가 통과되면서부터 여성의 스포츠참가가 확대되기 시작하였다.

스포츠에서 성차별의 원인

- 스포츠에 내재되어 있는 공격성과 경쟁적 요인이 여성에게는 적합하지 않다는 생각
- 여성의 신체는 스포츠활동에 부적합하다는 생각
- 스포츠에 참여하는 여성은 여성스럽지 못하고 매력적이지 못하다는 생각

이것은 모두 편견이다.

여성의 성별 확인 검사 제도

- 남성이 여성으로 출전하는 것을 방지하려고 1968년에 도입(공정성의 문제)
- 검사방법의 신뢰도와 여자선수의 인권문제로 비화
- 남성이라고 판정을 받은 여자선수가 나중에 특이체질의 여성으로 밝혀진 사례도 있음.
- 2000년 시드니올림픽 때부터 여성의 성별 확인 검사를 실시하지 않기로 결정함.

성전환 선수의 윤리 문제

- 스포츠에서 경기력은 노력과 재능이 중시된다.
- 남자가 여자로 성전환 수술을 하면 모든 생리적 기능이 여자가 되는 것이 아니고, 대부분의 생리적 기능은 남자에 더 가깝다. 일부의 생리적 기능과 사회적 기능이 여자일 뿐이다.
- 그런 사람이 여자로 출전하면 불공정하다는 윤리적 문제가 발생한다.

스포츠에서 인종차별

- ☞ 흑인선수가 묘기를 보이면 천부적인 재능이라 하고, 백인선수가 묘기를 보이면 노력과 끈기로 이루어낸 것이라고 한다.
- ☞ 흑인들은 열악한 자연환경 속에서 생존하기 위한 본능적 활동으로 스포츠를 실시하였기 때문에 백인보다 더 잘 할 수밖에 없다.
- ☞ 골프, 테니스, 승마 등 귀족스포츠에는 흑인선수들이 적다.

장애인의 스포츠권

우리나라의 헌법에서 정하고 있는 국민의 천부적 권리인 행복추구권, 평등권, 교육권, 근로권, 환경권, 생존권에 의해서 장애인의 스포츠 참여가 보장되고 있다. 이를 통해 신체적·정신적 재활을 도모할 뿐만 아니라, 문화생활을 향유하고, 건전한 경쟁을 통해서 자기발전과 자아개발을 할 수 있는 권리이다.

우리나라의 장애인스포츠 발달

- ☞ 1988년 서울장애인올림픽 이후부터 크게 발달하였다.
- ☞ 처음에는 보건복지부가 장애인스포츠를 담당하였으나, 나중에는 문화체육부로 이관되었다.
- ☞ 장애인복지체육회가 장애인체육을 담당하는 행정기관이었다.
- ☞ 국민체육진흥법에 근거하여 대한체육회와 똑같은 수준의 대한장애인체육회가 설립되었다.

필수 및 심화 문제

필수문제

01 다음은 스포츠에서 성차별에 관한 설명이다. 옳지 않은 것은?

① 고대 그리스의 4대 제전경기에서부터 성차별이 있었다.
② 근대 올림픽이 시작될 때부터 성차별이 없어졌다.
③ 시드니올림픽 때부터 여성의 성별 확인 검사를 실시하지 않기로 결정되었다.
④ 여자선수의 유니폼을 몸매가 확연히 드러나는 타이즈 형식으로 정하는 것은 일종의 성차별이다.

■근대올림픽의 창시자인 쿠베르탱은 여성은 격렬한 운동을 수행하기에 어려운 신체를 가지고 있다는 신념을 가지고 있었기 때문에 여성의 올림픽 참가를 제한하였다. 1972년에 미국에서 Title Ⅸ가 통과되면서부터 여성의 스포츠참가가 확대되기 시작하였다.

심화문제

02 스포츠에서 여성에 대한 차별이 발생하거나 심화되는 원인으로 볼 수 없는 것은?(2024)

① 생물학적 환원주의
② 남녀의 운동 능력 차이
③ 남성 문화에 기반한 근대스포츠
④ 여성 참정권

■여성의 참정권이 스포츠에서 여성 차별을 심화시키는 원인은 아니다.

03 스포츠에서 성차별을 극복하기 위한 방안으로 볼 수 없는 것은?

① 전통적인 여성상에서 탈피하려는 노력
② 인기 종목 위주의 스포츠보도
③ 남성 선수와의 연봉 불균형 개선
④ 능력에 대한 공정한 평가

■인기 종목 위주로 스포츠를 보도하는 것과 성차별과는 아무런 관련도 없다.

04 스포츠의 성차별에 관한 설명 중 옳지 않은 것은?

① 여성의 스포츠 참여 기회와 권리를 제한하거나 불이익을 주는 제반 행위를 말한다.
② 성역할 고정관념은 스포츠의 제반 영역에서 여성의 참여를 제한하는 논리로 기능해왔다.
③ 미국의 Title Ⅸ는 여성의 스포츠 참여를 활성화하는 계기가 되었다.
④ 근대올림픽의 창시자인 쿠베르탱(P. Coubertin)은 여성의 올림픽 참여를 권장하였다.

■쿠베르탱은 여성의 올림픽 참가를 제한하였다.

정답 01 : ②, 02 : ④, 03 : ②, 04 : ④

05 다음 중 스포츠에 있어서 여성 경기에 관한 과거와 현재의 내용 중 사실과 다른 것은?

① 고대 그리스올림픽에서 여성은 관람은 할 수 있었으나, 참가는 할 수 없었다.
② 근대 올림픽의 부활에 있어서 여성 경기인들의 참여는 제한적이었다.
③ 2012년 런던올림픽에서 여성이 참가하지 못한 종목은 하나도 없었다.
④ 현대 올림픽에는 싱크로나이즈드스위밍이나 리듬체조 등 여성들만 참가할 수 있는 경기종목들이 있다.

■ 고대올림픽에서는 여성의 스포츠 관람도 제한되었다.

필수문제

06 보기에서 주장하는 이론적 입장은?

보기
남성은 여성에 비해 선천적으로 우월한 신체능력을 갖고 태어나기 때문에 신체능력에 크게 의존하는 스포츠에서 남녀차별은 불가피하다.

① 자유주의적 페미니즘 ② 생물학적 환원주의
③ 사회주의적 페미니즘 ④ 여성 보호주의

■ **페미니즘(feminism)** 성별로 인해 발생하는 정치 · 경제 · 사회 문화적 차별을 없애야 한다는 사상.
■ **환원주의(reductionism)** 예를 들어 자연과학이 물리 · 화학 · 생물 등으로 나누어져 있지만 결국에는 가장 근본적인 과학(물리학)으로 통일될 수밖에 없다는 사상. 즉 하나로 단순하게 환원될 수밖에 없다는 생각.
■ **생물학적 환원주의** 생물학적으로 남녀가 구별되어 있고, 근본적으로 남자가 우세하기 때문에 결국에는 남성 우선주의로 환원될 것이라는 사상.

심화문제

07 보기의 대화 내용과 성차별적 인식이 다른 것은?

보기
보연 : 내 친구 수현이는 얼마 전부터 권투를 시작했어. 남자들이나 하는 거친 운동을 여자가 겁도 없이 한다기에 내가 못 하게 적극적으로 말렸어.
지웅 : 잘했어. 여자에게 어울리는 스포츠도 많잖아. 요가나 필라테스처럼 여자에게 어울리는 종목을 추천해줘.

① 여자보다 남자의 근력이 강하기 때문에 권투와 같은 종목은 여자에게 적합하지 않다.
② 남성다움, 여성다움을 강조하는 스포츠 참여를 권장한다.
③ 남자라면 거칠고 투쟁적인 스포츠를 즐겨야 한다.
④ 권투에 참여하는 여성은 여성성을 잃게 되어 매력적이지 않다.

■ 남성과 여성의 근력 차이는 편견이 아닌 사실이다.

08 남자가 성전환 수술을 받아서 여자가 된 다음 스포츠 경기에 여자 선수로 출전하였다면 어떤 원칙에 벗어날까?

① 공정성 ② 경쟁성
③ 예술성 ④ 독립성

■ 남성과 여성의 체력 차이가 크기 때문에 공정성에 어긋난다.

정답 05 : ①, 06 : ②, 07 : ①, 08 : ①

스포츠윤리

필수문제

09 보기의 ㉠~㉢에 들어갈 용어로 바르게 묶인 것은?(2024)

보기
» (㉠) : 생물학적 · 형태학적 특징에 따라 분류된 인간 집단
» (㉡) : 특정 종목에 유리하거나 불리한 인종이 실제로 존재한다는 사고방식
» (㉢) : 선수의 능력 차이를 특정 인종의 우월이나 열등으로 과장하여 차등을 조장하는 것

	㉠	㉡	㉢
①	인종	인종주의	인종 차별
②	인종	인종 차별	젠더화 과정
③	젠더	인종주의	인종 차별
④	젠더	인종 차별	젠더화 과정

■ ㉠ **인종** : 생물학적 · 형태학적 특징에 따라 분류한 인간 집단
■ ㉡ **인종주의** : 인종별 특징에 따라 불평등한 억압을 합리화하는 비과학적 · 비윤리적 사고방식
■ ㉢ **인종차별** : 인종별로 우월성이나 열등성을 과장하여 차별(차등)을 조장하는 사고방식

필수문제

10 스포츠에서 발생하는 인종차별에 해당하는 것은?

① 생물학적 환원주의 ② 지속가능한 발전
③ 게발트(Gewalt) ④ 아파르트헤이트(Apartheid)

■ 아파르트헤이트
· 인종차별 찬성 : 남아프리카공화국의 극단적 인종차별정책(모든 사람을 백인, 흑인, 인도인, 유색인의 4등급으로 나눔)
■ **지속 가능한 발전** 미래세대의 필요충족 능력을 해치지 않으면서 현 세대의 필요성을 충족시킬 수 있는 발전
■ **게발트** : 독일어로 '폭력'을 뜻함

심화문제

11 보기의 괄호에 들어갈 용어로 적절한 것은?

보기
1968년 제19회 멕시코올림픽의 육상 200M 경기에서 1위와 3위로 입상한 미국의 토미 스미스와 존 카롤로스는 시상식에서 검은 장갑, 검은 양말 등으로 (   )에 대해 저항을 표현했다.

① 계급차별 ② 인종차별 ③ 성차별 ④ 장애차별

■ 멕시코 올림픽에서 '검은 장갑' 사건은 인종차별에 대한 저항을 나타낸 대표적 사건이다.

12 스포츠에서 인종차별 극복방안이 아닌 것은?

① 인종을 초월한 실력으로 경쟁 ② 인종에 대한 편견 해소
③ 차별 철폐의 이념과 방법론 ④ 국수주의적 이념으로 전환

■ 다른 민족에 대하여 배타적인 태도를 취하는 국수주의는 인종차별의 극복 방안과는 상반되는 내용이다.

정답 09 : ①, 10 : ④, 11 : ②, 12 : ④

13 스포츠에서 나타나는 인종차별에 대한 내용으로 볼 수 없는 것은?

① 남아프리카공화국에서는 1960년까지 백인선수만 올림픽에 참가하였다.
② 흑인선수의 경기력은 발생학적이고, 백인선수는 후천적 노력의 결과이다.
③ 스포츠에서 인종 간의 승패 여부는 민족적 · 생물학적 의미를 가지지 않는다.
④ 미디어에서는 흑인선수가 수영종목에 적합하지 않은 신체조건을 갖고 있다고 설명한다.

■ 인종차별은 인종적 편견 때문에 민족적 · 생물학적으로 구분하여 차별하는 것이다.

14 보기의 대화 내용에서 나타나는 스포츠에서의 차별에 대한 설명으로 적절한 것은?

보기
아나운서 : A선수의 파워와 스피드, 그리고 순발력 앞에서 아무도 버틸 수 없을 것 같네요.
해설위원 : 맞습니다. A선수는 흑인 특유의 탄력과 유연성뿐만 아니라 파워까지 겸비하고 있기에 지금까지 승승장구해 왔다고 할 수 있지요.
아나운서 : 위원님, 그렇다면 이번 대결에서 B선수는 어떤 방법으로 대처하는 것이 좋을까요?
해설위원 : 아무래도 B선수는 백인들의 장점이라 할 수 있는 냉철한 판단력을 바탕으로 A선수의 허점을 공략하는 것이 가장 좋을 것 같습니다. A선수는 신체능력이 우수한 반면에 심리적으로 약할 가능성이 큽니다.
아나운서 : 저도 그렇게 생각합니다. 신체능력을 극복하는 판단력과 의지, 그것이 백인의 우수성 아니겠습니까?

① 단일 민족에게는 해당되지 않는 문제이다.
② 여성 스포츠에서 성의 상품화는 문제가 될 수 있다.
③ 여성의 스포츠 참여 제한은 차별에 해당하지 않는다.
④ 피부색에 따른 정신적 · 신체적 능력의 차이는 절대적이지 않다.

■ 단순히 피부색만으로 선수의 능력을 평가하는 것은 옳지 않다.

15 보기의 대화에서 나타나는 스포츠 차별은?

보기
영은 : 저 백인 선수는 성공하기 위해서 얼마나 많은 노력과 땀을 흘렸을까.
상현 : 자기를 희생하면서도 끝없는 자기관리와 투지의 결과일 거야.
영은 : 그에 비해 저 흑인 선수가 구사하는 기술은 누구도 가르칠 수 없는 묘기이지.
상현 : 아마도 타고나지 않으면 할 수 없는 거지. 천부적인 재능이야.

① 성차별
② 스포츠 종목 차별
③ 인종차별
④ 장애차별

■ 보기는 백인과 흑인에 대한 고정관념에 기초한 인종차별에 관한 대화이다.

정답 13 : ③, 14 : ④, 15 : ③

스포츠윤리

16 **오늘날 한국 스포츠 현장에는 각 종목에서 하프-코리안 선수들이 증가하고 있는 추세이다. 하프-코리안 선수들의 운동경험에서 나타나는 문화적 적응과정에서 발생하는 갈등요인을 가장 적절하게 표현한 것은?**

■혼혈 한국인을 하프코리안이라고 한다.

① 엄격한 위계질서에 의한 선후배 관계
② 시즌 합숙훈련
③ 새로운 감독의 만남
④ 시즌 경기일정

17 **체육 · 스포츠는 다문화사회에서 사회적 갈등과 비용을 최소화시키기 위한 중요한 정책적 수단이 된다. 다음 중 다문화주의 가치의 합리적 수용성을 담아내는 스포츠 정책으로 적절하지 않은 것은?**

■스포츠와 관계가 있어야 한다.

① 다문화가정의 체육활동 지원
② 이민자 생활체육의 욕구 및 실태조사
③ 다문화가정 자녀 간의 교류 확대
④ 다문화가정의 체육교육 프로그램 개발

필수문제

18 **보기에서 ㉠, ㉡, ㉢, ㉣에 알맞은 용어로 바르게 묶인 것은?**

보기
스포츠에서의 장애차별이란 장애로 인해 스포츠참여의 권리와 기회를 비장애인과 동등하게 누리지 못하는 불평등을 말한다. 장애를 이유로 스포츠 참여를 원하는 장애인에 대한 (㉠), (㉡), (㉢),(㉣)는 기본권의 침해에 해당한다.

	㉠	㉡	㉢	㉣
①	제한	배제	분리	거부
②	권리	의무	추구	자유
③	노동	배제	차별	분리
④	감금	체벌	구속	착취

■장애를 이유로 스포츠 참여를 원하는 장애인에 대한 제한, 배제, 분리, 거부는 기본권의 침해이다.

심화문제

19 **장애차별 없는 스포츠의 조건에 해당하지 않는 것은?**

① 장애인이 원하는 장소와 시간을 확보해야 한다.
② 대회의 참여와 종목의 선택은 감독에게 맡긴다.
③ 활동에 필요한 장비 및 기구의 재정적인 지원이 확보되어야 한다.
④ 다양한 사람과의 관계를 통해 사회성 함양의 기회를 주어야 한다.

■감독이 대회 참여 종목을 선택하는 것은 장애차별 없는 스포츠의 조건이 될 수 없음.

정답 16 : ①, 17 : ③, 18 : ①, 19 : ②

20 장애인 선수들의 인권 향상을 위한 방안으로 적절하지 않은 것은?

① 장애인 국가대표 선수단 역시 훈련에 필요한 안정적인 지원이 확보되어야 한다.
② 장애인 선수들에게 비장애인과 동일한 훈련량과 지도방법을 적용해야 한다.
③ 인권에 대한 문제는 예방이 중요하므로 지속적인 예방 교육과 더불어 홍보가 필요하다.
④ 장애인 선수들의 접근과 이용이 불편하지 않도록 시설 확충과 설계가 이루어져야 한다.

■장애인 선수에게 비장애인 선수와 동일한 훈련량과 지도방법을 적용해서는 안 된다.

필수문제

21 장애인의 스포츠권에 대한 설명으로 옳지 않은 것은?

① 스포츠에서 장애차별이란 장애로 인해 스포츠참여의 권리와 기회를 비장애인과 동등하게 누리지 못하는 불평등을 말한다.
② 우리나라에서는 장애인이 체육에 참여할 권리에 관한 규정이 아직 마련되어 있지 않다.
③ 장애인의 스포츠권은 장애인의 기본적인 권리의 충족 이후가 아니라 동시에 보장되어야 한다.
④ 장애를 이유로 스포츠 참여를 원하는 장애인에 대한 제한, 배제, 분리, 거부는 기본권의 침해에 해당한다.

■우리나라는 국민체육진흥법에 장애인의 스포츠권이 명시되어 있어서 장애인과 비장애인이 법적으로는 완전히 동등하다.

심화문제

22 장애인의 스포츠활동 참여를 어렵게 만드는 요인이 아닌 것은?

① 장애인의 접근이 어려운 지역사회 스포츠시설
② 장애인에 대한 이해와 교수방법이 부족한 지도자
③ 동료참여자들의 편견과 부정적 시선
④ 장애인스포츠 관련 법 규정의 부재

■**장애인의 스포츠참여 활성화 방안**
· 장애인 생활체육 프로그램 확대
· 장애인을 위한 공공체육시설 확충
· 특수체육 지도자 양성 및 배치
· 장애인 스포츠클럽 지원

23 장애인의 스포츠 참여를 지원하는 방법으로 적절하지 않은 것은?

① 장애인이 접근 가능한 장소의 확보
② 활동에 필요한 장비 및 기구의 안정적 지원
③ 비장애인과의 통합수업보다 분리수업 지향
④ 일회성 체험이 아닌 지속적인 클럽활동 보장

■장애를 이유로 제한·배제·분리·거부 등으로 장애인을 불리하게 대하는 것은 약칭 '장애인차별금지법' 위반이다.

정답 20 : ②, 21 : ②, 22 : ④, 23 : ③

CHAPTER 04 스포츠에서 환경과 동물윤리

환경윤리란

☞ 사람들은 인간을 포함한 생명체 및 무생물, 자연에 대하여 일정한 태도와 인식을 갖는다. 그것을 자연관 또는 생명관이라고 한다.

☞ 생태계와 환경의 파괴에 직면한 인류가 생명의 가치와 자연물의 가치를 높일 수 있는 환경친화적이고 생태지향적인 규범을 설정할 가능성과 타당성을 연구하는 것이 환경윤리학 또는 생태윤리학이다.

☞ 기존에 있던 규범적 이론과 원칙을 확대하여 동물보호, 자연보호, 환경보호의 원칙을 세우고, 나아가서 올바른 환경도덕적 의사결정을 위한 환경윤리 교육의 이론적 토대를 만드는 것이 그 목적이다.

스포츠에 적용 가능한 환경윤리학의 이론

가토 히사타케 (加藤尙武)	타인에게 해를 입힐 가능성, 세대 간의 윤리, 완전한 보존의무 등을 원칙으로 함.
레오폴드 (L. Leopold)	토지 이용 시에는 경제적 측면뿐만 아니라 윤리적 · 미적 관점도 고려해야 함.
한스 요나스 (H. Jonas)	» 환경 문제를 해결하려면 과거와는 다른 새로운 책임이라는 개념이 필요함. » 개인적으로 하면 환경문제의 해결은 어렵기 때문에 공동체나 지구 전체를 기반으로 공동책임 · 일방적 책임 · 세대 간 책임이라는 통시적(通時的) 책임론이 필요함.
네스(심층생태주의) (A. Nases)	» 모든 유기체는 태생적으로 생명의 연결망에 연결되어 있음. » 환경오염 예방이나 경제개발의 속도 조절과 같은 피상적인 방법이 아닌 사고방식 자체를 바꿔야 함.

환경윤리학적 관점

1 인간중심주의

☞ 인간에게만 본질적 가치를 부여하고 인간 이외의 존재에게는 도구적 가치만을 부여한다.

☞ 고대에서 근대까지의 인간중심 주의에서는 자신이 속해 있는 집단의 구성원(서양인)만을 인간으로 보았다.

☞ 현대 인간중심주의에서는 인간을 협소하게 보지 않고 동 시대의 모든 인간뿐만 아니라 미

래의 인간까지도 한 집단의 구성원으로 볼 뿐만 아니라 전 세계인을 인간으로 본다.

☞ 자연파괴, 종의 멸망 등은 모두 인간의 책임이고, 인간에 의해서만 해결될 수 있다고 본다.

☞ 스포츠는 자연 친화적인 활동이 아니라 자연 파괴적인 활동이다. 특히 골프, 스키, 등산 등과 같은 스포츠는 자연 파괴를 가속화시킨다.

2 자연(생명)중심주의

☞ 인간을 자연의 지배자로 보지 않고 자연의 만물 가운데 하나로 본다. 즉 인간과 인간 이외의 만물은 평등한 관계이고 동반자의 관계이다.

☞ 그것을 깨닫기 위해서는 인간중심적인 억견(억지 생각)에서 벗어나야 한다.

☞ 테일러(T. Taylor)의 자연(생명)중심주의에서 주장하는 생태윤리의 4가지 행위규칙(의무)

» 비상해의 규칙……생명체를 해치지 말아야 한다.

» 불간섭의 규칙……생태계가 자유롭게 발전하는 데 제한을 가하지 말아야 한다.

» 신뢰의 규칙……야생동물들을 기만해서 그들의 인간에 대한 신뢰를 훼손해서는 안 된다.

» 보상적 정의의 규칙……인간과 다른 생명체 간에 정의의 균형이 깨졌을 때 그것을 회복시키려고 인간이 노력해야 한다.

☞ 투우 · 투견 · 경마는 물론이고, 자연스포츠도 금지되어야 한다.

인간중심주의와 자연중심주의는 모두 정복 아니면 복종이라는 양자택일 식의 논리이다. 그러므로 인간의 욕구와 자연의 욕구가 온전히 보존될 수 있는 제3의 길을 찾아야 한다.

지속 가능한 스포츠의 발전을 위해서 준수해야 할 3가지 계율

필요성의 계율	새로운 스포츠 시설을 건립할 때에는 필요성을 따져봐야 한다. 동식물을 포함한 다수에게 이익을 주는가?
역사성의 계율	인간뿐 아니라 자연도 역사를 가지고 있다. 자연의 역사성을 존중해주어야 한다.
다양성의 계율	인간과 자연의 공존을 위해서 자연의 다양성이 보존될 수 있도록 노력해야 한다. 공존은 다양성의 보존 위에서만 가능하기 때문이다.

종차별

1 종차별주의

☞ 자신이 속한 종은 옹호하고, 다른 종은 배척하는 것.

☞ 인간이 신의 피조물 중에서 으뜸이고, 다른 동물들을 지배할 수 있는 권한을 신으로부터 부여받았다고 주장하는 것.

☞ 동물이나 무생물은 도덕적 의무가 없기 때문에 도덕적 지위도 없다고 주장하는 것.

☞ 인간의 소유물인 동물이나 식물은 도덕적 지위를 가지고 있는 인간이 주인이기 때문에 보호받아야 한다고 생각하는 것(주인이 없는 개는 함부로 죽여버려도 된다는 말인가?)

2 반종차별주의

☞ 종차별을 반대하지만, 동물과 인간이 평등하다는 것은 아니다.

☞ 인간은 각각 차이가 있듯이 동물도 차이가 있으므로 거기에 합당한 대우를 받아야 한다.

☞ 쾌락과 고통을 느낄 수 있는 종은 이익을 고려해야 하고, 쾌락에 비하여 고통이 적게 해야 할 의무가 있다.

☞ 개를 발로 차면 안 되지만, 돌은 발로 차도 괜찮다.

3 종차별주의와 스포츠

☞ 스포츠활동에 이용되고 있는 모든 동물들은 종차별주의의 희생 양이다.

※ 싱어(P. Singer)는 "이익평등 고려의 원칙(인간과 동물을 동등하게 대우해야 함)"을 주장하였음.

종차별의 종류

동물들을 경쟁활동의 도구로 이용	승마와 같은 스포츠, 전쟁에서 동물을 이용하는 것, 동물 간의 싸움(소싸움, 개싸움 등)
동물들을 유희도구로 사용	수렵, 낚시, 서커스, 투우
동물들을 연구도구로 사용	흰쥐, 고양이, 원숭이

동물실험 윤리(3R = replace, reduce, refinement)

고양이와 같은 동물을 실험에 이용할 수밖에 없지만, 다음과 같은 3가지 원칙을 지켜야 한다.

대체의 원칙	인간 대신에 동물, 고등동물 대신에 하등동물, 하등동물 대신에 식물이나 무생물을 실험재료로 사용할 것을 권장함.
축소의 원칙	실험에 동원되는 동물의 숫자를 최소화 할 것을 권장함.
순화(개선)의 원칙	동물의 고통이 적도록 하고, 살아 있는 동안은 상응한 대우를 권장함.

필수 및 심화 문제

필수문제

01 부올레(P. Vuolle)는 스포츠와 자연의 관계를 기준으로 스포츠환경을 순수환경, 개발환경, 시설환경으로 구분하였다. 이 중 개발환경에 해당하는 스포츠는?

① 카누, 등산, 요트
② 역도, 유도, 탁구
③ 골프, 야구, 테니스
④ 윈드서핑, 스키, 체조

■ 부올레의 환경의 3가지 범주
· **개발환경** : 자연환경을 변화시켜 만든 스포츠환경. 골프, 야구, 테니스, 실외 수영장 등 야외활동이 가능한 곳.
· **순수환경** : 공원, 카누, 등산, 요트 등이 가능한 곳.
· **시설환경** : 실내체육관(유도장, 역도장 등), 아이스링크 등이 가능한 곳.
④는 섞여 있다.

심화문제

02 다음 중 틀린 것은?

① 스포츠시설 등이 있어야 하므로 스포츠는 자연파괴자이다.
② 도시의 공기가 나빠졌기 때문에 멀리 야외까지 나가서 운동을 해야 하므로 스포츠는 환경오염의 피해자이기도 하다.
③ 등산 등 야외활동을 하는 것은 자연친화적이다.
④ 인간중심주의적 사고와 자연중심주의적 사고를 적절히 조화시키는 것이 환경오염 문제를 해결할 수 있는 방법이다.

■ 등산이 자연친화적인 것처럼 느껴지지만 실제로는 자연을 파괴하는 활동이다.

03 스포츠 활동에 참여하고 스포츠 이벤트를 개최하는 데 있어 발생할 수 있는 환경적 이슈가 아닌 것은?

① 생물다양성 보존　　② 생태계 보호
③ 스포츠시설의 대중화　　④ 문화유산의 안전보호

■ 스포츠의 대중화는 있어도 스포츠시설의 대중화는 없다.

04 스포츠에 적용 가능한 환경윤리와 거리가 먼 것은?

① 실용주의　② 인간중심주의　③ 자연중심주의　④ 인간과 자연의 공존

■ 실용주의는 환경윤리와 아무런 관계가 없다.

05 다음 중 환경윤리에 대한 설명으로 적절치 못한 것은?

① 기암괴석이 아름답다고 보는 것은 자연관이다.
② 돌맹이는 생명이 없으므로 인간이 아무렇게나 해도 된다고 보는 것은 자연관이다.
③ 환경친화적이고 생태지향적인 규범을 설정하려고 하는 것은 환경윤리학이다.
④ 환경윤리교육의 이론적 토대를 마련하려고 하는 것은 환경교육학이다.

■ 기암괴석이 아름답다고 보는 것은 미적 감각이다.

정답　01 : ③, 02 : ③, 03 : ③, 04 : ①, 05 : ①

06 보기의 대화에서 스포츠와 환경윤리에 대한 견해가 다른 사람은?

■실내환경 관련 발언 : 지영
■야외환경 관련 발언 : 우준, 경태, 관훈

> 보기
> 우준 : 우리 집 근처에 스키장이 생겼으면 좋겠어. 나는 스키가 좋은데, 스키장이 너무 멀어서 불편해.
> 경태 : 스키장 건설은 환경을 파괴하는 행위야. 그래서 나는 환경파괴가 없는 서핑이 좋더라.
> 관훈 : 서핑은 환경파괴가 없는 거야? 나는 잘 모르겠어. 그냥 나는 그런 것보다 동물과 함께하는 것이 좋아. 그래서 주말에 승마를 하러 가.
> 지영 : 나는 쾌적한 환경에서 운동하는 게 좋더라. 그래서 집 앞 센터에서 요가를 하고 있어. 나는 실내운동이 좋아.

① 우준 ② 경태 ③ 관훈 ④ 지영

필수문제

07 보기의 (가)에서 환경단체의 입장과 관련이 있는 주장을 (나)에서 모두 고른 것은?

■환경단체는 인간도 생태계의 구성원으로 보는 생태공동체의식에 바탕을 두므로 자연환경도 사람처럼 소중히 여겨야 한다고 하였다.

보기

(가)	평창올림픽 활강경기장 건립을 둘러싸고 환경단체로부터 반대의 의견이 나오게 되었다. 가리왕산은 활강경기의 특성상 최적의 장소이지만 이곳은 산림자원 보호구역으로 지정된 곳이었기 때문이다. 올림픽으로 얻어지는 경제적 효과를 강조하는 측과 산림의 가치를 경제적으로 환산할 수 없다는 환경단체의 입장이 팽팽히 맞서고 있다.
(나)	㉠ 인간을 소중히 여기는 마음으로 자연환경도 소중히 대한다. ㉡ 효율성의 극대화를 목표로 하는 경제학을 추구한다. ㉢ 인간도 생태계 구성원으로 보는 생태 공동체 의식을 기른다. ㉣ 인간의 사용 가치에 비례하여 자연의 가치를 평가한다.

① ㉠, ㉡ ② ㉡, ㉢ ③ ㉢, ㉣ ④ ㉠, ㉢

심화문제

08 스포츠가 야기하는 환경오염과 거리가 먼 것은?

■수익의 증가와 환경오염은 관련이 거의 없다.

① 스포츠 활동에 의한 오염
② 스포츠 시설에 의한 오염
③ 자연 스포츠의 증가
④ 스포츠 수익의 증가에 의한 오염

정답 06 : ④, 07 : ④, 08 : ④

필수문제

09 보기는 환경윤리학의 두 관점인 인간중심주의(anthropocentrism)와 자연중심주의(ecocentrism)에 대한 설명이다. 옳은 내용을 모두 고른 것은?

보기
㉠ 인간중심주의에서는 자연이 인간을 위해서 있는 것이라고 본다.
㉡ 자연중심주의에서는 자연이 인간의 일부분일 뿐이라고 본다.
㉢ 현대 인간중심주의에서는 동 시대의 모든 인간뿐만 아니라 미래의 인간까지 한 집단의 구성원으로 본다.
㉣ 현대 자연중심주의에서는 인간과 자연을 평등한 것으로 본다.

① ㉠, ㉣ ② ㉠, ㉢ ③ ㉡, ㉣ ④ ㉡, ㉢

■ **인간중심주의**에서는 자연이 인간을 위해 있다고 본다. **자연중심주의**에서는 인간과 자연을 평등하다고 보지 않고 오히려 인간이 자연의 목적에 무조건 따라야 한다고 본다.

심화문제

10 환경문제를 해결하기 위해서 생명 중심주의 윤리가 제시한 4가지 의무에 해당되지 않는 것은?

① 신의의 의무 ② 불간섭의 의무 ③ 불침해의 의무 ④ 치료의 의무

■ 치료의 의무가 아니고 보상적 정의의 의무이다. 보상적 정의의 의무란 앞의 3가지 의무가 지켜지지 않았을 때 인간이 동물에게 그것을 보상할 수 있는 무엇을 해야 한다는 것이다.

필수문제

11 보기에서 (가)의 문제를 해결하기 위해 생명중심주의 입장에서 (나)를 제시한 학자는?(2024)

보기

(가)

스포츠에서 환경문제가 발생하는 근본 원인은 스포츠의 사회 문화적 가치와 환경 혹은 자연의 보전 가치 사이의 충돌이다.

(나)

» 불침해의 의무: 다른 생명체에 해를 끼쳐서는 안 된다.
» 불간섭의 의무: 생태계에 간섭해서는 안 된다.
» 신뢰의 의무: 낚시나 덫처럼 동물을 기만하는 행위를 해서는 안 된다.
» 보상적 정의의 의무: 부득이하게 해를 끼친 경우 피해를 보상해야 한다.

① 테일러(P. Taylor) ② 베르크(A. Berque)
③ 콜버그(L. Kohlberg) ④ 패스모어(J. Passmore)

■ Taylor는 생명중심주의(자연중심주의) 윤리학자이다. 그는 모든 생명체는 목표지향적인 삶의 중심체라고 정의하면서 인간이 행해야 할 4가지 의무(문제에 있는 4가지 의무)를 주장하였다.
· 비상해(불침해)의 규칙 : 생명체를 해치지 말아야 한다.
· 불간섭의 규칙
· 신뢰의 규칙
· 보상적 정의의 규칙

정답 09 : ②, 10 : ④, 11 : ①

스포츠윤리

■ 지속 가능한 스포츠의 발전을 위해서는 불필요한 시설은 하지 말 것(**필요성의 계율**), 자연의 역사성을 존중할 것(**역사성의 계율**), 자연의 다양성을 유지하려고 노력할 것(**다양성의 계율**).

필수문제

12 지속 가능한 스포츠의 발전을 위해서 준수해야 할 3가지 계율이 아닌 것은?

① 확장성의 계율 ② 필요성의 계율 ③ 역사성의 계율 ④ 다양성의 계율

■ 보기는 피터 싱어(P. Singer)가 주장하는 동물윤리에 관련된 내용으로, 감각을 가진 모든 생명체의 이익이 동등하게 고려되어야 한다는 주장이다.

필수문제

13 보기의 (가)에 해당하는 윤리적 관점에서 제기할 수 있는 (나) 상황의 문제점으로 가장 적절한 것은?

보기

(가) 만약 한 존재가 고통이나 행복이나 즐거움을 느낄 수 없다면, 고려해야 할 것은 아무것도 없다. 이러한 것이 타자의 이익을 고려할 때, '쾌고감수능력'이라는 기준이 유일하게 옹호되는 이유이다.

(나) 경마(競馬)는 일정 거리를 말을 타고 달려 그 빠르기를 겨루는 경기이다. 이를 위해 말들은 자신의 의지와 무관하게 고통스러운 훈련을 받고 비좁은 축사에 갇혀 살아가게 된다.

① 동물도 이익에 맞는 동등한 대우를 받아야 한다.
② 모든 생명이 지니고 있는 고유한 가치를 존중해야 한다.
③ 인간의 생존을 위해 동물을 더욱 효율적으로 사육해야 한다.
④ 생태계 전체의 이익을 고려하여 그들의 정체성을 존중해야 한다.

■ 피터 싱어는 쾌락을 극대화하고 고통을 최소화하는 능력은 어떤 존재가 이익을 갖는다고 할 때 필요충분조건이며, 어떤 존재가 고도의 사고능력을 가지고 있는가보다는 고통이나 쾌감을 느낄 수 있는가가 더욱 중요하다고 주장하였다. 이러한 원칙에 입각하여 인간을 우대하고 동물을 차별하는 태도는 종차별주의라고 비판하였다.

심화문제

14 보기와 같은 원칙과 이를 주장한 사람을 바르게 짝지은 것은?

보기
쾌락을 극대화하고, 고통을 최소화하는 것은 감각을 가진 모든 생명체의 이익에 동등하게 고려되어야 한다. 따라서 인간뿐 아니라 감각을 가진 동물도 도덕적 배려의 대상이 되어야 한다.

① 동물학대 금지의 원칙 : 플라톤
② 이익평등 고려의 원칙 : 피터 싱어
③ 인간종족 배려의 원칙 : 베이컨
④ 쾌락과 고통의 평등원칙 : 제레미 벤담

정답 12 : ①, 13 : ①, 14 : ②

15 고통을 느낄 수 있는 존재는 모두 도덕적 고려의 대상이 되어야 한다고 주장함으로써, 동물학대 가능성이 있는 스포츠 종목의 폐지 당위성을 제시한 윤리학자는?

① 싱어(P. Singer)
② 베르크(A. Berque)
③ 레오폴드(A. Leopold)
④ 패스모어(J. Passmore)

필수문제

16 보기의 내용과 연관된 학자의 이론으로 적절하지 않은 것은?

보기
자연중심주의 환경윤리는 환경에 있어서 도덕적 고려의 대상을 자연의 생명체를 포함한 생태계 전체로 확대할 것을 주문한다. 이런 점에서 보면 동물 스포츠라 불리는 스페인의 투우, 한국의 전통 민속놀이인 소싸움 등은 동물을 인간의 오락 대상으로 삼았다는 점에서 윤리적으로 허용되기 어렵다.

① 네스(A, Naess)의 심층적 생태주의
② 베르크(A, Berque)의 환경윤리
③ 슈바이처(A, Schweitzer)의 생명중심주의
④ 레오폴드(A, Leopold)의 대지윤리

■ **네스**(심층적 생태주의) : 환경오염 예방이나 경제개발 속도조절 등의 피상적 방법이 아닌 모든 유기체를 본래 생명의 연결망 속에 두어야 한다.
■ **베르크**(인간중심 주의/종차별주의) : 인간과 환경을 연결하는 존재론적 혁명은 모든 사람의 기본적인 안전지속 가능성의 조건이다.
■ **슈바이처**(생명의 외경) : 모든 생명을 존중하는 생명중심주의를 주장하였다.
■ **레오폴드**(대지윤리) : 생물과 무생물이 공존하는 대지에도 도덕적 작위를 부여해야 한다.

필수문제

17 보기의 대화에서 '윤성'의 윤리적 관점은?(2024)

보기
진서 : 나 어젯밤에 투우 중계방송 봤는데, 스페인에서 업청 인기더라구! 그런데 동물을 인간오락의 대상으로 삼는 것은 윤리적으로 허용될 수 없는 거 아니야?
윤성 : 난 다르게 생각해! 스포츠 활동은 인간의 이상을 추구하기 위한 것이고, 그 이상의 실현을 위해 동물은 수단으로 활용될 수 있는 거 아닐까? 승마의 경우 인간과 말이 훈련을 통해 기량을 향상시키고 결국 사람 간의 경쟁에 동물을 도구로 활용한다고 볼 수 있잖아.

① 동물해방론
② 동물권리론
③ 종차별주의
④ 종평등주의

■ 종차별주의 → p. 57 참조.

정답 15 : ①, 16 : ②, 17 : ③

필수문제

18 보기의 설명 중 틀린 내용을 모두 고른 것은?

보기
㉠ 승마는 말을 소중하게 다루므로 동물 학대가 아니다.
㉡ 개싸움은 법으로 금지되어 있지만 소싸움은 법으로 권장되고 있으므로 소싸움은 스포츠의 종차별주의와 관련이 없다.
㉢ 물고기를 잡았다가 다시 놓아주면 종차별주의와 관련이 없다.
㉣ 동물실험 윤리위원회에서 동물실험을 제한하는 여러 가지 기준을 정한 것은 동물을 보호하려는 것이다.

① ㉠, ㉡, ㉢ ② ㉡, ㉢, ㉣ ③ ㉡, ㉢ ④ ㉠, ㉡, ㉢, ㉣

심화문제

19 다음 동물스포츠 중에서 그 형식이 다른 것은?

① 경마 ② 승마 ③ 폴로 ④ 투우

필수문제

20 보기는 동물윤리에 대한 설명이다. 옳은 것을 모두 고른 것은?

보기
㉠ 동물을 무분별하게 억압하고 가혹한 처우를 하는 것이 잘못이라고 주장하는 것은 반종차별주의이다.
㉡ 인간이 신의 피조물 중에서 으뜸이고, 다른 동물들을 지배할 수 있는 권한을 신으로부터 부여받았다고 주장하는 것은 종차별주의이다.
㉢ 주인 없는 개를 발로 차는 것이 도덕적으로 문제가 없다고 주장하는 것은 종차별주의이다.
㉣ 종차별을 반대하는 것이 반종차별주의이므로 반종차별주의에서는 인간과 동물이 평등하다고 본다.

① ㉠, ㉡ ② ㉡, ㉢ ③ ㉢, ㉣ ④ ㉠, ㉣

심화문제

21 동물실험의 윤리적인 대안인 3R에 해당되지 않는 것은?

① 순화(refine) ② 축소(reduce) ③ 재생(recycle) ④ 대체(replace)

정답 18 : ④, 19 : ④, 20 : ②, 21 : ③

■㉠ 말을 소중하게 여기더라도 동물 학대이다.
㉡ 종차별주의나 반종차별주의는 도덕 또는 윤리적인 문제이지 법적인 문제가 아니므로 종차별주의와 관련이 있다.
㉢ 물고기가 잡힐 때 괴로운 것은 생각하지 않고 인간만 즐기려는 것이므로 종차별주의이다.
㉣ 동물실험을 제한하는 것은 동물을 보호하려는 것이 아니라 동물에 대한 인간의 도덕을 지키려는 것이다.

■사람과 동물의 교감과 호흡을 바탕으로 이루어지는 경기 vs 동물과 사람의 대결로 이루어지는 경기

■㉠ 적당히 억압하거나 동물에게 약간 불리한 행동을 하는 것은 괜찮다는 것이므로 종차별주의이다.
㉡ 인간이 동물을 지배할 수 있는 권한을 부여받았다는 것은 종차별주의이다.
㉢ 설명과 반대로 주인이 있는 개를 발로 차면 도덕적으로 문제가 된다는 것이므로 개는 주인의 소유물이다. 그러므로 종차별주의이다.
㉣ 인간이 서로 차이가 있듯이 동물과 사람은 처음부터 차이가 있으므로 동물들에게 그 차이에 걸맞은 대우를 해주어야 한다는 것이 반종차별주의이다.

■동물의 고통이 적도록 순화해야 하고, 실험에 이용되는 동물의 수를 축소해야 한다. 가능하면 하등동물이나 식물로 대체해야 하지만, 한 번 실험에 이용한 동물을 다시 이용하라는 **재생**은 없다.

스포츠와 폭력

인간사회에서 폭력이 생기는 원인

플라톤	인간의 본능적 기질에서 나온다.
아리스토텔레스	절제되지 못한 분노가 폭력의 원인이다.
로렌츠	동물적인 본능 때문이다.
마르크스	정당하지는 않지만 필연적으로 폭력이 나올 수밖에 없다(국가권력을 위한 폭력).
한나 아렌트	아무런 생각 없이 시키는 대로 하거나, 이전에 하던 대로 하는 것이 폭력의 원인이다(악의 평범성).
푸코	위계질서와 같은 규율을 가장하여 권력이 생산되고, 그 권력의 행사가 폭력으로 변질될 수 있다(규율과 권력).

스포츠와 폭력의 관계

- 스포츠는 인간의 근원적 욕구인 폭력성을 발산하고 구체화시키는 도구의 역할을 한다.
- 스포츠는 모의적인 폭력이 사회적으로 인정받고 관습으로 표현되는 영역이다.
- 스포츠는 자기통제를 요구하는 구성적 장치와 규제적 규범을 통해서 인간의 폭력성을 제한하고 있다.

스포츠에서 공격성이 나타나는 원인

- 자신의 한계를 넘어서고자 하는 도전정신에서 비롯되었다.
- 자신의 탁월성을 드러내고자 하는 시도에서 비롯되었다.
- 인간의 원초적인 욕망과 살아온 환경으로부터 습득된 것이다.

스포츠의 폭력성에 대한 설명

- 인간의 공격욕구를 순치하기 위한 문화이다.
- 과녁이나 골대는 인간의 공격욕구를 해소하기 위한 상징적 장난감이다.
- 스포츠의 투쟁과 공격은 규칙에 의해서 인간의 폭력성이 통제될 때에만 의미가 있다.

스
포
츠
윤
리

격투스포츠에 대한 윤리적인 평가

☞ 선수들의 폭력성뿐만 아니라 관중들의 폭력성도 증가시킬 수 있다.
☞ 격투스포츠를 인간 수양의 도구로 볼 수도 있다.
☞ 격투스포츠는 인간의 공격성을 정화시키는 역할도 한다.

스포츠폭력

☞ 스포츠경기나 스포츠와 관련해서 남에게 상해를 입히거나 파괴적인 행동을 보이는 것.
☞ 승리지상주의 때문에 스포츠폭력이 발생하고, 반사회적 행위로 변질되거나 학생들이 폭력성을 학습할 수도 있기 때문에 문제가 된다.
☞ 아무런 생각 없이 시키는 대로 하거나, 이전에 하던 대로 하는 것이 스포츠폭력의 원인이다(악의 평범성).
☞ 위계질서와 같은 규율을 가장하여 권력이 생산되고, 그 권력의 행사가 스포츠폭력으로 변질된다(규율과 권력).
☞ 스포츠폭력을 개인적 폭력과 도구적 폭력으로 구분한다.
» 개인적 폭력……경기 중에 분노했을 때 충동적으로 표출되는 스포츠폭력
» 도구적 폭력……개인적 감정과 무관하게 팀의 승리를 위한 수단으로 스포츠폭력을 행사하는 것

관중폭력의 원인

☞ 군중의 일원이 되었을 때 군중의 지배적인 분위기에 휩싸여 공격적이고 파괴적인 행동을 하기 쉽다.
☞ 비교행동학에서는 관중폭력을 인간의 패거리짓기 성향에서 비롯된 것으로 본다.
☞ 개별성과 책임성이 없는 구성원에 의해서 일어난다.
☞ 선수들의 폭력이 관중들의 동조의식을 불러일으켜 관중들의 난동으로 발전한다.
☞ 경쟁의식·배타적 응원 등이 원인이 되고, 선수 간의 신체접촉이 많은 경기일수록 많이 일어난다.

훌리거니즘(hooliganism)

☞ '관중'과 '팬의 무질서'를 합해서 만든 단어이다.
☞ 자기들이 응원하는 팀을 빌미로 폭력을 조장한다.
☞ 자기가 응원하는 팀이 무조건적으로 이기기를 바라기 때문에 생긴다.

필수 및 심화 문제

필수문제

01 폭력을 설명한 학자의 개념과 그에 대한 설명으로 잘못 연결된 것은?

① 푸코(M. Foucault)의 규율과 권력 - 스포츠계에서 위계적 권력 관계는 폭력으로 변질되어 작동된다.
② 홉스(T. Hobbes)의 폭력론 - 자기가 좋아하는 운동선수의 폭력을 따라하게 되듯이 인간 폭력의 원인을 공격 본능이나 자연 상태가 아닌 모방적 경쟁 관계라 주장한다.
③ 아리스토텔레스(Aristotle)의 분노 - 스포츠 현장에서 인간 내면의 분노 감정에서 시작된 폭력은 전용되고 악순환을 반복하는 경향이 있다.
④ 아렌트(H. Arendt)의 악의 평범성 - 스포츠계에서 폭력과 같은 잘못된 관행에 복종하는 데 익숙해진 나머지 이를 지속시키는 데 기여한다.

■ 폭력을 성찰하는 이론
- 아리스토텔레스 : 분노
- 푸코 : 규율과 권력
- 아렌트 : 악의 평범성
- 홉스 : 만인의 만인에 대한 투쟁
- 로렌츠 : 동물적인 본능
- 플라톤 : 인간의 본능적 기질
- 마르크스 : 국가 권력
- 지라르 : 모방적 경쟁

필수문제

02 보기에서 스포츠에서 발생하는 폭력의 것만을 모두 고른 것은?(2024)

보기
ㄱ. 직접적 폭력은 가시적, 파괴적이다.
ㄴ. 직접적 폭력은 상해를 입히려는 의도가 있는 행위이다.
ㄷ. 구조적 폭력은 비가시적이며 장기간 이루어진다.
ㄹ. 구조적 폭력은 의도가 노골적이지 않지만 관습처럼 반복된다.
ㅁ. 문화적 폭력은 언어, 행동양식 등의 상징적 행위를 통해 가해진다.
ㅂ. 문화적 폭력은 위해를 '옳은 것'이라 정당화하여 '문제가 되지 않게' 만들기도 한다.

① ㄱ, ㄷ, ㅁ　　② ㄱ, ㄷ, ㄹ, ㅂ
③ ㄱ, ㄴ, ㄷ, ㄹ, ㅁ　　④ ㄱ, ㄴ, ㄷ, ㄹ, ㅁ, ㅂ

■ 직접적 폭력 : 상해를 입히기 위해 하는 가시적 · 파괴적 행위
■ 구조적 폭력 : 직접적 폭력처럼 가시적이지는 않지만, 장기간 관습처럼 반복되는 행위
■ 문화적 폭력 : 언어 · 행동양식과 같은 상징적 행위를 통해 가해지며, '옳다'고 정당화시켜 문제가 되지 않게 하는 행위

정답 01 : ②, 02 : ④

스포츠윤리

필수문제

03 보기의 폭력에 관한 설명과 관계 깊은 사상가는?

보기

» 학교 스포츠에서 선수에게 폭력을 가하는 감독도 한 가정의 평범한 가장이다.
» 운동 중 체벌을 가하는 것은 좋은 성적을 거두어야 하는 감독의 직업적 행동이다.
» 후배들에게 체벌을 가한 것은 감독의 지시에 따른 행동으로 나의 책임이 아니다.
» 폭력은 괴물이나 악마처럼 괴이한 존재가 아니라 평범한 일상 속에 함께 있다.
» 악(폭력)을 멈추게 할 유일한 방법은 생각과 반성이다.

① 뒤르켐(E. Durkheim) ② 홉스(T. Hobbes)
③ 지라르(R. Girard) ④ 아렌트(H. Arendt)

▪**뒤르켐** : 프랑스의 사회학자, 교육자. 사회학을 학문적 분야로 발전시킴.
▪**홉스** : 영국의 철학자, 정치학자. 만인의 만인에 대한 투쟁.
▪**지라르** : 프랑스의 정신의학자. 욕망모방 이론.
▪**아렌트** : 악의 평범성(아무 생각없이 시키는 대로 하거나 과거에 하던대로 하는 것이 스포츠폭력의 원인)

심화문제

04 보기의 내용을 가장 잘 설명할 수 있는 개념과 학자가 바르게 연결된 것은?

보기

스포츠계에서는 오랫동안 폭력이 아무런 죄책감 없이 습관처럼 행해지고 있다. 폭력에 길들여진 위계질서와 문화가 폭력을 폭력으로 인식하지 못하게 하고 있다. 이러한 사회에서는 사유(思惟)의 부재로 인해 폭력적이고 억압적인 행위가 지속될 수밖에 없다.

① 악의 평범성 – 한나 아렌트(H. Arendt)
② 책임의 원칙 – 한나 요나스(H. Jonas)
③ 분노 – 아리스토텔레스(Aristoteles)
④ 본능 – 로렌츠(K. Lorenz)

▪악의 평범성은 아무런 생각없이 시키는 대로 하거나, 과거에 하던 대로 하는 것으로 스포츠폭력의 원인이다.

05 폭력에 대한 이론과 주창자를 짝지은 것이다. 잘못 짝지어진 것은?

① 엘리아스 – 국가 권력을 위한 폭력
② 한나 아렌트 – 악의 평범성
③ 아리스토텔레스 – 분노
④ 푸코 – 규율과 권력

▪국가권력을 위한 폭력을 주장한 사람은 **마르크스**(Marx)이다. 악의 평범성은 아무런 생각 없이 시키는 대로 하거나, 이전에 하던 대로 하는 것이 폭력의 원인이라고 보는 이론이다. 분노는 절제되지 못한 분노가 폭력의 원인이라는 이론이고, 위계질서와 같은 규율을 가장하여 권력이 생산되고 그 권력의 행사가 폭력으로 변질될 수 있다는 것이 푸코의 규율과 권력이다.

정답 03 : ④, 04 : ①, 05 : ①

06 문화체육관광부가 지목하고 있는 '스포츠 4대 악'에 해당되지 않는 것은?

① 조직 사유화　　② 승부조작
③ 스포츠도박　　④ (성)폭력

■스포츠 4대악
· (성)폭력
· 조직사유화
· 횡령 및 배임
· 승부 조작 및 편파 판정

07 다음 중 옳지 않은 것은?

① 스포츠의 공격성은 자신의 한계를 넘어서고자 하는 도전정신에서 비롯되었다.
② 스포츠의 공격성은 자신의 탁월성을 드러내고자 하는 시도에서 비롯되었다.
③ 스포츠의 공격성은 인간의 원초적인 욕망과 살아온 환경으로부터 습득된 것이다.
④ 스포츠의 공격성을 근절시키려는 것이 페어플레이 정신이다.

■페어플레이 정신은 공격성을 근절시키는 것과는 전혀 상관이 없다.

필수문제

08 문화체육관광부는 선수 (성)폭력 사건이 끊이지 않는 원인 중 하나로 (성)폭력행위를 한 선수 또는 지도자에 대한 처벌 기준이 불명확하다고 지적하고 '대한체육회선수위원회규정' (2009)을 전면 개정(2013)하였다. 그 선수위원회규정에 맞는 것은?

① 지도자 : 1차 적발 시 5년 이상 자격정지
② 선수 : 2차 적발 시 5년 이상 자격정지
③ 지도자 : 2차 적발 시 15년 이상 자격정지
④ 선수 : 3차 적발 시 영구 제명

■폭력행위를 한 선수 또는 지도자
① 극히 경미한 경우 – 6개월 미만의 자격정지 또는 경고
② 경미한 경우 – 6개월 이상 3년 미만의 자격정지
③ 중대한 경우 – 영구제명

■강간한 선수 또는 지도자 – 영구제명

■성추행, 성희롱 등을 한 선수 또는 지도자
① 극히 경미한 경우 – 1년 미만의 자격정지
② 경미한 경우 – 1년 이상 5년 미만의 자격정지
③ 중대한 경우 – 5년 이상의 자격정지 또는 영구제명

심화문제

09 스포츠 성폭력 방지책으로 적당하지 않은 것은?

① 체육지도자와 청소년들의 성별 융합 학습교육 실시
② 주변 사람의 묵인과 사회적 무관심
③ 체육단체들의 의무적 예방교육의 필요성
④ 스포츠 성폭력 전문상담원 배치

■성폭력을 방지하기 위해서는 주변 사람과 사회에서 끊임없이 관심을 기울여야 한다.

정답　06 : ③, 07 : ④, 08 : ④, 09 : ②

스포츠윤리

■성폭력 예방 교육은 남녀 상관없이 모든 선수와 지도자에게 실시되어야 한다.

10 **성폭력 예방 또는 대처에 대한 설명으로 적절하지 않은 것은?**

① 선수는 피해 사실을 기록하도록 한다.
② 여성 선수와 남성 지도자 위주로 성폭력 예방 교육이 이루어져야 한다.
③ 성폭력 사실을 고발한 선수가 피해받지 않는 분위기를 조성한다.
④ 선수는 가능한 한 피해 상황에서 즉시 벗어나도록 한다.

■격투스포츠가 스포츠가 될 수 없으면 복싱은 스포츠가 아니고 싸움이란 말인가?

필수문제

11 **격투스포츠에 대한 윤리적인 평가 중에서 옳지 않은 것은?**

① 격투스포츠는 선수들의 폭력성뿐만 아니라 관중들의 폭력성도 증가시킬 수 있다.
② 격투스포츠를 인간 수양의 도구로 볼 수도 있다.
③ 격투스포츠는 윤리적으로 볼 때 스포츠가 될 수 없다.
④ 격투스포츠는 인간의 공격성을 정화시키는 역할도 한다.

심화문제

■이종격투기도 규칙이 있고, 그 규칙을 지키면서 경기하기 때문에 스포츠다.

12 **다음 중 옳지 않은 것은?**

① 스포츠는 인간의 근원적 욕구인 폭력성을 발산하고 구체화시키는 도구의 역할을 한다.
② 스포츠는 자기통제를 요구하는 구성적 장치와 규제적 규범을 통해서 인간의 폭력성을 제한하고 있다.
③ 스포츠는 모의적인 폭력이 사회적으로 인정받고 관습으로 표현되는 영역이다.
④ 이종격투기는 처음부터 상대를 제압하려는 것을 목표로 하기 때문에 스포츠가 아니다.

■이종격투기는 폭력을 스포츠화한 것으로 엄격한 규칙에 의해 이루어지므로 스포츠라고도 볼 수 있지만, 폭력과 관련된 윤리적인 문제도 여전히 남아 있다.

13 **이종격투기에서 나타나는 사회 윤리적 측면의 문제는?**

① 폭력에 대한 무감각 및 중독 초래
② 자기 신체방어 기술의 증가
③ 경기 패배로 인한 자신감 감소
④ 신체수련을 통한 정신력 강화

정답 10 : ②, 11 : ③, 12 : ④, 13 : ①

필수문제

14 보기의 대화에서 ㉠, ㉡에 들어갈 용어는?

보기
재형: 스포츠에서 통제된 힘의 사용은 정당한 폭력이며, 스포츠에서는 이런 폭력을 (㉠)이라고 불러.
해리: 난 스포츠에서 일어나는 폭력은 근본적으로 (㉡)이 있는 것 같아. 왜냐하면 스포츠는 폭력적인 성향의 분출을 자극하면서 동시에 감시하고 제어하잖아.

	㉠	㉡
①	용인된 폭력	특수성
②	본질적 폭력	이중성
③	자기 목적적 폭력	특수성
④	자기 목적적 폭력	이중성

■ 스포츠 상황에서 통제된 힘의 사용은 정당한 폭력으로 보아 **자기 목적적 폭력** 또는 **용인된 폭력**이라고 한다. 이때 발생하는 폭력은 일반적인 상황에서 일어나는 폭력과는 달리 **특수성** 또는 **이중성**을 가지고 있다.

심화문제

15 보기의 괄호 안에 공통으로 들어갈 용어는?

보기
예진: 스포츠에는 규칙으로 통제된 (　　)이 존재해. 대표적으로 복싱과 태권도와 같은 투기종목은 최소한의 안전장치가 마련되고, 그 속에서 힘의 우열이 가려지는 것이지. 따라서 스포츠 내에서 폭력은 용인된 폭력과 그렇지 않은 폭력으로 구분할 수 있어!
승현: 아니, 내 생각은 달라! 스포츠 내에서의 폭력과 일상 생활에서의 폭력은 본질적으로 동일하지. 그래서 (　　)은 존재할 수 없어.

① 합법적 폭력　② 부당한 폭력
③ 비목적적 폭력　④ 반사회적 폭력

■ 스포츠에서 용인된 폭력은 **합법적 폭력**이라고 할 수 있다.

16 대한체육회의 스포츠인권센터에서 규정하고 있는 선수폭력에 해당되지 않는 것은?

① 따돌림　② 감금　③ 고강도 훈련　④ 협박

■ 고강도훈련은 실력향상을 위한 것이지 폭력이 아니다.

17 선수 또는 지도자가 판정에 불만을 갖게 됨으로써 심판에게 가하는 폭력의 원인으로 지목되는 것은 무엇인가?

① 선수 및 지도자의 자기 분노조절 실패　② 승부에서의 패배
③ 경기에서 부상　④ 관중폭력

정답 14 : ①, ③, ④, 15 : ①, 16 : ③, 17 : ①

18 스포츠현장에서 라이벌 선수와 상대 팀에 대하여 폭력상황이 발생하는 이유는 무엇인가?

① 스포츠맨십 ② 자연주의 ③ 승리지상주의 ④ 이상주의

19 2013년에 발표한 '스포츠 폭력 근절대책'에서 '폭력 예방활동 강화'를 위한 방안에 해당하지 않는 것은?

■폭력 행위를 한 선수는 보호할 가치가 없다.

① 폭력 지도자 체육 현장에서 배제 ② 선수 지도 우수 모델 확산
③ 폭력 가해 선수 보호 및 지원 강화 ④ 인성이 중시되는 학교운동부 정착

20 스포츠의 폭력성에 대한 설명으로 타당하지 못한 것은?

① 인간의 공격욕구를 순치하기 위한 문화이다.
② 원시적인 폭력 충동을 강화시키기 위한 놀이이다.
③ 과녁이나 골대는 인간의 공격욕구를 해소하기 위한 상징적 장난감이다.
④ 스포츠의 투쟁과 공격은 규칙에 의해서 인간의 공격성과 투쟁성이 통제되어야만 의미를 갖는다.

■스포츠는 폭력 충동을 강화시키는 것이 아니라 해소시키기 위한 것이다.

필수문제

21 관중폭력에 대한 설명으로 적절하지 않은 것은?

① 선수나 심판에 대한 욕설이나 비방도 넓은 의미에서 관중폭력에 해당한다.
② 신체적 폭행이 아닌 경기 시설물을 파괴하는 행위도 관중폭력에 해당한다.
③ 군중으로 있을 때보다 선수와 단둘이 있을 때 상대적으로 발생하기 쉽다.
④ 축구팬의 훌리거니즘(hooliganism)은 관중폭력의 실제 사례 중 하나이다.

■관중폭력은 군중심리에 의해 다수가 모여 있을 때 더욱 발생하기 쉽다. 훌리거니즘은 스포츠팀 응원을 핑계로 폭력적인 행동을 조장하는 것이다.

심화문제

22 괄호 안에 들어갈 말로 올바른 것은?

> 보기
> 관중 폭력은 스포츠 참여에 대한 사람들의 (　　)와(과) 스포츠에 대한 지역사회의 지지에 중요한 영향을 미친다. 그래서 젊은이들이 비윤리적 행위를 거부하도록 적절한 (　　)을 고취시키는 것이 매우 중요하다.

① 태도 – 윤리적 가치관 ② 규범 – 법리적 공공성
③ 윤리 – 사회적 합리성 ④ 시선 – 합리적 타당성

■관중폭력은 스포츠에 참여하는 사람들의 **태도**와 지역사회의 지지에 중요한 영향을 미친다. 이 때문에 젊은 사람들이 비윤리적 행위를 하지 않도록 **윤리적 가치관**을 고취시킬 필요가 있다.

정답 18 : ③, 19 : ③, 20 : ②, 21 : ③, 22 : ①

23 경기장에서 발생하는 관중폭력에 대한 설명으로 옳지 않은 것은?

① 신체 접촉이 많은 종목일수록 증가하는 경향이 있다.
② 개별성과 책임성이 강한 개인화된 구성원에 의해 일어난다.
③ 경기 성격, 라이벌 의식, 배타적 응원문화 등이 원인이다.
④ 선수폭력에 동조하는 관중에 의해 발생하는 경향이 있다.

■ 관중폭력은 개별성과 책임성이 없는 구성원들의 집단행동에 의해서 일어난다.

24 보기는 관중폭력 또는 관중난동에 대한 설명이다. 옳은 것을 모두 고른 것은?

보기
㉠ 관중은 개인이 아닌 군중의 일원이 되었을 때 군중의 지배적인 분위기에 휩싸여 공격적이고 파괴적인 행동을 하기 쉽다.
㉡ 선수나 심판에 대한 고함과 욕설은 관중폭력이 아니다.
㉢ 비교행동학에서는 관중폭력을 인간의 패거리짓기 성향에서 비롯된 것으로 본다.
㉣ 한일 축구경기에서 우리나라 선수들을 일방적으로 응원하는 것도 관중폭력의 하나이다.

① ㉠, ㉢ ② ㉠, ㉡, ㉢
③ ㉠, ㉡, ㉣ ④ ㉠, ㉢, ㉣

■ **고함**이나 **욕설**은 관중의 언어폭력이다. 일방적으로 응원하는 것은 폭력이라고 할 수 없다.

25 보기에서 설명하는 사건과 거리가 먼 것은?

보기
» 1964년 리마에서 개최된 페루 · 아르헨티나의 축구 경기에서 경기장 내 폭력으로 300여 명 사망
» 1969년 온두라스와 엘살바도르의 축구 전쟁
» 1985년 벨기에 헤이젤 경기장에서 열린 리버풀과 유벤투스의 경기에서 응원단이 충돌하여 39명 사망

① 경기 중 관중의 폭력 ② 아파르트헤이트(Apartheid)
③ 위협적 응원문화 ④ 훌리거니즘(hooliganism)

■ **아파르트헤이트**는 아프리칸스어로 분리, 격리를 뜻하며, 냉전 당시부터 남아프리카공화국의 국민당 정부가 실시한 인종차별 정책임.
■ **훌리거니즘**이란 '관중'과 '팬의 무질서'가 합해진 말로, 무조건 자기가 응원하는 팀의 승리를 바라기 때문에 생기는 폭력이다.

26 훌리거니즘에 대한 설명 중 옳지 못한 것은?

① 자기들이 응원하는 팀을 빌미로 폭력을 조장한다.
② '관중'과 '팬의 무질서'를 합해서 만든 단어이다.
③ 경기가 있는 날에만 난동을 부린다.
④ 자기가 응원하는 팀이 우승하기를 무조건적으로 바라기 때문에 생긴다.

■ 훌리건들의 난동은 경기가 있는 날에만 있는 것이 아니다.

정답 23 : ②, 24 : ①, 25 : ②, 26 : ③

경기력 향상과 공정성

도핑의 의미

운동수행능력을 향상시킬 목적으로 선수나 동물에게 약물을 투여하거나 특수한 이학적 처치를 하는 것을 도핑이라고 한다.

☞ 아프리카의 한 부족이 전통의식을 행할 때 사기를 고양시킬 목적으로 마시던 술이나 음료에서 유래되었다.

☞ 고대 그리스와 로마에서도 도핑을 했고, 근대에는 헤로인이나 코카인을 섭취하여 도핑을 했다.

☞ 구 소련과 동구 선수들이 남성호르몬의 일종인 테스토스테론을 투여한 부작용이 나타나면서부터 금지해야 한다는 주장이 나오기 시작했다.

☞ 상시 금지약물, 경기기간 중 금지약물, 특정종목 금지약물로 나누어진다(예 : 양궁에서는 알코올을 금지약물로 지정하고 있다).

도핑을 금지하는 이유

☞ 도핑을 하면 공정성이 훼손된다.

☞ 도핑을 하면 건강상의 부작용이 나타난다.

☞ 코치나 감독 등의 강요에 못이겨서 할 수도 있다.

☞ 자신이 우상으로 삼고 있는 선수의 행동을 따라서 할 수도 있다.

효과적인 도핑금지 방안

⑧ 윤리교육의 강화

⑧ 도핑검사의 강화

⑧ 강경한 처벌

유전자 도핑

치료목적 이외의 목적으로 세포나 유전자를 이용하거나 조작하는 행위

☞ 유전자를 조작해서 운동수행능력을 높이는 행위이다.

☞ 현재까지는 확실한 사례가 없지만 유전자도핑은 금지행위이다.

☞ 적발하기 어렵다.

유전자도핑이 금지되어야 하는 이유

인간의 존엄성을 침해한다	주문 생산된 인간의 기량이 뛰어날 것이다.
종의 정체성에 혼란을 야기한다	동물의 유전자를 일부 가지고 있으면 인간인가? 동물인가?
스포츠사회에 무질서를 초래한다	승리를 위해서 노력한다는 의미가 없어진다.
안전성이 검증되지 않았다	유전자도핑으로 사망하거나 다른 질병이 생길 수도 있다.

스포츠에서 최첨단 생체공학 기술의 사용 문제

- ☞ 스포츠가 첨단기술의 경연장으로 변질될 수도 있다.
- ☞ 스포츠가 인간과 기계의 경쟁으로 변질될 수도 있다.
- ☞ 스포츠에서 기록의 가치를 떨어뜨리고, 노력이라는 정신적 가치를 소홀히 할 수도 있다.
- ☞ 공정성 또는 형평성에 문제가 생긴다.

스포츠에서 공학기술의 역할

안전을 위한 기술	농구화, 유도의 매트, 마라톤화
감시를 위한 기술	도핑검사, 전자계측장비, 사진판독, 전자호구
운동수행 능력 향상을 위한 기술	스파이크, 전신수영복, 섬유유리 장대, 디스크자전거
기타	의족장애선수가 일반선수와 함께 경기하는 것은 공정한가? 만약 의족 때문에 더 빨리 달릴 수 있다면?

필수 및 심화 문제

필수문제

01 보기의 대화에서 논란이 되고 있는 도핑의 종류는?(2024)

보기
지원 : 스포츠 뉴스 봤어? 케냐의 마라톤 선수 킵초게가 1시간 59분 40초의 기록을 세웠대!
사영 : 우와! 2시간의 벽이 드디어 깨졌네요! 인간의 한계는 끝이 없나요?
성현 : 그런데 이번 기록은 특수제작된 신발을 신고 달렸으니 킵초게 선수의 능력만으로 달성했다고 볼 수 없는 거 아니야? 스포츠에 과학기술의 도입은 필요하지만, 이러다가 스포츠에서 탁월성의 근거가 인간에서 기술로 넘어가는 거 아니야?
혜름 : 맞아! 수영의 전신 수영복, 야구의 압축 배트가 금지된 사례도 있잖아!

① 약물도핑 (drug doping) ② 기술도핑(technology doping)
③ 브레인도핑 (brain doping) ④ 유전자도핑 (gene doping)

■**기술도핑**은 약물은 사용하지 않고 장비나 도구를 사용하여 경기력 향상을 도모하는 것이다. 예 : 전신수영복, 야구의 압축배트, 특수제작 운동화 등

필수문제

02 보기의 도핑에 대한 설명 중 옳은 문장을 모두 고른 것은?

보기
㉠ 아프리카의 한 부족이 전통의식을 행할 때 사기를 고양시킬 목적으로 마시던 술이나 음료에서 유래되었다.
㉡ 고대 그리스와 로마에서도 도핑을 했다.
㉢ 현대적인 도핑은 남성호르몬의 일종인 테스토스테론을 투여하면서부터 시작되었다.
㉣ 금지약물이더라도 치료목적으로 사용하면 괜찮다.
㉤ 알코올도 금지약물에 들어간다.

① ㉠, ㉡, ㉢ ② ㉡, ㉢, ㉣
③ ㉠, ㉡, ㉤ ④ ㉡, ㉢, ㉤

■1860년에 이미 헤로인이나 코카인 섭취에 대해 도핑을 실시했다. 치료 목적으로 사용하더라도 사전에 신고를 하지 않으면 도핑방지규정 위반이다. 양궁 등 특정 스포츠에서는 알코올을 금지약물로 지정하고 있다.

정답 01 : ②, 02 : ③

필수문제

03 보기의 스포츠 현장에서 발생하는 도핑(약물복용)의 원인을 모두 고른 것은?

보기
㉠ 선수 또는 동물의 수행능력 향상을 위한 것이다.
㉡ 상대와의 경쟁에서 승리하기 위한 것이다.
㉢ 물질적 보상이 동기가 되기 때문이다.
㉣ 경기에 참가하고 싶은 지나친 욕구 때문이다.

① ㉠, ㉡, ㉣　② ㉠, ㉡, ㉢　③ ㉡, ㉢, ㉣　④ ㉠, ㉡, ㉢, ㉣

■ 도핑의 원인
· 운동수행능력 향상
· 승리추구
· 경기참여 욕구
· 선수로서의 인정 욕구
· 물질적 보상 욕구

심화문제

04 다음 중 세계도핑방지위원회(2015년 현재)에서 '상시 금지약물'로 지정한 것이 아닌 것은?

① P1. 알코올　② S1. 동화작용제
③ S3. 베타-2 작용제　④ S5. 이뇨제 및 기타 은폐제

■ 알코올은 일부 종목에서 금지약물로 지정했다.

05 도핑에 대한 설명 중 옳지 못한 것은?

① 세계반도핑기구에서 매년 금지약물을 선정해서 발표한다.
② 금지약물을 복용해야만 도핑방지규정 위반이다.
③ '치료목적 사용 면책'이라는 규정도 있다.
④ 금지약물을 상시금지약물, 경기기간 중 금지약물, 특정스포츠 금지약물로 분류한다.

■ 금지약물의 복용, 사용의 은폐, 부정거래 등도 모두 규정위반이고, 시도만 해도 위반이다.

06 도핑 행위로 볼 수 없는 것은?

① 식이요법을 통한 글리코겐 로딩　② 아나볼릭 스테로이드 투여
③ 프로야구에서 압축배트의 사용　④ 적혈구생성촉진인자 투여

■ 식이요법은 도핑이 아니다.

필수문제

07 보기에서 스포츠 선수의 유전자 도핑을 반대해야 하는 이유로 적절한 것을 모두 고른 것은?

보기
㉠ 선수의 신체를 실험 대상화하여 기계나 물질로 이해하도록 만들기 때문
㉡ 유전자조작 인간과 자연적 인간 사이에 갈등을 초래하기 때문
㉢ 생명체로서 인간의 본질을 훼손하고 존엄성을 부정하기 때문
㉣ 선수를 우생학적 개량의 대상으로 만들기 때문

① ㉠, ㉢　② ㉡, ㉢　③ ㉠, ㉡, ㉣　④ ㉠, ㉡, ㉢, ㉣

■ 유전자 도핑 금지 이유
· 인간의 존엄성 침해
· 종의 정체성 혼란
· 스포츠 사회에 무질서 초래
· 안전성 침해

정답　03 : ④, 04 : ①, 05 : ②, 06 : ①, 07 : ④

스포츠윤리

심화문제

08 도핑을 금지해야 하는 이유 중 보기의 사례와 가장 관련이 깊은 것은?

■보기는 국가가 도핑을 **강요**했으며, 검사결과를 조작함으로써 **공정성**에 어긋나는 행위를 한 예이다.

> 보기
> 러시아는 국가가 주도적으로 자국의 선수들에게 원치 않는 금지약물을 사용하게 하고, 도핑 검사결과를 조작하였다.

① 공정성 ② 역할모형 ③ 강요 ④ 건강상의 부작용

09 유전자도핑이 금지되어야 하는 이유로 가장 적절한 것은?

■유전자도핑은 선수들이 치료목적이 아닌 운동수행능력의 향상을 위해 유전적 요법을 사용하는 것이다. 아직 검증되지 않은 요법이므로 건강에 위험을 초래할 수 있다.

① 일반인 및 선수 생명의 보호 때문에
② 에이즈 및 전염병 발생 때문에
③ 인위적 기록향상이 인간의 탁월성을 침해하기 때문에
④ 안전성이 검증되지 않았기 때문에

10 도핑을 금지해야 하는 이유로 올바르지 않은 것은?

■의약품의 사용을 제한하면 환자를 어떻게 치료하나!

① 스포츠와 인간 공동 추구의 기본적 즐거움을 감소시키기 때문에
② 도핑을 통해 경기수행에 부당한 이익을 얻는 것을 방지하기 위해서
③ 약물투여로 인해 발생하는 해로운 부작용으로부터 선수를 보호하기 위해서
④ 의학적으로 사용되는 약물 사용을 제한하기 위해서

11 보기에 해당하는 도핑 금지 이유는?

■유명 선수의 도핑행위를 청소년 선수들이 따라할 수 있으므로 금지해야 한다.

> 청소년 선수들은 유명 선수의 도핑을 모방할 가능성이 크며, 그렇게 될 경우 약물오남용이 사회적으로 크게 확산될 위험성이 있다.

① 부정적 역할 모형 ② 자연성의 훼손
③ 타자 피해의 발생 ④ 건강상의 부작용

12 도핑검사에서 선수의 역할 및 책임으로 적절하지 않은 것은?

■WADA에서는 금지약물을 상시금지약물, 경기기간 중 금지약물, 특정스포츠금지약물로 구분하고, 상시금지약물은 치료목적으로 먹더라도 WADA의 승인을 받도록 하였음.

① 의료진에게 운동선수임을 고지해야 한다.
② 치료목적으로 처방되어 사용(복용)한 물질에 대해서는 책임지지 않는다.
③ 시료채취가 언제든 가능하도록 해야 한다.
④ 도핑방지규정위반을 조사하는 도핑방지기구에 협력해야 한다.

정답 08 : ①, ③, 09 : ①, 10 : ④, 11 : ①, 12 : ②

필수문제

13 **효과적인 도핑 금지 방안이 아닌 것은?**

① 윤리 교육　② 신약 개발　③ 검사 강화　④ 강한 처벌

■ 효과적인 도핑금지 방안
· 윤리 · 도덕 교육 강화
· 도핑 검사 강화
· 강력한 처벌

스포츠윤리

심화문제

14 **다음 중 효과적인 도핑방지 방법이라고 보기 어려운 것은?**

① 윤리교육　② 금지약물의 확대
③ 도핑검사의 강화　④ 적발 시 강경한 처벌

■ 도핑기술이 점점 더 발달하기 때문에 별 수 없이 금지약물의 종류를 확대할 수밖에 없다.

15 **세계반도핑규약(WADC)에서 규정하고 있는 도핑 금지방법에 해당하지 않은 것은?**

① 물리적 조작　② 화학적 조작　③ 침술의 활용　④ 유전자 도핑

■ 침술은 합법적 치료 방법으로 도핑 금지방법에 해당되지 않는다.

16 **도핑을 방지하기 위한 방안으로 옳지 않은 것은?**

① 윤리교육을 통한 의식 변화　② 도핑 검사의 강화
③ 적발 시 강력한 처벌　④ 승리에 대한 보상 강화

■ 승리에 대한 보상이 클수록 도핑을 할 가능성이 커진다.

필수문제

17 **유전자도핑에 대한 설명 중 옳지 못한 것은?**

① 유전자를 조작해서 운동수행능력을 높이는 행위이다.
② 현재까지는 유전자도핑을 했다는 확실한 사례가 없다.
③ 사례가 없으므로 아직까지는 도핑행위로 규정하지 않고 있다.
④ 소변검사 또는 혈액검사로는 적발할 수 없다.

■ 유전자도핑의 가능성 때문에 이미 도핑으로 정의하고 있다.

필수문제

18 **의족을 착용한 장애인 선수가 일반선수의 경기에 참가하려고 할 때 다음 중 가장 옳은 것은?**

① 장애를 이기고 일반선수와 경쟁하려고 하는 용기가 가상하므로 참가시켜야 한다.
② 일반선수에게 질 것이 뻔하므로 참가시키지 않아야 한다.
③ 의족이 발보다 더 좋은 성능을 발휘한다는 증거가 있으면 참가시키지 않아야 한다.
④ 의족이 발보다 더 좋은 성능을 발휘할 수 없으므로 참가시켜야 한다.

■ 최첨단 생체공학 기술의 사용은 공정성 또는 형평성에 문제가 있다.

정답 13 : ②, 14 : ②, 15 : ③, 16 : ④, 17 : ③, 18 : ③

심화문제

19 보기에서 국제육상경기연맹(IFFA)이 출전금지를 판단한 이유는?

> 보기
> 2011년 대구세계육상선수권대회에서 남아프리카공화국의 의족 스프린터 피스토리우스(O. Pistorius)는 비장애인육상경기에 참가신청을 했으나, 국제육상경기연맹은 경기에 사용되는 의족의 탄성이 피스토리우스에게 유리하다는 이유로 출전을 허용하지 않았다고 한다.

① 인종적 불공정 ② 성(性)적 불공정 ③ 기술적 불공정 ④ 계급적 불공정

20 스포츠에 도입된 과학기술의 긍정적인 효과로 적절하지 않은 것은?

① 운동선수의 인격 형성에 기여한다.
② 기록의 객관성과 신뢰성을 높인다.
③ 운동선수의 안전과 부상 방지에 도움을 준다.
④ 오심과 편파판정을 최소화하여 경기의 공정성을 향상시킨다.

■ 운동선수의 인격 형성과 스포츠에 과학기술의 도입은 관계가 없다.

21 보기에서 국제수영연맹(FINA)이 기술도핑을 금지한 이유는?

> 보기
> 2008년 베이징올림픽 수영종목에서는 25개의 세계신기록이 쏟아져 나왔다. 주목할만한 것이 23개의 세계신기록이 소위 최첨단 수영복이라 불리는 엘지알 레이서(LZR Racer)를 착용한 선수들에 의해 수립되었다는 것이다. 그러나 이 같은 수영복을 하나의 기술도핑으로 간주한 국제수영연맹은 2010년부터 최첨단 수영복의 착용을 금지하였다.

① 효율성 추구 ② 유희성 추구
③ 공정성 추구 ④ 도전성 추구

■ 최첨단 수영복이나 야구경기에서 압축배트의 사용은 경기의 공정성을 해치는 행위이다.

22 스포츠 경기에 적용되는 과학기술에 관한 설명으로 옳지 않은 것은?

① 유전자 치료를 통한 스포츠 수행력의 향상은 일종의 도핑에 해당한다.
② 야구의 압축배트, 최첨단 전신수영복 등은 경기의 공정성 확보에 기여한다.
③ 도핑 시스템은 선수의 불공정한 행위를 감시하고 적발하는 데 도움이 된다.
④ 태권도의 전자호구, 축구의 비디오 보조 심판(VAR : Video Assistant Referees)은 기록의 객관성과 신뢰성을 높인다.

■ ② 압축배트나 최첨단 전신수영복은 경기의 공정성을 해치는 행위이다.

정답 19 : ③, 20 : ①, 21 : ③, 22 : ②

23 **보기 중 공정성을 해치는 행위라고 하기 어려운 것을 모두 고른 것은?**

보기
㉠ 자신의 혈액에서 적혈구를 뽑아 두었다가 경기 전날 자신에게 주사
㉡ LZR Racer 수영복 착용
㉢ 장애인 골프선수가 골프카트를 이용
㉣ 펜싱선수가 비디오판독 요청

① ㉠, ㉡ ② ㉢, ㉣ ③ ㉡, ㉢ ④ ㉠, ㉣

■장애인선수가 골프카트를 이용하는 것과 비디오판독 요청은 공정성을 해치는 행위라고 할 수 없다.

24 **최근 스포츠에 최첨단 기술이 적용되어 기록이 많이 향상되었지만, 그것이 윤리적으로 문제가 있다는 주장이 늘어나고 있다. 그 이유와 거리가 먼 것은?**

① 스포츠가 첨단기술의 경연장으로 변질될 수도 있다.
② 스포츠가 인간과 기계의 경쟁으로 변질될 수도 있다.
③ 스포츠의 정신적 가치를 소홀히 할 수도 있다.
④ 선수들의 신체적 능력을 너무 많이 발달시킬 수도 있다.

■최첨단 기술의 적용은 선수들의 신체적 능력을 발달시키지 않는다.

필수문제

25 **다음 중 Maschke(2009)가 스포츠에서 과학기술이 하는 역할을 3가지로 분류한 내용에 해당되지 않는 것은?**

① 안전을 위한 기술 ② 감시를 위한 기술
③ 수행능력 향상을 위한 기술 ④ 장비 개량을 위한 기술

■매쉬케는 스포츠에서 이용되는 과학기술을 안전을 위한 기술, 감시를 위한 기술, 수행능력 향상을 위한 기술로 분류하였다.

심화문제

26 **전신수영복 착용을 금지한 이유라고 볼 수 없는 것은?**

① 인간의 신체적 기능성을 지나치게 증대시키므로
② 공정성 또는 평등성에 어긋나므로
③ 기록의 가치를 떨어뜨리므로
④ 스포츠가 신체의 탁월성보다는 기술의 우수성을 겨루는 것으로 변질될 수도 있으므로

■전신수영복을 입으면 인간의 신체적 기능성을 오히려 저하시킨다.

27 **스포츠의 지속 가능한 발전에 관한 설명으로 적절하지 않은 것은?**

① 새로운 스포츠 시설의 개발 금지
② 스포츠 시설의 개발과 자연환경의 공존
③ 건강한 인간과 건강한 자연환경의 공존
④ 스포츠만의 환경 운동이 아닌 국가적, 국제적 협력과 공조

■새로운 스포츠 시설의 개발을 금지시키면 스포츠가 발전될까?

정답 23 : ②, 24 : ④, 25 : ④, 26 : ①, 27 : ①

CHAPTER 07 스포츠와 인권

학생선수의 인권문제

승리지상주의와 결과주의를 지향하는 방향으로 학교운동부를 운영하는 과정에서 학생선수들을 비인간적으로 대우하기 때문에 학생선수의 인권문제가 생긴다.

☞ 학생선수들은 선배와 지도자의 폭력과 성폭력에 쉽게 노출되어 있다.

☞ 팀의 승리를 위한 도구로 사용되고 있다(도구화 또는 인간으로부터의 소외).

☞ 운동에만 전념하도록 강요받고 있다(학생으로서의 정체성 상실 또는 학습권 상실).

☞ 부상을 당했어도 고통을 무릅쓰고 운동을 지속해야 한다(신체로부터의 소외).

☞ 운동과정에서 주체성을 잃고 자율성을 억압당하고 있다(스포츠로부터의 소외).

☞ 상급학교, 실업팀, 프로팀 등에 판매하기 위한 상품으로 이용되고 있다(상품화).

학생선수의 생활권문제

승리, 진학, 또는 취업을 목표로 한다는 미명 아래 자율적인 생활을 보장받지 못하고, 합숙소에서 생활하기 때문에 학생선수의 생활권문제가 생긴다. 성폭력에 가장 취약하다.

학생선수의 학습권문제

우리나라는 제3공화국부터 국위를 선양하기 위한 엘리트스포츠 정책을 기반으로 학교체육이 발전되어 왔기 때문에 초등학교에서부터 대학교까지 우수선수를 육성하기 위해서 선수들을 집중적으로 훈련시켜왔다. 자연히 학생선수들은 거의(전혀) 공부하지 않고 운동만 할 수밖에 없었기 때문에 학습권 문제가 발생하게 되었다. 학습권문제를 해결하기 위한 방안으로 최저학력제와 주말리그제를 도입하였다

1 최저학력제

학생선수의 성적이 같은 학교·같은 학년 전체평균의 몇 %에 미달되면 학교장이 출전을 정지시키고, 특별 학습을 시키는 제도이다.

⑧ 초등학교……국어, 영어, 수학, 과학, 사회 50% 미만

⑧ 중학교……국어, 영어, 수학, 과학, 사회 40% 미만

⑧ 고등학교……국어, 영어, 수학 30% 미만

2 의의

☞ 운동만 하는 학생선수에서 운동도 하는 학생으로 변화시키자는 것이다.

☞ 학생선수들에게 다양한 진로를 선택할 수 있는 기회를 제공하기 위한 것이다.

☞ 중도 탈락이나 은퇴 후 사회에 적응하는 데 필요한 기초적인 교양을 갖추게 하려는 것이다.

3 문제점

☞ 학생선수들은 공부를 해야 한다는 것을 인정하면서도 공부를 두려워 한다.
☞ 지도자들은 훈련부족으로 경기성적이 나오지 않을 것을 걱정하고 있다.
☞ 학부모들은 선수로 성공하는 것을 방해하는 나쁜 제도로 인식하고 있다.
☞ 선배들은 공부해야 된다고 적극적으로 찬성하지만 실효적인 지배력이 없다.

4 주말리그제

학생선수들이 평소에 학교에서 공부할 수 있도록 지역 단위로 리그를 도입하고, 시합은 주말에만 하자는 제도이다. 말로는 그럴 듯하지만, 실력이 비슷한 팀들이 같은 지역에 없으면 곤란하다.

스포츠지도자가 폭력을 휘두를 수 있는 이유

지도자가 무소불위의 권력을 가지고 있기 때문이다.

→ 지도자는 선수들이 현명한 선택을 할 수 있도록 돕는 사람이 되어야 한다.

☞ 팀과 관련된 모든 것을 결정할 수 있는 결정권자이다.
☞ 팀의 전략과 전술을 지휘하는 최고의 위치에 있다.
☞ 선수들의 진로와 연봉에 영향력을 미칠 수 있다.
☞ 감사나 통제를 받지 않는다.
☞ 경기 출전권을 가지고 있다.

폭력의 공통점

⑧ 계속적이다.
⑧ 상호적이다.
⑧ 동일성이 있다.
⑧ 폭력이 폭력을 낳는다.
⑧ 정당화하려고 한다.

어린이 운동선수의 보호 방안

⑧ 무리하게 운동을 시키지 말 것.
⑧ 이기는 것보다 기초기술 위주로 훈련시킬 것.
⑧ 공부와 운동을 병행할 것.
⑧ 체벌을 가하지 말 것.
⑧ 스포츠 자체의 즐거움과 재미 위주로 훈련시킬 것.

학교체육의 인성 교육적 가치

☞ 스포츠활동은 부정적인 정서를 감소시키고 긍정적인 정서를 증진시킨다.
☞ 타인에 대한 정서적 공감능력을 향상시킨다.
☞ 집중력과 주의력 등 지적기능 발달의 토대가 된다.
☞ 창의적인 사고기술과 비판적 판단능력을 향상시킨다.
☞ 일탈을 방지하고 친사회적인 행동 및 생활기술을 향상시킨다.

필수 및 심화 문제

필수문제

01 학교운동부가 인권의 사각지대에 놓이게 된 원인이라고 보기 어려운 것은?

① 학생들 스스로가 인권보다는 스포츠 기술이 더 중요하다고 생각했기 때문에
② 엘리트스포츠 장려 정책의 영향으로 승리지상주의가 만연했기 때문에
③ 스포츠 지도자들이 운동부를 파행적으로 운영했기 때문에
④ 학생선수를 스포츠 도구로 보았기 때문에

■ 학생선수의 인권문제(p. 80) 참조.

심화문제

02 보기의 법 또는 헌장이 지향하고 있는 개념으로 가장 적절한 것은?

보기
» 모든 국민은 인간으로서 존엄과 가치를 가지며, 행복을 추구할 권리를 가진다(헌법 제10조).
» 어느 국가 또는 개인에 대해서도 인종 · 종교 또는 정치상의 이유로 차별대우해서는 안 된다(올림픽 헌장 6조).
» 학교의 장은 학생선수가 일정 수준의 학력기준에 도달하지 못한 경우에는 별도의 기초학력보장 프로그램을 운영하여 최저학력이 보장될 수 있도록 노력하여야 하며, 필요할 경우 경기대회 출전을 제한할 수 있다(학교체육진흥법 제11조).

① 스포츠와 평등 ② 스포츠와 인권 ③ 스포츠와 환경 ④ 스포츠와 교육

■ 보기는 인권, 평등, 교육과 관련한 내용이다. 이것을 전부 포괄하는 개념은 스포츠와 인권이라고 볼 수 있다.

필수문제

03 다음 중 학교체육의 인성 교육적 가치에 해당되지 않는 것은?

① 긍정적 정서와 타인에 대한 정서적 공감능력을 향상시킨다.
② 전략적 · 창의적 사고기술과 비판적 · 도덕적 판단능력을 함양시킨다.
③ 친사회적 행동과 도덕적 성품을 발달시킨다.
④ 인성교육의 내용 · 효과 · 방법 등에 대한 검증을 할 수 있다.

■ 학교체육으로 검증할 수 있는 것도 있지만, 검증하기 어려운 것도 많다.

심화문제

04 학교체육에서 반사회적인 행위를 순화 및 구제시켜주는 체육의 심리학적 가치는?

① 근원적 경향의 제어 ② 개인주의의 억제
③ 인본주의의 가치 ④ 욕구불만의 해소

정답 01 : ①, 02 : ②, 03 : ④, 04 : ①

05 보기에서 스포츠 인권에 대한 내용을 모두 고른 것은?

보기
㉠ 모든 사람은 평등하게 스포츠와 신체활동에 참여할 권리를 가진다.
㉡ 국가 차원에서 체계적인 스포츠 인권 정책을 마련해야 한다.
㉢ 스포츠의 종목이나 대상에 따라 권리가 상대적으로 보장되어야 한다.
㉣ 국가는 장애인이 스포츠 활동 참여의 권리를 동등하게 보장받도록 노력해야 한다.

① ㉠, ㉢ ② ㉠, ㉣ ③ ㉠, ㉡, ㉢ ④ ㉠, ㉡, ㉣

■㉢ 스포츠의 종목이나 대상을 구별하지 않고 권리가 보장되어야 한다.

06 스포츠 인권에 대한 설명으로 옳지 않은 것은?

① 스포츠에서 가져야 할 인간의 존엄성을 말한다.
② 스포츠에서 가져야 할 인간의 자유에 대한 권리이다.
③ 스포츠의 종목이나 대상에 따라 상대적으로 보장되는 권리이다.
④ 인종이나 성별에 관계없이 누구나 스포츠를 동등하게 누릴 수 있는 권리이다.

■스포츠 인권은 절대적으로 보장되는 권리이다.

필수문제

07 보기의 대화에서 ㉠, ㉡에 들어갈 학교체육진흥법과 관련된 용어가 바르게 나열된 것은?

보기
A : (㉠)가 도입되면서부터 운동할 시간이 줄어들었어.
B : 그것은 지금까지 우리가 (㉡)을 보장 받지 못했기 때문이야.
A : 그래도 갑작스러운 (㉠) 도입은 형평성에 문제가 있어. 일반학생들은 공부하기 싫으면 안 해도 되지만, 우리는 시합 출전을 위해 어쩔 수 없이 해야 되는 제도잖아.
B : 그것도 틀린 말은 아니지만, (㉡)은 우리가 정당하게 누려야 하는 권리이면서 의무이기도 해. 그것을 보장받기 위해 이런 제도가 도입된 거야.

	㉠	㉡		㉠	㉡
①	최저학력제	학습권	②	기초학력제	학습권
③	최저학력제	경기출전권	④	기초학력제	경기출전권

■학습권을 보장하기 위해 최저학력제와 주말리그제를 도입하였다.
· **최저학력제** : 학생 선수의 학습권을 보장하면서 운동을 병행할 수 있는 환경을 조성하기 위하여 실시하는 제도. 최저 성적 기준을 명시하여 기준에 미달하는 학생 선수의 활동을 제한하고 있다.
· **학습권** : 인간이 태어나면서부터 정당하게 누려야 하는 권리인 동시에 지켜야 할 의무. 아동과 학생은 학습을 통해 인경을 형성하고 인간의 존엄과 가치를 실현하며, 인간적으로 성장 발달해 나갈 권리가 있다.

필수문제

08 보기에서 학생운동선수의 학습권 보호와 관련된 것으로 옳은 것만 모두 고른 것은?(2024)

보기
ㄱ. 최저 학력 제도 ㄴ. 리그승강제도
ㄷ. 주말리그제도 ㄹ. 학사관리 지원제도

① ㄱ, ㄴ, ㄷ ② ㄱ, ㄴ, ㄹ ③ ㄱ, ㄷ, ㄹ ④ ㄴ, ㄷ, ㄹ

■**학생선수들의 학습권 보장 방안**
· 방과 후 운동
· 정규수업 이수
· 운동시간 제한
· 출전횟수 제한
· 합숙기간 축소
· 주말리그제
· 최저학력제
· 학사관리 지원

정답 05 : ④, 06 : ③, 07 : ①, 08 : ③

스포츠윤리

09 '공부하는 학생선수 만들기'에 관한 설명 중 틀린 것은?

① 공부도 잘하고 운동도 잘하는 학생 선수를 만들자는 것이다.
② 운동만 하는 학생선수에서 공부도 하는 학생으로 변화시키자는 것이다.
③ 학생선수들에게 다양한 진로를 선택할 수 있는 기회를 제공하기 위한 것이다.
④ 중도탈락이나 은퇴 후에 사회에 적응하는 데에 필요한 기초적인 교양수준을 갖추게 하려는 것이다.

■ 운동만 하는 것이 아니라 공부도 하는 학생선수를 만드는 것이 목적이지 잘하는 것이 목적은 아니다.

10 다음 학생선수들의 권리 중 코치나 감독이 지도자로서가 아니라 교육자로서 가장 우선적으로 지켜주어야 할 권리는?

① 학습권 ② 생활권 ③ 인권 ④ 스포츠권

■ 학생선수에게는 우선적으로 학습권이 보장되어야 한다.

11 다음 중 새로운 학교문화를 발전시키기 위한 스포츠의 역할이 아닌 것은?

① 인성교육의 장 ② 학교폭력의 예방
③ 학교공동체의 형성 ④ 학생선수의 학습권 보장

■ 학생선수의 학습권은 새로운 학교문화와 관련이 별로 없다.

12 미국 학생선수들의 최저 학력제도를 관리 감독하는 조직은?

① NCAA ② PTA ③ PGA ④ ESPN

■ NCAA=미국대학체육협의회
■ PTA=사친회(학부모+교사의 모임)
■ PGA=미국남자프로골프협회
■ ESPN=미국오락/스포츠전문 텔레비전

필수문제

13 스포츠지도자가 선수에게 폭력을 행사하게 될 수 있었던 원인이라고 보기 어려운 것은?

① 무소불위의 권력 ② 운동부 운영에 대한 결정권
③ 학부모에 대한 영향력 ④ 학생들에 대한 측은지심

■ 스포츠지도사가 학생들에 대한 측은지심이 있으면 폭력을 행사할 수 없을 것이다.

심화문제

14 스포츠지도자의 비윤리적 행위의 원인으로 볼 수 없는 것은?

① 학부모의 지도자 금품 제공 ② 스포츠클럽 지도자의 부족
③ 팀 성적에 대한 부담 ④ 지도자의 불안정한 근무형태

■ 스포츠클럽의 지도자 부족이 스포츠지도자의 비윤리적 행위가 될 수 없다.

15 체육지도자가 지녀야 할 덕목이 아닌 것은?

① 책임감 ② 창의적 사고 ③ 스포츠맨십 ④ 맹목적 승리추구

■ 맹목적으로 승리를 추구하면 잘못된 행동을 할 수도 있다.

정답 09 : ①, 10 : ①, 11 : ④, 12 : ①, 13 : ④, 14 : ②, 15 : ④

필수문제

16 보기는 스포츠에서 성폭력을 해결할 수 있는 방안을 설명한 것이다. (　　) 안에 들어갈 말을 차례로 연결한 것 중에서 가장 옳은 것은?

보기
» 스포츠 성폭력을 예방하기 위해서는 운동선수와 지도자를 대상으로 (　　　　)이 이루어져야 한다.
» 성폭력이 발생했을 경우에는 신속한 (　　　　)이 이루어져야 한다.
» 성폭력이 발생한 후에는 성폭력 피해자에 대한 (　　　　)이 이루어져야 한다.

① 예방교육－법적 처벌－상담　　② 예방교육－상담－법적처벌
③ 상담－예방교육－법적처벌　　④ 상담－치료－법적처벌

■성폭력을 해결하기 위해서는 예방교육을 실시하고, 성폭력이 발생했을 때에는 법적 처벌을 해야 하고, 피해자에 대한 상담이 이루어져야 한다.

심화문제

17 스포츠지도자의 체벌이 미치는 영향으로 보기 어려운 것은?

① 폭력의 고착화와 재생산
② 선수에게 부정적인 자아정체성을 형성하도록 만든다.
③ 지도자에 대한 존경심과 유대감을 강화한다.
④ 폭력을 정당화하는 조직의 규범을 당연한 것으로 받아들이게 한다.

■체벌은 오히려 지도자에 대한 반감을 들게 만들 수 있다.

18 선수체벌 금지 이유로 적절하지 않은 것은?

① 인권을 침해하는 행위이기 때문에
② 경기력 향상에 효과가 없기 때문에
③ 과도한 스트레스의 원인이 되기 때문에
④ 수동적 태도를 길러주기 때문에

■선수체벌과 경기력은 아무 상관이 없다.

19 학교체육의 역할로 적절하지 않은 것은?

① 창의적 일탈행위의 개발과 교육　　② 사회적 일탈행위에 대한 정화적 역할
③ 사회적 존재로서의 공동체의식 고취　　④ 학교 환경적응과 갈등 해소기회 제공

■학교체육은 일탈행위를 제한시키는 역할을 한다.

20 소수 정예를 중심으로 경쟁성을 강조하는 운동 또는 전문적인 운동선수들이 행하는 운동을 표현한 가장 적절한 용어는?

① 익스트림스포츠　　② 전문체육
③ 프로스포츠　　④ 아마추어스포츠

정답　16 : ①, 17 : ③, 18 : ②, 19 : ①, 20 : ②

CHAPTER 08 스포츠조직과 윤리

스포츠윤리

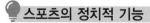

스포츠의 정치적 기능

순기능	역기능
국민의 화합과 협력	정치선전 및 체제 강화
외교적 승인과 국위 선양	사회통제
국민의 건강과 행복 증진	정치적 시위
국가 간의 화해와 협력	국가 간의 분쟁

스포츠의 사회적 기능

순기능	역기능
체제유지와 긴장처리	신체적 소외
사회통합	강제와 사회통제
목표성취	상업주의와 군국주의
적응능력 강화	성차별과 인종차별

정부가 스포츠에 개입하는 이유(동기)

⑧ 국민의 안전과 질서 확립
⑧ 국위선양과 경제성장
⑧ 국민화합과 통합
⑧ 강군 육성

▶ 정치가 스포츠를 이용하는 방법……상징, 동일화, 조작

정책의 정의

☞ 바람직한 사회상태를 이룩하려는 정책목표와 그 정책목표를 달성하기 위해서 필요한 정책수단을 정부기관이 공식적으로 결정한 기본방침이다.
☞ 목적가치와 실행을 투사한 계획이다.
☞ 목표와 그것을 실현하기 위한 행동으로 구성된다.
☞ 주로 정부기관이 결정하는 미래지향 행동의 주요 지침이다.

심판의 윤리기준

☞ 공평무사하고 공명정대하게 심판을 보아야 한다.
☞ 청렴결백해야 한다.
☞ 편견과 차별성을 가지면 안 된다.

심판의 역할과 과제

심판의 순기능	심판의 역기능	역기능을 최소화하기 위한 방안
» 심판의 판정행위는 심판의 기술적 판단행위이므로 윤리적 가치가 있다. » 심판의 판정은 보편 타당성이 있고 객관적 필연성이 있다. » 심판의 판정 행위는 심판의 절제있는 자세이다.	» 심판의 오심 » 심판의 편파 판정	» 심판의 징계 강화 » 비디오판독 등 객관적인 심판제도의 도입 » 정기적인 심판 보수교육 » 심판 윤리교육 강화

스포츠경영자의 윤리의식

☞ 경쟁자를 포함한 모든 참여자를 존중함으로써 존경받는 경영자가 되어야 한다.
☞ 봉사를 통하여 사회에 공헌해야 한다.
☞ 공정성과 정의를 실천하는 윤리적 지도자가 되어야 한다.
☞ 능력·호의성·정직성에 근간을 두고 소비자와 진정성 있는 신뢰를 구축해야 한다,
☞ 구성원들이 공유가치를 창출할 수 있도록 유익한 목표를 제시하고, 공동의 선을 지향해야 한다.

필수 및 심화 문제

스포츠윤리

필수문제

01 스포츠와 정치의 관계 중에서 스포츠의 역기능에 해당되는 것을 모두 고르면?

보기
㉠ 정치선전 및 체제강화 ㉡ 사회통제
㉢ 국가간 분쟁 ㉣ 정치적 시위

① ㉠, ㉡, ㉢, ㉣ ② ㉠, ㉡, ㉢
③ ㉡, ㉢, ㉣ ④ ㉠, ㉢, ㉣

■스포츠의 정치적 기능(p. 86) 참조.

심화문제

02 정치가 스포츠를 이용하는 방법이 아닌 것은?

① 상징 ② 동일화 ③ 조작 ④ 지원

■지원은 스포츠를 도와주는 것이지 이용하는 것이 아니다.

03 보기의 스포츠와 정치의 관계 중에서 스포츠의 순기능에 해당되는 것을 모두 고르면?

보기
㉠ 국민의 화합과 협력 ㉡ 외교적 승인과 국위선양
㉢ 국민의 건강과 행복증진 ㉣ 국가 간의 화해와 협력

① ㉠, ㉡, ㉢, ㉣ ② ㉠, ㉡, ㉢ ③ ㉡, ㉢, ㉣ ④ ㉠, ㉢, ㉣

■㉠, ㉡, ㉢, ㉣ 모두 스포츠의 정치적 순기능을 설명하고 있다.

필수문제

04 스포츠의 사회적 역기능이 아닌 것은?

① 스포츠인의 경제적 성공 ② 강제와 사회통제
③ 상업주의와 군국주의 ④ 성차별과 인종차별

■스포츠의 사회적 역기능은 신체적 소외, 강제와 사회통제, 상업주의와 군국주의, 성차별과 인종차별이다.

심화문제

05 스포츠의 사회적 순기능이 아닌 것은?

① 체제유지 ② 사회통합 ③ 목표성취 ④ 국민의 건강과 행복 증진

■국민의 건강과 행복증진은 스포츠의 정치적 순기능이다.

정답 01 : ①, 02 : ④, 03 : ①, 04 : ①, 05 : ④

필수문제

06 정부가 스포츠에 개입하는 동기 또는 이유로 타당하지 못한 것은?

① 국민이 정부에 잘 협력하도록 ② 국위선양과 경제성장
③ 국민화합과 통합 ④ 강군 육성

■ 국민이 정부에 잘 협력하도록 하기 위한 것이 아니라 '국민의 안전과 질서 확립을 위해서'도 정부가 스포츠에 개입하는 이유 중의 하나이다.

필수문제

07 정책의 정의 중에서 옳은 것은?

① 목적가치와 실행을 투사한 계획이다.
② 목표와 그것을 실현하기 위한 행동으로 구성된 것이다.
③ 주로 정부기관이 결정하는 미래지향행동의 주요 지침이다.
④ 바람직한 사회상태를 이룩하려는 정책목표와 그 정책목표를 달성하기 위해서 필요한 정책수단을 정부기관이 공식적으로 결정한 기본방침이다.

■ ①, ②, ③, ④ 모두 정책의 정의에 관한 설명이다.

심화문제

08 보기의 ( ) 안에 들어가야 할 단어들을 연결한 것 중에서 가장 옳은 것은?

> 보기
> 정책은 공동체의 구성원들에게 기본적인 권리와 의무를 ( )하고 적절히 ( ) 하는 기능을 한다. 그러므로 경제적 합리성의 기준뿐만 아니라 윤리적 ( )의 기준도 중요하다.

① 할당−배분−정당성 ② 할당−배분−안전성
③ 할당−증여−정당성 ④ 할당−증여−신빙성

■ 정책은 공동체 구성원들에게 기본적인 권리와 의무를 할당하고, 적절히 배분하는 기능이 있다. 따라서 경제적 합리성의 기준뿐만 아니라 윤리적 정당성의 기준도 중요하다.

필수문제

09 일반적으로 정책분석가를 객관적 기술자 유형, 고객옹호자 유형, 쟁점옹호자 유형으로 분류할 수 있다고 한다. 보기의 설명 중에서 객관적 기술자 유형의 특성을 고르면?

> 보기
> ㉠ 객관적이고 기술적인 정보만을 제공한다.
> ㉡ 정책결정자의 결정을 이론적으로 정당화시키는 처방적 정보를 제공한다.
> ㉢ 자신의 가치판단과 행동기준에 따라서 정책적 쟁점이 되는 문제를 선택하고 대안을 제시한다.
> ㉣ 정책목표의 수정이나 여러 가지 정책 대안 중에서 선택을 정책결정자에게 미룬다.
> ㉤ 정책결정자에 대하여 자문기능을 수행한다.
> ㉥ 자기 자신의 가치실현을 위한 봉사자이다.

① ㉠, ㉥ ② ㉡, ㉤ ③ ㉢, ㉥ ④ ㉠, ㉣

■ **객관적 기술자 유형**(㉠, ㉣) : 객관적인 사실을 설명(기술)하는 유형
고객옹호자 유형(㉡, ㉤) : 고객인 정책결정자를 무조건 옹호하는 유형
쟁점옹호자 유형(㉢, ㉥) : 어떤 정책을 세우려고 할 때 쟁점이 될 만한 문제를 미리 파악하고 그 쟁점을 방어할 수 있는 논리를 미리 준비하는 유형

정답 06 : ①, 07 : ①, ②, ③, ④, 08 : ①, 09 : ④

심화문제

10 스포츠 정책의 윤리적 측면에서 초등학교 스포츠강사 사업을 공리주의적 관점에서 긍정적 가치와 부정적 가치로 나누어 볼 수 있다. 긍정적 가치에 해당하지 않는 것은?

① 체육수업 운영의 전문성 확보를 통한 내실화
② 전문인력 남용과 동시에 저소득 양산
③ 초등교사의 수업부담 감소
④ 방과 후 체육활동 활성화

■ 스포츠윤리센터의 역할
· 체육계 비리 및 인권침해에 대한 신고접수, 조사 및 피해자 지원
· 체육계 비리 및 인권침해에 대한 실태조사 및 예방교육
· 체육계 인권침해 재발 방지를 위한 징계정보시스템 운영
· 체육계의 공정성 확보 및 체육인의 인권보호 사업

필수문제

11 체육의 공정성 확보와 체육인의 인권보호를 위해 설립된 스포츠윤리센터의 역할로 적절하지 않은 것은?

① 스포츠비리 및 체육계 인권침해에 대한 실태조사
② 스포츠비리 및 체육계 인권침해 방지를 위한 예방교육
③ 신고자 및 가해자에 대한 치료와 상담, 법률 지원, 임시보호 연계
④ 체육계 인권침해 및 스포츠비리 등에 대한 신고 접수와 조사

■ 심판의 윤리 기준
· 공평무사하고 공명정대하게 심판을 봐야 한다.
· 편견과 차별성이 없어야 한다.
· 청렴결백해야 한다.

필수문제

12 심판에게 요구되는 개인윤리적 덕목에 대한 설명으로 적절하지 않은 것은?

① 성품이 고결하여 탐욕이 없고, 심판으로서 품위를 지켜야 한다.
② 외부의 지시나 간섭을 단호히 뿌리쳐야 한다.
③ 어느 한쪽으로 치우침과 사사로움이 없어야 한다.
④ 판정의 신뢰성을 높이는 제도를 도입해야 한다.

심화문제

13 스포츠에서 심판윤리에 관한 설명으로 옳지 않은 것은?

① 심판의 사회윤리는 협회나 종목단체의 도덕성과 밀접한 관련이 있다.
② 심판은 공정하고 엄격한 도덕적 원칙을 적용해야 한다.
③ 심판의 개인윤리는 청렴성, 투명성 등의 인격적 도덕성을 의미한다.
④ 심판은 '이익동등 고려의 원칙'에 따라 전력이 약한 팀에게 유리한 판정을 할 수 있다.

■ 심판은 공평무사하고 공명정대하게 심판을 봐야 한다.

정답 10 : ②, 11 : ③, 12 : ④, 13 : ④

필수문제

14 보기의 ㉠, ㉡에 알맞은 용어는?

보기
심판의 윤리는 (㉠)와 (㉡)가 복합적으로 얽혀 있어 상호 보완적 관계를 가진다. (㉠)는 심판 개인의 공정성, 청렴성 등의 인격적 도덕성을 의미하며, (㉡)는 협회나 기구의 도덕성과 밀접한 연관을 가진다.

	㉠	㉡		㉠	㉡
①	개인윤리	사회윤리	②	책임윤리	심정윤리
③	덕윤리	의무윤리	④	배려윤리	공동체윤리

■ 심판의 윤리는 개인윤리와 사회윤리가 복합적으로 얽혀 있어 상호보완적인 관계가 있다.
개인윤리 : 행위의 주체를 개인의 양심이나 덕목에 있다고 보는 것으로, 심판 개인의 공정성, 청렴성 등의 인격적 도덕성을 뜻함.
사회윤리 : 사회구조, 질서, 도덕성 등을 문제라고 보는 것으로, 협회 · 기구의 도덕성과 연관된 것으로 본다.

스포츠윤리

심화문제

15 스포츠 심판이 갖추어야 할 윤리적 자세에 해당하지 않는 것은?

① 자율성 ② 청렴성 ③ 공정성 ④ 스포츠맨십

16 심판의 도덕적 조건 중 개인윤리 측면이 아닌 것은?

① 외부의 지시나 간섭을 단호히 뿌리칠 수 있는 자율성을 지녀야 한다.
② 심판평가제를 도입하여 오심 누적 시 자격을 박탈하는 등 엄격히 대처해야 한다.
③ 성품과 행실이 바르고 탐욕이 없는 청렴성을 지녀야 한다.
④ 심판의 도덕신념이 본인의 이익을 위한 것이라면 도덕적이라 할 수 없다.

■ 심판평가제를 도입하여 오심누적 시 자격을 박탈하는 것은 개인윤리 측면보다는 심판의 공정성을 위한 방안이다.

필수문제

17 보기의 ㉠, ㉡에 해당하는 심판의 덕목으로 바르게 묶인 것은?

보기
㉠ 심판은 선수의 이익을 동등하게 대우하는 엄격한 중립성을 가져야 하며, 개인적 감정을 배제해야 한다.
㉡ 심판은 한 번 내린 판정을 번복하기가 힘들기 때문에, 정확한 판정을 내릴 수 있는 오랜 경험과 훈련이 필요하다.

	㉠	㉡		㉠	㉡
①	공정성	자율성	②	공정성	전문성
③	전문성	자율성	④	개방성	전문성

■ ㉠과 같이 엄격하게 중립을 지킨다는 것은 공정성에 해당되고, ㉡은 심판이 판정을 자주 번복한다면 심판의 위엄을 보증할 수 없고, 정확하게 판정하려면 그 스포츠에 대한 전문성을 갖추고 있어야 한다.

정답 14 : ①, 15 : ④, 16 : ②, 17 : ②

스포츠윤리

심화문제

18 스포츠경기 상황에서 규칙이 준수되도록 외적 통제가 강화되어야 한다. 경기 중 이 일을 직접 담당하는 가장 중요한 사람은 누구인가?

① 단장 ② 관중
③ 감독 ④ 심판

19 심판의 오심을 바로잡기 위한 방안으로 적절하지 않은 것은?

① 심판의 판정능력 향상을 위한 반복훈련
② 심판의 권위의식 강화 및 명예심 고취
③ 상임심판 제도의 확립과 적절한 보수를 통한 전문성 제고
④ 심판의 질적 향상을 위한 교육기회 확대

20 스포츠경기에서 오심이나 편파 판정을 최소화하여 공정성을 향상시켜 주는 공학기술은?

① 안전을 위한 기술 ② 건강을 위한 기술
③ 감시를 위한 기술 ④ 수행증가를 위한 기술

필수문제

21 보기에 있는 스포츠경영자의 윤리적 리더십 중 옳지 않은?

보기
㉠ 경쟁자를 포함한 모든 참여자를 존중함으로써 존경받는 경영자가 되어야 한다.
㉡ 선수들의 경제적 이득을 가장 우선적으로 고려해야 한다.
㉢ 스포츠 조직이 이익을 창출할 수 있도록 목표를 세우고, 반드시 실행에 옮겨야 한다.
㉣ 관중은 소비자이므로 경영에 도움이 될 수 있는 방향으로 유도해야 한다.
㉤ 봉사를 통하여 사회공헌에 기여해야 한다.

① ㉡, ㉢, ㉣, ㉤
② ㉢, ㉣, ㉤
③ ㉢, ㉤
④ ㉡, ㉢, ㉣

■스포츠경영자의 윤리의식(p. 89) 참조.

정답 18 : ④, 19 : ②, 20 : ③, 21 : ④

심화문제

22 보기의 ㉠~㉢에 해당하는 용어로 바르게 연결된 것은?

> 보기
> 스포츠 조직에서 (㉠)은/는 기업의 가치경영을 넘어 정성적 규범기준까지 확장된 스포츠 사회 · 윤리적 가치체계를 의미한다.
> 이러한 체계가 실효성 있게 작동되기 위해서는 경영자의 윤리적 (㉡)와 경영의 (㉢) 확보가 선행되어야 한다.

	㉠	㉡	㉢
①	기업윤리	공동체	투명성
②	윤리경영	실천의지	투명성
③	기업윤리	실천의지	공정성
④	윤리경영	공동체	공정성

■윤리경영이란 조직의 가치 경영을 넘어 정성적 규범기준까지 확장된 최우선 가치체계인데, 이를 위해서는 경영자의 **윤리경영 실천의지**와 **경영의 투명성 확보**가 선행되어야 한다.

23 스포츠 조직의 윤리적 문화 조성에 필요한 효과적인 행동수칙 내용으로 바르지 않은 것은?

① 수칙은 애매모호하지 않아야 한다.
② 수칙이 적용될 대상이 명시되어야 한다.
③ 수칙은 위반의 결과를 명확히 해야 한다.
④ 수칙은 반드시 예외 조항을 두어야 한다.

■수칙에 예외 조항을 두게 되면 혼란을 가중시킬 수 있다.

24 다음 중 스포츠 조직의 불공정행위가 아닌 것은?

① 조직의 사유화와 파벌주의
② 경기단체의 파행적 운영
③ 경기의 불공정 운영
④ 경기단체의 이익옹호

정답 22 : ②, 23 : ④, 24 : ④

스포츠윤리

필수문제

25 **국민체육진흥법**(시행 2022.8.11.) **제18조의3 '스포츠윤리센터의 설립'에 관한 사항으로 옳지 않은 것은?**

① 스포츠윤리센터는 문화체육관광부 장관이 감독한다.
② 스포츠윤리센터의 정관에 기재할 사항은 국무총리령으로 정한다.
③ 스포츠윤리센터가 아닌 자는 스포츠윤리센터 또는 이와 비슷한 명칭을 사용하지 못한다.
④ 스포츠윤리센터의 장은 문화체육관광부 장관의 승인을 받아 관계 행정 기관 소속 임직원의 파견 또는 지원을 요청할 수 있다.

■ 국민체육진흥법 18조의3(스포츠윤센터의 설립)
① 체육의 공정성 확보와 체육인의 인권보호를 위하여 스포츠윤리센터를 건립한다.
④ 스포츠윤리센터의 운영, 이사회의 구성 및 권한, 임원의 선임, 감독 등 스포츠윤리센터의 정관에 기재할 사항은 대통령령으로 정한다.
⑤ 스포츠윤리센터의 장은 업무 수행에 필요하다고 인정될 때에는 문화체육관광부장관의 승인을 받아 관계 행정기관 소속 공무원이나 관계기관 · 단체 소속 임직원의 스포츠윤리센터 파견 및 지원을 요청할 수 있다.
⑥ 스포츠윤리센터가 아닌 자는 스포츠윤리센터 또는 이와 비슷한 명칭을 사용하지 못한다.
⑦ 스포츠윤리센터는 문화체육관광부장관이 감독한다. 이 경우 문화체육관광부장관은 스포츠윤리센터가 제3항 각 호의 사업을 독립적으로 수행할 수 있도록 필요한 시책을 강구하고 보장하여야 한다.

심화문제

26 **국민체육진흥법 제18조의3**(2020. 8. 18, 일부개정)**에 의거하여 체육의 공정성 확보와 체육인의 인권보호를 위해 설립된 단체는?**

① 스포츠윤리센터
② 클린스포츠센터
③ 스포츠인권센터
④ 선수고충처리센터

정답 25 : ②, 26 : ①

스포츠교육학

단원별 출제빈도 분석

단원	2015 (전문)	2015 (생활)	2016	2017	2018	2019	2020	2021	2022	2023	2024	누계 (개)	출제율 (%)
제1장 스포츠교육학의 배경과 개념	3	3	1		4	2	4	1		1	1	20	9
제2장 스포츠교육의 정책과 제도	3	2	2	1	4	3	2	2	4	3	4	30	14
제3장 스포츠교육의 참여자 이해론	1		2	1	2			3	2			11	5
제4장 스포츠교육의 프로그램론	2	1	1	3		3	2	3	2	2	1	20	9
제5장 스포츠교육의 지도방법론	6	9	12	12	9	9	9	9	10	12	11	108	49
제6장 스포츠교육의 평가론	3	4		2	1	3	3	2	2	2	2	24	11
제7장 스포츠교육자의 전문적 성장	2	1	2	1							1	7	3
합계	20	20	20	20	20	20	20	20	20	20	20	220	100

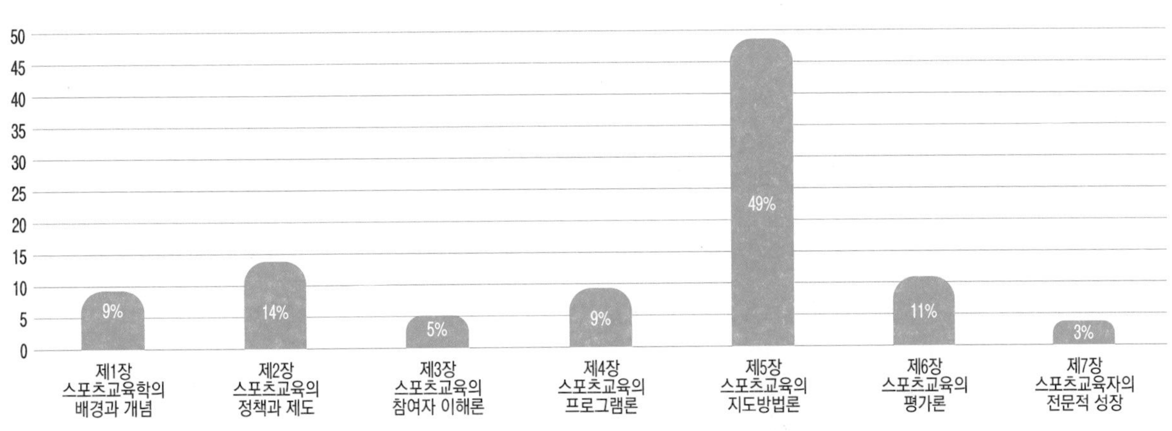

단원별 출제비율 그래프

스포츠교육학의 배경과 개념

스포츠의 개념

스포츠와 체육은 경우에 따라서는 범위나 역할이 서로 중복되는 경우도 없지는 않으나 엄밀히 말하면 뚜렷이 다른 개념이다. 대부분의 학자들이 체육의 개념을 '신체운동을 통한 교육'이라고 규정하는데 반하여 스포츠의 개념을 규정할 때에는 다음과 같이 3가지 주장들이 있다.

첫째는 신체운동을 행하는 주체의 심리적 태도를 기준 삼아서 스포츠를 규정하는 것이다. 독일의 Carl Diem은 "어떤 신체활동이 스포츠이냐 아니냐는 본인의 마음 자세에 의하여 결정된다."고 하였다. 예를 들어 같은 사냥이라도 즐기기 위해서 하면 스포츠가 되고 생업을 위해서 하면 직업이 된다는 것이다.

둘째는 신체운동의 기능을 기준 삼아서 스포츠를 규정하는 것이다. 대표적인 예로 영국의 월펜드 위원회의 보고에서는 "사회의 일반 복지에 공헌하는 모든 운동을 스포츠에 포함시킨다."고 규정하고 있다.

셋째는 이미 널리 존재하고 있는 신체운동의 여러 형태를 종합해서 스포츠로 파악하려는 움직임이다. 대표적인 것으로 유럽 스포츠 장관회의에서 채택한 '유럽스포츠헌장'에서는 경쟁적인 게임과 스포츠, 야외활동, 아름다움의 운동, 조정운동 등을 모두 스포츠의 범주에 포함시키고 있다.

스포츠교육의 의미

좁은 의미로는 스포츠를 가르치는 것이라는 의미이지만 넓은 의미로는 학교에서 학생들을 가르치는 학교체육, 일반인들이 취미 또는 건강을 위해서 하는 생활체육, 전문적인 운동선수들이 하는 전문체육을 모두 아우르는 것이 스포츠교육이다.

1 체육과 스포츠교육의 의미 차이

☞ 체육의 의미……인성을 교육하는 데에 의미가 있다.

☞ 스포츠교육의 의미……스포츠를 즐길 수 있는 바탕을 만들어주는 데 의미가 있다.

2 스포츠교육의 목적

☞ 신체의 교육……발육 · 발달을 도와서 신체가 건강하게 자라고 신체의 기능을 효율적으로 수행할 수 있도록 하는 것. 몸을 단련하는 것. 병에 걸리지 않도록 신체를 잘 돌보는 것.

☞ 스포츠의 교육……스포츠 자체를 가르치는 것.

☞ 스포츠를 통한 교육……스포츠를 배우고 즐기는 과정에서 국가 사회에 필요한 참된 인간이 될 수 있도록 가르치는 것.

스포츠교육의 가치

스포츠교육의 목적에서 제시한 신체의 교육, 스포츠의 교육, 신체를 통한 교육을 통해서 인간

생활에 유용한 무엇인가를 얻을 수 있다는 것이 스포츠교육의 가치이다. Bailey 등(2009)은 스포츠교육의 가치를 신체적 가치, 정의적 가치, 인지적 가치로 구분하여 제시하였다.

신체적 가치	신체활동을 통해서 근력, 전신지구력, 순발력, 민첩성 등 체력을 발달시킬 수 있고, 신체의 순환기능, 대사기능, 소화기능 등 여러 가지 신체기능을 유지 · 발달시킬 수 있으며, 각종 스포츠활동을 통해서 움직임의 능력, 조작능력, 협응능력을 기를 수 있다.
정의적 가치	여러 가지 스포츠활동이나 신체활동을 통해서 인간생활의 긴장감, 스트레스, 욕구불만 등을 해소 또는 완화시키고, 공격성이나 파괴성, 경쟁성 같은 근원적 경향성을 해결함으로써 심리적으로 건강하게 살아갈 수 있게 만든다. 스포츠라는 조직적인 활동을 통해서 다른 사람과 의사소통을 하고 상호작용을 할 수 있는 능력과 사회적 기술을 습득하고 향상시킬 수도 있다.
인지적 가치	건강한 신체에 건전한 정신이 깃든다. 적절한 신체활동을 통해서 감각과 지각을 발달시키는 것이 운동능력의 발달뿐만 아니라 전반적인 인지능력의 발달에 아주 중요한 역할을 한다. 성인이나 노인에게도 스포츠활동이 주의력과 집중력 등 인지기능의 향상에 크게 도움이 된다.

스포츠교육의 역사

인간은 동물이기 때문에 몸을 움직이는 것은 아주 자연스러운 일이고, 신체의 움직임 또는 운동이 생산 활동이라는 형태와 놀이 또는 무예라고 하는 형태로 존재하여왔다. 17~8세기경에 근대식 학교가 생기면서 체육 또는 스포츠가 학교교육의 내용에 들어가게 되었다. 그때부터 유희하는 인간으로서의 신체활동이 중요한 교육영역의 하나로 자리매김하게 되었다.

19세기 초 · 중반	근대적인 교육사상이 싹트면서 체조 중심의 체육교육과 건강 중심의 체육교육이 발달하기 시작하였다.
19세기 말 · 20세기 초	루소의 자연주의 교육사상과 듀이의 진보주의 교육사상의 영향을 받아서 신체를 통한 교육으로서의 체육이 강조되었다. 그래서 놀이, 게임, 레크리에이션의 중요성을 크게 부각시킨 '신 체육'이 유행하였다.
1950년대	이 시기에는 아동의 에너지를 발산시키고, 놀이에 대한 욕구를 충족시키며, 사회적 상호작용의 기회를 제공한다는 의미에서 움직임의 교육을 중요시하였다. 움직임의 교육에서는 움직임에 내재되어 있는 보편적인 원리를 배워야 움직임을 효율적이고 아름답게 수행할 수 있다고 주장한다.
체육의 학문화 운동	1960년 이전까지는 체육이 초 · 중 · 고등학교의 교육을 담당하는 한 분야이었고, 대학에서는 체육지도자를 길러내기 위한 직업훈련을 담당하고 있었다. 그러다가 1964년에 미국의 헨리(Franklin Henry)가 "학문으로서의 체육"이라는 논문을 체육학회지에 게재한 것을 계기로 교육의 한 분야가 아닌 학문으로서의 체육의 토대가 마련되기 시작하였다. 체육의 학문화 운동이 활발하게 전개되면서 스포츠과학의 하위 학문영역으로 운동생리학, 운동역학, 운동학습, 스포츠심리학 등이 만들어졌다. 그즈음 체육교육을 학문 연구분야의 하나로 발전시키려고 노력한 결과로 스포츠 가르치기, 교육과정, 지도자교육 등을 연구대상으로 하는 스포츠교육학이 스포츠과학의 하위 학문영역 중의 하나로 자리매김하였다.
1970년대	인간주의적 철학사조의 영향을 받아서 학교체육의 1차적인 목표가 인성발달, 표현력 함양, 대인관계의 향상에 있다고 주장하였다. 그 후 시덴토프(Siedentop)를 중심으로 스포츠의 기능, 지식, 태도를 교육시켜서 아이들 스스로 스포츠를 즐기고, 참여하며, 건전한 스포츠문화를 만들어가는 데에 공헌하게 한다는 스포츠교육모형이 처음으로 등장하게 되었다.

스포츠교육학의 연구영역

스포츠 가르치기, 교육과정, 지도자교육이라고 하는 분야들은 연구적인 측면, 적용적인 측면, 실천적인 측면이 어우러져 있기 때문에 스포츠교육학 연구자들은 연구, 코칭, 실천을 함께 병행해야 전문적인 능력을 발휘할 수 있다는 특징이 있다. 그래서 스포츠교육학에서는 학교체육으로서의 스포츠교육, 생활체육으로서의 스포츠교육, 전문체육으로서의 스포츠교육을 모두 취급하여야 된다.

스포츠교육의 내용

스포츠교육은 유아, 어린이, 노인, 장애인에 이르기까지 전 생애에 걸쳐 인간의 신체적 · 정신적 · 사회적 발달에 기여할 수 있다. 스포츠교육은 학교체육, 생활체육, 전문체육 별로 가르치는 성격과 방향은 다르지만 가르치는 내용은 모두 신체활동의 지식이다.

스포츠교육의 내용은 다음 표와 같다.

► 체육과교육과정에서 제시한 스포츠교육의 내용

스포츠교육의 내용	주안점 및 내용 구성
건강활동	건강에 관한 지식을 탐구하고, 이를 토대로 심신건강을 증진하고 관리하며, 건강상의 여러 문제를 해결할 수 있는 합리적인 의사결정 능력을 함양하는 데 초점을 둔다. 건강의 실천내용과 방법에 때라 체력증진과 관리, 보건과 안전, 건강관리로 구분한다.
도전활동	개인의 신체적 우월성과 타인의 신체적 기량에 도전하면서 자신의 잠재력을 발견하고, 자신의 한계에 능동적으로 도전할 수 있는 능력계발에 초점을 둔다. 도전의 대상을 기준으로 하여 기록도전, 동작도전, 표적 및 투기도전으로 구분한다.
경쟁활동	신체활동에 존재하는 경쟁과 협동의 원리를 인식하고, 선의의 경쟁과 상호이해를 바탕으로 기본적인 경기수행능력과 다양한 인지전략을 습득하는 데 초점을 둔다. 경쟁의 유형에 따라 피하기형 경쟁, 영역형 경쟁, 필드형 경쟁, 네트형 경쟁으로 구분한다.
표현활동	신체활동의 심미적 요소를 이해하고, 창의적으로 표현하며, 다양한 표현유형과 문화적 특성을 감상하는 데 초점을 둔다. 표현의 대상을 기준으로 움직임표현, 리듬표현, 민속표현, 주제 및 창작표현으로 구분한다.

필수 및 심화 문제

필수문제

01 다음 중 스포츠교육의 의미를 가장 잘 나타낸 것은?

① 스포츠를 체험하고 문화활동을 즐길 수 있도록 가르치고 전수하는 것이다.
② 경쟁, 규칙, 제도의 성격이 조합된 신체활동이다.
③ 계획적인 신체활동을 통해서 인간의 행동을 변화시키는 것이다.
④ 신체의 교육과 신체를 통한 교육을 모두 포함한다.

▪ ②는 스포츠의 정의이고, ③, ④는 체육의 정의이다. 체육은 인성을 교육하는 것이고, 스포츠교육은 스포츠를 즐길 수 있는 바탕을 만들어주는 것이다.

심화문제

02 다음 중 운동선수를 대상으로 한 스포츠교육을 가장 적절하게 표현한 것은?

① 운동능력 개발을 최우선 목표로 설정하여 강력한 훈련 프로그램을 실행한다.
② 승리와 우승을 달성하기 위해 모든 수단과 방법을 동원한다.
③ 운동과학의 지식을 응용하여 최고도의 기능을 발휘할 수 있도록 한다.
④ 운동기술을 익히고 시합을 하는 과정에서 참된 자신과 가능성을 깨닫고 삶 속에서 지속적으로 실천해 가도록 한다.

▪ 운동선수를 대상으로 하는 전문스포츠교육에서 ①, ②, ③ 모두 부분적으로는 맞지만, 적절한 표현은 아니다.

03 다음 중 현대 스포츠교육의 특성을 총체적으로 가장 잘 표현한 것은?

① 건강 증진　　② 스포츠기술 습득
③ 정서 순화　　④ 전인적 성장

▪ ①, ②, ③을 모두 합한 것이 전인적 성장이다.

04 보기의 ㉠~㉢에 들어갈 기본 움직임 기술을 바르게 제시한 것은?(2024)

보기

기본 움직임	예시
(㉠)	걷기, 달리기, 뛰기, 피하기 등
(㉡)	서기, 앉기, 구부리기, 비틀기 등
(㉢)	치기, 잡기, 배팅하기 등

	㉠	㉡	㉢
①	이동 움직임	이동 움직임	표현 움직임
②	전략적 움직임	이동 움직임	표현 움직임
③	전략적 움직임	이동 움직임	조작움직임
④	이동 움직임	이동 움직임	조작 움직임

▪ 이동운동
· 이동 움직임 : 물체나 도구를 사용하지 않고 공간상 이동하는 것. 걷기, 달리기 등
· 비이동 움직임 : 물체나 도구를 사용하지 않고, 공간상 이동이 없는 것. 비틀기, 굽히기 등

▪ 조작운동
· 물체 조작 : 물체나 도구를 몸에 고정시키지 않고 사용하는 것. 공 던지기, 차기 등
· 도구 조작 : 물체나 도구들 중에서 하나를 사용하여 다른 하나를 움직이게 하는 것. 배트로 공치기 등

정답 01 : ①, 02 : ④, 03 : ④, 04 : ④

■ 비이동 운동기능 : 장소를 이동하지 않고 몸을 움직이는 것
■ **물체 조작기능** : 물체를 감지하고 조작하는 것
■ **도구 조작기능** : 도구를 조작하는 것

05 움직임 기능에 적합한 학습과제가 바르게 연결된 것은?

① 이동 운동기능–한 발로 뛰어 목표 지점까지 도달하기
② 비이동 운동기능–훌라후프 던지고 받기
③ 물체 조작기능–음악을 듣고 움직임 표현하기
④ 도구 조작기능–평균대 위에서 균형 잡기

■ 스포츠와 같이 신체를 이용해서 하는 어떤 활동을 통해서 인간답게 사는 것을 교육하는 것이 신체를 통한 교육이다.
④는 신체의 교육에 해당된다.

필수문제

06 다음 중 신체를 통한 교육과 관계가 먼 것은?

① 신체훈련이 인간의 교육을 완성하는 데에 중요한 역할을 한다.
② 신체와 정신은 분리될 수 없다.
③ 놀이, 게임, 스포츠, 레크리에이션 등 다양한 활동을 교육내용으로 한다.
④ 신체의 발달과 건강을 위한 신체의 기능을 교육하려고 한다.

스포츠교육학

■ 수비방법은 일종의 전술이다.

필수문제

07 보기에 해당하는 스포츠 창의성의 요소로 가장 적절한 것은?

보기
농구 경기에서 상대팀의 기능이 우수한 센터를 방어하기 위해 팀원들이 기존의 수비법을 변형하고, 대인방어와 지역방어를 혼합한 수비법을 즉흥적으로 구상하여 적용한다.

① 표현적 창의력 ② 전술적 창의력
③ 기능적 창의력 ④ 심미적 창의력

■ **블룸(B. Bloom)의 인지적 영역**
· 지식 : 사전에 학습된 정보의 회상 능력
· 이해 : 정보의 의미 이해 능력
· 적용 : 정보의 새롭고 구체적인 적용 능력
· 분석 : 자료를 구성요소로 분류하여 이 요소들 간의 상호 관계 이해 능력
· 종합 : 부분을 전체로 통합하는 능력
· 평가 : 상반되는 의견이 있는 상황에서 가치 판단 능력

필수문제

08 보기에서 블룸(B. Bloom)의 인지적 영역 수준에 해당하는 것은?

보기
배드민턴 경기에서 상대 선수의 서비스를 받을 때, 낮고 짧은 서비스와 높고 긴 서비스의 대처 방법이 어떻게 달라져야 하는지를 알 수 있다.

① 이해 ② 평가 ③ 분석 ④ 기억

정답 05 : ①, 06 : ④, 07 : ②, 08 : ③

필수문제

09 보기에서 지용이가 학교스포츠클럽 활동을 통해 얻은 교육적 가치로 가장 적절한 것은?

> 보기
> 지용이는 학교스포츠클럽 농구팀에 소속되어 다양한 대회에 참여하면서 경기규칙을 준수하고, 친구들과 서로 협동하고 배려하는 행동을 보여주었다.

① 신체적 가치　② 인지적 가치
③ 정의적 가치　④ 기능적 가치

■ **신체적 가치**는 몸을 건강하게 만드는 가치이고, **인지적 가치**는 스포츠 규칙이나 역사 · 원리 등과 같은 지식을 배우는 가치이며, **정의적 가치**는 인간의 성품을 기르는 가치이다.

심화문제

10 스포츠 참여자 평가에서 심동적(psychomotor) 영역에 해당하는 것은?

① 몰입　② 심폐지구력
③ 협동심　④ 경기 규칙 이해

11 체육 프로그램의 목표로 정의적 영역(affective domain)에 해당하는 것은?

① 축구에서 인사이드 패스를 실행할 수 있다.
② 배구에서 동료와 협력할 수 있다.
③ 야구에서 스윙 동작을 분석하고 평가할 수 있다.
④ 농구에서 지역방어 전략을 사용할 수 있다.

■ 체육의 학습영역(목표)
· 인지적 영역 : 논리, 개념, 지식, 원리 등(지식, 이해, 적용, 분석, 종합, 평가)
· 심동적 영역 : 신체 기능, 움직임의 발달 등(반사, 기초적인 기능, 지각능력, 신체능력, 종합기술, 운동해석능력)
· 정의적 영역 : 성격, 태도, 가치관 등 인간의 성품(수용능력, 반응능력, 중요도 결정 능력, 조직능력, 인격화)

12 스포츠 인성교육 조건에 대한 설명으로 적절하지 않은 것은?

① 스포츠 활동에서 바람직한 행동을 지속적으로 반복하도록 한다.
② 학습자가 올바른 도덕적 의식을 가지고 자율적으로 실천하도록 한다.
③ 지도자가 바람직한 인성의 역할 모델로서 스포츠맨십의 모범을 보여준다.
④ 스포츠 활동과 인성의 요소를 독립적으로 구분하여 지도한다.

■ 스포츠활동을 통해서 인성교육을 해야 한다.

13 스포츠교육학이 추구하는 가치영역이 아닌 것은?

① 인지적 영역　② 평가적 영역
③ 심동적 영역　④ 정의적 영역

■ **스포츠교육의 가치** : 신체적 가치, 인지적 가치, 정의적 가치
■ **스포츠교육학의 가치영역** : 인지적 영역, 심동적 영역, 정의적 영역

정답 09 : ③, 10 : ②, 11 : ②, 12 : ④, 13 : ②

■진보주의 교육에서는 신체를 통한 교육으로의 체육을 강조한다.

■**스포츠교육의 발전과정**
- **신체를 통한 교육** : 19세기 초 중반에는 체조 중심의 스포츠 교육이었으나, 19세기 말부터 21세기 초에는 신체를 통한 교육으로 전환되었음.
- **체력 중심의 교육**(19세기 초·중반) : 체조 중심의 스포츠로 이상적인 남성상, 아마추어리즘과 페어플레이 강조 등 건강 중심의 기독교 주의 체육
- **신체의 교육**(20세기 초) : 학교체육의 이론적 기초인 신체의 교육에 기초한 신체의 발달과 건강을 위한 체육
- **움직임 교육**(1950년대 이후) : 교육체조, 교육무용, 교육게임으로 구분한 교육과정임.

■1970년대에 스포츠교육학이 학문적 체계를 갖추었다.

■미국의 헨리(F. Henry)의 논문인 "학문으로서의 체육"이 발표되면서 **체육의 학문화 운동**이 시작되었다. 이것이 스포츠 교육학 성장의 촉매제가 되면서 **이론적 지식**을 스포츠 참여자에게 가르쳐야 한다는 주장이 제기됨.

필수문제

14 보기에서 괄호 안에 알맞은 용어는?

보기

진보주의 교육이론은 신체와 정신은 서로 분리될 수 없으며, 모든 교육적 활동은 지적·도덕적·신체적 결과를 동시에 가져다준다는 것을 강조한다. 이 이론은 체육교육의 목적이 '체조 중심의 체육'에서 (　　)으로 전환되는 철학적 근거를 마련해 주었다.

① 신체를 통한 교육　② 체력 중심의 교육
③ 신체의 교육　④ 움직임 교육

심화문제

15 스포츠교육학에 관한 설명으로 옳지 않은 것은?

① 학교체육, 생활체육, 전문체육을 모두 포괄한다.
② 체육교육과정, 체육수업, 체육교사교육 등을 연구영역으로 한다.
③ 체육 학문화 운동으로 스포츠교육학은 1940년대에 학문적으로 체계화되었다.
④ 교육적 관점에서 모든 연령층의 신체활동을 다룬다.

필수문제

16 보기의 ㉠, ㉡에 해당하는 용어가 바르게 연결된 것은?

보기

1960년대 중반 미국을 중심으로 전개된 (㉠)은 스포츠교육학이 체육학의 하위학문 분야로 성장하는데 촉매제 역할을 하였다. 결국 신체 활동을 지도할 때 학문을 기반으로 한 (㉡)지식을 스포츠 참여자에게 가르쳐야 한다는 주장이 본격적으로 제기되기 시작했다.

	㉠	㉡
①	체육 학문화 운동	이론적
②	체육 학문화 운동	경험적
③	체육 과학화 운동	경험적
④	체육 과학화 운동	이론적

정답 14 : ①, 15 : ③, 16 : ①

필수문제

17 다음 중 스포츠 교육학의 연구영역이 아닌 것은?

① 스포츠 가르치기
② 경쟁활동과 건강활동
③ 스포츠 지도자 교육
④ 스포츠 교육의 교육과정

■ ②는 스포츠교육학의 연구영역이 아니라 스포츠교육의 내용이다.

심화문제

18 스포츠교육학의 연구영역이 아닌 것은?

① 교사(지도자) 교육 ② 교수(수업) 방법
③ 교육과정(프로그램) ④ 교육행정

■ 교육행정은 스포츠교육학의 연구영역이 아니다.

19 스포츠교육학의 실천영역이 아닌 것은?

① 학교체육 ② 생활체육
③ 전문체육 ④ 전인체육

■ 전인체육이라는 말은 없다.

스포츠교육학

필수문제

20 다음 설명 중에서 옳은 것은?

① 스포츠교육의 내용을 건강활동, 도전활동, 경쟁활동, 창작활동으로 나눌 수 있다.
② 탈춤과 발레는 표현활동이지만 힙합댄스는 도전활동이다.
③ 건강활동의 하위 영역에는 체력, 보건, 안전이 있다.
④ 놀이나 게임은 스포츠교육의 내용이 될 수 없다.

■ ①은 창작활동을 표현활동으로 고쳐야 맞고, ②에서는 힙합댄스도 표현활동에 포함되고, ④는 놀이나 게임도 스포츠교육 내용에 포함된다.

심화문제

21 다음 중 학교체육 활동의 교과영역에 포함되지 않는 것은?

① 경쟁활동 ② 여가활동
③ 건강활동 ④ 클럽활동

■ **교과영역**은 체육교과서에 있는 내용을 도전활동, 경쟁활동, 건강활동, 여가활동으로 나눈 것이고, **클럽활동**은 방과 후 활동이다.

정답 17 : ②, 18 : ④, 19 : ④, 20 : ③, 21 : ④

스포츠교육의 정책과 제도

국민체육진흥법

1 국민체육진흥법의 제정 배경과 의의

국민체육진흥법은 1962년 9월 17일에 국가재건최고회의에서 법률 제1146호로 공포된 후 10여 차례 개정되었다. 국민체육진흥법의 제정은 법적 · 제도적으로 본격적인 국민체육의 시대를 여는 출발점이 되었고, 체육정책 전개의 기본 틀을 확립했다는 점에서 그 의의가 크다.

국민체육진흥법은 제1장 총칙에서 국민체육진흥의 목적을 국민의 체력증진과 건전한 정신의 함양에 두고 있음을 명백히 밝히고, 이를 뒷받침하기 위한 제반 조치들을 제2장 체육진흥을 위한 조치에서 자세히 다루고 있다. 이와 같이 국민체육진흥법의 제정을 통해 국민의 체력증진에 대한 관심을 새롭게 제고해 국가와 지방자치단체가 체육진흥에 관한 시책을 강구하도록 했고, 이를 효율적으로 해 나갈 수 있도록 체육심의회를 구성하는 등 제도적 장치 마련을 병행했다.

국민체육진흥법은 지도자 양성의 중요성을 언급하고, 동 시행령을 통해 체육지도자의 양성과 자질 향상을 위한 조치를 취했다. 그밖에도 국제 기준에 맞는 국립 종합경기장을 설치 운영하고, 체육용구의 생산을 장려하는 데 필요한 조치를 강구할 수 있도록 했을 뿐만 아니라, 국가가 지방자치단체와 체육단체, 그리고 민간 체육시설에 국고를 보조할 수 있도록 했다.

2 용어의 정의

- ☞ 체육이란 운동경기와 야외활동 등 신체활동을 통하여 건전한 신체와 정신을 기르고 여가를 선용하는 것을 말한다.
- ☞ 전문체육이란 선수들이 행하는 경기활동을 말한다.
- ☞ 생활체육이란 건강과 체력 증진을 위하여 행하는 자발적이고 일상적인 체육활동을 말한다.
- ☞ 선수란 경기단체에 선수로 등록 된 자를 말한다.
- ☞ 국가대표선수란 대한체육회, 대한장애인체육회 또는 경기단체가 국제경기대회에 우리나라 대표로 파견하기 위하여 선발 · 확정한 사람을 말한다.
- ☞ 학교란 초 · 중등교육법 및 고등교육법에 따른 학교를 말한다.
- ☞ 체육지도자란 학교 · 직장 · 지역사회 · 체육단체 등에서 체육을 지도할 수 있는 자를 말하고, 스포츠지도사, 건강운동관리사, 장애인스포츠지도사, 유소년스포츠지도사, 노인스포츠지도사의 어느 하나 이상의 자격을 취득한 사람을 말한다.
- ☞ 운동경기부란 선수로 구성된 학교나 직장 등의 운동부를 말한다.
- ☞ 체육단체란 체육에 관한 활동이나 사업을 목적으로 설립된 법인이나 단체를 말한다.
- ☞ 도핑이란 선수의 운동능력을 강화시키기 위하여 문화체육관광부장관이 고시하는 금지목록에 포함된 약물 또는 방법을 복용하거나 사용하는 것을 말한다.
- ☞ 경기단체란 특정 경기 종목에 관한 활동과 사업을 목적으로 설립되고, 대한체육회나 대한장애인체육회에 가맹된 법인이나 단체 또는 문화체육관광부장관이 지정하는 프로스포츠단체를 말한다.

3 국민체육(생활체육) 관련 사항

☞ 문화체육관광부장관은 국민체육진흥에 관한 기본시책을 수립 · 시행하고, 지방자치단체의 장은 기본시책에 따라 그 지방자치단체의 체육진흥계획을 수립 · 시행하여야 한다.

☞ 지방자치단체는 지역주민의 건강과 체력증진을 위하여 건전한 체육활동을 생활화 할 수 있도록 시설 등 여건을 조성하고 지원하여야 한다.

☞ 국가와 지방자치단체는 직장체육 진흥에 필요한 시책을 마련하여야 하고, 직장의 장은 필요한 조치를 마련하여야 한다.

☞ 국가는 국민체육 진흥을 위한 체육지도자의 양성과 자질 향상을 위하여 필요한 시책을 마련하여야 하고, 문화체육관광부장관은 자격검정에 합격하고 연수과정을 이수한 사람에게 스포츠지도자의 자격증을 발급한다. (자격을 취소 또는 정지시킬 수도 있다.)

☞ 국가와 지방자치단체는 국민이 여가를 선용할 수 있도록 하기 위하여 여가체육활동의 육성 · 지원에 필요한 시책을 마련하여야 한다.

☞ 국가와 지방자치단체는 생활체육에 관한 국민들의 자발적 참여를 유도하고 과학적 체력관리를 지원하기 위하여 생활체육 활동 및 체력에 대한 인증에 필요한 시책을 마련하여야 한다.

☞ 국가와 지방자치단체는 국민체육 진흥을 위하여 체육용구 등의 생산 · 장려에 필요한 조치를 마련하여야 한다.

☞ 체육진흥에 필요한 시설비용, 체육인의 복지향상, 체육단체육성, 학교체육 및 직장체육 육성, 체육 · 문화 · 예술 전문 인력 양성 및 취약분야 육성 등에 필요한 경비를 지원하기 위하여 국민체육진흥기금을 설치한다.

☞ 서울올림픽 기념 국민체육진흥공단은 국민의 여가 체육 육성 및 체육진흥 등에 필요한 재원 조성을 위하여 체육진흥투표권(체육복권) 발행 사업을 할 수 있다.

☞ 체육진흥에 관한 다음 각 호의 사업과 활동을 하게 하기 위하여 문화체육관광부장관의 인가를 받아 대한체육회, 대한장애인체육회, 한국도핑방지위원회, 서울올림픽 기념 국민체육진흥공단을 설립한다.

4 전문체육 관련 사항

☞ 국가와 지방자치단체는 선수와 체육지도자에 대하여 필요한 보호와 육성을 해야 한다. (표창제도, 우수선수와 체육지도자의 고용제도, 장려금지급제도 등)

☞ 국가는 국가대표선수 또는 지도자가 사망 또는 중증 장애를 입은 경우에 대한민국 체육유공자로 지정하고 국가 유공자에 준하는 보상을 하여야 한다.

☞ 전문체육에 해당하는 운동경기의 선수 · 감독 · 코치 · 심판 및 경기단체의 임직원은 운동경기에 관하여 부정한 청탁을 받고 재물이나 재산상의 이익을 받거나 요구 또는 약속하여서는 아니 된다.

☞ 국가는 스포츠활동에서 약물 등으로부터 선수를 보호하고 공정한 경쟁을 통한 스포츠정신을 높이기 위하여 도핑방지를 위한 시책을 마련하여야 한다.

☞ 국민체육진흥기금을 선수와 체육지도자 양성을 위한 사업, 선수 · 체육지도자 및 체육인의 복지향상을 위한 사업에 사용할 수 있다.

☞ 대한체육회, 대한장애인체육회, 한국도핑방지위원회, 서울올림픽 기념 국민체육진흥공단 등의 각종 사업과 활동에는 전문체육 관련 내용이 다수 포함되어 있다.

5 학교체육 관련 사항

- ☞ 학교는 학생의 체력증진과 체육활동 육성에 필요한 조치를 마련하여야 한다.
- ☞ 국가는 회계연도마다 예산의 범위에서 지방자치단체와 학교 등에 대하여 체육진흥에 필요한 경비의 일부를 보조한다.
- ☞ 국민체육진흥기금을 학교체육 활성화를 위한 사업, 학교 및 직장의 운동경기부 활성화를 위한 사업에 사용할 수 있다.

학교체육

1 교육과정

교육과정이란 초 · 중 · 고등학교 수업에 필요한 교육내용, 교수학습방법, 평가방법 등을 교육인적자원부에서 정해서 해당 기관과 각급 학교에 교육인적자원부장관의 명의로 하달하는 공식문서를 말한다.

다음은 2015년에 개정된 교육과정의 주요 내용을 발췌 · 요약한 것이다.

2 추구하는 인간상

우리나라의 교육은 홍익인간의 이념 아래 모든 국민으로 하여금 인격을 도야하고, 자주적 생활능력과 민주시민으로서 필요한 자질을 갖추게 함으로써 인간다운 삶을 영위하게 하고, 민주국가의 발전과 인류공영의 이상을 실현하는 데에 이바지함을 목적으로 하고 있다.

이러한 교육이념과 교육목적을 바탕으로, 이 교육과정이 추구하는 인간상은 다음과 같다.

- ☞ 전인적 성장을 바탕으로 자아 정체성을 확립하고 자신의 진로와 삶을 개척하는 자주적인 사람.
- ☞ 기초능력의 바탕 위에 다양한 발상과 도전으로 새로운 것을 창출하는 창의적인 사람.
- ☞ 문화적 소양과 다원적 가치에 대한 이해를 바탕으로 인류문화를 향유하고 발전시키는 교양 있는 사람.
- ☞ 공동체 의식을 가지고 세계와 소통하는 민주시민으로서 배려와 나눔을 실천하는 더불어 사는 사람.

3 중점적으로 기르고자 하는 핵심역량

이 교육과정이 추구하는 인간상을 구현하기 위해 교과교육을 포함한 학교교육 전 과정을 통해 중점적으로 기르고자 하는 핵심역량은 다음과 같다.

- ☞ 자아정체성과 자신감을 가지고 자신의 삶과 진로에 필요한 기초능력과 자질을 갖추어 자기 주도적으로 살아갈 수 있는 자기관리 역량.
- ☞ 문제를 합리적으로 해결하기 위하여 다양한 영역의 지식과 정보를 처리하고 활용할 수 있는 지식정보처리 역량.
- ☞ 폭넓은 기초지식을 바탕으로 다양한 전문 분야의 지식 · 기술 · 경험을 융합적으로 활용하여 새로운 것을 창출하는 창의적 사고 역량.
- ☞ 인간에 대한 공감적 이해와 문화적 감수성을 바탕으로 삶의 의미와 가치를 발견하고 향유

하는 심미적 감성 역량.
☞ 다양한 상황에서 자신의 생각과 감정을 효과적으로 표현하고 다른 사람의 의견을 경청하며 존중하는 의사소통 역량.
☞ 지역 · 국가 · 세계 공동체의 구성원에게 요구되는 가치와 태도를 가지고 공동체 발전에 적극적으로 참여하는 공동체 역량.

4 학교 급별 교육목표

▶ 초등학교

학생의 일상생활과 학습에 필요한 기본 습관 및 기초능력을 기르고 바른 인성을 함양하는 데에 중점을 둔다.
☞ 자신의 소중함을 알고 건강한 생활습관을 기르며, 풍부한 학습 경험을 통해 자신의 꿈을 키운다.
☞ 학습과 생활에서 문제를 발견하고 해결하는 기초 능력을 기르고, 이를 새롭게 경험할 수 있는 상상력을 키운다.
☞ 다양한 문화 활동을 즐기고 자연과 생활 속에서 아름다움과 행복을 느낄 수 있는 심성을 기른다.
☞ 규칙과 질서를 지키고 협동정신을 바탕으로 서로 돕고 배려하는 태도를 기른다.

▶ 중학교

초등학교 교육의 성과를 바탕으로, 학생의 일상생활과 학습에 필요한 기본능력을 기르고 바른 인성 및 민주시민의 자질을 함양하는 데에 중점을 둔다.
☞ 심신의 조화로운 발달을 바탕으로 자아존중감을 기르고, 다양한 지식과 경험을 통해 적극적으로 삶의 방향과 진로를 탐색한다.
☞ 학습과 생활에 필요한 기본 능력 및 문제 해결력을 바탕으로, 도전정신과 창의적 사고력을 기른다.
☞ 자신을 둘러싼 세계에서 경험한 내용을 토대로 우리나라와 세계의 다양한 문화를 이해하고 공감하는 태도를 기른다.
☞ 공동체 의식을 바탕으로 타인을 존중하고 서로 소통하는 민주시민의 자질과 태도를 기른다.

▶ 고등학교

중학교 교육의 성과를 바탕으로, 학생의 적성과 소질에 맞게 진로를 개척하여 세계와 소통하는 민주시민으로서의 자질을 함양하는 데에 중점을 둔다.
☞ 성숙한 자아의식과 바른 품성을 갖추고, 자신의 진로에 맞는 지식과 기능을 익히며 평생학습의 기본능력을 기른다.
☞ 다양한 분야의 지식과 경험을 융합하여 창의적으로 문제를 해결하고, 새로운 상황에 능동적으로 대처하는 능력을 기른다.
☞ 인문 · 사회 · 과학기술 소양과 다양한 문화에 대한 이해를 바탕으로 새로운 문화 창출에 기여할 수 있는 자질과 태도를 기른다.

☞ 국가공동체에 대한 책임감을 바탕으로 배려와 나눔을 실천하며 세계와 소통하는 민주시민

5 학교체육진흥법

이 법은 학생의 체육활동 강화 및 학교운동부 육성 등 학교체육 활성화에 필요한 사항을 정함으로써 학생들이 건강하고 균형 잡힌 신체와 정신을 가질 수 있도록 하는 데에 기여할 목적으로 제정한 법률이다.

6 용어의 정의

☞ 학교란 유아교육법에서 정하는 유치원과 초 · 중등교육법에서 정하는 학교를 말한다.

☞ 학교운동부란 학생선수로 구성된 학교 내 운동부를 말한다.

☞ 학생선수란 학교운동부에 소속되어 운동하는 학생이나 국민체육진흥법에 따른 체육단체에 등록되어 선수로 활동하는 학생을 말한다.

☞ 학교스포츠클럽이란 체육활동에 취미를 가진 같은 학교의 학생들로 구성되어 학교가 운영하는 스포츠클럽을 말한다.

☞ 스포츠강사란 초등학교에서 정규체육수업 보조 및 학교스포츠클럽을 지도하는 체육 전문강사를 말한다.

7 주요 내용

☞ 교육인적자원부 장관은 문화체육관광부 장관과 협의하여 학교체육 진흥에 관한 기본 시책을 5년마다 수립 · 시행해야 한다.

☞ 지방자치단체의 장과 시 · 도 교육감은 기본 시책에 따라 학교체육 진흥계획을 수립 · 시행하여야 한다.

☞ 학교의 장은 체육교육과정 운영 충실 및 체육수업의 질 제고, 학생건강 체력평가, 학교스포츠클럽 및 학교운동부 운영, 학생선수의 학습권 보장 및 인권보호, 여학생 체육활동 활성화, 유아 및 장애학생의 체육활동 활성화 등을 위하여 적절한 조치를 취해야 한다.

☞ 국가 및 지방자치단체는 학생의 체육활동에 필요한 기반시설을 확충해야 하고, 학교의 장은 학생의 체육활동 진흥에 필요한 교재 및 기자재, 용품 등을 확보해야 한다.

☞ 학교의 장은 학생건강 체력평가를 매년 실시해야 하고, 그 결과를 학생과 학부모에게 통보하여야 하며, 저 체력 또는 비만 판정을 받은 학생을 대상으로 건강체력 교실을 운영하여야 한다.

☞ 학교의 장은 학교스포츠클럽을 운영해야 하고, 전담교사를 지정해야 한다.

☞ 학교의 장은 학생선수가 최저학력에 도달하지 못한 경우에는 별도의 기초학력 보장 프로그램을 운영해야 하고, 필요할 경우 경기대회 출전을 제한할 수 있다.

☞ 학교운동부 지도자를 둘 수 있고, 국가 및 지방자치단체는 학교운동부 지도자의 급여를 지원하도록 노력해야 한다.

☞ 국가 및 지방자치단체는 학생의 체육수업 흥미 제고 및 체육활동 활성화를 위하여 초등학교에 스포츠강사를 배치할 수 있다.

8 학생선수의 최저학력 기준

과목	초 · 중학교　국어 · 영어 · 수학 · 사회 · 과학 고등학교　국어 · 영어 · 수학
최저점수	학생선수가 속한 학교의 해당 학년 학생 전체의 해당 과목 평균 성적에 다음의 비율을 곱한 점수 초등학교　100분의 50 중학교　100분의 40 고등학교　100분의 30
학교운동부 지도자의 자격	국민체육진흥법에 따른 체육지도자 중에서 임용한다.
스포츠강사의 자격 기준	국민체육진흥법에 따른 체육지도자 중에서 1년 단위로 임용한다.

생활체육

1 국민체육 진흥정책

박근혜 정부가 출범하면서 스포츠를 마음껏 일상적으로 100세까지 즐겨서 건강하고 행복한 대한민국을 건설하자는 뜻에서 스마일 100이라는 구호를 제시하였다.

2 언제나 참여할 수 있는 기회 제공

☞ 좋은 시설, 편리한 정보보다 참여 동기가 중요하다고 보고 전국 68개 거점도시에 체력센터를 설치하여 체력측정 및 운동처방을 해줌으로써 과학적으로 체력을 관리하여 국민들이 생활체육에 자발적으로 참여하도록 유도한다.

☞ 직장인들의 항시 스포츠에 참여를 유도하기 위하여 체력 및 건강 진단, 운동 상담 등을 지원한다.

☞ 노인 복지시설을 방문하여 체력측정 및 운동처방에 관한 서비스를 제공한다.

3 어디서나 이용 가능한 시설 제공

☞ 어디서든지 이용 가능한 체육시설 환경을 제공한다.

☞ 체육시설을 건립할 부지가 모자라므로 체육시설의 효율성을 높인다.

☞ 국가와 지방자치단체는 체육시설 배치계획을 수립 · 시행하여야 하고, 작은 체육관(경로당, 동네의 지역사회 공간, 폐교, 파출소 등)을 활성화하여 주민의 접근성을 높인다.

4 누구나 부담 없이 체육활동을 할 수 있는 환경 조성

☞ 체육지도자를 확대 배치하여 원하는 사람은 누구나 지도받을 수 있는 기회를 제공한다.

☞ 유소년스포츠지도사를 어린이집과 유치원 등에 파견하고, 노인복지관과 주민자치센터 등에 노인스포츠지도사를 배치하여 순회 지도를 실시한다.

☞ 국민들이 '생활체육콜센터'를 통해서 주변의 가까운 체육시설을 확인하고, 건강체력관리 방법에 관한 다양한 정보를 손쉽게 얻을 수 있도록 한다.

5 세대와 문화를 넘어 함께 참여하는 생활체육

☞ 지역 단위의 어울림 프로그램을 활성화하여 함께 참여하고 공감하는 생활체육 환경을 조성한다.

☞ '종합형 스포츠클럽'을 육성하여 다양한 종목 및 프로그램을 한곳에서 참여할 수 있도록 거점을 구축하고, 회원이 주인이 되어 자율적으로 운영하는 시스템을 마련한다.

☞ 지역의 축제와 연계하여 생활체육 한마당을 개최하고, 마을 단위 생활체육대회를 개최하여 함께 어우러져 공감하는 문화를 조성해나간다.

6 걸림돌 없이 즐기는 생활체육

☞ 우수 체육시설 인증제도를 도입하고, 생애주기별 · 선호도 · 신체 나이에 부합되는 생활체육프로그램을 제공한다.

☞ 유소년에게 알맞은 프로그램을 개발 · 보급하여 올바른 운동습관을 형성하게 한다.

☞ 출산 · 육아 여성을 대상으로 찾아가는 생활체육 지도 서비스제도를 운영한다.

☞ 매일 아침저녁으로 TV 체조 강좌를 방영하고, 일상활동에서 활용할 수 있는 건강체조나 댄스 스포츠와 같은 노인맞춤형 프로그램을 보급한다.

7 직장체육 진흥정책

국민체육진흥법과 학교체육진흥법에서 규정한 동호인 조직을 의무적으로 설치하고 상시 근무하는 체육지도자를 두어야 하는 직장은 직원이 1천 명 이상인 국가기관과 공공단체이다.

해당하는 직장에서는 운동경기부와 체육동호인 조직의 활동을 위한 시설을 제공하고 경비를 지원해야 하며, 1년에 1회 이상 직장체육대회와 직장대항 경기대회를 개최하여야 한다.

☞ 직장인의 체력 및 건강진단, 운동상담, 지도 등을 지원한다.

☞ 직장의 틈새시간에 체육지도자를 파견하여 직장체육 활성화를 유도한다.

☞ 생활체육 동호인 조직은 회원 중심의 자율운영 시스템을 기반으로 다양한 종목과 프로그램에 참여할 수 있는 종합형 스포츠클럽을 229개 소로 확대한다.

8 소외계층 체육진흥정책

국민생활체육활동 참여 실태조사 결과 저소득층이나 주부, 노인 등은 생활체육 활동에 참여하는 비율이 낮게 나타났다. 그와 같은 소외계층을 위해서

☞ 스포츠 프로그램과 스포츠 용품을 갖춘 스포츠 버스를 제작해서 '움직이는 체육관'과 '작은 운동회'를 운영함으로써 스포츠 활동에 참여할 수 있는 기회를 제공한다.

☞ 불우아동, 청소년, 소외계층 등을 대상으로 하는 '행복나눔 스포츠교실'을 680개 소로 늘리고, 스포츠 바우처 강좌를 53,000명까지 확대한다.

☞ 다세대, 다계층, 다문화가 어우러진 '어울림스포츠광장'을 1,000개 소로 확대한다.

9 기타 체육정책

☞ 스마일 100 : '언제나' 향유할 수 있는 참여 기회 제공, '어디서나' 이용 가능한 시설 제공, 세대와 문화를 넘어 '함께' 참여하는 생활체육

☞ 스포츠 7330 : 생활체육은 7일에 3회, 한 회에 30분 이상 운동하기
☞ 스포츠비전 2018 : 평창 동계올림픽 성공 개최를 위한 5대 전략
☞ 신체활동 7560+ : 학생은 7일에 5회, 한 회에 60분 이상 운동하기

전문체육

1 국민체육진흥기금 지원

국민체육진흥기금으로 대한체육회, 종목별 경기단체, 경기력 향상을 위한 선수 및 지도자 육성사업, 체육인 복지사업 등을 지원함으로써 전문체육을 체계적으로 육성하여 대한민국이 세계 10위권의 스포츠강국으로 자리매김할 수 있도록 여건을 조성하고 있다.

2 주요 지원사업

⑧ 통합체육회의 운영 및 각종 사업비 지원
⑧ 가맹 경기단체 지원
⑧ 후보 선수 육성 및 비인기 종목 활성화사업 지원
⑧ 각종 국내대회 지원
⑧ 체육인 복지사업(경기력 향상 연금, 경기지도자 연구비, 장애연금, 체육장학금, 선수지도자 보호 지원금, 특별보조금, 국외유학 지원금, 복지후생 비용)의 지원

3 학생선수의 학습권 보장

학생선수들의 학력저하 문제를 해결하기 위해서 도입된 학습권 보장과 관련이 있는 법령과 제도의 내용은 다음과 같다.

☞ 학교의 장은 학생선수가 최저학력에 도달하지 못한 경우에는 별도의 기초학력 보장 프로그램을 운영하여 최저학력이 보장될 수 있도록 노력하여야 하며, 필요한 경우 경기대회 출전을 제한할 수 있다.
☞ 학교의 장은 학생선수의 학습권 보장 및 신체적 · 정신적 발달을 위하여 학기 중의 상시 합숙훈련이 근절될 수 있도록 노력하여 한다.
☞ 학교의 장은 원거리에서 통학하는 학생선수를 위하여 기숙사를 운영할 수 있다.

4 학생선수의 학습권 보장제도의 문제점

⑧ 하루 운동시간에 대한 제한이 없다.

미국 NCAA의 규정에는 학생선수의 하루 운동시간을 2시간으로 제한하고 있으나, 우리나라에는 운동시간을 제한하는 규정이 없다.— 공부하는 학생선수가 되기 어렵다.

⑧ 제도가 너무 관대하다.

최저학력에 미달되는 학생선수에 대한 제재조치를 학교장의 재량에 맡기고 있다. – 기초학력 보장프로그램의 수료가 학교장의 묵인 아래에 형식적으로 이루어질 가능성이 있다.

필수 및 심화 문제

필수문제

01 **보기의 국민체육진흥법(2020. 8. 18, 일부개정) 제12조의3의 내용 중 ㉠, ㉡에 해당하는 용어가 바르게 연결된 것은?**

■ 국민체육진흥법 제12조의3(체육계 인권침해 및 스포츠비리관련 명단 공개)
문화체육관광부장관은 체육지도자 및 체육단체의 책임이 있는 자가 체육계 인권침해 및 스포츠 비리와 관련하여 유죄판결이 확정되는 경우에는 운영위원회의 심의·의결을 거쳐 그 인적사항 및 비위 사실을 공개할 수 있다.

> 문화체육관광부장관은 체육지도자 및 체육단체의 책임이 있는 자가 체육계 인권침해 및 (㉠)와/과 관련하여 (㉡)이/가 확정되는 경우에는 운영위원회의 심의·의결을 거쳐 그 인적사항 및 비위 사실 등을 공개할 수 있다.

	㉠	㉡
①	폭행	자격정지
②	스포츠비리	유죄판결
③	폭행	행정처분
④	스포츠비리	자격취소

심화문제

02 **다음 체육진흥정책과 계획의 수립에서 올바르지 않은 것은?**

■ 국민체육진흥법 제14조 : 국가와 지방자치단체는 선수와 체육지도자를 보호 육성해야 하고, 표창제도를 마련해야 하고, 문화체육관광부장관이 요청하면 아마추어선수 생활을 계속할 수 있도록 고용해야 하고, 유공자에게 장려금이나 생활보조금을 지급해야 한다.

① 선수와 체육지도자의 보호·육성
② 체육시설의 설치와 유지·보수 및 관리
③ 문화체육관광부장관은 기본시책을 수립한 때에는 시·도지사에게 알려야 한다.
④ 지방자치단체의 장은 체육진흥 계획과 그 추진실적을 대통령에게 보고하여야 한다.

03 **보기에서 국민체육진흥법(2019.1.15. 일부개정)에 명시된 내용에 해당하는 것으로만 묶인 것은?**

> 보기
> ㉠ 국가와 지방자치단체는 스포츠강사와 체육지도자를 배치하여야 한다.
> ㉡ 지방자치단체는 직장인 체육대회를 연 1회 이상 개최하여야 한다.
> ㉢ 국가와 지방자치단체는 우수선수와 체육지도자 육성을 위해 필요한 표창제도를 마련하여야 한다.
> ㉣ 체육동호인조직이란 같은 생활체육 활동에 지속적으로 참여하는 자의 모임을 말한다.

■ ㉠의 스포츠강사는 학교체육진흥법에 있는 내용이다.

① ㉠, ㉡, ㉢　② ㉠, ㉡, ㉣　③ ㉠, ㉢, ㉣　④ ㉡, ㉢, ㉣

정답 01 : ②, 02 : ④, 03 : ④

스포츠교육학

필수문제

04 **보기에서 국민체육진흥법(시행 2024.3.15.) 제11조의 '스포츠윤리 교육 과정'에 관한 내용으로 옳은 것만을 모두 고른 것은?(2024)**

보기
ㄱ. 도핑 방지 교육
ㄴ. 성폭력 등폭력 예방교육
ㄷ. 교육부장관령으로 정하는 교육
ㄹ. 스포츠 비리 및 체육계 인권침해 방지를 위한 예방 교육

① ㄱ, ㄴ ② ㄴ, ㄷ, ㄹ
③ ㄱ, ㄴ, ㄹ ④ ㄱ, ㄴ, ㄷ, ㄹ

■ 국민체육진흥법(2024. 3. 15)
제11조 ③ 연수과정에는 다음 각 호의 사항으로 구성된 스포츠윤리 교육과정이 포함되어야 한다.
1. 성폭력 등 폭력 예방 교육(ㄴ)
2. 스포츠 비리 및 체육계 인권침해 방지를 위한 예방교육(ㄹ)
3. 도핑 방지 교육(ㄱ)
4. 그밖에 체육의 공정성 확보와 체육인의 권리보호를 위하여 문화체육관광부령으로 정하는 교육

필수문제

05 **스포츠기본법(시행 2022.2.11.)의 용어 정의에 관한 설명으로 옳지 않은 것은?**

① '학교스포츠'란 건강과 체력 증진을 위하여 행하는 자발적이고 일상적인 스포츠 활동을 말한다.
② '스포츠산업'이란 스포츠와 관련된 재화와 서비스를 통하여 부가가치를 창출하는 산업을 말한다.
③ '장애인스포츠'란 장애인이 참여하는 스포츠 활동(생활스포츠와 전문스포츠를 포함한다)을 말한다.
④ '전문스포츠'란 「국민체육진흥법」 제2조제4호에 따른 선수가 행하는 스포츠 활동을 말한다.

■ 스포츠기본법 제3조(정의)
1. "스포츠"란 건강한 신체를 기르고 건전한 정신을 함양하며 질 높은 삶을 위하여 자발적으로 행하는 신체활동을 기반으로 하는 사회문화적 행태를 말하며, 「국민체육진흥법」 제2조제1호에 따른 체육을 포함한다.
2. "전문스포츠"란 「국민체육진흥법」 제2조제4호에 따른 선수(이하 "선수"라 한다)가 행하는 스포츠 활동을 말한다.
3. "생활스포츠"란 건강과 체력 증진을 위하여 행하는 자발적이고 일상적인 스포츠 활동을 말한다.
4. "장애인스포츠"란 장애인이 참여하는 스포츠 활동(생활스포츠와 전문스포츠를 포함한다)을 말한다.
5. "학교스포츠"란 학교(「유아교육법」 제2조제2호에 따른 유치원, 「초 · 중등교육법」 제2조 및 「고등교육법」 제2조에 따른 학교를 말한다. 이하 같다)에서 이루어지는 스포츠 활동(학교과정 외의 스포츠 활동과 「국민체육진흥법」 제2조제8호에 따른 운동경기부의 스포츠 활동을 포함한다)을 말한다.
6. "스포츠산업"이란 스포츠와 관련된 재화와 서비스를 통하여 부가가치를 창출하는 산업을 말한다.
7. "스포츠클럽"이란 회원의 정기적인 체육활동을 위하여 「스포츠클럽법」 제6조에 따라 등록을 하고 지역사회의 체육활동 진흥을 위하여 운영되는 법인 또는 단체를 말한다.

정답 04 : ③, 05 : ①

■ 스포츠기본법 제7조 (스포츠 정책 수립 · 시행의 기본원칙)
국가와 지방자치단체는 스포츠에 관한 정책을 수립하고 시행할 때에는 다음 각 호의 사항을 충분히 고려하여야 한다.
1. 스포츠권을 보장할 것
2. 스포츠 활동을 존중하고 사회 전반에 확산되도록 할 것
3. 국민과 국가의 스포츠 역량을 높이기 위한 지원과 여건을 조성할것
4. 스포츠 활동 참여와 스포츠 교육의 기회가 확대되도록 할 것
5. 스포츠의 가치를 존중하고 스포츠의 역동성을 높일 수 있을 것
6. 스포츠 활동과 관련한 안전사고를 방지할 것
7. 스포츠의 국제 교류 · 협력을 증진할 것

06 스포츠기본법(시행 2022.6.16.) 제7조 '스포츠 정책 수립·시행의 기본원칙' 중 국가와 지방자치단체의 스포츠 정책에 관한 고려사항에 해당하지 않는 것은?

① 스포츠 활동을 존중하고 사회 전반에 확산되도록 할 것
② 스포츠 대회 참가 목적을 국위선양에 두어 지원할 것
③ 스포츠 활동 참여와 스포츠 교육의 기회가 확대되도록 할 것
④ 스포츠의 가치를 존중하고 스포츠의 역동성을 높일 수 있을 것

스포츠교육학

필수문제

07 학교체육진흥법(2020. 10. 20, 일부 개정) 제12조에서 규정하고 있는 내용으로 옳지 않은 것은?

① 교육감은 학교운동부지도자의 자질 향상 및 전문성 강화를 위하여 연수교육 계획을 수립하고, 이를 실시하여야 한다.
② 학교의 장은 학교운동부지도자가 학생선수의 학습권을 박탈하거나 폭력, 금품·향응 수수 등의 부적절한 행위를 하였을 경우 학교운영위원회의 심의를 거쳐 계약을 해지할 수 있다.
③ 국가 및 지방자치단체는 학교운동부지도자의 급여에 필요한 경비를 지원하도록 노력해야 한다.
④ 학교운동부지도자의 자격기준, 임용, 급여, 신분, 직무 등에 필요한 사항은 대통령령으로 정한다.

■ ① 연수 교육 계획 수립과 실시는 '국가'의 역할이다.

■ 학교체육진흥법 제12조
① 학교의 장은 학생선수의 훈련과 지도를 위하여 학교운동부에 운동부지도자를 둘 수 있다.
② 국가는 학교운동부지도자의 자질 향상 및 전문성 강화를 위하여 연수교육 계획을 수립하고, 이를 실시하여야 한다. 이 경우 연수교육을 관련 단체에 위탁할 수 있다.
③ 국가 및 지방자치단체는 학교운동지도자의 급여에 필요한 경비를 지원하도록 노력하여야 하며, 학교의 장은 학교운동지도자 임용에 필요한 경비를 초 · 중등교육법 제30조의2에 따라 설치된 학교회계에 반영하여 집행하여야 한다.
④ 학교의 장은 학교운동지도자가 학생선수의 학습권을 박탈하거나 폭력, 금품 · 향응 수수 등의 부적절한 행위를 하였을 경우 학교운영위원회의 심의를 거쳐 계약을 해지할 수 있다.
⑤ 교육감은 학교운동지도자의 지도 등을 위하여 학교운동지도자관리위원회를 설치한다.
⑥ 교육감은 위의 사유 이외에 학교의 장이 부당하게 학교운동지도자를 계약 해지하였을 경우 학교운동지도자관리위원회의 심의를 거쳐 관련 계약 해지를 철회할 수 있다.
⑦ 그밖에 학교운동지도자의 자격기준, 임용, 급여, 신분, 직무 등에 필요한 사항은 대통령령으로 정한다.

정답 06 : ②, 07 : ①

심화문제

08 학교체육진흥법(시행 2017. 10, 19) **제11조 및 제12조에서 규정하고 있는 학교운동부 운영 및 학교운동부 지도자에 대한 내용으로 적절하지 않은 것은?**

① 학교의 장은 학습권 보장을 위한 상시 합숙 훈련 금지 원칙으로 원거리에서 통학하는 학생선수를 위하여 기숙사를 운영할 수 없다.
② 학교의 장은 학교운동부지도자가 학생선수의 학습권을 박탈하거나 폭력, 금품 · 향응 수수 등의 부적절한 행위를 하였을 경우 학교운영위원회의 심의를 거쳐 계약을 해지할 수 있다.
③ 최저학력의 기준 및 실시 시기에 필요한 사항과 기초학력 보장 프로그램의 운영 등에 필요한 사항은 교육부령으로 정한다.
④ 그밖에 학교운동부지도자의 자격 기준, 임용, 급여, 신분, 직무 등에 필요한 사항은 대통령령으로 정한다.

■ **학교체육진흥법 제11조 제4항** 학교의 장은 원거리에서 통학하는 학생선수를 위하여 기숙사를 운영할 수 있다. 이 경우 필요한 사항은 교육부령으로 정한다.

09 학교체육진흥법에 따른 학교체육 진흥의 조치에서 학생의 체력증진과 체육활동 활성화 방안에 포함되지 않는 것은?

① 장애학생의 체육활동 활성화
② 여학생의 체육활동 활성화
③ 우수선수의 발굴 및 지원
④ 체육수업의 질 제고

■ 우수선수의 발굴 및 지원은 전문체육 진흥 정책의 하나이다.

필수문제

10 학교체육진흥법(시행 2024,3,24.) **제10조 '학교스포츠클럽 운영'의 내용에 해당하지 않는 것은?**(2024)

① 학교스포츠클럽을 운영하는 경우 전담교사를 지정해야 한다.
② 전담교사에게 학교 예산의 범위에서 소정의 지도수당을 지급한다.
③ 활동 내용은 학교생활기록부에 기록하지만, 상급학교 진학자료로 활용할 수 없다.
④ 학교의 장은 학교스포츠클럽을 운영하여 학생들의 체육활동 참여 기회를 확대해야 한다.

■ 학교체육진흥법 제10조(학교스포츠클럽 운영)
① 학교의 장은 학생들이 신체활동 프로그램에 참여할 수 있도록 학교스포츠클럽을 운영하여 학생들의 체육활동 참여기회를 확대하여야 한다.
② 학교의 장은 제1항에 따라 학교스포츠클럽을 운영하는 경우 학교스포츠클럽 전담교사를 지정하여야 한다.
③ 제2항에 따른 학교스포츠클럽 전담교사에게는 학교 예산의 범위에서 소정의 지도수당을 지급한다.
④ 학교의 장은 학교스포츠클럽 활동내용을 학교생활기록부에 기록하여 상급학교 진학자료로 활용할 수 있도록 하여야 한다.
⑤ 학교의 장은 교육부령으로 정하는 바에 따라 일정 비율 이상의 학교스포츠클럽을 해당 학교의 여학생들이 선호하는 종목의 학교스포츠클럽으로 운영하여야 한다.

정답 08 : ①, 09 : ③, 10 : ③

스포츠교육학

심화문제

11 **학교체육진흥법의 주요 내용 중 옳지 않은 것은?**

① 학교의 장은 학교운동부 운영의 투명성을 위해 기숙사를 운영할 수 없다.
② 학교의 장은 학생선수의 최저학력이 보장될 수 있도록 노력해야 하며, 경기대회 출전을 제한할 수 있다.
③ 기초학력보장 프로그램의 운영 등에 필요한 사항은 교육부령으로 정한다.
④ 국가 및 지방자치단체는 예산의 범위에서 학교운동부 운영과 관련된 경비를 지원할 수 있다.

■ ① 학교의 장은 원거리에서 통학하는 학생선수를 위하여 기숙사를 운영할 수 있다.

12 **학교체육진흥법은 각급 학교에서 체육활동 활성화를 위한 내용을 포함하고 있다. 다음 중 정과체육과 관련이 깊은 것은?**

① 체육교육과정 운영 충실 및 체육수업의 질 제고
② 학생선수의 학습권 보장 및 인권보호
③ 학교스포츠클럽 및 학교운동부 운영
④ 학교체육행사의 정기적 개최

■ 정규체육 수업시간에 하는 활동이 정과체육활동이다.

13 **학교체육진흥법시행령(시행 2021.4.21.) 제3조 '학교운동부지도자의 자격기준 등'에서 제시한 학교운동부지도자 재임용의 평가 내용이 아닌 것은?**

① 복무 태도 ② 학교운동부 운영 성과
③ 인권교육 연 1회 이상 이수 여부 ④ 학생선수의 학습권 및 인권 침해 여부

■ 학교체육진흥법시행령 제3조 (학교운동부지도자의 자격기준 등)
① 학교의 장은 법 제12조제7항에 따라 「국민체육진흥법」 제2조제6호에 따른 체육지도자 중에서 학교운동부지도자를 임용할 수 있다.
② 학교운동부지도자의 급여는 학교의 장이 지도경력과 실적을 고려하여 정한다.
③ 학교운동부지도자는 다음 각 호의 직무를 수행한다.
1. 학생선수에 대한 훈련계획 작성, 지도 및 관리
2. 학생선수의 각종 대회 출전 지원 및 인솔
2의 2. 훈련 및 각종 대회 출전 시 학생선수의 안전관리
3. 경기력 분석 및 훈련일지 작성
4. 훈련장의 안전관리
④ 학교의 장은 학교운동부지도자를 재임용할 때에는 다음 각 호의 사항을 평가한 후 그 결과에 따라 재임용 여부를 결정해야 한다.
1. 제3항 각 호의 직무수행 실적
2. 복무 태도
3. 학교운동부 운영 성과
4. 학생선수의 학습권 및 인권 침해 여부

14 **학교체육진흥법과 동 시행령(2017. 10. 17)에서 규정하고 있는 '스포츠강사'의 재임용 평가사항이 아닌 것은?**

① 전국대회 입상 실적 ② 복무 태도 ③ 학생의 만족도 ④ 강사로서의 자질

■ 스포츠강사 재임용 평가 사항
· 강사로서의 자질
· 복무 태도
· 학생의 만족도

정답 11 : ①, 12 : ①, 13 : ③, 14 : ①

15 **중학교에서 실시되는 '학교스포츠클럽 활동'은 창의적 체험활동의 어떤 영역에 포함되는가?**

① 정규교육과정 활동 ② 동아리활동
③ 봉사활동 ④ 진로활동

필수문제

16 **스포츠강사의 자격조건에 관한 설명으로 옳은 것은?(2024)**

① 『초·중등교육법』 제2조제2호에 따른 초등학교에 스포츠강사를 배치할 수 없다.

② 『국민체육진흥법』 제2조제6호에 따른 체육지도자 중에서 스포츠 강사를 임용할 수 있다.

③ 『학교체육진흥법』 제2조제6항 학교에 소속되어 학교운동부를 지도·감독하는 사람을 말한다.

④ 『학교체육진흥법』 제4조 재임용 여부는 강사로서의 자질, 복무 태도, 학생의 만족도, 경기 결과에 따라 결정하여야 한다.

필수문제

17 **보기의 국민체육진흥법(시행 2020. 1. 16) 제12조에 명시된 내용 중 체육지도자의 자격 취소 사유를 모두 고른 것은?**

보기
㉠ 선수의 신체에 폭행을 가하거나 상해를 입히는 행위를 한 경우
㉡ 자격정지 기간에 업무를 수행한 경우
㉢ 거짓이나 그밖의 부정한 방법으로 체육지도자 자격을 취득한 경우
㉣ 체육지도자 자격증을 타인에게 대여한 경우

① ㉠, ㉡ ② ㉠, ㉢ ③ ㉠, ㉡, ㉣ ④ ㉠, ㉡, ㉢, ㉣

18 **보기는 국민체육진흥법(시행 2022.8.11.) 제18조의3 '스포츠윤리센터의 설립'에 관한 내용이다. ㉠, ㉡에 들어갈 용어가 바르게 연결된 것은?**

보기
체육의 (㉠) 확보와 체육인의 (㉡)를 위하여 스포츠윤리센터를 설립한다.

	㉠	㉡		㉠	㉡
①	정당성	권리 강화	②	정당성	인권 보호
③	공정성	권리 강화	④	공정성	인권 보호

정답 15 : ②, 16 : ②, 17 : ④, 18 : ④

■ **① 스포츠강사** : 초·중등교육법 제2조 제2호에 따른 초등학교에서 정규 체육수업 보조 및 학교스포츠클럽을 지도하는 체육전문강사(학교체육진흥법 제2조 제7호)

■ **③ 학교운동부 지도자** : 학교에 소속되어 학교 운동부를 지도·감독하는 사람(학교체육진흥법 제2조 제6호)

■ **④ 학교체육지도자의 재임용** : 학교의 장은 직무수행실적, 근무태도, 학교운동부 운영성과, 학생선수의 학습권 및 인권침해 여부 등의 평가 결과에 따라 결정한다(학교체육진흥법시행령 제3조 제4항).

■ **체육지도자의 자격 취소 사유**
- 거짓이나 기타 부정한 방법으로 체육지도와 자격증을 취득한 경우
- 자격정지 기간 중에 업무를 수행한 경우
- 자격증을 타인에게 빌려준 경우
- 피성년후견인 또는 피한정후견인
- 금고 이상의 형을 선고받고 그 집행이 종료되거나 면제된 날부터 2년이 경과하지 않은 경우
- 성폭력범죄·아동청소년대상 성범죄자 중 법에서 정한 기간이 종료되지 않은 경우

■ **국민체육진흥법 제18조의 3(스포츠윤리센터의 설립)** ① 체육의 공정성 확보와 체육인의 인권보호를 위하여 스포츠윤리센터를 설립한다.

필수문제

19 다음 ㉠~㉤에서 체육시설법 시행규칙(시행 2021.7.1.) 제22조 '체육지도자 배치 기준'에 부합되는 것을 모두 고른 것은?

체육시설업의 종류	규모	배치인원
㉠ 스키장업	· 슬로프 10면 이하 · 슬로프 10면 초과	1명 이상 2명 이상
㉡ 승마장업	· 말 20마리 이하 · 말 20마리 초과	1명 이상 2명 이상
㉢ 수영장업	· 수영조 바닥면적이 400㎡ 이하인 실내 수영장 · 수영조 바닥면적이 400㎡를 초과하는 실내 수영장	1명 이상 2명 이상
㉣ 골프연습장업	· 20타석 이상 50타석 이하 · 50타석 초과	1명 이상 2명 이상
㉤ 체력단련장업	· 운동전용면적 200㎡ 이하 · 운동전용면적 200㎡ 초과	1명 이상 2명 이상

① ㉠, ㉡, ㉢, ㉣ ② ㉠, ㉡, ㉣, ㉤ ③ ㉠, ㉢, ㉣, ㉤ ④ ㉡, ㉢, ㉣, ㉤

■ **체육시설의설치 · 이용에관한법률 시행규칙**

[별표 5] 체육지도자 배치 기준(제22조 제1항 관련)

체육시설업의 종류	규모	배치인원
골프장업	· 골프코스 18홀 이상 36홀 이하 · 골프코스 36홀 초과	1명 이상 2명 이상
스키장업	· 슬로프 10면 이하 · 슬로프 10면 초과	1명 이상 2명 이상
요트장업	· 요트 20척 이하 · 요트 20척 초과	1명 이상 2명 이상
조정장업	· 조정 20척 이하 · 조정 20척 초과	1명 이상 2명 이상
카누장업	· 카누 20척 이하 · 카누 20척 초과	1명 이상 2명 이상
빙상장업	· 빙판면적 1,500㎡ 이상 3,000㎡ 이하 · 빙판면적 3,000㎡ 초과	1명 이상 2명 이상
승마장업	· 말 20마리 이하 · 말 20마리 초과	1명 이상 2명 이상
수영장업	· 수영조 바닥면적이 400㎡ 이하인 실내 수영장 · 수영조 바닥면적이 400㎡를 초과하는 실내 수영장	1명 이상 2명 이상
체육도장업	· 운동전용면적 300㎡ 이하 · 운동전용면적 300㎡ 초과	1명 이상 2명 이상
골프연습장업	· 20타석 이상 50타석 이하 · 50타석 초과	1명 이상 2명 이상
체력단련장업	· 운동전용면적 300㎡ 이하 · 운동전용면적 300㎡ 초과	1명 이상 2명 이상
체력교습업	· 동시 최대 교습인원 30명 이하 · 동시 최대 교습인원 30명 초과	1명 이상 2명 이상

■ 비고

1. 체육시설업자가 해당 종목의 체육지도자 자격을 가지고 직접 지도하는 경우에는 그 체육시설업자에 해당하는 인원의 체육지도자를 배치하지 않을 수 있다.
2. 종합 체육시설업의 경우에는 구성하고 있는 각각의 체육시설업의 해당 기준에 따라 체육지도자를 배치해야 한다.
3. 체육교습업의 경우 주된 운동 종목의 체육지도자 자격으로 다른 체육교습업의 운동 종목을 부가적으로 교습할 수 있다.

필수문제

20 **그림은 '국민체력100'의 운영 체계이다. 체력인증센터가 이용자에게 제공하는 서비스가 아닌 것은?**(2024)

그림

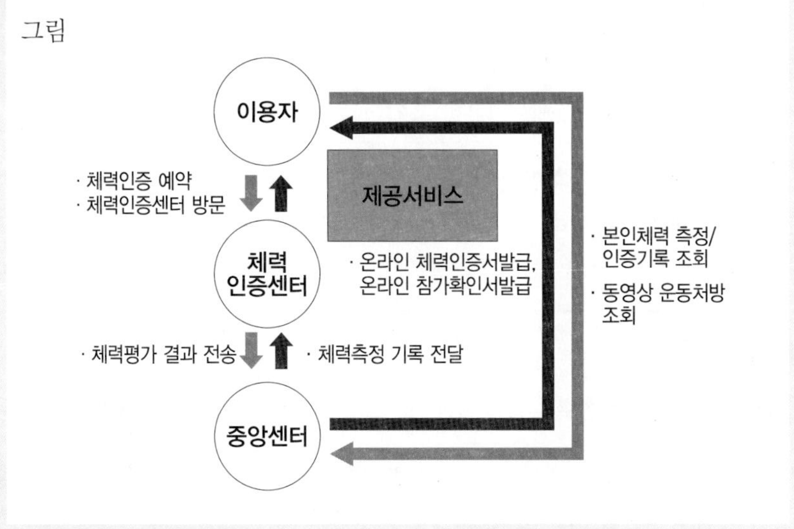

① 체력측정 서비스 ② 맞춤형 운동처방
③ 국민 체력 인증서 발급 ④ 스포츠클럽 등록 및 운영지원

■「국민체력 100」은 국민의 체력 및 건강증진을 위하여 체력상태를 과학적으로 측정·평가하여 운동 상담 및 처방하는 대국민 무상 서비스 복지인데, 여기에서는 스포츠클럽 등록 및 운영 지원을 해주지 않는다.

필수문제

21 **보기의 ㉠, ㉡에 해당하는 취약계층 생활스포츠 지원사업이 바르게 연결된 것은?**

보기

㉠ 스포츠복지 사회 구현의 일환으로 저소득층 유·청소년(만 5세~18세)과 장애인(만 12세~23세)에게 스포츠강좌 혜택을 받을 수 있는 일정금액의 이용권을 제공하는 사업이다.

㉡ 소외계층 청소년을 대상으로 다양한 체육활동 참여기회를 제공함으로써 참여 형평성을 높이고 사회 적응력을 배양하는 것을 목적으로 시행되는 사업이다.

	㉠	㉡
①	여성체육활동 지원	국민체력100
②	국민체력100	스포츠강좌이용권 지원
③	스포츠강좌이용권 지원	행복나눔스포츠교실 운영
④	행복나눔스포츠교실 운영	여성체육활동 지원

■ **스포츠강좌이용권**(스포츠바우처) : 취약계층 유·청소년에게 건전한 여가활동 참여 기회를 제공하기 위한 사업

■ **행복나눔스포츠교실** : 체육활동에서 소외계층 청소년을 대상으로 강습회·교류전 등의 체육프로그램운영 사업, 종목별 생활체육교실, 은퇴선수단체 지원 사업 등

정답 19 : ①, 20 : ④, 21 : ③

심화문제

22 보기의 사업을 포함하는 생활체육활성화 정책은?

보기
» 행복나눔 스포츠교실
» 스포츠강좌이용권 사업
» 스포츠 버스(bus)를 활용한 움직이는 체육관 및 작은 운동회

① 소외계층 체육진흥정책　② 동호인 체육진흥정책
③ 직장체육 진흥정책　④ 유아체육 진흥정책

■ 소외계층 체육진흥정책(p. 112) 참조

필수문제

23 다음 중 엘리트선수 훈련을 위한 스포츠과학 지원방안으로 적절하지 않은 것은?

① 엘리트선수를 위한 과학적 훈련방법 연구 및 현장을 방문하여 기술훈련, 체력훈련을 지원한다.
② 스포츠과학 교실 운영, 스포츠과학 세미나 개최, 연구발표회 등 훈련 과학화를 위한 정보를 제공한다.
③ 정보 분석 및 제공을 위해 선수의 실전 적응력을 탐색하며, 종합적이고 입체적인 기술분석 방법을 활용하도록 한다.
④ 약물복용 검사보다는 종목별 체력강화 훈련과 체력측정을 실시하는 등 다각적인 방법을 통해 과학적 훈련에 집중하도록 한다.

■ '종목별 체력강화 훈련'은 담당코치가 해야 할 일이지 스포츠과학 지원 내용이 아니다.

필수문제

24 보기에 ㉠, ㉡의 용어가 바르게 묶인 것은?

보기
2015 초 · 중등학교 교육과정 총론에 의하면, 중학교 '학교스포츠클럽 활동'은 정규교육과정의 (㉠)에 편제되어 있지 않으며, (㉡)의 동아리활동에 매학기 편성하도록 하고 있다.

	㉠	㉡
①	교과활동	재량 활동
②	비교과활동	창의적 체험활동
③	비교과활동	재량 활동
④	교과활동	창의적 체험활동

■ 2015 초 · 중등학교 교육과정 총론
학교는 학생들의 심신을 건강하게 발달시키고 정서를 함양하기 위해 '학교스포츠클럽 활동'을 편성 · 운영한다.
(가) 학교스포츠클럽 활동은 정규교육과정의 **교과활동**에 편제되지 않으며, **창의적 체험활동**의 동아리활동으로 편성한다.
(나) 학교스포츠클럽 활동은 학년별 연간 34~68시간(총 136시간) 운영하며, 매 학기 편성하도록 한다. 학교 여건에 따라 연간 68시간 운영하는 학년에서는 34시간 범위 내에서 학교스포츠클럽 활동을 체육으로 대체할 수 있다.

정답 22 : ①, 23 : ④, 24 : ④

스포츠교육의 참여자 이해론

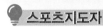

스포츠지도자

1 학교체육지도자

▶ 체육교사

체육교사는 초등학교, 중학교, 고등학교 등에서 체육수업을 담당하고, 체육과 관련된 여러 가지 활동을 지도 · 감독하는 사람을 말하고, 반드시 교사 자격증을 소지하고 있어야 한다.

⑧ 초등학교 체육전담교사

초등학교 정교사 자격증이 있는 사람 중에서 초등학교 교사 임용시험에 합격하면, 시 · 도교육청장이 관내 초등학교로 발령을 한다. 발령을 받은 사람 중에서 해당 학교장으로부터 '초등체육전담교사'의 역할을 명령받은 사람이 '초등학교 체육전담교사'의 역할을 하게 된다.

초등학교 담임교사 중 체육수업을 담당하기 어려운 교사 대신에 체육수업을 해줌으로써 초등학교 체육수업의 질을 향상시킨다는 취지에서 도입된 제도이다. 대개 주당 20시간 내외의 체육수업을 담당하고, 본인의 희망과 해당학교의 사정에 따라 체육전담교사를 계속할 수도 있고 담임교사 등 다른 역할로 전환할 수도 있다.

⑧ 중 · 고등학교 체육교사

중등학교 체육정교사 자격증이 있는 사람 중에서 중등교사 임용시험에 합격하면, 시 · 도교육청장이 관내 중학교 또는 고등학교로 발령을 한다. 교장이나 교감으로 승진하는 경우를 제외하고 주당 18시간 내외의 체육수업을 중학교 또는 고등학교에서 담당한다.

▶ 스포츠강사

전문대학 또는 대학의 체육관련 학과를 졸업한 사람 중에서 '초등학교 2급 정교사 ', '중등학교 체육 2급 정교사 자격증', '실기교사 자격증', '생활체육 3급 이상의 지도자 자격증'을 가지고 있는 사람이어야 스포츠강사로 임용될 수 있다.

초등학교는 교육지원청에서 선발공고를 거쳐서 선발하고, 중 · 고등학교는 개별 학교에서 선발공고를 거쳐서 선발한다. 초등학교와 중 · 고등학교에서 원하는 특정 종목의 스포츠활동을 효과적으로 지원하려는 취지에서 도입된 제도이고, 스포츠강사는 다음 표와 같은 역할을 담당할 수 있다.

스포츠강사의 역할
» 체육수업의 보조(담임교사 또는 체육교사의 체육수업을 돕는다.) » 안전관리, 시설관리, 교구관리 » 학생건강체력평가 업무의 보조 » 체육대회 등 체육관련 행사의 지원업무 » 학교스포츠클럽의 지도 » 방학 중 체육 프로그램의 운영 » 기타(담당교사와 협의된 사항)

2 생활스포츠지도자

직장, 체육시설, 스포츠동호회, 사회단체, 지역사회 등에서 생활체육인(자발적으로 체육 활동에 참여하는 일반인)을 지도하는 사람을 생활스포츠지도자라고 한다.

☞ 생활스포츠지도자는 생활스포츠지도사, 유소년스포츠지도사, 장애인스포츠지도사, 노인스포츠지도사, 건강관리사 중에서 하나 이상의 자격증을 가지고 있는 사람이어야 한다.

☞ 생활스포츠지도자는 생활스포츠 프로그램을 제공하고, 참여자의 욕구를 최대한 만족시키며, 창의적인 지도력을 갖추고 있어야 할 뿐 아니라, 해당 종목에 대한 실기능력과 함께 건강과 스포츠에 대한 전문적인 지식도 갖추고 있어야 한다.

☞ 생활스포츠지도자가 담당해야 할 업무에는 생활스포츠 활동의 목표 설정, 효율적인 지도방법의 개발, 생활스포츠 프로그램의 개발, 생활스포츠에 대한 연구, 생활스포츠 기구의 운용 또는 개발, 생활스포츠 관련 재정의 관리 등이 있다.

▶ 생활스포츠지도사 관련 내용

구 분		내 용
정의		» **스포츠지도사**란 전문체육이나 생활체육을 지도하는 사람을 말한다. » **건강운동관리사**란 개인의 체력적 특성에 적합한 운동형태, 강도, 빈도 및 시간 등 운동수행방법에 대하여 지도/관리하는 사람을 말한다. » **장애인스포츠지도사**란 장애 유형에 따른 운동방법 등에 대한 지식을 갖추고, 장애인을 대상으로 전문체육이나 생활체육을 지도하는 사람을 말한다. » **유소년스포츠지도사**란 유소년(만 3세부터 중학교 취학 전까지)의 행동 양식, 신체발달 등에 대한 지식을 갖추고, 유소년을 대상으로 체육을 지도하는 사람을 말한다. » **노인스포츠지도사**란 노인의 신체적, 정신적 변화 등에 대한 지식을 갖추고, 노인을 대상으로 생활체육을 지도하는 사람을 말한다.
분류		» 생활스포츠지도사는 1급과 2급으로 구분한다. » 2급 생활스포츠지도사는 자격검정에 합격하고 연수과정을 이수한 사람으로 한다. » 1급 생활스포츠지도사는 2급 생활스포츠지도사 자격을 취득한 후 3년 이상 해당 종목의 지도경력이 있는 사람으로서 동일종목의 자격검정에 합격하고 연수과정을 이수한 사람으로 한다.
자격종목	생활 (57종목)	검도, 게이트볼, 골프, 복싱, 농구, 당구, 라켓볼, 럭비, 레슬링, 레크리에이션, 리듬체조, 배구, 배드민턴, 보디빌딩, 볼링, 빙상, 자전거, 등산, 세팍타크로, 수상스키, 수영, 스킨스쿠버, 스쿼시, 스키, 승마, 씨름, 야구, 에어로빅, 오리엔티어링, 요트, 우슈, 윈드서핑, 유도, 인라인스케이트, 정구, 조정, 축구, 카누, 탁구, 태권도, 테니스, 행글라이딩, 궁도, 댄스스포츠, 사격, 아이스하키, 육상, 족구, 철인 3종 경기, 패러글라이딩, 하키, 핸드볼, 풋살, 파크골프, 그밖에 문화체육관광부장관이 인정하여 고시하는 종목(양궁, 펜싱, 합기도)
	유소년 (60종목)	생활스포츠지도사의 자격종목 및 줄넘기, 플라잉디스크, 피구, 그 밖에 문화체육관광부장관이 인정하여 고시하는 종목(양궁, 펜싱, 합기도)
	노인 (58종목)	생활스포츠지도사의 자격종목 및 그라운드 골프, 그 밖에 문화체육관광부장관이 인정하여 고시하는 종목(양궁, 펜싱, 합기도)
	장애인 (34종목)	공수도, 골볼, 농구, 레슬링, 론볼, 배구, 배드민턴, 보치아, 볼링, 사격, 사이클, 수영, 승마, 양궁, 역도, 오리엔티어링, 요트, 유도, 육상, 조정, 축구, 카누, 탁구, 테니스, 트라이애슬론, 핸드볼, 댄스스포츠, 럭비, 펜싱, 스노보드, 아이스하키, 알파인스키, 바이애슬론, 크로스컨트리, 컬링, 그 밖에 문화체육관광부장관이 인정하여 고시하는 종목

응시자격	체육지도자의 자격은 18세 이상인 사람에게 부여한다.
자격검정이나 연수과정의 일부 면제	다음 중 어느 하나에 해당되는 사람에게는 자격검정이나 연수과정의 일부를 면제할 수 있다. » 학교체육교사 » 국가대표선수(국가대표선수였던 사람을 포함한다) » 문화체육관광부장관이 지정하는 프로스포츠단체에 등록된 프로스포츠선수 » 체육지도자의 자격을 보유한 사람으로서 보유한 자격 종목이 아닌 다른 자격 종목으로 같은 종류와 등급에 해당하는 체육지도사 자격을 취득하려는 사람 » 체육지도자의 자격을 보유한 사람으로서 보유한 자격 종목과 같은 자격 종목으로 다른 종류의 체육지도자 자격을 취득하려는 사람

3 전문스포츠지도자

학교 운동부, 실업팀, 프로스포츠 팀 등에서 선수들을 지도하는 코치나 감독을 전문스포츠지도자라고 한다.

▶ 전문스포츠지도사 관련 내용

구 분		내 용
정의		전문스포츠지도사란 전문체육을 지도하는 사람을 말한다.
분류		» 전문스포츠지도사는 1급과 2급으로 구분한다. » 2급 전문스포츠지도사는 해당 종목에 대하여 4년 이상의 경기 경력이 있는 사람으로, 자격검정에 합격하고 연수과정을 이수한 사람으로 한다. » 1급 전문스포츠지도사는 2급 전문스포츠지도사의 자격을 취득한 후 3년 이상 해당 종목의 경기지도 경력이 있는 사람으로, 1급 전문스포츠지도사 자격검정에 합격하고 연수과정을 이수한 사람으로 한다.
자격종목		검도, 골프, 궁도, 근대5종, 당구, 럭비, 레슬링, 루지, 봅슬레이, 스켈레톤, 바이애슬론, 배구, 배드민턴, 보디빌딩, 복싱, 볼링, 빙상, 사격, 사이클, 산악, 세팍타크로, 소프트볼, 수상스키, 수영, 수중스쿼시, 스키, 승마, 씨름, 야구, 에어로빅, 오리엔티어링, 요트, 우슈, 윈드서핑, 유도, 인라인스케이트, 정구, 조정, 체조, 축구, 카누, 컬링, 탁구, 태권도, 테니스, 트라이애슬론, 펜싱, 하키, 핸드볼, 공수도, 댄스스포츠, 택견, 그밖에 문화체육관광부장관이 인정하여 고시하는 종목.
자격검정이나 연수과정의 일부 면제		다음 중 어느 하나에 해당되는 사람에게는 자격검정이나 연수 과정의 일부를 면제할 수 있다. » 학교체육교사 » 국가대표선수 » 문화체육관광부장관이 지정하는 프로스포츠단체에 등록된 프로 스포츠선수
주요 업무	2급	선수대상 특정 스포츠지도, 경기력 향상을 위한 훈련 프로그램 개발 및 운영, 스포츠 경기대회 운영, 운동부 관리 및 운영, 체육 영재 육성 및 관리
	1급	선수(특히 국가대표 수준) 대상 특정 스포츠지도, 스포츠 경기대회 계획 및 조직, 특정 스포츠 종목의 과학적 훈련 프로그램 개발, 국가대표 훈련 계획 및 조직, 전문스포츠지도사 교육 프로그램 개발 및 운영, 전문스포츠지도사 교육 및 관리

☞ 전문스포츠지도자는 전문스포츠지도사 자격증이 있어야 하고, 선수와 팀의 기량을 최대한으로 끌어올리기 위해서 해당 종목의 전문적인 실기능력, 스포츠과학의 전문적인 지식, 전문적인 스포츠지도력 등을 반드시 갖추고 있어야 한다.

☞ 전문스포츠지도자가 담당하는 업무에는 팀의 감독이나 코치 이외에 경기단체의 임원, 체육시설의 경영자, 체육학 연구자 등의 업무를 담당하는 경우도 많다.

스포츠학습자

스포츠교육을 경쟁적이고 제도화된 신체활동 즉, 스포츠를 가르친다는 좁은 의미로 생각하지 않고, 일상생활에서 행하는 건강 활동, 무용, 캠핑 등 다양한 신체활동을 모두 포함하고 그 지식과 문화까지도 포괄적으로 가르친다고 넓은 의미로 생각하면 스포츠교육을 배우는 학습자는 모든 연령대의 모든 사람들로 확대된다.

▶ 학습자의 상태

스포츠를 지도하는 사람의 입장에서는 지도효율을 높이고, 스포츠를 학습하는 사람의 입장에서는 학습효율을 올리기 위해서는 지도자가 학습자의 상태를 확실하게 파악하고 그에 알맞는 학습프로그램을 제공하는 것이 가장 중요하다.

학습자의 기능 수준	과거의 학습경험에 의해서 학습자가 이미 습득한 기능 수준을 정확하게 알아야 한다.
학습자의 체격 및 체력	학습자의 체격과 체력 등 학습자의 신체조건에 알맞은 운동을 선택해서 실행하는 것이 좋다.
학습자의 학습 동기	학습동기가 학습활동과 학습결과에 큰 영향을 미친다. 그러므로 학습자는 스스로 운동을 열심히 하려고 노력해야 하고, 지도자는 학습자의 동기를 유발하려고 노력해야 한다.
학습자의 발달 수준	성별과 연령에 따른 발달 수준과 각 개인의 환경에 따른 차이 등 개인차를 고려해서 운동을 하도록 해야 한다.

생애주기별 발달특성

시간의 흐름 에 따라 변화해 나가는 개인 생애의 일정한 단계별 과정을 '생애주기'라 하고, 보통 영아기, 유아기, 아동기, 청소년기, 성년기, 중년기, 노년기로 구분한다.

개인이 생애주기를 거치는 동안 각 단계마다 수행해야 할 역할이나 해결해야 할 중요한 과업을 '발달과업'이라 하고, 정도의 차이는 있지만 생애주기 각 단계의 진행 순서와 중요 발달 과업은 일반적으로 비슷하게 나타난다. 각 시기의 발달 과업은 서로 연관성을 가지고 있어서 앞 단계에서 발달과업을 제때에 성공적으로 성취하지 못하면 다음 단계의 생활에서 많은 어려움을 겪게 된다.

1 영아기

생후 24개월까지로, 자기 몸을 스스로 움직이고 이동할 수 있게 되는 시기이다. 일생을 통해 신체와 운동 발달에서 가장 급속한 발달을 보이며, 의사소통 수단이 되는 언어를 습득하기 시작하여 기본적인 상호작용을 할 수 있게 된다.

발달특징	대뇌 발달, 감각 기관 발달, 근육 발달, 인지 발달, 언어 발달
발달과업	젖떼기, 걷기, 말하기, 돌보아주는 사람에 대한 신뢰와 애착 형성하기

2 유아기

만 3~5세까지로, 대근육 운동능력이 발달되어 움직임이 많아진다. 유아기는 언어를 습득하고 발전시키는 시기로, 인지 지능이 급속하게 발달한다. 자기주장이 강해지고, 주변 환경에 대한 탐색을 하며 기본생활 습관과 사회 규칙을 습득하기 시작한다.

발달특징	근육 발달, 인지적 성장, 언어 발달, 사회성 발달, 신체구조와 기능이 가장 빨리 발달함.
발달과업	식사, 수면, 배변 등의 기본 생활습관 형성하기, 공동생활에 필요한 생활습관 형성하기, 언어로 의사소통하기
체육활동	놀이 중심, 놀이기구를 이용한 걷기 · 뛰기 · 잡기 · 던지기 등의 기초운동

3 아동기

만 6~11세까지로, 초등학교에 다니는 시기이다. 양육자 외의 다른 사람들과 어울리면서 사회성이 발달하기 시작하고, 운동기술이 발달하며, 논리적 사고가 가능해진다.

발달특징	신체 발달, 운동기능 발달, 지적흥미의 다양화, 또래집단 형성
발달과업	또래 친구들과 어울리기, 적절한 성 역할 학습하기, 기본적 기능 익히기, 도덕성의 기초 형성하기, 학습습관 형성하기
체육활동	달리기, 뛰기, 체조, 간단한 경기, 물놀이, 춤, 리듬활동 등

4 청소년기

만 12~19세까지로 급속한 신체적 변화에 따라 정서, 자아, 대인관계, 이성에 대한 태도와 행동에 변화를 갖는 발달단계이다. 성장 급등과 2차 성징이 나타나고 추상적 · 가설적 사고를 통해 효율적으로 지적과업을 성취한다. 또한 또래들과 어울리면서 부모로부터 독립하려는 마음이 생겨난다.

발달특징	급격한 신체적 성장, 성적 성숙, 인지발달, 가치관 형성
발달과업	자아 정체감 형성하기, 신체적 · 지적 · 사회적 · 도덕적 발달 이루기, 진로 탐색하기, 성인이 되기 위해 준비하기
체육활동	다양한 신체활동, 학교체육을 기초로 수영 · 등산 · 야영 등의 야외활동 병행

5 성인기

만 20~39세까지로, 신체적 · 심리적으로 성숙되며 일생 중 가장 활력이 넘치고 활동적인 시기이다. 직업인, 배우자, 부모로서의 새롭고 중요한 역할을 담당하게 된다.

발달특징	결혼, 가정생활, 직업 생활, 책임 있는 사회 구성원
발달과업	성인의 관점으로 사회적 가치 수용하기, 직업 선택하기, 이상적 배우자상 확립하기, 배우자 선택과 결혼, 책임 있는 시민으로서의 역할 수행하기, 개인적 신념과 가치체계 확립하기
체육활동	유산소운동과 저항운동의 적절한 배분(체조, 수영, 골프, 테니스 등)

6 중년기

만 40~59세에 이르는 시기로, 감각 능력의 감소로 지각 능력이 약화되고 기억력도 감소하며 여성의 폐경기와 남성의 갱년기 같은 중년의 위기가 나타나기도 한다.

발달특징	신체적 노화 시작, 성격의 안정, 직업 안정 또는 직업 전환
발달과업	행복한 결혼 생활 유지하기, 직업 생활 유지하기, 인생철학 확립하기, 중년기의 위기 관리하기, 건강 약화에 대비한 심신 단련하기
체육활동	성인기와 같음

7 노년기

만 60세 이후부터 사망할 때까지를 말한다. 신체 능력과 감각 · 지각능력이 쇠퇴하며 의존성이 증가한다. 이러한 변화에 융통성 있게 대처하면서 건강에 주의를 기울여야 한다.

발달특징	사회적 활동의 감소, 체력 저하, 운동 기능 감퇴, 감각 기능 퇴화
발달과업	건강 관리하기, 은퇴에 적응하기, 신체적 노화를 긍정적으로 수용하기, 배우자 사별에 대해 준비하기, 여가 선용하기, 경제적 대책 마련하기, 자신의 죽음에 대해 준비하기
체육활동	걷기, 산책, 체조, 등산, 게이트볼, 배드민턴 등 활동형 레크리에이션

스포츠행정가

스포츠와 관련된 사업의 기획 · 행정 · 사무 · 개발 · 교육 등의 업무를 담당하는 사람을 스포츠 행정가라 한다. 스포츠행정가는 스포츠행정 업무를 전반적으로 관장하고, 조직의 목적을 효율적으로 달성하기 위하여 업무를 조정하고 사람을 배치하며, 물적 자원을 적절히 사용해야 할 책임이 있다. 스포츠행정가는 학교체육 행정가, 생활체육 행정가, 전문체육 행정가로 나눌 수 있다.

학교체육 행정가	학교체육 행정가에는 교육정책과 절차를 수립하는 교장 · 교감 · 행정실장 등이 있고, 학교체육 관련업무, 운동부 관련업무, 학교스포츠클럽 관련업무 등 체육행정의 실무를 담당하는 체육교사와 스포츠강사가 있다. 학교체육 행정가는 ① 안내자의 역할 ② 조력자의 역할 ③ 행정가의 역할 등을 수행한다.
생활체육 행정가	생활체육 행정가는 생활체육과 관련된 기관을 관장하고, 각종 생활체육 대회의 유치 · 운영 · 홍보 등의 업무를 담당하며, 생활체육 정책을 수립하고 예산을 집행하는 등의 업무도 수행한다. 생활체육 행정가에는 문화체육관광부 직원, 통합체육회 직원, 각 시도 체육회 직원 등이 있다. 생활체육 행정가는 ① 운영자의 역할 ② 조직자의 역할 ③ 지원자의 역할 등을 수행한다.
전문체육 행정가	전문스포츠와 관련된 기관에서 사무 · 행정 · 개발 · 교육 등의 업무를 담당하는 사람을 전문체육 행정가라고 한다. 전문체육 행정가는 스포츠관련 프로그램의 계획, 조직, 인사, 조정, 예산의 수립과 집행, 시설관리 등의 업무와 홍보, 경기운영, 영업 등의 업무를 담당한다. 전문체육 행정가는 ① 전문가의 역할 ② 행동가의 역할 ③ 관리자의 역할 등을 한다. 전문체육 행정가에는 학교운동부 지도자, IOC 등 국제체육기구의 회장, 부회장, 사무총장, 집행위원, 분과위원 등, 문화체육관광부 직원, 통합체육회 직원 등이 있다.

► 각종 국제기구 위원회에서 활동하는 한국인

국제기구명	현재 인원	국제기구명	현재 인원
IOC(국제올림픽위원회)	5	OCA(아시아올림픽평의회)	10
ANOC(국제올림픽위원회총연합회)	1	EAGA(동아시아대회협의회)	4
AIPS(국제체육기자연맹)	1	ASPU(아시아체육기자연맹)	1
FISU(국제대학스포츠연맹)	8	AUSF(아시아대학스포츠연맹)	1

필수 및 심화 문제

필수문제

■생활스포츠지도사는 보기의 4가지 외에 지도자 간의 인간관계 유지, 체육 기구의 개발 및 운영도 한다. 전문스포츠지도사는 창조자의 역할, 실행자의 역할, 독려자의 역할, 모니터의 역할, 지시자의 역할, 배려자의 역할 등을 한다.

01 학교 이외의 기관에서 보기와 같은 역할을 수행하는 사람은?

» 스포츠활동의 목표 설정
» 효율적인 지도방법 개발
» 체육 프로그램의 개발
» 체육관련 재정관리

① 스포츠강사 ② 생활스포츠지도사
③ 전문스포츠지도사 ④ 체육강사

심화문제

■교사가 되려면 반드시 교사 자격증이 있어야 한다.

02 2급 스포츠지도사 자격증을 취득한 사람이 종사할 수 있는 직종은?

① 초등학교 체육전담교사
② 중 · 고등학교 체육교사
③ 초 · 중 · 고등학교 스포츠강사
④ 초등학교 체육전담교사와 초등학교 스포츠강사

■학생의 발달단계를 고려하여 학습내용을 정한 것이 교육과정이다.
■보기는 교육과정 지식을 설명하고 있다.

03 보기에서 설명하고 있는 체육지도자가 갖추어야 할 지식은?

보기
체육 프로그램 참여자의 발달단계에 적합한 내용과 프로그램에 대한 지식이다.

① 교육과정 지식 ② 지도방법 지식
③ 내용 지식 ④ 교육목적 지식

■생활스포츠지도사의 자격에서 연령제한은 없다.

04 국민체육진흥법(시행 2021.6.9.)에서 규정하는 생활스포츠지도사의 자격으로 옳지 않은 것은?

① 체육지도자의 자격은 19세 이상인 사람에게 부여한다.
② 생활스포츠지도사는 1급, 2급으로 구분한다.
③ 2급 생활스포츠지도사는 2급 생활스포츠지도사 자격검정에 합격하고, 연수과정을 이수한 사람으로 한다.
④ 1급 생활스포츠지도사는 자격 종목의 2급 생활스포츠지도사 자격을 취득한 후 3년 이상 해당 자격 종목의 지도경력이 있는 사람으로 한다.

정답 01 : ②, 02 : ③, 03 : ①, 04 : ①

05 체육지도자의 자격명칭이 아닌 것은?

① 생활스포츠지도사 ② 건강운동관리사
③ 유아스포츠지도사 ④ 노인스포츠지도사

■ 유아스포츠지도사가 아니라 유소년스포츠지도사이다.

06 다음 중 생활스포츠지도사의 자격 종목이 아닌 것은?

① 당구 ② 세팍타크로
③ 족구 ④ 줄넘기

■ 줄넘기는 유소년 스포츠지도사의 자격 종목이다.

07 다음 중 옳지 못한 것은?

① 전문스포츠지도사란 전문체육을 지도하는 사람을 말한다.
② 전문스포츠지도사는 1급과 2급으로 구분한다.
③ 2급 전문스포츠지도사는 해당종목에 대하여 4년 이상의 경기경력이 있는 사람으로 자격검정에 합격하고 연수과정을 이수한 사람으로 한다.
④ 1급 전문스포츠지도사는 2급 전문스포츠지도사의 자격을 취득한 후 1년 이상 해당종목의 경기지도 경력이 있는 사람으로 1급 전문스포츠지도사 자격검정에 합격하고 연수과정을 이수한 사람으로 한다.

■ 1급 전문스포츠지도사는 2급 전문스포츠지도사 자격을 취득한 후 3년 이상 해당종목의 경기지도 경력이 있어야 한다.

스포츠교육학

08 초등학교 스포츠강사의 역할에 대한 설명으로 옳지 않은 것은?

① 학교스포츠클럽 및 방과 후 체육활동 등을 지도한다.
② 담임교사의 보조를 받아 초등학교 정규 체육수업을 주도적으로 지도한다.
③ 체육수업에 대한 흥미를 유발하고 즐거운 경험의 기회를 제공한다.
④ 학교스포츠클럽 리그 및 토너먼트 경기를 기획하고 운동 프로그램을 개발한다.

■ 스포츠강사는 초등학교 체육수업을 주도적으로 지도하지 못한다.

■ **스포츠강사의 역할**
- 정규 체육수업 보조
- 학교스포츠클럽 지도
- 정규수업 후 방과 후 활동지도
- 체육수업의 흥미와 즐거운 기회를 경험하게 함.
- 전문가 · 개발자 · 안내자 · 보조자 등의 역할

09 다음 중 전문스포츠지도사(1급 또는 2급)의 역할이나 주요 업무와 거리가 먼 것은?

① 특정 종목에 대한 전문적인 지식과 기능을 구비해야 한다.
② 특정 종목에 대한 전문적인 지도능력을 갖추어야 한다.
③ 경기력 향상을 위한 프로그램의 개발 및 운영을 담당한다.
④ 직장인의 건강 및 체력을 진단한다.

■ 직장인을 대상으로 하는 것은 생활스포츠지도사이다.

정답 05 : ③, 06 : ④, 07 : ④, 08 : ②, 09 : ④

■ 학습자 행동 수정 기본 전략
· 구체적인 진술 : 학습자가 수정해야 할 행동을 이해할 수 있게 한다.
· 행동 수정 결과 명시 : 행동을 수정했을 때 발생할 수 있는 결과를 명시한다.
· 단계적 변화 : 작더라도 지속적인 향상에 만족한다.
· 일관성 유지 : "이렇게 행동하면 된다."와 같이 학습자를 인식시킨다.
· 현수준에서 출발 : 시급한 문제에서 시작해 그 폭을 넓힌다.

■ 학교스포츠클럽 지도 계획 시 고려 요소
· 학생의 자발적 참여 유도
· 다양한 활동시간 고려
· 스포츠 관련 문화체험 기회 제공
· 활동시간의 다양화

■ 체육지도자는 학생들의 흥미를 고려하여야 한다.

■ 모두 옳다.

■ 스포츠 지도를 위한 준비 단계
· 참가자의 수준 고려
· 지도활동을 통해 동료의식 및 응집성 조성
· 개인 및 집단 목표 확인 및 제시
· 참가자의 동기 유발
· 참가자의 성취도 제고
· 집단의 긍정적 분위기 조성
· 스포츠 활동 과업의 평가

스포츠교육학

필수문제

10 보기에서 스포츠 활동 참여자의 행동 수정 전략을 잘못 이해하고 있는 지도자들로만 묶인 것은?

보기
송 코치 : 저는 지도자가 일관성 있게 지도하는 것이 중요하다고 생각해요.
이 코치 : 학습자의 행동 수정에도 그 단계를 설정할 필요가 있는 것 같아요.
김 코치 : 과거의 행동 수준부터 한 번에 많은 변화가 있도록 지도해야 해요.
박 코치 : 목표행동은 간단히 진술하고 그에 따른 결과는 고려하지 않아도 되요.

① 송 코치, 이 코치
② 이 코치, 김 코치
③ 박 코치, 송 코치
④ 김 코치, 박 코치

필수문제

11 체육지도자가 학교스포츠클럽 지도를 계획할 때 고려해야 할 요소가 아닌 것은?

① 학생의 흥미보다는 지도자 자신의 흥미 고려
② 학생의 운동 경험에 따른 자발적 참여 유도
③ 다양한 활동 시간을 고려하여 운영
④ 스포츠와 관련된 문화 체험 기회 제공

심화문제

12 보기의 스포츠 지도를 위한 준비 단계에 대한 설명 중 옳은 것을 모두 고른 것은?

보기
㉠ 지도자는 자신이 가르칠 수 있는 내용의 수준이 어느 정도인지 고려한다.
㉡ 학습자의 성취 결과뿐만 아니라 향상 정도를 평가할 수 있는 방법을 계획한다.
㉢ 지도의 목표가 모방일 경우에는 지시자, 창조일 경우에는 촉진자의 역할이 필요하다.
㉣ 행동 목표는 운동수행 조건, 성취 행동, 운동수행 기준을 고려하여 설정한다.

① ㉠
② ㉠, ㉡
③ ㉠, ㉡, ㉢
④ ㉠, ㉡, ㉢, ㉣

정답 10 : ④, 11 : ①, 12 : ④

13 지역 스포츠클럽 대회의 경기 운영 방식에 관한 설명으로 옳은 것은?

① 통합리그는 순위가 고착화될 가능성이 높다.
② 조별리그는 토너먼트 대회보다 빠르게 진행된다.
③ 녹다운 토너먼트는 우승팀 이외의 순위를 산정하기 쉽다.
④ 스플릿 토너먼트는 모든 팀에게 동일한 경기 수를 보장하지 않는다.

■①은 경기력 차이에 따라 순위가 고착화될 가능성이 높다. ② 토너먼트는 모두 단시간에 경기가 이루어진다. ③은 우승팀 이외에는 순위 산정이 어렵다. ④는 모두 팀에게 같은 수의 경기를 보장한다.

14 보기에서 설명하는 스포츠지도자가 고려해야 할 학습자 특성은?

> 보기
> 학습자의 성별, 연령, 환경적 요인 등 학습자의 개인차를 고려해서 학습 단계를 결정하는 것이 중요하다.

① 감정 조절
② 발달 수준
③ 공감 능력
④ 동기유발 상태

■성별 · 연령 · 환경적 요인과 같은 학습자의 개인차는 발달 수준을 고려한 것임.

15 스포츠지도자의 자질과 지도방법에 관한 내용으로 옳지 않은 것은?

① 지도자는 높은 성품 수준을 유지하며 모범을 보여야 한다.
② 선수가 수단과 방법을 가리지 않고 승리할 수 있도록 지도한다.
③ 지도자는 재능의 차원과 인성적 차원의 자질을 고루 갖추어야 한다.
④ 선수가 올바른 도덕적 의식을 가지고 자율적으로 실천하도록 지도한다.

■스포츠지도자는 선수가 수단과 방법을 가리지 않고 승리하도록 지도해서는 안 됨.

16 다음 중 노인을 대상으로 운동을 지도할 때 유의해야 할 점으로 가장 적절한 것은?

① 개인차보다는 효율적인 운동수행을 더 중요하게 고려한다.
② 의학적 체크나 건강상태의 점검은 간헐적으로 시행한다.
③ 평소 가정에서 행하기 어려운 신체활동 위주로 지도한다.
④ 운동 중의 신체상황을 지속적으로 점검하거나, 대화를 통해 건강상태를 파악한다.

■①, ②, ③은 반대로 기술된 것이다.

17 보기에서 김 코치가 고려하고 있는 것은?

> 보기
> 김 코치는 중학교 여학생을 대상으로 리듬체조를 지도할 때, 초보자에게는 기초기술을, 숙련자에게는 응용기술을 가르쳤다.

① 학습자의 기능 수준
② 학습자의 인지적 능력
③ 학습자의 감정코칭 능력
④ 학습자의 신체 발달

■기술은 기능 수준과 관련된다.

정답 13 : ①, 14 : ②, 15 : ②, 16 : ④, 17 : ①

스포츠교육학

■학습자, 지도자, 행정가가 스포츠교육 참여자이다.

18 다음 중 스포츠교육의 참여자로 볼 수 없는 사람은?

① 선수의 학부모 ② 스포츠 학습자
③ 스포츠 지도자 ④ 스포츠 행정가

■생애주기별 정서적 발달 특징
· 유아기 : 자기중심적
· 아동기 : 또래의 피드백에 대단히 민감.
· 청소년기 : 남과 다르게 보이고 싶어 하면서 남과 똑같아 보이려고 하는 이중성.
· 성인기 : 자신의 가치관, 이념, 정체성이 뚜렷해짐.
· 노년기 : 무력감을 느끼는 경우가 증가.
■보기는 청소년기에 해당된다.

필수문제

19 보기는 생애의 주기를 유아기, 아동기, 청소년기, 성인기, 노년기로 나누었을 때 어느 한 시기의 정서적 발달의 특징을 설명한 것이다. 어느 시기인가?

보기
» 감정의 기복이 심하고,
» 불안, 수치감, 죄책감, 분노, 우울 등의 감정을 자주 경험한다.
» 상황을 어느 하나의 관점에서 바라보는 경향이 있고,
» 감정을 다스리고 대안을 생각하는 데에 어려움이 있다.

① 성인기 ② 청소년기
③ 아동기 ④ 노인기

스포츠교육학

심화문제

20 보기의 발달특성을 가진 대상을 위한 스포츠 프로그램 구성 시 고려사항으로 적절하지 않은 것은?

보기
» 신체적 · 정서적 · 사회적 발달이 뚜렷하다.
» 개인의 요구와 흥미가 뚜렷하게 나타난다.
» 2차 성징이 나타난다.

■보기는 청소년기의 발달특성인데, 정적운동 위주의 프로그램보다는 수영 · 등산 · 야영과 같은 야외활동을 병행할 필요가 있다.

① 생활패턴 고려
② 개인의 요구와 흥미 고려
③ 정적운동 위주의 프로그램 구성
④ 스포츠 프로그램의 지속적 참여 고려

■①은 유아기, ②는 아동기, ④는 성인기의 발달 특성이다.
■청소년기의 발달 특징은 급격한 신체적 성장, 성적 성숙, 인지 발달, 가치관 형성 등이다.

21 다음 중 청소년기의 발달 특징을 가장 잘 나타낸 것은?

① 대뇌 발달, 감각기관의 발달, 근육의 발달
② 신체 발달, 운동기능의 발달, 지적 흥미의 발달
③ 급격한 신체적 성장, 인지 발달, 가치관 형성
④ 사회적 활동의 증가, 사회적 가치의 수용, 역할 수행

정답 18 : ①, 19 : ②, 20 : ③, 21 : ③

필수문제

22 전문체육 관련 체육행정가의 역할과 거리가 먼 것은?

① 조력자의 역할
② 전문가의 역할
③ 행동(정)가의 역할
④ 관리자의 역할

■ **학교체육 관련 행정가**는 안내자, 조력자, 행정가로서의 역할을 하고, **생활체육 관련 행정가**는 조력자, 운영자, 조직가, 지원자로서의 역할을 하며, **전문체육 관련 행정가**는 전문가, 행동가(행정가), 관리자로서의 역할을 한다.

정답 22 : ①

스포츠교육학

스포츠교육의 프로그램론

학교체육 프로그램

학교체육 프로그램은 교과활동과 비교과활동으로 나눈다. 정규 수업시간에 학생들을 가르치는 것이 교과활동이고, 쉬는 시간, 점심시간, 방과 후, 토요일 등 수업시간 이외의 시간에 학생들을 대상으로 실시하는 체육활동이 비교과활동이다. 비교과활동에는 학교스포츠클럽 활동, 학교 운동부활동, 방과 후 체육활동 등이 있다.

1 교과활동

교과활동은 체육교사가 주도적으로 수업을 진행하고, 스포츠지도사나 스포츠강사는 교사를 도와주는 조력자의 역할을 한다.

체육교사, 스포츠강사, 스포츠지도사가 체육수업을 진행하기 위해서 기본적으로 알고 있어야 하는 지식을 슐만(Shulman)이 7가지로 분류해서 제시하였다.

내용에 대한 지식	수업시간에 가르쳐야 할 교과의 내용을 교사가 잘 알고 있어야 한다.
지도방법에 대한 지식	학생들을 지도하는 방법에 대해서도 잘 알고 있어야 한다.
교육적인 내용에 대한 지식	교사가 학생들에게 어떤 운동기술이나 교과서에 있는 내용만을 가르치는 것이 아니라 그 내용을 통해서 학생들에게 가르치고 싶은 인성이나 도덕이 있다. 교사가 교육적인 내용을 알지 못하고 학생들을 지도하면 존경받는 교사가 되기 어렵다.
교육과정에 대한 지식	우리나라의 경우 교사는 교육과정에서 지향하는 목표를 잘 알고 실천에 옮겨야 한다.
교육환경에 대한 지식	각 학교마다 조금씩 교육환경에 차이가 있으므로, 교사가 자신이 속해 있는 학교의 교육환경을 잘 이해하고 현명하게 대처해나갈 수 있어야 한다.
학습자의 특성에 대한 지식	배우는 학생의 연령이나 가정환경 또는 어떤 특별한 사정이 있는지 알고, 그 학생들에게 가장 효과적인 지도방법에 대한 지식이 있어야 한다.
교육목표에 대한 지식	목표를 알지 못하고 수업을 하면 수업의 효과를 기대하기 어렵다.

메츨러(M. Metzler)는 교사의 지식을 다음 3가지로 제시하였다.

명제적 지식	교사가 구두나 문서로 표현할 수 있는 지식 : 체육에 필요한 여러 가지 내용에 대한 지식과 관련된 정보(규칙, 원리, 내용, 움직임)
절차적 지식	교사가 실제로 수업 전 · 중 · 후에 적용할 수 있는 지식 : 수업 관리에 필요한 지식으로 명제적 지식의 활용 능력
상황적 지식	특수한 상황일 때 교사가 적절한 의사결정을 언제, 왜 해야 하는 지에 관한 정보

2 수업계획 또는 학습지도안 작성 시 고려해야 할 사항

☞ 구체적이고 체계적으로 수업계획을 수립해야 한다. 수업계획을 구체적이고 체계적으로 작성하면 수업을 성공적이고 효율적으로 진행할 수 있게 된다.

☞ 창의적인 학습환경을 조성해야 한다.

☞ 체육수업은 신체활동을 통해서 신체적 · 인지적 · 정의적인 가치를 습득할 수 있도록 통합적이고 효율적인 교수학습 활동이 이루어질 수 있도록 계획해야 한다.

3 학교스포츠클럽

지난 2007년에 학생들의 건강과 학교폭력 등 여러 가지 문제가 발생하자 자율적인 체육활동을 통해서 건강하고 활기찬 학교 분위기를 조성하고, 스포츠 친화적인 학교문화와 꿈과 끼를 키우는 환경을 조성하며, 학생들의 전인적인 성장을 도모하기 위해서 만들어진 동아리 활동이 '학교스포츠클럽'이다. 학교스포츠클럽과 학교스포츠클럽 활동의 개념을 구분해야 할 필요가 있다. 다음 표는 두 개념의 차이를 표로 만든 것이다.

▶ 학교스포츠클럽과 학교스포츠클럽 활동의 구분

구분	학교스포츠클럽	학교스포츠클럽 활동
개념	방과 후에 체육활동에 취미를 가진 동일 학교 학생으로 구성 및 운영되는 스포츠 동아리	정규 학교 교육과정 중 창의적 체험활동 시간에 이루어지는 클럽 단위의 스포츠활동
활동형태	정규 교육과정이 아님	정규 교육과정임
활동시간	방과 후, 점심시간 등	창의적 체험활동시간
활동근거	학교체육진흥법 제10조	초 · 중등학교 교육과정 총론

4 학교스포츠클럽 프로그램을 구성할 때 고려해야 할 사항

활동시간의 다양화	학교스포츠클럽은 어디까지나 자율적으로 운동하는 것이므로 아침시간, 점심시간, 방과 후 시간, 토요일 등 다양한 시간을 활용할 수 있도록 프로그램을 구성해야 한다.
학생들의 자발적인 참여	학생 개인의 흥미와 적성에 따라 희망 종목을 선택할 수 있어야 한다. 그러려면 스포츠클럽의 수가 많아야 되지만, 한없이 늘일 수는 없으므로 적절히 선택해서 계획해야 한다.
학생 주도의 클럽운영	클럽의 활동시간, 클럽의 이름, 클럽회원 모집 및 홍보 등 클럽활동 전반을 학생들이 주도적으로 참여하고 결정하도록 유도하여야 한다. 그렇게 해야 학생들이 주인의식과 책임감을 가지고 클럽활동을 해나간다.
인성 함양	학교스포츠클럽을 교육과정에 삽입하게 된 이유가 학생들의 인성 함양이다. 즉 스포츠기술을 배우는 것이 주된 목적이 아니라 스포츠활동을 통해서 인성을 함양함으로써 학교폭력 등을 근절시키려는 것이다. 그러므로 스포츠 속의 규범이나 가치, 전통과 예의, 스포츠문화 등을 경험할 수 있도록 유도해야 한다.

체육수업과 학교스포츠클럽 외에도 학교에서 다양한 체육활동을 할 수 있다. 그러한 체육활동 프로그램을 계획할 때에는 다음 사항들을 고려해야 한다.

교육과정과의 연계성	학생들이 정규 수업시간에 학습한 내용을 기타 학교 체육활동에서 연습하고 활용할 수 있도록 프로그램 내용을 구성해야 한다.
미래지향적인 방향 설정	기타 학교 체육활동이라고 하더라도 학생들에게 유익하고 실행 가능할 뿐만 아니라 미래지향적인 목표 또는 방향을 설정함으로써 학생들이 지속적으로 스포츠활동에 참여할 수 있는 발판이 되어야 한다.
지역사회의 자원 활용	기타 학교 체육활동은 학생들에게 체육활동에 대한 이해, 스포츠문화의 체험, 진로탐색 등 여러 가지 교육적 가치가 있는 활동들이다. 학교의 시설이나 지도자 또는 예산이 기타 학교 체육활동을 하는 데에 걸림돌이 될 수도 있다. 그럴 때 지역사회 또는 인근 대학 등의 시설이나 인력을 적극 활용할 수 있도록 프로그램을 계획하는 것이 효과적이다.

생활체육 프로그램

1 생활체육의 이해

생활체육이란 용어는 1985년을 전 · 후해서 복지사회를 구현하기 위한 국민체육 진흥정책을 추진하는 과정에서 만들어졌다. 그런 관점에서 볼 때 생활체육 프로그램은 "중앙정부 또는 지방자치단체가 해당 지역 주민의 체육에 대한 욕구 및 수용에 대응하고, 그 활동을 사회적인 차원에서 보장해 주기 위한 정책을 수립하여 그것을 시행하는 내용을 모두 포괄하는 개념"으로 규정할 수 있다.

유럽을 중심으로 전개되었던 'TRIM' 운동이나 'SPORT FOR ALL' 운동이 우리나라에 정착된 것이 '생활체육'이라고 생각해도 된다. SPORTS FOR ALL 운동은 개인적으로는 체력을 육성하여 건강을 유지 · 증진하고, 자아를 실현하여 행복을 추구하며, 사회적으로는 시민의 결속을 다져 시민 화합을 도모하는 운동이다. 이 운동은 넓은 의미의 건전한 사회운동으로서 시민의 체력을 증진하고, 건전한 정신을 함양하여 명랑한 사회를 영위하게 하며, 나아가 스포츠를 통한 복지사회 건설에 이바지하는 것을 목적으로 하고 있다.

그러므로 생활체육은 시민 누구나 참여하여 함께 즐길 수 있는 체육의 정착화를 통해서 건전한 시민정신을 육성하는 데에 그 목적이 있다고 할 수 있다.

2 생활체육 프로그램의 목표

- ☞ 프로그램의 목표 설정 : 달성하려는 상태 및 운동능력을 구체적으로 명시할 것
- ☞ 스포츠활동 내용 기술 : 프로그램을 구성하는 스포츠활동의 내용을 구체적으로 상세하게 기술할 것
- ☞ 프로그램 전개의 지침 : 프로그램 전개 시 참여자의 행동 변화에 관한 일관된 지침 설정
- ☞ 프로그램 종료 후의 평가 : 프로그램 종료 후에는 평가를 통한 목표달성 여부 검토

3 생활체육 프로그램의 목적

생활체육은 모든 스포츠 종목의 활동을 포함하고, 모든 연령대의 일반인들을 대상으로 하기 때문에 범위가 아주 넓고 프로그램의 목적도 매우 다양하다.

여가선용	생활의 기본조건으로 의식주와 함께 여가선용이 강조되고 있다.
삶의 질 향상	인간은 생물적인 욕구 이외에 사회적 · 심리적 · 정서적 욕구를 가지고 있다. 생활체육은 그러한 인간의 욕구를 충족시켜 주어서 인간이 인간답게 살 수 있게 해주는 역할을 한다.
경험의 확대	생활체육은 다양한 스포츠활동을 통해서 경험을 확대시켜준다. 인간의 한계에 도전할 수도 있고, 경험의 폭을 넓혀서 삶을 풍요롭게 할 수도 있다.
스포츠기능의 향상	생활체육 프로그램에 참여하면 스포츠 기능의 향상을 기대할 수 있다. 자신의 스포츠 기량이 향상되면 생활이 명랑해지고 의욕이 생기며 승리의 기쁨을 맛볼 수 있다.
건강의 유지 및 증진	의학의 발달로 인간의 수명이 많이 연장되었다. 그러나 오래 사는 것보다는 건강하게 살기를 원한다. 건강하게 살기 위해서는 건전한 식생활과 함께 스포츠활동이 반드시 필요하다.
공동체 형성	인간은 사회적 동물이기 때문에 다른 사람과의 인간관계를 유지하면서 어울려서 살아가야 한다. 생활체육 활동을 통해서 지역공동체를 형성하고, 이웃끼리 서로 협력하는 공동체 의식을 기를 수 있다.

4 생활체육 프로그램의 구성 원리

생활체육 프로그램은 다양한 활동으로 구성될 뿐만 아니라 동일한 프로그램이라 할지라도 프로그램에 참가하는 대상의 특성, 시간, 장소에 따른 여러 가지 형태로 변형되어 시행되어야 한다. 따라서 바람직한 프로그램을 개발하고 이를 효율적으로 수행하기 위해서는 프로그램을 구성하는 데에 일관된 원리가 있어야 한다.

효과적인 생활체육 프로그램을 구성하기 위한 기본 원리로서 반드시 고려하여야 할 사항은 다음과 같다.

평등성	연령, 성별, 민족, 종교, 교육 수준, 사회, 경제적 지위에 관계없이 모든 사람에게 생활체육 프로그램 개발과 실행의 참여 기회가 제공되어야 한다.
창조성	건설적이고 창조적인 신체활동의 기회를 제공하여야 한다.
다양성	다양한 영역의 생활체육 활동을 제공하여야 한다.
봉사성	생활체육 프로그램의 일반화를 위해서는 시설과 더불어 지도자의 봉사가 요구되며 이것이 생활체육 프로그램의 성패를 좌우하게 된다.
욕구의 반영	생활체육 참여자 개개인의 욕구 충족 요소가 어떠한 형태로든 반영되어야 한다.
편의성	생활체육 관련 시설을 효율적으로 이용할 수 있도록 계획되어야 한다.
전문성	생활체육 프로그램은 자격을 갖춘 전문가에 의해 개발, 운영, 감독되어야 한다.
전달성	생활체육 프로그램이 모든 대중에게 적절한 대중 매체 및 홍보 수단을 통해 의미 있게 전달되어야 하다.
평가	생활체육 프로그램의 평가는 지속적이고 규칙적으로 이루어져야 한다.
수정 및 보완	생활체육 프로그램의 평가와 그 결과에 따라 프로그램을 질적 · 양적으로 수정 및 보완함으로써 생활체육 프로그램에 대한 가치와 신선미를 제고하여야 한다.

5 생활체육 프로그램 개발의 단계

기관 · 단체의 철학적 이해	대부분의 생활체육 프로그램은 공공기관이나 단체에서 개발해서 일반 국민들에게 제공한다. 그러므로 프로그램을 제공하려고 하는 기관이나 단체에서 추구하는 철학을 확실히 이해하고, 그에 걸맞은 프로그램의 목적을 설정해야 한다.
요구 분석	개발하려고 하는 생활체육 프로그램에 참여할 대상들이 원하는 것이 무엇인지, 또 그 생활체육 프로그램이 실시되는 지역사회에서 요구하는 것이 무엇인지 먼저 조사해서 알고, 그 요구사항을 만족시켜주면서 기관이나 단체에서 달성하고자 하는 목적을 이룰 수 있는 방법을 찾아내는 것이 요구 분석이다.
프로그램의 계획	생활체육 프로그램을 개발해서 시행하려고 하는 목적과 요구 분석을 통해서 알아낸 요구사항을 모두 만족시킬 수 있는 활동내용으로 계획을 세워야 한다. 프로그램 계획이 추상적이면 아무 쓸모없는 것이 되어버리므로 구체적이고 실천 가능한 내용으로 계획해야 한다.
프로그램의 실행	계획한 생활체육 프로그램을 실행하는 것이다. 스포츠지도사의 리더십과 실행능력이 절대적으로 필요하다.
프로그램의 평가	프로그램을 실행한 결과를 평가하는 것이다. 원하는 바 목적은 달성되었는가? 참여자들의 만족도는 어떠한가? 시행착오는 없었는가? 개선점은 무엇인가? 등이 평가의 주요 항목이 된다.

생활체육 프로그램 개발의 제2단계인 요구분석에 대하여 자세히 알아보아야 할 필요가 있다.

지역사회 거주자들의 연령대, 선호도, 경제적 수준, 지역의 스포츠시설, 문화적 배경 등을 고려해서 요구분석을 해야 한다.

요구분석을 위해서 자료를 수집하기 위한 설문지에는 ① 여가를 이용할 수 있는 범위와 정도 ② 스포츠활동에 참여도 ③ 스포츠시설에 대한 요구사항 ④ 지도자에 대한 만족도 또는 요구사항 ⑤ 기존의 프로그램에 대한 만족도 등이 반드시 포함되어 있어야 한다.

6 유소년스포츠 프로그램

- ☞ 유소년스포츠 프로그램은 4세에서 11세까지의 아동들을 대상으로 다양한 신체활동 및 움직임의 경험을 쌓게 함으로써 아동들의 심동적 · 신체적 · 정의적 능력을 향상시켜 건강하게 성장하도록 돕는 것을 목적으로 한다.
- ☞ 이 시기에는 호기심이 많고 스스로 해보려고 하는 적극적인 성향을 나타낸다. 그러므로 기본적인 운동동작을 습득하고 또래집단과의 상호관계를 유지하는 것이 중요하기 때문에 '움직임교육'이라고 하는 것이 적절하다.

▶ 유소년스포츠 프로그램을 구성할 때 고려해야 할 사항

자결적인 움직임 활동	유소년은 놀이와 움직임을 통하여 자기 유능감, 정서적 유대감, 감각적 인지발달, 신체적 · 정서적 건강을 도모하여야 한다.
다양한 신체 활동의 경험	유소년 기에는 다양한 신체활동을 경험하면서 운동신경이 골고루 발달하도록 고려해야 한다.
지역사회의 시설과 연계	유소년들에게 다양한 프로그램을 제공하려면 스포츠 시설, 스포츠 용품, 전문적인 지도사 등의 제약을 받을 수밖에 없다. 그러므로 주변 공공기관 및 민간시설과 연계해서 도움을 받도록 해야 한다.

스포츠활동 시간	유소년들은 특별히 해야 할 일이 있는 것이 아니므로 다른 연령대 보다 스포츠활동에 할애할 수 있는 시간이 많다. 부모들은 방과 후의 남는 시간이나 방학 중에 남는 시간에 아이들이 스포츠 프로그램에 참가해서 활동하기를 바란다. 그러므로 유소년들의 풍부한 스포츠활동 시간을 고려해서 프로그램을 구성해야 한다.

7 청소년스포츠 프로그램

청소년기는 신체적으로 매우 빠른 속도로 성장하고, 성 호르몬의 분비가 왕성해지면서 자신의 정체성에 혼란을 겪게 되는 시기이다. 이 시기에는 또래집단의 영향을 크게 받고, 부모세대와 가치관의 갈등을 겪으며, 학업과 미래에 대한 불안 때문에 아주 스트레스를 심하게 받는다. 그래서 건전하고 건강한 스포츠활동이 가장 필요한 시기이다.

▶ 청소년스포츠 프로그램을 구성할 때 고려해야 할 사항

청소년의 생활패턴을 고려해야 한다	대부분의 시간을 학교에서 보내고 학원 등에서 공부한 후 밤늦게 귀가하는 청소년들의 생활패턴을 고려해야 한다.
개인의 요구와 흥미를 고려해야 한다	청소년 시기에는 동적이고 모험적인 스포츠활동을 좋아하고, 남녀의 성차가 아주 뚜렷하게 나타나며, 살고 있는 지역에 따라서도 좋아하는 스포츠 종목이 달라진다. 그러므로 개인의 흥미 또는 욕구, 지역사회의 특성, 성별 등을 고려해서 스포츠 프로그램을 구성해야 한다.
스포츠활동의 지속성을 고려해야 한다	청소년기의 스포츠활동 경험이 평생의 스포츠활동에 아주 큰 영향을 미친다. 그러므로 청소년들이 스포츠활동에 규칙적으로 참여하여 건강한 운동 습관을 기를 수 있도록 하여야 한다. 장래에도 스포츠활동을 지속할 가능성이 높은 스포츠활동을 경험할 수 있도록 프로그램을 구성해야 한다.

8 성인스포츠 프로그램

성인기는 신체적 · 정신적으로 온전히 성장하였고, 일생 중에서 가장 활발하게 사회활동을 하는 시기인 만큼 신체적인 피로와 정신적인 스트레스에 가장 많이 시달린다. 그러므로 성인들의 건강 증진 또는 유지와 스트레스 해소를 위한 스포츠활동이 절실히 필요하다.

▶ 성인스포츠 프로그램을 구성할 때 고려해야 할 사항

스포츠활동을 할 수 있는 시간대를 고려해야 한다	성인들은 집에서는 남편과 아내 또는 아버지, 엄마의 역할을 해야 하고, 직장에서는 자신이 맡은 임무를 성실히 수행하는 것은 물론 자아실현과 더 좋은 미래를 꿈꾸기 위해서 자기계발을 해야 한다. 그러므로 출근 전, 퇴근 후, 또는 주말에 스포츠활동을 할 수 있고, 주부들은 아이들이 학교에 가 있는 오전 시간에 스포츠활동을 할 수 있으므로 그 시간대를 고려해야 한다.
지속성을 고려해야 한다	성인기에 참여했던 스포츠활동을 노년기에도 하는 경우가 대부분이다. 그러므로 성인기의 스포츠활동이 삶의 일부분이 되도록 유도하고, 지속가능성을 고려해야 한다.
경기력을 향상시켜야 한다	클럽활동이나 동호인 체육활동의 수준이 굉장히 높아져서 거의 전문체육에 가까울 정도이다. 그러므로 성인들의 스포츠 프로그램을 구성할 때에는 참가자들의 경기력을 향상시킬 수 있는 방안도 포함시켜야 한다.

⑨ 노인스포츠 프로그램

우리나라는 이미 저출산 고령화사회에 진입하였다. 이에 정부에서는 "새롭게 태어나는 아이부터 노후의 마지막 생애까지 희망차고 행복하게"라는 복지정책(새로마지플랜)을 시행하고 있다. '새로마지플랜'의 목표는 점진적으로 출산율을 회복하고 고령화사회에 대한 대응체계의 마련이다. 노인들은 근력 · 근지구력 · 최대산소섭취량 등이 저하되기 때문에 신체적 활동이 크게 감소되고, 피로나 스트레스로부터 회복되는 회복력이 낮기 때문에 신체적 부담을 주는 스포츠활동을 피하게 된다. 거기에다 퇴직과 함께 사회적 영향력이 감소되고, 사회적으로 소외되어서 고립되고 위축된 생활을 하는 경우가 많다. 그러할수록 적당한 신체활동과 시회활동을 통해서 활기를 되찾아야 건강을 유지할 수 있다.

▶ 노인스포츠 프로그램을 구성할 때 고려해야 할 사항

노인의 신체적 · 심리적 · 사회적 특징과 요구 사항을 고려해야 한다	노인들의 신체적 특징과 심리 · 사회적으로 원하는 사항이 무엇인지를 파악한 다음 그것을 스포츠 프로그램에 반영해야 한다.
주변 요인을 고려해야 한다	노인들의 스포츠활동은 접근성과 이용성이 좋아야 하고, 노인들은 적극성이 떨어지므로 주변 시설이나 제도 들을 잘 활용할 수 있어야 한다.
노인의 흥미와 사회적 관계형성을 고려해야 한다	노인들은 모든 일에 흥미가 떨어지고 사회적으로 고립되어 있기 쉬우므로, 스포츠활동을 통해서 무기력에서 벗어나고, 다른 노인들과 사회적인 관계를 형성함으로써 삶에 활기를 불어 넣을 수 있도록 스포츠 프로그램을 구성해야 한다.
노인, 노인스포츠지도자, 스포츠행정가의 협력이 필요하다	노인들은 자기중심적이고 폐쇄적인 경향이 강하다. 그러므로 노인스포츠 프로그램을 계속해서 실행하려면 노인, 노인스포츠지도자, 스포츠행정가가 모두 협력해야 한다.

⑩ 장애인스포츠 프로그램

우리나라에서는 국민체육진흥법 제34조에 따라 대한장애인체육회를 설립하면서부터 장애인체육이 활성화되기 시작하였다. 장애인스포츠 프로그램은 단순히 특수학교에서 장애인을 대상으로 하는 재활체육의 의미를 벗어나 학교체육, 생활체육, 전문체육 등 모든 스포츠 분야에서 장애인을 대상으로 삶의 즐거움과 활력을 찾을 수 있도록 스포츠활동을 계획하고 운영하며 서비스하는 것 전체를 의미한다.

장애인스포츠 프로그램은 장애유형에 따라서 활동이 가능한 스포츠 종목이 다를 뿐 아니라, 장애 정도에 따라서도 스포츠활동을 변형시켜야 하는 정도가 다르기 때문에 장애인스포츠 프로그램을 계획하는 데에 큰 어려움이 있다.

생활체육 영역에서 장애인스포츠 프로그램은 장애인들의 자발적인 참여에 의해서 이루어지기 때문에 스포츠활동을 통한 재활, 사회적 관계의 형성, 자아존중감의 형성, 행복추구 등을 목적으로 하는 것이 특징이다.

▶ **장애인스포츠 프로그램을 구성할 때 고려해야 할 사항**

장애유형별 특징과 요구사항 고려	장애인들은 스포츠활동에 대한 제약이 많고, 요구사항도 일반인과 다르다. 그러므로 장애유형에 따른 신체적 · 정신적 특성을 파악하고 그들의 요구사항을 고려해서 스포츠 프로그램을 구성해야 한다.
접근성과 편의성의 고려	장애인들이 접근하기 쉽고 이용하기 편리한 곳에 있는 스포츠 시설을 이용하는 스포츠 프로그램이어야 한다.
지속성의 고려	장애인스포츠 프로그램은 대부분 재활의 의미가 크다. 스포츠 활동을 통해서 재활 효과를 얻을 수 있으려면 장기간 동안 꾸준히 스포츠활동을 해야 한다. 그러므로 장애인스포츠 프로그램을 구성할 때에는 참여자가 지속적으로 참여한다는 장기적인 목표를 선정하고 프로그램을 구성해야 한다.

전문체육 프로그램

전문체육은 경기단체에 등록된 아마추어 선수가 행하는 운동경기 활동과 프로스포츠협회에 등록된 프로선수들이 행하는 프로스포츠 경기가 있다. 전문체육에서는 최고의 경기력을 발휘해서 경기에서 이기는 것이 목적이기 때문에 과학적인 방법으로 체계적인 지도를 해야 좋은 결과를 얻을 수 있다.

1 전문체육 지도계획을 개발할 때 반드시 거쳐야 하는 6단계(Martens, 2004)

제1단계 : 선수에게 필요한 기술 파악	코치의 가장 우선적인 일은 스포츠 기술을 지도하는 것이다. 그러므로 선수에게 필요한 기술을 파악한다는 것은 코치가 해야 할 일이 무엇인지를 파악하는 것과 마찬가지이다.
제2단계 : 선수의 이해	선수의 체력과 건강상태, 그동안의 운동경험과 기술 수준, 운동에 대한 열정과 동기, 개인의 성격, 동료와의 관계, 개인의 목표와 진로, 가정환경, 학교생활 등 선수에 관한 모든 것을 전반적으로 이해해야 한다.
제3단계 : 상황분석	지도계획을 수립하려면 주변 상황도 잘 알아야 한다. 선수의 수, 연습할 수 있는 공간과 시설, 팀의 분위기, 학부모와 학교의 지원 등을 파악하여 부정적인 영향을 미칠 수 있는 것을 먼저 개선하여야 한다.
제4단계 : 목표설정 및 우선순위의 결정	목표는 주어진 상황에서 성취 가능한 것을 구체적으로 설정해야 하고 단기 · 중기 · 장기 목표를 설정해야 한다.
제5단계 : 지도방법의 선택	무엇을 가르칠 것인지 목표와 우선순위가 결정되었으면 어떻게 지도할 것인지 지도방법을 선택해야 한다.
제6단계 : 연습계획의 수립	연습해야 할 내용과 우선순위가 결정되었으면 일일계획, 주간계획, 월별계획, 계절계획 등을 작성해야 한다. 연습계획은 시합일정에 맞추어서 최상의 컨디션으로 최상의 경기력을 발휘할 수 있도록 시즌 전, 시즌 중, 시즌 후로 구분해서 작성하는 것이 좋다. 연습계획에는 날짜, 시간, 목적, 장비, 기술내용, 평가 등이 포함되어 있어야 한다.

2 선수들을 지도하는 방법

직접형	코치가 직접 설명하고 시범을 보이면서 지도하는 방법이다. 직접형으로 지도하려면 가르치려고 하는 기술에 대한 지식과 경험이 풍부해야 한다.
과제형	차원이나 수준이 다른 몇 가지 과제를 준비하고, 선수들이 각자 과제를 선택하여 연습하게 하는 방법이다. 일정 시간 동안의 연습이 끝나면(또는 코치가 보았을 때 어느 정도 숙달이 되면) 다른 과제로 이동한다. 과제형 지도방법은 선수들이 각자 독립적으로 연습할 수 있다는 장점이 있다. 코치는 선수들이 연습할 때 순회하면서 피드백을 주면 되지만, 한두 선수에게 너무 집중하면 실패하게 된다.
상호형	2인 1조로 짝을 지어주고, 서로 보조 또는 지도해주면서 연습하도록 하는 방법이다. 직접형이나 과제형 지도방법의 일부 내용이 상호형과 서로 겹친다.
유도발견형	선수들에게 질문을 하면 선수들이 반응하면서 일련의 과제를 수행하도록 유도하는 방법이다. 이 방법은 선수 한 사람 한 사람이 가진 지식, 기술, 태도 등을 파악할 수 있을 뿐 아니라 선수들이 자기 주도형으로 책임감 있게 훈련을 할 수 있다는 장점이 있다. 그러나 선수들에게 던지는 질문이 지도하려는 목표를 달성할 수 있도록 잘 짜여 있어야 한다.
문제해결형	질문을 통해서 해답을 찾는다는 점에서는 유도발견형과 비슷하지만 질문의 내용이 선수들이 이미 경험한 것이라는 점이 다르다. 코치의 질문에 대하여 선수들이 자유롭게 다양한 의견을 제시할 수 있고, 그중에서 가장 좋다고 생각되는 방법을 선택해서 문제를 해결하여나가는 방법이다.

3 전문체육 스포츠프로그램의 실천

▶ 청소년 스포츠 코칭 프로그램

청소년 스포츠 코칭 프로그램은 초 · 중 · 고등학교 운동부 선수들을 지도하는 것을 말한다. 학교에서 교육의 일환으로 지도하는 것이므로 기능의 습득과 향상뿐만 아니라 인지적 · 정의적 · 사회적 · 정서적 발달을 도모할 수 있도록 해야 한다.

㉧ 청소년 스포츠 코칭 프로그램을 구성할 때 고려해야 할 사항

☞ 코치 중심이 아니라 선수 중심의 프로그램이어야 한다.

☞ 학생선수들의 운동수행능력만 가르치는 것이 아니라 인성을 지도하기 위한 지도계획도 반드시 있어야 한다.

☞ 스포츠 경기를 통해서 배우는 인내, 끈기, 자기유능감, 책임감 등이 일상생활에 전이될 수 있도록 지도해야 한다.

▶ 성인 스포츠 코칭 프로그램

대학의 운동선수 또는 실업팀이나 프로팀의 운동선수들을 지도하는 프로그램을 말한다. 성인 선수들은 목적이 뚜렷하고 직업이나 진로에 관심이 있으므로 자신이 판단해서 자신이 결정할 수 있도록 지도하는 것이 중요하다.

필수 및 심화 문제

필수문제

01 스포츠 교육 프로그램의 지도 원리에 관한 설명이 적절하지 않은 것은?

① 개별성의 원리: 개인차를 고려한 다양한 수준별 지도
② 효율성의 원리: 학습자 스스로 내용을 파악하고 문제해결
③ 적합성의 원리: 지도자의 창의적인 지도 활동의 선정과 활용
④ 통합성의 원리:교수·학습 내용의 다양화와 신체활동의 총체적 체험

■ 효율성의 원리 : 프로그램을 보다 과학적이고 스포츠 교육 지도법을 활용하여 학습자의 노력보다 더 큰 학습효과를 얻을 수 있는 지도

심화문제

02 다음 학교체육 프로그램 중에서 비교과활동이 아닌 것은?

① 방과 후 학교스포츠클럽 활동 ② 운동부 활동
③ 시립 실내수영장에 가서 수영 수업 ④ 학급대항 농구대회 참가

■ 시립 실내수영장에서 하더라도 수업이므로 정규교과활동이다.
■ 교과활동 : p. 136 참조
■ 비교과활동 : 교과 및 성적영역(교과활동) 이외의 봉사활동 · 특별활동 등

필수문제

03 스포츠 교육 프로그램의 구성요소에 관한 설명으로 적절하지 않은 것은?

① 평가 : 프로그램을 개선하는 데 도움을 준다.
② 내용 : 스포츠 지도의 철학, 이념 또는 비전이다.
③ 지도법 : 프로그램을 체계적으로 전달하는 방법이다.
④ 목적 및 목표 : 일반적인 목표와 구체적인 목표로 구분할 수 있다.

■ 스포츠교육 프로그램의 구성요소
· 맥락 분석 : 가르칠 내용, 방법, 학습자가 배우는 것에 영향을 미치는 시간적인적물적 자원의 총체
· 내용 분석 : 가르쳐야 하는 내용들을 나열한 후 학습 목표, 학습자의 현재 능력이나 지식, 태도, 소요되는 총 시간 등을 고려하여 가르칠 내용을 선정하고 순서를 결정하는 것
· 학습 목표 분석 : 맥락 분석과 내용 분석 결과를 고려하여 선정
 –일반목표 : 의도하는 학습의 포괄적인 영역 의미
 –행동 목표 : 성취해야 하는 특정한 운동 수행 기준을 3가지 목표로 구성(운동 수행에 필요한 상황과 조건, 성취해야 하는 행동, 설정된 운동 수행 기준)
· 관리구조 : 안전하고 효율적인 학습환경 조성을 위해 지도할 때 일어나는 학습자의 행동을 명시적으로 알려주는 것
· 평가 : 학습자의 학습 향상 정도 평가 방법을 계획하는 것. 평가 목표와 결과, 평가 방법, 평가 시기(진단 평가, 형성 평가, 총괄 평가 등), 평가 계획과 수행방법 등을 고려함

정답 01 : ②, 02 : ③, 03 : ②

필수문제

04 **보기는 김 감독과 강 코치의 대화이다. ㉠에서 강 코치가 고려하지 못한 학습자 상태와 ㉡에 해당하는 적절한 교사 지식이 바르게 묶인 것은?**

보기

김 감독 : 요즘 강 코치님 팀 선수들 지도에 어려움은 없는지요?

강 코치 : 감독님. ㉠ 제가 요즘 우리 팀 승리에 집착하다보니 초보 선수들에게도 너무 어려운 기능을 가르친 것 같습니다.

김 감독 : ㉡ 그럼, 선수들의 수준에 맞게 적절한 기능을 선정하고 가르칠 수 있는 방법을 함께 생각해봅시다.

	㉠	㉡		㉠	㉡
①	체격 및 체력	지도 방법 지식	②	기능 수준	지도 방법 지식
③	체격 및 체력	내용 교수법 지식	④	기능 수준	내용 교수법 지식

*지도 방법 지식 : general pedagogical knowledge
*내용 교수법 지식 : pedagogical content knowledge

■㉠=기능수준을 난이도에 맞추지 못함.
■㉡=기능을 선정(내용선정)하여 가르치는 방법은 내용 교수법 지식임.

필수문제

05 **보기에서 설명하는 슐만(L. Shulman)의 교사 지식은?**

보기

» 노인의 신체적 · 정신적 변화 등에 관한 지식
» 장애 유형에 따른 운동방법 등에 관한 지식
» 유소년의 행동양식, 신체발달 등에 관한 지식

① 교육과정(curriculum) 지식
② 교육환경(educational context) 지식
③ 지도방법(general pedagogical) 지식
④ 학습자와 학습자 특성(learners and their characteristics) 지식

■슐만의 7가지 교사 지식
· 내용(가르쳐야 할 교과의 내용)에 관한 지식
· 교육 환경(수업환경에 영향을 미치는) 지식
· 교육 과정(발달에 알맞은 내용과 프로그램에 관한) 지식
· 교육 목적(교육의 목적 · 목표 · 시스템에 관한) 지식
· 지도방법(모든 교과에 적용할 수 있는 지도법에 관한) 지식
· 학습자와 학습자 특성(수업에 참여하는 학습자에 관한) 지식
· 내용 교수법(수업 특성 · 주제 · 상황에 맞춰 지도할 수 있는) 지식

심화문제

06 **슐만(L. Shulman)의 '교사 지식 유형' 중 가르칠 교과목 내용에 관한 지식에 해당하는 것은?**(2024)

① 내용 지식(content knowledge)
② 내용교수법 지식(pedagogical content knowledge)
③ 교육환경 지식(knowledge of educational contexts)
④ 학습자와 학습자 특성 지식(knowledge of learners and their characteristics)

■내용지식 : 가르쳐야 할 교과 내용에 관한 지식

정답 04 : ④, 05 : ④, 06 : ①

필수문제

07 보기에서 정 코치의 질문에 대한 각 지도자의 답변으로 적절하지 않은 것은?

> 보기
> 정 코치 : 메츨러(M. Metzler)의 절차적 지식에 대해 간단히 설명해 주시기 바랍니다.
> 박 코치 : 지도자가 학습자에게 움직임 패턴을 연습할 수 있게 하고 이를 경기에 적용할 수 있는 지식입니다.
> 김 코치 : 학습자가 과제를 연습하는 동안 이를 관찰하고 정확한 피드백을 제공할 수 있는 지식입니다.
> 한 코치 : 지도자가 실제로 체육 프로그램 전 · 중 · 후에 적용할 수 있는 지식입니다.
> 이 코치 : 지도자가 개념을 설명할 수 있는 지식입니다.

① 한 코치　　② 박 코치
③ 이 코치　　④ 김 코치

■메츨러의 교사의 지식 3가지
· 명제적(개념) 지식 : 수업에 필요한 규칙 · 내용 · 움직임 · 원리 등
· 절차적 지식 : 실제 수업현장에서 교사가 적용할 수 있는 지식(수업 관리)
· 상황적 지식 : 상황에 따른 의사결정의 시기 · 근거

필수문제

08 체육 프로그램을 지도할 때 실제학습시간(Acadernic Learning Time)을 바르게 설명한 것은?

① 체육활동에 할당된 시간
② 학습자가 운동에 참여한 시간
③ 학습자가 학습 목표와 부합한 과제의 성공을 경험하며, 참여한 시간
④ 학습자가 다른 학습자에게 피드백을 제공하는 시간

■실제학습시간 : 교사가 학업적 과제 수행에 할애한 시간이 아니라 학습자가 학습내용에 참여하여 소비한 시간

심화문제

09 개방기술에 해당되지 않는 것은?

① 탁구 스매싱　　② 농구 자유투
③ 야구 배팅　　④ 축구 드리블

■농구 자유투는 정지되어 있는 목표를 향해서 던지는 동작이므로 폐쇄기술이다.

정답 07 : ③, 08 : ③, 09 : ②

스포츠교육학

10 보기의 설명과 관련된 용어는?

> 보기
> » 정규 농구 골대의 높이를 낮춘다.
> » 반(half)코트 경기를 운영한다.
> » 배구공 대신 소프트 배구공을 사용한다.

① 협동과제 ② 역할수행
③ 변형게임 ④ 학습센터

■ 변형게임의 예 : 야구→티볼, 야구+축구→발야구, 야구→주먹야구, 배구+축구→족구 등

■ **현장 연구의 특징**
· 특정한 집단이 자신의 상황에 맞춰 과업을 잘 수행할 수 있는 방법을 찾기 위한 과정(집단적 협동과정)
· 자신의 현재 상황과 실천활동을 이해하기 위한 반성적 자기성찰의 과정(자기성찰 중시)
· 지도자에 의해 현재 상황을 개선하려는 과정(연속적인 순환과정)

필수문제

11 보기에서 설명하는 현장(개선) 연구의 특징으로 적절하지 않은 것은?

> 보기
> 현장(개선)연구는 체육 지도자가 동료나 연구자의 도움을 받아 자신의 강좌를 반성적으로 탐구하여 개선하는 데 목적이 있다.

① 집단적 협동과정이다. ② 자기 성찰을 중시한다.
③ 연속되는 순환 과정이다. ④ 효율성과 결과를 중시한다.

■ ④ 학교스포츠클럽은 학교체육진흥법 제10조(학교스포츠 클럽운영)의 지침에 근거하여 운영하는 것이지, 국가수준의 교육과정 편성운영 지침에 근거하여 운영되는 것이 아니다.
■ 학교체육진흥법 제10조(p. 117) 참조

필수문제

12 현행 학교스포츠클럽에 대한 설명으로 적절하지 않은 것은?

① 학교스포츠클럽은 방과 후, 점심시간, 토요일 등에 실시한다.
② 학교스포츠클럽 대회의 리그 유형에는 통합리그, 조별리그, 스플릿 리그 등이 있다.
③ 학교스포츠클럽의 활성화를 위해 단위학교는 학교스포츠 클럽 리그를 운영한다.
④ 학교스포츠클럽은 국가수준 교육과정 편성 · 운영 지침에 근거하여 운영된다.

심화문제

13 다음 중 학교스포츠클럽지도 프로그램의 활용 목적으로 적절하지 않은 것은?

① 일반학생들의 체력 저하가 심화됨에 따라 정기적인 체육활동의 기회를 제공한다.
② 학생들의 자율체육활동을 활성화하고 건강체력 증진과 활기찬 학교분위기를 조성한다.
③ 학생들의 체육활동 참여기회를 확대하고 경기에 참여할 수 있는 체험의 기회를 제공한다.
④ 학교스포츠클럽 대회는 휴일이나 주말보다는 주 중에 시행해서 신체활동에 참여할 수 있는 기회를 극대화하도록 한다.

■ ④ 학교스포츠클럽 대회는 휴일이나 주말에 시행한다.

정답 10 : ③, 11 : ④, 12 : ④, 13 : ④

14 학교스포츠클럽 활동에 대한 설명으로 적절하지 못한 것은?

① 스포츠 활동에 취미를 가진 동일 학교 학생들로 구성된다.
② 자율적으로 운영되고, 동아리라고도 한다.
③ 학생들의 건강과 학교생활 등에 생기는 문제들을 해결하기 위한 방안으로 도입하였다.
④ 활기찬 학교분위기를 형성하는 데에 목적이 있고, 교육과는 별 관계가 없다.

■학교스포츠클럽 활동 프로그램을 구성할 때는 교육과정과 연계, 미래지향적인 방향 설정, 지역사회의 자원활용 등을 고려해야 한다(p. 137 참조).

필수문제

15 보기의 방과 후 학교 체육활동 프로그램 개발 시 고려사항에 관한 설명 중 옳은 것으로만 묶인 것은?

보기
㉠ 학습자의 적성과 흥미를 고려한다.
㉡ 구체적인 목표와 미래 지향적 방향을 설정한다.
㉢ 교육과정과의 연계보다 프로그램의 특성을 고려한다.
㉣ 학교체육시설, 지도 인력, 예산 등은 제약 없이 사용이 가능하므로 이를 반영한다.

① ㉠, ㉡　　② ㉠, ㉢
③ ㉡, ㉢　　④ ㉡, ㉣

■㉢ 방과 후 체육활동 프로그램은 교육과정과 연계되어야 함.
■㉣ 시설 · 인력 · 예산 등을 무제한으로 사용하면 예산상 문제가 될 것임.

스포츠교육학

필수문제

16 보기에서 생활스포츠 프로그램의 교육목표 진술에 관한 설명으로 옳은 것만을 모두 고른 것은?

보기
㉠ 프로그램의 목표는 추상적으로 진술한다.
㉡ 학습 내용과 기대되는 행동을 동시에 진술한다.
㉢ 스포츠 참여자에게 기대하는 행동의 변화에 따라 동사를 다르게 진술한다.
㉣ 해당 스포츠 활동이 끝났을 때 참여자에게 나타난 최종 행동 변화 용어로 진술한다.

① ㉠, ㉡　　② ㉢, ㉣
③ ㉠, ㉡, ㉢　　④ ㉡, ㉢, ㉣

■p.138(생활체육 프로그램의 목표) 참조.

정답 14 : ④, 15 : ①, 16 : ④

심화문제

17 보기의 생활체육 프로그램 목표 설정 시 고려해야 할 사항 중 옳은 것을 모두 고른 것은?

보기
㉠ 프로그램 전개 시 일관된 지침 역할을 하도록 설정한다.
㉡ 프로그램 시행 후 목표 달성 여부를 검토할 수 있도록 기술한다.
㉢ 프로그램을 통해 달성하고자 하는 상태 및 운동 능력을 명시한다.
㉣ 프로그램을 구성하는 스포츠 활동 내용을 구체적이고 세부적으로 기술한다.

■ 모두 옳다.

① ㉠ ② ㉠, ㉡ ③ ㉠, ㉡, ㉢ ④ ㉠, ㉡, ㉢, ㉣

18 다음 중 생활체육 프로그램을 목적을 준거로 분류한 유형이 아닌 것은?

■ 축제형, 강습회형, 지도형은 목적을 준거로 분류한 유형이고, 공공형, 준공공형, 사설형은 주관자를 준거로 분류한 유형이다.

① 축제형 ② 강습회형 ③ 공공형 ④ 지도형

19 보기는 생활체육 프로그램의 목적을 나열한 것들이다. 옳은 항목을 모두 선택한 것은?

보기
1. 여가선용 2. 삶의 질 향상
3. 삶의 경험 확대 4. 스포츠 운동 기능의 향상
5. 신체적 · 정신적 건강 유지 및 증진 6. 공동체 형성 및 시민정신 함양
7. 애향심 또는 애국심의 고취

■ 애국심의 고취는 생활체육 프로그램의 목적이 아니다.

① 모두 ② 1~5 ③ 1~6 ④ 1, 2, 4, 5

필수문제

20 보기는 생활체육 스포츠프로그램 구성 시 고려해야 할 사항들을 나열한 것이다. 어떤 생애주기의 스포츠프로그램인가??

보기
① 심리 · 사회적 특성 및 요구 ② 주변요인 제고
③ 지속성 ④ 다양성과 전문성

■ 스포츠 프로그램 개발 시 고려해야 할 사항 중에서 생애 주기별로 가장 특징적인 것을 하나씩 들면 ①유소년=자결적 움직임 활동, ②청소년=발달운동 중심, ③성인=지속성과 다양성, ④노인=건강 유지와 흥미 확대

① 유소년 스포츠프로그램 ② 청소년 스포츠프로그램
③ 성인 스포츠프로그램 ④ 노인 스포츠프로그램

심화문제

21 스포츠지도사가 생활체육 프로그램 설계 시 고려해야 하는 구성요소에 대한 설명으로 적절하지 않은 것은?

■ 생활체육 프로그램을 구성할 때 적절한 장소는 참가자들의 접근성을 고려하여 설계해야 한다.

① 프로그램 설계시 목적 및 목표, 내용, 장소, 예산, 홍보 등이 포함된다.
② 홍보는 시대에 적합하게 다양한 방법으로 실행한다.
③ 장소는 접근성보다 최신식 시설을 우선으로 고려한다.
④ 예산은 시설대여비, 용품구입비, 인건비, 홍보비 등의 경비를 예측해야 한다.

정답 17 : ④, 18 : ③, 19 : ③, 20 : ③, 21 : ③

필수문제

22 다음은 생활체육 프로그램 개발 시 반드시 거쳐야 하는 요구 분석을 설명한 것이다. 가장 옳은 것은?

① 프로그램을 제공하는 기관이나 단체가 추구하는 철학을 이해하는 것이다.
② 지역사회의 문제점 및 요구사항을 알아내는 것이다.
③ 프로그램을 통해서 달성하고자 하는 목적을 구체적으로 알아내는 것이다.
④ 프로그램을 실행하고 평가하기 위해서 필요한 사항을 알아내는 것이다.

■ 프로그램에 참가할 대상과 지역사회가 요구하는 것을 알아내는 것이 요구 분석이다.

심화문제

23 생활체육 프로그램의 요구 조사 및 분석에 관한 설명으로 옳지 않은 것은?

① 요구 조사에서는 연령, 성별, 선호도, 경제 수준 등을 고려해야 한다.
② 요구 조사에서는 생활체육 참여도, 기존 프로그램 만족도, 지도자에 대한 만족도 등을 질문한다.
③ 요구 분석 결과는 기존의 생활체육 프로그램을 개선하고 새로운 프로그램을 개발하는 데 활용한다.
④ 요구 분석은 생활체육 프로그램을 추진하고자 하는 지역사회와 참여자에 대한 사후 분석 절차이다.

■ 요구 조사 및 분석은 사후 분석 절차가 아니라 사전 분석 절차이다.

스포츠교육학

필수문제

24 보기의 성장단계별 스포츠 프로그램의 목적 중 옳은 것을 모두 고른 것은?

보기
㉠ 유소년스포츠 : 유아와 아동의 신체적 · 인지적 발달 도모, 기본적인 사회관계 형성
㉡ 청소년스포츠 : 운동기능 습득, 삶의 즐거움과 활력 찾기, 또래친구와의 여가 활동 참여
㉢ 성인스포츠 : 신체적 건강 유지, 사교, 흥미확대, 사회적 안정 추구

① ㉠ ② ㉠, ㉡
③ ㉡, ㉢ ④ ㉠, ㉡, ㉢

■ 모두 성장단계별 스포츠 프로그램의 목적으로 옳다.

정답 22 : ②, 23 : ④, 24 : ④

심화문제

25 다음 중 청소년 스포츠코칭 프로그램과 관련된 고려사항으로 적절하지 않은 것은?

■영역형 스포츠는 공격과 수비의 전환을 빠르게 하여 상대팀의 영역에서 득점하거나 자신의 영역을 잘 막아 내는 것이 중요하며, 상대팀의 영역에 진입하여 골을 넣는 것을 겨루는 스포츠이다. 축구, 농구, 핸드볼, 하키, 럭비 등이 대표적이다.

① 네트형 스포츠에서 공격계획을 수립하는 등의 일반적인 게임전략들이 배구 선수의 운동 수행능력을 증진시킬 수 있다.

② 코치가 게임 분류체계를 이용하면 같은 범주의 스포츠 안에서 일반적인 움직임의 요소들을 고려한 수업을 운영할 수 있다.

③ 영역형 스포츠에서 공간을 만들어내는 것과 같은 기초지식들은 하키나 농구게임에서 볼 수 있는 전술과 전략에 큰 도움이 되지 못한다.

④ 코치가 게임 분류체계를 이용하면 특정한 스포츠 기술에만 주안점을 두지 않고 같은 범주의 스포츠 안에서 선수들에게 전략을 제공할 수 있다.

스포츠교육학

필수문제

26 보기는 전문체육 프로그램 개발을 위한 단계를 설명한 것들이다. Martens가 제시한 6단계의 순서가 올바른 것은?

■6단계를 외우려고 하지 말고 이해해야 한다. 즉, 선수들을 위해서 어떤 프로그램을 개발하려고 하면 선수들에게 필요한 것이 무엇인지를 알아야 하고, 지금 현재 선수와 팀 또는 주변의 상황을 알아야 하며, 무엇부터 가르칠 것인지 우선순위를 결정한 다음, 지도방법을 결정하고, 연습계획을 세워야 한다.

보기
1. 선수들의 신체적 · 심리적 · 사회적 발달 단계를 파악한다.
2. 일일 · 월별 · 분기별 연습계획을 수립한다.
3. 우선순위를 결정한다.
4. 선수에게 필요한 스포츠기술과 생활기술을 파악한다.
5. 지도계획을 수립하기 위해서 주변상황을 분석해야 한다.
6. 지도방법을 선택한다.

① 4-1-5-3-6-2
② 3-6-1-4-2-5
③ 2-4-5-3-1-6
④ 1-2-3-4-5-6

정답 25 : ③, 26 : ①

심화문제

27 보기의 ㉠, ㉡에 해당하는 단계가 바르게 연결된 것은?

> 보기
> 마튼스(R. Martens)가 제시한 전문체육 프로그램 개발 6단계는 ㉠ ________, 선수 이해, 상황 분석, 우선순위 결정 및 목표 설정, ㉡ ________, 연습계획 수립이다.

	㉠	㉡
①	스포츠에 대한 이해	공간적 맥락 고려
②	선수 발달 단계에 대한 이해	전술 선택
③	선수단(훈련) 규모 설정	체력상태의 이해
④	선수에게 필요한 기술 파악	지도 방법 선택

■ 전문체육 프로그램 개발 6단계(R. Martens)
- 제1단계 : 선수에게 필요한 기술 파악
- 제2단계 : 선수의 이해
- 제3단계 : 상황 분석
- 제4단계 : 목표 설정 및 우선 순위 결정
- 제5단계 : 지도방법 선택
- 제6단계 : 연습계획 수립

28 보기에서 제시한 마튼스(R. Martens)의 전문체육 프로그램 지도 개발 단계를 순서대로 바르게 연결한 것은?

> 보기
> ㉠ 선수에게 필요한 기술 파악　　㉡ 지도 방법 선택
> ㉢ 상황 분석　　㉣ 우선 순위 결정 및 목표 설정
> ㉤ 선수 이해　　㉥ 연습 계획 수립

① ㉠-㉢-㉤-㉣-㉥-㉡
② ㉠-㉢-㉣-㉤-㉥-㉡
③ ㉠-㉤-㉣-㉢-㉡-㉥
④ ㉠-㉤-㉢-㉣-㉡-㉥

■ 위의 문제 참조.

29 프로그램 지도계획에 대한 설명 중 옳지 않은 것은?

① 가능한 시설과 용구, 시간, 참여자 수 등을 고려해야 한다.
② 프로그램 목표가 명확하게 진술되어야 한다.
③ 내용의 범위와 계열성을 확인해야 한다.
④ 평가절차는 포함하지 않는다.

■ 프로그램 지도계획에서는 평가절차도 중용하다.

정답 27 : ④, 28 : ④, 29 : ④

스포츠교육의 지도방법론

스포츠 지도를 위한 교육모형

1 교육모형

교육모형……교사의 수업행동과 수업구조를 한눈에 알아볼 수 있도록 수업계획서를 작성한 것

교육모형에는 다음과 같은 항목들이 포함되어 있어야 한다.

주제……교육모형을 간결하게 설명할 수 있는 문장이나 표어

개요……교육모형에 대한 간단한 설명과 특징 및 아래의 사항

- ⓐ 내용선정 : 학습할 내용과 수행 성취기준을 누가 정하느냐?
- ⓐ 수업운영 : 수업규칙과 상규적 활동을 누가 계획하고 결정하느냐?
- ⓐ 과제제시 : 과제로 제시하는 것을 누가 계획하고 결정하느냐?
- ⓐ 참여형태 : 학생들이 수업에 참여하는 방법과 정도를 누가 결정하느냐?
- ⓐ 상호작용 : 교사와 학생의 상호작용이 누구의 주도로 이루어지느냐?

교사……이 교육모형으로 수업을 진행하기 위해 교사가 반드시 갖추고 있어야 할 지식과 태도

2 교육모형의 종류

▶ 직접교수 모형

직접교수 모형의 핵심은 교사의 지도관리 하에 학생들에 연습을 많이 할 수 있도록 하고, 학생들이 연습하는 것을 교사가 관찰하면서 긍정적이고 교정적인 피드백을 가급적 많이 제공하는 것이다.

주제 : 교사가 모든 것을 정해서 수업을 하는 것

개요 : 교사가 주도적으로 수업을 조직하고 운영한다.
내용의 선정, 수업운영, 참여형태, 상호작용 등에 대한 결정권이 모두 교사에게 있다.

교사 : 명확한 학습목표와 학습과제를 제시해야 하며, 학생들에게 참여의 기회와 피드백을 제공할 수 있는 능력이 있어야 한다.

직접교수 모형을 활용한 6단계 수업

- ⓐ 전시과제 복습 : 이전 수업내용의 간단한 복습
- ⓐ 새로운 과제 제시 : 교사가 학생이 배울 새로운 내용(개념, 지식, 기능) 제시
- ⓐ 초기과제 연습 : 구조화된 연습으로 이어지고, 주어진 과제를 수행하기 위한 연습
- ⓐ 피드백 및 교정 : 교사는 학생이 다음 단계로 이동할 준비 여부를 확인하기 위해 주로 운동수행 과제를 다시 가르치거나 이전 학습과제를 되풀이하는 단계
- ⓐ 독자적인 연습 : 교사가 학생이 좀더 독립적으로 과제를 수행할 수 있도록 연습계획을 세우는 단계
- ⓐ 본시 복습 : 교사는 학생의 이전 수업내용의 기억 정도를 확인하여 새로운 학습내용은 이전 수업내용을 토대로 형성된다는 것을 알려주는 단계

▶ 개별화지도 모형

개별화지도 모형의 핵심은 교사가 미리 계획한 학습과제를 학생 개개인이 자신에게 맞는 속도로 배우도록 하는 것이다. 학습과제를 완수한 학생은 교사의 허락이나 지시 없이 전체 단원의 내용목록 중에서 다음 과제로 이동한다. 그러면 학생은 자기주도적인 학습자가 되고, 교사는 상호작용이 필요한 학생과 더 많은 상호작용을 할 수 있게 된다는 것이다. 심동적 영역과 인지적 영역의 학습에 매우 효과적인 모형이다.

주제 : 학생들이 수업진도(가능한 한 빨리, 필요한 만큼 천천히)를 결정한다.

개요 : 학습진도가 빠른 학생은 교사의 동의 없이도 진도를 계속 나갈 수 있고, 학습진도가 느린 학생은 교사와 상호작용하면서 학습할 수 있다.

- ⓐ 내용선정과 과제제시는 교사가 계획하고 결정한다(직접적).
- ⓐ 수업운영, 참여형태, 상호작용은 상호작용적이다.
- ⓐ 학습진도와 과제전개는 학생이 정한다(간접적).

교사 : 간결하고 정확하게 학습목표를 제시해야 하고 학생의 발달단계에 적합하도록 수업을 해야 한다. 성취기준을 설정하고 타당한 평가방법을 알고 있어야 한다.

▶ 협동학습 모형

협동학습 모형의 핵심은 학습과제가 사회에서 업무를 수행하는 방식으로 수행된다는 것이다. 학생들은 공동 과제를 수행하면서 혼자서 배우는 것보다 함께 배우는 것이 좋다는 것을 알게 되고, 자신과 타인에 대해 더 잘 이해하게 된다. 팀원 중에서 능력이 뛰어난 학생과 그렇지 못한 학생 사이에 갈등이 생길 소지가 있다.

주제 : 서로를 위해 함께 배우기

특성 : 이 모형은 팀보상, 개인의 책무성, 학습성공에 대한 평등한 기회제공의 세 가지 개념에 기초한다.

개요 : 학생들의 학업성취 수준을 높이고 상호작용과 사회적 기술을 지도하기 위해서 만들어진 교육모형이다. 모든 학생에게 동등한 학습참여 기회를 보장하고, 학생 중심으로 수업이 이루어진다. 내용선정과 수업운영은 교사가 하고, 참여형태와 상호작용은 상호작용적이다.

교사 : 학생들의 성향과 재능을 고려해서 조를 편성해야 하고, 학습이론에 대한 지식이 풍부해야 한다. 효율적인 학습 분위기를 조성할 수 있는 능력과 학습과제를 창의적이고 도전적으로 구조화할 수 있는 능력이 있어야 한다.

▨ 교수전략

• 직소(Jigsaw)학습

- ☞ 학생 모두가 학습의 주체가 되어서 서로 가르치고 배우는 소집단 협동학습 모형이다.
- ☞ 학습과제를 몇 개의 학습주제로 나눈다.
- ☞ 주제의 수에 맞추어 소집단(group)으로 나눈다.
- ☞ 각각의 소집단에 주어진 주제에 대하여 소집단에 소속된 학생 전원이 연구토론한다.
- ☞ 각 소집단에서 발표자 1명씩을 선정한다.
- ☞ 발표자들이 모여서 발표하면 그것을 배운다.
- ☞ 배워온 학생이 자기의 소집단에 가서 가르친다.

• 팀-보조 개별 학습(TAI)

☞ '팀(협동)학습 방법이 가미된 개별화학습 모형'이라는 뜻

☞ 이질적인 학생들로 소집단을 구성한다.

☞ 개별적으로 진단검사를 받고, 개별적인 문제지도 개별학습을 한다.

☞ 개별문제를 다 풀 때까지 개별학습을 하되, 모르겠으면 교사나 팀원의 도움을 받는다.

☞ 2명씩 짝을 지어서 상대의 문제와 답을 점검한다.

☞ 답이 어느 수준(예 ; 80점)에 이를 때까지 계속한다.

☞ 전체 시험을 본다.

• 학생 팀-성취 배분(STAD)

☞ 교사는 팀이 필요로 하는 자원을 제공하며, 1차 연습시간을 제시하고 팀별로 연습시킨다.

☞ 각 팀의 팀원들은 모두 학습한 지식 및 기능을 평가받고, 팀원 전체의 점수를 합계하여 팀 점수로 한다.

☞ 팀은 같은 과제를 위해 2차 연습시간을 갖는다. 이때 팀은 협동심을 강조하여 팀원 전체의 점수를 높이는 데 주력한다. 팀 점수가 1차 평가보다 높아야 한다는 것을 알려준다.

• 팀 게임 토너먼트(TGT)

☞ 학생을 팀별로 나누어 할당된 학습과제를 1차 연습한다. 각 팀의 팀원 모두의 1차 연습이 끝나면 팀별로 시험을 본다.

☞ 각 팀에서 1등, 2등, 3등, 4등을 차지한 학생의 점수와 다른 팀에서 같은 등수인 학생의 점수를 비교한다. 같은 등수라도 더 많은 점수를 얻은 학생에게 일정한 가점을 준 다음 2차 연습시킨다.

☞ 2차 연습 후에는 1차 평가 때와 같은 방법으로 점수를 비교한다.

☞ 게임이 종료된 후 가장 높은 점수를 받은 팀이 승리한다.

• 집단 연구(GI)

☞ 팀이 협동하여 수행한 학습과정에서 학습결과를 공유한다.

☞ 팀이 선정되고 과제가 할당되면 각 팀은 3주 안에 과제를 완성해야 한다. 학생들은 수업시간이나 그 외의 시간을 이용하여 과제를 수행할 수 있다.

☞ 포스터, 콜라주, 영상, 컴퓨터 그래픽, 보고서 등을 활용하여 단체 프로젝트 형식으로 발표한다.

▶ 스포츠교육 모형

전통적인 스포츠 지도에서는 학생들은 선수라는 단 한 가지 역할만 학습하게 되지만 스포츠교육 모형에서는 모든 학생이 두 가지 이상의 역할 배우게 된다는 것이 핵심이다. 학생들을 완벽한 의미에서의 '스포츠인'으로 만드는 것을 목적으로 한다.

주제 : 유능하고 박식하며 열정적인 스포츠인으로 성장하기

개요 : 학교의 체육수업이 스포츠 기능 습득 중심으로 운영되고 있어서 학생들이 실제 경기를 통한 즐거움과 흥미를 거의 느끼지 못한 채 수업에 참여하고 있다는 비판에서 시작되었고, 스포츠 리그의 조직으로부터 유래된 교육모형이다.
모든 학생들은 선수임과 동시에 리그의 운영자 중의 한 사람이 된다.

리그 운영에 필요한 다양한 역할 경험을 통해서 스포츠의 다양한 가치를 배우고 긍정적이면서 교육적인 체험을 하게 된다.

내용선정과 수업운영은 상호작용적이고, 과제제시 · 참여형태 · 상호작용은 반은 직접적이고 반은 간접적이다.

▨ 스포츠교육 모형의 3가지 목적

☞ 유능한 스포츠인 : 경기에 참여할 수 있는 충분한 기술과 풍부한 경기지식

☞ 박식한 스포츠인 : 스포츠의 규칙 · 의례 · 전통의 이해

☞ 열정적인 스포츠인 : 어떤 스포츠문화이든 다양한 스포츠문화를 보존하고 증진시킬 수 있는 방향으로 행동하고 참여

▨ 스포츠교육 모형의 6가지 요소(D. Siedentop)

☞ 시즌 : 전통적인 내용의 단원보다 시즌이라는 개념을 이용한 체육수업

☞ 팀 소속 : 학생은 시즌 동안 한 팀의 멤버가 되어 시즌 종료 시까지 공동목표를 달성하기 위해 노력함

☞ 공식경기 : 시즌의 조직과 운영에 관련된 의사결정에 참여

☞ 결승전 : 결승전은 축제같은 분위기 속에서 치뤄져야 함.

☞ 기록 보존 : 경기수행 과정에서 양산된 기록의 효율적인 사용

☞ 축제화 : 스포츠 이벤트는 축제 분위기를 조성

▨ 스포츠교육모형의 10가지 학습목표

① 특정 스포츠에 대한 기능과 체력을 발달시킨다.
② 스포츠 경기의 전략을 이해하고 수행할 수 있다.
③ 발달 단계에 적합한 스포츠에 참여할 수 있다.
④ 스포츠 경험에 대한 계획 수립 및 운영 방법의 결정과정에 적극 참여할 수 있다.
⑤ 책임 있는 지도력을 배양한다.
⑥ 공동의 목적을 위해 집단 내에서 효율적으로 참여할 수 있다.
⑦ 각 스포츠의 고유한 의미가 내재해 있는 의례와 관습을 수행할 수 있다.
⑧ 스포츠 쟁점에 대한 합리적인 의사결정 능력을 발달시킨다.
⑨ 경기 심판이나 훈련 방법 등에 대한 지식을 발달시키고 적용한다.
⑩ 방과 후 스포츠활동에 자발적으로 참여하도록 한다.

▶ 과제교수(스테이션교수) 모형

과제교수는 학생들이 이미 배운 적이 있는 기술을 실행할 때, 스스로를 평가할 때 또는 결과 지향적 작업을 수행할 때 효과적이지만, 새롭거나 복합적인 기술을 소개할 때는 효과적이지 못하다. 예를 들어 "디스크를 열 번 던져서 숫자판을 맞히고 뒤로 물러나라."와 같은 명확한 목표가 있는 간단한 작업에 효과적이다. 교사가 다양한 수준의 과제를 제시하면 학생들은 자기 수준에 맞는 과제를 선택해서 수행한다.

주제 : 학생들이 서로 다른 과제들을 동시에 익히도록 하는 데 효과적인 교수 · 학습전략이다. 이 접근방법은 '스테이션교수' 또는 '자기확인'이라고도 한다(Mosston & Ashworth, 2000).

개요 : 학생들이 순서대로 줄을 서서 기다릴 공간이 필요하지 않기 때문에 공간과 장의 제약을 보충해준다는 점에서 이점이 있다.

균형 잡기 단원에서 제한된 균형 잡기 보드와 균형 잡기 도구를 가지고 있으면 교사들은 각각의 장비를 가지고 과제를 설정할 수 있고, 학생들이 공간을 돌아가며 접하게 할 수 있다.

과제교수는 학생들이 넓은 공간을 활용하여 수업을 하거나 언어적 의사소통이 어려울 때 효과적인 방법이다.

▶ 동료교수 모형

동료교수 모형은 여러 학생이 연습하는 것을 교사 한 사람이 제대로 관찰하기 어려울 뿐 아니라 피드백을 주기도 어렵다는 문제점을 줄이기 위해서 고안된 학습모형이다. 개인 교사(임시로 교사의 역할을 담당하는 학생)와 학습자(개인교사의 관찰 및 감독 하에서 연습하는 학생)가 짝을 이루어 학습활동을 하지만 나머지 모든 것은 교사가 통제한다.

주제 : 나는 너를 가르치고, 너는 나를 가르친다.

개요 : 학생들이 교사의 역할과 학습자의 역할을 번갈아가면서 수행함으로서 주어진 학습과제를 완수해 나가는 방법이다.

동료교수 모형은 '학생들이 교대로 서로 가르치는 것'이고, 협동학습 모형은 '서로 함께 배우는 것'이라는 점이 다르다.

학습진도는 학생이 결정하고, 상호작용적이다.

나머지 내용선정, 수업운영, 과제제시, 참여형태 등은 모두 교사가 결정한다.

교사 : 운동기능이나 개념같은 지도해야 할 내용을 잘 알고 있으면서 순차적으로 학습과제로 제시할 수 있는 능력과 개인교사(동료교사)와 학습자가 서로 책임감을 느낄 수 있는 분위기를 조성하는 것이 중요하다.

▶ 탐구수업 모형

학생들을 지적 · 신체적 · 정서적으로 모두 발달시키기 위해서 전체 지도 단원에 걸쳐서 거의 독점적으로 질문을 활용해야 탐구수업 모형이라 할 수 있고, 움직임에 대하여 깊이 탐구하고 발견의 기회를 제공할 필요가 있을 때 적용한다.

주제 : 문제 해결자로서의 학습자

개요 : 학생들에게 주어진 문제를 해결할 수 있는 능력을 길러주는 데에 초점을 맞춘 수업방법이다. 교사가 학생에게 사고력 · 문제해결력 · 탐구력 등을 향상시킬 수 있는 질문을 하면, 학생이 언어나 움직임의 형태로 대답을 하되 정해진 답변이 아닌 창의적이며 폭넓은 대답을 함으로서 수업이 이루어진다.

내용선정과 과제제시는 직접적, 수업운영은 직접적과 상호작용적의 중간, 참여형태는 간접적, 상호작용은 상호작용적이다.

교사 : 학생에게 질문을 잘해야 수업이 이루어지기 때문에 발달이론과 발견학습에 관한 지식이 풍부해야 한다. 체육시간에 인지교육을 할 수 있다는 것이 특징이므로 인지적 지식의 유형을 분석하는 능력과 다양한 체육교육의 내용도 숙지하고 있어야 한다.

▶ 전술게임 모형

전통적인 체육수업에서는 게임의 부분 기능만을 학습하지만 전술게임 모형에서는 실제 게임과 유사한 학습활동을 통해서 게임을 수행하는 데에 필요한 가장 본질적인 전술들을 학습할 수 있다는 것이 핵심이다.

주제 : 이해 중심의 게임 지도

개요 : 전통적인 체육수업에서는 게임의 부분 기능을 연습하고 게임의 규칙을 간단히 소개한 후에 경기를 하는 방식으로 전개된다. 부분적인 기능의 학습보다는 실제로 게임을 하면서 필요한 전략이나 기능을 학습하는 것이 가장 큰 특징이다.

내용선정과 수업운영은 교사가 하고, 과제제시와 참여형태는 교사가 하되 학생에게 약간의 선택권이 주어진다. 상호작용과 학습진도는 상호작용적이다.

교사 : 인지적 영역과 심동적 영역의 상호작용을 기초로 학습목표를 수립해야 하고,학생이 연역적인 질문을 통해서 문제를 해결할 수 있도록 유도해야 한다.

• 이해 중심의 (전술)게임 지도 모형

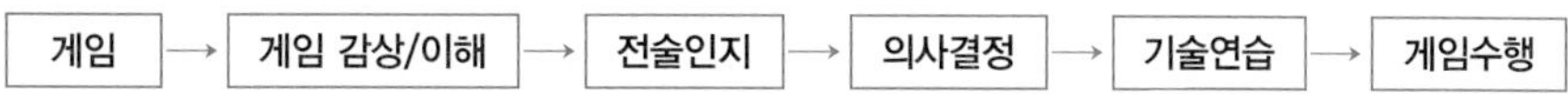

▨ 알몬드(L. Almond)의 게임 분류

게임 분류	예
영역침범형	» 농구, 축구, 하키, 풋볼, 라크로스, 넷볼, 프리스비
네트형/벽면형	» 네트형 : 배드민턴, 탁구, 배구 » 벽면형 : 라켓볼, 스쿼시
필드형	» 야구, 크리켓, 킥볼, 소프트볼
표적형	» 당구, 볼링, 골프, 크로켓

*동일한 분류에 속하는 게임들은 이해하고 수행하는 데 도움이 될 수 있다(게임 전술의 전이 가능성).

▶ 개인적 · 사회적 책임감 지도 모형

체육이라는 교과목을 아동과 청소년의 전인 교육에 공헌 하는 과목으로 자리매김하기 위해서 등장한 모형이다. 책임감과 신체활동이 별개의 학습 결과가 아니므로 두 가지가 동시에 추구되고 성취되어야 한다는 것이다. 그러기 위해서는 모든 학생들이 신체활동을 연습하는 동안에 긍정적인 행동을 배우고, 바람직한 의사결정 습관을 발달시킬 수 있도록 안전한 학습경험을 제공하고 해야 하고, 교사와 학생들 간의 대화가 아주 중요하다.

주제 : 통합, 전이, 권한위임, 교사와 학생의 관계

개요 : 위험한 환경에 노출되어서 각종 교육적 혜택을 받지 못하는 불우한 학생들에게 체육을 가르치기 위해서 개발되었다. 학생이 자신과 타인에게 책임지는 방법을 체육을 통해서 가르치려는 것이다.

내용선정과 과제제시는 교사가 하고, 수업운영은 학생과 교사가 상호작용적으로 한다.

교사 : 신체활동의 내용을 각 책임감의 수준에서 활용하는 방법을 알고 있어야 하고, 청소년의 정서적 성숙과 사회적 기술에 대한 지식이 풍부해야 한다.

스포츠교육학

▨ 개인적 · 사회적 책임감 지도 모형의 책임감 수준(D. Hellison)

수준	단계	의사결정 및 행동	
0	무책임감	» 책임감에 대한 수용 의지와 참여 의지 없음. » 비난하기, 욕하기, 놀리기, 괴롭히기, 수업 방해하기 등	낮은 수준의 책임감
1	타인의 권리와 감정 존중	» 타인을 방해하기 감소 » 약간의 자기 통제	
2	참여와 노력	» 동기부여 있음 » 교사가 있을 때 열정적으로 참여	
3	자기방향 설정(자기주도)	» 교사의 감독 없이 스스로 계획하고 진행 완수 » 자기평가 및 목표설정이 가능함	
4	돌봄과 배려	» 다른 사람을 고려하고 인정함 » 경청하고 대응하는 자세	
5	(일상생활로의) 전이	» 지역사회에 도움되기, 타인 가르치기 » 학교 밖에서 훌륭한 역할로 본보기 되기	

▶ 하나로 수업모형(인성함양 체육수업 모형)

체육활동을 통해서 단순히 신체적 측면만을 발달시키는 것이 아니라, 전인(全人)을 길러내려고 하는 수업모형이다. 하나로 수업모형에서는 학생들이 갖추어야 할 핵심적인 인성요소로 지(知-성실), 예(禮-협동), 의(義-정의), 인(仁-배려)을 들고 있다.

하나로 수업모형에서는 전인(참 좋은 사람)을 길러내기 위하여 다음과 같이 네 가지 목표를 제시하고 있다.

☞ 기능, 지식, 태도를 하나로 - 그리하여 전인이 되도록! = 스포츠의 본 모습을 종합적으로 체험하는 것

☞ 하기, 읽기, 쓰기, 보기, 듣기를 하나로 - 그리하여 온몸과 마음으로 겪는 수업이 되도록! = 총체적 스포츠 경험의 구체적인 형식

☞ 학교공부와 일상생활을 하나로! - 그리하여 삶의 체육이 되도록! = 스포츠를 통해 학교에서 배운 것을 일상생활에서 실천하는 것(삶과 교육의 일치)

☞ 서로 다른 사람을 하나로! - 그리하여 모두를 위한 체육이 되도록! = 타인과의 소통과 관계를 지향한다.

스포츠 지도를 위한 교수기법

▶ 성공적인 스포츠지도

교사 또는 스포츠지도사가 학습활동을 통해서 학습자를 지도했을 때 ① 학습자가 무엇인가를 배워서 알게 되었고, ② 학습과정을 학습자가 즐겁게 받아들였으며, ③ 그러한 학습이 지속적으로 이루어지면 '성공적인 스포츠지도'라고 한다.

교사나 스포츠지도사가 학생들을 성공적으로 지도하는 수업에서는 다음과 같은 특징들이 발견된다고 한다.

☞ 학습내용과 관련된 활동시간이 많다.

☞ 학습자가 과제에 참여할 수 있는 기회가 많다.

☞ 학습내용이 학습자의 발달과정에 적절하다.

☞ 따뜻하고 긍정적인 학습 분위기가 유지된다.

♠ 지도를 위한 준비

학생들을 지도하려면 먼저 지도계획을 작성해야 하는데, 그 지도안을 작성하려면 다음과 같은 것들을 먼저 분석해봐야 한다.

Ⓐ 맥락분석……가르치고자 하는 내용이 무엇인가?
학습자의 발달 수준에 가르치려는 내용이 적절한가?
학습자들이 그 내용을 배우고 싶어 하는가?
가르치는 순서는?
가르치는 데에 필요한 시간은?
공간과 시설은?
장비는?
도움을 받을 수 있는가?

Ⓐ 내용분석……가르칠 내용과 순서 및 시간을 정한 다음 그것을 차시별로 정리한다.

Ⓐ 학습목표 분석……체육시간이라고 해서 운동기능만 가르치는 것이 아니다.
행동목표=성취해야 하는 기능 또는 행동, 지식
일반목표=인지적 목표 + 정의적 목표

Ⓐ 관리구조 분석……학습관리, 안전관리, 출석관리, 용기구관리 등

Ⓐ 평가……평가의 기준은? 평가의 방법은? 평가의 절차는? 평가의 시기는?

Ⓐ 지도자와 학습자의 역할과 임무…… 운동기능의 숙달? → 지시자의 역할(모방학습)
운동기능의 창조? → 추진자의 역할

♠ 지도계획안(교수학습 과정안) 작성 요소(M. Metzler)

Ⓐ 지도맥락 기술……학습자의 특성 · 시간 · 장소 · 수업지시 등에 관한 지도맥락 설명

Ⓐ 학습목표 제시……한 수업에 1~3개 정도의 구체적인 학습목표 설정

Ⓐ 시간과 공간 배정……수업시간 · 수업환경 · 수업관리방법 등을 고려한 지도시간을 설정하여 과제별 활동시간 배정

Ⓐ 학습할 목록작성……학습자의 학습수행 과정에 따른 학습할 목록 작성

Ⓐ 학습과제의 구조 및 과제 제시……과제내용의 구조와 구체적인 과제 제시

Ⓐ 학습평가……평가시기 · 평가관리 · 절차에 따른 문제 등을 설명

Ⓐ 정리 및 종료……학습내용의 재확인을 위해 학습정리 및 종료

♠ 메츨러(M. Metzler)의 주장

"참여적 학습에서는 협동학습모형 · 동료교수모형 · 탐구수업모형이 효과적이고, 회피적 학습에서는 개별화 지도모형 · 직접교수모형 · 전술게임모형(이해 중심 게임모형)이 효과적이다."

♠ 지도계획안을 작성할 때의 고려사항

☞ 정교하고 유연한 계획을 수립해야 한다.

☞ 자신이 사용할 목적으로 작성해야 한다.

☞ 학습자들이 학습과제를 계획보다 빨리 성취했을 때에 대비해서 추가 학습계획을 수립해

두어야 하고, 학습과정에 돌발적인 사태가 발생했을 때를 대비해서 대안계획을 수립해 두어야 한다.

지도내용 연습 시 교사의 행동

학생들이 지도내용을 연습하는 동안에 교사가 취해야 할 행동에는 직접적인 기여행동, 간접적인 기여행동, 비기여행동, 학습자와의 상호작용 등이 있다.

1 직접적인 기여행동

직접적인 기여행동은 교사가 취하는 행동이 학생들의 학습에 직접적으로 영향을 미치는 행동을 말하고 교수행동과 운영행동으로 나눌 수 있다. 교수행동은 학습과제를 학생들에게 가르치는 행동이고, 운영행동은 학습환경을 조성하는 행동이다. 성공적인 지도를 위해서는 수업에 직접적인 기여행동의 비율이 간접적인 기여행동이나 비기여행동보다 더 높아야 한다.

▨ 효과적인 직접적인 기여행동

ⓐ 안전한 학습환경의 유지

ⓐ 과제의 명료화와 강화

ⓐ 생산적인 학습환경의 유지

ⓐ 피드백의 제공

ⓐ 개인과 소집단을 위한 과제의 변형 및 수정

ⓐ 학습자 반응의 관찰과 분석

2 간접적인 기여행동

학생들의 학습활동과 관련되지만, 직접적인 교수활동은 아닌 것을 간접적인 기여행동이라고 한다.

▨ 효과적인 간접적인 기여행동

☞ 부상당한 학생 돌보기

☞ 학습내용과 관련이 없는 내용에 대하여 학생들과 이야기하기……친절하지만 신속하게 끝내고 가급적이면 수업시간이 끝난 다음에 한다.

☞ 용변이나 물 마시는 행동 처리하기

☞ 학생들의 연습경기에서 심판보기……동작이나 전술의 시범 또는 동기유발을 목적으로 심판을 보아도 되지만, 이 경우 다른 학생들은 지도자와 아무런 관계도 없이 방치된다는 것을 기억해야 한다.

3 비기여행동

학생들이 연습하고 있는 동안에 학부형과 이야기한다든지 잠깐 다른 일을 보는 것처럼 수업에 전혀 도움이 되지 않는 행동을 하는 것이다. 비기여행동은 가능한 한 안 하려고 노력해야 한다.

4 학습자와의 상호작용

교사와 학생이 서로 의사소통을 하는 것을 학습자와의 상호작용이라고 한다. 간접적인 기여활동에서의 상호작용은 수업내용과 관련이 없는 것이고, 여기에서의 상호작용은 수업내용과 관련이 있는 것이다.

▨ 효과적인 의사전달 전략

☞ 말하는 사람의 주제를 분명하게 한다.

☞ 판단하지 말고 설명해야 한다.

☞ 학생의 입장을 이해하여야 한다.

☞ 다른 사람의 감정을 민감하게 받아들여야 한다.

☞ 언어적 단서와 비언어적 단서에 모두 유의해야 한다.

▨ 효과적인 의사수용 전략

☞ 들은 이야기를 정확하게 이해해야 한다.

☞ 비언어적 단서에 유의해야 한다.

☞ 주의를 집중해야 한다.

☞ 자신이 느끼고 있는 감정이 학생이 하는 말에 영향을 미친다는 것을 알아야 한다.

▨ 질문의 활용

질문은 학습의 인지적 참여를 독려하는 데 중요한 역할을 할 뿐만 아니라 학생의 동기를 유발하는 역할을 한다.

▨ 질문의 유형

유형	내용
회상형(회고적) 질문	» 암기 수준의 답을 요구하는 질문 » 대부분 '예-아니오' 수준으로 대답이 되는 질문 » 기억하는 것에 대한 대답을 필요로 함.
수렴형(집중적) 질문	» 이전에 배운 내용에 대한 분석과 통합적 이해를 요구하는 질문 » 논리적 사고와 문제 해결력이 요구되는 질문 » 일정한 범위 내에 옳고 그른 해답이 있음
확산형(분산적) 질문	» 문제 해결을 통하여 새로운 상황에 알맞은 해결 방안을 요구하는 질문 » 옳은 질문이 여러 개 있을 수 있음
가치형(가치적) 질문	» 선택, 태도 등의 표현을 요구하는 질문 » 옳거나 틀린 질문이 없음 » 취사 선택, 태도, 의견 등의 표현을 필요로 함. » 사실적인 것보다 가치적인 문제를 다룸.

▨ 질문 시 유의사항

⑧ 명확해야 한다.

⑧ 하나의 대답만 유도한다.

⑧ 중요한 순서에 따라 제시한다.

⑧ 학생의 대답을 반복하지 않는다.

⑧ 학생에게 질문에 답할 시간을 준다.

⑧ 질문을 되풀이하지 않는다.

⑧ 적용이 질문수준과 일치하는가를 확인한다.

⑧ 학생의 이름을 부르기 전에 질문한다.

⑧ 좀 더 많은 학생들이 참여할 수 있도록 재차 질문한다.

⑧ 너무 많은 질문은 지도 시의 지배가 강하다는 것을 의미한다.

▨ 과제 제시의 명료성

교사의 과제 제시는 교사가 의도하는 반응과 학생의 실제반응이 일치할 때 정확하게 이루어졌다고 할 수 있다. 즉 의도된 반응과 실제반응이 일치해야 한다는 것이다. 이를 위해서는 과제 제시가 명료해야 한다. 과제 제시의 명료성은 다음의 지침을 따를 때 향상된다.

⑧ 학습자 지향
⑧ 개별화된 과제 제시
⑧ 학습자의 과거 경험 활용
⑧ 지도자료의 역동적 제시
⑧ 논리적으로 계열화된 과제 전달
⑧ 난해한 부분의 반복 설명
⑧ 이해를 확인하는 질문 활용
⑧ 좋은(혹은 올바른) 예와 그렇지 않은 예의 비교 제시

▨ 지도내용의 연습 및 교정

☞ 학생들이 연습할 때 교사는 무엇을 해야 하는가?
☞ 과제연습에 따른 교사의 행동을 살펴본다.
☞ 연습 중 교사의 행동을 통해 학습활동 중 교사의 행동을 살펴본다.
☞ 학생들과의 상호작용에 대해 살펴본다.

5 효과적인 관리운영

스포츠지도 행동은 크게 지도행동과 관리행동으로 나눌 수 있다. 지도행동은 준비운동, 과제의 제시와 연습, 피드백 제공, 평가 등과 같이 수업지도와 직접적으로 관련이 있는 행동이다.

그에 반해서 관리행동은 집합시키기, 출석확인, 줄 세우기, 학습 참관 학생의 처리, 상규적 활동의 처리 등과 같이 수업내용과는 관련이 없지만 수업을 하려면 반드시 필요한 행동이다. 그러므로 관리행동을 신속하고 정확하게 처리하면 할수록 지도행동에 할애할 수 있는 시간이 늘어난다.

▶ 효과적인 지도를 위한 관리전략

상규적 활동관리	수업시작, 출석점검, 화장실 또는 물 마시러 가기와 같이 수업시간에 반복적으로 일어나는 일상적인 활동을 말한다. 상규적 활동이 일어날 때마다 매번 가르칠 필요는 없고 루틴으로 만들어주면 좋다.
예방적 수업 운영	직접적으로 학습지도를 하지는 않지만 수업 자체를 관리하는 것이다. 효율적으로 수업을 운영하려면 수업시간의 엄수, 출석점검 시간의 절약, 주의집중 신호의 반복적인 연습, 격려와 주의 환기 등의 기술을 구사해야 한다.
수업흐름의 관리	교사나 지도자가 지나치게 간섭하여서 학습자들의 학습활동을 중단시키는 일이 없어야 한다.
학습자 관리	학습자들이 수업에 방해가 되거나 부적절한 행동을 하지 않게 하는 것이다.

6 스포츠지도를 위한 교수방향

⑧ 창의 인성을 지향하는 교수 · 학습
⑧ 개인차를 고려한 수준별 교수
⑧ 자기 주도적 교수 · 학습환경의 조성
⑧ 통합적 교수 · 학습 운영

▨ 학습과제(지도 내용)의 조직방법

☞ 확대과제……발달적 내용분석의 시작단계임. 간단한 학습경험에서 복잡한 과제로 발전시키거나, 쉬운 과제에서 어려운 과제로 발달시키는 것.

☞ 세련과제……운동수행의 질(경험을 잘 수행할 수 있는 것은 무엇인가)에 초점을 둠.

☞ 응용(적용)과제……확대와 세련과제를 통해 습득된 기능을 실제 또는 유사한 상황에 사용할 수 있도록 조직함.

▨ 무스카 모스턴(Muska Mosston)의 수업 스펙트럼

수업에서 내려야 하는 여러 사항들에 대한 결정권을 교사와 학생 중 누가 갖느냐에 따라 다양하게 이루어질 수 있는 수업 진행(과제 연습) 방식을 11가지의 서로 다른 수업 스타일로 정리한 것

▶ 수업 전 · 중 · 후의 의사결정권에 따른 분류

교수학습 유형	목적	핵심
A. 명령형(지시형) (command style)	모든 결정을 교사가 내리며, 짧은 시간 내에 주어진 과제를 정확하게 따라 한다.	» 자극에 대한 즉각적 반응을 보이는 것 » 연습은 정확하고 곧바로 행해질 것 » 주어진 것을 그대로 따라 하는 것
B. 연습형 (과제학습형) (practive style)	학생은 개별적 · 독자적으로 과제를 연습할 시간을, 교사는 학생에게 개별적인 피드백을 제공할 기회를 가진다.	» 학생이 과제를 독자적이고 개별적으로 연습할 시간이 주어지는 것 » 교사가 모든 학생들에게 개별적으로 피드백을 줄 수 있는 시간이 마련 되는 것
C. 교류형 (상호학습형) (reciprocal style)	학생은 짝과 함께 과제를 연습할 수 있으며, 교사가 마련해 준 기준에 비추면서 짝에게 피드백을 제공한다.	» 학생들이 짝을 이루어 과제를 연습하는 것 » 따라서 즉각적인 피드백을 제공받음 » 교사가 마련한 과제수행의 기준을 따르는 것 » 피드백 제공기술과 다른 학생과 어울리는 기술을 배움
D. 자기점검형 (자기점검학습형) (self-check style)	주어진 과제 수행 방법을 배우면서 그 과정을 스스로 점검할 수 있는 방법을 배운다.	» 학생들이 과제를 개별적이고 독자적으로 수행하는 것 » 교사가 마련해 준 기준을 활용하여 스스로 자신에게 피드백을 제공하는 것
E. 포괄형 (포괄학습) (inclusion style)	자신이 할 수 있는 수준의 과제를 스스로 선정하여 자신의 학습 과정을 점검할 수 있는 하나의 도전 과제를 만든다.	» 하나의 과제가 서로 다른 수준의 난이도를 가진 여러 형태로 제공되는 것 » 학생들이 스스로 자신에게 맞는 처음 수준을 결정하고, 언제 다음 수준으로 옮겨갈 것인지를 결정하는 것
F. 유도발견형 (질문식 학습) (guided discovery style)	학생들이 교사가 묻는 일련의 질문들에 대답하면서 한 가지 개념적 아이디어를 발견한다.	» 교사가 미리 만들어 놓은 연차적 질문을 하면 학생이 몰랐던(그러나 사전에 교사가 답을 정해 놓은) 개념을 스스로 알아낼 수 있도록 체계적으로 이끄는 것
G. 수렴발견형 (convergent discovery style) ※문제해결형	주어진 문제에 대한 해결점을 스스로 찾아내고, 쟁점이 무엇인지 명확히 한 후, 추론과 비판적 사고 등 논리적 절차를 거쳐 결론을 이끌어낸다.	» 교사는 문제를 제공하고 주어진 과제(질문)는 하나의 정답만이 요청되는 것 » 학생들은 합리적 사고 과정을 통해 그 한가지 정답을 찾아내는 것
H. 확산생산형 (감환과정) (disvergent production style)	하나의 질문에 대한 여러 가지 반응과 해답(확산적 생산과정, 창조과정, 다양한 과제 접근과정, 해결)을 찾는다.	» 한 가지 문제에 대하여 다양한 (확산된) 반응들 찾기 » 과제 자체가 여러 가지의 해답을 요구하는 것 » 감환과정(교사의 준거에 따라 실행 가능성 · 바람직한 해결책을 찾는 과정. PFD : possible-feasible-desirable)을 통한 문제해결 과정 » 교사는 주제와 문제결정, 자료과제 준비, 감환과정에 필요한 준거 제시, 중립적 피드백 제공 등을 한다.

I. 자기설계형 (learner's design style)	교사와 상의하여 학생 각자가 자신에게 적합한 일련의 과제들을 계획하고 실행한다.	» 학생이 일련의 과제들을 스스로 만들고 실행해서 개별화된 프로그램으로 만드는 것 » 학생 자신이 주제를 정하고, 과제를 만들고, 자료를 모으고, 해답을 찾고, 각종 정보를 다루는 것 » 교사는 포괄적이고 전체적인 차원에서 영역을 선정함.
J. 자기주도형 (learner-initiate style)	학생이 전체 학습 과정을 시작해 나가길 제안하고, 그 과정을 설계하고, 실행하고, 평가한다. 이 때 합의로 결정한 기준과 원칙에 비추어 교사와 함께 해 나간다.	» 학생이 스스로 학습 과정의 방식을 결정하는 것 » 스펙트럼 위의 어떤 수업스타일을 스스로 결정할 수 있는 것 » 학생은 각 스펙트럼의 특징과 효과에 대해서 정확히 알고 있을 것
K. 자기학습형 (self-teachin style)	교사의 관여 없이 학생이 모든 결정을 스스로 내린다. 학교에서는 거의 사용되지 않는다. 취미나 여가 활동을 계획할 때 주로 활용된다.	» 학생이 스스로 학습과정을 결정하여 시작→설계→실행→평가하는 것 » 교사의 관여를 얼마나 허용할 것인가를 스스로 결정함. » 교사는 학생의 결정사항들을 받아들이고 학생의 계획이 실행되기 위한 제반 여건을 만들어준다.

출처 : 박재현(2011). 전공체육 교과교육학. 대경북스.

▨ 스포츠지도의 교수기법

☞ 신호간섭 : 시선 마주치기, 손 움직이기 등과 같은 부주의한 행동을 제지시키는 교사의 행동

☞ 접근통제 : 교사가 수업진행을 방해하는 학생에게 접근하거나 접촉하는 행동

☞ 삭제훈련 : 교사가 학생이 부정적인 행동을 하지 않을 때 칭찬을 하거나 보상을 하여 부정적인 행동을 삭제하는 행동

☞ 보상손실 : 연습시간에 계속 지각하는 학생에게 경기출전권을 제한함으로써 즐겨하는 잘못된 행동을 못하게 하는 행동

▨ 교수기능 연습법(Siedentop, D.)

☞ 1인연습 : 혼자서 기기를 사용하여 자기 분석

☞ 동료교수 : 스터디그룹처럼 동료가 조언

☞ 축소수업(micro teaching) : 세심한 부분(표정, 자세 등)까지도 가능. 제한된 범주 내에서 소수의 학생들을 대상으로 함

☞ 반성적 교수 : 수업의 목표와 방법 설명. 수업 후 교수내용과 교수방법 평가

☞ 실제 교수/현장의 소집단 교수 : 실제로 학습생을 대상으로 함

☞ 실제 교수/현장의 대집단 · 단시간 교수 : 시간을 단축하여 전체 학생을 대상으로 하는 연습

▨ 예방적 수업운영 행동

☞ 상황 이해 : 교사가 학생들이 무엇을 하고 있는지 항상 알고 있다는 사실을 학생들에게 전달하는 것. 즉 교사가 자신의 머리 뒤에도 눈이 있다는 것을 학생들에게 알려 학생들이 수업이탈 행동을 방지하는 것

☞ 동시적 처리 : 수업흐름을 유지함과 동시에 수업이탈 행동을 하는 학생들을 제지하는 것

☞ 유연한 수업전개 : 수업활동의 흐름이 중단되지 않도록 부드럽게 유도하는 것

☞ 여세유지 : 교사가 수업진행을 늦추거나 학생의 학습활동을 중단시키지 않고 계속해서 활력 있는 수업을 전개해나가는 것

☞ 집단경각 : 교사가 모든 학생들을 과제에 몰두하도록 지도하는 것

☞ 학생의 책무성 : 교사가 학생에게 수업 중 과제수행에 대한 책임감을 부여하는 것

출처 : 이정우 외(2006). 체육과교육론. 대경북스.

▶ 피드백의 종류

차원	종류	설 명
피드백의 제공자 (정보 제공원)	내재적 과제	» 학생 스스로 수행한 운동기능을 관찰하여 얻은 피드백. 성공 아니면 실패에 대한 운동수행 피드백 제공.
	외재적(보강적) 과제	» 다른 사람이나 대리자에 의해 운동수행 정보가 제공됨. 완성된 기술 시도에 따른 운동수행의 결과, 동작, 기술, 노력 또는 질을 포함함.
피드백의 일치도 (핵심 학습과제와의 일치 정도)	일치도	» 특정한 학습단서와 관련된 피드백 제공
	불일치도	» 특정한 학습단서와 관련 없는 피드백 제공
피드백의 내용 (피드백의 핵심 정보와의 관련성)	일반적 피드백	» 피드백 정보가 운동기능과 관련이 없음. 운동기능의 수행 결과에 대한 만족이나 불만족과 같은 일반적인 사항만 언급함.
	구체적 피드백	» 피드백 정보가 수행된 운동기능과 관련이 있음. 구체적인 피드백은 학습자에게 매우 유용한 정보를 제공하며, 대부분의 상황에서 일반적인 피드백보다 낫다고 봄.
피드백의 정확성	정확한 피드백	» 수행하는 운동정보가 운동기능을 정확하게 설명함.
	부정확한 피드백	» 수행하는 운동정보가 운동기능을 부정확하게 설명함.
피드백의 시기 (운동수행 종료부터 피드백 정보가 전달될 때까지 걸린 시기)	즉각적 피드백	» 운동수행이 끝난 직후 바로 학생에게 피드백이 제공되거나 최소한 다음 운동기능을 실시하기 전에 제공되는 피드백.
	지연 피드백	» 운동수행이 끝난 직후에 제공되지 않고, 몇 번의 횟수가 진행된 후에 제공되는 피드백.
피드백의 양식	언어 피드백	» 말로 제공하는 피드백
	비언어 피드백	» 몸짓으로 제공하는 피드백
	언어와 비언어를 결합한 피드백	» 언어와 비언어인 몸짓을 결합하여 제공하는 피드백
피드백의 평가 (운동수행 결과의 만족 또는 불만족)	긍적적 피드백	» 운동수행 결과에 만족함.
	부정적 피드백	» 운동수행 결과에 만족하지 못함.
	중립적 피드백	» 제공하는 피드백이 만족인지 불만족인지가 불분명함.
교정적 특성 (실수 교정 방법에 관한 정보)	비교정적 피드백	» 교정에 관한 정보는 제공하지 않고, 잘못된 부분만 정보를 제공하는 피드백.
	교정적 피드백	» 다음 운동수행을 개선할 수 있는 방법에 관한 정보(단서)와 함께 피드백을 제공함.
피드백의 방향성 (패드백 제공 대상)	개별적 피드백	» 학생 각자에게 제공되는 피드백
	집단적 피드백	» 수업 시에 구분한 집단에게 제공되는 피드백
	전원 피드백	» 수업에 참여한 모두에게 제공되는 피드백

필수 및 심화 문제

필수문제

01 다음은 여러 가지 교육모형의 주제들이다. 스포츠교육모형의 주제는?

① 수업진도는 가능한 빨리, 필요한 만큼 천천히 학생이 결정한다.
② 서로를 위해 함께 배우기
③ 유능하고, 박식하며, 열정적인 스포츠인으로 성장하기
④ 나는 너를 가르치고, 너는 나를 가르친다.

■①은 개별화지도모형, ②는 협동학습모형, ③은 스포츠교육모형, ④는 동료교수모형의 주제이다.

심화문제

02 링크(J. Rink)가 제시한 교수 전략(teaching strategy) 중 한 명의 지도자가 수업에서 공간을 나누어 두 가지 이상의 과제를 동시에 진행하는 것은?

① 자기 교수(self teaching)　　② 팀 티칭(team teaching)
③ 상호 교수(interactive teaching)　　④ 스테이션 교수(station teaching)

■문제는 **스테이션 교수**(과제 교수)에 관한 설명이다.
■**자기 교수**(자기 설계교수) : 학습할 내용을 교사가 대략적으로 정해주면 학생들이 무엇을 어떻게 할지 결정한다. 교사는 학생들의 결정사항을 받아들이고, 학생의 계획이 실행되도록 제반 여건을 만들어준다.
■**팀 티칭**(집단 교수) : 한 학급의 수업을 2명 이상의 교사가 동시에 들어가서 진행한다.
■**상호 교수**(상호작용 교수) : 교사가 학생에게 연습할 내용을 가르쳐주고 시범을 보이면 학생들은 연습하고, 교사는 연습을 지도한다.

필수문제

03 보기에서 설명하는 체육수업 연구 방법으로 적절한 것은?(2024)

보기
» 연구의 특징은 집단적(협동적), 역동적, 연속적으로 이루어짐
» 연구의 절차는 문제 파악―개선계획―실행―관찰―반성 등으로 순환하는 과정임
» 연구의 주체는 지도자가 동료나 연구자의 도움을 받아 자신의 수업을 탐구함

① 문헌(literature) 연구
② 실험(experiment) 연구
③ 현장 개선(action) 연구
④ 근거이론(grounded theory) 연구

■**현장 개선 연구** : 지도자가 연구자나 동료의 도움을 받아 자신의 수업을 체계적·반성적으로 탐구하는 것이다. 기본구조는 문제 파악 및 개선계획 수집→계획 실행→자료수집 및 관찰→반성적 분석으로 순환하는 과정이 집단적·역동적·연속적으로 이루어진다.
■**문헌연구** : 연구 주제에 관련된 서적·문헌 등을 분석하는 연구법
■**실험연구** : 연구 주제 외의 변수를 통제한 후 실험대상자에게 교육적인 처치를 가한 다음 나타나는 변화를 파악하는 연구법
■**근거이론연구** : 수집된 자료를 체계적으로 분석한 다음 그것을 근거로 이론을 정립하는 연구법

정답 01 : ③, 02 : ④, 03 : ③

필수문제

04 **보기에서 A 회원이 제안한 내용에 적절한 생활체육 프로그램 유형과 교육 모형(instructional model)이 바르게 묶인 것은?**

보기

회　장 : 우리 축구 동호회는 너무 기술이 좋은 사람들 위주로만 경기를 하는 것 같습니다. 회원 모두가 즐겁게 참여할 수 있는 방법이 없을까요?

A 회원 : 전체 회원을 기능이 비슷한 몇 개 팀으로 나눠서 리그전을 하면 됩니다. 회원과 팀의 공식 기록도 남기고, 시상도 하면 어떨까요? 그리고 팀마다 코치, 심판, 기록원, 해설가 등의 역할을 맡도록 하면 모두가 실력에 상관없이 다양한 활동을 체험하며, 친목도 도모할 수 있을 것 같습니다.

① 축제형, 스포츠교육모형　② 강습회형, 스포츠교육모형
③ 강습회형, 협동학습모형　④ 축제형, 협동학습모형

■ **스포츠교육모형의 6가지 요소**(p. 157) 참조.
■ 스포츠를 통해 학생들에게 교육적 · 긍정적 · 지속적인 경험을 제공함으로써 다양한 가치들을 달성하게 하는 교육과정이다.
■ A회원의 제안은 다양한 활동으로 친목을 도모하며, 리그 동안 축제 분위기에서 경기가 진행되도록 하는 **축제형**을 뜻한다.

필수문제

05 **보기에서 설명하는 로젠샤인(B. Rosenshine)의 직접 교수 모형 단계로 적절한 것은?**

보기

» 이 단계는 학습자에게 초기 학습과제와 함께 순차적으로 과제연습이 이루어지는 과정이다.
» 지도자는 학습자에게 다음 과제를 제시하기 위해 핵심단서(cue)를 다시 가르치거나 이전 학습과제를 되풀이 할 수 있다.

① 비공식적 평가　② 새로운 과제제시
③ 피드백 및 교정　④ 독자적인 연습

■ 직접교수모형을 활용한 6단계 수업(p. 154) 참조.

심화문제

06 **직접교수 모형에 관한 설명으로 적절하지 않은 것은?**

① 학습 영역의 우선순위는 심동적 영역이다.
② 스키너(B. Skinner)의 조작적 조건화 이론에 근거한다.
③ 지도자 중심으로 의사결정이 이루어져 학습자의 과제참여 비율이 감소한다.
④ 수업의 단계는 전시과제 복습, 새 과제 제시, 초기과제 연습, 피드백과 교정, 독자적 연습, 본시 복습의 순으로 진행된다.

■ **직접교수 모형** : 교사가 모든 것을 정해서 수업을 진행하는 것이다.

정답　04 : ①, 05 : ③, 06 : ③

심화문제

07 다음 중 직접교수 모형의 특징으로 올바르지 않은 것은?

① 지도자의 의사결정을 따르나, 주도적 참여 형태는 학습자이다.
② 학습자는 지도자의 지시에 따르며, 지도자의 질문에 적극적으로 대답한다.
③ 학습자로 하여금 연습과제와 기능연습에 높은 비율로 참여하도록 안내한다.
④ 지도자는 학습자가 연습하는 것을 관찰하고, 학습자에게 교정적 피드백을 제공한다.

■ 직접교수 모형은 모든 것을 교사가 정해서 수업을 하는 것이다.

08 보기의 특성을 갖는 교육 모형의 주제는?

보기
» 적극적 교수(active teaching)로 불리기도 한다.
» 높은 비율의 학습 참여 기회(OTR)를 제공한다.
» 초기 학습 과제의 진도는 교사가, 이후 연습단계의 학습 진도는 학생이 결정한다.

① 수업 진도는 학생이 결정한다.
② 교사가 수업의 리더 역할을 한다.
③ 서로를 위해 함께 배운다.
④ 유능하고 박식하며 열정적인 스포츠인으로 성장한다.

■ 보기는 직접교수 모형의 특징이다.
①은 개별화 지도 모형,
②는 직접교수모형,
③은 협동학습모형,
④는 스포츠교육 모형

스포츠교육학

필수문제

09 로젠샤인(B. Rosenshine)과 퍼스트(N. Furst)가 제시한 학습성취와 관련된 지도자 변인에 해당하지 않는 것은?

① 지도자의 경력
② 명확한 과제제시
③ 지도자의 열의
④ 프로그램의 다양화

■ **학업 성취도와 관련된 5가지 변인**
· 과제지향적 교수 행동
· 확실한 과제 제시
· 지도자의 열의
· 프로그램(수업활동)의 다양화
· 적절한 수업 내용

필수문제

10 보기에서 설명하는 수업 주도성 프로파일의 특성을 나타내는 체육수업 모형은?

보기
» 학습자는 각 과제의 수행 기준에 도달할 책임이 있다.
» 학습자는 많은 피드백과 높은 수준의 언어적 상호작용의 기회를 갖는다.
» 지도자는 내용선정과 과제제시를 주도하고, 학습자는 수업 진도를 결정한다.

① 전술게임 모형
② 협동학습 모형
③ 개별화지도 모형
④ 개인적 · 사회적 책임감 지도 모형

■ **전술게임 모형** : 실제 게임과 유사한 학습 활동을 통해서 게임 수행에 필요한 본질적인 전술을 학습하는 것.
■ **개인적 · 사회적 책임감 지도 모형** : 학생들이 신체 활동을 연습하는 동안 긍정적인 행동을 배우고, 바람직한 의사결정 습관을 발달시킬 수 있는 기회를 제공하는 것.
■ **개별화지도 모형** : 지도자가 미리 계획한 학습과제를 학생 각자가 자기에게 맞는 속도로 배우게 하는 것.

정답 07 : ①, 08 : ②, 09 : ①, 10 : ③

필수문제

11 **글로버(D. Glover)와 앤더슨(L. Anderson)이 인성을 강조한 수업 모형 중 보기의 ㉠, ㉡에 해당하는 것을 바르게 제시한 것은?**(2024)

보기
㉠ '서로를 위해 서로 함께 배우기'를 통해 팀원 간 긍정적 상호의존, 개인의 책임감 수준 증가, 인간관계 기술 및 팀 반성 등을 강조한 수업
㉡ '통합, 전이, 권한 위임, 교사와 학생의 관계'를 통해 타인의 권리와 감정 존중, 자기 목표 설정 가능, 훌륭한 역할 본보기 되기 등을 강조한 수업

	㉠	㉡
①	스포츠교육 모형	협동학습 모형
②	협동학습 모형	개인적·사회적 책임감 지도 모형
③	협동학습 모형	스포츠교육 모형
④	개인적·사회적 책임감 지도 모형	협동학습 모형

■ **협동학습 모형** : 사회에서 업무를 수행하는 방식으로 학습과제를 수행하는 것.
■ 문제 10번 해설 참조.

스포츠교육학

필수문제

12 **헬리슨(D. Hellison)이 제시한 개인적·사회적 책임감 수준과 사례가 적절하지 않은 것은?**

수준	사례
① 타인의 권리와 감정 존중	타인에 대해 상호 협력적이고 다른 학생들을 돕고자 한다.
② 참여와 노력	새로운 과제에 도전하며 노력하면 성공할 수 있다고 여긴다.
③ 자기 방향 설정	지도자가 없는 상황에서도 자신이 수립한 목표를 달성한다.
④ 일상생활로의 전이	체육 수업을 통해 학습한 배려를 일상생활에 실천한다.

■ **① 타인의 권리와 감정 존중** : 타인을 방해하기 감소, 약간의 자기 통제(p. 160 참조).

정답 11 : ②, 12 : ①

■개인적 · 사회적 책임감모형은 교육적 혜택을 받지 못한 불우한 청소년들에게 체육을 통해서 책임감을 교육시킬 목적으로 개발된 모형이다. 이 모형에서는 청소년의 책임감 수준을 무책임(0단계)에서 전이(5단계)까지 6가지 등급으로 나눈다. 참여해서 방향을 설정한다고 생각하면 정답을 알 수 있다(p. 160 참조).

심화문제

13 **다음 중 Hellison(2003)의 개인적 · 사회적 책임감 모형에서 인성 지도를 위한 책임감 수준이 순서대로 나열된 것은?**

① 타인 감정 존중-자기방향 설정-참여와 노력-돌봄과 배려-전이
② 타인 감정 존중-참여와 노력-돌봄과 배려-자기방향 설정-전이
③ 타인 감정 존중-참여와 노력-자기방향 설정-돌봄과 배려-전이
④ 타인 감정 존중-자기방향 설정-돌봄과 배려-참여와 노력-전이

■개인적 · 사회적 책임감 모형(p. 160) 참조.

14 **헬리슨(D. Hellison)의 개인적 · 사회적 책임감 모형 중 전이단계(transfer level)에 해당하는 것은?**

① 다른 사람을 방해하지 않고 체육 프로그램에 참여하기
② 체육 프로그램에서 학습한 배려를 일상생활에서 실천하기
③ 체육 프로그램에서 타인의 요구와 감정을 인정하고 경청하기
④ 자기 목표를 설정하고 지도자의 통제 없이 체육 프로그램 과제를 완수하기

스포츠교육학

■수업진도를 학생이 정하는 것이 개별화지도 모형이다(p. 155 참조).

필수문제

15 **개별화지도 모형에 대한 설명으로 옳은 것은?**

① 학생의 학습과제는 사전에 계열화되지 않는다.
② 학습진도가 빠른 학생은 지도자의 동의 없이 진도를 나갈 수 있다.
③ 학습영역의 우선순위는 인지적, 심동적, 정의적 영역의 순이다.
④ 지도자는 운영과제 전달 시 미디어 사용을 자제하고, 학습과제 정보전달 시간을 늘린다.

■협동학습모형은 팀 보상, 학습 성공에 대한 평등한 기회 제공, 개인 책무성의 세 가지 개념에 기초하는데, 보기는 개인 책무성에 대한 설명이다(p. 155 참조).

필수문제

16 **보기에서 설명하는 슬라빈(R. Slavin)의 협동학습모형의 개념은?**

> 보기
> 모든 팀원의 수행이 팀 점수 또는 평가에 포함되기 때문에 모든 학습자는 팀의 과제 수행을 위해 노력해야 한다.

① 평등한 기회 제공　　② 팀 보상
③ 개인 책무성　　④ 팀워크

정답 13 : ③, 14 : ②, 15 : ②, 16 : ③

필수문제

17 보기에서 설명하는 협동학습 모형의 교수 전략은?

보기
» 지도자는 학습자를 몇 개 팀으로 나누고, 각 팀마다 학습 과제를 분배한다(테니스의 경우, A팀은 포핸드 스트로크, B팀은 백핸드 스트로크, C팀은 발리, D팀은 서비스).
» 각 팀의 모든 팀원들은 팀에 할당된 과제를 익힌 후, 다른 팀에게 해당 과제를 가르친다.

① 학생 팀-성취 배분(STAD)　② 직소(Jigsaw)
③ 팀 게임 토너먼트(TGT)　④ 팀-보조 수업(TAI)

■ p. 155의 '직소학습 모형' 참조

필수문제

18 보기는 박 코치의 수업 일지 내용이다. ㉠, ㉡에 해당하는 용어가 바르게 연결된 것은?

보기
골프 수업에 참여한 학습자들이 골프 규칙을 비롯해, 골프와 유사한 스포츠의 개념적 특징을 비교·분석할 수 있도록 (㉠) 목표를 제시하였다. … (중략) … 또한 각 팀의 1등은 다른 팀의 1등끼리, 2등은 다른 팀의 2등끼리 점수를 비교하여 같은 등수에서 높은 점수를 얻은 학습자에게 정해진 상점을 부여했다. 이와 같이 협동학습 모형의 과제구조 중 (㉡)전략을 사용하였다.

	㉠	㉡
①	정의적	직소(Jigsaw)
②	정의적	팀 - 보조 수업(Team - Assisted Instruction)
③	인지적	팀 게임 토너먼트(Team Games Tournament)
④	인지적	학생 팀 - 성취 배분(Student Teams - Achievement Division)

■ 협동학습모형의 우선 순위
· 인지적 학습에 주어진 과제가 초점이 있을 때
1순위-정의적 · 인지적 학습
2순위-심동적 학습
· 심동적 학습에 주어진 과제가 논점이 있을 때
1순위-정의적 · 인지적 학습
2순위-인지적 학습
■ 협동 학습 모형의 교수 전략 → p. 155 참조.

심화문제

19 협동학습 모형이 추구하는 지도목표가 아닌 것은?

① 긍정적인 팀 관계 격려
② 상호작용을 기반으로 개인의 책임감 증진
③ 팀 내 개인 간 경쟁 도모
④ 자아존중감 개발

■ 개인 간에 경쟁을 하면 협동학습이 잘 될까?

정답 17 : ②, 18 : ③, 19 : ③

스포츠교육학

■스포츠교육 모형의 6가지 요소(D. Siedentop)
· **시즌** : 전통적인 내용 단원보다 시즌이라는 개념을 이용한 체육수업
· **팀 소속** : 학생은 시즌 동안 한 팀의 멤버가 되어 시즌 종료 시까지 공동목표를 달성하기 위해 노력함.
· **공식 경기** : 시즌의 조직과 운영에 관련된 의사결정 참여
· **결승전** : 결승전은 축제같은 분위기 속에서 치뤄져야 함.
· **기록 보존** : 경기수행 과정에서 양산된 기록의 효율적인 사용
· **축제화** : 스포츠 이벤트는 축제 분위기를 조성

■**스포츠교육모형**은 수업을 스포츠시즌의 하나로 구성하여 다음의 3가지를 가진 스포츠인 양성을 목적으로 한다.
· 참가자의 태도인 열정은 정의적(**열정적**)인 스포츠인
· 경기규칙을 이해해야 하는 심판은 박식한 **인지적**(유능한)인 스포츠인
· 교사는 경기방식을 학습자의 수준에 맞게 **변형**하여 인지적(박식한) 스포츠인이 되도록 유도하거나 학생 스스로 자신의 발달단계에 맞도록 설계하도록 함.

■교수기능 연습(p. 166) 참조.

필수문제

20 시덴탑(D. Siedentop)이 제시한 스포츠교육 모형의 6가지 핵심적인 특성에 해당하지 않는 것은?

① 축제화(festivity) ② 팀 소속(affiliation)
③ 유도연습(guided practice) ④ 공식경기(formal competition)

필수문제

21 보기는 시덴탑(D. Siedentop)이 제시한 '스포츠 교육 모형'의 특징을 설명한 것이다. ㉠~㉢에 들어갈 용어가 바르게 제시된 것은? (2024)

보기
» 이 모형의 주제 중에 (㉠)은 스포츠를 참여하는 태도와 관련된 정의적 영역이다.
» 시즌 중 심판으로서 역할을 할 때 학습영역 중 우선하는 것은 (㉡) 영역이다.
» 학습자 수준에 적합하게 경기 방식을 (㉢)해서 참여를 유도한다.

	㉠	㉡	㉢
①	박식	정의적	고정
②	열정	인지적	변형
③	열정	정의적	변형
④	박식	인지적	고정

필수문제

22 보기에서 설명하는 시덴탑(D. Siedentop)의 교수(teaching) 기능 연습법에 해당하는 용어는? (2024)

보기
김 교사는 교수 기능의 향상을 위해 다음과 같은 절차로 연습을 했다.
» 학생 6~8명의 소집단을 대상으로 학습 목표와 평가 방법을 설명한 후, 수업을 진행한다.
» 수업에 참여한 학생들의 질문지 자료를 토대로 김 교사와 학생, 다른 관찰자들이 모여 김 교사의 교수법에 대해 '토의'를 한다.
» 객관적인 자료를 근거로 교수 기능 효과를 살핀다.

① 동료교수 ② 축소수업 ③ 실제 교수 ④ 반성적 교수

정답 20 : ③, 21 : ②, 22 : ④

필수문제

23 스테이션 티칭의 특징으로 적절하지 않은 것은?

① 과제 교수라고도 한다.
② 교수-학습과정에 대한 지도자의 영향력을 극대화할 수 있다.
③ 기구가 부족한 수업상황에서 사용할 수 있다.
④ 지도자의 관점에서 볼 때 학생들 관찰이 다소 어렵다.

필수문제

24 아래의 보기 중에서 괄호 안에 들어갈 말을 적합하게 짝지어 놓은 것은?

보기
» (　　) 과제는 난이도와 복잡성이 덧붙여진 형태의 과제이고,
» (　　) 과제는 폼이나 느낌과 같이 운동기능의 질적인 측면에 초점이 맞추어진 과제이다.

① 세련형 – 적용형　　② 세련형 – 확장형
③ 적용형 – 세련형　　④ 확장형 – 세련형

심화문제

25 보기에 해당하는 링크(J. Rink)의 내용 발달 과제는?

보기
» 과제의 난이도와 복잡성에 따른 점진적 발달에 관심을 갖는다.
» 복잡한 기술을 가르치기 전에 기능을 세분화한다.

① 세련과제　　② 정보(시작)과제
③ 적용(평가)과제　　④ 확대(확장)과제

26 링크(J. Rink)의 내용발달 단계가 순서대로 연결된 것은?

① 시작과제 - 확대과제 - 세련과제 - 적용과제
② 적용과제 - 시작과제 - 확대과제 - 세련과제
③ 세련과제 - 적용과제 - 시작과제 - 확대과제
④ 확대과제 - 세련과제 - 적용과제 - 시작과제

정답 23 : ②, 24 : ④, 25 : ④, 26 : ①

■ 스테이션 티칭이란
· 학습자들이 서로 다른 과제를 동시에 익히도록 하는 데에 효과적인 학습전략이다.
· 학습자들이 이미 배운 것을 실행하거나 평가할 때 적절한 학습전략이다.
· 기구가 부족한 학습상황에서 사용하기 좋다.
· 여러 스테이션에서 동시에 여러 가지 수업이 진행되기 때문에 지도자가 모두 관찰하는 것은 거의 불가능하다.

■ 링크(J. Rink) : 학습과제의 계열화(단계화)
· 시작형 과제 : 가장 기초적인 수준의 학습과제
· 확장(확대)형 과제 : 간단하고 쉬운 과제에서 복잡하고 어려운 과제로 발전시킴.
· 세련형 과제 : 학습자의 관심을 운동수행의 질을 향상시키는 데 집중.
· 적용(응용)형 과제 : 학습한 기능의 실제 활용 또는 응용 기회 제공

27 학습과제의 발달적 내용분석을 위한 세 가지 순서는?

① 확대 – 세련 – 적용(응용)
② 확대 – 적용(응용) – 세련
③ 적용(응용) – 확대 – 세련
④ 세련 – 확대 – 적용(응용)

28 링크(J. Rink.)의 내용 발달(content development)에 대한 설명으로 적절하지 않은 것은?

① 응용 과제는 실제 게임에 적용할 수 있는 기회를 제공한다.
② 확대 과제는 쉬운 과제에서 어렵고 복잡한 과제로 발전시킨다.
③ 세련 과제는 학습자에게 가능한 한 많은 동작을 알려주는 형태로 개발한다.
④ 시작(제시, 전달) 과제는 기초적인 수준에서 학습하도록 소개하고 안내한다.

■세련 과제는 양보다는 질적인 측면에 초점이 맞추어진 과제이다.

필수문제

29 보기에서 설명하는 링크(J. Rink)의 학습 과제 연습 방법은?

보기
» 복잡한 운동 기술의 경우, 기술의 주요 동작이나 마지막 동작을 초기 동작보다 먼저 연습하게 한다.
» 테니스 서브 과제에서 공을 토스하는 동작을 연습하기 전에 공을 라켓에 맞추는 동작을 먼저 연습한다.

① 규칙 변형
② 역순 연쇄
③ 반응 확대
④ 운동수행의 목적 전환

■**역순 연쇄**(역순행동 연쇄 : 연쇄된 행동의 여러 동작을 뒤에서부터 거꾸로 하나씩 연결해 가는 방법이다. 전체 행동의 마지막 행동을 먼저 가르친 다음, 바로 그 앞의 행동을 가르치고, 그 다음 또 그 앞의 행동을 가르치는 방식으로 뒤에서 앞으로 나아간다.

스포츠교육학

필수문제

30 ㉠, ㉡에 해당하는 용어가 바르게 연결된 것은?

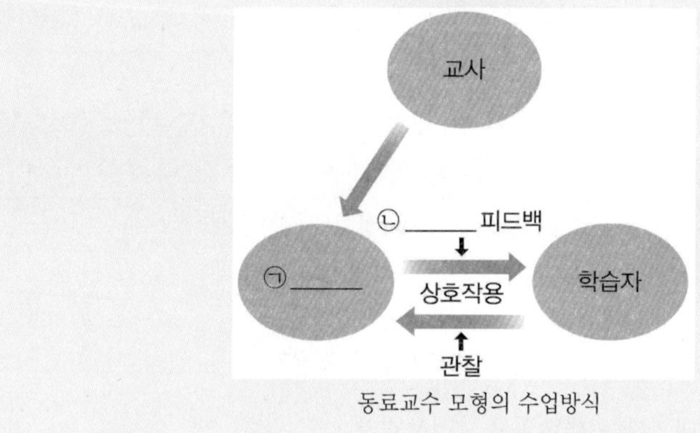

동료교수 모형의 수업방식

	㉠	㉡
①	관찰자	교정적
②	개인교사	중립적
③	개인교사	교정적
④	교사	가치적

■**동료교수 모형의 주제** : 나는 너를 가르치고, 너는 나를 가르친다.
■**개인교사와 학습자의 역할** : 학생이 개인교사 역할과 학습자 역할을 번갈아가며 한다.
■**학습자의 관찰과 교정적 피드백** : 개인교사는 교사가 제공하는 과제 제시와 과제 구조에 근거해서 학습자의 역할을 관찰하며, 학습단서와 교정적 피드백을 제시한다.

정답 27 : ①, 28 : ③, 29 : ②, 30 : ③

필수문제

31 **보기의 '수업 주도성 프로파일'에 해당하는 체육수업 모형은?**(2024)

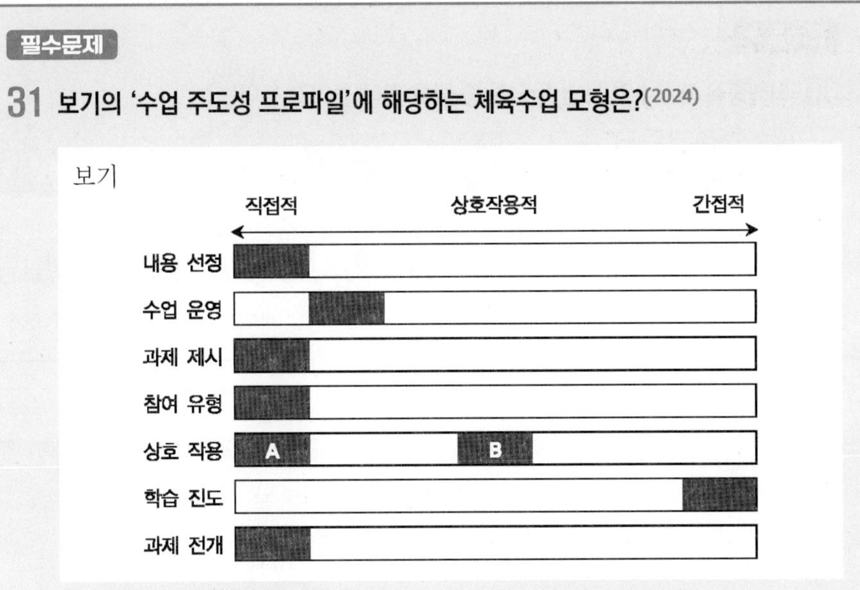

① 동료교수 모형　② 직접교수 모형
③ 개별화지도 모형　④ 협동학습 모형

■보기의 프로파일에서 교사가 직접적으로 주도하는 것은 내용 선정 · 과제 제시 · 참여 유형 · 과제 전개이며, 학습 진도는 학생이 간접적으로 조절한다. 또한 상호작용은 교사(A)가 관찰자(B)에게 피드백을 전달하면 다시 관찰자가 학생에게 제공하므로 직접적이고도 상호작용적이다. 결국 이것은 교사-관찰자-학생의 상호작용이 되므로 동료교수 모형이다.

필수문제

32 **탐구수업 모형에서 학습 영역의 우선 순위를 순서대로 바르게 연결한 것은?**

① 인지적 영역→심동적 영역→정의적 영역
② 인지적 영역→정의적 영역→심동적 영역
③ 심동적 영역→인지적 영역→정의적 영역
④ 심동적 영역→정의적 영역→인지적 영역

■탐구수업 모형에서 가장 중요시하는 학습 영역은 **인지적 영역, 심동적 영역, 정의적 영역** 순이다. 많은 교사들이 인지적 영역 다음으로 정의적 영역(자기 인식, 탐구력, 창의성, 자긍심 등) 학습에 관심을 가진다. 그러나 이 모형은 학습 영역 간 상호작용이 활발하게 발생한다.

심화문제

33 **문제해결 중심의 지도에 활용할 수 있는 체육수업 모형이나 방식으로 적절한 것은?**

① 적극적 교수　② 직접교수 모형
③ 탐구수업 모형　④ 상호학습형 스타일

■탐구수업 모형의 주제는 '문제 해결자로서의 학습자'이다.

필수문제

34 **그리핀(L. Griffin), 미첼(S. Mitchell), 오슬린(J. Oslin)의 이해중심게임 모형에서 변형게임 구성 시 반영해야 할 2가지 핵심 개념은?**

① 전술과 난이도　② 연계성과 위계성
③ 공간의 특성과 학습자　④ 대표성과 과장성

■그리핀, 미첼, 오슬린은 이해중심게임 모형에서 "모의활동(또는 게임의 변형)은 정식게임을 대표할 수 있어야 하며(**대표성**), 전술기능 개발에 초점을 둘 수 있도록 상황이 과장되어야 한다(**과장성**)."라고 하였다(유정애 외. 체육수업 모형. p.513 참조).

정답 31 : ①, 32 : ①, 33 : ③, 34 : ④

필수문제

35 이해중심 게임수업 모형의 단계 중 괄호 안에 들어갈 용어는?

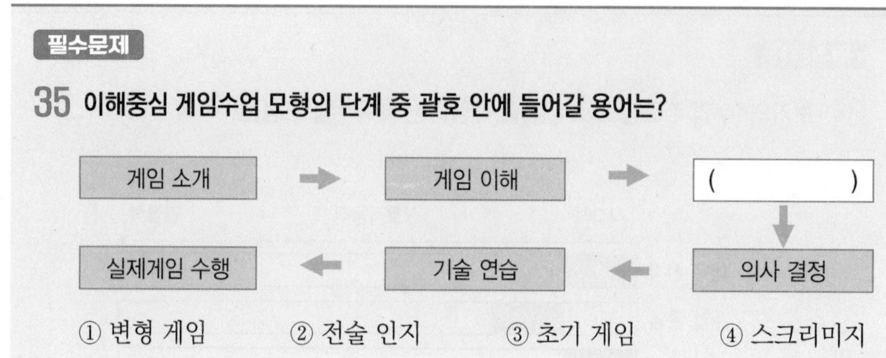

① 변형 게임　② 전술 인지　③ 초기 게임　④ 스크리미지

■ 교육 모형의 이름은 '전술게임 모형'이고, 주제가 '이해중심의 게임 지도'이다. 자세한 내용은 p. 159에 설명되어 있다.

필수문제

36 보기에서 설명하는 알몬드(L. Almond)의 게임 유형은?

보기
- » 야구, 티볼, 크리켓, 소프트볼 등 팀 구성원 모두가 공격과 수비에 번갈아 참여한다.
- » 개인의 역할 수행이 경기에 중요한 영향을 미치므로, 자신의 역할에 대한 이해와 책임감이 강조된다.

① 영역(침범)형　② 네트형　③ 필드형　④ 표적형

■ **영역형(침범형)** : 축구, 럭비 등
■ **네트형** : 탁구, 배드민턴, 테니스 등
■ **필드형** : 야구, 소프트볼, 티볼 등
■ **표적형** : 사격, 양궁 등
■ **벽면형** : 스쿼시 등
■ 알몬드의 게임 분류(p. 159) 참조

스포츠교육학

심화문제

37 보기에 해당하는 게임 유형은?

보기
농구, 하키, 축구, 넷볼, 핸드볼, 럭비

① 영역(침범)형　② 필드형　③ 표적형　④ 네트형

■ 넷볼(Netball): 농구와 비슷하게 링에 볼을 넣으면 득점한다. 드리블없이 패스로만 경기가 진행된다.

38 보기와 같이 종목을 구분하는 근거로 적합한 것은?

보기
- » 영역형:농구, 축구, 하키, 풋볼
- » 네트형:배드민턴, 배구, 탁구
- » 필드형:야구, 소프트볼, 킥볼
- » 표적형:당구, 볼링, 골프

① 포지션의 수　② 게임전술의 전이 가능성
③ 기술(skill)의 특성　④ 선수의 수

■ p. 159 참조.

정답　35 : ②, 36 : ③, 37 : ①, 38 : ②

필수문제

39 보기에서 안전한 학습환경 유지에 관한 설명으로 옳은 것만을 모두 고른 것은?

보기
㉠ 위험한 상황이 예측되더라도 시작한 과제는 끝까지 수행한다.
㉡ 안전한 수업운영에 필요한 절차를 분명히 전달하고 상기시켜야 한다.
㉢ 사전에 안전 문제를 예측하고 교구·공간·학생 등을 학습에 도움이 되는 방향으로 배열 또는 배치한다.
㉣ 새로운 연습과제나 게임을 시작할 때 지도자는 학생들의 활동을 주시하고 적극적으로 감독한다.

① ㉠, ㉡　② ㉡, ㉢　③ ㉠, ㉢, ㉣　④ ㉡, ㉢, ㉣

■ 안전한 학습 환경 유지 방법
· 활동 전에 시설·기구의 사용법, 함께 운동하는 방법, 운동영역 등을 안전하게 배열 또는 배치한다㉢.
· 안전한 수업 운영을 위한 안전규칙을 전달한다㉡.
· 안전규칙을 준수하면 보상하고, 위반하면 벌을 주는 일관된 행동 수정기법을 적용한다.
· 새로운 연습과제나 게임을 시작할 때는 지도자가 학습자를 지속적으로 감독한다㉣.
· 학습자끼리 조를 편성하여 서로의 안전을 지켜보게 한다.

심화문제

40 다음 중 안전한 학습환경 조성과 학습분위기 유지를 위한 교수기법으로 적절하지 않은 것은?

① 수업 시작과 끝맺음을 위한 신호를 활용한다.
② 규칙과 절차를 인지시키고 지속적으로 강조한다.
③ 기대 행동과 수행 기준을 반복적으로 명시한다.
④ 적합한 행동은 간과하더라도 부적합한 행동에는 즉시 개입한다.

■ 교사가 중간에 개입하면 수업 분위기가 바뀐다.

41 체육 활동의 학습자 관리 기술로 적절하지 않은 것은?

① 학습자 행동을 단계적으로 변화시킨다.
② 수반되는 행동 수정의 결과를 명시한다.
③ 다른 학습자에게 방해되지 않아도 부적절한 행동을 즉시 제지한다.
④ 학습자의 적절한 행동을 위한 대용보상체계를 마련한다.

■ 학생의 부적절한 행동이 수업에 특별히 방해가 되지 않는 한 그들의 행동을 무시하고 적절한 행동을 유도하기 위하여 긍정적으로 상호작용한다.

필수문제

42 하나로수업 모형에서 보기의 내용이 의미하는 학습 활동은?

보기
» 스포츠의 심법적 차원(전통, 안목, 정신)을 가르친다.
» 스포츠를 잘 알 수 있도록 한다.
» 스포츠 문화에로의 입문을 도와준다.

① 기능 체험　② 예술 체험　③ 직접 체험　④ 간접 체험

■ 직접체험 활동을 통해서 스포츠기능을 향상시키고, 간접체험을 통해서 스포츠문화를 알게 한다는 모형이다.

정답 39 : ④, 40 : ④, 41 : ③, 42 : ④

필수문제

43 **보기는 학습자가 연습하는 동안에 스포츠지도사가 취한 행동을 나열한 것이다. 직접기여 행동만을 고른 것은?**

보기
㉠ 부상당한 학습자를 의무실로 보냈다.
㉡ 학습자의 일부가 시합하는 데 심판을 보았다.
㉢ 학습자의 연습을 주의 깊게 관찰하였다.
㉣ 안전하게 연습할 수 있도록 용구와 학습 공간을 정리하고 학습자들에게 주의시켰다.

① 모두 ② ㉠, ㉢, ㉣ ③ ㉡, ㉢, ㉣ ④ ㉢, ㉣

■ ㉠은 간접기여행동, ㉡은 비기여행동, ㉢과 ㉣은 직접기여행동이다(p. 162 참조).

심화문제

44 **체육지도자의 수업 중 간접기여행동의 예로 옳은 것은?**

① 부상 학생의 처리 ② 학부모와의 면담
③ 동작 설명과 시범 ④ 학생 관찰 및 피드백

■ ②는 비기여행동, ③과 ④는 직접적인 기여행동이다.

스포츠교육학

45 **보기 중 각 지도자의 행동 유형과 개념이 바르게 연결되지 않은 것은?**

보기
박 코치 : 지도하는 데 갑자기 학습자의 보호자가 찾아오셔서 대화하느라 지도 시간이 부족했어요.
김 코치 : 말도 마세요! 저는 지도하다가 학습자들끼리 부딪혔는데 한 학습자가 쓰러져 일어나지 못했어요! 정말 놀라서 급하게 119에 신고했던 기억이 나네요.
한 코치 : 지도 중에 좁은 공간에서 기구를 잘못 사용하는 학습자를 보면 곧바로 운동을 중지하고, 안전의 중요성을 강조하면서 공간과 기구를 정리하라고 말했어요.
이 코치 : 저는 학습자의 참여를 높이기 위해 신호에 따른 즉각적인 과제 수행을 강조했어요. 그 결과, 개별적인 피드백을 제공할 수 있게 되었고, 학습자의 성취도가 점점 향상되는 것 같았어요.

① 박 코치 – 비기여 행동 ② 김 코치 – 비기여 행동
③ 한 코치 – 직접기여 행동 ④ 이 코치 – 직접기여 행동

■ **직접기여 행동** : 지도자의 행동이 학생들의 학습에 직접적인 영향을 미치는 행동
■ **간접기여 행동** : 수업과는 관계가 있지만 수업내용 자체에는 기여하지 않는 행동
■ **비기여 행동** : 수업에 전혀 도움이 되지 않는 행동
②번은 간접기여 행동이다(김 코치).

정답 43 : ④, 44 : ①, 45 : ②

46 체육활동에서 안전한 학습환경 유지에 관한 설명으로 적절하지 않은 것은?

① 활동 전에 안전 문제를 예측하고 교구를 배치한다.
② 위험한 상황이 예측되더라도 시작한 과제는 끝까지 수행한다.
③ 안전한 수업운영에 필요한 절차를 학습자들에게 명확히 전달한다.
④ 새로운 연습과제나 게임을 시작할 때 지도자는 지속적으로 학습자를 감독한다.

■ 체육활동에서 안전한 학습환경을 유지하려면 위험한 상황이 예측될 때는 수행을 중지해야 함.

필수문제

47 성공적인 스포츠 수업의 특징이 아닌 것은?

① 학습내용과 관련된 활동시간이 짧다.
② 학습자가 과제에 참여할 수 있는 기회가 많다.
③ 학습내용이 학습자의 발달과정에 적절하다.
④ 따뜻하고 긍정적인 학습분위기가 유지된다.

■ 성공적인 스포츠수업은 학습내용과 관련된 활동시간이 길어야 한다.

스포츠교육학

심화문제

48 스포츠 지도 시 주의집중 전략으로 적절하지 않은 것은?

① 주위가 소란할 때는 학습자와 사전에 약속된 신호를 사용하는 것이 필요하다.
② 학습자의 주의가 기구에 집중되면, 기구를 정리한 후 집합하여 설명하는 것이 좋다.
③ 학습자의 주의를 집중하기 위해 가능하면 지도자는 햇빛을 등지고 설명한다.
④ 학습자가 설명을 정확하게 이해하도록 지도자는 학습자 가까이에서 설명하는 것이 좋다.

■ 햇빛을 등지고 설명하면 학생들은 눈이 부셔서 잘 볼 수 없다.

49 스포츠 지도행동을 지도행동과 관리행동으로 나누었을 때 관리행동을 효과적으로 하기 위한 전략이 아닌 것은?

① 상규적 활동관리 ② 예방적 수업운영
③ 수업흐름의 관리 ④ 수업시간의 관리

■ 수업시간의 관리가 아니라 '학습자 관리'이다.

50 메츨러(M. Metzler)의 개별화지도 모형의 주제로 적절한 것은?

① 지도자가 수업 리더 역할을 한다.
② 나는 너를, 너는 나를 가르친다.
③ 유능하고, 박식하며, 열정적인 스포츠인으로 성장한다.
④ 학습자가 가능한 한 빨리, 필요한 만큼 천천히 학습 속도를 조절한다.

■ ①은 직접교수 모형
■ ②는 동료교수 모형
■ ③은 스포츠교육 모형

정답 46 : ②, 47 : ①, 48 : ③, 49 : ④, 50 : ④

■탐구수업모형
· 주제 : 문제 해결자로서의 학습자(①)
· 학습영역의 우선순위 : 1순위 : 인지적 영역, 2순위 : 심동적 영역, 3순위 : 정의적 영역
· 과제제시 : 교사가 학생의 생각과 움직임을 고려하여 의사소통을 할 수 있는 과제
· 참여형태 : 학생에게 교사가 제시하는 문제에 대한 답을 찾을 수 있는 기회 제공

51 보기에서 메츨러(M. Metzler)의 탐구수업모형에 관한 설명으로 옳은 것을 모두 고른 것은?

보기
㉠ 모형의 주제는 '문제해결자로서의 학습자'이다.
㉡ 학습 영역의 우선순위는 심동적, 인지적, 정의적 순이다.
㉢ 지도자는 학습자가 '생각하고 움직이기'를 할 수 있도록 과제를 제시한다.
㉣ 지도자의 질문에 학습자가 바로 대답하지 못하는 경우 즉시 답을 알려준다.

① ㉠, ㉢ ② ㉡, ㉢
③ ㉠, ㉡, ㉢ ④ ㉠, ㉡, ㉣

■교수 · 학습 과정안(지도계획안) 작성요소
■지도맥락 기술 : 가르칠 내용, 학습자의 수준, 시간, 장소, 수업차시 등 전반적인 지도맥락 설명
■학습목표 제시 : 성취해야 할 기능, 행동, 지식 및 일반적인 목표 등 하나의 수업에 1~3개 정도의 목표 제시
■시간과 공간의 배정 : 수업시간 · 수업환경 · 수업관리 방법 등을 고려하여 시간을 설정한 다음 그것을 차시별로 정리
■학습활동 목록 작성 : 수행할 학습과제별로 활동목록 작성
■과제의 구조 및 과제 제시 : 학습과제의 내용을 제시하고 과제의 구조 설명
■학습평가 : 평가의 시기 · 관리 및 절차상의 고려사항 제시
■정리 및 종료 : 학습 과정을 정리하여 학습 내용을 재확인시킨 후에 종료

필수문제

52 메츨러(M. Metzler)의 교수·학습 과정안(수업계획안) 작성 시 고려해야 할 구성요소 중 보기의 설명과 관련 있는 것은?

보기
» 학생의 흥미를 유발시킬 수 있는 수업 도입
» 과제 제시에 적합한 모형과 단서 사용
» 학생에게 방향을 제시할 과제 구조 설명
» 다양한 과제의 계열성과 진도(차시별)

① 학습 목표 ② 수업 맥락의 간단한 기술
③ 시간과 공간의 배정 ④ 과제 제시와 과제 구조

심화문제

53 메츨러(M. Metzler)의 스포츠 지도를 위한 교수학습 과정안(지도계획안) 작성요소와 방법이 바르게 연결된 것은?

	작성 요소	작성 방법
①	학습목표	학습목표는 추상적으로 작성
②	수업정리	과제의 내용을 구조화하고, 제시 방법을 기술
③	학습평가	평가시기, 평가의 관리 및 절차상의 고려사항을 제시
④	수업맥락	기술 과제의 중요도에 따라 학습활동 목록을 작성

정답 51 : ①, 52 : ④, 53 : ③

필수문제

54 **메츨러(M. Metzler)가 제시한 체육학습 활동' 중 정식 게임을 단순화하고 몇 가지 기능에 초점을 두며 진행하는 것은?(2024)**

① 역할 수행(role—playing) ② 스크리미지 (scrimmage)
③ 리드-업 게임(lead—upgame) ④ 학습 센터 (learning centers)

필수문제

55 **보기는 지역 스포츠클럽 강사 K의 코칭 일지의 일부이다. ㉠에 해당하는 스포츠교육의 학습 영역과 ㉡에 해당하는 체육학습 활동이 바르게 묶인 것은?**

보기

코칭 일지

나는 스포츠클럽에서 배구의 기술뿐만 아니라 ㉠ 역사, 전략, 규칙과 같은 개념과 원리를 참여자들에게 가르쳤다. 배구 게임을 제대로 이해하기 위해서 전술 연습을 진행했다. ㉡ 게임을 진행하는 도중에 '티칭 모멘트'가 발생할 경우, 게임을 멈추고 전략과 전술을 지도하는 수업활동을 적용했다.

① 정의적 영역, 스크리미지(scrimmage)
② 정의적 영역, 리드-업 게임(lead-up games)
③ 인지적 영역, 스크리미지(scrimmage)
④ 인지적 영역, 리드-업 게임(lead-up games)

■ 메츨러의 체육학습 활동
· 학습센터 : 학생을 소집단으로 나눠서 센터를 순회함
· 역할 수행(기능연습) : 단순하고 통제된 상황에서 한두 가지 기능을 여러 번 반복하여 연습
· 인지적 영역 : 지식을 획득하고 사용하는 방식과 관련된 정신 능력
· 정의적 영역 : 사람의 정서와 감정을 바탕으로 형성되는 모든 행동 영역
· scrimmage : 실제로 경기를 하는 것처럼 하면서 기술이나 전술 따위를 익히는 것
· lead-up game : 상대의 기술이나 전술을 향상시켜주기 위해서 하는 게임. 정식게임을 단순화하여 몇 가지 기능에 초점을 둠.

심화문제

56 **보기는 이 코치의 수업을 관찰한 일지의 일부이다. ㉠, ㉡에 알맞은 용어로 바르게 묶인 것은?**

보기

관찰일지

2019년 5월 7일

이 코치는 학습자들에게 농구 드리블의 개념과 핵심단서를 가르쳐주고, 시범을 보였다. 설명과 시범이 끝나고 "낮은 자세로 드리블을 5분 동안 연습하세요."라는 과제를 제시하였다. … (중략) … 이 코치는 (㉠)을 활용했고, 과제 참여 시간의 비율이 높은 수업을 운영했다. 수업의 마지막에는 질문식 수업을 활용했다. "키가 큰 상대팀 선수에게 가로막혔을 경우 어떻게 해야 합니까?"라는 (㉡) 질문을 통해 학습자가 다양한 대안을 찾을 수 있도록 했다.

	㉠	㉡		㉠	㉡
①	적극적 수업	확산형	②	과제식 수업	가치형
③	동료 수업	확산형	④	협동 수업	가치형

■ ㉡에 들어갈 수 있는 내용은 확산형과 가치형 둘밖에 없다. 키가 큰 선수를 상대하는 방법은 다양하게 있을 수 있으므로 **확산형**이 정답이다. 그러면 저절로 ㉠에 들어갈 내용은 **적극적 수업**이 될 수밖에 없다.

정답 54 : ③, 55 : ③, 56 : ①

스포츠교육학

57 **다음은 스포츠지도 시 학습자가 지도사에게 주의를 집중하지 못하는 경우에 과제를 제시하는 전략을 설명한 것이다. 옳지 못한 것은?**

① 주의를 산만하게 하는 원인을 제거한다.
② 학습자를 지도사 가까이 집합시켜서 설명한다.
③ 과제를 자세하고 구체적으로 설명한다.
④ 학습자와 주의집중 신호를 사전에 약속하고 반복적으로 연습한다.

■그렇지 않아도 주의집중이 잘 안 되는데 자질구레하게 설명하면 짜증만 낸다.

58 **보기의 효과적인 과제 제시 방법에 대한 설명이 적절한 것으로 묶인 것은?**

보기
㉠ 시각정보보다는 언어정보에 중점을 둔다.
㉡ 모든 학습자가 쉽게 보고 들을 수 있는 대형을 갖춘다.
㉢ 학습자가 이해할 수 있는 어휘를 사용한다.
㉣ 학습자에게 한 번에 최대한 많은 양의 정보를 제공한다.

① ㉠, ㉡ ② ㉡, ㉢ ③ ㉢, ㉣ ④ ㉠, ㉣

■효과적인 과제 제시를 위해서는
㉠ 시각정보나 언어정보 하나에만 중점을 두어서는 안 된다.
㉣ 학습자에게 한 번에 너무 많은 양의 정보를 제공해서는 안 된다.

스포츠교육학

필수문제

59 **보기에서 설명하는 알버노(P. Alberno)와 트라웃맨 (A. Troutman)의 행동수정기법은?**

보기
학습자가 적절한 행동을 할 때마다 지도자가 점수, 스티커, 쿠폰 등을 제공하는 기법이다.

① 타임아웃(time out)
② 지도자와 학습자 사이의 계약(behavior contracting)
③ 좋은 행동 게임(good behavior game)
④ 토큰 경제(token economies)

■지도자의 행동수정기법
· **행동 계약** : 학생의 행동과 그에 따르는 보상과 처벌에 대한 규칙을 학생과 함께 결정하는 것.
· **행동 공표** : 행동 계약으로 결정된 보상과 처벌 내용을 공식적으로 공고 또는 제시하는 것.
· **프리맥 원리** : 좋아하는 활동을 이용하여 좋아하지 않는 활동에 대한 학습동기를 부여하는 것.
· **토큰 시스템**(토큰 경제) : 어떤 행동을 할 때마다 강화의 힘이 없는 토큰(물질)을 강화력이 있는 것과 교환할 수 있는 효력을 줌으로써 강화의 효력을 갖게 하여 목표행동을 유발시키는 기법. 마트에서 제공하는 쿠폰, 스티커, 지도자의 점수 등이다.
· **타임 아웃** : 위반행동에 대한 벌로서 일정 시간 체육 수업활동에 참가할 수 없도록 하는 행동수정 방법.

정답 57 : ③, 58 : ②, 59 : ④

심화문제

60 **체육 활동에서 지도자와 학생 간 교수 · 학습의 주도성(directiveness)을 결정하는 요인에 해당하지 않는 것은?**

① 학습 목표 ② 내용 선정 ③ 수업 운영 ④ 과제 전개

61 **학습과제의 난이도를 조절하는 방법이 아닌 것은?**

① 남녀 학생의 구분 ② 운동수행 조건의 수정
③ 인원 수 조절 ④ 기구의 조정

62 **효율적인 지도의 특징으로 적절하지 않은 것은?**

① 운영 시간에 배당된 시간의 비율이 낮다.
② 학습자가 과제에 참여하는 시간의 비율이 높다.
③ 학습 과제의 난이도가 적절하다.
④ 학습자가 대기하는 시간의 비율이 높다.

필수문제

63 **보기의 ㉠~㉢에 들어갈 교사 행동에 관한 용어가 바르게 제시된 것은?**(2024)

보기
» (㉠)은 안전한 학습 환경, 피드백 제공
» (㉡)은 학습 지도 중에 소방 연습과 전달 방송 실시
» (㉢)은 학생의 부상, 용변과 물 마시는 활동의 관리

	㉠	㉡	㉢
①	직접기여 행동	간접기여 행동	비기여 행동
②	직접기여 행동	비기여 행동	간접기여 행동
③	비기여 행동	직접기여 행동	간접기여 행동
④	간접기여 행동	비기여 행동	직접기여 행동

심화문제

64 **보기에서 설명하고 있는 지식은?**

보기
체육지도자가 유소년에게 농구 기본 기술을 지도하는 방법에 대한 지식

① 교육과정 지식 ② 교육환경 지식
③ 내용교수법 지식 ④ 내용 지식

정답 60 : ①, 61 : ①, 62 : ④, 63 : ②, 64 : ③

■교수 · 학습의 주도성 결정요인
– 내용 선정
– 수업 운영
– 과제 제시
– 참여 형태
– 교수적 상호작용
– 학습 진행
– 과제 전개

■학습자가 대기하는 시간은 최대한 줄여야 한다.

■직접적인 기여행동 : 지도자의 행동이 학생들의 학습에 직접적으로 영향을 미치는 행동
■비기여 행동 : 학생들이 연습하는 동안 수업에 전혀 도움이 되지 않는 행동을 하는 것.
■간접적인 기여 행동 : 학생들의 활동연습과 관련되지만 직접적인 교수활동이 아닌 것.

■농구의 기본기술을 지도하는 방법은 내용교수법에 해당된다.

65 보기에서 김 강사가 활용한 학습자 관리 기술은?

> 보기
> 김 강사는 야구를 지도하면서, 정민이가 야구장비를 치우지 않는 일이 반복되자, 지도 후 장비를 치우는 행동을 여러 번 반복하게 했다. 이후 정민이가 장비를 함부로 다루거나 정리하지 않는 행동이 감소되었다.

■ 적극적 연습은 학생이 부적절한 행동을 할 때마다 적절한 행동을 일정 횟수 이상 하도록 하는것

① 삭제 훈련 ② 적극적 연습 ③ 보상 손실 ④ 퇴장

66 다음 중 상규적 활동이 아닌 것은?

■ 지각생 벌주기는 상규적 활동(일반적인 규정이나 규칙에 따른 활동)이 아니다(p. 164 참조)

① 출석 점검 ② 화장실 가기
③ 물 마시러 가기 ④ 지각생 벌주기

필수문제

67 보기에서 설명하는 박 코치의 '스포츠 지도 활동'에 해당하는 용어는?(2024)

> 보기
> 박 코치는 관리시간을 줄이기 위해서 다음과 같이 지도 활동을 반복한다. 출석 점검은 수업 전에 회원들이 스스로 출석부에 표시하게 한다. 이후 건강에 이상이 있는 회원들을 파악한다. 수업 중에는 대기시간을 최소화하기 위해 모둠별로 학습 활동 구역을 미리 지정한다. 수업 후에는 일지를 회수한다.

■ **상규적 활동** : 스포츠 지도시간에 자주 반복적으로 일어나는 활동. 예 : 수업 시작, 출석 점검, 화장실 가기, 물 마시기 등

① 성찰적 활동 ② 적극적 활동 ③ 상규적 활동 ④ 잠재적 활동

심화문제

68 보기에서 세 명의 축구 지도자가 활용한 질문 유형이 바르게 연결된 것은?

> 보기
> 이 코치 : 지난 회의에서 설명했던 오프사이드 규칙 기억나니?
> 윤 코치 : (작전판에 그림을 그리면서) 상대 팀 선수가 중앙으로 드리블해서 돌파하고자 할 때, 수비하는 방법들은 무엇이 있을까?
> 정 코치 : 상대 선수가 너에게 반칙을 하지 않았는데 심판이 상대 선수에게 반칙 판정을 했어. 너는 이런 상황에서 어떻게 하겠니?

■ 질문의 유형(p. 163 참조)

	이 코치	윤 코치	정 코치
①	회상형(회고형)	확산형(분산형)	가치형
②	회상형(회고형)	수렴형(집중형)	가치형
③	가치형	수렴형(집중형)	회상형(회고형)
④	가치형	확산형(분산형)	회상형(회고형)

정답 65 : ②, 66 : ④, 67 : ③, 68 : ①

필수문제

69 지도자가 의사전달을 위해 학습자의 신체를 올바른 자세로 직접 고쳐주는 지도 정보 단서로 적절한 것은?

① 언어 단서(verbal cue) ② 조작 단서(manipulative cue)
③ 시청각 단서(audiovisual cue) ④ 과제 단서(task cue)

- 단서 : 교사가 과제를 제시하는 동안 학생에게 제공하는 학습 정보
- 언어 단서 : 운동수행향상법에 대한 구두 정보
- 조작 단서 : 학생의 신체 일부를 이동시키는 방법으로 제공하는 체험적인 정보
- 시청각 단서 : 비디오 테이프, CD-ROM, 그림, 사진 등 시청각 매체로 제공하는 단서
- 과제 단서 : 학습과제 제시로 단서를 제공하는 단서

심화문제

70 효과적인 단서의 특징이 아닌 것은?

① 간결성 ② 구체성
③ 연령에 맞는 용어 ④ 평가가 가능한 표현

71 아래의 보기는 학습과제의 전달을 위한 요소 중 무엇에 관한 설명인가?

보기
어떤 학습과제에서 가장 중요한 특징을 학생에게 전달하기 위해 지도자가 사용하는 단어나 문장

① 학습목표 ② 학습단서 ③ 학습요령 ④ 학습내용

- **좋은 학습 단서가 갖추어야 할 요건**
  ① 간단하고 명확하다.
  ② 연령과 기능 수준에 적합하다.
  ③ 학습과제의 특성에 적합하다.
  ④ 계열적으로 조직되어 연습할 수 있다.

- 학습과제의 내용을 학생들이 쉽고 정확하게 이해할 수 있도록 전달할 때 사용하는 단어나 문장을 **학습단서**라고 한다.

필수문제

72 보기의 ㉠, ㉡에 해당하는 젠틸(A. Gentile)의 스포츠 기술이 바르게 연결된 것은?

보기
___㉠___ 은 환경의 변화나 상태에 의해 변화되는 기술을 말한다.
___㉡___ 은 상대적으로 환경적 조건이 안정적이며 외부 조건이 대부분 변하지 않는 속성이 있다.

	㉠	㉡
①	개별기술	복합기술
②	개방기술	폐쇄기술
③	시작형 기술	세련형 기술
④	부분기술	전체기술

- **개방기술** : 수행에 영향을 미치는 변인들이 기능이 수행되는 동안 환경이나 상황에 따라 변화되는 기술. 예 : 대부분의 팀스포츠
- **폐쇄기술** : 기능이 수행되는 동안 변인이 거의 없는 즉 안정된 환경과 외부조건하에서 하는 변하지 않는 기술. 예 : 볼링, 양궁, 농구의 자유투 등

정답 69 : ②, 70 : ④, 71 : ②, 72 : ②

스포츠교육학

심화문제

73 학습자에게 지도 과제를 전달하는 방법에 대한 설명으로 적절하지 않은 것은?

① 스포츠 경험이 많지 않은 학습자에게는 구체적인 언어전달이 필요하다.
② 과제 전달의 효율성을 높이려면 학습 단서의 수가 많을수록 좋다.
③ 개방기능의 단서는 복잡한 환경을 폐쇄기능의 연습조건 수준으로 단순화시켜 제공한다.
④ 집중력이 높지 않은 어린 학습자에게는 말이나 행동정보 외에 매체를 활용하면 효과적이다.

■단서의 수가 너무 많으면 혼란스러워진다.

필수문제

74 다음 중 모스턴(M. Maston) '상호학습형 교수 스타일'에 관한 설명으로 적절하지 않은 것은?(2024)

① 학습자는 교과내용을 선정한다.
② 학습자는 수행자나 관찰자의 역할을 수행한다.
③ 관찰자는 지도자가 제시한 수행 기준에 따라 피드백을 제공한다.
④ 지도자는 관찰자의 질문에 답하고, 관찰자에게 피드백을 제공한다.

■**상호학습형(교류형) 교수 스타일** : 학생은 짝과 함께 과제를 연습할 수 있으며(②), 교사가 마련해준 기준에 비추면서 짝에게 피드백을 제공한다(③, ④).

심화문제

75 상호학습형 스타일을 적용하여 배구 토스기술 지도 시 옳지 않은 것은?

① 참여자들은 2인 1조로 각각 수행자와 관찰자의 역할을 정한다.
② 관찰자와 수행자는 각자의 수준에 맞추어서 토스 연습을 한다.
③ 수행자는 토스를 연습하고 관찰자는 수행자에게 피드백을 제공한다.
④ 지도자는 관찰자에게 피드백을 제공한다.

■상호학습형 스타일에서 파트너 구성 방법은 스스로 파트너 구성, 지난 번과는 다른 새로운 파트너, 사회정서적으로 알맞는 파트너이다.
■그런데 파트너의 수준에 맞춰 하는 토스 연습은 옳지 않다.

76 학습과제(지도내용)를 조직하는 방법에 대한 설명이다. 틀린 것은?

① 확대(확장)과제 : 학습과제를 쉬운 것에서 어려운 것으로, 간단한 것에서 복잡한 것으로 조직해야 된다.
② 세련과제 : 학생들이 과제를 수행하느냐 못 하느냐에만 신경을 쓰지 말고, 세련되게 수행하느냐의 여부도 중요하다. 폼이나 느낌과 같은 운동기능의 질적인 측면에 초점이 맞추어진 과제.
③ 응용(적용)과제 : 학생들이 응용할 수 있는 과제여야 한다.
④ 발달적 과제 : 학생들의 발달과정에 맞추어서 학습과제를 조직해야 한다.

■④는 폐쇄기능에서 개방기능으로 학습과제를 조직하라는 것이다. 이름도 발달적 과제가 아니고 **확대과제**에 해당된다.

정답 73 : ②, 74 : ①, 75 : ②, 76 : ④

필수문제

77 **보기의 ㉠~㉥ 중 모스턴(M. Mosston)의 '자기점검형(self-check style)' 교수 스타일에 해당하는 특징으로만 묶인 것은?**

보기
㉠ 지도자는 감환과정의 준거를 제시한다.
㉡ 지도자는 학습자의 능력과 독립성을 존중한다.
㉢ 지도자는 학습자가 활용할 평가 기준을 마련한다.
㉣ 학습자는 과제활동 전 결정군에서 내용을 정한다.
㉤ 학습자는 스스로 자신의 과제를 확인하고 교정한다.
㉥ 학습자는 동료와 피드백을 주고받으며 연습하는 데 중점을 둔다.

① ㉠, ㉢, ㉥　　② ㉡, ㉢, ㉤
③ ㉠, ㉣, ㉤　　④ ㉡, ㉤, ㉥

■ 모스턴의 자기점검형 교수 스타일
· 학생들이 과제를 개별적 · 독자적으로 수행한다.
· 지도자가 설정한 기준을 활용하여 스스로 자신에게 피드백을 제공한다.
· 주어진 과제를 수행함으로써 그 과정을 스스로 점검할 수 있는 방법을 배운다.
㉠ 감환과정(PFD : possible feasible desirable ; 기준에 적합한 해결책을 찾는 과정. 다양한 움직임을 연결하기 위해 지도자가 제시하는 움직임 · 설계조건)의 준거 제시 : 확산생산성
㉣ 과제 활동 전 결정군에서 내용을 정하는 것은 지도자가 일반적 과제를 정해 주는 것임.
㉥ 동료와 피드백을 주고받으며 연습하는 게 중점 : 교류형(상호학습형)

필수문제

78 **보기에서 설명하는 모스턴(M. Moston)의 교수 스타일의 '인지(사고) 과정' 단계는?(2024)**

보기
» 학습자가 해답을 찾고자 하는 욕구가 있는 단계이다.
» 학습자에 대한 자극(질문)이 흥미, 욕구, 지식 수준과 적합할 때 이 단계가 발생한다.
» 학습자에게 알고자 하는 욕구를 실행에 옮기도록 동기화시키는 단계이다.

① 자극(stimulus)　　② 반응(response)
③ 사색(mediation)　　④ 인지적 불일치(dissonance)

■ 모스턴의 인지(사고) 과정의 단계
· 인지적 불일치 : 불안정하거나 흥분된 상태인데, 이는 해답을 찾으려는 욕구에 의해 나타남.
· 자극 : 자극이 질문을 유도하면 질문이 인지적 불일치를 유도하여 해답을 구함.
· 사색 : 구체적인 인지작용을 찾는 과정
· 반응 : 인지작용 사이에서 나타나는 상호작용이 여러 반응을 유도하는데, 이는 발견 · 기억 · 창조의 결과임.

정답 77 : ②, 78 : ④

스포츠교육학

심화문제

79 모스턴(M. Mosston)의 수업 스타일 중 연습형의 특징으로 적절하지 않은 것은?

① 학습자 스스로 과제를 평가하게 한다.
② 학습자는 숙련된 운동 수행이 과제의 반복 연습과 관련 있음을 이해한다.
③ 지도자는 학습자에게 개별적으로 피드백을 제공한다.
④ 학습자가 모방 과제를 스스로 연습할 수 있도록 지도한다.

■ 연습형의 특징
(p. 165 참조)
· 학생이 과제를 독자적이고 개별적으로 연습할 시간이 주어지는 것
· 교사가 모든 학생들에게 개별적으로 피드백을 줄 수 있는 시간을 마련해주는 것

필수문제

80 보기에 해당하는 쿠닌(J. Kounin)의 교수 기능은?

보기
» 지도자가 자신의 머리 뒤에도 눈이 있다는 듯이 학습자들의 행동을 파악하는 것
» 지도자가 학습자들 간에 발생하는 사건을 인지하는 것

① 접근통제(proximity control) ② 긴장 완화(tension release)
③ 상황이해(with-it-ness) ④ 타임아웃(time-out)

■ 쿠닌(J. Kounin)의 교수 기능
· 상황이해(상황파악) : 교사는 학생들의 행동을 항상 알고 있다는 사실을 학생들에 전달하는 것
· 동시처리 : 교사가 수업의 흐름을 유지함과 동시에 학생의 수업이탈행동을 제지하는 것.
· 유연한 수업전개 : 교사가 수업을 중단하지 않고 원만하게 전개하는 것
· 여세유지 : 교사가 수업진행과 학생의 학습활동을 중단시키지 않고 활기차게 수업을 진행하는 것
· 집단경각 : 교사가 학생 모두 과제에 몰두하도록 지도하는 것
· 학생의 책임감 : 교사가 학생이 수업진행 중에 책임감을 가지고 과제를 수행하게 하는 것

심화문제

81 학습자 비과제 행동을 예방하고 과제 지향적인 수업을 유지하기 위한 교수 기능 중 쿠닌(J. Kounin)이 제시한 '동시처리(overlapping)'에 해당 하는 것은?(2024)

① 수업의 흐름을 유지하면서 수업 이탈 행동 학생을 제지하는 것이다.
② 학생들의 행동을 항상 인지하고 있다는 것을 알리는 것이다.
③ 학생의 학습 활동을 중단시키고 잠시 퇴장 시키는 것이다.
④ 모든 학생에게 과제에 몰입하도록 경각심을 주는 것이다.

82 보기에서 설명하는 교수법은?

보기
참여자는 체육지도자가 묻는 질문에 대답하면서 한 가지 개념적 아이디어를 찾아낸다.

① 지시형 ② 자기점검형 ③ 연습형 ④ 유도발견형

■ 지도자가 원하는 방향으로 학생이 대답하도록 질문을 통해서 유도하는 것이 유도발견형이다.

정답 79 : ①, 80 : ③, 81 : ①, 82 : ④

스포츠교육학

83 보기에서 설명하고 있는 지도방법은?

보기
» 참여자는 선호하는 학습양식과 학습매체를 사용할 수 있다.
» 참여자는 하나의 문제에 다양한 해답을 찾을 수 있다.
» 참여자는 해답을 찾아가는 과정에 대한 책임이 있다.

① 유도발견형 ② 문제해결형 ③ 과제형 ④ 직접형

■ 유도발견형과의 차이점을 잘 알아둘 것 (p. 165 참조).

84 보기에서 설명하고 있는 교수기능 연습 방법은?

보기
예비지도자가 모의 상황에서 동료 또는 소수 참여자들을 대상으로 일정한 시간 내에 구체적인 내용으로 지도기능을 연습한다.

① 실제 교수 ② 마이크로 티칭 ③ 스테이션 교수 ④ 1인 연습

■ '소수 참여자들을 대상으로'에서 힌트를 얻을 수 있다.

필수문제

85 보기의 수업 장면에서 활용한 모스턴(M. Mosston)의 교수 스타일에 관한 설명으로 적절하지 않은 것은?

보기

신체활동	축구
학습목표	인프런트킥으로 상대방 수비수를 넘겨 동료에게 패스할 수 있다

수업 장면

지도자: 네 앞에 상대방 수비수가 있을 때, 수비수를 넘겨 동료에게 패스하려면 어떻게 공을 차야 할까?
학습자: 상대방 수비수를 넘길 수 있을 정도의 높이로 공을 띄워야 해요.
지도자: 그럼, 발의 어느 부분으로 공의 밑 부분을 차면 수비수를 넘길 수 있을까?
학습자: 발등과 발 안쪽의 중간 지점이요. (손가락으로 엄지발가락을 가리킨다)
지도자: 좋은 대답이야. 그럼, 우리 한 번 상대방 수비수를 넘기는 킥을 연습해볼까?

① 지도자는 논리적이며 계열적인 질문을 설계해야 한다.
② 지도자는 질문에 대한 학습자의 해답을 검토하고 확인한다.
③ 지도자는 학습자에게 예정된 해답을 즉시 알려준다.
④ 지도자는 학습자와 지속적으로 상호작용하며 의사결정을 한다.

■ 보기는 유도발견형(질문식 학습) 교수 스타일(지도자의 질문에 대응하여 기능이나 개념을 찾는 교수 스타일)에 관한 내용이다.
■ ③은 명령형(지시형)이다.

정답 83 : ②, 84 : ②, 85 : ③

심화문제

86 보기의 수업 장면에서 활용된 모스턴(M. Mosston)의 교수 스타일에 대한 설명으로 적절하지 않은 것은?

> 보기
> - 운동종목 : 축구
> - 학습목표 : 수비수를 넘겨 멀리 인프런트킥으로 패스하기
> - 수업장면
>
> 지도자 : 네 앞에 수비가 있을 때, 멀리 있는 동료에게 패스하려면 어떻게 킥을 해야 할까?
>
> 학습자 : 수비수를 피해 공이 높이 뜨도록 차야 해요.
>
> … (중략) …
>
> 지도자 : 그럼, 달려가면서 발의 어느 부분으로 공의 밑 부분을 차면 멀리 보낼 수 있을까?
>
> 학습자 : 발등과 발 안쪽의 중간 지점이요(손으로 신발끈을 묶는 곳을 가리킨다).
>
> 지도자 : 좋은 대답이야. 그럼, 우리 한 번 수비수를 넘겨 킥을 해볼까?

■보기는 유도발견형(질문식 학법)에 관한 설명이다(p. 165 참조).
■①은 명령형(지시형)이다(p. 165 참조).

① 지도자는 미리 예정되어 있는 해답을 학생에게 직접적으로 전달한다.
② 지도자는 논리적이며 계열적인 질문을 설계해야 한다.
③ 지도자는 질문(단서)에 대한 학습자의 해답(반응)을 검토하고 확인한다.
④ 지도자와 학습자가 지속적으로 상호작용하며 의사결정을 내린다.

심화문제

87 모스턴(M. Mosston)의 포괄형(inclusion) 교수 스타일에 관한 설명으로 적절하지 않은 것은?

■**포괄형 교수 스타일** : 학생들이 자신에게 맞는 처음의 수준을 스스로 결정하고, 언제 다음 수준으로 옮겨갈 것인지를 결정하는 것

① 지도자는 발견 역치(discovery threshold)를 넘어 창조의 단계로 학습자를 유도한다.
② 지도자는 기술 수준이 다양한 학습자들의 개인차를 수용한다.
③ 학습자가 성취 가능한 과제를 선택하고 자신의 수행을 점검한다.
④ 과제 활동 전, 중, 후 의사결정의 주체는 각각 지도자, 학습자, 학습자 순서이다.

88 다음 중 체육 지도방법의 교수전략으로 타당하지 않은 것은?

■과정중심 교수와 반대되는 말이 목적중심 교수.

① 반성적 교수 ② 파트너 교수
③ 팀티칭 ④ 목적중심 교수

정답 86 : ①, 87 : ①, 88 : ④

필수문제

89 학습자의 부적절한 행동을 감소시키는 전략의 명칭과 사례가 바르게 연결된 것은?

① 신호간섭(signal interference)-지도자가 옆 사람과 잡담하는 학습자에게 가까이 다가간다.

② 접근통제(proximity control)-동료의 연습을 방해하는 학습자를 일정 시간 동안 연습에 참여시키지 않는다.

③ 삭제훈련(omission training)-운동기구 정리를 잘 하지 않는 학습자에게 기구 정리를 반복하여 연습시킨다.

④ 보상손실(reward cost)-연습 시간에 계속 지각하는 학습자의 경기 출전권을 제한한다.

■**신호간섭** : 시선 마주침, 손 움직임, 부주의한 행동 등을 제지시키는 교사의 행동
■**접근통제** : 교사가 방해행동을 하는 학생에게 가까이 접근하거나 접촉하는 것
■**삭제훈련** : 학생이 부정적 행동을 하지 않았을 때 칭찬이나 보상을 하여 부정적 행동을 삭제함.
■**보상손실** : 연습시간에 계속 지각하는 학습자의 경기출전권을 제한하여 잘못된 행동을 했을 때 좋아하는 것을 줄임(p. 166 참조).

스포츠교육학

심화문제

90 학습자의 이탈 행동을 예방하고 과제참여 유지를 위한 교수 기능 중 올스테인(A, Ormstein)과 레빈(D. Levine)이 제시한 신호간섭에 해당하는 것은?

① 프로그램 진행을 방해하는 학습자에게 가까이 접근하거나 접촉하여 제지하는 것이다.

② 긴장완화를 위해 유머를 활용하는 것이다.

③ 시선, 손짓 등 지도자의 행동으로 학습자의 운동 참여 방해 행동을 제지하는 것이다.

④ 프로그램에 참여하는 학습자에게 일상적 수업, 루틴 등과 같은 활동을 활용하는 것이다.

■스포츠지도의 교수기법(p. 166) 참조.

91 보기에서 예방적(proactive) 수업 운영 행동에 해당하는 것을 바르게 고른 것은?

보기
㉠ 이번 주에 배울 내용을 게시판에 공지한다. ㉡ 수업 시작과 종료를 정확하게 지킨다. ㉢ 학습자에게 농구의 체스트 패스에 대한 시범을 보인다. ㉣ 2인 1조로 체스트 패스 연습을 한다. ㉤ 호루라기를 사용하여 학습자의 주의를 집중시킨다.

① ㉠, ㉡, ㉤　② ㉠, ㉢, ㉣　③ ㉡, ㉢, ㉣　④ ㉢, ㉣, ㉤

■예방적 수업운영 행동(p. 166) 참조.

정답 89 : ④, 90 : ③, 91 : ①

필수문제

92 보기는 정코치의 반성 일지이다. ㉠, ㉡, ㉢에 해당하는 피드백이 바르게 나열된 것은?

보기

반성 일지

2019년 5월 7일

오늘은 초등학교 방과 후 테니스 수업에서 지난 시간에 이어서 모둠별로 포핸드 드라이브 연습을 수행했다. '테니스의 왕자'라고 자부하는 시안이는 포핸드를 정확하게 수행한 후 자랑스러운 듯 나를 바라보았다. ㉠ 나는 고개를 끄덕이며 엄지손가락을 세워 보였다. … (중략) … 한편, 경민이는 여전히 공을 맞히는 데 힘들어 보였다. 나는 ㉡ "정민아 지금처럼 공을 끝까지 보지 않으면 안 돼!" ㉢ "왼손으로 공을 가리키고 시선을 고정하면 정확하게 공을 맞힐 수 있어."라고 피드백을 주었다.

	㉠	㉡	㉢
①	가치적 피드백	구체적 피드백	중립적 피드백
②	가치적 피드백	중립적 피드백	교정적 피드백
③	비언어적 피드백	부정적 피드백	일반적 피드백
④	비언어적 피드백	부정적 피드백	교정적 피드백

■ 피드백의 유형(pp. 164~165) 참조.

심화문제

93 보기의 설명에 해당하는 피드백 유형은?

보기
» 모스턴(M. Mosston)이 제시한 피드백 유형이며, 사실적으로 행동을 기술한다.
» 판단이나 수정 지시를 하지 않으나, 피드백 진술의 의미를 변경할 수 있다.
» 다른 피드백 형태로 옮겨가는 특징을 가지고 있다.

① 교정적 피드백
② 가치적 피드백
③ 중립적 피드백
④ 불분명한 피드백

■ 보기는 중립적 피드백에 관한 설명임.
■ ① **교정적 피드백** : 다음 운동수행을 개선할 수 있는 방법에 관한 단서(정보)와 함께 제공하는 패드백
■ ② **가치적 피드백**(피드백의 평가) : 운동수행에 대한 긍정적 또는 수정적 판단(가치)의 단어가 포함된 피드백
■ ④ **불분명한 피드백**(부정확한 피드백) : 수행하는 운동정보가 운동기능을 부정확하게 설명하는 피드백
■ pp.166~167 참조

94 보기에서 박 코치가 태호에게 제시하고 있는 피드백 방식은?

보기
박 코치 : "태호야. 테니스 서브를 할 때, 베이스라인을 밟았네. 다음부터는 라인을 밟지 않도록 해라."
태　호 : "네, 그렇게 하겠습니다."

① 교정적 피드백
② 부정적 피드백
③ 긍정적 피드백
④ 가치적 피드백

■ 교정적 피드백은 잘못된 점을 고치기 위한 구체적인 정보를 제공하는 것이다(pp. 166~167 참조).

정답 92 : ④, 93 : ③, 94 : ①

95 아래 보기의 내용을 모두 포함하는 교육과정 개선의 관점은 무엇인가?

> 보기
> » 교사를 교육과정과 학교교육 변화의 중심에 둔다.
> » 교육과정의 개선은 학교교육에 참여하는 구성원 간의 상호작용을 통해 결정된다.
> » 교사 스스로 변화의 정당성을 이해하고자 노력하며, 능동적으로 의식의 전환을 도모한다.

① 기능적 관점 ② 생태적 관점 ③ 문화적 관점 ④ 효율적 관점

■ 이 문제는 문화적 관점을 물어보는 것인데, 스포츠지도사 자격시험의 범위를 벗어났다고 본다.

필수문제

96 메이거(R. Mager)가 제시한 학습 목표 설정의 요소가 아닌 것은?

① 설정된 운동수행 기준
② 운동수행에 필요한 상황과 조건
③ 학습자에게 기대되는 성취행위
④ 목표 달성이 불가능할 경우의 대처방안

■ 학습목표 설정의 필수 요소
· 조건(②)
· 수락기준(①)
· 도착점 행동(③)

스포츠교육학

필수문제

97 보기에 해당하는 운동기능의 학습 전이(transfer) 유형은?

> 보기
> » 야구에서 배운 오버핸드 공 던지기가 핸드볼에서 오버핸드 공 던지기 기능으로 전이되는 경우이다.

① 대칭적 전이 ② 과제 내 전이
③ 과제 간 전이 ④ 일상으로의 전이

■ 학습전이의 유형
· 과제 간 전이 : 이미 학습한 기술이 새로운 기술의 수행에 미치는 것
· 과제 내 전이 : 각각 다른 연습 조건에서 수행한 후 동일한 과제의 수행과 비교하는 것
· 대칭적 전이 : 각각 다른 독립변인 A 다음에 B가 제시될 때의 순서 효과가 B 다음에 A가 제시될 때의 순서 효과가 같은 것
· 일상으로의 전이 : 배우거나 훈련한 성과를 일상생활에 적용하고 사용하는 것
· 정적 전이 : 학습한 기능이 새로운 기능의 학습에 도움이 되는 것
· 부적 전이 : 선행학습의 결과가 후행학습에 방해를 일으키는 것
· 순행전이 : 먼저 배운 과제의 수행경험이 나중에 배우는 과제이 학습에 영향을 주는 것
· 역행전이 : 나중에 배운 과제수행이 전에 학습한 기능에 영향을 주는 것
· 중립적 전이 : 선행학습이 후행학습에 전혀 영향을 미치지 않는 것

정답 95 : ③, 96 : ④, 97 : ③

CHAPTER 06 스포츠교육의 평가론

평가의 이론적 측면

평가는 교수 학습의 결과로 학생들의 행동에 얼마나 변화가 생겼는지 알아보기 위해서 자료를 수집하는 과정이라고 할 수 있다. 그러므로 평가에는 학습자의 성취도를 판단하는 과정과 교육과정의 질과 효과를 판단하는 과정이 있어야 한다.

1 용어의 정의

☞ 검사……일이나 신체 또는 어떤 물질의 상태 또는 성분을 조사하는 것.

☞ 측정……일이나 물체의 크기나 양에 어떤 수치를 부여하는 것.

검사나 측정에는 가치판단이 포함되어 있지 않다는 점에서 평가와 다르다.

☞ 사정……평가보다 더 포괄적인 개념으로 평가한 자료를 바탕으로 의사결정을 하거나 옳고 그름을 판단하며 등급을 매기는 과정.

▶ 교육평가의 기본 가정

교육평가를 위한 기본 가정으로는 크게 다음의 네 가지가 있다.

교육평가의 대상과 자료의 무한성	교육평가의 대상과 자료는 무한하다. 어떠한 행위, 대상, 자료도 교육평가의 대상이 된다.
시간의 연속성	평가는 일회적으로 실시하고 종료하는 것이 아니라 지속적으로 이루어져야 한다. 연속적인 평가를 통해 평가대상의 변화에 따른 성적을 점검하고 교육의 효과를 극대화할 수 있다.
평가의 종합성	교육평가는 종합적이어야 한다. 평가대상이 가지고 있는 모든 자료를 종합적으로 수집하여 평가하여야 한다.
학습자의 잠재 능력 개발 가능성	인간은 개발할 수 있는 무한한 잠재능력을 지니고 있다. 유전적 관점에서의 교육은 인간 발달의 가능성을 제한하기 때문에 교육평가의 기능을 극대화할 수 없다. 최근의 심리학은 이런 의견에 대해 의문을 제기한다. 2014년 국제적으로 저명한 심리학 학술지 「Psychological Science」에 실린 논문에 따르면, "학술 분야에서 노력한 시간이 실력의 차이를 결정짓는 비율은 4%에 불과한 것으로 나타났고, 어떤 분야든 선천적 재능이 없으면 아무리 노력해도 대가가 될 수 있는 확률은 그리 높지 않다."

2 평가의 목적 및 내용

평가는 평가대상(학습자)에 대한 자료를 수집하여 분석하는 것이 목적이 아니고 지도자의 교육활동을 개선하는 것이 진정한 목적이다.

▶ 평가에는 포함되어야 할 내용

- 교수……학습의 효과성 판단
- 학습자의 운동수행 능력의 향상과 학습동기의 촉진
- 학습자의 학습상태와 학습지도에 관한 정보(자료)
- 학습지도 및 관리운영의 효율성에 대한 정보(자료)
- 교육프로그램 또는 교육과정의 적합성과 적절성에 대한 정보(자료)
- 교육목표와 학습지도 활동의 조정

3 평가의 종류와 기능

진단평가	스포츠 지도활동이 시작되기 전에 지도전략을 수립하기 위한 기초자료를 얻고, 효과적인 지도방법과 학습방법을 결정하기 위해서 학습자의 기초능력을 진단하는 평가.
형성평가	교수–학습활동이 진행되는 중간에 학생들에게 생기는 학습효과의 정도를 알아보기 위해서 하는 평가.
총괄평가	일정한 양의 학습과제를 모두 수행하였거나 일정한 기간의 학습활동이 끝난 다음에 학습자들의 학업성취 수준을 알아보기 위해서 실시하는 평가.

4 평가의 단계

평가의 단계는 평가의 목적 · 영역 · 모형에 따라서 달라질 수 있다. 그러나 스포츠지도자가 현장에서 사용할 수 있는 가장 일반적인 평가의 단계는 다음과 같다.

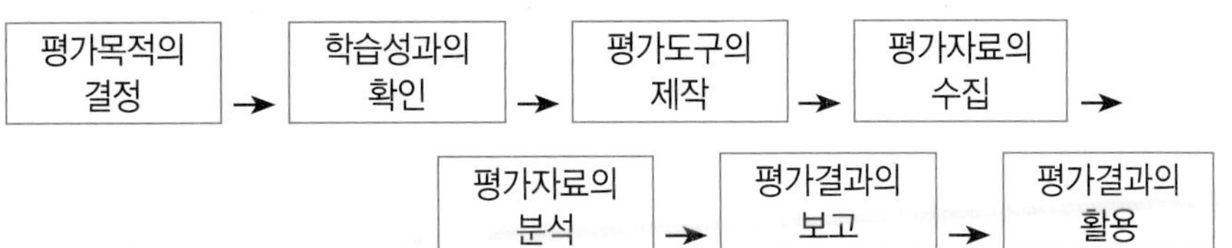

평가목적의 결정	평가의 목적이 결정되면 그에 따라서 평가방법과 내용이 결정되므로 평가의 목적을 가장 먼저 결정해야 한다.
학습성과의 확인	평가목적을 달성하기 위해서 학습자의 학습성과를 구체적으로 확인해야 한다.
평가도구의 제작	평가에 필요한 자료의 정보를 효과적으로 수집할 수 있는 평가도구를 제작하거나 선정한다.
평가자료의 수집	제작한 평가도구를 평가 대상자에게 적용하여 필요한 정보와 자료를 수집한다.
평가자료의 분석	평가도구를 적용해서 수집한 자료를 분석하거나 해석한다.
평가결과의 보고	분석한 평가결과를 평가대상자에게 알려주고 앞으로 보완하거나 수정해야 할 사항들에 대하여 논의한다.
평가결과의 활용	다음에 실시할 스포츠 지도에 평가결과와 논의결과를 반영하여 활용한다.

5 평가도구의 양호도

평가도구 또는 측정도구가 좋은 정도를 평가(측정)도구의 양호도라 하고, 양호도는 타당도, 신뢰도, 객관도, 실용성으로 판단한다.

▶ 타당도

측정하려고 했던 것을 정확하게 측정하였느냐를 타당도라고 한다. 타당도에는 내용타당도, 준거타당도, 구인타당도가 있다.

내용타당도	검사문항이 측정하려고 하는 내용을 잘 대표하고 있는 정도
준거타당도	측정결과가 준거가 되는 다른 측정결과와 관련이 있는 정도
구인타당도	'창의성'을 측정한다고 할 때, 창의적이 민감성, 이해성, 도전성 등으로 구성되어 있다고 가정한 다음 그 요인들이 얼마나 잘 측정되었는지 알아보는 것을 구인타당도를 측정한다고 한다.

▶ 신뢰도

신뢰도 : 어떤 측정도구로 같은 것을 여러 번 측정해도 측정결과가 비슷한 정도

신뢰도를 검사하는 방법

검사-재검사	시간 차이를 두고 2번 측정해서 측정값을 비교한다.
동형검사	동일한 구인(구성요인)을 측정할 수 있는 수많은 문항들 중에서 무작위로 일정한 수의 문항을 2번 선택해서 검사를 해보는 것이다.
내적 일관성검사	하나의 측정 도구 안에 있는 문항들 사이에 서로 연관성이 있는지 여부를 파악함으로써 신뢰도를 추정하는 것이다.

▶ 객관도와 실용성

객관도 : 평가도구로 측정할 때 개인적인 의견이나 편견을 배재하고 얼마나 객관성을 유지하였느냐 하는 것

객관도를 알아보는 방법에는 똑같은 것을 두 사람(채점자)이 측정했을 때 얼마나 차이가 나는지 알아보는 방법과 한 사람(채점자)이 시차를 두고 2번 측정했을 때 얼마나 차이가 나는지를 알아보는 방법이 있다. 어떤 평가도구의 타당도와 신뢰도가 높으면 좋겠지만, 검사하는 방법이 너무 복잡하다든지 시간이나 비용이 너무 많이 필요하다면 실용성이 없는 것이다.

평가의 실천적인 측면

1 평가의 관점

평가의 목적을 어떻게 보느냐 하는 것으로 다음과 같이 4가지 관점이 있다.

- ⓐ 측정으로서의 평가
- ⓐ 학습목표와 학습결과가 일치하는 정도를 결정하는 과정으로서의 평가
- ⓐ 전문적 판단과정으로서의 평가
- ⓐ 응용 연구로서의 평가

2 평가의 모형

평가의 목적을 효과적으로 달성하기 위해서 평가 방법과 절차를 체계적으로 정리해놓은 것을 평가의 모형이라고 한다.

목표달성 모형	어떤 프로그램이나 수업이 종료된 후 교육목표가 달성된 정도를 확인하는 것으로, 설정된 행동목표와 학생의 실제 성취수준을 비교한다. 교육의 효과(성과)를 체계적이고 정확하게 평가할 수 있지만 교육과정의 개선에는 한계가 있다.
가치판단 모형	평가자는 반드시 교육 프로그램 또는 교육과정의 질에 대한 평가를 해야 할 책임이 있다고 주장하는 모형이다. 전문가의 전문적인 지식과 기술을 바탕으로 교육프로그램이나 교육과정의 가치를 체계적으로 판단하는 활동이 바로 평가이다.
의사결정 모형	교육과 관련된 의사 결정자에게 유용한 정보를 제공함으로서 의사결정을 촉진하는 것이 평가의 목적이라는 입장이다. 계획단계의 의사결정을 위해서 상황평가를 하고, 구조화단계의 의사결정을 위해서 투입평가를 한다. 그다음에는 실행단계의 의사결정을 위해서 과정평가를 하고, 마지막으로 순환단계의 의사결정을 위해서 산출평가를 한다.

3 평가의 기준에 따라서 분류한 평가의 종류

준거지향 평가 (절대평가)	학생들의 수행이 미리 정해놓은 기준에 도달하면 교육목표가 달성되었다고 하고, 미리 정해놓은 기준에 도달하지 못하면 교육목표를 달성하지 못했다고 평가한다. 준거지향 평가는 스포츠지도사 자격시험처럼 어떤 준거(예 : 60점)에 도달하면 몇 사람이 되었던 자격증을 주고, 정해놓은 준거에 도달하지 못하면 자격증을 주지 않는다.
규준지향 평가 (상대평가)	평균보다 잘했으면 수나 우를 주고, 못했으면 양 또는 가를 주며, 평균과 비슷하면 미를 주는 5단계평가와 비슷한 것이다. 규준지향 평가를 **상대평가**라고도 하고, 준거지향 평가를 **절대평가**라고도 한다.
자기지향 평가	자기지향 평가는 자신이 알아서 점수를 준다는 말이지만, 다르게 말하면 학생마다 다른 기준에 의해서 점수를 준다는 뜻이다.
수행평가	학생들의 수행 결과나 산출물들을 직접 관찰 또는 평가한 내용을 토대로 하여 수행 결과나 산출물의 질에 대하여 전문적인 판단을 내리는 평가방법이다.

4 평가의 기법

시험을 보아서 평가하는 방법이 아니라. 스포츠기술을 지도할 때처럼 어떤 행동을 보고 평가하는 방법에는 다음과 같은 것들이 있다.

체크리스트	체크리스트는 어떤 스포츠기술을 수행할 때 하는 동작의 세부명세서를 적어놓은 것이다. 그 명세서에 적혀 있는 동작들을 실재로 수행하는지 보고 체크하는 것이다. 체크리스트에서 가장 중요한 것은 목적에 부합되는 적정 수의 항목들로 구성되어 있어야 한다는 것이다. 항목 수가 잡다하게 많거나 중복되는 일이 없어야 하고 문장이 애매모호해서도 안 된다.
평정척도	학습 결과, 성격, 태도 등을 평가할 때 사용하는 기준에 해당되는 것으로 보통 A, B, C, D, E 또는 수, 우, 미, 양, 가를 사용한다. 보통 3단계 또는 5단계 척도를 사용하고, 평정척도의 단계 수가 너무 많으면 정확성 또는 신뢰성이 떨어지게 된다.

루브릭 (채점기준표)	지필평가의 단점을 보완하기 위해서 수행평가를 도입하면서 루브릭을 개발하기 시작하였다. 루브릭은 수행평가를 하는 도구로 사용되기 때문에 학습자의 성취도를 평가하기 위한 기준이나 가이드라인이 명세표처럼 자세하게 조목조목 적혀 있어야 한다.
관찰	눈으로만 관찰하는 것이 아니라 주의 깊게 듣는 것도 관찰이다. 반두라(Albert Bandura)는 다른 사람의 행동과 그 결과를 관찰하는 것만으로도 학습이 이루어진다고 보았다. 그러므로 경기를 관람하거나 촬영 영상을 보는 것만으로도 스포츠 지도를 할 수 있다고 생각한다.
학습자일지	학습자일지는 학습자의 학습 진행 및 학습 내용을 상세하게 기록한 것이다. 그러므로 학습자로 하여금 그날의 학습이 끝나면 학습내용, 학습소감, 지도자의 의견 등을 함께 적도록 지도하는 것이 중요하다.
학습자 면접과 설문지	학습자의 정보는 교육현장에서 발생하는 여러 문제를 원만하게 해결할 수 있는 자원임과 동시에 교육 프로그램의 기획 및 지도자의 전문성 함양에 도움이 되므로 학생들과의 면담이나 설문지를 통하여 그들의 생각을 파악하여 지도 시에 반영하는 것이 중요하다.

필수 및 심화 문제

필수문제

01 보기의 대화에서 평가의 개념과 목적을 잘못 이해하고 있는 지도자는?

보기
박 코치 : 평가의 유사개념에는 측정, 사정, 검사 등이 있는 것으로 알고 있습니다.
정 코치 : 네, 측정이나 검사는 가치 지향적이고 평가는 가치 중립적인 활동입니다.
김 코치 : 평가는 학습자의 학습 상태와 지도에 관한 정보를 제공할 수 있습니다.
유 코치 : 그래서 평가는 지도 활동에 대한 피드백이 될 수 있습니다

① 박 코치 ② 정 코치 ③ 김 코치 ④ 유 코치

■ **측정** : 일이나 물체의 크기 또는 양에 일정한 수치를 부여하는 일
■ **검사** : 일 · 신체 · 물질 등의 상태나 성분을 조사하는 일
■ **평가** : 학습 결과를 알아보기 위해 자료 수집을 하는 일
■ **사정** : 평가 자료를 기초로 한 의사결정이나 등급을 매기는 일

심화문제

02 다음 중 스포츠교육의 평가목적과 거리가 먼 것은?

① 교수학습 활동의 효과성 판단 ② 학습자의 향상동기 촉진
③ 학습자의 역량 판단 ④ 스포츠지도사의 능력 판단

■ 스포츠지도사의 능력 판단을 목적으로 하는 것이 아니라 스포츠지도방법의 개선이 목적이다.

필수문제

03 동료 평가(peer assessment)에 관한 설명으로 적절하지 않은 것은?(2024)

① 학생들의 비평 능력이 향상될 수 있다.
② 교사는 학생에게 평가의 정확한 방법을 숙지시킨다.
③ 학생은 교사에게 받은 점검표를 통해 서로 평가한다.
④ 교사와 학생 간 대화를 통해 심층적인 정보를 수집한다.

■ **동료평가** : 교사가 준 체크리스트(점검표)를 이용하여 상호 평가하는 방법이다. 동료들 간의 상호평가를 통해 학습자의 학습결과를 다른 학습자들의 결과와 비교할 수 있다.
■ ④ 교사와 학생 간의 대화를 통한 심층 정보 수집은 인터뷰에 대한 설명이다.

필수문제

04 체육 프로그램을 지도할 때 학습자 평가의 목적으로 가장 거리가 먼 것은?

① 학습자의 체육 프로그램 참여 및 향상 동기 촉진
② 교수-학습의 효과성 판단
③ 학습 과정을 배제하고 결과 중심으로 순위를 결정하기 위해 활용
④ 교육목표에 따른 학습 진행 상태 점검과 지도 활동 조정

■ 평가의 목적은 교육을 도와주는 기능이지 구속하는 기능은 아니다. 따라서 학습과정을 배제하고 결과 중심으로 순위를 결정하는 것이 체육 프로그램 학습자 평가의 목적이 아니다.

정답 01 : ②, 02 : ④, 03 : ④, 04 : ③

심화문제

05 지도자가 수업의 성공 여부를 판단할 때 가장 중요한 기준은?

① 학생들이 얼마나 즐겁게 수업에 참여했는가?
② 학생들이 수업 중 규칙을 얼마나 잘 준수했는가?
③ 학생들이 수업 중 얼마나 열심히 참여했는가?
④ 학생들이 목표를 얼마나 달성했는가?

■수업의 성공 여부는 학생들의 목표 달성 정도에 달려 있다.

06 다음 중 체육학습 평가의 목적과 활용에 대한 설명으로 적절하지 않은 것은?

① 학습자들에게 학습상태와 학습지도에 관한 정보를 제공한다.
② 평가로 활용할 수 있는 방법은 진단평가보다 형성평가가 적합하다.
③ 학습목표와 관련된 학습 진행 상태를 평가하여 교수활동을 조정한다.
④ 교수의 효과를 판단하고 학습자들에게 운동수행의 향상동기를 유발한다.

■활용하는 것은 총괄 평가의 결과이다.

07 교수-학습과정의 구성요소가 아닌 것은?

① 실행 ② 계획
③ 전환 ④ 평가

■수업을 계획해서 실행한 다음에 평가한다.

필수문제

08 보기의 배드민턴 지도 사례에서 IT 매체의 효과로 잘못 연결된 것은?

보기
㉠ 학습자의 흥미 유발을 위해 스마트폰과 스피커를 활용하여 최신 음악에 맞춰 준비운동을 시켰다.
㉡ 배드민턴 스매시 동작을 기록하기 위해 영상분석 애플리케이션(application)을 사용하였다.
㉢ 학습자의 동작 완료 10초 후 지도자는 녹화된 영상을 보고 학습자의 자세를 교정해 주었다.
㉣ 지도자가 녹화한 영상을 학습자의 단체 소셜네트워크 서비스(SNS)에 올린 후 동작 분석에 대해 서로 토의했다.

① ㉠ – 학습자의 동기유발
② ㉡ – 과제에 대한 체계적 관찰의 효율성 증가
③ ㉢ – 학습자의 운동 참여 시간 증가
④ ㉣ – 학습자와 지도자의 의사소통 향상

■IT 매체의 효과
· **피드백 효과** : 피드백의 양과 정확성 증가로 즉시적인 피드백이 늘어남.
· **학습자 동기효과** : 스스로 자신의 동작을 평가하면 자기통제성을 향상시키고 흥미를 이끌어낼 수 있어 운동수행의 내적 동기가 강화됨.
· **의사소통 효과** : IT 매체에 저장된 정보는 지도자의 학습자 또는 학습자 간의 쌍방향 의사소통을 증가시킴.
■㉢은 피드백 효과에 관한 설명이다.

정답 05 : ④, 06 : ②, 07 : ③, 08 : ③

필수문제

09 보기의 대화에서 각 지도자들이 활용하고 있는(활용하고자 하는) 평가 유형이 바르게 나열된 것은?

보기
이 감독 : 오리엔테이션 때 학생들에게 최종 목표를 분명하게 얘기했어요. 그 목표의 달성 여부를 종합적으로 확인하기 위해 시즌 마지막에 평가를 실시할 계획이에요.
윤 감독 : 이번에 입학한 학생들은 기본기가 많이 부족했어요. 시즌 전에 학생들의 기본기 수준을 평가했어요.
김 감독 : 학교스포츠클럽에서 배구를 가르칠 때 수시로 학생들의 기본기능을 확인하고 있어요.

	이 감독	윤 감독	김 감독
①	총괄평가	형성평가	진단평가
②	총괄평가	진단평가	형성평가
③	진단평가	형성평가	총괄평가
④	진단평가	총괄평가	형성평가

■ 이 감독은 학기말에 평가를 한다는 것이므로 **총괄평가**이고, 윤 감독은 시즌 전에 평가를 한 것이므로 **진단평가**이다. 김 감독은 수시로 평가를 하는 것이므로 **형성평가**이다.
■ 평가의 종류와 기능 (p. 197) 참조

스포츠교육학

심화문제

10 보기는 학습평가의 기능들을 나열한 것이다. 진단평가의 기능을 '진', 형성평가의 기능을 '형'으로 나타냈을 때 옳은 것은?

보기
1. 학습 전 학습자의 수준 파악
2. 교수 · 학습활동의 교정
3. 지도전략의 수립
4. 학업성취도의 판단

① 진형진형
② 형진형진
③ 진진형형
④ 형형진진

■ 학습 전 학습자의 수준 파악과 지도 전략의 수립 : 진단평가
■ 교수-학습활동의 교정과 학업성취도의 판단 : 형성평가

11 평가의 기능에 따라서 진단평가, 형성평가, 총괄평가로 나눈다고 할 때 총괄평가에 해당되지 않는 것은?

① 학습자의 기초능력을 총괄적으로 평가한다.
② 학습자의 학업성취도를 종합적으로 판단한다.
③ 스포츠 지도활동을 개선할 수 있는 자료를 수집할 수 있다.
④ 차기학습 계획 수립에 도움이 된다.

■ 진단평가는 공부하기 전에, 형성평가는 공부하는 도중에, 총괄평가는 공부를 마친 후에 평가하는 것이다. 그러므로 ①은 진단평가에 해당된다.

정답 09 : ②, 10 : ①, 11 : ①

12 보기의 ㉠, ㉡에 해당하는 평가 방법을 바르게 연결한 것은?

보기
㉠ 수업 전 학습목표에 따른 참여자 수준을 결정하고, 학습과정에서 참여자가 계속적인 오류 상황을 발생시킬 때 적절한 의사결정을 하도록 한다.
㉡ 학생들에게 자신의 높이뛰기 목표와 운동계획을 수립하게 한 다음 육상 단원이 끝나는 시점에서 종합적 목표 달성여부 확인을 위해 평가를 실시한다.

■ 진단평가는 학습 초기에, 형성평가는 학습 도중에, 총괄평가는 학기 말에, 수시평가는 수시로 평가하는 것이다.

	㉠	㉡		㉠	㉡
①	진단평가	형성평가	②	진단평가	총괄평가
③	형성평가	총괄평가	④	총괄평가	형성평가

13 체육 활동 지도 초기에 참여자의 수준과 상태를 파악하고, 효과적인 교수 · 학습 전략을 수립하기 위해 실시하는 평가는?

① 진단평가 ② 형성평가 ③ 총괄평가 ④ 수시평가

스포츠교육학

■ **평가의 단계** :
평가목적의 결정 →
학습성과의 확인 →
평가도구의 제작 →
평가자료의 수집 →
평가자료의 분석 →
평가결과의 보고 →
평가결과의 활용

필수문제

14 아래의 보기는 스포츠지도 시 학습자를 대상으로 실시할 수 있는 평가단계를 순서별로 나타낸 것이다. 빈 칸에 들어갈 내용으로 가장 옳은 것은?

보기(평가의 7단계)
1. 평가목적의 결정 → 2. 학습성과의 확인 → 3. 평가도구의 제작 →
4. ____________ → 5. 평가자료의 분석 → 6. 평가결과의 보고 →
7. ____________

① 평가자료의 수집, 평가결과의 활용
② 평가결과의 활용, 평가자료의 수집
③ 평가방법의 선정, 평가결과의 활용
④ 평가결과의 활용, 평가방법의 선정

■ **구인타당도** : 협동심을 측정하려고 할 때 맨 먼저 무엇무엇이 협동심을 구성하는 요인(구인)이라고 결정한다. 그다음에는 구인 하나하나를 측정할 수 있는 문항을 만들어서 학생들에게 나누어주고, 설문지에 학생들이 답한 것을 가지고 평가하게 된다. 그때 만들어진 설문지가 구인을 제대로 측정할 수 있도록 만들어졌는지를 알아보는 것이 구인타당도이다.
조언타당도라는 말은 없다.

필수문제

15 평가의 타당도를 측정하는 방법이 아닌 것은?

① 내용타당도
② 준거타당도
③ 조언타당도
④ 구인타당도

정답 12 : ②, 13 : ①, 14 : ①, 15 : ③

심화문제

16 다음의 설명에 맞는 평가방법은?

> 1. 미리 정해놓은 기준과 비교하여 학습자의 성취도 수준 평가
> 2. 개인의 목표성취 여부에 관심
> 3. 신뢰할 수 있는 기준의 설정 어려움

① 절대평가　　② 상대평가
③ 형성평가　　④ 총괄평가

■ 절대평가(p. 199) 참조
■ 문제 22번 참조

17 보기에서 설명하는 스포츠 교육 평가의 신뢰도 검사 방법은?

> 보기
> » 동일한 검사에 대해 시간 차이를 두고 2회 측정해서 측정값을 비교해 차이가 작으면 신뢰도가 높고, 크면 신뢰도가 낮은 것으로 판단한다.
> » 첫 번째와 두 번째 측정 사이의 시간 차이가 너무 길거나 짧으면 신뢰도가 낮게 나올 수 있다.

① 검사 - 재검사　　② 동형 검사
③ 반분 신뢰도 검사　　④ 내적 일관성 검사

■ 신뢰도 검사 방법
· 검사-재검사 : 일정한 시간 간격을 두고 2번 측정한 측정값 비교
· 동형검사 : 같은 구성요인(구인)을 측정한 수많은 문항 중에서 무작위로 일정한 문항을 2번 선택해서 하는 검사
· 외적 일관성 검사 : 하나의 측정도구 안에 있는 문항들 사이에 서로 연관성이 있는지를 파악하여 신뢰도 추정

18 다음 중 신뢰도를 측정할 수 있는 방법이 아닌 것은?

① 검사 – 재검사　　② 동형검사
③ 내적 일관성검사　　④ 실용성검사

■ 실용성 검사는 신뢰도 측정 방법이 아니다(p. 198 참조).

19 보기에서 이 감독이 고려하지 않은 평가의 양호도는?

> 보기
> 준혁 : 서진아, 왜 이 감독님은 배구 스파이크를 평가할 때 공을 얼마나 멀리 보내는지를 가장 중요하게 평가하시는 걸까?
> 서진 : 그러게 말이야. 스파이크는 멀리 보내는 것이 중요한 게 아니라 코트 안으로 얼마나 정확하고 강하게 때리느냐가 중요한 것 같은데.

① 신뢰도　　② 객관도
③ 타당도　　④ 실용도

■ 평가의 신뢰도는 2번 이상 측정했을 때 평가 결과가 비슷한 정도를 말하고, 객관도는 2사람 이상이 측정했을 때 결과가 비슷한 정도, 타당도는 측정하려 했던 것을 측정했는지 여부, 실용도는 측정하는 데 필요한 시간과 비용을 말한다.

정답 16 : ①, 17 : ①, 18 : ④, 19 : ③

필수문제

20 체육 수행평가에 관한 설명으로 옳은 것은?

① 학습의 과정보다 결과를 중시한다.
② 일시적이며 단편적인 관찰에 의존한다.
③ 개인보다 집단에 대한 평가를 강조한다.
④ 아는 것과 실제 적용 능력을 모두 강조한다.

■ **평가의 기준에 따른 평가의 종류**
준거지향 평가(절대평가), 규준지향 평가(상대평가), 자기지향 평가, 수행평가 → p. 199 참조.

심화문제

21 멕티게(J. Mclrighe)가 제시한 개념으로 학습자가 배운 내용을 경기상황에서 구현하는 정도를 평가하는 방법은?

① 총괄평가(summative assessment)
② 규준지향평가(norm-referenced assessment)
③ 준거지향평가(criterion-referenced assess-ment)
④ 실제평가(authentic assessment)

■ **실제평가** : 수행평가라고도 하며, 학교에서 배운 지식이 구현될 수 있는 실제상황이나 모의상황에서 시행되는 평가방법

22 다음 중 평가기준에 따른 분류가 아닌 것은?

① 준거지향 평가　② 규준지향 평가
③ 자기지향 평가　④ 목적지향 평가

■ 목적지향 평가는 평가 기준에 따른 분류가 아니다.

필수문제

23 보기에서 두 명의 수영 지도자가 활용한 평가 유형이 바르게 연결된 것은?

보기
박 코치 : 우리반은 초급이라서 25m 완주를 목표한다고 공지했어요. 완주한 회원들에게는 수영모를 드렸어요.
김 코치 : 저는 우리 클럽의 특성을 고려해서 모든 회원의 50m 평영 기록을 측정했습니다. 그리고 상위 15%에 해당하는 회원들께 '박태환' 스티커를 드렸습니다.

	박 코치	김 코치
①	절대평가	상대평가
②	상대평가	절대평가
③	동료평가	자기평가
④	자기평가	동료평가

■ **절대평가**(준거지향 평가) : 학생들의 수행이 미리 정해 놓은 기준의 도달 여부를 교육목표 달성 여부로 평가하는 것.
■ **상대평가**(규준지향 평가) : 수행 달성 정도의 평가를 집단 내의 상대적인 서열을 중심으로 평가하는 것. 수, 우, 미, 양, 가와 같은 5단계 평가와 비슷함.

정답 20 : ④, 21 : ④, 22 : ④, 23 : ①

필수문제

24 다음에 해당하는 평가기법에 대한 설명으로 옳지 않은 것은?

보기

테니스 포핸드 스트로크 과정	운동수행
· 두 발이 멈춘 상태에서 스트로크를 시도하는가?	Y/N
· 몸통 회전을 충분히 활용하는가?	Y/N
· 임팩트까지 시선을 공에 고정하는가?	Y/N
· 팔로우스로우를 끝까지 유지하는가?	Y/N

① 쉽게 제작이 가능하며 사용이 편리하다.
② 운동수행과정의 질적 평가가 불가하다.
③ 어떤 사건이나 행동의 발생 여부를 신속히 확인할 때 주로 사용한다.
④ 관찰행동을 구체적으로 정의하고 그 행동의 발생 시점을 확인할 수 있다.

■ 보기의 평가기법은 체크리스트인데, 사건이나 행동 발생 여부를 신속하게 확인하기 위해 실시한다.
■ 운동수행 과정의 질적 평가는 할 수 있다.

스포츠교육학

필수문제

25 보기의 ㉠, ㉡에 해당하는 평가기법으로 적절한 것은?

보기

배드민턴 평가 계획

㉠ 하이클리어 기능 평가 도구

항목	예	아니오
포핸드 스트로크를 할 때 타점이 정확한가?		
시선을 고정하고 있는가?		
팔꿈치를 펴서 스트로크를 하는가?		

㉡ 배드민턴에 대한 태도 평가
- 수강생의 배드민턴에 대한 열정과 의지를 물어봄
- 반구조화된 내용으로 질의 응답을 함

	㉠	㉡
①	평정척도	면접법
②	평정척도	관찰법
③	체크리스트	면접법
④	체크리스트	관찰법

■ **체크리스트** : 측정 행동, 특성 등을 나열한 목록. 어떤 사건이나 행동 발생 여부의 신속한 확인을 위해 사용한다.
■ **면접법** : 설문지나 면담을 통하여 교육 프로그램 등에 관한 학습자의 생각을 파악할 수 있다.

정답 24 : ②, 25 : ③

■ **평정척도** : 운동수행의 질적인 면을 파악하여 수준이나 숫자를 부여하는 서열척도에 해당되는 평가 방법(수우미양가로 평가하는 것).
■ **질적인 면의 평가 방법** : 루브릭, 체크리스트 등(pp. 199~200 참조).

필수문제

26 보기에서 해당하는 평가기법으로 적절한 것은?(2024)

보기
» 운동 수행을 평가하는 데 자주 사용하는 평가 방법이다.
» 운동수행의 질적인 면을 파악하여 수준이나 숫자를 부여하는 평가 방법이다.

① 평정척도　② 사건기록법
③ 학생저널　④ 체크리스트

■ 평가할 수 있는 방법은 보기 이외에 더 있을 수도 있다.
■ 루브릭은 학습자의 학습 활동을 점수로 산정할 수 있도록 학습물이나 학습자가 성취한 수준을 평가하는 표를 미리 만들어 놓은 것이다.
■ 평정척도는 학습자가 설문지에 대답할 때 '좋음, 보통, 나쁨'과 같이 점수 형식으로 답을 하는 것이다.

필수문제

27 보기에서 평가기법을 모두 고른 것은?

보기
1. 체크리스트　2. 설문지　3. 관찰　4. 학습자 일지
5. 루브릭　6. 학습자 면접(상담)　7. 평정척도

① 1~7　② 1~6　③ 1~5　④ 1~4

■ **사건기록법** : 한 사람의 특정한 행동을 그 행동이 있을 때마다 상세하게 관찰 기록하는 것
■ **평정척도법** : 관심을 가지고 있는 행동을 직접 관찰하는 것이 아니라 간접적으로 측정하는 것
■ **일화기록법** : 한 사람의 행동을 제3자의 입장에서 관찰하여 기록하는 것
■ **지속시간기록법** : 표적행동이 비교적 오래 지속될 때 그 행동이 단위시간당 얼마나 오래 지속되었는지를 측정하는 것

28 보기에서 활용된 스포츠 지도 행동의 관찰기법은?

보기
· 지도자: 강 감독　· 수업내용: 농구 수비전략
· 관찰자: 김 코치　· 시간: 19:00 ~ 19:50

	피드백의 유형	표기(빈도)		비율
대상	전체	VVVVV	(5회)	50%
	소집단	VVV	(3회)	30%
	개인	VV	(2회)	20%
성격	긍정	VVVVVVVV	(8회)	80%
	부정	VV	(2회)	20%
구체성	일반적	VVV	(3회)	30%
	구체적	VVVVVVV	(7회)	70%

① 사건 기록법(event recording)　② 평정 척도법(rating scale)
③ 일화 기록법(anecdotal recording)　④ 지속시간 기록법(duration recording)

정답 26 : ①, 27 : ①, 28 : ①

스포츠교육자의 전문적 성장

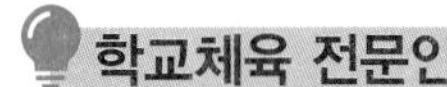

학교체육 전문인

1 학교체육 전문인의 전문적 자질

한국교육과정평가원과 한국스포츠교육학회에서 제시한 학교체육지도자에게 필요한 8가지 자격기준.

인지(지식)적 자질	교직 인성 및 사명감	학교체육 전문인은 건전한 인성과 가르치는 일에 대한 사명감을 갖는다.
	학습자의 이해	학교체육 전문인은 학생 개인의 특성과 신체활동의 학습 및 발달 정도를 이해한다.
	교과지식	학교체육 전문인은 학교체육에 관한 전문지식을 갖는다.
수행적 자질	교육과정의 개발 · 운영	학교체육 전문인은 체육교과, 학생, 교육상황에 적합한 교육과정을 개발 · 운영한다.
	수업계획 및 운영	학교체육 전문인은 체육수업을 효과적으로 계획 · 운영한다.
	학습 모니터 및 평가	학교체육 전문인은 학생의 신체활동 관련 학습을 관찰하고 평가한다.
	협력관계 구축	학교체육 전문인은 교육 공동체 구성원들과 협력관계를 구축한다.
태도적 자질	전문성 개발	학교체육 전문인은 전문성 개발을 위하여 끊임없이 반성하고 실천한다.

2 학교체육 전문인의 전문적 자질 개발

학교체육 전문인의 전문적 자질 개발은 대학의 관련학과에서 가르치는 직전교육과 현직에서 이루어지는 현직교육이 있다. 직전교육은 학교체육지도자로서 갖추어야 할 인지적 · 기능적 · 인성적인 측면을 체계적으로 대학에서 가르치는 것이고, 현직교육은 학교체육지도자가 평생에 걸쳐서 끊임없이 자기계발을 하는 것이다.

3 Katz가 분류한 학교체육지도자의 경력단계

생존단계(0~1년) → 강화단계(2년) → 갱신단계(3~4년) → 성숙단계(4년 이후)

생활체육 전문인

1 생화체육 전문인의 전문적 자질

생활체육 전문인은 유아부터 노인에 이르기까지 모든 연령대의 사람들을 대상으로 신체활동을 지도해야 하므로 어린이들의 발육발달과 일반인의 건강에 대한 지식을 충분히 가지고 있어야하고, 사회생활에 필요한 건전한 인성과 태도도 갖추고 있어야 한다. 다음은 생활체육 전문인이 갖추어야 할 인지적 · 기능적 · 인성적 자질을 표로 나타낸 것이다.

인지적 자질	기능적 자질	인성적 자질
법제적 지식	프로그램 개발 능력	체육인 (스포츠 윤리 · 가치지향성)
지도대상에 대한 지식	지도능력 (종목지도, 일반지도)	교육자 (배려, 상호존중, 리더십)
지도내용에 대한 지식 (종목전문, 스포츠과학)	관리능력 회원 · 조직 · 안전 · 시설관리능력	전문가 (반성적 사고, 책임감, 혁신)
지도방법에 대한 지식 (종목전문, 일반교수)		서비스 생산자 (고객지향성, 친절 · 겸손)
관리에 대한 지식 (안전 · 시설관리 · 의사소통)		

2 생활체육 전문인의 전문적 자질 개발

생활체육 전문인도 대학에서 관련학과를 다니면서 배우는 직전교육과 스포츠교육 현장에서 자신의 지도능력을 발전시켜나가는 현직교육으로 나눌 수 있다. 생활체육 전문인의 현직교육은 지도자 개개인이 서로 다른 환경에서 지도를 하고 있기 때문에 각자의 요구와 관심사를 반영해야 한다.

전문체육 전문인

1 전문체육 전문인의 전문적 자질

전문체육 전문인은 스포츠선수들이 가장 탁월하게 운동을 수행할 수 있도록 지도하는 사람들이다. 그러므로 가르치는 선수가 탁월한 기량을 발휘할 수 있도록 지도하는 것이 가장 중요하지만 선수를 신체적 · 심리적 · 사회적으로 온전한 사람으로 길러내는 것이 더 중요하다. 미국의 스포츠체육협회(NASPE)에서는 코치들이 갖추어야 할 전문적 자질을 8개의 영역, 40개의 행동표준, 127개의 행동특성으로 구분하여 제시하고 있다.

전문영역 1: 철학 및 윤리	코치는 선수의 발달을 위한 확고한 철학을 가지고 있어야 하며, 이러한 철학은 코칭의 전 과정을 통하여 스며들 수 있어야 한다. 또한 코칭의 전 과정을 통하여 윤리적으로 행동하고, 이러한 행동을 선수들에게 모범적으로 실천하며 가르칠 수 있어야 한다.
전문영역 2: 안전 및 상해 예방	코치는 안전사고에 대비하여 적절히 대처할 수 있는 응급처치 기술을 가지고 있어야 하며, 연습 또는 시합 중에 발생할 수 있는 잠정적인 위험 요인을 파악하고 이를 예방할 수 있도록 조치를 취할 수 있어야 한다. 또한 부상이나 사고로부터 생길 수 있는 선수들의 심리적인 문제를 인지하고 적절히 대응할 수 있어야 한다.
전문영역 3: 신체적 컨디셔닝	코치는 선수가 안전하게 운동할 수 있도록 운동과학의 원리를 적용한 체력훈련 프로그램을 설계하고 최적의 수행을 위한 상태를 유지할 수 있도록 해야 한다.
전문영역 4: 성장 및 발달	코치는 선수의 개인적 성장 및 발달의 정도를 알고 있어야 하며, 이를 바탕으로 하여 각각의 선수들이 최적의 신체적 · 기능적 · 정서적 발달을 이루어낼 수 있도록 개별화된 교육환경을 조성하고 연습과 시합 전략을 달리할 수 있어야 한다.

전문영역 5: 지도법 및 커뮤니케이션	코치는 선수들이 긍정적인 학습경험을 가질 수 있도록 연습활동을 계획하여 실행하여야 한다.
전문영역 6: 운동기능 및 전술	코치는 팀 멤버들을 효과적이고 성공적인 그룹으로 만들기 위하여 가르치는 종목과 연관된 기능과 전술을 개발하고 적용할 수 있어야 한다.
전문영역 7: 조직과 운영	코치는 대회관리 및 운영, 재정관리, 인력관리, 문서관리, 조직관리에 대한 전문성을 가지고 있어야 한다.
전문영역 8: 평가	코치는 팀의 전 영역에 대하여 평가를 내릴 수 있는 적절한 평가기법의 활용과 이를 통하여 선수, 코치 자신, 스태프들을 체계적으로 평가할 수 있어야 한다.

2 전문체육 전문인의 전문적 자질 개발

코치의 수준 또는 발전단계를 나라마다 조금씩 다르게 구분하고 있다. 우리나라는 보통 초등학교코치, 중 · 고등학교코치, 대학 · 실업팀코치, 프로팀코치로 구분하고 있으며, 미국은 초보코치, 중급초치, 마스터코치로 나누고, 뉴질랜드는 초보코치와 숙련코치로 나누고 있다. 영국에서는 초급코치, 레벨2코치, 중견코치, 마스터코치로 구분하고 있다.

코치의 단계를 입문단계, 개발단계, 고급단계로 나누고, 각 단계별로 개발해야 할 자질을 간단히 설명하면 다음과 같다.

입문단계	대학에서 관련학과를 졸업한 다음 종목별 협회에서 실시하는 코치연수를 마치면 입문단계의 코치가 된다.
개발단계	입문단계의 교육을 통해서 습득한 지도기술이나 지식을 현장에서 적용하려면 많은 시행착오를 거칠 수밖에 없다. 그러한 시행착오를 겪는 과정에서 이론과 실제의 차이점을 알게 되고, 지도역량이 발전하게 된다.
고급단계	입문단계와 개발단계를 거치면서 코치는 자신의 지도철학과 지도기술을 익혀나가게 된다.

3 스포츠교육 전문인으로서의 장기적인 성장

형식적 성장, 무형식적 성장, 비형식적 성장으로 나눌 수 있다.

형식적 성장	고도로 제도화 되고, 관료적이며, 표준화된 교육과정을 통해서 코치들이 배워야 할 공통의 지식을 체계적으로 가르치는 형식적 교육을 통해서 성장하는 것이다. 학위 또는 자격증을 취득하는 것이다.
무형식적 성장	공식화된 교육기관 밖에서 단기간 동안 자발적으로 행해지는 세미나, 워크숍, 컨퍼런스 등을 통해서 학습하여 성장하는 것이다. 넓은 범위의 지식을 지속적으로 개발할 수 있다는 장점이 있다.
비형식적 성장	일상생활 또는 코칭을 하는 과정에서 의식적 또는 무의식적으로 배우게 되는 것이다. 고급단계의 코치 교육은 형식적인 교육에 의해서 이루어지는 경우는 거의 없고 자신의 지도활동에 대하여 스스로 반성하고 효과적인 지도방법을 스스로 창출해야 한다.

필수 및 심화 문제

필수문제

01 **보기에서 '학교체육 전문인 자질'로 ㉠~㉢에 들어갈 용어를 바르게 제시한 것은?**(2024)

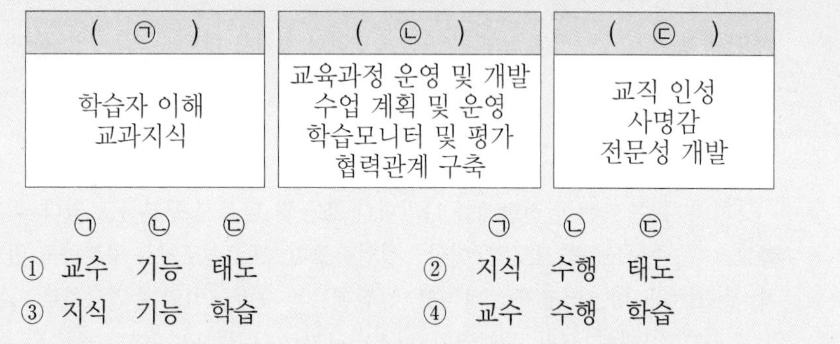

(㉠)	(㉡)	(㉢)
학습자 이해 교과지식	교육과정 운영 및 개발 수업 계획 및 운영 학습모니터 및 평가 협력관계 구축	교직 인성 사명감 전문성 개발

	㉠	㉡	㉢		㉠	㉡	㉢
①	교수	기능	태도	②	지식	수행	태도
③	지식	기능	학습	④	교수	수행	학습

■ 학교체육인의 전문적 자질(p. 209) 참조

스포츠교육학

필수문제

02 **한국교육과정평가원과 한국스포츠교육학회에서 학교체육 전문인으로서 갖추어야 할 자질 및 능력으로 제시한 것이 아닌 것은?**

① 지식　② 수행　③ 태도　④ 국가관(역사관)

■ 수행은 운동능력이나 관리능력을 말하고, 태도는 인성이나 도덕성을 의미한다.

심화문제

03 **체육전문인으로 성장하기 위한 방안 중 무형식적인 성장 방법이 아닌 것은?**

① 세미나 참여　② 워크숍 참여
③ 클리닉 참여　④ 개인적 경험

■ 개인적 경험은 비형식적인 성장이다.

필수문제

04 **아래의 보기는 Kemmis와 McTaggart(1988)의 현장개선 연구의 절차를 설명하고 있다. 스포츠교육 지도자의 전문역량을 향상시키기 위한 반성적 교수행동으로 (　　) 안에 포함될 적당한 것은?**

보기

계획 － 실행 －(　　)－ 반성 － 수정과 재계획

① 토의　② 평가　③ 검토　④ 관찰

■ Kemmis와 McTaggart의 현장개선 연구의 순환구조
계획→실행→관찰→성찰(반성)→문제 파악 및 재계획

정답 01 : ②, 02 : ④, 03 : ④, 04 : ④

필수문제

05 생활체육 전문인은 체육인, 교육자, 전문가, 서비스생산자의 역할을 모두 해야 한다. 다음 중 전문가의 역할을 잘 수행하기 위해서 갖추어야 할 인성적 자질에 해당되는 것은?

① 스포츠윤리 의식 ② 리더십
③ 책임감 ④ 친절 및 겸손

■①은 체육인, ②는 교육자, ④는 서비스생산자로서 갖추어야 할 인성적 자질이다.

심화문제

06 체육지도자의 '인지적 자질'에 해당되지 않는 것은?

① 스포츠생리학, 운동역학 등과 관련된 스포츠 과학지식이 요구된다.
② 참여자와의 상담을 위해 기본적인 상담지식을 갖추어야 한다.
③ 클럽 운영과 관련된 지식, 정책 및 법령에 대한 이해가 필요하다.
④ 스포츠맨십, 스포츠인권 등과 같은 규범적 가치를 존중해야 한다.

■인지적 자질은 OOO에 대한 지식이다.

07 다음 중 생활체육 전문인이 갖추어야 할 인성적 자질과 거리가 먼 것은?

① 스포츠맨십과 스포츠인권 등 윤리규범을 준수하는 태도
② 참가자의 수행을 관찰하고 평가하려는 태도
③ 지도자와 참여자가 서로 존중하는 태도
④ 자신을 반성하고 끊임없이 전문성을 향상시키려고 노력하는 태도

■평가하려고만 하면 누가 좋아하겠는가?

08 다음 중 생활체육 전문인이 갖추어야 할 인지적 자질과 가장 거리가 먼 것은?

① 참가자 등 지도대상에 대한 지식
② 참가자의 특성을 반영한 프로그램 개발 능력
③ 스포츠 기술 등 지도 내용에 관한 지식
④ 안전 관리에 관한 지식

■인지적 자질은 OOO 지식, 기능적 자질은 OOO능력이다.

09 생활체육 분야에서 체육지도자의 자질 및 역할로 옳지 않은 것은?

① 다양한 연령층을 대상으로 하는 프로그램을 구성하고 지도한다.
② 사회 · 문화적 책임감을 갖고 스포츠활동을 지도한다.
③ 참여자가 지속적으로 스포츠활동에 참여하도록 안내한다.
④ 운동기능을 지도하는데 필요한 이론적 지식은 갖추지 않아도 무방하다.

10 체육지도자의 전문가로서 성장방법이 아닌 것은?

① 형식적 성장 ② 무형식적 성장
③ 반성적 성장 ④ 비형식적 성장

■반성적 성장은 없다.

정답 05 : ③, 06 : ④, 07 : ②, 08 : ②, 09 : ④, 10 : ③

스포츠교육학

11 보기는 생활체육 전문인의 전문적 자질을 개발하는 방법을 설명한 것이다. 어떤 방법을 설명한 것인가?

보기
» 코칭 개선을 목적으로 실시하는 상호 배움의 과정이다.
» 서로의 코칭을 관찰하여 피드백을 제공하고, 대화를 통해서 문제점과 해결 방안을 탐색한다.
» 일대일로 만나서 할 수도 있지만, 다수가 모여서 토론이나 세미나를 할 수도 있다.

① 현장연구 ② 동료코칭
③ 스터디그룹 ④ 코치강습

필수문제

12 보기에서 최 코치가 추천한 스포츠 교육 전문인의 성장 방식은?

보기
민 수 : 코치님, 어떻게 하면 저도 훌륭한 스포츠 교육 전문가가 될 수 있을까요?
최 코치 : 여러 가지가 있겠지만, 나는 네가 선수시절 경험을 정리해보거나, 코칭 관련책과 잡지를 읽으면서 다양한 지식을 얻었으면 좋겠다.

① 경험적 성장 ② 비형식적 성장
③ 의도적 성장 ④ 무형식적 성장

■ **형식적 성장**은 표준화된 교육과정을 통해서, **비형식적 성장**은 일상생활이나 코칭과정에서 의식적 또는 무의식적으로, **무형식적 성장**은 단기간 동안 자발적으로 행해지는 세미나나 워크숍을 통해서 배우는 것이다.

심화문제

13 미국스포츠체육협회(NASPE, 2006)에서는 전문체육 전문인(코치)이 지녀야 할 자질을 8개의 (　　), 40개의 (　　), 127개의 (　　)(으)로 제시하고 있다. (　　) 속에 들어갈 말을 차례로 적은 것은?

① 인성, 태도, 지식
② 전문영역, 전략, 기술
③ 철학 및 윤리, 신체적 컨디셔닝, 운동기능 및 전술
④ 전문영역, 행동표준, 행동특성

■ 전문체육 전문인의 전문적 자질(p. 210) 참조.
■ ③은 전문영역의 내용이다(p. 210 참조).

14 아래의 보기는 Schempp(2006)가 제시한 스포츠지도자의 전문성 구성 요소 중 어느 것에 해당하는가?

보기
배려심, 선천적인 기질, 열정, 믿음 등의 심리적 측면의 전문성 요소이다.

① 기술 ② 지식
③ 철학 ④ 개인적 특성

정답 11 : ②, 12 : ②, 13 : ④, 14 : ④

2025

스포츠지도사 2급 필기

한국체육사

단원별 출제빈도 분석

단원	2015 (전문)	2015 (생활)	2016	2017	2018	2019	2020	2021	2022	2023	2024	누계 (개)	출제율 (%)
제1장 한국체육사의 개관	2	2	1	1	2	1	1	2	2	2	1	17	8
제2장 선사 · 부족국가와 삼국시대의 체육	4	4	5	4	4	2	2	3	3	4	3	38	17
제3장 고려시대와 조선시대의 체육	5	7	4	5	4	5	6	5	5	4	6	56	25.5
제4장 개화기와 일제강점기의 체육	6	2	6	6	7	6	7	7	3	5	8	63	28.5
제5장 현대 체육 · 스포츠	3	5	4	4	3	6	4	3	7	5	2	46	21
합계	20	20	20	20	20	20	20	20	20	20	20	200	100

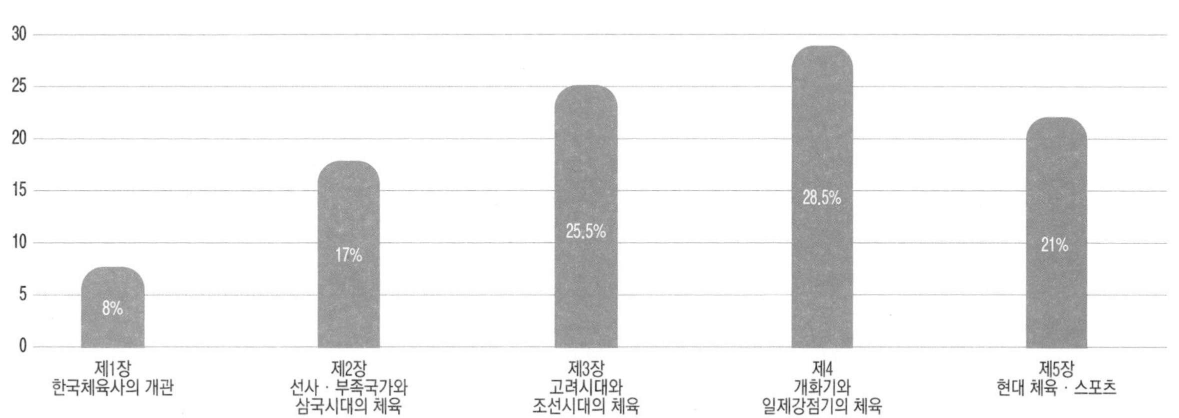

단원별 출제비율 그래프

한국체육사의 개관

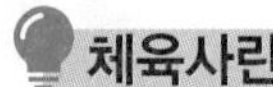

체육사란

- ☞ 과거의 체육적 사실에 대하여 정확하게 설명하고 해석하려고 노력하는 것.
- ☞ 체육과 스포츠를 역사적인 방법으로 연구하는 것.
- ☞ 신체운동 자체와 신체운동과 관련이 있는 문제들을 거시적으로 고찰하는 학문 .
- ☞ 체육학의 하위영역 중 한 분야

한국체육사 연구의 의의

- ☞ 우리 민족은 전통문화와 더불어 새로운 체육문화를 창조해온 문화민족이다.
- ☞ 그런데도 불구하고 서양체육을 맹종하고 한국체육의 역사적 정통성을 무시하거나 망각하고 있다.
- ☞ 고대로부터 면면히 이어내려온 체육이념과 전통을 찾아서, 그것을 바탕으로 체육교육의 체계를 확립하여야 할 필요가 있다.
- ☞ 오늘날 우리나라 체육의 현실을 명확하게 인식하고, 앞날의 체육을 통찰하기 위해서 한국체육사 연구가 필수적이다.

체육사의 시대구분

- ☞ 서양의 체육은 그리스 로마 시대의 고대체육, 중세 봉건주의 사회의 중세체육, 문예부흥(르네상스) 이후의 근대체육으로 구분한다.
- ☞ 우리나라의 체육은 갑오개혁(1895년) 이전의 체육을 전통체육, 이후의 체육을 근대체육으로 구분한다.
- ☞ 전통체육은 무술이나 제례행사, 귀족들의 수렵이나 유희오락, 일반인들의 세시풍속 놀이와 오락을 합한 것이다.
- ☞ 근대체육은 주로 체조(도수체조, 병식체조, 위생체조)와 스포츠를 말한다.

한국체육사의 시대 구분

구분	중심적 활동		시대구분	
전통체육기	무사체육 시대	무예	원시부족사회 삼국 및 통일신라 고 려 조 선	
태동 · 성장기	형식체조 중심 시대	병식체조 보통체조 학교체조	1895	근대학교
			1910	한일합방
		스웨덴체조	1914	학교체조 교수요목
융성기	스포츠 · 유희 중심 시대		1927	경기단체 결성
암흑기	군사훈련 중심 시대(체육통제)		1941	제2차세계대전
발전기	현대 체육활동 시대		1945	해방

출처 : 나현성(1963). **한국체육사.**

인간의 신체운동 발달의 3단계

- ⑧ 1단계 : 일상생활과 노동에서 유래한 실용기술의 단계
- ⑧ 2단계 : 실용기술에서 벗어나 여가활동의 하나로 행해지는 유희화 단계
- ⑧ 3단계 : 합리화 · 조직화 · 제도화가 진행되는 경기화 단계

스포츠의 개념

- ☞ 놀이는 자발적이고 일정한 규칙이 없이 자유롭게 하는 활동이고, 게임은 일정한 규칙이 있고 승부를 겨루는 활동이다.
- ☞ 스포츠는 일정한 규칙이 있고 제도화된 놀이 또는 게임 중에서 신체적인 경쟁을 통해서 승부를 가리는 활동이다.
- ☞ 체육은 신체를 통한 교육과 신체의 교육을 합한 것이다.
- ☞ 호모루덴스……네덜란드의 호이징거라는 학자가 '놀이하는 인간'이라는 의미로 한 말이다. 즉 인간은 놀이를 한다는 점이 동물과 다르고, 문명은 놀이에서 파생된 것이라는 주장을 말한다.

필수 및 심화 문제

■**사관** : 역사학자의 역사에 대한 인식으로, 과거의 사실을 취급하는 태도
■④의 역사 자료는 '사료(史料)'이다.

필수문제

01 체육사 연구에서 사관(史觀)에 관한 설명으로 적절하지 않은 것은?

① 유물사관, 관념사관, 진보사관, 순환사관 등이 있다.
② 체육 역사에 대한 견해, 해석, 관념, 사상 등을 의미한다.
③ 체육 역사가의 관점으로 다양한 과거의 역사적 사실을 해석한다.
④ 과거 체육과 관련된 사실을 담고 있는 역사 자료를 의미한다.

■④ 체육과 스포츠의 도덕적 가치판단에 대한 근거를 탐구하는 학문은 스포츠윤리학이다.
■체육사는
· 과거의 체육적 사실을 정확하게 설명 · 해석하려고 노력하는 것
· 체육과 스포츠를 역사적인 방법으로 연구하는 것
· 신체운동과 신체운동에 관련된 문제들을 거시적으로 고찰하는 학문

필수문제

02 체육사에 관한 설명으로 옳지 않은 것은?

① 연구대상은 시간, 인간, 공간 등이 고려된다.
② 체육과 스포츠를 역사적 방법으로 연구하는 학문이다.
③ 연구내용은 스포츠문화사, 전통스포츠사 등을 포함한다.
④ 체육과 스포츠의 도덕적 가치판단에 대한 근거를 탐구한다.

심화문제

03 보기에서 한국 체육사에 관한 설명으로 옳은 것만을 모두 고른 것은?(2024)

보기
ㄱ. 한국 체육과 스포츠의 시대별 양상을 연구한다.
ㄴ. 한국 체육과 스포츠를 역사학적 방법으로 연구한다.
ㄷ. 한국 체육과 스포츠에 관한 역사 기술은 사실 확인보다 가치 평가가 우선한다.
ㄹ. 한국 체육과 스포츠의 과거를 살펴보고, 이를 통해 현재를 직시하고 미래를 조방한다.

① ㄱ, ㄴ, ㄷ	② ㄱ, ㄴ, ㄹ
③ ㄱ, ㄷ, ㄹ	④ ㄴ, ㄷ, ㄹ

■체육과 스포츠에 관한 역사 기술은 가치판단보다는 사실 확인에 우선을 둔다.

정답 01 : ④, 02 : ④, 03 : ②

필수문제

04 보기에서 체육사 연구의 사료(史料)에 관한 설명으로 옳은 것만을 모두 고른 것은?

보기
㉠ 기록 사료는 문헌 사료와 구전 사료가 있다.
㉡ 물적 사료는 물질적 유산인 유물과 유적이 있다.
㉢기록 사료 중 민요, 전설, 시가, 회고담 등은 문헌 사료이다.
㉣전통적인 분류 방식에 따르면, 물적 사료와 기록 사료로 구분된다.

① ㉠, ㉡ ② ㉡, ㉢ ③ ㉠, ㉡, ㉣ ④ ㉡, ㉢, ㉣

■ **사료** : 역사 연구·고찰에 필요한 문헌, 유물, 문서, 기록, 건축, 조각 등의 단서 자료
■ ㉢은 구술사료이다.
■ ㉡ **물적 사료** : 유물·유적 등 현존하는 모든 상태의 물질적 유산인 기구·도구·예술품·생활용품 등의 유물과 건물·성곽·거주지 등의 유적
■ ㉣ **기록 사료** : 문헌 자료(고문서, 고문헌 등)와 구전 사료(민요, 전설, 시가, 회고담 등)

심화문제

05 체육사 연구에서 사료(史料)에 대한 설명으로 옳지 않은 것은?

① 유물, 유적 등의 유산은 물적 사료이다.
② 공문서, 사문서, 출판물 등은 문헌 사료이다.
③ 과거의 기억에 대한 증언 등은 구술 사료이다.
④ 각종 트로피, 우승기, 메달, 경기 복장 등은 구전 사료이다.

■ ④는 물적 사료임.

06 체육 관련 사료 중 문헌사료가 아닌 것은?

① 고구려 무용총 수렵도(狩獵圖) ② 무예도보통지(武藝圖譜通志)
③ 조선체육계(朝鮮體育界) ④ 손기정 회고록(回顧錄)

■ **문헌** : 옛날의 제도와 문물을 알 수 있는 증거가 되는 자료나 기록.
■ 고구려 무용총 수렵도는 기록(문헌)이 아니다.

필수문제

07 체육사 연구에서 사관(史觀)이 갖는 의미로 가장 적절한 것은?

① 체육의 현상을 개념화한다.
② 체육에 대한 기록으로의 역사와 사실로서의 역사를 기술한다.
③ 체육에 대한 문헌사료를 제시한다.
④ 역사가의 가치관에 따라 체육의 역사를 해석한다.

■ **사관** : 역사가의 역사에 대한 인식. 역사가의 가치관에 따라 기준이 달라지는 것.

필수문제

08 체육사의 연구영역에 해당되지 않는 것은?

① 통사적 · 세계사적 연구영역 ② 시대적 · 지역적 연구영역
③ 개별적 · 특수적 연구영역 ④ 현재적 · 미래적 연구영역

■ 현재나 미래는 역사의 연구영역이 아니다.

정답 04 : ③, 05 : ④, 06 : ①, 07 : ④, 08 : ④

심화문제

09 한국체육사 연구가 본격적으로 이루어진 시기에 대한 설명으로 바른 것은?

① 고려시대 ② 조선시대
③ 일제강점기 ④ 광복 이후

10 체육사의 연구내용에 대한 설명으로 옳지 않은 것은?

① 스포츠를 통해 시대별로 파생된 여러 문화 현상을 다룬다.
② 스포츠 경쟁의 도덕적 조건과 가치 있는 승리의 의미를 다룬다.
③ 스포츠의 기원 또는 발달 과정을 다룬다.
④ 스포츠 종목의 발생원인 및 조건을 다룬다.

■ ②는 스포츠윤리학의 연구내용이다.

필수문제

11 보기의 ㉠, ㉡에 들어갈 용어는?

보기
» 나현성의 『한국체육사』에 따른 시대 구분이다.
» 갑오경장(甲午更張) 이전은 무예를 중심으로 하는 (㉠)체육을 강조하였다.
» 갑오경장 이후는 「교육입국조서(敎育立國詔書)」를 중심으로 하는 (㉡)체육을 강조하였다.

① ㉠전통 ㉡근대 ② ㉠현대 ㉡전통
③ ㉠근대 ㉡전통 ④ ㉠전통 ㉡현대

■ 나현성은 한국체육사를 갑오경장(갑오개혁) 이전의 **'전통체육'**과 이후의 **'근대체육'**으로 구분하였다.

심화문제

12 보기의 ㉠~㉢에 들어갈 용어가 바르게 연결된 것은? (단, 시대 구분은 나현성의 방식을 따름)

보기
» (㉠) 이전은 무예를 중심으로 한 무사 체육 등의 (㉡) 체육을 강조하였다.
» (㉠) 이후는 「교육입국조서(敎育立國詔書)」를 통한 학교 교육에 기반을 둔 (㉢) 체육을 강조하였다.

	㉠	㉡	㉢
①	갑오경장(1894)	전통	근대
②	갑오경장(1894)	근대	전통
③	을사늑약(1905)	전통	근대
④	을사늑약(1905)	근대	전통

■ 위의 11번 문제 참조

정답 09 : ④, 10 : ②, 11 : ①, 12 : ①

한국체육사

13 체육사 연구에서 시대를 구분하는 이유로 가장 적절한 것은?

① 체육사의 종합적인 이해와 서술을 돕기 위해서
② 체육사의 옳고 그름을 판단하기 위해서
③ 체육사의 현재를 설명하기 위해서
④ 체육사의 사료를 비판하기 위해서

■ 체육사는 역사적 사실과 그당시의 정치·경제·문화·군사·지리적 환경 등과의 관계를 밝히는 종합적인 연구이다.

14 보기에 있는 여러 가지 활동 중에서 전통체육(근대체육과 대비)의 범주에 들어가는 것을 모두 고른 것은?

보기
㉠ 화랑의 군사훈련
㉡ 귀족층이 여유시간에 한 사냥과 유희
㉢ 서민층이 명절에 한 놀이와 오락
㉣ 갑오개혁 이후에 열린 운동회

① ㉠, ㉡
② ㉠, ㉡, ㉢
③ ㉠, ㉡, ㉢, ㉣
④ ㉠

■ 갑오개혁(갑오경장)을 중심으로 전통체육과 근대체육으로 나누기 때문에 갑오경장 이후에 열린 운동회에서 행한 것은 근대체육의 범주에 들어간다.

15 한국체육사의 시대 구분에 관한 내용으로 적절하지 않은 것은?

① 고대체육은 부족국가 및 삼국시대로 구분할 수 있다.
② 광복을 전후로 고대체육과 전통체육으로 구분할 수 있다.
③ 갑오경장을 전후로 전통체육과 근대체육으로 구분할 수 있다.
④ 고대체육, 중세체육, 근대체육, 전통체육으로 구분할 수 있다.

■ 한국체육사의 시대 구분은 **갑오경장**을 전후로 한다.

16 체육사의 시대 구분에 대한 설명으로 가장 올바른 것은?

① 기존의 구분방식을 그대로 따라야 한다.
② 역사가들의 임의적 수단이자 도구이다.
③ 역사 이해를 단절시키는 위험이 있다.
④ 지역과 주제에 따라서 변경할 수 없다.

■ 역사가들의 시대 구분은 자신의 판단에 의한다. 그러나 여러 역사가들이 공통적으로 구분하는 방법을 따르는 것이 원칙이다.

정답 13 : ①, 14 : ②, 15 : ②, 16 : ②

한국체육사

CHAPTER 02 선사 · 부족국가와 삼국시대의 체육

부족국가별 제천행사의 이름

ⓐ 고구려 – 동맹 : 천제대회
ⓐ 신라 – 가배
ⓐ 부여 – 영고 : 국중대회
ⓐ 동예 – 무천
ⓐ 마한 – 10월제

제천행사의 내용

☞ 각저(씨름), 수박(주먹으로 싸우기), 기마(말 타기), 사예(활쏘기), 격검(칼싸움)

☞ 부족사회의 생활……반구대의 암각화를 통해서 수렵, 어로, 제천행사 등을 했다는 것을 알 수 있다.

부족 간의 전쟁

ⓐ 제가(귀족 또는 호족)……출전(말을 타고 하는 전투)
ⓐ 장수……보전(걸어 다니면서 하는 전투)
ⓐ 하호……군량을 부담하는 사람
ⓐ 성년의식을 마친 사람 = 큰사람 = 부족을 위해서 봉사할 수 있는 사람

주술

☞ 무당(단골, 당골, 샤먼)……샤머니즘에 따라서 집단적인 기원(부족 전체가 바라는 것을 기원), 개인의 바람이 이루어지도록 기원, 치병(병을 낫게 하는 것), 해원(원한을 풀어주는 것), 천도기원(죽은 사람이 좋은 곳으로 가도록 길을 인도하는 것)을 행하는 사람, 즉 굿을 하는 사람이다.

선사시대의 체육

☞ 부모나 종교지도자가 소년들이 성인이 될 때까지 필요한 지식과 기술을 가르치는 데에서 비롯되었다.

☞ 체육교육은 평생교육으로 행해졌다.

☞ 체육교육의 목적은 부족방위를 위한 신체능력의 발달과 집단의식의 강화에 있었다.

고구려, 백제, 신라

국가의 기틀을 마련한 순서	고구려 → 백제 → 신라
전성기를 맞은 순서	백제 → 고구려 → 신라
망한 순서	백제 → 고구려 → 신라

☞ 유교와 불교의 도입으로 3국 모두 정치, 교육, 문화에 큰 영향을 받았다.

☞ 고구려는 중국과 계속해서 전쟁하면서 중국문화를 수용하여 한반도에 전달하였다.
» 제가회의(귀족회의)에서 왕권을 견제. 대대로(수상)

☞ 백제는 중국과 교역을 하면서 중국의 귀족문화를 수용하여 한반도와 일본에 전달하였다.
» 6좌평(귀족회의), 상좌평(6좌평의 대표)

☞ 신라는 계속해서 일본과 싸웠고, 후반기부터 중국과 직접 교역하기 시작하였다.
» 화백회의(귀족회의), 상대등(화백회의 대표)

☞ 세 나라는 서로 경쟁(대립)하기도 하고 협력하기도 하였다.

※씨족사회에서 고대국가로 발전하는 과정
ⓐ 부족사회→군장국가→연맹왕국→고대국가

삼국시대의 교육

고구려	» 태학 : 상류층 자제를 대상으로 국가의 관리를 양성함. » 경당 : 평민층 자제를 대상으로 경전과 활쏘기를 교육함.
백제	» 고흥 박사 : 한자로 역사를 기록하기 시작. » 왕인 박사 : 일본에 천자문과 논어를 전수. » 모시박사, 의박사, 역박사, 오경박사가 있었음.
신라	» 화랑도 : 국선도, 풍류도, 원화도. 주행천하를 통해서 군사적인 수련과 심신의 수련. » 국학 : 유학의 교수 및 연구, 귀족의 자제를 대상으로 관리를 양성함.

1 삼국시대의 무예

기마술, 활쏘기

2 삼국시대의 오락(유희)

- 각저(각력, 각희, 상박, 쟁교, 솔교)=씨름
- 격구=폴로 또는 필드하키
- 축국(농주, 기구)=축구, 가죽주머니로 공을 만들었다.
- 석전(변전, 편전, 편싸움)=돌팔매 싸움
- 마상재(곡마, 말놀음, 말광대)=말 위에서 재주를 부리는 것
- 수박(권법), 방응(매사냥), 추천(그네뛰기)
- 투호(화살을 항아리에 던져 넣기), 저포(윷놀이), 위기(바둑)
- 쌍륙(2벌의 윷과 30개의 말을 가지고 하는 놀이)
- 줄다리기, 줄타기, 술래잡기, 널뛰기, 제기차기, 설마, 죽마

삼국시대의 체육활동

편력	산 속에 들어가 신체적 고행을 통해서 신체와 정신을 강화하고, 영적인 힘을 얻고자 했던 수련활동.
주행천하	명산대천을 순례하며 군사적인 수련과 심신수련을 하는 것.
기사	말을 타고 달리면서 활을 쏘는 것.
불국토 사상	국토를 신성하고 존엄하게 생각하며, 목숨을 걸고 국토를 지켜 내야 한다는 사상

화랑도의 세속5계

사군이충	임금을 충성으로 모시고
사친이효	부모님을 효로 모시고
교우이신	친구를 믿음으로 사귀고
임전무퇴	전장에서는 물러남이 없고
살생유택	사람이나 동물을 죽일 때는 때와 장소를 가려서 죽여야 한다.

위생사상

- 모든 질병과 액운을 신의 노여움 때문이라고 생각하여 제사로 면하려고 하였다.
- 불교가 도입되면서 독경과 기도를 통해서 병을 치료하려고 하였다.
- 한의학이 전래되어 한의술에 의한 치료도 있었다.

필수 및 심화 문제

■원시사회에서 일정 연령에 도달한 소년소녀에게 그 사회의 구성원으로 필요한 규칙·규범·가치, 부족의 생활에 필요한 기술·지식 등을 가르친 것이 **성년의식**이다.
■**영고** : 부여에서 매년 12월에 행하던 제천행사
■**무천** : 동예에서 매년 음력 10월에 하늘에 제사 지내고 높은 산에 올라가 놀던 행사
■**동맹** : 고구려에서 매년 10월에 열던 추수감사제이자 국중대회

필수문제

01 보기에 해당하는 부족국가시대 신체활동의 목적은?(2024)

> 보기
> 중국 역사 자료인 『위지·동이전(魏志東夷傳)』에 따르면, "나이 어리고 씩씩한 청년들의 등가죽을 뚫고 굵은 줄로 그곳을 꿰었다. 그리고 한 장(一丈) 남짓의 나무를 그곳에 매달고 온종일 소리를 지르며 일을 하는데도 아프다고 하지 않고, 착실하게 일을 한다. 이를 큰사람이라 부른다."

① 주술의식 ② 농경의식 ③ 성년의식 ④ 제천의식

심화문제

02 부족국가시대 신체문화의 모습이 아닌 것은?

① 제천행사 ② 성인식 ③ 체육대회 ④ 궁술

필수문제

03 보기에서 신체활동이 행해진 제천의식과 부족국가가 바르게 연결된 것만을 모두 고른 것은?(2024)

■부족국가별 제천행사의 이름
· 고구려-동맹 : 천제대회
· 부여-영고 : 국중대회
· 신라-가배
· 동예 – 무천
· 마한 – 10월제

> 보기
> ㄱ. 무천-신라 ㄴ. 가배-동예
> ㄷ. 영고-부여 ㄹ. 동맹-고구려

① ㄱ, ㄴ ② ㄷ, ㄹ ③ ㄱ, ㄴ, ㄹ ④ ㄴ, ㄷ, ㄹ

심화문제

04 보기의 ㉠, ㉡에 들어갈 알맞은 용어는?

> 보기
> 선사시대에는 애니미즘(animism, 만유정령설)에 대한 믿음을 바탕으로 놀이와 신체활동이 포함된 제천의식을 시행하였다. 부족국가와 삼국시대의 제천의식으로는 부여의 영고, 동예의 무천, 고구려의 (㉠), 신라의 (㉡)이/가 있었다.

	㉠	㉡
①	가배	동맹
②	동맹	10월제
③	동맹	가배
④	가배	10월제

■부족국가별 제천행사는 고구려의 동맹, 신라의 가배, 부여의 영고, 동예의 무천, 마한의 10월제이다.

정답 01 : ③, 02 : ③, 03 : ②, 04 : ③

필수문제

05 부족국가시대의 저포(樗蒲)에 관한 설명으로 옳은 것은?

① 위기(圍棋)라는 용어로 불리기도 하였다.
② 제천의식과 관련된 대표적인 민속놀이였다.
③ 두 사람이 서로 맞잡고 힘을 겨루는 경기였다.
④ 달리는 말 위에서 여러 가지 동작을 행하는 경기였다.

■ 저(가죽나무)와 포(부들)의 열매로 만든 주사위를 던져서 그 사위(貴采 : 주사위나 윷놀이에서 목적한 끗수)로 승부를 다투는 놀이(윷놀이)

심화문제

06 보기에서 설명하고 있는 부족국가 시대의 민속스포츠는?

보기
» 여러 사람이 모여 즐기던 놀이 중 하나로 지금까지 행해지고 있다.
» 저포라는 용어로 지칭되었다.
» 다섯 개(현재 4개)의 나무막대기를 이용하여 승부를 겨루는 놀이이다.

① 윷놀이 ② 투호 ③ 추천 ④ 수박

■ 보기는 삼국시대 민속놀이의 하나인 윷놀이(저포)에 대한 설명이다.
■ **투호** : 일정 거리에 놓인 항아리에 화살을 던져 넣는 놀이
■ **추천** : 그네뛰기
■ **수박** : 맨손과 발을 이용한 격투기

07 보기에서 설명하는 민속놀이는?

보기
» 사희(柶戱)라고도 불리었다.
» 부여의 사출도(四出道)라는 관직명에서 유래되었다.
» 남녀노소 누구나 즐길 수 있으며, 장소에 크게 구애받지 않은 놀이였다.

① 바둑 ② 장기 ③ 윷놀이 ④ 주사위

■ 윷놀이는 사희(柶戱), 척사희(擲柶戱), 저포(樗蒲)로 불렸다.

필수문제

08 보기에서 설명하는 부족국가시대의 신체활동은?

보기
» 두 사람이 맨손으로 허리의 띠를 맞잡고 힘과 기를 겨루어 넘어뜨리는 경기이다.
» 현재 국가무형문화재 제131호로 지정되었다.

① 수박(手搏) ② 각저(角觝) ③ 격검(擊劍) ④ 사예(射藝)

■ 씨름을 각저, 권법을 수박이라 하였다.

정답 05 : ②, 06 : ①, 07 : ③, 08 : ②

필수문제

09 부족국가 시대의 신체활동에 대한 설명으로 옳지 않은 것은?

① 제천행사와 민속놀이가 있었다.
② 교육적 신체활동으로 궁술과 기마술이 있었다.
③ 생존과 연관된 사냥 활동이 있었다.
④ 신체미 숭배사상이 제천의식의 목적이었다.

■ 부족국가의 제천의식은 부족 전체의 행사로서 농공의 소원을 기원하고, 그 수확에 감사하는 의식이었다.

심화문제

10 선사 · 부족국가시대의 체육활동과 관련된 것을 짝지은 것이다. 잘못 짝지어진 것은?

① 반구대의 암각화–수렵, 어로
② 고구려의 주몽–활
③ 무당–사머니즘
④ 성년의식–군량 부담

■ 성년의식을 통과하면 큰사람이라고 하였다. 군량을 부담한 사람은 하호였다.

11 선사시대 신체활동의 특징으로 올바른 것은?

① 식량 획득의 수단이자 몸을 지키는 전투기술이었다.
② 신체건강을 유지하는 수단이었다.
③ 인간성 회복을 위한 체육활동이었다.
④ 다양한 스포츠활동을 즐겼다.

필수문제

12 보기의 괄호 안에 들어갈 용어는?

보기
삼국시대에는 오늘날 체육의 한 유형인 각종 무예 교육이 시행되었다. 고구려의 대표적인 무예는 (㉠)과 궁술이다. 평민층 교육기관인 경당의 주된 교육내용은 경서 암송과 (㉡)이다.

① ㉠ 기마술, ㉡ 궁술
② ㉠ 기창, ㉡ 수박
③ ㉠ 기창, ㉡ 축국
④ ㉠ 기마술, ㉡ 방응

■ **기마술과 궁술** : 삼국시대의 무예인 기마술과 궁술은 고려시대로 이어졌다.
■ **기창** : 말을 타고 창으로 목표물 찌르기
■ **방응** : 매를 훈련시켜 사냥하는 것
■ **축국** : 가죽으로 만든 공을 발로 차는 게임

정답 09 : ④, 10 : ④, 11 : ①, 12 : ①

필수문제

13 보기의 ㉠에 해당하는 용어는?

보기
『구당서(舊唐書)』에 따르면, "고구려의 풍속은 책 읽기를 좋아하며, 허름한 서민의 집에 이르기까지 거리에 큰 집을 지어 이를 (㉠)이라고 하고, 미혼의 자제들이 여기에서 밤낮으로 독서하고 활쏘기를 익힌다."라고 되어 있다.

① 태학 ② 경당 ③ 향교 ④ 학당

■② **경당** : 고구려 때 각 지방에 설립한 사학기관으로, 평민층의 미혼 남녀에게 경학(經學)과 문학, 무예를 가르친 곳
■① **태학** : 고구려의 교육기관. 귀족 자제를 교육하여 관리 양성을 목적으로 함.
■③ **향교** : 고려 · 조선시대 지방에 설치된 교육기관. 유학의 전파와 지방민 교화를 목적으로 함.
■④ **학당** : 지방의 향교와 유사한 교육기관.

필수문제

14 보기에서 삼국시대의 무예에 관한 설명으로 옳은 것만을 모두 고른 것은?(2024)

보기
ㄱ. 신라: 궁전법(弓箭法)을 통해 인재를 등용하였다.
ㄴ. 고구려 : 경당(扃堂)에서 활쏘기 교육이 이루어졌다.
ㄷ. 백제: 훈련원(訓鍊院)에서 무예 시험과 훈련이 행해졌다.

① ㄱ, ㄴ ② ㄱ, ㄷ
③ ㄴ, ㄷ ④ ㄱ, ㄴ, ㄷ

■**궁전법** : 신라에서는 활쏘기로 인재를 등용함.
■**경당** : 3국시대의 고구려 민간 교육기관. 경전 독서, 활쏘기 연습 등을 하였음.
■**훈련원** : 조선 시대에 군사의 시재(試才), 무예연습, 병서 강습 등을 하던 관아

심화문제

15 다음 중 삼국시대 교육단체 및 기관의 연결이 잘못된 것은?

① 백제 – 국학 ② 신라 – 화랑도
③ 고구려 – 태학 ④ 고구려 – 경당

■백제의 교육제도는 박사제도이다.

16 국토를 신성하고 존엄하게 생각하며, 목숨을 걸어서라도 국토를 지켜내야 한다는 사상은?

① 불국토 사상 ② 제국주의 사상
③ 국가주의 사상 ④ 향토주의 사상

■불국토사상은 이 땅이 곧 불국토(佛國土)라는 것을 믿고 강조한 신라 특유의 불교관을 말한다.

정답 13 : ②, 14 : ①, 15 : ①, 16 : ①

필수문제

17 삼국시대 민속놀이의 명칭이 바르게 연결된 것은?

① 석전(石戰) – 제기차기
② 마상재(馬上才) – 널뛰기
③ 방응(放鷹) – 매사냥
④ 수박(手搏) – 장기

■ **석전** : 돌팔매 싸움
■ **마상재** : 말 위에서 재주 부리는 것
■ **수박** : 맨손과 발로 하는 격투기

필수문제

18 보기는 삼국시대의 유희 · 오락을 설명한 것이다. 그 이름이 옳은 것은?

보기
㉠ 가죽주머니로 공을 만들어서 차는 놀이
㉡ 변전, 편전, 편쌈이라고도 한다.
㉢ 매사냥이다.
㉣ 오늘날의 씨름과 유사하다.

① 수박–각저–석전–방응
② 격구–석전–방응–각저
③ 축국–석전–방응–각저
④ 격구–수박–각저–방응

■ ㉠은 축국, ㉡은 석전, ㉢은 방응, ㉣은 각저

심화문제

19 보기에서 설명하는 신체활동은?

보기
» 가죽 주머니로 공을 만들어 발로 차는 놀이였다.
» 한 명, 두 명, 열 명 등 다양한 형식으로 실시되었다.
» 〈삼국사기(三國史記)〉와 〈삼국유사(三國遺事)〉에 따르면 김유신과 김춘추가 이 신체활동을 하였다.

① 석전(石戰)
② 축국(蹴鞠)
③ 각저(角抵)
④ 도판희(跳板戲)

20 보기에서 민속놀이와 주요 활동 계층이 바르게 연결된 것으로만 묶인 것은?

보기
㉠풍연(風鳶) –귀족
㉡격구(擊毬)–서민
㉢방응(放鷹) –귀족
㉣추천(鞦韆)–서민

① ㉠, ㉡
② ㉢, ㉣
③ ㉠, ㉣
④ ㉡, ㉢

■ ㉠ 풍연(연날리기) – 서민
■ ㉡ 격구(폴로 또는 필드하키) – 귀족
■ ㉢ 방응(매사냥) – 귀족
■ ㉣ 추천(그네타기) – 서민

정답 17 : ③, 18 : ③, 19 : ②, 20 : ②

21 **삼국시대 민속놀이에 대한 설명으로 옳은 것은?**

① 저포(樗蒲)는 나무로 만든 막대기(주사위)를 던져서 승부를 겨루는 놀이이다.
② 축국(蹴鞠)은 말 위에서 여러 동작을 보이는 것이다.
③ 추천(鞦韆)은 화살 같은 막대기를 일정한 거리에서 항아리나 병 안에 넣는 놀이이다.
④ 투호(投壺)는 동편과 서편으로 나누어 돌팔매질 방법으로 승부를 겨루는 놀이이다.

■축국은 공차기, 추천은 그네타기, 투호는 화살을 항아리에 던져넣기이다.

22 **삼국시대 여자놀이의 하나로 축판희, 도판희(跳板戲) 등으로 불리어진 놀이는?**

① 숨바꼭질 ② 널뛰기
③ 술래잡기 ④ 그네뛰기

■도판희는 판자 위에서 뛰는 놀이이다. 널뛰기를 축판희 또는 도판희라고 하였다.

23 **삼국시대 민속스포츠에 대한 설명으로 옳은 것은?**

① 쌍륙(雙六) – 공을 발로 차던 공차기 놀이임
② 축국(蹴鞠) – 변전, 편전, 편쌈이라고 도 함
③ 각저(角抵) – 말을 타고 숟가락처럼 생긴 막대기로 공을 쳐서 상대방의 문에 넣는 놀이임
④ 마상재(馬上才) – 말 위에서 여러 동작을 보이는 것으로 곡마, 말놀음, 말광대라고도 함

24 **삼국시대 민속놀이에 대한 설명으로 옳은 것은?**

① 윷놀이는 두 사람이 맞잡고 힘을 겨루는 경기이다.
② 장기는 나무 막대로 만든 주사위를 던져서 승부를 겨루는 놀이이다.
③ 마상재는 화살 같은 막대기를 일정한 거리에서 항아리나 병 안에 넣는 놀이이다.
④ 방응은 사나운 매를 길러 꿩이나 새를 사냥하는 일종의 수렵활동이다.

25 **삼국시대에 시행된 민속스포츠에 대한 설명으로 옳은 것은?**

① 격구 : 돌팔매질을 하여 승부를 겨룬다.
② 축국 : 매를 길들여 사냥한다.
③ 각저 : 두 사람이 맞잡고 힘을 겨룬다.
④ 방응 : 막대기로 공을 쳐서 상대편의 문에 넣는다.

■①은 석전, ②는 방응, ④는 격구에 관한 설명이다.

정답 21 : ①, 22 : ②, 23 : ④, 24 : ④, 25 : ③

26 삼국시대의 편력에 대한 설명으로 바르지 않은 것은?

■ 편력은 산속에 들어가 신체적 고행을 통해서 신체와 정신을 강화하고, 영적인 힘을 얻고자 했던 화랑도의 수련활동이다.

① 편력은 석전이다.
② 편력은 야외활동이다.
③ 편력은 화랑도의 교육방식이다.
④ 편력은 음악과 신체활동을 포함하고 있다.

27 산 속에 들어가 신체적 고행을 통해서 신체와 정신을 강화하고, 영적인 힘을 얻고자 했던 수련활동은?

■ 주행천하는 명산대천을 순례하며 군사적인 수련과 심신수련을 하는 것이고, 기사는 말을 타고 달리면서 활을 쏘는 것이다.

① 주행천하 ② 입산수행
③ 편력 ④ 기사

28 보기의 괄호 안에 들어갈 공통된 용어는?

> 보기
> 삼국시대에는 무사훈련을 위해 기마술과 (　　)을/를 매우 중요시하였다. 고구려의 경당에서는 (　　)을/를 교육하였으며, 백제 또한 (　　)을/를 임금이나 백성이 갖추어야 할 중요한 자질의 하나로 취급하였다.

① 검술 ② 축국 ③ 활쏘기 ④ 각저

필수문제

29 보기에서 화랑도에 관한 설명으로 옳은 것만을 모두 고른 것은?

■ ㉠ 화랑도는 신라 진흥왕 때 종래의 화랑제도를 개편하여 체계화시켰음.

> 보기
> ㉠ 법흥왕 때에 종래 화랑도 제도를 개편하여 체계화되었다.
> ㉡ 한국의 전통사상과 세속오계(世俗五戒)를 근간으로 두었다.
> ㉢ 국선도(國仙徒), 풍류도(風流徒), 원화도(源花徒)라고도 불리었다.
> ㉣ 편력(遍歷), 입산수행(入山修行), 주행천하(周行天下) 등의 활동을 했다.

① ㉠, ㉡ ② ㉡, ㉢
③ ㉠, ㉡, ㉣ ④ ㉡, ㉢, ㉣

필수문제

30 신라 화랑도의 세속오계(世俗五戒)에 해당하는 것은?

■ **세속오계** : 신라 진평왕 때 승려 원광이 화랑들에게 일러준 다섯 가지 계율
· 사군이충(事君以忠)
· 사친이효(事親以孝)
· 교우이신(交友以信)
· 임전무퇴(臨戰無退)
· 살생유택(殺生有擇)

① 부자유친(父子有親) ② 사군이충(事君以忠)
③ 장유유서(長幼有序) ④ 붕우유신(朋友有信)

정답 26 : ①, 27 : ③, 28 : ③, 29 : ④, 30 : ②

필수문제

31 보기에서 설명하는 화랑도의 정신은?

보기
» 사군이충(事君以忠) : 충성심으로 임금을 섬김
» 사친이효(事親以孝) : 효심으로 부모를 섬김
» 교우이신(交友以信) : 신의를 바탕으로 벗을 사귐
» 살생유택(殺生有擇) : 생명체를 함부로 죽이지 않음
» 임전무퇴(臨戰無退) : 전쟁에 임할 때는 후퇴를 삼가함

① 삼강오륜(三綱五倫) ② 사단칠정(四端七情)
③ 세속오계(世俗五戒) ④ 문무겸비(文武兼備)

■ 삼강
· 군위신강(君爲臣綱)
· 부위자강(父爲子綱)
· 부위부강(夫爲婦綱)
■ 오륜
· 부자유친(父子有親)
· 군신유의(君臣有義)
· 부부유별(夫婦有別)
· 장유유서(長幼有序)
· 붕우유신(朋友有信)
■ 사단(四端) : 맹자가 실천도덕의 근간으로 삼은 것
· 측은지심(惻隱之心)
· 수오지심(羞惡之心)
· 사양지심(辭讓之心)
· 시비지심(是非之心)
■ 칠정(七情) : 《예기》와 《중용》에 나오는 희(喜), 노(怒), 애(哀), 구(懼), 애(愛), 오(惡), 욕(慾)을 말함.

심화문제

32 보기의 괄호 안에 들어갈 용어는?

보기
신라 화랑은 야외활동을 통해서 호연지기를 함양하고, (㉠)에 대한 신성함과 존엄성을 교육받았다. 이를 (㉡)이라고 한다.

① ㉠ 편력, ㉡ 신체미 숭배 사상 ② ㉠ 풍류, ㉡ 심신일체론 사상
③ ㉠ 국선, ㉡ 세속오계 사상 ④ ㉠ 국토, ㉡ 불국토 사상

■ 신라 화랑들이 받은 국토에 대한 '신성함'과 '존엄성'에 대한 교육이 **'불국토 사상'**이다.

33 화랑도의 교육방법에 관한 설명으로 옳지 않은 것은?

① 입산수행은 화랑도 교육활동의 하나였다.
② 심신일체론적 사상을 바탕으로 전인 교육을 지향하였다.
③ 편력(遍歷)은 명산대천을 돌아다니며 수련하는 야외활동이었다.
④ 삼강오륜(三綱五倫)의 붕우유신(朋友有信)을 바탕으로 도의 교육을 실시하였다.

■ 화랑도는 세속오계에 바탕을 두고 문무겸전 인재양성을 목적으로 교육하였다.

34 신라 화랑의 체육사상으로 옳지 않은 것은?

① 신체의 미(美)와 탁월성을 중시하였다.
② 불국토사상은 편력활동과 연계되었다.
③ 신체관은 심신일체론에 바탕을 두었다.
④ 임전무퇴는 개인을 위한 계율이었다.

■ 임전무퇴는 어떠한 어려움이 있더라도 기어이 싸운다는 뜻으로, 국가를 위하여 목숨 바쳐 싸운다는 의미이다.

정답 31 : ③, 32 : ④, 33 : ④, 34 : ④

35 **보기에서 설명하는 화랑도의 신체활동은?**

> 보기
> 신라 화랑들은 명산대천(名山大川)을 두루 돌아다니며 야외활동의 과정에서 시(詩)와 음악을 비롯한 각종 신체수련 활동을 하였다.

■수렵은 짐승사냥이 목적이다.
■편력(p. 9 참조)

① 기마술(騎馬術) ② 궁술(弓術) ③ 편력(遍歷) ④ 수렵(狩獵)

36 **화랑도(花郞徒)에 대한 설명으로 옳지 않은 것은?**

■원효대사가 아니라 원광법사가 세속오계를 만들었다.

① 원효(元曉)의 세속오계(世俗五戒)를 기본 정신으로 하고 있다.
② 단체생활을 통해 심신을 연마하였다.
③ 편력(遍歷)이라는 야외교육 활동을 수행하였다.
④ 풍류도(風流徒), 국선도(國仙徒), 원화도(源花徒)라고도 하였다.

37 **신라의 화랑도에 대한 내용으로 올바르지 않은 것은?**

■활인심방은 퇴계 이황이 저술하였다.

① 귀족자제들이 참여하였다.
② 심신의 조화로운 인간상을 지향하였다.
③ 활인심방이라는 보건체조를 실시하였다.
④ 무예수련을 통해 인재를 양성하였다.

38 **화랑도에 관한 설명으로 옳지 않은 것은?**

■화랑도는 귀족 출신의 청소년들을 훈련시켰다.

① 진흥왕 때에 조직이 체계화되었다.
② 세속오계는 도의교육(道義教育)의 핵심이었다.
③ 신체미 숭배 사상, 국가주의 사상, 불국토 사상이 중시되었다.
④ 서민층만을 대상으로 한 청소년단체로서 문무겸전(文武兼全)을 추구하였다.

39 **신라시대 화랑도에 대한 설명으로 맞지 않은 것은?**

■② 서민을 대상으로 경학과 무예를 가르친 곳은 고구려의 경당이다.

① 세속오계(世俗五戒)
② 서민을 대상으로 경서와 활쏘기를 익히는 교육목적 수행
③ 심신일원론적 사상에 기반한 전인교육 지향
④ 편력이라는 야외교육활동 수행

정답 35 : ③, 36 : ①, 37 : ③, 38 : ④, 39 : ②

고려시대와 조선시대의 체육

고려시대의 사회 특성

- ☞ 고려는 호족들이 연합하여 구성한 국가였으며, 과거제도를 도입하였다.
- ☞ 불교는 수신의 도, 유교는 치국의 도였다.
- ☞ 금속활자를 발명하였고, 도자기 기술이 발달하여 고려청자 등을 만들었다.
- ☞ 저술활동이 활발하여 삼국사기와 같은 역사책을 썼다.
- ☞ 초기에는 무신들이 득세하였으나, 전체적으로는 무반을 천시하고 문반을 우대하였다.
- ☞ 상류층은 호족, 중류층은 군인, 하류층은 평민이었고, 맨 밑의 계급은 천민과 노예였다.

고려시대의 교육제도

1 국자감

- ☞ 최고의 교육기관으로 개경에 있었고, 7재를 가르쳤다.
- ☞ 1재에서 6재까지는 유학을 가르쳤고, 7재인 강예재는 무예를 가르쳤다.
- ☞ 6개의 학과인 6학이 있었다.
- ☞ 국자학, 태학, 사문학은 유학을 가르치는 학과였다.
- ☞ 율학, 서학, 산학은 실무직 기술을 가르치는 학과였다.
- ☞ 국자학은 3품 이상의 자손, 태학은 5품 이상의 자손, 사문학은 7품 이상의 자손, 기술학과에는 8품과 서민의 자손을 입학시켰다.

2 향교

- ☞ 지방의 군 단위까지 있던 교육기관. 유학의 전파와 지방민의 교화가 목적이었다.
- ☞ 유교의 경전을 주로 가르쳤고, 8품과 서민을 입학시켰다.

3 학당

- ☞ 국자감의 부속학교 형태였으므로 문묘를 설치하지 않았다.
- ☞ 개경에 동부학당과 서부학당이 있었고, 지방에 있는 향교와 같은 수준의 교육기관이었다. 즉, 개경에 사는 서민들의 자손들을 공부시키려고 만든 학교이다.
- ☞ 고려 말에는 동부/서부/남부/북부/중부의 5부 학당을 설립하려 했으나 북부학당은 설립하지 못하였다.

4 도

- ☞ 문과에 급제하여 관직에 있던 사람들이 은퇴한 후에 후학을 가르치기 위해서 사비로 세운 학교이다. 전국에 12개의 도가 있었기 때문에 보통 '12도'라고 한다.
- ☞ 관립 교육기관인 국자감과 향교가 부진하였고, 도를 세운 사람들은 권위가 있고 학생들을 잘 가르쳤기 때문에 도가 성행하였다.

5 서당

☞ 고구려의 지방 사립학교였던 경당이 이어진 것으로 추정된다.

☞ 서민의 자손들이 서당에서 공부하였다.

☞ 국자감, 향교, 학당은 정부에서 세운 관립학교이었고, 도와 서당은 사립학교였다.

6 문묘

☞ 공자나 맹자 같은 중국의 유명한 유교학자와 우리나라에서 유명한 유교학자들의 위폐를 모셔놓고 봄/가을로 제사를 지내던 곳. 학생들이 본을 보아서 공부를 열심히 하라는 뜻으로 당시의 국자감이나 향교에 설치하였다.

고려의 과거제도

과거제도는 시험을 보아서 관리를 뽑는 제도로, 우리나라와 중국에만 있었던 제도

▶ 과거시험의 종류

제술업	현재의 논술고사와 비슷한 것으로, 시 쓰기나 글짓기 시험으로 선발하였고, 합격자는 진사라고 불렀다. 고급관리로 등용하였다.
명경업	유교의 경전 내용을 시험으로 보았고, 합격자는 중급관리가 되었다.
잡업	기술관을 뽑는 시험이었다.

⑧ 제술업과 명경업이 문관을 뽑는 시험이었지만, 활쏘기와 말타기도 시험을 보았다. 그래서 고려시대에는 문과에 합격한 사람을 장군(장수)으로 임명하는 경우도 많았다.

고려시대의 체육

강예재	국자감에서 무예를 가르쳐서 장수로 등용한 것으로 추정된다.
향사례	지방에 있는 향교에서 그 지방사람 중에서 효(孝)·제(悌)·충(忠)·신(信)[효도·우애·충성·신의]하고 예의를 좋아하는 사람을 봄과 가을에 모셔다가 서로 인사하고, 술 마시고, 활을 쏘고, 노래하며 즐기던 행사. 마을 사람들과 학생들에게 존경심을 길러주고 본받게 하려는 것이 목적이었다.

무예체육

수박	일종의 격투기로 관람을 위한 경기로 행해졌다. 무인들에게 적극적으로 권장되었다. 경기에서 이긴 사람에게 관직을 주기도 했다.
궁술	삼국시대의 전통이 이어져 왔다. 무인은 물론이고 문인도 심신수양과 인격도야의 한 방법으로 중하게 여겼다.
마상재	말을 타고 여러 가지 자세나 재주를 보여주는 것. 말타기는 6가지 예절 중 하나인 어(御)로 군자의 덕목 중 하나였다.
격구	페르시아의 폴로에서 유래되었다고 하나 우리나라에서는 신라시대부터 이미 행해진 것으로 알려져 있다. 고려시대에는 말타기를 익히기 위한 수단으로 장려되었고, 무인과 귀족들이 말을 타고 넓은 구장에서 경기를 했다.

고려시대의 민속놀이와 오락

각종 무예에 경기적인 요소를 가미시켜서 관람용 놀이나 민속놀이로 발전시켰다.

격구	페르시아의 폴로에서 유래되었다고 하나 우리나라에서는 신라시대부터 이미 행해진 것으로 알려져 있다. 고려시대에는 말타기를 익히기 위한 수단으로 장려되었고, 무인과 귀족들이 말을 타고 넓은 구장에서 경기를 했다.
방응(매사냥)	신라시대부터 행해졌고 고려시대에는 아주 성행하였다. 왕이나 귀족들의 오락 겸 스포츠였다.
투호	손으로 화살을 던져서 항아리 안에 넣는 경기. 왕실과 귀족사회의 놀이였다.
축국	발로 공을 차는 경기. 오늘날의 축구와 유사하다.
각저(씨름)	삼국시대부터 행해져오던 민속경기. 각력, 상박, 각희 등으로 불렸다.
추천(그네타기)	단오절에 주로 서민들이 하던 놀이였다.
풍연(연날리기)	삼국시대부터 군사적 목적이나 놀이로서 행해져 왔다.
석전(돌팔매 싸움)	척석희라고도 한다.
쌍륙	2개의 주사위를 던져서 하는 놀이

조선시대의 사회 특성

- 불교를 배척하고 유교를 숭상하는 배불숭유를 국가이념으로 하였다.
- 주자가 쓴 가정에서 지켜야 할 예법서인 주자가례를 국민의 규범으로 삼았고, 삼강오륜은 도덕적 법칙으로 여겼다.
- 모든 국민이 병역의 의무를 지는 병농일치 제도를 근간으로 하였으므로 양인 이상은 모두 병역의무가 있었다. 평소에도 무예를 연마하고 무기를 집에 가지고 있도록 하였다.
- 신분은 크게 왕족, 양인, 천민으로 나뉘었다.
- 양인은 다시 양반, 중인, 상인(常人, 서민)으로 나뉘었다.
- 중인은 의원과 (통)역관 등 전문직 종사자와 관청에서 일하는 사람들이었다.
- 상인은 농업, 어업, 상업, 수공업에 종사하는 사람들이었다.
- 노비와 백정과 같이 천한 일에 종사 하는 사람들이 천민이었다.

조선시대의 교육제도

1 유학교육

성균관	고려시대의 국자감과 같이 성균관에서 사서오경 등 경전을 가르쳤다.
4부 학당	서울에 설치한 중등교육기관으로, 고려시대의 5부학당과 비슷함.
향교	지방에 설치한 중등교육기관
서당	지방에 설치한 초등교육기관
서원	고려의 12도와 비슷한 사립교육기관

2 무학교육

☞ 훈련원……병사들을 훈련시키기 위해 설치된 관서. 주임무는 시취와 연무임.
  ⓐ 시취 : 무과시험 주관
  ⓐ 연무 : 군사력의 유지 · 발전을 위한 일

☞ 사 정……활쏘기 연습장
  ⓐ 관설사정 : 영 · 주 · 부 · 목 · 군 · 현의 소재지에 설치된 장대, 연무대, 관덕정 등
  ⓐ 민간사정(사설 사정) : 풍소정, 등룡정, 등과정, 운룡정 등

3 기술교육(잡과교육)

☞ 기술교육기관……역과(통역), 율과(법률), 의과(의학), 음양과(천문학) 등

조선시대의 과거제도

1 문과 과거제도

소과	사서오경으로 시험하는 생원과와, 문장으로 시험하는 진사과가 있었다. 사부학당과 향교에서 소과의 첫 번째 시험인 초시를 보았다. 초시에 합격하면 서울에 모여서 두 번째 시험인 복시를 치렀다. 복시에 합격한 사람을 생원 또는 진사라고 불렀고, 진사가 되어야 성균관 입학시험 응시자격을 주었다.
대과	성균관에서 공부를 마친 학생들에게 대과에 응시할 수 있는 자격을 주었다. 대과의 시험은 초시, 복시, 전시 3단계로 치렀다. 전시의 성적에 따라 갑, 을, 병으로 분류하여 벼슬을 주었다.

2 무과 과거제도

☞ 3년마다 정규적으로 실시되는 식년무과와, 비정기적으로 실시하는 증광시, 별시, 정시 등이 있었다.

☞ 식년무과는 초시, 복시, 전시 3단계의 시험을 통해서 선발했다.

☞ 무과시험은 필기시험인 강서와 실기시험인 무예시험으로 구성되었다.

☞ 무예시험은 활쏘기(목전, 철전, 편전), 말 타기(기사, 기창), 격구가 있었다.

☞ 초시에는 무예시험만 보았고, 복시에는 강서시험과 무예시험을 모두 보았다.

조선시대의 체육

활쏘기	활쏘기는 무인에게는 시험과목으로, 문인에게는 덕을 함양하는 수단이었다. 성균관에서는 대사례, 지방에서는 향사례에서 활쏘기 시합을 하였다. 사정을 중심으로 이루어진 활쏘기 단체전(5인 이상)을 편사(편을 나누어서 하는 활쏘기 경기)라고 하였다.
격방	고려시대에 말을 타고 하던 것은 격구이고, 오늘날의 골프처럼 막대기로 공을 쳐서 구멍에 넣는 것은 격방이다.
방응과 투호	고려시대에 이어서 조선에서도 하였으며 귀족 스포츠가 되었다.
활인심방	퇴계 이황이 저술한 양생서[양생(養生) – 오늘날의 보건 또는 위생에 해당되는 개념을 조선시대에는 양생법이라 했다.]

조선시대의 무예

궁술	무예시험에서 활쏘기가 4종목이나 있었다.
격구	고려시대에는 귀족들의 놀이였으나 조선시대에는 무과시험의 시험과목이 되었다.
수박희	군인을 선발하는 시험과목이었다.

조선시대의 무술서

무예도보통지	정조의 명에 의해서 만든 책이다. 무예를 그림으로(圖譜) 가르쳐주는 책(通志)이라는 뜻이다. 24가지 무예가 있고, 활쏘기는 없다. 이유는 너무 활쏘기만 장려해서 왜적에게 패했다고 생각하였기 때문이다.
임원경제지	서유구가 저술한 책으로 조선 후기에 농업정책과 자급자족의 경제론을 편 실학적 농촌경제 정책서이다. 규장각도서로 16부분으로 나뉘어 있기 때문에 임원십육지 또는 임원경제십육지라고도 한다. 활쏘기를 과학적으로 설명한 내용이 있다.

조선시대의 민속놀이와 오락

조선시대에는 풍년을 기원하는 의례(기풍의례) 때 여러 가지 민속놀이가 행해졌다.

씨름	서민층의 민속놀이도 되었고, 군사들을 훈련시키는 방법으로도 이용되었다.
석전	정월 대보름, 사월초파일, 단오절에 주로 행해졌다. 풍속으로, 무예로, 구경거리로, 운동경기로 이용되었다.
연날리기	섣달그믐 무렵부터 정월보름까지 노소를 가리지 않고 행했다.
기타	줄다리기, 널뛰기, 그네뛰기, 윷놀이, 차전놀이 등

조선시대의 오락

장치기	긴 막대(장)로 나무를 깎아 만든 공을 쳐서 상대편의 문 안에 넣는 경기
종정도놀이	종이로 만든 말판 위에 조선시대의 관직명을 품과 종에 따라 순서대로 적어놓고, 박달나무를 5각으로 깎아 만든 알을 던져서 나오는 글 자에 따라 관직이 올라가거나 내려가는 놀이. 승정도, 종경도, 승경도라고도 한다.
기타	고누, 바둑, 장기, 제기차기, 팽이 돌리기, 썰매, 줄넘기 등

필수 및 심화 문제

■**관학**으로는 중앙에 국자감, 지방에 향교가 있었다. 학당은 순수한 유학교육기관으로 서민을 위한 교유기관이었으며 중앙에 있었다.
■**국자감**에서 7재를 가르쳤고, 6학4계급이 있었다.

필수문제

01 고려시대의 교육에 관한 내용이다. 옳은 것은?

① 관학은 중앙에 국자감, 지방에 향교가 있었다.
② 국자감과 향교는 중앙에 있던 관학이었다.
③ 지방에는 학당이 있었다.
④ 향교에는 7재라는 전문 강좌와 6학4계급이 있었다.

심화문제

02 고려시대의 사립교육기관인 12도에 대한 설명이다. 옳지 못한 것은?

① 당시에 유명했던 12개의 사학을 총칭해서 12도라고 한다.
② 관학인 국자감이 부진했기 때문에 12도가 발전하였다.
③ 과거 출신의 권위자들이 지도하였기 때문에 과거지망생들이 몰려들었다.
④ 무과에 장원급제한 무사가 최초로 설립하였다.

■문과에 장원급제한 최충이 최초로 최공도(문헌공도)를 세웠다.

03 고려시대 교육의 특징이라고 할 수 없는 것은?

① 관학의 발달 ② 사학의 발달
③ 유교적 정치이념 ④ 문치주의 교육

■관학으로 국자감, 향교, 학당을 설립하였으나 사학인 12도에 밀려서 관학이 활발하게 발달하지 못하였다.

04 고려시대 지방 교육기관으로서 궁사와 음악 교육 등이 이루어졌던 곳은?

① 향학 ② 7재 ③ 학당 ④ 국학

05 다음 중 고려시대의 관학(관립학교)이 아닌 것은?

① 국자감 ② 향교 ③ 학당 ④ 서당

■서당은 사학(사립학교)이다.

06 고려시대의 대표적인 국립교육기관으로 7재에 강예재를 두어 무예를 실시하였던 기관은?

① 국자감 ② 서당 ③ 서원 ④ 성균관

정답 01 : ①, 02 : ④, 03 : ①, 04 : ①, 05 : ④, 06 : ①

필수문제

07 보기는 고려시대의 체육을 설명한 것들이다. 옳은 것만 모두 고른 것은?

보기
㉠ 국자감에 7재를 두었는데, 그중에서 무학을 공부하는 것이 강예재였다.
㉡ 강예재를 통해서 장수를 양성한 것으로 보인다.
㉢ 지방에서는 향사례가 봄, 가을 두 차례씩 열렸다.
㉣ 향사례에 초청되는 주빈은 그 지방의 관리였다.
㉤ 향사례에서 손님과 주인이 즐겨하되 예의를 엄중하게 하였다.

① ㉠, ㉡, ㉢, ㉤　　② ㉠, ㉡, ㉢, ㉣, ㉤
③ ㉠, ㉡, ㉣　　④ ㉡, ㉢, ㉣

■ ㉣ 향사례에 주빈으로 초청된 사람은 부모에게 효도하고, 형제 간에 우애가 있으며, 임금에게 충성하고, 친구 사이에 믿음이 있고, 예의를 좋아하는 사람이었다.

필수문제

08 보기의 ㉠, ㉡에 해당하는 고려시대 무예의 명칭이 바르게 연결된 것은?

보기
(㉠)은/는 고려시대 무인들에게 적극 권장되었으며, 명종(明宗, 1170~1197) 때에는 이 무예를 겨루게 하여 승자에게 벼슬을 주었다.
(㉡)은/는 유교를 치국의 도(道)로 삼았던 고려시대에도 6예의 어(御)에 속하는 것으로 군자의 중요한 덕목 중 하나였다.

	㉠	㉡
①	격구(擊毬)	수박(手搏)
②	수박(手搏)	마술(馬術)
③	마술(馬術)	궁술(弓術)
④	궁술(弓術)	방응(放鷹)

■ **수박** : 일종의 격투기로 무인들에게 적극적으로 권장되었으며, 명종 때는 이긴 사람에게 관직도 주었다.
■ **마술(마상재)** : 6가지 예절 중의 하나인 어(御)로, 군자의 덕목 중 하나였다.

심화문제

09 고려시대 수박(手搏)에 관한 설명으로 옳지 않은 것은

① 관람형 무예 경기로 성행되었다.
② 응방도감(鷹坊都監)에서 관장하였다.
③ 무인 선발의 기준과 수단이 되었다.
④ 무예 수련과 군사훈련 등의 목적으로 활용되었다.

■ **응방도감** : 고려 충렬왕 9년(1283년)에 설치된 매의 사육과 사냥을 맡은 관청

정답 07 : ①, 08 : ②, 09 : ②

■왕의 명령으로 수박을 하다가 대장군이 패하여 달아났다. 이에 문신이 대장군의 뺨을 때렸는데, 그 사건을 계기로 정중부의 난이 일어났다.
■㉠과 ㉢은 씨름에 대한 설명이다.

10 **보기에서 제시한 고려시대 수박(手搏)에 대한 설명 중 바르게 묶인 것은?**

> 보기
> ㉠ 맨손으로 허리를 잡고 발을 이용하는 격투기이다.
> ㉡ 인재 선발을 위한 기준이 되었다.
> ㉢ 썰렘(SSulrem), 쎄기유(SSegiyu), 삼보(Sambo)라고도 한다.
> ㉣ 수박희는 무신 반란의 주요 원인 중 하나였다.

① ㉠, ㉡ ② ㉠, ㉣ ③ ㉡, ㉢ ④ ㉡, ㉣

11 **고려시대의 무예에 대한 설명으로 옳지 않은 것은?**

① 수박희(手搏戱)는 무인 선발의 중요한 수단이었다.
② 무인정신은 충, 효, 의에 기반을 두었다.
③ 무예도보통지(武藝圖譜通志)가 편찬되었다.
④ 강예재(講藝齋)에서 무예를 장려하였다.

■무예도보통지는 조선 정조 때 만든 책이다.

필수문제

■고려시대 국립교육기관인 국자감에서는 7재를 가르쳤는데, 그중 1~6재는 유학을, 7재인 강예재에서는 무예를 가르쳤다.

12 **고려시대 최고 교육기관과 무학(武學) 교육이 바르게 연결된 것은?(2024)**

① 성균관(成均館) — 대빙재(待聘齋) ② 성균관(成均館) — 강예재(講藝齋)
③ 국자감(國子監) — 대빙재(待聘齋) ④ 국자감(國子監) — 강예재(講藝齋)

심화문제

13 **보기의 ( ) 안에 들어갈 용어는?**

> 보기
> 고려시대 최고의 교육기관인 국자감에는 7재(七齋)를 두었는데, 그중 무학을 공부하는 ( )가 있었다. 이를 통해 고려의 관학에서는 무예교육이 중시되었음을 알 수 있다.

① 강예재(講藝齋) ② 대빙재(待聘齋) ③ 경덕재(經德齋) ④ 양정재(養正齋)

■국자감의 1~6재에서는 유학을 가르쳤고, 7재인 강예재에서는 무예를 가르쳤다.

한국체육사

14 **고려시대의 무예에 대한 설명으로 적절하지 않은 것은?**

① 격구(擊毬)는 군사훈련 및 여가활동으로 성행하였다.
② 종합무예서인 『무예도보통지』가 편찬되었다.
③ 수박희(手搏戱)는 인재 선발을 위한 기준이 되었다.
④ 무학교육기관으로 강예재(講藝齋)가 있었다.

■무예도보통지는 조선 22대왕 정조의 명으로 만들어진 책

정답 10 : ④, 11 : ③, 12 : ④, 13 : ①, 14 : ②

필수문제

15 보기에서 고려시대 무예의 특징으로 옳은 것만을 모두 고른 것은?

보기
㉠ 격구(擊毬)는 군사훈련의 수단이었다.
㉡ 수박희(手搏戲)는 무인 인재 선발의 중요한 방법이었다.
㉢ 마술(馬術)은 육예(六藝) 중 어(御)에 속하며, 군자의 중요한 덕목 중 하나였다.
㉣ 궁술(弓術)은 문인과 무인의 심신 수양과 인격도야의 방법으로 중시되었다.

① ㉠ ② ㉡, ㉢ ③ ㉡, ㉢, ㉣ ④ ㉠, ㉡, ㉢, ㉣

■고려시대에 행해진 무술 또는 스포츠행사
· 격구
· 수박(희)
· 마술(마상재)
· 궁술

심화문제

16 보기에서 설명하는 고려시대의 무예는?

보기
» 무인집권시대에 인재 선발의 중요한 수단이었다.
» 맨손으로 치기, 주먹지르기 등의 기술을 사용하는 일종의 격투기였다.

① 궁술(弓術) ② 각저(角觝)
③ 수박(手搏) ④ 격구(擊毬)

■궁술, 각저, 격구는 조선시대의 무예이다.
■수박은 주먹으로 상대를 가격하는 격투기로 고려시대의 무술 또는 스포츠행사였다.
■격구는 고려의 귀족들이 즐기던 민속놀이였다.

17 고려시대의 신체활동에 관한 설명으로 옳지 않은 것은?(2024)

① 기격구(騎擊毬) : 서민층이 유희로 즐겼다.
② 궁술(弓術) : 국난을 대비하여 장려되었다.
③ 마술(馬術) : 무인의 덕목 중 하나로 장려되었다.
④ 수박(手博) : 무관이나 무예 인재의 선발에 활용되었다.

■기격구
· 서양의 폴로 경기와 비슷함.
· 말을 타고(騎), 채를 이용하여 공(毬)을 치는(擊) 경기로, 귀족들이 즐기던 오락활동임.
· 전시에는 보격구(步擊毬)와 함께 군사훈련용으로 쓰였음.

18 고려시대 체육을 바르지 못하게 설명하고 있는 것은?

① 기마술은 구기 경기로, 궁사는 내기 경기로, 수박은 관람용 경기로 변질되었다.
② 팔관회와 같은 불교행사가 있을 때 유희와 놀이가 많이 벌어졌다.
③ 국가에서 병사와 관료에게 궁술을 익히도록 장려하였다.
④ 격구는 고려의 귀족들이 아주 좋아했던 구기경기 또는 유희였다.

■팔관회는 금욕적 성격이 짙은 불교행사였기 때문에 유희나 놀이는 하지 않았다.

정답 15 : ④, 16 : ③, 17 : ①, 18 : ②

■풍연(연날리기)은 삼국시대부터 군사적 목적이나 놀이로 서민층에서 행해졌다.

필수문제

19 고려시대 귀족의 민속놀이를 모두 고른 것은?

보기
㉠ 격구(擊毬) ㉡ 투호(投壺) ㉢ 방응(放鷹) ㉣ 풍연(風鳶)

① ㉠ ② ㉠, ㉡ ③ ㉠, ㉡, ㉢ ④ ㉠, ㉡, ㉢, ㉣

심화문제

20 보기에서 설명하는 고려시대의 민속놀이는?

보기
» 단오절 행사에 여성들의 놀이로 인기가 있었다.
» 두 줄을 붙잡고 온몸을 흔들고 발의 탄력을 이용해 온몸을 마음껏 날려 보내는 놀이이다.

■추천(그네타기)은 고려시대에 서민들이 단오절에 하던 놀이이다.

① 저포(樗蒲) ② 축국(蹴鞠) ③ 추천(鞦韆) ④ 풍연(風鳶)

■추천(그네타기) : 단오절에 주로 서민들이 하던 놀이
■각저(씨름) : 3국시대부터 행해오던 민속경기
■격구 : 신라시대부터 행해진 말을 타고 하던 경기

21 보기에서 설명하는 민속놀이는?

보기
» 귀족들이 즐겼던 놀이이다.
» 매를 길들여 꿩 등의 조류를 사냥하였다.

① 추천(鞦韆) ② 각저(角抵) ③ 방응(放鷹) ④ 격구(擊毬)

22 고려시대의 석전에 대한 성격으로 옳지 않은 것은?

■석전(돌팔매싸움)은 심신단련체조법이 아니다.

① 세시풍속의 민속스포츠이다. ② 군사훈련으로 활용되었다.
③ 관람스포츠의 형태를 지니기도 했다. ④ 심신단련 체조법이다.

23 보기의 고려시대 격구(擊毬)에 관한 설명 중 옳은 것으로만 묶인 것은?

보기
㉠ 왕, 귀족, 무인들의 오락이나 스포츠로 발달했다.
㉡ 가죽주머니로 만든 공을 발로 차는 형식의 무예이다.
㉢ 말타기 능력의 향상 및 군사훈련을 위한 수단으로 활용되었다.
㉣ 서민들의 오락적 신체 활동으로 급속히 확산되었다.

■격구는 신라시대부터 행해진 것으로, ㉠ 무인과 귀족들이 ㉢ 말타기를 익히기 위한 수단으로 장려되었다.

① ㉠, ㉡ ② ㉠, ㉢ ③ ㉡, ㉣ ④ ㉢, ㉣

정답 19 : ③, 20 : ③, 21 : ③, 22 : ④, 23 : ②

24 고려시대 체육적 성격의 무예활동이 아닌 것은?

① 말타기 ② 활쏘기 ③ 수박 ④ 씨름

■ 씨름은 민속놀이

25 고려의 유희활동 중 귀족들의 사치로 인하여 대중스포츠가 되지 못한 것은?

① 격구(擊毬) ② 방응(放鷹) ③ 추천(鞦韆) ④ 수렵(狩獵)

■ 고려시대의 격구는 상류층이 즐기던 스포츠였다.

26 다음은 고려시대의 격구에 관한 내용이다. 옳지 않은 것은?

① 페르시아의 폴로에 기원을 두고 있다.
② 무예를 익히기 위한 훈련의 한 방법으로 축국과 함께 성행하였다.
③ 귀족이나 무인들의 오락이나 스포츠의 성격을 띠고 발달하였다.
④ 격렬한 신체운동이므로 여자와 내시는 하지 못하도록 금지시켰다.

■ 의종은 여자와 내시들도 격구를 하라고 명령하였고, 넓은 구정(격구를 하는 정원)을 건설하려고 민가를 허무는 폐해까지 있었다.

27 보기에서 고려시대 서민의 민속놀이를 모두 고른 것은?

보기		
㉠ 축국(蹴鞠)	㉡ 격구(擊毬)	㉢ 추천(鞦韆)
㉣ 투호(投壺)	㉤ 각저(角觝)	㉥ 방응(放鷹)

① ㉠, ㉢, ㉤ ② ㉡, ㉤, ㉥ ③ ㉢, ㉣, ㉥ ④ ㉣, ㉤, ㉥

■ 격구 · 투호 · 방응은 귀족이나 왕실의 놀이였다.

28 보기에서 설명하는 고려시대의 민속놀이는?

보기
» 단오절 행사에 여성들의 놀이로 인기가 있었다.
» 두 줄을 붙잡고 온몸을 흔들고 발의 탄력을 이용해 온몸을 마음껏 날려 보내는 놀이이다.

① 저포(樗蒲) ② 축국(蹴踘) ③ 추천(鞦韆) ④ 풍연(風鳶)

■ 추천(그네타기)은 고려시대에 서민들이 단오절에 하던 놀이다.

필수문제

29 조선시대의 신분제도에 대한 설명 중 옳지 못한 것은?

① 크게 왕족, 양인, 천민으로 나뉘었다.
② 양인은 다시 양반, 중인, 상인(서민)으로 나뉘었다.
③ 중인은 의원과 (통)역관 등 전문직 종사자와 관청에서 일하는 사람들이었다.
④ 상인(常人)은 농업, 어업, 상업에 종사하는 사람이었고, 수공업 종사자는 천민에 속하였다.

■ 수공업 종사자도 상인이었고, 노비와 백정 등 천한 일에 종사하는 사람들이 천민이었다.

정답 24 : ④, 25 : ①, 26 : ④, 27 : ①, 28 : ③, 29 : ④

■**승문천무** : '글을 숭상하고 무력을 천시한다'는 뜻. 조선시대는 성리학과 유교주의적 특성으로 인해 문과에 비해 무인교육은 소홀한 편이었다.

■**문무겸전** : '문식(文識)과 무략(武略)을 다 갖춘다'는 뜻. 정조는 천시되었던 무에 대한 새로운 인식을 끌어내 국정 운영의 철학으로 발전시킨 '무적(武的) 기풍 확산을 통한 국정 쇄신'을 함.

■**단련주의** : 교육이나 훈련 등을 통해 신체적·정신적 건강을 강하게 만드는 사상이나 태도

■**금욕주의** : 인간의 정신적·육체적인 욕구나 욕망을 이성(理性)이나 의지로 억제함으로써 도덕이나 종교상의 이상을 성취시키려는 사상이나 태도

■**심신일여** : 몸과 마음을 분리시키지 않고 하나로 생각하여 몸을 편안하게 하는 것이 마음에도 영향을 미친다는 뜻.

■**사정** : 활터에 세운 정자. 관설사정과 민간사정이 있었으며, 습사(활쏘기 익히기)를 장려하였다. 관설사정은 창경궁 후원의 춘단대가 유명하다. 민간사정은 경복궁 동장 안의 오운정이 유명하다. 풍소정, 등룡정, 등과정, 오운정 등이 있었다.

■군사의 시재, 무예 훈련, 병서 습득 등은 훈련원에서 담당하였다.

■조선시대의 훈련원은 병사들을 훈련시키기 위해 설치된 기관임. 성리학 교육은 성균관에서 담당함.

심화문제

30 **보기의 ㉠, ㉡에 알맞은 용어는?**

> 보기
> 조선시대는 유교의 영향으로 인하여 (㉠) 사상이 만연하였다. 그러나 정조는 (㉡) 사상이 국가를 부강하게 한다고 생각하였다.

	㉠	㉡
①	단련주의(鍛鍊主義)	문무겸전(文武兼全)
②	승문천무(崇文賤武)	문무겸전(文武兼全)
③	승문천무(崇文賤武)	심신일여(心身一如)
④	금욕주의(禁慾主義)	단련주의(鍛鍊主義)

필수문제

31 **조선시대 사정(射亭)에 관한 설명으로 옳지 않은 것은?**

① 전국에 사정(射亭)을 설치하고 습사(習射)를 장려하였다.
② 관설사정(官設射亭)과 민간사정(民間射亭)이 있었다.
③ 병서(兵書) 강습과 마상(馬上) 무예 훈련을 주로 하였다.
④ 민간사정(民間射亭)으로 오운정(五雲亭), 등룡정(登龍亭) 등이 있었다.

심화문제

32 **보기에서 설명하는 조선시대의 기관은?**

> 보기
> » 무예의 수련을 담당하였다.
> » 병서의 습독을 장려하였다.
> » 군사의 시재(試才)를 담당하였다.

① 성균관(成均館) ② 사역원(司譯院) ③ 훈련원(訓鍊院) ④ 사정(射亭)

33 **보기에서 조선시대의 훈련원에 관한 설명으로 옳은 것을 모두 고른 것은?**

> 보기
> ㉠ 성리학 교육을 담당하였다.
> ㉡ 활쏘기, 마상무예 등의 훈련을 실시하였다.
> ㉢ 무인 양성과 관련된 공식적인 교육기관이었다.
> ㉣ 〈무경칠서(武經七書)〉, 〈병장설(兵將說)〉 등의 병서 습득을 장려하였다.

① ㉠, ㉡ ② ㉢, ㉣ ③ ㉡, ㉢, ㉣ ④ ㉠, ㉡, ㉢, ㉣

정답 30 : ②, 31 : ③, 32 : ③, 33 : ③

필수문제

34 보기에서 조선시대 체육사상에 관한 설명으로 옳은 것만을 모두 고른 것은?

보기
㉠ 유교의 영향으로 숭문천무(崇文賤武) 사상이 만연했다.
㉡ 심신 수련으로 활쏘기가 중시되었고, 학사사상(學射思想)이 강조되었다.
㉢ 활쏘기를 통해서 문무겸전(文武兼全) 혹은 문무겸일(文武兼一)에 도달하고자 했다.
㉣ 국토 순례를 통해 조선에 대한 애국심을 가지게 하는 불국토사상(佛國土思想)이 중시되었다.

① ㉠, ㉡　② ㉡, ㉢　③ ㉠, ㉡, ㉢　④ ㉡, ㉢, ㉣

■ ㉣ 불국토사상은 이 땅이 곧 불국토(佛國土)라는 것을 믿고 강조한 신라 특유의 불교관이다.

심화문제

35 조선시대의 육예(六藝) 중 신체활동과 관련된 것은?

① 서(書)　② 예(禮)
③ 사(射)　④ 수(數)

■ 육예(六藝)
· 예－예용(禮容)
· 악－음악(音樂)
· 사－궁술(弓術)
· 어－마술(馬術)
· 서－서도(書道)
· 수－수학(數學)

36 조선시대 궁술(弓術)에 관한 설명으로 옳지 않은 것은?

① 육예(六藝) 중 어(御)에 해당하였다.
② 무관 선발을 위한 무과 시험의 한 과목이었다.
③ 대사례(大射禮), 향사례(鄕射禮) 등으로 행해졌다.
④ 왕, 무관, 유학자 등 다양한 계층에서 실시하였다.

■ 궁술은 6예 중 '사'에 해당함.
■ '어'는 마술을 말함.

37 보기에서 설명하는 조선시대의 고등교육기관은?

보기
» 교육목표 중 덕의 함양을 위해 활쏘기를 실시하였다.
» 육일각(六一閣)에서 대사례를 거행하였다.
» 대사례에서 사용된 궁은 예궁(禮弓) 또는 각궁(角弓)이었다.

① 향교(鄕校)　② 성균관(成均館)
③ 대학(大學)　④ 국학(國學)

■ 조선시대의 교육제도(p. 235) 참조.

정답 34 : ③, 35 : ③, 36 : ①, 37 : ②

■성균관에서는 대사례, 지방에서는 향사례에서 활쏘기 시합을 하였다.

38 **조선시대의 고등교육기관으로 활쏘기 시합의 한 형태인 대사례(大射禮)를 실시한 곳은?**

① 성균관(成均館) ② 향교(鄕校)
③ 대학(大學) ④ 국학(國學)

■초시 · 복시 · 전시의 3단계로 실시된 무과 과거제도는 각 병마절도사가 주관하는 초시에서 190명을 선발하였고, 서울의 병조에서 실시하는 복시에서는 28명을 선발하였다. 전시에서 28명의 최종 순위를 결정하였다.
■비정기적으로 실시하는 증광시, 별시, 정시 등도 있었다.

필수문제

39 **조선시대의 무과 과거제도에 대한 설명이다. 옳지 않은 것은?**

① 3년마다 정규적으로 실시되는 식년무과뿐이었다.
② 식년무과는 초시, 복시, 전시 3단계의 시험을 통해서 선발했다.
③ 초시에는 각 도의 병마절도사가 주관하는 향시와 훈련원에서 실시하는 원시가 있었다.
④ 초시에 합격한 자들을 서울에 불러 모아 보는 시험이 복시이고, 복시에 합격한 자들의 순위를 매기기 위한 시험이 전시이다.

심화문제

40 **조선시대 무과시험에 대한 설명으로 옳지 않은 것은?**

■④ 선발 정원이 있었다.

① 초시, 복시, 전시 3단계로 실시되었다.
② 무과는 강서와 무예 시험으로 구성되었다.
③ 증광시, 별시, 정시는 비정규적으로 실시되었다.
④ 선발 정원은 제한이 없었으며, 누구나 응시할 수 있었다.

41 **조선시대 무과시험에 대한 설명으로 옳지 않은 것은?**

■무과시험은 초시, 복시, 전시로 구분하여 실시하였으며, 선발인원은 각각 다르다.

① 무과는 초시(初試), 복시(覆試), 전시(展試)로 이루어져 있다.
② 복시는 병조와 훈련원에서 주관하였다.
③ 전시는 기격구(騎擊毬)와 보격구(步擊毬)를 시행하였다.
④ 초시, 복시, 전시 모두 동일한 인원을 선발하였다.

42 **조선시대 무과(武科) 시험방법으로 바르지 않은 것은?**

■문과시험에 소과와 대과가 있었다.

① 소과와 대과로 구별되었다.
② 초시, 복시, 전시의 세 단계로 구성되었다.
③ 무관의 자손, 향리 등이 응시할 수 있었다.
④ 궁술, 마술, 총술, 강서 시험으로 나뉘었다.

정답 38 : ①, 39 : ①, 40 : ④, 41 : ④, 42 : ①

43 조선시대의 민속놀이와 오락에 대한 설명으로 옳은 것은?

① 기풍의례(祈豊儀禮)로써 장치기, 바둑, 장기 등을 행하였다.
② 세시풍속은 농경문화를 반영하고 있어 농경의례라고도 한다.
③ 정초 새해 길흉을 점치기 위한 놀이로 줄다리기를 행하였다.
④ 도판희(跳板戲)와 추천(鞦韆)은 남성 중심의 민속놀이였다.

■기풍의례는 풍년을 기원하기 위해서 하는 의식이었다. 도판희와 추천은 여성 중심 민속놀이였다.

44 조선시대 무과시험에 관한 설명이다. 옳지 않은 것은?

① 무과시험은 필기시험인 강서와 실기시험인 무예시험으로 구성되었다.
② 무예시험은 활쏘기(목전, 철전, 편전), 말 타기(기사, 기창), 격구가 있었다.
③ 초시에는 무예시험만 보았고, 강서시험은 보지 않았다.
④ 복시에는 강서시험만 보았고, 무예시험은 보지 않았다.

■복시에서는 강서시험과 무예시험을 모두 보았다. 강서시험 과목은 사서오경 중 한 과목, 무경칠서 중 한 과목, 육서 중 한 과목 총 3과목이었다.

45 조선시대 무과제도에 관한 설명으로 적절한 것은?

① 예조와 음양과에서 주관하였다.
② 시험은 무예 실기만 시행되었다.
③ 초시, 복시, 전시의 3단계로 진행되었다.
④ 정기적으로만 실시하였다.

■조선시대에는 무관시험도 초시→복시→전시를 거쳤다.

필수문제

46 조선시대의 활쏘기에 대한 설명이다. 옳은 것은?

① 무과시험의 한 과목이었기 때문에 무인들만 활쏘기를 하였고, 문인들은 신체운동을 천시하였기 때문에 활쏘기를 하지 않았다.
② 성균관에서는 대사례, 지방에서는 향사례에서 활쏘기 시합을 하였다.
③ 성균관의 육일각에서는 대사례만하였고, 활쏘기 교육은 없었다.
④ 사정을 중심으로 이루어진 활쏘기 단체전을 궁술대회라고 하였다.

■① 문인들도 덕을 함양하는 수단으로 활쏘기를 하였다.
② 대사례는 임금을 모시고, 향사례는 고을의 효제충신을 모시고 하는 활쏘기 경기였다.
③ 성균관에서도 활쏘기 교육을 하였다.
④ 궁술대회가 아니라 편사(편을 나누어 하는 활쏘기 경기)라고 하였다.

정답 43 : ②, 44 : ④, 45 : ③, 46 : ②

47 **보기에서 조선시대의 궁술에 관한 설명으로 옳은 것만을 모두 고른 것은?**(2024)

> 보기
> ㄱ. 군사 훈련의 수단이었다.
> ㄴ. 무과(武科) 시험의 필수 과목이 었다.
> ㄷ. 심신 수련을 위한 학사사상(學射思想)이 강조되었다.
> ㄹ. 불국토사상(佛國土思想)을 토대로 훈련이 이루어졌다.

■불국토사상의 토대로 하던 훈련은 화랑도이다.

① ㄱ, ㄴ ② ㄷ, ㄹ
③ ㄱ, ㄴ, ㄷ ④ ㄴ, ㄷ, ㄹ

48 **조선시대의 활쏘기에 대한 설명으로 옳지 않은 것은?**

■유 · 불 · 선 사상은 화랑도의 신체수련의 특징이다. 조선시대 활쏘기는 유교적 교육의 한 방식이었다.

① 군사훈련의 수단으로 활용되었다.
② 심신수련의 중요한 교육활동으로 인식되었다.
③ 유 · 불 · 선 사상을 토대로 한 행동양식이었다.
④ 무과 시험에서 인재를 선발하는 실기과목이었다.

49 **조선시대 활쏘기 대회인 편사(便射)에 참가하는 궁수의 숫자는?**

■활쏘기 단체전이 편사인데, 5인 이상이 참가하였다.

① 5인 이상 ② 4인 이상
③ 3인 이상 ④ 2인 이상

50 **조선시대 체육활동에 대한 설명으로 옳은 것은?**

① 방응(放鷹) – 타구, 방희 등으로 혼용하여 사용되었다.
② 편사(便射) – 단체전으로 경기적인 궁술대회를 의미한다.
③ 석전(石戰) – 오늘날 폴로(Polo)와 유사한 형태이다.
④ 활인심방(活人心方) – 중국의 주권이 저술한 책을 율곡 이이가 도입하였다.

51 **보기에서 설명하는 조선 시대의 무예는?**

> 보기
> » 무과 시험 과목의 하나였다.
> » 각 사정을 대표하는 궁수 5인 이상이 편을 나누어 활을 쏘는 단체경기였다.

■단체전으로 경기적인 궁술대회가 편사이다.

① 편사(便射) ② 기창(騎槍)
③ 기사(騎射) ④ 본국검(本國劍)

정답 47 : ③, 48 : ③, 49 : ①, 50 : ②, 51 : ①

필수문제

52 『활인심방(活人心方)』에 대한 설명으로 적절하지 않은 것은?

① 도인법(導引法)은 목 돌리기, 마찰, 다리의 굴신 등의 보건체조이다.
② 이이(李珥)가 『활인심방』이라는 책을 펴냈다.
③ 활인심서(活人心序)는 기를 조절하고, 식욕을 줄이며, 욕망을 절제하는 방법이다.
④ 사계양생가(四季養生歌)는 춘하추동으로 나누어 호흡하는 방법이다.

▪활인심방은 이 퇴계(이황)가 쓴 책이다.

심화문제

53 다음 중 활인심방을 필사(筆寫)하여 자신의 건강을 다스린 사람은?

① 이이 ② 이황
③ 유성룡 ④ 이순신

필수문제

54 조선시대의 무예서에 관한 설명 중 옳지 않은 것은?

① 무예도보통지는 정조의 명에 따라 이덕무, 박제가, 백동수 등이 편찬하였다.
② 무예도보통지는 도보(그림) 중심으로 무예가 설명되어 있는 책이다.
③ 임원경제지는 서유구가 저술한 무예서이다.
④ 임원경제지의 유예지사설 조에는 활쏘기의 과학적인 방법들이 적혀 있다.

▪**임원경제지**는 서유구가 저술한 책으로 농업을 위주로 한 백과사전류의 책이다. 16개의 부문(志)으로 나뉘어졌으며, 그중에서 유예지사설 조에 활쏘기 방법이 있다.

심화문제

55 보기의 괄호 안에 들어갈 알맞은 용어는?

보기 정조(正祖, 1752~1800)는 문무겸비를 강조한 왕으로서 문과 무를 양립시키는 것이 국가를 부강하게 하는 계책이라고 여겼다. 그는 규장각의 이덕무, 박제가와 장용영의 백동수를 통해 (   )를 편찬케 하였다. 이 책은 조선시대를 대표하는 병서이자 무예교범서였다.

① 무예도보통지(武藝圖譜通志) ② 무예신보(武藝新譜)
③ 무예제보(武藝諸譜) ④ 임원경제지(林園經濟誌)

▪정조의 명으로 만든 책이 무예도보통지이다.

56 임진왜란 이후 조선에서 무예를 체계화하고 발전시키기 위해 편찬된 무예서적이 아닌 것은?

① 기효신서 ② 무예제보 ③ 무예신보 ④ 무예도보통지

▪**기효신서**는 조선이 아닌 명나라의 장수 척계광이 쓴 무예서이고, **무예제보**는 기효신서를 참고로 해서 조선에서 만든 무예서이며, **무예신보**는 무예제보에 12가지 기예를 더 넣어서 만든 무예서이다.

정답 52 : ②, 53 : ②, 54 : ③, 55 : ①, 56 : ①

필수문제

57 조선시대의 무예서에 관한 설명으로 옳지 않은 것은?(2024)

① 『무예도보통지(武藝圖譜通志)』: 정조의 명에 따라 24기의 무예가 수록, 간행되었다.

② 『무예신보(武藝新譜)』: 사도세자의 주도 하에 18기의 무예가 수록, 간행되었다.

③ 『권보(拳譜)』: 광해군의 명에 따라 『무예제보』에 수록되지 않은 4기의 무예가 수록, 간행되었다.

④ 『무예제보(武藝諸譜)』: 선조의 명에 따라 전란 중에 긴급하게 필요했던 단병기 6기가 수록, 간행되었다.

■『권보(拳譜)』는 임진왜란 직후 광해군 때에 훈련도감의 도청(都廳) 최기남이 『무예제보번역속집』에 「일본고」를 첨부하여 편찬한 책. 〈일본국도〉, 〈일본고〉, 〈왜선〉, 〈왜도〉 등 일본에 관한 내용이 주를 이룬다.

심화문제

58 조선시대의 『무예도보통지』에 대한 설명으로 맞지 않은 것은?

① 한국, 중국, 일본의 서적 145종을 참고한 종합무예서이다.

② 영조의 지시로 이덕무, 박제가, 백동수 등에 의해 간행되었다.

③ 『무예도보통지』에서 무예(武藝)란 무(武)에 관한 기예를 뜻한다.

④ 『무예도보통지』에는 총 24가지의 무예가 실려 있다.

■영조가 아니라 정조의 지시로 만들었다.

필수문제

59 보기에 해당하는 신체활동은?

보기
» 군사훈련의 성격을 지니고 실시된 무예 활동
» 조선시대 왕이나 양반 또는 대중에게 볼거리 제공
» 나라의 풍속으로 단오절이나 명절에 행해졌던 활동
» 승부를 결정 짓는 놀이로서 신체적 탁월성을 추구하는 경쟁적 활동

① 투호(投壺) ② 저포(樗蒲) ③ 석전(石戰) ④ 위기(圍碁)

■① **투호** : 일정한 거리에 놓인 병 속에 화살을 던져 넣는 놀이
■② **저포** : 윷놀이와 비슷함
■④ **위기** : 오늘날의 바둑과 비슷함

■③ 석전 : 정월대보름, 사월초파일, 단오절에 행해짐

석전의 형식	석전의 내용
스포츠 경기	승부를 결정짓는 놀이로, 신체적 탁월성을 추구하는 경쟁적 활동
민속놀이	명절에 하는 민속놀이(풍속)
무예	군사 훈련적 성격
관람용	왕, 양반 또는 대중의 구경거리

정답 57 : ③, 58 : ②, 59 : ③

심화문제

60 석전(石戰)의 성격에 관한 설명으로 옳지 않은 것은?(2024)

① 관료 선발에 활용되었다.
② 명절에 종종 행해지던 민속놀이였다.
③ 전쟁에 대비한 군사훈련에 활용되었다.
④ 실전 부대인 석투군(石投軍)과 관련이 있었다.

■ 석전은 명절에 하던 민속놀이로 관료 선발에 활용되지 않았다.

61 조선시대에 남성들이 양편으로 나누어 서로 마주 보고 돌을 던지던 민속놀이는?

① 사희(柶戲) ② 석전(石戰) ③ 추천(鞦韆) ④ 삭전(索戰)

■ 돌을 던지는 놀이는 석전이다.

필수문제

62 조선시대 줄다리기에 관한 설명으로 옳은 것은?

① 동채싸움으로도 불리며, 동네별로 승부를 겨루는 경기였다.
② 상박(相搏)으로도 불리며, 궁정과 귀족사회의 유희 중 하나였다.
③ 추천(鞦韆)으로도 불리며, 단오절에 많이 행해진 서민들의 민속놀이였다.
④ 삭전(索戰), 갈전(葛戰)으로도 불리며, 촌락공동체의 의례적 연중행사로 성행했다.

■ 줄다리기는 삭전, 조리지희, 갈전으로 불렸으며, 대보름날에 하는 것이 상례였다. 동부, 서부 등으로 편을 갈라 실시하였다.
■ 상박 : 씨름
■ 추천 : 그네타기

필수문제

63 조선시대 서민층이 주로 행했던 민속놀이와 설명으로 옳지 않은 것은?(2024)

① 추천(鞦韆): 단오절이나 한가위에 즐겼다.
② 각저(角觝), 각력(角力) : 마을 간의 겨룸이 있었는데, 풍년 기원의 의미도 있었다.
③ 종정도(從政圖), 승경도(陞卿圖) : 관직 체계의 이해와 출세 동기 부여의 뜻이 담겨 있었다.
④ 삭전(索戰), 갈전(葛戰) : 농경사회의 대표적인 민속놀이로서 농사의 풍흉(豊凶)을 점치는 의미도 있었다.

■ **종정도** : 큰 종이에 옛 벼슬의 이름을 품계와 종별로 써놓고 1~5의 숫자가 새겨진 윤목을 던져서 나온 숫자에 따라 벼슬이 오르내림을 겨루는 경기
■ **승경도** : 조선시대 양반 자제들이 하던 민속놀이로 '벼슬살이 하는 도표'라는 뜻이 있다.

정답 60 : ①, 61 : ②, 62 : ④, 63 : ③

개화기와 일제강점기의 체육

운양호 사건을 빌미로 일본과 병자수호조약을 체결한 1876년부터 일본과 한일병합조약을 체결한 1910년까지를 개화기라고 한다.

갑오개혁으로 교육 분야에 생긴 변화

☞ 과거제도를 폐지하고 임용시험 제도를 실시했다.
☞ 신분계급을 없애고 실력에 의해서 출세할 수 있게 되었다.
☞ 문과를 존중하고 무과를 천시하는 문존무비 사상을 없앴다.
☞ 우수한 청년들의 해외유학을 장려했다.
☞ 새로운 학제를 도입하고 학교의 설립에 관한 법률을 공포하였다.

교육입국조서

☞ 망해가는 국가를 중흥시키는 길은 교육밖에 없다는 생각으로, 고종이 발표한 칙령이다.
☞ 양반에게만 주어졌던 교육의 기회를 전 국민으로 확대하게 되었다.
☞ 유교 중심 교육을 지양하고 덕양, 체양, 지양에 힘쓰라는 명령이었다(체육을 중요한 교육 영역으로 인정하게 되었다).
☞ 실용적인 교육을 강화하려는 취지였다.

근대적인 학교의 설립

일본과 맺은 병자수호조약으로 부산항, 원산항, 인천항을 개방하게 되었고, 자연히 그 도시들을 중심으로 근대적인 (사립)학교들이 설립되었다. 국난 극복을 위해서 새로운 학문을 받아들이고, 신체를 단련하기 위해서 체육을 가르쳤다.

㉧ 무예학교……1878, 부산의 동래지역
㉧ 원산학사……1883, 원산 주민들이 모금해서 설립

1 선교사들이 설립한 학교

광혜원	1885, 미국, 알렌, 세브란스 의학전문학교로 개명
배재학당	1885, 미국, 아펜젤러,
이화학당	1886, 미국, 스크랜턴 부인,
경신학교	1886, 미국, 언더우드, 평양
숭실학교	1897, 미국, 베어드, 평양

한국체육사

2 선각자들이 세운 사립학교

연 대	교 명	설립자	소재지	연 대	교 명	설립자	소재지
1895	興化學校 흥화학교	민영환	서울	1905	光成實業學校 광성실업학교		서울
1895	樂英義塾 낙영의숙	사회유지	서울	1905	漢城法學校 한성법학교		서울
1896	中橋義塾 중교의숙	민영기	서울	1905	普成學校 보성학교	이용익	서울
1899	漸進學校 점진학교	안창호	강서	1906	徽文義塾 휘문의숙	민영휘	서울
1901	洛淵義塾 낙연의숙	서광세	서울	1906	進明女學校 진명여학교	엄귀비	서울
1902	牛山學校 우산학교	양재새	서울	1906	淑明女學校 숙명여학교	엄귀비	서울
1904	青年學校 청년학교	전덕기	서울	1907	大成學校 대성학교	안창호	평양
1905	養正義塾 양정의숙	엄주익	서울	1907	五山學校 오산학교	이승훈	정주

개화기의 체육발달 양상

근대적인 학교에서 체육을 가르치기 시작하면서 전통적인 무예체육이 체조, 유희, 스포츠로 확대되었다.

☞ 전통적인 무예체육의 일부가 학교체육에 편입되었다.
☞ 서구식 체육이 학교체육의 주된 교육과정 또는 과외활동으로 편성되었다.
☞ 일본의 영향으로 체조 중심의 체육이 교육과정에 들어갔다.

1 원산학사

☞ 우리나라 최초의 근대학교로 서당을 개량한 것이다.
☞ 1883년에 덕원 · 원산 지방의 주민들과 개화파 관리들이 중심이 되어 세운 학교이다.
☞ 문예반과 무예반이 있었고, 무예반의 교육 내용은 병서와 사격으로 구성하였다.
☞ 출신과 한량을 뽑아서 훈련시켜 별군관을 양성하였다.

2 기독교 선교계열 학교에서의 체육

☞ 배재학당에서는 정규과목에는 체육이 없었고, 과외활동을 통해서 야구, 축구, 정구, 농구 등과 같은 스포츠를 가르쳤다.
☞ 경신학교에서는 초기에는 오락이라는 명칭으로 체조가 실시되다가, 1891년부터는 정식교과목으로 편성되었다.
☞ 이화학당에서는 설립 초기부터 정규수업에 체조가 있었고, 우리나라에서 최초로 체육학과를 만들었다.
☞ 숭실학교에서는 정규수업에 체조와 음악이 있었다.

3 운동회

☞ 우리나라 최초의 운동회는 삼선평에서 육상경기를 한 화류회이다.
☞ 근대적 의미의 체육을 널리 보급시키는 역할을 하였다.
☞ 새로운 지식을 계몽하고, 민족의식을 고취시키는 사회적 기능도 담당하였다.
☞ 주로 단체전을 해서 애국심을 고취시키고 공동체 의식을 강화시켰다.

개화기에 설립된 우리나라의 체육단체들

황성기독교청년회	서울 YMCA, 1903년에 설립되었고, 1906년 4월에 운동부가 발족되었다. 우리나라의 스포츠 발전에 가장 큰 공을 세운 단체이다. 농구, 배구, 야구, 유도, 철봉, 역도, 권투, 무용, 곤봉 Gillett(길예태 – 총무) Terner(단아덕 – 회장)
대한체육구락부	1906년 3월에 김기정, 현양운, 신봉휴, 한상우 등이 설립하였다. 우리나라 최초의 근대적인 체육단체이다.
대한국민체육회	1907년에 노백린이 설립, 체육의 올바른 이념 정립과 체육정책의 개혁을 목표로 하였다.
대동체육구락부	1908년에 권서연, 조상호, 이기환 등이 결성하였다. 체육학의 연구와 강건한 체력의 육성을 주장하였다.
회동구락부	1902년에 탁지부(재경부) 관리들이 일본인 관리들과 친목을 도모할 목적으로 창립하였다. 연식정구, 바둑, 장기 등을 여가활동으로 즐겼고, 우리나라 최초의 직장체육클럽이다.

1 개화기의 체육사상

☞ 국권상실이라는 민족적 위기를 맞은 상황에서 **우승열패**(우세한 쪽은 이기고 열세한 쪽은 진다) **변법자강론**(그동안 지켜왔던 동양의 법도를 완전히 바꾸어서 스스로 강해져야 나라가 살아남을 수 있다), **상무정신**(무예를 숭상하는 정신) 등을 바탕으로 한 체육사상이 주를 이루었다.
☞ 사회적 진화론의 영향을 받아서 강대국이 약소국을 침략하는 것은 적자생존의 결과로 당연시되었다.
☞ **문일평**……체육을 국가의 운명을 결정하는 중요한 교육 영역으로 인식하였으며, 태극학보에 '체육론'을 게재하였다. 체육학교의 특설, 체육교사의 양성, 체육연구를 위한 청년의 해외 파견 등을 주장하였다.

2 개화기의 체육을 근대체육의 태동기, 수용기, 정립기로 나누는 사람도 많다.

☞ 동래무예학교와 원산학사가 설립되어 정규 교육과정에 무예체육이 포함된 시기를 근대체육의 태동기로 본다.
☞ 기독교계 사립학교와 관립학교의 정규 교육과정에 체조과목이 편성되고 과외활동을 통해서 서구 스포츠가 도입되기 시작한 시기를 수용기로 본다.
☞ 일본은 학교체육을 병식체조 중심으로 전환하려고 노력하고, 우리나라의 선각자들은 사립학교를 중심으로 애국 계몽운동과 구국 인재양성을 목적으로 체육교육을 강조한 시기를 정립기로 본다. 체육단체들이 결성되고 학교운동회가 활발하게 열린 시기를 정립기로 본다.

YMCA의 역할

☞ 개화기(1963)에 황성기독교청년회라는 이름으로 창설되었다.
☞ 노백린, 안창호, 이상재 등 독립운동 단체들을 이끌던 인물들이 YMCA에 합류하였다.
☞ 구한말 조선군의 장교 중에서 학교에 체조교사로 부임한 사람들이 YMCA에 합류하였다.
☞ 각종 스포츠들이 YMCA를 통해서 도입되었다.

일제강점기

1 1차 조선교육령(1911년)

한일병합 이후 일본이 조선을 통치하기 위해서 내린 교육명령

☞ 각급 학교의 교육연한을 단축시켜 우매한 민족을 만들려고 했다.
☞ 일본어 보급을 통해서 전통문화를 말살하려고 하였다.
☞ 국권을 회복하려는 선각자들의 의지를 약화시키기 위해서 병식체조를 스웨덴체조로 바꾸었다.
☞ 한국인 체조교사가 지도하던 민족주의적 체육활동을 규제하기 위해서 체조교원을 일본 군인으로 바꾸었다.

학교 체조 교수요목

학교에서 학생들에게 체조를 가르칠 때 사용할 교재, 수업시간, 유의점 등을 조선총독부령(1919. 6. 10)으로 정한 것으로, 그 요강은 다음과 같다.

"학교 생도의 교육상 체조과의 중요성은 말할 것조차 없다. 그러나 종래 각 학교에서 교수하는 것이 구구하여 적절하지 않은 것이 있었다. 그러므로 별책과 같이 학교체조 교수요목을 제정하여 기준으로 삼았다. 이 실시는 반드시 학교훈육에 따르고 토지의 상황·학교의 설비·남녀의 특성 및 심신의 발달에 비추어 적당히 가르치는 정도를 정한다. 그것으로써 본 과의 목적을 달하는 데 유감없기를 기하라."

1 2차 조선교육령(1922년)

☞ 3.1독립운동으로 무단통치정책을 문화통치정책으로 변경시킨 결과가 2차 조선교육령이다.
☞ 각 급 학교의 편제와 수업연한을 일본과 유사하게 조정하였다.
☞ 사범학교와 대학을 설립하게 되었다.
☞ 일본어와 일본역사를 강제로 주입시키려 했다.
☞ 각종 학교 대항 경기가 성행하였고, 체육설비가 부족하여 육상경기 위주로 수업을 했다.
☞ 우리 민족을 회유하고 이간시켜서 효과적으로 통치하기 위한 기만정책이었다.

2 3차 조선교육령(1938년)

민족 말살기에 내린 교육명령

☞ 일본이 만주사변과 중일전쟁을 통해서 중국을 점령한 다음에 공포한 총독부령으로 모든

학교수업을 일본어로 하도록 강요하였다.

- ☞ 보통학교를 소학교로 고등보통학교를 중학교로 바꾸어서 일본과 똑 같은 학교이름을 사용할 수 있도록 하였다.
- ☞ 국어(조선어)와 국사(조선사)를 선택(수의)과목으로 정해서 사실상 폐지하였다.
- ☞ 나중에는 소학교를 국민학교(황국신민학교)로 바꾸는 국민학교령을 공포하였다.
- ☞ 국체명징(國體明徵)……국가의 정체성(천황이 유일한 통치권자이다.)을 명심하고 잊지 말 것.
- ☞ 대동아번영……중국과 동남아시아를 모두 포함하는 대동아권의 번영을 위해서 매진할 것.
- ☞ 내선일체……일본과 조선은 하나이다. → 조선이라는 나라는 아예 없어졌다.
- ☞ 인고단련……어려움을 참고 심신을 단련하라. → 일본이 조선인에게 요구하는 것은 아무리 어려워도 이행하라.

3 4차 조선교육령(1943년)

- ☞ 모든 교육기관의 수업연한 단축
- ☞ 학교에서 조선어와 조선역사의 교육을 전면적으로 금지시켰다.
- ☞ 결전학년이라는 교과서를 모든 중등학교에서 강제로 사용하도록 함.

체육단체의 결성

- ☞ 구한말에 결성되었던 체육단체들은 한일병합 이후 모두 해산되었기 때문에 관련 인사들이 활동이 자유로웠던 YMCA로 합류하였다.
- ☞ 조선체육회(1920년)……3.1독립운동 이후 문화통치 정책으로 전환됨에 따라 결성되었다. 조선체육회 창립기념행사로 제1회 전 조선야구대회를 개최하였다. – 현재의 전국체육대회 횟수의 기점이다.
- ☞ 조선체육협회(朝鮮體育協會)……1919년에 조선 내 스포츠 단체를 관리하기 위해 설립된 체육단체로 일본인을 중심으로 운영되었으며 조선신궁대회를 개최하였다. 조선체육회와 경쟁관계에 있었다. 근대 스포츠를 보급하는 데에 주도적인 역할을 하였다.
- ☞ 관서체육회……1925년에 평양에서 조만식 선생의 주도로 결성되었다.

일제의 체육 탄압

- ☞ 학교체육을 군사력 팽창에 필요한 인력 양성의 수단으로 삼았다.
- ☞ 체육을 교련화하고 국궁과 씨름을 못 하게 하면서 유도와 검도를 통해서 일본의 무사정신을 주입시키려고 하였다.
- ☞ 학교운동회를 민족주의적인 정서가 있다는 이유로 금지시켰다.
- ☞ 조선체육회를 조선체육협회로 통합하였다.
- ☞ 일장기 말소사건을 빌미로 동아일보를 무기한 정간시켰다.

필수 및 심화 문제

필수문제

01 갑오개혁으로 일어난 변화가 아닌 것은?

① 과거제도의 폐지 ② 신분계급제도의 탈피
③ 문존무비의 차별 철폐 ④ 우수한 관리들의 해외유학 장려

■'갑오개혁으로 교육 분야에 생긴 변화'(p.252) 참조.
■갑오개혁으로 우수한 청년들의 해외유학을 장려하였다.

심화문제

02 병자수호조약(1876)에 따라서 개방한 항구가 아닌 것은?

① 부산 ② 원산 ③ 군산 ④ 인천

■일본과 병자수호조약을 맺은 때부터 한일병합 때까지를 **개화기** 또는 **구한말**이라고 한다. 군산은 일제강점기 때 개방하였다.

필수문제

03 고종(高宗)이 반포한 교육입국조서(敎育立國詔書)와 관련된 내용으로 옳지 않은 것은?

① 교육입국조서는 1895년에 반포되었다.
② 소학교 및 고등과정에 체조가 정식과목으로 채택되는 데 영향을 주었다.
③ 교육의 기회가 전 국민적으로 확대되는 데 기여하였다.
④ 덕양(德養), 지양(智養)보다 체양(體養)을 강조하였다.

■교육입국조서는 1895년 2월에 발표되었고, 언더우드학당(현 경신학교)은 1886년에 설립되었다.
■교육입국조서는 덕양 · 체양 · 지양에 힘쓰라는 명령이었다.

심화문제

04 고종(高宗)의 교육입국조서(敎育立國語書)에서 삼양(三養)이 표기된 순서는?(2024)

① 덕양(德養), 체양(體養), 지양(智養)
② 덕양(德養), 지양(智養), 체양(體養)
③ 체양(體養), 지양(智養), 덕양(德養)
④ 체양(體養), 덕양(德養), 지양(智養)

■삼양의 표기 순서는 덕양→체양→지양임.

05 개화기 교육입국조서(敎育立國詔書)가 반포된 이후의 체육사적 사실이 아닌 것은?

① 한국 YMCA가 설립되어 서구 스포츠가 본격적으로 도입되었다.
② 한국 최초의 운동회가 화류회(花柳會)라는 이름으로 개최되었다.
③ 우리나라 최초의 근대적인 체육 단체인 대한체육구락부가 결성되었다.
④ 언더우드(H. G. Underwood)학당이 설립되어 체조가 정식교과목에 편성되었다.

■교육입국조서는 1895년 2월에 발표되었고, 언더우드학당(현 경신학교)은 1886년에 설립되었다.

정답 01 : ④, 02 : ③, 03 : ④, 04 : ①, 05 : ④

06 고종이 전 국민에게 덕양, 체양, 지양의 3대 교육분야를 조화롭게 가르쳐야 한다고 발표한 것은?

① 조선교육령 ② 학제개혁
③ 교육입국조서 ④ 소학교령

필수문제

07 보기에서 설명하는 개화기 사립학교는?

■동래무예학교 : 원산학사를 설립한 정현석이 동래부사였던 시절에 동래에 설립(원산학사보다 5년 전에 개교)했다고 전해짐.
■대성학교 : 안창호가 평양에 설립(1907).
■오산학교 : 이승훈이 전주에 설립(1908).

보기
» 무비자강(武備自强)을 강조하였다.
» 문예반 50명, 무예반 200명을 선발하였다.
» 1883년에 설립된 최초의 근대식 학교이다.

① 동래무예학교(東萊武藝學校) ② 대성학교(大成學校)
③ 원산학사(元山學舍) ④ 오산학교(五山學校)

심화문제

■원산학사는 일본 학교를 모방한 것이 아니라 서당을 개량하여 근대학교로 발전시킨 것이다. 과거에는 합격하였지만 현직 관리로 임명받지 못한 사람들을 '출신'이라 하고, 지방 유지의 자녀들로 과거시험 준비를 하고 있는 사람들을 '한량'이라고 하였다.

08 원산학사에 대한 설명이다. 옳지 않은 것은?

① 우리나라 최초의 근대학교이지만 일본의 학교를 모방하여 설립한 것이다.
② 덕원 · 원산 지방의 주민들과 개화파 관리들이 중심이 되어 세운 학교이다.
③ 문예반과 무예반이 있었고, 무예반의 교육 내용은 병서와 사격으로 구성하였다.
④ 무예반은 출신과 한량을 뽑아서 훈련시켜 별군관을 양성하였다.

한국체육사

09 일제강점기의 체육사적 사실에 관한 설명으로 옳지 않은 것은?(2024)

■원산학사는 개화기에 서당을 개량한 것이다.

① 원산학사가 설립되었다.
② 체조교수서가 편찬되었다.
③ 학교에서 체조가 필수 과목이 되었다.
④ 황국신민체조가 학교체육에 포함되었다.

정답 06 : ③, 07 : ③, 08 : ①, 09 : ①

10 보기에서 설명하는 개화기 민족사립학교는?

> • 1907년에 이승훈이 설립하였다.
> • 대운동회를 매년 1회 실시하였다.
> • 체육은 주로 군사훈련의 성격을 띠었다.

① 오산학교 ② 대성학교
③ 원산학사 ④ 숭실학교

■ **대성학교** : 1907년 안창호가 평양에 설립.
■ **원산학사** : 1883년 서당을 개량하여 덕원·원산 지방의 주민들과 개화파 관리들이 설립.
■ **숭실학교** : 1897년 미국인 베어드가 평양에 설립.

11 근대식 학교인 원산학사에 대한 설명으로 옳은 것은?

① 1885년 아펜젤러가 설립하였다.
② 조선의 신교육을 위하여 일본인들이 설립한 학교이다.
③ 동래무예학교의 영향을 받았으며 무사양성 교육에 힘썼다.
④ 오늘날 경신중 · 고등학교의 전신으로 '오락'이라는 체조시간이 배정되었다.

■ 원산학사(p. 252) 참조.

12 원산학사에 대한 설명으로 바르지 않은 것은?

① 최초의 근대 학교이다. ② 문예반과 무예반으로 구성되었다.
③ 한국 최초로 체육과를 개설하였다. ④ 교과과정에 전통무예를 포함하였다.

■ 한국 최초로 체육과를 개설한 학교는 이화학당이다.

13 개화기 이화학당에 관한 설명으로 옳은 것은?

① 스크랜턴(M. Scranton)이 설립한 학교로 체조를 교과목으로 편성했다.
② 아펜젤러(H. Appenzeller)가 설립한 학교로 각종 서구 스포츠를 도입했다.
③ 이승훈이 설립한 학교로 민족정신의 고취와 체력단련을 위해 체육을 강조했다.
④ 개화파 관리들이 중심이 되어 설립한 학교로 무사양성을 위한 무예반을 설치했다.

■ 아펜젤러는 배재학당을, 이승훈은 오산학교를, 개화파 관리들이 중심이 되어 반관 반민의 원산학사를 설립하였다.

필수문제

14 보기에서 설명하는 개화기의 기독교계 학교는?(2024)

> 보기
> » 헐벗(H.B. Hulbert)이 도수체조를 지도하였다.
> » 1885년 아펜젤러(H.G. Appenzeller)가 설립하였다.
> » 과외활동으로 야구, 축구, 농구 등의 스포츠를 실시하였다.

① 경신학당 ② 이화학당 ③ 숭실학교 ④ 배재학당

■ **배재학당**
· 설립 : 1885년 아펜젤러(H. G. Appenzeller)
· 도수체조 지도 : 헐버트(H. B. Hulbert)
· 과외활동 : 야구, 축구, 농구, 정구 등

정답 10 : ①, 11 : ③, 12 : ③, 13 : ①, 14 : ④

15 **개화기 초에 설립된 기독교 선교계열 학교에서의 체육을 설명한 것들이다. 옳지 않은 것은?**

① 배재학당에서는 정규과목에는 체육이 없었고, 과외활동을 통해서 야구, 축구, 정구, 농구 등과 같은 스포츠가 도입되었다.
② 경신학교에서는 초기에는 오락이라는 명칭으로 체조가 실시되다가 1891년부터는 정식교과목으로 편성되었다.
③ 이화학당에서는 설립 초기부터 정규수업에 체조가 있었다.
④ 숭실학교에서는 정규수업에 체조가 없었다.

■ 숭실학교는 배재·경신·이화의 세 학교보다 3~4년 늦게 개교하였기 때문에 체조뿐만 아니라 음악도 정규교과목에 있었다.

16 **개화기 배재학당에 대한 설명으로 옳은 것은?**

① 스크랜턴(M.F. Scranton)에 의해 설립된 학교로 정기적으로 체조수업을 실시했다.
② 알렌(H. N. Allen)에 의해 설립된 학교로 건강 및 보건을 위한 활동을 실시했다.
③ 아펜젤러(H. G. Appenzeller)가 설립한 학교로 서구 스포츠가 과외활동을 통해 보급되었다.
④ 조선 정부가 영어교육을 위해서 세운 학교로 다양한 서구 근대 스포츠 문화를 소개했다.

■ ① : 이화학당
② : 세브란스
③ : 배재학당
④ : 1886년에 고종이 세운 육영공원

필수문제

17 **보기에서 설명하는 인물은?**

보기
» 1903년 황성기독교청년회 초대 총무를 역임하였다.
» 우리나라 최초로 야구와 농구를 소개하였다.
» 개화기 YMCA를 통해서 우리나라 근대스포츠의 발달에 큰 역할을 담당했다.

① 푸트(L. M. Foote) ② 반하트(B. P. Barnhart)
③ 허치슨(W. D. Hutchinson) ④ 질레트(P. L. Gillett)

■ 우리나라에 야구와 농구를 최초로 소개한 사람은 질레트이다.

필수문제

18 **개화기에 도입된 근대스포츠 종목으로 옳지 않은 것은?**

① 농구 ② 역도 ③ 야구 ④ 육상

■ 개화기에 도입된 스포츠 : 축구, 체조, 육상, 승마, 수영, 야구, 농구, 연식정구, 사이클, 검도, 유도, 사격
■ 일제 강점기에 도입된 스포츠 : 권투 ,탁구, 배구, 경식정구, 스키, 골프, 럭비, 역도

정답 15 : ④, 16 : ③, 17 : ④, 18 : ②

심화문제

19 개화기에 도입된 스포츠에 대한 설명으로 옳지 않은 것은?

① 질레트(P. Gillett)는 야구와 농구를 보급하였다.
② 우치다(內田)는 검도를 보급하였다.
③ 푸트(L. Foote)는 연식정구(척구)를 보급하였다.
④ 조원희는 교육체조를 보급하였다.

■국내에 검도가 도입된 것은 일제강점기 군과 경찰을 중심으로 보급되어 대중화되었음.

20 개화기에 질레트가 도입한 스포츠로 바르게 묶인 것은?

① 농구 – 배구　　② 축구 – 농구
③ 야구 – 농구　　④ 축구 – 배구

■황성기독교청년회 초대 총무로 부임한 질레트는 우리나라에 야구(1904년)와 농구(1907년)를 도입하였다.

21 개화기에 도입되지 않은 스포츠 종목은?

① 야구　　② 축구　　③ 테니스　　④ 배드민턴

■우리나라에 배드민턴 경기가 보급된 것은 해방 이후이다.

22 근대적 스포츠가 도입된 경위와 관련된 내용이다. 틀린 것은?

① 승마 : 근위기병대의 군사들이 훈련원에서 기병경마회를 개최
② 검도 : 경무청에서 경찰 교습과목으로 채택
③ 축구 : 외국어학교의 외국인 교사들이 지도하여 보급
④ 야구 : 선교사 알렌이 배재학당에서 지도

■야구는 선교사 질레트가 YMCA에서 지도

필수문제

23 보기는 개화기의 학교체육에 대한 설명이다. 옳은 것만을 고른 것은?

보기
㉠ 원산학사는 신지식을 교육하여 인재를 양성함으로써 외세의 도전에 대응할 목적으로 지역주민들이 자발적으로 서당을 개량해서 운영하였다.
㉡ 고종이 교육조서를 공포함으로써 체조가 정식과목으로 채택되었다.
㉢ 관립 외국어학교에서도 체조를 정식과목으로 채택하였다.
㉣ 사범학교에서는 체조를 가르치지 않았다.

① ㉠, ㉡, ㉢, ㉣　　② ㉠, ㉡, ㉢　　③ ㉠, ㉡　　④ ㉠

■㉢ 관립 외국어학교에서는 체조를 정식과목으로 선택하지 않았다. 그렇지만 신체단련을 위하여 병식체조와 기계체조를 가르치기는 했다.
■㉣ 사범학교에서 체조를 가르쳐야 졸업한 다음 보통학교 교사가 되면 학생들에게 체조를 가르칠 수 있을 것이 아니겠는가?

정답 19 : ②, 20 : ③, 21 : ④, 22 : ④, 23 : ③

심화문제

24 개화기 체육의 역사적 의미에 대한 설명으로 옳지 않은 것은?

① 체육의 개념 및 가치에 대한 근대적 각성이 이루어졌다.
② 각종 국제스포츠경기대회 참가로 국가의 위상이 높아졌다.
③ 체육이 교육체계 속에 포함되기 시작하였다.
④ 근대적인 체육문화가 창출되었다.

■ 개화기에는 돈이 없어서 국제대회 출전은 엄두도 내지 못하였다.

25 개화기 체육교육에 대한 설명으로 옳지 않은 것은?

① 원산학사에서는 교육과정에 전통무예를 포함하였다.
② 1895년 교육입국조서에서 덕양, 지양, 체양을 기본으로 삼았다.
③ 배재학당, 이화학당 등의 신식학교에서는 체조를 교육과정에 포함하였다.
④ 〈전시학도체육훈련〉 지침을 두어 전력 증강에 목표를 두었다.

■ 전시학도체육훈련은 태평양전쟁 때 일본이 학생들을 군인으로 양성하기 위해서 실시하였다.

26 다음 중 개화기 때 학교에서 실시한 체육의 내용이 아닌 것은?

① 유희 ② 병식체조 ③ 도수체조 ④ 보통체조

■ 도수체조는 일제강점기에 실시된 체조이다.

필수문제

27 개화기 운동회에 대한 설명으로 옳지 않은 것은?

① 초창기 운동회에서 실시된 종목은 주로 구기종목이었다.
② 영어학교나 기독교계 학교를 중심으로 운동회가 확산되었다.
③ 학생대항, 마을대항과 같은 단체전 중심이었다.
④ 우리나라 최초의 운동회는 화류회(花柳會)이다.

■ 우리나라 최초의 운동회에서는 육상경기가 개최되었다.

심화문제

28 개화기 학교 운동회에 관한 설명으로 옳지 않은 것은?(2024)

① 민족의식을 고취하는 역할을 하였다.
② 초기에는 구기 종목이 주로 이루어졌다.
③ 사회체육 발달의 촉진제 역할을 하였다.
④ 근대스포츠의 도입과 확산에 기여하였다.

■ 화류회에서는 1896년 영어학교 학생들이 동소문 밖 삼선평 들녘에서 육상경기와 오락놀이를 실시하였다.

정답 24 : ②, 25 : ④, 26 : ③, 27 : ①, 28 : ②

29 일제강점기에 발생한 체육사적 사실이 아닌 것은?

① 경성운동장이 설립되어 각종 스포츠대회가 개최되었다.
② 덴마크의 닐스 북(Neils Bukh)이 체조강습회를 개최했다.
③ 남승룡이 베를린 올림픽경기대회에서 동메달을 획득했다.
④ 영어학교에서 한국 최초의 운동회인 화류회가 개최되었다.

■ 영어학교에서 1896년에 개최한 화류회는 일제강점기가 아니라 개화기의 스포츠대회였다.

30 개화기 운동회에 대한 설명으로 적절한 것은?

① 일본인을 위한 축제의 성격이었다.
② 우리나라 최초의 운동회는 화류회(花柳會)이다.
③ 학교 정규교과목으로 학생에게 장려된 활동이었다.
④ 최초 시행 종목은 야구와 농구였다.

■ 삼선평에서 육상경기를 한 화류회가 최초의 운동회였다.

31 구한말 개화기에 학교에서 열렸던 운동회에 관한 내용이다. 옳지 않은 것은?

① 근대적 의미의 체육을 널리 보급시키는 역할을 하였다.
② 새로운 지식을 계몽하고, 민족의식을 고취시키는 사회적 기능도 담당하였다.
③ 우리나라 최초의 운동회는 화류회이다.
④ 운동회는 마을 대항 같은 단체전을 주로 하였기 때문에 사회적 갈등을 증폭시켰다.

■ 운동회가 사회적 갈등을 증폭시킨 것이 아니라 애국심을 고취하고, 공동체의식을 강화하고, 자주독립의 의지를 강화시키는 역할을 하였다.

32 우리나라 최초의 운동회인 화류회가 열린 장소와 운동경기종목을 올바르게 선택한 것은?

① 삼선평－육상경기
② 삼선평－야구경기
③ 훈련원－육상경기
④ 훈련원－야구경기

필수문제

33 개화기에 사회에서 체육진흥운동이 일어나게 된 동기에 대한 설명이다. 옳지 않은 것은?

① 국권상실의 위기를 맞자 근대적 교육의 중요성을 알게 되고, 강건한 청년을 육성하기 위해서는 체육이 필수적이라는 인식을 갖게 되었다.
② 사회적 진화론의 영향을 받아서 강대국이 약소국을 침략하는 것은 적자생존의 결과로 당연시되었다.
③ 대동체육구락부는 국가위기를 극복하기 위하여 체육을 강화할 목적으로 설립되었다.
④ 교육입국의 의지를 갖고 교육을 근대화하기 위해서 공포한 교육조서의 영향도 컸다.

■ ③ 대동체육구락부는 체육이 국가의 부강과 존폐의 근간이 된다는 인식을 갖고 있었지만, 위기에 나라를 구하기 위해서 만든 단체는 아니었다.

정답 29 : ④, 30 : ②, 31 : ④, 32 : ①, 33 : ③

필수문제

34 보기에서 설명하는 단체의 활동으로 옳은 것은?

보기
1903년 '황성기독교청년회'라는 이름으로 창설된 단체이다. 외국인 선교사를 주축으로 근대스포츠를 도입, 보급하여 한국 근대스포츠 발전에 많은 영향을 미쳤다. 1910년 한일병합 이후에도 스포츠 보급 활동에 기여하였다.

① 첫 사업으로 제1회 전조선야구대회를 개최했다.
② 1916년 우리나라 최초의 체육관을 개관하여 스포츠 활동의 활기를 도모했다.
③ 조선에서 최초의 종합경기대회라고 할 수 있는 조선신궁경기대회를 개최했다.
④ 우리나라 근대체육의 선구자였던 노백린이 병식체조 중심의 체육을 비판하며 설립한 단체였다.

■①은 조선체육회, ②는 YMCA(황성기독청년회), ③은 조선체육협회, ④는 대한국민체육회

심화문제

35 개화기에 설립된 체육단체가 아닌 것은?

① 조선체육협회 ② 대한체육구락부
③ 대한국민체육회 ④ 대한흥학회운동부

■조선체육협회는 1919년에 조선의 스포츠단체를 관리하기 위해 일본이 설립한 체육단체이다.

36 다음 중 개화기에 설립된 체육단체가 아닌 것은?(2024)

① 대한체육구락부 ② 조선체육진흥회
③ 대동체육구락부 ④ 황성기독교청년회운동부

■조선체육진흥회(조선체육회)는 일제강점기인 1920년 7월에 조선인을 중심으로 설립된 체육단체이다.

37 보기의 ㉠, ㉡에 들어갈 용어가 바르게 연결된 것은?

보기
(㉠)은/는 1903년 10월 18일에 발족되었으며, 1906년 운동부를 개설하여 개화기에 가장 활발하게 체육활동을 전개한 체육단체 중 하나였다. 이 단체의 총무였던 (㉡)은/는 야구, 농구 등의 다양한 근대스포츠 문화를 우리나라에 소개하고 확산시키는 노력을 하였다.

	㉠	㉡
①	회동구락부	언더우드(H. Underwood)
②	대동체육부	노백린
③	무도기계체육부	윤치호
④	황성기독교청년회	질레트(P. Gillett)

■**회동구락부** : 1902년. 탁지부관리들이 창립
■**대동체육부** : 1908년. 권서연·조상호·이기환 등이 창립
■**무도기계체육부** : 1908년. 이희두와 윤치호가 창립

정답 34 : ②, 35 : ①, 36 : ②, 37 : ④

한국체육사

38 개화기의 체육단체에 관한 설명으로 옳은 것은?

① 청강체육부 : 탁지부 관리들이 친목 도모를 위해 1902년에 조직하였고, 최초로 연식정구를 도입하였다.
② 회동구락부 : 최성희, 신완식 등이 1910년에 조직하였고, 정례적으로 축구 시합을 하였다.
③ 무도기계체육부 : 우리나라 최초 기계체조 단체로서 이희두와 윤치오가 1908년에 조직하였다.
④ 대동체육구락부 : 체조 교사인 조원희, 김성집, 이기동 등이 주축이 되어 보성중학교에서 1909년에 조직하였고,병식체조를 강조하였다.

■① 청강체육부 : 1910년 2월. 중동학교 재학생인 최성희, 성희, 신완식 등이 결성. 교내 체육활동으로 축구를 하였음.
■④ 대동체육구락부 : 1908년. 권서연, 조상호, 이기환 등이 결성. 체육학 연구와 강건한 체력 육성을 주장함.

39 개화기에 설립된 우리나라 최초의 체육단체는?

① 대동체육구락부　② 대한국민체육회
③ 황성기독교청년회운동부　④ 대한체육구락부

■대동체육구락부는 1908년, 대한국민체육회는 1907년, 황성기독교청년회운동부는 1906년 4월(황성기독교청년회는 1903년), 대한체육구락부는 1906년 3월에 설립됨.

40 다음 중 개화기 체육단체가 아닌 것은?

① 대한체육구락부　② 황성기독교청년회운동부
③ 대동체육구락부　④ 대한올림픽위원회

■대한올림픽위원회는 1947년에 창설된 국가올림픽위원회로, 1968년에 대한체육회로 통합됨.

41 개화기에 설립된 우리나라 최초의 체육단체는?

① 황성기독교청년회 체육부　② 대한민국체육회
③ 대한체육구락부　④ 광학구락부

■황성기독교청년회는 대한체육구락부보다 먼저 생겼지만 체육부는 나중에 생겼다.

42 보기의 설명에 해당되는 체육단체는?

> 보기
> 병식체조의 개척자로서 우리나라 근대체육의 선구자였던 노백린이 병식체조 중심의 학교체육을 비판하고 체육의 올바른 이념 정립과 체육관련 정책을 올바르게 개혁할 목적으로 설립하였다.

① 대한국민체육회　② 회동구락부　③ 청강체육부　④ 체조연구회

■대한국민체육회는 1907년 노백린이 설립. 체육의 올바른 이념 정립과 체육정책의 개혁을 목표로 하였다.

43 개화기에 발생한 체육사적 사실이 아닌 것은?

① 관서체육회(關西體育會)가 결성되어 전조선빙상대회가 개최되었다.
② 최초의 근대 학교인 원산학사에서는 무사 양성을 위한 무예반을 개설했다.
③ 선교사들이 미션 스쿨을 설립하고, 서구의 체조 및 근대스포츠를 도입하였다.
④ 한국 최초의 여성교육기관인 이화학당이 설립되고, 정규수업에 체조 수업을 실시하였다.

■관서체육회는 1924년 평양에서 설립되었다.

정답　38 : ③, 39 : ④, 40 : ④, 41 : ③, 42 : ①, 43 : ①

■이기동과 김성집은 체조연구회, 권서연과 조상호는 대동체육구락부를 결성한 사람이다.

필수문제

44 **체육을 국가의 운명을 결정하는 중요한 교육 영역으로 인식하였으며, 태극학보에 '체육론'을 게재한 체육사상가는?**

① 이기동　② 조상호　③ 문일평　④ 권서연

■여운형은 각종 체육대회를 후원·주최하였고, 조선체육회 회장을 맡기도 한 조선체육의 아버지였다. 체육보급을 통한 국력 강화를 위하여 1935년 《조선중앙일보》에 '체육 조선의 건설'이라는 글을 남겼다.

필수문제

45 **보기의 괄호 안에 들어갈 일제강점기의 체육사상가는?(2024)**

보기
(　　)은/는 '체육 조선의 건설'이라는 글에서 사회를 강하게 하는 것은 구성원의 힘을 강하게 하는 것이며, 그 방법은 교육이며, 여러 교육의 기초는 체육이라고 강조하였다.

① 박은식　② 조원희　③ 여운형　④ 이기

■문일평은 체육을 국가의 운명을 좌우하는 교육영역이라고 생각하였다.

심화문제

46 **개화기 체육사상가인 문일평이 체육발전을 위하여 제안한 내용으로 옳지 않은 것은?**

① 체육학교를 설치하고, 체육교사를 양성하자.
② 과목에 체조, 승마 등을 개설하자.
③ 체육에 관한 학술을 연구하기 위하여 청년을 해외에 파견하자.
④ 체육활동을 통괄할 단체를 설립하자.

■**백용기** : 1889년 통정대부 돈녕부 도정을 역임함. 사재를 털어 빈구 구제에 힘씀.
■**이원용** : 일제강점기의 종교인
■**유억겸** : 조선체육회 회장(8대, 10대, 12대) 역임. 조선농구심판협회·고려육상경기회·조선권투연맹 회장 역임.

47 **보기에서 설명하는 인물은?**

보기
» 조선체력증진법연구회를 설립하고, 전국의 역도 보급에 앞장섰다.
» 1926년 휘문고등학교 체육교사로 부임해 역도부를 조직하고 지도했다.
» 대한체조협회 회장, 대한씨름협회 회장을 역임하며 한국 스포츠 발전에 공헌을 했다.

① 서상천　② 백용기　③ 이원용　④ 유억

정답　44 : ③, 45 : ③, 46 : ④, 47 : ①

한국체육사

48 **보기의 활동을 주도한 체육사상가는?**(2024)

> 보기
> » 체조강습회 개최
> » 체육 활동의 저변 확대를 위해 대한국민체육회 창립
> » 체육 활동을 통한 애국심 고취를 위해 광무학당 설립

① 서재필 ② 문일평 ③ 김종상 ④ 노백린

■ 1907년 노백린이 대한국민체육회를 설립함.

필수문제

49 **보기는 YMCA와 관련된 내용들이다. 옳지 못한 것을 모두 고르면?**

> 보기
> ㉠ 개화기(1903)에 황성기독교청년회라는 이름으로 창설되었다.
> ㉡ 노백린, 안창호, 이상재 등 독립운동단체들을 이끌던 인물들이 YMCA에 합류하였다.
> ㉢ 독립운동가들이 스포츠를 매개삼아 민족운동을 전개하려고 하는 것을 선교사들이 막았다.
> ㉣ 구한말 조선군의 장교 중에서 학교에 체조교사로 부임한 사람들이 YMCA를 배척하였다.
> ㉤ 서구식 각종 스포츠들이 YMCA를 통해서 도입되었다.

① ㉠, ㉡ ② ㉢, ㉣ ③ ㉠, ㉢ ④ ㉡, ㉣

■ ㉢ 스포츠가 민족운동과 기독교 전파의 매개체 역할을 했다.
㉣ 구한말 조선군 장교들이 국권회복을 목적으로 YMCA의 체육활동에 적극적으로 참여하였다.

심화문제

50 **개화기 선교사에 의해 조직되어 국내에 야구, 농구 등을 보급한 체육단체는?**

① 황성기독교청년회 ② 대동체육구락부
③ 회동구락부 ④ 체조연구회

51 **보기는 1차 조선교육령(1911)에 관계되는 내용이다. 옳은 것을 모두 고르면?**

> 보기
> ㉠ 각급 학교의 교육연한을 단축시켜 우매한 민족을 만들려고 했다.
> ㉡ 체조의 내용을 다양화하기 위해서 병식체조를 스웨덴체조로 바꾸었다.
> ㉢ 일본어 보급을 통해서 전통문화를 말살하려고 하였다.
> ㉣ 체조교원을 일본 군인으로 충당하여 체조교육의 내실을 기하려 했다.

① ㉠, ㉡ ② ㉠, ㉢ ③ ㉠, ㉣ ④ ㉡, ㉣

■ ㉡ 병식체조를 스웨덴체조로 바꾼 것은 병식체조를 통해서 국권을 회복하려고 하였던 선각자들의 의지를 약화시키기 위해서였다.
■ ㉣ 한국인 체조교사가 지도하던 민족주의적 체육활동을 규제하기 위해서 체조교원을 일본 군인으로 충당하였다.

정답 48 : ④, 49 : ②, 50 : ①, 51 : ②

필수문제

52 **일제강점기의 학교체조교수요목(1914)에 대한 설명으로 옳지 않은 것은?**

① 식민지통치하 학교체육을 본격적 궤도에 올려놓았다.
② 유희, 보통체조, 병식체조가 체조과 교재로 도입되었다.
③ 일본식 유희가 도입되었다.
④ 체조과 교수시간 이외에 여러 가지 운동을 실시하였다.

■국권회복의 의지를 약화시키려고 병식체조를 스웨덴체조로 바꾸었다.

심화문제

53 **보기는 학교체조교수요목을 제정한 시기(1914)의 체육교육에 관한 것이다. 옳지 못한 것은?**

보기
㉠ 각 학교의 체조교육을 통일시키고, 학교교육에서 체육을 필수화시키기 위한 조치였다.
㉡ 과외활동으로 야구, 수영, 테니스, 스케이트 등을 장려하였다.
㉢ 병식체조를 교련으로 분리하고, 유희를 경쟁적 유희와 발표적 유희로 구분하였다.
㉣ 한국 체육을 근대화시키기 위한 조치였다.

① ㉠ ② ㉡ ③ ㉢ ④ ㉣

■한국 체육을 근대화시키기 위한 조치가 아니라 일본에 충성하는 식민지 사람으로 만들기 위한 조치였다.

필수문제

54 **3차 조선교육령(1938)에 관한 내용 중 잘못된 것은?**

① 만주사변과 중일전쟁을 통해서 중국을 점령한 다음에 공포한 총독부령으로 모든 학교수업을 일본어로 하도록 강요하였다.
② 보통학교를 소학교로, 고등보통학교를 중학교로 바꾸어서 일본과 똑같은 학교이름을 사용할 수 있도록 하였다.
③ 국어(조선어)는 필수과목이었고, 국사(조선사)는 선택(수의)과목이었다.
④ 나중에는 소학교를 국민학교(황국신민학교)로 바꾸는 국민학교령을 공포하였다.

■국어와 국사를 선택과목으로 두었지만, 사실상 폐지하였다.

정답 52 : ②, 53 : ④, 54 : ③

필수문제

55 **보기에 해당하는 체육단체에 관한 설명으로 옳지 않은 것은?**

보기
» 고려구락부를 모체로 설립된 단체이다.
» 1920년 7월 동아일보사의 후원으로 일본유학생과 국내체육인들이 조선인의 체육을 장려할 목적으로 설립하였다.

① 1920년 전조선야구대회를 개최했다.
② 스포츠 보급의 일환으로 운동구점을 설치하고 운영하였다.
③ 1925년 경성운동장 개장을 기념하기 위해 조선신궁경기대회를 개최했다.
④ 육상경기의 연구를 위한 육상경기위원회 조직과 육상경기규칙을 편찬했다.

■ **조선체육회** : 고려구락부를 모체로 하고, 동아일보사 · 일본유학생 · 국내운동가의 후원으로 1920년에 설립. 전조선야구대회 개최, 운동용구점 설치 · 운영, 육상경기규칙 편찬 등을 하였다.
■ **조선신궁경기대회** : 1925년에 조선체육협회가 개최하였다.

필수문제

56 **보기에서 일제강점기의 조선체육회에 관한 설명으로 옳은 것만을 모두 고른 것은?**(2024)

보기
ㄱ. '전조선축구대회'를 창설하였다.
ㄴ. 조선체육협회에 강제로 흡수되었다.
ㄷ. 국내 운동가, 일본 유학 출신자 등이 설립하였다.
ㄹ. 종합체육대회 성격의 전조선종합경기대회를 개최하였다.

① ㄱ, ㄴ　　② ㄷ, ㄹ　　③ ㄴ, ㄷ, ㄹ　　④ ㄱ, ㄴ, ㄷ, ㄹ

■ **조선체육회**
· 동아일보가 1920년 7월 13일 설립.
· 조선 체육의 지도 · 장려를 목적으로 함.
· 일본체육단체에 대응하기 위해 창립.
· 운동경기뿐만 아니라 스포츠 보급의 일환으로 운동구점 설치 · 운영.
· 각 운동단체 후원 및 체육대회 주최.
· 일장기 말소사건으로 1938년강제 해산되어 조선체육협회로 통합 · 흡수됨.
· 대한체육회의 전신단체임.

심화문제

57 **조선체육회에 대한 설명으로 옳은 것은?**

① 1925년 제1회 전조선신궁대회를 개최하였다.
② 조선신문사의 적극적인 후원에 힘입어 설립되었다.
③ 일본체육단체에 대한 대응으로 1920년 조선인 중심으로 창립되었다.
④ 경성정구회와 경성야구협회를 통합하여 조직한 단체이다.

■ 전조선신궁대회는 남산에 일본의 신궁을 세워놓고 조선인들이 그 앞에서 경기를 하게 만든 대회로 조선체육협회에서 주관하였다.
■ 경성정구회와 경성야구협회를 통합하여 조직한 단체는 조선체육협회이다.

정답 55 : ③, 56 : ④, 57 : ③

심화문제

■ 전국체육대회의 효시는 조선체육회에서 1920년에 개최한 전조선야구대회이다.

58 오늘날 전국체육대회의 효시는?

① 전조선축구대회 ② 전조선야구대회
③ 전조선육상대회 ④ 전조선정구대회

59 일제강점기에 설립된 체육 단체가 아닌 것은?

① 대한국민체육회(大韓國民體育會) ② 관서체육회(關西體育會)
③ 조선체육협회(朝鮮體育協會) ④ 조선체육회(朝鮮體育會)

■ **대한국민체육회** : 1907년 10월, 노백린의 발기로 조직된 우리나라 최초의 체육단체.
■ **일제강점기에 설립된 체육단체**
· **조선체육협회** : 1919년 2월 18일, 재조선 일본인들이 창설.
· **조선체육회** : 1920년 6월 16일, 고원훈, 장두현 등 47명이 모여 10명의 창립위원을 선정하여 7월 13일 창립총회를 개최함. 제1회 전조선야구대회 개최.
· **관서체육회** : 1924년 3월, 조만식을 회장으로 창설. 동아일보사 평양지국에 본부를 두었음.

■ 대한체육회로 명칭이 변경된 단체는 조선체육회이다(56번 문제 참조).

60 일제강점기의 체육단체로 다음의 설명에 알맞은 단체는?

> 1920년 7월 13일에 창립되었다. 조선인의 체육을 지도 장려함을 목적으로 삼고, 체육에 관한 조사 연구 및 선전, 체육도서의 발행, 각종 경기대회의 주최 및 후원, 기타 체육회 사업 등의 활동을 실행하였다. 1948년 9월 3일 대한체육회로 명칭을 변경하였다.

① 조선체육회 ② 황성기독교청년회
③ 관서체육회 ④ 고려구락부

61 보기에서 설명하는 단체는?

> 보기
> » 외국인 선교사가 근대스포츠인 야구, 농구, 배구를 도입하였다.
> » 1916년에 실내체육관을 준공하여, 다양한 실내스포츠를 활성화하였다.

① 황성기독교청년회 ② 대한체육구락부
③ 조선체육회 ④ 조선체육협회

■ ① **황성기독교청년회** : 우리나라의 스포츠 발전에 가장 크게 기여한 단체임(회장 Terner, 총무 Gillett). 1903년 서울 YMCA 설립, 1906년 4월 운동부 발족, 1916년 실내체육관 준공
■ ② **대한체육구락부** : 1906년 김기정, 현양운, 신봉휴, 한상우 등이 설립. 우리나라 최초의 근대적인 체육단체
■ ③ **조선체육회** : 59번 문제 참조
■ ④ **조선체육협회** : 59번 문제 참조

정답 58 : ②, 59 : ①, 60 : ①, 61 : ①

62 보기에서 설명하는 올림픽경기대회는?

> » 1936년에 개최된 하계올림픽경기대회였다.
> » 마라톤경기에서 손기정 선수가 금메달을 획득했다.
> » 일장기 말소사건은 국권회복과 민족의식을 일깨워주는 계기가 되었다.

① 제9회 암스테르담 올림픽경기대회
② 제11회 베를린 올림픽경기대회
③ 제14회 런던 올림픽경기대회
④ 제17회 로마 올림픽경기대회

■ 제11회 베를린 올림픽경기대회는 일제 강점기에 개최되었으며, 우리나라의 손기정 선수가 마라톤에 우승하고, 남승룡 선수가 3등을 하였다.

63 1936년 베를린올림픽대회 참가와 관련하여 옳은 것은?

① 함기용, 송길윤, 최윤칠 선수가 마라톤에서 모두 입상하였다.
② 최초로 코리아(KOREA)라는 국가 명칭을 사용하였다.
③ 김성집 선수가 역도에서 동메달을 획득하였다.
④ 동아일보 이길용 기자에 의해 일장기말살사건이 발생하였다.

■ 함기용, 송길윤, 최윤칠 선수가 마라톤에서 모두 입상한 것은 보스턴 마라톤대회였고, 코리아라는 국호를 처음으로 사용한 올림픽대회는 12회 런던 올림픽대회이다. 김성집이 동메달을 딴 것도 같은 대회이다.

64 일제강점기 일장기 말소사건에 대한 내용으로 알맞지 않은 것은?

① 1936년 베를린올림픽대회에서 우승한 손기정의 사진에 일장기가 지워진 것이다.
② 일본인 단체였던 조선체육협회를 해산시키고 조선체육회를 결성하는 계기가 되었다.
③ 체육을 통해 일제에 항거하는 민족주의적 투쟁정신이 표출된 대표적 사례이다.
④ 동아일보는 무기정간을 당하고 일장기를 말소한 이길용 기자 등이 징역형을 받았다.

■ 일장기 말소 사건으로 조선체육회가 해산되어 조선체육협회로 통합 · 흡수되었다.

65 일장기말소사건(1936)과 관련이 없는 것은?

① 손기정 ② 이길용
③ 베를린올림픽 ④ 조선일보

■ 일장기말소사건을 빌미로 동아일보가 무기한 정간되었다.

66 1936년 제11회 베를린올림픽경기대회 마라톤에서 손기정과 함께 입상한 선수는?

① 서윤복 ② 권태하
③ 남승룡 ④ 함길용

■ 제11회 베를린올림픽 마라톤 메달리스트는 금메달 손기정, 은메달 어니스트 하퍼, 동메달 남승룡이었다.

정답 62 : ②, 63 : ④, 64 : ②, 65 : ④, 66 : ③

67 보기는 1930년 이후 일제가 체육·스포츠를 탄압한 내용이다. 옳지 못한 것을 모두 고르면?

■ⓛ 국궁과 씨름을 못하게 하고, 유도와 검도를 통해서 일본의 무사정신을 주입시키려고 하였다.
ⓔ 반대로 조선체육회를 조선체육협회로 통합시켰고, 조선학생체육총연맹도 조선체육협회로 통합시켰다.

> 보기
> ㉠ 학교체육을 군사력 팽창에 필요한 인력 양성의 수단으로 삼았다.
> ㉡ 체육을 교련화하고, 국궁과 씨름을 장려하였다.
> ㉢ 학교운동회를 민족주의적인 정서가 있다는 이유로 금지시켰다.
> ㉣ 일본인이 주도하는 조선체육협회를 조선체육회로 통합하였다.
> ㉤ 조선인이 주도했던 여러 무도단체들을 동경 강도관 조선지부로 통합하였다.
> ㉥ 일장기 말소사건을 빌미로 동아일보를 무기한 정간시켰다.

① ㉡, ㉢ ② ㉣, ㉤ ③ ㉢, ㉥ ④ ㉡, ㉣

68 일제강점기 황국신민체조에 대한 설명으로 적절하지 않은 것은?

■황국신민체조는 1937년 8월 20일 조선총독부가 식민지 통치의 일환으로 군국주의를 함양하고 무사도정신을 고취하기 위하여 만든 체조이다.

① 식민지 통치체제의 일환으로 실시되었다.
② 군국주의 함양을 위한 것이다.
③ 유희 중심의 체조 지도원리에 따라 교육되었다.
④ 무사도 정신을 고취하기 위한 것이다.

69 일제강점기 체육에서 민족주의 성격을 바르게 설명하지 않은 것은?

① 일본단체의 주관대회에 한국인이 참가하였다.
② 조선체육회 등과 같은 체육단체들이 결성되었다.
③ 학교체육에서 군사훈련보다는 순수체육을 지향하였다.
④ 전통스포츠에는 관심을 두지 않았다.

70 일제강점기 근대 스포츠 도입에 대한 설명으로 옳은 것은?

■① 스키 : 1921년 일본인 나카무라가 소개
■② 배구 : 1916년 기독교청년회(YMCA)에 의해 도입
■③ 럭비 : 1924년 조선철도국의 사카쿠치가 소개
■④ 골프 : 1921년 영국인 던트가 소개

① 스키는 조선철도국에 의해 소개되었다.
② 배구는 YMCA 체육부에 의해 소개되었다.
③ 럭비는 일본인 체육교사 나카무라에 의해 소개되었다.
④ 골프는 서상천에 의해 소개되었다.

정답 67 : ④, 68 : ③, 69 : ④, 70 : ②

한국체육사

71 일제강점기 체육활동에 대한 설명으로 옳지 않은 것은?

① 체육, 스포츠활동을 통해 민족의식을 고취하였다.
② 유도, 검도 같은 무도가 빠르게 전파되었다.
③ 투호, 방응, 석전 등 민속스포츠가 적극 장려되었다.
④ 손기정, 엄복동 등의 국제적인 스포츠선수들이 등장하였다.

72 일제강점기 스포츠 종목의 도입에 대한 설명으로 옳지 않은 것은?

① 스키 – 1921년 나카무라(中村)가 소개하였다.
② 권투 – 1914년 경성구락부에서 소개하였다.
③ 역도 – 1926년 서상천이 소개하였다.
④ 경식정구 – 1919년 조선철도국에서 소개하였다.

■ 권투는 1912년 박승필이 유각권구락부를 설립해 회원을 지도한 것이 처음이다.

73 일제강점기의 시기별 학교체육의 내용으로 알맞지 않은 것은?

① 조선교육령공포기(1911~1914) : 일본군 체조교원을 채용하여 민족주의 체육을 규제하였다.
② 학교체조교수요목의 제정과 개정기(1914~1927) : 군국주의를 바탕으로 군사훈련을 강요하였다.
③ 학교체조교수요목 개편기(1927~1941) : 체조 중심에서 유희와 스포츠 중심으로 변화하였다.
④ 체육통제기(1941~1945) : 체조과를 체련과(體練科)로 변경하고 체육을 점차 교련화하였다.

74 보기에서 설명하는 일제강점기의 체육시설은?

> 보기
> » 축구장, 야구장, 정구장, 수영장 등이 있었다.
> » 전국 규모의 대회와 올림픽경기대회 예선전 등이 열렸다.
> » 1925년에 건립되었고, 1984년에 동대문운동장으로 개칭되었다.

① 목동운동장 ② 잠실종합운동장
③ 경성운동장 ④ 효창운동장

■ 1925~1945년 : 경성운동장
■ 1945~1984년 : 서울운동장
■ 1984~2008년 : 동대문운동장

정답 71 : ③, 72 : ②, 73 : ②, ③, 74 : ③

75 민족주의적 체육활동에 관한 것들이다. 옳지 못한 것은?

■한민족의 정체성을 지키고 민족의식을 회복하기 위해서 국궁과 씨름 같은 전통경기를 보급하려고 노력하였다.

① 전국적으로 조직된 청년회가 중심이 되어 일제의 탄압에 대한 저항운동의 하나로 체육활동을 하였다.
② 국궁과 씨름 같은 운동은 나라를 망친 스포츠라고 배척하였다.
③ 근대 스포츠의 보급과 확산에 큰 역할을 했다.
④ 보건체육의 민중화 운동으로 확산되었다.

76 근대체육의 발달 배경으로 옳지 않은 것은?

■근대체육의 발달로 전통놀이의 인기가 떨어진 것은 아니다.

① 서구문물이 본격적으로 유입되기 시작하였다.
② 근대 학교에서 체조를 정식 교과목으로 채택하였다.
③ 선각자들이 체육의 중요성을 인식하고 보급하려고 노력하였다.
④ 전통 놀이의 인기가 떨어졌다.

77 1930년대 체육 대중화를 위하여 조선인 체육지도자들이 보급한 체조는?

■**보건체조** : 1930년대 체육 대중화를 위하여 조선인 체육지도자들이 보급한 체조
■**라디오체조** : 일본이 라디오를 통해 방송한 체조
■**스웨덴체조** : 링(Ling)의 스웨덴체조는 생리학·해부학에 기초를 둔 교육체조·군대체조·의료체조·미용체조 중 교육체조와 의료체조에 중점을 둠.
■**병식체조** : 체조시간에 실시한 군대식 훈련

① 라디오체조 ② 보건체조
③ 스웨덴체조 ④ 병식체조

정답 75 : ②, 76 : ④, 77 : ②

현대 체육 · 스포츠

최고 체육행정기관의 변천

군정청의 학무국 → 문교부의 체육과 → 문교부의 체육국 → 체육부 → 체육청소년부 → 문화체육부 → 문화관광부 → 문화체육관광부

대한올림픽위원회의 변천

☞ 1947년에 IOC로부터 NOC 승인을 받아 런던올림픽에 정식 회원국의 자격으로 출전할 수 있었다.

☞ 1961년 군사정권에 의해서 강제로 대한체육회에 통합되었다.

☞ 1964년 IOC 헌장에 어긋난다고 해서 대한체육회에서 다시 분리하였다.

☞ 대한체육회와 주도권 싸움이 심하다는 이유로 박정희 대통령의 지시에 의해서 1968년에 다시 대한체육회에 통합되었다.

대한장애인체육회

☞ 장애인체육 업무가 보건복지부에서 문화체육관광부로 이관됨에 따라서 대한장애인체육회를 설립해야 할 필요성이 대두되었다.

☞ 국민체육진흥법의 개정을 통해서 설립되었다.

☞ 설립목적, 조직기구 등이 대한체육회와 유사하다

국민생활체육회

☞ 서울올림픽 이후 대중을 위한 생활체육의 필요성이 증대되었다.

☞ 생활체육 활동을 체계적으로 지원 · 육성할 목적으로 민법에 의해서 설립 된 비영리사단법인이 국민생활체육협의회이다.

☞ 민간단체로서는 업무추진에 한계를 느껴서 법정단체로 바꾸기 위해서 우선 이름만 바꾼 것이 국민생활체육회이다.

☞ 대한체육회와 국민생활체육회를 통합한 것이 통합 체육회인 대한체육회이다.

우리나라의 체육발전을 위한 박정희 정부의 공적

☞ 국민체육진흥법을 공포하고, 국민재건체조를 제정하는 등 국민체육진흥을 위한 기틀을 마련하였다.

☞ 태릉선수촌을 완공하고, 한국체육대학교를 설립하였다.

☞ 직장체육을 활성화하고 레크리에이션 발전을 지원하는 등 생활체육의 발전에도 힘썼다.

☞ 학교체육을 중심으로 한 엘리트체육 발전에 기여하였다.

남북 체육교류

기 간	내 용
1990	평양과 서울에서 남북통일축구대회 개최
1991	일본 지바에서 열린 세계탁구선수권대회에 단일팀으로 출전 포르투갈에서 열린 세계청소년축구대회에 단일팀으로 출전
1999	평양과 서울에서 남북통일농구대회 개최 평양에서 남북노동자축구대회 개최
2000	평양에서 남북통일탁구대회 개최 시드니올림픽 개회식 남북한 공동 입장
2001	평양에서 남한의 태권도시범경기 공연 서울에서 북한의 태권도시범경기 공연
2002	태권도시범단 교환 평양 개최 태권도시범단 교환 서울 개최 부산아시안게임 남북한 개폐회식 공동 입장 남북 통일축구경기 대회
2003	제22회 대구하계유니버시아드 남북태권도 교류 협의 및 대구하계유니버시아드 참관 2003년 제주에서 민족평화통일축전 개최
2004	아테네하계올림픽경기대회 공동입장
2005	제4회 마카오동아시아경기대회 공동입장
2006	도하하계아시아경기대회 개 · 폐회식 공동입장
2018	평창동계올림픽 남북 공동입장 평창동계올림픽에 북한 선수단, 응원단, 예술공연단 파견 평창동계올림픽 여자아이스하키 단일팀 출전 스웨덴 할름스타드세계탁구선수권대회 남북 단일팀 구성 자카르타 팔렘방아시아경기대회 남북 공동입장 및 남북 단일팀 구성

필수 및 심화 문제

필수문제

01 **보기는 광복 이후 현재까지 국가 차원에서의 최고 체육행정기관이 변화해 온 과정이다. ( ) 안에 들어가야 할 기관의 이름들을 순서에 맞게 나열한 것은?**

> 보기
> 군정청의 ( ) → 문교부의 체육과 → 문교부의 ( ) → ( ) →
> 체육청소년부 → 문화체육부 → ( ) → 문화체육관광부

① 학무국, 체육국, 체육부, 문화관광부
② 체육국, 학무국, 체육부, 문화관광부
③ 학무국, 체육국, 문화관광부, 체육부
④ 체육국, 학무국, 문화관광부, 체육부

■ 체육행정기관의 변천
미 군정청–학무국
문교부–체육과
문교부 –체육국
체육부–체육청소년부
문화체육부–문화관광부–문화체육관광부

심화문제

02 **대한민국 정부의 체육정책 담당 부처의 변천 순서가 옳은 것은?(2024)**

① 체육부 → 문화체육관광부 → 문화체육부
② 체육부 → 문화체육부 → 문화체육관광부
③ 문화체육부 → 체육부 → 문화체육관광부
④ 문화체육부 → 문화체육관광부 → 체육부

■ 위 문제 해설 참조.

03 **광복 이후 현재까지 우리나라의 체육스포츠가 발전해온 특성을 설명한 것들이다. 옳지 못한 것은?**

① 국가주의적·민족주의적 체육정책을 펼쳐왔다.
② 전문체육의 발전을 통해서 생활체육이 발전하는 형태이다.
③ 체육을 정치적으로 이용한 경우가 많았다.
④ 학교체육이 괄목할 만하게 발전하였다.

■ 박정희 정부에서는 학교체육이 많이 발전하였으나, 김영삼 정부 이후부터는 학교체육이 크게 후퇴하였다.

04 **광복 이후 우리나라에 나타난 체육사상이나 운동으로 옳지 않은 것은?**

① 엘리트스포츠 육성을 통한 스포츠민족주의
② 체육진흥운동을 통해 강건한 국민성을 함양하는 건민체육사상
③ 서양체육사상과 전통체육사상이 융합된 양토체육사상
④ 국민 모두의 생활체육을 강조한 대중스포츠운동

■ 광복 이후의 스포츠
· 대중 스포츠운동 발달
· 엘리트스포츠 육성을 통한 스포츠민족주의
· 모든 국민의 생활스포츠를 통한 대중스포츠운동
· 서양체육사상과 전통체육사상의 융합은 되지 않음.

정답 01 : ①, 02 : ②, 03 : ④, 04 : ③

05 각 차수별 교육과정에서 체육목표의 내용으로 가장 알맞은 것은?

① 제1차 교육과정은 순환운동, 질서운동을 체육의 내용으로 새롭게 채택하였다.
② 제2차 교육과정부터 '보건·체육'에서 '체육'으로 교과목 명칭을 통일하였다.
③ 제3차 교육과정은 생활 경험을 중요시하여 여가 활동을 강조하였다.
④ 제4차 교육과정부터 초등학교에서는 놀이를 벗어난 '운동'이라는 용어를 사용하였다.

06 전국체육대회의 규모가 너무 커지자 그 규모를 줄일 목적으로 제52회 전국체육대회부터 전국규모의 주니어 체육대회로 창설된 것은?

① 1교1기제도 ② 체력장제도 ③ 소년체전 ④ 어린이체조대회

07 1970년대 실시한 체력장 제도에 대한 설명으로 옳지 않은 것은?

① 국민체력검사표준위원회에서 기준과 종목을 선정하였다.
② 체력증진이라는 교육 목적으로 전국적으로 실시되었다.
③ 입시과열 현상 등 부작용이 발생하였다.
④ 기본운동과 구기운동 종목으로 구성되었다.

■ 체력장 제도에는 구기종목이 없었다.

필수문제

08 다음 중 현행 국민체육진흥법에서 대한체육회의 설립 목적이라고 명기하지 아니한 것은?

① 경기단체의 사업과 활동에 대한 지도와 지원
② 체육경기대회의 개최와 국제교류
③ 선수양성과 경기력 향상 등 전문체육 진흥을 위한 사업
④ 학교체육 및 생활체육의 진흥을 위한 사업

■ 국민체육진흥법을 처음으로 제정하던 당시에는 학교체육 및 생활체육 진흥을 위한 사업이 있었으나, 법을 개정하면서 다른 기관으로 이관되었다.

필수문제

09 보기는 대한올림픽위원회가 변화해온 과정이다. 잘못된 것은?

보기
㉠ 1947년에 IOC로부터 NOC 승인을 받아 런던올림픽에 정식 회원국의 자격으로 출전할 수 있었다.
㉡ 1961년 군사정권에 의해서 강제로 대한체육회에 통합되었다.
㉢ 1964년 IOC 헌장에 어긋난다고 해서 대한체육회에서 다시 분리하였다.
㉣ 대한체육회와 주도권 싸움이 심하다는 이유로 박정희 대통령의 지시에 의해서 1968년에 다시 대한체육회에 통합되었다.
㉤ 서울올림픽대회를 개최하면서 전두환 정권이 대한체육회에서 또다시 분리하였다.

① ㉡ ② ㉢ ③ ㉣ ④ ㉤

■ 대한올림픽위원회는 박정희가 통합한 다음 현재까지 대한체육회의 산하단체로 남아있다. 우리나라의 국가올림픽위원회만이 세계에서 유일하게 법인 자격이 없다.

정답 05 : ②, 06 : ③, 07 : ④, 08 : ④, 09 : ④

심화문제

10 보기에서 대한체육회에 대한 옳은 설명을 모두 고른 것은?

> 보기
> ㉠ 1920년 – 조선체육회가 창립되었다.
> ㉡ 1948년 – 대한체육회로 개칭되었다.
> ㉢ 1966년 – 태릉선수촌을 건립하였다.
> ㉣ 2016년 – 국민생활체육회와 통합되었다.

① ㉠, ㉡　　② ㉡, ㉣
③ ㉠, ㉡, ㉣　　④ ㉠, ㉡, ㉢, ㉣

■모두 옳다.

11 대한장애인체육회에 관련된 내용이다. 잘못된 것은?

① 장애인체육 업무가 보건복지부에서 문화체육관광부로 이관됨에 따라서 대한장애인체육회를 설립해야 할 필요성이 대두되었다.
② 국민체육진흥법의 개정을 통해서 설립되었다.
③ 대한체육회의 산하단체이다.
④ 설립목적, 조직기구 등이 대한체육회와 유사하다.

■대한장애인체육회는 독립된 단체이다.

12 국민생활체육회에 관한 내용이다. 잘못된 것은?

① 서울올림픽 이후 대중을 위한 생활체육의 필요성이 증대되었다.
② 생활체육 활동을 체계적으로 지원·육성할 목적으로 민법에 의해서 설립된 비영리사단법인이 국민생활체육협의회이다.
③ 민간단체로서는 업무추진에 한계를 느껴서 법정단체로 바꾼 것이 국민생활체육회이다.
④ 조직기구 등은 대한체육회의 국내부분과 유사하다.

■법정단체로 바꾸기 위해서 우선 이름만 먼저 바꾼 것이다. 국민체육진흥법 등 관련법이 개정되어야 법정단체로 바꿀 수 있다.
※참고: 국민생활체육회와 대한체육회는 통합하여 '대한체육회'로 2016. 3. 27 첫발을 내딛었다.

13 보기에서 설명하는 체육 단체는?

> 보기
> » 제24회 서울올림픽경기대회를 기념하여 1989년 공익법인으로 설립되었다.
> » 체육지도자 국가자격시험을 전담하고 있다.
> » 경정, 경륜, 스포츠토토 등의 기금조성사업을 하고 있다.

① 대한체육회　　② 문화체육관광부
③ 대한장애인체육회　　④ 국민체육진흥공단

정답 10 : ④, 11 : ③, 12 : ③, 13 : ④

■**건민주의**는 박정희가 강조한 것으로 스포츠의 대중화를 통해서 국민의 건전한 정신과 강인한 체력을 길러 국가발전에 기여하게 한다는 사상이다. **홍익인간**을 만드는 것이 우리나라의 교육목표이고, '**체력은 국력**이다.'는 박정희 정부의 슬로건이다.
마지막으로 **체육입국**은 고종이 나라를 빼앗기기 직전에 국권을 회복하려면 국민들에게 새로운 지식을 교육시키는 것이 가장 우선이라는 생각에서 교육조서를 공포할 때 교육입국이라고 한 것에서 유래된 말이다.

필수문제

14 광복 이후 현재까지 대한민국 정부가 체육을 진흥시킨 사상적 기반이라고 할 수 있는 것은?

① 건민주의　② 홍익인간　③ 체력은 국력　④ 체육입국

심화문제

15 다음의 설명에 알맞은 체육시설은 ?

1964년 도쿄올림픽에 대비한 '우수선수 강화훈련단'이 결성되어 국가대표 선수들의 훈련이 이루어졌고, 도쿄올림픽 이후 대한체육회는 우수선수의 지속적인 강화훈련을 위해 서울 공릉동에 건물을 짓고 1966년 준공식을 갖게되었다.

① 동숭동합숙소　② 태릉선수촌　③ 진천선수촌　④ 태백선수촌

16 보기에서 설명하는 장소는?

보기
» 대한체육회가 1966년 우수선수의 육성을 위해 건립했다.
» 스포츠를 통한 국위선양 및 국민통합 실현의 목적이 있다.
» 국가대표선수들을 과학적으로 육성하는 기반이 되었다.

① 장충체육관　② 태릉선수촌　③ 동대문운동장　④ 효창운동장

■프로스포츠를 육성한 것은 전두환·노태우 정부이고, 박정희 정부는 전문체육(엘리트체육)을 육성함으로써 국위를 선양하고, 정치적 지지기반을 다지려고 노력하였다.

필수문제

17 우리나라의 체육발전을 위해서 박정희 정부가 이루어낸 공적이 아닌 것은?

① 국민체육진흥법을 공포하고, 국민재건체조를 제정하는 등 국민체육진흥을 위한 기틀을 마련하였다.
② 태릉선수촌을 완공하고, 한국체육대학교를 설립하였다.
③ 프로야구, 프로축구, 프로씨름 등 프로스포츠를 육성하였다.
④ 직장체육을 활성화하고, 레크리에이션 발전을 지원하는 등 생활체육의 발전에도 힘썼다.

■**지덕노체**는 박정희가 주도한 새마을운동의 정신적 근간이었지만, 원래는 미국에서 일어난 4H클럽운동의 행동지침이다.

심화문제

18 교육사상가와 교육강령을 짝지은 것이다. 틀린 것은?

① 박정희-지 덕 노 체　② 고종황제-덕 체 지
③ 존 로크-체 덕 지　④ 스펜서-지 덕 체

정답　14 : ①, 15 : ②, 16 : ②, 17 : ③, 18 : ①

19 **보기에서 박정희 정부 때 실시한 체력장 제도에 관한 설명으로 옳은 것을 모두 고른 것은?**

> 보기
> ㉠ 1971년부터 실시되었다.
> ㉡ 1973년부터는 대학입시에 체력장 평가가 포함되었다.
> ㉢ 국제체력검사표준회위원회에서 정한 기준과 종목을 대상으로 하였다.
> ㉣ 시행 종목에는 100m 달리기, 제자리멀리뛰기, 팔굽혀 매달리기(여자), 턱걸이(남자), 윗몸일으키기, 던지기가 있었다.

① ㉠, ㉡ ② ㉢, ㉣
③ ㉠, ㉡, ㉢ ④ ㉠, ㉡, ㉢, ㉣

■ 보기는 모두 체력장 제도에 관한 내용임.

20 **학교체육에 체력장제도를 도입하고, 초등학교에서 대학교까지 체육을 필수과목으로 지정한 정부는?**

① 전두환 정부 ② 박정희 정부
③ 노태우 정부 ④ 김영삼 정부

■ 체력장제도는1971년에 도입되었다.

21 **정부가 체육정책의 운영에 있어 법적 근거를 마련하기 위해 최초로 제정한 체육관련 법은?**

① 학교체육진흥법 ② 국민체육진흥법
③ 스포츠산업진흥법 ④ 전통무예진흥법

■ 국민체육진흥법은 1962년 9월 17일에 국가재건최고회의에 의해 제정되었다. 국민체육진흥법의 제정은 법적·제도적으로 본격적인 국민체육 시대를 여는 출발점이 되었다.

22 **보기에서 설명하는 정부가 시행한 체육 정책에 해당하지 않은 것은?**

> 보기
> 이 정부는 '체력은 국력'이란 슬로건을 채택했으며, '국민재건체조'를 제정하고 대한체육회의 예산을 정부가 지원하기로 결정했다. 그 외 국민체육진흥법공포(1961), 체육진흥법 시행령 공포(1963), 체육의 날 제정(1962), 매월 마지막 주의 '체육주간' 제정 등과 같은 조치가 이루어졌다.

① 태릉선수촌의 건립 ② 국군체육부대의 창설
③ 우수선수 병역면제 시행 ④ 메달리스트 체육연금제도 도입

■ 보기는 박정희 정부 때의 정책이다.
■ 국군체육부대는 1984년에 설립되었다.

정답 19 : ④, 20 : ②, 21 : ②, 22 : ②

23 보기의 체육정책이 추진된 정부는?

> 보기
> » 국민체육진흥법 제정 » 태릉선수촌 건립
> » 체력장제도 실시

① 박정희 정부 ② 김대중 정부
③ 노태우 정부 ④ 문재인 정부

24 군사정권의 체육정책에 대한 설명이다. 틀린 것은?

■조선체육회를 대한체육회로 개칭한 것은 1945년이고, 사단법인화한 것은 1954년, 특수법인화한 것은 1983년이다.

① 1961년 군사정권의 등장으로 체육진흥정책이 적극적으로 시행되기 시작하였다.
② 대한체육회, 대한올림픽위원회, 대한학교체육회를 통합시켰다.
③ 국민체육진흥법을 공포하여 체육진흥의 기틀을 마련하였다.
④ 조선체육회를 대한체육회로 개칭하고 사단법인화하였다.

■전두환 정부(제5공화국)의 주요 체육정책
· 체육부 신설
· 한국체육과학연구소와 국민체육진흥공단 신설
· 1986년 아시아경기대회
· 1988년 서울올림픽대회 유치
· 프로스포츠(야구, 축구, 씨름) 출범

필수문제

25 보기의 설명과 관련 있는 정부는?

> 보기
> » 서울아시아경기대회를 개최하였다.
> » 정부 행정조직에서 체육부가 신설되었다.
> » 프로야구, 프로축구, 프로씨름 등이 출범하였다.

① 박정희 정부 ② 노태우 정부 ③ 전두환 정부 ④ 김영삼 정부

심화문제

26 보기의 내용을 실시한 정권의 스포츠 정책이 아닌 것은?

■전두환 정부(1981~1988)
· 프로축구 출범(1983년)
· 프로야구 출범(1982년)
· 국군체육부대 창설(1984년)
■태릉선수촌은 박정희 정부에서 개촌(1966년)

> 보기
> 1982년 중앙정부행정조직에 체육부를 신설하고, 아시안게임과 올림픽경기대회의 준비, 우수선수육성 및 지도자의 양성 등 스포츠 진흥운동을 전개했다.

① 프로축구의 출범 ② 프로야구의 출범
③ 태릉선수촌의 건립 ④ 국군체육부대의 창설

27 1980년대에 출범한 프로스포츠 종목이 아닌 것은?

■프로농구 : 1997년 출범

① 프로야구 ② 프로축구 ③ 프로씨름 ④ 프로농구

정답 23 : ①, 24 : ④, 25 : ③, 26 : ③, 27 : ④

필수문제

28 보기의 설명과 관련 있는 정권은?

보기
» 호돌이 계획 시행
» 국민생활체육회(구 국민생활체육협의회) 창설
» 1988년 서울올림픽경기대회의 성공적인 개최
» 제41회 지바 세계탁구선수권대회 남북단일팀 출전

① 박정희 정권 ② 전두환 정권 ③ 노태우 정권 ④ 김영삼 정권

■ 보기는 노태우 정권의 주요 체육정책들이다.

심화문제

29 전두환·노태우 정부가 우리나라의 체육발전을 위해서 이루어낸 공적이 아닌 것은?

① 아시안게임과 올림픽게임의 유치 및 성공적인 개최
② 국군체육부대의 창설과 스포츠과학원의 강화
③ 진천선수촌의 완공
④ 국민생활체육협의회의 창설 및 프로스포츠의 육성

■ 진천선수촌은 2011년에 완공되었다.

필수문제

30 보기에서 설명하는 최초의 체육진흥계획은?

보기
» 국민생활체육협의회가 설립되었다.
» 서울올림픽기념 생활관이 건립되었다.
» '호돌이계획'으로 생활체육 진흥을 도모하는 계기가 되었다.

① 참여정부 국민체육진흥 5개년계획 ② 국민생활체육진흥종합계획
③ 제1차 국민체육진흥 5개년계획 ④ 제2차 국민체육진흥 5개년계획

■ **국민생활체육진흥종합계획(일명 '호돌이계획')**
· 1990년 3월에 입안되어 1990~1993년까지를 1차계획기간으로 함.
· 전담기구로 '국민생활체육협의회' 설립
· 기본방향
 * 모두가 저렴한 비용으로 체육활동 참여 여건 조성
 * 국민의 신체적성에 맞는 생활체육의 보급으로 체력과 정신력 향상 도모
 * 적극적인 생활체육 홍보를 통해 국민의 건강한 여가생활 기회 확대

정답 28 : ③, 29 : ③, 30 : ②

필수문제

31 보기의 ㉠, ㉡에 해당하는 국제대회가 바르게 연결된 것은?

보기
1990년 남북체육장관회담의 결과, 1991년 사상 첫 남북 스포츠 단일팀이 구성되었다. (㉠)에 남북단일팀으로 참가한 코리아 팀은 여자단체전에서 세계를 제패했으며, (㉡)에도 청소년대표팀이 남북단일팀으로 참가하여 8강 진출이라는 위업을 달성했다.

	㉠	㉡
①	41회 지바세계탁구선수권 대회	제4회 멕시코세계청소년축구대회
②	32회 사라예보세계탁구선수권 대회	제6회 포르투갈세계청소년축구대회
③	32회 사라예보세계탁구선수권 대회	제4회 멕시코세계청소년축구대회
④	41회 지바세계탁구선수권 대회	제6회 포르투갈세계청소년축구대회

■남북 스포츠 단일팀으로 참가한 1991년 지바세계탁구선수권대회에서 여자단체전 우승, 제6회 포르투갈세계청소년축구대회에서 8강을 하였다.

심화문제

32 남한과 북한이 최초로 단일팀을 구성하여 '코리아(KOREA)'라는 명칭으로 참가한 종목은?

① 태권도 ② 축구 ③ 탁구 ④ 농구

■1991년 4월 일본 지바현에서 개최된 세계탁구선수권대회에서 최초로 남·북단일팀을 구성하여 참가하였다.

33 1991년에 남한과 북한이 단일팀으로 탁구 종목에 참가한 국제경기대회는?

① 제41회 지바세계선수권대회
② 제27회 시드니올림픽경기대회
③ 제28회 아테네올림픽경기대회
④ 제6회 포르투갈세계청소년선수권대회

34 남북체육교류협력 내용 중 바르게 연결되지 않은 것은?

① 1991년 : 세계 탁구 및 축구 남북한 단일팀 구성 참가
② 2000년 : 시드니올림픽 개회식 남북한 공동 입장
③ 2002년 : 부산아시안게임 남북한 개폐회식 공동 입장
④ 2008년 : 베이징올림픽 남북한 개폐회식 공동 입장

■베이징올림픽에서는 남북한이 개폐회식에 공동입장을 하지 않았다.

35 광복 이후 한국 체육과 관련된 내용이다. 틀린 것은?

① 1990년대에는 남북 체육교류가 전혀 없었다.
② 1980년대까지는 전문체육의 육성에 치중하였다.
③ 1989년에 국민생활체육진흥 3개년 계획(호돌이 계획)을 추진하기 시작하였다.
④ 체육진흥을 주도해 온 것은 정부였다.

■남북통일 축구대회, 세계탁구선수권 대회에 남북단일팀으로 참석하는 등 남북 체육교류가 가장 활발하게 이루어진 것이 1990년대이다.

정답 31 : ④, 32 : ③, 33 : ①, 34 : ④, 35 : ①

36 **1960~1970년대 정부가 추진한 주요 스포츠정책이 아닌 것은?**

① 보건체육의 시수 증가
② 입시전형에서 체력장제도 도입
③ 엘리트스포츠 양성을 위한 태릉선수촌 설립
④ 남북스포츠교류의 활성화

■ 1960~1970년의 주요 스포츠정책
· 청소년들의 체력강화를 위한 체력장제도의 도입
· 우수선수육성을 위한 엘리트스포츠 정책
· 태릉선수촌 설립
· 남북스포츠교류는 1990년대 이후에 진행되었음.

37 **1990년대 남북한 단일팀 구성에서 합의한 내용이 아닌 것은?**

① 선수단의 단복은 남과 북을 구별한다.
② 선수단의 단가는 1920년대 '아리랑'으로 한다.
③ 선수단의 호칭은 한글로 '코리아'와 영문으로는 'KOREA'이다.
④ 선수단의 단기는 '흰색 바탕에 하늘색 한반도 지도'를 넣는다.

필수문제

38 **보기의 ㉠~㉣을 연대순으로 바르게 연결한 것은?**

보기
㉠ 태권도가 하계올림픽경기대회에서 정식 종목으로 채택되었다.
㉡ 손기정은 하계올림픽경기대회 마라톤 종목에서 금메달을 획득했다.
㉢ 한국은 하계올림픽경기대회에 'KOREA'라는 정식 국호를 달고 최초로 참가했다.
㉣ 양정모는 하계올림픽경기대회 레슬링 종목에서 한국선수 최초로 금메달을 획득했다.

① ㉣-㉠-㉡-㉢　　② ㉡-㉢-㉠-㉣
③ ㉡-㉢-㉣-㉠　　④ ㉢-㉡-㉠-㉣

■ ㉠ 2000년
■ ㉡ 1936년
■ ㉢ 1948년
■ ㉣ 1976년

심화문제

39 **보기에서 설명하는 올림픽경기대회는?**

보기
» 우리 민족이 일장기를 달고 출전한 대회
» 마라톤의 손기정이 금메달, 남승룡이 동메달을 획득한 대회

① 1924년 제8회 파리올림픽경기대회
② 1928년 제9회 암스테르담올림픽경기대회
③ 1932년 제10회 로스앤젤레스올림픽경기대회
④ 1936년 제11회 베를린올림픽경기대회

■ 일제강점기인 1936년 8월에 개최된 제11회 베를린올림픽에서 손기정이 일장기를 달고 우승하였다. 이 사진을 동아일보에 게재할 때 일장기를 지운 '일장기말소사건'이 일어났다.

정답 36 : ④, 37 : ①, 38 : ③, 39 : ④

필수문제

40 보기에서 설명하는 스포츠 경기 종목은?

■ 태권도
· 1988년 제24회 서울올림픽⇒시범종목
· 2000년 제27회 시드니올림픽⇒정식종목
· 2007년 12월 '태권도 진흥 및 태권도공원 조성 등에 관한 법률' 제정 및 공포

보기
» 1988년 제24회 서울올림픽경기대회에서 시범 종목으로 채택되었다.
» 2000년 제27회 시드니올림픽경기대회에서 정식 종목으로 채택되었다.
» 2007년에 정부는 이 종목을 진흥하기 위한 법률을 제정하였다.

① 유도
② 복싱
③ 태권도
④ 레슬링

필수문제

41 보기의 ㉠~㉣을 연대순으로 바르게 연결한 것은?

■㉠은 1948년(생모리츠동계올림픽)
■㉡은 1988년(서울올림픽)
■㉢은 2000년(시디니올림픽)
■㉣은 1976년(몬트리올올림픽)

보기
㉠ 한국은 동계올림픽경기대회에 최초로 태극기를 단 선수단을 파견하였다.
㉡ 한국은 최초로 하계올림픽경기대회를 개최하였고 종합 4위의 성적을 거두었다.
㉢ 남한과 북한의 선수가 최초로 하계올림픽경기대회에서 동시 입장을 하였다.
㉣ 한국은 광복 후 하계올림픽경기대회에서 최초로 금메달을 획득하였다.

① ㉠-㉢-㉡-㉣
② ㉠-㉢-㉣-㉡
③ ㉠-㉣-㉡-㉢
④ ㉣-㉠-㉡-㉢

심화문제

42 보기의 ㉠, ㉡에 들어갈 알맞은 용어로 바르게 연결된 것은?

■1984년 제23회 LA 올림픽대회에서 서향순이 양궁 개인전에서 금메달을 획득하였다.
■1992년 제25회 바르셀로나올림픽에서 황영조 선수가 마라톤에서 금메달을 획득하였다.

보기
» (㉠)경기대회는 우리나라 여성이 최초로 금메달을 획득한 대회로, 서향순이 양궁 개인전에서 금메달을 획득했다.
» (㉡)경기대회는 우리나라가 광복 후 최초로 마라톤에서 금메달을 획득한 대회로, 황영조가 마라톤에서 금메달을 획득했다.

	 ㉠	㉡
①	1984년 로스앤젤레스올림픽	1988년 서울올림픽
②	1984년 로스앤젤레스올림픽	1992년 바르셀로나올림픽
③	1988년 서울올림픽	1988년 서울올림픽
④	1988년 서울올림픽	1992년 바르셀로나올림픽

정답 40 : ③, 41 : ③, 42 : ②

43 우리나라가 대한민국 국호를 걸고 최초로 참가한 동계올림픽 경기대회는?

① 1948년 제5회 생모리츠올림픽경기대회
② 1992년 제16회 알베르빌올림픽경기대회
③ 2002년 제19회 솔트레이크시티올림픽경기대회
④ 2018년 제23회 평창올림픽경기대회

■ 최초로 참가한 동계올림픽대회는 1948년 제5회 생모리츠올림픽대회
■ 최초로 참가한 하계올림픽대회는 1948년 제14회 런던올림픽대회

44 1948년 제5회 동계올림픽경기대회에 관한 설명으로 옳지 않은 것은?

① 개최지는 스위스 생모리츠였다.
② 제2차세계대전을 일으킨 독일과 일본도 출전하였다.
③ 광복 이후 최초로 태극기를 단 선수단이 파견되었다.
④ 이효창, 문동성, 이종국 선수는 스피드스케이팅 종목에 출전하였다.

■ 1948년 제5회 동계올림픽대회에는 독일과 일본은 출전하지 않았음.

45 1988년 서울올림픽대회의 역사적 의의에 대한 설명으로 옳지 않은 것은?

① 스포츠외교를 통해 공산국가들이 대거 참가한 대회였다.
② 생활체육을 활성화하는 계기를 마련하였다.
③ 북한이 참가하여 남북화합의 신기원을 이룩하였다.
④ 엘리트스포츠 발전에 획기적인 역할을 하였다.

■ 1988년 서울올림픽대회에는 북한이 참가하지 않았다.

46 보기에서 설명하는 올림픽 경기대회는?

> 보기
> » 분단 후 남한과 북한의 선수가 최초로 동시에 입장한 대회였다.
> » 남한과 북한의 대표선수단은 KOREA라는 표지판과 한반도기를 앞세우고 함께 입장하여 세계인의 박수를 받았다.
> » 태권도가 올림픽 정식 종목으로 시행되었다.

① 1996년 제26회 애틀란타올림픽경기대회
② 2000년 제27회 시드니올림픽경기대회
③ 2004년 제28회 아테네올림픽경기대회
④ 2008년 제29회 베이징올림픽경기대회

■ 제27회 시드니올림픽 개회식에 남북한이 동시 입장하였다.

정답 43 : ①, 44 : ②, 45 : ③ , 46 : ②

47 보기의 ㉠, ㉡에 알맞은 용어로 바르게 묶인 것은?

■제15회 헬싱키올림픽 : 1952년 개최. 우리나라는 전쟁 중임에도 육상 · 역도 · 복싱 · 사이클 · 레슬링 · 승마 6종목 참가.
■제21회 몬트리올올림픽 : 정부 수립 이후 최초로 레슬링의 양정모가 금메달 획득.

> 보기
> » (㉠) 경기대회는 한국전쟁 중 우리나라가 참가한 대회로, 올림픽에 대한 한국의 열정을 극명하게 보여주었다.
> » (㉡) 경기대회는 우리나라가 최초로 금메달을 획득한 대회로, 금 1개, 은 1개, 동 4개로 종합순위 19위를 차지하였다.

① ㉠헬싱키올림픽 ㉡동경올림픽　② ㉠헬싱키올림픽 ㉡몬트리올올림픽
③ ㉠뮌헨올림픽 ㉡동경올림픽　④ ㉠뮌헨올림픽 ㉡몬트리올올림픽

48 광복 이후 개최된 올림픽경기대회에서 최초로 금메달을 획득한 선수와 종목이 바르게 연결된 것은?

① 김원기 – 레슬링　② 양정모 – 레슬링
③ 김성집 – 역도　④ 서윤복 – 마라톤

49 보기의 1, 4에 들어갈 알맞은 국제대회의 명칭은?

> 보기
> » 1988년 개최된(1)의 마스코트는 '호돌이' 이다.
> » 2018년 개최된(4)의 마스코트는 '수호랑과 '반다비'이다.

■서울올림픽대회 마스코트 : 호돌이
■평창동계올림픽대회 마스코트 : 수호랑, 반다비

	㉠	㉡
①	부산아시아경기대회	평창동계올림픽경기대회
②	서울올림픽경기대회	평창동계올림픽경기대회
③	서울올림픽경기대회	서울아시아경기대회
④	서울아시아경기대회	부산아시아경기대회

50 서울올림픽 이후 우리나라의 체육환경 변화에 대한 설명이다. 옳지 못한 것은?

■학교체육과 전문체육이 약화되고, 생활체육이 크게 발전하였다.

① 국민들의 건강과 체력에 대한 관심이 커졌다.
② 삶의 질을 향상시키기 위한 체육을 추구하게 되었다.
③ 체육이 전문화, 다양화 되어가고 있다.
④ 학교체육과 전문체육을 강조하게 되었다.

51 보기의 내용이 연대순으로 바르게 연결된 것은?

■서울하계올림픽경기대회는 1988년에 개최, 국민체육진흥법은 1962년에 제정, 한국프로야구는 1982년에 출범, 태릉선수촌은 1966년에 건립.

> 보기
> ㉠ 서울하계올림픽경기대회 개최　㉡ 국민체육진흥법 공포
> ㉢ 한국프로야구 출범　㉣ 태릉선수촌 건립

① ㉡－㉣－㉢－㉠　② ㉢－㉡－㉣－㉠
③ ㉣－㉡－㉢－㉠　④ ㉣－㉢－㉡－㉠

정답　47 : ②, 48 : ②, 49 : ②, 50 : ④, 51 : ①

한국체육사

52 대한민국의 국제대회 참가사로 바르지 않은 것은?

① 1948년 : 생모리츠동계올림픽 최초 참가
② 1950년 : 런던하계올림픽 최초 참가
③ 1954년 : 뉴델리하계아시안게임 최초 참가
④ 1986년 : 삿포로동계아시안게임 최초 참가

■1950년이 아니라 1948년 제14회 런던하계올림픽대회에 최초로 참가하였다.

53 한국에서 개최한 국제 스포츠대회 중 다음의 설명과 부합하는 대회는?

> 일본과 치열한 유치과정에서 적극적인 외교활동을 펼쳐 서독 바덴바덴에서 유치를 결정지었다. 화합, 문화, 복지, 희망, 번영이라는 5대 특징을 가지고 이루어졌으며, 당시 역대 최대 규모의 선수단이 참가하여 최고의 성적을 거두었다.

① 1986년 서울아시안게임
② 1988년 서울올림픽대회
③ 2011년 대구세계육상선수권대회
④ 2002년 한일월드컵대회

필수문제

54 보기의 ㉠, ㉡에 해당하는 개최지가 바르게 연결된 것은?

> 보기
> 우리나라는 1986년 서울아시아경기대회, 2002년 (㉠) 아시아경기대회, 2014년 (㉡)아시아경기대회를 성공적으로 개최했다.

	㉠	㉡
①	인천	부산
②	부산	인천
③	평창	충북
④	충북	평창

■ 역대 아시안게임 개최지

횟수	연도	개최지	횟수	연도	개최지
1	1951	뉴델리(인도)	11	1990	베이징(중국)
2	1954	마닐라(필리핀)	12	1994	히로시마(일본)
3	1958	도쿄(일본)	13	1998	방콕(태국)
4	1962	자카르타(인도네시아)	14	2002	부산
5	1966	방콕(태국)	15	2006	도하(카타르)
6	1970	방콕(태국)	16	2010	광저우(중국)
7	1974	테헤란(이란)	17	2014	인천
8	1978	방콕(태국)	18	2018	자카르타, 팔렘방(인도네시아)
9	1982	뉴델리(인도)	19	2023	항저우(중국)
10	1986	서울			

정답 52 : ②, 53 : ②, 54 : ②

■④ 2018년 제18회 아시아경기대회는 자카르타, 팔렘방(인도네시아)에서 개최되었음.
■※제23회 동계올림픽이 2018년 2월에 평창에서 개최되었음.

심화문제

55 대한민국에서 개최된 하계아시아경기대회가 아닌 것은?

① 1986년 제10회 서울아시아경기대회
② 2002년 제14회 부산아시아경기대회
③ 2014년 제17회 인천아시아경기대회
④ 2018년 제18회 평창아시아경기대회

■㉠ : 탁구
■㉡ : 배구
■㉢ : 핸드볼

필수문제

56 보기는 국제대회에서 한국 여자 대표팀이 거둔 성과를 나타낸 것이다. 보기의 ㉠~㉢에 들어갈 종목이 바르게 제시된 것은?(2024)

보기
» (㉠) : 1973년사라예보 세계선수권대회에서 단체전 우승 달성
» (㉡) : 1976년 몬트리올 올림픽대회에서 구기 종목 사상 최초의 동메달 획득
» (㉢) : 1988년 서울 올림픽대회에서 당시 최강국을 이기고 금메달 획득

	㉠	㉡	㉢
①	배구	핸드볼	농구
②	배구	농구	핸드볼
③	탁구	핸드볼	배구
④	탁구	배구	핸드볼

정답 55 : ④, 56 : ④

심화문제

57 보기의 ㉠, ㉡에 해당하는 여성 스포츠인이 바르게 연결된 것은?

보기
» 박봉식은 1948년 런던올림픽경기대회에 출전한 첫 여성 원반던지기 선수
» (㉠)은/는 1967년 세계여자농구선수권대회에 출전해 최우수선수로 선정
» (㉡)은/는 2010년 밴쿠버동계올림픽경기대회에 출전해 피겨스케이팅 금메달 획득

	㉠	㉡		㉠	㉡
①	박신자	김연아	②	김옥자	김연아
③	박신자	김옥자	④	김옥자	박신자

■ **광복 이후 우리나라를 빛낸 체육인**
· 박봉식 : 제14회 런던올림픽대회(1948년)에 출전한 첫 여성. 원반던지기 선수
· 박신자 : 1967년 세계여자농구선수권대회(체코의 프라하)의 MVP
· 조오련 : 제6회(방콕) · 제7회(테헤란)아시아경기대회에서 수영 자유형 금메달. 독도 33바퀴 회영
· 서향순 : 제23회 LA올림픽대회(1984년)에서 양궁 금메달
· 황영조 : 제25회 바르셀로나올림픽대회(1992)에서 마라톤 금메달, 제12회 히로시마아시아경기대회(1994년)에서 마라톤 금메달
· 이봉주 : 제26회 애틀란타올림픽대회(1996년)에서 마라톤 은메달
· 김연아 : 제21회 밴쿠버동계올림픽대회(2010년)에서 피겨스케이팅 금메달, 제22회 소치동계올림픽대회(2014년)에서 피겨스케이팅 은메달

58 보기에 해당하는 인물은?

보기
» 제6회, 제7회 아시아경기대회에서 수영 종목 400M, 1,500M 2관왕 2연패
» 2008년 독도 33바퀴 회영(回泳)
» 2020년 스포츠영웅으로 선정되어 2021년 국립묘지에 안장

① 조오련 ② 민관식 ③ 김일 ④ 김성집

■ **민관식** : 대한체육회장, 대한올림픽위원회 위원장 등을 역임
■ **김일** : 프로레슬러
■ **김성집** : 올림픽 유도 메달리스트(1948년 런던, 1952년 헬싱키). 태릉선수촌장 역임.

59 2002년 제17회 월드컵축구대회에 관한 설명으로 옳지 않은 것은?

① 한국은 4강에 진출했다.
② 한국과 일본이 공동으로 개최했다.
③ 한국과 북한이 단일팀을 구성하여 출전했다.
④ 한국의 길거리 응원은 온 국민 문화축제의 장이었다.

■ 2002년 한일월드컵에서는 남북한이 단일팀을 구성하지 않았다.

정답 57 : ①, 58 : ①, 59 : ③

한국체육사

MEMO

MEMO

MEMO

MEMO

MEMO

2025

스포츠지도사 2급 필기

스포츠사회학

단원별 출제빈도 분석

단원	2015 (전문)	2015 (생활)	2016	2017	2018	2019	2020	2021	2022	2023	2024	누계 (개)	출제율 (%)
제1장 스포츠사회학의 이해	2	2	2	6	2	3	2	3	2	2	2	28	13
제2장 스포츠와 정치	2	3	2	1	2	2	2	1	3	2	3	23	10
제3장 스포츠와 경제	2	2	2	1	2	2	1	2	2	2	1	19	8.5
제4장 스포츠와 교육	2	2	1		2	1	1		2	1	3	15	7
제5장 스포츠와 미디어	3	2	2	2	3	2	3	2	3	3	1	26	12
제6장 스포츠와 사회계층	4	3	4	2	2	2	3	4	2	2	2	30	13.5
제7장 스포츠와 사회화	3	3	1	2	4	2	2	2	2	3	2	26	12
제8장 스포츠와 사회적 일탈	2	1	3	4	3	3	5	4	2	3	3	33	15
제9장 미래사회와 스포츠		2	3	2		3	1	2	2	2	3	20	9
합계	20	20	20	20	20	20	20	20	20	20	20	220	100

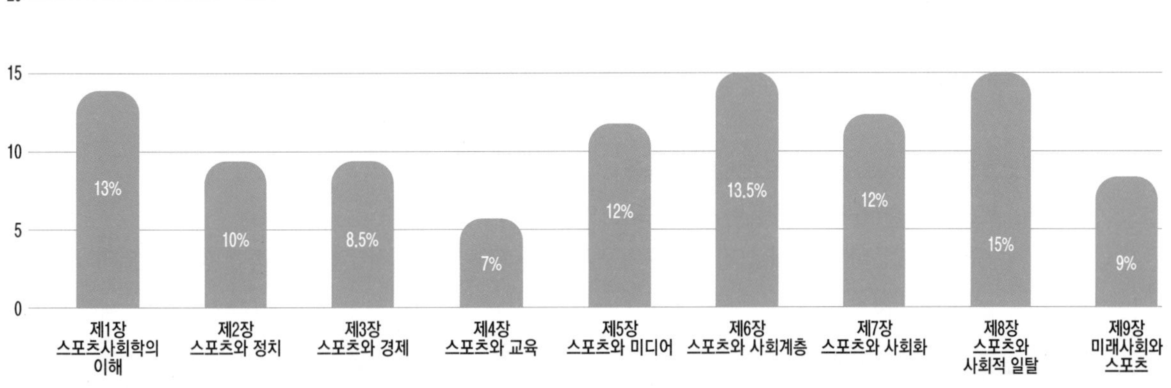

단원별 출제비율 그래프

스포츠사회학의 이해

놀이, 게임, 스포츠의 특성

놀이	게임	스포츠
허구성	허구성	허구성
비생산성	비생산성	비생산성
자유성	불확실성	불확실성
규칙성(임의)	규칙성(관례화)	규칙성(제도화)
쾌락성	경쟁성	경쟁성
	신체적 기능, 전술, 확률	신체적 기능, 전술, 확률
		신체의 움직임, 탁월성
		제도화

ⓐ 스포츠의 분류(매킨토시)……**기술스포츠, 투쟁스포츠, 극복스포츠, 율동적 무용스포츠**

근대 스포츠의 특성(Guttman, A.)

세속화	고대에는 종교의식의 일환으로 스포츠가 행해졌지만, 지금은 개인의 성취와 오락적 측면이 강조되고 있다.
평등화	과거에는 스포츠에 참여할 수 있는 기회가 귀족 등 일부에게만 한정되었으나, 지금은 누구나 참여할 수 있고, 모든 참가자가 동등한 조건하에서 경기를 한다.
전문화	프로선수가 생겼고, 포지션별로 전문 선수가 있다.
합리화	근대 스포츠의 규칙은 전통이나 종교적 신념이 아닌 합리적인 의사결정 과정을 통해서 결정된다.
관료화	스포츠를 관리하는 체계가 고도로 조직화되어 있다.
수량화	근대 스포츠에서는 점수, 시간, 거리 등 표준화된 측정 장비와 방법을 통하여 수량화하고 있다.
기록추구	상대 선수를 이기기 위한 경쟁뿐만이 아니고 다른 선수가 세운 기록을 넘어서기 위해서도 경쟁한다.

ⓐ **코클리(J. Coakley)의 스포츠제도화 과정**

스포츠의 기술·가치·규범 등이 공식화되고 있다.

☞ 규칙의 표준화 → 규칙을 집행하는 기구 운영 → 행동의 조직적 · 합리적 측면 강조 → 경기 기술의 정형화

스포츠사회학의 정의

☞ 스포츠와 관련된 사회 및 문화요소와 스포츠의 상호관계를 연구하는 학문이다.

☞ 스포츠의 맥락에서 인간의 사회행동 법칙을 규명하는 학문이다.

☞ 스포츠 현상을 사회학적 이론과 연구방법을 적용하여 연구하는 사회학과 스포츠과학의 경계 학문이다.

스포츠사회학의 연구영역

거시적 영역	스포츠와 정치, 경제, 교육, 대중매체, 문화 등
미시적 영역	스포츠와 일탈행위, 사회화, 사회계층, 사회집단, 사회조직 등
전문적 영역	스포츠사회학의 연구방법, 이론 등

스포츠의 사회적 기능

1 순기능

사회성 함양	경쟁적인 스포츠활동을 통해 규칙준수와 상대 존중, 대립과 타협, 자제와 관용, 설득과 이해하는 마음을 배울 수 있고, 스포츠 정신을 통해서 신념, 가치, 도덕 등 민주시민의 자질과 태도를 함양할 수 있다.
사회통합	스포츠활동을 통해서 개인의 욕구불만과 스트레스를 해소하고, 폭력이나 일탈행동과 같이 사회적으로 문제가 되는 행동을 예방함으로써 이질적인 개인들을 사회구성원으로서 일체감을 갖게 할 수 있다.
여가선용	여가시간에 스포츠활동을 함으로써 심신에 활력을 불어넣고, 성취감을 맛보게 하여 정서적으로 안정시킴으로써 행복한 삶을 영위하게 한다.
건강유지	스포츠활동을 통해서 개인의 성장발달을 돕고 체력을 육성함으로써 운동부족을 해소하고, 성인병을 예방하여 건강을 유지하는 데에 결정적인 도움을 줄 수 있다.
경제발전	스포츠산업의 발달로 경제발전에 기여할 수 있다.

2 역기능

사회통제 기능	정치, 경제, 사회 등 국가적인 문제에 대한 관심을 분산시키기 위한 목적으로 스포츠가 이용될 수도 있다.
신체소외	스포츠에 참가한 선수의 신체가 돈을 벌기 위한 도구로 인식될 수도 있다.
과도한 상업주의	스포츠가 하나의 상품으로 인식될 수도 있다.
성차별	스포츠가 남성의 전유물로 인식될 수도 있다.

스포츠와 사회 이론

1 구조기능주의 이론

☞ 인간의 신체는 여러 기관들이 하나의 구조를 이루고 있고, 각 구조체들이 제 기능을 다 해야 건강을 유지할 수 있다.

☞ 마찬가로 사회는 경제, 종교, 교육, 정치, 스포츠 등이 하나의 구조를 이루고 있고 각 구조체들이 각각의 기능을 수행함으로써 사회 유지에 기여 하고 있다.

☞ 구조기능주의 이론은 스포츠의 긍정적인 측면만 강조하고 있다는 비판을 받고 있다.
☞ 구조와 구조체의 기능을 지나치게 강조하고, 개인의 가치와 역량은 무시하는 경향이 많은 이론이다.

2 파슨즈(T. Parsons)의 AGIL 모형

☞ 파슨즈는 구조기능주의 이론의 관점에서 보면 이 사회에서 스포츠의 역할은 다음과 같다고 하였다(AGIL은 각 기능의 머리 글자임).
☞ Adaptation/적응 : 스포츠가 사회구성원들이 현실에 적응할 수 있도록 사고 · 감정 · 행동양식 등을 학습시킨다.
☞ Goal attainment/목표달성(목표성취) : 스포츠가 정당한 경쟁을 통하여 목표를 달성하도록 한다. 경쟁을 통해 달성된 목표를 가치와 의미가 있는 것으로 본다.
☞ Integration/통합(사회통합) : 스포츠는 사회구성원들 간의 유대를 강화하고, 조직의 일체감을 조성한다.
☞ Latency/체제유지 및 긴장해소(체제유지 및 관리) : 스포츠는 전체 사회의 규범과 가치를 개인에게 학습시켜 순응하게 한다.

3 갈등이론

☞ 모든 사회제도는 지배집단이 자신들의 기득권을 유지하기 위한 도구로 만든 것이다.
☞ 스포츠도 스포츠 지배집단의 현상 유지를 위한 도구이다.
☞ 지배집단이 대중으로부터 재화나 권리를 갈취하고, 자신들에게 복종할 것을 요구한다.
☞ 개인이 스포츠를 통해서 얻는 즐거움, 활력, 삶의 의미 등을 설명하지 못 한다.
☞ 경제적 관점을 지나치게 강조하고, 주체로서의 개인을 간과하며, 오로지 투쟁 또는 갈등만을 강조하는 이론이다.

4 상징적 상호작용 이론

☞ 개인의 행동이나 사고는 사회의 영향을 받는다.
☞ 동시에 개인은 사회를 구성하고 변화시키는 주체적 존재이다.
☞ 개인과 사회의 상호작용에 의해서 사회화가 이루어진다.
☞ 스포츠가 다양한 상징적 의미를 지니고 있다는 점에서 스포츠 분야에 가장 적합한 사회이론으로 받아들여지고 있다.

5 비판이론

☞ 현대사회는 합리성을 증가시켰지만 인간의 자유성은 더욱 더 억압되고 있다.
☞ 스포츠가 특정 이데올로기를 전파하고 강화시킬 수 있다.
☞ 그러므로 스포츠를 통해서 기존의 이데올로기를 전복시키고 사회의 합리성을 회복할 수 있다.

필수 및 심화 문제

필수문제

01 다음 중 놀이, 게임, 스포츠의 공통적 특성을 바르게 제시한 것은?

① 허구성, 비생산성 ② 비생산성, 불확실성
③ 불확실성, 규칙성 ④ 규칙성, 경쟁성

■ **불확실성**은 게임과 스포츠의 공통적 특징이지만 놀이에서는 자유성이고, **규칙성**은 놀이·게임·스포츠에 모두 공통적인 것 같지만 그 규칙이 임의적·관례적·제도적인 것이기 때문에 실제로는 서로 다르다. 그리고 **경쟁성**은 게임과 스포츠에는 있지만, 놀이는 경쟁하는 것이 아니라 재미(쾌락성)로 한다.

심화문제

02 놀이, 게임, 스포츠 중에서 스포츠만이 가지고 있는 특성은?

① 불확실성 ② 경쟁성 ③ 신체적 기능과 전술 ④ 제도화된 규칙

■ ①, ②, ③은 게임과 스포츠가 공통적으로 가지고 있는 특성이다.

03 보기의 ㉠, ㉡에 알맞은 용어는?

> 보기
> 친구들과 개울가에서 물장구를 치면서 장난을 하는 경우 (㉠)의 한 형태가 되지만, 제도화된 규칙 하에서 상대방과 경쟁하는 수영은 (㉡)(이)라고 할 수 있다.

① ㉠놀이 ㉡스포츠 ② ㉠놀이 ㉡게임
③ ㉠게임 ㉡놀이 ④ ㉠스포츠 ㉡게임

■ 놀이에는 제도화된 규칙이 없다.

필수문제

04 코클리(J. Coakley)가 제시한 스포츠 제도화의 특성에 해당하지 않는 것은?

① 경기규칙의 표준화 ② 경기기록의 계량화
③ 활동의 조직적, 합리적 측면 강조 ④ 경기기술의 정형화

■ 경기기록의 계량화는 스포츠의 제도화라기보다는 합리화에 속하는 하나의 요인이다.

■ **스포츠제도화의 특성**
- 경기규칙의 표준화
- 활동의 조직적·합리적 측면 강조
- 경기기술의 정형화

필수문제

05 보기의 ㉠, ㉡에 해당하는 거트만(A. Guttmann)의 근대스포츠 특징은?

> 보기
> » (㉠):국제스포츠조직은 규칙의 제정, 대회의 운영, 종목 진흥 등의 역할을 담당한다.
> » (㉡):투수라는 같은 포지션 내에서도 선발, 중간, 마무리 등으로 구분된다.

	㉠	㉡		㉠	㉡
①	관료화	평등성	②	합리화	평등성
③	관료화	전문화	④	합리화	전문화

■ 참고 : 근대 스포츠의 특징(Guttmann, A.) → p. 2.

정답 01 : ①, 02 : ④, 03 : ①, 04 : ②, 05 : ③

심화문제

06 거트만이 근대 스포츠의 특성이라고 설명한 내용 중 틀린 것은?

① 세속주의 : 고대에는 종교의식의 일환으로 스포츠가 행해졌지만 지금은 개인의 성취와 오락적 측면이 강조되고 있다.
② 평등성 : 스포츠에 참여할 수 있는 기회가 누구에게나 동일하고, 모든 참가자가 동등한 조건 하에서 경기를 한다.
③ 전문화 : 프로선수가 생겼고, 포지션별로 전문선수가 있다.
④ 관료화 : 스포츠를 관리하는 것은 정부의 관료이다.

■ 스포츠를 관리하는 체계가 고도로 조직화되어 있는 것을 관료화라고 한다. 그밖에 합리화, 수량화, 기록추구도 근대 스포츠의 특성이다.

07 거트만(A. Guttmann)의 근대스포츠 특성에 관한 설명으로 옳지 않은 것은?

① 수량화 : 시간, 거리, 점수 등 측정 가능한 숫자로 표현한다.
② 합리화 : 자산, 지위, 계층과 관계없이 동일한 종목에 참여한다.
③ 전문화 : 포지션의 분화와 리그의 세분화를 촉진한다.
④ 관료화 : 규칙을 제정하고 경기를 조직적으로 운영한다.

■ 스포츠의 규칙은 합리적인 의사결정 과정을 통해서 결정된다는 것이 '합리화'이다.

필수문제

08 스포츠사회학의 정의에 대한 설명으로 적절하지 않은 것은?

① 스포츠의 맥락에서 인간의 사회행동 법칙을 규명한다.
② 스포츠 현상을 일반 사회구조의 측면에서 설명한다.
③ 사회학의 하위분야로 스포츠 현상에 사회학적 개념을 적용한다.
④ 선수 개인의 행동과 관련된 인간 내면의 특성 및 과정을 설명한다.

■ 선수 개인의 행동과 관련된 인간 내면의 특성 및 과정을 설명하는 것은 스포츠심리학이다.

09 다음 중 스포츠사회학에 대한 설명으로 적절하지 않은 것은?

① 스포츠 현상에 사회학적 이론과 연구방법을 적용하여 연구하는 사회학과 스포츠과학의 경계과학이다.
② 스포츠와 운동 상황에서의 인간과 인간행동을 과학적으로 탐구하는 학문이다.
③ 사회학의 하위 분야로서 사회행동의 과정과 유형을 스포츠의 맥락에서 설명하는 학문이다.
④ 스포츠 장면에서 일어나는 행동유형과 사회과정을 일반 사회구조의 측면에서 설명하는 학문이다.

■ ②는 스포츠심리학에 대한 설명이다.

정답 06 : ④, 07 : ②, 08 : ④, 09 : ②

필수문제

10 스포츠사회학의 연구영역을 거시적 영역, 미시적 영역, 전문적 영역으로 나누었을 때 전문적 영역에 속하는 것은?

① 스포츠와 정치, 경제　　② 스포츠와 일탈행위
③ 스포츠사회학의 연구방법　　④ 스포츠와 교육

■ ①과 ④는 대규모의 사회제도와 스포츠의 관계를 연구하는 **거시적 영역**이고, ②는 소규모 사회체제와 스포츠의 관계를 연구하는 **미시적 영역**이다. 스포츠사회학 자체의 학문적인 연구는 **전문적 영역**이다.

심화문제

11 스포츠사회학의 연구영역과 주제 중 거시영역의 사회제도와 관련된 연구내용이 아닌 것은?

① 정치　　② 경제　　③ 교육　　④ 조직

■ 거시적 영역은 스포츠와 정치, 경제, 교육, 대중매체, 문화 등이다.

12 스포츠사회학을 적용한 연구 사례로 옳지 않은 것은?

① 종교가 스포츠 보급에 미치는 영향을 분석하였다.
② 운동선수들의 은퇴 후 사회적응과정을 분석하였다.
③ 스포츠 활동과 생활만족도 간의 관계를 연구하였다.
④ 걷기의 운동량이 다이어트에 효과가 있는지를 규명하였다.

■ ④는 운동생리학에 관련된 연구이다.

13 보기의 ㉠, ㉡에 들어갈 용어는?

> 보기
> 스포츠사회학은 스포츠에서 나타나는 행동유형과 (㉠)에 초점을 두고 있으며, 이를 스포츠활동이 존재하는 일반 (㉡)의 측면에서 설명하는 학문이다.

① ㉠사회환경　㉡사회문제　　② ㉠사회과정　㉡사회구조
③ ㉠사회환경　㉡사회관계　　④ ㉠사회과정　㉡사회변화

■ 스포츠사회학에서 관심을 가지고 있는 것은 **행동유형**과 **사회과정** 및 **사회구조**이다.

필수문제

14 스포츠의 사회적 순기능을 설명한 것이다. 옳지 못한 것은?

① 스포츠는 개인의 정서를 순화시켜 부정적 행동을 예방할 수 있다(사회정서적 기능).
② 스포츠 참여를 통해서 신념, 가치, 규범 등 사회적 가치를 배울 수 있다(사회화기능).
③ 서로 다른 사회적 배경을 가진 사람들을 서로 공감하는 하나로 통합할 수 있다(사회통합기능).
④ 국가적인 관심을 스포츠로 분산시킬 수도 있다(사회통제기능).

■ 사회통제는 순기능이 아니고 역기능이다. 그밖에 선수가 자신의 신체를 돈을 벌기 위한 도구 또는 승리하기 위한 도구로 생각하는 '신체 소외'도 중요한 역기능이다.

정답 10 : ③, 11 : ④, 12 : ④, 13 : ②, 14 : ④

■ 체제유지 및 긴장해소는 스포츠의 사회적 순기능 중에서 사회통합 기능에 속한다.

■ 사회정서적 기능은 개인의 정서를 순화시켜 부정적 행동을 예방하는 행동이다.

■ 스포츠의 사회적 기능(p. 3) 참조.

■ '우리'라는 공동체는 학교 내의 일이지 학교와 지역사회 간의 일은 아니다.

■ 파슨즈(T. Parsons)의 AGIL 모형
· 적응 : 스포츠가 사회구성원들이 현실에 적응할 수 있도록 사고 감정 · 행동 · 양식 등을 학습시킨다.
· 목표달성(목표성취) : 스포츠가 정당한 경쟁을 통하여 목표를 달성하도록 한다. 경쟁을 통해 달성된 목표를 가치와 의미가 있는 것으로 본다.
· 통합(사회통합) : 스포츠는 사회구성원들 간의 유대를 강화하고, 조직의 일체감을 조성한다.
· 체제유지 및 긴장해소(체제유지 및 관리) : 스포츠는 전체 사회의 규범과 가치를 개인에게 학습시켜 순응하게 한다.

심화문제

15 다음 중 스포츠의 사회적 기능에 해당하는 것으로 가장 적절한 것은?

① 상업주의 ② 세계화 ③ 분리주의 ④ 체제유지 및 긴장해소

16 사회구성원의 긴장과 공격성을 해소해주는 기능에 해당하는 것은?

① 사회정서적 기능 ② 사회통제 기능
③ 사회화 기능 ④ 사회통합 기능

17 보기에서 설명하는 스포츠의 사회적 기능으로 적절한 것은?

> 보기
> 2002년 한일월드컵에서 한국축구대표팀은 4강 신화를 만들었다. 이 과정에서 성별, 연령에 관계없이 많은 국민들이 길거리 응원에 참가하며 국가에 대한 애착심과 소속감을 되새겼다.

① 사회통합 ② 사회통제 ③ 신체소외 ④ 사회차별

18 보기에서 목표로 하고 있는 스포츠의 교육적 순기능은?

> 보기
> 미래중학교는 학생 상호간, 학생과 교사 간 교류가 줄어들면서 '우리'라는 공동체의식을 형성하지 못한 채 갈등을 겪고 있다. 미래중학교는 이러한 문제를 해결하기 위해 스포츠를 적극 활용하려고 한다.

① 학교 내 통합 ② 학업활동 촉진
③ 평생체육의 여건 형성 ④ 학교와 지역사회의 통합

필수문제

19 보기에서 스포츠의 사회적 기능을 설명한 파슨즈(T. Parsons) AGIL 모형의 구성요소는?

> 보기
> » 스포츠는 사회구성원에게 현실에 적합한 사고, 감정, 행동양식 등을 학습할 수 있는 장을 마련해준다.
> » 스포츠는 개인의 체력 및 건강증진을 도모하여 효율적으로 사회활동에 참여할 수 있게 한다.

① 적응 ② 목표성취 ③ 사회통합 ④ 체제유지 및 관리

정답 15 : ④, 16 : ①, 17 : ①, 18 : ①, 19 : ①

심화문제

20 파슨스(T. Parsons)의 AGIL이론에 관한 설명으로 옳지 않은 것은?(2024)

① 상징적 상호작용론 관점의 이론이다.
② 스포츠는 체제 유지 및 긴장 처리 기능을 한다.
③ 스포츠는 사회구성원을 통합시키는 기능을 한다.
④ 스포츠는 사회구성원이 사회체제에 적응하게 하는 기능을 한다.

■ 파슨스의 AGIL 이론은 구조기능주의 관점의 이론이다.

필수문제

21 보기에서 설명하고 있는 스포츠의 사회적 기능은?

보기
» 정치인들이 국민의 스포츠에 대한 관심을 증대시켜 정치적 무관심을 유도한다.
» 정치인들이 스포츠 경기를 자신의 이익이나 권력을 공고히 하는 데 이용한다.

① 사회통제 기능 ② 사회통합 기능
③ 사회소외 기능 ④ 사회정서 기능

■ 일반 국민들에게 좋지 않은 것은 사회통제이고, 좋은 것은 사회통합이다.

심화문제

22 스포츠의 사회적 순기능으로 적절하지 않은 것은?

① 사회통합 기능 ② 사회화 기능
③ 사회통제 기능 ④ 사회정서적 기능

■ 스포츠의 사회적 순기능은 사회성 함양, 사회통합, 여가선용, 건강유지, 경제발전이다.
■ 사회통제 기능은 스포츠의 사회적 역기능이다.

23 교육현장에서 스포츠의 역기능에 관한 설명으로 옳지 않은 것은?

① 비과학적 훈련 방법은 학생선수를 혹사시킨다.
② 승리지상주의 심화로 인해 교육목표를 결핍시킨다.
③ 참여기회의 제한으로 장애인의 적응력을 배양시킨다.
④ 학교와 팀의 성공을 위해 학생선수의 의도적 유급, 성적 위조 등을 조장한다.

■ 장애인의 적응력 배양은 스포츠의 순기능이다.

정답 20 : ①, 21 : ①, 22 : ③, 23 : ③

스포츠사회학

■구조기능주의 이론은 구조와 구조체의 기능을 강조하기 때문에 개인의 가치와 역량은 무시하는 경향이 많은 이론이다.

필수문제

24 구조기능주의 사회이론과 스포츠에 대한 설명이다. 잘못된 것은?

① 인간의 신체는 여러 기관들이 하나의 구조를 이루고 있고, 각 구조체들이 제 기능을 다 해야 건강을 유지할 수 있다.
② 마찬가로 사회는 경제, 종교, 교육, 정치, 스포츠 등이 하나의 구조를 이루고 있고, 각 구조체들이 각각의 기능을 수행함으로써 사회 유지에 기여하고 있다.
③ 스포츠의 긍정적인 측면만 강조하고 있다는 비판을 받고 있다.
④ 개인의 가치와 역량을 존중하는 이론이다.

■사회갈등 유발 기능은 스포츠의 사회적 기능이 아니다.

필수문제

25 보기에서 스티븐슨(C. Stevenson)과 닉슨(J. Nixon)이 구조기능주의 관점으로 설명한 스포츠의 사회적 기능 중 옳은 것만을 모두 고른 것은?(2024)

보기
ㄱ. 사회 · 정서적 기능　　ㄴ. 사회갈등유발기능
ㄷ. 사회통합기능　　ㄹ. 사회계층이동기능

① ㄱ, ㄴ　② ㄱ, ㄷ　③ ㄴ, ㄹ　④ ㄱ, ㄷ, ㄹ

■이 사회를 구성하고 있는 각 구조체들이 제각각의 역할을 잘 해야 사회가 유지될 수 있다는 것이 구조기능론이다.

심화문제

26 다음 중 스포츠가 사회의 항상성 유지와 존속에 기여한다고 주장하는 사회이론은?

① 구조기능론　② 상징적 상호작용론
③ 갈등이론　④ 비판이론

■갈등이론은 경제적 관점을 지나치게 강조하고, 주체로서의 개인을 간과하며, 오로지 투쟁 또는 갈등만을 강조하는 이론이다.

필수문제

27 갈등이론과 스포츠에 관한 설명이다. 옳지 못한 것은?

① 모든 사회제도는 지배집단이 자신들의 기득권을 유지하기 위한 도구로 만든 것이다.
② 스포츠도 스포츠 지배집단의 현상 유지를 위한 도구이다.
③ 개인이 스포츠를 통해서 얻는 즐거움, 활력, 삶의 의미 등을 설명하지 못한다.
④ 경제적 관점을 간과하고 주체로서의 개인을 존중한다.

정답 24 : ④, 25 : ④, 26 : ①, 27 : ④

심화문제

28 보기에서 설명하는 이론은?

보기
» 지배계급은 피지배계급을 억압하고 착취한다.
» 재화의 불평등한 분배는 사회의 본질적 속성이다.
» 스포츠는 일부 지배계급에 의해 그들의 이익을 증대 시키는 데 이용된다.

① 갈등 이론　② 상징적 상호작용론
③ 비판 이론　④ 구조기능주의 이론

■보기는 갈등이론에 대한 설명이다(p. 4 참조).

필수문제

29 보기의 내용과 관련이 깊은 사회학 이론은?

보기
» 미시적 관점의 이론이다.
» 인간은 사회제도나 규칙에 대해 능동적으로 사고하고 의미를 부여하며 행동한다.
» 스포츠 팀의 주장은 리더십이 필요하기 때문에 점차 그 역할에 맞는 리더십을 발휘한다.

① 갈등이론　② 교환이론
③ 상징적 상호작용론　④ 기능주의이론

■보기는 상징적 상호작용론에 대한 설명.
■**갈등이론** : 27번 문제 해설 참조
■**기능주의 이론** : 26번 문제 해설 참조
■교환이론 : 인간의 모든 행위는 비용 또는 투자와 보상을 교환함으로써 성립된다는 이론임.

심화문제

30 보기에서 설명하는 스포츠사회학 이론은?

보기
» 일상에서 특정 물건을 소비하는 것은 자신의 계급 위치를 상징화하는 행위이다.
» 자원과 시간의 소비가 요구되는 스포츠에 참여하는 것은 계급 표식행위이다.
» 고가의 스포츠용품, 골프 회원권 등의 과시적 소비 양상이 나타난다.

① 갈등이론　② 구조기능이론
③ 비판이론　④ 상징적 상호작용론

■위 문제 참조.

정답 28 : ①, 29 : ③, 30 : ④

스포츠와 정치

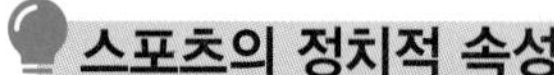

스포츠의 정치적 속성

에티즌(Eitzen, D.)과 세이지(Sage, G.)는 스포츠의 정치적 속성을 다음과 같이 설명하였다.

대중성 및 선전효과 (대표성)	스포츠경기에서 행하는 의식은 후원기관에 대한 충성심을 상징적으로 재확인시키는 기능이 있다. 올림픽이나 국제경기의 성적은 각 나라의 정치적 · 경제적 · 문화적 · 군사적 우월성을 나타내는 수단이 된다.
조직화 및 체계화로 인한 권력투쟁	선수와 구단주 간, 경쟁리그 간, 행정기구 등의 조직이 점차 조직화 · 체계화되어가는 과정에서 권력으로 인한 권력투쟁이 존재한다.
정치적 표현성 (상호의존성)	스포츠와 정치의 결합을 정부기관이 관여할 때 확실히 드러나는데, 경쟁에서 승리한 집단은 우월성 및 혜택을 받게 된다.
질서와 법의 표본 (보수성)	스포츠는 보수적인 성향이 있어서 현상황을 지속하려는 경향이 있을 뿐만 아니라 스포츠경기에 수반되는 애국심은 정치체제와 법을 더욱 강화시키는 역할을 한다.

스포츠와 정치의 관계

- 스포츠 조직화할 때 조직과정에서 전력 배분
- 스포츠를 통한 정치와 외교의 상호작용
- 스포츠를 통한 정치 · 경제 · 문화적 우월성 표출
- 스포츠조직 · 기구의 조세 감면계획

스포츠의 정치적 기능

순기능	역기능
» 국민을 통합하고 체제의 안정성을 도모할 수 있다. » 외교적 소통의 창구 역할을 할 수 있다. » 사회성원들을 정치적으로 사회화시키고, 사회적 가치를 배우고 전승하게 한다. » 생산성을 증대시킨다. » 사회운동의 수단으로 이용할 수 있다.	» 국가 간 정치적 이데올로기의 충돌을 초래할 수 있다. » 지배권력의 형성 및 유지를 위한 정당성을 부여한다. » 국수주의적 배타성을 조장시킬 수 있다.

스포츠를 정치에 이용하는 방법

상징	선수들의 유니폼에 부착된 국기 또는 지역명은 선수들이 국가 또는 지역의 대표라는 것을 상징한다.
동일화	대중이 선수나 팀을 자신과 일체화시키고 스포츠 경기에 몰입하며 승리에 대한 기대감을 갖는다.
조작	정치적 목적을 달성하기 위해서 선동적 행위를 조작하고, 국가적인 문제에 대한 대중의 관심을 스포츠로 돌린다.

1 정치제도의 발전과 스포츠 특성의 변화

Almond와 Powell(1996)은 정치제도의 발전 단계를 세속성 · 자치성 · 구조적 분화의 수준에 따라 다음과 같이 구분하였다.

원시정치제도	신에게 제사를 지내고 신체적 우월성을 과시하기 위한 수단으로서의 스포츠였다(중세 봉건시대 이전의 정치제도를 칭함).
봉건정치제도	특권계급의 전유물로서의 스포츠, 병사 훈련용으로서의 스포츠
근대정치제도	스포츠활동을 인간의 기본권으로 인식. 사회를 통합하고 사회질서를 유지하는 데에 이용

2 스포츠 정책의 개념

☞ 스포츠 발전을 목표로 국가가 주도적으로 스포츠정책을 시행한다.
☞ 스포츠의 가치 및 이념의 확산, 스포츠의 대중화 등을 위한 재정적 · 행정적 자원을 확보하기 위하여 스포츠정책을 시행한다.
☞ 국민 복지를 실현하는 수단으로 스포츠 정책을 시행한다.
☞ 국민들로부터 정치적 동의를 구하고, 정부의 지배 이데올로기를 강화할 목적으로 스포츠 정책을 펴나간다.

3 국내 정치에서 정치가 스포츠에 개입하는 이유

⑧ 국민 건강증진과 여가기회 제공
⑧ 사회질서의 유지 및 보호
⑧ 국가 및 지역사회 경제발전의 촉진
⑧ 정치인, 정당 또는 정부의 지지 확보

4 국제정치에서 스포츠 역할(기능)의 양면성

⑧ 외교적 승인 및 친선 ↔ 외교적 항의
⑧ 국위선양 ↔ 이데올로기 및 체제 선전의 수단
⑧ 국가 간의 이해 및 평화 증진 ↔ 갈등 또는 전쟁의 촉매

올림픽과 국제정치

1 올림픽이 정치화된 원인

ⓐ 민족주의의 심화 ⓐ 상업주의의 팽창 ⓐ 정치권력의 강화

2 올림픽에 있었던 정치적 행위

정치체제의 선전	베를린올림픽에서 나치 체제 선전
정치적 이슈의 쟁점화	멕시코올림픽에서 인종차별에 항의
선수들의 안전 위협	뮌헨올림픽에서 이스라엘 선수단 사망
집단 항의	몬트리올올림픽에 아프리카 국가들이 불참
이념 대립의 표출	모스크바올림픽에 서방 국가들이 참가 거부

스포츠와 남북 관계

기 간	내 용
1990	평양과 서울에서 남북통일축구대회 개최
1991	일본 지바에서 열린 세계탁구선수권대회에 단일팀으로 출전 포르투갈에서 열린 세계청소년축구대회에 단일팀으로 출전
1999	평양과 서울에서 남북통일농구대회 개최 평양에서 남북노동자축구대회 개최
2000	평양에서 남북통일탁구대회 개최 시드니올림픽 개회식 남북한 공동 입장
2001	평양에서 남한의 태권도시범경기 공연 서울에서 북한의 태권도시범경기 공연
2002	태권도시범단 교환 평양 개최 태권도시범단 교환 서울 개최 부산아시안게임 남북한 개폐회식 공동 입장 남북 통일축구경기 대회
2003	제22회 대구하계유니버시아드 남북태권도 교류 협의 및 대구하계유니버시아드 참관 2003년 제주에서 민족평화통일축전 개최
2004	아테네하계올림픽경기대회 공동입장
2005	제4회 마카오동아시아경기대회 공동입장
2006	도하하계아시아경기대회 개 · 폐회식 공동입장
2018	평창동계올림픽 남북 공동입장 평창동계올림픽에 북한 선수단, 응원단, 예술공연단 파견 평창동계올림픽 여자아이스하키 단일팀 출전 스웨덴 할름스타드세계탁구선수권대회 남북 단일팀 구성 자카르타 팔렘방아시아경기대회 남북 공동입장 및 남북 단일팀 구성

필수 및 심화 문제

필수문제

01 다음 스포츠의 정치적 기능 중에서 다른 셋과 다른 기능은?

① 국가의 대외적인 이미지와 위상을 제고한다.
② 지배권력의 형성 및 유지를 위한 정당성을 부여한다.
③ 국민을 통합하고 체제의 안정성을 도모할 수 있다.
④ 사회성원들을 정치적으로 사회화시키고, 사회적 가치를 배우고 전승하게 한다.

■ ①, ③, ④는 정치적 순기능이고, ②는 정치적 역기능이다.

필수문제

02 보기의 ㉠~㉣에 들어갈 스트랭크(A. Strenk)의 '국제정치 관계에서 스포츠 기능'을 바르게 제시한 것은?(2024)

보기
» (㉠) : 1936년 베를린 올림픽
» (㉡) : 1971년 미국 탁구팀의 중화인민공화국 방문
» (㉢) : 1972년 뮌헨올림픽에서의 검은구월단 사건
» (㉣) : 남아프리카공화국의 아파르트헤이트에 대한 국제사회의 대응

	㉠	㉡	㉢	㉣
①	외교적 도구	외교적 항의	정치이념 선전	갈등 및 적대감의 표출
②	정치이념 선전	외교적 도구	갈등 및 적대감의 표출	외교적 항의
③	갈등 및 적대감의 표출	정치이념 선전	외교적 항의	외교적 도구
④	외교적 항의	갈등 및 적대감의 표출	외교적 도구	정치이념 선전

■ 국제정치에서 스포츠의 역할
· 외교적 도구(외교적 승인 및 친선)
· 이데올로기 및 체제 선전(정치이념 선전)
· 국위 선양
· 외교적 항의
· 갈등 또는 전쟁의 촉매
· 국가 간의 이해 및 평화 증진
■ ㉠ 정치이념 선전
■ ㉡ 외교적 도구
■ ㉢ 갈등 및 적대감 표출
■ ㉣ 외교적 항의

03 다음 설명 중 스포츠의 정치화 과정에 대하여 설명한 것은?

① 스포츠 참가자는 특정 집단을 대표하는 경향이 있다.
② 현대의 스포츠조직이 관료화되기 때문에 정치적 색채를 나타낸다.
③ 정치적 상황이 특정 경기에 영향을 미친다.
④ 스포츠가 국민의 정체성 형성에 큰 영향을 미친다.

■ 스포츠의 정치적 속성(p. 12) 참조

정답 01 : ②, 02 : ②, 03 : ②

스포츠사회학

필수문제

04 에티즌(D. Eitzen)과 세이지 (G. Sage)가 제시한 스포츠의 정치적 속성 중 보기의 설명에 해당하는 것은?(2024)

보기
» 국가대표 선수는 스포츠를 통해 국위를 선양하고 국가는 선수에게 혜택을 준다.
» 국가대표 선수가 올림픽에 출전하여 메달을 획득하면 군복무 면제의 혜택을 준다.

① 보수성 ② 대표성 ③ 상호의존성 ④ 권력투쟁

■보기는 스포츠의 정치적 속성 중 상호의존성(정치직 표현성)을 뜻한다(p. 12 참조).

심화문제

05 보기에서 설명하는 스포츠의 정치적 속성은?

보기
에티즌(D. Eitzen)과 세이지(G. Sage)에 의하면 다양한 팀, 리그, 선수단체 및 행정기구는 각각의 특성에 따라 불평등하게 배분된 자원과 권한을 갖게 되고, 더 많은 권한을 갖기 위해 대립적 갈등을 겪게 된다.

① 보수성 ② 긴장관계 ③ 권력투쟁 ④ 상호의존성

■보기는 스포츠의 정치적 속성 중 권력투쟁(조직 및 체계화로 인한 권력투쟁)을 설명하고 있다.

■에티즌과 세이지가 제시한 정치적 속성 : 대표성(대중성 및 선전효과), 권력투쟁(조직화 및 체계화로 인한), (정치적) 대표성, 보수성(질서와 법의 표본)

06 에티즌(D. Eitzen)과 세이지(G. Sage)가 제시한 스포츠의 정치적 속성이 아닌 것은?

① 보수성 ② 대표성 ③ 권력투쟁 ④ 상호배타성

07 스포츠의 정치적 속성에 대한 설명이다. 옳지 못한 것은?

① 스포츠경기에서 거행되는 의식은 후원기관에 대한 충성심을 재확인시킨다.
② 스포츠와 정치가 밀접한 관계를 갖는 것은 스포츠의 제도적 특성 때문이다.
③ 스포츠경기에 정부기관이 개입되었을 때 스포츠의 정치적 속성이 명백하게 드러난다.
④ 스포츠와 정치는 서로 대립하는 관계를 형성하려고 노력한다.

■스포츠와 정치는 구성적 요소와 상호작용 요소가 서로 비슷하므로 태생적으로 서로 결합하려는 속성이 있다.

08 국가 수준에서 스포츠와 정치의 관계를 설명한 것이다. 옳지 않은 것은?

① 국가수준에서도 스포츠와 정치가 상호 역동적인 영향을 미친다.
② 지역사회 수준보다 국가 수준에서 스포츠가 정치에 미치는 영향이 더 두드러진다.
③ 스포츠가 사회통합을 하는 역할도 한다.
④ 스포츠가 다른 나라와 외교관계를 맺는 데에 중요한 역할을 할 수도 있다.

■스포츠행사는 지역주민의 자발적인 참여로 이루어지는 경우가 대부분이기 때문에 스포츠가 정치에 미치는 영향은 지역사회 수준이 더 크다.

정답 04 : ③, 05 : ③, 06 : ④, 07 : ④, 08 : ②

필수문제

09 보기에서 정치가 스포츠를 이용하는 방식을 바르게 연결한 것은?

보기
㉠ 경기에 앞서 국가연주, 국기에 대한 경례 등의 의식을 갖는다.
㉡ 대중은 선수나 팀을 자신과 일치시키는 태도를 형성한다.
㉢ 정치인의 비리, 부정 등을 은폐하기 위해 스포츠를 이용한다.

① ㉠동일화 ㉡상징 ㉢조작
② ㉠상징 ㉡조작 ㉢동일화
③ ㉠조작 ㉡동일화 ㉢상징
④ ㉠상징 ㉡동일화 ㉢조작

■ 스포츠가 정치를 이용하는 방법은 **상징**(유니폼에 국기 또는 지역 이름 부착), **동일화**(대중이 팀이나 선수를 자기와 일체화시킴), **조작**(상징과 조작을 극대화하기 위하여 인위적으로 개입하는 것)이다.

스포츠사회학

심화문제

10 정치의 스포츠 이용 방법에 관한 설명 중 옳은 것은?

① 태권도를 보면 대한민국 국기(國技)라는 동일화가 일어난다.
② 정부의 3S(sports, screen, sex) 정책은 스포츠를 이용하는 상징의 대표적인 방법이다.
③ 스포츠 이벤트에서 국가 연주, 선수 복장, 국기에 대한 의례 등은 상징의식에 해당한다.
④ 올림픽에서 금메달 수상 장면을 보면서 내가 획득한 것처럼 눈물을 흘리는 것은 상징화에 해당한다.

■ ① : 상징
■ ② : 조작
■ ④ : 동일화

11 다음은 스포츠를 정치에 이용하는 방법을 설명한 것이다. 잘못 설명한 것은?

① 상징 : 선수들의 유니폼에 부착된 국기 또는 지역명은 선수들이 국가 또는 지역의 대표라는 것을 상징한다.
② 동일화 : 대중이 선수나 팀을 자신과 일체화시키고 스포츠 경기에 몰입하며 승리에 대한 기대감을 갖는다.
③ 조작 : 정치적 목적을 달성하기 위해서 선동적 행위를 조작하고 효율성을 강조한다.
④ 사회통합 : 정치, 경제, 사회 등 국가적인 문제에 대한 대중의 관심을 스포츠로 돌린다.

■ 사회성원들을 사회화시키고, 사회적 가치를 배우고 전승하게 하는 것이 사회통합이다.

정답 09 : ④, 10 : ③, 11 : ④

스포츠사회학

■ 상징·동일화·조작이 스포츠를 정치에 이용하는 방법이다.

12 **다음 중 스포츠를 정치적으로 이용하는 방법이 아닌 것은?**

① 상징　② 동일화　③ 조작　④ 조직화

13 **정치가 스포츠를 이용하는 방법을 올바르게 제시한 것은?**

■ 스포츠의 정치적 속성(p. 12) 참조

① 조작, 통합, 사회화　② 조작, 상징, 동일화
③ 상징, 조직화, 억압　④ 통합, 조직화, 영웅화

필수문제

14 **정치의 스포츠 이용방법은 일련의 과정을 거쳐 발현되는데, 다음 설명 중 옳지 않은 것은?**

① 상징은 직접 자각할 수 없는 의미나 가치 등을 유사적인 표현을 사용해 구상화하는 것을 의미한다.
② 상징의 과정을 통해 대중은 선수나 팀을 자신과 일체시킨다.
③ 상징과 동일화의 효과를 극대화하기 위한 행위는 조작이다.
④ 상징, 동일화, 조작은 일련의 과정이지만 동시다발적으로 발생하기도 한다.

■ 선수나 팀을 자신과 일체시키는 것은 동일화과정이다.

심화문제

15 **정치가 스포츠를 이용하는 방법 중 보기의 사례에 해당하는 것은?**

보기
스포츠에 참여하는 선수나 팀이 스포츠 경기 자체를 뛰어넘어 특정 집단을 대리 또는 대표하는 것으로 의미가 확장되는 과정을 일컫는다.

■ 스포츠를 정치에 이용하는 방법(p. 12) 참조

① 상징화　② 동일화　③ 조작화　④ 우민화

심화문제

16 **스포츠의 사회통합 기능에 해당되는 것은?**

① 스포츠는 성, 연령, 계층과 관계없이 사회적 소통을 촉진한다.
② 스포츠는 신체적, 정신적 스트레스를 해소시킨다.
③ 스포츠는 규칙을 준수하고 바람직한 인격을 형성한다.
④ 스포츠는 공격성, 긴장감, 좌절감을 효과적으로 방출시킨다.

■ 성·연령·계층에 관계없이 사회적 소통을 촉진하는 것이 사회통합기능이다.

정답　12 : ④, 13 : ②, 14 : ②, 15 : ①, 16 : ①

필수문제

17 Almond와 Powell이 정치제도의 발전단계를 3단계로 구분하고, 각 단계에서 스포츠의 특성을 설명한 내용이 아닌 것은?

① 원시정치제도 : 신체적 우월성을 과시하기 위한 수단으로서의 스포츠
② 부족정치제도 : 신에게 제사를 지내는 수단으로서의 스포츠
③ 봉건정치제도 : 특권계급의 전유물로서의 스포츠
④ 근대정치제도 : 스포츠활동을 인간의 기본권으로 인식

■ 중세 봉건시대 이전의 정치제도를 한꺼번에 묶어서 원시정치제도로 분류했다(p. 13 참조).

필수문제

18 스포츠정책과 관련된 내용이다. 잘못 설명한 것은?

① 스포츠 발전을 목표로 하는 국가 주도의 시책이 스포츠정책이다.
② 스포츠의 가치 및 이념의 확산, 스포츠 대중화 등을 위한 재정적 · 행정적 자원 확보와 분배의 과정이다.
③ 국민의 건강증진, 여가기회의 제공 등 국민 복지를 실현하는 수단으로 스포츠 정책을 시행한다.
④ 국민의 호감을 유도하여 정치적 동의를 구하고, 정부의 지배이데올로기를 강화할 목적으로는 스포츠 정책을 시행하지 않는다.

■ 정부의 지배이데올로기를 강화하기 위하여 스포츠정책을 시행한다.

심화문제

19 스포츠정책에 대한 설명 중에서 옳지 못한 것은?

① 정부는 스포츠의 분야별 균형발전을 실현할 수 있는 정책을 시행한다.
② 스포츠 정책은 국민 복지의 실현과 이데올로기를 강화하는 수단이라는 양면성이 있다.
③ 스포츠 기구의 규모를 확대하기 위해서 스포츠 정책을 시행한다.
④ 스포츠 발전을 목표로 하는 정부의 시책이다.

■ 스포츠기구의 규모와 스포츠정책은 관련이 없다.

20 스포츠정책과 정치에 대한 설명으로 적절하지 않은 것은?

① 국가는 스포츠정책을 통해 스포츠에 개입한다.
② 냉전시대 국가의 국제스포츠정책은 스포츠를 통한 상업주의 팽창에 초점이 맞춰졌다.
③ 스포츠는 상징, 동일화, 조작의 과정을 통해 정치적 기능이 극대화된다.
④ 정부는 의료비 지출을 줄이고 산업생산력을 향상시키기 위해 스포츠에 관여한다.

■ 냉전시대에는 체제와 이념 선전에 골몰하였다.

정답 17 : ②, 18 : ④, 19 : ③, 20 : ②

스포츠사회학

■ 훌리한이 제시한 정부가 스포츠에 개입하는 목적
· 공공질서 보호
· 체력과 신체능력 보호
· 집단 · 공동체 · 국가의 위신과 힘 증진
· 동일성 · 소속감 · 통일성의 의미 증진
· 지배적 이데올로기와 함께 일관된 가치 강조
· 경제성장 촉진

필수문제

21 보기에서 훌리한(B. Houlihan)이 제시한 정부(정치)의 스포츠 개입 목적'에 관한 사례인 것을 모두 고른 것은?(2024)

보기
ㄱ. 시민들의 건강 및 체력유지를 위해 체육단체에 재원을 지원한다.
ㄴ. 체육을 포함한 교육 현장의 양성 평등을 위해 Title IX을 제정했다.
ㄷ. 공공질서를 보호하기 위해 공원에서 스케이트보드 금지, 헬멧 착용 등의 도시 조례가 제정되었다.

① ㄱ　② ㄱ, ㄷ　③ ㄴ, ㄷ　④ ㄱ, ㄴ, ㄷ

심화문제

22 정부가 스포츠에 개입하는 이유가 아닌 것은?

① 스포츠가 국민의 건강 증진과 여가 기회를 제공하는 역할을 하기 때문에
② 정부 또는 정치가에 대한 지지기반을 확보하기 위해서
③ 스포츠가 강력한 조직을 가졌기 때문에
④ 스포츠를 통해서 사회통합을 효과적으로 할 수 있기 때문에

23 국가가 스포츠에 개입하는 원인에 해당되지 않는 것은?

① 국민 여가기회 제공　② 경기규칙의 선진화
③ 국민 건강증진　④ 정부에 대한 지지 확보

■ 재정 확보가 아니라 지지를 얻기 위해 정치가 스포츠에 개입한다.

24 국내 정치에서 정치가 스포츠에 개입하는 원인이 아닌 것은?

① 국민 건강증진과 여가기회 제공　② 사회질서의 유지 및 보호
③ 국가 및 지역사회 경제발전의 촉진　④ 정치인, 정당 또는 정부의 재정 확보

■ 정치체제의 강화와 통상 확대는 서로 반대되는 개념이 아니다.

필수문제

25 국제정치에서 스포츠의 역할 또는 기능의 양면성을 짝지은 것들이다. 잘못 짝지어진 것은?

① 외교적 승인 및 친선 : 외교적 항의
② 국위선양 : 이데올로기 및 체제의 선전
③ 국가 간의 이해 및 평화 증진 : 갈등 또는 전쟁의 촉매
④ 정치체제의 강화 : 통상 확대

정답 21 : ④, 22 : ③, 23 : ②, 24 : ④, 25 : ④

필수문제

26 국제정치에서의 스포츠 역할 중 보기의 설명에 해당하는 것은?

보기
2018 평창동계올림픽에서 남북한 여자 아이스하키단일팀이 구성되었으며, 이를 계기로 그동안 중단되었던 남북교류가 다시 활성화되고 있다.

① 외교적 항의 ② 국가 경제력 표출
③ 외교적 친선 및 승인 ④ 갈등 및 전쟁의 촉매

■보기는 단절된 남북한의 상류 교류를 통한 국제적 이해를 바탕으로 하는 외교적 친선 및 승인에 관한 내용이다.
■외교적 항의 : 국제적 갈등 국면에서 경기 불참 등으로 국제스포츠경기에 항의 의사를 전달하는 것.
■국가경제력 표출 : 대형 이벤트 유치를 통한 인프라구축과 경제 발전을 유도하여 개최 국가의 경제력을 과시하는 것.
■갈등 및 전쟁의 촉매 : 스포츠는 국제 관계에서 각국의 이해충돌로 인한 갈등 초래 및 전쟁 촉매

스포츠사회학

심화문제

27 올림픽이 정치화된 원인 중에서 가장 옳은 것은?

① 정치권력의 강화, 상업주의의 팽창, 외교적 갈등의 확대
② 상업주의의 팽창, 정치권력의 강화, 민족주의의 발현
③ 승리제일주의의 팽창, 상호호혜원칙의 적용, 올림픽정신의 세계화
④ 국제교류의 확대, 올림픽정신의 세계화, 국가주의의 발현

28 보기에서 올림픽 경기가 정치화된 요인을 모두 고른 것은?

보기
㉠ 민족주의 심화 ㉡ 정치권력 강화 ㉢ 상업주의 팽창 ㉣ 페어플레이 강화

① ㉠ ② ㉠, ㉡ ③ ㉠, ㉡, ㉢ ④ ㉠, ㉡, ㉢, ㉣

■페어플레이 강화는 올림픽이 정치화된 요인과 관계가 없다.

필수문제

29 국제사회에서 발생한 스포츠 사건에 관한 설명으로 옳은 것은?

① 남아프리카 공화국은 아파르트헤이트(apartheid)로 인해 국제대회 참여가 거부되었다.
② 구소련의 아프가니스탄 침공을 이유로 1984년 LA올림픽경기대회에 많은 자유 진영 국가가 불참하였다.
③ 2018년 평창동계올림픽경기대회에서 메달 획득을 위해 여자 아이스하키 남북 단일팀이 결성되었다.
④ 1936년 베를린올림픽경기대회에서 검은구월단 무장단체가 선수촌에 침입하여 이스라엘 선수를 살해하였다.

■① 아파르트헤이트 : 남아프리카 공화국의 극단적인 인종차별 정책. 이 정책이 철폐될 때까지 올림픽월드컵 등의 국제대회 참여가 거부됨.
■② 구 소련의 아프가니스탄 침공 : 미국이 1980년 모스크바 올림픽 불참
■③ 2018년 평창동계올림픽 : 국제 이해와 평화에 기여하기 위해 남북 단일팀 구성
■④ 검은구월단 사건 : 1972년 뮌헨올림픽에서 발생

정답 26 : ③, 27 : ②, 28 : ③, 29 : ①

심화문제

30 보기의 내용에 공통적으로 해당하는 스포츠의 정치적 이용 방식은?

보기
» 남아프리카공화국의 인종차별정책에 반대하는 많은 국가들이 남아프리카공화국에서 개최된 국제대회에 불참하였다.
» 구소련의 아프가니스탄 침공을 문제 삼아 미국을 비롯한 서방국가들이 1980년 모스크바 올림픽경기대회에 불참하였다.

① 국제 평화 증진 ② 체제 선전의 수단
③ 전쟁의 촉매 ④ 외교적 항의

31 역대 올림픽 경기에서 정치가 영향을 미친 사례에 대한 설명으로 옳지 않은 것은?

① 베를린올림픽(1936년) : 히틀러 정부는 나치의 민족우월주의를 선전하였다.
② 뮌헨올림픽(1972년) : 팔레스타인 테러리스트들은 이스라엘 선수들을 살해하였다.
③ 모스크바올림픽(1980년) : 미국은 구소련의 아프가니스탄 침공에 항의하며 불참하였다.
④ LA올림픽(1984년) : 동유럽권 국가들은 구소련의 헝가리 침공에 항의하며 불참하였다.

■모스크바올림픽 때 미국과 서구권의 참가 거부에 대한 보복으로 소련 등 동구권 14개국이 출전을 거부한 것이 LA올림픽이다.

32 제11회 베를린올림픽에 대한 설명 중 옳은 것은?

① 나치의 이념과 게르만 민족의 우월성을 과시하기 위한 대회였다.
② 헝가리 침략에 항의하기 위해서 아랍국가가 불참하였다.
③ 이슬람 테러리스트들이 이스라엘 선수들을 학살하였다.
④ 소련의 아프가니스탄 침공을 항의하기 위해서 서방국가들이 불참하였다.

■②는 멜버른대회, ③은 뮌헨대회, ④는 모스크바대회였다.

33 올림픽게임이 정치화된 원인으로 적절하지 못한 것은?

① 민족주의의 심화 ② 상업주의의 팽창
③ 아마추어리즘의 퇴조 ④ 정치권력의 강화

■아마추어리즘의 퇴조는 올림픽게임이 상업화된 원인을 설명하는 것이다.

34 다음 중 스포츠 남북교류 역사상 남북 단일팀이 구성된 사례는 어느 것인가?

① 1988년 서울올림픽 ② 1991년 지바세계탁구선수권대회
③ 2014년 소치동계올림픽 ④ 2014년 인천아시안게임

■스포츠와 남북 관계 (p. 13) 참조

정답 30 : ④, 31 : ④, 32 : ①, 33 : ③, 34 : ②

스포츠와 경제

현대 스포츠가 발전할 수 있는 사회적 밑거름이 되어준 요인들

산업화	여가시간이 증대하고 스포츠용품의 규격화(표준화)가 가능해졌다.
도시화	도시 노동자들의 스포츠에 대한 관심이 증가하였고, 인구가 밀집되어 있어서 프로 스포츠가 발전할 수 있는 기반이 되었다.
교통과 통신의 발달	교통의 발달로 지역 간의 스포츠 경기가 가능해졌고, 통신의 발달로 스포츠와 관련된 정보를 손쉽고 빠르게 얻을 수 있게 되었다.

1 상업주의적 스포츠가 성공적으로 발전하기 위해서 필요한 사회 · 경제적 환경

- 자본주의적 시장경제 체제
- 인구가 밀집되어 있는 도시
- 경제적 여유가 있는 계층
- 스포츠 기반시설을 구축할 수 있는 거대 자본
- 소비를 중요시하고 물질적 가치를 강조하는 사회풍토

2 스포츠 관련 산업의 분류

- 스포츠용품 제조업
- 기념품 제조 및 판매사업
- 스포츠 시설업
- 스포츠 관광사업
- 스포츠 커뮤니케이션

3 상업화에 따른 스포츠의 변화

스포츠 본질의 변화	아마추어리즘이 약화되고 스포츠가 직업화되었다.
스포츠 목적의 변화	경제적 이윤을 얻기 위해서 관중의 흥미를 유도하려고 노력한다.
스포츠 규칙(구조)의 변화	경기를 스피디하게 진행시키고, 득점이 쉽고 다양해지도록 변화되고 있다.
스포츠 조직의 변화	선수나 감독보다는 관리자나 스폰서의 의사결정권이 더 크다.
스포츠 가치체계의 변화	스포츠활동의 심미적 가치인 경기기술 · 전략 · 동작 · 노력 보다는 시설 · 분위기 · 스타선수의 쇼맨십과 같은 영웅적 가치를 더 지향하게 되었다.

4 프로스포츠 시장의 경제적 특성

희소성	몇몇 안 되는 경기력이 아주 뛰어난 선수들의 플레이를 볼 수 있다.
경쟁성	승리하기 위해서 열심히 경쟁한다.
미완성 제품(불확실성)	경기 결과가 불확실한 상태에서 소비자에게 판매된다.
독점성	프로스포츠의 리그경기는 반독점 규제가 없어서 독점적이다.
파생시장	다양한 파생시장을 만든다.
외부효과	비용을 부담하지 않은 다수의 제3자에게도 영향을 미친다.

스포츠사회학

프로스포츠의 기능

순기능	역기능
» 여가선용의 기회를 제공한다. » 지역사회를 활성화시키고 사회통합에 기여한다. » 관련 스포츠의 저변을 확대하고 아마추어스포츠를 발전시킨다. » 경제활동을 촉진하고 스포츠의 대중화를 돕는다.	» 물질적 가치를 중시하여 물질만능주의에 빠질 우려가 있다. » 아마추어리즘을 퇴조시켜서 스포츠의 본질을 왜곡시킬 수도 있다. » 일부 인기종목에 편중되고, 인기가 없는 종목은 쇠퇴시킬 염려가 있다.

우리나라의 프로스포츠

1 우리나라 프로스포츠의 탄생

- 1935년 조선권투연맹 창설
- 1960년대 프로레슬링
- 1982년 프로야구 창설
- 1983년 한국민속씨름협회 창설
- 1985년 프로축구 창설
- 1996년 프로농구 창설
- 2004년 프로배구 창설

 우리나라의 프로구단은 구단의 이익창출을 목표로 하지 않고, 대기업들이 축적한 자본을 사회에 환원하는 도구로 인식되고 있다.

☞ 모기업의 이미지 제고 및 마케팅을 위한 도구적 역할을 하고 있다.

대형 스포츠이벤트의 효과

긍정적 효과	부정적 효과
» 대규모의 투자가 이루어지기 때문에 경제가 활성화 되고 고용이 촉진된다. » 관광산업의 경쟁력이 강화된다. » 국가의 이미지를 제고할 수 있다. » 국가 및 지역 간 교류가 확대된다. » 사회 기반시설이 확충된다. » 시민의식이 함양된다.	» 이익을 보는 계층과 손해를 보는 계층 사이에 갈등을 유발시킨다. » 대규모 예산을 투자해야 하기 때문에 조세부담이 늘고 경제적 위기를 초래할 수도 있다. » 환경오염, 교통 혼잡, 물가 상승 등 부정적인 외부효과가 생긴다. » 새로 건설한 스포츠 시설들이 경기 후 애물단지가 될 수도 있다. » 다른 분야에 투자할 수 있는 기회를 박탈하는 셈이다.

필수 및 심화 문제

필수문제

01 현대 스포츠가 발전할 수 있는 사회적 밑거름이 되어준 요인이 아닌 것은?

① 산업화 : 여가시간이 증대하고 스포츠용품의 규격화(표준화)가 가능해졌다.
② 도시화 : 도시노동자들의 스포츠에 대한 관심이 증가하였고, 인구가 밀집되어 있어서 프로 스포츠가 발전할 수 있는 기반이 되었다.
③ 교통과 통신의 발달 : 교통의 발달로 지역 간의 스포츠 경기가 가능해졌고, 통신의 발달로 스포츠와 관련된 정보를 손쉽고 빠르게 얻을 수 있게 되었다.
④ 국제화 : 국가 간의 스포츠교류가 활성화되었다.

▪국제화되었기 때문에 현대 스포츠가 발전한 것이 아니라, 현대 스포츠가 발전하였기 때문에 국가 간의 스포츠교류가 활성화된 것이다.

심화문제

02 스포츠의 세계화로 일어난 변화 중에서 일부 유명 리그가 특정 종목의 시장을 장악하게 된 것을 가장 잘 표현한 것은?

① 스포츠시장의 확대
② 스포츠시장의 양극화
③ 스포츠시장의 표준화
④ 스포츠시장의 자유화

필수문제

03 상업주의적 스포츠가 성공적으로 발전하기 위해서 필요한 사회·경제적 환경이 아닌 것은?

① 자본주의적 시장경제 체제와 인구가 밀집되어 있는 도시
② 경제적 여유가 있는 계층과 스포츠 기반시설을 구축할 수 있는 거대 자본
③ 소비를 중요시하고 물질적 가치를 강조하는 사회풍토
④ 스포츠 활동을 통해서 정치적 권력이나 물질적 이득을 얻으려고 하는 성향

▪스포츠활동을 통해서 정치적 권력을 얻으려는 성향은 사회·경제적 환경이 아니다.

심화문제

04 보기에서 괄호 안에 적합한 용어는?

> 보기
> 올림픽에서 (   )을(를) 시행함으로써 IOC는 기업으로부터 금전 및 물자를 제공받고, 기업은 자사제품 광고 및 홍보에 올림픽 공식 로고와 휘장을 사용할 수 있는 권한을 얻는다.

① 독점방영권
② 자유계약 제도
③ 스폰서십(sponsorship)
④ 드래프트(draft) 제도

▪**스폰서십** : 기업이 스포츠대회·선수·환경 보호 캠페인 등에 일정한 비용을 지원함으로써 자사의 상품이나 이미지를 광고하는 마케팅

정답 01 : ④, 02 : ②, 03 : ④, 04 : ③

■선수발굴사업과 스포츠개발사업은 경제활동이 아니다.
■경기장 관리사업은 스포츠시설업에 포함되고, 스포츠복권은 개인이 할 수 있는 경제활동이 아니다.
■스포츠라이센싱사업은 팀의 로고나 경기장 명칭 등을 사용할 수 있는 권리를 대여하는 사업으로 기념품 제조 및 판매사업에 포함된다.

스포츠사회학

필수문제

05 **보기는 스포츠와 관련된 경제활동을 5가지로 분류한 것이다. (　) 속에 들어갈 경제활동으로 가장 적합한 것은?**

보기
스포츠용품 제조산업 : (　　) : 스포츠시설업 : 스포츠관광사업 : (　　)

① 스포츠커뮤니케이션 – 기념품 제조 및 판매사업
② 스포츠개발사업 – 선수발굴사업
③ 경기장관리사업 – 스포츠복권사업
④ 스포츠복권사업 – 스포츠라이센싱사업

■스포츠의 상업화에 따른 변화(코클리)
· **스포츠 본질의 변화** 아마추어리즘의 약화, 스포츠의 직업화
· **스포츠 목적의 변화** 경제적 이윤을 위한 관중의 흥미 유도
· **스포츠규칙의 변화** 스피디한 경기진행과 쉽고 다양한 득점 방법
· **스포츠 조직의 변화** 선수나 감독보다 관리자나 스폰서의 의사결정권이 큼
· **스포츠가치체계의 변화** 시설 · 분위기 · 스타선수의 쇼맨십 등의 지향

필수문제

06 **보기에서 스포츠 상업화에 따른 변화를 모두 고른 것은?**

보기
㉠ 프로페셔널리즘 추구　　㉡ 심미적 가치의 경시
㉢ 직업선수의 등장　　㉣ 아마추어리즘의 강조
㉤ 스포츠조직의 세계화　　㉥ 농구 쿼터제 도입

① ㉠, ㉡, ㉢, ㉥　② ㉠, ㉢, ㉤, ㉥　③ ㉡, ㉢, ㉣, ㉤　④ ㉡, ㉣, ㉤, ㉥

심화문제

07 **보기에서 코클리(J. Coakley)의 상업주의에 따른 스포츠의 변화에 관한 설명으로 옳은 것을 모두 고른 것은?**

보기
㉠ 스포츠 조직의 변화:스포츠 조직은 경품 추첨, 연예인의 시구와 같은 의전 행사에 관심을 갖게 되었다.
㉡ 스포츠 구조의 변화: 스포츠의 심미적 가치보다 영웅적 가치를 중시하게 되었다.
㉢ 스포츠 목적의 변화:아마추어리즘보다 흥행에 입각한 프로페셔널리즘을 추구하게 되었다.
㉣ 스포츠 내용의 변화:프로 농구의 경우, 전 · 후반제에서 쿼터제로 변경되었다.

① ㉠, ㉡　② ㉠, ㉢
③ ㉡, ㉢, ㉣　④ ㉠, ㉢, ㉣

■6번 문제 해설 참조.

정답　05 : ①, 06 : ②, 07 : ②

08 **코클리 (J. Coakley)가 제시한 상업주의와 관련된 스포츠 규칙 변화에 따른 결과로 옳지 않은것은?(2024)**

① 극적인 요소가 늘어났다.
② 득점이 감소하게 되었다.
③ 상업 광고 시간이 늘어났다.
④ 경기의 진행 속도가 빨라졌다.

■상업주의와 관련된 스포츠규칙의 변화는 스피디한 경기진행과 득점방법을 다양화시켜 득점이 많아지게 되었다(예 : 농구의 3점슛, 배구의 랠리 포인트제, 야구의 승부치기 등).

09 **스포츠의 상업화에 따른 변화 중 보기의 사례에 해당하는 것은?**

> 보기
> 2013년 미국프로야구 LA 다저스와 신시내티 레즈의 경기에서 한국의 류현진 선수와 추신수 선수 간의 맞대결이 펼쳐지자 미국프로야구 사무국은 이 날을 코리안 데이로 지정하고 한국의 걸그룹 소녀시대를 초청하여 애국가를 제창하게 하였다. 이 외에도 미국프로야구 사무국은 각종 의전행사 및 경품행사를 개최하여 언론의 반응에 촉각을 곤두세웠다.

① 스포츠 기술의 변화
② 스포츠 규칙의 변화
③ 스포츠 조직의 변화
④ 선수, 코치의 경기 성향 변화

■스포츠의 상업화에 따른 변화
· 스포츠 본질의 변화
· 스포츠 목적의 변화
· 스포츠 규칙의 변화
· 스포츠 조직의 변화
· 가치체계의 변화
■보기는 스포츠 조직의 변화에 해당된다.

10 **상업화에 따른 스포츠의 변화 중 관중의 흥미를 극대화하기 위한 구조(규칙)변화의 사례로 옳지 않은 것은?**

① 배구의 랠리포인트 시스템
② 농구의 공격시간 제한
③ 테니스의 타이브레이크 시스템
④ 야구의 신생팀 창단 제한

■팀의 창단은 스포츠 규칙의 변화가 아니다.

11 **스포츠의 상업화가 확대되면서 나타나는 경기성향의 변화를 잘못 설명한 것은?**

① 쇼맨십의 필요성 증가로 영웅적 가치를 중시하게 되었다.
② 선수의 재능, 동작, 탁월성, 노력 등 심미적 가치를 중시하게 되었다.
③ 선수나 감독보다는 관리자나 스폰서의 의사결정권이 더 크게 되었다.
④ 관중의 흥미를 유도하려고 노력하게 되었다.

■스포츠의 상업화가 확대되면서 선수의 재능 · 노력 · 전략 등의 심미적 가치보다 시설 · 분위기 · 스타선수의 쇼맨십과 같은 영웅적 가치를 더 지향하게 되었다.

12 **상업주의로 인한 스포츠의 변화 중 성격이 다른 하나는?**

① 아마추어리즘의 퇴조
② 득점체계의 다양화
③ 극적인 요소의 극대화
④ 광고를 위한 경기시간 조정

■아마추어리즘의 퇴조는 스포츠의 본질이 변화한 것이고, 나머지는 스포츠의 본질과는 거리가 멀다.

정답 08 : ②, 09 : ③, 10 : ④, 11 : ②, 12 : ①

스포츠사회학

13 상업주의 심화에 따른 스포츠의 변화에 대한 설명으로 적절하지 않은 것은?

① 심미적 가치보다 영웅적 가치를 중요시한다.
② 아마추어리즘보다 프로페셔널리즘을 추구한다.
③ 경기 내적인 요소보다 외적인 요소를 중요시한다.
④ 경기의 공정성을 강화하기 위해 경기 규칙을 개정한다.

■스포츠의 상업주의가 점점 심해지면 관중의 흥미를 유발하여 더 많은 이익을 얻기 위하여 경기규칙을 개정하게 된다.

14 다음은 스포츠의 상업화에 따른 변화를 설명한 것이다. 옳지 않은 것은?

① 스포츠 본질의 변화 : 아마추어리즘이 약화되고 스포츠가 직업화되었다.
② 스포츠 목적의 변화 : 참가하는 데에 의의를 두었던 것이 승리를 목적으로 하게 되었다.
③ 스포츠 규칙(구조)의 변화 : 경기를 스피디하게 진행시키고, 득점이 쉽고 다양해지도록 변화되고 있다.
④ 스포츠 조직의 변화 : 선수나 감독보다는 관리자나 스폰서의 의사결정권이 더 크다.

■경제적 이윤을 얻기 위해서 관중의 흥미를 유도하려고 노력하는 것이 스포츠 목적의 변화이다.
■그밖에 스포츠활동의 심미적인 가치인 경기기술 · 전략 · 동작 · 노력 같은 것보다는 시설 · 분위기 · 스타선수의 쇼맨십과 같은 영웅적 가치를 더 지향하는 것을 스포츠 내용의 변화 또는 스포츠 가치체계의 변화라고 한다.

15 상업주의 스포츠 출현 및 발전의 사회 · 경제적 조건에 해당되지 않는 것은?

① 인구의 고령화
② 스포츠기반시설 구축을 위한 거대자본
③ 인구가 밀집되어 있는 도시
④ 자본주의적 시장경제 체제

■상업주의와 인구의 고령화는 아무 관련이 없다.

필수문제

16 프로스포츠에서 시행되는 제도와 특징이 바르게 연결된 것은?

① 보류조항(reserve clause)－일정 기간 선수들의 자유로운 계약과 이적을 막아 선수단 운영비를 줄이기 위한 목적으로 도입되었다.
② 최저연봉제(minimum salary)－신인선수의 연봉협상력을 줄여 선수단 운영경비를 줄이기 위한 목적으로 도입되었다.
③ 샐러리 캡(salary cap)－선수 개인에게 지불할 수 있는 최대 연봉 상한선으로, 선수 간 연봉격차를 줄이기 위한 목적으로 도입되었다.
④ 트레이드(trade)－선수가 새로운 팀으로 이적하기 위해 구단에 요구할 수 있는 권리로, 구단은 특별한 사유가 없는 한 선수의 요구에 응해야 한다.

■**보류조항** : 다음 연도 선수 계약 체결 권리를 보류함으로써 자유로운 계약과 이적을 막는 조항. 재계약 대상 선수임.
■**샐러리 캡** : 한 팀이 선수들에게 지불할 수 있는 연봉의 상한선
■**트레이드** : 팀과 팀 사이에 선수를 교환하는 것

정답 13 : ④, 14 : ②, 15 : ①, 16 : ①

심화문제

17 보기에서 설명하는 프로스포츠의 제도는?

> 보기
> » 프로스포츠 구단이 소속 선수와의 계약을 해지하고 다른 구단에게 해당 선수를 양도받을 의향이 있는지 공개적으로 묻는 제도이다.
> » 기량이 떨어지거나 심각한 부상을 당한 선수를 방출하는 수단으로 이용하고 있다.

① 보류 조항(reserve clause) ② 웨이버 조항(waiver rule)
③ 선수대리인(agent) ④ 자유계약(free agent)

■ 보기는 웨이버 조항에 대한 설명임.
■ **보류 조항** : 16번 문제 참조.
■ **선수대리인** : 선수와 선수대리인 계약을 체결하여 선수로부터 위임받은 협상·권리 등의 업무를 수행하는 사람
■ **자유계약** : 자신의 소속팀에서 일정 기간 활동한 다음에 다른 팀과 자유롭게 계약을 체결하여 이적할 수 있는 제도

스포츠사회학

18 보기에서 설명하는 프로스포츠의 제도는?

> 보기
> » 프로스포츠리그의 신인선수 선발 방식 중 하나이다.
> » 신인선수 쟁탈에 따른 폐단을 막기 위해 도입되었다.
> » 계약금 인상 경쟁을 막기 위한 방법으로 고안되었다.

① FA(free agent) ② 샐러리 캡(salary cap)
③ 드래프트(draft) ④ 최저연봉(minimum salary)

■ 보기는 드래프트에 관한 설명임.
■ FA(자유계약) : 일정 기간 소속팀에서 활동한 뒤에 다른 팀과 자유롭게 이적 계약을 할 수 있는 제도.
■ 최저연봉제 : 신인선수가 계약할 때 최저연봉을 보장하는 제도

19 다음은 프로스포츠 시장의 경제적 특성을 설명한 것이다. 옳지 못한 것은?

① 희소성 : 프로스포츠 경기는 아주 드물게 개최된다.
② 경쟁성 : 승리하기 위해서 열심히 경쟁한다.
③ 미완성(불확실성) : 경기결과가 불확실한 상태에서 소비자에게 판매된다.
④ 독점성 : 프로스포츠의 리그경기는 반독점 규제가 없어서 독점적이다.

■ 몇몇 안 되는 경기력이 뛰어난 선수들의 플레이를 볼 수 있는 것이 희소성이다.

필수문제

20 보기에서 프로스포츠의 순기능을 모두 고른 것은?

> 보기
> ㉠ 스포츠의 대중화 ㉡ 생활의 활력소 역할
> ㉢ 지역사회 연대감 증대 ㉣ 아마추어 스포츠의 활성화

① ㉠ ② ㉠, ㉡ ③ ㉠, ㉡, ㉢ ④ ㉠, ㉡, ㉢, ㉣

■ <u>프로스포츠</u>의 순기능
· 여가선용 기회제공
· 지역사회 활성화와 사회통합에 기여
· 스포츠 저변 확대
· 아마추어 스포츠 발전
· 경제 활동 촉진
· 스포츠의 대중화

정답 17 : ②, 18 : ③, 19 : ①, 20 : ④

스포츠사회학

심화문제

21 다음 중 프로스포츠의 순기능이 아닌 것은?

① 여가선용의 기회를 제공한다. ② 지역사회를 활성화시킨다.
③ 아마추어스포츠를 쇠퇴시킬 수도 있다. ④ 스포츠의 대중화를 돕는다.

■ 프로스포츠 때문에 아마추어스포츠가 발전하면 순기능, 쇠퇴하면 역기능이다.

22 프로스포츠의 순기능을 설명한 내용 중 적절한 것은?

① 스카우트 경쟁의 과열 ② 스포츠 도박의 성행
③ 아마추어리즘의 퇴보 ④ 스트레스 해소 및 생활의 활력

23 프로스포츠의 역기능을 설명한 것들이다. 잘못 설명한 것은?

① 상업적 목적을 달성하기 위해서 물질적 가치를 중시하여 물질만능주의에 빠질 우려가 있다.
② 아마추어리즘을 퇴조시켜서 스포츠의 본질을 왜곡시킬 수도 있다.
③ 일부 인기종목에 편중되고, 인기가 없는 종목은 쇠퇴시킬 염려가 있다.
④ 승부조작과 스포츠도박이 성행할 염려가 있다.

■ 승부조작은 범죄행위이지 프로스포츠의 역기능이 아니다. 스포츠도박은 합법적일 수도 있지만, 대부분 범죄행위와 연관되어 있기 때문에 사회적으로 문제가 되는 것이다.

필수문제

24 프로스포츠의 역기능이 아닌 것은?

① 우수선수의 스카우트 경쟁 심화 ② 국민들의 사행심 감소
③ 스포츠의 물질만능주의 확대 ④ 인기종목과 비인기종목의 불균형 초래

■ **프로스포츠의 역기능**
· 물질만능주의 초래
· 아마추어리즘 퇴조
· 스포츠의 본질 왜곡
· 인기종목 편중
· 비인기종목 쇠퇴
■ 국민들의 사행심 감소는 프로스포츠의 역기능이 아니다.

필수문제

25 다음 중 대형 스포츠이벤트의 긍정적인 효과는?

① 정치세력의 권위 강화
② 개최지역 주민들을 위한 복지시설 확충
③ 개최도시의 인프라 구축 및 발전 촉진
④ 소음과 교통혼잡 등 생활에 불편을 초래한다.

■ ①와 ④는 부정적인 효과이고, ②는 복지예산이 오히려 줄어들 수밖에 없다.

심화문제

26 다음 중 대형 스포츠이벤트의 직접적인 효과는?

① 향토애 또는 애국심의 증진 ② 지역주민의 민주의식 함양
③ 개최지의 이미지 및 브랜드 제고 ④ 수출증가

■ ③을 제외한 나머지는 모두 간접효과 또는 파급효과이다.

정답 21 : ③, 22 : ④, 23 : ④, 24 : ②, 25 : ③, 26 : ③

CHAPTER 04 스포츠와 교육

스포츠의 교육적 순기능

1 전인교육

스포츠는 학생들에게 신체적·정신적·사회적으로 건강하게 성장할 수 있는 기회를 제공하는 학업활동 격려, 사회화 촉진, 욕구불만 해소, 정서순화와 같은 중요한 교육수단이다.

2 사회화 촉진

스포츠활동을 하면 동아리 같은 스포츠 조직 내에서 동료선수 · 선후배선수 · 지도자와의 상호작용을 통해서 스포츠맨십 · 팀워크 · 도전의식과 같은 긍정적인 가치를 학습하게 되기 때문에 사회화가 촉진된다.

3 사회통합

스포츠는 학교구성원 모두에게 공동목표를 제시하여 우리라는 공동체의식을 형성시켜 학교 내 통합을 유도하고, 스포츠 프로그램을 통해 지역사회의 관심을 환시시켜 학교와 지역사회의 통합을 이룬다.

4 사회선도

스포츠참여는 바람직한 성격형성·자기수양·경쟁활동에 대한 준비·도덕적 발달과 같은 훌륭한 시민정신을 함양하여 여권신장과 장애인의 적응력 배양, 평생체육 장려로 원만한 사회생활을 영위하게 한다.

스포츠의 교육적 역기능

스포츠의 효과는 칼의 양날과 같아서 스포츠를 잘하면 잘 이용하면 순기능이 나타나지만, 잘못 이용하면 다음과 같은 교육적 역기능이 나타날 수도 있다.

1 교육목표 결핍

승리에 집착한 나머지 스포츠의 교육적 본질을 망각하여 승리지상 주의에 빠질 수 있으며, 신체 및 기능이 우수한 소수에게 집중시키는 엘리트의식의 조장으로 참가기회가 제한될 수 있고, 여성의 스포츠참여에 대한 불평등으로 성차별이 유발될 수 있다.

2 부정행위 조장

승리에 대한 경제적 · 상징적 보상으로 인한 스포츠의 상업화, 성적위조 · 학교경영수단으로 선수이용과 같은 위선과 착취, 선수로 살아남기 위한 과도한 경쟁의식과 부도덕한 가치관 내재로 인한 일탈조장 등이 일어난다.

3 편협한 인간 육성

지도자가 팀의 성공을 위해 행사하는 절대적인 지도방식(독재적 코치)과 비인간적인 훈련으로 편협한 인간을 육성하게 된다.

우리나라 학교체육의 이해

1 학교체육의 개념과 가치

학교체육은 무엇보다도 학생들의 겉모습과 신체적 능력을 모두 건강하게 자라게 하고, 학생들의 인지적 · 정신적 · 감성적 발달을 도모함으로써 일상생활을 영위하는 데에 아무런 불편이 없도록 하는 데에 그 가치와 목적이 있다.

2 우리나라 학교체육의 분류

구분	내용
정과체육	교육과정 안에 정규적으로 편성되어 있는 수업시간을 의미한다.
학원스포츠	전문성을 갖춘 체육지도자(코치 또는 감독)를 영입하여 대회 참가 및 입상을 목표로 운영되는 학교운동부의 활동
클럽스포츠	동일 학교의 학생들로 구성 · 운영되는 스포츠동아리에서 실시하는 스포츠 활동

우리나라 학교체육의 문제점과 개선방안

1 정과체육의 문제점

문제점	내용
열악한 시설과 환경	대부분의 학교에서는 체육시설과 용구가 부족하여 체육수업의 질을 올릴 수가 없다.
체육교사의 능력과 인식 부족	체육교사의 무관심과 능력부족 때문에 「아나 공」식의 체육수업이 이루어지고 있다. 중 · 고등학교의 체육교사가 모든 종목을 다 잘 지도할 수는 없으므로 자신이 잘 할 수 있는 종목만 지도하고 있는 실정이다. 초등학교의 여교사가 체육을 지도할 능력이 없거나 싫어서 체육시간을 다른 교과목으로 대체해버려도 별 수 없다.
보건교과의 신설	체육의 한 분야였던 보건이 새로운 교과목으로 독립됨에 따라서 체육 수업시간이 단축되고 체육의 역할이 약화되었다.
체육과목에 대한 부정적인 인식	상급학교로 진학하는 입학시험이나 학력사정 과목에 체육이 없기 때문에 학생과 학부모는 물론이고 다른 과목 교사까지도 체육을 기타 교과목이라는 인식을 가지고 있는 사람이 많다.

2 정과체육의 개선방안

학교체육의 전문성 향상	초등학교에는 체육전담교사와 스포츠강사의 배치를 지속적으로 늘려서 초등학교의 여교사가 체육수업을 다른 수업으로 대체한다든지, 중 · 고등학교의 체육교사가 자신이 할 수 있는 한두 종목만 가르친다든지 하는 부작용을 해소하고 학교체육의 전문성을 향상시키려고 노력하고 있다.
학교스포츠클럽의 육성	학교스포츠클럽은 학교폭력과 성폭력을 예방하고, 학생들이 평생 운동을 할 수 있는 기본적인 스포츠 능력을 배양하는 것이 목적이다. 그러므로 학교마다 가능한 한 많은 수의 학교스포츠클럽을 육성하도록 적극적으로 장려하고 있고, 학교스포츠클럽 활동을 지원하기 위해서 스포츠강사 또는 자원봉사자를 적극적으로 활용하려고 노력하고 있다. 나아가 학교스포츠클럽의 육성을 의무화해서 일반학생들이 스포츠에 참여할 수 있는 기회를 확대하려고 노력하고 있다.
학생건강체력 평가제도의 도입	학생들의 건강 정도를 평가하고, 그 결과에 알맞은 운동을 처방하여 학생들이 운동을 생활화하도록 함으로써 건강을 증진하는 것이 목적이다. 심폐지구력, 유연성, 근력 및 근지구력, 순발력, 비만도(체질량지수) 등을 측정하여 평가하고 있다.
여학생 체육활동의 활성화	그동안 신체활동에 참여하는 정도가 여학생들이 남학생들보다 상대적으로 적었다. 이에 여학생들이 스포츠활동에 더 많이 참여하도록 유도하기 위하여 탈의실 · 샤워실 · 화장실 등을 확충하고, 여학생들에게 적당한 요가 또는 체력교실 등의 프로그램을 더 많이 운영하려고 노력하고 있다.

3 우리나라 학원스포츠(학교운동부)의 문제점

- ☞ 승리 지상주의에 빠질 염려가 대단히 크다.
- ☞ 학원스포츠(학교운동부) 활동은 몇몇 학생을 선발해서 할 수밖에 없다.
- ☞ 학생선수를 예외적인 학생, 반 평균을 깎아먹는 학생으로 인식하는 경우가 많다.
- ☞ 학교운동부 학생들의 경기력 향상과 진로가 전적으로 코치와 감독에게 매달려 있다.

4 우리나라 학원스포츠(학교운동부)의 개선방안

- ☞ 학생선수들의 학습권을 보장하기 위해서 최저학력제를 실시하고 있다. 초등학교의 경우 국어, 영어, 수학, 사회, 과학 등 5과목의 성적이 같은 학교 같은 학년 전체평균의 50%에 미치지 못하면 특별수업을 받아야 하고, 중학교는 국어, 영어, 수학, 사회, 과학 등 5과목의 성적이 같은 학교 같은 학년 전체평균의 40%, 고등학교는 국어, 영어, 수학 등 3과목의 성적이 같은 학교 같은 학년 전체평균의 30%에 미치지 못하면 특별수업을 받아야 한다.
- ☞ 공부하는 학생선수로 육성하기 위해서 학업성적이 미달하는 경우 운동부 활동을 제한하고, 합숙훈련을 근절시키고, 원거리 통학 시 기숙사를 제공한다.
- ☞ 학교운동부의 운영을 투명하게 하려고 노력하고 있으며, 학생선수의 입시비리를 척결하려고 노력하고 있다.
- ☞ 그밖에 학생선수의 인권을 보호하려고 스포츠인 권익보호센터를 운영하고 있다.

우리나라 학원스포츠 제도의 변화

우리나라 학원스포츠의 문제점을 해결하기 위하여 여러 가지 새로운 정책을 실시하는 것과 더불어 학교체육 제도 자체를 변경해서 더 근본적으로 문제점을 해결하려는 노력도 함께 기울이고 있다.

☞ 학교스포츠클럽 주말리그제의 도입

☞ 합숙훈련의 폐지

☞ 지도자의 신분 보장

☞ 일반학생 지원

» 학교체육 수업의 전문성을 향상시키기 위해서 스포츠 강사와 체육전담교사를 확보하려고 노력하고 있다.

» 일반학생들이 스포츠활동에 참여할 수 있는 기회를 확대하기 위해서 학교스포츠클럽을 육성하고, 그 종목 수를 늘리려고 노력하고 있다.

» 학생들의 체력을 평가하고 부족한 체력을 보충할 수 있는 대책을 마련하기 위해서 학생건강체력평가제(PAPS : Physical Activity Promotion System)를 실시하고 있다.

» 여학생들이 스포츠활동에 많이 참여하도록 유도하여 체육활동을 활성화하기 위해서 뉴 스포츠를 활용해서 흥미를 유발하고, 탈의실과 샤워실 등 여학생들에게 부족한 시설을 확충하고 개선하고 있으며, 요가와 피트니스 운동 등 여학생만을 대상으로 하는 신체활동 프로그램을 대폭적으로 늘려나가고 있다.

필수 및 심화 문제

필수문제

01 보기에서 스포츠의 교육적 순기능으로만 묶인 것은?

보기
㉠ 학교와 지역사회의 통합　㉡ 평생체육의 연계
㉢ 스포츠의 상업화　㉣ 학업활동의 격려
㉤ 참여기회의 제한　㉥ 승리지상주의

① ㉠, ㉡, ㉣　② ㉠, ㉢, ㉤
③ ㉡, ㉢, ㉣　④ ㉡, ㉤, ㉥

■ 스포츠의 교육적 순기능
· 전인교육 도모 : 학업활동 격려, 욕구불만 해소, 정서순화
· 사회화 촉진 :스포츠맨십, 팀워크, 도전의식 등의 학습
· 사회통합 : 학교 내 통합, 학교와 지역사회 통합 등
· 사회선도 : 여권신장, 장애인의 적응력 배양, 평생체육 장려 등

심화문제

02 보기에서 설명하는 스포츠의 교육적 순기능은?

보기
» 스포츠 참여를 통해 생애주기에 적합한 스포츠를 즐길 수 있는 습관을 형성할 수 있다.
» 학교에서의 스포츠 경험은 개인이 전 생애에 걸쳐 스포츠를 즐길 수 있는 토대를 마련해준다.

① 학업활동 촉진　② 정서 순화　③ 학교 내 통합　④ 평생체육과의 연계

■ 위의 1번 문제 참조.
■ 스포츠의 교육적 순기능은 전인교육 도모, 본능적 욕구충족, 사회성 함양, 바람직한 성격 형성, 사회통합, 여가선용, 욕구불만 해소 등이다.

03 스포츠의 교육적 순기능 중 사회선도 기능이 아닌 것은?

① 여권신장　② 학교 내 통합
③ 평생체육과의 연계　④ 장애인의 삶의 질 향상

■ ②는 스포츠의 교육적 순기능 중 사회통합 기능이다.

04 학교체육의 교육적 순기능으로 보기 어려운 것은?

① 학업능력의 향상, 사회화의 촉진, 정서의 순화 등을 통해서 전인교육을 도모할 수 있다.
② 교내에서 학생들을 통합하고, 지역사회와의 연계를 강화하는 등 사회통합에 기여할 수 있다.
③ 여학생들의 체육에 대한 인식을 긍정적으로 전환시키고, 평생체육의 기틀을 제공할 수 있다.
④ 상급학교에 진학할 수 있는 기회를 확대시킬 수 있다.

■ 학생선수들이 상급학교에 진학할 수 있는 기회가 확대되면, 그만큼 일반학생들의 상급학교 진학기회를 박탈하는 셈이 되기 때문에 순기능이라고 할 수 없다.

정답　01 : ①, 02 : ④, 03 : ②, 04 : ④

■①②③은 학교체육의 교육적 순기능이고, ④는 교육적 역기능이다.

■자아실현은 스포츠의 가치 또는 역할이지 교육적 순기능은 아니다.

■스포츠의 교육적 순기능과 역기능(pp. 31~32) 참조

■②는 학원(엘리트)스포츠의 역기능임.

■㉠, ㉡, ㉢은 교육적 가치의 부족이고, ㉣, ㉤는 부정한 행위를 조장하는 것이며, ㉥은 지도자의 권력남용이다.

05 스포츠의 교육적 기능 중 성격이 다른 하나는?

① 사회화 촉진 ② 학교 내 통합에 기여
③ 정서함양 및 순화에 기여 ④ 일반학생의 참가기회 제한

06 스포츠의 교육적 순기능이 아닌 것은?

① 자아실현 ② 전인교육 ③ 사회통합 ④ 사회선도

07 보기는 스포츠의 교육적 순기능과 역기능을 적어놓은 것이다. 순기능만 묶은 것은?

보기
㉠ 전인교육 ㉡ 사회화 촉진
㉢ 정서의 순화 ㉣ 학교와 지역사회의 분리
㉤ 여학생의 스포츠활동 참여 제한 ㉥ 장애인의 적응력 향상

① ㉠㉡㉢ ② ㉡㉢㉣ ③ ㉢㉣㉤ ④ ㉣㉤㉥

08 학원엘리트스포츠를 지지하는 입장이 아닌 것은?

① 애교심을 강화시킬 수 있다.
② 학교의 자원 및 교육시설을 독점할 수 있다.
③ 지위 창출의 수단, 사회이동의 기제로 작용할 수 있다.
④ 사회에서 요구되는 책임감, 성취감, 적응력 등을 배양시킬 수 있다.

09 다음 중 스포츠의 교육적 순기능으로 볼 수 없는 것은?

① 학업활동 격려 ② 학교와 지역사회 통합
③ 스포츠의 상업화 ④ 사회선도

필수문제

10 보기는 스포츠의 교육적 역기능들을 적어놓은 것이다. 부정한 행위를 조장하는 내용만을 모아놓은 것은?

보기
㉠ 승리지상주의에 빠지기 쉽다.
㉡ 일반학생들이 스포츠활동에 참여할 수 있는 기회를 박탈한다.
㉢ 성차별을 간접적으로 경험하게 한다.
㉣ 우수한 학생선수에게 학업성적을 보장해주고 장학금을 지급한다.
㉤ 학생선수의 일탈행위를 묵인해준다.
㉥ 학생선수들을 비인간적으로 훈련시켜도 이의를 제기하지 않는다.

① ㉠㉡ ② ㉢㉣ ③ ㉤㉥ ④ ㉣㉤

정답 05 : ④, 06 : ①, 07 : ①, 08 : ②, 09 : ③, 10 : ④

심화문제

11 **중 · 고등학교 수준에서 스포츠활동에 참가해야 하는 이유를 가장 잘 설명한 것은?**

① 스포츠 전반에 걸쳐 기능을 습득하고 여가선용의 기회를 얻으려고
② 신체적 활동을 통하여 공격성을 해소하고 정서를 순화시키려고
③ 스포츠에 대한 지식을 쌓아서 수준 높은 경기를 관람하려고
④ 운동과 건강에 대한 기초지식을 습득하고 건전한 생활태도를 기르려고

■①과 ③은 대학 수준, ④는 초등학교 수준에서 스포츠활동에 참가하는 이유이다.

필수문제

12 **스포츠의 교육적 역기능에 해당하는 것은?**(2024)

① 정서 순화 ② 사회 선도 ③ 사회화 촉진 ④ 승리지상주의

■승리에 집착한 나머지 스포츠의 교육적 본질을 망각하면 승리지상주의에 빠질 수 있다.

심화문제

13 **학원스포츠의 교육적 역기능이 아닌 것은?**

① 교육적 가치 부족 ② 부정행위의 조장
③ 지도자의 권력 남용 ④ 개인주의의 팽배

■스포츠의 교육적 순기능과 역기능(pp. 31~32) 참조

14 **아래 내용에 나타나는 스포츠의 교육적 역기능을 보기에서 찾아 바르게 묶은 것은?**

ㅇㅇ이는 초등학교에서 씨름선수로 활약하면서 늘 좋은 성적을 내는 상위권 선수였다. 학교의 명성을 높이려는 A중학교에서 메달을 따는 조건으로 ㅇㅇ이에게 장학금 형태의 학비보조, 숙식제공 및 학업성적 보장을 해주겠다며 스카우트 제의가 들어왔다. 그래서 ㅇㅇ이는 A중학교로 진학하기로 결정했다.

보기		
㉠ 승리지상주의	㉡ 학원스포츠의 상업화	㉢ 일탈과 부정행위
㉣ 참여기회의 제한	㉤ 비인간적 훈련	㉥ 학업에 대한 편법과 관행

① ㉠, ㉢, ㉤, ㉥ ② ㉠, ㉡, ㉢, ㉥ ③ ㉡, ㉢, ㉣, ㉤ ④ ㉡, ㉢, ㉤, ㉥

■㉠은 포함되어야 하고, ㉣과 ㉤은 포함되지 않아야 한다(pp. 31~32 참조).

필수문제

15 **다음은 학교체육에 대한 설명이다. 잘못된 것은?**

① 학교라는 울타리 안에서 일어나는 모든 체육활동이다.
② 학생들이 육체적 · 정신적 · 사회적으로 건전한 삶을 영위할 수 있도록 한다.
③ 학교체육을 정과체육, 학원스포츠, 클럽스포츠로 나눌 수 있다.
④ 체육이 정규 교과목이기는 하지만, 교과 내용 측면에서는 가치가 없다.

■우리나라의 학교체육은 교육과정 안에 정규적으로 편성된 수업시간이다.

정답 11 : ②, 12 : ④, 13 : ④, 14 : ②, 15 : ④

스포츠사회학

심화문제

16 학교체육의 분류에 대한 설명이다. 옳지 못한 것은?

① 정과체육은 교육과정 안에서 정규적으로 편성되어 있는 수업시간에 하는 체육 활동을 의미한다.
② 학원스포츠는 학원에서 실시하는 학생들의 스포츠 활동이다.
③ 클럽스포츠는 동일 학교의 학생들로 구성·운영되는 스포츠동아리에서 실시하는 스포츠 활동이다.
④ 정과체육에는 건강, 도전, 경쟁, 표현, 여가의 5가지 영역이 포함되어 있다.

■ 학원스포츠는 코치나 감독을 영입하여 대회참가 및 입상을 목표로 운영되는 학교운동부의 활동을 의미한다.

필수문제

17 정과체육의 문제점에 대한 설명이다. 옳은 것은?

① 보건교과가 신설됨으로써 정과체육의 내용이 더 좋아졌다.
② '아나 공'식의 체육수업은 체육교사의 무관심과 능력부족 때문이다.
③ 중·고등학교의 체육교사가 모든 종목을 다 잘 지도할 수는 없으므로 자신이 잘 할 수 있는 종목만 지도하면 된다.
④ 초등학교의 여교사가 체육시간을 다른 교과목으로 대체하는 것은 어쩔 수 없는 일이다.

■ ①은 본래 체육교과의 내용에 보건이 있었는데 분리했으므로 체육교과의 위상이 약화된 것이고, ③과 ④는 교사 자신이 잘못한다고 학생들에게 가르치지 않는 것은 직무태만이므로 전문성을 높이려는 노력이 있어야 한다.

필수문제

18 학원스포츠의 문제점이라고 보기 어려운 것은?

① 학부모, 동창회, 지역사회의 후원을 끌어들인다.
② 학생선수들은 학습권을 제대로 보장받지 못하고 있다.
③ 학생선수들은 폭력 및 성폭력에 노출되어 있는 경우가 많다.
④ 학생선수를 예외적인 학생, 반 평균을 깎아먹는 학생으로 인식하고 있다.

■ 후원을 끌어들인다고 하면 장점이지만, 후원금을 낭비한다고 하면 문제점이 된다.

심화문제

19 학원스포츠활동이 교육적으로 부적합하다고 주장하는 이유로 보기 어려운 것은?

① 국가주도의 통제와 관리
② 소수로 제한된 엘리트선수 육성
③ 체육영역 간 불균형 초래
④ 애교심과 협동심 육성

■ 학원스포츠활동은 애교심을 향상시키고 협동심을 육성한다.

20 다음 중 우리나라 학교체육의 문제점으로 보기 힘든 것은?

① 체육은 들러리 과목이라는 인식
② 정과체육 수업에 필요한 시설 부족
③ 지도자의 절대적 권한
④ 체육교사의 증가

■ 체육교사의 증가는 학교체육의 문제점이 아니다.

정답 16 : ②, 17 : ②, 18 : ①, 19 : ④, 20 : ④

21 **우리나라 학원스포츠의 문화적 특성 중 보기의 설명에 해당하는 것은?**

> 보기
> 학생선수들은 교실공간과 분리되어 합숙소와 운동장에서 주로 생활하며 그들만의 공동체 문화를 만들어 간다. 또한 그들만의 동질감을 바탕으로 끈끈한 인간관계를 맺지만, 일반학생들과는 이질화되고 있다.

① 승리지상주의 문화 ② 군사주의 문화
③ 섬 문화 ④ 신체소외 문화

■① 어떠한 경쟁에서 승리를 최우선시 하는 문화
■② 엄격한 위계질서와 같은 군대의 조직적 · 문화적 특성을 중요한 가치로 삼는 문화
■④ 선수들이 자신의 신체를 기록 갱신이나 승리를 위한 도구로만 간주하는 문화

필수문제

22 **학원스포츠의 문제점을 가장 잘 지적한 것은?**

① 교사가 학생선수를 긍정적으로 인식하고 있다.
② 의존성, 순종적 행동 등 바람직한 인성을 길러준다.
③ 학생선수는 운동만 잘하는 것이 아니라 공부도 잘한다.
④ 학생선수는 폭력과 성폭력에 노출되어 있다.

■① 교사가 학생선수를 특별한 학생으로 인식하고 있다.
■② 의존성은 바람직한 인성이 아니다.
■③ 공부도 잘하고 운동도 잘하면 문제점이 아니다.

심화문제

23 **학원스포츠의 문제점에 해당되지 않는 것은?**

① 학생선수의 학습권 제한 ② 학생선수의 폭력 문제
③ 학생선수의 인권 침해 ④ 최저학력제 도입 및 운영

■최저학력제는 학원스포츠의 문제점을 해결하려고 도입한 제도이다.

필수문제

24 **학원스포츠의 개선방안으로 옳지 않은 것은?**

① 경쟁적 보상구조 강화
② 공부하는 학생선수 육성
③ 학교스포츠클럽의 육성
④ 운동부지도자 처우개선

■학원스포츠를 개선하기 위해 경쟁적 보상구조를 강화하면 경쟁체계를 부추겨 학업성취도를 악화시킬 뿐만 아니라 승리 지상주의에 빠질 수도 있다.

심화문제

25 **학원스포츠의 정상화를 위한 정책으로 적절하지 않은 것은?**

① 초 · 중학교 상시 합숙제도 ② 주말리그제 시행
③ 학교운동부 운영 투명화 ④ 최저학력기준 설정

■상시합숙을 하면 인격형성과 학습에 문제가 생긴다.

정답 21 : ③, 22 : ④, 23 : ④, 24 : ①, 25 : ①

스포츠사회학

필수문제

26 일반학생들의 체육활동 활성화와 공부하는 학생선수 육성을 위한 제도 또는 시책이다. 옳지 못한 것은?

	일반학생(체육활동 활성화)	학생선수(공부하는 학생선수)
①	학교체육의 전문성 향상	학생선수의 학습권 보장
②	스포츠활동 참여기회 확대	학교운동부 운영의 투명화
③	학생건강체력평가제 실시	학생선수의 인권보호
④	여학생의 체육활동 활성화	학교운동부의 프로화

필수문제

27 보기의 ㉠~㉢에 해당하는 스포츠 육성 정책 모형이 바르게 제시된 것은?(2024)

보기
㉠ 학생들의 스포츠 참여 저변이 확대되면, 이를 기반으로 기량이 좋은 학생선수가 배출된다.
㉡ 우수한 학생선수들을 육성하면 그들의 영향으로 학생들의 스포츠 참여가 확대된다.
㉢ 스포츠 선수들의 우수한 성과는 청소년의 스포츠 참여를 촉진하고, 이를 통해 형성된 스포츠 참여 저변 위에서 우수한 스포츠 선수들이 성장한다.

	㉠	㉡	㉢
①	선순환 모형	낙수효과 모형	피라미드 모형
②	피라미드 모형	선순환 모형	낙수효과 모형
③	피라미드 모형	낙수효과 모형	선순환 모형
④	낙수효과 모형	피라미드 모형	선순환 모형

■㉠ **피라미드 모형** : 시설·제도 등을 확대·보완하면 스포츠 참여의 저변이 확대되어 세계적인 선수가 배출될 수 있다고 보는 이론.
■㉡ **낙수효과 모형** : 고소득층이나 대기업에 혜택이 가는 경제 정책을 펴면 소비와 투자가 활성화되어 그 혜택이 저소득층과 중소기업에 간다는 이론을 스포츠에 적용시킨 것으로, 엘리트 스포츠정책으로 세계적인 선수를 육성하면 그 영향으로 대중의 스포츠 참여 수준이 확대된다는 이론.
■㉢ **선순환 모형** : 엘리트 선수의 육성정책으로, 학생선수들의 성적이 우수해지면 일반 청소년들의 스포츠 참여가 활발해짐으로써 대중의 스포츠 참여가 확대되어 뛰어난 스포츠 선수가 육성된다는 이론.

필수문제

28 스포츠클럽법(시행 2022.6.16.)의 내용으로 옳지 않은 것은?(2024)

① 지정스포츠클럽은 전문선수 육성 프로그램을 운영할 수 없다.
② 스포츠클럽의 지원과 진흥에 필요한 사항을 규정하고 있다.
③ 국민체육진흥과 스포츠 복지 향상 및 지역사회 체육 발전에 기여함을 목적으로 한다.
④ 국가 및 지방자치단체는 스포츠클럽의 지원 및 진흥에 필요한 시책을 수립·시행하여야 한다.

■① 스포츠클럽법 제9조 제1항에 의하여 지정스포츠클럽은 전문선수를 육성할 수 있다.
■②, ③ 스포츠클럽법 제1조
■④ 스포츠클럽법 제4조

정답 26 : ④, 27 : ③, 28 : ①

스포츠와 미디어

미디어

1 미디어(매체)의 개념

정보제공자와 정보수용자 사이에 정보 전달이 이루어질 수 있도록 정보를 매개하는 매체를 미디어라 한다.

2 미디어의 기능

- ☞ 경제적 이익을 창출한다.
- ☞ 문화와 가치관을 효과적으로 전파한다.
- ☞ 공익적 목적의 서비스를 제공한다.
- ☞ 대중에게 즐거움을 주는 콘텐츠를 제공한다.

스포츠미디어

1 스포츠미디어의 개념

스포츠와 관련된 지식, 가치, 정서, 경기상황 등의 정보를 대중에게 전달하는 매체로 신문, 잡지, TV, 라디오, 인터넷 등이 있다.

2 스포츠미디어의 기능(스포츠미디어를 통해 충족할 수 있는 기능)

정보 기능(인지적 욕구)	스포츠와 관련된 정보를 대중에게 제공한다.
통합적 기능(통합적 욕구)	사회집단을 통합하는 기능을 한다.
정의적 기능(정의적 욕구)	대중들이 즐거움, 흥미, 관심 등을 느끼게 한다.
도피 기능(도피적 욕구)	새로운 경험과 대리만족 등을 통해서 대중들의 불안, 좌절, 스트레스 등을 해소시킨다.

3 스포츠미디어의 종류

인쇄미디어	신문, 잡지, 정기 간행물 등
방송미디어	라디오, TV, 영화 등
뉴미디어	인터넷, 모바일 기기(스마트폰, 태블릿PC) 등

4 스포츠미디어의 윤리적인 문제

독자들의 관심과 주목을 끌기 위하여 특정 선수 및 관계자를 비평하고 의도적으로 사생활을 침범하는 선정적 · 비도덕적인 기사들을 내보내는 것이다. 이를 방지하려면 저널리스트는 올바른 가치관과 윤리의식을 준수하여 보도의 정확성과 공정성을 유지할 수 있도록 해야 한다. 잘못된 보도는 다음과 같은 문제를 일으킨다.

☞ 특정 인기스타 중심으로 보도를 한다.
☞ 승리지상주의를 부추긴다.
☞ 전문성이 모자라서 수준이 낮은 보도를 한다.
☞ 자본주의나 민족주의와 같은 특정 사상을 전파하는 역할을 한다.
☞ 영웅주의나 성차별 같은 왜곡된 가치관을 전파한다.

보편적 접근권

☞ 방송법과 방송법시행령의 개정으로 2008년부터 도입된 제도이다.
☞ 국민의 관심이 큰 스포츠 경기 등에 대한 방송을 모든 국민이 시청할 수 있는 권리이다.
☞ 국민적인 관심이 있는 행사는 국민 전체 가구 수 중 방송통신위원회가 고시하는 비율 이상이 시청할 수 있는 방송수단을 확보하여야 한다.

매스미디어 이론

1 탄환 이론

탄환 이론(bullet theory)은 H. Lasswell이 주장한 매스미디어 효과에 관한 최초의 이론이다. 수용자(대중)는 수동적인 존재로서 매우 비이성적 · 비자율적이기 때문에 매스미디어의 의도가 획일적이고 직접적으로 수용자에게 효과를 미친다는 것이다. 즉 모든 인간은 본질적으로 유사하기 때문에 매스미디어의 메시지는 똑같이 수용자에게 전달되고, 그 반응이 똑같은 방식으로 일어나게 된다는 것이다.

이 이론에서 매스미디어는 능동적인 존재로, 수용자는 항상 매스미디어의 영향을 가감없이 받아들이는 수동적인 존재로 파악한다.그러나 이 이론은 수용자를 고정관념에 치우쳐 획일화시켜 극단적인 존재로 평가한다는 비판이 있다.

2 McLuhan의 이론

캐나다의 McLuhan(1966)은 현대사회에서 미디어의 중요성에 대해 논하면서 특정사회는 그 사회에서 가장 지배적인 미디어의 형태가 무엇이냐에 따라 성격이 특징지워지기 때문에 미디어를 이해하는 것이 그 사회를 이해하는 것이라 하였다.

McLuhan(1964)은 특히 미디어를 쿨(cool) 미디어와 핫(hot) 미디어로 구분하였다. 그가 말하는 쿨(cool) 미디어란 전달하는 정보의 정세도가 낮아서 수용자의 높은 참여도를 요구하는 미디어를 의미하고, 반대로 핫(hot) 미디어란 전달하는 정보의 정세도가 높아서 수용자의 낮은 참여도를 요구하는 미디어를 의미한다.

여기서 정세도란 원래는 사진에 나타난 영상의 선명도를 뜻하는 사진관련 용어인데, 메시지의 충실도, 쉽게 말해 정의(definition)도를 의미한다. 참여도란 수용자가 메시지의 의미를 재구성하는 데 필요한 상상력 투입의 정도를 뜻한다.

3 개인차 이론

사람은 타고난 생리적 특징이나 자라난 환경의 차이로 인하여 각자 다른 성격이나 가치관 · 행동양식 등을 형성하는데, 이러한 개인적 특성은 사물을 인식하고 판단하는 근거가 된다. 따라서 사람은 각자의 성격이나 가치관에 의해 환경으로부터 정보를 받아들이고 해석하며, 그로 인해 나타나는 결과가 달라진다는 것이 개인차 이론(individual different theory)이다.

Kats와 Glurevitch, Hass(Loy, McPherson, Kenyon : 1978) 등은 미디어가 충족시킬 수 있는 4가지 범주의 욕구를 인지적 · 정서적 · 통합적 · 도덕적 욕구로 제시했다.

4 사회범주 이론

사회범주(social category)란 인구학적 속성에 따라 사람을 몇 가지 집합으로 구분하여 분류하는 것으로, 흔히 연령 · 성별 · 경제수준 · 거주지역 · 인종 · 종교 등을 포함한다.

이 이론은 산업사회의 도시에서는 이미 노출된 일련의 자극에도 불구하고 거의 똑같은 반응을 보이는 집단이나 집합체 또는 사회범주가 있다고 주장하면서 매스미디어에 대하여 상이하게 반응하는 하위집단이 널리 존재한다고 한다(DeFleur, 1970). 따라서 스포츠환경에서 볼 때 스포츠의 수용양식도 사회범주에 따라 달라진다는 입장인데, 이는 특수한 하위집단의 생활습관은 대개 간과하게 된다.

5 사회관계 이론

사회관계 이론(social relationship theory)은 사람이 자기 나름대로 정보를 선택하고 해석할 때에는 주변 사람의 영향도 많이 받는데, 그중에서 특히 준거집단의 영향이 주축을 이루기 때문에 미디어스포츠에의 접촉양식도 그 사람 자신이 속해 있는 사회의 중요타자와의 사회적관계에 의해 영향을 받게 된다고 본다.

또한 집단구성원들의 생활양식이 바로 사회집단에 참가하거나 중요타자와의 상호작용에 의해서 영향을 받는 집단현상이라고 볼 때, 그러한 생활양식은 관련된 사회학적 변수에 따라 변할 수 있다고 보고 있다(Loy, McPherson, Kenyon, 1978).

6 문화규범 이론

문화규범 이론(cultural norms theory)이란 매스미디어가 사회규범에 영향을 미치고 수용자는 그 규범에 따라서 자신의 생각이나 행동을 취한다는 것이다. 이 관점에 따르면 매스미디어는 문화규범으로서 시청자에 의해 인지된 후, 미래의 행동과 미디어의 이용을 이끌어 갈 어떤 주제를 선택적으로 제시하고 강조한다고 볼 수 있다.

DeFleur(1970)는 매스미디어는 3가지 방법에서 개개인의 규범적 인지에 영향을 미칠 수 있다고 하였다.

7 Habermas의 공공영역론

프랑크푸르트학파의 대표적 사회학자라 할 수 있는 Habermas는 18세기 초기부터 현재까지 공공영역의 등장과 쇠퇴를 추적하면서 미디어의 발달을 분석하였다. 그는 공공영역을 그곳에 모인 사람들의 공통된 관심사가 논의되고 여론이 형성되는 공론의 장으로 해석한다.

8 Baudrillard의 초현실론

매스미디어가 있는 곳에는 어디든지 새로운 실재인 초현실이 만들어지며, 초현실은 사람들의 행위와 미디어 이미지가 뒤섞여 구성된다는 이론이다.

스포츠사회학

9 Thompson의 유사상호작용론

Thompson은 많은 학자들이 수용자를 미디어 이미지의 수신자로만 취급한다고 하면서 미디어 이미지는 그것의 수신 중이나 직후에 개인들에 의해 논의된다고 하였다. 그리고 이것은 말하기와 다시 말하기, 해석과 재해석, 비판과정 등을 통해 변형된다.

핫미디어와 쿨미디어(hot media & cool media)

☞ 하나의 감각기관을 고도로 정밀하게(선명하게) 이용하는 미디어를 핫미디어라 하고, 그 반대를 쿨미디어라고 한다.

☞ 핫미디어는 아주 정밀(선명)하기 때문에 정보 수용자가 신경을 별로 안 써도 정확하게 정보가 전달되고, 쿨미디어는 수용자가 정보를 이해하려면 신경을 많이 써야 된다.

☞ 핫미디어와 쿨미디어가 일정하게 정해져 있는 것은 아니고 어떤 미디어와 비교하느냐에 따라서 핫미디어가 될 수도 있고 쿨미디어가 될 수도 있다.

☞ 핫미디어가 전달하는 정보는 사전 계획적이고 논리적인 반면 쿨미디어가 전달하는 정보는 필요에 의해서 임시방편적으로 전달하는 것들이므로 비논리적이고 즉흥적이다.

☞ 핫미디어로 전달하는 것이 효과적인 스포츠를 핫미디어스포츠라고 한다. 기록스포츠, 공격과 수비가 구분된 스포츠, 골프

☞ 쿨미디어로 전달하여도 무방한 스포츠를 쿨미디어스포츠라 한다. 득점스포츠, 공격과 수비가 구분되지 않는 스포츠, 축구

▶ 맥루한(McLuhan, M.)의 매체 이론(요약)

구분	핫미디어(문자)	쿨미디어(전자)
정의	» 낮은 감각의 참여와 몰입 » 간접적으로 정보를 받음	» 높은 감각의 참여와 몰입 » 직접적으로 정보를 받음
유형	» 신문, 잡지, 라디오, 사진 등	» TV, 비디오, 영화, 게임, 인터넷, 모바일 등
특징	» 논리적으로 전달되는 메세지 » 계획적 · 직접적으로 전달되는 메세지 » 정의성이 높은 메세지	» 비논리적으로 전달되는 메세지 » 즉흥적 · 일시적으로 전달되는 메세지 » 정의성이 낮은 메세지

▶ 핫 매체 스포츠와 쿨 매체 스포츠

핫 매체 스포츠	쿨 매체 스포츠
» 정적 스포츠, 개인스포츠, 공 · 수가 구분되는 스포츠 » 골프, 권투, 레슬링, 태권도, 사격, 양궁 등	» 동적 스포츠, 팀 스포츠, 공 · 수가 구분되지 않는 스포츠 » 농구, 축구, 경마, 배구, 핸드볼 등

스포츠저널리즘

☞ 각종 미디어를 통해서 스포츠와 관련된 정보를 대중에게 전달하는 모든 소통 활동을 스포츠 저널리즘이라고 한다.

☞ 대중의 흥미와 관심을 끌기 위해서 과장, 축소, 편파적인 보도를 하거나 개인의 사생활을 침해하는 기사를 작성할 염려가 있다.

☞ 스포츠선수를 상품화할 염려가 있다.

▶ 저널리즘의 유형

옐로 저널리즘	대중의 관심과 주목을 끌기 위한 기사들만을 모아 선정적 · 비도덕적으로 취재 · 보도하는 저널리즘
팩 저널리즘	개성이 있고, 독창성도 없는 획일적이고 단조로운 저널리즘
뉴 저널리즘	기존의 저널리즘 방식이 아닌 사건 · 상황 등에 관한 내용을 독자들이 실감을 느낄 수 있도록 표현 · 전달하는 저널리즘

스포츠와 미디어는 서로가 서로에게 영향을 미치면서 공생관계에 있다.

1 스포츠가 미디어에 미치는 영향

☞ 수익성이 있는 콘텐츠를 제공한다.

☞ 미디어의 보급을 확대하는 데에 기여한다.

☞ 미디어의 기술 발전을 촉진한다.

2 미디어가 스포츠에 미친 영향

⑧ 경기규칙의 변경

⑧ 경기일정의 변경

⑧ 스포츠인구의 증가

⑧ 스포츠의 불균형적 발전 초래

⑧ 스포츠용구의 변화

⑧ 스포츠기술의 발달 및 확산

⑧ 새로운 스포츠 창출

3 스포츠미디어를 통해 충족시킬 수 있는 욕구(Birrell, S.와 Loy, J.)

☞ 인지적 욕구 : 스포츠에 대한 지식, 경기 결과 및 통계적 지식을 제공한다.

☞ 정의적 욕구 : 스포츠에 대한 즐거움, 흥미, 관심 등을 제공한다.

☞ 통합적 욕구 : 스포츠에 대한 사회 구성원들의 관심을 하나로 묶어서 사회를 통합하는 역할을 한다.

☞ 도피적 욕구 : 스포츠를 통해 불안, 좌절, 스트레스 등의 감정을 해소하도록 돕는 역할을 한다.

필수 및 심화 문제

스포츠사회학

필수문제

01 보기의 ㉠, ㉡에 해당하는 용어가 바르게 연결된 것은?

보기
» 미디어는 스포츠 중계를 통해 시청자들의 상품 소비를 촉진시키는 (㉠) 이데올로기를 생산한다.
» 미디어는 남성스포츠 경기를 역사적 중요성을 갖고 있는 것처럼 묘사하며, 여성스포츠를 실력보다 외모를 부각시키는 (㉡) 이데올로기를 생산한다.

	㉠	㉡		㉠	㉡
①	합리주의	젠더	②	자본주의	젠더
③	합리주의	성공	④	자본주의	성공

■ 미디어는 스포츠 중계를 통해 대중들의 경제적 이익(상품소비)을 촉진시키는 자본주의 이데올로기를 생산한다.
■ 미디어는 남성들의 스포츠경기는 역사적 중요성이 있는 것처럼 묘사하지만, 여성들의 스포츠경기는 실력보다는 외모를 부각시키는 젠더(gender) 이데올로기를 생산하기도 한다.

필수문제

02 스포츠미디어가 생산하는 성차별 이데올로기에 관한 설명으로 옳지 않은 것은?(2024)

① 경기의 내용보다는 성(性)적인 측면을 강조한다.
② 여성 선수를 불안하고 취약한 존재로 묘사한다.
③ 여성들이 참여하는 경기를 '여성 경기'로 부른다.
④ 여성성보다 그들의 성과에 더 많은 관심을 보인다.

■ 성차별 이데올로기에서는 여성들의 스포츠 경기는 경기의 성과보다 외모에 더 관심을 갖게 된다.

필수문제

03 스포츠미디어에 내포된 이데올로기와 이를 보도하는 방식이 바르게 연결된 것은?

① 국가주의 이데올로기－특정 선수만이 아닌 모든 선수를 함께 부각하여 보도
② 젠더 이데올로기－여성 선수의 탁월한 기량에 초점을 두어 보도
③ 자본주의 이데올로기－경제적 가치를 중시하여 스포츠의 소비를 유도하는 보도
④ 개인주의 이데올로기－결과만을 중시하고 항상 승자의 시각에서 보도

■ ① 모든 선수를 부각시키는 것은 전체주의, ② 남성선수의 기량이 더 탁월, ④ 승리지상주의

심화문제

04 스포츠미디어가 특정 이데올로기 또는 가치관을 전파 또는 강화하는 역할을 하는 것과 관련이 적은 것은?

① 자본주의　② 성차별　③ 민주주의　④ 영웅주의

■ 민주주의가 아니고 민족주의 또는 국가주의를 강화하는 역할을 했다.

정답　01 : ②, 02 : ④, 03 : ③, 04 : ③

필수문제

05 **보기는 버렐(S. Birrell)과 로이(J. Loy)의 스포츠 미디어를 통해 충족할 수 있는 욕구에 관한 설명이다. ㉠~㉢에 해당하는 용어가 바르게 연결된 것은?**

보기
» (㉠) 욕구:스포츠 경기의 결과, 선수와 팀에 대한 통계적 지식을 제공해 준다.
» (㉡) 욕구: 스포츠에 대한 흥미와 흥분을 제공해 준다.
» (㉢) 욕구: 다른 사회집단과 경험을 공유하게 하며 공동체의식을 갖게 한다.

	㉠	㉡	㉢		㉠	㉡	㉢
①	정의적	인지적	통합적	②	인지적	통합적	정의적
③	정의적	통합적	인지적	④	인지적	정의적	통합적

■ **인지적 욕구** : 대중에게 스포츠 관련 정보 제공
■ **정의적 욕구** : 대중에게 스포츠에 대한 흥미와 흥분 제공
■ **통합적 욕구** : 사회집단을 통합하게 함
■ **도피적 욕구** : 대중들의 불안 · 좌절 · 스트레스 등의 해소

심화문제

06 **버렐(S. Birrell)과 로이(J. Loy)가 제시한 스포츠미디어를 통해 충족할 수 있는 욕구유형에 대한 설명으로 옳은 것은?**

① 도피적 욕구 : 불안, 초조, 욕구불만, 좌절 등의 감정을 해소하도록 돕는다.
② 인지적 욕구 : 스포츠에 대한 흥미와 즐거움을 제공한다.
③ 정의적 욕구 : 스포츠에 대한 지식, 경기결과 및 통계적 지식을 제공한다.
④ 통합적 욕구 : 스포츠에 대한 규칙 정보를 제공한다.

■ 대중이 스포츠미디어를 통해서 훌륭한 선수들의 퍼포먼스를 보고 대리만족을 느낌으로써 불안 · 좌절 · 스트레스 등으로부터 탈출하는 것을 도피적 욕구라고 한다.

07 **다음 중 스포츠미디어의 기능이라고 하기 어려운 것은?**

① 세금을 많이 거두어 들인다.
② 문화와 가치관을 전파한다.
③ 공익적 목적의 서비스를 제공한다.
④ 즐거운 콘텐츠를 제공한다.

■ 세금과 스포츠미디어는 관련이 없다.

08 **스포츠미디어의 기능을 설명한 것들이다. 잘못 설명한 것은?**

① 정보 기능 : 스포츠와 관련된 정보를 대중에게 제공한다.
② 통합적 기능 : 사회집단을 통합하는 기능도 한다.
③ 정의적 기능 : 대중들이 즐거움, 흥미, 관심 등을 느끼게 한다.
④ 도피 기능 : 재난이 닥쳤을 때 대중들이 도망갈 수 있는 기회를 제공한다.

■ 새로운 경험과 대리만족 등을 통해서 대중들의 불안, 좌절, 스트레스 등을 해소시키는 기능이 도피기능이다.

09 **스포츠미디어의 유형이 다른 하나는?**

① 신문 ② 인터넷 ③ 모바일기기 ④ 비디오게임

■ 신문 : 인쇄미디어
■ 인터넷 · 모바일기기 · 비디오게임 : 뉴미디어

정답 05 : ④, 06 : ①, 07 : ①, 08 : ④, 09 : ①

■① 패거리저널리즘이라고도 하며, 취재하는 방법과 시각이 획일적이거나 단조로운 것. ③ 정권에 아부했다가 정권이 끝나면 물고뜯는 저널리즘. ④ 심층적이고 해설적인 보도를 하려는 저널리즘.

필수문제

10 선수 개인의 사생활이나 비공식적인 내용을 중심으로 대중을 자극하고 호기심에 호소하는 흥미 위주의 스포츠관련 보도를 지칭하는 용어는?

① 팩 저널리즘(pack journalism)
② 옐로 저널리즘(yellow journalism)
③ 하이에나 저널리즘(hyena journalism)
④ 뉴 저널리즘(new journalism)

■독자의 관심을 끌기 위하여 흥미 본위의 저속하고 선정적인 기사를 주로 보도하는 것이 옐로 저널리즘이다.
■일정한 시점이 될 때까지 보도를 자제하는 것을 엠바고라고 한다.

심화문제

11 대중의 원시적 본능을 자극하고 호기심에 호소하여 흥미 본위로 보도하는 경향을 무엇이라고 하는가?

① 옐로 저널리즘 ② 레드저널리즘 ③ 블랙저널리즘 ④ 엠바고

필수문제

12 보편적 접근권에 대한 설명 중 옳지 못한 것은?

① 방송법과 방송법시행령의 개정으로 2008년부터 도입된 제도이다.
② 국민의 관심이 큰 스포츠경기 등에 대한 방송을 국민이 시청할 수 있는 권리이다.
③ 국민적으로 관심이 있는 행사는 동 · 하계올림픽과 FIFA월드컵이다.
④ 국민적으로 관심이 있는 행사에 대하여 국민 전체 가구 수 중 방송통신위원회가 고시하는 비율 이상이 시청할 수 있는 방송수단을 확보하여야 한다.

■방송통신위원회가 고시로 지정하므로 변할 수 있다.

심화문제

13 보기의 ㉠, ㉡에 해당하는 용어가 바르게 연결된 것은?

보기
» (㉠): 국민의 관심이 높은 스포츠 경기를 무료 혹은 저렴한 비용으로 시청할 수 있는 권리를 말한다.
» (㉡): 선수 개인의 사생활을 중심으로 대중을 자극하고 호기심에 호소하는 흥미 위주의 스포츠 관련 보도를 지칭한다.

	㉠	㉡
①	독점 중계권	뉴 저널리즘(new journalism)
②	보편적 접근권	옐로 저널리즘(yellow journalism)
③	독점 중계권 옐로	저널리즘(yellow journalism)
④	보편적 접근권	뉴 저널리즘(new journalism)

■보편적 접근권 → 12번 문제 참조.
■옐로 저널리즘 → 10번 문제 참조.

정답 10 : ②, 11 : ①, 12 : ④, 13 : ②

필수문제

14 보기에서 설명하는 디 플로어(M. DeFleur)의 미디어 이론은?

보기
» 미디어의 영향력과 스포츠의 소비 형태는 연령, 성, 사회계층, 교육수준, 결혼여부 등에 따라 달라질 수 있다.
» 미디어의 영향력이 서로 다른 하위집단의 구성원에게 획일적으로 미치지 않을 수 있다.

① 개인차 이론 ② 사회범주 이론
③ 사회관계 이론 ④ 문화규범 이론

심화문제

15 보기에서 설명하는 맥퍼슨(B. McPherson)의 스포츠 미디어 이론은?

보기
» 대중매체를 통한 개인의 스포츠 소비 형태는 중요타자의 가치와 소비행동에 의해 영향을 받는다.
» 스포츠 수용자 역할로의 사회화는 스포츠에 참여하는 가족구성원으로부터 받은 스포츠 소비에 대한 승인 정도가 중요하게 작용한다.

① 개인차 이론 ② 사회범주 이론
③ 문화규범 이론 ④ 사회관계 이론

16 보기에서 설명하는 스포츠 미디어 이론은?

보기
대중들은 능동적 수용자로서 특수한 심리적 욕구를 만족시키기 위해 매스미디어를 적극 이용한다. 이에 미디어 수용자는 인지적, 정의적, 도피적, 통합적 욕구를 충족시키기 위해 스포츠를 주제로 다루는 매스미디어를 이용한다.

① 사회범주이론 ② 개인차이론 ③ 사회관계이론 ④ 문화규범이론

17 스포츠 미디어 이론에 관한 설명이 옳지 않은 것은?

① 문화규범이론 – 문화적 차이에 의해 핫 미디어와 쿨 미디어로 나누어진다.
② 사회범주이론 – 미디어의 영향력은 성, 연령, 계층 등에 따라 다르게 반영된다.
③ 개인차 이론 – 대중들은 능동적 수용자로서 심리적 욕구를 만족하기 위해 매스미디어를 활용한다.
④ 사회관계이론 – 미디어를 통한 개인의 스포츠 소비 형태는 중요타자의 가치와 소비행동에 의해 영향을 받는다.

정답 14 : ②, 15 : ④, 16 : ②, 17 : ①

■ **개인차 이론** : 매스미디어의 효과는 수용자 개인에 따라 효과가 다르게 나타난다는 이론.
■ **사회범주 이론** : 인구학적 속성에 따라 사람을 연령 · 성별 · 경제수준 · 거주지역 · 인종 · 종교 등으로 분류하여 각자가 처한 사회구조적 위치나 배경의 영향을 받아 생각이나 행동 양식을 구성한다는 이론. 비슷한 환경에서 생활하면 자연히 생각이나 행동도 비슷해진다는 사회학적 입장을 기본으로 한다.
■ **사회관계 이론** : 인간이 정보를 선택하고 해석하는 데는 주변 사람, 특히 준거집단의 영향이 가장 크기 때문에 미디어 스포츠와의 접촉 양식도 자신이 속한 사회의 중요타자와의 사회적 관계에 의해 영향을 받는다는 이론.
■ **문화규범 이론** : 매스미디어가 수용자들에게 문화적 규범을 제시하고 강화한다는 이론.

스포츠사회학

■쿨미디어스포츠는 비논리적이고 즉흥적이어서 정의성이 낮고, 수용자의 높은 감각적 참여가 필요하며, 높은 몰입상태를 요구한다. 또한 속도감이 있고 변화 가능성이 높은 스포츠이다.

필수문제

18 맥루한(M. McLuhan)의 미디어 이론에 따른 구분 및 특성을 바르게 제시한 것은?

	구분 \ 특성	정의성	감각참여성	감각몰입성	경기진행속도
①	핫미디어 스포츠	높음	낮음	높음	빠름
②	쿨미디어 스포츠	낮음	높음	높음	빠름
③	핫미디어 스포츠	높음	높음	낮음	느림
④	쿨미디어 스포츠	낮음	낮음	낮음	느림

심화문제

■핫미디어는 수용자의 감각참여도가 낮다.

19 핫미디어의 특성을 설명한 것이다. 옳지 못한 것은?

① 미디어의 정밀도(정의성)가 높다.
② 수용자의 감각참여도가 높다.
③ 메시지가 논리적이고, 사전 계획적이다.
④ 장시간 개별적으로 메시지를 전달하는 데에 좋다.

■쿨미디어는 일시적으로 대중에게 메시지를 전달할 때 좋다.

20 쿨미디어의 특성을 설명한 것이다. 옳지 못한 것은?

① 미디어의 정밀도(정의성)가 낮다.
② 수용자의 감각참여도가 높다.
③ 메시지가 비논리적이고 즉흥적이다.
④ 장시간 개별적으로 메시지를 전달하는 데에 좋다.

■기록스포츠, 공격과 수비가 구분되는 스포츠가 핫미디어스포츠이다.

21 핫미디어스포츠와 쿨미디어스포츠에 대한 설명이다. 옳지 않은 것은?

① 핫미디어를 이용하여 스포츠정보를 전달하는 것이 적합한 스포츠를 핫미디어 스포츠라고 한다.
② 쿨미디어스포츠는 동적인 스포츠, 팀 스포츠라는 특성이 있다.
③ 핫미디어스포츠는 득점스포츠, 공격과 수비가 구분되지 않는 스포츠라는 특성이 있다.
④ 골프는 핫미디어스포츠에 속하고, 축구는 쿨미디어스포츠에 속한다.

■스포츠와 미디어는 서로에게 영향을 미치면서 **공생관계**에 있다(p. 45).

22 스포츠와 미디어는 (　)를 계속 이어가고 있다. (　)에 알맞은 것은?

① 갈등관계　② 경쟁관계　③ 공생관계　④ 선형관계

정답 18 : ②, 19 : ②, 20 : ④, 21 : ③, 22 : ③

필수문제

23 보기는 맥루한(M. McLuhan)의 매체이론에 근거한 내용이다. 쿨(cool) 매체 스포츠에 해당되는 내용만으로 묶은 것은?

㉠ 스포츠의 정의성 높음 ㉡ 관람자의 감각몰입성 높음
㉢ 야구 ㉣ 축구 ㉤ 테니스 ㉥ 핸드볼

① ㉠-㉣-㉥ ② ㉠-㉢-㉤
③ ㉡-㉣-㉥ ④ ㉡-㉢-㉤

■ 테니스와 야구는 몸을 부딪치는 경기가 아니다.
■ 쿨 매체(미디어) 스포츠(동적, 득점, 팀스포츠) : 공격과 수비가 구분되지 않고, 진행이 빠르고, 변화가 잦고, 몰입성이 높음. 예 : 농구, 경마, 럭비, 자동차 경주 등
■ 핫 매체(미디어) 스포츠(정적, 개인, 기록스포츠) : 정세도가 높고, 논리적 · 장기적 · 계획적 · 직접적이고, 공격과 수비가 명확히 구분되고, 진행속도가 빠르지 않다. 예 : 골프, 권투, 유도, 태권도, 씨름 등

심화문제

24 맥루한(M. McLuhan)의 매체이론에 관한 설명으로 옳지 않은 것은?

① 핫(hot) 미디어 스포츠는 관람자의 감각 참여성이 낮다.
② 쿨(cool) 미디어 스포츠는 관람자의 감각 몰입성이 높다.
③ 핫(hot) 미디어 스포츠는 경기 진행 속도가 빠르다.
④ 쿨(cool) 미디어 스포츠는 메시지의 정의성이 낮다.

필수문제

25 스포츠저널리즘과 관련된 내용이다. 옳지 못한 것은?

① 각종 미디어를 통해서 스포츠와 관련된 정보를 대중에게 전달하는 모든 커뮤니케이션 활동을 스포츠저널리즘이라고 한다.
② 대부분 정확하고, 공정하며, 객관적으로 스포츠정보를 전달한다.
③ 대중의 흥미를 끌기 위해서 개인의 사생활을 침해하는 기사를 작성할 염려가 있다.
④ 스포츠선수를 상품화할 염려가 있다.

■ 대중의 흥미와 관심을 끌기 위해서 과장, 축소, 편파적인 태도를 취할 가능성이 많다.

심화문제

26 스포츠저널리즘의 행태 중에서 윤리적으로 올바른 것은?

① 대중의 흥미를 이끌어내기 위해서 대기업과 결탁한다.
② 편파적인 보도를 자제한다.
③ 특정 선수나 코치의 사생활을 공개한다.
④ 옐로 저널리즘을 확대한다.

■ 대중의 흥미 위주로 보도하는 것이 옐로 저널리즘이다.

27 미디어가 스포츠에 미친 영향과 관련이 적은 것은?

① 동점일 경우 연장전 거행 ② 경기시간 또는 경기일정 변경
③ 중요한 경기는 제3국에서 경기 ④ 타이 브레이크 제도 도입

■ 정치적인 원인, 국민감정, 공정성 때문에 제3국에서 경기를 한다.

정답 23 : ③, 24 : ③, 25 : ②, 26 : ②, 27 : ③

■㉠, ㉣은 미디어가 스포츠에 미치는 영향이 아님.
■미디어가 스포츠에 미치는 영향
· 경기규칙 변경
· 경기일정 변경
· 스포츠인구 증가
· 스포츠의 불균형 발전 초래
· 스포츠 용구의 변화
· 스포츠기술의 발달 및 확산
· 새로운 스포츠 창출

스포츠사회학

필수문제

28 보기에서 대중매체가 스포츠에 미치는 영향에 해당되는 것만을 모두 고른 것은?

㉠ 대중매체의 기술이 발전한다.
㉡ 스포츠 인구가 증가한다.
㉢ 새로운 스포츠 종목이 창출된다.
㉣미디어 콘텐츠를 제공한다.
㉤ 경기규칙과 경기일정이 변경된다.
㉥ 스포츠 용구가 변화한다.

① ㉠, ㉡, ㉢
② ㉠, ㉢, ㉣
③ ㉡, ㉢, ㉣, ㉤
④ ㉡, ㉢, ㉤, ㉥

심화문제

29 스포츠와 미디어의 상호관계에서 미디어가 스포츠에 미치는 영향에 해당하는 것은?

① 영국 프리미어리그 경기는 방송사에 수준 높은 콘텐츠를 제공하고 있다.
② 손흥민, 류현진 선수 등의 활약으로 스포츠 관련 방송 시장이 확대되었다.
③ 방송사의 편익을 위해 배구의 랠리포인트제, 농구의 쿼터제 등 경기규칙을 변경하였다.
④ 시청자의 욕구를 충족시켜 주기 위해 슬로우영상, 반복영상 등을 제공하고 있다.

30 보기에서 대중매체가 스포츠에 미치는 영향으로만 바르게 묶인 것은?

보기
㉠ 미디어 보급 및 확산
㉡ 경기규칙과 경기일정 변경
㉢ 스포츠 인구 증가
㉣ 스포츠용구의 변화
㉤ 미디어 기술의 발달
㉥ 새로운 스포츠종목 창출

① ㉠, ㉡, ㉣, ㉥
② ㉡, ㉢, ㉤
③ ㉠, ㉢, ㉣
④ ㉡, ㉢, ㉣, ㉥

31 스포츠와 미디어의 관계에 대한 설명으로 옳은 것은?

① 미디어는 스포츠에 종속되어 스포츠 발전에 기여한다.
② 미디어는 스포츠의 본질적 가치를 지키기 위해 경기규칙 변경에 부정적 태도를 취한다.
③ 미디어가 경기일정 변경을 요구하는 주된 이유는 보다 많은 경기장 관중을 유치하기 위해서이다.
④ 미디어는 스포츠 기술의 전문화와 일반화에 기여한다.

■스포츠와 미디어는 공생의 관계에 있으며, 미디어는 시청자를 늘리는 것이 주목적이다.

32 스포츠가 미디어에 미치는 영향으로 바르지 않은 것은?

① 미디어콘텐츠 제공
② 스포츠경기일정 조정
③ 미디어 기술의 발전
④ 스포츠보도 위상 제고

■경기일정 조정은 미디어가 스포츠에 미치는 영향이다.

정답 28 : ④, 29 : ③, 30 : ④, 31 : ④, 32 : ②

필수문제

33 스포츠의 상업화에 따른 스포츠와 미디어의 관계에 대한 설명으로 적절하지 않은 것은?

① 스포츠는 미디어의 주요 콘텐츠로 자리 잡을 때 경제적 가치를 인정받을 수 있다.
② 뉴미디어의 등장으로 스포츠 콘텐츠의 생산자와 수용자의 경계가 모호해지고 있다.
③ 스포츠가 미디어에 의존할수록 미디어의 스포츠에 대한 통제력은 감소한다.
④ 미디어는 상업적 가치를 증가시키기 위해 스포츠 규칙의 변화를 요구한다.

■ 스포츠가 미디어에 의존할수록 미디어의 스포츠에 대한 통제력은 증가한다.

심화문제

34 현대 스포츠 발전에 미디어가 기여한 내용으로 볼 수 없는 것은?

① 스포츠 경기규칙이 변화되지 않도록 기여하였다.
② 스포츠 실시간 중계가 가능해졌다.
③ 스포츠 대중화에 기여하였다.
④ 스포츠 정보 습득이 용이해졌다.

■ 미디어의 발전은 경기규칙의 변화를 유도하였다.

35 다음 중 미디어가 스포츠에 미치는 영향으로 옳지 않은 것은?

① 스포츠규칙 변경 및 경기일정 변경 ② 스포츠에 대한 관심과 인기 증대
③ 스포츠 상품화 ④ 스포츠 관중의 감소

36 다음 보기는 스포츠와 미디어의 관계에 대한 설명이다. (　　)에 들어갈 가장 적절한 용어는?

> 스포츠는 신문판매 증진, 광고수익, TV와 라디오 방송시간을 이용한 수익 계약의 증대 등에 이용되고 있으며, 반대로 미디어는 스포츠와 관련된 소비상품을 경기 장소에서 관람객들에게 판매하도록 돕는다. 이러한 이유를 들어 스포츠와 미디어는 (　　)에 있다고 할 수 있다.

① 경쟁관계 ② 공생관계
③ 비례관계 ④ 갈등관계

■ p. 45 참조

37 스포츠가 대중매체에 미친 영향으로 옳은 것은?

① 흥미위주의 스포츠 규칙 개정 ② 미디어 테크놀로지 발전과 콘텐츠 제공
③ 스포츠에 대한 관심과 참여 증대 ④ 경기기술의 전문화와 표준화

■ p. 45 참조

정답 33 : ③, 34 : ①, 35 : ④, 36 : ②, 37 : ②

스포츠와 사회계층

사회계층의 이해

- ☞ 권력, 부, 사회적 평가, 심리적 만족도 등이 불평등하게 배분되어서 여러 층의 위계질서가 생긴 것이다.
- ☞ 경제적인 요인뿐만 아니라 사회 · 문화적인 요인에 의해서도 계층이 나누어진다.
- ☞ 사회적 희소가치가 불평등하게 배분된 상태가 구조화된 것이다.

계층과 계급의 차이점

계층	계급
사회적 지위의 높고 낮음을 분류한 것	상호 지배 및 복종관계를 가지고 있는 실체로서의 사회집단
연속적인 상하구조가 뚜렷함	실제적 · 대립적 관계가 있음
집합의식이 있음	집합의식이 없음

사회계급 이론

마르크스(K. Marx)	계급을 규정하는 핵심적인 차원으로 경제적 요인을 제시한다. 경제적으로 사회계층의 형성과 발달 경위를 설명
베버(M. Weber)	사회계층을 단순하게 경제적 현상으로 설명할 수 없는 복잡한 다차원적인 현상임을 설명
라이트(Wright)	자본가 계급은 투자나 화폐, 물리적 생산수단, 노동력 등에 대한 통제력이 있으나, 노동자 계급은 3가지 통제력을 모두 가지고 있지 않음을 지적함.

스포츠계층의 특성

▶ 스포츠계층……**스포츠 내에서의 사회계층을 스포츠계층이라고 한다.**

사회성	그 사회의 사회 문화적인 측면과 관련이 있다.
역사성(고래성)	시대에 따라서 스포츠계층이 변한다.
보편성(편재성)	언제 어디서나 보편적으로 스포츠계층이 존재한다.
다양성	스포츠계층이 아주 다양하게 있고, 계층 이동이 가능하다.
영향성	스포츠계층이 그 사람의 생활 전체에 영향을 미친다.

1 스포츠계층이 만들어지는 과정(T.M.Tumin의 스포츠계층 형성 과정)

역할분담 (지위의 분화)	스포츠사회의 구성원들 사이에 역할분담이 이루어진다.
서열화	구성원 각자가 수행하는 역할에 따라서 서열화가 이루어진다.
평가	각 구성원이 수행하는 역할에 대한 가치와 유용성을 평가한다.
보수부여	평가의 결과에 따라서 불평등하게 자원을 분배한다. 스포츠계층이 만들어진 것이다.

2 스포츠계층의 형성과정 중 보수부여에서 보수의 종류

재산	봉급, 상금, 상품 등 재화나 용역에 관한 권리.
권한	자신의 의지대로 추진할 수 있는 권한.
심리적 만족	명성이나 인기 등과 같이 타인의 반응에 의해서 얻는 비물질적인 보수.

3 구조기능주의적 관점과 갈등론적 관점에서 본 스포츠계층

구조기능주의적 관점	갈등론적 관점
일반사회의 가치체계를 반영하고 있고, 사회통합과 체제유지의 기능이 있다.	부와 권력 등이 불공평하게 배분되는 구조를 반영하고 있고, 지배집단이 자신들의 이익을 유지·증진시키려고 노력하고 있다.
일반 사회의 차별적인 보상체계와 계층구조를 강화한다.	권력집단이 대중을 통제하기 위한 수단으로 이용되고 있다.
경쟁에서 성공을 강조하여 유능한 인재의 참여를 유도한다.	자본가들의 이데올로기를 주입하여 그들의 이익을 추구하고 대중을 착취한다.
스포츠참여는 사회적 상승이동을 위한 수단이다.	스포츠는 참여자 간의 소외를 조장한다.

사회계층에 따른 차이

☞ 중·상류층은 직접참여와 직접관람을 선호하고, 하류층은 간접참여와 간접관람을 선호한다.

☞ 위의 차이는 시간적·경제적 여유의 차이가 주원인이다.

☞ 상류층은 일과시간이 불규칙하기 때문에 소수의 인원이 즐길 수 있는 개인종목을 선호할 수밖에 없게 된다.

☞ 일반적으로 개인종목 스포츠가 비용이 많이 들기 때문에, 상류층의 과시적 소비경향 때문에, 부모가 권해서 또는 어렸을 때부터 개인종목 스포츠를 접했기 때문에 상류층이 개인종목을 선호한다.

스포츠참여가 계층의 상승이동에 미치는 영향

1 긍정적인 영향

☞ 프로선수와 같은 전문 직업을 가질 수 있는 기회가 생긴다.

☞ 특기자로 상급학교에 진학하고, 경제적 · 직업적 후원이나 장학금을 받을 수 있는 기회가 넓어진다.

☞ 스포츠조직에서 사회적으로 가치 있는 행동양식과 태도를 배운다.

2 부정적인 영향

☞ 운동선수로 성공할 확률이 대단히 낮다는 사실을 은폐하기 때문에 계층의 상승이동에 나쁜 영향을 미친다.

☞ 스포츠는 불평등한 사회현실을 은폐하는 수단이다.

☞ 스포츠 선수들은 일반학생들과 형성해야 할 기본적인 인성을 함양하지 못 한다.

스포츠 참가가 사회이동에 기여하는 역할(Coakley : 2009)

1 상향적 이동에 기여하는 조건

☞ 대학을 졸업하거나 운동을 하면서 가치 있는 것을 배웠을 때

☞ 성장 · 발달 과정 중에 가족으로부터 사회적 · 물질적 · 정서적으로 일관된 지지를 받을 때

☞ 영향력 있고 도움을 줄 수 있는 사람과 유대를 가졌을 때

2 하향적 이동에 기여하는 조건

☞ 스포츠 참가가 교육적 성취를 제한했을 때

☞ 스포츠 외의 것에 대해 성장 · 발달 과정 중에 가족들로부터 지지를 받지 못했을 때

☞ 스포츠 외의 다른 세계를 알지 못할 때

사회 이동의 유형(A. Giddens)

1 이동주체에 의한 구분

☞ 개인이동 : 개인의 능력과 노력에 의하여 상승이동 실현

☞ 집단이동 : 유사 집단이 일정한 계기에 의하여 상승이동 실현

2 이동방향에 의한 구분

☞ 수직이동 : 계층구조 안에서 개인 또는 집단의 지위가 상승 또는 하강하는 것

☞ 수평이동 : 지위의 변화가 없는 단순한 자리바꿈

3 시간적 거리(기간)에 의한 구분

☞ 세대 간 이동 : 한 세대에서 다음 세대로 이어질 때 나타나는 지위의 변화

☞ 세대 내 이동 : 한 개인의 생애를 통하여 나타나는 지위의 변화

사회계층별 스포츠 참가유형 및 종목 비교

참가유형	참가종목
» **상류층**은 중류층이나 하류층의 사람보다 참여 스포츠를 선호함. » 스포츠는 주로 시간과 경제적 여유가 풍부한 부유층이나 귀족 계급이 참가하여 재력이나 사회적 지위를 과시하는 수단임. » 스포츠 참가는 관람에 비하여 장비구입 · 시설이용 등에 지출되는 비용이 과중하므로 경제적 부담과 시간이 요구됨. » 상대적으로 경제적 여유나 시간이 풍부하지 못한 **하류층**은 스포츠 참가가 제한됨.	» 스포츠 특유의 역사성 · 경제성 · 공간성 · 시간성 등으로 사회 계층적 자아를 분명하게 파악할 수 있음. » **상류층**은 테니스 · 골프 · 수영과 같이 경제적 여유를 전제로 하는 개인 스포츠에 가장 많이 참여함. » **중 · 하류층**은 축구 · 야구 · 복싱 · 씨름 등과 같이 단체 스포츠 및 투기 스포츠의 참여율이 높음.

상류층이 개인 스포츠에 많이 참여하는 이유

☞ 개인 스포츠는 하류층이 즐기기에는 경제적으로 과중한 비용이 부담됨.

☞ 체계적인 스포츠 사회화 과정에서 상류층은 개인 스포츠 종목을 강조하는 생활습관이 조성되어 있음.

☞ 과시 소비와 관련하여 상류층은 사치스러운 활동을 주위 사람들에게 인식시키기 위하여 개인 스포츠에 참여함.

☞ 불확실한 일과 시간에 따른 직업적 특성에 기인함.

고령자층의 스포츠활동 참여 성향

☞ 건강, 체형관리, 사회적 관계 등에 중점을 둔 스포츠를 선호한다.

☞ 게이트볼, 볼링 등 신체접촉이 배제된 스포츠를 선호한다.

☞ 체력과 집중력이 약하므로 위험하지 않은 스포츠를 즐긴다.

사회이동 기제로서의 스포츠(J. Loy와 G. Leonard)

☞ 스포츠가 사회이동 기제 역할을 함

- » 스포츠 참가는 사회적 상승이동 촉진의 매개체임.
- » 스포츠 참가는 은퇴 후 직업상 혜택을 받을 수 있어 사회생활에 도움이 됨.
- » 스포츠 참가는 교육의 성취도에 직 · 간접으로 기여함.
- » 스포츠 참가는 사회생활의 태도 및 사회적 기준을 향상시킴.
- » 전문직에 속하는 기술습득 기회를 얻을 수 있음.

☞ 스포츠가 사회이동 기제 역할을 하지 못함

- » 과도한 훈련 및 잦은 경기 참가로 교육성취도가 저하됨.
- » 학교 재원을 운동경기에 과다 투입함으로써 교육의 본질적 기능이 왜곡될 수 있음.

필수 및 심화 문제

필수문제

01 사회계층과 스포츠의 관계를 설명한 것이다. 옳지 못한 것은?

① 스포츠활동을 선택할 때 경제적 · 사회문화적 배경에 의해서 제한을 받는다.
② 능력이 있는 사람만 성공할 수 있고, 부족한 사람은 실패할 수밖에 없다는 믿음을 확산시킨다.
③ 경제적 불평등을 당연한 것으로 받아들이게 한다.
④ 사회계층은 스포츠 참여와는 관련이 없다.

■사회계층에 따라서 스포츠참여의 불평등 현상이 나타나고, 그것을 해소시키려고 노력하는 것 중 하나가 스포츠복지정책의 시행이다.

심화문제

02 사회계층의 측정내용과 측정방법을 연결한 것이다. 적합하지 못한 것은?

① 집단 내의 영향력 : 타인에 의한 평가
② 계층의식 : 자기평가
③ 사회 · 경제적 지위 : 계층변수(직업, 소득수준, 교육수준 등)로 측정
④ 서열 : 평가기관에서 평가

■사회계층의 서열을 측정하는 평가기관은 없다.

03 사회계층을 잘못 설명한 것은?

① 사회적 희소가치가 불평등하게 배분된 상태가 구조화된 것이다.
② 권력, 부, 사회적 평가, 심리적 만족도 등의 불평등으로 여러 층의 위계질서가 생긴 것이다.
③ 경제적인 요인뿐만 아니라 사회 · 문화적인 요인에 의해서도 계층이 나누어진다.
④ 양반과 상놈처럼 태어날 때부터 생긴다.

■사회계층은 태어날 때부터 생기는 것이 아니다.

04 스포츠계층이 만들어지는 과정에 대한 설명이다. 옳지 않은 것은?

① 역할분담(지위의 분화) : 스포츠사회의 구성원들 사이에 역할분담이 이루어지는 과정
② 서열화 : 구성원 각자가 수행하는 역할에 따라서 서열화가 이루어지는 과정
③ 평가 : 각 구성원이 수행하는 역할에 대한 가치와 유용성을 평가하는 과정
④ 보수부여 : 평가의 결과로 주어지는 자원의 분배과정

■모두 옳다.

정답 01 : ④, 02 : ④, 03 : ④, 04 : 없음

필수문제

05 보기에서 설명하는 부르디외(P. Bourdieu)의 문화자본 유형은?

보기
» 테니스의 경기 기술뿐만 아니라 경기 매너도 습득하게 된다.
» 스포츠 활동처럼 몸으로 체득하게 되는 성향을 의미한다.
» 획득하는데 시간이 오래 걸리고, 타인에게 양도나 전이, 교환이 어렵다.

① 체화된(embodied) 문화자본
② 객체화된(objectified) 문화자본
③ 제도화된(institutionalized) 문화자본
④ 주체화된(subjectified) 문화자본

■ 문화자본의 정의 : 한 개인에게 한 차원 높은 사회적 지위를 가져다주는 지식 · 소양 · 기술 · 교육 등이다.
■ 부르디외의 문화자본 유형
· 체화된 문화자본 : 소양, 매너 등
· 객체화된 문화자본 : 예술품, 과학기구 등
· 제도화된 문화자본 : 자격증, 학위증 등

심화문제

06 보기의 괄호 안에 들어갈 용어는?

보기
부르디외(P. Bourdieu)는 생활양식과 같은 사회문화적 요소를 계급결정 요인으로 간주하고 이를 자본의 개념으로 다루었다. 이 개념에 따르면 스포츠는 구체화된 (　　)의 한 형태로써 사회의 계층구조에 관여한다.

① 경제자본　② 사회자본　③ 문화자본　④ 소비자본

■ 부르디외는 프랑스의 사회학자로, 사회학을 '구조와 기능의 자원에서 기술하는 학문'으로 파악하였다. 그는 "우리는 눈에 보이지 않는 **문화권력**(문화자본)이라고 하는 상징적 폭력 아래서 계급적 불평등을 망각하고 익숙하게 살아가고 있다."고 주장하였다.

07 스포츠계층의 특성에 대한 설명으로 옳은 것은?

① 보편성 : 스포츠계층은 사회적 상황에 따라 다르게 형성된다.
② 고래성 : 스포츠계층은 역사발전 과정을 거치며 변천해왔다.
③ 경쟁성 : 스포츠계층은 사회계층을 반영한다.
④ 다양성 : 스포츠계층은 모든 국가와 사회에 존재한다.

■ 스포츠계층은 시대에 따라 변화해 왔다.
· 보편성 : 스포츠계층은 언제 · 어디서나 보편적으로 존재한다.
· 경쟁성 : 스포츠계층은 경쟁으로 인한 이동성이 있다.
· 다양성 : 스포츠계층은 아주 다양하게 있고, 계층이동이 가능하다.

08 스포츠와 계급 · 계층에 대한 설명으로 옳지 않은 것은?

① 부르디외(P. Bourdieu)의 계급론에 따르면, 골프는 상류계급의 스포츠로 분류된다.
② 베블렌(T. Veblen)의 계급론에 따르면, 상류계급이 스포츠에 참가하는 이유는 자신의 지위를 과시하기 위해서이다.
③ 마르크스(C. Marx)의 계급론에 따르면, 운동선수는 생산수단을 소유한 지배계급에 속한다.
④ 베버(M. Weber)의 계층론에 따르면, 프로스포츠에서 감독과 선수의 사회계층 수준은 연봉액수만으로 평가되지 않는다.

■ 운동선수는 피지배계급에 속한다.
■ p. 54 참조

정답 05 : ①, 06 : ③, 07 : ②, 08 : ③

스포츠사회학

■㉠ 스포츠계층은 스포츠의 특성에 의해서 생기는 것이 아니라, 그 사회의 사회문화적인 측면과 관련이 있다. ㉤ 스포츠계층은 그 사람의 생활 전체에 영향을 미친다.

필수문제

09 보기는 스포츠계층의 특성을 설명한 것이다. 잘못 설명한 것들만 묶은 것은?

보기
㉠ 사회성 : 스포츠의 본질적 특성에 의해서 스포츠계층이 생긴다.
㉡ 고래성(역사성) : 시대에 따라서 스포츠계층이 변한다.
㉢ 보편성(편재성) : 스포츠계층이 언제 어디서나 보편적으로 존재한다.
㉣ 다양성 : 스포츠계층이 아주 다양하게 있고, 계층 이동이 가능하다.
㉤ 영향성 : 스포츠계층이 개인의 운동능력에 영향을 미친다.

① ㉡㉢ ② ㉠㉤ ③ ㉣㉤ ④ ㉢㉣

■위 문제 참조.

심화문제

10 투민(M. Tumin)이 제시한 사회계층의 특성을 스포츠에 적용한 설명으로 옳은 것은?(2024)

① 보편성 : 대부분의 스포츠 현상에는 계층 불평등이 나타난다.
② 역사성 : 현대 스포츠에서 계층은 종목 내, 종목 간에서 나타난다.
③ 영향성 : 스포츠에서 계층 불평등은 역사발전 과정을 거치며 변천해 왔다.
④ 다양성 : 스포츠 참여에서 나타나는 사회적 불평등은 일상생활에도 유사하게 나타난다.

■스포츠 종목 간의 편재성은 인기종목과 비인기종목의 분류이다.
■스포츠 종목 내의 편재성은 종합격투기나 권투의 경우 체급에 따라 대전료와 중계권료 등이 다른 것이다.

11 보기에서 투민(M. Tumin)이 제시한 스포츠계층의 특성 중 보편성(편재성)에 해당하는 것으로만 묶인 것은?

보기
㉠ 스포츠는 인기종목과 비인기종목으로 구분된다.
㉡ 과거에 비해 운동선수들의 지위가 향상되고 있다.
㉢ 종합격투기는 체급에 따라 대전료와 중계권료 등에 차등이 있다.
㉣계층에 따라 스포츠 참여 빈도, 유형, 종목이 달라지며, 이러한 차이는 개인의 삶에 영향을 미친다.

① ㉠, ㉡ ② ㉠, ㉢ ③ ㉡, ㉣ ④ ㉢, ㉣

정답 09 : ②, 10 : ①, 11 : ②

12 스포츠계층을 가장 잘 설명한 것은?

① 스포츠계층과 사회계층은 유사하기 때문에 구분할 필요가 없다.
② 스포츠 내에서의 사회계층을 스포츠계층이라고 한다.
③ 사회의 희소가치가 스포츠세계의 성원들 사이에서 균등하게 분배되기 때문에 스포츠계층이 생긴다.
④ 사람 사이에는 스포츠계층이 있지만, 스포츠종목 사이에는 스포츠계층이 없다.

■ 스포츠종목 사이에도, 같은 스포츠종목 안에서도 스포츠계층이 나타나고 있다.

13 보기에서 괄호 안에 적합한 용어는?

> 보기
> (　　　)이란 스포츠라는 특정 사회제도 내에서 개인의 사회적, 문화적, 생물학적 특성에 따라 권력, 부, 사회적 평가, 심리적 만족 등이 특정 집단이나 개인 및 종목에 차별적으로 배분되어 만들어진 위계적 체계를 의미한다.

① 스포츠집단　　② 스포츠조직　　③ 스포츠계층　　④ 스포츠경쟁

14 보기 중에서 스포츠계층의 특성이 아닌 것을 모두 고른 것은?

> 보기
> 다양성, 사회성, 보편성, 영향성, 창조성, 객관성, 차별성, 독립성

① 창조성, 객관성, 차별성, 독립성　　② 객관성, 차별성, 독립성
③ 차별성, 독립성　　④ 독립성

■ 스포츠계층의 특성 : 사회성, 역사성, 보편성, 다양성, 영향성

15 스포츠계층의 특성 중 '보편성(편재성)'의 사례로 적절하지 않은 것은?

① 스포츠는 인기종목과 비인기종목으로 구분된다.
② 태권도, 유도는 승단체계에 따라 종목 내 계층이 형성된다.
③ 프로스포츠 태동 이후 운동선수들의 지위가 향상되고 있다.
④ 종합격투기는 체급에 따라 대전료와 중계권료 등에 차등이 있다.

■ 언제든지 어디에서나 볼 수 있는 사례가 보편성이 있는 사례이다.

필수문제

16 보기를 투민(M. Tumin)의 스포츠계층 형성과정 순서에 따라 바르게 배열한 것은?

> ㉠ 세계적인 테니스 선수는 기업으로부터 많은 후원금을 받고 있다.
> ㉡ 세계랭킹에 따라 참가할 수 있는 테니스 대회가 나누어져 있다.
> ㉢ 테니스는 선수, 코치, 감독, 트레이너 등으로 역할이 구분되어 있다.
> ㉣ 국제 테니스 대회에서 우승하면 사회적 명성이 높아진다.

① ㉠-㉣-㉢-㉡　　② ㉢-㉡-㉣-㉠
③ ㉡-㉣-㉠-㉢　　④ ㉣-㉢-㉡-㉠

■ 스포츠계층의 형성과정은 역할분담(지위와 문화)→서열화→평가→보수부여이다.
㉠ 보수부여, ㉡ 서열화, ㉢ 역할분담, ㉣ 평가

정답 12 : ②, 13 : ③, 14 : ①, 15 : ③, 16 : ③

스포츠사회학

심화문제

17 **보기에서 설명하는 투민(M. Tumin)의 스포츠계층 형성 과정은?**

> 보기
> » 스포츠 종목에서 요구되는 우수한 운동수행능력을 갖추어야 한다.
> » 뛰어난 경기력뿐만 아니라 탁월한 개인적 특성을 갖추어야 한다.
> » 스포츠 팀 구성원으로 자신의 능력이 팀 승리에 미치는 영향력이 커야 한다.

① 평가 ② 지위의 분화
③ 보수부여 ④ 지위의 서열화

■ 보기는 지위의 서열화에 관한 설명임 (p. 55 참조)

18 **보기에서 투민(M. Tumin)의 스포츠계층 형성과정의 서열화에 관한 설명 중 옳은 것을 모두 고른 것은?**

> 보기
> ㉠ 특정 선수를 선망의 대상으로 생각하거나 팬으로서 특정 선수를 좋아한다.
> ㉡ 스포츠 팀 구성원으로 자신의 능력이 팀의 승리에 미치는 영향력이 커야 한다.
> ㉢ 뛰어난 운동신경과 능력뿐만 아니라 탁월한 개인적 특성을 갖추고 있어야 한다.
> ㉣ 특정 스포츠 영역에서 요구되는 운동기술이 특출한 기량을 발휘해야 한다.

① ㉠, ㉡ ② ㉠, ㉢
③ ㉠, ㉡, ㉢ ④ ㉡, ㉢, ㉣

■ ㉠은 평가(권위, 호감, 인기 등) 단계에 해당되는 내용이다.
■ ㉡, ㉢, ㉣은 스포츠계층 형성과정 중에서 구성원 각자의 수행 역할에 따른 서열화 단계에 해당된다.

19 **적재적소에 인재 배치를 주요 목적으로 하는 것은?**

① 지위의 분화 ② 지위의 평가
③ 지위의 서열화 ④ 보수 부여

■ 서열화의 중요목적은 적재적소에 필요한 인재를 배치하는 것을 쉽게 하는 데 있다.

20 **보기는 스포츠계층의 형성과정을 도표로 그린 것이다. [　　] 속에 들어갈 내용으로 가장 알맞은 것은?**

> 보기
> 역할분담(지위의 분화) → 서열화 → [　　　　] → 보수부여

① 기회 ② 평가
③ 생활 ④ 관점

■ 평가란 유용성의 정도에 따라 각기 다른 위치에 지위를 적절하게 배열하는 것.

정답 17 : ④, 18 : ④, 19 : ③, 20 : ②

필수문제

21 **투민(M. M. Tumin)의 스포츠계층 형성과정 중 보기의 설명에 해당되는 것은?**

> 보기
> 축구에서 우수한 미드필더 자원이 되기 위해서는 체격, 체력, 순발력 등의 뛰어난 신체적 능력뿐 아니라 경기의 흐름을 읽고 조율할 수 있는 통찰력 등 탁월한 개인적 특성을 갖추고 있어야 한다.

① 평가 ② 지위의 분화 ③ 보수부여 ④ 지위의 서열화

■ 탁월한 개인적 특성을 갖추는 것은 지위의 분화를 넘어서서 서열화가 이루어진 것이다.

심화문제

22 **역할분담(지위분화)이 그 기능을 효과적으로 발휘할 수 있는 조건이다. 옳지 않은 것은?**

① 업무가 명확하게 구별되어 있어야 한다.
② 각자가 맡은 역할에 대한 책임과 권한이 분명하게 분류되어 있어야 한다.
③ 구성원들이 자신의 역할을 효과적으로 수행할 수 있도록 조직이 만들어져 있어야 한다.
④ 봉급을 주니까 임무를 성실히 수행하는 것은 당연하고, 더이상 보상할 필요는 없다.

■ 역할분담이 효율적으로 기능을 발휘하려면 보상체계가 마련되어 있어야 한다.

23 **스포츠계층의 형성과정 중 서열화에 대한 설명이다. 바르지 못한 것은?**

① 지식, 용모, 체력과 같은 개인적 특성은 배제된다.
② 역할수행에 필요한 기능과 능력에 의해서도 서열화가 이루어진다.
③ 역할수행이 개인이나 사회에 미치는 영향에 의해서도 서열화가 이루어진다.
④ 서열화가 이루어지면 적당한 위치에 적당한 인재를 배치하기 쉬워진다.

■ 개인적 특성(지식, 용모, 체력 등)에 의해서도 서열화가 이루어진다.

24 **스포츠계층의 형성과정 중 보수부여에서 보수의 종류에 대한 설명이다. 바르지 못한 것은?**

① 재산 : 봉급, 상금, 상품 등 재화나 용역에 관한 권리
② 권한 : 자신의 의지대로 추진할 수 있는 권한
③ 심리적 만족 : 명성이나 인기 등과 같이 타인의 반응에 의해서 얻는 비물질적 보수
④ 인기 : 대중의 주목을 받거나 명성을 얻는 것

■ 인기는 심리적 만족의 일부분이다.

25 **스포츠계층의 형성과정 중에서 평가단계에 대한 설명으로 옳은 것은?**

① 지위를 적절하게 배치하는 과정이다.
② 자원과 권한을 배분하는 과정이다.
③ 인재를 배치하고 관리하는 과정이다.
④ 조직을 만들어가는 과정이다.

■ ①은 지위의 분화, ②는 보수부여, ③은 평가단계에 대한 설명이다.

정답 21 : ④, 22 : ④, 23 : ①, 24 : ④, 25 : ③

스포츠사회학

필수문제

26 보기에서 설명하는 케년(G. Kenyon)의 스포츠 참가유형은?

보기
» 스포츠 상황 내에서 다양한 지위와 규범을 이행함으로써 스포츠에 실질적으로 참가하는 형태
» 생활체육 동호인, 선수, 감독, 심판, 해설자로 활동

① 정의적 참가 ② 행동적 참가
③ 인지적 참가 ④ 조직적 참가

■ 케년은 스포츠활동 참가유형을 **행동적 참가**(몸으로 직접 참가하는 것), **인지적 참가**(TV시청이나 경기장에서 직접 관람), **정의적 참가**(마음속으로만 참가)로 나누었다.

심화문제

27 계층에 따라서 스포츠참가 및 관람유형에 차이가 나는 것을 설명한 것이다. 옳은 것은?

① 저소득층일수록 생활체육 참여율이 높다.
② 고소득층은 저소득층에 비해서 스포츠참여에 제약을 많이 받는다.
③ 스포츠이벤트의 관람료 차이가 경제적 계층을 구분한다.
④ 고소득층은 정신적 여유가 부족하여 생활체육에 참여하기 어렵다.

■ 관람료 차이에 의해 경제적 계층이 구분된다.

28 사회계층에 따른 스포츠참여 및 관람유형의 차이를 설명한 것이다. 옳은 것은?

① 하류층은 직접참여, 중 · 상류층은 간접참여를 선호한다.
② 하류층은 직접관람, 중 · 상류층은 간접관람을 선호한다.
③ 위의 차이는 시간적 · 경제적 여유의 차이가 주원인이다.
④ 위의 차이는 부모로부터 물려받은 것이다.

■ 중 · 상류층은 직접참여와 직접관람을 선호하고, 하류층은 간접참여와 간접관람을 선호한다.

29 스포츠에 참가하는 형태를 분류한 것이다. 내용이 전혀 다른 것은?

① 행동적 참가 ② 조직적 참가
③ 인지적 참가 ④ 정의적 참가

■ 한 개인이 개인적으로 스포츠에 참가하는 형태를 분류한 것이다.

30 상류층이 개인종목에 참가하는 것을 선호하는 이유라고 보기 어려운 것은?

① 상류층은 일과시간이 비교적 일정하기 때문에
② 상류층의 과시적 소비경향 때문에
③ 사회화 과정에서 대물림이 되어서(부모가 권해서 또는 어렸을 때부터 개인종목 스포츠를 접했기 때문에)
④ 일반적으로 개인종목 스포츠가 비용이 많이 들기 때문에

■ 상류층은 일과시간이 불규칙하기 때문에 소수의 인원이 즐길 수 있는 개인종목을 선호할 수밖에 없게 된다.

정답 26 : ②, 27 : ③, 28 : ③, 29 : ②, 30 : ①

필수문제

31 상류계급의 스포츠 참가 특징에 대한 설명으로 적절하지 않은 것은?

① 과시적 소비성향의 스포츠를 선호한다.
② 사생활이 보호되는 장소에서 소수 인원이 즐기는 스포츠 참여를 선호한다.
③ 요트, 승마와 같은 자연친화적 개인 스포츠를 선호한다.
④ 직접 참여보다는 TV 시청을 통한 관람스포츠를 소비하는 경향이 높다.

■ 중상류층은 스포츠의 직접참여와 직접관람을 선호하고, 하류층은 간접참여와 간접관람을 선호한다.

심화문제

32 사회계층에 따라 스포츠 참가종목이 다른 이유가 아닌 것은?

① 상류층은 과시적 소비 경향이 있으므로
② 개인스포츠는 단체스포츠에 비해서 많은 비용이 발생하므로
③ 상류층은 다른 계층이 접근하기 어려운 종목을 선호하므로
④ 중 · 상류층은 일정(스케줄)이 일정하여서 단체스포츠에 참여하기 적합하므로

■ 중 · 상류층은 일과시간이 불규칙하여 개인종목을 선호할 수 밖에 없다.

33 스포츠 참가와 사회계층에 대한 설명이다. 올바르지 않은 것은?

① 스포츠 참가유형은 계급에 따라 달라지며, 상류층은 직접참가, 중 · 하류층은 간접참가를 하는 경향이 있다.
② 소득과 학력이 높고 직업과 지위가 높은 사람들이 활동적인 스포츠의 참가비율이 높다.
③ 건강 운동의 경우에는 중류층보다 저소득층 · 상류층 사람들이 더 많이 참가한다.
④ 소득수준과 학력수준이 신체활동 참여비율에 영향을 미친다.

■ 건강운동은 상류층 사람들이 많이 참여한다.

34 계층별 스포츠 참가에 대한 설명으로 옳지 않은 것은?

① 계층별 사회적 조건에 따라 스포츠 참가 유형에 차이가 나타난다.
② 하류계층은 경제적 조건 때문에 상류계층보다 상대적으로 스포츠의 직접관람률이 낮다.
③ 상류계층은 자신의 경제적 여유를 드러내려는 속성으로 인해 하류계층보다 단체스포츠 참가를 더 선호한다.
④ 상류계층은 특정 종목을 강조하는 분위기에 따라 사회화과정에서 해당종목에 자연스럽게 익숙해지게 된다.

■ 상류층은 개인스포츠 참여를 선호한다.

35 다음 중 상류층의 참여가 높은 스포츠 종목으로 가장 적합하지 않은 것은?

① 골프　② 축구　③ 승마　④ 테니스

■ 상류층은 일과시간이 불규칙하여 소수의 인원이 즐길 수 있는 개인 종목을 선호한다.

정답 31 : ④, 32 : ④, 33 : ③, 34 : ③, 35 : ②

스포츠사회학

필수문제

36 **보기의 내용을 기든스(A, Giddens)의 사회계층 이동 준거와 유형으로 바르게 묶은 것은?**

보기
» K는 가난한 가정에서 태어나 끊임없는 훈련을 통해 축구 월드스타가 되었다.
» 월드스타가 되고 난 후, 축구장학재단을 만들어 개발도상국에 축구학교를 설립하여 후진양성에 큰 역할을 하고 있다.

	이동주체	이동 방향	시간적 거리
①	개인	수직 이동	세대 내 이동
②	개인	수평 이동	세대 간 이동
③	집단	수직 이동	세대 간 이동
④	집단	수평 이동	세대 내 이동

■ 보기에서 사회 이동의 주체는 K이다.
■ 이동 방향 : 가난한 가정에서 월드스타가 되었으므로 수직이동
■ 시간적 거리 : 개인의 생애에서 발생했으므로 세대 내 이동
■ 참조 → p. 56

심화문제

37 **스포츠에서 나타나는 사회계층 이동에 대한 설명으로 옳지 않은 것은?**(2024)

① 스포츠는 계층 이동을 위한 수단으로 활용된다.
② 사회계층의 이동은 사회적 상황과 개인적 상황을 반영한다.
③ 사회 지위나 보상 체계에 차이가 뚜렷하게 발생하는 계층 이동은 '수직 이동'이다.
④ 사회계층의 이동 유형은 이동 방향에 따라 '세대 내 이동', 제대 간 이동'으로 구분한다.

■ 세대 내 이동이나 세대 간 이동은 시간적 거리에 따른 이동이다.

38 **보기의 A 선수에 해당하는 사회계층 이동의 유형을 바르게 연결한 것은?**

보기
A 선수는 2002년부터 2019년까지 프로축구리그 S 팀의 주전선수로 활동하면서 MVP 3회 수상 등 축구 선수로서 명성을 얻었다. 은퇴 후, 2020년부터 프로축구 A 팀의 수석코치로 활동하게 되었다.

	이동의 방향	시간적 거리	이동의 주체
①	수직이동	세대 간 이동	집단이동
②	수직이동	세대 내 이동	개인이동
③	수평이동	세대 간 이동	집단이동
④	수평이동	세대 내 이동	개인이동

■ 수직이동은 개인이 아래로 내려가거나 위로 올라가는 것. 시간적 거리 즉 이동범위는 같은 세대 내로 이동하였으므로 세대 내 이동. 이동의 주체 즉 이동원인은 개인의 노력으로 얻은 이동이므로 개인이동이다.

정답 36 : ①, 37 : ④, 38 : ②

39 스포츠와 계층이동 유형에 대한 설명으로 적절한 것은?

① 수직이동은 한팀의 선수가 다른 팀으로 같은 대우를 받고 이적하는 경우를 말한다.
② 개인이동은 소속 집단이 특정 계기를 통하여 집합적으로 이동하는 것을 말한다.
③ 수평이동은 팀의 2군에 소속되어 있던 선수가 1군으로 승격하여 이동하는 경우를 말한다.
④ 세대 간 수직 이동은 운동선수가 부모보다 더 많은 수입과 명예를 얻게 되는 경우를 말한다.

■①은 수평이동, ②는 집단이동, ③은 수직이동.
■④ : 세대 간 수직이동은 한 세대에서 다음 세대로 이어지는 과정에서 발생하는 사회·경제적 지위의 변화를 말한다.

40 사회계층 이동의 기제로서 스포츠의 역할이 아닌 것은?

① 스포츠활동의 참여로 경기력을 향상시켜 프로팀에 입단할 수 있는 기회가 생긴다.
② 수업결손 때문에 학업성취도가 낮아져서 계층이동의 기회가 줄어든다.
③ 특기자로 상급학교에 진학하고 장학금을 수령하는 등의 혜택을 받을 수 있다.
④ 스포츠에서 성공한 것이 은폐된다.

■스포츠에서 성공한 것은 은폐되지 않는다.

41 스포츠참여가 계층의 상승이동에 부정적인 영향을 미친다는 주장으로 보기 어려운 것은?

① 학습권 보장, 최저학력제의 도입 등으로 스포츠 선수들의 학업성취도가 향상된다.
② 스포츠가 성공이데올로기를 확산시킨다.
③ 스포츠는 불평등한 사회현실을 은폐하는 수단이다.
④ 스포츠 선수들은 일반학생들과 형성해야 할 기본적인 인성을 함양하지 못한다.

■학업성취도가 향상되면 계층의 상승이동에 도움이 된다.

필수문제

42 계층이동을 설명하는 내용이다. 옳지 않은 것은?

① 한 계층으로부터 다른 계층으로 옮겨가는 것이다.
② 이동방향을 기준으로 분류하면 수직이동, 수평이동, 수평적 · 수직적 이동이 있고, 수직이동에는 상승이동과 하강이동이 있다.
③ 시간을 기준으로 분류하면 세대 간 이동과 세대 내 이동이 있다.
④ 이동주체를 기준으로 분류하면 경선이동과 후원이동이 있다.

■이동주체를 기준으로 분류하면 개인이동과 집단이동이 있고, 이동의 원인을 기준으로 분류하면 경선이동과 후원이동이 있다.

심화문제

43 스포츠참여가 계층의 상승이동에 긍정적 영향을 미친다는 주장으로 보기 어려운 것은?

① 노력하면 누구나 성공할 수 있다는 성공이데올로기가 대중에게 확산된다.
② 프로선수와 같은 전문직업을 가질 수 있는 신체적 능력과 기량이 향상된다.
③ 경제적 · 직업적 후원이나 장학금을 받을 수 있는 기회가 넓어진다.
④ 스포츠조직에서 사회적으로 가치 있는 행동양식과 태도를 배운다.

■성공이데올로기는 운동선수로 성공할 확률이 대단히 낮다는 사실을 은폐하기 때문에 계층의 상승이동에 나쁜 영향을 미친다.

정답 39 : ④, 40 : ④, 41 : ①, 42 : ④, 43 : ①

스포츠사회학

■ 과도한 성공신화의 확산은 사회계층의 상승 이동에 부정적인 영향을 미친다.

44 **사회적 상승이동의 매개체로서 스포츠의 역할이 아닌 것은?**

① 과도한 성공 신화의 확산 ② 교육적 기회 제공 및 성취도 향상
③ 직업적 후원의 다양한 기회 제공 ④ 올바른 태도 및 행동 함양

45 **2군 감독에서 1군 감독으로 소속이 변경된 사회이동 유형은?**

① 수평이동 ② 하향이동 ③ 수직이동 ④ 세대 간 이동

■ 계급재생산은 계급의 위치가 변하지 않고 다시 계급을 만드는 것이다.

46 **스포츠에서 계층상승의 원인이 될 수 없는 것은?**

① 사회적 상황의 변화 ② 개인의 노력(개인적 상황)
③ 계급재생산 ④ 팀의 성공

필수문제

■ 스포츠가 사회이동 기제로 하는 역할
· 사회적 상승 이동 촉진
· 직업상 혜택 받음
· 교육기회 제공 및 성취도 향상
· 사회생활에 필요한 태도 및 행동양식 학습

47 **로이(J. Loy)와 레오나르드(G. Leonard)가 제시한 사회이동 기제로서 스포츠 역할의 근거로 적절하지 않은 것은?**

① 프로스포츠 선수들은 다양한 형태의 후원 및 광고출연의 기회가 있다.
② 조직적인 스포츠 참가는 직·간접적으로 교육적 성취도를 향상시킨다.
③ 스포츠의 참가 기회 및 결과는 공정하기 때문에 상승이동에 기여한다.
④ 사회생활을 하는 데 가치 있다고 여겨지는 태도 및 행동 양식을 학습시킨다.

심화문제

■ 성공이데올로기의 확산은 계층상승의 기회를 줄어들게 한다.

48 **계층상승의 매개체로서 스포츠가 하는 역할이 아닌 것은?**

① 직업후원의 기회 제공
② 장학금을 받을 수 있는 기회 제공
③ 신체적 기량 및 능력 발달
④ 스포츠신화(성공이데올로기)의 확산

49 **수평적 계층이동에 대한 설명으로 바른 것은?**

① A팀에서 B팀으로 동등한 수준으로 트레이드
② 후보선수에서 주전선수로 이동
③ 선수에서 코치나 감독으로 이동
④ 대학팀 선수에서 프로팀 선수로 이동

50 **다음 중 고령자층의 생활방식 변화에 따른 스포츠활동 참여성향에 대한 설명으로 적절하지 않은 것은?**

① 근파워 위주의 스포츠를 즐김
② 건강, 체형관리, 사회적 관계 등에 중점을 둔 스포츠를 선호함
③ 게이트볼, 볼링 등 신체접촉이 배제된 스포츠를 선호함.
④ 체력과 집중력이 약하므로 위험하지 않은 스포츠를 즐김.

정답 44 : ①, 45 : ③, 46 : ③, 47 : ③, 48 : ④, 49 : ①, 50 : ①

스포츠와 사회화

사회화의 개념

국어사전에서는 사회화라는 단어를 '인간이 사회의 한 성원으로 생활하도록 기성세대에 동화하는 것'이라고 설명하고 있다. 즉, 인간이 사회에 적응하며 살아가기 위해서 사회구성원들과의 상호작용을 통해서 사회생활에 필요한 가치 · 기술 · 지식 · 규범들을 학습하는 것을 말한다.

인간은 사회화를 통해 인간다운 품성과 자질을 획득해가면서 사회적 존재로 살아갈 수 있다.

1 사회화의 특징과 기능

- ☞ 인간은 서로 다른 환경에서 서로 다른 사회화를 겪게 된다.
- ☞ 교육은 개인을 사회화하는 중요한 기능을 한다.
- ☞ 한 개인이 사회화하는 과정에는 반드시 다른 사람의 도움이 필요하다.
- ☞ 사회화는 특정 시기에만 이루어지는 것이 아니다. 유아기나 아동기, 청소년기 등에 집중적으로 사회화가 이루어지기는 하지만 사회화는 평생에 걸쳐서 이루어진다.
- ☞ 사회화하는 구체적인 내용은 시대와 장소에 따라 다르다.
- ☞ 사회화는 기본적인 규율을 가르쳐서 사회적 제재를 따르게 한다.
- ☞ 개인으로 하여금 희망과 목표를 심어주는 동시에 제한한다.
- ☞ 개인의 자아정체성 확립에 도움을 준다.
- ☞ 사람들의 사회적 위치를 인식하고 각자의 역할을 인지하게 한다.
- ☞ 기술을 가르쳐 다음 세대에게 전수될 수 있도록 한다.

▶ 사회화의 기관

구분	특징	종류	내용
1차적 사회화 기관	자연발생적 비형식적 · 인격적 인간관계	가정	가장 기초적인 사회화 기관, 유년기에 중요한 사회화 기관 가족으로부터 언어, 예절 등의 기본적 행동양식 습득
		또래집단	자연적으로 구성되는 비슷한 나이의 친구 집단 집단의 규칙 및 질서 습득 → 청소년기에 중요한 사회화 기관
2차적 사회화 기관	특정한 목적을 가지고 인위적으로 형성, 형식적인 인간관계	학교	공식적 · 체계적 · 지속적인 사회화 기관 사회생활
		대중매체	여러 가지 지식과 정보 제공 → 현대사회에서 영향력이 커짐
		직장	성인의 사회화에 중요한 역할 담당, 업무와 관련된 지식 습득

▶ 사회화를 보는 관점

구조 기능주의적 관점	⇒ 사회화를 통해서 사회가 유지된다. ⇒ 사회화를 통해서 개인의 자아를 실현한다.
갈등론적 관점	⇒ 사회화 때문에 불평등 구조가 유지된다. ⇒ 사회화를 통해서 지배와 피지배의 관계를 정당화한다.
상징적 상호작용론적 관점	⇒ 개인은 다른 사람과의 상호작용에 의해서 사회화된다. ⇒ 개인의 생각과 행동이 변화되어 가는 과정이 사회화이다.

스포츠사회화의 개념

☞ 사회화의 하위개념으로 스포츠로의 사회화, 스포츠를 통한 사회화, 스포츠로부터의 탈사회화, 스포츠로의 재사회화로 나눌 수 있다.

☞ 개인이 스포츠에 참여하여 그 사회의 문화를 체득하고 자신의 특성을 발휘하는 과정이다.

☞ 스포츠와 관련된 상황에서 발생하는 사회화이다.

스포츠사회화를 설명하는 이론들

사회학습 이론	사회에서 학습하고, 그 사회에 알맞은 역할을 수행한다. 강화 : 벌에 의해서 부정적으로 강화되면 행동이 억제되고, 상에 의해서 긍정적으로 강화되면 행동이 지속될 가능성이 커진다. 코칭 : 누군가 다른 사람(사회화의 주관자)을 통해서 가르침을 받는다. 관찰학습 : 다른 사람의 행동을 관찰하고 그것을 역할 수행에 반영한다.
역할 이론	개인의 경험에 의해서 학습하고 구성원들의 상호작용에 의해서 자신의 역할을 수행하려고 노력하는 과정에서 사회화가 이루어진다. 개인이 사회화 과정을 통해서 집단에 소속된 다음 그 사회의 일원으로서 기능을 발휘할 수 있게 변화되는 것을 설명하는 이론이다.
준거집단 이론	인간은 어떤 집단이나 타인에게 자발적으로 적응하고, 이들의 행동, 태도, 감정 등을 준거로 삼아서 자신의 행동, 태도, 감정 등을 형성해 나간다는 이론이다. 개인의 사회화에 영향을 미치는 준거집단에는 규범집단, 비교집단, 청중집단이 있다.

스포츠에 참여하는 요인

ⓐ 내적만족 = 즐거움　ⓐ 외적만족 = 보상　ⓐ 사회적 인정 = 사회적 결속

ⓐ 의무 = 스포츠에 참가하지 않으면 받게 될 불이익을 면하려고

ⓐ 스포츠 정체감 = 스포츠에 의존하고 있는 개인의 정체의식

스포츠사회화의 주관자

☞ 중요타자 또는 준거집단이라고도 한다.

☞ 가족, 또래집단, 학교, 지역사회, 대중매체 등이 있다.

☞ 주로 스포츠활동에 참여하도록 유도하거나, 계속해서 참여하도록 격려하는 역할을 한다.

1 스포츠로의 사회화

☞ 개인에게 스포츠에 참여하고자 하는 흥미와 관심을 유발함으로써 스포츠에 참가하도록 유도하는 것.

2 스포츠를 통한 사회화

☞ 스포츠활동에 참가해서 습득할 수 있는 다양한 가치

☞ 스포츠활동에 참가하는 다른 구성원들로부터 받는 자극에 의해서 형성되는 태도

☞ 스포츠활동에 참가해서 얻을 수 있는 다양한 역할경험 등

▶ 스포츠 활동 참가의 유형(Kenyon)

ⓐ 행동적 참가 : 몸으로 직접 참가함

ⓐ 인지적 참가 : TV시청이나 경기장에 가서 경기를 관람함

ⓐ 정의적 참가 : 마음 속으로만 참가함

▶ 참가의 정도

ⓐ 참가의 빈도 : 참가하는 횟수

ⓐ 참가의 기간 : 참가 시기 및 시간

ⓐ 참가의 강도 : 참가하여 몰입하는 수준

▶ 참가의 형태

ⓐ 일상적 참가 : 정기적 참가

ⓐ 주기적 참가 : 일정한 간격으로 지속적 참가

ⓐ 일탈적 참가 : 직업활동을 포기한 채로 참가하는 일차적 일탈, 도박성을 띤 2차적 일탈

3 스포츠를 통한 역할사회화의 과정

단계	내용
예상 단계	확실한 지위나 역할이 부여되지 아니한 상태에서 어떤 역할을 수행하고 싶다는 기대를 가지고 있는 단계.
공식적 단계	자신의 능력과 행동에 관련해서 사회적으로 인정되는 지위를 얻게 되는 단계.
비공식적 단계	개인 간의 상호작용을 통해서 전달되는 비공식적인 기대가 있는 단계.
개인적 단계	경험을 바탕으로 자신의 역할에 대한 기대를 스스로 조절할 수 있는 단계.

4 스포츠를 통한 가치의 사회화

☞ 스포츠가 현대 사회의 일반적인 규범, 가치, 태도 등을 사회 구성원들이 쉽게 이해할 수 있도록 전달하는 역할을 한다.

☞ 스포츠와 일반사회는 구조와 조직이 아주 유사하기 때문에 자신에게 적합한 역할을 스포츠를 통해서 경험할 수 있다.

5 스포츠를 통한 태도의 사회화

☞ 스포츠가 가지고 있는 정서순화 기능에 의해서 인간관계를 원만하게 하고 밝은 분위기를 조성하는 태도를 갖게 된다.

☞ 뛰어난 선수나 지도자의 행동을 모방하면서 태도에 변화가 온다.
☞ 스포츠 상황에서는 자신의 입장보다는 집단의 입장이 강조되기 때문에 태도변화가 온다.
☞ 스포츠 집단에서는 집단의 행동규범에 동조하는 경향이 강하므로 태도에 변화가 온다.
☞ 스포츠 팀 내에서의 지위와 역할이 변함에 따라서 태도에 변화가 온다.

6 스포츠를 통한 가치형성

참가지향 가치	스포츠참가를 통해서 자기실현과 자기만족을 추구하는 가치체계이다.
공정강조 가치	자발적인 내적동기에 의한 스포츠 참가를 강조하는 가치체계이다.
업적지향 가치	탁월성을 내보이고 승리를 쟁취하려는 성취경향이 강한 가치체계이다.
승리강조 가치	경쟁에서 승리를 중시하고 패배를 낙오로 인식하는 가치체계이다.

7 스포츠를 통한 사회화의 전이

☞ 사회화주관자의 위력이 클수록 전이효과가 크게 나타난다.
☞ 스포츠활동에 참가한 빈도, 강도, 기간에 따라 전이 효과가 다르다.
☞ 비자발적 참가자보다 자발적 참가자의 전이효과가 크게 나타난다.
☞ 스포츠 참가를 통해서 인간관계가 형성되면 전이효과가 크다.
☞ 개인적 · 사회적 특성이 유사하면 전이가 잘 일어난다.

스포츠로부터의 탈사회화

☞ 자의나 타의에 의해서 스포츠참가를 중단하는 것이 스포츠로부터의 탈사회화이다.
☞ 청소년기에는 학교 공부, 군입대, 취업, 이사 때문에 스포츠로부터의 탈사회화가 발생한다.
☞ 운동기량의 부족 또는 저하 때문에 스포츠로부터의 탈사회화가 발생한다.
☞ 부상이나 미래에 대한 불안감 때문에 스포츠로부터의 탈사회화가 발생한다.
☞ 지도자와의 갈등이나 운동에 대한 싫증 때문에도 스포츠로부터의 탈사회화가 발생한다.

스포츠에로의 재사회화

조직화된 경쟁스포츠에 참여했던 사람이 어떤 이유에서 스포츠 참가를 일정 기간 중지했던(스포츠로부터의 탈사회화 했던) 사람이 새로운 동기에 의해 다시 스포츠에 참여하게 되는 것을 스포츠로의 재사회화라고 한다.

스포츠에로의 재사회화에 영향을 미치는 5가지 변인

⑧ 환경……성, 연령, 교육 정도, 계층
⑧ 취업……스포츠 이외의 직업에 취업할 수 있는 기회
⑧ 정서……스포츠가 자신의 자아정체에서 차지하는 정도
⑧ 역할사회화……스포츠 이외의 역할에 대한 사회화 정도
⑧ 인간관계……스포츠를 통한 사회화에 대한 주변 사람들의 만족도

필수 및 심화 문제

필수문제

01 스포츠사회화의 개념이다. 옳지 못한 것은?

① 사회화의 하위개념으로 스포츠로의 사회화, 스포츠를 통한 사회화, 스포츠로부터의 탈사회화, 스포츠로의 재사회화로 나눌 수 있다.
② 개인이 스포츠에 참여하여 그 사회의 문화를 체득하고 자신의 특성을 발휘하는 과정이다.
③ 스포츠와 관련된 상황에서 발생하는 사회화이다.
④ 개인이 자신이 좋아하는 스포츠선수의 행동을 따라서 하는 것이다.

■ ①, ②, ③은 스포츠사회화의 개념을 적어놓은 것이다.

심화문제

02 스포츠사회화 과정에 영향을 미치는 '사회화의 상황'에 해당되는 것은?

① 접근성 ② 대중매체 ③ 사회적 지위 ④ 친구

■ 접근성은 사회화의 상황이고, 대중매체와 친구는 중요타자/준거집단에 속하고, 사회적 지위는 개인적 특성에 해당된다.

03 다음 중 스포츠사회화에 대한 설명으로 올바른 것은?

① 스포츠참여를 통해 스포츠집단이 가지는 가치관, 신념, 태도 등을 체득하는 과정이다.
② 스포츠에 개인이 참여하는 것만으로도 사회화는 이루어진다.
③ 스포츠는 집단의 형태로 이루어질 때 사회화가 극대화 된다.
④ 스포츠참여를 통해 개인의 발전만을 도모하기 위한 과정이다.

04 스포츠활동에 참여함으로써 개인의 태도에 변화를 주는 요인이 아닌 것은?

① 모방행동 ② 동조행동 ③ 역할행동 ④ 사회행동

■ 사회행동은 스포츠활동 참여로 개인의 태도에 변화를 주는 요인이 아니다.

05 보기의 내용에 나타나는 스포츠의 사회적 기능으로 옳은 것은?

> 보기
> 올림픽에서 농구 주전선수인 ㅇㅇ이는 1차전 경기에서 어깨에 심각한 부상을 입었다. 그러나 팀의 승리와 메달획득 때문에 감독은 응급처치 후 ㅇㅇ이를 다시 경기에 출전하도록 강요하였고 이후 부상이 심각해져서 결국 입원하게 되었다.

① 사회통제 기능 ② 사회차별 기능 ③ 신체소외 기능 ④ 신체적응 기능

■ 신체적 부상을 돌보지 않는 것은 신체소외이다.

정답 01 : ④, 02 : ①, 03 : ①, 04 : ④, 05 : ③

스포츠사회학

■ <보기>는 스포츠로의 사회화과정에 관한 설명이다. 이것은 유년기부터 성인기까지 받은 스포츠 참여 경험에 의해 긍정적 혹은 부정적인 영향이 스포츠 참가의 개입 수준을 증가 또는 감소시키는 단계이다. ①과 ③은 스포츠를 통한 사회화 과정에 의한 스포츠 참가의 결과를 뜻한다. ④는 여러 가지 요인으로 스포츠 참가 중단에 의한 스포츠로부터 탈사회화 과정이다.

필수문제

06 보기의 내용에 해당하는 스포츠사회화 과정의 특징으로 옳은 것은?

보기
ㅇㅇ이는 어린이날에 야구를 좋아하는 삼촌을 따라 처음으로 야구장에 가게 되었다. 처음 보는 현장 경기에서 실제로 본 선수들의 모습이 너무 멋있었다. 다음 날 부모님을 졸라 주변에 있는 리틀 야구단에 입단하였다.

① 스포츠 경험을 통해 자신이 속한 특정 사회의 가치, 태도, 행동양식을 습득하는 과정
② 사회화 주관자나 준거집단의 영향을 수용하여 스포츠에 참가하게 되는 과정
③ 스포츠를 통해서 페어플레이, 바람직한 시민의식 같은 인성 · 도덕적 성향이 함양되는 과정
④ 스포츠 활동에서 학습한 기능, 특성 등이 다른 사회현상으로 전이 또는 일반화되는 과정

■ 스포츠를 통한 사회화(p. 71) 참조

07 스포츠사회화에 대한 설명이다. 옳은 것은?

① 스포츠로의 재사회화는 스포츠현장을 떠나 일반 사회로 다시 복귀하는 과정이다.
② 스포츠로의 사회화는 탈퇴했던 스포츠활동에 다시 참여하는 과정이다.
③ 스포츠를 통한 사회화는 스포츠활동에 참여하여 가치, 태도 등을 학습하고 역할을 수행하는 과정이다.
④ 스포츠로부터의 탈사회화는 스포츠활동에 참여하기 위해서 자신의 역할을 변화시키는 과정이다.

■ 사회화 때문에 불평등 구조가 유지되고, 사회화를 통해서 지배와 피지배의 관계가 정당화된다는 것이 갈등론적 관점이다.

필수문제

08 다음 중 갈등론적 관점에서 사회화를 보는 것은?

① 사회화를 통해서 사회가 유지된다.
② 사회화 때문에 불평등 구조가 유지된다.
③ 개인은 다른 사람과의 상호작용에 의해서 사회화된다.
④ 개인의 생각과 행동이 변화되어 가는 과정이 사회화이다.

■ 대중매체는 모든 연령층에 영향을 미치고, 사회화주관자로서의 역할이 점차적으로 강화되고 있다.

심화문제

09 스포츠사회화의 주관자에 대한 설명이다. 옳지 않은 것은?

① 중요타자 또는 준거집단이라고도 한다.
② 가족, 또래집단, 학교, 지역사회 등이 있다.
③ 대중매체는 스포츠사회화의 주관자가 될 수 없다.
④ 주로 스포츠활동에 참여하도록 유도하거나, 계속해서 참여하도록 격려하는 역할을 한다.

정답 06 : ②, 07 : ③, 08 : ②, 09 : ③

필수문제

10 **스포츠사회화 주관자의 하나로서 스포츠와 여가활동의 역할사회화가 최초로 이루어지는 준거집단은?**

① 학교 ② 또래집단 ③ 가족 ④ 매스미디어

■ 태어나서 가장 먼저 대하는 사람은 가족이다.

심화문제

11 **청소년기에 가장 영향력이 큰 사회화주관자는?**

① 가족 ② 지역사회
③ 대중매체 ④ 또래집단

■ 청소년기에는 부모나 선생님 말씀보다 친구의 말을 더 중요하게 생각한다.

12 **보기의 내용에 해당하는 스포츠사회화의 주관자는?**

보기
박태환 선수의 올림픽 금메달 획득 장면이 언론에 집중적으로 보도되자 국내 수영장에는 많은 어린이들의 수영강습 신청에 대한 문의가 증가했다.

① 지역사회 ② 또래친구 ③ 대중매체 ④ 학교

■ 언론 보도는 대중매체

13 **스포츠를 통한 사회화의 전이를 설명한 것이다. 틀린 것은?**

① 사회화주관자의 위력이 클수록 전이효과가 크게 나타난다.
② 스포츠활동에 참가한 빈도, 강도, 기간에 따라 전이 효과가 다르다.
③ 비자발적 참가자보다 자발적 참가자의 전이효과가 크게 나타난다.
④ 사회화주관자와 피주관자의 사회적 관계는 전이효과와 관련이 없다.

■ 스포츠를 통한 사회화의 전이(p. 72 참조)

14 **스포츠사회화의 주관자가 아닌 사람은?**

① 가족 ② 친구
③ 지역사회 ④ 관중

15 **보기는 누구(무엇)에 대한 설명인가?**

보기
» 개인이 성장함에 따라서 영향이 커지는 사회화주관자이다.
» 가정에서 경험하지 못하는 평등한 관계에 기초한다.
» 독립심과 리더십을 발휘할 수 있는 기회를 제공한다.

① 또래집단 ② 학교 ③ 지역사회 ④ 대중매체

정답 10 : ③, 11 : ④, 12 : ③, 13 : ④, 14 : ④, 15 : ①

스포츠사회학

■ 스포츠 사회화(스포츠를 통한 사회화)의 전이 조건(Snyder, E.)
· 사회화 주관자의 위력과 위신
· 스포츠활동 참가정도(빈도 · 강도 · 기간)
· 스포츠활동의 자발성
· 스포츠활동을 통한 인간관계 형성
· 참가자의 개인적 · 사회적 특성

필수문제

16 보기에서 스나이더(E. Snyder)가 제시한 스포츠사회화의 전이 조건을 모두 고른 것은?

보기
㉠ 스포츠 참가 정도　㉡ 스포츠 참가의 자발성 여부
㉢ 스포츠 참가자의 개인적 · 사회적 특성　㉣ 사회화 주관자의 위신 및 위력

① ㉠　② ㉠, ㉡　③ ㉠, ㉡, ㉢　④ ㉠, ㉡, ㉢, ㉣

심화문제

17 스나이더(E. Snyder)가 제시한 스포츠 사회화의 전이 조건이 아닌 것은?

① 참가의 가치　② 참가의 정도
③ 참가의 자발성 여부　④ 사회화 주관자의 위신과 위력

■ 사회학습이론의 구성요소는 강화, 코칭, 관찰학습인데, 보기는 누군가 다른 사람(사회화 주관자)를 통해서 가르침을 받는 코칭에 해당된다.

필수문제

18 레오나르드(W. Leonard)의 사회학습이론에서 보기의 설명과 관련된 사회화 기제는? (2024)

보기
» 새로운 운동기능과 반응이 학습된다.
» 학습자에게 동기를 부여할 수 있게 된다.
» 지도자가 적합하다고 생각하는 새로운 지식을 알게 된다.

① 강화　② 코칭
③ 보상　④ 관찰학습

■ 사회학습이론 : 사회적 행동을 습득하고 수행하는 과정을 밝히는 이론. 스포츠 역할 학습 접근 방법은 강화, 코칭, 관찰 학습으로 구성된다. 상과 벌을 주는 것도 사회학습이론이다.
■ 역할이론 : 사회구조 속에서 사회적 지위 유지를 위한 역할 기대 또는 행동양식을 획득하는 과정에 관한 이론.
■ 준거집단이론 : 특정 집단이나 타인의 행동, 태도, 감정 등을 자신의 판단 기준이 되는 준거척도로 삼는 이론.

심화문제

19 보기에서 설명하는 스포츠사회화 이론은?

보기
» 상과 벌을 통해 행동의 변화가 일어난다.
» 사회화 주관자의 가르침을 통해 행동이 변화한다.
» 다른 사람의 행동을 관찰하여 모방이 일어난다.

① 사회학습이론　② 역할이론　③ 준거집단이론　④ 문화규범이론

정답 16 : ④, 17 : ①, 18 : ②, 19 : ①

20 보기에서 설명하는 사회학습 이론의 구성요소는?

> 보기
> 상과 벌은 행동의 학습과 수행에 긍정적 · 부정적 영향을 미친다. 스포츠 현장에서 스포츠에 내재된 가치, 태도, 규범에 그릇된 행위는 벌을 통해 중단되거나 회피된다.

① 강화 ② 코칭 ③ 관찰학습 ④ 역할학습

■ 사회학습 이론의 구성요소
① 강화 : 벌에 의한 부정적 강화는 행동을 억제시키고, 상에 의한 긍정적 강화는 행동을 지속시킴(보기에 해당).
② 코칭 : 사회화의 주관자를 통해 가르침을 받음.
③ 관찰학습 : 타인의 행동을 관찰하여 역할 수행 시에 반영함.

21 스포츠사회화를 이해하기 위한 사회학습이론의 관점으로 적절하지 않은 것은?

① 상과 벌을 통해 행동이 변화한다.
② 다른 사람의 행동을 관찰하여 모방이 일어난다.
③ 사회화 주관자의 가르침을 통해 행동이 변화한다.
④ 개인은 자신이 처해 있는 상황을 스스로 학습하고 변화한다.

■ ①은 사회학습 이론의 구성 요소 중 강화, ②는 관찰학습, ③은 코칭에 해당한다.

22 스포츠사회화 이론에 대한 설명으로 옳은 것은?

① 사회학습이론은 비판이론의 관점을 바탕으로 개인의 복잡한 사회학습과정을 설명한다.
② 사회학습이론에서는 스포츠 역할의 학습을 이해하기 위해 강화, 코칭, 보상의 개념을 활용한다.
③ 역할이론은 사회를 갈등대립의 장으로 보고, 개인은 그 속에서 타인과 상호작용을 통해 갈등해결의 역할을 배워간다고 가정한다.
④ 준거집단이론에서 준거집단은 규범집단, 비교집단,청중집단 등으로 구성된다.

■ ① 사회학습이론 : 개인이 사회적 행동을 어떻게 습득하고 수행하는가를 밝히는 이론.
■ ② 이 이론에서는 스포츠 역할의 학습을 이해하기 위해 강화 · 코칭 · 관찰학습의 개념을 활용함.
■ ③ 역할이론 : 사회구조 속에서 사회적 지위를 유지하기 위한 역할기대 또는 협동양식 획득과정에 관한 이론.

필수문제

23 스포츠사회의 가치관, 신념, 태도, 역할 등을 습득(학습)하고 수행하는 것을 스포츠사회화라고 할 때(사회학습이론) 사회화를 학습하는 방법과 거리가 먼 것은?

① 관찰학습 : 다른 사람의 행동을 관찰하고 그것을 역할 수행에 반영한다.
② 강화 : 벌에 의해서 부정적으로 강화되면 행동이 억제되고, 상에 의해서 긍정적으로 강화되면 행동이 지속될 가능성이 커진다.
③ 코칭 : 누군가 다른 사람(사회화의 주관자)을 통해서 가르침을 받는다.
④ 개인적 특성 : 자신의 체력이나 경제력과 같은 특성에 따라서 학습을 할 수도 있고 안 할 수도 있다.

■ 개인적 특성은 스포츠사회화의 주요 요소 중의 하나이지 사회화를 학습하는 방법은 아니다.

정답 20 : ①, 21 : ④, 22 : ④, 23 : ④

■ 스포츠참가의 유형(스포츠를 통한 사회화에서 본)
· 행동적 참가 : 스포츠에 실제로 참가하는 것(일차적 참가와 이차적 참가가 있다)
· 인지적 참가 : 스포츠에 관련된 정보를 학교 · 사회기관 · 미디어 · 대회 등의 수용과정을 통한 참가
· 정의적 참가 : 개인적인 느낌으로 특정 선수나 팀에 간접적으로 참가하는 것
· 일탈적 참가 : 직업 활동을 포기한 채로 참가하는 일차적 일탈, 도박성을 띤 2차적 일탈

스포츠사회학

필수문제

24 보기에서 설명하는 캐년(G. Kenyon)의 스포츠 참가(참여)의 유형은?

보기
실제 스포츠에 참가하지는 않지만 간접적으로 특정 선수나 팀 또는 경기상황에 대해 감정적인 태도나 성향을 표출하는 참가

① 행동적 참가 ② 인지적 참가 ③ 일탈적 참가 ④ 정의적 참가

심화문제

25 보기에 해당하는 케년(G. Kenyon)의 스포츠 참가유형은?

보기
» 특정 선수의 사인볼 수집
» 특정 스포츠 관련 SNS 활동
» 특정 스포츠 물품에 대한 애착

① 일탈적 참가 ② 행동적 참가
③ 정의적 참가 ④ 인지적 참가

■ ㉠ 골프선수를 그만두게 된 것 : 스포츠 탈사회화
■ ㉡ 골프선수가 되어 사회성 · 체력 · 준법정신 함양 : 스포츠를 통한 사회화
■ ㉢ 아빠와 함께 골프를 배움 : 스포츠로의 사회화
■ ㉣ 골프 꿈나무 양성: 스포츠로의 재사회화스포츠 활동이 주된 활동이 아니라 취미 또는 건강을 위해 스포츠 활동을 하는 것이 일상적 참가이다.

26 케년(G. Kenyon)과 슈츠(Z. Schutz)가 구분한 스포츠 참가 유형에 대한 설명으로 옳지 않은 것은?

① 일상적 참가 : 스포츠 참가가 일상의 주된 활동이 되어 스포츠 활동에 대부분의 시간을 소비함
② 주기적 참가 : 일정 간격을 유지하면서 스포츠에 지속적으로 참가함
③ 일차적 일탈 참가 : 자신의 직업을 등한시하고 대부분의 시간을 스포츠 참가에 할애함
④ 이차적 일탈 참가 : 경기결과에 거액의 돈을 걸고 스포츠를 관람함

■ 체력증진과 사회화는 관련이 없다. ①, ②, ③ 외에 스포츠활동에 참가해서 얻을 수 있는 '다양한 역할경험'이 포함되어야 한다.

27 스포츠활동에 참가한 결과로 형성되는 가치, 태도, 행동과 관련된 것들을 스포츠를 통한 사회화라고 한다. 다음 중 스포츠를 통한 사회화에서 다루는 내용과 거리가 먼 것은?

① 스포츠활동에 참가해서 습득할 수 있는 다양한 가치
② 스포츠활동에 참가하는 다른 구성원들로부터 받는 자극에 의해서 형성되는 태도
③ 스포츠를 통한 사회화의 전이
④ 스포츠활동에 참가해서 얻을 수 있는 다양한 체력증진 효과

정답 24 : ④, 25 : ③, 26 : ①, 27 : ④

필수문제

28 보기의 ㉠~㉢에 해당하는 스포츠사회화 과정이 바르게 연결된 것은?

보기
(㉠) : 테니스 지도자가 되어 초등학교에서 테니스를 가르치게 되었다.
(㉡) : 부모님의 권유로 테니스를 배우게 되었다.
(㉢) : 테니스참여를 통해 사회성, 준법정신이 강한 선수가 되었다.
스포츠 탈 사회화 : 무릎인대 손상으로 테니스선수생활을 그만두었다.

	㉠	㉡	㉢
①	스포츠 재사회화	스포츠를 통한 사회화	스포츠로의 사회화
②	스포츠로의 사회화	스포츠 재사회화	스포츠를 통한 사회화
③	스포츠를 통한 사회화	스포츠로의 사회화	스포츠 재사회화
④	스포츠 재사회화	스포츠로의 사회화	스포츠를 통한 사회화

■ **스포츠로의 재사회화**(스포츠 재사회화) : 조직화된 경쟁 스포츠에 참여했던 사람이 어떤 이유로 스포츠활동을 중지하고 있다가(스포츠로부터의 탈사회화) 새로운 동기로 스포츠에 참가하게 되는 것
■ **스포츠로의 사회화** : 특정인에게 스포츠 참여에 관한 재미와 흥미를 유발시킴으로써 스포츠 참가를 유도하는 것
■ **스포츠를 통한 사회화** : 스포츠에 지속적으로 참가한 결과 얻어지는 다양한 효과
■ **스포츠로부터의 탈사회화**(스포츠 탈사회화) : 어떤 원인(부상, 흥미상실, 타인과의 갈등 등)으로 스포츠참여를 중단하는 것.

심화문제

29 보기의 ㉠~㉢에 해당하는 스포츠사회화 과정이 바르게 연결된 것은?

보기
» (㉠): 손목수술 후유증으로 인해 골프선수를 그만두게 되었다.
» (㉡):골프의 매력에 빠져 골프선수가 되어 사회성, 체력,준법정신이 함양되었다.
» (㉢): 아빠와 함께 골프연습장에 자주 가면서 골프를 배우게 되었다.
» (㉣): 골프선수 은퇴 후 골프아카데미 원장으로 부임하면서 골프꿈나무를 양성하게 되었다.

	㉠	㉡	㉢	㉣
①	스포츠로의 재사회화	스포츠를 통한 사회화	스포츠로의 사회화	스포츠 탈사회화
②	스포츠로의 재사회화	스포츠로의 사회화	스포츠를 통한 사회화	스포츠 탈사회화
③	스포츠 탈사회화	스포츠를 통한 사회화	스포츠로의 사회화	스포츠로의 재사회화
④	스포츠 탈사회화	스포츠로의 사회화	스포츠를 통한 사회화	스포츠로의 재사회화

30 보기에 나열되어 있는 스포츠사회화의 과정을 순서대로 정리한 것은?

보기
A. 스포츠로의 사회화　　B. 스포츠를 통한 사회화
C. 스포츠로부터의 탈사회화　　D. 스포츠로의 재사회화

① A-B-C-D　② A-C-B-D　③ B-A-D-C　④ B-D-A-C

■ 스포츠를 하기 시작하는 것이 스포츠로의 사회화이고, 스포츠를 하다가 그만두는 것이 스포츠로부터의 탈사회화이다.
■ 스포츠사회화의 과정은 A-B-C-D순이다.

정답 28 : ④, 29 : ③, 30 : ①

■② **공정강조 가치** : 자발적인 내적동기에 의한 스포츠참가를 강조하는 가치체계이다.
■③ **업적지향 가치** : 탁월성을 내보이고 승리를 쟁취하려는 성취경향이 강한 가치체계이다.
■④ **승리강조 가치** : 경쟁에서 승리를 중시하고 패배를 낙오로 인식하는 가치체계이다.

스포츠사회학

필수문제

31 스포츠를 통한 사회화 중에서 가치형성에 관한 설명이다. 옳은 것은?

① 참가지향 가치는 스포츠참가를 통한 자기실현과 자기만족을 추구하는 가치체계이다.
② 공정강조 가치는 경쟁의 과정보다 경쟁의 결과를 중시하는 가치체계이다.
③ 업적지향 가치는 스포츠참가를 통한 사회적 상호작용을 추구하는 가치체계이다.
④ 승리강조 가치는 자발적인 내적동기에 의한 스포츠참가를 강조하는 가치체계이다.

심화문제

■개인에게 스포츠에 참여하고자 하는 흥미와 관심을 유발시킴으로써 스포츠에 참가하도록 유도하는 것이 스포츠로의 사회화이다.

32 다음 중 스포츠 장면에서 학습된 기능, 특성, 가치, 태도, 지식 및 성향 등이 다른 사회현상으로 전이 또는 일반화되는 과정을 뜻하는 것은?

① 스포츠로의 사회화　② 스포츠로의 재사회화
③ 스포츠에서의 탈사회화　④ 스포츠를 통한 사회화

33 다음은 스포츠를 통한 사회화에서 주장하는 "다양한 사회적 가치를 습득할 수 있다."는 내용을 설명한 것이다. 틀린 것은?

① 스포츠는 사회 전체를 지배하고 있는 가치를 전달하는 역할도 수행한다.
② 스포츠와 일반사회는 구조와 조직이 아주 유사하기 때문에 자신에게 적합한 역할을 스포츠를 통해서 경험할 수 있다.
③ 현대사회가 아주 빨리 변하는 데에 비하여 스포츠는 체제유지적인 기능이 있으므로 사회적 가치가 빠르게 변하는 것을 억제한다.
④ 스포츠가 현대 사회의 일반적인 규범, 가치, 태도 등을 사회 구성원들이 쉽게 이해할 수 있도록 전달하는 역할을 한다.

■사회적 가치의 변화를 억제하는 것은 사회화가 아니다.

34 보기에서 설명하는 스포츠사회화 과정은?

보기
» 이용대 선수의 경기 보도 증가는 대중들의 배드민턴 참여를 촉진한다.
» 부모의 스포츠에 대한 긍정적인 태도는 자녀의 스포츠 참여 가능성을 높인다.
» 학생들은 교내에서 체육교과와 다양한 프로그램을 통해 스포츠에 참여하고 있다.

① 스포츠로의 재사회화
② 스포츠로부터의 탈사회화
③ 스포츠를 통한 사회화
④ 스포츠로의 사회화

■스포츠로의 사회화는 개인에게 스포츠참여에 대한 관심과 흥미를 유발시켜 스포츠참여를 유도하는 것이다.

정답　31 : ①, 32 : ④, 33 : ③, 34 : ④

필수문제

35 스포츠를 통한 사회화의 전이와 관련된 내용이다. 잘못된 것은?

① 스포츠활동에 참여하여 형성된 가치관, 도덕성, 공정성, 적응력 등이 일반 사회생활에 전이되어 성공적인 시민 육성에 기여한다.
② 스포츠사회화의 전이는 모든 사람에게 일괄적으로 공통되게 발생한다.
③ 스포츠사회화의 전이는 환경이 유사할 때에 잘 발생한다.
④ 스포츠사회화의 전이는 참여 정도, 참가의 자발성 수준, 조직 내의 사회적 관계 등에 따라서 각기 다르게 나타난다.

■ 스포츠사회화의 전이는 개인에 따라 선택적으로 다르게 발생한다.

심화문제

36 스포츠로의 사회화(socialization into sport) 요인 중 보기의 설명에 해당하는 것은?

보기
여성의 신체노출을 금기시 하는 일부 중동국가의 문화는 여성의 스포츠 참가를 불가능하게 하며 스포츠 경기 관람조차 허용하지 않고 있다.

① 개인적 특성 ② 사회적 상황 ③ 스포츠 개입 ④ 스포츠 사회화 주관자

필수문제

37 스포츠탈사회화와 재사회화 과정에 대한 설명으로 옳지 않은 것은?

① 운동선수의 스포츠탈사회화는 선수은퇴를 의미한다.
② 환경, 취업, 정서 등의 요인은 운동선수의 스포츠탈사회화에 영향을 미친다.
③ 운동선수는 스포츠탈사회화 이후 모두 스포츠재사회화의 과정을 겪게 된다.
④ 새로운 직업에 대한 기회가 많고 교육수준이 높은 운동선수일수록 자발적 은퇴를 선택할 가능성이 높다.

■ 스포츠를 그만 둔 다음 스포츠와 전혀 관계없는 일로만 평생을 사는 사람도 많다.

필수문제

38 스포츠로부터의 탈사회화에 관한 설명으로 옳은 것은?(2024)

① 부상, 방출 등의 자발적 은퇴로 탈사회화를 경험한다.
② 스포츠 참여를 통한 행동의 변화를 스포츠로부터의 탈사회화라고 한다.
③ 개인의 심리상태, 태도에 의해 참여가 제한되는 것을 내재적 제약이라고 한다.
④ 재정, 시간, 환경적 상황에 의해 참여가 제한되는 것을 대인적 제약이라고 한다.

■ ① 부상 · 방출 등으로 인한 자발적 은퇴는 스포츠로부터의 탈사회화이다.
■ ③ 스포츠활동에 지속적으로 참여하던 사람이 개인적인 사정, 부상, 불유쾌한 경험, 인간관계의 갈등 등으로 스포츠활동을 중단하게 되는 것이 스포츠로부터의 탈사회화이다(p. 72 참조).

정답 35 : ②, 36 : ②, 37 : ③, 38 : ①, ③

스포츠사회학

심화문제

39 **스포츠로부터의 탈사회화에 대한 설명이다. 잘못된 것은?**

① 스포츠로부터의 탈사회화는 자발적 은퇴와 강제적 은퇴로 나눈다.
② 스포츠로부터의 탈사회화는 주로 노년층에서 발생한다.
③ 스포츠활동 중에 부상을 당해서 그만 두는 것은 강제적 은퇴에 속한다.
④ 스포츠활동에 참가하던 사람이 어떤 요인에 의하여 스포츠참여를 그만 두는 것이다.

■ 탈사회화는 전 연령대에서 나타난다.

필수문제

40 **보기는 스포츠로의 재사회화에 영향을 미치는 5가지 변인을 설명한 것이다. 틀린 것은?**

보기
㉠ 환경 변인-도시, 농촌, 산촌 등
㉡ 취업 변인-스포츠 이외의 직업에 취업할 수 있는 기회
㉢ 정서 변인-스포츠가 자신의 자아정체에서 차지하는 정도
㉣ 역할사회화 변인-스포츠 이외의 역할에 대한 사회화 정도
㉤ 인간관계 변인-스포츠를 통한 사회화에 대한 주변 사람들의 만족도

① ㉠ ② ㉤ ③ ㉢ ④ ㉣

■ 환경변인은 성, 연령, 교육정도, 계층 등이다.

심화문제

41 **스포츠재사회화에 대한 설명으로 바른 것은?**

① 친구들과 처음 스키캠프에 참가
② 선수생활 중단 5년 후 스포츠클럽 지도자로 활동
③ 경기 중 부상으로 운동선수생활 은퇴
④ 건강을 위해 처음 수영강습에 참가

42 **보기의 ㉠과 ㉡에서 설명하는 사회화 과정은?**

보기
㉠ 중학생 고영주는 학교스포츠클럽에 참가하면서 교우관계가 원만해졌다.
㉡ 프로야구 강동훈 선수는 부상으로 은퇴한 후, 해설가로 활동하면서 사회인 야구의 감독을 맡고 있다.

① ㉠ 스포츠로의 사회화 ㉡ 스포츠를 통한 사회화
② ㉠ 스포츠를 통한 사회화 ㉡ 스포츠로의 재사회화
③ ㉠ 스포츠로의 재사회화 ㉡ 스포츠로부터의 탈사회화
④ ㉠ 스포츠로부터의 탈사회화 ㉡ 스포츠로의 사회화

■ 그만두었다가 다시 하게 되는 것이 재사회화이다.

정답 39 : ②, 40 : ①, 41 : ②, 42 : ②

CHAPTER 08 스포츠와 사회적 일탈

일탈의 개념

☞ 사회가 일반적으로 기대하는 규범으로부터 벗어난 행동을 일탈이라고 하고, 규범에 부합되는 행동을 동조라 한다.
☞ 스포츠체계에서 규정한 규범으로부터 벗어난 행동을 스포츠일탈이라고 한다.
☞ 일탈은 시간적 · 공간적 · 사회적 조건에 관계없이 항상 존재하는 보편적인 현상이다.

1 스포츠일탈의 관점(문제점)

☞ 사회적 규범은 변하지 않는 절대적인 기준이 있는데, 그 기준을 벗어나는 것이 일탈이라고 보는 것이 **절대론적 접근**이다.
☞ 어떤 상황이 일어난 환경에 따라 용인될 수 있는 행위의 범위가 다른데, 그 범위를 벗어나는 것이 일탈이라고 보는 것이 **상대론적 접근**이다.
☞ 스포츠일탈은 절대론적으로 접근하느냐 상대론적으로 접근하느냐에 따라서 원인이 다양하기 때문에 하나의 이론으로 설명할 수 없다.
☞ 일반적인 일탈과 스포츠일탈은 용인되는 범위가 다를 때가 많다.
☞ 과소동조뿐만 아니라 과잉동조도 스포츠일탈이다.
☞ 스포츠일탈 행동을 파악하고 평가하는 데에는 시간이 걸린다.

2 스포츠일탈의 원인

☞ 학생과 선수라는 두 가지 역할 사이의 갈등 때문에
☞ 승리하고 싶은 강박관념 때문에
☞ 승리추구와 페어플레이는 양립할 수 없는 가치이기 때문에
☞ 승리한 선수에게만 보상을 많이 주는 경쟁적 보상구조 때문에

과잉동조

운동선수들이 훈련 또는 경기와 관련된 규범에 무조건적으로 따르는 것으로 스포츠일탈의 원인 중 하나이다. 과잉동조를 불러일으키는 스포츠 윤리규범들은 다음과 같다.

☞ 경기에 모든 것을 집중하고 헌신할 것을 요구한다.
☞ 탁월성을 요구하기 때문에 운동선수들은 특별한 집단이라고 생각하게 된다.
☞ 경쟁하는 과정에서 생기는 위험이나 고통을 자연스러운 것으로 받아들일 것을 강요한다.
☞ 성공을 추구하는 도중에 어떠한 장애물에 부딪치든지 모두 극복하기를 바란다.

스포츠사회학

1 엘리트스포츠 조직에서 과잉동조를 정상적인 행위로 받아들이는 이유

☞ 과잉동조가 스포츠 집단의 특별한 연대감 형성에 기여하기 때문에

☞ 과잉동조는 스포츠 집단의 문화를 특수한 것으로 여기고, 그 문화 안에서 자신의 정체성을 강화하기 때문에

☞ 엘리트선수는 집단에서 인정받고, 존경받으며, 운동선수로서의 정체성을 유지하는 것을 아주 중요하게 받아들이기 때문에

2 스포츠일탈의 순기능과 역기능

순기능	» 스포츠일탈은 창의성을 발휘할 수 있는 창구가 될 수도 있다. » 부분적인 일탈은 사회적 불만을 완화하는 안전판의 역할도 한다. » 규범이 존재한다는 사실을 인식시켜주기 때문에 규범에 순응하고 일탈 행위를 방지한다.
역기능	» 스포츠가 추구하는 공정성 및 질서체계를 훼손한다. » 사회에 부정적인 영향을 미친다.

3 아노미(anomie)이론(R. Merton)

☞ 스포츠일탈이 발생하는 원인과 과정을 설명해주는 이론이다.

☞ 지배적인 규범이나 가치가 없어서 혼란에 빠진 상태를 아노미 상태라고 한다.

☞ 아노미 상태에서는 사람들이 무기력해지고, 소외감을 느끼며, 법과 질서를 무시한 채 자신의 이익만을 추구하는 경향을 보인다.

☞ 스포츠일탈에서는 목표와 수단(승리추구와 공정경쟁)의 불일치 때문에 생기는 갈등을 아노미라고 한다.

머튼(Merton, R. K.)의 아노미 이론에서 목표와 수단(승리추구와 공정경쟁)의 불일치 때문에 생기는 갈등을 해소하기 위해서 선수들이 하는 일탈행동의 5가지 유형

동조주의	개인의 생각이나 행동을 집단이 기대한 대로 바꾸는 것이다. 시간끌기와 반칙작전 등이 있고, 일탈행동은 아니지만 비윤리적인 행위로 비판받을 수도 있다.
혁신주의	불법적인 수단과 방법을 동원해서라도 승리하려는 것이다. 대표적인 일탈행동이다.
의례주의	승리추구에는 집착하지 않고 참여에 의의를 두고 최선을 다하지 않는 것이다. 일탈행동은 아니지만 바람직한 행동도 아니다.
도피주의	승리추구와 공정경쟁을 모두 거부하는 것을 도피주의라 하고, 스포츠 참가를 중단하거나 포기한다.
반역(반란)주의	승리추구와 공정경쟁의 수용이나 거부와는 관계없이 자신만의 수단이나 방법을 동원하여 새로운 목표를 달성하려고 하는 것. 반역은 일탈행동일 수도 있고 사회변혁일 수도 있다.

스포츠에서 일어나는 폭력행위의 구분

난폭한 신체접촉	경기규칙 내에서 이루어지는 심한 신체접촉이고, 일탈행동이 아니다.
경계폭력	농구에서 자리싸움을 하면서 팔꿈치를 쓰는 행동처럼 경기규칙에 위배되고 부상의 위험도 있지만 일반적으로 선수나 관중들이 용인하는 행동으로, 일탈행동이 아니다.
유사범죄폭력	경기규칙에 위배되는 것은 물론이고 형법에 저촉될 가능성이 있는 행동으로, 일탈행동이다.
범죄폭력	형사처벌까지 받을 수 있는 행동으로, 일탈행동이다.

1 약물복용의 개념

운동 수행능력을 향상시켜 좋은 성적을 거둘 목적으로 심장흥분제나 근육강화제와 같은 화학적 합성물질 또는 천연물질을 복용 또는 주사하여 일시적으로 경기력을 향상시키는 것을 말한다.

2 부정행위

경기규칙이나 규정을 어기거나 스포츠의 가치를 위협하는 행위로 다음과 같은 경우에 많이 발생한다.

☞ 승리에 대한 보상이 크다고 생각되는 경우.
☞ 공학기술이 경기결과에 미치는 영향이 크다고 생각되는 경우.
☞ 경기규칙이 지나치게 엄격한 경우.
☞ 경기결과가 불확실하다고 생각되는 경우.
☞ 사회경제적 지위가 낮은 선수가 많이 참가한 경우.

3 부정행위의 종류

제도적 부정행위	전략적 차원에서 용인되고 조장되는 속임수. 농구에서 팔꿈치 사용, 축구에서 태클 등
일탈적 부정행위	사회에서 용인되지 않는 부정행위. 불법 용구 사용, 약물투여 등

4 범죄행위

☞ 법률로 금지된 행위를 하는 것으로 폭행, 상해, 절도, 강간 등이 있다.
☞ 범죄행위는 경기장 안팎에서 일어날 수 있다.
☞ 좌절감, 욕구불만, 공격성 등과 같은 감정을 표출함으로써 내부에 축적된 감정을 정화시킬 수 있으므로 스포츠에 참여하면 범죄행위를 줄일 수 있다고 주장하는 것이 정화이론이다.
☞ 범죄행동은 후천적으로 사회에서 학습된 것이므로, 스포츠에 참여하면 범죄행동을 학습한다고 주장하는 것이 사회학습이론이다.

5 과도한 참가

☞ 자신의 일상생활에 지장을 줄 정도로 스포츠에 적극적으로 참여하는 것을 과도한 참가라 하고, 일탈적 행동으로 규정한다.

☞ 스포츠에서 적용되는 규범과 사회에서 적용되는 규범이 다르기 때문에 스포츠 일탈은 스포츠 규범을 바탕으로 취급해야 한다. 그래서 과도한 참가가 규칙을 위반하지 않았지만 스포츠 일탈로 규정된다.

☞ 과도한 참가는 과잉동조의 한 유형이고, 규칙을 위반하지 않기 때문에 긍정적 일탈이라고도 한다.

과소동조는 구성원들로부터 비난을 받지만, 과잉동조는 칭찬이나 존경을 받기 때문에 사회적 문제를 야기할 가능성이 크다.

관중폭력

☞ 여러 사람이 모이면 개인의 개성과 판단력이 없어지고, 내적 억제력이 약화되는 군중효과 때문에 관중폭력이 발생한다.

☞ 선수의 적대적인 반칙과 공격적인 행동이 관중폭력을 유발한다.

☞ 패배한 팀을 응원하던 관중의 좌절감과 분노가 폭력행동을 유발한다.

☞ 어웨이경기보다 홈경기에서 관중폭력이 발생한 가능성이 크다.

1 관중폭력과 같은 집단행동의 발생을 설명하는 이론들

전염 이론	병이 전염되듯이 군중 속의 한 사람 또는 몇몇 사람의 영향을 받아서 관중폭력이 발생한다.
수렴 이론	개인들이 평소에 가지고 있던 반사회적 생각이 하나로 모여 군중이라는 익명성을 방패삼아 표출된 것이 관중폭력이다.
규범생성 이론	동질성이 거의 없던 개인들이 큰 집단으로 발전하는 과정에 핵심적인 구성원이 적절한 행동을 암시하고, 나머지 구성원이 그에 동조해서 새로운 규범이 만들어져 집단행동이 발생한다.
부가가치 이론 (사회변형 이론)	집단행동이 일어나기 위해서는 어떤 요인이나 조건들이 순차적으로 조합을 이루어야 한다.

2 관중폭력이 일어날 수 있는 주요 요인

☞ 관중의 규모가 크다.

☞ 관중의 밀도가 높다.

☞ 서 있는 관중이 많다.

☞ 매우 중요한 경기이다.

☞ 경기 당시의 역사적, 사회적, 경제적, 정치적 배경.

☞ 경기 자체가 폭력적이었다.

필수 및 심화 문제

필수문제

01 보기의 사례에 관한 스포츠 일탈 유형과 휴즈(R. Hughes)와 코클리 (J. Coakley)가 제시한 윤리 규범이 바르게 연결된 것은?(2024)

보기
» 2002년 한·일 월드컵 당시 황선홍 선수, 김태영 선수의 부상 투혼
» 2022년 카타르 월드컵에서 손흥민 선수의 마스크 투혼

	스포츠 일탈 유형	스포츠 윤리 규범
①	과소동조	한계를 이겨내고 끊임없이 도전해야 한다.
②	과소동조	경기에 헌신해야 한다.
③	과잉동조	위험을 감수하고 고통을 인내해야 한다.
④	과잉동조	탁월성을 추구해야 한다.

■ **과잉동조** : 과훈련, 부상투혼 등과 같이 훈련, 경기규칙 내지 규범 등을 무비판적으로 수용함으로써 한계를 벗어난 일탈행동
■ **과소동조** : 훈련, 경기규칙 내지 규범 등을 몰랐거나 알면서도 무시해버리고 하는 일탈행동

필수문제

02 보기는 코클리(J. Coakley)가 제시한 스포츠 일탈에 관한 설명이다. ㉠, ㉡에 해당하는 용어가 바르게 연결된 것은?

보기
» (㉠)에 따르면 스포츠 일탈이 용인되는 범위는 사회적으로 타협하는 과정을 통해 구성된다.
» (㉡)는 과훈련(over-training), 부상 투혼 등을 거부감 없이 무비판적으로 수용하는 것이다.

	㉠	㉡		㉠	㉡
①	상대론적 접근	과소동조	②	절대론적 접근	과잉동조
③	절대론적 접근	과소동조	④	상대론적 접근	과잉동조

■ 상대론적 접근 : 일탈의 기준은 사회적 규범에 따라 다르며, 그 범위는 사회적으로 용인되는 과정으로 구성된다.
■ 절대론적 접근 : 일탈에 대한 보편적·절대적 기준은 명확하므로 일탈 여부는 그 기준에 근거하여 판단한다.
■ 일탈이냐 아니냐를 결정짓는 절대적인 규준이 있다는 것이 **절대론적 접근**이고, 규준이 변할 수도 있다는 것이 **상대론적 접근**이다.

심화문제

03 스포츠 일탈의 유형과 원인을 규정하기 어려운 이유로 적절하지 않은 것은?

① 스포츠 현장에서 발생하는 일탈 사례가 부족하기 때문이다.
② 스포츠 일탈은 규범에 대한 거부와 함께 무비판적 수용도 포함한다.
③ 스포츠에서 허용되는 행동이 사회의 다른 영역에서는 일탈이 될 수 있다.
④ 과학기술의 급속한 발전과 새로운 스포츠 규범 사이에 시간적 차이가 발생한다.

■ 스포츠현장에서 발생하는 일탈의 사례가 부족한 것은 스포츠일탈의 원인과 유형이 될 수 없다.

정답 01 : ③, 02 : ④, 03 : ①

스포츠사회학

■폭력성은 일반인에게도 있다. 이외에 승리한 선수에게만 보상을 많이 주는 '경쟁적 보상구조'도 스포츠일탈의 중요한 원인이다.

04 스포츠일탈의 원인으로 보기 어려운 것은?

① 운동선수의 폭력성 때문에
② 학생과 선수라는 2가지 역할 사이의 갈등 때문에
③ 승리하고 싶은 강박관념 때문에
④ 승리추구와 페어플레이는 양립할 수 없는 가치이기 때문에

■일반적인 일탈과 스포츠일탈은 용인되는 범위가 다를 때가 많다.

05 스포츠일탈의 문제점들을 설명한 것이다. 옳지 못한 것은?

① 스포츠일탈은 유형과 원인이 다양하기 때문에 하나의 이론으로 설명할 수 없다.
② 일반적인 일탈과 스포츠일탈은 거의 같다.
③ 과소동조뿐만 아니라 과잉동조도 스포츠일탈이다.
④ 스포츠일탈 행동을 파악하고 평가하는 데에는 시간이 걸린다.

■**스포츠 일탈의 순기능**
· 창의성 발휘의 창구가 될 수 있다(④).
· 사회적 불만 완화의 창구가 될 수 있다(②).
· 규범이 있음을 알려주므로 규범에 순응하고 일탈행위를 방지한다(①).
■③의 약물복용은 스포츠 일탈이 아닌 도핑에 해당됨.

필수문제

06 스포츠 일탈의 순기능에 관한 사례로 적절하지 않은 것은?

① 승부조작 사례를 보고 많은 선수들이 경각심을 갖는다.
② 아이스하키 경기에서 허용된 주먹다짐은 잠재된 공격성을 해소시켜 준다.
③ 스포츠에서 선수들의 약물복용이 지속되면 경기의 공정성이 훼손된다.
④ 높이뛰기에서 배면뛰기 기술의 창안은 기록경신에 기여하고 있다.

■**갈등이론** : 스포츠집단 내에서 발생하는 갈등에 초점을 맞추고 있으며, 권력 · 부 · 특권 등이 공평하게 분배되지 않아 발생하는 것으로 본다.
■**차별교제 이론** : 모든 범죄나 비행은 타인과의 상호작용에 의해 학습된 것으로 본다. 일탈 집단과 접촉하여 그들의 행동과 문화를 학습함으로써 일탈행동이 나타난다는 것이다.
■**아노미이론** : 목표와 수단의 불일치 때문에 생기는 갈등을 해소하기 위한 선수들의 일탈행동을 말한다.
■**낙인이론** : 사회적 요인에 따라 한 번 일탈자로 낙인이 찍히면 계속해서 일탈행동을 하게 된다는 것이다.

필수문제

07 스포츠 일탈을 설명하는 이론과 그 특징이 바르게 연결된 것은?

① 갈등이론-선수의 금지약물복용 등과 같은 일탈적 행위는 개인의 윤리적 문제이다.
② 차별교제이론 – 팀 내 우수선수가 금지약물을 복용해도 동료들은 복용하지 않는다.
③ 아노미이론- 선수의 승리에 대한 목표와 수단의 괴리로 인해 일탈이 발생한다.
④ 낙인이론 – 선수에게 부여된 악동, 풍운아 같은 이미지는 선수 생활에 영향을 미치지 않는다.

정답 04 : ①, 05 : ②, 06 : ③, 07 : ③

심화문제

08 보기에서 설명하는 스포츠 일탈과 관련된 이론은?(2024)

보기
» 스포츠 일탈을 상호작용론 관점으로 설명한다.
» 일탈 규범을 내면화하는 사회화 과정이 존재한다.
» 다른 사람과 상호작용을 통해 스포츠 일탈 행동을 학습한다.

① 문화규범 이론 ② 차별교제 이론
③ 개인차 이론 ④ 아노미 이론

■ 앞의 7번 문제 해설 중 차별교제 이론 참조.

09 보기의 설명은 머튼(R. Merton)의 아노미(anomie) 이론에 대한 것이다. ㉠~㉢에 해당하는 적응유형이 바르게 연결된 것은?

보기
» 도피주의-스포츠에 내재된 비인간성, 승리지상주의, 상업주의, 학업 결손 등에 염증을 느껴 스포츠 참가 포기
» (㉠)-승패에 집착하지 않고 참가에 의의를 두는 것, 결과보다는 경기 내용 중시
» (㉡)-불법 스카우트, 금지 약물 복용, 경기장 폭력, 승부조작 등
» (㉢)-전략적 시간 끌기 작전, 경기규칙이 허용하는 범위 내에서의 파울 행위 등

	㉠	㉡	㉢
①	혁신주의	동조주의	의례주의
②	의례주의	혁신주의	동조주의
③	의례주의	동조주의	혁신주의
④	혁신주의	의례주의	동조주의

■ 아노미 이론에서는 목표와 수단(목표추구와 공정경쟁)의 불일치 때문에 생기는 갈등을 해소하기 위한 선수들의 일탈행동을 5가지 유형(동조주의, 핵심주의, 의례주의, 도피주의, 반역주의)으로 분류함. → p. 84 참조

10 보기에서 설명하는 스포츠일탈에 관한 스포츠사회학 이론은?

보기
일탈은 현존하는 사회질서의 유지에 기여한다는 점에서 정상적인 것으로 간주된다. 예를 들어, 도핑은 그 자체로는 일탈행위에 해당되지만, 이를 통해 사람들은 그런 행동을 경멸하게 되고 이에 대한 경각심을 갖게 된다.

① 구조기능이론 ② 갈등이론 ③ 차별교제이론 ④ 낙인이론

■ 구조기능이론 : 사회가 잘 유지·통합되고, 사회구성원은 적절한 가치와 행동에 합의하며, 사회구조 혹은 지속적 행동유형은 사회의 가치나 목적을 실현하도록 작용한다고 가정하는 이론이다.

정답 08 : ②, 09 : ②, 10 : ①

스포츠사회학

필수문제

11 보기의 밑줄 친 ㉠, ㉡을 설명하는 집합행동 이론이 바르게 연결된 것은?

보기
이 코치: 어제 축구 봤어? 경기 도중 관중폭력이 발생했잖아.
김 코치: ㉠ 나는 그 경기를 경기장에서 직접 봤는데 관중들의 야유소리가 점점 커지면서 관중폭력이 일어났어.
이 코치: ㉡ 맞아! 그 경기 이전에 이미 관중의 인종차별 사건이 있었잖아. 만약 인종차별이 먼저 발생하지 않았다면, 어제 경기에서 그런 관중폭력은 없었을 거야.

	㉠	㉡		㉠	㉡
①	전염이론	규범생성이론	②	수렴이론	부가가치이론
③	전염이론	부가가치이론	④	수렴이론	규범생성이론

■p. 86 참조.

심화문제

12 보기의 ㉠~㉣에 해당하는 집합행동 이론이 바르게 연결된 것은?

보기
㉠ 군중은 피암시성, 순환적 반작용에 의해 폭력적 집단행동이 나타난다.
㉡ 군중들의 반사회적 성향이 익명성, 몰개성화에 의해 집합행동으로 나타난다.
㉢ 특정 사회적 상황에서의 공유의식은 구성원의 감정과 정숙 정도, 수용성 등에 영향을 준다.
㉣ 선행적 사회구조적 · 문화적 요인으로 인한 단계적 절차는 집합행동을 생성, 발전 및 소멸시킨다.

	㉠	㉡	㉢	㉣
①	전염이론	수렴이론	규범생성이론	부가가치이론
②	수렴이론	전염이론	부가가치이론	규범생성이론
③	규범생성이론	부가가치이론	수렴이론	전염이론
④	부가가치이론	규범생성이론	전염이론	수렴이론

■p. 86 참조.

13 보기의 ㉠이 설명하는 집합행동의 유형과 관련된 이론은?

보기
A : 어제 축구 봤어? 경기 도중 관중 폭력이 발생했잖아.
B : 나도 방송에서 봤는데 관중 폭력의 원인이 인종차별 때문이래.
A : ㉠ 인종차별과 같은 사회구조적 · 문화적 선행요건이 없었다면, 두 팀 관중들 간에 폭력은 없었을 거야.

① 전염이론 ② 규범생성이론 ③ 수렴이론 ④ 부가가치이론

■집합(집단)행동의 이론에는 전염이론, 수렴이론, 규범생성이론, **부가가치이론**(사회변경이론)이 있는데, ㉠은 부가가치이론의 유형이다.

정답 11 : ③, 12 : ①, 13 : ④

14 스포츠일탈에 대한 이론적 접근방법에 대한 설명이다. 옳지 못한 것은?

① 사회적 규범은 변하지 않는 절대적인 기준이고, 그 기준을 벗어나는 것이 일탈이라고 보는 것이 절대론적 접근이다.
② 어떤 상황이 일어난 환경에 따라 용인될 수 있는 행위의 범위가 다르고, 그 범위를 벗어나는 것이 일탈이라고 보는 것이 상대론적 접근이다.
③ 상대론적 접근에서는 인간관계의 상호작용에 의해서 일탈의 범위가 결정된다.
④ 절대론적 접근에서는 같은 행동이라도 경우에 따라 일탈일 수도 있고 아닐 수도 있다.

■ 절대론적 접근에서는 절대적인 기준에 의해서 일탈의 범위가 결정된다.

필수문제

15 보기에서 설명하는 스포츠일탈이론의 관점은?

보기
» 동일한 행위도 상황에 따라 일탈로 규정되거나 그렇지 않을 수 있다.
» 경기장에도 다양한 일탈 행동으로 낙인 찍힌 선수들이 있다.

① 갈등론적 관점　② 구조기능주의 관점
③ 상징적 상호작용론적 관점　④ 비판론적 관점

■ **상징적 상호작용론** : 사회를 각 개인의 상호작용 속에서 이루어진 것으로 구성된 유동적인 과정으로 보는 이론.
인간이 사용하는 모든 기호에는 의미가 있고, 인간은 환경을 구성하는 모든 사람에 의미를 부여한다. 인간의 모든 행위는 대상과 의미를 주고받는 것일 뿐이라고 한다. 그런데 이것은 사회 · 문화 현상을 미시적 관점으로 보기 때문에 개개인의 행위에 영향을 미치고 통제하는 사회 · 국가 등의 거시적 사회구조의 영향력을 간과하는 측면이 있다.

심화문제

16 보기에서 과잉동조 행위만으로 묶인 것은?

보기
㉠ 자신을 조롱하는 관중에게 야구공을 던져 상해를 입힌 행위
㉡ 자신을 태클한 상대선수에게 보복 태클을 한 행위
㉢ 지도자의 지시에 따라 상대팀 선수에게 부상을 입히기 위해 태클을 거는 행위
㉣ 상대팀 투수가 빈볼을 던지자 벤치에서 뛰어나가 그 투수에게 주먹을 휘두르는 행위

① ㉠, ㉡　② ㉢, ㉣
③ ㉠, ㉢　④ ㉡, ㉣

■ 나 자신이 아닌 우리 편을 위해서 어떤 행위를 하는 것이 동조행위이다.

17 스포츠 일탈에 관한 설명으로 적절하지 않은 것은?

① 부정적 일탈 사례로는 금지약물복용, 구타 및 폭력 등이 있다.
② 긍정적 일탈은 정상적으로 받아들여지는 행동에 대한 무비판적 수용을 의미한다.
③ 부정적 일탈은 스포츠 규범체계에 대한 과잉동조 성향을 의미한다.
④ 긍정적 일탈 사례로는 오버 트레이닝(over-training), 운동중독 등이 있다.

■ 스포츠규범체계에 대한 과잉동조는 정상적인 행위로 받아들인다.

정답 14 : ④, 15 : ③, 16 : ②, 17 : ③

18 **다음 내용에 해당하는 스포츠일탈의 유형은?**

> 스포츠와 관련된 특정·상황에 처한 다수의 관중이나 선수 또는 일반대중이 공통의 자극에 충동적으로 반응할 때 발생

■ 여러 사람이 한꺼번에 하는 행동을 집단행동이라고 한다.

① 긍정적 일탈 ② 부정행위 ③ 범죄행위 ④ 집단행동

스포츠사회학

필수문제

19 **보기는 코클리(J. Coakley)가 제시한 일탈적 과잉동조를 유발하는 스포츠 윤리규범의 유형과 특징에 관한 설명이다. ㉠~㉢에 들어갈 내용이 바르게 연결된 것은?**

■ **인내규범** : 운동선수는 위험을 받아들이고 고통 속에서도 경기에 임해야 한다.
■ **도전규범** : 운동선수는 스포츠에서 성공하기 위해 장애물을 극복하고 경기에 임해야 한다.
■ **몰입규범** : 운동선수는 경기에 헌신해야 하며, 이것을 그들의 삶에서 우선순위에 두어야 한다.
■ **구분짓기 규범** : 운동선수는 다른 선수들보다 뛰어난 모습을 보이기 위해 노력해야 한다.

> 보기
> (㉠) : 운동선수는 위험을 받아들이고 고통 속에서도 경기에 참여해야 한다.
> (㉡) : 운동선수는 장애물을 극복하고 역경을 헤쳐 나가는 노력을 해야 한다.
> (㉢) : 운동선수는 경기에 헌신해야 하며 이를 그들의 삶에서 우선순위에 두어야 한다.
> 구분짓기규범 : 다른선수와의 차별성을 강조하며, 운동선수는 경기에서 탁월함을 추구해야 한다.

	㉠	㉡	㉢
①	몰입규범	도전규범	인내규범
②	몰입규범	인내규범	도전규범
③	인내규범	도전규범	몰입규범
④	인내규범	몰입규범	도전규범

심화문제

20 **다음 ㉠~㉣에서 코클리(J. Coakley)가 제시한 일탈적 과잉동조를 유발하는 스포츠 윤리규범의 유형과 특징으로 옳은 것만을 모두 고른 것은?**

	유형	특징
①	구분짓기규범	다른 선수와 구별되기 위해 탁월성을 추구해야 한다.
②	인내규범	위험을 받아들이고 고통 속에서도 경기에 참여해야 한다.
③	몰입규범	경기에 헌신해야 하며 이를 그들의 삶에서 우선순위에 두어야 한다.
④	도전규범	스포츠에서 성공을 위해 장애를 극복하고 역경을헤쳐 나가야 한다.

① ㉠, ㉡ ② ㉡, ㉢ ③ ㉠, ㉢, ㉣ ④ ㉠, ㉡, ㉢, ㉣

정답 18 : ④, 19 : ③, 20 : ④

21 운동선수들이 훈련 또는 경기와 관련된 규범에 무조건적으로 따르는 것을 '과잉동조'라 하고, 과잉동조가 스포츠일탈의 원인 중 하나이다. 다음은 과잉동조를 불러일으키는 스포츠윤리의 규범들이다. 옳게 설명한 것은?

① 경쟁하는 과정에서 발생하는 위험이나 고난은 가급적 피해야 한다.
② 성공을 향해 도전하다가 역경과 장애물을 만나면 빨리 포기해야 한다.
③ 경기에 모든 것을 집중하고 경기에 헌신해야 한다.
④ 운동수행능력이 탁월하면 좋지만 능력이 모자라면 별 수 없다.

■ 무조건 이겨야 하고, 무조건 지켜야 하고, 무조건 앞으로 나아가야 한다고 생각하는 것이 과잉동조이다.

22 스포츠일탈의 순기능 또는 역기능을 잘못 설명한 것은?

① 스포츠일탈은 창의성을 발휘할 수 있는 창구가 될 수도 있다.
② 부분적인 일탈은 사회적 불만을 완화하는 안전판의 역할도 한다.
③ 스포츠일탈은 규범 자체를 무시하는 행동이기 때문에 아무런 가치도 없다.
④ 스포츠일탈이 부정적인 영향을 미칠 수도 있지만 긍정적인 영향을 미칠 수도 있다.

■ 순기능 :
· 스포츠일탈은 창의성을 발휘할 수 있는 창구가 될 수도 있다.
· 부분적인 일탈은 사회적 불만을 완화하는 안전판의 역할도 한다.
· 규범이 존재한다는 사실을 인식시켜주기 때문에 규범에 순응하고 일탈행위를 방지한다.

■ 역기능 :
· 스포츠가 추구하는 공정성 및 질서체계를 훼손한다.
· 사회에 부정적인 영향을 미친다.

23 보기에서 스포츠일탈의 역기능을 모두 고른 것은?

보기
㉠ 스포츠의 공정성 및 질서체계 훼손
㉡ 스포츠참가자의 사회화에 부정적인 영향
㉢ 사회적 안전판의 기능
㉣ 고정관념에서 벗어나는 창의적 기회

① ㉠
② ㉠, ㉡
③ ㉠, ㉡, ㉢
④ ㉠, ㉡, ㉢, ㉣

■ ㉢,㉣은 순기능이다.

24 스포츠 일탈에 관한 설명으로 옳지 않은 것은?

① 페어플레이 정신과 스포츠맨십에 위반되는 행동이다.
② 스포츠참가자의 사회화에 부정적인 영향을 미칠 수 있다.
③ 부정적 일탈은 규범지향적이고, 긍정적 일탈은 반규범지향적이다.
④ 시간, 장소, 사회적 상황, 평가하는 사람에 따라 다양하게 평가된다.

■ 규칙을 잘 지키는 성향을 '규범지향적'이라고 한다.

25 다음 중 일탈행동이 아닌 것이 포함되어 있는 것은?

① 폭력행위, 과도한 참가
② 약물복용, 관중폭력
③ 부정행위, 폭력행위
④ 범죄행위, 탈사회화

■ 탈사회화는 스포츠를 그만두는 것이므로 일탈행동이 아니다. 그러므로 스포츠일탈 행동의 유형은 7가지이다.

정답 21 : ③, 22 : ③, 23 : ②, 24 : ③, 25 : ④

스포츠사회학

26 다음의 내용은 스포츠 일탈의 순기능 중 무엇에 관한 설명인가?

> 1966년 보스턴마라톤대회에서 여성의 신분을 속이고 참가한 로베르타 깁은 600명이 넘는 남자들과 겨루어 135등을 차지하면서 완주하였다.
> 당시 여성의 마라톤 경기는 허용되지 않았기 때문에 매스컴에서도 그녀의 완주를 경이로운 시각으로 다루었으며, 이는 여성마라톤의 시발점이 되었다.

① 스포츠 일탈은 규범의 존재를 재확인시켜준다.
② 일탈행동은 잠재적 공격성과 불만을 잠재우는 사회적 안전판의 역할을 한다.
③ 스포츠일탈은 사회에 개혁과 창의성을 가져다주는 역할을 할 수도 있다.
④ 스포츠일탈은 참가자의 사회화에 긍정적인 영향을 미칠 수도 있다.

■스포츠 일탈은 사회개혁이 될 수도 있다.

필수문제

27 스미스(M. Smith)가 제시한 경기장 내 신체 폭력 유형 중 보기의 설명에 해당하는 것은?(2024)

> 보기
> » 경기의 규칙을 위반하는 행위지만, 대부분의 선수나 지도자들이 용인하는 폭력 행위 유형이다.
> » 이 폭력 유형은 경기 전략의 하나로 활용되며, 상대방의 보복 행위를 유발할 수 있다.

① 경계 폭력 ② 범죄 폭력 ③ 유사 범죄 폭력 ④ 격렬한 신체 접촉

■**경계폭력**은 파울은 되지만, 일탈행동은 아니다. 예 : 농구에서 자리싸움을 하면서 팔꿈치를 쓰는 행동

필수문제

28 크로젯(T. Crosset)의 여성에 대한 남성선수의 폭력과 남성 스포츠문화와의 관련성에 대한 연구내용에 해당하는 것은?

① 지역사회는 남성 선수의 폭력에 대해 경외감을 갖지 못하도록 철저히 처벌한다.
② 여성 선수를 존경의 대상으로 삼고 함께 공동체성을 나누어야 할 대상으로 간주한다.
③ 폭력이 남성다움을 확립하고 여성을 통제하는데 효과적인 전략이라는 믿음이 존재한다.
④ 폭력이 남성의 사회적 유대를 강화하고 자만심에 사로잡히지 않도록 분위기를 조성한다.

■①, ②, ④는 남성선수의 여성선수에 대한 폭력을 예방하는 내용이다. 그에 반하여 ③은 남성선수의 폭력을 정당화하는 내용이다.
■스포츠는 남성의 전유물이라는 지배구조가 강하게 자리잡고 있다. 이러한 권력구조 속에서 약자 집단에 속한 사람들은 편향된 길들임을 경험할 수밖에 없다. 따라서 소수인 여성은 살아가면서 남성화된 문화에 순치되는 것을 경험하게 된다.

심화문제

29 다음 관중폭력이 일어날 수 있는 사회적 요인 중에서 그 영향이 가장 적은 것은?

① 경기장시설 ② 경기의 전반적인 맥락
③ 경기에 대한 관중의 인식 ④ 관중의 역동성

정답 26 : ③, 27 : ①, 28 : ③, 29 : ①

필수문제

30 **보기의 신체적 공격행위 중 도구적 공격행위만으로 묶은 것은?**

보기
㉠ 상대의 고통을 목적으로 공격하는 행위
㉡ 농구에서 팔꿈치를 크게 휘두르는 행위
㉢ 승리, 금전, 위광 등 다른 외적 보상이나 목표를 획득하기 위한 행위
㉣ 야구에서 투수가 자신을 화나게 만든 타자에게 안쪽 또는 높은 공을 던지는 행위
㉤ 유격수에게 과감한 슬라이딩을 감행해 더블플레이를 방해하는 행위

① ㉠-㉢-㉣ ② ㉠-㉡-㉤ ③ ㉡-㉢-㉤ ④ ㉡-㉣-㉤

■ 도구적 공격행위 : 상대에게 고통을 줄 목적이 아니라 승리·금전·공훈 등과 같은 보상 또는 목표 획득을 위한 공격 행위.
■ ㉠과 ㉣은 적대적 공격행위임.

심화문제

31 **스포츠에 있어서 제도적 부정행위는?**

① 경주마에 약물투여
② 상대편 경기용구의 훼손
③ 담합에 의한 경기성적의 조작
④ 심판에게 반칙 판정을 유도하는 헐리웃 액션(hollywood action)

■ 벌을 받지 않고 그냥 넘어갈 수 있는 부정 행위가 '제도적 부정행위'이다.

32 **스포츠 현장에서 발생하는 일탈적 부정행위가 아닌 것은?**

① 상대방의 심리적 불안을 초래하는 과도한 야유
② 경기력 향상을 위한 금지약물 복용
③ 상급학교 진학을 위한 승부조작
④ 승리를 위한 심판 매수 및 금품제공

■ ①은 비신사적인 행동이지만 부정행위는 아니다.

33 **부정행위가 발생될 가능성이 가장 낮은 경우는?**

① 승리에 대한 보상이 크다고 생각되는 경우
② 공학기술이 경기결과에 미치는 영향이 적다고 생각되는 경우
③ 경기결과가 불확실하다고 생각되는 경우
④ 사회경제적 지위가 낮은 선수가 많이 참가한 경우

■ 자동차경주에서 상대의 자동차 성능이 월등이 좋아서 이기기 어렵다고 생각되면 일부러 그 차와 충돌해 버린다.

34 **관중폭력 발생의 주요 결정요인은?**

① 관중의 규모가 적음 ② 관중의 밀도의 낮음
③ 앉아 있는 관중이 많음 ④ 경기의 중요도가 매우 높음

■ ①, ②, ③은 관중폭력이 발생할 가능성이 적은 것들이다.

정답 30 : ③, 31 : ④, 32 : ①, 33 : ②, 34 : ④

스포츠사회학

스포츠사회학

■① 관중이 많을수록 난동 발생 가능성이 높다. ② 경기 후반부일수록 난동 발생 가능성이 높다. ③ 기온이 내려갈수록 난동 발생 가능성이 낮다.

필수문제

35 드워(C. Dewar)가 제시한 프로야구 경기의 관중 난동 요인에 대한 설명으로 옳은 것은?

① 관중이 많을수록 난동 발생 가능성이 낮다.
② 경기의 후반부일수록 난동 발생 가능성이 낮다.
③ 기온이 내려갈수록 난동 발생 가능성이 높다.
④ 시즌의 막바지로 접어들수록 난동 발생 가능성이 높다.

심화문제

36 관중폭력이 발생하는 원인을 설명한 것들이다. 옳지 않은 것은?

① 여러 사람이 모이면 개인의 개성과 판단력이 없어지고(몰개성화), 내적 억제력이 약화되는 군중효과 때문에 관중폭력이 발생한다.
② 선수의 적대적인 반칙과 공격적인 행동이 관중폭력을 유발한다.
③ 패배한 팀을 응원하던 관중의 좌절감과 분노가 폭력행동을 유발한다.
④ 어웨이경기보다 홈경기에서 관중폭력이 발생할 가능성이 적다.

필수문제

37 머튼(R. K. Merton)의 아노미(anomie)이론에서 일탈행동에 대한 적응형태와 특징이 바르게 연결된 것은?

① 반란(반역)주의-스포츠에서 이기기 위해서는 수단과 방법을 가리지 않아야 한다고 생각한다.
② 도피주의-스포츠에서는 승패보다 규칙을 지키며 참가하는데 가치가 있다고 생각한다.
③ 혁신주의-기존의 스포츠를 거부하고 새로운 형태의 스포츠를 개발해야 한다고 생각한다.
④ 동조주의-스포츠에서는 규칙을 준수하면서 이기는 것이 중요하다고 생각한다.

■**동조주의** : 개인의 생각이나 행동을 집단이 기대한 대로 바꾸는 것. 시간끌기와 반칙작전 등이 있고, 일탈행동은 아니지만 비윤리적인 행위로 비판받을 수도 있다.
■**혁신주의** : 불법적인 수단과 방법을 동원해서라도 승리하려는 것. 대표적인 일탈행동이다.
■**의례주의** : 승리추구에는 집착하지 않고 참여에 의의를 두고 최선을 다하지 않는 것. 일탈행동은 아니지만 바람직한 행동도 아니다.
■**도피주의** : 승리추구와 공정경쟁을 모두 거부하는 것. 스포츠 참가를 중단하거나 포기한다.
■**반역(반란)주의** : 승리추구와 공정경쟁의 수용이나 거부와는 관계없이 자신만의 수단이나 방법을 동원하여 새로운 목표를 달성하려고 하는 것. 반역은 일탈행동일 수도 있고 사회변혁일 수도 있다.

정답 35 : ④, 36 : ④, 37 : ④

38 보기의 ㉠~㉣에 해당하는 머튼(R. Merton)의 아노미이론에서 제시한 일탈행동 유형이 바르게 연결된 것은?

> 보기
> ㉠ 벤 존슨은 불법약물복용으로 올림픽 금메달을 박탈당했다.
> ㉡ 승리에 대한 집념보다는 규칙을 지키며 최선을 다해 경기에 참여한다.
> ㉢ 스스로 실력의 한계를 느끼고 운동부에서 탈퇴한다.
> ㉣ 학생선수의 학습권을 보장하기 위해 최저학력제를 도입하였다.

	㉠	㉡	㉢	㉣
①	혁신주의	반역주의	도피주의	의례주의
②	반역주의	혁신주의	의례주의	도피주의
③	혁신주의	의례주의	도피주의	반역주의
④	의례주의	반역주의	혁신주의	도피주의

39 보기에서 설명하는 사건은?

> 보기
> » 1972년 제20회 뮌헨올림픽에서 발생
> » 팔레스타인 테러조직에 의한 이스라엘 선수단 인질사건
> » 국가 간 갈등이 올림픽을 통해 표출된 테러 사건

① 축구전쟁(100시간 전쟁) 사건 ② 검은 구월단 사건
③ 보스턴 마라톤 폭탄 테러 사건 ④ IRA 연쇄 폭탄 테러 사건

■ 검은 구월단(팔레스타인해방기구 내의 극좌파 게릴라조직)이 1972년 뮌헨올림픽에서 이스라엘선수단에게 가한 살인 및 인질사건이다.

40 보기에서 설명하는 스포츠의 국제 정치적 사건은?

> 보기
> » 온두라스와 엘살바도르 간의 갈등 심화
> » 1969년 중남미 월드컵 지역 예선 경기에서 발생

① 축구전쟁 ② 헤이젤 참사
③ 검은 구월단 ④ 핑퐁외교

■ 1969년 6월 15일 제9회 멕시코월드컵 지역 예선 2차전 경기 때문에 그해 7월에 발발한 온두라스와 엘살바도르 간의 4일간 전쟁으로, 100시간 전쟁이라고도 한다.

정답 38 : ③, 39 : ②, 40 : ①

CHAPTER 09 미래사회와 스포츠

미래사회에서 스포츠의 변화에 영향을 미치는 요인과 문제점

자연과학과 공학기술의 발전	기술이 스포츠의 본질적 가치를 훼손시킬 수도 있다.
통신과 전자매체의 발달	미디어가 스포츠에 적극적으로 개입할 것이다.
스포츠의 조직화와 합리화	개인의 개성과 스포츠의 다양성이 파괴될 것이다.
상업화 및 소비성향의 변화	스포츠계층이 심화되고 스포츠도 소비 주의적으로 변화할 것이다.
다양한 문화의 융합	세계화가 빠르게 진행됨에 따라 다양한 인종과 문화가 공존하는 사회가 되고, 스포츠도 서로 융합되어서 변화될 것이다.

1 후기 산업사회의 스포츠

정보통신기술과 기계기술이 함께 발전한 사회

기술스포츠	» 새로운 스포츠 종목들이 개발될 것이다. » 스포츠 용기구들이 진보될 것이다. » 정보통신기술이 발달되어 스포츠 관람의 질이 좋아질 것이다.
정보화 시대	» 대중들이 스포츠교육프로그램에 많이 참석하게 될 것이다. » 스포츠정보에 대한 요구가 증가할 것이다. » 스포츠과학의 중요성이 더욱 더 커질 것이다. » 컴퓨터 시스템을 활용하는 전략과 경기 기술이 발달할 것이다.

2 탈 근대문화와 스포츠

근대 문화에서 완전히 벗어나 새로운 문화의 시대가 될 것이다.

자연친화적 스포츠	» 자연친화적인 스포츠가 급증할 것이다. » 동양스포츠에 대한 관심이 증가할 것이다.
스포츠 참여계층의 다양화	» 여성들의 스포츠 참여가 급증할 것이다. » 노인 스포츠의 중요성이 강조될 것이다.

스포츠의 세계화

1 스포츠세계화의 의미

지구상에 있는 모든 개인과 조직, 그리고 국가가 개인적 · 조직적 · 국가적 차원에서 서로 거래를 하면서 효율적으로 대응해 나가는 현상을 '세계화'라 하고, 스포츠 측면에서의 세계화를 '스포츠의 세계화'라고 한다. 전 세계의 문화가 융합되어서 하나의 세계문화로 발전하듯이 스포츠도 전 세계가 융합된 세계스포츠로 발전할 것이다.

2 스포츠 세계화의 원인

☞ 제국주의……과거 식민지배 국가에서 피식민지 국민들을 동화시키기 위하여 활용하였다.

☞ 민족주의……스포츠를 통해 민족의 정체성을 확립시킴과 동시에 민족을 하나로 결속시킬 수 있다.

☞ 종교……종교 활동의 거부감을 해소시키기 위하여 협동·건강·희생·페어플레이 등의 가치를 가진 스포츠를 활용하였다.

☞ 기술의 진보……기술(테크놀로지) 진보에 의해 발달된 교통·통신·미디어 등이 스포츠의 세계화에 기여하였다.

※ 스포츠의 세계화에 관련된 용어

ⓐ 스포츠화(sportization) : 무분별하게 행해지는 신체활동에서 일정한 규칙과 제도를 갖춘 스포츠로 문명화되는 과정

ⓐ 세계표준화(global standardization) : 자재나 제품의 종류 · 모양 · 크기 · 품질 등을 일정한 기준에 따라 세계적으로 통일하는 것

ⓐ 세방화(glocalization) : 세계화(globalization)와 현지화(localization)의 합성어. 세계화를 추구하면서 그 지역의 문화와 특성을 반응하는 것

ⓐ 미국화(Americanization) : 미국의 제도 · 문화 등이 미국 이외의 국가에 영향을 미치는 현상과 그 과정을 말함.

미래의 스포츠

☞ 미래에는 과학기술이 접목된 새로운 스포츠 종목들이 많이 개발 될 것이다.

☞ 스포츠 용기구들의 발달로 세계신기록이 무수하게 갱신될 것이고, 스포츠 규칙도 많은 변화가 올 것이다.

☞ 정보통신 기술이 발달되어서 스포츠 관람이 아주 편리해질 뿐만 아니라 고화질의 3D 영상을 자기 마음대로 돌려가면서 볼 수 있게 될 것이다.

☞ 대중들이 스포츠와 관련된 정보를 많이 요구하게 될 것이다.

☞ 경기 결과보다는 건강과 관련된 정보를 더 많이 요구할 것이다.

☞ 지금은 의사의 처방이 중요하지만, 앞으로는 스포츠 전문가의 운동처방을 의사의 처방보다 더 중요하게 여기는 시대가 올 것이다.

☞ 좀 더 섹시하고 좀 더 폭력적인 스포츠 종목이 새롭게 생겨나고, 기존의 스포츠도 점차 섹시하고 폭력적인 방향으로 변해갈 것이다.

☞ 자연친화적인 스포츠가 급증할 것이다.

☞ 노인과 여성을 대상으로 하는 스포츠가 성행할 것이다.

필수 및 심화 문제

■ 미래사회에서는 발달된 통신과 미디어가 스포츠에 적극적으로 개입할 가능성이 크다.

■ 미래사회에서 스포츠의 변화에 영향을 미칠 요인

· 자연과학과 공학기술의 발달이 스포츠의 본질적 가치를 훼손시킬 수도 있다.

· 통신과 전자매체의 발달이 스포츠에 적극적으로 개입할 수도 있다.

· 스포츠의 조직화와 합리화로 개인의 개성과 스포츠의 다양성이 파괴될 수도 있다.

· 상업화 및 소비성향의 변화로 스포츠계층이 심화되고 소비위주의 스포츠로 변질할 수도 있다.

· 다양한 문화의 융합으로 스포츠도 서로 융합되어 변질될 수도 있다.

필수문제

01 미래사회의 스포츠변화에 영향을 미치는 4가지 요인에 대한 문제점을 설명한 것이다. 문제점이 잘못 지적된 것은?

① 기술의 발전 : 기술도핑(기술이 스포츠의 본질적 가치를 훼손시킬 수도 있다)
② 통신의 발달 : 미디어가 스포츠 발달을 촉진
③ 조직화 및 합리화 : 개인의 개성과 스포츠의 다양성 파괴
④ 상업화와 소비주의 : 스포츠계층의 심화와 경제력을 과시하기 위한 스포츠참여

심화문제

02 미래 스포츠의 변화와 전망에 관한 설명으로 옳지 않은 것은?

① 정보통신기술의 발달로 스포츠 관람형태가 다양해진다.
② '기술도핑(technical doping)'은 스포츠의 공정성을 훼손한다.
③ 다양한 신소재의 개발은 스포츠의 용품 및 장비 개발에 활용된다.
④ 통신 및 전자매체의 발달로 스포츠에서 미디어의 영향력이 감소된다.

필수문제

03 과학기술의 발전에 따른 스포츠의 변화에 관한 설명으로 옳지 않은 것은?(2024)

① IoT, 웨어러블 디바이스 발전으로 경기력 측정의 혁신을 가져왔다.
② 프로야구 경기에서 VAR 시스템 적용은 인간심판의 역할을 강화시켰다.
③ 4차 산업혁명에 따른 초지능, 초연결은 스포츠 빅데이터의 활용을 확대시켰다.
④ VR, XR 디바이스의 발전으로 가상현실 공간을 활용한 트레이닝이 가능해졌다.

■ 프로야구 경기에서 VAR 시스템이 적용되면 인간심판의 역할은 약화된다.

심화문제

04 미래사회의 스포츠변화에 영향을 미치는 요인이 아닌 것은?

① 자연과학과 공학기술의 발전 ② 통신과 전자매체의 발달
③ 스포츠의 조직화와 합리화 ④ 스포츠의 공업화

■ 스포츠가 공업화될 수는 없다. 그밖에 미래사회에서는 스포츠의 상업화와 소비주의가 한층 더 강화될 것이다.

정답 01 : ②, 02 : ④, 03 : ②, 04 : ④

필수문제

05 미래사회의 스포츠 변화에 대한 예측으로 옳지 않은 것은?

① 용품, 장비, 시설 등 스포츠 환경이 더욱 개선될 것이다.
② 전자매체의 발달로 관람스포츠의 형태가 변화될 것이다.
③ 새로운 형태의 스포츠가 지속적으로 생겨날 것이다.
④ 소비성향의 변화에 따라 노인의 스포츠 참여율은 감소될 것이다.

■ 미래사회에는 노인의 스포츠 참여율이 증가할 것이다.

심화문제

06 정보화 시대의 스포츠 특징으로 적합하지 않은 것은?

① 스포츠가 젊은 세대의 전유물로 자리 잡는다.
② 스포츠 교육서비스에 대한 요구가 증대된다.
③ 스포츠 과학이 획기적으로 발전한다.
④ 다양한 경기 전략에 대한 정보를 신속하게 제공받는다.

■ 정보화 시대에는 스포츠가 젊은 세대의 전유물로 되지 않는다.

필수문제

07 보기에서 신자유주의 시대 스포츠 세계화의 특징에 해당하는 것으로만 묶인 것은?

보기
㉠ 스포츠 시장의 경계가 국경을 초월해 전 세계로 확대되었다.
㉡ 프로스포츠의 이윤 극대화로 인해 빈익빈 부익부 현상이 해소되었다.
㉢ 세계인들에게 표준화된 스포츠 상품과 스포츠 문화를 소비하게 만들었다.
㉣ 각 나라의 전통스포츠가 전 세계로 보급되어 새로운 스포츠 시장을 개척할 수 있게 되었다.

① ㉠, ㉡ ② ㉠, ㉢ ③ ㉡, ㉢ ④ ㉡, ㉣

■ 신자유주의시대에는 스포츠시장의 규모가 국제화되고 그 경계가 국경을 초월하게 될 것이다. 나아가 세계인들은 표준화된 스포츠상품과 문화를 소비하게 될 스포츠의 세계화가 도래할 것이다.

심화문제

08 보기에서 설명하는 현상은?

보기
» 외국선수의 국내유입과 자국선수의 해외진출이 자유롭게 이루어지고 있다.
» 나이키와 아디다스 같은 스포츠 기업이 다국적 기업으로 성장하고 있다.
» 태권도가 올림픽 정식종목으로 채택되면서 많은 국가에 보급되고 있다.

① 스포츠의 세계화 ② 스포츠의 전문화
③ 스포츠의 평등화 ④ 스포츠의 세속화

■ 보기는 스포츠의 세계화 내용이다.

정답 05 : ④, 06 : ①, 07 : ②, 08 : ①

필수문제

09 보기에서 설명하는 스포츠 세계화의 원인은?

> 보기
> '코먼웰스 게임(commonwealth games)'은 영연방국가들이 참가하는 스포츠 메가 이벤트로, 영연방국가의 통합에 기여하는 측면이 있다. 영국의 스포츠로 알려진 크리켓과 럭비는 대부분 영국의 식민지였던 영연방국가에서 인기가 있다.

① 제국주의 ② 민족주의 ③ 다문화주의 ④ 문화적 상대주의

■ 스포츠 세계화의 원인
· 제국주의
· 민족주의
· 종교
· 기술의 발달

심화문제

10 보기에서 스포츠 세계화의 동인으로 옳은 것만을 모두 고른 것은?(2024)

> 보기
> ㄱ. 민족주의 ㄴ. 제국주의의 확대 ㄷ. 종교 전파
> ㄹ. 과학기술의 발전 ㅁ. 인종차별의 심화

① ㄱ, ㄴ, ㄷ ② ㄴ, ㄷ, ㅁ ③ ㄱ, ㄴ, ㄷ, ㄹ ④ ㄱ, ㄷ, ㄹ, ㅁ

■ 위 문제 해설 참조.

11 스포츠 세계화의 특징으로 옳지 않은 것은?

① 스포츠 시장의 경계가 국경을 초월해 전 세계로 확대되었다.
② 모든 나라의 전통스포츠(folk sports)가 세계적으로 확대되었다.
③ 세계인이 표준화된 스포츠 상품과 스포츠 문화를 소비하게 되었다.
④ 프로스포츠 시장의 이윤 극대화로 빈익빈 부익부 현상이 심화되었다.

■ ② 스포츠 세계화는 구미 선진국의 스포츠가 전세계적으로 확대될 수 있으므로 전통스포츠는 축소될 수 있다.

12 베일(J.Bale) 이 제시한 스포츠 세계화의 특징에 관한 설명으로 옳지 않은 것은?(2024)

① IOC, FIFA 등 국제스포츠 기구가 성장하였다.
② 다국적 기업의 국제적 스폰서십 및 마케팅이 증가하였다.
③ 글로벌 미디어 기업의 스포츠에 관한 개입이 증가하였다.
④ 외국인 선수 증가로 팀, 스폰서보다 국가의 정체성이 강화되었다.

■ 외국인 선수가 증가되면 국가의 정체성이 약화된다.

13 신자유주의 시대의 스포츠 세계화에 대한 특징으로 적절하지 않은 것은?

① 프로스포츠의 이윤 극대화에 기여하였다.
② 스포츠 시장의 경계가 국경을 초월해 전 세계로 확대되었다.
③ 세계인들에게 표준화된 스포츠 상품을 소비하도록 만들었다.
④ 각 나라의 전통스포츠가 전 세계로 보급되어 새로운 스포츠시장을 개척할 수 있게 되었다.

■ 일부 국가들의 스포츠가 전세계로 퍼져나갔다.

정답 09 : ①, 10 : ③, 11 : ②, 12 : ④, 13 : ④

필수문제

14 스포츠 세계화와 민족주의의 관계에 대한 설명으로 적절한 것은?

① 냉전 시대에 스포츠 세계화는 민족주의를 약화시켰다.
② 민족주의는 국가 간 갈등의 원인이 되어 스포츠 세계화의 걸림돌로 작용해 왔다.
③ 제국주의 시대에 스포츠 세계화는 식민국가의 민족주의를 약화시키는 결과를 초래하였다.
④ 스포츠에 내재된 민족주의적 속성은 다국적 기업의 세계화 전략에 중요한 자원으로 활용되고 있다.

■① 냉전시대에 스포츠의 세계화는 민주주의를 강화시켰다.
■② 스포츠를 통해 세계인들을 하나로 결속시켰다.
■③ 제국주의시대에는 스포츠의 세계화를 통해 식민국가의 민족주의를 강화시켰다.
■④ 국가의 이름으로 실시된 스포츠는 기업의 세계화 전략에 주요한 요소로 활용되고 있다.

심화문제

15 스포츠 세계화의 원인이 아닌 것은?

① 종교 전파 ② 제국주의 확장 ③ 인종차별 심화 ④ 과학기술 발전

■스포츠세계화의 원인은 제국주의, 민족주의, 종교, 과학기술의 발달 등이다.

16 현대 스포츠의 발전에 영향을 미친 요소에 대한 설명으로 옳지 않은 것은?

① 산업의 고도화 : 스포츠용품의 대량 생산체계가 갖춰지고 용구가 표준화되었다.
② 인구의 저밀도화 : 쾌적한 생활환경으로 인해 스포츠 참가가 증가하였다.
③ 교통의 발달 : 수송체계가 원활해지면서 다양한 스포츠 행사가 열릴 수 있게 되었다.
④ 통신의 발달 : 정보 유통이 원활해져 스포츠저널리즘이 발달하게 되었다.

■현대스포츠가 발전하는 데에 영향을 미친 요소에 '도시화'가 있다. ②는 도시화에 반대되는 내용이다.

필수문제

17 메기(J. Magee)와 서덴(J. Sugden)이 제시한 스포츠 노동이주의 유형에 관한 설명 중 적절하지 않은 것은?

① 개척자형: 스포츠 보급을 통해 금전적 보상을 추구하는 유형
② 정착민형: 영구적으로 정착할 수 있는 곳을 찾는 유형
③ 귀향민형: 해외에서의 스포츠 경험을 바탕으로 자국으로 복귀하는 유형
④ 유목민형: 개인의 취향대로 흥미로운 장소를 돌아다니면서 스포츠에 참여하는 유형

■스포츠 노동이주의 유형
■개척자(pioneers) :
· 금전적인 보상이 최고의 가치가 아님
· 이주 국가와 친밀한 관계 형성
■용병(mercenaries) :
· 경제적 보상이 최고의 이주 결정 요인임
· 더 나은 경제적 보상을 위해 다시 이주할 수 있음
■유목민(nomads) :
· 종목의 특성으로 인해 국가 간 이동 발생
· 개인의 취향에 의해 선택하는 경우도 흔히 발생
■정착민(settlers) :
· 경제적 보상 외에 다른 요인에 의해 정착
· 보다 나은 사회적 환경이나 교육환경에서 거주
■귀향민(returnees) :
· 해외로 이주하였다가 국내로 다시 귀향
· 해외경험을 바탕으로 자국으로 복귀

※김범 외(2023). 스포츠사회(전정판). 대경북스.

정답 14 : ④, 15 : ③, 16 : ②, 17 : ①

스포츠사회학

심화문제

18 보기와 같이 스포츠의 세계화로 인해 파생되는 현상은?

보기
최근 들어 우리나라 야구, 축구 선수들의 해외리그 진출이 증가하고 있다. 또한 우리나라에도 축구, 농구, 배구 등에서 많은 외국선수들이 활동하고 있다.

① 스포츠 국수주의 ② 스포츠 노동이주
③ 스포츠 민족주의 ④ 스포츠 제국주의

필수문제

19 보기의 내용과 관련 있는 용어는?

보기
» 로버트슨(R. Roberston)이 제시한 용어이다.
» LA 다저스팀이 박찬호 선수를 영입하여 좋은 경기력을 펼치면서 메이저리그 경기가 한국에서 인기가 높아졌다.
» 맨체스터 유나이티드팀이 박지성 선수를 영입하면서 프리미어리그 경기가 한국에서 인기가 높아졌다.

① 세방화(Glocalization)
② 스포츠화(Sportization)
③ 미국화(Americanization)
④ 세계표준화(Global Standardization)

■보기는 세방화에 대한 설명임(p. 99 참조)

필수문제

20 보기에서 스포츠 세계화의 과정에 대한 설명으로 옳은 것을 모두 고른 것은?

보기
㉠ 제국주의 시대에 스포츠를 통한 동화정책은 식민지 체제의 지배를 정당화하는 데 기여하였다.
㉡ 19세기 기독교는 아시아와 아프리카 원주민의 종교적 거부감을 해소하는 데 스포츠를 활용하였다.
㉢ 과학기술의 진보는 스포츠의 시·공간적 제약을 극복하는 데 기여하였다.
㉣ 제국주의 시대 스포츠는 결과적으로 피식민지 주민의 민족주의적 감정을 억제하는 데 기여하였다.

① ㉠ ② ㉠, ㉡ ③ ㉠, ㉡, ㉢ ④ ㉠, ㉡, ㉢, ㉣

■제국주의 시대 스포츠는 피식민지 주민의 동의를 얻기 위하여 문화적 수단을 이용한 동화정책의 일환으로 실시되었다.
■과학기술의 진보가 스포츠의 시·공간적 제약의 극복에 기여한 것은 아니다.

정답 18 : ②, 19 : ①, 20 : ③

2025 스포츠지도사 2급 필기

스포츠심리학

단원별 출제빈도 분석

단원	2015 (전문)	2015 (생활)	2016	2017	2018	2019	2020	2021	2022	2023	2024	누계 (개)	출제율 (%)
제1장 스포츠심리학의 개관	1	2	1	1	1	1				1		8	3
제2장 운동의 제어	1	1		1	1	2	3		2	1	4	16	7
제3장 운동의 학습	2	1	6	3	3	7	7	3	5	8	5	50	23
제4장 운동의 발달	2	1	1	1	1			2	2	1	1	12	5.5
제5장 스포츠수행의 심리적 요인1	2	5	2	4	5	5	4	4	5	5	3	44	20
제6장 스포츠수행의 심리적 요인2	6	2	2	3	3	2	2	1	2	1	2	26	12
제7장 스포츠수행의 사회 · 심리적 요인	2	4	4	4	3	1	3	3	1	3	2	30	14
제8장 건강 · 운동심리학	2	2	4	1	3	1		5	2		2	22	10
제9장 스포츠심리상담	2	2		2		1	1	2	1		1	12	5.5
합계	20	20	20	20	20	20	20	20	20	20	20	200	100

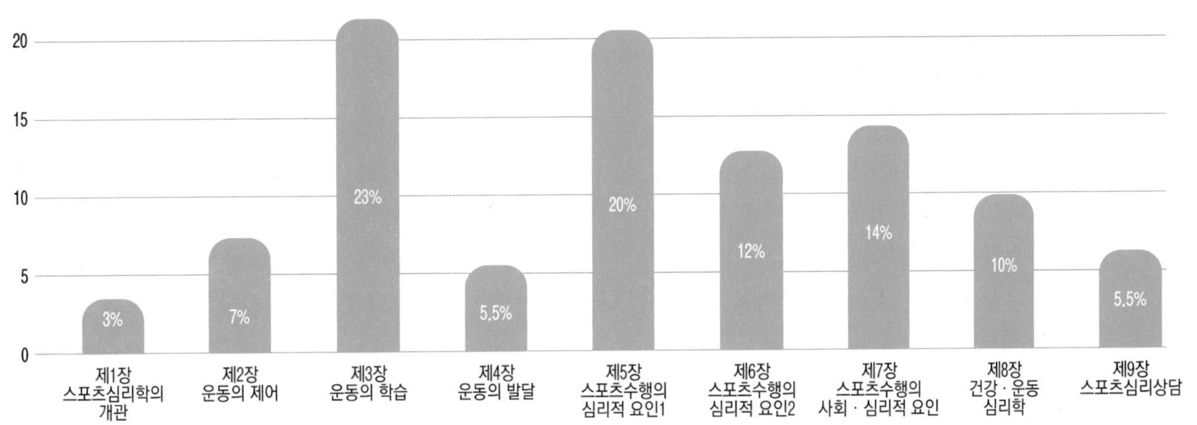

단원별 출제비율 그래프

스포츠심리학의 개관

스포츠심리학의 정의 및 의미

학자에 따라서 스포츠심리학은 약간씩 차이가 있게 정의한다.

☞ 운동경기 또는 스포츠 상황에서 응용하는 심리학의 한 분야이다.

☞ 인간의 행동에 대한 스포츠의 효과를 연구하는 학문이다.

☞ 스포츠 상황에서의 인간의 행동에 관한 의문점을 해결하려고 하는 스포츠 과학의 한 분야이다.

☞ 선수의 경기력 향상에 중점을 두는 심리학의 하위 영역이다.

위의 정의들을 종합하면 스포츠심리학은 "**스포츠 상황에서의 인간 행동을 연구하는 학문이다.**"라고 요약할 수 있다.

스포츠심리학에서 연구하는 영역에 따라서 광의의 스포츠심리학과 협의의 스포츠심리학으로 분류하기도 한다.

운동의 제어	인간의 운동은 어떻게 해서 일어나고, 어떻게 해서 통제하는가?
운동의 발달	태어나서 늙어 죽을 때까지 운동능력은 어떻게 발달하고 쇠퇴하는가?
운동의 학습	인간은 간단한 동작에서부터 복잡한 운동기술까지를 어떻게 배우고 익히는가?
스포츠심리	스포츠상황에서 인간이 하는 행동의 심리적인 원인과 효과는 무엇인가?
건강운동심리	인간은 왜 운동에 참가하고 지속하는가?

위의 5가지 영역을 모두 연구대상으로 하면 광의의 스포츠심리학이라 하고, 스포츠심리 또는 건강운동심리만을 연구대상으로 하면 협의의 스포츠심리학이라고 한다.

스포츠심리학의 역사

1 태동기(1895~1920)

미국의 심리학자 트리플렛(Triplett, N.)이 1898년에 미국 심리학회지에 게재한 "경쟁자 또는 페이스메이커가 있을 때 사이클 선수들이 더 빨리 달린다."는 내용의 논문이 최초의 스포츠심리학 논문으로 간주되고 있다.

그 후 뚜렷한 연구가 없이 체육교사들이 스포츠와 관련된 여러 가지 현상들을 설명하려는 노력을 해왔다.

1920년에 슐테(Schulte)에 의해서 독일체육대학이 설립되면서 스포츠심리학이 관심을 끌기 시작하였고, 1930년에는 모스크바대학과 레닌그라드대학에 스포츠심리학과가 정식으로 개설되었다.

미국과 소련의 메달 경쟁에 힘입어 소련과 동유럽, 그리고 중국, 일본, 한국 등 극동지역에서 스포츠심리학 연구가 활발히 이루어졌지만 체계적인 연구가 되지는 못하였다.

2 그리피스 시대(1921~1938)

그리피스(Griffith, C. R.)는 일리노이대학에서 교육심리학 교수로 재직하면서 스포츠심리학 실험실을 개설하였다. 시각, 주의집중, 반응시간, 근육의 긴장과 이완, 각성상태 등에 대하여 연구하였고, 『코칭의 심리학』과 『선수의 심리학』이라는 책을 발간하였다.

그리피스는 1923년에 일리노이대학에서 스포츠심리학을 최초로 가르쳤기 때문에 스포츠심리학의 아버지로 불리고 있다. 그는 스포츠심리학 발전에 큰 업적을 세웠지만 중간에 스포츠심리학 연구를 그만두었다가, 1938년에 시카고컵스 팀의 스포츠심리 상담사를 맡으면서 다시 스포츠심리학계로 돌아왔다. 그러나 그의 제자 중에 단 한 사람도 스포츠심리학 연구를 계승한 사람이 없기 때문에 '사도 없는 선지자'로 불리기도 한다.

3 준비기(1939~1965)

버클리대학의 헨리(Henry, F.M.)는 1938년부터 여러 가지 스포츠심리학적 요인들이 선수들의 퍼포먼스에 미치는 영향을 연구하기 시작하였다.

그가 1964년에 "체육(Physical education) : 하나의 학문(A discipline)"이라는 논문을 발표하였는데, 그것을 계기로 스포츠심리학뿐만 아니라 체육이 하나의 학문으로 인정받게 되었다.

4 학문적 발달기(1966~1977)

체육이 하나의 독자적인 학문 영역으로 자리매김한 이후부터 스포츠심리학자들은 성격, 불안, 자기존중감 등의 심리적 요인이 스포츠 수행에 어떤 영향을 미치는지, 스포츠활동에의 참여가 개인의 성격과 공격성에 어떤 영향을 미치는지 등에 대하여 연구하기 시작하였다.

1965년에 로마에서 제1회 세계스포츠심리학회(ISSP)가 개최된 다음 나라별 또는 지역별로 스포츠심리학회가 설립되기 시작하였다. ISSP에서는 『세계스포츠심리학회지(IJSP)』를 발간하여 오다가 2003년부터는 『세계스포츠 · 운동심리학회지(IJSEP)』로 이름을 바꾸어서 출판하고 있다.

5 현재의 스포츠심리학(1978~)

1979년에 마텐스(Martens,R.)가 실험실에서 연구한 스포츠심리학 지식을 현장에 적용한다는 것은 굉장히 어려운 일이라고 주장하면서 인터뷰 등 현장연구가 대단히 중요하다고 강조하게 되었다.

그 후 1985년에 응용스포츠심리학발전협의회가 결성되었다가 2007년 응용스포츠심리학회로 개명하였다. 즉 현재는 스포츠심리학을 현장에 적용하여 선수들의 경기력 향상을 도모하려고 하는 응용스포츠심리학 연구가 대세를 이루고 있다. 그 대표적인 예가 각국의 올림픽 또는 월드컵 대표팀에 스포츠심리 상담사를 두고 있는 것이다.

6 우리나라의 스포츠심리학

우리나라에서 개최된 '86 아시안게임과 '88 서울올림픽을 계기로 우리나라의 스포츠과학이 체계를 갖추게 되었다.

그중 하나가 1989년에 한국체육학회의 분과학회로 한국스포츠심리학회가 창립되었고, 2002년에는 한국스포츠심리학회에서 발간한 학술지가 한국학술연구재단에 등재된 학술지로 인정받게 되었다.

7 스포츠심리학에서 자주 쓰이는 연구방법

질문지	주로 특정한 생각, 감정, 행동 등을 측정하기 위해서 만들어진 질문들로 구성되어 있다.
인터뷰	스포츠와 운동 참가자의 신념, 체험, 가치 등을 알아보기 위해서 어떤 특정인을 만나서 직접 대화하는 것, 질문지보다 융통성이 더 크다는 장점이 있지만 연구자도 교육을 받아야 한다.
관찰	스포츠 상황에서 참가자의 활동을 측정하는 방법으로 사용한다.
생리적 측정	바이오피드백과 같이 스포츠 참가자의 신체상태나 심리상태를 나타내는 생리적 지표를 측정한다.
생화학적 측정	혈액이나 소변 등을 생화학적으로 분석해서 스트레스나 정서상태 등을 알아보는 것이다.
내용 분석	자세하게 기록한 자료를 바탕으로 의미있는 내용을 찾아내기 위해서 분석하는 것.

필수 및 심화 문제

필수문제

01 스포츠심리학의 정의로서 적당하지 못한 것은?

① 스포츠상황에서 인간 행동을 연구하는 학문이다.
② 선수의 경기력 향상에 중점을 두는 심리학의 하위영역이다.
③ 광의의 스포츠심리학과 협의의 스포츠심리학으로 나눌 수 있다.
④ 스포츠상황에서 인간의 행동에 관한 의문점을 해결하려고 하는 스포츠과학의 한 분야이다.

■ 스포츠심리학을 광의와 협의로 나누는 것은 스포츠심리학의 정의가 아니다.

심화문제

02 협의의 스포츠심리학에 관한 설명으로 적절하지 않은 것은?

① 심리적 요인이 운동수행에 어떤 영향을 미치는가를 규명하는 분야이다.
② 운동수행과 심리적 요인과의 관계를 연구하는 분야이다.
③ 스포츠나 운동수행이 개인과 팀의 심리적 기능에 어떠한 영향을 주는지 규명하는 분야이다.
④ 인간 운동의 기능적 · 생태적 원리를 포괄하는 운동제어, 운동학습, 운동발달 등을 포함하는 연구분야이다.

■ 협의의 스포츠심리학은 스포츠심리 또는 건강운동심리학을 연구대상으로 한다.
■ 여기에 운동의 제어, 운동의 발달, 운동의 학습을 포함시키면 광의의 스포츠심리학이다.

03 스포츠심리학의 주된 연구의 동향과 영역에 포함되지 않는 것은?

① 인지적 접근과 현장 연구
② 경험주의에 기초한 성격 연구
③ 생리학적 항상성에 관한 연구
④ 사회적 촉진 및 각성과 운동수행의 관계 연구

■ ③은 운동생리학의 연구 영역이다.

04 스포츠심리학자의 역할 중 바르지 않은 것은?

① 자신의 연구 성과를 발표하고 검증받기도 한다.
② 운동선수를 대상으로 한 상담만 실시한다.
③ 스포츠심리학, 운동학습, 운동제어, 운동발달 등을 가르친다.
④ 상담을 통해 선수가 필요로 하는 심리기술 훈련을 하기도 한다.

■ 운동선수를 대상으로 상담만 하는 것은 스포츠심리학자의 역할이 아니다.

정답 01 : ③, 02 : ④, 03 : ③, 04 : ②

■ **운동제어** : 운동을 생성하고 조절하는 기전과 운동의 원리를 규명하는 학문으로, 스포츠심리학의 하위분야임.
■ **운동발달** : 운동기능의 발달에 영향을 미치는 유전적 요인과 연령에 따라 계열적·연속적으로 변하는 과정과 관계된 것을 연구하는 학문
■ **운동심리학** : 스포츠활동에 참여하기 위한 방법과 운동의 심리적 영향에 관해 연구하는 학문
■ **건강심리학** : 건강 증진, 건강 위험 요인 분류, 건강 관리 체계 향상, 질병의 예방 및 치료, 건강과 관련된 여론 형성 등 사람의 건강과 연관된 분야의 심리학적 기술을 연구하는 학문

필수문제

05 보기에서 ㉠에 해당하는 스포츠심리학의 하위 분야는?

보기
» 야구에서 공을 잡은 외야수는 2루 주자의 주력과 경기상황을 고려하여 홈으로 송구하기로 결정한다. 그리고 홈까지의 거리와 위치를 확인하고 공을 던진다.
» (㉠) 분야에서는 외야수가 경기상황에서의 여러 정보를 종합·판단하여 어떻게 동작을 생성하고 조절하는지와 관련된 원리와 법칙을 밝히는 데 관심을 가진다.

① 운동제어　② 운동발달
③ 운동심리학　④ 건강심리학

심화문제

06 보기의 괄호 안에 들어갈 스포츠심리학의 하위영역이 바르게 나열된 것은?

보기
» (㉠)은 지속적인 운동참여와 그것을 통해 얻을 수 있는 개인의 정신건강에 관한 연구 분야
» (㉡)은 운동행동이 연령에 따라 계열적이고 연속적으로 변해가는 과정에 관한 연구 분야

	㉠	㉡
①	응용스포츠심리학	운동발달
②	건강운동심리학	운동발달
③	건강운동심리학	운동학습
④	응용스포츠심리학	운동학습

■ 스포츠심리학의 연구 영역(p. 106) 참조

07 보기에 해당하는 스포츠심리학의 하위 영역은?

보기
인간의 움직임 생성과 조절에 대한 신경심리적 과정과 생물학적 기전을 밝히는 학문 영역

① 운동학습　② 운동제어
③ 운동발달　④ 운동심리

정답　05 : ①, 06 : ②, 07 : ②

08 스포츠심리학의 주요 연구과제에 해당되지 않는 것은?

① 동기유발전략　　② 상담기술 및 방법
③ 체육행정 정책수립　　④ 불안감소전략

■ 체육행정 정책수립은 체육행정학의 분야이다.

09 광의의 스포츠심리학 하위 학문영역으로 옳지 않은 것은?

① 운동발달　　② 운동학습
③ 운동제어　　④ 운동처방

■ 운동처방은 운동생리학의 하위영역이다.

필수문제

10 1964년에 "체육 : 하나의 학문"이라는 논문을 발표하여 체육이 하나의 학문분야로 인정받게 되는 계기를 만든 학자는?

① 트리플렛(Triplett)　　② 그리피스(Griffith)
③ 헨리(Henry)　　④ 마텐스(Martens)

■ "체육 : 하나의 학문"은 1964년에 헨리(Henry, F. M.)가 발표하였다.

심화문제

11 스포츠심리학의 아버지로 불리우는 그리피스와 관계가 없는 것은?

① 일리노이대학의 교육심리학 교수였다.
② 그의 제자들이 스포츠심리학 발전에 크게 기여하였다.
③ 스포츠심리학 실험실을 개설하고 시각 · 주의집중 · 반응시간 등을 연구하였다.
④ 시카고컵스 팀의 스포츠심리 상담사를 맡아서 일했다.

■ 그리피스의 제자는 단 한 명도 그의 연구를 계승하지 않아 '사도 없는 선지자'로 불린다.

필수문제

12 심리요인이 스포츠 수행에 미치는 영향과 관련된 연구문제로 적당하지 않은 것은?

① 불안이 축구 페널티킥 성공률에 어떠한 영향을 미치는가?
② 자신감의 수준이 아동의 수영학습에 어떠한 영향을 미치는가?
③ 성공/실패의 경험은 골프퍼팅 학습에 어떠한 영향을 미치는가?
④ 태권도 수련 참가는 아동의 성격발달에 어떠한 영향을 미치는가?

■ 태권도 수련 참가는 심리요인이 아니다.

심화문제

13 스포츠심리학 연구에 쓰이지 않는 연구방법은?

① 질문지　　② 인터뷰
③ 사진 분석　　④ 관찰

■ 사진 분석은 운동역학의 연구방법이다.

정답　08 : ③, 09 : ④, 10 : ③, 11 : ②, 12 : ④, 13 : ③

운동의 제어

운동제어의 개념

인간이 어떤 운동 또는 움직임을 한다고 했을 때, 그 움직임이 저절로 아무렇게나 이루어진다고 생각하는 사람은 없을 것이다. 분명히 어떤 목적이 있고, 그 목적을 달성하기 위해서 의식적 또는 반자동적으로 콘트롤(제어)해서 움직임이 이루어진다. 이때 어떤 원리 또는 어떤 메커니즘에 의해서 인간의 운동이 제어되는지를 알아내려고 하는 것이 운동제어 연구이다.

운동제어를 연구하는 학자들이 문제를 해결하기 위해서 접근하는 방법은 크게 두 가지가 있다. 하나는 정보처리 이론이고, 다른 하나는 생태학적 이론이다.

정보처리 이론(움직임적 접근방법)

정보처리 이론에서는 인간의 행동을 컴퓨터와 비슷하게 생각한다. 즉 컴퓨터에 ① 마우스나 키보드를 이용해서 정보가 입력되면 ② 컴퓨터의 중앙처리장치(CPU)가 그 정보를 처리한 다음 ③ 그 결과를 모니터나 프린터로 출력하듯이, 인간의 운동 또는 움직임은 ① 눈이나 귀와 같은 감각기관을 통해서 정보가 입력되면 ② 대뇌 등 중추신경계통에서 그 정보를 처리한 다음 ③ 근육과 뼈가 움직이는 것이 출력에 해당된다는 것이다.

이때 움직임이 잘못되었다면 수정해야 하는데, 움직임을 수정할 때 필요한 것이 피드백이다. 피드백이란 어떤 움직임을 수행했을 때 그 결과를 시각, 청각, 미각, 후각, 촉각, 고유감각(압력, 온도, 통각, 신체기관의 위치, 자세, 속도 등을 감지하는 감각으로 온 몸에 퍼져 있다.)을 통해서 의도했던 행동과 비교한 다음 오차를 계속해서 줄여나가는 것을 말한다.

생태학적 이론(행동적 접근방법)

인간의 운동을 컴퓨터와 비교하는 것은 말도 안 되는 것이고, 인간은 생물이기 때문에 한 번 했던 행동은 기억이 되고, 그 기억 위에 새로운 행동경험이 점차적으로 쌓여간다는 것이 생태학적 이론이다.

그래서 정보처리 이론에서 말하는 것은 '움직임'이라 하고, 생태학적 이론에서 말하는 것은 '행동'이라고 한다. 그리고 정보처리 이론을 운동적(움직임적) 접근방법, 생태학적 이론을 행동적 접근방법이라고도 한다.

생태학적 이론에서는 어떤 행동을 할 때 여러 개의 근육과 뼈가 서로 균형을 맞추어가면서 조직적으로 움직여야 우리가 원하는 행동이 이루어지는데, 그렇게 하기 위해서 일일이 하나하나의 뼈 또는 근육에 운동명령을 내린다고 하면 우리의 뇌에 너무 많은 부담이 되기 때문에 중요한 1~2가지 변수만 바꾸라고 명령하면 된다고 본다.

생태학적 이론에서는 어떻게 기억을 저장하고, 어떻게 기억을 인출하는지가 중요한 문제가 되는데, 다음과 같은 3단계를 거친다고 주장한다.

▶ 기억체계(지각 단계 → 저장 단계 → 인출 단계)

지각	기억해야 할 내용이 움직임이든 지식이든 관계없이 먼저 알아차려야 하는데, 그것을 '지각'이라고 한다. 감각기관을 통하여 느낀 것을 그대로 기억하지 않고 잘 정리해서 기억하기도 쉽고 나중에 인출하기도 쉽게 만드는 것을 조직화라고 한다. 그러므로 지각은 감각한 것을 조직화하는 단계라고 할 수 있다.
저장	지각한 것을 저장하는 단계로, 사이뇌에 있는 해마가 작용한다고 한다.
인출	저장했던 정보를 다시 끄집어내는 단계로, 회상이라고 한다. 저장과 인출 사이의 시간 간격이 아주 짧은 것을 '감각기억', 감각기억보다 약간 더 긴 것을 '단기기억', 저장과 인출 사이의 기간이 상당히 길거나 일생 동안 계속되는 것을 '장기기억'이라고 한다.

운동프로그램 이론

정보처리 이론을 약간 수정한 것이 운동프로그램 이론이다.

피아니스트가 빠른 속도로 어떤 곡을 연주한다고 할 때, 건반 하나를 눌러서 음을 들어보고 피드백에 의해서 수정한다고 하면 어떻게 음악을 연주할 수 있겠는가 하는 문제가 생긴다. 그래서 생각해낸 것이 피아니스트가 건반을 치는 것은 피드백이 없어도 대뇌에 이미 운동프로그램으로 저장되어 있기 때문에 그 프로그램에 따라 자동적으로 연주한다는 것이다.

정보처리 이론대로 한다면 운동→피드백→수정(제어)→운동→피드백→수정과 같이 계속해서 회로가 빙빙 돌아가야 하기 때문에 **폐쇄회로(닫힌회로) 제어**라고 한다.

그런데 운동프로그램 이론대로 한다면 대뇌가 일방적으로 운동명령을 내리고 근육과 뼈대는 그대로 움직이기만 하면 된다. 즉 운동명령→실행, 운동명령→실행만 반복하면 되기 때문에 **개방회로(열린회로) 제어**라고 한다.

▶ 폐쇄회로 이론과 개방회로 이론 비교

폐쇄회로 이론	개방회로 이론
» 정보처리 이론에 의함. » 인간의 기억체제에 저장된 동작이 실제로 실시되는 동작을 수정함으로써 운동이 이루어짐. » 피드백이 동작의 오류를 수정할 때 중요한 역할을 함.	» 운동프로그램 이론에 의함. » 비슷한 운동경험에 의하여 운동프로그램이 저장된다고 봄. » 피드백에 의한 동작 수정이 불필요하므로 빠른 움직임이 가능함.

위의 3가지 이론 중 어느 하나가 옳다고 할 수는 없고, 3가지 이론이 협동적으로 적용되어서 운동제어가 이루어져야 인간의 운동을 설명할 수 있다.

스키마 이론

pp.121~122 참조.

스포츠심리학

다이나믹시스템 이론(협응 이론)

1 번스타인(Bernstein :1967)

신체움직임의 역학적 특성과 신체에 작용하는 내 · 외적인 힘을 고려하여 인간의 운동체계를 설명하였다. 그는 이러한 두 가지 요인 간의 상호작용으로 인하여 다음과 같은 두 가지 현상이 발생한다고 하였다.

- ☞ 맥락조건 가변성 : 같은 근육의 수축이 다른 형태의 움직임을 만듦.
- ☞ 운동 등가 : 다른 근육의 수축이 같은 형태의 움직임을 생성하게 되는 현상

2 뉴웰(Newell :1986)

환경 · 유기체(사람) · 과제의 상호작용 속에서 자기조직의 원리와 비선형성의 원리에 의해서 인간 운동이 생성되고 변화한다고 하였다.

- ☞ 자기조직의 원리 : 환경 · 유기체 · 과제(제한 요소)의 3가지가 상호작용한 결과가 특정한 조건을 충족할 때 사람은 저절로 운동을 하게 된다는 것으로 인간 행동의 생성원리를 설명함.
- ☞ 비선형성의 원리 : 제한 요소의 변화에 따라 상변이 현상이 발생한다는 원리임.

운동제어 체계

정보처리 이론이나 운동프로그램 이론에서는 외부세계에서 들어온 자극을 해석하여 반응을 결정하여 효과기에 실제 행동을 실시하도록 명령을 내린 다음 확인 · 수정하는 감각-지각 단계(자극확인 단계) → 반응 · 선택 단계 → 반응 · 실행 단계를 운동제어 체계라 함.

심리적 불응기

- ☞ 먼저 제시된 자극(1차 자극)에 대한 반응을 수행 중일 때에는 다른 자극(2차 자극)에 대한 반응이 느려진다는 것
- ☞ 이때 1차 자극과 2차 자극을 하나의 자극으로 간주하게 되는 현상이 나타나는 것을 집단화라고 함

기억체계

- ☞ 인간은 자기가 한 행동을 기억함으로써 그 기억 위에 새로운 경험이 지속적으로 쌓이게 되는 과정
- ☞ 기억의 단계 : 지각 단계→저장 단계→인출 단계

필수 및 심화 문제

필수문제

01 운동제어에 대한 설명 중 틀린 것은?

① 인간이 운동 또는 움직일 때 어떤 원리에 의해서 제어되는지 알아보려는 연구분야이다.

② 크게 정보처리 이론과 생태학적 이론으로 나누고, 정보처리 이론의 일부를 수정한 것이 운동프로그램 이론이다.

③ 어느 한 이론으로 인간의 운동을 모두 설명할 수는 없다.

④ 어느 이론이든 반드시 피드백이 있어야 운동을 제어할 수 있다고 본다.

■ 운동프로그램 이론에서는 피드백이 필요 없으므로 열린회로 제어 또는 개방회로 제어라고 한다.

필수문제

02 운동제어의 주요 제한요소(constraint)와 거리가 먼 것은?

① 개인　② 환경

③ 과제　④ 기술

■ 운동제어의 3가지 요소는 개인, 환경, 과제이다.

필수문제

03 보기에서 정보처리이론에 관한 설명으로 옳은 것만을 모두 고른 것은?(2024)

보기

ㄱ. 정보처리이론은 인간을 능동적인 정보처리자로 설명한다.

ㄴ. 도식이론은 기억흔적과 지각흔적의 작용으로 움직임을 생성하고 제어한다고 설명한다.

ㄷ. 개방회로이론은 대뇌피질에 저장된 운동프로그램을 통해 움직임을 생성하고 제어한다고 설명한다.

ㄹ. 폐쇄회로이론은 정확한 동작에 관한 기억을 수행 중인 움직임과 비교한 피드백 정보를 활용하여 움직임을 생성하고 제어한다고 설명한다.

① ㄱ, ㄴ　② ㄷ, ㄹ

③ ㄱ, ㄴ, ㄹ　④ ㄱ, ㄷ, ㄹ

■ 정보처리이론 : 인간의 행동을 컴퓨터와 비슷하게 생각하여 인간을 능동적인 정보처리자로 간주한다(ㄱ).
■ 도식이론 : 과거에 실행한 비슷한 운동 결과를 이용하여 새로운 계획을 하는 회상도식(빠른 움직임-개방회로이론)과 피드백 정보를 통해 잘못된 생각을 수정하는 재인도식(느린 움직임-폐쇄회로 이론)으로 가정한다.
■ 개방회로이론 : 대뇌피질에 저장된 운동 프로그램을 활용하여 움직임을 생성 · 제어한다(ㄷ).
■ 폐쇄회로이론 : 개방회로이론의 장점만을 모은 운동 프로그램을 근거로 하여 제안하는 운동 프로그램이다(ㄹ).

정답 01 : ④, 02 : ④, 03 : ④

심화문제

04 정보처리단계 중 '반응실행 단계'에 해당하는 내용으로 적절한 것은?

■ 반응실행 단계는 반응을 실제 행동으로 옮기기 위해서 운동체계를 조직화하는 단계이다.

① 실제 움직임을 생성하기 위하여 움직임을 조직화한다.
② 받아들인 정보의 내용을 분석하여 의미를 부여한다.
③ 자극을 확인한 후, 환경특성에 맞는 반응을 선택한다.
④ 환경정보 자극에 대한 확인과 자극의 유형에 대해 인식한다.

05 정보처리 3단계의 관점에서 100m 달리기 스타트의 반응시간이 배구 서브 리시브 상황에서의 반응시간보다 짧은 이유로 옳은 것은?

■ 정보처리 3단계
1. 자극확인(자극분류)
2. 반응 선택
3. 운동프로그래밍(반응프로그래밍)

■ 100m 스타트를 할 때는 자극을 확인하는 시간이 배구 서브 리시브 때보다 짧다.

① 배구 서브 리시브 상황에서는 자극확인(stimulus identification) 단계의 소요 시간이 상대적으로 짧기 때문이다.
② 100m 스타트에서는 자극확인(stimulus identification) 단계의 소요 시간이 상대적으로 짧기 때문이다.
③ 배구 서브 리시브 상황에서는 반응선택(response selection) 단계의 소요 시간이 상대적으로 짧기 때문이다.
④ 100m 스타트에서는 운동 프로그래밍(motor programming) 단계의 소요 시간이 상대적으로 길기 때문이다.

06 감각기관을 통해서 느낀 것을 그대로 기억하지 않고 나중에 인출하기도 쉽게 만드는 것을 나타내는 용어가 아닌 것은?

■ 정보화는 감각기관을 통해 느낀 것을 나중에 인출하기 쉽게 만드는 것이 아니다.

① 조직화　② Code화　③ 암호화　④ 정보화

필수문제

07 보기에서 설명하고 있는 운동제어 이론은?

보기
» 유기체, 환경, 과제의 상호작용 속에서 자기조직의 원리와 비선형성의 원리에 의해 인간의 운동이 생성되고 조절된다.
» 일반화된 운동프로그램과 같은 기억표상의 구조가 필요하지 않다고 주장한다.

■ 다이내믹시스템이론은 인간의 행동은 유기체(인간), 환경, 과제가 역동적으로 상호작용함으로써 생성되고 변화한다는 이론이다(p. 114 참조).

① 정보처리이론(information processing theory)
② 도식이론(schema theory)
③ 다이내믹시스템이론(dynamic systems theory)
④ 폐쇄회로이론(closed-loop theory)

정답 04 : ①, 05 : ②, 06 : ④, 07 : ③

필수문제

08 빠른 속도의 음악을 피아노로 연주하는 것을 가장 잘 설명할 수 있는 이론은?

① 정보처리 이론 ② 생태학적 이론
③ 운동프로그램 이론 ④ 어느 이론으로도 설명할 수 없다.

■운동프로그램 이론 (p. 113) 참조

필수문제

09 보기의 ㉠과 ㉡에 들어갈 용어가 바르게 묶인 것은?

보기
» (㉠)은/는 다른 근육군을 사용하여 같은 움직임을 수행할 수 있는 능력을 말한다.
» (㉡)은/는 근육의 활동이 동일해도 조건에 따라 운동결과가 달라질 수 있다는 것이다.

	㉠	㉡
①	운동 등가 (motor equivalence)	맥락 조건 가변성 (context-conditioned variability)
②	운동 등가 (motor equivalence)	자유도 (degree of freedom)
③	맥락 조건 가변성 (context-conditioned variability)	자유도 (degree of freedom)
④	맥락 조건 가변성 (context-conditioned variability)	운동 등가 (motor equivalence)

■**운동 등가** : 주변 상황이 달라도 같은 임무를 수행할 수 있다. 예를 들어 추워도 걸을 수 있고, 따뜻해도 걸을 수 있다.
■**맥락 조건 가변성** : 동일한 근육활동이라도 조건에 따라서 운동결과가 달라질 수 있다는 것으로, 조건에는 해부학적인 요인, 역학적 요인, 생리학적 요인이 있다.
■**자유도** : 근육이 독립적으로 얼마나 움직일 수 있는지에 대한 가능성의 수이다.

필수문제

10 다이나믹 시스템 관점에서의 협응구조 형성에 대한 설명으로 옳지 않은 것은?

① 상변이는 협응구조의 형태가 변화하는 현상이며 선형의 원리를 따른다.
② 제어변수는 질서변수를 변화시키는 원인이 되는 것으로, 동작을 변화시키는 속도나 무게 등이 있다.
③ 협응구조는 하나의 기능적 단위로 자기조직의 원리에 따라 형성된다.
④ 협응구조의 안정성은 상대적 위상의 표준편차로 측정할 수 있다.

■**상변이** : 제한요소의 변화에 따라 협응구조의 형태가 변하는 현상으로, **비선형성 원리**이다(p. 114 참조).

정답 08 : ③, 09 : ①, 10 : ①

■자극 확인(감각–지각) 단계 : 정보를 받아들이고, 그 내용을 분석하여 의미를 부여하는 과정
■반응 선택 단계 : 자극 확인이 끝난 다음 받아들여야 할 반응을 결정하는 과정

■보기는 힉의 법칙임(힉–하이먼의 법칙이라고도 함)
■① 피츠의 법칙 : 목표물이 작고 움직이는 거리가 길어질수록 운동시간이 늘어나며, 정확성을 많이 필요로 하면 운동속도가 느려지고, 반대로 속도가 증가하면 정확성이 줄어든다.
■② 파워 법칙 : 시간과 연습량이 증가하여 연습시행횟수가 증가할수록 선택반응시간이 감소하여 운동수행능력이 높다.
■③ 임펄스 가변성 이론 : 임펄스가 사람의 운동형태를 결정하고, 임펄스의 가변성에 따라 움직임의 정확성이 변한다.

■소뇌 : 신체의 자세평형, 운동조절에 관여함
■중심고랑(中心溝) : 대뇌반구의 가쪽 면에서 이마엽과 마루엽의 경계를 이루는 두 번 굽은 고랑. 앞쪽은 운동영역, 뒤쪽은 몸감각영역.
■후두엽(뒤통수엽) : 대뇌반구의 맨 윗부분으로, 시각에 관여함.
■측두엽(관자엽) : 대뇌반구의 양 가쪽에 있으며, 청각에 관여함.

필수문제

11 보기의 ㉠, ㉡에 들어갈 정보처리 단계를 바르게 나열한 것은?(2024)

보기
» (㉠) : 테니스선수가 상대 코트에서 넘어오는 공의 궤적, 방향, 속도에 관한 환경정보를 탐지한다.
» (㉡) : 환경정보를 토대로 어떤 종류의 기술로 어떻게 받아쳐야 할지 결정한다.

	㉠	㉡
①	반응 선택	자극 확인
②	자극 확인	반응 선택
③	반응/운동 프로그래밍	반응 선택
④	반응/운동 프로그래밍	자극 확인

필수문제

12 보기에서 설명하는 개념은?

보기
» 자극반응 대안 수가 증가할수록 선택반응시간도 증가한다.
» 투수가 직구와 슬라이더 구종에 커브 구종을 추가하여 무작위로 섞어 던졌을 때 타자의 반응시간이 길어졌다.

① 피츠의 법칙 ② 파워 법칙
③ 임펄스 가변성 이론 ④ 힉의 법칙

필수문제

13 균형유지와 사지협응 및 자세제어에 주된 역할을 하는 뇌 구조(영역)는?

① 소뇌(cerebellum) ② 중심고랑(central sulcus)
③ 대뇌피질의 후두엽(occipital lobe of cerebrum)
④ 대뇌피질의 측두엽(temporal lobe of cerebrum)

정답 11 : ②, 12 : ④, 13 : ①

필수문제

14 보기가 설명하는 개념은?(2024)

보기
농구 경기에서 수비수가 공격수의 첫 번째 페이크 슛 동작에 반응하면서, 바로 이어지는 두 번째 실제 슛 동작에 제대로 반응하지 못하는 현상이 발생한다.

① 스트룹 효과(Stroop effect)
② 무주의 맹시(inattention blindness)
③ 지각 협소화(perceptual narrowing)
④ 심리적 불응기 (psychological—refractory period)

필수문제

15 보기에 제시된 심리적 불응기(Psychological Refractory Period: PRP)에 관하여 옳은 설명으로 묶인 것은?

보기
㉠ 1차 자극에 대한 반응을 수행하고 있을 때 2차 자극을 제시할 경우, 2차 자극에 대해 반응시간이 느려지는 현상이다.
㉡ 1차 자극과 2차 자극간의 시간차가 10ms 이하로 매우 짧을 때 나타난다.
㉢ 페이크(fake) 동작의 사용 빈도를 높일 때 효과적이다.
㉣ 1차와 2차 자극을 하나의 자극으로 간주하는 현상을 집단화라고 한다.

① ㉠, ㉡ ② ㉡, ㉢ ③ ㉢, ㉣ ④ ㉠, ㉣

필수문제

16 보기가 설명하는 기억의 유형은?(2024)

보기
» 학창 시절 자전거를 타고 학교에 등하교 했던 A는 오랜 기간 자전거를 타지 않았음에도 불구하고 여전히 자전거를 탈 수 있다.
» 어린 시절 축구선수로 활동했던 B는 축구의 슛 기술을 어떻게 수행하는지 시범을 보일 수 있다.

① 감각 기억(sensory memory) ② 일화적 기억(episodic memory)
③ 의미적 기억(semantic memory) ④ 절차적 기억(procedural memory)

정답 14 : ④, 15 : ④, 16 : ④

■심리적 불응기 : 연속적으로 제시하는 두 개의 자극에 각각 반응하도록 하였을 때 발생하는 반응시간의 지연 현상

■㉠ 심리적 불응기 : 한 개의 신경세포가 한 번 흥분한 후 바로 자극을 받으면 즉시 흥분하지 않는 현상임. 보기의 ㉠과 같다.
■㉣ 집단화 : 1차 자극과 2차 자극을 하나의 자극으로 간주하는 현상.
■㉡ 1차 자극과 2차 자극 간의 시차가 40ms 이하로 짧으면 두 자극을 하나의 자극으로 간주하여 심리적 불응기가 나타나지 않음.
■㉢ 페이크 동작의 사용빈도가 높은 운동경기에서 상대의 수비를 교란하려면 페이크 동작 후에 목표로 하는 동작을 재빨리 수행해야 함.

■감각 기억 : 받아들인 자극이 분석되기 전에 잠깐 동안 유지된 본래 자료 형태에 관한 기억
■일화적 기억 : 명시적 기억의 일종으로, 자전적 사건들(시간, 장소, 지식, 감정 등)에 관한 기억
■의미적 기억 : 명시적 기억의 일종으로, 경험이 배제된 단순한 지식적인 기억
■절차적 기억 : 특정 기술과 습관 수행에 관한 정보를 저장하는 기억으로, 신발끈을 묶는 방법이나 자전거타기 기술과 같이 활동을 지속적으로 생각하지 않고서도 하는 기억

스포츠심리학

CHAPTER 03 운동의 학습

경험 또는 연습에 의해서 어떤 자극에 대한 반응(움직임 또는 운동)이 변화하는 것을 운동학습이라고 한다.

운동학습 이론

운동을 배운다는 것(학습)은 운동을 더 잘 조절(제어)할 수 있게 되는 것이기 때문에 운동학습 이론과 운동제어 이론은 서로 겹치는 경우가 대부분이다.

1 자극-반응이론(S-R이론)

손다이크(Thorndike, E. L.)가 주장한 최초의 운동학습 이론. 현재는 거의 사용하지 않음.

어떤 자극에 대하여 반응한 결과가 주위로부터 긍정적으로 받아들여지면 강화되고, 부정적으로 받아들여지면 쇠퇴된다. 즉 어떤 자극에 대한 반응이 점점 더 강화되는 것이 학습이라는 이론.

S-R이론에서는 반응을 다음과 같이 3종류로 나눈다.

- ☞ 단순반응……하나의 자극에 대하여 미리 예정된 하나의 동작을 하는 것.
- ☞ 변별반응……2가지 이상의 자극이 동시에 주어졌을 때 어느 하나의 자극에만 반응하는 것.
- ☞ 선택반응……하나의 자극에 대한 여러 종류의 반응 중 하나를 선택해서 반응하는 것.

하나의 자극이 주어진 이후부터 실제로 반응행동이 나타날 때까지의 시간을 반응시간이라 하고, 반응시간은 다음 3가지 시간을 합한 시간이다.

- ☞ 감각지각 시간……정보를 받아들이고, 그 내용을 분석하여 의미를 부여하는 과정. 자극확인 단계라고도 한다.
- ☞ 반응선택 시간……자극에 대한 확인이 끝나고 어떻게 반응할 것인지 결정하는 단계. 숙련자일수록 반응선택 시간이 짧다.
- ☞ 반응실행 시간……실제로 움직임을 생성하기 위해서 운동을 조직하는 단계. 자극이 이중으로 주어지면 병목현상(심리적 불응기)이 일어난다.

2 개방회로 이론(open-loop theory)

제임스(James, W.: 1890)가 운동제어를 설명하기 위해서 제안한 가설로, 반응연쇄 가설(response-chaining hypothesis)이라고도 한다.

어떤 운동을 하기 위해서는 맨 처음 운동을 시작할 때에만 주의가 필요하고, 그다음 동작은 앞에서 이루어진 동작에 대한 반응으로 근육에서 중추로 보내는 구심성 정보, 즉 피드백에 의해서 자동적으로 이루어진다고 주장하였다. 그러면서 피드백이 있기는 하지만 어떤 기준치와 비교해서 동작을 수정하는 것은 아니라고 하였다.

그러나 구심성신경을 제거한 동물이나 사람이 운동을 할 수 있다는 실험결과가 나오면서 힘을 잃게 되었다. 이 이론은 피드백에 의해 동작이 수정되는 것이 아니라 이미 만들어져 있는 운동 프로그램에 의해서 동작이 일방적으로 이루어지므로 개방회로 이론이라고 부른다.

3 폐쇄회로 이론(closed-loop theory)

아담스(Adams)가 운동제어를 설명하기 위해 제안한 이론으로, 인간이 운동을 제어하는 것은 구심성 정보의 처리가 핵심적인 역할을 한다는 이론이다.

이 이론이 나오게 된 동기가 된 실험은 직선의 어떤 위치에 천천히 손을 위치시키는 것, 즉 오차를 계속 줄여서 목적한 위치에 도달하는 실험이었는데, 그 결과를 다음과 같이 설명하였다.

어떤 동작을 학습하기 위해서는 기억흔적과 지각흔적이라는 두 가지 기억이 필요하다. 기억흔적은 과거에 경험했던 기억을 떠올린다는 뜻이고, 지각흔적은 옛날에 인식했던 것을 다시 기억해 낸다(재인기억)는 뜻이다.

기억흔적에 의해서 동작을 시작할 때 필요한 방향과 양을 결정해서 동작을 시작하는데, 연습과 피드백에 의해서 기억흔적이 점점 더 정확하게 강화된다. 거기에 과거의 경험에 의해서 팔다리의 감각기관들이 인식하고 있던 지각흔적과 현재의 동작을 하면서 되돌아오는 피드백을 비교해서 점점 더 정확한 위치로 이동하고, 적절한 위치에 팔다리가 위치하여 목적이 달성될 때까지 계속해서 수정한다. 동작이 정확해지면 정확해질수록 지각흔적이 더 유용해질 뿐만 아니라 더 잘 유지된다. 피드백에 의해서 동작이 수정되기 때문에 폐쇄회로 이론이라고 한다.

4 일반화된 운동프로그램(generalized motor program : GMP) 이론

- ☞ 운동 프로그램을 저장할 수 있는 기억용량에는 한계가 있어서 새로운 운동을 배우는 것을 설명할 수 없다는 단점을 극복하기 위한 대안으로 개발되었음.
- ☞ 특정된 환경에 적응할 수 있도록 움직임 형태의 조절에 관여하는 불변매개변수와 가변매개변수에 의하여 운동 프로그램이 바뀌게 됨.

불변 매개변수	» 프로그램 안에 변하지 않는 상태로 존재함. » 요소의 순서 : 동작이나 반응하는 순서 » 시상 : 근육수축의 시간 구조 » 상대적인 힘 : 근육활동에 필요한 전체 힘의 양을 선택된 각 근육에 적절하게 분배하는 것
가변 매개변수	» 전체 동작 지속시간 : 각각의 동작은 일정하지 않음 » 힘의 총량 : 동원되는 근육의 수축에 의한 힘의 양 » 선택된 근육군 : 동작한 각각의 근육이 운동 프로그램에 저장되지 않고 동작에 따라 다르게 선택되는 것

이 이론을 적용하면 기억 용량 문제와 새로운 운동학습에 관련된 문제는 해결되지만, 수많은 동작을 각각의 도식(스키마)에 저장할 만큼 인간의 기억용량이 무한한지와 경험하지 못한 동작을 어떻게 도식으로 형성하는지에 대한 해답을 할 수 없는 문제가 있음.

5 스키마 이론(schema theory)

슈미트(Schmidt, R.; 1975)가 폐쇄회로 이론에 반대하는 입장에서 제안한 이론.

슈미트의 주장에 따르면 스키마에는 “특정한 운동을 만들어내는 시간패턴과 위치패턴이 들어 있기 때문에 새로운 운동을 학습하려면 일반화된 운동프로그램에다가 몇 가지 새로운 변수만 지정하면 되고, 경험과 목표에 따라서 기존에 있던 일반화된 운동프로그램을 세밀하게 다듬기만 하면 기억용량을 더 늘리지 않더라도 새로운 운동을 학습할 수 있다."고 한다.

스키마 이론에서는 인간이 어떤 운동을 하면 다음 4가지가 스키마로 저장된다고 주장한다.

☞ 운동의 초기 조건(예 : 몸과 팔다리의 고유감각 정보).

☞ 운동프로그램의 반응명세(일반화된 운동프로그램 안에 들어 있는 힘이나 속도와 같은 변수)

☞ 감각결과(운동할 때 보고, 듣고, 느낀 것)……이것을 수행의 지식(knowledge of performance : KP)이라고도 한다.

☞ 운동결과(실제로 수행된 운동의 결과에 대한 정보)……이것을 결과의 지식(knowledge of results : KR)이라고도 한다.

그리고 회상 스키마는 여러 가지 반응명세 중에서 특정한 반응을 선택하는 데에 사용되고, 재인 스키마는 느낀 결과에 따라서 반응을 평가하는 데에 사용된다고 한다.

회상 스키마	» 수행하려는 운동과 비슷한 과거의 운동 결과를 이용하여 초기의 조건에 맞도록 속도 · 힘 · 동작의 크기 · 공간 관계와 같은 세부 운동프로그램을 수립하는 것. » 피드백이 작용할 수 있는 빠른 운동에 필요함.
재인 스키마	» 과거의 실제 결과, 감각귀결, 초기조건 등의 관계를 바탕으로 하여 잘못된 동작을 수정 · 평가하는 것(정확성 참조 준거라고도 함). » 200ms 이상의 시간이 걸리는 느린 운동에 관여함.

운동을 하는 동안 계속해서 재인 스키마와 현재 하고 있는 운동에서 예상했던 감각 결과를 비교해서 반응의 효율을 평가한다. 운동이 끝날 때 오차신호(error signal)가 보내지면 감각피드백과 결과의 지식을 근거로 스키마를 수정한다.

요약하면 스키마 이론이란 "어떤 운동을 하면 회상 스키마와 재인 스키마가 계속해서 업데이트되는데, 업데이트되는 과정이 바로 운동학습이다."

운동학습의 과정(단계)

운동기술은 형태와 복잡한 정도가 매우 다양하지만, 한 개인이 어떤 운동기술을 습득하는 과정은 대단히 유사하다고 한다. 운동학습의 과정을 구분하면 지도자가 학습자의 행동변화에 따라 제공해야 할 정보의 질과 양을 결정함으로써 효율적인 학습계획 수립에 필요한 정보를 제공한다.

1 피츠(Fitts, P.)와 포스너(Posner, M.)의 학습과정 구분

운동학습의 과정을 정보처리 시점에서 인지 → 연합 → 자동화 과정으로 구분함.

학습과정	특징	필요한 주의력
인지	» 운동과제의 안전한 수행방법학습 » 움직임의 연속성 고려	» 많은 시행착오 주의
연합	» 오류가 줄어듦. » 운동조절을 잘하려는 노력	» 일관되고 효율적인 움직임을 만들기 위한 노력

스포츠심리학

자동화	» 일관되고 효율적인 움직임이 가능함. » 학습한 운동을 무의식적으로 실시할 수 있음. » 복잡한 과제도 수행 가능함.	» 환경과 과제의 변화에 대한 적응이 필요함.

2 번스타인(Bernstein)의 학습과정 구분

여분의 자유도 활용 정도가 운동학습의 수준을 결정짓는다고 보고 자유도의 활용정도와 운동의 역동적 · 질적 변화에 따라 자유도 고정 → 자유도 이완 → 반작용 활용 과정으로 구분함.

학습과정	특징	필요한 주의력
자유도 고정	» 운동수행에 필요한 신체의 자유도 고정	» 다양하게 변하는 환경의 변화에 적절한 대처가 어려움.
자유도 이완 (자유도 풀림)	» 자유도의 수를 늘려 하나의 기능적 단위(협응 구조) 형성 » 운동수행의 다양성을 기할 수 있음.	» 환경 변화에 쉽게 적응할 수 있어야 함.
반작용 활용	» 내 · 외적 동작 수행을 위한 여분의 자유도 형성 » 운동 수행자와 주위 사람 간의 상호 작용에 의해 관성 또는 반작용 현상이 나타남.	» 지각과 동작의 역동적인 순환을 계속 수정하여야 숙련된 동작을 구현할 수 있음.

3 젠타일(Gentile)의 학습과정 구분

학습자가 익혀야 할 운동기술에 관한 정보와 환경 사이의 관련성 및 단계별로 활용할 교수 전략에 따라 움직임 개념 습득 → 고정화 및 다양화 과정으로 구분함.

학습과정	특징	필요한 주의력
움직임 개념 습득	» 운동의 형태에 관한 이해 » 운동의 형태와 환경적 특징 구분	» 정보의 필요성에 따른 구분 필요
고정화 및 다양화	» 운동학습 및 운동기술 향상에 중점을 둠.	» 다양하게 변하는 운동환경과 동작에 필요한 움직임 적응 필요

4 뉴웰(Newell)의 학습과정 구분

운동학습의 단계를 협응구조의 발달에 초점을 두고 협응 → 제어 → 기술 과정으로 구분함.

학습과정	특징	필요한 주의력
협응	» 기본적인 협응동작 형성	» 협응구조의 발달에 주의
제어	» 다양하게 변하는 협응형태 적응	» 협응형태 형성 필요
기술	» 운동과 협응에 필요한 변화 적응	» 변화에 대한 기술적인 대응

▶ 뉴웰이 제시한 움직임 제한 요소

☞ 개인적 제한요소 : 구조적으로는 키·체중·근육형태·질량 등 생체적 특성과 기능적으로는 운동능력·기억력·주의집중력 등 인지적 요인을 의미함

☞ 환경적 제한요소 : 물리환경적으로는 온도·습도·중력·지지면의 형태 등과 사회문화적으로

는 성별·문화·인종 등과 같은 요인을 의미함

☞ 과제적 제한요소 : 운동목표·규칙·사용장비 등 운동 자체의 특성에 따른 제한요소임.

운동학습 시 주요 요인

1 운동학습과 기억

학습할 때 획득한 정보를 비교적 장기간 동안 지속적으로 보유하고 있으면서 활용할 수 있는 능력을 기억이라고 한다. 어떤 것을 기억하기 위해서는 뇌에 있는 해마, 시상, 소뇌의 편도체가 함께 작용해야 하고, 다음과 같은 3단계를 거쳐야 한다.

▶ 정보의 부호화

인간이 어떤 정보를 접하면 그 정보에 의미를 부여하기 위해서 시각적으로, 청각적으로, 또는 감각적으로 처리한다. 즉 정보를 기억하기 위해서는 기초 작업부터 먼저 한다(예 : 전화번호를 외우려고 두 번 세 번 보면서 읽는 것은 시각적인 처리, 청각적인 처리, 감각적인 처리를 동시에 하는 것이다).

▶ 정보의 저장

정보를 저장한다는 것은 나중에 그 정보를 회상할 수 있도록 정보를 보존하는 것이고, 단기기억과 장기기억이 있다. 단기기억은 약 30초 동안 기억할 수 있는 것인데, 어른은 동시에 5~9가지 단기기억을 가질 수 있다.

사람이 단기기억을 장기기억으로 전환하려고 어떤 방법으로든 노력을 하면 단기기억의 일부가 장기기억으로 변한다. 장기기억은 상대적으로 오랜 시간 동안 또는 일생 동안 기억할 수 있으며, 아무 때나 필요하면 회상해낼 수 있다.

▶ 정보의 인출

정보를 인출한다는 것은 저장된 정보를 끄집어내는 것이며, 기억하지 못한다는 것은 인출하지 못한다는 뜻이다. 단기기억은 순서대로 저장되어 있기 때문에 순서대로 인출해야 하고, 장기기억은 연상에 의해서 저장되어 있기 때문에 연상에 의해서 인출해야 한다.

단기기억에 있는 단어 중에서 '4번째 단어를 인출하려면 첫 번째 단어부터 차례로 기억해내야 하고, 장기기억에 있는 침실로 가는 길'을 인출하려면 그냥 침실로 가면 된다.

2 운동지능의 개발(향상)

우리가 흔히 "운동신경이 발달되었다."라고 하는 말을 학문적으로는 "운동지능이 좋다."라고 한다. 배우기 시작하는 나이, 학습기간, 교사(지도자), 장비, 학습진도 등이 운동지능의 개발에 영향을 미친다.

☞ 학교에 가기 전부터 배우는 것이 유리하고, 처음 배울 때에 정확하게 배워야 나쁜 습관이 생기지 않는다.

☞ 연습을 하지 않으면 운동기술을 배우기 어려울 뿐만 아니라 몸에 익힐 수도 없다. 운동기술을 연습할 수 있도록 충분한 시간을 주어야 한다.

☞ 운동 지도의 경험이 있고 자격이 있는(트레이닝을 받은) 지도자로부터 배워야 한다. 수학선생님이나 음악선생님과 체육선생님은 다르다.

☞ 질이 좋은 장비를 사용해야 한다. 예를 들어 어린이의 몸에 맞도록 칫수를 줄인 장비를 사용해야 안전할 뿐만 아니라 학습효율도 올라간다.

☞ 간단한 작업에서 복잡한 작업으로 나아가듯이 올바른 방향으로 학습이 조직되어 있어야 이해하기도 쉽고 배우기도 쉽다.

3 운동학습과 피드백

운동하는 도중에 또는 운동한 결과로 생겨난 정보를 피드백 정보라 하고, 피드백 정보가 운동학습의 효율에 가장 큰 영향을 미친다. 피드백 정보는 아래 그림과 같이 분류한다.

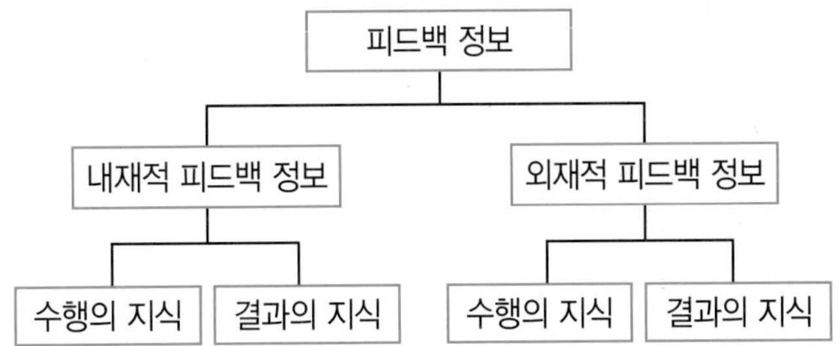

☞ 내재적 피드백……운동을 수행함으로써 자동적(자연적)으로 생기는 정보이다. 테니스볼을 칠 때 팔을 펴야 한다는 것은 수행의 지식에 해당되고, 친 볼이 상대방 코트에 떨어지는지 쳐다보는 것은 결과의 지식에 해당된다.

☞ 외재적 피드백……운동수행이 끝난 다음에 다른 사람 또는 어떤 도구에 의해서 학습자에게 제공되는 정보이다. 저절로 생기는 내재적 피드백보다 학습자에게 더 유용한 경우가 많기 때문에 보강피드백이라고도 한다. 외재적 피드백에 속하는 결과의 지식은 농구에서 슈팅한 결과와 같이 결과가 분명한 것은 별 효용이 없고, 다이빙의 점수와 같이 결과가 분명하지 않을 때에는 아주 중요하다. 외재적 피드백에 속하는 수행의 지식은 동작을 수행하기 위해서 필요한 지식이다. 예를 들어 "볼에서 눈을 떼지 말라!" 또는 "스윙이 약간 늦었다." 하는 것 등이 있다.

피드백은 동기를 부여하는 특성이 있다. 특히 외재적 피드백은 학습자의 동기를 유발하고 오차를 수정하는 역할을 한다. 그러므로 교사(지도자)는 잘못을 지적할 수 있는 능력뿐만 아니라 정확한 동작이 이루어지도록 보강하는 능력도 있어야 한다.

피드백이 버팀목의 역할을 할 수도 있다. 가끔씩 피드백을 주면 대개 학습을 강화시키지만 장기간 동안 계속해서 피드백을 주면 의존성만 키울 수도 있다. 의존성을 최소화하는 피드백 방법에는 다음과 같은 것들이 있다.

☞ 기술의 정도가 낮을 때에는 피드백을 많이 주고, 기술의 정도가 높아지면 점차적으로 피드백을 줄인다(점감 피드백).

☞ 정확한 것보다 약간 더 넓은 피드백을 준다(광폭 피드백). 그러면 점감피드백을 주기 쉽게 되

고, 피드백을 자주 줄 필요가 없기 때문에 오히려 학습자의 동기를 강화시키는 효과도 있다.

☞ 잘못이 있을 때마다 피드백을 주지 않고, 일정 기간이 지나거나 일정량 이상으로 잘못이 생기면 피드백을 준다(요약 피드백). 그러면 학습자가 피곤해 하는 것을 피할 수 있고, 동작을 매번 수정하지 않으므로 동작에 일관성이 생길 수 있다.

▶ 운동학습 과정에 피드백을 주는 원리(방법)

☞ 학습단계별로 피드백이 달라야 한다. 즉 인지단계에는 반드시 피드백을 주어야 하고, 연합단계에는 점감피드백, 광폭피드백, 요약피드백 등을 주어야 하며, 자동화단계에는 피드백을 점차 없애야 한다.

☞ 새로운 운동을 배울 때에는 학습자의 두뇌에 과부하가 걸리기 쉬우므로 한 번에 한 가지씩만 지적하는 선택적 · 집중적 피드백을 주어야 한다.

☞ 피드백의 정확도에 따라서 서술적 피드백과 지시적 피드백으로 나눌 수도 있다. "왜 폴로스루를 안 하지?"와 같이 옳고 그름만을 이야기하는 것이 서술적 피드백이고, "폴로스루를 할 때 손목에 스냅을 더 주어라."와 같이 수정해야 할 것을 정확하게 지시하는 것이 지시적 피드백이다. 서술적 피드백이 학습 초기에는 더 좋은 것 같이 보이지만, 결국에는 지시적 피드백의 효과가 더 좋아진다.

☞ 피드백을 주는 시기에 따라서도 학습효과가 달라진다. 특히 단기기억은 잃어버릴 가능성이 대단히 크기 때문에 빨리 피드백을 주어야 한다. 일반적으로 피드백을 주는 시기가 늦어지면 늦어질수록 피드백의 효과가 줄어든다. 그러므로 즉각적인 피드백이 유리하다.

4 운동학습의 전이

이미 학습한 운동을 새로운 운동의 학습에 이용하거나 새로운 조건에 맞도록 수정할 수 있는 능력을 '전이'라고 한다. 운동 사이에 유사성이 많을수록 전이가 잘된다.

전이의 유형은 다음과 같이 나눌 수 있다.

▶ 긍정적 전이와 부정적 전이(정적 전이와 부적 전이)

한 가지 과제의 수행이 다른 과제의 수행을 돕거나 촉진시키는 것을 긍정적 전이, 그 반대를 부정적 전이라고 한다. 다음 표는 전이에 영향을 미치는 요인과 긍정적 · 부정적 전이의 예를 든 것이다. 한 운동이 다른 운동의 학습에 전혀 영향을 미치지 않는 경우를 '영전이'라고 한다.

전이에 영향을 미치는 요인과 긍정적(정적) · 부정적(부적) 전이의 예

전이에 영향을 미치는 요인	긍정적 전이의 예	부정적 전이의 예
동작 · 반응의 패턴 (예 : 테니스와 배드민턴)	라켓과 네트라는 변인이 서로 비슷하다.	볼 vs 셔틀콕이 다르다.
심동적인 필요사항 (예 : 조정과 카약)	물, 동적 평형, 협동 등이 비슷하다.	배의 크기와 평형의 수준이 다르다.
인지적 필요사항 (예 : 농구와 핸드볼)	목표(골을 넣는 것)가 비슷하다.	코트에서 이동하는 방법이 다르다.

생체운동적 필요사항 (예 : 단거리와 멀리뛰기)	폭발적인 파워가 필요하다는 것이 비슷하다.	뛰기에는 이륙이 없다.
심리학적 필요사항	양궁과 다트놀이는 모두 주의의 초점이 좁다는 것이 비슷하다.	하키와 유도는 주의의 이동이 다르다.

▶ **전이 전략**

긍정적인 전이를 늘려서 학습효과를 극대화시키기 위한 전이전략에는 훈련기구, 연습방법, 사전활동, 정신연습 등이 있다.

훈련기구 또는 시뮬레이터	수행해야 할 작업과 가능한 한 유사해야 긍정적인 전이가 많아진다. 움직임뿐만 아니라 지각적인 사항과 개념적인 사항까지도 유사해야 효과가 더 좋다.
연습방법	전습법과 분습법을 적절히 활용한다(예 : 민첩성 훈련, 지각훈련, 균형잡기 훈련 등).
정신연습	실제로 몸을 움직이지는 않고 마음속으로 목적하는 운동을 수행해본다.

운동학습과 연습

운동을 학습하기 위해서는 반드시 연습이 필요한데, 연습하는 방법에는 다음과 같은 방법들이 있다.

1 전습법과 분습법

분습법	운동 기술의 요소를 하나씩 연습한다. 최종적으로는 전체적인 기술로 전이해야 한다. 연속적으로 이어지고, 상대적으로 긴 시간 동안 수행해야 하는 기술의 연습에 효과적이다.
전습법	하나의 운동기술을 전체적으로 연습한다. 운동의 요소들이 서로 긴밀하게 상호작용을 하고, 비교적 짧은 시간 동안에 운동 수행이 끝나는 기술의 연습에 효과적이다. 운동의 요소들을 따로따로 연습하면 그 기술의 근본이 바뀌어버리는 경우도 있다.

2 점진적 부분연습법

복잡한 기술을 잘게 나눈다. → 부분을 좀 더 큰 단위로 묶는다. → 부분들을 전체적인 운동으로 연쇄시킨다.

기술의 요소들 사이에 강력한 상호작용이 있어서 부정적인 전이가 생길 우려가 있을 때 사용한다. 테니스 서브와 같이 연속적인 동작을 연습할 때 효과적이다.

3 구획연습과 무선연습

구획 (분단) 연습	운동기술의 하위 요소들을 순차적으로 연습한다. 한 동작을 여러 번 반복 연습한 다음에 다음 동작으로 넘어간다. 학습자가 특정한 문체를 수정할 수 있고, 한 번에 한 가지 기술씩 차례로 세련되게 다듬을 수 있다. 정확한 동작 습관이 필요한 경우 연습 초기에 실시하면 효과적이다. 맥락간섭효과가 낮아 운동수행 효과가 높다.

무선 연습	운동기술의 하위 요소들을 순서 없이 임의대로 연습한다. 학습자가 어떤 운동기술에 일단 숙련이 된 다음에는 대단히 효과적이다. 맥락감섭효과가 높아 파지와 전이에 효과적이다.

※ 맥락간섭효과……어떤 운동을 연습할 때 다른 운동의 개념을 응용해서 연습하면 서로 간섭을 일으켜서 인지능력이 떨어지는 현상

4 집중연습과 분산연습

집중연습	연습과 연습 사이에 쉬는 시간이 상대적으로 짧다.
분산연습	연습시간에 비해서 쉬는 시간이 상대적으로 길다. 휴식시간이 짧아지면 신체와 중추신경계통이 피로를 회복할 수 있는 시간도 줄어든다. 모든 운동학습에 알맞은 운동-휴식 시간의 비율은 없으므로 지도자가 학습자의 상태를 보아가면서 조절해야 한다.

5 연습계획 작성 시 유의할 점

- ☞ 참여하는 사람 모두가 학습하기에 알맞도록 작성해야 한다.
- ☞ 학습자들의 기술 수준에 맞추어서 작성해야 한다. 학습자들의 잠재적인 능력을 임의대로 판단해서 작성하면 안 된다.
- ☞ 학습자들의 성숙도, 선행경험, 체력수준 등도 고려해야 한다.
- ☞ 학습자들의 동기를 유발할 수 있도록 작성해야 한다.
- ☞ 학습자가 목표를 설정하도록 격려하고, 훌륭한 시범을 보이고, 시각적인 도움을 주어야 한다.
- ☞ 동기가 강한 학습자는 연습을 할 때 더 많이 노력하고, 더 오랜 시간 동안 연습하고, 더 많이 배운다.
- ☞ 효과의 법칙……유기체는 보상받은 반응은 반복하려 하고, 벌을 받거나 보상받지 못한 반응은 피하려 한다.

운동학습과 파지

운동연습으로 향상된 수행능력을 오랫동안 유지할 수 있는 능력을 파지(retention, 유지·보유)라고 한다.

파지에 영향을 미치는 요인

운동과제의 특성	운동기술의 학습과 파지에 가장 큰 영향을 미치는 것은 운동과제의 특성이다.
환경의 특성	환경적 제한요소가 운동기술의 학습에 영향을 미치고, 환경적 제한요소에 대한 적응이 운동기술의 파지에 영향을 미친다.
학습자의 특성	개개인의 특성에 따라 운동기술의 파지에 차이가 나타난다.
연습량	연습량은 운동기술의 학습과 파지에 영향을 미친다. 그러나 일정한 수준의 운동기술에 도달하면 연습량이 증가하여도 운동기술의 학습에 영향이 거의 없다. 그러므로 운동기술을 배운 다음에는 파지에 필요한 만큼만 연습해도 된다.

운동기술

1 운동기술의 개념

구스리(E. Guthrie)는 "운동기술은 최소한의 시간과 에너지를 소비하여 최대한의 확실성을 가지고 운동과제를 달성할 수 있는 능력"이라고 정의하였다.

☞ 운동기술은 특정한 목적이 있어야 하며, 반드시 수의적인 운동이어야 한다.

☞ 최소의 움직임 시간과 에너지를 소비하여 운동과제를 수행할 수 있어야 한다.

☞ 동작은 융통성 · 독특성 · 항상성 · 수정가능성 등의 특성을 가진 신체의 움직임으로 구성되는 목표지향적인 반응으로, 운동기술을 구성하는 최소의 단위이다.

2 운동기술의 일차원적 분류

운동기술은 근육 크기, 움직임의 연속성, 환경의 안정성에 의하여 다음과 같이 분류할 수 있다.

근육의 크기에 따른 분류

구분	내용
대근육 운동기술	스포츠 상황에서 접하는 뛰기, 달리기, 던지기 등
소근육 운동기술	쓰기, 악기 연주 등에서 비교적 작은 근육을 쓰는 기술

움직임의 연속성에 의한 분류

구분	내용
연속적 운동기술	특정 동작의 반복으로 시작과 끝이 확실히 구분되지 않는 운동기술. 달리기, 수영 등
불연속적 운동기술	위와 반대되는 운동기술. 골프의 스윙, 야구의 타격 등
계열적 운동기술	불연속적인 운동기술이 여러 개가 연속되는 기술. 예 : 야구의 수비수가 받은 공을 목표지점으로 던지기 등

환경의 안정성에 의한 분류

구분	내용
폐쇄운동기술	안정된 환경에서 수행하는 기술. 예 : 양궁, 사격 등
개방운동기술	지속적으로 변하는 환경에서 수행하는 기술. 예 : 축구, 농구, 하키 등

3 운동기술의 이차원적 분류(젠타일의 분류)

젠타일(A. Gentile)은 운동기술을 환경적 맥락과 동작의 기능에 따라 16유형으로 분류하였다.

환경적 맥락 : 조절조건과 동작 간의 가변성에 따라

구분	내용
조절조건	움직임에 영향을 주는 환경적 특성이 변하지 않는 경우와 변하는 경우
동작 간 가변성	운동수행 중에 동작이 일어나는 것과 일어나지 않는 것

동작의 기능 : 운동기술의 움직임이 '신체를 움직이게 하는지'와 '물체를 움직이게 하는지'에 따라

운동기술을 수행할 때 신체의 위치가 변하지 않는 것	예 : 양궁, 사격 등
운동기술을 수행할 때 신체의 위치가 변하는 것	예 : 구기종목, 달리기 등
운동기술을 수행할 때 도구를 사용하는 것	예 : 야구, 배드민턴 등
운동기술을 수행할 때 물체를 조작하지 않는 것	예 : 맨손체조, 달리기, 마라톤 등

젠타일의 이차원적 운동기술 분류

구분			동작 기능(동작 요구)			
			신체 이동 없음 (신체의 안정성)		신체 이동 있음 (신체의 불안정성)	
환경적 맥락	안정적인 조절 조건 (안정상태)	동작 시도 간 환경 변이성 (가변성) 없음	물체조작 없음 (예 : 태권도자세 취하기)	물체조작 있음 (예 : 투수가 투구하기)	물체조작 없음 (예 : 계단오르기)	물체조작 있음 (예 :물건 들고 계단오르기)
		동작 시도 간 환경 변이성 (가변성) 있음	물체조작 없음 (예 : 각각 다른 장소에서 서기)	물체조작 있음 (예 : 여러 장소에서 투구)	물체조작 없음 (예 : 마운드에서 투구)	물체조작 있음 (예 : 여러 장소에서 투구하기)
	비안정적 조절 조건 (운동상태)	동작 시도 간 환경 변이성 (가변성) 없음	물체조작 없음 (예 : 같은 속도의 트레드밀에서 걷기)	물체조작 있음 (예 : 같은 속도의 트레드밀에서 걸으면서 전화하기)	물체조작 없음 (예 : 달리는 열차 속에서 걷기)	물체조작 있음 (예 : 물컵을 들고 일정한 속도로 걷기)
		동작 시도 간 환경 변이성 (가변성) 있음	물체조작 없음 (예 : 다른 속도의 트레드밀에서 걷기)	물체조작 있음 (예 : 여러 속도로 던져주는 야구공 잡기)	물체조작 없음 (예 : 드리블하는 선수 수비하기)	물체조작 있음 (예 : 야수가 공을 잡고 던지기)

필수 및 심화 문제

필수문제

01 보기의 괄호 안에 들어갈 용어가 바르게 연결된 것은?

보기
(㉠)은 숙련된 운동수행을 위한 개인능력의 (㉡) 변화를 유도하는 일련의(㉢)과정으로, 직접적으로 관찰할 수 없으며 연습과 경험에 의해 나타난다.

	㉠	㉡	㉢
①	운동학습	영구적	내적
②	운동학습	일시적	외적
③	운동발달	영구적	내적
④	운동발달	일시적	외적

▪운동학습은 경험 또는 연습에 의해 어떤 자극에 대한 반응(움직임 또는 운동)이 변화하는 것이다. 이때 개인능력의 영구적인 변화가 유도되어야 하는 일련의 내적 과정이다.

필수문제

02 운동학습의 개념에 대한 설명으로 옳지 않은 것은?

① 운동학습은 연습과 경험에 의해서 나타난다.
② 운동학습 과정은 직접적으로 관찰할 수 없다.
③ 운동학습은 비교적 영구적인 변화를 유도하는 내적과정이다.
④ 운동학습은 성숙이나 동기에 의한 일시적 수행 변화를 말한다.

▪운동학습은 일시적인 수행 변화가 아니고, 비교적 오래 동안 유지되는 수행의 변화이다.

심화문제

03 운동학습의 정의 및 특성에 대한 설명으로 옳지 않은 것은?

① 학습과정 그 자체를 직접 관찰할 수 있다.
② 신경가소성(neural plasticity)의 특성을 나타낸다.
③ 비교적 영구적인 운동수행의 향상으로 나타나는 일련의 내적 과정이다.
④ 연습과 경험에 의해서 나타나는 현상이며, 성숙이나 동기 또는 훈련 등에 의해 일시적으로 변화하는 것은 포함하지 않는다.

▪운동학습은 직접 측정할 수 없다. 행동을 통하여 간접적으로 측정·평가할 수 있다.

정답 01 : ①, 02 : ④, 03 : ①

04 운동학습에 대한 설명이다. 잘못된 것은?

① 경험 또는 연습에 의해서 어떤 자극에 대한 반응(움직임)이 변화하는 것을 운동학습이라 한다.
② 운동학습에 의한 변화는 반드시 오랫동안 보존되어야 한다.
③ 어떤 자극에 대한 반응이 긍정적으로 받아들여지면 더욱 더 강화되는 것이 운동학습이라고 주장하는 것이 자극-반응이론이다.
④ 개방회로 이론과 폐쇄회로 이론은 운동제어에 관한 이론이지만 운동학습도 설명하는 이론이다.

■ 운동학습은 반드시 오래 보존되어야 하는 것은 아니다. 또 영구히 보존되는 장기기억도 있지만, 어느 정도 시간이 지나면 잊어버리는 단기기억도 있다.

필수문제

05 반응시간을 설명한 것이다. 가장 옳은 것은?

① 정보를 받아들이는 데에 소요되는 시간이다.
② 반응을 선택하는 데에 소요되는 시간이다.
③ 반응행동을 만드는 데에 소요되는 시간이다.
④ 자극이 주어진 이후부터 실제로 반응행동이 나타날 때까지 소요되는 시간이다.

■ ①은 감각지각 시간, ②는 반응선택 시간, ③은 반응실행 시간, ④가 반응시간이다.

심화문제

06 운동학습 이론에서 정보처리단계를 순서대로 바르게 연결한 것은?

① 감각지각→반응실행→반응선택　　② 감각지각→반응선택→반응실행
③ 반응선택→감각지각→반응실행　　④ 반응선택→반응실행→감각지각

■ 운동학습이론에서 정보처리단계는 감각지각→반응선택→반응실행이다.

07 보기의 정보처리 과정과 반응시간의 관계에서 ㉠~㉢에 들어갈 단계가 바르게 연결된 것은?

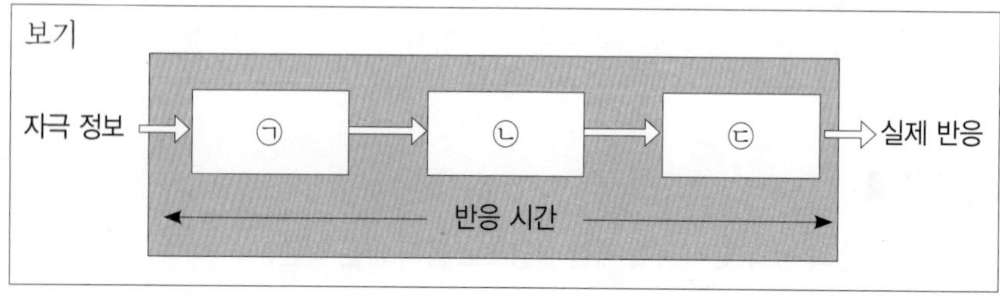

	㉠	㉡	㉢
①	의사결정 단계	반응선택 단계	반응실행 단계
②	의사결정 단계	반응실행 단계	반응선택 단계
③	감각, 지각 단계	반응선택 단계	반응실행 단계
④	감각, 지각 단계	반응실행 단계	반응선택 단계

정답　04 : ②, 05 : ④, 06 : ②, 07 : ③

필수문제

08 자극에 대한 반응을 단순반응, 변별반응, 선택반응으로 나눈다고 할 때 선택반응에 해당되는 것은?

① 하나의 자극에 대하여 하나의 반응을 하는 것
② 두 가지 이상의 자극이 주어졌을 때 하나의 자극에만 반응하는 것
③ 하나의 자극에 대한 반응이 여러 가지가 있을 때 어느 하나의 반응을 선택해서 반응하는 것
④ 두 가지 이상의 자극이 주어지고 반응도 두 가지 이상이 있을 때 어느 하나의 반응을 하는 것

■ p. 120 참조

심화문제

09 반응시간(reaction time)의 유형이 아닌 것은?

① 변별반응시간(discrimination reaction time)
② 단순반응시간(simple reaction time)
③ 자유반응시간(free reaction time)
④ 선택반응시간(choice reaction time)

■ 반응시간의 3가지 유형
1. 변별반응시간
2. 단순반응시간
3. 선택반응시간

10 보기의 ㉠, ㉡, ㉢에 해당하는 것은?

보기

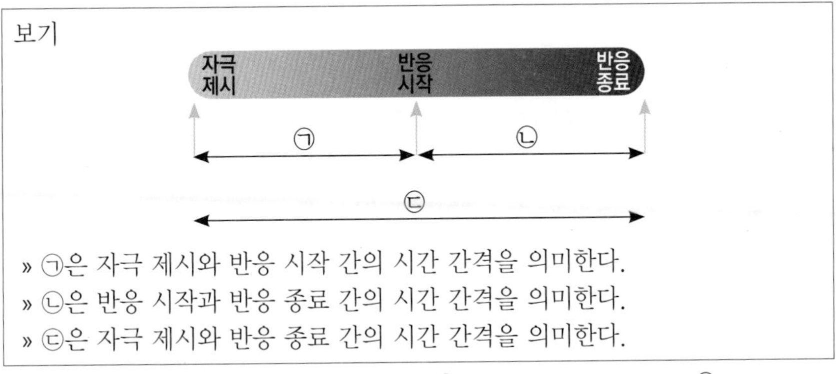

» ㉠은 자극 제시와 반응 시작 간의 시간 간격을 의미한다.
» ㉡은 반응 시작과 반응 종료 간의 시간 간격을 의미한다.
» ㉢은 자극 제시와 반응 종료 간의 시간 간격을 의미한다.

	㉠	㉡	㉢
①	반응시간 (reaction time)	전체 반응시간 (response time)	움직임 시간 (movement time)
②	움직임 시간 (movement time)	반응시간 (reaction time)	단순 반응시간 (simple reaction time)
③	반응시간 (reaction time)	움직임 시간 (movement time)	전체 반응시간 (response time)
④	전체 반응시간 (response time)	움직임 시간 (movement time)	반응시간 (reaction time)

■ **반응시간** : 하나의 자극이 주어진 이후부터 실제로 반응행동이 나타날 때까지의 시간
■ **움직임 시간** : 반응이 시작한 시간부터 반응이 종료될 때까지의 시간

정답 08 : ③, 09 : ③, 10 : ③

필수문제

11 보기에서 설명하는 개념은?

> 보기
> 체육관에서 관중의 함성과 응원 소리에도 불구하고, 작전 타임에서 코치와 선수는 서로 의사소통이 가능하다.

① 스트룹 효과(Stroop effect)
② 지각협소화(perceptual narrowing)
③ 무주의 맹시(inattention blindness)
④ 칵테일파티 효과(cocktail party effect)

■ 칵테일파티 효과 : 여러 사람의 목소리와 주위가 시끄러운 칵테일파티와 같은 상황에서도 자기에게 흥미를 주는 이야기는 선택적으로 들을 수 있는 현상
■ 스트룹(간섭) 효과 : 단어의 뜻과 색깔이 다른 조건에서는 색깔을 명명(命名)하는 반응속도가 늦어지는 효과(예 : 빨간색으로 쓴 '검정'이라는 글자)
■ 지각협소화 : 각성수준이 높아져 주의를 기울일 수 있는 폭이 점점 협소화되는 현상(예 : 당구를 처음 하는 사람이 큐(cue)대를 잡으면 당구대를 보지 않고 공만 보는 현상)
■ 무주의 맹시 : 눈은 특정한 곳을 보고 있지만 주의는 다른 곳에 있어서 눈이 향하는 곳에 있는 대상을 지각하지 못하는 현상

■ 움직임 제한요소
· 개인적 제약(①, ②, ③)
· 환경적 제한요소(④)
· 과제적 제한요소
■ p. 123 참조

필수문제

12 뉴웰(K. Newell)이 제시한 움직임 제한(constraints) 요소의 유형이 다른 것은?

① 운동능력이 움직임을 제한한다.
② 인지, 동기, 정서상태가 움직임을 제한한다.
③ 신장, 몸무게, 근육형태가 움직임을 제한한다.
④ 과제목표와 특성, 규칙, 장비가 움직임을 제한한다.

■ ① 지각의 협소화 : 각성수준의 증가로 주의를 기울일 수 있는 범위가 좁아지는 현상
■ 안구 움직임의 형태
· 부드러운 추적 움직임 : 목표를 추적하는 것.
· 전정안구반사 : 사물을 볼 때 눈이 먼저 가고, 머리가 따라 감.
· 빠른 움직임 : 재빠르게 움직이는 기능
· 움직임의 조화 : 빠른 움직임과 추적움직임을 적절하게 조화하는 기능

필수문제

13 시각탐색에 사용되는 안구 움직임의 형태로 옳지 않은 것은?

① 지각의 협소화　② 부드러운 추적 움직임
③ 전정안구반사　④ 빠른 움직임

정답 11 : ④, 12 : ④, 13 : ①

필수문제

14 보기의 운동수행에 관한 예시를 가장 잘 설명하고 있는 이론은?

보기

테니스 서비스는 공을 서비스 코트에 떨어뜨려야 한다. 퍼스트 서비스가 너무 길어 폴트가 된 것을 본 후, 손목 조절을 위해 시각 및 운동감각적 피드백을 이용하여 세컨드 서비스에서 공이 서비스 코트를 이탈하지 않도록 한다.

① 폐쇄회로 이론 ② 개방회로 이론
③ 다이나믹 시스템 이론 ④ 생태학적 이론

■ 피드백 정보를 이용해서 동작을 수정하는 것이 폐쇄회로 이론이다.

필수문제

15 보기에 제시된 일반화된 운동프로그램(Generalized Motor Program: GMP)에 관한 설명으로 바르게 묶인 것은?

보기

㉠ 인간의 운동은 자기조직(self-organization)과 비선형성(nonlinear)의 원리에 의해 생성되고 변화한다.
㉡ 불변매개변수(invariant parameter)에는 요소의 순서(order of element), 시상(phasing), 상대적인 힘(relative force)이 포함된다.
㉢ 가변매개변수(variant parameter)에는 전체 동작지속시간(overall duration), 힘의 총량(overall force), 선택된 근육군(selected muscles)이 포함된다.
㉣ 환경정보에 대한 지각 그리고 동작의 관계(perception-action coupling)를 강조한다.

① ㉠, ㉡ ② ㉠, ㉢ ③ ㉡, ㉢ ④ ㉢, ㉣

■ ㉡(불변매개변수)과 ㉢(가변매개변수)은 일반화된 운동프로그램의 구성요소임.
■ ㉠은 다이나믹시스템 이론의 내용임.
■ ㉣은 생태학적 이론의 내용임.

정답 14 : ①, 15 : ③

심화문제

16 보기에서 설명하는 일반화된 운동프로그램(generalized motor program)의 불변 특성(invariant feature) 개념은?

보기

A 움직임 시간(movement time)=500ms			
하위 움직임 1 = 25%	하위 움직임 2 = 25%	하위 움직임 3 = 25%	하위 움직임 4 = 25%

B 움직임 시간(movement time)=900ms			
하위 움직임 1 = 25%	하위 움직임 2 = 25%	하위 움직임 3 = 25%	하위 움직임 4 = 25%

» A 움직임 시간은 500ms, B 움직임 시간은 900ms로 서로 다르다
» 4개의 하위 움직임 구간의 시간적 구조 비율은 변하지 않는다.
» 단, A와 B 움직임은 모두 동일인이 수행한 동작이며, 하위움직임 구성도 4개로 동일함

① 어트랙터(attractor)
② 동작유도성(affordance)
③ 상대적 타이밍(relative timing)
④ 절대적 타이밍(absolute timing)

■ 보기는 일반화된 운동 프로그램 이론의 불변매개변수에서 상대적인 힘에 관한 개념임 (p. 121 참조).
■ 상대적인 힘(상대적인 타이밍) : 근육활동에 필요한 전체 힘의 양을 선택된 각 근육에 적절하게 분배하는 것
■ 어트랙터 : 안정된 상태에서 어떤 시스템이 선호하는 행동 상태
■ 동작유도성 : 유기체 · 환경 · 과제의 상호관계 속에서 나타날 수 있는 동작을 할 수 있는 가능성
■ 절대적 타이밍 : 목표시간과 실제 시간에 의하여 산출된 값. 매개변수화 및 수량화 학습의 지표로 사용됨. 전체적인 힘, 선택된 근육 등과 같이 가변성이 있음.

필수문제

17 힉스(W. Hick)의 법칙에 관한 설명으로 옳은 것은?(2024)

① 자극–반응 대안의 수가 증가할수록 반응시간은 길어진다.
② 근수축을 통해 생성한 힘의 양에 따라 움직임의 정확성이 달라진다.
③ 두 개의 목표물 간의 거리와 목표물의 크기에 따라 움직임 시간이 달라진다.
④ 움직임의 속력이 증가하면 정확도가 떨어지는 속력-정확성 상쇄(speed-accuracy trade–off) 현상이 나타난다.

■ **힉스의 법칙**
· 자극–반응에 관한 대안의 수가 증가함에 따라 선택 반응시간이 증가하는 현상.
· 힉–하이먼의 법칙(Hick–Hyman law)이라고도 함.

정답 16 : ③, 17 : ①

필수문제

18 보기의 ㉠, ㉡에 들어갈 운동 수행에 관한 개념이 바르게 제시된 것은?(2024)

보기
» 운동 기술 과제가 너무 쉬울 때 (㉠)가 나타난다.
» 운동 기술 과제가 너무 어려울 때 (㉡)가 나타난다.

	㉠	㉡
①	학습 고원 (learning plateau)	슬럼프 (slump)
②	천장 효과 (ceiling effect)	바닥 효과 (floor effect)
③	웜업 감소 (warm—up decrement)	수행 감소 (performance decrement)
④	맥락 간섭 효과 (contextual interference effect)	부적 전이 (negative transfer)

■ **천장 효과** : 제한적인 도구의 점수범위, 너무 쉬운 과제, 효과적인 실험처치 등으로 모든 피검자가 매우 높은 점수를 얻어 상위에 속하는 사람들을 변별하지 못하는 현상
■ **바닥 효과** : 과제가 너무 어려워 측정을 할 수 없거나 일정 수준 아래를 구별할 수 없는 현상

필수문제

19 프로차스카(J. Prochaska)의 운동변화단계 이론(lranstheoretical model)에 대한 설명으로 옳지 않은 것은?

① 인지 과정과 행동 과정과 같은 변화과정을 통해 이전 단계에서 다음 단계로 이동하게 된다.
② 의사결정 균형이란 운동을 할 때 기대할 수 있는 혜택과 손실을 평가하는 것을 의미한다.
③ 준비단계는 현재 운동에 참여하지 않지만, 6개월 이내에 운동을 시작할 의도가 있는 것을 의미한다.
④ 자기효능감은 관심단계보다 유지단계에서 더 높다.

■ **프로차스카(J. Prochaska)의 운동(행동)변화 단계 이론**
(1) 사전(무관심) 단계 : 변화의 가장 초기 단계로, 변화를 고려하지 않고 있다. 현재 운동을 하지 않고 있으며, 6개월 이내에 운동을 시작할 의사가 없다.
(2) 계획(관심) 단계 : 변화를 통해 얻을 수 있는 잠재적 혜택을 의식하지만, 혜택보다 비용이 더 크게 보인다. 문제점을 인식하고 변화를 심각하게 생각한다. 행동에 대한 자신의 감정을 평가하는 재평가가 필요하며, 6개월 이내에 운동을 시작할 의도가 있다고 본다.
(3) 준비 단계 : 계획이 수립되면 실행을 위한 준비가 필요하며, 큰 변화를 위해 작은 변화를 시작하는 단계이다. 현재 운동은 하고 있지만, 운동에 대한 지침은 충족되어 있지 않다.
(4) 행동(실천) 단계 : 목표를 달성하기 위해 직접 행동을 시작하는 단계이다. 운동지침을 충족시킬 수 있는 수준의 운동은 하고 있으나, 실천기간은 6개월 미만이다.
(5) 유지 단계 : 변화를 계속할 수 있다는 확신을 갖게 된다. 새로운 행동을 유지하는 경우에는 유혹을 피할 수 있는 방법을 찾는다. 오래된 습관을 보다 긍정적인 행동으로 대체할 수 있으며, 운동지침을 충족하는 수준의 운동을 6개월 이상 해왔다.

정답 18 : ②, 19 : ③

■재인도식(재인 스키마) : 피드백 정보를 이용하여 잘못된 동작을 수정·평가함(과거의 실제 결과, 감각귀결, 초기조건의 관계를 바탕으로 함). 느린 움직임을 조절할 때 동원됨(㉠).
■회상도식(회상 스키마) : 현재 하고자 하는 운동과 비슷한 과거의 운동 결과를 이용하여 새로운 운동을 계획하는 것. 빠른 움직임을 조절할 때 동원됨.
■200ms 이상의 시간이 걸리는 느린 운동 : 회상 도식과 재인 도식이 모두 동원됨(㉣).

필수문제

20 보기에 제시된 도식이론(schema theory)에 관하여 옳은 설명으로 묶인 것은?

보기
㉠ 빠른 움직임과 느린 움직임을 구분하여 설명한다.
㉡ 재인도식은 피드백 정보가 없는 빠른 운동을 조절하는 역할을 한다.
㉢ 회상도식은 과거의 실제결과, 감각귀결, 초기조건의 관계를 바탕으로 형성된다.
㉣ 200ms 이상의 시간이 필요한 느린 운동 과제의 제어에는 회상도식과 재인도식이 모두 동원된다.

① ㉠, ㉡ ② ㉡, ㉢
③ ㉠, ㉣ ④ ㉢, ㉣

■인지단계 : 동작이 느리고, 일관성이 없고, 비효율적이다.
■연합단계 : 동작이 유창하고, 신뢰성이 있으며, 일부는 의식적으로, 일부는 자동적으로 조절된다.
■자동화단계 : 동작이 정확하고, 일관성이 있으며, 효율적이다. 대부분의 동작이 자동적으로 조절된다.

필수문제

21 보기에 제시한 피츠(P. Fitts)와 포스너(M. Posner)의 운동학습단계와 설명이 바르게 나열된 것은?

보기

운동학습단계	ⓐ 인지단계 ⓑ 연합단계 ⓒ 자동화단계
설명	㉠ 동작 실행 시 의식적 주의가 거의 필요없으며 정확성과 일관성이 매우 높다. 동작에 대한 오류를 탐지하고 수정할 수 있는 능력이 있다. ㉡ 학습해야 할 운동기술의 특성을 이해하고 그 과제를 수행하기 위한 전략을 개발한다. 오류 수정 능력을 갖추지 못했기 때문에 운동수행 시 일관성이 부족하다. ㉢ 과제에 대한 전략을 선택하고 잘못된 수행에 대한 해결책을 찾아 나갈 수 있게 된다. 동작의 일관성이 점점 좋아진다.

① ⓐ-㉠, ⓑ-㉡, ⓒ-㉢
② ⓐ-㉡, ⓑ-㉠, ⓒ-㉢
③ ⓐ-㉢, ⓑ-㉡, ⓒ-㉠
④ ⓐ-㉡, ⓑ-㉢, ⓒ-㉠

정답 20 : ③, 21 : ④

심화문제

22 피츠(Fitts, P.)와 포스너(Posner, M.)의 운동학습단계 설명으로 틀린 것은?

① 인지–연합–자동화의 단계에 따라 주의 요구 수준은 증가한다.
② 학습하여야 할 운동기술의 특성을 이해하고 과제 수행을 위해 전략을 개발하는 단계를 인지단계라고 한다.
③ 과제를 수행하기 위한 전략을 선택하고, 잘못된 수행에 대한 적절한 해결책을 찾는 단계를 연합단계라고 한다.
④ 동작이 거의 자동적으로 이루어지게 되며 움직임 자체에 대한 의식적인 주의가 요구되지 않는 단계를 자동화단계라고 한다.

■ 주의를 요구하는 수준은 점차로 낮아진다.
■ 앞의 21번 문제 참조.

23 보기에서 피츠(P. Fitts)와 포스너(M. Posner)의 운동학습 단계와 설명이 바르게 제시된 것은?

보기
㉠ 테니스 포핸드 스트로크 자세를 안정적이고 일관성 있게 수행할 수 있다.
㉡ 학습자는 오류를 수정하기 위해서 연습하고, 스스로 오류를 탐지하여 그 오류의 일부를 수정할 수 있다.
㉢ 학습자는 테니스 포핸드 스트로크의 개념을 이해한다.

	자동화단계	인지단계	연합단계
①	㉡	㉠	㉢
②	㉢	㉡	㉠
③	㉠	㉢	㉡
④	㉡	㉢	㉠

■ 앞의 21번 문제 참조.

24 피츠(Fitts)와 포스너(Posner)가 주장한 운동기술의 학습과정이 아닌 것은?

① 초기단계　② 인지단계
③ 연합단계　④ 자동화단계

■ 초기단계라는 말을 사용하지 않았다.

정답 22 : ①, 23 : ③, 24 : ①

스포츠심리학

■ 레빈은 인간의 행동을 개인과 환경의 함수관계로 본 장이론(field theory)을 주장하였다.
B=f(P, E)
B=behavior(행동),
P=person(사람),
E=environment(환경)
■ 그는 학습을 개인이 지각하는 외부의 장과 내적·개인적 영역인 심리적 장의 관계에서 발생하는 인지구조의 성립 또는 변화로 보았다.

필수문제

25 보기는 레빈(K. Lewin, 1935)이 주장한 내용이다. ㉠, ㉡에 들어갈 개념으로 바르게 묶인 것은?

보기
» 인간의 행동은 (㉠)과 (㉡)에 의해 결정된다.
» (㉠)과 (㉡)의 상호작용으로 행동은 변화한다.

	㉠	㉡
①	개인(person)	환경(environment)
②	인지(cognition)	감정(affect)
③	감정(affect)	환경(environment)
④	개인(person)	인지(cognition)

필수문제

26 번스타인(N. Bernstein)의 운동학습 단계를 바르게 연결한 것은?

① 협응 단계－제어 단계
② 인지 단계－연합 단계－자동화 단계
③ 움직임 개념 습득 단계－고정화 및 다양화 단계
④ 자유도의 고정 단계－자유도의 풀림 단계－반작용의 활용 단계

■ 운동학습의 단계에 대한 이론은 여러 가지 있지만 Fitts의 3단계 모형과 Bernstein의 PNF 모델이 대표적인 이론이다. Fitts의 3단계 모형은 주의력이 필요한 정도에 따라 인지단계(cognitive stage), 연합단계(associative stage), 자동화단계(autonomous stage)로 구분하는 것이다. Bernstein의 PNF 모델은 주어진 움직임 과제를 수행하기 위해서 움직임의 자유도를 조절하는 과정이 운동조절의 과정이자 운동학습의 과정이라고 설명하면서 초보단계, 고급단계, 전문가 단계로 나눈다.
· **초보 단계(자유도 고정 단계)**……자신의 자유도 일부를 제한하여 움직임 조절 과정을 단순화한다. 즉, 움직이는 동안 모든 관절을 고정하든가, 아니면 여러 관절을 결합하여 비슷하게 움직인다.
· **고급 단계(자유도 풀림 단계)**……얼어붙은 몸이 녹으면 수많은 관절이 풀려나는데, 이렇게 풀려난 관절들은 기능적 단위, 즉 협응적 구조 또는 근육반응시너지로 하나로 묶인다. 관절과 근육 간 시너지가 변해서 어떤 관절은 함께 움직이고 어떤 관절은 독립적으로 움직일 수 있게 된다. 그래서 환경적 변화에 더욱 민첩하게 민감하게 대처할 수 있게 된다.
· **전문가 단계(반작용 활동 단계)**……의도한 움직임 목표나 과제를 해결하는 데 필요한 자유도가 효율적으로 조절되는 단계로, 이 단계에서는 몸의 자유도 조절뿐 아니라 외부에서 몸에 작용하는 힘도 조절한다.

■ 운동기술을 인지하기 시작하는 단계에서 주의력이 가장 많이 필요하다.

심화문제

27 운동기술을 학습할 때 학습자의 주의력이 가장 많이 필요한 단계는?

① 초기단계 ② 인지단계 ③ 연합단계 ④ 자동화단계

정답 25 : ①, 26 : ④, 27 : ②

심화문제

28 보기에 제시된 번스타인(N. Bernstein)의 운동학습 단계에 대한 설명으로 바르게 묶인 것은?

보기
㉠ 스케이트를 탈 때 고관절, 슬관절, 발목관절을 활용하여 추진력을 갖게 한다.
㉡ 체중 이동을 통해 추진력을 확보하며 숙련된 동작을 실행하게 한다.
㉢ 스케이트를 신고 고관절, 슬관절, 발목관절을 하나의 단위체로 걷게 한다.

	㉠	㉡	㉢
①	자유도 풀림	반작용 활용	자유도 고정
②	반작용 활용	자유도 풀림	자유도 고정
③	자유도 풀림	자유도 고정	반작용 활용
④	반작용 활용	자유도 고정	자유도 풀림

■앞의 26번 문제 참조.

필수문제

29 보기에서 설명하는 용어는?

보기
번스타인(N. Bernstein)은 움직임의 효율적 제어를 위해 중추신경계가 자유도를 개별적으로 제어하지 않고, 의미 있는 단위로 묶어서 조절한다고 설명하였다.

① 공동작용(synergy)
② 상변이(phase transition)
③ 임계요동(critical fluctuation)
④ 속도-정확성 상쇄 현상(speed-accuracy trade-off)

■보기는 버스타인의 운동학습 단계 중 자유도풀림 단계인데, 이때 학습자는 고정되어 있던 자유도를 풀어서 사용할 수 있는 자유도의 수를 늘리게 된다. 이것을 전체 자유로를 결합하여 동작에 사용할 수 있는 기능적인 단위를 형성하기 위해서이다. 따라서 이 단계에서는 동작에 관련된 운동역학적 요인, 근육의 공동작용, 관절의 움직임 등에 변화가 나타난다.
■② 상변이 : 안정성의 변화로 인하여 협응구조의 형태가 변하는 현상으로, 비선형성의 원리를 따른다.
■③ 임계요동 : 요동의 증폭이 점점 증가되어 시스템 변이가 일어나는 임계점 바로 직전에 가장 커지는 현상
■④ 속도-정확성 상쇄 현상 : 일반적으로 운동 속도가 빨라지면 운동의 정확성이 감소하는 현상

정답 28 : ①, 29 : ①

스포츠심리학

필수문제

30 보기에서 ㉠, ㉡, ㉢에 해당하는 기억의 유형이 바르게 연결된 것은?

보기

유형	㉠	㉡	㉢
기억용량	제한	극히 제한	무제한
특징	반복하거나 시연하지 않으면 사라진다.	새로운 정보가 유입되면 쉽게 손실된다.	반복과 시연을 통해 강화된다.
지도방법	한 번에 너무 많은 정보를 제공하지 않고, 정보를 처리할 수 있는 시간을 제공한다.	불필요한 외부정보를 줄이고 집중할 수 있도록 지도한다.	연습을 통해 기억을 강화한다.

	㉠	㉡	㉢
①	감각기억	단기기억	장기기억
②	단기기억	감각기억	장기기억
③	단기기억	장기기억	감각기억
④	감각기억	장기기억	단기기억

■**단기기억** : 약 30초 동안 기억할 수 있는 것으로, 어른은 5~9가지를 동시에 기억할 수 있다.
■**감각기억** : 오감에 의해 받아들여진 정보들로, 매우 짧은 기간 동안 저장된다.
■**장기기억** : 오랜 기간 또는 일생 동안 기억할 수 있으며, 노력하면 단기기억의 일부가 장기기억이 될 수도 있다.

심화문제

31 기억체계에 대한 설명으로 바르지 않은 것은?

① 기억의 과정은 지각→저장→인출의 단계를 거친다.
② 장기기억은 무제한의 용량을 가진다.
③ 단기기억은 활동기억이라고도 불린다.
④ 단기기억은 무제한의 용량을 가진다.

■보통 성인이 단기기억으로 기억할 수 있는 용량은 약 10개 정도라고 한다.

32 기억의 종류와 인출에 관한 내용이다. 옳은 것은?

① 단기기억은 약 3시간 동안 기억할 수 있는 것이다.
② 단기기억은 기억한 순서대로 인출해야 한다.
③ 장기기억은 기억한 순서의 역순으로 인출해야 한다.
④ 단기기억은 기억하고 있는 시간이 짧은 대신에 많은 개수를 기억할 수 있다.

■단기기억은 약 30초 동안 기억할 수 있고, 장기기억은 기억한 순서와 관계없이 아무 때나 인출할 수 있다. 단기기억은 성인이 5~9개 정도만 기억할 수 있고, 장기기억은 개수와 관계없이 얼마든지 기억할 수 있다.

33 친구의 전화번호를 기억하기 위해서 쪽지에 적은 전화번호를 보면서 여러 번 소리 내어 읽었다. 어떤 단계인가?

① 정보의 인출 ② 정보의 저장 ③ 정보의 부호화 ④ 정보의 확인

정답 30 : ②, 31 : ④, 32 : ②, 33 : ③

필수문제

34 지도자가 학습자에게 외재적 피드백을 주면 학습동기를 유발하고 오차를 줄여주는 순기능도 있지만 의존성을 키우거나 짜증나게 하는 역기능도 있다. 피드백의 역기능을 줄이기 위한 피드백 제공방법에 대한 설명 중 잘못된 것은?

① 점감 피드백 : 학습수준이 올라갈수록 피드백을 줄인다.
② 광폭 피드백 : 꼭 필요한 것보다 조금 더 넓은 피드백을 준다.
③ 요약 피드백 : 일정 기간이 지나거나 잘못이 일정량 이상이 되면 피드백을 준다.
④ 지연 피드백 : 가급적 시간이 많이 지난 다음에 피드백을 준다.

■ 잘못이 있을 때 즉각적으로 피드백을 주는 것이 아니라 약간의 시간을 두고 피드백을 주는 것이 지연 피드백이다.
■ 외재적 피드백은 내재적 피드백보다 학습자에게 유용한 경우가 많기 때문에 보강(적) 피드백이라고 한다.

심화문제

35 보강 피드백의 분류에서 ㄱ), ㄴ)에 해당하는 지식의 명칭으로 알맞은 것은?

> 보기
> ㄱ) 당신의 골프스윙의 정확성을 분석한 결과 목표지점에서 오른쪽으로 10미터 벗어났고, 거리도 20미터 짧게 나왔습니다.
> ㄴ) 정확한 골프 스윙을 하기 위해서는 백스윙에서 머리가 움직이지 않도록 하면서, 어깨의 회전과 함께 체중이 오른쪽으로 이동하도록 해야 합니다.

① ㄱ) 수행의 지식 ㄴ) 처방의 지식　② ㄱ) 결과의 지식 ㄴ) 처방의 지식
③ ㄱ) 결과의 지식 ㄴ) 수행의 지식　④ ㄱ) 처방의 지식 ㄴ) 결과의 지식

■ 결과의 지식은 다이빙의 점수와 같이 결과가 분명하지 않을 때 중요하고, 수행의 지식은 동작 수행에 필요한 지식이다.

필수문제

36 보기에서 설명하는 피드백 유형은?

> 보기
> 높이뛰기 도약 스텝 기술을 연습하게 한 후에 지도자는 학습자의 정확한 도약 기술 습득을 위해 각 발의 스텝번호(지점)을 바닥에 표시해주었다.

① 내적 피드백　② 부적 피드백　③ 보강 피드백　④ 부적합 피드백

■ 보강(적) 피드백 : 자신의 감각정보가 아니고 외부에서 주어지는 정보이며, 언어적 · 비언어적 방법으로 제공됨. 결과의 지식(수행의 결과)에 대한 정보를 수행 중 또는 수행 후에 제공함.

정답 34 : ④, 35 : ③, 36 : ③

스포츠심리학

■결과지식 : 동작 수행자의 감각시스템에 의하지 않고 외부에서 제공받은 정보임. 따라서 결과지식은 보강(적) 피드백이다.

■수행지식 : 움직임이 만들어지는 것과 움직임에 관한 정보, 즉 동작수행에 필요한 지식

37 **보강적 피드백(augmented feedback)의 유형에 해당하는 것은?**

① 시각　② 촉각　③ 청각　④ 결과지식

38 **보기에서 지도자가 제공하는 보강적 피드백의 유형으로 적절한 것은?**

> 보기
> 지도자 : 창하야, 다운스윙 전에 백스윙이 제대로 이루어지지 않았어.

① 내적 피드백　② 감각 피드백　③ 수행지식　④ 결과지식

39 **보기에서 공통적으로 제공하고 있는 피드백은?**

> 보기
> » 육상 : 경기장면을 담은 영상을 보고 무릎의 동작을 수정하였다.
> » 테니스 : 코치가 "체중이동이 빠르다"라는 정보를 제공하였다.

① 내재적 피드백　② 고유감각 피드백
③ 보강적 피드백　④ 바이오피드백

■외재적 피드백은 보강적 피드백이라 한다. 운동수행이 끝난 다음 다른 사람 또는 도구를 이용하여 학습자에게 정보를 제공한다.

필수문제

40 **피드백의 기능에 대한 설명으로 바른 것은?**

> 보기
> ㉠ 학습자의 불필요한 행동을 줄여주고 무엇을 수정해야 하는지에 대한 정보를 제시해 준다.
> ㉡ 현재의 수행을 유지하며 성공적인 자신의 운동수행에 대해 자신감을 갖도록 해 준다.

① ㉠ : 동기유발기능 ㉡ : 정보기능　② ㉠ : 정보기능 ㉡ : 처방기능
③ ㉠ : 처방기능 ㉡ : 강화기능　④ ㉠ : 정보기능 ㉡ : 강화기능

■정보기능 : 학습자의 불필요한 행동을 줄여주고 수정해야 할 정보를 주는 것.
■강화기능 : 진행하고 있는 수행을 유지하여 자신의 운동수행이 성공적이라는 자신감을 주는 것.

필수문제

41 **보기의 사례에 적합한 피드백은?**

> 보기
> 농구수업에서 김 코치는 학습자가 자유투 동작과 관련된 피드백을 원할 때 정보를 제공하기로 하고, 각자 연습을 시작하였다. 김 코치는 연습 중 학습자가 피드백을 요구할 때 마다 정확한 자유투 동작에 대해 알려주었다.

① 뉴로 피드백　② 내재적 피드백　③ 자기통제 피드백　④ 바이오피드백

■자기통제 피드백 : 학습자의 요구와 상황에 따라 지도자와 학습자 간의 상호의사전달 과정을 통하여 제공되는 피드백

정답 37 : ④, 38 : ③, 39 : ③, 40 : ④, 41 : ③

심화문제

42 **학습단계와 피드백을 주는 기술(원리)을 짝지은 것이다. 잘못된 것은?**

① 인지단계－즉각적 피드백 ② 연합단계－점감피드백, 광폭피드백
③ 자동화단계－지시적 피드백 ④ 학습초기－선택적 피드백

■지시적 피드백은 서술적 피드백과 대비되는 것으로 명령조로 피드백을 주는 것이다. 선택적 피드백은 한 번에 한 가지만 지적해서 피드백을 주는 것이다.

43 **운동하는 도중에 또는 운동한 결과로 생기는 정보를 '피드백 정보'라 하고, 운동학습에 가장 큰 영향을 미친다. 피드백 정보의 종류에 대한 설명 중 옳지 못한 것은?**

① 내재적 피드백 정보는 운동을 수행하면서 저절로 생기는(스스로 알아내는) 정보이다.
② 외재적 피드백 정보는 운동이 끝난 다음 다른 사람 또는 도구에 의해서 제공되는 정보이다.
③ 수행의 지식은 동작을 수행하기 위해서 필요한 지식(정보)이다.
④ 결과의 지식은 피드백 정보를 받은 결과로 생기는 지식(정보)이다.

■결과의 지식은 수행한 결과를 말하는데, 예를 들어 농구에서 슈팅한 결과 득점을 하거나 하지 못하는 것이다. 수행의 지식의 예는 슈팅할 때 점프해서 팔을 쭉 뻗는 것이 유리하다는 것이다.

필수문제

44 **운동제어에서 피드백이 필요한 이유가 아닌 것은?**

① 잘못된 것을 수정하려고 ② 움직임을 빠르게 하려고
③ 오차를 줄이려고 ④ 기억을 업데이트(update)하려고

■움직임을 빠르게 하려면 피드백이 없어야 한다.

필수문제

45 **운동학습의 전이에 관한 설명이다. 틀린 것은?**

① 이미 학습한 운동을 새로운 운동의 학습에 이용하는 것도 전이이고, 새로운 조건에 맞도록 수정하는 것도 전이이다.
② 두 운동 사이에 유사성이 많을수록 전이가 잘 된다.
③ 이미 학습한 운동이 새롭게 학습해야 할 운동에 좋은 영향을 미치는 것이 긍정적 전이이다.
④ 이미 학습한 운동은 후에 학습하는 운동에 반드시 영향을 미친다.

■이미 학습한 운동이 뒤에 학습할 운동에 전혀 영향을 미치지 않는 경우도 있는데, 그것을 **영전**이라고 한다.

심화문제

46 **수영장에서 연습한 수영기술이 바다에서도 잘 발휘할 수 있는지를 확인하는 검사로 적절한 것은?**

① 전이 검사(transfer test) ② 파지 검사(retention test)
③ 효율성 검사(efficiency test) ④ 수행 검사(performance test)

■**전이검사** : 이전학습내용이 후속학습에 영향을 줄 수 있는지 알아보는 검사
■**파지검사** : 운동연습으로 향상된 운동수행능력을 오랫동안 유지할 수 있는지 알아보는 검사
■**효율성검사** : 목적을 합리적인 수행으로 실현하였는지 알아보는 검사
■**수행검사** : 특정과제를 실제로 수행하도록 요구하는 검사

정답 42 : ③, 43 : ④, 44 : ②, 45 : ④, 46 : ①

■전이 : 과거에 한 학습내용이 후속학습에 영향을 주는 것
■정적 전이(긍정적 전이) : 사전학습이 후속학습에 긍정적으로 작용하는 것
■부적 전이(부정적 전이) : 사전학습이 후속학습을 방해하는 것(p. 126) 참조.

필수문제

47 보기에서 설명하는 개념은?

보기
수현이는 오랫동안 배드민턴을 즐기다가 새롭게 테니스 교실에 등록했다. 테니스 코치는 포핸드 스트로크를 지도할 때, 수현이가 손목 스냅을 습관적으로 사용하는 것을 보고 손목을 고정하도록 지도했다.

① 부적 전이(negative transfer) ② 과제 내 전이(intratask transfer)
③ 정적 전이(positive transfer) ④ 양측 전이(bilateral transfer)

■**파지 검사** : 연습으로 향상된 운동수행능력을 오래 동안 유지할 수 있는지를 알아보려는 검사
■**전이 검사** : 사전학습이 후속학습에 영향을 줄 수 있는지를 알아보려는 검사
■**망각 검사** : 기억한 정보가 시간 경과, 미사용 등으로 약화 내지 소멸되어 재생되는지를 알아보려는 검사

심화문제

48 보기의 ㉠, ㉡에 해당하는 것은?

보기
» (㉠) : 학습자가 새로운 기술을 연습한 후, 특정한 시간이 지난 후 연습한 기술의 수행력을 평가하는 검사
» (㉡) : 연습한 기술이 다른 수행 상황에서도 발휘될 수 있는지를 평가하는 검사

	㉠	㉡		㉠	㉡
①	전이 검사	파지 검사	②	파지 검사	전이 검사
③	망각 검사	파지 검사	④	파지 검사	망각 검사

■**분절화** : 운동기술을 몇 개로 구분하는 것.
■**부분화** : 운동기술 전체를 몇 가지로 나누는 것.
■**분습법** : 운동기술의 요소를 하나씩 연습하여 최종적으로 전체적인 기술로 전이하는 것.
■**분산연습** : 연습과 연습 사이의 휴식시간이 길고 휴식시간이 연습시간과 같거나 더 긴 연습방법.
■**집중연습** : 연습과 연습 사이의 휴식시간이 짧고, 연습시간이 휴식시간보다 긴 연습방법.

필수문제

49 보기의 운동기능 연습법 내용과 관련 있는 것은?

보기
각 부분을 따로 연습한 후 전체 기술을 종합적으로 연습하는 순수 분습법(pure-part practice)과 전체 운동기술 중에 첫 번째와 두 번째 요소를 각각 연습한 후 그 두 요소를 결합하고 이후 다음 요소를 다시 연습하는 과정을 거쳐 전체 기술을 습득해가는 점진적 분습법(progressive-part practice)으로 구분된다.

① 분절화 ② 부분화
③ 분산연습 ④ 집중연습

정답 47 : ①, 48 : ②, 49 : ①

심화문제

50 보기에서 연습방법에 관한 설명으로 옳은 것만을 모두 고른 것은?(2024)

보기

ㄱ. 집중연습은 연습구간 사이의 휴식시간이 연습시간보다 짧게 이루어진 연습방법이다.
ㄴ. 무선연습은 선택된 연습과제들을 순서에 상관없이 무작위로 연습하는 방법이다.
ㄷ. 분산연습은 특정 운동기술과제를 여러 개의 하위 단위로 나누어 연습하는 방법이다.
ㄹ. 전습법은 한 가지 운동기술과제를 구분 동작 없이 전체적으로 연습하는 방법이다.

① ㄱ, ㄴ　　② ㄷ, ㄹ
③ ㄱ, ㄴ, ㄹ　　④ ㄱ, ㄷ, ㄹ

■ ㄷ의 분산연습은 쉬는 시간이 연습시간과 같거나 오히려 더 긴 연습방법이다. 특정 운동기술을 여러 개의 하위단위로 나누어 연습하는 것은 구획연습이다.

필수문제

51 보기의 ㉠, ㉡에 배구 기술을 지도하기 위한 연습구조가 적절하게 제시된 것은?

보기

	1차 시	2차 시	3차 시
㉠	서브 서브 서브	세팅(토스) 세팅(토스) 세팅(토스)	언더핸드 언더핸드 언더핸드
㉡	서브 세탕(토스) 언더핸드	세팅(토스) 언더핸드 서브	언더핸드 서브 세팅(토스)

* 두 가지 연습 구조에서 연습 시간과 횟수는 동일

	㉠	㉡
①	구획연습(blocked practice)	무선연습(random practice)
②	가변연습(variable practice)	무선연습(random practice)
③	집중연습(massed practice)	분산연습(distributed practice)
④	가변연습(variable practice)	일정연습(constant practice)

■ 운동기술의 하위요소들은 순차적으로 연습하는 것이 **구획연습**이고, 임의대로 연습하는 것이 **무선연습**이다.

정답 50 : ③, 51 : ①

스포츠심리학

필수문제

52 보기는 맥락간섭효과를 유발하는 연습방법에 대한 내용이다. 괄호 안에 들어갈 용어가 바르게 나열된 것은?

보기
스포츠지도사인 류현진은 야구수업에서 오버핸드(A), 사이드암(B), 언더핸드(C) 던지기동작을 지도하기 위해 2가지 연습방법을 계획하였다.
(㉠) 연습은 ABC 던지기 동작을 각각 10분씩 할당하여 연습하게 하는 것이고, (㉡) 연습은 30분 동안 ABC 던지기 동작을 순서 없이 무작위로 연습하는 것이었다.

※ 야구수업 연습구성의 예
방법 1 (㉠) 연습 : AAAAA(10분) ⇒ BBBBB(10분) ⇒ CCCCC(10분)
방법 2 (㉡) 연습 : ACBABACABCBACBC(30분)

	㉠	㉡
①	분단(blocked)	무선(random)
②	분단(blocked)	계열(serial)
③	분산(distributed)	무선(random)
④	분산(distributed)	계열(serial)

■ **분단(구획)연습** : 하위의 운동기술 요소들을 순차적으로 연습하는 것.
■ **무선연습** : 하위의 운동기술 요소들을 순서없이 임의로 연습하는 것.
■ **계열연습** : 미리 정해진 학습 순서대로 연습하는 것.
■ **분산연습** : 연습과 연습 사이의 휴식시간이 길고 휴식시간이 연습시간과 같거나 더 긴 연습방법.

필수문제

53 운동기술 연습에서 발생하는 맥락간섭효과에 대한 설명으로 옳은 것은?

① 집중연습과 분산연습에 의해 맥락간섭효과의 크기는 달라진다.
② 높은 맥락간섭은 연습수행에서 효과가 높다.
③ 낮은 맥락간섭은 파지에 효과가 높다.
④ 무선연습은 분단연습에 비해 파지 및 전이에 효과가 높다.

■ 맥락간섭효과는 운동기술을 연습할 때 여러 가지 방해요인 때문에 연습효과가 줄어드는 것을 말한다. 무선연습을 하면 맥락간섭효과가 높아 파지와 전이에 효과적이다.

필수문제

54 운동기술(motor skill)의 일차원적 분류체계가 아닌 것은?

① 과제의 난이도에 따른 분류
② 환경의 안정성에 따른 분류
③ 움직임의 연속성에 따른 분류
④ 움직임에 동원되는 근육의 크기에 따른 분류

■ **운동기술의 일차원적 분류체계** : 체격에 의한 분류, 근육의 크기에 의한 분류, 연속동작에 의한 분류 등과 같이 한 줄로 죽-세울 수 있는 것.
■ **운동기술의 이차원적 분류체계** : 동작의 연속성, 운동 환경 등과 같은 분류
■ 과제의 난이도에 따른 분류는 운동기술의 일차원적 분류체계가 아님.

정답 52 : ①, 53 : ④, 54 : ①

심화문제

55 보기의 야구 투구와 타격 상황에 대한 해석으로 적절하지 않은 것은?

보기

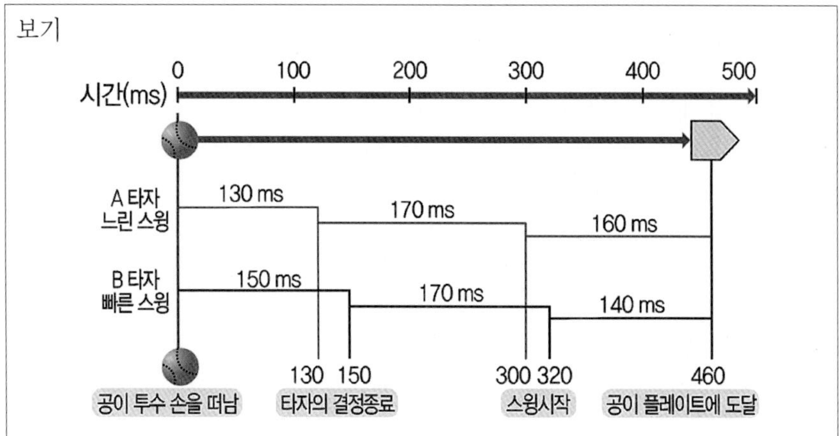

» 투수가 시속 145km의 속도로 던진 공이 홈플레이트에 도달하는 시간은 460ms이다.
» 두 명의 타자 중 A 타자의 스윙 시간은 160ms이며, B 타자의 스윙 시간은 140ms이다.
» 두 타자의 신체 조건, 사용하는 배트, 기술 수준, 공이 맞는 지점은 모두 같다고 가정한다.

① B 타자는 A 타자보다 구질을 파악하는데 더 많은 시간을 활용할 수 있다.
② B 타자는 A 타자보다 타격의 충격력이 커서 더 멀리 공을 쳐 낼 수 있다.
③ B 타자는 A 타자보다 공에 대한 정보를 파악하는데 유리하다.
④ B 타자는 A 타자보다 스윙 시작이 빨라야 한다.

■ A 타자는 스윙을 300m/s에서 시작하였고, B 타자는 320m/s에서 시작하였으므로, A가 B보다 빨리 스윙을 해야 한다.

필수문제

56 골프 퍼팅 과제를 100회 연습한 뒤, 24시간 후에 동일 과제에 대해 수행하는 검사는?

① 속도검사(speed test) ② 파지검사(retention test)
③ 전이검사(transfer test) ④ 지능검사(intelligence test)

정답 55 : ④, 56 : ②

■ 파지란 향상된 운동수행능력을 오랫동안 유지할 수 있는 능력. 따라서 퍼팅연습을 100회 24시간 후에 같은 과제를 수행하는 검사는 파지검사임
■ 속도검사 : 정해진 시간 내이 수행능력 검사
■ 전이검사 : 선행학습 내용에 후속학습 내용에 미친 영향에 관한 검사
■ 지능검사 : 지적 능력을 수치로 나타내는 검사

■구스리의 '운동기술 학습으로 인한 변화'란 "운동기술은 최소한의 시간과 에너지를 소비하여 최대한의 확실성을 가지고 운동과제를 달성할 수 있는 능력"이라고 하였다. 따라서 최소의 움직임 시간(㉢)과 에너지(㉣)를 소비하여 최대의 확실성(㉠)을 수행하는 것이다.

■㉡의 인지적 노력은 신체의 움직임을 필요로 하지 않고 인지적 과정을 중요시하므로 운동기술이 아니다.

필수문제

57 보기에서 구스리(E. Guthrie)가 제시한 '운동기술 학습으로 인한 변화'에 관한 설명으로 옳은 것을 모두 고른 것은?

보기

㉠ 최대의 확실성(maximum certainty)으로 운동과제를 수행할 수 있다.

㉡ 최소의 인지적 노력(minimum cognitive effect)으로 운동과제를 수행할 수 있다.

㉢ 최소의 움직임 시간(minimum movement time)으로 운동과제를 수행할 수 있다.

㉣ 최소의 에너지 소비(minimum energy expenditure)로 운동과제를 수행할 수 있다.

① ㉠, ㉡, ㉢　② ㉠, ㉢, ㉣　③ ㉡, ㉢, ㉣　④ ㉠, ㉡, ㉢, ㉣

■젠타일의 이차원적 운동기술 분류

· 운동기술을 환경적 맥락과 동작 기능에 따라 16유형으로 분류

· 동작기능을 신체 이동과 물체 조작(공, 도구, 사람 등의 조작을 요구하는 기능)으로 구분

■p. 130 참조.

필수문제

58 표는 젠타일(A. Gentile)의 이차원적 운동기술 분류이다. 야구 유격수가 타구된 공을 잡아서 1루로 송구하는 움직임이 해당하는 곳은?

구 분			동작의 요구(기능)			
			신체 이동 없음 (신체의 안정성)		신체 이동 있음 (신체의 불안정성)	
			물체 조작 없음	물체 조작 있음	물체 조작 없음	물체 조작 있음
환경적 맥락	안정적인 조절 조건	동작 시도 간 환경 변이성 없음				
		동작 시도 간 환경 변이성				
	비안정적 조절 조건	동작 시도 간 환경 변이성 없음	①		③	
		동작 시도 간 환경 변이성		②		④

정답 57 : ②, 58 : ④

필수문제

59 개방운동기술(open motor skills)에 해당하지 않는 것은?(2024)

① 농구 경기에서 자유투하기
② 야구 경기에서 투수가 던진 공을 타격하기
③ 자동차 경주에서 드라이버가 경쟁하면서 운전하기
④ 미식축구 경기에서 쿼터백이 같은 팀 선수에게 패스하기

■ **개방운동기술** : 환경이 지속적으로 변화하는 상태에서 수행되는 기술
■ **폐쇄운동기술** : 환경이 안정된 상태에서 수행되는 기술
■ 농구경기에서 하는 자유투는 환경이 안정된 상태에서 수행되는 기술이므로 폐쇄운동기술임.

필수문제

60 운동학습에 의한 인지역량의 변화에 관한 설명으로 옳지 않은 것은?(2024)

① 정보를 처리하는 속도가 빨라진다.
② 주의집중 역량을 활용하는 주의 체계의 역량이 좋아진다.
③ 운동과제 수행의 수준과 환경의 요구에 대한 근골격계의 기능이 효율적으로 좋아진다.
④ 새로운 정보와 기존의 정보를 연결하여 정보를 쉽게 보유할 수 있는 기억체계 역량이 좋아진다.

■ 운동과제 수행 수준과 환경요구와 근골격계의 기능은 관련이 없다. 근골격계의 기능은 운동역학적 처치 또는 운동생리학적 처치를 수행했을 때 효율적이 된다.

정답 59 : ①, 60 : ③

운동의 발달

어린이의 뼈, 근육, 움직이는 능력, 환경을 조작할 수 있는 능력 등이 발달하는 것을 운동발달이라고 한다. 운동발달은 큰 근육 운동의 발달과 작은 근육 운동의 발달로 나눌 수 있다. 큰근육 운동의 발달은 큰근육이 발달하는 것으로 앉고, 서고, 달리는 활동을 할 때 큰근육들을 사용한다. 작은근육 운동의 발달은 작은근육이 발달하는 것으로, 특히 손의 발달을 의미한다.

운동발달의 원리

어린이의 운동발달은 일정한 위계와 순서에 따라 다음과 같이 발달한다.

☞ 머리에서 꼬리 쪽으로(머리-꼬리의 원리)

☞ 신체 중심에서 말초 쪽으로(중앙-말초의 원리)

☞ 큰근육에서 작은근육으로(대근-소근의 원리)

☞ 양쪽에서 같은 쪽으로 교차로 (운동협응 발달순서에 따라)

운동발달이 얼마나 잘 되었느냐가 다른 분야의 발달에 큰 영향을 미친다.

운동발달과 인지발달	이동을 잘 하거나 자세를 잘 바꿀 수 있는 어린이가 환경탐험을 쉽게 할 수 있고, 손가락을 잘 움직일 수 있는 어린이가 글씨를 잘 쓰거나 그림을 잘 그릴 수 있으므로 운동발달이 인지발달에 큰 영향을 미친다.
운동발달과 생활기술의 발달	운동조절을 정확하게 잘 할 수 있는 어린이가 손으로 만들거나 젓가락질, 옷을 입고 벗는 일이나 얼굴을 닦는 일, 목욕 등을 더 잘 할 수 있다.
운동발달과 소통능력의 발달	입 운동을 잘 조절할 수 있는 어린이가 글자를 읽고 발음을 정확하게 할 수 있다(또렷하게 표현).
운동발달과 사회성 또는 감성의 발달	앉고, 말하고, 먹고, 마시려면 적절한 운동능력이 있어야 한다. 어린이가 그런 것들을 잘 하는 정도에 따라서 다른 사람들이 반응하는 것들이 다르기 때문에 운동발달이 그 어린이의 사회성 또는 감성의 발달에 긍정적인 영향을 줄 수도 있고, 부정적인 영향을 줄 수도 있다.

▶ 인간 발달의 특징(미국 스포츠신체교육협회/NASPE)

인간의 발달적 변화를 다음의 6가지 측면으로 특징화함.

질적 측면	움직임의 효율성 향상과 같은 질적 변화.
개인적 측면	발달에 영향을 미치는 요인에는 개인차가 있음.
다차원적 측면	개인은 내측(개인적 · 정서적) 특성과 외적(사회환경 등) 특성의 영향을 받음.
계열적 측면	운동발달 과정에는 순서적인 특징이 있음.
종합적 측면	지금의 움직임은 과거의 움직임이 축적된 종합적인 형태임.
방향적 측면	운동발달은 진보하거나 퇴화할 수도 있음.

운동발달에 영향을 미치는 요인

운동발달에 영향을 미치는 요인은 다음과 같다.

1 개인적인 요인

유전과 영양	성장과 성숙에 영향을 미친다.
사회적 지지자	부모, 가족, 선생님 등 사회적 지지자들이 가지고 있는 운동에 대한 인식과 태도에 따라서 신체활동에 참여할 수 있는 기회가 달라진다.
심리적인 요인	자기 자신이 가지고 있는 신체적 자긍심과 참여동기 등이 운동발달에 영향을 미친다.

2 사회 · 문화적인 요인

성역할	남자와 여자의 성역할에 따라서 운동발달이 크게 달라진다.
대중매체	운동에 관한 정보를 가장 많이 전달해주는 정보원이 대중매체이다.
문화적 배경	그 사람이 속해 있는 사회의 문화가 운동발달에 영향을 미친다.

운동발달의 단계(Gallahue)

사람이 태어난 다음 늙어서 죽을 때까지 운동능력이 점차적으로 변화하기 때문에 운동발달 단계에 일생이 모두 포함되어야 한다. 그러나 10대까지는 점점 운동능력이 발달되는 변화이고, 그 이후부터는 운동능력을 유지하거나 쇠퇴하는 변화이기 때문에 운동발달 단계를 소년기까지만 설명하고 그 이후는 생략하는 경우가 많다.

일반적으로 소년기까지의 운동발달 단계를 영아기(0~1세), 유아기(1~2세), 미취학기(2~6세), 학동기(7~14세)로 나눈다.

기본적인 작은 근육 운동은 갑자기 발달하는 것이 아니라 어린이 시절에 꾸준히 점차적으로 발달되어서 6~12세경이면 완료된다. 그 후에도 작은 근육 운동은 나이, 연습, 스포츠에서 사용, 도구사용, 컴퓨터, 글씨쓰기 등에 의해서 더 발달된다.

1 반사움직임 단계(영아기)

태어난 다음 첫 번째의 운동기술은 다윈반사운동이다. 다윈반사운동은 영아가 무의식적으로 막대기 같은 것을 잡고 매달리려고 하는 경향을 말하며, 생후 2개월쯤 되면 없어진다. 유아의 움직음은 처음부터 스스로의 자의적 움직임에 의해서 일어나는 것이 아니라 신체방어와 생존을 위한 반사운동으로부터 시작된다고 해서 반사움직임 단계라고 한다.

약 8주가 되면 의식적으로 손가락을 사용해서 물건을 잡으려고 하지만 잘 되지 않는다. 2~5개월이 되면 눈과 손의 협동동작, 도달동작, 잡기동작 등이 시작되고, 6개월이 넘으면 물건을 먼저 살펴본 다음에 잡기나 도달하기 동작을 한다.

2 초보적 움직임 단계(유아기)

7~12개월이 되면 반사적 운동이 감소하고 자의적으로 움직일 수 있는 능력이 발달한다. 작은 근육 운동(그립, 시력의 발달, 손가락으로 가리키기, 작은 물건 집기, 이 손에서 저 손으로 물건 옮기기 등)이 발달되기 시작한다. 글씨 쓰기 또는 그리기가 이 시기에 나타나는 대표적인 작은 근육 운동이다.

1살이 되면 손으로 물건을 가지고 놀 수 있다. 그러면서 모양, 크기, 무게 등을 이용해서 물건을 구별하는 능력이 길러진다. 이 시기에 오른손잡이와 왼손잡이가 구별된다.

3 기초(기본)적 움직임 단계(미취학기)

어린이의 나이가 2~6세가 되면 보통 어린이집에 간다. 이 시기에 엄지손가락, 집게손가락, 가운데손가락을 이용해서 물건을 집고(세손가락 집기), 종이를 오리고, 단추를 끼우고, 크레용으로 수직 또는 수평선을 그릴 수 있게 된다. 감각기관의 능력도 향상되어서 주위 환경을 나름대로 해석한다. 말하기와 읽고 쓰기를 하고, 그림을 그리고 만들기를 하며, 인형의 옷을 입히는 등 창의적인 일을 할 수 있게 된다.

이동운동 능력의 기능은 출현 시기가 거의 일정하므로 발달 이정표를 알아보는 준거가 된다. 유아의 이동운동 기능이 평균 출현시기보다 3~6개월 늦게 나타나면 주의깊게 관찰해 보아야 한다.

걷기(12~13개월), 달리기(18개월), 두 발 뛰기(만 2세), 한 발 뛰기(만 2.5세), 말 뛰기(만 3세), 스키핑(만 4.5~5세-깡충깡충 뛰기)

4 스포츠기술(전문화 움직임) 단계(초등학생 시기)

6~7세에 작은 근육 운동이 많이 발달되었지만 학동기에 더 발달되어서 물건을 가지고 놀 때 어깨와 팔꿈치는 거의 움직이지 않고 손목과 손가락으로만 움직인다. 또래와 스포츠활동을 익히고, 즐길 수 있다.

☞ 소근육(작은근육)운동……양손 사용 능력, 글씨 쓰기 능력, 그림 그리기 능력, 블록 쌓기, 젓가락 쓰기, 옷입고 벗기, 단추 사용하기

5 성장과 세련 단계(청소년기)

질적 · 양적인 측면이 급격하게 발달하는 다계로 사춘기에 해당한다. 호르몬 분비의 증가와 근육-골격계통이 급성장하며, 운동기술 수준이 급격히 발달한다.

6 최고 수행 단계(성인 초기)

근력 및 심폐기능 그리고 정보처리 등에서 최고의 능력을 발휘하며 최상의 운동기술 수행(남자 28~30세, 여자 22~25세)이 가능한 단계이다.

7 퇴보 단계(성인 후기)

생리적 · 신경학적 기능이 감소하기 시작하는 단계로 30세 이후에 해당된다. 운동수행능력이 쇠퇴하고 스피드를 요구하는 운동 과제를 수행하는 능력이 현저하게 낮아진다. 심장혈관 · 근력 · 유연성 · 지구력 · 신경기능 등이 감소하고 체지방이 증가한다.

필수 및 심화 문제

필수문제

01 보기에서 설명하는 게셀(A. Gesell)과 에임스(L. Ames)의 운동발달의 원리가 아닌 것은?

보기

» 머리에서 발 방향으로 발달한다.
» 운동발달은 일련의 방향성을 갖는다.
» 운동협응의 발달순서가 있다.
  양측 : 상지 혹은 하지의 양측을 동시에 움직이는 형태를 보인다.
  동측 : 상하지를 동시에 움직이는 형태를 보인다.
  교차 : 상하지를 동시에 움직이는 형태를 보인다.
» 운동기술의 습득 과정에서 몸통이나 어깨 근육을 조절하는 능력을 먼저 갖추고, 이후에 팔, 손목, 손, 그리고 손가락 근육을 조절하는 능력을 갖춘다.

① 머리-꼬리 원리(cephalocaudal principle)
② 중앙-말초 원리(proximodistal principle)
③ 개체발생적 발달 원리(ontogenetic development principle)
④ 양측-동측-교차 운동협응의 원리(bilateral-unilateral(ipsilateral)-crosslateral principle)

■ 운동발달의 원리
일정한 위계와 순서에 따라
· 머리에서 꼬리쪽으로(발쪽)
· 몸통(중앙)에서 먼쪽으로(말초쪽)
· 큰근육에서 작은근육으로
· 운동 협응의 발달순서에 따라
양쪽→같은 쪽→교차로 발달한다.

필수문제

02 인간 발달의 특징에 관한 설명으로 옳지 않은 것은?

① 개인적 측면은 발달에 영향을 미치는 요인이 개인마다 달라서 나타나는 현상이다.
② 다차원적 측면은 개인의 신체적·정서적 특성과 같은 내적 요인 그리고 사회환경과 같은 외적 요인으로 나눌 수 있다.
③ 계열적 측면은 기기와 서기의 단계를 거친 후에야 자신의 힘으로 스스로 걸을 수 있게 되는 것이다.
④ 질적 측면은 현재 나타나고 있는 움직임 양식이 과거 움직임의 경험이 축적되어 나타나는 것이다.

■ 인간 발달의 질적 측면은 움직임의 효율성 향상과 같은 질적 변화임(p. 152 참조).

정답 01 : ③, 02 : ④

필수문제

03 어린이의 운동발달 원리 중 옳지 않은 것은?

① 예측이 가능하도록 일정한 순서에 따라서(엎드린 다음에는 긴다).
② 안쪽에서 바깥쪽으로(창자가 피부보다 먼저 발달한다).
③ 몸통에서 먼 쪽으로(팔이 손가락보다 먼저 발달한다).
④ 머리 쪽에서 꼬리 쪽으로(머리가 발보다 먼저 발달한다).

■ 어린이의 발달은 모든 분야가 서로 영향을 미치면서 발달한다. 그러나 분야별로 발달하는 순서는 있다.
■ 내 · 외 · 중배엽은 거의 동시에 발달한다.
■ 1번 문제 참조.

심화문제

04 운동발달의 원리에 대한 설명으로 옳지 않은 것은?

① 분화와 통합의 과정을 거친다.
② 일정한 순서와 방향성을 가진다.
③ 발달속도는 연령에 상관없이 일정하다.
④ 유전과 환경의 상호작용을 통해 발달한다.

■ 발달속도는 일정하지 않다.

05 운동의 발달이 아닌 것은?

① 판단력이 좋아지는 것
② 뼈와 근육이 자라는 것
③ 운동능력이 더 좋아지는 것
④ 환경을 조작할 수 있는 능력이 나아지는 것

■ 판단력은 운동의 발달이 아니라 지능의 발달이다.

06 운동발달의 기본 가정으로 틀린 것은?

① 전 생애에 걸쳐 진행되는 불연속적인 과정이다.
② 개인차가 존재한다.
③ 민감기 또는 결정적 시기가 존재한다.
④ 환경적 맥락의 영향을 받는다.

■ 운동발달은 전 생애에 걸쳐 진행되는 연속적인 과정이다.

07 다음 중 운동발달과 관련이 없는 것은?

① 인지발달　② 생활기술의 발달
③ 소통능력의 발달　④ 사회성의 발달

■ 운동발달이 모든 능력의 발달에 영향을 미친다.

정답 03 : ②, 04 : ③, 05 : ①, 06 : ①, 07 : 없음

필수문제

08 운동발달 개념에 대한 설명으로 바르지 않은 것은?

① 태아기에서 사망까지의 지속적인 과정이다.
② 발달은 연령에 의해서만 결정되지 않는다.
③ 발달은 운동연습에 의해서만 결정된다.
④ 발달의 속도와 범위는 개인별로 과제의 특성에 의해 영향을 받는다.

■ 운동발달의 속도는 연령에 따라 계열적으로 변화하는 과정이다.

심화문제

09 보기에 있는 요인 중에서 운동발달에 영향을 미치지 않는 요인은?

보기	
1. 유전과 영양	2. 사회적 지지자(부모, 선생님 등)
3. 심리적 요인(신체적 자긍심, 참여동기 등)	4. 성역할(남, 여)
5. 문화적 배경	6. 대중매체

① 6 ② 5, 6
③ 3, 5, 6 ④ 없다

■ 대중매체가 운동에 관한 정보를 가장 많이 제공하고, 운동에 관한 정보는 청소년의 운동발달에 크게 영향을 미친다.

10 운동발달에 영향을 미치는 사회문화적 요인에 대한 설명으로 틀린 것은?

① 인종과 문화적 배경은 성장과 운동발달에 영향을 미친다.
② 교사나 학교 사회에서의 성별 구분이 놀이 및 스포츠 사회화에 영향을 준다.
③ 놀이 공간은 스포츠 참여에 필요한 사회적 환경을 제공하며 놀이 공간과 놀이 활동이 아동의 운동발달에 영향을 미친다.
④ 민감기의 학습은 자극에 민감한 시간적 구조가 있음을 의미하지만, 민감기의 자극 정도가 발달에 영향을 미치지는 않는다.

■ 어떤 능력이 잘 발달할 수 있는 최적의 기간을 민감기라고 한다. 민감기를 놓치면 발달이 잘 되지 않는 경우도 있다.

정답 08 : ③, 09 : ④, 10 : ④

■운동발달은 운동행동이 연속해서 변화하는 과정으로, 발달에는 개인차가 있다. 또 발달과정에는 민감기도 있다. 운동발달 상황에서 개체 발생적 운동행동은 환경적 요인에 영향을 받아 학습과정을 통해 획득되는 운동행동(예 : 수형, 자전거 타기 등)으로 공통적으로 나타나는 행동이 아니다.

필수문제

11 운동발달에 관한 설명으로 옳지 않은 것은?

① 운동발달에는 개인차가 존재한다.
② 운동발달 과정에는 민감기(sensitive period)가 있다.
③ 운동발달은 운동행동이 연속적으로 변화하는 과정이다.
④ 운동발달 상황에서 공통적으로 나타나는 행동을 개체발생적 운동행동이라고 한다.

■운동발달의 단계(Gallahue)
영아기(반사움직임단계)→유아기(초기움직임단계/기초단계)→미취학기(기본움직임단계)→초등학생기(스포츠기술 또는 전문운동단계)→청소년기(성장과 세련단계)→성인 초기(최고수행단계)→성인 후기(퇴보단계)로 나눈다.

필수문제

12 보기의 ㉠~㉢에 들어갈 운동발달의 단계를 바르게 나열한 것은?

보기
반사운동단계 → (㉠) → (㉡) → 스포츠기술단계 → (㉢) →
최고수행단계 → 퇴보단계

	㉠	㉡	㉢
①	초기움직임단계	성장과 세련단계	기본움직임단계
②	초기움직임단계	기본움직임단계	성장과 세련단계
③	기본움직임단계	성장과 세련단계	초기움직임단계
④	기본움직임단계	초기움직임단계	성장과 세련단계

■위 문제 해설 참조.

심화문제

13 운동발달의 단계가 순서대로 바르게 제시된 것은?(2024)

① 반사단계－기초단계－기본움직임단계－성장과 세련단계－스포츠기술단계 － 최고수행단계 － 퇴보단계
② 기초단계－기본움직임단계－반사단계－스포츠기술단계－성장과 세련단계－최고수행단계－퇴보단계
③ 반사단계－기초단계－기본움직임단계－스포츠기술단계－성장과 세련단계 － 최고수행단계 － 퇴보단계
④ 기초단계－기본움직임단계－반사단계－성장과 세련단계－스포츠기술단계 － 최고수행단계 － 퇴보단계

정답 11 : ④, 12 : ②, 13 : ③

스포츠심리학

14 시기별 운동발달 단계가 바르지 않은 것은?

① 유아기－반사 움직임 단계　② 아동기－스포츠 기술 단계
③ 청소년기－성장과 세련 단계　④ 성인초기－최고수행 단계

■ 영아기=반사움직임 단계, 유아기=초보움직임 단계

필수문제

15 괄호 안에 들어갈 말을 올바르게 짝지은 것은?

보기
(　　)은 신체나 신체 부분의 크기의 증가를 뜻하는 용어로 신체 변화의 총체를 의미한다.
(　　)은 기능을 보다 높은 수준으로 발전할 수 있게끔 하는 질적 변화로 정해진 순서에 따라 진행되는 특성이 있다.

① 성장 － 성숙　② 성숙 － 성장
③ 발달 － 성장　④ 성숙 － 발달

■ **성장** : 생물체의 크기 · 무게 · 부피가 증가하는 것. 형태는 변하지 않고 양이 증가하는 것으로, 발육과는 구별된다.
■ **성숙** : 생물의 발육이 완전히 이루어짐. 유전요인으로 신체적 · 정신적 · 지적 분화와 통합이 이루어지는 생물학적 과정.

심화문제

16 다음 중 소근육 운동이 아닌 것은?

① 걷기　② 글씨 쓰기
③ 블록 쌓기　④ 젓가락 사용하기

■ 소근육(작은근육)운동(p. 154) 참조

필수문제

17 아동의 운동 발달을 평가할 때 심리적 안정을 도모하기 위한 평가방법으로 옳은 것은?

① 평가장소에 도착하면 환경에 대한 탐색 시간을 주지 말고 평가를 바로 진행한다.
② 아동의 평가 민감성을 높이기 위해 평가라는 단어를 강조한다.
③ 운동 도구를 사용하여 평가할 때 탐색할 기회를 제공한다.
④ 아동과 공감대를 형성하지 않는다.

■ ③ 도구를 사용하여 평가할 때는 도구를 탐색할 기회를 주어야 심리적 안정을 느끼게 된다.
■ ① 평가 대상자는 평가 장소에 도착 즉시 평가하지 않고 환경 탐색 시간을 주어야 한다.
■ ② 평가 대상자는 민감하게 반응할 수 있는 평가라는 단어를 사용하지 않는다.
■ ④ 평가 대상자는 관심을 가진 주제에 관하여 대화로 공감대를 형성해야 한다.

정답　14 : ①, 15 : ①, 16 : ①, 17 : ③

CHAPTER 05 스포츠수행의 심리적 요인 1

성격

1 성격의 특성

독특성	같은 환경이라도 개인에 따라 사고하고, 느끼고, 행동하는 것이 다르다.
일관성	시간이나 상황이 바뀌어도 비교적 일관성이 있다.
경향성	느끼고, 생각하고, 행동하는 가운데에서 나타나는 어떤 것이 경향성이다.

2 성격의 구조(Hollander, E. P.)

성격은 계란처럼 3겹으로 되어 있다.

심리적 핵	그 사람의 가치관, 적성, 신념 등을 포함하고 있는 계란의 노른자위에 해당된다.
전형적 반응	환경과의 상호작용에 의해서 외부로 표현되는 반응. 계란의 흰자위에 해당된다.
역할 관련 행동	자신의 사회적 지위나 역할을 감안하여 취하는 행동. 계란의 껍질에 해당된다.

3 성격이론

정신(신경) 역동 이론	"인간은 원초적인 나(id), 현실적인 나(ego), 이성적인 나(super ego)가 혼합되어서 구성되어 있고, 그 3가지 나가 끊임없이 갈등과 타협을 하는 상호작용에 의해서 인간의 행동이 지배된다."고 보는 이론이다.
사회학습 이론	인간의 행동은 사회에서 학습한 것과 개인이 처한 상황의 상호작용에 의해서 결정된다고 주장하는 이론이다.
체형 이론	인간의 체형은 비만형, 근육형, 세장형으로 구분되며, 각 체형에 상응하는 성격이 있다는 이론.
특성 이론	인간의 성격에는 16개의 요인이 있고, 그 요인들이 미치는 영향에 따라 개인의 성격이 다르게 나타난다는 이론.
욕구위계 이론	인간에게는 6가지 욕구가 있고, 그 욕구에는 순서가 있는데, 개인마다 욕구의 수준이 다르기 때문에 행동이 다르게 나타난다는 이론.

4 성격을 측정하는 방법

질문지법	성격을 묻는 문항에 응답한 것을 보고 개인의 성격을 알아내는 방법이다. 측정과 해석에 한계가 있다. MMPI, 16PF, Eysenck의 한국판 성격차원검사, Butler & Hardy의 선수수행 프로파일, MBTI 성격측정 등이 있다.

투사법	애매한 그림이나 해석하기 곤란한 과제를 주고 그에 대한 반응을 분석해서 개인의 성격을 진단하는 방법이다. Rorschach의 잉크반점검사법과 주제통각검사법(TAT)이 있다.
면접법	피험자를 직접 면접하면서 여러 가지 질문을 해서 성격을 알아내는 방법이다. 면접관이 유능해야 한다.

5 성격과 경기력의 관계

- ☞ 운동선수와 비선수 사이에 확실한 성격차이가 없다.
- ☞ 우수선수들은 빙산형 성격 프로파일을 보인다. 우수선수들은 활력이 높다.
- ☞ 남자선수와 여자선수 사이에 성격차이가 없다.
- ☞ 기술 수준이 높은 선수들은 동질성이 크고 낮은 선수들은 이질성이 높다.

정서

1 재미, 몰입, 정서의 개념

재미	과제 활동 시 만족감을 느끼는 긍정적인 심리상태이다. 재미의 체험을 통해서 스트레스와 긴장으로부터 회복된다.
몰입	최상의 수행상태에서 개인이 주관적으로 경험하는 심리상태이다. 절정의 체험, 무아경, 황홀경 등으로 표현한다.
정서	어떤 자극에 대한 사전 또는 사후의 심리적 반응이다. 정서는 관찰되는 것이 아니라 추론되는 것이다. 감정, 느낌, 기분 등과 혼용되는 경우가 많다.

2 정서에 대한 이론적 모형

색상환 모형	빨강, 파랑, 노랑 3가지 물감을 섞는 비율에 따라서 여러 가지 색깔이 나타나듯이 인간에게는 6가지 또는 8가지의 기본 정서가 있고, 그 기본 정서들이 혼합되는 강도 등에 따라 여러 가지 정서가 나타난다고 본다.
2차원 모델	인간의 정서는 각성과 비각성, 쾌와 불쾌의 2차원 구조로 되어 있다고 주장하는 이론
원형모델	인간의 정서는 고활성과 저활성, 쾌와 불쾌로 나타나는 유인가로 구성되어 있다고 주장하는 이론

3 정서 상태를 측정할 수 있는 3가지 방법

생리적(바이오피드백) 측정	땀, 맥박 등
행동 측정(관찰법)	얼굴 표정, 행동 변화 등
질문지법(자기보고서 측정)	설문지 조사

4 각성, 스트레스, 탈진, 불안의 개념

각성	활발한 신체활동을 하기 위해서 활력을 돋우는 생리적 · 심리적 활성화 상태이다.

스트레스	환경의 요구와 그 요구에 대응할 수 있는 반응능력의 차이 때문에 생긴다. 신체적 · 정신적 건강에 나쁜 영향을 미치면 유해한 스트레스 좋은 영향을 미치면 유쾌한 스트레스라고 한다.
탈진	과도한 훈련 또는 스트레스로 심리적 · 생리적으로 완전히 지쳐버린 상태
불안	자신의 능력으로 어떻게 할 수 없는 부정적인 정서 상태와 연결되어 있다는 점이 각성이나 스트레스와 다르다.

5 탈진

탈진의 진행과정	인간 소외→성취감 감소→고립→탈진
원인	과잉 훈련, 너무 높은 목표, 완벽주의, 코치의 행동과 팀 분위기 등
대처방안	긍정적 신념, 물질적 지원, 사회적 지지, 건강과 에너지, 문제해결 능력
하위영역	성취감 저하, 스포츠 평가 절하, 신체적 · 정서적 고갈

※하위영역은 레이데크와 스미스(T. Raedecke & A. Smith : 2001)의 〈운동선수 탈진질문지(ABQ)〉에서 3가지 측정 요인임.

6 불안의 종류

특성불안	선천적으로 타고난 자신의 성격 때문에 생기는 불안. 스포츠경쟁불안검사지(SCAT)가 있다.
상태불안	어떤 상황에 처했을 때 일시적으로 느끼는 불안. 신체적 불안과 인지적 불안으로 구분됨.
경쟁불안	스포츠상황에서 생기는 불안. 경쟁불안은 일종의 상태불안이다. 경쟁불안을 경쟁특성불안과 경쟁상태불안으로 나누기도 한다.

7 경쟁불안이 생기는 원인

- 실패에 대한 공포
- 부적감 또는 시설에 대한 불만
- 자신감의 결여(승리에 대한 압박, 주위 사람들의 기대감에 대한 부담)

8 불안의 측정방법

행동적 측정	시합 전후에 나타나는 선수의 행동적 특징을 관찰해서 기록하고 분석한다.
생리적 측정	근전도, 뇌전도, 피부전기저항, 호르몬, 소변 등을 측정해서 분석한다.
심리적 측정	심리검사 설문지에 응답하도록 해서 분석한다. 상태불안검사지(STAI), 경쟁상태불안검사지(CSAI-2)가 있다.

9 경쟁불안 또는 각성수준과 운동수행의 관계를 설명하는 이론들

욕구(추동) 이론	각성수준과 운동수행은 비례한다.
역U자(적정수준) 이론	각성수준과 운동수행을 그래프로 그리면 ∩와 같은 형태가 된다.

최적수행지역(적정기능구역) 이론	각성수준이 어떤 구역(범위) 안에 들었을 때 운동수행을 가장 잘 할 가능성이 높다.
다차원불안 이론	신체적 불안, 인지적 불안, 자신감이 운동수행에 미치는 영향은 모두 다른 형태이다. 즉 불안은 다차원적이다.
카타스트로피(격변) 이론	각성수준이 적정수준 이상으로 커지거나 적정수준 이하로 작아지면 운동수행이 갑자기 변한다(격변한다).
반전(전환) 이론	각성수준의 높고 낮음을 유쾌하거나 불쾌하다고 일정하게 해석하는 것이 아니고, 그 사람의 동기 형태에 따라서는 정반대로 해석할 수도 있다.
심리에너지 이론	각성을 긍정적으로 생각하면 긍정적인 심리에너지가 생겨서 경기수행능력이 좋아지고, 반대이면 반대가 된다.

10 불안과 스트레스를 관리하기 위한 원칙

⑧ 마음속으로 연습한다.

⑧ 최악의 시나리오를 생각해본다.

⑧ 자신이 잘 조절할 수 있는 것에만 주의를 집중한다.

⑧ 신체운동이나 충분한 준비운동을 한다.

⑧ 인지적 전략을 활용한다.

11 불안을 해소시키는 훈련방법

생리적 관리	바이오 피드백 훈련	정서상태를 직접 알 수 있는 생체신호를 측정하여 긴장을 완화시키는 훈련법. 근육활동 수준, 관절움직임과 같이 육안으로 확인할 수 없는 정보가 포함됨.
	명상	심신을 이완시키고, 마음을 통제할 수 있도록 하는 훈련.
	자생(자율) 훈련법	스스로 최면상태에 도달하여 신체의 무게를 느끼고 체온상승을 유도하는 기술 훈련
	점진적 이완법	자율신경계의 기능을 자기관리하에 조절하여 스트레스를 완화시키는 훈련. 앉거나 누운 자세에서 실시하며, 신체 각 부위에 긴장과 이완을 반복함.
	호흡조절법	복식호흡으로 불안과 긴장을 낮추는 훈련
	체계적 둔감법	불안 또는 스트레스 유발 자극에 대한 이완반응으로, 불안이나 스트레스에 둔감해지게 하는 훈련
	자화법	경기 전 또는 중에 자화(혼잣말)를 함으로써 경기수행을 돕는 방법. 부정적인 자화는 수행을 방해하므로 긍정적인 자화를 연습함.
인지적 관리	인지재구성법	부정적인 생각을 긍정적인 생각으로 전환하는 훈련
	사고정지법	부정적인 생각을 정지시켜 더 이상 부정적인 생각이 나지 않게 하는 훈련

동기

1 동기의 개념과 속성

☞ 개인이 어떤 욕구를 만족시키기 위해서 어떻게 행동하겠다고 마음먹는 것이 '동기'이다.

☞ Sage는 노력의 방향과 강도를 결정해주는 것이 '동기'라고 정의했다.
☞ 동기는 어떤 행동을 시작하게 하거나 계속해서 하도록 만드는 원동력이 된다.
☞ 동기는 자신의 욕구를 강화시키거나 행동의 방향을 설정하게 하는 속성이 있다.

2 동기가 생기는 원인

특성지향적인 관점	사람의 성격적인 특성이 동기를 결정한다.
상황지향적인 관점	개인이 처한 상황과 환경에 의해서 동기가 결정된다.
상호작용적인 관점	개인의 특성과 상황의 상호작용에 의해서 동기가 결정된다.

3 동기유발의 효과(동기유발의 기능)

동기를 유발시키면 그 사람의 행동에 어떤 변화가 생기게 된다.

시발기능 (활성화기능)	어떤 행동을 시작하게 만든다.
지향기능	목표를 달성하기 위해서 해야 할 행동의 방향을 결정해준다.
선택기능 (조절기능)	목표를 달성하기 위해서 특정 행동을 선택하게 한다.
강화기능	행동결과에 따라서 정적 강화 또는 부적 강화를 제공한다.

4 동기이론

내적 욕구를 만족시키려고 동기가 생긴다고 주장하는 이론을 내적동기 이론, 외적 욕구를 만족시키려고 동기가 생긴다고 주장하는 것을 외적동기(유인동기) 이론, 성취 욕구를 만족시키기 위해서 동기가 생긴다고 주장하는 것을 성취동기 이론이라고 한다.

성취동기 이론	모든 인간의 행동은 기본적으로 성취를 위한 것이고, 스포츠와 같이 성취지향적인 노력으로 표현되는 행동은 성취동기에 의해서 결정된다고 보는 이론이다. 맥클리란드(D. McClelland)와 앳킨슨(J. Atkinson)에 의하면 인간의 행동은 개인적 요인과 환경적 요인의 상호작용에 의해서 만들어지고, 개인적 요인은 자신감이나 내적욕구와 같은 성공추구동기와 실패회피 동기로 구성되어 있으며, 환경적 요인은 성공의 유인가치와 성공할 가능성으로 구성되어 있다고 한다.
성취목표성향 이론	무엇인가 성취하려고 노력한다는 의미에서는 성취동기 이론과 같다. 그러나 성공하려고 노력하는 성공추구 동기와 실패하지 않으려고 노력하는 실패회피 동기는 구별되어야 하고, 열심히 노력해서 성취한 것을 만족하게 생각하는 과제지향 성향을 가진 사람과 남보다 더 잘한 것을 만족하게 생각하는 자아지향 성향을 가진 사람은 성취동기가 서로 다르게 나타난다고 주장하는 이론이다.
인지평가 이론	사람에게는 유능성의 욕구(자기 자신이 능력이 있어서 남보다 더 잘한다고 말하고 싶은 욕구)와 자결성의 욕구(어떤 행동을 하고 안 하고는 누가 시켜서가 아니라 자신이 결정하고 싶어하는 욕구)가 있다. 그 두 가지 욕구에 의해서 외부에서 일어나는 사건을 정보적인 측면, 통제적인 측면, 무동기적인 측면으로 해석하고 평가한 평가 결과에 따라서 내적동기가 증가할 수도 있고 감소할 수도 있다고 주장하는 이론이다.

자기결정성 이론	인지평가 이론에서 주장하는 유능성의 욕구와 자결성의 욕구 이외에 관계성의 욕구도 있다고 하면서, 동기가 아무런 동기도 없는 무동기에서 출발해서 외적 동기를 거쳐 내적 동기까지 연속선상에 있다고 주장하는 이론이다. 그러므로 자기결정성 이론은 인지평가 이론을 확장한 것이라고 할 수도 있다. 그리고 무동기와 내적동기 사이에 있는 외적동기를 외적 규제, 의무감 규제, 확인 규제로 세분하여 총 5가지 동기유형으로 보고, 어떤 유형의 동기를 갖게 되느냐 하는 것은 개인의 자기결정에 의해서 달라진다고 주장하였다.
동기분위기 이론	개인의 성취목표 성향도 중요하지만 동기분위기(자신이 속해 있는 집단의 환경을 어떻게 인식하고 있느냐 하는 것)가 그 사람의 내적 동기에 더 큰 영향을 미친다고 주장하는 이론이다. 동기분위기에는 숙달중시 동기분위기와 수행중시 동기분위기가 있는데, 숙달중시 동기분위기가 긍정적인 면이 더 많으므로 숙달중시 동기분위기를 만들려고 노력해야 한다고 주장하면서 TARGET의 머릿글자를 딴 방법으로 훈련하면 숙달중시 동기분위기를 만들 수 있다고 주장하는 이론이다.
자기효능감 이론	반두라(Bandura)가 주장한 이론으로, 자기효능감(어떤 일을 자신이 충분히 해낼 수 있다고 믿는 신념)에 따라서 어떤 과제에 대해서 개인이 취하는 행동이 달라진다고 주장하는 이론이다.

귀인

1 귀인의 개념

☞ 성공 또는 실패의 원인이 ○○○라고 생각하는 것.

2 귀인의 기본적인 오류

☞ 자신이 실패한 원인은 상황적 특성 때문이라고 생각한다.

☞ 남이 실패한 원인은 그 사람의 기질적 특성 때문이라고 생각한다.

☞ 자신은 별 수 없어서 실패했고, 남은 성격이 못되어서 실패했다고 생각한다.

3 와이너(Weiner)의 3차원 귀인 모델

☞ 귀인의 요소를 능력, 노력, 과제의 난이도, 운 등 4가지로 본다.

☞ 그 요소들이 내적↔외적, 안정적↔불안정적, 통제 가능↔통제 불가능 등 3차원의 모양을 하고 있다.

☞ 귀인의 요소와 차원에 따라서 '무엇이 원인이라고 생각하는 형태'가 달라진다는 것이다.

▶ 귀인훈련……성공의 원인은 자신의 능력에서 찾고, 실패의 원인은 노력의 부족이나 전략의 미흡 때문이라고 생각하도록 훈련하는 것.

4 학습된 무기력

☞ 실패의 원인을 '실패할 수밖에 없었기 때문이다.'라고 믿는 것이다.

☞ 귀인 중에서 가장 바람직하지 못한 귀인이다.

☞ 학습된 무기력에 빠진 선수는 성취 지향적으로 변화시키기 어렵다.

☞ 실패의 원인을 불 안정적이고 통제 가능한 것(예 : 노력과 연습)에서 찾을 수 있도록 도와주어야 한다.

통제소재와 원인소재

통제소재는 'locus of control'을, 원인소재는 'locus of attribution'을 번역한 말이다. 'locus'가 '궤적, 흔적'이라는 뜻도 있지만 '~이 발생한 장소'라는 뜻도 있기 때문에 '~에 소재하고 있다.'라는 뜻으로 소재라고 번역한 것으로 보이는데, 원인소재를 원인이 있는 위치(내적요인과 외적요인), 통제소재를 통제하는 사람(자신이 통제, 다른 사람이 통제)이라고 하는 것이 좋을 것 같다. 4가지 중요한 귀인요인인 노력 · 능력 · 운 · 과제의 난이도를 인과소재(원인이 있는 곳이라는 뜻이다)라고 하는 것도 비슷한 맥락에서 나온 말이다.

목표설정

1 목표의 개념

☞ 인간은 합리적으로 행동하기 때문에 목표 또는 의도에 의해서 인간의 행동이 결정된다고 본다.

☞ 목표에는 노력의 강도, 노력의 방향, 노력을 지속하게 하는 힘이 내포되어 있어야 한다.

☞ 목표는 객관적 목표와 주관적 목표로 나눌 수 있고, 주관적 목표는 다시 결과목표와 수행목표로 나눌 수 있다.

☞ 결과에 초점을 맞추는 결과목표보다 수행에 초점을 맞추는 수행목표가 더 바람직하다.

2 목표설정의 필요성

☞ 목표가 행동의 방향을 제시한다.

☞ 동기부여를 통해서 노력을 유발한다.

☞ 목표달성 여부에 대한 피드백을 제공한다.

3 목표설정의 원리

☞ 목표는 구체적으로 설정해야 한다.

☞ 달성가능하고 도전가치가 있는 목표를 설정해야 한다.

☞ 목표의 난이도가 높을수록 목표에 몰입하고 도전의식을 가져야 한다.

☞ 결과를 완성할 구체적인 시간이 명시되어 있어야 한다.

☞ 결과목표와 과정목표를 함께 설정해야 한다.

☞ 장기목표를 먼저 설정하고 단기목표를 나중에 설정한다.

4 목표의 유형

☞ 주관적 목표 : 기준이 자신에게 있기 때문에 사람에 따라 해석에는 차이가 있는 목표

☞ 객관적 목표 : 정해진 시간 안에 구체적인 수행기준을 달성하려는 목표

☞ 결과(성과) 목표 : 조절할 수 없는 성과 또는 결과에 기준을 둔 목표

☞ 수행(과정) 목표 : 성취에 기준을 둔 목표. 선수는 과거에 자신이 수행했던 기술 수준을 기준으로 함.

필수 및 심화 문제

필수문제

01 다음은 성격의 특성 또는 속성을 설명한 것이다. 잘못된 것은?

① 특수성 : 환경에 따라 특수하게 반응한다.
② 독특성 : 같은 환경이라도 개인에 따라 사고하고, 느끼고, 행동하는 것이 다르다.
③ 일관성 : 시간이나 상황이 바뀌어도 비교적 일관성이 있다.
④ 경향성 : 성격은 느끼고, 생각하고, 행동하는 가운데에서 나타나는 어떤 경향이다.

■ 성격의 특성은 독특성, 일관성, 경향성으로 정의한다.

심화문제

02 다음 중 성격의 특성이 아닌 것은?

① 독특성 ② 동질성
③ 일관성 ④ 경향성

필수문제

03 보기에서 설명하는 홀랜더(E. P. Hollander)의 성격 구조는?

보기
» 깊숙이 내재되어 있는 실제 이미지를 의미한다.
» 자아, 태도, 가치, 흥미, 동기 등을 포함한다.
» 일관성이 가장 높다.

① 심리적 핵 ② 전형적 역할
③ 역할행동 ④ 전형적 반응

■ 심리적 핵 : 가치관 · 적성 · 신념 등을 포함하고 있는 계란의 노른자위에 해당됨.

심화문제

04 성격의 구조에 포함되지 않는 것은?

① 심리적 핵 ② 독특성
③ 전형적 반응 ④ 역할 행동

■ 성격의 구조 : p. 160 참조.

정답 01 : ①, 02 : ②, 03 : ①, 04 : ②

05 그림은 성격의 구조를 모형으로 나타낸 것이다. 구성 요소를 순서대로 나열한 것은?

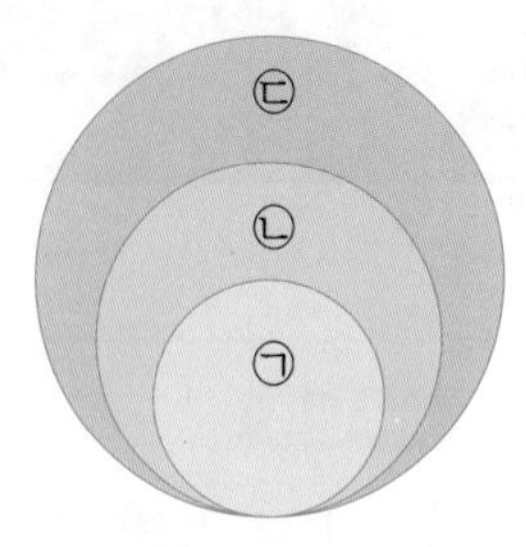

① ㉠ 심리적 핵, ㉡ 전형적 반응, ㉢ 역할 관련 행동
② ㉠ 심리적 핵, ㉡ 역할 관련 행동, ㉢ 전형적 반응
③ ㉠ 역할 관련 행동, ㉡ 심리적 핵, ㉢ 전형적 반응
④ ㉠ 역할 관련 행동, ㉡ 전형적 반응, ㉢ 심리적 핵

■성격은 심리적 핵, 전형적 반응, 역할 관련 행동의 3겹으로 되어 있다.

06 Hollander가 주장한 성격의 구조에 대한 설명이다. 잘못 설명한 것은?

① 심리적 핵 : 그 사람의 가치관, 적성, 신념 등을 포함하고 있는 계란의 노른자위에 해당되는 것
② 사고반응 : 개인이 심사숙고한 다음에 보이는 반응
③ 전형적 반응 : 환경과의 상호작용에 의해서 외부로 표현되는 반응
④ 역할관련 행동 : 자신의 사회적 지위나 역할을 감안하여 취하는 행동

■성격은 계란처럼 심리적 핵, 전형적 반응, 역할관련 행동의 3겹으로 되어 있다.

필수문제

07 매슬로(A. Maslow)가 제안한 욕구위계 이론에서 다른 욕구가 충족되었을 때 마지막에 나타나는 최상위 욕구는?

① 안전 욕구 ② 생리적 욕구
③ 자아실현 욕구 ④ 소속 욕구

■욕구위계 이론은 생리적 욕구→안전의 욕구→애정의 욕구→존경의 욕구→자아실현의 욕구가 위계적으로 존재한다는 주장이다.

심화문제

08 다음 설명 중 옳지 않은 것은?

① 자신의 능력이 우수하다고 스스로 느끼는 것이 유능감이다.
② 사람들에게는 누구나 결정적인 욕구가 있다.
③ 자결성이 가장 낮은 동기가 무동기이다.
④ 의무감 규제는 스스로 압력을 느끼는 것이다.

■결정적인 욕구가 아니고 결정성의 욕구가 있다.

09 "인간은 원초적인 나(id), 현실적인 나(ego), 이성적인 나(super ego)가 혼합되어 구성되어 있고, 그 3가지 나가 끊임없이 갈등과 타협을 하는 상호작용에 의해서 인간의 행동이 지배된다."고 보는 이론은?

① 사회학습 이론 ② 현상학적(욕구위계) 이론
③ 심리(정신)역동 이론 ④ 특성 이론

■프로이트가 주장한 심리역동 이론을 설명한 것이다.

정답 05 : ①, 06 : ②, 07 : ③, 08 : ②, 09 : ③

필수문제

10 보기가 설명하는 성격 이론은?(2024)

보기
» 자기가 좋아하는 국가대표 선수가 무더위에서 진행된 올림픽 마라톤 경기에서 불굴의 정신력으로 완주하는 모습을 보고, 자기도 포기하지 않는 정신력으로 10km 마라톤을 완주하였다.

① 특성이론　② 욕구위계이론
③ 사회학습이론　④ 정신역동이론

- **욕구위계 이론** : 인간에게는 6가지 욕구가 있고, 그 욕구에는 순서가 있는데, 개인마다 욕구의 수준이 다르기 때문에 행동이 다르게 나타난다.
- **체형 이론** : 인간의 체형은 비만형, 근육형, 세장형으로 구분되며, 각 체형에 상응하는 성격이 있다.
- **특성 이론** : 인간의 성격에는 16개의 요인이 있고, 그 요인들이 미치는 영향에 따라 개인의 성격이 다르게 나타난다.
- **정신(신경)역동 이론** : 인간은 원초적인 나, 현실적인 나, 이성적인 나가 혼합되어 구성되어 있는데, 이 세 가지 나가 끊임없이 갈등과 타협을 하는 상호작용에 의해서 인간의 행동이 지배된다.
- **사회학습 이론** : 인간의 행동은 사회에서 학습한 것과 개인이 처한 상황의 상호작용에 의해서 결정된다.

필수문제

11 보기는 개인의 성격을 측정하는 방법을 설명한 것이다. 어떤 측정방법인가?

보기
» 피검사자에게 애매한 그림을 보여주고, 그 그림에 대해서 이야기를 꾸며내라고 한다.
» 꾸며낸 이야기를 분석하면 그 사람의 성격을 알 수 있다.

① 평정법　② 면접법　③ 질문지법　④ 투사법

- **성격측정방법**
  - 질문지법 : 성격을 묻는 문항에 대한 응답으로 개인의 성격을 알아내는 방법
  - 투사법 : 애매한 그림이나 해석이 곤란한 과제를 주고 그것에 대한 반응을 분석해서 개인의 성격을 알아내는 방법
  - 면접법 : 피험자를 직접 면접하여 여러 가지 질문을 해서 개인의 성격을 알아내는 방법
  - 평정법 : 객관적인 측정이 힘든 주관적인 특성을 알아보기 위하여 사상(事象)이나 대상의 순위를 정하거나 정도를 평가하는 방법으로 성격측정방법은 아님.

심화문제

12 질문지법으로 성격검사를 할 때 검사자가 주의해야 할 점이 아닌 것은?

① 정확하게 측정하고 정확하게 해석하려고 노력한다.
② 검사의 목적, 내용, 자료의 용도 등을 피검사자에게 설명해준다.
③ 측정에 오류가 있다는 것을 이해한다.
④ 피검사자의 비밀을 보장한다.

- 측정과 해석에는 한계가 있다는 것을 이해해야 한다.

정답 10 : ③, 11 : ④, 12 : ①

스포츠심리학

필수문제

13 다음 설명 중에서 옳다고 확신할 수 있는 것은?

① 운동선수와 비선수 사이에 성격차이가 있다.
② 우수선수들은 빙산형 성격 프로파일을 보인다.
③ 남자선수와 여자선수 사이에 성격차이가 있다.
④ 기술수준이 높은 선수와 낮은 선수 사이에 성격차이가 있다.

■① 운동선수와 비선수 사이에는 확실한 성격차이를 보이지 않는다. ③ 남자선수와 여자선수 사이에는 성격차이가 없다. ④ 기술 수준이 높은 선수들은 동질성이 높고, 낮은 선수들은 이질성이 높다.

심화문제

14 Morgan의 정신건강 모델에서 우수선수에게 높게 나타나는 요인은?

① 긴장 ② 피로 ③ 혼란 ④ 활력

15 경기력 수준과 성격의 관계를 잘못 설명한 것은?

① 경기력 수준이 높을수록 선수들의 성격과 심리적 특성이 유사해진다.
② 기술 수준이 높을수록 선수들의 동질성이 증가한다.
③ 우수선수와 비우수선수 사이에는 불안대처 능력, 주의조절 능력, 심리기술 능력 등과 같은 인지전략에 차이가 있다.
④ 경기력 수준이 중간인 선수들은 선수들 간에 성격 특성이 명확하게 차이가 나타난다.

필수문제

16 정서의 특징을 설명한 것이다. 잘못된 것은?

① 정서는 관찰되는 것이 아니라 추론되는 것이다.
② 정서는 어떤 자극에 대한 사전 또는 사후의 반응이다.
③ 정서에는 실제적인 반응뿐만 아니라 잠재적인 반응도 포함된다.
④ 정서는 실제로 느끼는 것이다.

■어떤 자극에 대한 심리적인 반응을 **정서**라 하고, 그 사람이 실제로 느끼는 것을 **감정**이라고 한다.

필수문제

17 정서 상태를 측정할 수 있는 3가지 방법이 아닌 것은?

① 생리적(바이오피드백) 측정 : 땀, 맥박 등
② 행동 측정(관찰법) : 얼굴 표정, 행동 변화 등
③ 질문지법(자기보고서 측정) : 설문지 조사
④ 근육 측정 : 근력, 근육파워 등

■근육 측정은 정서 상태의 측정방법이 아니다.

정답 13 : ②, 14 : ④, 15 : ④, 16 : ④, 17 : ④

필수문제

18 **보기는 칙센트미하이(M. Csikszentmihalyi)가 주장한 몰입의 개념이다. ㉠~㉣에 들어갈 개념이 바르게 연결된 것은?**

보기
» (㉠)과 (㉡)이 균형을 이루는 상황에서 운동 수행에 완벽히 집중하는 것을 몰입(flow)이라 한다.
» (㉡)이 높고, (㉠)이 낮으면 (㉢)을 느낀다.
» (㉡)이 낮고, (㉠)이 높으면 (㉣)을 느낀다.

	㉠	㉡	㉢	㉣
①	기술	도전	불안	이완
②	도전	기술	각성	무관심
③	기술	도전	각성	불안
④	도전	기술	이완	지루함

■ 칙센트미하이의 몰입의 개념
· 몰입은 기술과 도전의 수준이 균형을 이룰 때 완벽하게 운동수행에 집중하는 것이다.
· 따라서 도전이 높고 기술이 낮은 사람이 도전하면 실패할 것 같아 불안을 느낀다.
· 반대로 도전이 낮고 기술이 높은 사람이 도전하면 설렁설렁 쉬면서 하게 되어 이완을 느낀다.

필수문제

19 **다음 설명 중 틀린 것은?**

① 각성은 활발한 신체활동을 하기 위해서 활력을 돋우는 생리적 · 심리적 활성화 상태이다.
② 스트레스는 환경의 요구와 그 요구에 대응할 수 있는 반응능력의 차이 때문에 생긴다.
③ 스트레스는 신체적 · 정신적 건강에 나쁜 영향만 미친다.
④ 불안은 자신의 능력으로 어떻게 할 수 없는 부정적인 정서 상태와 연결되어 있다는 점이 각성이나 스트레스와 다르다.

■ 신체적 · 정신적 건강에 나쁜 영향을 미치면 유해한 스트레스이고, 반대로 좋은 영향을 미치면 **유익한 스트레스**라고 한다.

심화문제

20 **스트레스 반응이 아닌 것은?**

① 근육긴장의 감소 ② 주변시각의 협소화
③ 주의산만 ④ 각성수준의 증가

21 **운동 시 스트레스 측정에 활용되지 않는 것은?**

① 심박수 ② 피부반응
③ 호르몬 변화 ④ 반응시간

정답 18 : ①, 19 : ③, 20 : ①, 21 : ④

■ 스포츠 재미 : 과제 활동 시 만족감을 느끼는 심리적 요인. 재미를 체험함으로써 스트레스와 긴장에서 벗어날 수 있음.

필수문제

22 웨이스와 아모로스(M. Weiss & A. Amorose, 2008)가 제시한 스포츠 재미(sport enjoyment)의 영향 요인으로 옳지 않은 것은?

① 인지능력　　② 사회적 소속
③ 동작 자체의 감각 체험　　④ 숙달과 성취

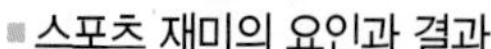
■ 스포츠 재미의 요인과 결과

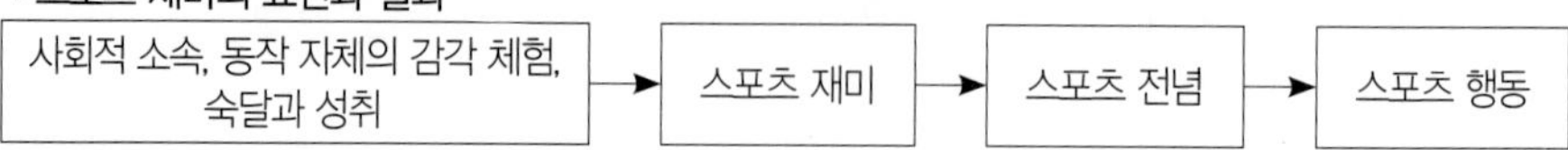

심화문제

■ 앞의 19번 문제 참조.

23 보기는 무엇을 설명한 것인가?

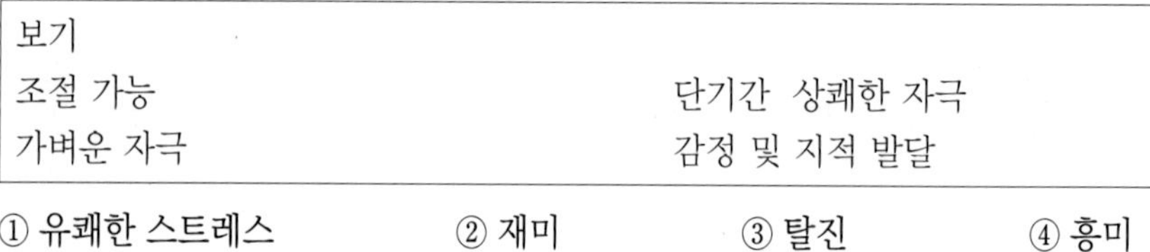
보기
조절 가능　　단기간 상쾌한 자극
가벼운 자극　　감정 및 지적 발달

① 유쾌한 스트레스　② 재미　③ 탈진　④ 흥미

■ 스트레스가 생기는 과정
① 상황적 욕구 ② 개인의 상황지각 ③ 반응 ④ 행동의 4단계이다.

24 보기는 McGrath가 주장한 '스트레스가 생기는 4단계의 과정'이다. (　) 속에 들어가야 할 말은?

보기
상황적(환경적) 요구 – (㉠) – (㉡) – 행동

① ㉠ 반응　㉡ 상황지각　　② ㉠ 상황지각　㉡ 반응
③ ㉠ 느낌　㉡ 반응　　④ ㉠ 반응　㉡ 느낌

■ 보기는 전환이론(Apter)의 설명임.
■ 역U(자)가설(Yerkes & Dodson) : 처음에는 각성수준이 높아지면 운동수행 수준도 높아지지만, 각성수준이 너무 높아지면 운동수행 수준이 낮아진다.
■ 격변(카타스트로피)이론 : 각성수준이 적정수준 이상으로 커지거나 작아지면 운동수행수준이 격변한다.
■ 적정기능지역(최적수행지역)이론(Hanin) : 각성수준이 일정 구역(범위) 안에 있을 때 운동수행수준이 가장 높다.

필수문제

25 보기에 제시된 불안과 운동수행의 관계를 설명하는 이론은?

보기
» 선수가 불안을 어떻게 '해석'하느냐에 따라 운동수행이 달라질 수 있다.
» 선수는 각성이 높은 상태를 기분 좋은 흥분상태로 해석할 수도 있지만 불쾌한 불안으로 해석할 수도 있다.

① 역U가설(inverted-U hypothesis)
② 전환이론(reversal theory)
③ 격변이론(catastrophe theory)
④ 적정기능지역이론(zone of optimal functioning theory)

정답　22 : ①, 23 : ①, 24 : ②, 25 : ②

스포츠심리학

필수문제

26 보기는 무엇을 설명한 것인가?

보기	
부적합한 느낌	통제력의 상실
실패에 대한 공포	불만족스러운 신체적인 증상

① 특성불안 ② 상태불안
③ 인지적 상태불안 ④ 경쟁상태불안

■ 불안의 종류
· **특성불안** : 자신의 선천적인 성격 때문에 생기는 불안
· **상태불안** : 어떤 상황에서 일시적으로 느끼는 불안
경쟁불안을 경쟁특성불안과 경쟁상태불안으로도 나눈다.
· **경쟁상태불안** : 실패에 대한 공포, 통제력 상실, 신체적 불만족 등으로 느끼는 불안

심화문제

27 보기에서 설명하는 개념은?

보기
피겨 스케이팅 경기에서 영희는 앞 선수가 완벽에 가까운 연기를 펼치자, 불안해지고 긴장되었다.

① 상태불안 ② 특성불안
③ 분리불안 ④ 부적강화

■ 어떤 상황에 처했을 때 일시적으로 느끼는 불안이 상태불안이다.

28 불안에 대한 설명 중 옳지 못한 것은?

① 특성불안 : 성격적으로 나타나는 불안이다.
② 촉진불안 : 불안을 긍정적으로 받아들여 수행에 도움이 된다.
③ 상태불안 : 선수의 외모 때문에 생기는 불안이다.
④ 전환이론(반전이론) : 불안을 해석하는 방법에 따라 정반대가 될 수도 있다.

■ 상태불안은 시합과 같은 환경적 상황 때문에 생기는 불안이다.

29 불안의 종류에 대한 설명이다. 옳지 못한 것은?

① 선천적으로 타고난 자신의 성격 때문에 생기는 불안을 특성불안이라고 한다.
② 어떤 상황에 처했을 때 일시적으로 느끼는 불안을 상태불안이라고 한다.
③ 스포츠상황에서 생기는 불안을 경쟁불안이라 하고, 경쟁불안은 일종의 특성불안이다.
④ 경쟁불안을 경쟁특성불안과 경쟁상태불안으로 나누기도 한다.

■ 경쟁불안은 일종의 상태불안이다.

정답 26 : ④, 27 : ①, 28 : ③, 29 : ③

필수문제

■SCQ : 스포츠컨센서스질문지
■SCAT : 스포츠경쟁불안검사지(스포츠 상황에서 특성불안 측정)
■CSAI-2 : 경쟁상태불안검사지
■16PF : 다요인인성검사지

30 특성불안을 측정하는 검사지는?

① SCQ(Sport Cohesion Questionnaire)
② SCAT(Sport Competitive Anxiety Test)
③ CSAI - 2(Competitive State Anxiety Inventory - 2)
④ 16PF(Cattell's Sixteen Personality Factor Questionnaire)

심화문제

31 경쟁불안의 정도를 측정하기 곤란한 것은?

■①은 행동적 측정, ②는 생리적 측정, ③은 심리적 측정이다.

① 시합 전후에 나타나는 선수의 행동적 특징을 관찰해서 기록하고 분석한다.
② 근전도, 뇌전도, 피부전기저항, 호르몬, 소변 등을 측정해서 분석한다.
③ 심리검사 설문지에 응답하도록 해서 분석한다.
④ 시합 전 약 1개월 동안의 연습일지를 분석한다.

필수문제

32 보기에서 경쟁불안이 일어나는 원인으로만 나열된 것은?

■실패에 대한 공포, 부적감 또는 시설에 대한 불만, 승리에 대한 압박, 주위사람들의 기대감에 대한 부담 등이 경쟁불안의 원인이다(p. 162) 참조.

보기
㉠ 실패에 대한 두려움 ㉡ 적절한 목표설정
㉢ 높은 성취목표성향 ㉣ 승리에 대한 압박

① ㉠, ㉢ ② ㉢, ㉣ ③ ㉠, ㉣ ④ ㉡, ㉢

필수문제

33 과도한 훈련 또는 경기와 관련된 문제를 해결하지 못해서 심리적 · 생리적으로 완전히 지쳐버린 상태를 '탈진'이라고 한다. 보기는 탈진이 진행되어 가는 단계를 모형으로 나타낸 것이다. ( ) 안에 들어갈 것으로 가장 적당한 것은?

보기
인간 소외 – (㉠) – (㉡) – 탈진

① ㉠ 성취감 감소 ㉡ 고립
② ㉠ 고립 ㉡ 성취감 감소
③ ㉠ 일탈행 ㉡ 벌
④ ㉠ 고립 ㉡ 일탈행동

■탈진 진행 단계
인간 소외→성취감 감소→고립→탈진

정답 30 : ②, 31 : ④, 32 : ③, 33 : ①

심화문제

34 탈진과 관련된 내용이 아닌 것은?

① 선수들의 경기력 향상을 도모하기 위해서 연구를 시작했다.
② 결정적인 원인은 다양한 심리적 문제이다.
③ 신체 에너지를 과도하게 사용한 결과로 생긴 생리적 피로이다.
④ 선수들이 탈진하면 정서고갈, 비인격화, 타인과의 괴리감, 성취감 저하 등을 초래한다.

■ 시합 전후에 나타나는 선수의 행동적 특징을 관찰하고, 기록 · 분석하기 위하여 탈진이 연구되기 시작하였다.

필수문제

35 보기에서 설명하는 심리기술훈련은?

> 보기
> 테니스선수 A는 평소 연습과는 달리 시합만 하면 생리적 각성상태가 높아져서 서비스 실수가 자주 발생한다. 스포츠지도사 B는 A 선수의 어깨 부분에 근육의 긴장도를 측정하는 센서와 가슴에 심박수를 측정하는 센서를 부착하였다. 불안감이 높아질 때 어깨 근육의 긴장도가 함께 증가하는 것을 시각적으로 보여 주면서 각성 조절능력을 높이도록 하였다.

① 심상훈련(imagery training)
② 자생훈련(autogenic training)
③ 바이오피드백훈련(biofeedback training)
④ 점진적이완훈련(progressive relaxation training)

■ 바이오피드백훈련 : 근육의 긴장도와 심박수와 같은 생체정보를 측정해서 보여주는 것임.
■ 심상훈련 : 어떤 대상을 직접 보는 것은 아니지만, 구체적으로 표현된 묘사나 비유를 보면서 대상을 직접 보고 겪는 것과 같은 느낌을 갖도록 하는 기술 훈련.
■ 자생훈련 : 스스로 최면상태에 도달하여 신체의 온도 변화를 직접 느끼는 기술 훈련.
■ 점진적 이완훈련 : 자기관리를 통해 자율신경계의 기능을 조절하고 스트레스를 완화시키는 훈련. 앉거나 누운 상태로 실시하고, 신체 부위에 긴장과 이완을 반복하는 것이 특징.

정답 34 : ①, 35 : ③

심화문제

36 보기의 ㉠과 ㉡에 들어갈 알맞은 용어는?

보기
» (㉠)은 불안을 감소시키기 위해 자기최면을 사용하여 무거움과 따뜻함을 실제처럼 느끼도록 유도하는 방법이다.
» (㉡)은/는 불안을 유발하는 자극의 목록을 작성한 후, 하나씩 차례로 적용하여 유발 감각 자극에 대한 민감도를 줄여 불안 수준을 감소시키는 방법이다.

	㉠	㉡
①	바이오피드백 (biofeedback)	체계적 둔감화 (systematic desensitization)
②	자생훈련 (autogenic training)	바이오피드백 (biofeedback)
③	점진적 이완 (progressive relexation)	바이오피드백 (biofeedback)
④	자생훈련 (autogenic training)	체계적 둔감화 (systematic desensitization)

■ 자생훈련 → 문제 35번 해설 참조
■ 체계적 둔감화 : 불안 또는 스트레스 유발 자극에 대한 이완 반응으로 불안이나 스트레스에 둔감해지게 하는 훈련

필수문제

37 보기에서 설명하는 이론은?

보기
» 각성 수준에 대한 개인의 인지적 해석에 따라 정서 경험이 다를 수 있다.
» 각성 수준이 높은 상태를 기분 좋은 흥분상태나 불쾌한 정서로 해석할 수 있다.
» 결정적 순간에 발생하는 심판의 오심은 선수의 정서 상태를 순간적으로 변화시킬 수 있다.

① 반전 이론　② 카타스트로피 이론
③ 다차원불안 이론　④ 최적수행지역 이론

■ **반전 이론(전환 이론)** : 높은 각성수준을 유쾌한 흥분으로 지각할 수도 있고 불안으로 해석할 수도 있다는 이론
■ **카타스트로피 이론** : 불연속 현상을 다루는 수학적 이론. 현상을 규정하는 조건의 근소한 변화가 상태를 변화시킨다는 것으로, 파국이론이라고도 한다.
■ **다차원불안 이론** : 불안을 인지적 불안과 신체적 불안으로 구분하고, 두 가지 모두 경기력에 영향을 미치는데 그 방식이 서로 다르게 나타난다는 이론.
■ **최적수행지역 이론** : 역U자가설을 바탕으로 한 이론으로, 선수별 · 운동종목별 등에 따라 적정 각성수준이 다를 뿐만 아니라 각성수준이 특정범위(지역) 안에 있을 때 높은 운동수행수준을 보일 수 있다는 이론.

정답　36 : ④, 37 : ①

심화문제

38 **보기의 불안과 운동수행 간의 관계를 설명하는 이론은?**

> 보기
> 인지불안이 높아지면, 생리적 각성이 증가함에 따라 운동수행도 점차 증가하지만 적정수준을 넘어서면 수행의 급격한 추락현상이 발생한다.

① 추동이론　　② 역U이론
③ 카타스트로피(격변)이론　　④ 심리에너지이론

■ pp. 162~163 참조

39 **불안과 운동수행의 관계를 설명하는 이론은 다양하다. 각성이 아주 낮거나 지나치게 높으면 수행에 방해가 되고, 적정한 수준의 각성이 최고의 운동수행을 가져온다고 주장하는 이론은?**

① 격변 이론　　② 최적수행지역 이론
③ 역U가설　　④ 다차원적불안 이론

■ 역U자이론(역U가설) : 각성수준과 운동수행을 그래프로 그리면 ∩형태가 된다.

필수문제

40 **보기는 무슨 기법을 설명하는 것인가?**

> 보기
> » 습관적으로 하는 동작이나 절차이다.
> » 최상의 운동수행 능력을 발휘할 수 있는 상태에 도달하기 위해서 자신만의 고유한 동작이나 절차를 수행하는 것이다.

① 사고정지　② 인지재구성　③ 호흡조절　④ 체계적 둔감화

■ **사고정지** : 부정적인 생각이 나지 않게 하는 방법
■ **인지재구성** : 부정적인 생각을 떨쳐 버리고 긍정적인 생각으로 대체하는 것.
■ **호흡조절** : 배로 숨을 쉬면서 불안과 긴장을 낮추는 훈련
■ **체계적 둔감화** : 자극에 반복적으로 노출하여 자극에 덜 민감해지게 하는 방법

심화문제

41 **부정적인 생각 때문에 불안이 높아지는 것을 막아줄 수 있는 방법은?**

① 주의집중　　② 사고정지
③ 수행정지　　④ 불안차단

■ 부정적인 생각이 들 때 생각나지 않게 하는 방법이 사고정지다.

42 **다음의 불안해소기법 가운데 부정적인 생각을 찾아내어 긍정적인 생각으로 바꾸는 기법은?**

① 호흡조절　　② 인지재구성
③ 자생훈련　　④ 바이오피드백

■ 생각을 바꾸는 것을 인지재구성이라고 한다.

정답 38 : ③, 39 : ③, 40 : ②, 41 : ②, 42 : ②

43 보기는 어떤 기법을 설명한 것인가?

보기
» 부정적인 생각을 긍정적인 생각으로 전환하는 기법이다.
» 자신이 통제할 수 없는 것은 신경을 쓰지 않고, 통제할 수 있는 것에만 집중한다.

■ 앞의 42번 문제 참조.

① 사고정지 ② 인지재구성 ③ 호흡조절법 ④ 자생훈련법

필수문제

44 보기는 불안을 해소시키는 방법들을 설명한 것이다. 잘못 설명한 것들만을 모은 것은?

보기
1. 바이오피드백훈련 : 정서상태를 간접적으로 알 수 있는 생체신호를 측정하면서 긴장을 완화할 수 있는 방향으로 훈련한다.
2. 명상 : 심신을 이완시키고 마음을 통제할 수 있도록 훈련.
3. 자생훈련법 : 스스로 살아갈 수 있도록 훈련.
4. 점진적 이완기법 : 신체 각 부위의 근육을 차례로 이완시킨다.
5. 인지재구성법 : 긍정적인 생각을 부정적인 생각으로 바꾸려고 노력한다.
6. 호흡조절법 : 숨을 빨리 쉬고 천천히 쉬기를 일정한 시간간격으로 반복한다.

■ **자생훈련법** : 자기 스스로 최면상태에 도달해서 신체의 무게를 느끼고 체온의 상승을 유도하는 기술 훈련.
■ **호흡조절법** : 숨을 배로 쉬면서(복식호흡) 불안과 긴장을 낮추는 훈련.
■ p. 163 참조.

① 3 ② 6 ③ 3, 5 ④ 3, 5, 6

심화문제

45 보기에서 설명하는 심리기술훈련 기법은?(2024)

보기
» 멀리뛰기의 도움닫기에서 파울을 할 것 같은 부정적인 생각이 든다.
» 부정적인 생각은 그만하고 연습한 대로 구름판을 강하게 밟자고 생각한다.
» 스스로 통제할 수 있는 것에 집중하자고 다짐한다.

■ **인지재구성** : 부정적인 생각을 긍정적인 생각으로 전환시키는 훈련

① 명상 ② 자생 훈련
③ 인지재구성 ④ 인지적 왜곡

46 각성수준이 높아질수록 경기력이 향상된다고 보는 이론은?

① 역U자 이론 ② 욕구 이론
③ 적정수행구역 이론 ④ 카타스트로피 이론

정답 43 : ②, 44 : ④, 45 : ③, 46 : ②

필수문제

47 **다음은 경쟁불안 또는 각성수준과 운동수행의 관계를 설명하는 이론에 대한 설명이다. 설명이 잘못된 것은?**

① 욕구(추동) 이론 : 각성수준과 운동수행은 반비례한다.
② 적정수준(역U자) 이론 : 각성수준과 운동수행을 그래프로 그리면 ∩와 같은 형태가 된다.
③ 적정기능구역(최적수행지역) 이론 : 각성수준이 어떤 구역(범위) 안에 들었을 때 운동수행을 가장 잘 할 가능성이 높다.
④ 다차원불안 이론 : 신체적 불안, 인지적 불안, 자신감이 운동수행에 미치는 영향은 모두 다른 형태이다. 즉 불안은 다차원적이다.

■ 각성수준과 운동수행은 비례한다는 것이 욕구 이론이다(pp. 162~163 참조).

필수문제

48 **보기에서 설명하는 개념은?**

> 보기
> 철수는 처음으로 깊은 바닷속으로 다이빙하면서 각성 수준이 높아졌다. 높은 각성 수준으로 인해 깊은 바닷속에서 시야가 평소보다 훨씬 좁아졌다.

① 스트룹 효과(stroop effect)
② 칵테일 파티 효과(cocktail party effect)
③ 맥락간섭 효과(contextual-interference effect)
④ 지각 협소화(perceptual narrowing)

■ **스트룹 효과** : 말의 의미와 색상이 일치하지 않는 자극을 설명할 때에는 말의 의미와 색상이 일치하는 자극을 설명할 때보다 반응시간이 더 걸리는 현상
■ **칵테일 파티 효과** : 시끄러운 파티장의 소음 속에서도 본인의 흥미를 가진 이야기는 선택적으로 잘 들을 수 있는 현상
■ **맥락간섭 효과** : 운동기술을 연습할 때 다양한 요소들 간에 발생하는 간섭 효과
■ **지각 협소화** : 각성수준이 높아져 주의를 기울일 수 있는 폭이 점점 좁아지는 현상

심화문제

49 **보기의 내용과 관련 있는 불안이론은?**

보기

	30~40	40~50	50~60
A선수	최고수행		
B선수		최고수행	
C선수			최고수행

상태불안 수준 (30, 40, 50, 60)

① 적정수준이론(optimal level theory)
② 전환이론(reversal theory)
③ 다차원불안이론(multidimensional anxiety model)
④ 최적수행지역이론(zone of optimal functioning theory)

■ 최적수행지역이론 →p. 163 참조

정답 47 : ①, 48 : ④, 49 : ④

스포츠심리학

필수문제

50 다음은 경쟁불안 또는 각성수준과 운동수행의 관계를 설명하는 이론에 대한 설명이다. 설명이 잘못된 것은?

① 다차원불안 이론 : 경쟁불안은 다차원적이기 때문에 운동수행 결과를 예측하기 위해서는 1개의 경쟁불안 요인만 알면 된다.

② 반전 이론 : 각성수준의 높고 낮음을 유쾌하거나 불쾌하다고 항상 일정하게 해석하는 것이 아니고, 그 사람의 동기형태에 따라 정반대로 해석할 수도 있다.

③ 카타스트로피(격변) 이론 : 각성수준이 적정수준 이상으로 커지거나 적정수준 이하로 작아지면 운동수행이 갑자기 변한다(격변한다).

④ 심리에너지 이론 : 각성을 긍정적으로 생각하면 긍정적인 심리에너지가 생겨서 경기수행능력이 좋아지고, 반대이면 반대가 된다.

■ **다차원불안 이론** : 신체적 불안, 인지적 불안, 자신감 등은 모두 다른 형태이므로 불안을 다차원적으로 보는 이론이다. 다차원불안 이론에서는 적어도 3개 이상의 경쟁불안 요인을 알아야 한다.

심화문제

51 보기의 대화 내용 중 지도자의 설명과 관련된 불안이론은?

보기
선 수 : 감독님! 시합이 다가오니 초조하고 긴장이 되어 잠이 오질 않습니다.
지도자 : 영운아! 시합이 다가오면 누구나 불안을 느끼지만, 불안을 어떻게 해석하느냐에 따라 경기수행이 달라지는 거야! 시합을 좀 더 긍정적이고 희망적인 것으로 해석하도록 노력하렴! 나는 너를 믿는다!

① 추동(욕구) 이론(drive theory)
② 카타스트로피 이론(catastrophe theory)
③ 심리 에너지 이론(mental energy theory)
④ 최적수행지역 이론(zone of optimal functioning theory)

■ 심리에너지 이론 : 각성을 긍정적으로 생각하면 긍정적인 심리에너지가 생겨서 경기수행능력이 좋아지고, 반대이면 반대가 된다.

52 개인차가 매우 크며, 최고의 수행을 발휘하는 데 자신만의 고유한 불안수준이 있다는 이론은?

① 최적수행지역 이론　② 추동 이론
③ 역U자가설　④ 전환 이론

■ p. 163 참조.

정답 50 : ①, 51 : ③, 52 : ①

스포츠심리학

53 그림은 무슨 이론을 설명하는 것인가?

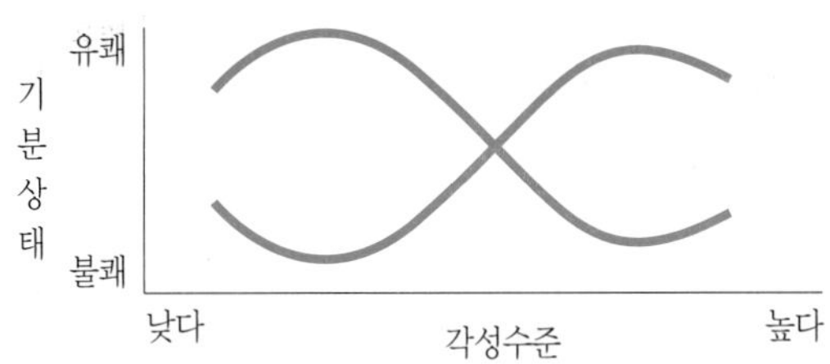

① 적정기능구역(최적수행지역) 이론 ② 반전 이론
③ 격변 이론 ④ 욕구(추동) 이론

■ **반전이론** : 각성수준의 높고낮음을 유쾌나 불쾌로 일정하게 해석하는 것이 아니라 그 사람의 동기 형태에 따라 정반대로 해석할 수도 있다는 이론.

54 보기에서 설명하는 개념은?

> 보기
> 양궁 선수 A는 첫 엔드에서 6점을 한 발 기록했다. 그러나 A는 바람 부는 상황으로 인해 총 36발의 슈팅 중에서 6점은 한 번 정도 나올 수 있는 점수이며, 첫 엔드에 나온 것이 다행이라고 긍정적으로 생각했다.

① 사고 정지(thought stopping)
② 자생 훈련(autogenic training)
③ 인지 재구성(cognitive restructuring)
④ 점진적 이완(progressive relaxation)

■ **인지재구성** : 부정적인 생각을 떨쳐버리고 긍정적인 생각으로 대체하는 것
■ **자생훈련(자율훈련)** : 스스로 최면상태에 도달해서 신체의 무게를 느끼고 체온상승을 유도하는 기술의 훈련
■ **점진적 이완** : 신체 각 부위의 근육을 차례로 이완시켜 스트레스의 부정적인 영향을 중화시키려는 방법
■ **사고정지** : 부정적인 생각이 들 때 상각나지 않게 하는 방법

필수문제

55 레이데크와 스미스(T. Raedeke & A. Smith, 2001)의 운동선수 탈진질문지(Athlete Burnout Questionnaire: ABQ)의 세 가지 측정 요인이 아닌 것은?

① 성취감 저하(reduced sense of accomplishment)
② 스포츠 평가절하(sport devaluation)
③ 경쟁상태불안(competitive state anxiety)
④ 신체적/정서적 고갈(physical, emotional exhaustion)

■ 운동선수 탈진의 세 가지 요인 : 성취감 저하, 정서적 · 신체적 고갈, 스포츠 평가절하
■ 경쟁상태불안 : 시합이나 경쟁 상황에서 나타나는 불안상태 측정요인임.

정답 53 : ②, 54 : ③, 55 : ③

스포츠심리학

심화문제

56 보기에서 괄호 안을 설명하는 용어는?

보기
» (㉠)은 운동수행에 관한 부정적 생각, 걱정 등의 의식적 지각이다.
» (㉡)은/는 과도한 신체 · 심리에너지 사용으로 인한 심리생리적 피로의 결과이다.
» (㉢)은 환경의 위협 정도와 무관하게 불안을 지각하는 잠재적 성향이다.
» (㉣)에 따르면 각성수준과 운동수행수준은 비례한다.

■ **인지불안** : 경기력에 대한 부정적 생각이나 걱정으로 인한 부정적인 자기평가
■ **탈진** : 심리적 · 생리적으로 완전히 지쳐버린 상태
■ **특성불안** : 선천적인 성격으로 인한 불안
■ **욕구(추동)이론** : 각성수준과 운동수행은 비례한다.

	㉠	㉡	㉢	㉣
①	신체불안	스트레스	상태불안	역U이론
②	신체불안	탈진	특성불안	추동이론
③	인지불안	탈진	특성불안	추동이론
④	인지불안	스트레스	상태불안	역U이론

필수문제

57 보기의 ㉠~㉢에 들어갈 개념을 바르게 나열한 것은?(2024)

보기
» (㉠) : 노력의 방향과 강도로 설명된다.
» (㉡) : 스포츠 자체가 좋아서 참여한다.
» (㉢) : 보상을 받거나 치벌을 피하고자 스포츠에 참여한다.

■ **동기** : 어떤 욕구를 만족시키기 위해 어떻게 행동하겠다고 마음먹는 것
■ **내적 동기** : 내적 욕구를 만족시키기 위해 생기는 동기
■ **외적 동기** : 외적 욕구를 만족시키기 위해 생기는 동기

	㉠	㉡	㉢
①	동기	외적 동기	내적 동기
②	동기	내적 동기	외적 동기
③	귀인	내적 동기	외적 동기
④	귀인	외적 동기	내적 동기

심화문제

58 동기의 속성이 아닌 것은?

■ 동기의 속성은 노력의 방향과 강도 결정, 행동을 지속하게 하는 원동력, 행동의 방향 결정이다.

① 행동의 시발　　② 행동의 빈도
③ 행동의 강화　　④ 행동의 지속

정답 56 : ③, 57 : ②, 58 : ②

스포츠심리학

필수문제

59 동기가 생기는 원인에 대한 설명이다. 잘못 설명한 것은?

① 사회학습적인 관점 : 개인이 사회에서 학습한 결과가 동기이다.
② 특성지향적인 관점 : 사람의 성격적인 특성이 동기를 결정한다.
③ 상황지향적인 관점 : 개인이 처한 상황과 환경에 의해서 동기가 결정된다.
④ 상호작용적인 관점 : 개인의 특성과 상황의 상호작용에 의해서 동기가 결정된다.

■ 동기가 생기는 원인은 특성지향적 관점, 상황지향적 관점, 상호지향적 관점이다.
■ 동기는 마음속에서 우러나와 생기는 것이지 배우는 것이 아니다.

필수문제

60 스포츠지도자가 일반인 또는 선수의 동기를 유발시키면 그 사람의 행동에 어떤 변화가 생기게 되는데, 그 변화를 '동기유발의 기능' 또는 '동기유발의 효과'라고 한다. 동기유발의 기능에 대한 설명 중 잘못 설명한 것은?

① 시발기능(활성화기능) : 어떤 행동을 시작하게 만든다.
② 지향기능 : 목표의 방향을 결정해준다.
③ 선택기능(조절기능) : 목표를 달성하기 위해서 특정 행동을 선택하게 한다.
④ 강화기능 : 행동결과에 따라서 정적 강화 또는 부적 강화를 제공한다.

■ 목표의 방향을 결정해주는 것이 아니라 목표를 달성하기 위해서 어떻게 행동해야 할 것인지 행동의 방향을 결정해주는 것이 지향기능이다.

심화문제

61 선수의 동기유발 차원에서 아래와 같은 행동을 했다. 코치의 행동을 가장 잘 설명한 것은?

> A 선수를 맡은 코치는 선수가 자신감이 없는 것을 알고 그 원인을 분석했다. 그 결과 경기에서 지나치게 심리적 불안을 느끼고 있으며, 실패할 것이라는 두려움이 컸다. 이에 코치는 비교적 쉬운 과제를 주고, 경기에 대한 심리적 스트레스를 주는 행동을 자제했다.

① 자신감을 주기 위해 스트레스를 주는 행동을 자제했다.
② 자신감을 주기 위해서 쉬운 과제를 제시해 주었다.
③ 사회적 설득을 하기 위해 노력하였다.
④ 대리경험을 주기 위해 노력하였다.

정답 59 : ①, 60 : ②, 61 : ②

스포츠심리학

필수문제

62 보기가 설명하는 자기결정이론(self-determination theory)의 동기 유형으로 가장 적절한 것은?

보기
동수는 배드민턴에 흥미를 느끼고 스포츠클럽 활동을 시작했다. 시간이 지날수록 재미가 없어져서 클럽을 그만두고 싶었지만, 지도자와 동료들로부터 부정적인 평가를 받기 싫어서 클럽 활동을 유지하고 있다.

① 무동기(amotivation)
② 행동규제(behavior regulation)
③ 확인규제(identified regulation)
④ 의무감규제(introjected regulation)

- **의무감규제** : 자신이나 타인의 인정을 바라며, 죄책감이나 불안 등의 자기비난을 모면하기 위해 하는 동기화된 행동.
- **무동기** : 학습동기가 내면화되어 있지 않고 행동의지가 없으며, 원하는 결과를 성취할 수 없다고 생각하기 때문에 행동에 가치를 부여하지 않고 행동하지 않는 학습된 무기력 상태의 동기.
- **행동규제** : 개인의 내 · 외적 환경과 자신의 내면화를 통해 이루어지는 측면에서 인간의 발달과정을 설명함. 이때의 행동규제는 내재적 동기와 외재적 동기 모두 중요한 것으로 본다.
- **확인규제** : 내적 흥미보다 개인적 중요성과 자신이 설정한 목표 달성을 위해 동기화된 행동.

- 자기결정(성)이론에서 외적(외재적) 동기 유형
  - 외적 조절(외적규제)
  - 확인된 조절(확인규제)
  - 통합된 조절(통합규제)
  - 부과된 조절(의무감규제)

심화문제

63 데시(E. Deci)와 라이언(R. Ryan)이 제시한 자기결정이론(self-determination theory)에서 외적동기 유형으로 분류되지 않는 것은?

① 무동기(amotivation)
② 확인규제(identified regulation)
③ 통합규제(integrated regulation)
④ 의무감규제(introjected regulation)

- **자기효능감 향상 요인**
  - **성공경험** : 시합에서 승리한 경험
  - **간접경험** : 다른 사람의 경기를 관찰함으로써 얻는 정보
  - **언어적 설득** : 수행자에게 과제를 성공적으로 수행할 수 있다는 믿음을 주는 것.
  - **신체 · 정서 상태 향상** : 과제를 수행할 때 신체 · 정서적 각성에 의해 변화한 행동

필수문제

64 보기에 제시된 내용과 관련된 반두라(A. Bandura)의 자기효능감 향상 요인은?

보기
» 자신이 판단하기에 기술적으로 과거보다 향상되었음을 느꼈다.
» 시합 전 우승 장면을 자주 떠올린다.
» 결승골을 넣어 이겼던 적이 많다.

① 성공경험 ② 간접경험 ③ 언어적 설득 ④ 신체 · 정서 상태 향상

정답 62 : ④, 63 : ①, 64 : ①

심화문제

65 반두라(A. Bandura)의 자기효능감(self-efficacy) 이론에 대한 설명으로 적절하지 않은 것은?

① 자기효능감이 높은 선수는 역경 상황에 잘 대처한다.
② 타인의 수행에 대한 관찰은 자기효능감에 영향을 주지 않는다.
③ 자기효능감은 농구드리블과 같은 구체적인 기술을 수행할 수 있다는 믿음이다.
④ 경쟁상황에서 각성상태에 대해 부정적으로 인식할 때 자기효능감은 떨어질 수 있다.

■ 타인의 수행을 잘 관찰하면 나도 할 수 있다는 자기효능감이 생긴다.

66 보기 중 자기효능감 이론에 의해서 자신감을 향상시킬 수 있는 방법만을 모은 것은?

> 보기
> 1. 간이게임을 통해서 경쟁기회를 제공한다.
> 2. 연습을 통해서 동료들과 협동심을 유발한다.
> 3. 칭찬과 격려를 해준다.
> 4. 골대와의 거리를 줄여서 슛에 성공하는 기회를 늘린다.
> 5. 잘하는 학생의 시범을 통해서 성공장면을 보여준다.
> 6. 최상의 컨디션을 유지시킨다.

① 1, 2, 3, 4　② 1, 2, 5, 6
③ 1, 4, 5, 6　④ 3, 4, 5, 6

■ 3은 언어적 설득, 4는 과거의 성공경험, 5는 대리경험, 6은 생리적 · 정서적 각성에 해당된다.

필수문제

67 자기결정성 이론에서 인간에게 있는 기본적인 욕구에 들어가지 않는 것은?

① 관계성　② 융통성
③ 자결성　④ 유능성

■ 자기결정성 이론에는 관계성, 자결성, 유능성의 욕구가 있다.

필수문제

68 데시(E. L. Deci)의 인지평가이론에 대한 내용이 아닌 것은?

① 칭찬과 같은 긍정적 정보를 제공하면 유능성이 향상되어 내적동기가 증가한다.
② 부정적 피드백을 제공하면 유능성이 낮아져 내적동기가 감소된다.
③ 지도자의 일방적 지시는 자결성을 낮추어 내적동기를 감소시킨다.
④ 선수들이 스스로 의사결정을 하게 되면 유능성이 향상되어 내적동기가 증가한다.

■ 선수들이 의사결정을 한다고 해서 반드시 유능성이 향상되는 것은 아니다.

정답 65 : ②, 66 : ④, 67 : ②, 68 : ④

심화문제

69 **다음 중 내적 동기에 해당되는 것은?**

■ 내적 욕구를 만족시키기 위해 생기는 동기가 내적 동기이다.

① 처벌 ② 즐거움
③ 연봉인상 ④ 명예획득

70 **동기에 대한 설명으로 옳지 않은 것은?**

① 내적동기보다 외적동기가 더 중요하다.
② 내적동기와 외적동기로 나눌 수 있다.
③ 외적동기에는 경기 결과에 따른 상, 벌, 칭찬 등이 해당한다.
④ 내적동기에는 경기 자체에 대한 즐거움, 보람 등이 해당한다.

71 **운동실천을 위한 중재전략 중 내적동기 전략에 해당하는 것은?**

■ 자신의 마음속으로 즐기도록 하는 것이 내적동기 전략이다.

① 매월 운동참여율이 70% 이상인 회원에게 경품을 제공한다.
② 헬스클럽에서 출석상황과 운동수행 정도를 그래프로 게시한다.
③ 에스컬레이터 대신 계단이용을 권장하는 포스터를 부착한다.
④ 운동 목표를 재미에 두어 즐거움과 몰입을 체험하게 한다.

72 **효율적인 운동수행을 위해 내적동기를 유발시키는 방법으로 적절하지 않은 것은?**

■ 과제의 난이도를 약간 높이면 내적 동기를 유발시키지만, 너무 높이면 포기해 버린다.

① 과제 난이도를 적절히 조절하여 성공경험을 갖게 한다.
② 운동수행에 대한 시상, 칭찬 등의 보상을 한다.
③ 과제의 난이도를 현저히 높인다.
④ 목표설정 과정에 참여시킨다.

스포츠심리학

73 **인지평가 이론(cognitive evaluation theory)에서 내적 동기를 높일 수 있는 방법으로 옳지 않은 것은?**

■ 인지평가 이론에서 내적 동기를 높일 수 있는 방법은 자율성(자결성), 유능감, 외부에서 일어나는 사건의 정보적 측면(타인과의 관계성)이다.

① 타인과의 관계성을 높여준다.
② 자신의 능력에 대해 유능감을 높여준다.
③ 행동을 결정하는데 있어 자율성을 갖게 한다.
④ 행동결과에 대한 보상의 연관성을 강조한다.

정답 69 : ②, 70 : ①, 71 : ④, 72 : ③, 73 : ④

필수문제

74 귀인에 대한 설명이다. 틀린 것은?

① 실패의 원인을 '...으로 귀속시키는 것' 또는 '...의 탓으로 돌리는 것'이다.
② 실패의 원인이 상황적 특성 때문이라고 귀인하는 것을 상황적 귀인이라고 한다.
③ 실패의 원인이 성격 또는 기질 때문이라고 귀인하는 것을 기질적 귀인이라고 한다.
④ 기질적 귀인이 상황적 귀인보다 바람직하다.

■ 기질적 귀인이 가장 바람직하지 못한 귀인이다.

필수문제

75 4가지 중요 귀인 요인을 안정성과 통제성으로 분류한 것이다. 틀린 것은?

① 노력 : 불안정, 통제 가능
② 능력 : 안정적, 통제 가능
③ 운 : 불안정, 통제 불가능
④ 과제의 난이도 : 안정적, 통제 불가능

■ 안정적은 변하기 어려운 것, 불안정은 변하기 쉬운 것이다. 통제 가능은 내맘대로 바꿀 수 있는 것, 통제 불가능은 내맘대로 할 수 없는 것이다.
■ 능력은 유전적으로 내려 받은 것이라고 생각하기 때문에 안정적, 통제 불가능한 것으로 분류된다.

필수문제

76 귀인의 기본적인 오류에 대한 설명이다. 틀린 것은?

① 자신이 실패한 원인을 상황적 특성 때문이라고 귀인한다.
② 타인이 실패한 원인을 기질적 특성 때문이라고 귀인한다.
③ 자신은 별 수 없어서 실패했고, 남은 성격이 못되어서 실패했다고 생각한다.
④ 근본적으로 귀인에는 오류가 있을 수밖에 없다.

■ 귀인의 기본적 오류
· 실패의 원인을 상황적 특정으로 본다.
· 타인의 실패원인을 그 사람의 기질적 특성으로 본다.
· 자신은 별 수가 없어서 실패했고, 타인은 성격이 못되어 실패했다고 본다.

정답 74 : ④, 75 : ②, 76 : ④

필수문제

77 와이너(B. Weiner)의 귀인이론에서 4가지 귀인요소를 원인소재(locus of control)와 안정성(stability)에 따라 분류할 때 보기의 괄호 안에 적절한 것은?

> 보기
> (㉠)은/는 불안정한 외적 요소이고, (㉡)은/는 안정된 내적 요소이고, (㉢)은/는 불안정한 내적 요소이며, (㉣)은/는 안정된 외적 요소이다.

	㉠	㉡	㉢	㉣
①	능력	노력	과제난이도	운
②	노력	과제난이도	운	능력
③	과제난이도	운	능력	노력
④	운	능력	노력	과제난이도

■ 표에서 불안정적 · 외부는 '운'이고, 안정적 · 내부는 '능력'이다.

능력	노력	운	과제난이도
내부	내부	외부	외부
안정적	불안정적	불안정적	안정적
통제 불가	통제 가능	통제 불가	통제 불가

심화문제

78 와이너(B. Weiner)의 경기 승패에 대한 귀인이론에 관한 설명으로 옳지 않은 것은?

① 노력은 내적이고 불안정하며 통제 가능한 요인이다.
② 능력은 내적이고 안정적이며 통제 불가능한 요인이다.
③ 운은 외적이고 불안정하며 통제 불가능한 요인이다.
④ 과제난이도는 외적이고 불안정하며 통제할 수 있는 요인이다.

■ ④ 과제난이도 : 외적, 안정적, 통제불가

79 보기에 해당하는 와이너(B. Weiner)의 귀인 범주를 바르게 나열한 것은?

> 보기
> 탁구 선수 A는 경기에서 패배한 것을 상대 선수의 능력이 자신보다 더 우수하였기 때문이라고 생각했다.

	안정성	인과성	통제성
①	안정적 요인	외적 요인	통제 가능요인
②	안정적 요인	외적 요인	통제 불가능요인
③	불안정적 요인	외적 요인	통제 가능요인
④	불안정적 요인	내적 요인	통제 불가능요인

■ 실패의 원인을 자신의 능력보다 상대의 능력이 우수하다고 하였으므로 외적 요인이고, 상대가 운이 아닌 실력으로 나를 이겼으므로 안정적 요인이며, 이것들은 내가 통제할 수 없으므로 통제불가능 요인이다.
■ 문제 75에서 능력을 보면 내부, 안정적, 통제불가라고 쓰여 있다. 그런데 이 문제에서는 상대의 능력이라고 했으므로 내부가 아니라 외부이다.

정답 77 : ④, 78 : ④, 79 : ②

심화문제

80 **Weiner의 3차원 귀인 모델에서 4가지 중요한 귀인 요인이 아닌 것은?**

① 노력 ② 능력 ③ 운 ④ 안정성

■ 노력, 능력, 운의 3가지와 '과제의 난이도'가 중요한 귀인 요인이다.

필수문제

81 **보기의 참가자를 위한 와이너(B. Weiner)의 귀인 이론에 기반한 지도 방법으로 옳은 것은?**

보기
수영 교실에 참가하는 A씨는 다른 참가자들보다 수영에 재능이 없어 기술 습득이 늦다고 생각한다. 이로 인해 결석이 잦고 운동 중단이 예상된다.

① 외적이며 안정적이고 통제 불가능한 개인의 노력에 귀인할 수 있도록 지도한다.
② 내적이며 안정적이고 통제 가능한 개인의 능력에 귀인할 수 있도록 지도한다.
③ 외적이며 안정적이고 통제 불가능한 개인의 능력에 귀인할 수 있도록 지도한다.
④ 내적이며 불안정적이고 통제 가능한 개인의 노력에 귀인할 수 있도록 지도한다.

■ 귀인이론에 의한 지도방법은 성공의 원인은 자신의 능력에서 찾고, 실패의 원인은 노력 부족이나 전략 미흡으로 생각하도록 훈련하는 것임.

필수문제

82 **'학습된 무기력'에 대한 설명이다. 틀린 것은?**

① 실패의 원인을 '실패할 수밖에 없었기 때문이다.'라고 믿는 것이다.
② 귀인 중에서 가장 바람직한 귀인이다.
③ 학습된 무기력에 빠진 선수는 성취지향적으로 변화시키기 어렵다.
④ 실패의 원인을 불안정적이고 통제가능한 것(예 : 노력, 연습)에서 찾도록 도와주어야 한다.

■ 학습된 무기력은 가장 바람직하지 못한 귀인이다.

정답 80 : ④, 81 : ④, 82 : ②

심화문제

83 **학습된 무기력(learned helplessness) 상태에 있는 학습자에게 귀인 재훈련(attribution retraining)을 위한 적절한 전략은?**

■무기력상태에 있는 학습자에게 적절한 귀인 재훈련은 실패의 원인을 자신의 노력 부족이나 전략 미흡 때문으로 생각하도록 훈련하는 것이다.

① 실패의 원인을 외적 요인에서 찾게 한다.
② 능력의 부족을 긍정적으로 받아들이게 한다.
③ 운이 따라 준다면 다음에 성공할 수 있다고 지도한다.
④ 실패의 원인을 노력 부족이나 전략의 미흡으로 받아들이게 한다.

84 **실패에 대한 귀인 중 가장 바람직한 것은?**

■성공의 원인은 자신의 능력에서 찾고, 실패의 원인은 노력 부족이나 전략 미흡 때문이라고 생각하도록 훈련하는 것이 바람직하다.

① 과제가 너무 어려웠다.
② 운이 나빴다.
③ 자신의 능력이 부족했다.
④ 노력이 부족했다.

스포츠심리학

필수문제

85 **보기에서 설명하는 목표의 유형은?**

보기
» 운동기술을 잘 수행하기 위해서 필요한 핵심 행동에 중점을 둔다.
» 자기효능감과 자신감을 높이고 인지 불안을 낮추는 데 도움이 된다.
» 자신의 운동수행에 대한 목표를 달성하는 데 중점을 두는 목표로 달성의 기준점이 자신의 과거 기록이 된다.

■목표의 유형 (p.166) 참조
· 주관적 목표
· 객관적 목표
· 결과(성과) 목표
· 수행(과정) 목표

① 과정목표와 결과목표
② 수행목표와 과정목표
③ 수행목표와 객관적 목표
④ 객관적 목표와 주관적 목표

정답 83 : ④, 84 : ④, 85 : ②

필수문제

86 목표설정에 대한 설명이다. 틀린 것은?

① 인간은 합리적으로 행동하기 때문에 목표 또는 의도에 의해서 인간의 행동이 결정된다고 본다.
② 목표에는 노력의 강도, 노력의 방향, 노력을 지속하게 하는 힘이 내포되어 있어야 한다.
③ 목표는 객관적 목표와 주관적 목표로 나눌 수 있고, 주관적 목표는 다시 결과목표와 수행목표로 나눌 수 있다.
④ 수행에 초점을 맞추는 수행목표보다 결과에 초점을 맞추는 결과목표가 더 바람직한 목표이다.

■ 결과목표보다 수행목표가 더 바람직하다.

심화문제

87 목표설정에서 수행목표로 적절한 것은?

① 한국시리즈에서 우승한다.
② 올림픽에서 메달을 획득한다.
③ 20km 단축 마라톤에서 1위를 한다.
④ 서브에서 팔꿈치를 완전히 펴서 스윙한다.

■ ①, ②, ③은 결과를 중시한 목표이다.
■ ④는 수행목표이다.

필수문제

88 자기목표성향(ego-goal orientation) 보다 과제목표성향(task-goal orientation)이 높은 선수의 특성으로 가장 적절한 것은?

① 달성하기 어려운 목표를 설정한다.
② 평가상황에서는 평소보다 수행이 더 저조할 수 있다.
③ 상대 선수의 실수로 인해 승리하였다고 생각한다.
④ 자신의 노력 부족으로 인해 패배하였다고 생각한다.

■

구분	특성
과제목표성향	· 실현 가능성이 있거나 약간 힘든 목표 설정 · 노력 · 협동 등으로 성공 경험 · 몰입 체험 증가 · 자신의 노력 부족이 패인이라는 생각(절대평가)
자기목표성향	· 실현 불가능 또는 매우 쉬운 목표 설정 · 내적 동기 감소 · 몰입 체험 감소 · 승리를 통해 성공 경험 · 패인이 상대에게 있다는 생각(상대평가)

정답 86 : ④, 87 : ④, 88 : ④

스포츠심리학

필수문제

89 보기는 성취목표성향 이론에서 자기목표성향(ego - goal orientation)과 과제목표성향(task - goal orientation)에 관한 예시이다. 이에 대한 해석이 옳은 것은?

> 보기
> 인호와 영찬이는 수업에서 테니스를 배운다. 이 둘은 실력이 비슷하다. 하지만 수업에서 인호는 테니스 기술을 배우는 것보다 다른 친구와 테니스 게임을 하여 이기는 것을 좋아한다. 반면에 영찬이는 테니스 기술에 중점을 두며 테니스 기술을 연마할 때마다 뿌듯해 한다.

① 영찬이는 실현 불가능한 과제를 자주 선택할 것이다.
② 인호는 자신의 기술향상을 위하여 개인 노력을 중시한다.
③ 인호는 영찬이를 이겼을 때 자신이 잘해서 승리하였다고 생각한다.
④ 인호는 학습의 증진과 연관된 자기 - 참고적(self - reference)인 목표를 가진 학생이다.

■ 인호는 게임을 하여 이기는 것을 좋아하므로 자신이 잘해서 승리했다고 생각할 것이다.

심화문제

90 성취목표 성향을 잘못 설명한 것은?

① 기술이 향상되었거나 노력을 많이 했으면 유능하고 성공했다고 느끼는 것은 과제지향 성향이다.
② 남보다 더 잘했거나 노력을 덜 하고도 남과 똑같은 것을 달성했을 때 만족하게 느끼는 것은 자기지향 성향이다.
③ 과제지향 성향과 자기지향 성향이 동시에 나타나는 것은 환경의 영향 때문이다.
④ 자기지향 성향은 운동기술의 숙련도와는 관계가 없다.

■ 자기지향 성향과 과제지향 성향 모두 운동기술의 숙련도를 높일 수 있다.

정답 89 : ③, 90 : ④

필수문제

91 **보기에서 연구 결과를 통해 확인할 수 있는 목표설정에 관한 설명으로 옳은 것을 고른 것은?**

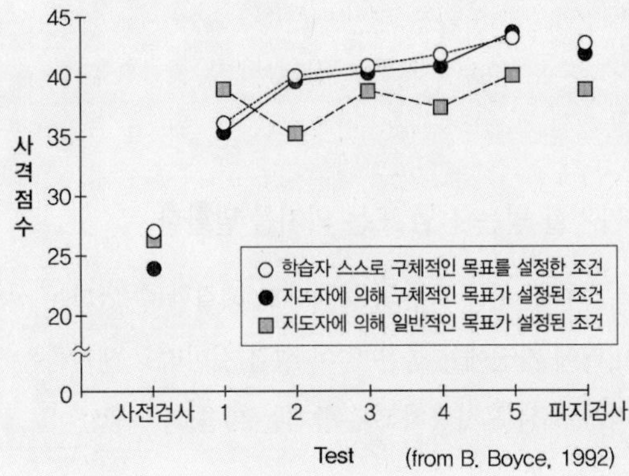

보기
㉠ 목표설정이 운동의 수행과 학습에 효과적이다.
㉡ 학습자에게 어려운 목표를 설정하도록 조언해야 한다.
㉢ 구체적인 목표를 설정했던 집단에서 더 높은 학습 효과가 나타났다.
㉣ 구체적이고 도전적인 목표를 향해 전념하도록 격려하는 것은 운동의 수행과 학습의 효과를 감소시킨다.

① ㉠, ㉡　② ㉠, ㉢　③ ㉡, ㉢　④ ㉡, ㉣

■ 목표설정의 원리→ p. 166 참조
■ ㉡ 달성 가능하고 도전 가치가 있는 목표를 설정해야 한다.
■ ㉣ 구체적이고 도전적인 목표 달성을 위해 전념하도록 격려하는 것은 운동수행과 학습 효과를 증대시킨다.

심화문제

92 **목표설정의 원리 중 틀린 것은?**

① 목표는 구체적으로 정하면 안 되고, 개략적으로 정해야 한다.
② 달성가능하고 도전가치가 있는 목표이어야 한다.
③ 목표의 난이도가 조금만 높아도 포기해 버려야 한다.
④ 결과를 완성할 구체적인 시간이 명시되어 있어야 한다.

■ 목표는 구체적으로 정해야 하고, 난이도가 높을수록 목표에 몰입하고 도전의식을 가져야 한다.

93 **스포츠 목표설정의 원리에 포함되지 않는 것은?**

① 구체적인 목표
② 측정 가능한 목표
③ 과도하게 높은 목표
④ 시간을 정해둔 목표

정답 91 : ②, 92 : ①, ③, 93 : ③

CHAPTER 06 스포츠수행의 심리적 요인 2

자신감

1 자신감의 개념

자신감이란 자신의 능력이나 가치를 믿는 신념 또는 의지를 말한다.

자신감과 유사한 개념	자기효능감	특정한 문제를 자신의 능력으로 해결할 수 있다는 신념 또는 기대감.
	낙관주의	미래에 자신에게 좋은 일이 생길 것이라고 생각하는 긍정적인 기대.
	자존감	자기 자신을 사랑하고 존중하는 마음.

2 자신감이 있는 선수들의 특징

☞ 차분하게 경기에 임한다.
☞ 주의집중을 잘 한다.
☞ 훈련이나 경기에서 더 노력한다.
☞ 목표성취가 어렵게 되면 더욱 더 노력한다.
☞ 적절한 경기전략을 활용한다.
☞ 역경이나 실수를 하더라도 빨리 자신감을 회복한다.

3 자신감의 특성(속성)

☞ 자신감은 선천적으로 타고 나는 것이 아니라 후천적으로 길러진다.
☞ 긍정적인 피드백은 자신감을 올려주고 부정적인 피드백은 자신감을 낮추어주는 때가 많지만 반대인 경우도 있다.
☞ 성공이 자신감을 향상시킬 때가 많지만 저하시킬 때도 있다. 실패도 마찬가지다.
☞ 실수가 자신감을 저하시킬 때도 있지만 오히려 향상시킬 수도 있다.

4 Bandura의 자기효능감 이론

☞ 성공경험이 많을수록 자신감이 향상된다.
☞ 다른 선수가 성공하는 모습을 보거나(대리경험), 주요 타자의 격려 또는 칭찬(사회적 설득)이 있으면 자신감이 향상된다.
☞ 신체적 · 정서적 컨디션이 좋으면 자기효능감도 높아진다.

5 Harter의 유능성동기 이론

☞ 사람에게는 자신이 유능하다는 것을 남에게 보여주고 싶어 하는 유능성동기가 있다.
☞ 유능성을 보여주기 위해서 숙달행동을 시도한다.
☞ 성공하면 유능성동기가 높아지고, 실패하면 유능성동기가 낮아진다.

☞ 실패해서 유능성동기가 낮아진 상태에서 숙달행동을 다시 시도해서 성공하면 유능성동기가 회복되지만 또 실패하면 포기하게 된다.

6 스포츠 자신감

☞ 자신이 스포츠 경쟁에서 이길 수 있는 능력이 있다고 믿는 것이다.

☞ 한 종목의 스포츠를 잘 하는 사람은 자신감이 생겨서 다른 스포츠를 하는 데에도 긍정적인 영향을 미친다.

7 자신감을 향상시킬 수 있는 방법

☞ 성공경험 또는 대리경험을 할 수 있는 기회를 늘린다.

☞ 긍정적인 내용의 혼잣말(자화)을 한다.

☞ 지나간 실수 또는 앞으로 닥칠 일을 생각하지 않는다.

☞ 긍정적인 정서를 갖고 자기관리를 하면서 시합을 준비한다.

8 신체적 자기개념

☞ 문화 · 나이 · 성을 불문하고 총체적 자기개념에서 가장 중요함.

☞ 자신의 신체에 대해 느끼는 정도인데, 신체적 자기개념이 향상되면 총체적 자기개념을 향상시킬 수 있음.

☞ Fox와 Cobin의 모형은 자기 신체에 대한 지각 정도를 스포츠유능감, 신체적 컨디션, 매력적인 몸매, 체력의 4가지임. 이것으로 자기의 가치를 느끼게 되면 총체적인 자기개념을 느끼게 된다고 함.

☞ 여기서 신체적 자기가치란 신체적 자아에 대한 행복, 만족, 자부심, 존중 등에 대한 일반적인 느낌을 뜻함.

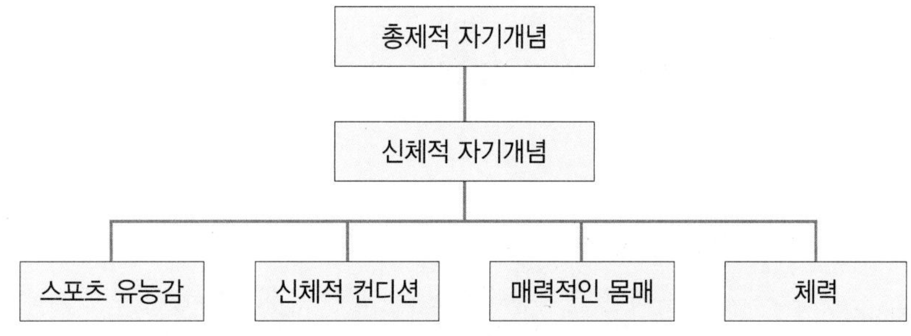

Fox와 Cobin의 자기개념 다차원적 · 위계적 모델

출처 : http : //edumon.tistory.com/658

심상

1 심상의 정의

☞ 모든 감각을 활용하여 마음속으로 어떤 경험을 재현하거나 창조하는 것이다.

☞ 기억 속에 있는 감각 경험을 회상해서 외적인 자극 없이 내적으로 수행하는 과정이다.

☞ 지각적인 자극이 없는 상태에서 지각경험과 유사한 것을 재현하거나 새로 만들어내는 것이다.

☞ 실제로는 신체적인 활동을 하지 않으면서 활동하는 것을 머릿속으로 상상하는 것이다.

2 심상의 유형

내적 심상	수행자 자신의 관점에서 수행 장면을 상상하는 것. 운동감각을 느껴보려고 할 때 적합하다.
외적 심상	관찰자의 관점에서 수행 장면을 상상하는 것. 잘못된 동작을 수정하려고 할 때 적합하다.

3 심상의 효과에 영향을 미치는 요인

심상의 종류	내적 심상과 외적 심상이 있으며, 그 효과는 각각 다르게 나타난다.
심상의 선명도	떠올리는 이미지가 뚜렷할수록 심상의 효과가 좋고, 많은 감각을 동원할수록 이미지가 선명해진다.
심상의 조절력	원하는 이미지를 떠올릴 수 있어야 한다. 부정적인 이미지가 자꾸 떠오르면 부정적인 효과가 생긴다.
기술 수준	개인의 기술 수준이 높을수록 심상의 효과가 크다.

4 심상의 효과 : 사람마다 다르다

☞ 자신감을 향상시킬 수 있다.

☞ 동기를 유발할 수 있다.

☞ 자신의 에너지 수준을 관리할 수 있다.

☞ 기술을 학습하고 완성할 수 있다.

☞ 주의가 산만해졌을 때 재집중할 수 있다.

☞ 시합에 들어가기 전에 마음의 준비를 할 수 있다.

5 심상의 효과에 대한 이론

심리신경근 이론	심상연습을 하면 실제로 운동하는 것과 유사한 자극이 근육과 신경에 가해진다.
상징학습 이론	운동을 하면 그 운동의 요소들이 뇌에 상징(부호=code)으로 기록된다. 심상연습이 그 상징(부호)들을 연습할 수 있는 기회를 제공한다.
생체정보 이론 (심리생리적 정보처리 이론)	심상은 뇌의 장기기억 속에 미리 저장되어 있는 것(preposition= 전제)이고, 전제에는 자극전제와 반응전제가 있다. 운동을 일으키게 하는 자극에 관련된 내용이 자극전제이고, 자극에 대하여 반응하는 내용과 관련된 것이 반응전제이다. 그러므로 심상을 통해서 운동수행을 향상시키려면 반응전제를 반복적으로 수정 · 강화해야 한다.
각성활성화 이론	심상훈련을 하면 운동하기에 적합할 정도로 각성 수준이 활성화된다.

주의집중

1 주의집중의 개념

주의	관심을 기울일 대상을 선정하는 것 또는 그러한 능력.
주의집중	주위로부터 받아들인 정보 중에서 개인이 처한 상황에 적합하게 주의를 기울이는 것.

2 주의의 특성

- ☞ 한 번에 관심을 기울일 수 있는 정보의 양에는 한계가 있다(용량성).
- ☞ 어떤 특정 대상을 선택해서 관심의 초점을 맞출 수 있다(선택성).
- ☞ 몇 가지 대상에 관심을 나누어서 기울일 수 있다(배분성).
- ☞ 예고 없이 일어나는 자극에 순간적으로 반응할 준비가 되어 있다(준비성 또는 경계성).

3 주의의 종류(유형)

나이데퍼(Nideffer : 1976)는 주의는 주의를 기울일 수 있는 범위가 넓다 ↔ 좁다와, 주의를 기울이는 방향이 안쪽(내적) ↔ 바깥쪽(외적)의 2차원으로 구성되어 있기 때문에 오른쪽과 같이 4종류의 주의가 있다고 하였다.

넓은-내적	한 번에 많은 양의 정보를 분석할 수 있다.
좁은-내적	하나의 단서에만 주의의 초점을 맞춘다.
넓은-외적	상황을 빠르게 판단할 수 있다.
좁은-외적	한두 가지 목표에만 주의를 집중할 수 있다.

4 주의집중과 운동수행의 관계

- ☞ 선수의 정서 상태와 주의집중 능력 사이에는 깊은 관계가 있다.
- ☞ 과제수행에 필요한 주의 형태와 선수가 잘하는 주의 유형에 따라서 수행능력에 차이가 생긴다.
- ☞ 수행자의 주의초점 능력과 주의전환 능력에 따라 수행에 차이가 생긴다.
- ☞ 오랫동안 주의를 집중할 수 있는 능력(에너지양)에 따라 수행에 차이가 생긴다.

5 주의 형태의 변화

경기 도중에 심하게 압박을 받으면 선수의 주의 형태가 달라진다.

- ☞ 정신적 유연성이 감소한다.
- ☞ 주의집중의 범위가 좁아진다.
- ☞ 각성수준이 높아져서 주의 형태가 좁은-내적으로 변한다.
- ☞ 신체감각과 같은 내적 대상에 주의가 집중된다.

6 주의집중의 향상 방법

- ☞ 주의산만 요인에 노출시킨다.
- ☞ 주의초점의 전환을 연습한다.

☞ 지금 현재 수행하고 있는 일에 전념한다.
☞ 적정 각성수준을 찾는다.
☞ 주의 재집중 훈련을 한다.
☞ 조절할 수 있는 것에 집중한다.
☞ 수행 전 루틴을 개발하여 연습한다.

루틴

1 루틴의 개념

최상의 경기력을 발휘할 수 있는 여건에 도달하기 위해서 선수가 자신만의 독특한 동작이나 절차를 습관적으로 행하는 것을 루틴이라고 한다. 그러므로 루틴은 연습 시간에 개발되고 훈련되는 신체적 · 심리적 · 환경적인 기술/기반이다.

2 루틴의 효과

☞ 상황변화에 긍정적으로 대처하게 한다.
☞ 경기 중에 예상치 못한 경기상황 변화에 적절히 대처할 수 있게 한다.
☞ 자신이 조절할 수 있는 요인에 주의를 기울이게 한다.
☞ 외적요인의 악화에 적절하게 대처할 수 있게 한다.

3 루틴의 종류(유형)

경기 전 루틴	경기 전에 하는 루틴
수행 간 루틴	경기 중에 하는 루틴
경기 후 루틴	경기 후에 하는 루틴
미니 루틴(수행루틴, 인지전략)	특정한 동작을 하기 직전에 하는 루틴

4 우수선수들의 인지전략

심상	자신에게 도움이 되는 심상을 시합 전에 미리 연습한다.
합리성	통제 가능한 요인을 집중적으로 통제하려고 노력한다.
시합전략	시합에 대한 아주 구체적인 계획이 있다.
각성조절	최적의 수행을 할 수 있도록 각성(불안)수준을 조절한다.

필수 및 심화 문제

필수문제

01 경쟁상황에서의 목표성취가 자신의 능력과 성공을 반영한다고 생각하는 것과 가장 유사한 개념은?

① 자기효능감 ② 유능성동기
③ 스포츠자신감 ④ 경쟁지향성

■ **자신감** : 자신의 능력이나 가치를 믿는 신념 또는 의지.
■ **자신감과 유사한 개념**
· **자기효능감** : 특정한 문제를 자신의 능력으로 해결할 수 있다는 신념 또는 기대감.
· **낙관주의** : 미래에 자신에게 좋은 일이 생길 것이라고 생각하는 긍정적인 기대.
· **자존감** : 자기 자신을 사랑하고 존중하는 마음.

심화문제

02 보기에서 설명하는 자기존중감(self-esteem) 향상과 관련된 가설로 가장 적절한 것은?

보기
» 정기적으로 운동하여 체지방의 감량과 체형의 변화를 확인하였다.
» 피트니스센터에 가면 정서적 안정감을 느낀다.
» 스포츠지도사로부터 칭찬을 자주 받는다.
» 가족들로부터 운동참여에 대한 지지를 받고 있다.

① 신체상(body-image) 향상설
② 자기도식(self-schema) 향상설
③ 자기효능감(self-efficacy) 향상설
④ 자기결정성(self-determination) 향상설

■ 자기존중감과 자기효능감은 거의 같은 말이다.

03 자신감 및 유사용어를 설명한 것이다. 틀린 것은?

① 자신의 능력이나 가치를 믿는 신념 또는 의지를 '자신감'이라고 한다.
② 특정한 문제를 자신의 능력으로 해결할 수 있다는 신념 또는 기대감을 '자기효능감'이라고 한다.
③ 미래에 자신에게 좋은 일이 생길 것이라고 생각하는 긍정적인 기대를 '비관주의'라고 한다.
④ 자기 자신을 사랑하고 존중하는 마음을 '자존감'이라고 한다.

■ 미래에 자신에게 좋은 일이 생길 것이라고 생각하는 긍정적 기대는 낙관주의이다.

정답 01 : ③, 02 : ③, 03 : ③

스포츠심리학

필수문제

04 보기 중에서 자신감이 있는 선수들의 특징이라고 보기 어려운 것을 모두 고른 것은?

보기
㉠ 차분하게 경기에 임한다.
㉡ 주의집중을 잘 못한다.
㉢ 훈련이나 경기에서 더 노력한다.
㉣ 목표성취가 어렵게 되면 포기한다.
㉤ 적절한 경기전략을 활용한다.
㉥ 한 번 실수하면 다시는 자신감을 회복하지 못한다.

① ㉠, ㉡, ㉢, ㉣　② ㉢, ㉣, ㉤, ㉥
③ ㉠, ㉢, ㉤　④ ㉡, ㉣, ㉥

■ 자신감이 있는 선수들의 특징
· 차분하게 경기에 임한다.
· 주의집중을 잘 한다.
· 훈련이나 경기에서 더 노력한다.
· 목표성취가 어렵게 되면 더욱 더 노력한다.
· 적절한 경기전략을 활용한다.
· 역경이나 실수를 하더라도 빨리 자신감을 회복한다.

심화문제

05 우수선수들의 인지전략을 설명한 것이다. 잘못 설명한 것은?

① 심상 : 자신에게 도움이 되는 심상을 시합 전에 미리 연습한다.
② 합리성 : 통제 가능한 요인을 집중적으로 통제하려고 노력한다.
③ 시합전략 : 시합에 대한 구체적인 계획이 없다.
④ 각성조절 : 최적의 수행을 할 수 있도록 각성(불안)수준을 조절한다.

■ 우수선수들은 시합에 대하여 아주 구체적인 계획을 가지고 있다.

06 다음 중 틀린 것은?

① 자신감은 선천적으로 타고 나는 성격 특성이 아니다.
② 긍정적인 피드백은 자신감을 올려주고 부정적인 피드백은 자신감을 낮추어준다.
③ 성공은 자신감을 저하시키고, 실패는 자신감을 향상시킨다.
④ 자신감은 적절한 훈련과 긍정적으로 생각하는 습관을 통해서 후천적으로 발달시킬 수 있다.

■ 성공은 자신감을 향상시키고, 실패는 자신감을 저하시킨다.

필수문제

07 Bandura의 자기효능감 이론에 대한 설명이다. 옳지 않은 것은?

① 성공경험이 많을수록 자신감이 향상된다.
② 다른 선수가 성공하는 모습을 보아도(대리경험) 자신감이 향상된다.
③ 주요 타자의 격려 또는 칭찬(사회적 설득)이 있으면 자신감이 향상된다.
④ 신체적 · 정서적 컨디션은 경기력에는 영향을 미치지만 자기효능감과는 상관이 없다.

■ 컨디션이 좋으면 자기효능감도 높아진다 (p. 194 참조).
■ 자기효능감 모델
– 성취경험
– 대리경험
– 언어적 설득(사회적 설득)
– 정서적 각성

정답　04 : ④, 05 : ③, 06 : ③, 07 : ④

심화문제

08 반두라(A Bandura)가 제시한 4가지 정보원에서 자기효능감에 가장 큰 영향력을 미치는 것은?(2024)

① 대리경험　　② 성취경험

③ 언어적 설득　　④ 정서적/신체적 상태

■ 반두라는 가장 강력한 자기조절과정의 하나로 **자기효능감**을 들었는데, 그 중에서 성취경험이 자기효능감을 좌우한다고 보았다.

필수문제

09 보기에서 하터(S. Harter)의 유능성 동기이론 모형에 관한 설명으로 옳은 것을 고른 것은?

보기

㉠ 심리적 요인과 관련된 단일차원의 구성개념이다.

㉡ 실패 경험은 부정적 정서를 갖게 하여 유능성 동기를 낮추고, 결국에는 운동을 중도 포기하게 한다.

㉢ 성공 경험은 자기효능감과 긍정적 정서를 갖게 하여 유능성 동기를 높이고, 숙달(mastery)을 경험하게 한다.

㉣ 스포츠 상황에서 성공하기 위한 능력이 있다는 확신의 정도나 신념으로 특성 스포츠 자신감과 상태 스포츠 자신감으로 구분한다.

① ㉠, ㉡　　② ㉠, ㉣　　③ ㉡, ㉢　　④ ㉡, ㉣

■ 유능성 동기이론(p. 194 참조)
- 사람은 자신의 유능함을 남에게 보여주고 싶어한다.
- 유능성을 보여주기 위하여 숙달행동을 시도한다.
- 성공하면 유능성 동기가 높아지고, 실패하면 낮아진다(㉡).
- 숙달행동을 다시 시도해서 성공하면 유능성 동기가 회복되지만, 또 실패하면 포기하게 된다(㉢).

심화문제

10 Harter의 유능성동기 이론에 대한 설명이다. 틀린 것은?

① 사람에게는 자신이 유능하다는 것을 남에게 보여주고 싶어 하는 유능성동기가 있다.

② 유능성을 보여주기 위해서 숙달행동을 시도한다.

③ 성공하면 유능성동기가 높아지고, 실패하면 유능성동기가 낮아진다.

④ 실패 때문에 유능성동기가 낮아진 상태에서는 더 이상 숙달행동을 시도하지 않는다.

■ 숙달행동을 다시 시도해서 성공하면 유능성동기가 회복되지만, 또 실패하면 포기하게 된다(p. 194 참조).

정답 08 : ②, 09 : ③, 10 : ④

필수문제

11 자신감을 향상시킬 수 있는 방법으로 적당한 것은?

① 기술이 완벽해야 승리할 수 있다는 신념을 갖는다.
② 긍정적인 정서를 갖고 자기관리를 하면서 시합을 준비한다.
③ 경기 전에는 양적인 훈련을 한다.
④ 경기 전에 비디오로 실수한 장면을 보면서 수정할 방법을 연구한다.

■ 긍정적인 내용의 혼잣말(자화)을 하는 것도 자신감을 향상시키는 한 가지 방법이다.

심화문제

12 긍정적인 자기암시를 주기 위한 심리기법은?

① 자화 ② 자신감 ③ 자기효능감 ④ 심상

■ 긍정적인 내용의 혼잣말(자화)을 하면 자신감을 향상시킨다.

13 자신감을 향상시킬 수 있는 방법이 아닌 것은?

① 성공경험 또는 대리경험을 할 수 있는 기회를 늘린다.
② 긍정적인 내용의 혼잣말(자화)을 한다.
③ 지나간 실수를 자꾸 머리에 떠올린다.
④ "이번 경기에서는 잘 할 수 있을거야!"라고 생각한다.

■ 지나간 실수나 앞으로 닥칠 일을 생각하면 자신감이 향상되지 않는다.

14 자신감 향상과 관련이 가장 깊은 것은?

① 혼잣말 ② 자생훈련
③ 심호흡훈련 ④ 바이오피드백훈련

정답 11 : ②, 12 : ①, 13 : ③, 14 : ①

필수문제

15 보기에 제시된 폭스(K. Fox)의 위계적 신체적 자기개념 가설(hypothesized hierarchical organization of physical self-perception)에 관한 설명으로 바르게 묶인 것은?

보기
㉠ 신체적 컨디션은 매력적 신체를 유지하는 능력이다.
㉡ 신체적 자기 가치는 전반적 자기존중감의 상위영역에 속한다.
㉢ 신체 매력과 신체적 컨디션은 신체적 자기가치의 하위영역에 속한다.
㉣ 스포츠 유능감은 스포츠 능력과 스포츠 기술 학습 능력에 대한 자신감이다.

① ㉠, ㉡ ② ㉠, ㉢
③ ㉡, ㉣ ④ ㉢, ㉣

■ ㉢ 신체적 자기개념의 하위영역 : 스포츠 유능감, 신체적 컨디션, 매력적인 몸매, 체력
■ ㉣ 스포츠 유능감 : 운동 능력, 스포츠 기술 학습 능력, 스포츠에 대한 자신감
■ ㉠ 신체적 컨디션 : 체력에 대한 인식, 운동 지속 능력, 운동을 할 때의 자신감
■ ㉡ 신체적 자기 가치 : 신체적 자아에 대한 행복, 만족, 자부심, 존중 등에 대한 일반적인 느낌
■ ※참조→p. 195

필수문제

16 심상의 정의로 옳다고 볼 수 없는 것은?

① 모든 방법을 총동원해서 어떤 경험을 재현하거나 창조하는 것이다.
② 기억 속에 있는 감각경험을 회상해서 외적인 자극 없이 내적으로 수행하는 과정이다.
③ 지각적인 자극이 없는 상태에서 지각경험과 유사한 것을 재현하거나 새로 만들어내는 것이다.
④ 실제로는 신체적인 활동을 하지 않으면서 활동하는 것을 머릿속으로 상상하는 것이다.

■ 심상은 모든 방법을 총동원하는 것이 아니고, 모든 감각을 활용하여 어떤 경험을 재현하거나 창조하는 것이다.

심화문제

17 보기의 괄호 안에 들어갈 용어는?

보기
(　　　)은/는 모든 감각을 활용하여 과거의 성공 경험을 회상하거나 미래의 성공적 운동수행을 마음속으로 상상함으로써 자신감을 향상시키고 집중력을 높인다.

① 심상 ② 목표설정 ③ 인지적 재구성 ④ 체계적 둔감화

정답 15 : ④, 16 : ①, 17 : ①

스포츠심리학

18 심상에 대한 설명이다. 틀린 것은?

■운동감각을 느껴보려고 하면 내적 심상, 잘못된 동작을 수정하려고 하면 외적 심상이 적합하다.

① 심상에 모든 감각기관을 동원할 수 있다.–시각적 심상, 청각적 심상, 근육감각적 심상, 공감각적 심상
② 심상으로 회상뿐만 아니고 새로운 경험을 창조할 수도 있다.
③ 심상을 내적 심상과 외적 심상으로 나눌 수도 있다.
④ 잘못된 동작을 수정하려고 할 때에는 내적 심상이 더 적합하다.

19 심상에 대한 설명 중 옳지 않은 것은?

■실수한 장면을 자꾸 떠올리면 부정적인 효과가 생긴다.

① 실수한 장면을 자꾸 떠올려서 수정해야 기술이 발전된다.
② 각성조절과 전략연습에 심상을 이용할 수 있다.
③ 신체적인 훈련을 할 수 없을 때에 훈련을 대체하는 효과가 있다.
④ 동기를 부여하는 역할을 한다.

필수문제

20 보기에서 심상의 활용으로 적절한 것은?

■심상은 가능한 한 떠오르는 이미지가 선명하고 구체적이어야 좋다.

보기
㉠ 각성 수준을 높인 상태에서 진행한다.
㉡ 시각만을 활용해 진행한다.
㉢ 성공하는 장면을 선명하게 그린다.
㉣ 운동의 동작을 구체적으로 포함한다.

① ㉠, ㉡　② ㉠, ㉣　③ ㉡, ㉢　④ ㉢, ㉣

심화문제

21 우수선수들의 인지전략을 설명한 것이다. 잘못 설명한 것은?

■심상은 시합 전에 연습한다(리허설).

① 훈련 : 시합에 대비해서 구체적인 전략을 미리 연습한다.
② 루틴 : 시합 전후에 주의집중을 방해하는 요인을 줄이기 위해서 루틴을 실시한다.
③ 집중 : 당면한 시합에 고도로 집중한다.
④ 심상 : 자신에게 도움이 되는 심상을 시합 후에 연습한다.

22 심상훈련 과정에서 주의해야 할 내용 중 바른 것은?

① 소음이 있는 장소에서 실시한다.
② 신체적 요소만을 사용하여 전체적으로 분절된 동작을 심상해야 한다.
③ 실제 경기 상황과 동일한 속도로 심상해야 한다.
④ 이미 실패한 수행 장면만 심상한다.

정답 18 : ④, 19 : ①, 20 : ④, 21 : ④, 22 : ③

23 보기는 심상을 활용하는 방법 중에서 어느 것에 해당되는가?

> 보기
> 가상적으로 상대를 설정하고 수비와 공격 전략을 머릿속으로 연습한다.

① 기술의 학습과 연습　　② 전략의 학습과 연습
③ 각성반응의 조절　　④ 심리적 기술의 연습

필수문제

24 보기에 제시된 심상(imagery)의 요소로 바르게 나타낸 것은?

> 보기
> ㉠ 선수 : 시합에서 느꼈던 자신감, 흥분, 행복감을 실제처럼 시각화한다.
> ㉡ 선수 : 부정적인 수행 장면을 성공적인 수행 이미지로 바꾼다.

	㉠	㉡
①	주의 연합 (attentional association)	주의 분리 (attentional dissociation)
②	선명도 (vividness)	조절력 (controllability)
③	외적 심상 (external imagery)	집중력 (concentration)
④	통제적 처리 (controlled processing)	자동적 처리 (automatic processing)

■ **선명도** : 떠올리는 이미지가 뚜렷할수록 심상의 효과가 좋고, 많은 감각을 동원할수록 이미지가 선명해진다.
■ **조절력** : 원하는 이미지를 떠올린다.

필수문제

25 스포츠에서 심상을 활용해서 향상시키지 못할 것이 없다고 할 정도로 심상의 효과는 대단히 다양하지만, 심상의 효과는 개인마다 다르다. 잘못 설명한 것은?

① 심상의 지향 : 내적심상과 외적 심상의 효과가 다르게 나타난다.
② 심상의 선명도 : 떠올리는 이미지가 뚜렷할수록 심상의 효과가 좋고, 많은 감각을 동원할수록 이미지가 선명해진다.
③ 심상의 조절력 : 원하는 이미지를 떠올릴 수 있어야 한다. 부정적인 이미지가 자꾸 떠오르면 부정적인 효과가 생긴다.
④ 기술수준 : 개인의 기술수준과 심상의 효과 사이에는 아무런 관계도 없다.

■ 기술수준이 높을수록 심상의 효과가 좋아진다.

정답　23 : ②, 24 : ②, 25 : ④

필수문제

26 **심상이 운동수행을 향상시키는 효과가 있다는 이론에 대한 설명이다. 옳지 않은 것은?**

① 심리신경근 이론 : 심상연습을 하면 실제로 운동하는 것과 유사한 자극이 근육과 신경에 가해진다.

② 상징학습 이론 : 운동을 하면 그 운동의 요소들이 뇌에 상징(부호=code)으로 기록된다. 심상연습이 그 상징(부호)들을 연습할 수 있는 기회를 제공한다. 즉 상징을 학습한다.

③ 생체정보 이론(심리생리적 정보처리 이론) : 심상은 뇌의 장기기억 속에 미리 저장되어 있는 것(preposition=전제)이고, 전제에는 자극전제와 반응전제가 있다. 운동을 일으키게 하는 자극에 관련된 내용이 자극전제이고, 자극에 대하여 반응하는 내용과 관련된 것이 반응전제이다. 그러므로 심상을 통해서 운동수행을 향상시키려면 반응전제를 반복적으로 수정 · 강화해야 한다.

④ 각성활성화 이론 : 심상훈련을 하면 각성 수준이 낮아져서 정신적으로 안정된다.

■심상훈련을 하면 운동하기에 적합할 정도로 각성 수준이 활성화된다는 이론이 각성활성화 이론이다.

필수문제

27 **보기에 제시된 심상에 대한 이론과 설명이 바르게 묶인 것은?**

보기

㉠ 심리신경근 이론에 따르면 심상을 하는 동안에 실제 동작에서 발생하는 근육의 전기 반응과 유사한 전기 반응이 근육에서 발생한다.

㉡ 상징학습 이론에 따르면 심상은 인지 과제(바둑)보다 운동과제(역도)에서 더 효과적이다.

㉢ 생물정보 이론에 따르면 심상은 상상해야 할 상황 조건인 자극전제와 심상의 결과로 일어나는 반응 전제로 구성된다.

㉣ 상징학습 이론에 따르면 생리적 반응과 심리 반응을 함께하면 심상의 효과는 낮아진다.

① ㉠, ㉡ ② ㉠, ㉢ ③ ㉡, ㉢ ④ ㉢, ㉣

■㉡, ㉣ 상징학습이론 : 운동을 하면 그 운동 요소들이 뇌에 상징(code)으로 기록된다. 심상연습이 그 상징들을 연습할 수 있는 기회를 제공한다.

■㉠ 심리신경근 이론 : 문제 26의 ① 참조

■㉢ 생물(생체)정보 이론 : 문제 26의 ③ 참조

정답 26 : ④, 27 : ②

스포츠심리학

필수문제

28 보기에서 설명하는 심상의 효과와 관련된 이론은?

보기
» 운동선수가 특정 움직임을 상상할 때, 뇌에서는 실제 움직임이 일어날 때와 유사한 반응이 발생한다.
» 어떤 동작을 생생하게 상상하면 실제 동작과 유사한 근육의 미세 움직임이 일어난다.

① 상징학습 이론(symbolic learning theory)
② 간섭 이론(interference theory)
③ 정보처리 이론(information processing theory)
④ 심리신경근 이론(psychoneuromuscular theory)

■ 심상 연습을 하면 실제로 운동하는 것과 유사한 자극이 신경과 근육에 가해진다는 이론이 심리신경근 이론이다.
■ 심상의 효과에 대한 이론(p. 196) 참조.

심화문제

29 심상을 하면 실제 동작과 같은 근육자극이 되어 운동기억을 강화해준다는 이론은?

① 심리신경근 이론
② 격변 이론
③ 상징적학습 이론
④ 생리역학적 이론

필수문제

30 보기의 ㉠에 들어갈 용어는?(2024)

보기
» 복싱선수가 상대의 펀치를 맞고 실점하는 장면이 계속해서 떠오른다.
» 이 선수는 (㉠)을/를 높이는 훈련이 필요하다.

① 내적 심상
② 외적 심상
③ 심상 조절력
④ 심상 선명도

■ **심상의 효과에 영향을 미치는 요인** : 내적 심상과 외적 심상의 효과가 다름, 심상의 선명도, 심상의 조절능력, 기술 수준, 심상 연습
■ **심상의 조절 능력** : 원하는 이미지를 떠올릴 수 있어야 하는데, 부정적 이미지가 자꾸 떠오르면 부정적인 효과가 생긴다.

정답 28 : ④, 29 : ①, 30 : ③

■ **주의집중** : 받아들인 정보 중에서 개인이 처한 상황에 맞도록 주의를 기울이는 것임. 골프경기에서 해저드에 대해 생각하는 것은 주의집중이 아님.

필수문제

31 주의집중 방법으로 적절하지 않은 것은?

① 축구 경기에서 관중의 방해를 의식하지 않는다.
② 골프 경기에서 마지막 홀에 있는 해저드를 생각한다.
③ 테니스 서브를 루틴에 따라 실행한다.
④ 야구 경기에서 지난 이닝의 수비 실책은 잊고 현재 수행에 몰입한다.

■ 예고 없이 일어나는 자극에 순간적으로 반응할 준비가 되어 있는 것을 **준비성**(또는 경계성)이라고 한다.

필수문제

32 주의는 개인이 어떤 대상에 대하여 관심을 기울이는 것을 말한다. 주의의 특성 중 틀린 것은?

① 한 번에 관심을 기울일 수 있는 정보의 양에는 한계가 있다.(용량성)
② 어떤 특정 대상을 선택해서 관심의 초점을 맞출 수 있다.(선택성)
③ 몇 가지 대상에 관심을 나누어서 기울일 수 있다.(배분성)
④ 예고 없이 일어나는 자극에는 순간적으로 반응하지 못한다.(준비성)

필수문제

33 나이데퍼(R. Nideffer)의 주의초점 모형을 근거로, 보기의 내용에 해당하는 주의의 폭과 방향은?

보기
배구 선수가 서브를 준비하면서 상대 진영을 살핀 후, 빈 곳을 확인하여 그곳으로 공을 서브하였다.

① 광의 외적에서 협의 외적으로
② 광의 내적에서 광의 외적으로
③ 협의 내적에서 광의 외적으로
④ 협의 외적에서 협의 외적으로

넓은-내적	한 번에 많은 양의 정보를 분석할 수 있다.
좁은-내적	하나의 단서에만 주의의 초점을 맞춘다.
넓은-외적	상황을 빠르게 판단할 수 있다.
좁은-외적	한두 가지 목표에만 주의를 집중할 수 있다.

정답 31 : ②, 32 : ④, 33 : ①

심화문제

34 **주의집중은 범위와 방향에 따라 '넓은-좁은'과 '내적-외적' 유형으로 분류할 수 있다. 이러한 4가지 유형을 골프경기 상황별로 단계화하여 연결한 설명으로 틀린 것은?**

① 넓은 외적 주의집중 / 골프장의 바람, 코스 상황, 관중
② 넓은 내적 주의집중 / 정보분석(이전 경험 추출), 클럽 선택
③ 좁은 내적 주의집중 / 계획 수립 및 클럽 선택
④ 좁은 외적 주의집중 / 공 자체를 보고 샷

35 **Nideffer는 주의가 범위의 넓고 좁음과 방향의 내적과 외적이라는 두 차원으로 구성되어 있다고 주장하면서 각각의 유형에 대하여 장 · 단점을 설명하였다. 틀린 것은?**

① 넓은-내적 : 한 번에 많은 양의 정보를 분석할 수 있다.
② 좁은-내적 : 하나의 단서에만 초점을 맞춘다.
③ 넓은-외적 : 상황을 빠르게 판단할 수 있다.
④ 좁은-외적 : 여러 가지 목표에 집중할 수 있다.

■ 좁은-외적인 주의유형은 한두 가지 목표에만 집중할 수 있다(33번 문제 참조).

36 **보기의 상황에 해당하는 나이데퍼(R. M. Nideffer)의 주의유형으로 가장 적절한 것은?**

보기
사격선수인 효운이는 시합에서 오로지 표적을 바라보며 조준하고 있다.

① 넓은-내적 ② 좁은-내적
③ 넓은-외적 ④ 좁은-외적

■ 보기는 좁은(협의)-외적에 대한 주의유형이다.

37 **보기에서 괄호가 설명하는 것은?**

보기
» (   )은/는 관심을 기울일 대상의 선정이다.
» (   )유형은 폭과 방향으로 구성된다.
» 나이데퍼(R. Nideffer)는 (   )의 유형을 넓은-내적, 좁은-내적, 넓은-외적, 좁은-외적의 4가지로 구분해 설명한다.

① 주의(attention)
② 관심(interest)
③ 집중(concentration)
④ 몰입(flow)

■ **주의** : 관심을 기울인 대상을 선정하는 것 또는 그러한 능력
■ **주의의 유형** : 너비와 방향
■ **나이데퍼의 주의의 유형** : 넓은-내적, 좁은-내적, 넓은-외적, 좁은-외적

스포츠심리학

정답 34 : ③, 35 : ④, 36 : ④, 37 : ①

■ 주의집중과 운동수행의 관계
· 정서상태와 주의집중 능력 사이에는 깊은 관계가 있다.
· 과제수행에 필요한 주의 형태와 선수가 잘하는 주의 유형에 따라서 수행능력에 차이가 생긴다.
· 수행자의 주의초점 능력과 주의전환 능력에 따라 수행에 차이가 생긴다.
· 오랫동안 주의를 집중할 수 있는 능력(에너지양)에 따라 수행에 차이가 생긴다.

■ Etzel의 주의집중 요소
· **용량** : 에너지의 증량
· **지속성** : 집중시간
· **융통성** : 주의 전환 능력
· **선택성** : 필수불가결의 요인에 주의집중

■ 꼭 필요한 요인에 주의를 집중하는 것은 예측성이 아니라 선택성이다.

■ 심한 압박감을 받으면 각성수준이 높아져서 주의형태가 좁은-내적으로 변한다.

필수문제

38 주의집중과 운동수행의 관계를 설명한 것이다. 틀린 것은?

① 선수의 정서상태와 주의집중 능력 사이에는 아무런 관계도 없다.
② 과제수행에 필요한 주의형태와 선수가 잘하는 주의유형에 따라서 수행능력에 차이가 생긴다.
③ 수행자의 주의초점 능력과 주의전환 능력에 따라 수행에 차이가 생긴다.
④ 오랫동안 주의를 집중할 수 있는 능력(에너지양)에 따라 수행에 차이가 생긴다.

필수문제

39 Etzel이 스포츠경기에서 선수의 주의집중에 영향을 미치는 요소라고 주장한 것이 아닌 것은?

① 용량 : 총에너지량
② 지속성 : 집중시간
③ 융통성 : 주의를 전환하는 능력
④ 예측성 : 꼭 필요한 요인에 주의를 집중

심화문제

40 다음 중 주의와 경기력과의 상호작용에 대한 설명으로 적절한 것은?

① 사격과 양궁 경기 중 관중의 소란은 경기에 전혀 영향을 주지 않는다.
② 선수의 자동화가 높을수록 부적절한 주의를 줄이고 경기력 향상에 도움을 준다.
③ 골프는 상황과 관중 등으로부터 경기력에 가장 영향을 적게 받는 경기이다.
④ 구기 종목의 홈그라운드는 경기과정이나 결과에 전혀 영향을 미치지 않는다.

41 경기 도중 심한 압박감을 받았을 때 주의형태가 변하는 것을 설명한 것이다. 옳지 못한 것은?

① 정신적 유연성이 감소한다.
② 주의집중의 시야가 좁아진다.
③ 각성수준이 높아져서 주의형태가 넓은-외적으로 변한다.
④ 주의가 신체감각과 같은 내적 대상에 집중된다.

정답 38 : ①, 39 : ④, 40 : ②, 41 : ③

필수문제

42 주의집중을 향상시키는 방법으로 적절하지 않은 것은?

① 적정 각성 수준 찾기
② 수행 전 루틴 개발하기
③ 실패 결과를 미리 예측하기
④ 조절할 수 있는 것에 집중하기

■ 주의집중 향상기법
· 주의산만 요인에 노출
· 주의초점 전환 연습
· 현재 수행하고 있는 일에 전념
· 적정 각성 수준 찾기
· 주의 재집중 훈련
· 조절할 수 있는 것에 집중
· 수행 전 루틴 개발

심화문제

43 경기 중 흔히 사용하는 주의집중 향상기법이 아닌 것은?

① 심상 훈련
② 참선 훈련
③ 격자판 훈련
④ 감각회상 훈련

■ 감각회상 훈련은 주의집중 향상기법이 아니다.

44 선수가 주의를 집중할 수 있도록 지도하는 방법으로 옳은 것은?

① 지금 여기에 집중하라.
② 미래를 예측하고 그 결과에 대비해라.
③ 신체의 움직임에만 집중하라.
④ 이전의 실수를 다시 하지 않기 위해서 노력해라.

필수문제

45 스포츠 상황에서 루틴(routine)에 대한 설명으로 적절하지 않은 것은?

① 시합 당일에 수정한다.
② 불안을 감소시키고 집중력을 증대시킨다.
③ 심상과 혼잣말이 포함될 수 있다.
④ 상황이 달라져도 편안함을 유지 시킨다.

■ **루틴** : 선수들이 주의분산과 같은 부정적 상황에 노출되어 경기력 저하를 막기 위해 자신의 독특한 동작이나 절차를 습관적으로 행하는 것. 시합 당일에 루틴을 변경해서는 안 된다.

심화문제

46 보기가 설명하고 있는 것은?

> 보기
> 메시(Messi)는 페널티킥을 할 때 항상 같은 동작으로 준비를 한다. 우선 공을 양손으로 들고, 페널티마크에 공을 위치시키면서, 자기가 찰 곳을 보고, 골키퍼 위치를 보고, 다시 공을 본 후에, 뒤로 네 걸음 걷고 나서, 심호흡을 한다.

① 심상(imagery)
② 루틴(routine)
③ 이완(relaxation)
④ 주의(attention)

■ 똑같은 동작을 반복하는 것이 **루틴**이다.

정답 42 : ③, 43 : ④, 44 : ①, 45 : ①, 46 : ②

스포츠심리학

47 보기는 무엇을 설명하는 내용인가?

> 보기
> » 부정적인 불안을 긍정적인 생각으로 대처한다.
> » 자기가 걱정하고 있는 것이 조절 가능한 것인지 아닌지를 먼저 파악한다.
> » 자신이 통제할 수 있는 것에만 신경을 쓴다.

① 성격 ② 자동수행
③ 최상수행 ④ 루틴

■ **루틴의 효과**
· 상황변화에 긍정적으로 대처하게 한다.
· 경기 중에 예상치 못한 경기상황 변화에 적절히 대처할 수 있게 한다.
· 자신이 조절할 수 있는 요인에 주의를 기울이게 한다.
· 외적요인의 악화에 적절하게 대처할 수 있게 한다.

필수문제

48 루틴의 효과와 거리가 먼 것은?

① 상황변화에 긍정적으로 대처하게 한다.
② 경기 중에 부딪치는 역경에 적절하게 대처할 수 있게 한다.
③ 자신이 조절할 수 없는 요인에 주의를 기울이게 한다.
④ 모든 측면에서 충분히 준비를 할 수 있게 한다.

■ 루틴은 자신이 조절할 수 있는 요인에 주의를 기울이게 하는 것이다.

심화문제

49 루틴(routine)에 대한 설명으로 옳지 않은 것은?

① 경기력 향상에 도움을 준다.
② 경기력의 일관성을 위해 개발된 습관화된 동작이다.
③ 자신이 조절할 수 없는 요인에 주의를 기울이게 한다.
④ 최상수행을 위한 선수들 자신만의 고유한 동작이나 절차이다.

■ **경기 전 루틴** : 경기 전에 하는 루틴
■ **수행 간 루틴** : 경기 중에 하는 루틴
■ **경기 후 루틴** : 경기 후에 하는 루틴
■ **미니 루틴**(수행루틴, 인지전략) : 특정한 동작을 하기 직전에 하는 루틴

필수문제

50 보기는 어떤 루틴의 개발 과정인가?

> 보기
> 목록작성→순서결정→수행장소 고려→소요시간 결정→시범경기에서 시도

① 수행 간 루틴 ② 경기 후 루틴
③ 경기 전 루틴 ④ 미니 루틴

정답 47 : ④, 48 : ③, 49 : ③, 50 : ③

스포츠심리학

스포츠수행의 사회·심리적 요인

집단응집력

1 집단응집력의 개념

- 집단의 구성원들이 집단에 남아 있도록 하는 힘과 집단을 떠나지 못하도록 하는 힘을 합한 것이다.
- 집단응집력은 과제응집력과 사회적 응집력으로 나눌 수 있다.
- 과제응집력은 공통의 과제를 달성하기 위해서 서로 협력하는 힘이고, 사회적 응집력은 집단의 구성원들끼리 인간적으로 서로 좋아해서 생기는 힘이다
- 집단응집력의 크기를 결정하는 요인에는 개인적 요인, 리더십 요인, 팀 요인, 환경적 요인이 있다.

2 사회적 태만

- 혼자일 때보다 집단에 속해 있을 때 더 게을러지는 현상을 사회적 태만이라고 한다. 링글만 효과(Ringelmann effect)라고도 한다.
- 집단의 실제 생산성 = 집단의 잠재적 생산성 – 과정손실
- 구성원들의 동기가 분산되어서 각자의 동기가 감소되기 때문에 사회적 태만이 생긴다.
- 구성원 각자가 노력한 정도를 확인할 수 있게 만들면 집단의 생산성은 더 증가한다.

3 Steiner의 집단 생산성 이론

- 집단의 잠재적 생산성은 집단의 구성원 각자가 최선의 노력을 다 했을 때의 각자의 생산성을 모두 합한 것이다.
- 집단의 실제 생산성은 집단의 구성원들이 모두 모여서 공동으로 과제를 수행했을 때의 생산성이다.
- 여러 사람이 모이면 사회적 태만 때문에 과정손실이 생긴다. 결과적으로 집단의 실제 생산성이 잠재적 생산성보다 적어진다.
- 과정손실은 구성원끼리 손발이 잘 안 맞아서 생기는 조정손실과 구성원들의 동기가 약화되어서 생기는 동기손실로 나눌 수 있다.

4 사회적 태만의 통합 모형

- 개인이 집단에서 일을 하면 사회적 영향력을 덜 받게 된다.
- 개인이 집단에서 일을 하면 각성수준이 낮아진다.
- 개인이 집단에서 일을 하면 집단의 성과를 높이기 위해서 자신의 노력이 꼭 필요한 것은 아니라고 생각하게 된다. 결과적으로 개인의 노력이 줄어든다.
- 집단에 속한 개인의 노력을 평가할 수 있게 되면 사회적 태만을 예방할 수 있다.

5 Carron의 스포츠 팀의 응집력 모형

스포츠 팀의 응집력은 아래의 4가지 요인에 의해서 결정된다.

환경 요인	계약상의 의무, 규범적 압력, 조직의 지향성, 지리적 요인, 팀의 크기 등
개인적 요인	개인적 특성이 비슷한 사람끼리 모이면 팀의 응집력이 커진다.
리더십 요인	지도자의 행동, 선수와의 소통, 리더십 스타일 등
팀 요인	팀의 생산성, 팀의 안정성, 팀의 구조, 의사소통 등

6 팀의 응집력과 팀의 성적 사이의 관계

☞ 팀의 응집력이 좋고 나쁨과 팀의 성적 사이에는 뚜렷한 관계가 나타나지 않지만, 팀이 승리하면 팀의 응집력은 더 좋아진다.

☞ 팀 구성원들 각자의 운동수행과 팀의 성적이 상호의존적인 스포츠에서는 팀의 응집력이 좋으면 팀의 성적도 좋다.

☞ 팀 구성원들 각자의 운동수행과 팀의 성적이 독립적인 스포츠에서는 팀의 응집력과 팀의 성적 사이에는 아무런 관계도 없다.

☞ 경기종목과 팀의 상황에 따라서 팀의 응집력과 팀의 성적이 정적 관계를 나타낼 수도 있고, 부적관계를 나타낼 수도 있다.

7 팀구축의 개념

팀에 긍정적인 영향을 미침으로써 팀의 응집력을 향상시키고, 결과적으로 팀의 경기력을 향상시킬 목적으로 팀에 개입하는 것.

8 팀구축의 이론적 모형

☞ 팀이 다른 팀과 구별이 되게 만들고, 구성원들이 가깝게 지낼 수 있는 기회를 증가시키면 응집력이 향상된다.

☞ 팀의 구성원들이 각자의 역할을 명확하게 이해하고 그것을 수용하면 응집력이 향상된다.

☞ 목표설정 또는 의사결정에 구성원들을 참여시키면 응집력이 향상된다.

☞ 팀 구성원들의 상호작용이 증가하면 응집력이 향상된다.

☞ 팀의 규범에 순응하면 응집력이 향상된다.

팀 구축 모형

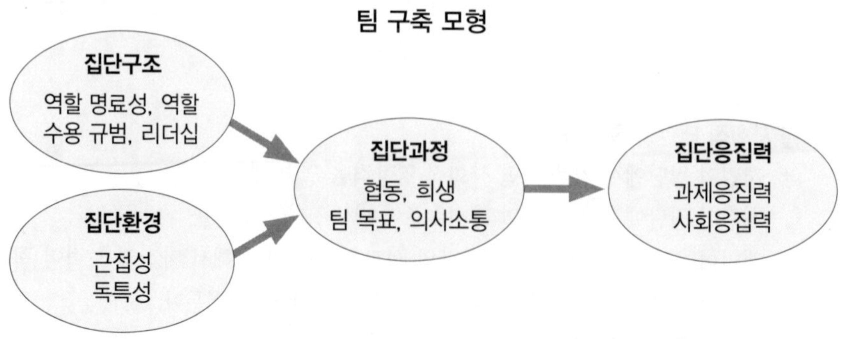

출처 : 팀 구축 프로그램 적용을 위한 개념 모형(Prapavessis, Carron, Spink : 1997)

스포츠심리학

리더십

1 리더십의 개념

☞ 집단의 지도자 또는 개인이 구성원들의 행동을 '집단의 공통목표를 효과적으로 달성할 수 있는 방향으로' 유도하는 것을 리더십이라고 한다.

☞ 리더에게 필요한 인성이나 특성은 타고나는 것이라고 보는 것이 특성적 접근 또는 개인특성 이론이다.

☞ 집단을 효율적으로 이끌기 위해서 필요한 보편적인 행동특성이 있고, 그 행동특성은 학습에 의해서 성취하는 것이라고 보는 것이 행동적 접근 또는 행동특성 이론이다.

☞ 리더십을 결정짓는 요인에는 리더의 특성과 행동만 있는 것이 아니라 조직 내의 상황이 더 큰 영향을 미친다고 보는 것이 상황적 접근 또는 상황부합 이론이다.

2 리더십에 관한 이론

특성적 접근 (개인특성 이론)	지도자에게 필요한 인성이나 특성은 타고나는 것이라고 본다.
행동적 접근 (행동특성 이론)	집단을 효율적으로 이끌기 위해서 필요한 보편적인 행동특성이 있고, 그 행동특성은 학습에 의해서 성취되는 것이라고 본다.
상황적 접근 (상황부합 이론)	지도자의 특성과 행동보다는 추종자의 능력과 태도, 리더십이 발휘되는 조직 내의 상황 등이 리더십을 결정짓는 것에 더 큰 영향을 미친다고 본다.
스포츠리더십의 다차원 이론 (첼라드라이)	스포츠 상황에서 지도자의 효율성은 특정 상황에서 지도자가 하는 규정된 행동, 지도자의 특성에 의해서 취하는 실제행동, 구성원들이 지도자가 취해주기를 바라는 선호행동이 얼마나 일치하느냐에 따라서 결정된다.

피들러(Fiedler)의 상황부합 이론

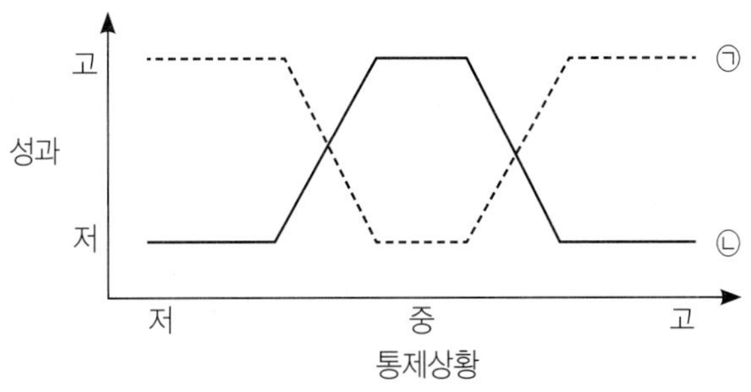

3 강화의 개념

강화	원하는 행동이 나타난 다음에 자극을 줌으로써 미래에 그러한 반응이 나타날 가능성을 증가시키는 것.
행동조형	강화물들을 사용하여 선수들의 행동을 점차적으로 가꾸고 다듬어 나가는 것.

스포츠심리학

4 강화의 종류

정적강화 ↔ 부적강화	어떤 반응의 빈도를 높이기 위한 것이 정적강화이고, 불쾌하거나 고통스러운 자극을 제거함으로써 바람직한 반응의 확률을 높이는 것이 부적강화이다.
1차적 강화 ↔ 2차적 강화	물질이나 물건으로 강화하는 것이 1차적 강화이고, 칭찬, 미소, 안아주기 등과 같이 코치와 선수의 사회적인 관계를 이용해서 강화하는 것이 2차적 강화이다. 초기에는 1차적 강화가 효과적이지만 후기에는 2차적 강화가 더 효과적이다.
연속강화 ↔ 간헐강화	바람직한 행동이 있을 때마다 강화하는 것이 연속강화이고, 바람직한 행동이 있더라도 강화를 하는 때도 있고 강화를 하지 않는 때도 있는 것이 간헐강화이다. 연속강화는 처음에는 효과가 좋지만 강화가 없어지면 행동이 급격하게 소거된다. 간헐강화는 지속성이 좋으므로 바람직한 행동이 형성된 뒤에 사용하는 것이 좋다.

5 효과적인 강화의 지침

- ☞ 즉각적으로 강화하라.
- ☞ 일관성을 유지하라.
- ☞ 성취 결과뿐만이 아니고 노력과 행동에도 반응하라.
- ☞ 배우는 것이 모두 축적되는 것이 아니다.
- ☞ 바람직한 행동을 지속하기 위한 강화를 반드시 하라.

6 효과적인 처벌의 지침

- ☞ 처벌의 효과보다 처벌의 부정적인 영향이 더 클 수도 있으므로 주의하라.
- ☞ 동일한 규칙 위반에 대해서는 누구나 똑같이 처벌하라.
- ☞ 사람이 아니라 행동을 처벌하라.
- ☞ 규칙 위반에 관한 규정은 지도자와 구성원이 협동해서 작성하라.
- ☞ 신체활동을 처벌 방법으로 이용하지 말라.

▶ **유소년 지도자 훈련 프로그램**(CET : Coach Effectiveness Training)(R. Smith와 F. Smoll)

- ◆ 발달 모델 : 노력 중심 및 긍정적인 발달 환경 제공
- ◆ 긍정적 접근 : 칭찬격려와 같은 긍정적 강화는 장려하고, 처벌꾸중과 같은 적대적 대응은 자제할 것
- ◆ 상호 지원 : 선수들끼리의 상호 의무는 격려하고, 팀원의 단결 촉진
- ◆ 선수 참여 : 의사결정을 할 때는 선수의 의견도 반영할 것
- ◆ 자기 관찰 : 지도자 스스로 자기의 코칭행동 관찰

사회적 촉진

1 사회적 촉진의 개념

☞ 타인의 존재가 운동수행에 영향을 미치는 것을 사회적 촉진이라고 한다. 타인의 존재가 수행을 향상시키면 우세반응, 수행을 손상시키면 열세반응이라고 한다.

☞ 사회적 촉진에는 관중효과와 공행효과가 모두 포함된다. (공행은 운동을 같이 하되 상호작용이 전혀 없는 것이고, 관중은 수행하는 선수와 아무런 상호작용이 없어야 하지만 스포츠 관중은 상호작용이 전혀 없다고 보기 어렵기 때문에 관중효과와 공행효과가 거론된다.)

☞ 타인의 존재가 수행을 향상시킬 때도 있고 방해할 수도 있다.

☞ 단순한 과제 또는 숙련자는 우세반응, 복잡한 과제 또는 초보자는 열세반응을 일으킨다.

2 사회적 촉진에 관한 이론

단순존재 가설	타인의 존재는 욕구 또는 각성수준을 을 증가시키고, 각성이 증가하면 우세반응이나 열세반응을 일으킨다.
평가우려 가설	지켜보고 있는 타인이 전문성이 높은 사람이라고 수행자가 인식하면 타인이 자신을 부정적으로 평가할 것을 우려해서 욕구가 상승하므로 단순한 과제는 수행이 향상되고, 복잡한 과제는 수행이 손상된다.
자아이론	인간은 타인으로부터 좋은 평가를 받고 싶어 하는 자의식의 욕구가 있다. 타인이 존재하면 자의식의 욕구가 커져서 동기를 촉진한다.
주의분산 이론 (갈등이론)	타인의 존재는 주의를 분산시키는 효과도 있고, 각성수준을 높여주는 효과도 있다. 주의를 분산시키는 효과가 각성수준을 높여주는 효과보다 크면 수행이 손상된다.

3 협동적 노력의 장점

☞ 경쟁적 노력이나 단독적 노력보다 성취 수준과 생산성이 더 높다.

☞ 경쟁적 노력이나 단독적 노력보다 사회적 지지를 더 많이 받는다.

☞ 경쟁적 노력이나 단독적 노력보다 자기존중감을 더 높인다.

▶ 모델링의 개념……어떤 개인(관찰자)이 다른 사람(모델)의 행동, 사고, 태도 등을 모방하거나 순응하는 것.

4 모델링의 기능

행동반응의 촉진	모델과 같은 반응을 보이려고 한다.
행동의 억제와 탈억제	잘못해서 벌을 받는 것을 관찰하면 행동이 억제되고, 약탈행동을 해도 벌을 받지 않는 것을 관찰하면 자신도 약탈행동에 가담하는 탈억제 현상이 발생한다.
관찰학습 유발	모델이나 코치의 기술 수행 장면을 보고 학습한다. 관찰학습은 관찰→주의집중→파지→동작재생(산출)→동기→운동수행의 6단계를 거쳐서 일어난다.

사회성의 발달

1 공격성의 개념

- ☞ 공격성은 태도나 정서가 아니라 행동이다.
- ☞ 언어적인 것과 비언어적인 행동 모두 공격성이 될 수 있다.
- ☞ 우연히 남에게 피해를 주는 것은 공격성이 아니다.
- ☞ 상대에게 부상을 입히려고 했지만 상대가 잘 피해서 부상을 입지 않았더라도 공격성이다.
- ☞ 생물을 위해하는 것은 공격성이지만 무생물을 위해하는 것은 공격성이 아니다.
- ☞ 자기 자신을 학대하거나 자살하는 것도 공격성이다.

2 공격행위의 종류

적대적 공격행위	상대에게 피해를 입히려는 목적으로 한 공격행위를 적대적 공격행위라고 한다. 적대적 공격행위는 대부분 충동적으로 한다.
수단적 공격행위	승리를 할 목적으로 한 공격 행위를 수단적 공격행위라고 한다. 수단적 공격행위는 대부분 미리 계획을 짜서 실행하게 된다.

3 공격성에 관한 이론

본능 이론	사람에게는 본능적으로 공격성이 있고, 거기에서 분출되는 에너지가 공격행동을 일으킨다.
좌절-공격 가설	공격행위는 언제나 좌절의 결과로 일어나고, 좌절은 언제나 공격행위를 초래한다.
사회학습 이론	다른 사람의 공격행위를 관찰하면 그것을 모방하려는 경향이 있고, 공격행위가 벌을 받지 않으면 강화된다.
청정 가설	공격행위를 하면 공격에너지가 소모되기 때문에 "내적인 긴장이 감소된다."는 것이 프로이드의 청정가설이고, 청정가설을 스포츠에 적용한 것이 "스포츠가 생물적인 공격 본능을 배출시킬 수 있는 밸브의 역할을 한다."는 주장이다. 밸브의 역할을 한다는 것을 스포츠가 갖는 사회정화를 위한 순기능이라고도 한다.

스포츠 참가와 인성 발달

1 스포츠 참가의 분류

심동적	선수가 운동을 수행하기 위해 신체를 활용하여 스포츠 경기에 직접 참여하거나 선수 활동 이외의 스포츠와 관련한 분야에 참여하는 것
정의적	선수가 실제로 스포츠 경기에 참여하지는 않지만 동료 선수들의 스포츠 경기를 통해 본인이 직접 그 경기에 임하는 선수와 동일시하여 개입하는 것

인지적	대중 매체, 학교, 동료, 관련 기관으로부터 스포츠에 대한 정보를 제공받음으로써 스포츠에 참여하게 되는 것

2 스포츠 참가를 통한 인성 발달

☞ 타인내력을 향상시킬 수 있고, 사회성을 발달시킴.

☞ 정서적으로 안정화되고, 스포츠 규칙을 준수할 수 있게 됨.

3 스포츠를 통한 인성 발달 전략

☞ 상황에 맞는 바람직한 행동을 설명함.

☞ 바람직한 행동을 강화하고, 적대적 공격 행동은 처벌함.

☞ 도덕적으로 적절한 행동에 대하여 설명함.

필수 및 심화 문제

필수문제

01 집단응집력과 운동수행 사이의 관계를 설명하는 내용이다. 틀린 것은?

① 팀의 집단응집력이 좋고 나쁨과 팀의 성적 사이에는 뚜렷한 관계가 나타나지 않지만, 반대로 팀이 승리하면 그 팀의 응집력은 더 좋아진다.

② 팀 구성원들 각자의 운동수행과 팀의 성적이 상호의존적인 스포츠에서는 팀의 응집력이 좋으면 팀의 성적도 좋다.

③ 팀 구성원들 각자의 운동수행과 팀의 성적이 독립적인 스포츠에서는 팀의 응집력과 팀의 성적 사이에는 아무런 관계도 없다.

④ 팀의 응집력과 팀의 성적 사이의 관계는 경기종목이나 팀의 상황과는 아무런 관련이 없다.

■ 경기종목과 팀의 상황에 따라서 팀의 응집력과 팀의 성적이 정적 관계를 나타낼 수도 있고, 부정적 관계를 나타낼 수도 있다.

필수문제

02 보기의 괄호 안에 들어갈 용어는?

> 보기
> 링겔만(M. Ringelmann)의 줄다리기 실험에 의하면, 줄을 당기는 힘은 혼자일 때 가장 크고, 줄을 당기는 인원이 증가할수록 개인이 쓰는 힘의 양은 줄어드는 것으로 나타났다. 이와 같이 집단 속에서 개인의 노력이 줄어드는 현상을 (　　)(이)라고 한다.

① 사회적 태만　　② 정적 강화
③ 사회적 지지　　④ 부적 강화

■ **사회적 태만(링겔만의 효과)** : 혼자일 때보다 집단에 속해 있을 때 더 게을러지는 현상

심화문제

03 사회적 태만(social loafing) 현상을 극복하기 위한 지도전략으로 옳지 않은 것은?

① 사회적 태만 허용상황을 미리 설정하지 않게 한다.

② 대집단보다는 소집단(포지션별)을 구성하여 훈련한다.

③ 지도자는 선수 개개인의 노력을 확인하고 이를 인정한다.

④ 선수들이 자신의 포지션뿐만 아니라 다른 역할도 경험하게 한다.

■ 구성원 각자의 노력 정도를 확인할 수 있도록 사회적 태만의 허용상황을 미리 설정하여야 한다.

정답 01 : ④, 02 : ①, 03 : ①

04 집단의 과제 수행에서 발생하는 개인의 동기적 손실 원인이 아닌 것은?

① 할당전략
② 무임승차전략
③ 반무임승차전략
④ 최대화전략

■ 최대화전략은 동기적 손실이 아니다.
■ **최대화전략** : 얻을 수 있는 이익 중에서 최대의 이득을 택하는 전략

필수문제

05 보기에 있는 사회적 태만 현상은 어떤 전략인가?

보기
» 운동회에는 여러 종목의 경기가 있었다.
» 경오는 이미 100m 달리기 결승전에 올라온 상태에서 축구경기를 했기 때문에 축구경기에서 열심히 뛰지 않고 슬슬 경기를 했다.
» 줄다리기 경기를 할 때 정원이는 열심히 줄을 당기는 척만 했지 실제로는 힘을 별로 쓰지 않았다.
» 영준이는 정원이의 행동을 보고 화가 나서 자기도 하는 척만 했다.

	경오	정원	영준
①	할당전략	무임승차전략	반무임승차전략
②	최소화전략	할당전략	반무임승차전략
③	최소화전략	반무임승차전략	할당전략
④	할당전략	반무임승차전략	무임승차전략

■ **할당전략** : 혼자일 때 최대의 노력을 발휘하기 위해 단체로 할 때는 에너지를 절약한다.
■ **무임승차전략** :집단 상황일 때 개인의 책임은 줄어들기 때문에 태만해지기 쉽다.
■ **반무임승차전략** : 열심히 노력하지 않는 사람의 무임승차를 원하지 않기 때문에 자신도 노력하지 않는다.

심화문제

06 개인이 팀에 소속되어 있을 때 자신의 능력을 100% 발휘하지 않는 것과 거리가 먼 것은?

① 조정손실
② 동기손실
③ 사회적 태만
④ 집단이기주의

■ 집단이기주의와 자신의 능력발휘는 거리가 있다.
■ **과정손실**
· 조정손실 : 구성원들끼리 손발이 잘 안 맞아서 생기는 손실
· 동기손실 : 구성원들의 동기가 약화되어 생기는 손실

07 사회적 태만이 발생하는 원인이 아닌 것은?

① 할당 전략
② 반무임승차 전략
③ 최대화 전략
④ 무임승차 전략

■ 사회적 태만이 발생하는 원인은 최대화 전략이 아니라, 자신은 최소의 노력을 하고도 팀에서 베푸는 혜택은 똑같이 누리려고 하는 최소화 전략이다.

정답 04 : ④, 05 : ①, 06 : ④, 07 : ③

스포츠심리학

필수문제

08 보기의 ㉠, ㉡에 해당하는 것은?

보기
줄다리기에서 집단이 내는 힘의 총합이 개인의 힘을 모두 합친 것보다 적게 나타나는 현상은 (㉠)이며, 집단의 인원수가 증가할 때 발생하는 개인의 수행 감소는 (㉡) 때문이다.

	㉠	㉡
①	링겔만 효과(Ringelmann effect)	유능감 손실
②	링겔만 효과(Ringelmann effect)	동기 손실
③	관중 효과(audience effect)	유능감 손실
④	관중 효과(audience effect)	동기 손실

■링겔만 효과 : 혼자일 때보다 집단으로 할 때 게을러지는 현상으로, 사회적 태만이라고도 한다. 집단의 힘의 총합이 개인의 힘을 모두 합친 것보다 적게 나타난다.
■동기손실 : 구성원들의 동기가 약화되어서 생기는 손실로, 집단의 인원수가 증가할 때 생기는 개인의 수행 감소이다.

심화문제

09 집단의 크기가 커질수록 개인 수행의 평균이 감소하는 현상을 설명하는 것은?

① 링겔만 효과
② 사회적 일탈
③ 팀구축
④ 리더십 모형

필수문제

10 보기에서 설명하는 사회적 태만 현상의 동기(motivation)손실 원인은?

보기
영운이는 친구들과 줄다리기를 할 때, 자신의 힘은 전혀 쓰지도 않고 친구들의 노력에 편승해서 경기에 이기려는 모습을 보이고 있다.

① 할당 전략(allocation strategy)
② 무임승차 전략(free ride strategy)
③ 최소화 전략(minimizing strategy)
④ 반무임승차 전략(sucker strategy)

■다른 사람의 노력에 편승해서 자기는 노력하지 않고 혜택을 받으려는 의도를 무임승차 전략이라고 한다.
■5번 문제 참조.

정답 08 : ②, 09 : ①, 10 : ②

필수문제

11 **Steiner의 집단생산성 이론에 대한 설명이다. 틀린 것은?**

① 집단의 실제 생산성은 집단의 구성원들이 모두 모여서 공동으로 과제를 수행했을 때의 생산성이다.
② 집단의 잠재적 생산성은 구성원 각자가 최선의 노력을 다 했을 때의 각자의 생산성을 모두 합한 것이다.
③ 여러 사람이 모이면 시너지효과가 생기기 때문에 일반적으로 집단의 실제 생산성이 집단의 잠재적 생산성보다 더 크다.
④ 과정손실은 구성원끼리 손발이 잘 안 맞아서 생기는 조정손실과 구성원들의 동기가 약화되어서 생기는 동기손실로 나눌 수 있다.

■ 사회적 태만 때문에 실제 생산성보다 잠재적 생산성이 더 크다 (p. 213) 참조.

심화문제

12 **다음 중 집단에서 응집력을 강화하기 위한 사회적 태만의 방지 전략으로 적절하지 않은 것은?**

① 적절한 목표 설정하기
② 선수의 노력을 확인하고 칭찬하기
③ 선수와 대화하기
④ 개인의 공헌 강조하기

■ 적절한 목표 설정은 사회적 태만 방지 전략이 될 수 없다.

필수문제

13 **캐런(A.V. Carron)의 팀 응집력 모형에서 응집력의 결정요인으로만 묶인 것은?**

① 리더십 요인(leadership factor), 발달 요인(development factor), 환경 요인(environment factor), 팀 요인(team factor)
② 리더십 요인(leadership factor), 팀 요인(team factor), 개인 요인(personal factor), 발달 요인(development factor)
③ 팀 요인(team factor), 리더십 요인(leadership factor), 환경 요인(environment factor), 개인 요인(personal factor)
④ 팀 요인(team factor), 발달 요인(development factor), 환경 요인(environment factor), 개인 요인(personal factor)

■ **캐론의 스포츠팀 응집력 모형** : 환경 요인, 개인 요인, 리더십 요인, 팀 요인

심화문제

14 **스포츠 상황에서 집단 응집력 모형(Gill)의 4가지 요소에 해당하지 않는 것은?**

① 환경적 요인
② 개인적 요인
③ 심리사회적 요인
④ 리더십 요인

■ 집단응집력 모형
–환경적 요인
–개인적 요인
–리더십 요인
–팀 요인

정답 11 : ③, 12 : ①, 13 : ③, 14 : ③

■팀의 규모가 중간일 때 팀의 응집력이 가장 크다는 연구결과도 있다. 물론 캐론의 모형에는 없다.

15 **캐론(A. V. Carron)의 응집력 모형에서 응집력과 관련이 있는 팀 요소가 아닌 것은?**

① 팀의 능력 ② 팀의 규모
③ 팀의 목표 ④ 팀의 승부욕

16 **응집력의 결정요인이 아닌 것은?**

① 팀 요인 ② 상황 요인
③ 리더십 요인 ④ 결과 요인

17 **집단응집력과 Carron의 스포츠팀응집력에 대한 설명이다. 틀린 것은?**

① 집단응집력은 집단의 구성원들이 집단에 남아 있도록 하는 힘과 집단을 떠나지 못하도록 하는 힘을 합한 것이다.
② 집단응집력의 크기를 결정하는 요인에는 개인적 요인, 리더십 요인, 팀 요인, 환경적 요인이 있다.
③ 집단응집력은 과제응집력과 사회적 응집력으로 나눌 수 있다.
④ 과제응집력은 공통의 과제를 달성하기 위해서 서로 협력하는 힘이고, 사회적 응집력은 국가나 사회에서 기대하는 것을 만족시키기 위해서 서로 협력하는 힘이다.

■사회적 응집력은 집단의 구성원들끼리 인간적으로 서로 좋아해서 생기는 힘이다.

필수문제

18 **팀의 응집력을 향상시키기 위해서 지도자가 취해야 할 방법으로 적당하지 못한 것은?**

① 팀 성공을 위한 개인의 역할을 명확하게 한다.
② 선수와 지도자의 개인적인 유대관계를 회피한다.
③ 주기적으로 팀 미팅을 해서 선수들의 의견을 청취한다.
④ 팀의 목표를 팀원들과 의논해서 설정한다.

■선수와 지도자의 개인적 유대관계가 강화되어야 팀응집력이 향상된다.

스포츠심리학

심화문제

19 **팀 응집력 요구수준이 가장 높은 스포츠 종목은?**

① 축구 ② 양궁
③ 스키 ④ 사격

정답 15 : ②, 16 : ④, 17 : ④, 18 : ②, 19 : ①

필수문제

20 **보기의 팀구축(team building) 중재 전략과 요인을 바르게 연결한 것은?**

보기
㉠ 팀 구성원이 동일한 유니폼을 입는다.
㉡ 매주 한 번씩 팀 미팅을 열어 각자의 역할과 책임에 대해 논의한다.
㉢ 팀 구성원 간 상호작용과 의사소통의 기회를 충분히 갖는다.

① ㉠ 환경요인, ㉡ 구조요인, ㉢ 과정요인
② ㉠ 환경요인, ㉡ 과정요인, ㉢ 구조요인
③ ㉠ 과정요인, ㉡ 환경요인, ㉢ 구조요인
④ ㉠ 과정요인, ㉡ 구조요인, ㉢ 환경요인

■ 팀구축 중재전략
· **환경요인** : 팀의 환경을 통일하는 것
· **구조요인** : 팀이 지킬 규범을 정하여 각자의 역할과 책임을 정하는 것
· **과정요인** : 팀구성원 간의 상호작용과 충분한 의사소통

필수문제

21 **보기의 팀 구축 프로그램을 위한 개념 모형에서 괄호 안에 적절한 변인은?**

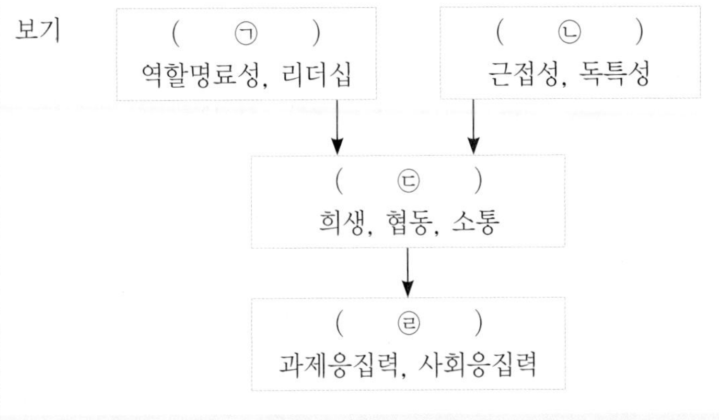

	㉠	㉡	㉢	㉣
①	집단구조	집단환경	집단응집력	집단과정
②	집단구조	집단환경	집단과정	집단응집력
③	집단환경	집단구조	집단응집력	집단과정
④	집단환경	집단구조	집단과정	집단응집력

■ 팀구축 프로그램 적용을 위한 개념 모형(팀구축 모형, p. 214) 참조

정답 20 : ①, 21 : ②

스포츠심리학

심화문제

22 보기는 무엇을 설명한 것인가?

> 보기
> 팀에 긍정적인 영향을 미침으로써 팀의 응집력을 향상시키고, 결과적으로 팀의 경기력을 향상시킬 목적으로 팀에 개입하는 것.

① 팀구축 또는 팀빌딩 ② 팀의 과정
③ 팀의 구조와 환경 ④ 팀의 응집력

23 팀구축의 이론적 모형에 대한 설명이다. 틀린 것은?

① 팀이 다른 팀과 구별이 되게 만들고, 구성원들이 가깝게 지낼 수 있는 기회를 증가시키면 팀의 응집력 향상에 도움이 된다.
② 팀의 구성원들이 각자의 역할을 명확하게 이해하고 그것을 수용하면 응집력이 향상된다.
③ 목표설정 또는 의사결정에 구성원들을 참여시키면 응집력 향상에 도움이 된다.
④ 팀 구성원들의 상호작용이나 의사소통은 응집력 향상에 도움이 되지 못한다.

■ 팀 구성원들의 상호작용이나 원활한 의사소통은 응집력 향상에 도움이 된다.

필수문제

24 보기는 피들러(F. Fiedler)의 상황부합 리더십 모형이다. 보기의 ㉠, ㉡에 들어갈 내용을 바르게 나열한 것은?(2024)

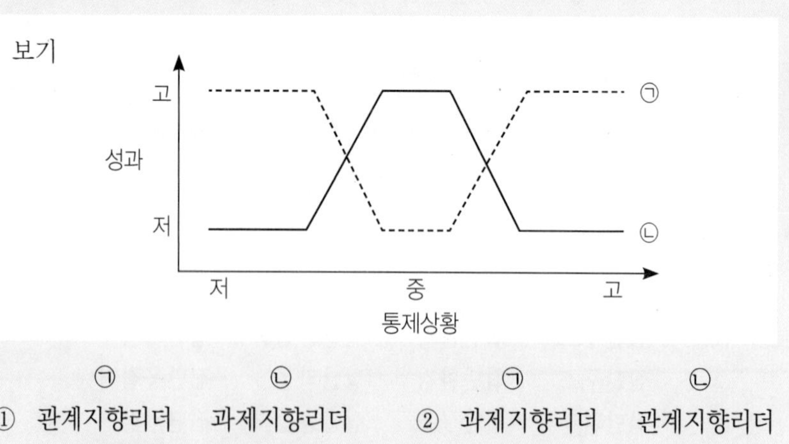

	㉠	㉡		㉠	㉡
①	관계지향리더	과제지향리더	②	과제지향리더	관계지향리더
③	관계지향리더	민주주의리더	④	과제지향리더	권위주의리더

■ **과제지향리더** : 상황이 리더에게 매우 유리하거나 매우 불리할 때 적합함.
■ **관계지향리더** : 상황이 리더에게 중간일 때 적합함.
■ **피들러의 상황부합 이론** → p. 215 참조.

정답 22 : ①, 23 : ④, 24 : ②

심화문제

25 스포츠 지도자의 리더십 행동으로 적절하지 않은 것은?

① 선수에게 과도한 자신감을 부여하는 행동
② 선수가 목표를 수립하도록 도와주는 행동
③ 선수에게 개별 시간을 할애하는 행동
④ 선수의 주의산만 요인을 파악하고 지도하는 행동

■ 선수에게 과도한 자신감을 부여하는 것은 올바른 리더십 행동이 아니다.

26 리더십에 대한 설명 중 틀린 것은?

① 권위적 스타일은 승리에 관심을 두고 명령을 내리는 스타일이다.
② 시합 상황에서 즉각적인 판단을 내려야 할 때에는 권위적 리더십보다 민주적 리더십이 더 효과적이다.
③ 팀 스포츠는 개인 스포츠보다 지시적 행동이 더 많이 필요하다.
④ 팀 구성원의 수가 많으면 민주적 리더십을 적용하기 어렵다.

■ 시합 시 즉각적인 판단이 필요할 때는 권위적 리더십이 효과적이다.

필수문제

27 보기의 첼라드라이(P. Chelladurai)의 다차원 리더십 모형에서 제시하는 리더행동이 바르게 나열된 것은?

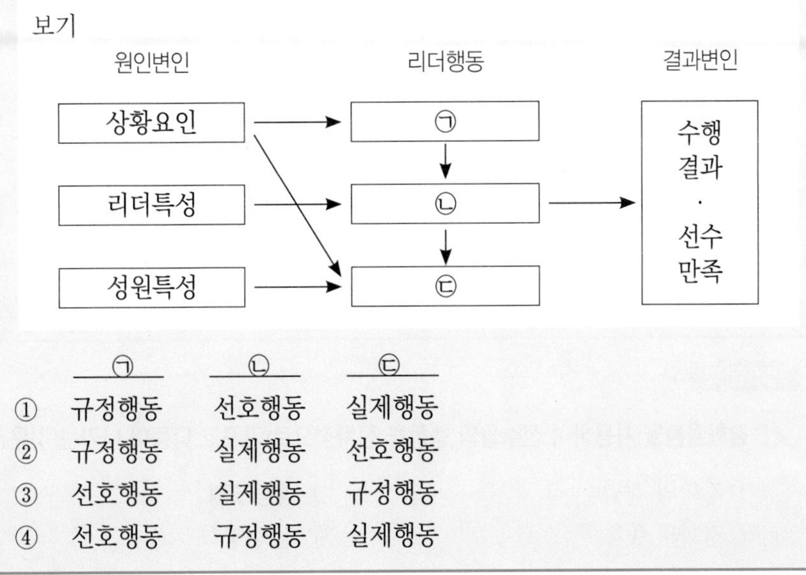

	㉠	㉡	㉢
①	규정행동	선호행동	실제행동
②	규정행동	실제행동	선호행동
③	선호행동	실제행동	규정행동
④	선호행동	규정행동	실제행동

■ **첼라드라이의 다차원 리더십 모형** : 스포츠 리더십의 효과는 상황요인, 리더특성, 성원특성에 의해 결정된다. 이것은 각각 규정행동, 실제행동, 선호행동에 영향을 미친다.
■ **규정행동** : 리더의 직무상 필수적인 행동
■ **실제행동** : 리더가 수행하는 행동
■ **선호행동** : 선수들이 원하는 행동

정답 25 : ①, 26 : ②, 27 : ②

필수문제

28 보기에 제시된 첼라드라이(P. Chelladerai)의 다차원리더십 모델에 관한 설명으로 옳게 묶인 것은?

보기
㉠ 리더의 특성은 리더의 실제 행동에 영향을 준다.
㉡ 규정 행동은 선수에게 규정된 행동을 말한다.
㉢ 선호 행동은 리더가 선호하거나 바라는 선수의 행동을 말한다.
㉣ 리더의 실제 행동과 선수의 선호 행동이 다르면 선수의 만족도가 낮아진다.

① ㉠, ㉡ ② ㉠, ㉣
③ ㉡, ㉢ ④ ㉢, ㉣

■ ㉠ 리더의 특성이 리더의 실제 행동에 영향을 준다.
■ ㉣ 리더의 실제 행동과 선호 행동이 다르면 선수의 만족도가 떨어진다. 실제 행동과 선호 행동이 일치할수록 수행이 좋아진다.

심화문제

29 보기는 무엇을 설명하는 것인가?

보기
리더의 효율성은 특정 상황에서 리더가 하는 규정된 행동, 리더의 특성에 의해서 취하는 실제행동, 구성원들이 리더가 취해주기를 바라는 선호행동이 얼마나 일치하느냐에 따라서 결정된다.

① 스포츠리더십의 다차원 이론
② 상황적 리더십 이론
③ 스포츠리더의 행동 유형
④ 리더십의 경로-목표 이론

■ 스포츠리더십의 다차원 이론(p. 215) 참조

스포츠심리학

필수문제

30 강화물들을 사용하여 선수들의 행동을 점차적으로 가꾸고 다듬어 나가는 것은?

① 강화의 개념 ② 행동조형
③ 강화의 종류 ④ 정적 강화

■ 행동조형은 강화물을 사용하여 선수들의 행동을 점차적으로 가꾸고 다듬어 나가는 것

정답 28 : ②, 29 : ①, 30 : ②

필수문제

31 **원하는 행동이 나타난 다음에 자극을 줌으로써 미래에 그러한 반응이 나타날 가능성을 증가시키는 것은?**

① 처벌 ② 보상
③ 강화 ④ 동기부여

■ **강화**란 원하는 행동이 나타난 다음에 자극을 줌으로써 미래에 그러한 반응이 나타날 가능성을 증가시키는 것

심화문제

32 **운동지도에 활용할 수 있는 강화(rein-forcement)전략으로 적절한 것은?**

① 운동이 모두 끝나고 정리운동 후에 강화한다.
② 바람직한 행동을 찾아 강화한다.
③ 초보자에게 가끔, 숙련자에게 자주 강화한다.
④ 노력보다는 성취 결과를 중심으로 강화한다.

■ 강화는 ① 가급적 즉시에, ③ 초보자에게는 자주, 숙련자에게는 가끔, ④ 결과보다는 과정에 제공하는 것이 효과적이다.

필수문제

33 **다음 중 부적 강화는?**

① 사회적인 보상으로 강화
② 불쾌한 자극을 제거시킴으로써 강화
③ 강화를 줄 때도 있고 안 줄 때도 있는 것
④ 가치 있는 물건으로 강화

■ **부적 강화** : 불쾌하거나 고통스러운 자극을 제거함으로써 바람직한 반응의 확률을 높이는 것

심화문제

34 **다음 중 선수가 바람직한 행동을 강화할 수 있도록 지도자가 사용하는 부적 강화를 설명하는 상황으로 올바른 것은?**

선수가 그날의 훈련목표를 달성할 때마다
① 선수가 원하는 충분한 자유 시간을 준다.
② 선수가 하기 싫어하는 운동 뒷정리를 면제해준다.
③ 선수가 보고 싶어 하는 영화표를 선물로 준다.
④ 선수가 필요로 하는 운동도구를 새로이 구입해준다.

■ ② 이외는 모두 정적 강화이다.

정답 31 : ③, 32 : ②, 33 : ②, 34 : ②

■ 효과적인 강화의 지침
· 즉각적으로 강화하라.
· 일관성을 유지하라.
· 성취 결과뿐만이 아니고 노력과 행동에도 반응하라.
· 배우는 것이 모두 축적되는 것이 아니다.
· 바람직한 행동을 지속하기 위한 강화를 반드시 하라.

필수문제

35 강화의 방법으로 옳지 못한 것은?

① 효과적인 강화물을 찾는다.
② 초보자에게는 간헐적으로, 숙련자에게는 자주 한다.
③ 바람직한 행동을 찾아서 강화하고, 결과보다는 수행과정에 관심을 둔다.
④ 결과의 지식을 제공한다.

■ 바람직한 처벌 행동 지침
· 동일한 규칙위반에 대해서는 똑같이 처벌한다.
· 사람이 아니라 행동을 처벌한다.
· 규칙위반에 관한 처벌규정은 지도자와 구성원이 협동해서 정한다.
· 신체활동을 처벌방법으로 이용하지 말라.
· 처벌의 효과보다 처벌의 부정적인 영향이 클 수도 있다.

필수문제

36 와인버그(R.S. Weinberg)와 굴드(D. Gould)의 바람직한 처벌 행동 지침에 관한 내용으로 옳지 않은 것은?

① 사람이 아니라 행동을 처벌한다.
② 동일한 규칙위반에 대해서는 동일하게 처벌한다.
③ 연습 중에 실수한 것에 대해서는 가볍게 처벌한다.
④ 규칙위반에 관한 처벌규정을 만들 때 선수의 의견을 반영한다.

■ 부적 처벌(금지형 처벌) : 어떤 반응이 일어났을 때 자극을 완전히 제거하거나 박탈하여 반응빈도를 낮추는 것
■ 정적 처벌 : 어떤 반응이 나타난 후에 불쾌하거나 고통스러운 자극을 제시하거나 부여함으로써 그 반응의 빈도를 낮추는 것

필수문제

37 보기에서 대한야구협회가 활용한 행동수정 전략은?

보기

– 공고문 –

본 협회는 선수들의 경기장 폭력을 감소시키기 위해 폭력 정도에 따라 출전시간을 제한하는 제도를 시행합니다.

2019. 5. 11.

대한야구협회

① 정적 강화 ② 부적 강화 ③ 정적 처벌 ④ 부적 처벌

정답 35 : ②, 36 : ③, 37 : ④

스포츠심리학

심화문제

38 처벌의 지침 중에서 옳지 못한 것은?

① 동일한 규칙 위반에 대해서는 누구나 똑같이 처벌한다.
② 사람이 아니라 행동을 처벌한다.
③ 규칙 위반에 관한 규정은 지도자가 혼자 작성한다.
④ 신체활동을 처벌 방법으로 이용하지 않는다.

■ 규칙 위반에 관한 규정은 구성원들의 의견을 반영해서 만들어야 한다.

39 강화와 처벌 방법 중에서 옳은 것은?

① 강화는 숙련자에게는 자주, 초보자에게는 어쩌다 한 번씩 하는 것이 좋다.
② 바람직한 행동이 나타나고 얼마쯤 시간이 지난 다음에 강화하는 것이 좋다.
③ 처벌의 효과보다 처벌의 부정적인 영향이 더 클 수도 있다.
④ 처벌 50%, 칭찬 50%의 비율로 실시하는 것이 좋다.

■ 대부분은 칭찬을 하고, 어쩌다 한 번씩 처벌해야 한다.

필수문제

40 전제적인 코칭스타일과 민주적인 코칭스타일의 지도자에 대한 선수들의 선호도를 설명한 것이다. 옳지 않은 것은?

① 선수들의 나이가 많고, 경기 수준이 높을수록 전제적인 코칭스타일을 더 좋아한다.
② 남자가 여자보다 전제적인 코칭스타일을 더 좋아한다.
③ 동양선수들이 서양선수들보다 전제적인 코칭스타일을 더 좋아한다.
④ 독립적인 스포츠 선수들이 상호의존적인 스포츠 선수들보다 전제적인 코칭스타일을 더 좋아한다.

■ 상호의존적인 스포츠 선수들은 전제적인 코칭스타일을 좋아할 수밖에 없다.

심화문제

41 스포츠 상황에서 지도자의 코칭행동에 영향을 미치는 주요 선행요인이 아닌 것은?

① 부모의 강요
② 리더의 특성
③ 구성원의 특성
④ 상황요인

42 가장 좋은 지도방법은?

① 끊임없이 경쟁을 유도한다.
② 팀의 성공을 위해서 개인적인 부상이나 희생은 감수하라고 지도한다.
③ 구성원과 팀의 성공을 위해서 경쟁과 협동을 적절히 유도한다.
④ 경쟁에서 이기면 인센티브를 준다.

정답 38 : ③, 39 : ③, 40 : ④, 41 : ①, 42 : ③

43 바람직한 코칭행동 지침으로 옳지 않은 것은?

① 인간적으로 팀 구성원을 이해하기 위해 노력한다.
② 자신이 지도하는 종목에 대한 전문지식을 배양한다.
③ 팀 구성원에게 차별이나 편애 없이 공정하게 대한다.
④ 지도자 개인의 필요에 따라 팀 구성원을 이용한다.

■CET(효과적인 코치 트레이닝)의 핵심 원칙
· 발달모델 : 긍정적인 발달환경 제공에 목표를 둔다. 전문적 스포츠 모델은 승리와 경제적 이윤 획득을 목표로 함.
· 긍정적 접근법 : 긍정적인 강화, 격려 및 건전한 기술 지시를 자유롭게 사용하는 것
· 상호지원 : 선수들끼리 서로 돕는 상호지원 의무를 강조
· 선수의 참여 : 팀 내에서 결정 시에 선수들을 참여시키는 것
· 자기관찰 : 행동적 피드백을 얻고 자각을 증대시키기 위하여 하는 것

필수문제

44 스미스(R. Smith)와 스몰(F. Smol)이 개발한 유소년 지도자 훈련 프로그램인 CET(Coach Effectiveness Training)의 핵심 원칙이 아닌 것은?

① 자기관찰 ② 운동도식
③ 상호지원 ④ 발달모델

■**사회적 촉진** : 타인의 존재가 운동수행에 영향을 미치는 것
■**단순존재가설** : 타인의 존재는 욕구 또는 각성 수준을 증가시키고, 각성이 증가하면 우세반응이나 열세반응을 일으킨다.
■**주의분산이론(갈등이론)** : 타인의 존재는 주의를 분산시킬 수도 있고, 각성수준을 높여줄 수도 있다.

필수문제

45 보기의 ㉠~㉢에 들어갈 개념을 바르게 나열한 것은?(2024)

보기
» (㉠) : 타인의 존재가 과제수행에 미치는 영향을 말한다.
» (㉡) : 타인의 존재만으로도 각성과 욕구가 생긴다.
» (㉢) : 타인의 존재가 운동과제에 대한 집중을 방해하기도 하지만, 수행자의 욕구 수준을 증가시키기도 한다.

	㉠	㉡	㉢
①	사회적 촉진	단순존재가설	주의분산/갈등가설
②	사회적 촉진	단순존재가설	평가우려가설
③	단순존재가설	관중효과	주의분산/갈등가설
④	단순존재가설	관중효과	평가우려가설

정답 43 : ④, 44 : ②, 45 : ①

심화문제

46 관중효과에 대한 설명이다. 틀린 것은?

① 기술 수준이 높은 선수는 관중효과에 의해서 수행이 향상된다.
② 팀의 규모가 클수록 관중효과의 영향을 많이 받는다.
③ 관중효과가 홈팀에는 동기를 부여하고, 원정팀에게는 수행을 손상시킨다.
④ 자의식이 높은 선수는 관중효과에 의해서 수행이 향상된다.

■ 팀의 규모가 클수록 관중효과의 영향을 적게 받는다.

47 선수의 경기력을 비판하거나 평가할 수 있는 관중이 있을 때 경기력이 가장 많이 손상되는 사람은?

① 기능이 아주 좋은 선수
② 기능이 중간 정도인 선수
③ 초보자
④ 우수선수

필수문제

48 사회적 촉진 현상을 설명하는 이론이다. 틀린 것은?

① 인간은 타인으로부터 좋은 평가를 받고 싶어 하는 자의식의 욕구가 있다.
② 타인이 존재하면 자의식의 욕구가 커져서 동기를 촉진한다.
③ 타인의 존재는 주의를 분산시키는 효과도 있고, 각성수준을 높여주는 효과도 있다.
④ 주의를 분산시키는 효과가 각성수준을 높여주는 효과보다 크면 수행이 향상된다.

■ 주의를 분산시키는 효과가 각성수준을 높여주는 효과보다 크면 수행이 손상된다.

심화문제

49 사회적 촉진 이론 중에서 단순존재 가설에 대한 설명이다. 옳지 않은 것은?

① 타인의 존재는 각성을 증가시킨다(각성수준이 높아지면 수행에 변화가 생긴다는 추동이론과 동일한 이론이다).
② 각성이 증가하면 우세반응이나 열세반응을 일으킨다.
③ 단순과제는 우세반응을 일으켜서 수행이 향상된다. 반대이면 반대.
④ 초심자의 수행은 향상되고, 숙련자의 수행은 손상된다.

■ 초심자는 누가 보고 있으면 떨지만, 숙련자는 더 잘 한다.

정답 46 : ②, 47 : ③, 48 : ④, 49 : ④

필수문제

50 모델링(modeling)에 대한 설명이다. 틀린 것은?

① 개인(관찰자)이 다른 개인(모델)의 생각, 태도, 행동 등을 관찰한 다음 그 것을 모방하거나 순응하는 것을 '모델링'이라고 한다.
② 관찰학습 또는 모방학습과 유사하지만 좀 더 체계적인 개념이다.
③ 잘못해서 벌을 받는 것을 관찰하면 행동이 억제되고, 약탈행동을 해도 벌을 받지 않는 것을 관찰하면 자신도 약탈행동에 가담하는 탈억제 현상이 발생한다.
④ 모델과 같은 반응을 보이려고 하는 반응촉진은 생기지 않는다.

■모델링에서 가장 쉽게 생기는 것이 반응촉진이다.

심화문제

51 모델링의 과정을 나타낸 것이다. ( ) 속에 들어가야 할 말은?

관찰 → 주의집중 → (㉠) → 동작재생 → (㉡) → 운동수행

① ㉠ 파지, ㉡ 전이
② ㉠ 전이, ㉡ 파지
③ ㉠ 파지, ㉡ 동기
④ ㉠ 동기, ㉡ 파지

■모델링의 6단계 : 관찰→주의집중→파지→동작재생(산출)→동기→운동수행

필수문제

52 보기는 '공격성'의 개념을 설명한 것들이다. 틀린 것만을 모두 고른 것은?

보기
㉠ 공격성은 태도나 정서가 아니라 행동이다.
㉡ 언어적 행동은 공격성이 아니고, 비언어적인 행동은 공격성이다.
㉢ 우연히 남에게 피해를 주는 것도 공격성이다.
㉣ 상대에게 부상을 입히려고 행동하였지만 상대가 잘 피해서 부상을 입지 않았다면 공격성이 아니다.
㉤ 개를 발로 차는 것은 공격성이지만, 나무로 만든 벤치를 발로 차는 것은 공격성이 아니다.
㉥ 자기 자신을 학대하거나 자살하는 것은 공격성이 아니다.

① ㉠, ㉡, ㉢, ㉤, ㉥
② ㉡, ㉢, ㉣, ㉤
③ ㉠, ㉡, ㉢, ㉣
④ ㉡, ㉢, ㉣, ㉥

■㉡ 언어적 행동과 비언어적 행동 모두 공격성이다.
■㉢ 우연히 남에게 피해를 입히는 것은 공격성이 아니다.
■㉣ 실제로 부상을 입혔는지 여부와 관계없이 공격성이다.
※무생물에게 하는 것은 공격성이 아니다.
■㉥ 자신을 학대하거나 자살하는 것은 공격성이다.

스포츠심리학

정답 50 : ④, 51 : ③, 52 : ④

심화문제

53 다음 설명 중 틀린 것은?

① 타인의 존재가 운동수행에 영향을 미치는 것을 사회적 촉진이라고 한다.
② 사회적 촉진에는 관중효과와 공행효과가 모두 포함된다.
③ 타인이 존재하면 경쟁의 욕구가 발동하여 에너지를 더 내게 한다는 것이 다이나모제니(dynamogeny)이다.
④ 타인의 존재는 항상 수행을 향상시킨다.

■ 타인의 존재는 수행을 향상시킬 수도 있고, 방해할 수도 있다.

54 공격성의 특징과 거리가 먼 것은?

① 경기 초반에 공격행위가 많이 일어난다.
② 원정경기에서 공격행위가 더 많이 일어난다.
③ 스코어 차이가 많이 났을 때 공격행위가 많이 일어난다.
④ 신체 접촉이 많은 경기에서 공격행위가 많이 일어난다.

■ 경기 후반에 공격행위가 더 많이 일어난다.

55 스포츠가 공격성에 대하여 순기능을 가지고 있다는 것을 가장 잘 설명한 것은?

① 스포츠를 관람하면서 고함을 지르는 등 스트레스를 해소하는 데에 공격성이 도움이 된다.
② 스포츠는 신체활동과 경쟁을 통해서 인간의 공격성을 합법적으로 배출할 수 있는 배출구 역할을 한다.
③ 스포츠를 관람하면서 심판의 부당한 판정이나 상대 선수의 비신사적인 행동에 마음껏 야유를 할 수 있으므로 공격성 해소에 도움이 된다.
④ 스포츠를 통해서 대리만족을 할 수 있으므로 공격성을 줄일 수 있다.

필수문제

56 다음 설명 중 틀린 것은?

① 상대에게 피해를 입히려는 목적으로 한 공격행위를 적대적 공격행위라고 한다.
② 승리를 할 목적으로 한 공격 행위를 수단적 공격행위라고 한다.
③ 수단적 공격행위는 대부분 미리 계획을 짜서 실행하게 된다.
④ 적대적 공격행위도 대부분 미리 계획을 짜서 실행하게 된다.

■ **적대적 공격행위** : 상대에게 피해를 입히려는 목적으로 하는 공격행위. 적대적 공격행위는 대부분 충동적으로 발생한다.
■ **수단적 공격행위** : 승리를 할 목적으로 하는 공격 행위. 수단적 공격행위는 대부분 미리 계획을 짜서 실행하게 된다.

정답 53 : ④, 54 : ①, 55 : ②, 56 : ④

심화문제

57 운동경기 상황에서 자주 나타나는 적대적 공격과 수단적 공격에 대한 설명이다. 이중 적절하지 않은 것은?

① 적대적 공격은 대상에게 가해지는 고통, 상처 등이 보상이다.
② 수단적 공격은 승리, 명예, 금전 등이 보상이다.
③ 적대적 공격성에는 야구의 빈볼(bean ball), 축구의 보복 공격이 있다.
④ 수단적 공격성은 상대방의 자극에 대한 반응으로 분노가 수반된다.

■ ④는 적대적 공격성에 대한 설명이다.

58 보기에서 괄호가 설명하는 것은?

보기 (　　)은 피해나 부상을 피하려고 하는 사람에게 피해나 상해를 입히기 위한 목적으로 가해지는 행동으로, 목표와 분노가 있었는지에 따라 적대적(　　)과 수단적 (　　)으로 분류된다.

① 호전성　　② 가학성
③ 공격성　　④ 위해성

■ 공격행위에는 적대적 공격행위와 수단적 공격행위가 있다.

59 타인에게 해를 입히는 것이 주목적이 아니라 돈, 승리, 명예 등을 얻기 위해서 하는 공격행위는?

① 권리적 공격행위　　② 적대적 공격행위
③ 수단적 공격행위　　④ 명예적 공격행위

필수문제

60 공격성에 대한 이론과 그 설명이다. 틀린 것은?

① 본능 이론 : 사람에게는 본능적으로 공격성이 있고, 거기에서 분출되는 에너지가 공격행동을 일으킨다.
② 좌절-공격 가설 : 공격행위는 언제나 좌절의 결과로 일어나고, 좌절은 언제나 공격행위를 초래한다.
③ 사회학습 이론 : 다른 사람의 공격행위를 관찰하면 그것을 모방하려는 경향이 있고, 공격행위가 벌을 받지 않으면 강화된다.
④ 청정 가설 : 정서를 깨끗하게 유지하려는 욕구 때문에 공격성이 생긴다.

■ 공격행위를 하면 공격에너지가 소모되기 때문에 "내적인 긴장이 감소된다."는 것이 프로이드의 **청정가설**이다. 청정가설을 스포츠에 적용한 것이 "스포츠가 생물적인 공격 본능을 배출시킬 수 있는 밸브의 역할을 한다."는 주장이다.

정답 57 : ④, 58 : ③, 59 : ③, 60 : ④

필수문제

61 보기에 제시된 공격성에 관한 설명과 이론(가설)이 바르게 연결된 것은?

보기

» (㉠) 환경에서 관찰과 강화로 공격행위를 학습한다.

» (㉡) 인간의 내부에는 공격성을 유발하는 에너지가 존재한다.

» (㉢) 좌절(예 : 목표를 추구하는 행위가 방해받는 경험)이 공격 행동을 유발한다.

» (㉣) 좌절이 무조건 공격행동을 유발하지 않고, 공격행동이 적절하다는 외부적 단서가 있을 때 나타난다.

	㉠	㉡	㉢	㉣
①	사회학습이론	본능이론	좌절-공격 가설	수정된 좌절-공격 가설
②	사회학습이론	본능이론	수정된 좌절-공격 가설	좌절-공격 가설
③	본능이론	사회학습이론	좌절-공격 가설	수정된 좌절-공격 가설
④	본능이론	사회학습이론	수정된 좌절-공격 가설	좌절-공격 가설

■ ㉠ 사회학습이론, ㉡ 본능이론, ㉢ 좌절-공격 가설 : p. 102 참조
㉣ 수정된 좌절-공격 가설(Bekowitz) : 좌절과 학습 모두 공격의 원인이 될 수 있고, 좌절은 공격의 직접적인 원인이라기보다는 공격의 선행성향을 고조시킨다.

심화문제

62 인간이 본능적으로 신체적 · 언어적 공격을 한다는 이론은?

① 본능 이론 ② 좌절-공격 이론
③ 사회학습 이론 ④ 인지행동 이론

■ 본능이론 → p. 218 참조

63 공격성은 배고픔, 목마름, 성적 욕구와 같이 인간이 선천적으로 가지고 있는 본능이라고 주장하는 것은?

① 사회학습 이론 ② 좌절-공격 이론
③ 성악설 ④ 본능 이론

■ 본능이론 → p. 218 참조

64 스포츠를 통한 인성 발달 전략에 대한 설명으로 옳지 않은 것은?

① 상황에 맞는 바람직한 행동을 설명한다.
② 도덕적으로 적절한 행동에 대하여 설명한다.
③ 바람직한 행동을 강화하고, 적대적 공격행동은 처벌한다.
④ 격한 상황에서 자신의 감정을 공격적으로 표출하도록 격려한다.

■ 격한 상황에서는 자신의 감정을 자제할 수 있도록 격려해야 한다.

정답 61 : ①, 62 : ①, 63 : ④, 64 : ④

CHAPTER 08 건강·운동심리학

성격과 운동실천

☞ 같은 강도의 운동을 하더라도 여성적인 남학생이 남성적인 남학생에 비해서 주관적으로 느끼는 운동강도(RPE)가 더 높았다.
☞ 정서적 불안정성, 외향성, 개방성, 호감성, 성실성을 성격 5요인이라고 한다.
☞ 성격 5요인 중에서 외향성과 성실성이 높은 학생은 운동실천을 열심히 했다.
☞ 성격 5요인 중에서 정서적 불안정성이 높은 학생은 운동실천 수준이 낮았다.

1 오랜 기간 운동실천에 따른 성격의 변화

☞ A형 행동(시간 강박증, 과도한 경쟁심, 적대감 등이 많은 사람이 보이는 행동)의 빈도가 낮아졌다.
☞ 스트레스에 대한 심폐계통의 반응성이 낮아졌다.
☞ 우수선수는 체력과 기술뿐만 아니라 심리적인 측면에서도 이상적인 상태를 갖고 있었다.

2 우수선수들의 인지전략

훈련	시합에 대비해서 구체적인 전략을 미리 연습한다.
루틴	시합 전후에 주의집중을 방해하는 요인을 줄이기 위해서 루틴을 실시한다.
집중	당면한 시합에 고도로 집중한다.
심상	자신에게 도움이 되는 심상을 시합 전에 리허설 한다.
합리성	통제 가능한 요인을 집중적으로 통제하려고 노력한다.
시합전략	시합에 대한 매우 구체적인 계획을 가지고 있다.
각성조절	최적의 수행을 할 수 있도록 각성(불안)수준을 조절한다.

3 운동이 불안에 미치는 영향

☞ 유산소운동은 불안을 감소시킨다.
☞ 고강도의 무산소운동은 불안을 감소시키지 않거나 오히려 더 높인다.
☞ 장기간의 운동실천은 특성불안을 감소시킨다.
☞ 일회성 운동은 상태불안을 감소시킨다.

4 운동이 우울증에 미치는 영향

☞ 유 · 무산소운동 모두 우울증의 개선에 큰 효과가 있다.
☞ 우울증 개선 효과는 9주 이상 운동을 계속해야 많이 생긴다.

5 운동이 기분에 미치는 영향

- ☞ 러너스하이(runner's high)……힘든 운동을 하는 도중에 행복감, 편안함, 희열감 등을 느낀다.
- ☞ 우수선수는 일반인에 비하여 활력이 아주 높은 빙산형 기분상태 프로파일을 가지고 있다.
- ☞ 우수선수는 일반인에 비해 긴장, 우울, 분노, 피로, 혼동 등 부정적인 기분 요인은 아주 낮다.

6 기타 운동의 효과

- ☞ 운동이 자기개념(자존심)의 향상에도 효과가 있다.
- ☞ 운동은 인지능력의 향상에 큰 효과가 있다.
- ☞ 체력이 좋은 학생이 인지능력도 좋다.

7 운동의 부정적인 효과

운동중독	통제할 수 없을 만큼 운동을 과도하게 하며, 운동을 못하면 금단증상이 나타난다.
과훈련	지나치게 훈련을 하면 우울증과 탈진을 유발할 수도 있다.
식이장애	신경성 폭식증 또는 신경성 식욕부진증과 같은 부작용이 생길 수도 있다.
스테로이드 남용	남성호르몬 주사를 맞거나 섭취하는 선수도 있다.

8 운동의 심리적 효과를 설명하는 이론

열발생 가설	운동을 하면 체온이 상승하고, 체온이 상승하면 뇌에서 근육이완 명령을 내리기 때문에 편안해진다.
모노아민 가설	운동을 하면 신경전달물질의 분비가 증가하기 때문에 정서에 변화가 생긴다.
뇌변화 가설	운동을 하면 뇌의 혈관이 많아지기 때문에 인지능력 등이 향상된다.
생리적 강인함 가설	운동을 규칙적으로 하면 스트레스를 규칙적으로 가하는 것이기 때문에 스트레스에 견디는 능력이 향상되고, 그러면 정서적으로 안정된다.
사회심리적 가설	운동을 하면 기분이 좋아질 것이라고 기대하기 때문에 위약효과에 의해서 심리적인 효과가 생긴다.

운동심리 이론

사람들이 운동을 시작하게 되는 과정 또는 원인을 설명하는 이론.

1 합리적 행동 이론–아이젠(Ajzen, I.)과 피시바인(Fishbein, M.)

- ☞ 개인이 운동을 하려는 의도가 있으면 운동을 실천하고, 의도가 없으면 운동을 하지 않는다는 이론이다.
- ☞ 운동행동에 대하여 그 사람이 가지고 있는 생각(운동행동에 대한 태도), 주요 타자들의 생각(주관적 규범)이 의도에 영향을 미친다.

2 계획적 행동(계획행동) 이론–아이젠(Ajzen, I.)

- ☞ 운동행동을 방해하는 요인을 자신이 통제할 수 있다는 자신감을 '행동통제인식'이라 한다.

☞ 운동행동을 하려는 의도가 있고, 행동통제인식까지 더 있으면 운동을 실천할 가능성이 대단히 높아진다.

3 변화단계 이론

☞ 인간의 행동은 시간을 두고 천천히 단계적으로 변화하기 때문에 운동하려는 의도가 생겼다고 해서 갑자기 운동을 실천하는 것이 아니라는 이론이다.

☞ 운동행동의 변화를 무관심→관심→준비→실천→유지의 5단계로 구분한다.

▶ 프로차스카(Prochaska)의 운동행동 변화 단계

무관심	현재 운동을 하지 않고 있음. 6개월 이내에 운동을 시작할 의도가 없음.
관심	현재 운동을 하지 않고 있음. 6개월 이내에 운동을 시작할 의도가 있음.
준비	현재 운동을 하고 있으나 가이드라인을 못 채우고 있음. 30일 이내에 가이드라인을 채울 수준의 운동을 시작하려 함.
실천	현재 가이드라인을 채울 정도의 운동을 하고 있음. 6개월 미만임.
유지	현재 가이드라인을 채울 정도의 운동을 하고 있음. 6개월 이상 실시하여 안정 상태에 있음.

4 건강신념 모형

☞ 질병이 발생할 가능성이 있다는 인식과, 질병에 걸리면 심각한 문제가 생긴다는 인식이 건강행동의 실천에 영향을 미친다는 이론이다.

☞ 질병예방행동을 했을 때에 생기는 이익과, 질병예방행동을 하기 위해서 투자해야 하는 손실을 비교한 결과에 따라서 운동행동의 실천 여부가 결정된다.

5 자기효능감 이론

☞ 특정상황에서 자기에게 주어진 과제를 성공적으로 수행할 수 있다는 신념을 자기효능감이라고 한다.

☞ 자기효능감이 높을수록 운동행동을 실천에 옮길 가능성이 높다는 이론이다.

6 자결성 이론

☞ 인간의 운동행동에 영향을 미치는 무동기, 외적동기, 내적동기가 일직선상에 있다는 이론이다.

☞ 무동기와 내적동기 사이에 있는 외적 동기를 외적규제, 의무감규제, 확인규제로 나눈다.

무동기 – 무규제 : 스포츠참여에 대해 이해하지 못함.

외적동기
- 외적규제 : 외적인 보상을 받기 위해 운동하는 것
- 의무감규제 : 내면적 보상과 연계하여 운동하는 것
- 확인규제 : 활동목표는 자기가 정했으나, 운동이 즐겁지 않음.

내적동기 – 내적규제 : 스스로 생긴 의무감 때문에 운동하는 것

7 사회생태학 이론

☞ 사람이 운동을 실천하고 안하는 이유를 개인적인 관점에서만 찾지 말고, 사회와 국가는 물론이고 자연환경까지도 포함시켜야 한다는 이론이다.

☞ 모든 이론들을 다 끌어다 붙일 수 있기 때문에 통합이론이다.

운동의 실천에 영향을 주는 요인

개인요인	나이, 운동에 대한 태도, 과거의 운동경험, 소득수준, 교육정도, 성별, 건강상태, 병력 등이 운동을 실천하는 데에 도움이 되거나 방해가 된다.
환경요인	배우자, 가족, 친지, 지도자, 기후, 시설 등이 운동실천에 영향을 미친다.
운동특성 요인	운동강도, 부상의 위험, 운동시간, 필요한 노력, 지도자의 수준 등이 운동실천에 영향을 미친다.

1 운동실천 중재전략

운동을 실천하도록 중재하는(부추기는) 전략.

지도자	풍부한 리더십을 발휘하고, 재미있는 수업 분위기를 조성해야 한다.
집단응집력	팀의 응집력을 향상시켜서 회원들이 팀에 나오는 것이 기다려지게 해야 한다. 팀의 독특성을 살리고, 회원 각자의 위치를 확실히 정해주고, 집단의 규범을 친목을 도모하도록 만들며, 회원들의 상호작용을 장려해야 한다.
사회적 지지	다른 사람으로부터 사랑받고 있다는 인식, 편안한 느낌, 도움이나 정보를 얻는 것이 사회적 지지이다.
문화	사회 구성원들이 공통적으로 가지고 있는 가치, 관습, 규범, 규칙, 신념 등이 스포츠 실천에 영향을 미친다.

2 사회적 지지의 종류

⊗ 정서적 지지 : 다른 사람을 걱정하고 격려하는 과정에서 생기는 지지

⊗ 도구적 지지 : 도구를 활용하여 다른 사람을 도우려는 과정에서 생기는 지지

⊗ 비교확인 지지 : 다른 사람을 격려하기 위해서 경쟁자와 비교하거나 잘못된 운동수행과 비교하여 긍정적인 힘을 주려는 지지

⊗ 정보적 지지 : 다른 사람의 운동수행을 돕기 위해 정보 제공, 피드백 등을 할 때 생기는 지지

⊗ 동반적 지지 : 동반자 역할을 수행하는 지지

3 행동수정 전략

운동습관에 영향을 줄 수 있는 환경적인 요소에 변화를 주어서 운동을 지속적으로 하게 만들려고 하는 전략

⊗ 프롬프트(의사결정 단서)……포스터 붙이기

⊗ 계약하기……지도자와 운동 목표를 계약서로 작성하기

⊗ 출석부 게시……출석상황을 그래프로 만들어서 게시하기

⊗ 피드백 또는 보상 제공

4 인지 전략

⊗ 목표 설정 ⊗ 의사 결정 ⊗ 동기 유발

필수 및 심화 문제

필수문제

01 운동 참여자들의 운동실천을 촉진하기 위한 설명으로 적절하지 않은 것은?

① 운동의 과정보다는 결과를 중요시한다.
② 자기효능감을 향상시킨다.
③ 운동실천으로 인한 혜택을 개인의 상황과 특성에 맞게 제공한다.
④ 운동실천의 방해요인을 극복하기 위한 전략들을 마련한다.

■ 운동의 결과를 중요시하면 잘하는 사람은 운동을 게을리하고, 못하는 사람은 운동을 포기해버린다.

심화문제

02 운동 애착(exercise adherence)을 촉진하는 스포츠지도사의 전략으로 적절하지 않은 것은?

① 개인적인 피드백을 제공한다.
② 참여자를 위해 운동을 선택해준다.
③ 운동을 자극하는 표어나 포스터를 활용한다.
④ 친구 또는 가족과 함께 운동하는 것을 장려한다.

■ 스포츠지도사가 참여자에게 운동을 선택해주는 게 아니라, 참여자가 하고 싶은 운동을 선택하게 함으로써 운동애착(운동을 무척 좋아함)을 촉진해야 한다.

03 운동실천에 영향을 주는 요인에 대한 설명으로 옳지 않은 것은?

① 운동시설에 접근성이 좋을수록 운동 참여율이 높아진다.
② 지도자의 지도방식은 운동실천에 영향을 주지 않는다.
③ 운동참여의 즐거움이 클수록 운동 참여율이 높아진다.
④ 가족, 친구, 동료의 사회적 지지는 운동실천에 영향을 준다.

■ 지도자의 지도방식은 운동실천에 영향을 준다.

04 사람의 성격에 따라서 운동실천에 차이가 있는지에 대한 연구결과이다. 틀린 것은?

① 똑같은 강도의 운동을 하더라도 여성적인 남학생이 남성적인 남학생에 비해서 주관적으로 느끼는 운동강도(RPE)가 더 높았다.
② 5가지 성격요인 중에서 외향성과 성실성이 높은 학생은 운동실천을 열심히 했다.
③ 5가지 성격요인 중에서 정서적 불안정성이 높은 학생은 운동실천 수준이 낮았다.
④ 개인의 성격과 운동실천 사이에는 아무런 관계도 없는 것으로 나타났다.

■ 개인의 성격과 운동실천은 관계가 있다.

정답 01 : ①, 02 : ②, 03 : ②, 04 : ④

05 운동심리학의 단계적 변화 모형에 대한 설명으로 바르지 않은 것은?

① 준비 전 단계 : 현재 운동을 규칙적으로 하고 있으며 시작한지 6개월이 지난 단계

② 계획 전 단계 : 현재 운동을 하고 있지 않으며 앞으로 6개월 내에도 운동을 할 의도가 없는 단계

③ 계획단계 : 현재 운동을 하고 있지 않으나 6개월 내에 운동을 할 의도를 가지고 있는 단계

④ 준비단계 : 규칙적으로 운동을 하고 있지 않으나 1개월 내에 운동을 할 의도를 가지고 있는 단계

■ ①은 신체활동 단계에 대한 설명이다.

필수문제

06 운동을 실천하면 개인의 성격에 변화가 생기는지에 대한 연구결과이다. 틀린 것은?

① 운동을 꾸준히 실천하면 A형 행동(시간 강박증, 과도한 경쟁심, 적대감 등이 많은 사람이 보이는 행동)의 빈도가 낮아졌다.

② 운동을 꾸준히 실천하면 스트레스에 대한 심장혈관계통의 반응성이 낮아졌다.

③ 우수선수는 체력과 기술뿐만 아니라 심리적인 측면에서도 이상적인 상태를 갖고 있었다.

④ 우수선수는 불필요한 생각과 감정을 차단하지 못했다.

■ 우수선수는 불필요한 생각과 감정을 억제한다.

필수문제

07 운동이 불안과 우울증에 미치는 영향을 설명한 것이다. 틀린 것은?

① 유산소운동은 불안을 감소시키고, 고강도의 무산소운동은 불안을 감소시키지 않거나 오히려 더 높인다.

② 장기간의 운동실천은 상태불안을 감소시키고, 일회성 운동은 특성불안을 감소시킨다.

③ 유 · 무산소운동 모두 우울증의 개선에 큰 효과가 있다.

④ 우울증 개선 효과는 9주 이상 운동을 계속 했을 때 좋다.

■ 운동이 불안에 미치는 영향
- 유산소운동은 불안을 감소시킨다.
- 고강도의 무산소운동은 불안을 감소시키지 않거나 오히려 더 높인다.
- 장기간의 운동실천은 특성불안을 감소시킨다.
- 일회성 운동은 상태불안을 감소시킨다.

정답 05 : ①, 06 : ④, 07 : ②

심화문제

08 운동과 정신건강의 관계를 바르게 설명한 것은?

① 규칙적인 운동은 불안의 감소와 상관이 없다.
② 규칙적인 운동은 인지능력 개선에 효과가 없다.
③ 규칙적인 걷기는 상태불안을 증가시킨다.
④ 유 · 무산소운동은 우울증을 감소시키는 효과가 있다.

■유 · 무산소운동은 우울증 개선에 효과가 있다.

09 운동의 심리적 효과를 설명한 것 중 옳지 않은 것은?

① 연령과 성별에 관계없이 긍정적 효과가 나타난다.
② 불안감소를 위해서는 무산소 운동만이 효과적이다.
③ 운동참여 후 스트레스 해소 효과를 느낀다.
④ 운동참여자가 비참여자에 비해 자긍심이 높다.

■불안을 감소시키는 데에는 유산소운동이 더 효과적이다. 그러나 무산소운동이라고 해서 불안을 감소시키는 효과가 없는 것은 아니다.

10 운동의 심리적 효과에 대한 설명으로 옳은 것은?

① 일회성 유산소 운동은 특성불안을 증가시킨다.
② 고강도 무산소 운동은 불안 감소에 탁월하다.
③ 장기간 운동이 단기간 운동보다 우울증 개선 효과가 더 크다.
④ 우울증 개선을 위해 유산소 운동보다 무산소운동이 효과적이다.

■장기간 운동을 하면 특성불안이 감소된다.

필수문제

11 보기의 사례가 의미하는 용어는?

> 보기
> 철인3종 선수 선우는 경기 중 힘이 들어 포기하려는 순간 예상치 않게 편안함, 통제감, 희열감을 느끼는 체험을 하였다. 선우는 그 순간에 시간과 공간의 장애를 초월한 느낌을 경험하였다.

① 자기 효능감
② 러너스 하이(runner's high)
③ 각성반응
④ 자기 존중감

■러너스 하이 : 힘든 운동을 하는 도중에 행복감 · 편안함 · 희열감 등을 느끼는 것

정답 08 : ④, 09 : ②, 10 : ③, 11 : ②

심화문제

12 러너스 하이(runner's high)를 가장 잘 설명한 것은?

① 높은 고도에서 달리기를 연습하는 것이다.
② 힘든 운동을 하는 도중에 행복감, 편안함, 희열감 등을 느끼는 것이다.
③ 운동에서 이기면 뛸 듯이 기쁜 것이다.
④ 운동 초기에 마음이 설레는 것이다.

■ 힘든 운동을 하는 도중에 행복감, 편안함, 희열감 등을 느끼는 것이 러너스 하이이다.

필수문제

13 운동의 심리적 효과에 대한 설명 중 옳지 않은 것은?

① 무산소운동은 불안 감소에 도움이 되지 않을 가능성이 높다.
② 우울증을 개선하려면 운동기간을 길게 잡아야 한다.
③ 자기존중감이 낮은 사람이 운동을 하면 자기존중감의 향상 효과가 크다.
④ 운동이 인지능력 향상에 도움이 되는 것은 청소년시기이다.

■ 성년시기에 운동을 하면 인지능력이 가장 많이 향상된다.

필수문제

14 보기는 신체적인 활동(운동)을 하면 왜 심리적인 효과가 생기는지를 설명하는 이론들이다. 틀린 것은?

보기
㉠ 열발생 가설 : 운동을 하면 체온이 상승하고, 체온이 상승하면 뇌에서 근육이완 명령을 내리기 때문에 편안해진다.
㉡ 모노아민 가설 : 운동을 하면 신경전달물질의 분비가 감소되기 때문에 정서가 개선된다.
㉢ 뇌변화 가설 : 운동을 하면 뇌의 혈관이 많아지는 등 뇌구조가 변하기 때문에 인지능력이 향상된다.
㉣ 생리적 강인함 가설 : 운동을 규칙적으로 하면 스트레스를 규칙적으로 가하는 것이기 때문에 스트레스에 견디는 힘이 향상된다.
㉤ 사회심리적 가설 : 운동을 하면 기분이 좋아질 것이라고 기대하기 때문에 위약효과에 의해서 심리적인 효과가 생긴다.

① ㉠ ② ㉡
③ ㉢ ④ ㉣

■ ㉡ 운동을 하면 신경전달물질의 분비가 증가하기 때문에 정서에 변화가 생긴다.

스포츠심리학

정답 12 : ②, 13 : ④, 14 : ②

필수문제

15 다음은 운동의 부정적인 영향을 설명한 것이다. 잘못 설명한 것은?

① 운동중독 : 통제할 수 없을 정도로 운동을 과도하게 하며, 운동을 못하면 금단증상이 나타난다.
② 과훈련 : 지나치게 훈련을 하면 우울증과 탈진을 유발할 수도 있다.
③ 식이장애 : 신경성 폭식증 또는 신경성 식욕부진증과 같은 부작용이 생기는 것이다.
④ 스테로이드 남용 : 몸에서 남성호르몬이 과도하게 분비되는 것이다.

■남성호르몬은 주사를 맞거나 섭취하는 것이다.

심화문제

16 지속적인 운동실천이 자기존중감을 향상시키는 것과 거리가 가장 먼 것은?

① 두뇌활동과 혈류량의 감소
② 신체에 대한 통제감의 증진
③ 신체 유능감의 향상
④ 성공감의 경험

■지속적으로 운동을 하면 두뇌의 혈류량이 감소하는 것이 아니라 증가한다.

17 보기는 무엇을 설명하는 것인가?

보기
스트레스에 자주 노출되면 대처능력이 좋아진다. → 정서적으로 안정된다. → 불안이 감소한다.

① 열발생 가설
② 생리적 강인함 가설
③ 모노아민 가설
④ 뇌변화 가설

■생리적 강인함 가설 : 규칙적으로 운동을 하면 스트레스에 견디는 능력이 향상되어 정서적으로 안정된다.

필수문제

18 보기에서 설명하는 가설은?

보기
운동이 우울증에 긍정적 효과가 있는 이유는 세로토닌, 노르에피네프린, 도파민과 같은 뇌의 신경전달물질의 변화 때문이다. 즉 운동을 하면 신경원에 의한 신경전달물질의 분비와 수용이 촉진되어 신경원 간의 의사소통이 향상된다.

① 생리적 강인함 가설
② 모노아민 가설
③ 사회심리적 가설
④ 열발생 가설

■운동의 심리적 효과를 설명하는 이론들 (p. 239) 참조

정답 15 : ④, 16 : ①, 17 : ②, 18 : ②

심화문제

19 아래 그림은 무엇을 설명하는 것인가?

운동으로 체온 상승 → 뇌가 근육으로 이완 명령 → 근육이 이완됨 → 편안한 느낌

① 열발생 가설 ② 모노아민 가설
③ 생리적 강인함 가설 ④ 사회심리적 가설

20 스포츠와 운동의 참여가 개인의 심리적 발달에 미치는 영향에 관한 연구주제로 적절하지 않은 것은?

① 달리기는 우울증을 조절하는가?
② 스포츠클럽 활동은 사회성과 집중력을 높이는가?
③ 태권도 수련은 아동의 인성 발달에 도움이 되는가?
④ 수영에 대한 자신감이 수영 학습에 어떤 영향을 주는가?

■ 학습에 미치는 영향은 심리적 발달이 아니다.

필수문제

21 합리적 행동 이론에 대한 설명이다. 틀린 것은?

① 개인이 운동을 하려는 의도가 있으면 운동을 하지 않고, 의도가 없으면 운동을 실천한다는 이론이다.
② 운동행동에 대하여 그 사람이 가지고 있는 생각(운동행동에 대한 태도)이 의도에 영향을 미친다. 즉 긍정적인 생각을 가졌으면 의도가 강해진다(반대이면 반대).
③ 운동행동에 대하여 주요 타자들의 생각(주관적 규범)이 의도에 영향을 미친다. 즉 주요 타자들이 운동을 권유하면 의도가 강해진다(반대이면 반대).
④ 결과적으로 운동행동에 대한 태도와 주관적 규범이 의도의 강도를 좌우하고, 그 의도에 따라서 운동을 하거나 하지 않는다.

■ **합리적 행동 이론**
· 개인이 운동을 하려는 의도가 있으면 운동을 실천하고, 의도가 없으면 운동을 하지 않는다는 이론이다.
· 운동행동에 대하여 그 사람이 가지고 있는 생각(운동행동에 대한 태도), 주요 타자들의 생각(주관적 규범)이 의도에 영향을 미친다.

심화문제

22 아젠(I. Ajzen)과 피시바인(M. Fishbein)의 합리적 행동이론(Theory of Reasoned Action)의 주요 변인이 아닌 것은?

① 행동에 대한 태도 ② 주관적 규범
③ 행동통제 인식 ④ 의도

■ 합리적 행동이론에서는 개인의 의도, 그 사람이 가지고 있는 운동에 대한 태도(생각), 주요 타자들의 생각(주관적 규범)이 주요 원인이다.

정답 19 : ①, 20 : ④, 21 : ①, 22 : ③

■ 계획(적) 행동 이론
· 운동행동을 방해하는 요인을 자신이 통제할 수 있다는 자신감을 '행동통제인식'이라 한다.
· 운동행동을 하려는 의도가 있고, 행동통제인식까지 더 있으면 운동을 실천할 가능성이 대단히 높아진다.

필수문제

23 계획 행동 이론에 대한 설명이다. 가장 옳은 것은?

① 계획된 운동은 하고 계획되지 않은 운동은 하지 않는다는 이론이다.
② 운동을 하려는 의도는 있지만 실제로는 운동을 하지 않는 이유를 설명하는 이론이다.
③ 운동행동을 방해하는 요인을 자신이 통제할 수 있다는 이론이다.
④ 운동행동을 하려는 의도가 있고, 행동통제인식까지 더 있으면 운동을 실천할 가능성이 대단히 높아진다는 이론이다.

필수문제

24 보기는 아이젠(I. Ajzen)의 계획행동이론이다. 보기의 ㉠~㉣에 들어갈 개념을 바르게 나열한 것은?(2024)

보기
(㉠)는 행동을 수행하는 것에 대한 개인의 정서적이고 평가적인 요소를 반영한다. (㉡)은/는 어떤 행동을 할 것인지 또는 안 할 것인지에 대해 개인이 느끼는 사회적 압력을 말한다. 어떠한 행동은 개인의 (㉢)에 따라 그 행동 여부가 결정된다. (㉣)은/는 어떤 행동을 하기가 쉽거나 어려운 정도에 대한 인식 정도를 의미한다.

	㉠	㉡	㉢	㉣
①	태도	의도	주관적 규범	행동통제인식
②	의도	주관적 규범	행동통제인식	태도
③	태도	주관적 규범	의도	행동통제인식
④	의도	태도	행동통제인식	주관적 규범

■ 아이젠의 계획행동이론(계획된 행동이론)
지각된 행동 통제가 없으면 합리적 행동이론이 된다.

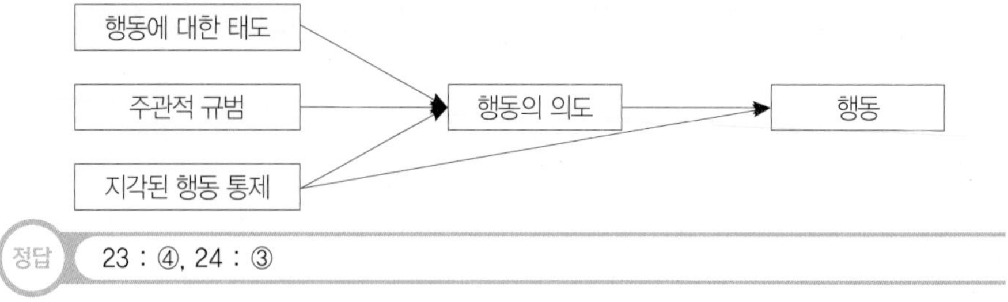

정답 23 : ④, 24 : ③

스포츠심리학

심화문제

25 아이젠(I. Ajzen)의 계획된 행동 이론(theory of planned behavior)의 구성요인으로만 묶인 것은?

① 태도(attitude), 의도(intention), 주관적 규범(subjective norm), 동기(motivation)
② 태도(attitude), 의도(intention), 주관적 규범(subjective norm), 행동통제인식(perceived behavioral control)
③ 주관적 규범(subjective norm), 자신감(confidence), 의도(intention), 태도(attitude)
④ 행동통제인식(perceived behavioral control), 자신감(confidence), 태도(attitude), 동기(motivation)

■ 행동 방해 요인을 통제할 수 있다는 행동통제인식이라는 개념을 합리적 행동이론에 추가한 것이 계획적 행동 이론인데, 이것은 태도, 의도, 주관적규범, 행동통제 인식으로 구성된다.

필수문제

26 보기에서 설명하는 운동심리 이론(모형)은?

보기
» 지역사회가 여성 전용 스포츠 센터를 확충한다.
» 정부가 운동 참여에 대한 인센티브 정책을 수립한다.
» 가정과 학교에서 운동 참여를 지지해주는 분위기를 만든다.

① 사회생태모형(social ecological model)
② 합리적행동이론(theory of reasoned action)
③ 자기효능감이론(self-efficacy theory)
④ 자결성이론(self-determination theory)

■ 사회생태모형(사회생태학 이론) : 사람의 운동 실천 여부를 개인적 관점에서 찾지 않고, 사회와 국가뿐만 아니라 자연환경까지 포함시켜야 한다는 것.
■ 합리적 행동이론 →p. 239참조
■ 자기효능감 이론 : p. 240 참조
■ 자결성 이론 : p. 240 참조

필수문제

27 프로차스카(J. O. Prochaska)의 운동행동 변화단계 이론에 대한 설명으로 옳지 않은 것은?

① 무관심 단계 : 현재 운동을 하고 있지 않으며 6개월 이내에도 운동을 시작할 의도가 없다.
② 관심 단계 : 현재 운동을 하고 있지 않지만 6개월 이내에 운동을 시작할 의도가 있다.
③ 준비 단계 : 현재 운동을 하고 있지만 운동가이드라인을 충족하지 못하는 수준이다.
④ 실천 단계 : 운동가이드라인을 충족하는 수준의 운동을 6개월 이상 해왔다.

■ 6개월 이상 운동을 하는 것은 유지 단계이다(p. 240 참조).

정답 25 : ②, 26 : ①, 27 : ④

■② 인지적 과정 : 개인의 행동변화 시에 사용하는 인지 관련 기술. 행동적 과정 : 개인의 행동 관련 기술. 운동단계의 변화는 이들 변화과정이 사용된다.
■① 변화단계와 자기효능감은 비례관계이다.
■③ 변화단계가 높아지면 운동에 대해 기대할 수 있는 혜택이 증가한다.
■④ 무관심 단계는 현재 운동을 하고 있지 않고, 6개월 이내에 운동을 시작할 의도가 없다(p. 240 참조).

심화문제

28 프로차스카(J. O. Prochaska)의 운동변화단계 모형(Transtheoretical Model)에 관한 설명으로 옳은 것은?

① 변화 단계와 자기효능감과의 관계는 U자 형태다.
② 인지적 · 행동적 변화 과정을 통해 운동 단계가 변화한다.
③ 변화 단계가 높아짐에 따라 운동에 대해 기대할 수 있는 혜택은 점진적으로 감소한다.
④ 무관심 단계는 현재 운동에 참여하지 않지만, 6개월 이내에 운동을 시작할 의도가 있다.

29 신체활동은 일련의 단계를 거쳐 변화한다는 것을 기본적인 전제로 하는 운동행동이론은?

① 계획행동이론(theory of planned behavior)
② 건강신념모형(health belief model)
③ 변화단계이론(transtheoretical model)
④ 합리적 행동이론(theory of reasoned action)

■변화단계 이론에서 행동은 무관심, 관심, 준비, 실천, 유지의 5단계이다.

30 변화단계 이론에서 5단계의 행동에 포함되지 않는 것은?

① 관심 ② 실천 ③ 유지 ④ 증진

■변화단계 이론(p. 240) 참조

31 보기는 변화단계 이론에서 어떤 단계에 대한 설명인가?

보기
» 현재 운동을 하고 있지만 가이드라인을 채우지 못하는 수준이다.
» 30일 이내에 가이드라인을 충족하는 수준으로 운동을 할 생각이 있다.

① 관심 ② 준비 ③ 실천 ④ 무관심

■**건강신념 모형**
· 질병이 발생할 가능성이 있다는 인식과, 질병에 걸리면 심각한 문제가 생긴다는 인식이 건강행동의 실천에 영향을 미친다는 이론.
· 질병예방행동을 했을 때에 생기는 이익과, 질병예방행동을 하기 위해서 투자해야 하는 손실을 비교한 결과에 따라서 운동행동의 실천 여부가 결정된다.
■운동을 할 때 생기는 즐거움이나 자존감 같은 것을 설명할 수 없다.

필수문제

32 건강신념 모형에 대한 설명이다. 틀린 것은?

① 질병이 발생할 가능성이 있다는 인식과, 질병에 걸리면 심각한 문제가 생긴다는 인식이 건강행동의 실천에 영향을 미친다는 이론이다.
② 질병예방행동을 했을 때에 생기는 이익과, 질병예방행동을 하기 위해서 투자해야 하는 손실을 비교한 결과에 따라서 운동행동의 실천 여부가 결정된다고 본다.
③ 지나치게 건강과 질병에만 치우친 이론이다.
④ 대부분의 운동행동을 잘 설명할 수 있다.

정답 28 : ②, 29 : ③, 30 : ④, 31 : ②, 32 : ④

스포츠심리학

필수문제

33 **보기에서 설명하는 자결성 이론의 규제 유형은?**

보기
외적 보상을 받으려는 욕구가 활동의 원동력이며, 외적 보상을 얻기 위해 스포츠활동에 참여한다.

① 무규제　　② 외적 규제
③ 부적 규제　　④ 내적 규제

■ 자결성 이론의 규제 유형 → p. 240 참조

심화문제

34 **보기의 사례와 관련있는 데시(E..L.. Deci)와 라이언(R..M.. Ryan)의 자결성이론(self-determination theory)의 구성요인이 바르게 연결된 것은?**

보기
㉠ 현우는 뛰는 것을 그다지 좋아하지는 않지만, 체중조절과 건강증진을 위해서 매일 1시간씩 조깅을 한다.
㉡ 승아는 필라테스를 그다지 좋아하지는 않지만, 개인강습비를 지원해준 부모님에 대한 죄책감 때문에 학원에 다닌다.

	㉠	㉡
①	확인규제(identified regulation)	의무감규제(introjected regulation)
②	외적규제(external regulation)	의무감규제(introjected regulation)
③	내적규제(internal regulation)	확인규제(identified regulation)
④	의무감규제(introjected regulation)	확인규제(identified regulation)

■ 자결성 이론
· 인간의 운동행동에 영향을 미치는 내적 동기, 외적동기, 무동기가 일직선상에 있다는 이론이다.
· 무동기와 내적동기 사이에 있는 외적 동기를 외적규제, 의무감규제, 확인규제로 나눈다.
■ p. 240 참조

필수문제

35 **보기는 어떤 이론을 설명한 것인가?**

보기
» 개인의 노력과 지역사회의 노력을 모두 고려하여 운동실천을 설명한다.
» 개인의 책임과 지역사회의 책임을 동시에 반영해서 운동실천 중재 전략을 세울 수 있다.

① 합리적 행동 이론　　② 계획행동 이론
③ 변화단계 이론　　④ 사회생태학 이론

■ 사회생태학 이론
· 사람이 운동을 실천하고 안 하는 이유를 개인적인 관점에서만 찾지 말고, 사회와 국가는 물론이고 자연환경까지도 포함시켜야 한다는 이론이다.
· 모든 이론들을 다 끌어다 붙일 수 있기 때문에 통합이론이다.

정답 33 : ②, 34 : ①, 35 : ④

심화문제

36 **사회생태학 이론에 대한 설명이다. 틀린 것은?**

① 운동행동을 실천하고 안 하고는 개인적인 문제이지 지역사회나 국가가 관여할 문제가 아니라는 이론이다.
② 사람이 운동을 실천하고 안 하는 이유를 개인적인 관점에서만 찾지 말고, 사회와 국가는 물론이고 자연환경까지도 포함시켜야 한다는 이론이다.
③ 모든 이론들을 다 끌어다 붙일 수 있기 때문에 통합이론이다.
④ 사람들이 운동행동을 실천에 옮길 수 있도록 다양한 중재전략을 세울 수 있다는 장점이 있다.

필수문제

37 **운동실천에 영향을 주는 요인이 아닌 것은?**

■운동실천에 영향을 주는 요인 : 개인 요인, 환경 요인, 운동특성 요인

① 개인 요인 ② 환경 요인
③ 운동특성 요인 ④ 중재 요인

심화문제

38 **중재전략을 통해서 변화시키기 어려운 것은?**

■중재를 한다고 해서 그 사람이 태어난 가정을 바꿀 수는 없다.

① 집단요인 ② 개인적 배경
③ 심리적 요인 ④ 운동특성의 요인

39 **다음 중 운동실천에 미치는 영향이 가장 작은 것은?**

① 지도자의 리더십 ② 팀의 집단응집력
③ 사회적 지지 ④ 문화생활

40 **운동실천을 위한 개인 차원의 중재전략으로 보기 어려운 것은?**

① 응집력, 리더십, 사회적 지지 등이 영향을 미칠 수도 있다.
② 행동수정방법의 효과가 크다.
③ 중재전략을 전달하는 방법에 따라서도 운동실천에 미치는 영향이 달라진다.
④ 상과 벌을 제공한다.

정답 36 : ①, 37 : ④, 38 : ②, 39 : ④, 40 : ①

41 **집에 돌아왔을 때 훈동화를 현관에 놓아두는 것은 다음 중 어느 것에 해당하는가?**

① 의사결정 단서 ②출석상황체크
③ 보상제고 ④ 행동단서

필수문제

42 **보기에서 운동 실천을 위한 환경적 영향요인을 모두 고른 것은?(2024)**

보기
ㄱ. 지도자 ㄴ. 교육수준
ㄷ. 운동집단 ㄹ. 사회적 지지

① ㄱ, ㄴ ② ㄷ, ㄹ
③ ㄱ, ㄴ, ㄹ ④ ㄱ, ㄷ, ㄹ

■ 운동 실현에 영향을 주는 환경적 요인
- 사회적 환경 : 집단의 크기, 집단응집력, 의사의 영향력, 과거 가족력, 친구·동료의 사회적 지지, 배우자·가족의 사회적 지지, 지도자의 사회적 지지 등
- 물리적 환경 : 기후와 계절, 비용, 루틴의 변동, 시설에 대한 접근성, 운동장비 등

필수문제

43 **운동실천을 위한 행동수정 중재전략으로 적절하지 않은 것은?**

① 운동화를 눈에 잘 띠는 곳에 둔다.
② 구체적이고 실현 가능한 목표를 설정한다.
③ 지각이나 결석이 없는 회원에게 보상을 제공한다.
④ 출석상황과 운동수행 정도를 공공장소에 게시한다.

■ 행동수정 전략
운동습관에 영향을 줄 수 있는 환경적인 요소에 변화를 주어서 운동을 지속적으로 하게 만들려고 하는 전략
- 프롬프트(의사결정 단서) : 포스터 붙이기
- 계약하기 : 지도자와 운동 목표를 계약서로 작성하기
- 출석부 게시 : 출석상황을 그래프로 만들어서 게시하기
- 보상제공 : 피드백 또는 보상을 제공

심화문제

44 **운동을 실천하게 하려는 중재전략이라고 보기 어려운 것은?**

① 인지전략 : 목표설정하기
② 의사결정전략 : 의사결정 균형표 작성하기
③ 내적 동기전략 : 운동체험과 과정 중시하기
④ 인지전략 : 의미와 목적 찾기

■ 의미와 목적 찾기는 인지전략이 아니라 내적 동기전략의 하나이다.

정답 41 : ①, 42 : ④, 43 : ②, 44 : ④

필수문제

45 사회적 지지 유형 중 다른 사람을 격려하고 걱정하는 과정에서 생기는 지지는?

① 정서적 지지
② 도구적 지지
③ 비교확인 지지
④ 정보적 지지

■사회적 지지의 종류
· **정서적 지지** : 다른 사람을 걱정하고 격려하는 과정에서 생기는 지지
· **도구적 지지** : 도구를 활용하여 다른 사람을 도우려는 과정에서 생기는 지지
· **비교확인 지지** : 다른 사람을 격려하기 위해서 경쟁자와 비교하거나 잘못된 운동수행과 비교하여 긍정적인 힘을 주려는 지지
· **정보적 지지** : 다른 사람의 운동수행을 돕기 위해 정보 제공, 피드백 등을 할 때 생기는 지지
· **동반적 지지** : 동반자 역할을 수행하는 지지

■운동할 때 보조자의 역할을 해주는 것처럼 실질적인 행동으로 지지해주는 것이 도구적 지지이다.
■**사회적 지지의 종류**
– 동반적 지지
– 정보적 지지
– 정서적 지지
– 도구적 지지

심화문제

46 사회적 지지의 종류와 그 예이다. 틀린 것은?

① 동반적 지지 : 동반자 역할을 하는 것
② 정보적 지지 : 운동방법에 대한 안내와 조언
③ 정서적 지지 : 칭찬과 격려
④ 도구적 지지 : 운동용구를 빌려주는 것

■목표 설정하기는 인지전략이다.
■①, ②, ③ 이외에 피드백이나 보상을 제공하는 것도 행동수정 전략이다.

47 운동습관에 영향을 줄 수 있는 환경적인 요소에 변화를 주어서 운동을 지속적으로 하게 만들려고 하는 전략을 '행동수정 전략'이라고 한다. 다음 중 행동수정 전략이 아닌 것은?

① 프롬프트(의사결정단서) : 포스터 붙이기
② 계약하기 : 지도자와 운동목표를 계약서로 작성하기
③ 출석게시 : 출석상황을 그래프로 만들어서 게시하기
④ 목표 설정하기 : 달성할 목표 설정하기

정답 45 : ①, 46 : ④, 47 : ④

스포츠심리상담

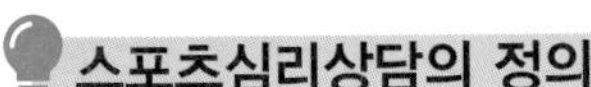

스포츠심리상담의 정의

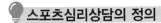

스포츠와 운동 상황에서 운동 참여자(선수, 지도자, 코치, 일반인)를 대상으로 심리기술훈련과 상담을 적용하여 경기력 향상 및 인간적 성장을 도와주는 중재를 말한다.

심리기술훈련	다양한 심리기법을 연습하여 심리기술을 향상시키는 것.
심리기술	최상의 수행을 할 수 있도록 심리상태를 조절하는 능력.
심리기법	심리기술을 향상시키는 방법. 혼잣말, 목표 설정, 심상, 루틴 이완 등

1 스포츠심리상담의 이론적 모형

인지재구성 모형 (합리적 정서치료 모델)	내담자의 비합리적인 신념을 찾아낸 다음 합리적인 신념으로 바꿀 수 있는 방법을 가르쳐준다.
교육적 모형	4단계로 구성된 심리기술 교육 프로그램을 내담자에게 적용한다. 1단계는 역학적 · 생리적 기능 분석, 2단계는 질문지를 이용한 선수의 심리 평가, 3단계는 개념화 및 동기부여, 4단계는 심리기술의 개발이다.
멘탈플랜 모형	내담자에게 최상의 수행과 최저의 수행을 회상시켜서 두 수행 사이의 차이를 인식시킨 다음, 최상의 수행을 할 때의 상태를 이끌어낼 수 있는 심리기법을 선정하여 연습시킨다.
최상의 상담 모형	전문적인 지식이 풍부하고 선수의 개인적인 요구에 부응할 수 있는 융통성을 가진 상담사가 최상의 상담을 제공하려고 노력한다.

2 한국스포츠심리학회에서 제시한 스포츠심리상담의 5가지 일반원칙(윤리강령 제1장)

전문성(제1조)	자신의 전문영역과 한계영역을 분명히 알아야 한다.
정직성(제2조)	성실, 정직, 공정해야 한다.
책무성(제3조)	윤리기준을 준수하고 자신의 행동에 대하여 책임진다.
인권존중(제4조)	고객의 사생활, 비밀, 자유의지에 대한 권리를 존중해야 한다.
사회적 책임(제5조)	자신이 몸담고 있는 사회에 대한 전문적/학술적 책임을 인식해야 한다.

3 한국스포츠심리학회에서 제시한 스포츠심리상담의 6가지 일반 윤리(윤리강령 제2장)

권력의 남용과 위협(제6조)	권력을 남용하거나, 좋은 평가나 소감을 요구하지 않는다.
의뢰와 위임(제7조)	고객의 이익을 최우선에 두고 상담을 진행하고, 필요한 경우 다른 전문가에게 의뢰한다.
상담비용(제8조)	상담을 동의하기 전에 상담비용을 합의해야 한다.
물품(제9조)	상담에 대한 대가로 상담료 이외의 물품이나 금품을 받지 않는다.
부적절한 관계(제10조)	고객과 부적절한 관계를 갖지 않는다.
비밀보장(제11조)	상담과정에서 얻은 사생활과 비밀유지에 대한 고객의 권리를 최대한 존중해야 한다.

스포츠심리상담의 기법

1 신뢰형성

상담 초기에 상담자와 내담자 간에 신뢰를 형성하는 것이 아주 중요하다. 신뢰를 형성할 수 있는 방법에는 다음과 같은 것들이 있다.

- ☞ 첫 상담 시 내담자가 원하는 것이 무엇인지 정확하게 파악하고, 도움을 줄 수 있다는 인상을 심어준다.
- ☞ 내담자가 상담의 효과에 대하여 긍정적인 기대를 갖도록 해야 한다.
- ☞ 상담자가 전문성을 갖추어야 한다.
- ☞ 상담자가 내담자를 평가하지 않고, 공감적이고 온화한 느낌이 들도록 해야 한다.
- ☞ 상담자는 정직하고 솔직하며, 비밀을 엄수해주고, 진지하고 개방적이어야 한다.

2 관심집중

상담자가 내담자에게 관심을 갖고 집중하는 것이 상담의 기본조건이다. 관심을 집중하는 기술에는 내담자를 향해서 앉기, 개방적인 자세 취하기, 내담자를 향해 몸을 기울여 앉기, 시선 맞추기, 긴장 풀기 등이 있다.

3 경청

내담자의 언어적 메시지(말) 뿐만 아니라 비언어적인 메시지(몸짓, 표정, 목소리 등)까지도 경청해야 한다. 경청하고 있다는 것을 내담자에게 확인시켜야 한다.

4 공감적 이해

내담자와 같은 입장이 되거나 유사하게 느끼는 것이 공감적 이해이다. 공감적 이해의 질을 높이는 방법에는

- ☞ 시간을 갖는다.
- ☞ 반응시간을 짧게 한다.
- ☞ 내담자에게 맞게 반응하도록 자신을 지켜야 한다.

필수 및 심화 문제

필수문제

01 스포츠심리기술 훈련에 관한 설명으로 옳지 않은 것은?

① 경기력 향상에 즉각적 효과를 줄 수 있다.
② 평소 연습과 통합되어 지속적으로 진행되어야 한다.
③ 심상, 루틴, 사고조절 등의 심리기법이 활용된다.
④ 연령, 성별, 경기수준과 관계없이 모든 선수들에게 적용될 수 있다.

■ 심리기술훈련은 다양한 심리기법을 연습하여 심리기술을 향상 시키는 것으로, 경기력 향상에 즉각적인 효과를 주는 것은 아니다.

심화문제

02 스포츠심리상담과 관련한 설명으로 옳지 않은 것은?

① 상담은 상담자와 내담자의 상호 협력 관계에 기초한다.
② 스포츠심리상담은 인간적 성장과 경기력 향상을 목표로 한다.
③ 상담자는 상담 시작 전에 상담의 전 과정을 내담자에게 안내한다.
④ 심리기술(psychological skill)에는 루틴, 자화,심상 등이 있다.

■ 스포츠심리상담은 인간적 성장과 경기력 향상과는 관계 없다.

필수문제

03 보기는 무엇을 설명하는 것인가?

보기
㉠ 내담자의 비합리적인 신념을 합리적인 신념으로 바꿀 수 있는 방법을 가르쳐준다.
㉡ 최상의 수행을 할 때의 상태를 이끌어낼 수 있는 심리기법을 선정해서 연습시킨다.

① ㉠ 합리적 정서치료 모델　㉡ 교육적 모형
② ㉠ 합리적 정서치료 모델　㉡ 인지재구성 모형
③ ㉠ 인지재구성 모형　㉡ 멘탈플랜 모형
④ ㉠ 인지재구성 모형　㉡ 교육적 모형

■ 스포츠심리상담의 이론적 모형(p. 255) 참조

정답 01 : ①, 02 : ②, 03 : ③

스포츠심리학

필수문제

04 **한국스포츠심리학회가 제시한 스포츠 심리상담사 상담윤리에 대한 설명으로 옳지 않은 것은?**

① 스포츠심리상담사는 자신의 전문영역과 한계영역을 명확하게 인식해야 한다.
② 스포츠심리상담사는 상담 과정에서 얻은 정보를 이용할 때 고객과 미리 상의해야 한다.
③ 스포츠심리상담사는 상담 효과를 알리기 위해 상담에 참여한 사람으로부터 좋은 평가나 소감을 요구해야 한다.
④ 스포츠심리상담사는 타인에게 역할을 위임할 때는 전문성이 있는 사람에게만 위임하여야 하며 그 타인의 전문성을 확인해야 한다.

■ 스포츠심리상담사 윤리강령 제2장 제6조 2항 스포츠심리상담사는 상담에 참여한 사람으로부터 좋은 평가나 소감(증언)을 요구하지 않는다(윤리강령 제2장).

심화문제

05 **한국스포츠심리학회에서 제시한 스포츠심리상담의 6가지 일반 윤리가 아닌 것은?**

① 권력의 남용과 위협 ② 의뢰와 위임
③ 상담비용 ④ 사회적 책임

■ 사회적 책임은 5가지 일반 원칙 중의 하나이다. 권력의 남용과 위협, 의뢰와 위임, 상담비용, 물품이나 금품의 보상, 부적절한 관계, 비밀보장이 6가지 일반 윤리이다.

06 **한국스포츠심리학회에서 제시한 스포츠심리상담의 5가지 일반 원칙이 아닌 것은?**

① 전문성 ② 정직성
③ 책무성 ④ 비밀보장

■ 비밀보장은 스포츠심리상담사가 지켜야 할 6가지 윤리항목 중의 하나이다. 전문성, 정직성, 책무성, 인권존중, 사회적 책임이 5가지 일반 원칙이다.

필수문제

07 **스포츠심리 상담사의 상담윤리 중 바람직한 행동이 아닌 것은?**

① 상담, 감독을 받는 학생이나 고객과 이성관계로 만나지 않는다.
② 알고 지내는 사람에 한해 전문적인 상담을 진행하도록 한다.
③ 미성년자 고객의 가족과는 개인적, 금전적 또는 다른 관계로 만나지 않는다.
④ 특별한 경우를 제외하고는 고객과 상담실 밖에서의 사적인 관계를 유지하지 않는다.

■ 알고 지낸 사람에게 전문적인 상담을 하는 것은 스포츠심리 상담사의 바람직한 행동이 아니다.

정답 04 : ③, 05 : ④, 06 : ④, 07 : ②

필수문제

08 응용스포츠심리학회(Association for the Advancement of Applied Sport Psychology: AAASP)가 제시하는 스포츠심리상담의 윤리규정이 아닌 것은?

① 평소 알고 지내는 사람(가족, 친구 등)과의 상담과정은 전문적으로 진행한다.
② 나이, 성별, 국적, 종교, 장애, 사회경제적 지위 등의 개인차를 존중한다.
③ 교육, 연수, 수련 경험 등을 통해 인정받은 전문 지식과 기법을 제공한다.
④ 내담자의 이익을 최우선에 두고 상담을 진행하며 필요한 경우 다른 전문가에게 의뢰한다.

■ 친분이 있는 사람을 내담자로 받아들이면 이중관계가 되어 전문적 상담의 성과를 기대할 수 없으므로 다른 전문가에게 의뢰하여 도움을 주어야 한다.
■ 스포츠심리상담의 6가지 윤리
· 권력을 남용하거나, 좋은 평가나 소감을 요구해서는 안 된다.
· 고객의 이익을 최우선으로 하고, 필요하면 다른 전문가에게 의뢰한다.
· 상담 전에 상담비용을 합의해야 한다.
· 상담료 이외의 금품이나 물품을 받아서는 안 된다.
· 고객과 부적절한 관계를 갖지 않는다.
· 상담과정에서 얻은 사생활과 비밀유지에 대한 고객의 권리를 존중해야 한다.

심화문제

09 미국 응용스포츠심리학회(AMSP)의 스포츠심리상담 윤리 규정이 안닌 것은?(2024)

① 스포츠에 참여하는 모든 사람과 전문적인 상담을 진행한다.
② 직무수행상 자신의 한계를 인식하고 한계를 넘는 주장과 행동은 하지 않는다.
③ 회원 스스로 윤리적인 행동을 실천하고 남에게 윤리적 행동을 하도목 적극적으로 권장한다.
④ 다른 전문가에 의한 서비스 수행 촉진, 책무성 확보, 기관이나 법적 의무 완수 등의 목적을 위해 상담이나 연구 결괴를- 기록으로 남긴다.

필수문제

10 스포츠심리상담사가 가져야 할 역량이나 태도로서 합당하지 않은 것은?

① 스포츠심리상담사는 어떠한 경우에도 비밀을 지켜야 한다.
② 스포츠심리상담사는 스포츠에 관한 전문적 지식과 함께 사회 전반에 관한 풍부한 지식을 가져야 한다.
③ 스포츠심리상담사는 풍부한 대인관계 기술을 필요로 한다.
④ 스포츠심리상담사는 선수들의 표정, 외모 등의 비언어적 메시지에도 주의를 기울여야 한다.

■ 비밀을 지키는 것은 역량이나 태도가 아니고 윤리적인 문제이다.

정답 08 : ①, 09 : ①, 10 : ①

심화문제

11 선수들이 지각하는 최고의 스포츠심리 상담사와 거리가 먼 것은?

① 친밀감(유대감) 형성
② 지속적인 심리훈련
③ 경기 시즌 전, 중, 후 지원
④ 선수와의 개인별 접근 제한

12 스포츠 심리상담사에 관한 설명으로 적절하지 않은 것은?

① 내담자와 일상생활에서 개인적 관계를 맺는다.
② 내담자와 공감하며 경청한다.
③ 내담자와 라포(rapport)를 형성한다.
④ 내담자의 비언어적 메시지에도 관심을 가진다.

■ 스포츠심리상담사는 고객과 상담실 밖에서 사적인 관계를 유지해서는 안 된다.

필수문제

13 스포츠심리상담의 적용과 관련된 설명으로 적절하지 않은 것은?

① 상담은 내담자와 상담자 사이의 상호 협력관계를 기초로 한다.
② 신뢰형성 기술에는 내담자 향해 앉기, 개방적 자세 취하기, 적절한 시선 맞추기 등이 있다.
③ 경청은 상담자가 내담자의 언어적 메시지는 물론 비언어적 메시지를 듣는 과정이다.
④ 공감적 이해의 증진을 위해 생각할 시간을 갖고, 반응시간을 짧게 하고, 내담자에 맞게 반응해야 한다.

■ ②는 신뢰형성 기술이 아니라 관심을 집중하는 기술이다.

필수문제

14 스포츠심리상담에서 상담자가 활용할 수 있는 기법에 관한 설명으로 옳지 않은 것은?

① 적극적 경청 : 내담자의 말에 적절하게 행동으로 반응한다.
② 관심집중 : 내담자의 말이 끝날 때까지 내담자를 계속 관찰한다.
③ 신뢰형성 : 내담자 개인의 정신적 고민이나 감정적 호소에 귀 기울인다.
④ 공감적 이해 : 내담자에게는 생각할 시간을 충분히 주고, 상담자는 반응을 짧게 한다.

■ 스포츠심리상담사는 내담자의 말을 경청하고, 내담자와 신뢰관계를 형성해야 하며, 공감적인 이해가 필요하다.

정답 11 : ④, 12 : ①, 13 : ②, 14 : ②

스포츠심리학

심화문제

15 상담기법이 아닌 것은?

① 경청
② 공감적 이해
③ 유머감각
④ 가치판단

▪상담할 때 내담자의 이야기에 대해서 가치를 평가하거나 옳고 그름을 판단하면 상담 자체가 잘 이루어지지 않는다.

16 상담의 특성으로 보기 어려운 것은?

① 내담자와 상담자가 있어야 한다.
② 전문적인 지식과 훈련을 받은 상담자가 제공하는 전문적인 활동이다.
③ 상담자와 내담자 간의 상하관계에 기초를 두고 있다.
④ 의사결정과 문제해결에 관여한다.

▪상담은 상담자와 내담자 간의 상호협력관계에 기초를 두고 있다.

17 스포츠심리상담자가 갖추어야 할 자질 또는 능력에 해당되지 않는 것은?

① 호기심
② 청취능력
③ 대화능력
④ 공감 및 이해능력

18 스포츠심리상담의 기법에 속하지 않는 것은?

① 관심집중　② 경청
③ 공감적 이해　④ 반박

▪상담자는 내담자를 반박하면 안 된다.
▪스포츠심리상담의 기법에는 관심집중, 경청, 공감적 이해, 신뢰형성이 있다.

19 스포츠심리상담사가 갖추어야 할 자질이나 태도가 아닌 것은?

① 편안하게 대화
② 통찰력
③ 동정과 사랑
④ 친밀한 관계 형성

▪동정은 스포츠심리상담에서 금기시되는 사항이다.

정답 15 : ④, 16 : ③, 17 : ①, 18 : ④, 19 : ③

스포츠심리학

20 **보기에서 설명하고 있는 상담기법은?**

보기 ㉠ 내담자의 표정, 손발의 움직임, 자세, 목소리 등을 잘 보고 듣는다. ㉡ 내담자의 느낌과 비슷한 느낌을 갖는다.

① ㉠ 경청, ㉡ 공감 ② ㉠ 공감, ㉡ 경청
③ ㉠ 경청, ㉡ 이입 ④ ㉠ 통찰, ㉡ 판단

필수문제

21 **스포츠심리상담의 절차에 대한 설명으로 틀린 것은?**

① 상담 초기에는 지도자와 선수 간의 친밀한 관계와 상호 신뢰의 형성이 중요하다.
② 상담 중기에는 상담실뿐만 아니라 훈련장이나 경기장에서도 상담이 이루어질 수 있다.
③ 상담의 후기에는 면담이나 질문지 검사를 통해 상담 초기 선수가 지닌 목표를 평가한다.
④ 상담은 자발적으로 원하는 선수에게만 실시해야 한다.

■상담이 필요한 선수를 대상으로 상담이 이루어져야 한다.

심화문제

22 **보기의 ( ) 안에 들어가야 할 것으로 적당한 것은?**

보기 상담 전 단계 → (㉠) → (㉡) → 상담종결 단계

① ㉠ 상담시작 단계 ㉡ 상담진행 단계
② ㉠ 상담진행 단계 ㉡ 상담시작 단계
③ ㉠ 안내 및 교육 ㉡ 확인 및 평가
④ ㉠ 현장적용 ㉡ 확인 및 평가

23 **상담과정의 단계를 올바르게 나열한 것은?**

① 통찰→탐색→실행 ② 통찰→실행→탐색
③ 탐색→통찰→실행 ④ 탐색→실행→통찰

정답 20 : ①, 21 : ④, 22 : ①, 23 : ③

스포츠심리학

MEMO

MEMO

2025

스포츠지도사 2급 필기

운동생리학

단원별 출제빈도 분석

단원	2015(전문)	2015(생활)	2016	2017	2018	2019	2020	2021	2022	2023	2024	누계(개)	출제율(%)
제1장 운동생리학의 개관	1	1	2	1	1	2			1	2		11	5
제2장 에너지대사와 운동	3	3	4	4	3	6	2	1	4	6	3	39	18
제3장 신경조절과 운동	2	2	2	3	2	1	3	2	3	3	2	25	11
제4장 뼈대근육과 운동	6	4	3	2	4	4	5	6	4	4	6	48	22
제5장 내분비계통과 운동	3	3	2	2	2	2	3	2	2	1	4	26	12
제6장 호흡 · 순환계통과 운동	4	5	6	6	6	4	6	6	5	3	4	55	25
제7장 환경과 운동	1	2	1	2	2	1	1	3	1	1	1	16	7
합계	20	20	20	20	20	20	20	20	20	20	20	220	100

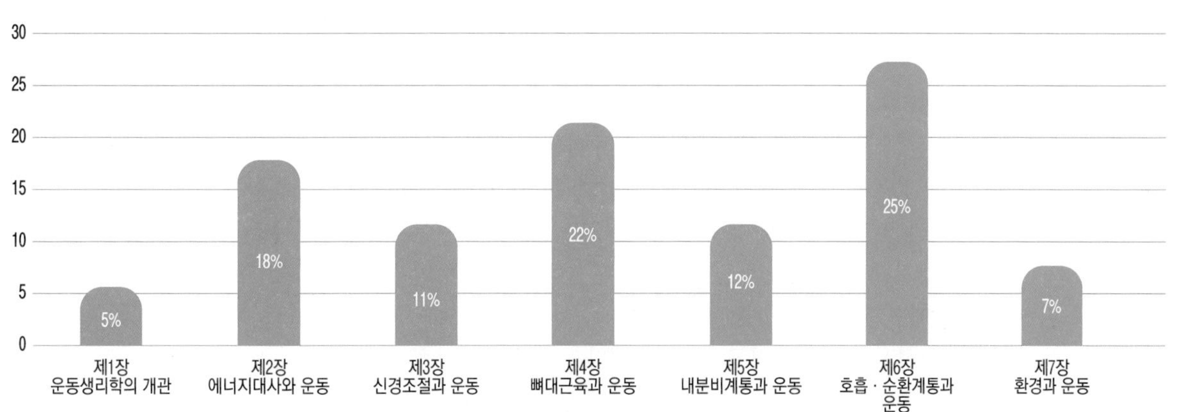

단원별 출제비율 그래프

운동생리학의 개관

용어의 정의

운동	건강이나 체력을 유지 또는 증진시키기 위해서 계획적이고 규칙적인 신체활동을 하는 것.
신체활동	신체적인 움직임을 통해서 휴식 시보다 더 많은 에너지를 소비하는 것.
체력	신체활동을 수행할 수 있는 능력.

1 체력의 분류 1

방위체력	환경적, 생물적, 생리적, 심리적 스트레스에 저항하는 능력.
행동체력	운동의 발현능력, 운동의 지속능력, 운동의 조정능력.

2 체력의 분류 2

건강관련체력	심폐지구력, 근력, 근지구력, 유연성, 체성분(신체구성)
운동기능체력	민첩성, 순발력, 협응력, 평형성, 반응속도, 스피드

항상성	인체가 외부의 자극에 의해서 교란되었을 때 정상상태를 유지하려고 하는 성질.
반응	자극에 의해서 교란된 인체의 내부환경을 정상적인 상태로 되돌리기 위해서 기관계통이 일시적으로 변화하는 것.

운동생리학의 정의

☞ 운동생리학은 운동 중 생명체가 어떻게 생리학적으로 반응하는가를 관찰하는 학문이다. 그러므로 운동이라는 자극을 이용하여 인체가 적응하는 과정을 생리학적으로 관찰함과 동시에 인체가 궁극적으로 어떻게 변화하는지를 연구하는 학문이다. 그러나 21세기에 접어들면서 운동생리학의 연구영역은 인체의 조직과 기관이라는 생리학적 수준에서 점차 진화하여 세포와 신호전달체계 및 단백질 합성 및 발현이라는 세포생물학 또는 분자생물학 분야로 진화하고 있다.

☞ 비교적 장기간 동안 운동의 형태로 가해진 자극에 대하여 인체가 반응하고 적응하면서 생기는 생리학적 변화를 연구하는 학문이다.

☞ 인체의 항상성에 대하여 연구하는 학문이다.

☞ 인체의 구조와 기능 사이의 관련성을 연구하는 학문이다.

필수 및 심화 문제

필수문제

01 용어에 대한 정의 또는 설명으로 옳지 않은 것은?

① 운동 : 건강이나 체력을 유지 또는 증진시키기 위해서 계획적이고 규칙적인 신체활동을 하는 것
② 신체활동 : 신체적인 움직임을 통해서 휴식 시보다 더 많은 에너지를 소비하는 것
③ 체력 : 신체활동을 수행할 수 있는 능력
④ 스포츠 : 경쟁에서 이기기 위해서 하는 신체활동

■스포츠란 일정한 규칙에 따라 개인이나 단체끼리 속력·지구력·기능 등을 겨루는 것

필수문제

02 체력을 건강관련 체력과 운동기능 체력으로 나누었을 때 건강 체력과 거리가 먼 것은?

① 심폐지구력 ② 근력 ③ 신체구성(조성) ④ 민첩성

■민첩성은 운동기능 체력이다.

심화문제

03 보기의 내용이 모두 증가되었을 때 향상되는 건강체력 요소는?

보기	
· 모세혈관의 밀도	· 미토콘드리아의 수와 크기
· 동정맥산소차(arterial-venous oxygen difference)	

① 유연성 ② 순발력 ③ 심폐지구력 ④ 근력

■보기는 모두 심폐지구력(전신지구력)을 향상시키는 요인들이다.

■**건강관련체력** : 심폐지구력, 근력, 근지구력, 유연성, 체성분

04 건강체력 요소 측정으로만 나열되지 않은 것은?

① 오래달리기 측정, 생체전기저항분석(bioelectric impedance analysis)
② 앉아윗몸앞으로굽히기 측정, 윗몸일으키기 측정
③ 배근력 측정, 제자리높이뛰기 측정
④ 팔굽혀펴기 측정, 악력 측정

■③ 제자리높이뛰기는 순발력 측정. 순발력은 운동기술 관련 체력요인임.
■① 오래달리기는 심폐지구력 측정. 생체전기저항분석은 체성분 측정
■② 앉아윗몸앞으로굽히기는 유연성 측정. 윗몸일으키기는 근지구력 측정
■④ 팔굽혀펴기는 근지구력 측정. 악력은 근력 측정

필수문제

05 체력을 방위체력과 행동체력으로 나누었을 때 행동체력에 속하지 않는 것은?

① 운동의 제어능력 ② 운동의 발현능력
③ 운동의 지속능력 ④ 운동의 조정능력

■방위체력은 병이나 스트레스 등의 공격에 견디어낼 수 있는 능력이고, 행동체력은 살아가기 위해서 움직이는 능력이다.

정답 01 : ④, 02 : ④, 03 : ③, 04 : ③, 05 : ①

운동생리학

심화문제

■신체조성(체성분)은 몸을 구성하는 성분들의 상대적인 비율이지 체력요소가 아니다.

06 운동기술 관련 체력(skill－related fitness) 요소가 아닌 것은?

① 민첩성　② 순발력　③ 신체조성　④ 스피드

■순발력은 운동기능 관련 체력요소이다.

07 건강체력 요소가 아닌 것은?

① 순발력　② 유연성　③ 신체구성　④ 심폐지구력

■운동생리학의 정의 (p. 2) 참조.

08 운동생리학 관련 연구에 대한 설명 중 옳지 않은 것은?

① 운동 시 신체의 기능이 어떻게 변화하는지를 연구한다.
② 운동능력을 향상시키기 위한 훈련 과정에 적용하는 학문이다.
③ 장기간 운동에 대한 신체적 효과 및 적응에 대해 연구한다.
④ 운동손상에 대한 수술방법을 연구하는 학문이다.

■항상성 : 인체가 외부의 자극에 의해 교란되었을 때 정상상태를 유지하려는 능력

필수문제

09 인체가 외부의 자극에 의해서 교란되었을 때 정상상태를 유지하려고 하는 성질은?

① 반응성　② 항상성　③ 흥분성　④ 안정성

■항상성을 유지하기 위해 인체가 사용하는 주된 방법은 부적 피드백(음성되먹이기) 반응이다.

심화문제

10 항상성을 유지하기 위해서 가장 많이 쓰이는 것은?

① 신경전달의 억제　② 신경전달의 촉진　③ 양적 피드백　④ 부적 피드백

■항상성 유지를 위한 부적 피드백(인체의 대부분의 조절체계)은 ①, ②, ③ 등이지만, ④는 양성 피드백 반응이다(원인을 촉진하는 조절체계).

11 항상성 유지를 위한 신체 조절 중 부적피드백(negative feedback)이 아닌 것은?

① 세포외액의 CO_2 조절　② 체온 상승에 따른 땀 분비 증가
③ 혈당 유지를 위한 호르몬 조절　④ 출산 시 자궁 수축 활성화 증가

■일시적인 변화는 '반응'이고, 장기적인 변화는 '**적응**'이다.

12 자극에 의해서 교란된 인체의 내부환경을 정상적인 상태로 되돌리기 위해서 기관계통이 일시적으로 변화하는 것은?

① 항상성　② 항정상태　③ 반응　④ 적응

정답　06 : ③, 07 : ①, 08 : ④, 09 : ②, 10 : ④, 11 : ④, 12 : ③

13 신체활동을 가장 잘 설명한 것은?

① 계획적인 신체의 움직임
② 생활수단으로 하는 신체의 움직임
③ 안정 시보다 더 많은 에너지를 소비하는 상태
④ 건강이나 체력의 향상을 기대하기 어려운 활동

■ 신체활동은 신체적인 움직임을 통해서 휴식 시보다 더 많은 에너지를 소비하는 것이다.

운동생리학

필수문제

14 보기의 괄호 안에 들어갈 가장 적절한 용어는?

보기
'운동생리학'은 일정 기간 동안 운동 형태로 가해진 자극에 대해 인체가 적절하게 반응하고 (   )하는 과정 속에서 나타나는 생리학적 현상을 연구하는 학문분야이다.

① 선택 ② 수용 ③ 회피 ④ 적응

■ 운동생리학은 운동을 통해 발생하는 인체의 반응과 적응을 연구하는 학문이다. 이때 반응은 일시적인 변화이고, 적응은 장기적인 변화이다.

심화문제

15 운동생리학의 기본 영역에서 파생된 학문과 관련성이 가장 적은 것은?

① 운동처방 ② 트레이닝방법론 ③ 운동역학 ④ 운동영양학

■ 운동역학은 운동생리학에서 파생된 학문이 아니고, 인간의 움직임을 설명 · 분석 · 평가하는 학문이다.

16 보기에서 괄호에 들어갈 명칭은?

보기
미국 운동생리학의 역사는 1920년대 호흡생리학의 권위자인 핸더슨(L. Henderson)이 설립한 (   )에서 시작되었으며, 이곳에서 최대산소섭취량과 산소부채, 탄수화물과 지방 대사, 환경생리학, 임상생리학, 노화, 혈액 및 체력 등 여러 분야의 연구가 수행되었다.

① 하버드피로연구소 ② 아우구스트크로그연구소
③ 크리스티안보어연구소 ④ 카롤린스카연구소

■ ②에서 최초로 인공적으로 인슐린을 생산함(덴마크).
③에서 원자의 구조를 연구함(덴마크).
④는 스웨덴의 세계적인 의과대학에 있음.

정답 13 : ③, 14 : ④, 15 : ③, 16 : ①

에너지대사와 운동

대사작용과 에너지

1 대사과정

☞ 체내에서 일어나는 물질과 에너지의 변환과정을 대사과정이라고 한다.

☞ 대사과정에는 동화작용과 이화작용이 있다.

☞ 에너지를 물질의 결합에너지로 저장하는 것을 동화작용, 물질에 저장되어 있는 에너지를 분해해서 다른 에너지로 변환시키는 것을 이화작용이라 한다.

☞ 일반적으로 동화작용을 거치면 물질분자의 크기가 커지고, 이화작용을 거치면 물질분자의 크기가 작아진다.

2 에너지원

☞ 인체의 에너지원은 탄수화물, 지방, 단백질이고 비타민은 에너지원이 아니다.

☞ 탄수화물은 1g을 분해하면 4kcal, 지방은 9kcal, 단백질은 4kcal의 에너지를 얻을 수 있지만 특별한 경우가 아니면 단백질을 분해하지는 않는다,

☞ 지구상에 있는 모든 동식물의 세포가 직접 이용할 수 있는 에너지원은 ATP 뿐이다.

☞ 그러므로 탄수화물이나 지방을 분해해서 나오는 에너지를 이용해서 일단 ATP를 만들어야 세포가 이용할 수 있다.

☞ ATP는 아데노신(A)에 인(P)이 3개(T) 결합되어 있는 물질이고, 아데노신에서 인 1개가 떨어질 때 나오는 에너지를 세포가 이용하는 것이다.

☞ ATP에서 인이 1개 떨어져 나가고 2개가 붙어 있는 것을 ADP, 2개가 떨어져 나가고 1개만 붙어 있는 것을 AMP라고 한다.

☞ 그러므로 ATP가 ADP로 변할 때 나오는 에너지를 세포가 이용하는 것이고, 반대로 ADP를 ATP로 변화시킬 때에는 탄수화물이나 지방을 분해해서 나오는 에너지를 투입해야 한다.

☞ 다시 말해서 대사작용은 ATP를 ADP로 변화시키는 이화작용과 ADP를 ATP로 변화시키는 동화작용을 합친 것이다.

※ATP합성에 사용되는 에너지

• 탄수화물(글루코스, 글리코겐)　　• 지방(지방산, 중성지방)　　• 단백질(아미노산)

3 일과 에너지의 단위

☞ 1N(뉴턴)의 힘을 들여서 1m(미터) 이동시키면 1N·m(뉴턴미터) 또는 1J(줄)의 일을 했다고 한다.

☞ 1kg(킬로그램)의 물체를 중력과 반대 방향으로 1m 들어올려 놓으면 1kg중m(킬로그램 중 미터)의 일을 했다고 한다.

☞ 영국의 물리학자 줄(Joule)이 물통에 있는 물을 계속 휘저었더니 물의 온도가 올라가는 것을 보고 일을 하면 열이 발생한다는 것을 알았다.

☞ 그래서 일을 해주면 열이 얼마나 생기는지 측정해본 결과 1J(줄)의 일을 해주면 0.24cal의

열이 생겼다. 즉, 1J = 0.24cal이고, 반대로 계산하면 1cal = 4.186J이 된다.
- ☞ 1kg의 무게가 9.8N이므로 1kg중m=9.8N·m=9.8J=9.8J×0.24cal/J=2.39cal이다.

4 파워(순발력) = power = 일률

- ☞ 일률은 '일하는 빠르기'라는 뜻이므로 '한 일÷일하는 데에 걸린 시간'으로 계산한다.
- ☞ 예를 들어 100J의 일을 하는 데에 5초(S) 걸렸다면 100J ÷ 5S =20J/S.
- ☞ 그러므로 일률의 단위는 J/S이고, J/S=W(와트)라고 한다.
- ☞ 큰 힘을 빠른 속도로 발휘하는 것을 순발력이 좋다고 한다.
- ☞ 그러므로 순발력 = 힘×속도 = N·m/s = J/S = W. 즉, 순발력과 일률은 같은 것이다.

운동생리학

대사시스템

1 ATP-PCr 시스템

- ☞ 인원질 과정이라고도 한다.
- ☞ 아주 짧은 시간 내에 ATP를 공급할 수 있고 무산소 시스템이다.
- ☞ 극히 제한된 시간(약 10초) 동안만 ATP를 공급할 수 있다.

2 무산소당분해(해당) 시스템(젖산과정)

- ☞ 당분(탄수화물)을 분해하는 과정이라는 뜻이다.
- ☞ 당분을 분해하면 젖산이 생기기 때문에 젖산과정이라고도 하고, 무산소 시스템이다.
- ☞ ATP-PCr 시스템보다는 많고, 유산소 시스템보다는 적은 양의 ATP를 공급할 수 있다.
- ☞ 젖산은 근육의 피로를 유발시키는 물질이기도 하지만, 근육에서 간으로 이동시켜 저장하여두었다가 나중에 에너지원으로 사용한다.

3 유산소 시스템

- ☞ 산소가 충분히 공급될 때에만 가동되기 때문에 유산소과정이라고 한다.
- ☞ 크렙스회로 또는 크렙스사이클이라고도 한다.
- ☞ 가장 늦게 동원되는 시스템이다.
- ☞ 오랜 시간(이론적으로는 무한히 긴 시간) 동안 ATP를 공급할 수 있다.
- ☞ 탄수화물과 지방을 연료로 사용한다.

운동 시 에너지원으로 사용되는 영양소

- ☞ 고강도로 운동을 하면 탄수화물, 저강도로 운동을 하면 지방을 주에너지원으로 사용한다.
- ☞ 운동지속시간이 짧으면 탄수화물, 운동지속시간이 길면 지방을 주에너지원으로 사용한다.
- ☞ 장시간 동안 운동을 지속할 때 주 에너지원이 탄수화물에서 지방으로 바뀌는 시점을 유무산소교차점이라고 한다.
- ☞ 유무산소교차점은 운동 목적에 알맞은 운동강도를 정하려고 할 때 아주 중요하게 이용된다.
- ☞ 극단적인 경우에만 단백질을 에너지원으로 사용한다.

1 운동시간에 따른 변화

☞ 운동을 막 시작할 때에는 (휴식 시에는) 탄수화물 75%, 지방 25%를 사용한다.

☞ 운동을 시작한 다음 약 50분 정도가 지나면 탄수화물 50%, 지방 50%를 사용한다.

☞ 운동을 시작한 다음 약 90분이 지나면 탄수화물 25%, 지방 75%를 사용한다.

2 운동강도에 따른 변화

☞ 약 10% $\dot{V}O_{2max}$의 운동강도로 운동을 하면 탄수화물 30%, 지방 70%를 사용한다.

☞ 약 35% $\dot{V}O_{2max}$의 운동강도로 운동을 하면 탄수화물 50%, 지방 50%를 사용한다.

☞ 약 80% $\dot{V}O_{2max}$의 운동강도로 운동을 하면 탄수화물 80%, 지방 20%를 사용한다.

호흡교환율(호흡지수)

☞ 1분 동안 섭취하는 산소의 양(VO_2)과 배출하는 이산화탄소의 양(VCO_2)을 **호흡교환율**(Respiratory Exchange Ratio : PER) 또는 **호흡지수**(Respiratory Quotient : RQ, 호흡상)라고 한다.

» RQ는 세포 내 호흡을 반영하며, PER은 허파의 외호흡으로 환기된 공기에서 측정함.

» 순수한 탄수화물이 분해될 때 RQ는 1.0이고, 지질이 분해될 때 RQ는 0.71

» PER은 운동강도의 증가에 따라 상승함.

호흡교환율=1분 동안에 배출한 이산화탄소의 부피÷1분 동안에 흡입한 산소의 부피

☞ 탄수화물을 분해해서 에너지를 얻을 때 1분 동안에 흡입하는 산소의 양(부피)과 배출하는 이산화탄소의 양(부피)은 같다.

호흡교환율=1÷1=1

☞ 지방을 분해해서 에너지를 얻을 때 1분 동안에 흡입하는 산소의 양(부피)은 23, 배출하는 이산화탄소의 양(부피)은 16이다.

호흡교환율=16÷23=0.70

☞ 그러므로 호흡교환율을 알면 운동 중에 에너지원으로 사용하는 탄수화물과 지방의 양을 알 수 있다.

예 : 호흡교환율이 0.7이면 탄수화물을 0%, 지방을 100% 사용하고 있다.

예 : 호흡교환율이 0.8이면 탄수화물을 33%, 지방을 67% 사용하고 있다.

예 : 호흡교환율이 0.9이면 탄수화물을 67%, 지방을 33% 사용하고 있다.

예 : 호흡교환율이 1이면 탄수화물을 100%, 지방을 0% 사용하고 있다.

대사적응

1 장기간 동안 유산소 트레이닝을 하였을 때 신체가 적응해서 생기는 변화

☞ 근육의 유산소대사능력이 향상된다.

☞ 산소를 운반하는 능력이 향상된다.
☞ 지방을 더 많이 사용하게 된다.
☞ 근육에 저장되어 있는 글리코겐의 양이 증가된다.
☞ 최대산소섭취량이 증가한다.
☞ 심장의 일회박출량이 증가한다.
☞ 지근(서근)섬유가 비대해진다.
☞ 근육조직에 있는 모세혈관이 많아진다.
☞ 근육 내의 미오글로빈 양이 증가한다.
☞ 세포 안의 미토콘드리아의 양이 증가한다.

2 장기간 동안 무산소 트레이닝을 하였을 때 신체가 적응해서 생기는 변화

☞ 크레아틴 분해효소의 활성이 증가한다.
☞ ATP와 PCr의 저장량이 증가한다.
☞ 속근섬유의 비대가 현저해진다.
☞ 근육의 가로 단면적이 증가하고, 최대근력이 증가한다.
☞ ATP−PCr 시스템과 당분해과정 시스템에 관여하는 효소들이 많아지거나 활성화된다.
☞ 평소에 근육에 저장되어 있는 ATP와 PCr의 양이 증가한다.

3 장기간 동안 지구력 트레이닝을 하였을 때 신체가 적응해서 생기는 변화

☞ 안정 시 심박수가 감소한다.
☞ 최대 산소섭취량이 증가한다.
☞ 미토콘드리아 수가 증가한다.
☞ 모세혈관의 밀도가 증가한다.

4 운동강도를 MET(대사당량)로 정하는 방법

☞ 앉아서 편안하게 휴식을 취하고 있을 때 체중 1kg당 1분 동안에 소모하는 열량을 1MET라고 한다.
☞ 1MET는 사람마다 차이가 있지만 평균 약 1kcal이고, 체내에서 1kcal를 발생시키려면 산소 3.5ml를 소비해야 한다.
☞ 운동이나 생활 활동의 운동강도를 MET로 나타내면 편안히 쉴 때보다 몇 배의 에너지를 소모하는 운동이라는 뜻이 되므로 편리하다.
☞ 1~2.9METs는 저강도 운동, 3~5.9METs는 중간강도 운동, 6METs 이상이면 고강도 운동으로 분류한다.
☞ 'MET수×체중(kg)×운동시간(분)'은 그 사람이 그 운동을 하면서 사용한 에너지의 총량을 나타낸다.
☞ 예를 들어 체중 50kg인 사람이 3METs의 운동을 20분 동안 하였다면 3METs×50kg×20분=3,000kcal의 열량을 소모하였고, 산소 소비량으로 환산하면 3,000×3.5=10,500ml=10.5리터의 산소를 소비하였다.

필수 및 심화 문제

운동생리학

■ **동화작용** : 세포 내의 단순한 물질이나 작은 분자들이 에너지를 사용하면서 복잡한 분자로 합성되는 과정
■ **이화작용** : 대형분자가 작은 분자들로 분해되면서 에너지를 방출하는 과정

■ 삼투는 농도가 낮은 쪽의 액체가 높은 쪽으로 용매가 옮겨가는 현상이므로 에너지 소모와는 관계가 없다.
■ **물질운반**
· 수동적 수송 : 확산(세포막을 사이에 두고 있는 두 용액의 농도가 같아지는 것), 삼투(녹아 있는 물질의 분자가 너무 커서 세포막을 통해서 이동할 수 없을 때 아주 작은 물질의 분자가 대신 이동해서 양쪽의 농도를 같게 하는 것), 투석(클로이드에 반투막을 접촉시켜 작은 입자들만 걸러내는 것), 여과(막의 안쪽과 바깥쪽의 압력이 다르면 압력이 높은 쪽에서 낮은 쪽으로 물질이 이동하는 것)
· 능동적 수송 : 이온펌프, 포음작용

■ 매우 가벼운 운동($25\%VO_2max$)일 때는 혈중유리지방산(FFA)이 주로 근에너지원으로 사용되고, 고강도 운동($80\%VO_2max$)일 때는 근글리코겐이 주된 에너지원이 된다.

필수문제

01 보기에서 괄호에 들어갈 용어로 바르게 묶인 것은?

보기
체내의 대사과정(metabolism)은 물질을 합성하여 에너지를 저장하는 (㉠)과 물질을 분해하여 에너지를 소비하는 (㉡)으로 구분된다.

① ㉠ 화학작용, ㉡ 물리작용 ② ㉠ 물리작용, ㉡ 화학작용
③ ㉠ 동화작용, ㉡ 이화작용 ④ ㉠ 이화작용, ㉡ 동화작용

필수문제

02 다음 중 에너지의 소모가 없어도 물질을 운반할 수 있는 것은?

① 능동적 운반 ② 포음작용 ③ 삼투 ④ 이온펌프

필수문제

03 보기의 ㉠, ㉡에 들어갈 내용이 바르게 연결된 것은?

보기

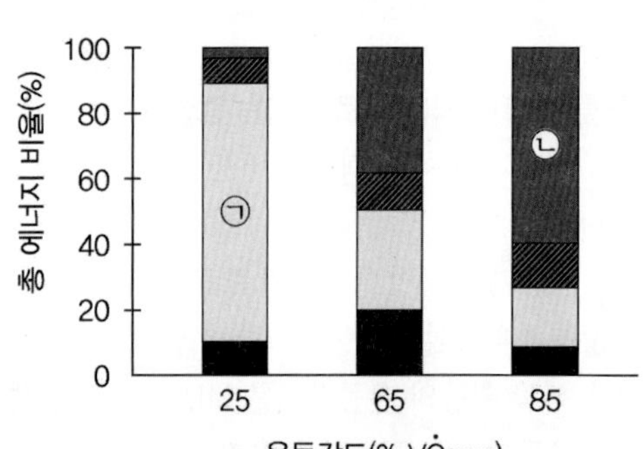

훈련한 운동 선수의 운동강도에 따른 에너지원 사용

	㉠	㉡
①	혈중 포도당	근중성지방
②	혈중 유리지방산	근글리코겐
③	근글리코겐	혈중 포도당
④	근중성지방	혈중유리지방산

정답 01 : ③, 02 : ③, 03 : ②

필수문제

04 보기의 ㉠, ㉡에 들어갈 용어가 바르게 나열된 것은?

보기
지방의 베타(β) 산화는 중성지방으로부터 분리된 (㉠)이 미토콘드리아 내에서 여러 단계를 거쳐 (㉡)(으)로 전환되는 과정을 뜻한다.

	㉠	㉡
①	유리지방산(free fatty acid)	아세틸조효소-A(Acetyl CoA)
②	유리지방산(free fatty acid)	젖산(lactic acid)
③	글리세롤(glycerol)	아세틸조효소-A(Acetyl CoA)
④	글리세롤(glycerol)	젖산(lactic acid)

■ 지방은 탄수화물보다 화학적 결합과정이 길기 때문에 그 결합을 분해하여 에너지를 얻으려면 탄수화물보다 가공과정(화학적 반응)을 한 번 더 거쳐야 하는데, 그 과정이 지방의 베타 산화이다. 베타 산화에 의해 에너지로 사용되는 것은 유리지방산인데, 이것은 아세틸조효소-A로 전환되어 에너지로 사용된다.

운동생리학

필수문제

05 보기의 지방(fat)에 대한 설명 중 옳은 것으로만 묶인 것은?

보기
㉠ 지방은 유리지방산의 형태로 지방조직과 골격근 등에 저장된다.
㉡ 중성지방은 탄수화물이 고갈되더라도 에너지원으로 사용되지 않는다.
㉢ 중성지방은 리파아제(lipase)에 의해 지방산과 글리세롤(glycerol)로 분해된다.
㉣ 운동강도가 증가함에 따라 에너지 생산을 위한 주연료는 지방에서 탄수화물로 전환된다.

① ㉠, ㉡ ② ㉠, ㉣ ③ ㉡, ㉢ ④ ㉢, ㉣

■ ㉠ 지방은 중성지방 형태로 백색지방조직에 90% 이상 저장된다. 중성지방은 간과 근육에 저장되어 있고, 지단백(지질단백질) 형태로 혈액 내에도 존재한다.
■ ㉡ 운동강도가 증가하여 세포에 포도당이 부족해지면 세포는 에너지를 생성할 때 지방을 이용하게 된다.

심화문제

06 에너지 대사 측면에서 탄수화물과 지방의 특성을 잘못 설명한 것은?

① 지방은 산화를 통한 ATP 생산을 위하여 반드시 산소가 필요하다.
② 1그램의 지방은 약 9 kcal의 열량을 생산한다.
③ 포도당 1분자와 비교하여 지방 1분자가 생산하는 ATP의 양이 적다.
④ 탄수화물은 높은 운동강도에서 지방보다 선호되는 에너지원이다.

■ 포도당보다 지방이 생산하는 ATP의 양이 더 많다.

정답 04 : ①, 05 : ④, 06 : ③

필수문제

07 인체운동에 관한 다음 설명에서 (   ) 안에 들어갈 단어를 올바른 순서대로 짝지어 놓은 것은?

보기
(   ) 에너지를 (   ) 에너지로 전환시키는 생체 에너지 과정은 연속적인 화학작용에 의하여 조절된다.

① 화학적 : 기계적
② 기계적 : 화학적
③ 물리적 : 전기적
④ 전기적 : 물리적

■ 생체에너지 과정은 화학적 에너지를 기계적 에너지로 전환시키는 과정이다.

필수문제

08 에너지 대사과정과 속도조절효소의 연결이 옳지 않은 것은?(2024)

	에너지 대사과정	속도조절효소
①	ATP—PC 시스템	크레아틴 키나아제 (creatine kinase)
②	해당작용	젖산탈수소효소 (lactate dehydrogenase)
③	크랩스회로	이소시트르산탈수소효소 (isocitrate dehydrogenase)
④	전자전달체계	사이토크롬산화효소 (cytochrome oxidase

■ **해당(당분해)과정의 속도조절효소** : 인산과당분해효소(PFK : phosphofructokinase), 가인산분해효소(phospholylase)

필수문제

09 일과 에너지의 단위에 대하여 설명한 것이다. 틀린 것은?

① 1N(뉴턴)의 힘을 들여서 1m(미터) 이동시키면 1N·m(뉴턴미터) 또는 1J(줄)의 일을 했다고 한다.
② 1kg(킬로그램)의 물체를 중력과 반대 방향으로 1m 올려놓으면 1kg중m(킬로그램 중 미터)의 일을 했다고 한다.
③ 영국의 물리학자 줄(Joule)이 물통에 있는 물을 계속 휘저었더니 물의 온도가 올라가는 것을 보고 한 일의 양과 생긴 열(에너지)의 양을 비교해보았더니 1J = 0.24cal이었다.
④ 일과 열의 단위는 달라야 한다.

■ 일과 열의 단위는 같아야 한다.

정답 07 : ①, 08 : ②, 09 : ④

10 에너지대사의 효율을 계산하는 방법은?

① 한 일의 양 ÷ 사용한 에너지의 양 × 100 (%)
② 사용한 에너지의 양 ÷ 한 일의 양 × 100 (%)
③ 일률 × 시간 × 100 (%)
④ 소비한 산소의 양 ÷ 배출한 탄산가스의 양 × 100 (%)

■ A(사용할 에너지)를 사용해서 B(한 일)를 한다면 효율은 $\frac{B}{A}$× 100 (%)로 계산한다.

11 파워에 대한 설명이다. 틀린 것은?

① 영어의 power를 한글로 번역한 것이 일률 또는 순발력이다.
② 일률은 '일하는 빠르기'라는 뜻이므로 '한 일÷걸린 시간'으로 계산하면 된다.
③ 그러므로 일률의 단위는 J/S이고, 1J/S=1W(와트)라고 한다.
④ 순발력은 '힘×속도'로 계산하므로 일률과 단위가 달라야 한다.

■ 큰 힘을 빠른 속도로 발휘하는 것을 순발력이 좋다고 한다. 순발력=힘×속도=N · m/s=J/S=W이므로 단위가 같다.

필수문제

12 보기의 ㉠, ㉡에 들어갈 내용이 바르게 연결된 것은?

보기

1개의 포도당 분해에 따른 유산소성 ATP 생성		
대사적 과정	고에너지 생산	ATP 누계
해당작용	2 ATP	2
	2 NADH	7
피루브산에서 아세틸조효소A 까지	2 NADH	12
㉠	2 ATP	14
	6 NADH	29
	2 $FADH_2$	㉡
합계		㉡ ATP

	㉠	㉡		㉠	㉡
①	크랩스회로	32	②	β 산화	32
③	크랩스회로	35	④	β 산화	35

■ 포도당(글루코스) 한 분자가 2분자의 피루브산으로 분해되는 해당(당분해)과정에서 2ATP와 2NADH가 생성됨(자료의 책 그림 3-17).
■ 피루브산이 미토콘드리아로 들어가면서 아세틸조효소 A까지 2NADH가 됨(같은 책 그림 3-14 참조).
■ 하나의 크렙스회로에서 3NADH와 1개의 $FADH_2$가 생성됨. 그런데 해당과정에 의해 포도당 한 분자가 분해되면 2개의 피루브산이 생성되며, 따라서 2개의 크렙스회로가 돌기 때문에 총 6NADH와 2$FADH_2$가 생성됨.
■ 한 개의 $FADH_2$는 2ATP를 생성하지만(같은 책 그림 3-15), 미토콘드리아 내막에서 생성된 ATP를 세포질까지 이동시키기 위해 추가로 에너지가 소비되는데, 이것까지 고려하면 $FADH_2$는 1.5ATP로 계산할 수도 있음(같은 책 p. 109 '양성자펌프와 ATP생산량' 참조).
■ 이 문제에서는 2개의 $FADH_2$는 3ATP를 생산하는 것으로 계산한 것임. 그러므로 ATP생산량의 총누계는 32가 됨.
■ 자료 : 정일규(2023). 휴먼퍼포먼스와 운동생리학. 대경북스.

정답 10 : ①, 11 : ④, 12 : ①

운동생리학

심화문제

■ 해당(당분해)과정에서는 NAD^+ 2개를 소모하여 NADH 2개를 생성한다.

13 보기의 에너지 대사 과정에 관한 설명 중 옳은 것만을 모두 고른 것은?(2024)

보기
ㄱ. 해당과정 중 NADH는 생성되지 않는다.
ㄴ. 크렙스 회로와 베타산화는 미토콘드리아에서 관찰되는 에너지 대사과정이다.
ㄷ. 포도당 한 분자의 해당과정의 최종산물은 피루브산염 2분자(또는 젖산염 2분자)이다.
ㄹ. 낮은 운동강도(예: $\dot{V}O_2max$40%)로 30분 이상운동 시 점진적으로 호흡교환율이 감소하고 지방 대사 비중은 높아진다.

① ㄱ, ㄴ ② ㄱ, ㄹ ③ ㄴ, ㄷ ④ ㄴ, ㄷ, ㄹ

필수문제

■② ATP-PCr 시스템에서는 근수축활동 중 ATP가 ADP와 Pi로 분해됨과 거의 동시에 PC가 크레아틴키나아제에 의해 Pi+ Creatine로 분해된다. 이때 PC가 분해되면서 방출되는 에너지는 ADP와 Pi를 결합시켜 ATP 재합성에 이용된다.
■③ 3분 이상의 고강도 운동에서는 지방에 저장되어 있는 유리지방산이 주요 기질로 사용된다(글리코겐은 근육에 저장되어 있다).
■④ 무산소성 대사에서 피르브산(pyruvate)이 젖산으로 전환되는 과정을 젖산시스템이라 한다(지방산의 대사를 베타산화라 한다).

14 생체 에너지 공급 시스템에 관한 설명으로 옳은 것은?

① 중성지방은 리파제(lipase)에 의해 글리세롤과 유리지방산으로 분해된다.
② ATP-PCr 시스템은 고강도 운동에 ATP를 공급하기 위해 젖산 탈수소효소(lactate dehydrogenase)가 활성화되어야 한다.
③ 3분 이상의 고강도 운동에는 지방에 저장되어 있는 글리코겐이 주요 기질로 사용된다.
④ 무산소성 대사에서 피르브산(pyruvate)이 젖산으로 전환되는 과정을 베타산화라 한다.

심화문제

■ATP-PCr(또는 ATP-PC) 시스템

15 보기에서 설명하는 에너지 시스템은?

보기
» 순간적인 고강도 운동을 위한 주요 에너지 시스템
» 운동 시작 시기에 가장 빠르게 에너지를 생산하는 방법
» 역도, 높이뛰기, 20m 달리기 등에 사용되는 주요 에너지 시스템

① ATP-PC 시스템 ② 무산소성 해당과정
③ 젖산 시스템 ④ 산화적 인산화

■ATP-PCr 시스템에서는 극히 제한된 시간 동안만 ATP를 공급한다.

16 운동을 하면 ATP-PCr 시스템이 맨 먼저 에너지원으로 사용되는 이유로 적합하지 않은 것은?

① 화학반응 과정이 가장 단순하기 때문에 ② 산소의 공급이 없어도 되기 때문에
③ 근육 안에 저장되어 있기 때문에 ④ 계속해서 사용할 수 있기 때문에

정답 13 : ④, 14 : ①, 15 : ①, 16 : ④

17 **보기에서 괄호에 들어갈 용어를 바르게 연결한 것은?**

> 보기
> 인체는 다음의 3가지 대사 경로를 통해 ATP를 생성한다. (㉠)과 (㉡)은/는 산소 없이도 일어날 수 있기 때문에 무산소 대사로 구분되며, (㉢)은 산소를 필요로 하기 때문에 유산소 대사로 구분된다.

① ㉠ 산화 시스템－㉡ ATP－PCr 시스템－㉢ 해당과정(젖산 시스템)
② ㉠ ATP－PCr 시스템－㉡ 해당과정(젖산 시스템)－㉢ 산화 시스템
③ ㉠ 해당과정(젖산 시스템)－㉡ 베타 산화－㉢ ATP－PCr 시스템
④ ㉠ ATP－PCr 시스템－㉡ 베타 산화－㉢ 해당과정(젖산 시스템)

■ 대사시스템(p. 7) 참조

18 **운동 종목에 따른 근섬유 유형 및 에너지 대사에 관한 설명으로 옳은 것은?**

① 장대높이뛰기 선수는 경기 시 ATP－PCr 시스템을 주로 사용한다.
② 100m 달리기 선수는 $\dot{V}O_2max$의 약 50% 수준으로 훈련해야 한다.
③ 마라톤 선수는 Type IIx의 근섬유를 많이 가지고 있다.
④ 10,000m 달리기 선수는 크레아틴 키나제(creatine kinase)의 활성도가 높다.

■ ② 100m 달리기 선수는 $\dot{V}O_2max$의 80~100% 수준으로 훈련해야 한다.
■ ③ 마라톤은 유산소 운동 형태이므로 Type I인 지근섬유가 많아야 한다.
■ ④ 크레아틴 키나제는 ATP－PCr시스템으로 단거리 선수에게 적합하다.

19 **아래 그림은 운동을 지속하는 시간에 따라서 에너지공급 시스템의 기여도가 달라지는 것을 그래프로 그린 것이다. ㉠㉡㉢에 해당되는 에너지공급시스템으로 옳은 것은?**

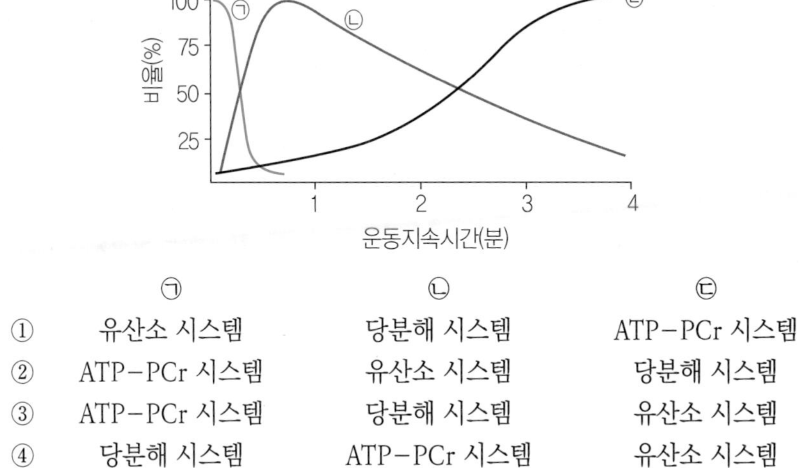

	㉠	㉡	㉢
①	유산소 시스템	당분해 시스템	ATP－PCr 시스템
②	ATP－PCr 시스템	유산소 시스템	당분해 시스템
③	ATP－PCr 시스템	당분해 시스템	유산소 시스템
④	당분해 시스템	ATP－PCr 시스템	유산소 시스템

■ ㉠은 ATP－PCr시스템이고, ㉡은 당분해(해당)시스템, ㉢은 유산소시스템이다(p. 7 참조).

20 **무산소 당분해과정(해당과정)의 특성을 설명한 것 중 옳지 못한 것은?**

① 피로감과 통증이 유발될 수 있다.
② 산소가 충분히 공급되지 않는 상태에서 일어난다.
③ 에너지원으로 지방을 사용한다.
④ 높은 강도의 운동을 할 때 사용된다.

■ 무산소당분해과정은 탄수화물(당질)을 분해해서 젖산으로 변화시키는 과정이다.

정답 17 : ②, 18 : ①, 19 : ③, 20 : ③

운동생리학

21 보기가 설명하는 에너지 생성 시스템은?

보기
» 400m 전력 달리기 시 필요한 ATP 공급
» 아데노신 이인산(ADP) 및 무기인산(Pi)에 의한 인산
» 과당분해효소(Phosphofructokinase : PFK)의 활성
» 대사분해에 의한 피루브산염(pyruvate)의 생성

■100m 달리기는 ATP-PCr시스템, 400m는 해당(당분해)작용시스템, 800m 달리기는 유산소시스템

① ATP-PC 시스템 ② 해당작용(glycolysis) 시스템
③ 유산소 시스템 ④ 단백질 대사

22 해당과정(glycolysis)에 관한 내용으로 옳은 것은?

■포도당을 분해하여 피루브산으로 변화시키는 과정을 해당과정(당분해과정)이라고 한다. 그 과정에서 2개의 ATP와 2개의 NADH가 생성된다.

① 전자전달계(electron transport chain)에서 ATP 생성
② H^+이 피루브산(pyruvate)과 결합하여 젖산 형성
③ 미토콘드리아에서 에너지를 생성하여 근육으로 전달
④ 단백질 합성을 통한 에너지 생성

23 당분해 시스템에 대한 설명 중 틀린 것은?

■젖산은 근육에서 간으로 이동시켜 저장하여두었다가 나중에 에너지원으로 사용된다.

① 당분을 분해하는 과정이라는 뜻이다.
② 당분을 분해하면 젖산이 생기기 때문에 젖산시스템이라고도 한다.
③ ATP-PCr 시스템보다는 많고, 유산소 시스템보다는 적은 양의 ATP를 공급할 수 있다.
④ 젖산은 피로를 유발시키는 물질이기 때문에 생기는 즉시 버려야 한다.

24 고강도 운동 중 젖산역치(LT)가 발생하는 원인으로 적절하지 않은 것은?

■코리사이클(젖산회로)은 근육에서 생산된 젖산을 간으로 보내서 다시 글루코스로 재생산하는 과정이다. 그러므로 젖산이 축적되지 않는다.

① 근육 내 산소량 감소
② 속근섬유 사용률 증가
③ 코리사이클(cori cycle) 증가
④ 무산소성 해당과정 의존율 증가

25 유산소 시스템의 특징으로 적절하지 않은 것은?

■ATP 합성의 빠르기는 인원질과정→무산소 당분해 과정→유산소 과정의 순이다.

① 산소를 이용하여 에너지 기질을 분해한다.
② 장시간의 저강도 운동 시 사용된다.
③ 무산소 시스템에 비해 ATP 합성률이 빠르다.
④ 에너지 기질로 탄수화물과 지방을 모두 이용할 수 있다.

정답 21 : ②, 22 : ②, 23 : ④, 24 : ③, 25 : ③

26 유산소 시스템에 대한 설명 중 틀린 것은?

① 산소가 충분히 공급될 때에만 가동되기 때문에 유산소 시스템이라고 한다.
② 가장 늦게 동원되는 시스템이다.
③ 오랜 시간 동안 ATP를 공급할 수 있다.
④ 탄수화물이나 지방보다는 인산염을 연료로 사용한다.

■ 유산소 시스템은 탄수화물과 지방을 주 연료로 사용한다. 그리고 인산염은 ATP, ADP, AMP를 말한다.

27 유산소 시스템에 대한 설명으로 옳지 않은 것은?

① 일부 아미노산은 크렙스회로로 직접 진입할 수 있다.
② 이 과정은 크게 크렙스회로와 전자전달계로 구분된다.
③ 이 과정은 세포 내 소기관인 골지장치에서 산소를 이용하여 일어난다.
④ 크렙스회로는 주로 시트르산 탈수소효소에 의해 조절된다.

■ 골지장치가 아니고 미토콘드리아에서 산소를 이용하여 일어난다.

28 낮은 강도로 장시간 운동을 할 때 주 에너지공급 시스템은?

① 무산소 시스템　　② 유산소 시스템
③ 젖산 시스템　　④ ATP−PCr 시스템

필수문제

29 보기에서 에너지 공급 시스템에 관한 옳은 설명만으로 묶인 것은?

보기
㉠ 유산소 대사는 주 에너지 공급원으로 글루코스 외에도 유리지방산이 많이 이용되며 장시간의 운동을 수행할 때 주로 사용된다.
㉡ 유산소 대사는 미토콘드리아에서 크렙스회로(Krebs cycle)와 전자전달계(Electron Transport Chain)를 통해 이루어진다.
㉢ ATP−PCr 시스템은 빠르게 에너지를 공급하며, 마라톤과 같은 장시간 지속되는 운동의 주 에너지 시스템이다.
㉣ 피루브산은 무산소성 해당과정에서 생성되는 물질이다.

① ㉠, ㉡, ㉢　　② ㉡, ㉢, ㉣
③ ㉠, ㉢, ㉣　　④ ㉠, ㉡, ㉣

■ ㉢은 중간 정도의 시간이 걸리는 운동의 주에너지 공급시스템이다.

심화문제

30 주 에너지 공급 시스템이 다른 종목은?

① 100m 달리기　　② 800m 수영
③ 다이빙　　④ 역도

■ 800m 수영은 지구력이 필요한 운동이므로 유산소시스템이 주 에너지원이다.

정답 26 : ④, 27 : ③, 28 : ②, 29 : ④, 30 : ②

운동생리학

31 고강도 운동 시 ATP 합성에 사용되는 주요 기질(substrate)로 적절한 것은?

■ 고강도 운동을 하면 근육글리코겐이 ATP 합성에 주로 사용된다.

① 산 ② 지방
③ 근육 글리코겐 ④ 근육 단백질

32 다음 중 ATP를 만들어서 공급하는 과정이 아닌 것은?

■ ①②③에너지 공급 시스템이다. **호흡순환 시스템**은 산소를 공급하고 이산화탄소를 제거하는 시스템이다.

① ATP-PCr 시스템 ② 당분해 시스템
③ 유산소과정 시스템 ④ 호흡순환 시스템

33 근육에 축적된 젖산을 가장 빨리 제거하려면?

■ 젖산을 제거하는 시스템은 유산소과정인데, 여기에 적합한 것이 ③이다.

① 침대에 누워서 쉰다. ② 땅바닥에 앉아서 쉰다.
③ 천천히 조깅을 한다. ④ 밥을 먹는다.

34 장기간 규칙적 유산소 훈련의 결과로 최대 운동 시 나타나는 심폐기능의 적응으로 옳은 것을 모두 고른 것은?

■ 장기간 유산소 트레이닝을 하면 보기와 같은 심폐기능이 향상된다.

보기
㉠ 최대산소섭취량 증가 ㉡ 심장용적과 심근수축력 증가
㉢ 심박출량 증가

① ㉠, ㉡ ② ㉠, ㉢ ③ ㉡, ㉢ ④ ㉠, ㉡, ㉢

35 장기간 동안 무산소 트레이닝을 하였을 때 나타나는 효과를 설명한 것이다. 틀린 것은?

■ 장기간 무산소 트레이닝을 하면 근육이 비대해지고 근력이 증가하면 근육에 저장되어 있는 ATP와 PCr의 양이 증가한다.

① 근육섬유의 가로 단면적이 증가한다.
② ATP-PCr 시스템과 당분해과정 시스템에 관여하는 효소들이 많아지거나 활성화된다.
③ 최대근력이 증가한다.
④ 평소에 근육에 저장되어 있는 ATP와 PCr의 양이 감소한다.

36 젖산에 대한 설명 중 틀린 것은?

■ 젖산이 전혀 축적되지 않는 운동은 없다.

① 운동강도가 감소하면 혈액 속의 젖산농도도 감소한다.
② 무산소 대사과정에 의해서 ATP를 생산하면 젖산이 증가한다.
③ 마라톤 선수는 젖산이 전혀 축적되지 않는다.
④ 젖산이 축적되면 피로해지고 근육에 통증이 생긴다.

37 혈액 중에 있는 글루코스의 양이 줄었을 때 그것을 보충하는 방법이 아닌 것은?

■ 아미노산을 분해한다는 것은 단백질을 연료로 사용한다는 말과 같다.

① 근육에 있는 글리코겐을 분해 ② 간에 저장되어 있는 글리코겐을 분해
③ 아미노산을 분해 ④ 지방이나 젖산을 분해

정답 31 : ③, 32 : ④, 33 : ③, 34 : ④, 35 : ④, 36 : ③, 37 : ③

38 체내 주요 영양소의 에너지 대사에 대한 설명으로 옳지 않은 것은?

① 포도당은 근육 및 간에서 글리코겐의 형태로 저장될 수 있다.
② 지방산은 베타산화(β-oxidation)를 거쳐 ATP 생성에 사용된다.
③ 단백질은 근육의 구성 물질로서 에너지 대사과정에 주로 사용된다.
④ 포도당과 지방은 서로 전환되어 에너지원으로 사용되기도 한다.

■ 극한적인 상황에서만 단백질을 에너지원으로 사용한다.

필수문제

39 안정 시와 운동 중 에너지 소비량 측정 및 추정에 관한 설명으로 옳지 않은 것은?

① 직접 열량 측정법은 열 생산을 측정함으로써 에너지 소비량을 측정한다.
② 간접 열량 측정법은 산소 소비량과 이산화탄소 배출량을 이용하여 에너지 소비량을 추정한다.
③ 호흡교환율은 질소 배출량과 산소 소비량의 비율을 의미하며, 체내 지방과 단백질의 대사 이용 비율을 추정한다.
④ 이중표지수(doubly labeled water) 검사법은 동위원소 기법을 사용해 에너지 소비량을 추정한다.

■ ③ 호흡교환율=이산화탄소생성량(VCO_2)÷산소섭취량(VO_2)으로 계산함.
■ 열량측정법 : 인체의 대사에 의해 발생된 열의 양을 정량화하는 방법으로, ① 직접측정법과 ② 간접측정법(측정기로 측정하여 산정함)이 있다.
■ ④ 이중표지수법 : 동위원소가 들어간 물을 마신 다음 소변으로 배출된 수소와 산소 흐름에서 에너지소비로 생겨난 이산화탄소의 양을 계산하는 방법. 가장 정확한 일일에너지측정법임.

심화문제

40 호흡교환율(Respiratory Exchange Ratio: RER)에 대한 설명으로 옳지 않은 것은?

① 지방산인 팔미틱산(palmitic acid)을 100% 사용할 때 RER은 0.7 정도이다.
② 운동의 강도가 올라가면 RER은 증가한다.
③ 탄수화물 산화가 지방 산화보다 많은 산소를 필요로 한다.
④ RER은 호흡 중 이산화탄소 생성량과 산소소비량의 비율에 의해 결정된다.

■ 운동의 에너지원으로 탄수화물만 사용하면 RER이 1이고, 지방만 사용하면 RER이 0.7이다. 장시간 운동에는 주로 지방을 에너지원으로 사용하고, 단시간 운동에는 주로 탄수화물을 에너지원으로 사용한다(p. 8 참조).

41 운동 중 호흡교환율(Respiratory Exchange Ratio : RER)이 보기와 같을 때 옳지 않은 설명은?

보기
호흡교환율(RER)=1

① 상대적으로 낮은 강도의 운동을 수행하고 있다.
② 주 에너지 대사연료로 탄수화물을 사용하고 있다.
③ 지방은 에너지 생성 대사에 거의 사용되지 않고 있다.
④ 혈중 젖산 농도가 안정 시보다 높다.

■ 탄수화물만 에너지원으로 사용하면 호흡교환율이 1이다.
■ 고강도 운동을 하여야 탄수화물을 주에너지원으로 사용한다.

정답 38 : ③, 39 : ③, 40 : ③, 41 : ①

42 호흡교환율에 대한 설명이다. 틀린 것은?

① 호흡할 때 소비한 산소의 양과 생성된 탄산가스의 양의 비율이다.
② 똑같은 양의 산소를 소비하면 지방보다 탄수화물을 더 많이 분해할 수 있다.
③ 운동에 필요한 에너지를 탄수화물을 분해해서 조달했는지, 지방을 분해해서 조달했는지 짐작할 수 있다.
④ 호흡교환률은 항상 일정하다.

■ 고강도의 운동을 할수록 호흡교환율(호흡률)이 커진다.

43 호흡교환율(Respiratory Exchange Ratio: RER)이 보기와 같을 때의 생리적 현상에 대한 설명으로 가장 적절한 것은?

보기
호흡교환율(RER) = 0.8

① 이산화탄소 생성량이 산소 소비량보다 많다.
② 에너지 대사의 주 연료로 지방을 사용하고 있다.
③ $\dot{V}O_2max$ 80% 이상의 고강도 운동을 수행하고 있다.
④ 에너지 대사의 연료로 탄수화물은 전혀 사용되지 않고 있다.

■ 호흡교환율이 0.8이면 탄수화물을 33%, 지방을 67% 사용하고 있다. 호흡교환율(p. 8) 참조.

필수문제

44 장기간 동안 유산소 트레이닝을 하였을 때 신체가 적응해서 생기는 변화(효과)를 설명한 것이다. 틀린 것은?

① 최대산소섭취량이 감소한다.
② 심장의 일회박출량이 증가한다.
③ 지근(서근)섬유가 비대해진다.
④ 근육조직에 있는 모세혈관이 많아진다.

■ 장기간 유산소트레이닝을 하면 최대산소섭취량이 증가한다.

심화문제

45 점증부하운동으로 유산소성 기능을 비교하려고 한다. 비훈련자와 비교하여 유산소성 트레이닝으로 단련된 훈련자의 생리학적 현상은?

① 젖산역치가 늦게 발생
② 동일 운동강도에서 높은 심박수
③ 운동 지속시간의 감소
④ 최대산소섭취량에 늦게 도달한다.

46 장기간의 규칙적인 유산소 훈련에 따른 생리적 적응 현상으로 적절하지 않은 것은?

① 근섬유의 항산화능력 향상
② 지근섬유의 속근섬유로의 전환
③ 근섬유의 미토콘드리아 밀도 증가
④ 최대하운동 중 지방대사능력의 향상

■ 지근섬유가 속근섬유로 전환되는 것은 무산소훈련에 의한 생리적 적응현상이다.

정답 42 : ④, 43 : ②, 44 : ①, 45 : ①, 46 : ②

47 유산소 트레이닝에 대한 생리적 적응 결과 중 틀린 것은?

① 근육의 유산소대사능력이 향상된다.
② 산소를 운반하는 능력이 향상된다.
③ 탄수화물을 더 많이 사용하게 된다.
④ 근육에 저장하고 있는 글리코겐의 양이 증가된다.

■ 유산소 트레이닝을 하면 지방을 더 많이 사용하게 된다.

48 보기 중 저항성 트레이닝 후 생리적 적응으로 적절한 것을 모두 고른 것은?

보기
㉠ 골 무기질 함량 증가　　㉡ 액틴 단백질 양 증가
㉢ 시냅스 소포 수 감소　　㉣ 신경근접합부 크기 감소

① ㉠　② ㉠, ㉡　③ ㉠, ㉡, ㉢　④ ㉠, ㉡, ㉢, ㉣

■ ㉠ 저항성 트레이닝은 조골세포의 활동을 자극함과 동시에 골의 칼슘유입을 촉진하여 골무기질 함량을 증가시킨다.
■ ㉡ 저항성 트레이닝으로 단백질의 합성과 이화가 함께 증가하는데, 합성속도가 이화속도보다 빠르기 때문에 액틴 단백질의 양을 증가시킨다.

49 보기 중 지구성 트레이닝 후 1회 박출량(stroke volume) 증가에 기여하는 요인으로 적절한 것만 나열된 것은?

보기
㉠ 동일한 절대 강도 운동 시 확장기말 용적(end-diastolic volume) 감소
㉡ 동일한 절대 강도 운동 시 수축기말 용적(end-systolic volume) 증가
㉢ 동일한 절대 강도 운동 시 확장기(diastolic) 혈액 충만 시간 증가
㉣ 동일한 절대 강도 운동 시 심박수 감소

① ㉠, ㉡　② ㉠, ㉢　③ ㉡, ㉢　④ ㉢, ㉣

■ ㉢ 지구성 트레이닝을 하면 심장의 확장기말 용적의 증가로 1회 박출량이 증가한다.
■ ㉣ 지구성 트레이닝을 하면 1회 박출량이 증가하므로 심박수가 감소하게 된다.
■ ㉠, ㉡ 지구성 트레이닝을 하면 1회 박출량이 증가하여 심장의 확장기말 용적을 증가시키고, 수축기말 용적을 감소시킨다.

필수문제

50 장기간 동안의 트레이닝의 효과에 대한 설명이다. 옳지 않은 것은?

① 유산소 트레이닝 : 미토콘드리아의 활성을 증가시킨다.
② 유산소 트레이닝 : 모세혈관의 밀도를 증가시킨다.
③ 무산소 트레이닝 : ATP와 PCr의 저장량을 증가시킨다.
④ 무산소 트레이닝 : 근육 내의 지방량을 증가시킨다.

■ 무산소 트레이닝을 하면 근육의 가로단면적이 증가하고, 최대 근력이 향상된다.

심화문제

51 다음 중 옳지 않은 것은?

① 인체의 에너지원에는 탄수화물, 지방, 단백질이 있다.
② 많이 사용되는 에너지원은 탄수화물과 지방이다.
③ 안정상태나 강도가 낮은 운동을 할 때는 지방이 주 에너지원이다.
④ 장기간 동안 트레이닝을 하면 근육에 지방이 축적된다.

정답　47 : ③, 48 : ②, 49 : ④, 50 : ④, 51 : ④

■무산소 트레이닝을 하면 속근섬유의 비대가 현저해진다.

52 무산소 트레이닝에 대한 생리적 적응 결과가 아닌 것은?

① 크레아틴 분해효소의 활성이 증가한다. ② ATP와 PCr의 저장량이 증가한다.
③ 지근섬유의 비대가 현저해진다. ④ 속근섬유의 비대가 현저해진다.

운동생리학

53 지구력 트레이닝에 대한 생리적 적응 결과로 옳지 않은 것은?

① 안정 시 심박수의 증가 ② 최대 산소섭취량의 증가
③ 미토콘드리아 수의 증가 ④ 모세혈관의 밀도 증가

■분당에너지소비량= $\frac{10\text{Mets} \times 3.5\text{mℓ}\cdot\text{kg}^{-1}\cdot\text{m}^{-1} \times 80\text{kg}}{200}$ =14kcal/min
■10분 간 에너지소비량=14×10=140kcal
※대사방정식= $\frac{10\text{Mets} \times 3.5 \times \text{체중}}{200}$

필수문제

54 체중이 80kg인 사람이 10METs로 10분간 달리기 했을 때 소비칼로리는? (단, 1MET = 3.5mℓ·kg^{-1}·min^{-1}, O_2 1L 당 5Kcal 생성)

① 130Kcal ② 140Kcal ③ 150Kcal ④ 160Kcal

■유산소 트레이닝에 의한 최대산소섭취량 증가 요인
· 동정맥산소차
· 최대심박출량
· 1회박출량

필수문제

55 보기의 최대산소섭취량 공식에서 장기간 지구성 훈련에 의해 증가되는 요소를 모두 고른 것은?

보기
최대산소섭취량 = ㉠최대1회박출량×㉡최대심박수×㉢최대동정맥산소차

① ㉠ ② ㉠, ㉡ ③ ㉠, ㉢ ④ ㉡, ㉢

심화문제

■혈압 자체는 산소섭취량과 관계가 없다.

56 최대산소섭취량을 결정하는 요인이 아닌 것은?

① 심박수 ② 혈압 ③ 1회박출량 ④ 동정맥산소차

정답 52 : ③, 53 : ①, 54 : ②, 55 : ②, 56 : ②

필수문제

57 보기에서 설명하는 트레이닝의 원리는?

보기
» 트레이닝의 효과는 운동에 동원된 근육에서만 발생한다.
» 근력 향상을 위해서는 저항성 트레이닝이 적합하다.

① 특이성의 원리 ② 가역성의 원리 ③ 과부하의 원리 ④ 다양성의 원리

- **특이성의 원리** : 운동의 효과는 근육수축의 형태에 따라 운동할 때 사용한 근육에만 영향을 미친다는 것
- **가역성의 원리** : 과부하가 되지 않았거나 운동을 중지할 때 운동능력이 빠르게 감소하는 것
- **개별성의 원리** : 신체기관의 기능은 훈련의 종류에 따라 향상시킬 수 있는 부위가 다르다는 것
- **과부하의 원리** : 운동강도·시간·빈도가 일상생활에서의 활동 수준을 넘어야 신체조직이나 계통에 충분한 자극을 줄 수 있다는 것
- 다양성의 원리 : 운동에 대한 흥미를 높이고 참여도를 극대화하기 위해 다양한 운동종목과 프로그램을 계획하는 것

심화문제

58 보기에서 설명하는 운동훈련의 원리는?

보기
» 운동훈련에 의한 효과는 운동량이 일상생활 수준보다 높을 때 일어난다.
» 운동량은 운동의 빈도, 강도 또는 지속시간을 증가시킴으로써 늘릴 수 있다.

① 가역성의 원리 ② 개별성의 원리
③ 과부하의 원리 ④ 특이성의 원리

필수문제

59 보기의 조건으로 트레드밀 운동 시 운동량은?(2024)

보기
- 체중=50kg
- 트레드밀 속도=12km/h
- 운동시간=10분
- 트레드밀 경사도=5 %

(단, 운동량(일)=힘×거리)

① 300kpm ② 500kpm
③ 5,000kpm ④ 30,000kpm

트레드밀에르고미터와 운동량
- 체중=50kg=50kp ※kp는 정상 중력가속도일 때 1kg의 질량에 가하는 힘
- 트레드밀 속도=12km/h=12,000m/60min=200m/min
- 이동거리=200m/min×10min=2,000m
- 5% 경사도의 트레드밀에서 이동거리=경사도×이동거리=0.05×2,000m=100m
- 운동량=힘×거리=50kp×100m=5,000kpm

정답 57 : ①, 58 : ③, 59 : ③

신경조절과 운동

신경계통

1 신경계통의 분류

2 중추신경계통의 분류

3 대뇌

- ☞ 대뇌는 좌반구와 우반구로 구성되어 있다.
- ☞ 대뇌는 이마엽, 관자엽, 두정엽, 뒤통수엽으로 구성되어 있다.
- ☞ 대뇌는 겉질과 속질로 구성되어 있다.
- ☞ 대뇌는 감각령, 연합령, 운동령으로 구성되어 있다.
- ☞ 대뇌에서 수의 운동의 운동명령이 만들어진다.

4 사이뇌

- ☞ 시상과 시상하부로 구성되어 있다.
- ☞ 후각을 제외한 모든 감각을 통합조절하는 중추이다.
- ☞ 시상하부는 자율신경계통의 최상위 중추이다.

5 소뇌

- ☞ 두 개의 반구로 구성되어 있다.
- ☞ 우리 몸의 평형과 운동 및 자세를 조절한다.
- ☞ 운동이 대뇌에서 계획한대로 수행되도록 피드백 기구를 구성한다.

6 뇌줄기

- ☞ 중간뇌, 다리뇌(뇌교), 숨뇌(연수)로 구성되어 있다.
- ☞ 척수와 직접 연결되어 있다.
- ☞ 중간뇌에는 신경전달물질을 분비하는 신경세포들이 모여 있다.
- ☞ 숨뇌는 생명활동(심장운동, 호흡운동 등)의 중추이다.

7 척수

- 감각신경과 운동신경이 모두 들어있다.
- 척수의 피질은 백색질(신경섬유)이고, 속질은 회색질(신경세포체)이다.
- 대뇌는 겉질이 회색질이고, 속질이 백색질이다.
- 신경이 지나가는 길을 신경로라 하고, 상행신경로와 하행신경로가 구분되어 있다.

8 말초신경계통

- 뇌와 척수 외의 신경계통을 모두 합한 것이다.
- 수용기와 중추신경계를 연결하는 구심성신경을 감각신경이라 한다.
- 중추의 명령을 하부기관으로 전달하는 원심성신경을 운동신경이라 한다.

9 자율신경계통

- 심장의 운동, 내장의 운동, 호르몬 분비 등 불수의적 역할을 지배한다.
- 중추신경계통과 말초신경계통에 모두 있다.
- 효과기의 활동을 촉진시키는 역할을 하는 것을 교감신경이라 하고, 말단에서 에피네프린과 노르에피네프린과 같은 신경전달물질을 분비한다.
- 효과기의 활동을 억제하는 역할을 하는 것을 부교감신경이라 하고, 말단에서 아세틸콜린이라는 신경전달물질을 분비한다.
- 중추와 골격근 사이를 연결하는 신경을 몸신경계통(체성신경계통)이라 하고, 말단에서 아세틸콜린이라는 신경전달물질을 분비한다.

신경세포의 구조와 기능

1 뉴런(신경세포)의 구조

- 뉴런은 세포체, 가지돌기, 축삭돌기로 구성되어 있다.
- 세포체는 주로 뉴런의 생명을 유지시키는 역할을 한다.
- 가지돌기는 주로 신호를 받아들이는 역할을 한다.
- 축삭돌기는 주로 신호를 내보내는 역할을 한다.

2 뉴런의 기능

- 받아들인 정보를 전달하거나 억제시킨다.
- 신경아교세포는 뉴런의 위치를 유지시키고, 화학물질을 공급하는 역할을 한다.
- 말이집을 만드는 세포에는 아교세포(중추신경)와 슈반세포(말초신경)가 있다.
- 말이집(수초)으로 감싸진 신경축삭의 결절을 랑비에결절이라 하고, 도약전도가 일어난다.
- 활동전위가 축삭의 끝에 도착하면 신경전달물질이 분비된다.

3 뉴런의 전기활동

- 안정 시에는 신경세포의 세포막 안과 밖이 약 −70mV로 분극 되어 있다.
- 안정 시에 막전위가 유지되는 것은 칼륨−나트륨 이온펌프 때문이다.
- 역치 이상의 전기자극이 오면 막전위가 약 +30mV로 변하는 것을 탈분극이라 한다.

☞ 탈분극이 된 다음 약 1msec가 지나면 다시 분극상태로 돌아가는 것을 재분극이라고 한다.
☞ 탈분극 되는 위치가 조금씩 뉴런의 말단 방향으로 이동하는 것을 신경전도라고 한다.

4 안정 시 뉴런의 세포막전위

☞ 세포막의 안쪽에는 K^+, 바깥쪽에는 Na^+의 농도가 높다.
☞ Na^+보다 K^+의 세포막 투과성이 높다.
☞ 세포막은 안과 밖의 이온농도를 동일하게 유지하려는 성질이 있지만 이온펌프 때문에 불균형하게 분포되어 있다.
☞ 세포막전위를 −70mV 정도로 유지시킨다.

5 시냅스

☞ 신경과 신경 사이의 틈새를 시냅스라고 한다.
☞ 시냅스에 분비되는 물질을 신경전달물질이라고 한다.
☞ 신경전달물질을 통해서 신호가 전달될 수도 있고 억제될 수도 있다.

6 신경계통의 특성

흥분성	뉴런의 정보는 시냅스를 통해서 한 방향으로 전달되고, 전달하는 쪽을 시냅스 전, 전달받는 쪽을 시냅스 후라고 한다. 시냅스 후 전위가 억제성이면 정보가 더 이상 전달되지 않고, 흥분성이면 시냅스 후막을 탈분극 시켜서 정보가 전달된다.
전달성	뉴런과 다른 세포(예; 근육세포) 사이에 정보를 전달하는 것이다.
통합성	흥분성 시냅스와 억제성 시냅스의 상호작용 효과를 통합 또는 가중(summation)이라고 한다.

신경계통의 운동기능 조절

1 운동단위

☞ 한 개의 운동신경섬유와 거기에 붙어 있는 근육섬유를 합한 것을 운동단위라고 한다.
☞ 한 개의 운동 단위에는 같은 형태의 근육섬유만 붙어 있다.
☞ 운동단위에 속해 있는 근육섬유의 수에 따라서 운동단위의 크기가 결정된다.
☞ 큰 운동단위는 근육섬유가 많이 붙어있기 때문에 수축력도 크다.
☞ 눈동자를 움직이는 운동단위가 인체에서 가장 작은 운동단위이다.

2 인체의 기능과 운동의 조절

☞ 인체의 기능과 운동은 신경계통과 호르몬이 조절한다.
☞ 신경계통은 짧은 시간 내에, 호르몬은 천천히 오랫동안 신체의 기능을 조절한다.
☞ 신경계통은 대부분 부적피드백에 의해서 정상치와 다른 것을 정상치로 되돌린다.
☞ 주동근을 촉진하고 길항근을 억제해서 운동을 조절하는 것을 상호억제라고 한다.
☞ 근육방추는 근육의 길이 변화를 감지하고, 골지힘줄기관은 근육의 장력을 감지한다.
☞ 과도하게 펴거나 굽혀서 근육이 손상되는 것을 방지하는 것은 골지힘줄기관이다.
☞ 신전반사나 도피반사와 같이 무의식적으로 일어나는 반사도 피부나 관절을 보호하기 위한 장치의 하나이다.

필수 및 심화 문제

필수문제

01 다음 설명 중 틀린 것은?

① 신경계통은 혈액을 통해서 인체의 기능을 조절한다.
② 신경계통은 한 부위에 일시적으로 신속하게 작용한다.
③ 내분비계통은 호르몬을 통해서 인체의 기능을 조절한다.
④ 내분비계통은 표적기관에 오랫동안 천천히 작용한다.

■ 신경계통은 감각기관에서 받아들이는 다양한 정보를 통해 우리 몸의 항상성을 유지하고, 운동기능을 조절한다.

필수문제

02 신경계통의 분류가 잘못된 것은?

① 중추신경계통 : 말초신경계통
② 감각신경계통 : 운동신경계통
③ 자율신경계통 : 몸신경계통
④ 교감신경계통 : 말초신경계통

■ 신경계통을 중추신경계통과 말초신경계통으로 나누고, 말초신경계통은 감각신경계통과 운동신경계통으로 나누고, 운동신경계통은 자율신경계통과 몸(체성)신경계통으로 나누며, 자율신경계통은 교감신경계통과 부교감신경계통으로 나눈다.

필수문제

03 보기의 ㉠, ㉡에 들어갈 용어를 바르게 나열한 것은?

보기
» 신경계는 중추신경계(CNS)와 말초신경계(PNS)로 구분된다.
» 말초신경계 중, 자율신경계(autonomic nervous system)는 '흥분성'의 (㉠)과 '억제성'의 (㉡)으로 구분된다.

	㉠	㉡
①	교감신경	부교감신경
②	부교감신경	교감신경
③	원심성신경	구심성신경
④	구심성신경	원심성신경

■ **교감신경** : 운동·스트레스 상황·긴급상황에 대비하여 인체가 에너지를 활발하게 소비하게 함.
■ **부교감신경** : 정상적·휴식 상태에서 작용함.

심화문제

04 운동이나 스트레스 상황 또는 긴급상황이 발생했을 때 인체가 에너지를 활발하게 소비하도록 촉진시키는 신경계통은?

① 교감신경계통
② 부교감신경계통
③ 구심성신경계통
④ 원심성신경계통

■ 교감신경의 끝부분에서 노르에피네프린이 분비된다.

정답 01 : ①, 02 : ④, 03 : ①, 04 : ①

운동생리학

■ 교감신경계가 활성화되면 심박수를 높이고, 혈압이 상승하며, 호흡수를 증가시킨다.

05 운동 시 교감신경계의 활성화에 따른 반응으로 적절하지 않은 것은?

① 골격근의 혈류량이 증가한다.
② 심박수가 증가한다.
③ 소화기계 활동이 증가한다.
④ 호흡수 및 가스교환율이 증가한다.

■ 원심성 신경계통은 교감신경 · 부교감신경 · 운동신경이고, 구심성 신경계통은 감각신경이다.

06 구심성 신경계통과 똑같은 것은?

① 감각신경계통
② 운동신경계통
③ 자율신경계통
④ 교감신경계통

07 보기에서 설명하는 역할을 하는 것은?

> 보기
> 안정 시 또는 휴식 시에 활성화된다.
> 심박수 감소, 심장동맥 수축, 기관지 수축 등의 역할을 한다.

■ 흥분하면 교감신경이, 안정하면 부교감신경이 활성화된다.

① 몸신경계통
② 내장신경계통
③ 교감신경계통
④ 부교감신경계통

08 신경계통에 대한 설명 중 틀린 것은?

■ **원심성신경** : 교감신경, 부교감신경, 운동신경
■ **구심성신경** : 감각신경

① 중추신경계통은 뇌와 척수로 구성된다.
② 말초신경계통은 감각신경계통과 운동신경계통으로 나눈다.
③ 감각신경은 원심성신경이고, 운동신경은 구심성신경이다.
④ 운동신경계통 중에서 몸신경은 수의운동, 자율신경은 불수의운동을 담당한다.

09 일반적으로 교감신경은 노르에피네프린을 방출하여 기관을 흥분시키고, 부교감신경은 (　)을 방출하여 기관을 억제하려는 경향이 있다.

① 에피네프린
② 아세틸콜린
③ 카테콜아민
④ 에스트로겐

10 보기의 괄호 안에 들어갈 알맞은 용어는?

> 보기
> 자율신경계는 신체의 내부 환경을 일정하게 유지하는 항상성(homeostasis) 조절에 중요한 역할을 한다. 예를 들어 (　)가 활성화되면 심박수 및 혈압이 증가된다.

■ 심박수 및 혈압은 교감신경계는 증가시키고, 부교감신경계는 감소시키는 역할을 한다.

① 감각신경계
② 체성신경계
③ 교감신경계
④ 부교감신경계

정답 05 : ③, 06 : ①, 07 : ④, 08 : ③, 09 : ②, 10 : ③

필수문제

11 중추신경계통의 분류가 잘못된 것은?

① 중추신경계통 : 뇌－척수　② 뇌 : 대뇌－소뇌
③ 척수 : 소뇌－뇌줄기　④ 사이뇌 : 시상－시상하부
⑤ 뇌줄기 : 중간뇌 - 다리뇌 - 숨뇌

■ 뇌는 대뇌와 사이뇌(간뇌)로 나눈다.

필수문제

12 보기에서 설명하는 중추신경계 기관은?

보기
» 시상과 시상하부로 구성된다.
» 시상은 감각을 통합 · 조절한다.
» 시상하부는 심박수와 심장 수축, 호흡, 소화, 체온, 식욕 및 음식 섭취를 조절한다.

① 간뇌(diencephalon)　② 대뇌(cerebrum)
③ 소뇌(cerebellum)　④ 척수(spinal cord)

■ 사이뇌(간뇌) : 대뇌반구에 둘러싸여 뇌의 중앙에 있으며, 시상, 시상하부, 뇌하수체로 구성된다.
■ 시상 : 감각의 연결중추. 후각을 제외한 모든 감각정보를 종합하여 대뇌겉질로 전달.
■ 시상하부 : 시상 아래에 있음. 체온조절, 체액 및 전해질 균형조절(갈증중추), 식욕조절(식욕중추) 등 항상성 유지에 관여함. 내분비계와 자율신경계의 기능 조절.
■ 뇌하수체 : 시상하부에 있는 작은 기관. 각종 호르몬 생성 · 분비.

심화문제

13 자율신경계통에서 최상위 중추는?

① 대뇌　② 소뇌
③ 시상　④ 시상하부

■ 시상과 시상하부를 합쳐서 사이뇌라고 하지만, 시상은 자율신경계통의 중추가 아니다.

14 중추신경계통에 속해 있으며 뇌의 역할을 조절하는 중요한 역할을 수행하며, 갈증, 체온조절, 혈압, 수분 균형 및 내분비계의 활동 등을 조절하면서 항상성을 유지하는 역할을 하는 부위는?

① 척수　② 시상하부　③ 소뇌　④ 대뇌피질

15 감각을 통합하고 조절하는 중추는?

① 사이뇌　② 소뇌　③ 뇌줄기　④ 숨뇌

정답 11 : ②, 12 : ①, 13 : ④, 14 : ②, 15 : ①

■대뇌가 운동명령을 내리면 소뇌는 운동명령을 만드는 것이 아니라 운동을 실천에 옮길 때 그것을 조절한다.

■통합기능은 무조건 대뇌에서 담당한다.

■대뇌는 이마엽, 관자엽, 두정엽, 뒤통수엽으로 구성되어 있다.

■소뇌는 골격근과 대뇌겉질 운동중추의 중간에서 중재자 역할을 한다.

■뇌줄기는 숨뇌(연수)·다리뇌(교뇌)·중간뇌로 구성되어 있다. 그 기능은 골격근기능 조절, 근 긴장 유지, 의식상태 결정, 호흡조절, 혈압조절, 평형조절, 심폐기능 조절, 위기능 조절 등이다.

운동생리학

필수문제

16 수의운동의 운동명령을 만드는 곳은?

① 대뇌 ② 소뇌 ③ 척수 ④ 뇌줄기

심화문제

17 우리 몸에서 감각, 운동, 통합의 기능을 담당하는 기관은?

① 대뇌 ② 소뇌 ③ 뇌줄기 ④ 척수

18 다음 중 틀린 것은?

① 대뇌는 좌반구와 우반구로 구성되어 있다.
② 대뇌는 이마엽, 중간엽, 뒤통수엽으로 구성되어 있다.
③ 대뇌는 겉질과 속질로 구성되어 있다.
④ 대뇌는 감각령, 연합령, 운동령으로 구성되어 있다.

필수문제

19 운동 중 소뇌의 기능에 대한 설명으로 옳은 것을 모두 고른 것은?

보기
㉠ 골격근 운동 조절의 최종 단계 역할
㉡ 빠른 동작의 정확한 수행을 위한 통합 조절
㉢ 고유수용기로부터 유입되는 정보를 활용하여 동작 수정

① ㉠, ㉡ ② ㉠, ㉢ ③ ㉡, ㉢ ④ ㉠, ㉡, ㉢

필수문제

20 뇌(brain)에서 보기의 기능을 모두 가진 영역은?

보기
㉠ 골격근 기능의 조절 ㉡ 근 긴장 유지
㉢ 심혈관계와 호흡계의 기능조절 ㉣ 의식상태의 결정(각성과 수면)

① 사이뇌(간뇌, diencephalon) ② 소뇌(cerebellum)
③ 바닥핵(기저핵, basal ganglia) ④ 뇌줄기(뇌간, brainstem)

정답 16 : ①, 17 : ①, 18 : ②, 19 : ①, 20 : ④

심화문제

21 **다음 중 척수와 직접 연결되어 있는 것은?**

① 소뇌 ② 사이뇌 ③ 뇌줄기 ④ 시상하부

22 **생명활동(심장운동, 호흡운동 등)의 중추는?**

① 소뇌 ② 숨뇌 ③ 사이뇌 ④ 시상하부

■ 숨뇌 : 숨쉬기를 관장한다.

23 **대뇌의 우반구로 통하는 신경과 좌반구로 통하는 신경이 서로 교차되는 곳은?**

① 숨뇌 ② 사이뇌 ③ 다리뇌 ④ 중간뇌

필수문제

24 **보기의 내용을 특징으로 하는 말초신경계 고유감각수용기는?**

보기
» 수용기가 활성화되면 주동근의 수축을 억제함
» 저항성 운동에 중요한 역할을 함
» 근육 수축을 통해 발생되는 장력 변화 감지함
» 장력을 억제하여 잠재적 위험성을 감소시키는 보호 및 안전장치 역할을 함

① 운동단위(motor unit) ② 골지건기관(Golgi tendon organ)
③ 화학수용기(chemoreceptor) ④ 온도수용기(thermoreceptor)

■ 골지건(골지힘줄)기관
· 근육의 양끝에 있는 힘줄(건)에 존재하는 기관.
· 신장성 수축이나 단축성 수축을 할 때 건 · 근육의 긴장에 민감하게 반응하여 장력을 수용하는 수용기.
· 근에 장력이 발생하여 역치에 이르면 골지건기관이 활성화되고, 주동근의 수축력이 과하게 높을수록 골지건기관의 반응도 높아짐.
■ 화학수용기는 냄새와 맛을 감지한다.

심화문제

25 **보기의 ㉠~㉢에 들어갈 용어가 바르게 나열된 것은?**(2024)

보기

수용기	역할
근방추	(㉠) 정보 전달
골지건기관	(㉡) 정보 전달
근육의 화학수용기	(㉢) 정보 전달

	㉠	㉡	㉢
①	근육의 길이	근육 대사량	힘 생성량
②	근육 대사량	힘 생성량	근육의 길이
③	근육 대사량	근육의 길이	힘 생성량
④	근육의 길이	힘 생성량	근육대사량

■ **근방추** : 근육 속에 있으면서 근육길이의 변화와 변화 속도 감지
■ **골지건(골지힘줄)기관** : 근육과 힘줄의 결합부위에 있으면서 근육의 장력 수준을 뇌와 척수에 보고하는 감각기관
■ **근육의 화학수용기** : 근육이 근육을 둘러싼 화학적 환경의 변화에 의해 자극을 받으면 근육활동의 대사율에 관한 정보를 신경섬유를 통해 중추신경계로 보낸다.
김알찬 외(2022). 운동생리학 제3전정판. 대경북스. p. 117.

정답 21 : ③, 22 : ②, 23 : ①, 24 : ②, 25 : ④

운동생리학

■감각 · 운동 · 몸 · 교감 · 부교감신경계통 등은 말초신경계통의 일부이다.

26 모든 감각정보를 중추로 전달하고, 중추의 명령을 하부기관으로 전달하는 신경계통을 무엇이라고 하는가?

① 감각신경계통 ② 운동신경계통
③ 말초신경계통 ④ 몸신경계통

■뇌와 척수 외의 모든 신경계통은 말초신경계통이다.

27 뇌와 척수 외의 신경계통을 모두 합해서 무엇이라고 하는가?

① 말초신경계통 ② 운동신경계통
③ 감각신경계통 ④ 교감신경계통

■뇌와 척수로 구성되는 것은 중추신경계통이다.

28 말초신경계통에 대한 설명으로 옳지 않은 것은?

① 뇌와 척수로 구성된다. ② 불수의적인 생리적 기능을 조절한다.
③ 내장기관의 운동을 조절한다. ④ 운동명령을 뼈대근육에 전달한다.

■자율신경계통에서는 에피네프린과 노르에피네프린이 분비된다.

필수문제

29 자율신경계통에서만 분비되는 신경전달물질은?

① 아세틸콜린 ② 노르에피네프린 ③ 카테콜아민 ④ 코티졸

심화문제

■효과기의 활동은 교감신경이 촉진시킨다.

30 자율신경계통에 있는 효과기의 활동을 촉진시키는 것은?

① 감각신경계통 ② 운동신경계통
③ 교감신경계통 ④ 부교감신경계통

■스스로 알아서 조절하는 것을 '자율'이라고 한다.

31 인체의 불수의적 생리조절을 담당하는 것은?

① 몸신경 ② 자율신경 ③ 운동신경 ④ 감각신경

■자율신경계에는 교감신경과 부교감신경이 있다.
■교감신경은 위험상황에 직면했을 때 신체를 임전 태세로 만든다.
■교감신경계가 활성화되면 골격근으로의 혈류량이 많아지고(증가함), 내장기관으로의 혈류량은 감소한다.

필수문제

32 보기의 ㉠, ㉡에 들어갈 용어가 바르게 나열된 것은?

보기
» 운동 시 교감신경계가 활성화되면, 골격근으로의 혈류량은 (㉠)하고 내장기관으로의 혈류량은 (㉡)한다.

	㉠	㉡		㉠	㉡
①	감소	증가	②	감소	감소
③	증가	감소	④	증가	증가

정답 26 : ③, 27 : ①, 28 : ①, 29 : ②, 30 : ③, 31 : ②, 32 : ③

심화문제

33 심장의 운동, 내장의 운동, 호르몬 분비 등의 역할을 수행하는 신경계통은?

① 교감신경계통　　② 부교감신경계통
③ 뇌줄기　　④ 자율신경계통

34 자율신경계의 기능에 대한 설명으로 옳은 것은?

① 교감신경계 활성은 심박수를 안정시킨다.
② 수의적인 신경조절로 운동수행력을 향상시킨다.
③ 심장근, 내분비선, 평활근을 자극한다.
④ 부교감신경의 말단에서 에피네프린(epinephrine)을 분비한다.

■ 자율신경계는 심장의 운동, 내장의 운동, 호르몬 분비 등 불수의적인 운동을 지배한다.

필수문제

35 뉴런(신경세포)의 구조에 대한 설명이다. 옳은 것은?

① 뉴런은 세포체, 가지돌기, 랑비에결절로 구성되어 있다.
② 가지돌기는 주로 신호를 내보내는 역할을 한다.
③ 세포체는 주로 뉴런의 생명을 유지시키는 역할을 한다.
④ 랑비에결절은 가지돌기에 있다.

■ 세포체는 수상돌기 및 축삭과 함께 뉴런을 구성하며, 그 역할은 뉴런의 생명 유지이다.

심화문제

36 뉴런은 신경계의 기능적 단위이며, 해부학적으로 세포체, 수상돌기, (　)의 세 가지 기본영역으로 구성된다. (　)에 알맞은 단어는?

① 핵　　② 축삭
③ 미토콘드리아　　④ 골지체

■ 뉴런은 신경세포체, 가지돌기(수상돌기), 축삭돌기(축삭)로 구성되어 있다.

필수문제

37 뉴런의 기능에 대한 설명이다. 틀린 것은?

① 받아들인 정보를 모두 전달한다.
② 신경아교세포는 뉴런의 위치를 유지시키고, 화학물질을 공급하는 역할을 한다.
③ 말이집으로 감싸진 신경축삭에서는 도약전도가 일어난다.
④ 활동전위가 축삭의 끝에 도착하면 신경전달물질이 분비된다.

■ 뉴런은 받아들인 정보를 전달하지 않고 억제하는 경우도 있다.

정답　33 : ④, 34 : ③, 35 : ③, 36 : ②, 37 : ①

■ 세포막전위 : 세포막을 경계로 하여 세포 안과 밖에서 전기적 성질을 띤 이온의 농도차이에 의해 발생함.
■ ㉡ : 탈분극
■ ㉠ : 안정막전압(약 −70mV)
■ ㉢ : 재분극
■ ㉣ : 과분극

필수문제

38 그림은 막 전위의 변화를 나타낸 것이다. ㉠~㉣ 중 탈분극(depolarization)에 해당하는 시점은?

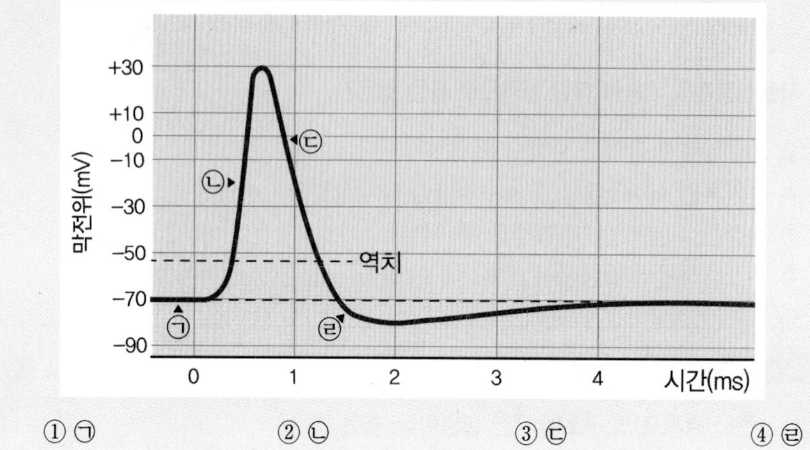

① ㉠　　② ㉡　　③ ㉢　　④ ㉣

■ **과분극** : 막전압이 안정막전압(약 −70mV)보다 음성인 경우
■ **탈분극** : 막전압이 안정막전압보다 양성인 경우
■ **재분극** : 절정에 이른 후 탈분극상태가 안정막전압으로 돌아가는 시기
■ **불응기** : 일정 시간 동안 다른 활동전압이 즉시 발생할 수 없는 시기

필수문제

39 보기에서 설명하는 신경세포 활동전위의 단계는?

보기
» 칼륨(K^+) 채널이 열려있고, 칼륨이 세포 외로 이동하면서 세포 내는 음전하를 띠게 되는 단계
» 이 단계 이후 칼륨 채널이 닫히고, 칼륨의 세포 외 유출이 적어짐에 따라 안정막 전위로 복귀

① 과분극　　② 탈분극
③ 재분극　　④ 불응기

정답　38 : ②, 39 : ①

심화문제

40 근섬유 수축을 위한 신경 활동전위(action potential)의 단계 중 보기가 설명하는 것은?

> 보기
> 신경 뉴런(neuron)의 활동전위(action potential)가 생성되는 첫 번째 단계로서 나트륨 이온(Na^+)의 세포막 투과성을 높여 세포 내 양(+)전하를 만들고 활동전위를 역치수준에 이르게 한다.

① 탈분극(depolarization)
② 재분극(repolarization)
③ 과분극(hyperpolarization)
④ 불응기(refractory period)

■ 첫 번째 단계인 탈분극이 된 다음에 다시 분극상태로 돌아가는 것을 재분극이라고 한다.

필수문제

41 보기는 뉴런의 전기활동에 대한 설명이다. 옳은 것을 모두 고른 것은?

> 보기
> ㉠ 안정 시에는 신경세포의 세포막 안과 밖이 약 −70mV로 분극되어 있다.
> ㉡ 안정 시에 막전위가 유지되는 것은 칼륨−나트륨 이온펌프 때문이다.
> ㉢ 역치 이상의 전기자극이 오면 막전위가 약 +30mV로 변하는 것을 탈분극이라 한다.
> ㉣ 탈분극이 된 다음 약 1msec가 지나면 다시 분극상태로 돌아가는 것을 재분극이라고 한다.
> ㉤ 탈분극되는 위치가 조금씩 뉴런의 말단 방향으로 이동하는 것을 신경전도라고 한다.

① ㉠㉡㉢㉣㉤
② ㉠㉡㉢㉣
③ ㉠㉡㉢
④ ㉠㉡

■ 보기는 뉴런의 전기활동을 모두 설명한 것이다.

심화문제

42 뉴런의 전기적 활동에 대한 설명으로 바르지 않은 것은?

① 흥분성 신경전달물질은 세포막을 탈분극시키는 작용을 한다.
② 억제성 신경전달물질은 세포막을 과분극시키는 작용을 한다.
③ 탈분극이 발생되면 세포막 내의 나트륨이 밖으로 나가면서 활동전위가 발생된다.
④ 안정 시 막전압으로 돌아오려면 Na−K펌프가 작동되어야 한다.

■ 평소에 분극되어 있던 것이 일시적으로 없어지는 것을 탈분극이라고 한다.

정답 40 : ①, 41 : ①, 42 : ③

필수문제

43 보기는 신경세포의 안정 시 막전위에 영향을 주는 Na^+과 K^+에 대한 그림이다. ㉠~㉣에 들어갈 내용이 바르게 연결된 것은?

보기

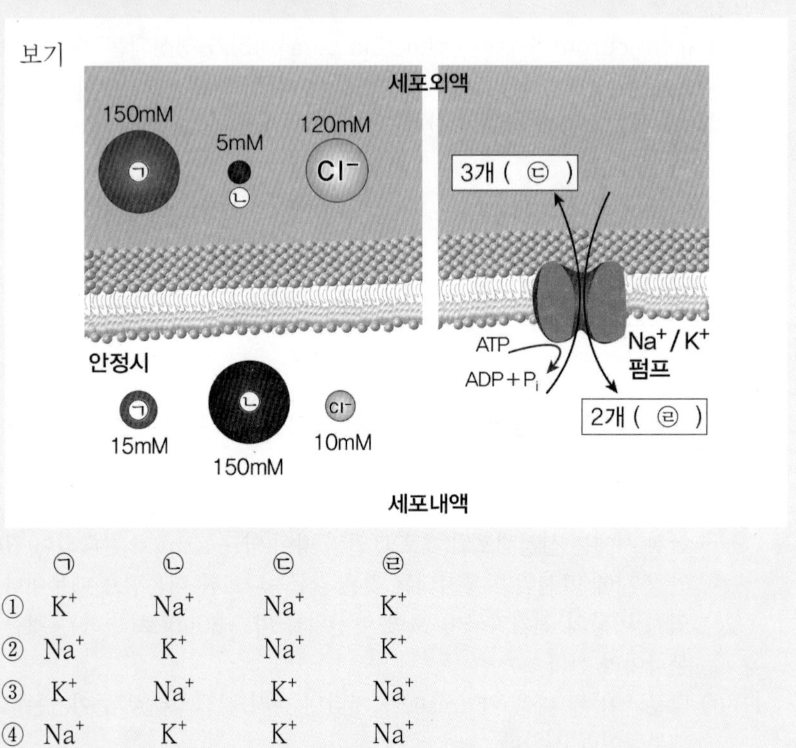

	㉠	㉡	㉢	㉣
①	K^+	Na^+	Na^+	K^+
②	Na^+	K^+	Na^+	K^+
③	K^+	Na^+	K^+	Na^+
④	Na^+	K^+	K^+	Na^+

■세포막을 사이에 두고 세포외액은 NA^+농도가 높고 세포내액은 K^+농도가 높게 분포되어 있다는 것을 묻는 문제임.
■세포막에 존재하는 K^+/Na^+ 펌프가 작용하여 세포 의 Na^+를 세 개 퍼내고, 세포 밖의 K^+ 2개를 세포 안으로 끌어들이는 작용을 보여주는 것임(정일규(2023). 휴먼퍼포먼스와 운동생리학 그림 2-18 참조).

44 신경자극에 대한 설명으로 옳지 않은 것은?

① 탈분극은 Na^+이 세포 밖에서 안으로 유입되면서 양전하가 세포 내에 증가하는 현상이다.
② 과분극은 K^+ 통로의 열린 상태가 유지되어 추가적 으로 K^+이 세포 밖으로 나가는 현상이다.
③ 세포막의 자극이 역치를 넘어서지 않으면 활동전위(action potential)가 생성되지 않는다.
④ 안정막전위는 세포 밖은 K^+, 세포 안은 Na^+이 많은 상태로 분리되어 있다.

■안정 시에는 세포막 안쪽에 K^+가 많다.

45 안정 시 뉴런의 세포막의 전위는?

① 70mV ② −70mV ③ 30mV ④ −30mV

정답 43 : ②, 44 : ④, 45 : ②

필수문제

46 보기의 신경세포 구조 및 전기적 활동에 관한 적절한 설명을 고른 것은?

보기

㉠ 안정 시 신경세포 막의 안쪽은 Na^+의 농도가 높고, 바깥쪽은 K^+의 농도가 높다.

㉡ 역치(threshold)는 신경세포 막의 차등성전위(graded potential)가 안정막전위(resting membrane potential)로 바뀌는 시점을 말한다.

㉢ 활동전위(action potential)는 신경세포 막의 탈분극(depolarization)을 유도한다.

㉣ 신경세포는 신경-근접합부(neuromuscular junction)를 통해 근섬유와 상호 신호전달을 한다.

① ㉠, ㉣ ② ㉠, ㉢

③ ㉡, ㉣ ④ ㉢, ㉣

■㉠ 안정 시 신경세포의 막 안쪽은 K^+(칼슘이온)이, 바깥쪽은 Na^+(나트륨이온)이 주요 양이온이다.
■㉡ 역치는 생물체가 자극에 대한 반응을 일으키는 데 필요한 최소한도의 자극의 세기를 나타내는 수치로, 안정막전위(세포 안과 밖 사이의 전위차이)가 차등성전위(막전위에서 나타나는 국소적인 변화)로 바뀌는 시점이다.

운동생리학

심화문제

47 신경계통의 자극전도에 대한 설명이다. 옳지 못한 것은?

① 안정 시 세포 내에는 나트륨이온의 농도가 높다.

② 전달된 자극의 강도가 역치 이상일 때에만 신경자극이 전도된다.

③ 활동전위에 의해서 일시적으로 탈분극 상태가 된다.

④ 신경자극이 지나갈 때 짧은 시간 동안의 불응기가 있다.

■안정 시 세포 내에는 K^+, 바깥쪽에는 Na^+의 농도가 높다.

48 안정 시 뉴런의 세포막전위를 설명한 것이다. 틀린 것은?

① 세포막의 안쪽에는 Na^+, 바깥쪽에는 K^+의 농도가 높다.

② Na^+보다 K^+의 세포막 투과성이 높다.

③ 세포막은 안과 밖의 이온농도를 동일하게 유지하려는 성질이 있다.

④ K^+ : Na^+ 이온 펌프 때문에 막전위를 유지할 수 있다.

■세포막의 안쪽에는 K^+, 바깥쪽에는 Na^+의 농도가 높다.
■세포막은 이온농도를 동일하게 유지하려는 성질이 있지만, 이온펌프 때문에 불균형하게 분포되어 있다.

정답 46 : ④, 47 : ①, 48 : ①

운동생리학

■**시냅스** : 신경과 신경 사이의 틈새로, 신경전달물질이 분비됨.
■**운동단위** : 하나의 운동신경섬유와 그곳에 붙어 있는 근육섬유를 합한 것.
■**랑비에르 결절** : 신경에서 수초(myelin sheath, 말이집)에 둘러싸이지 않고 노출된 부위.

필수문제

49 보기에서 설명하는 용어는?

보기
» 운동뉴런의 말단과 근섬유가 접합되어 있는 기능적 연결부위
» 신경전달물질이 분비되는 공간
» 시냅스 전 축삭말단, 시냅스 간극, 근섬유 원형질막의 운동종판으로 구성

① 시냅스(연접) ② 운동단위
③ 랑비에르 결절 ④ 신경근접합부

심화문제

■신경세포는 시냅스로 연결되어 있다.

50 다음 설명 중 틀린 것은?

① 신호를 전달하기 위해서 신경과 신경 사이가 직접 연결되어 있다.
② 신경과 신경 사이의 틈새를 시냅스라고 한다.
③ 시냅스에 분비되는 물질을 신경전달물질이라고 한다.
④ 신경전달물질을 통해서 신호가 전달될 수도 있고 억제될 수도 있다.

51 뉴런의 축삭 끝에서 다른 뉴런의 가지돌기나 세포체로 활동전위를 전달하는 장소는?

① 랑비에결절 ② 시냅스
③ 핵소체 ④ 말이집

■신경전달물질은 아세틸콜린, 에피네프린, 노르에피네프린이다. 당뇨병환자가 인슐린주사를 맞는다.

52 신경전달물질이 아닌 것은?

① 에피네프린 ② 인슐린
③ 아세틸콜린 ④ 노르에피네프린

53 신경전달물질을 다량 보관하고 있는 소포가 있는 곳은?

① 신경세포체 ② 신경축삭 종말
③ 가지돌기 ④ 신경세포의 핵

필수문제

■신경계통의 특성은 흥분성, 전달성, 통합성이다(p. 26 참조).

54 신경계통의 특성이 바르게 묶인 것은?

① 흥분성, 전달성, 통합성 ② 흥분성, 탄력성, 통합성
③ 흥분성, 신장성, 활동성 ④ 전달성, 통합성, 신장성

정답 49 : ④, 50 : ①, 51 : ②, 52 : ②, 53 : ②, 54 : ①

심화문제

55 신경세포와 근육의 흥분-수축 결합 단계를 순서대로 바르게 나열한 것은?

보기
㉠ 마이오신 머리가 액틴세사를 잡아당긴다.
㉡ 활동전위가 축삭 종말에 도달하면 아세틸콜린이 방출된다.
㉢ 근형질세망에서 분비된 Ca^{2+}이 트로포닌에 부착되어 트로포마이오신을 들어 올린다.

① ㉠-㉡-㉢ ② ㉡-㉠-㉢ ③ ㉡-㉢-㉠ ④ ㉢-㉡-㉠

■활동전위가 신경세포의 끝에 도달하면 아세틸콜린이 분비되고, 그러면 마이오신이 액틴에 붙을 수 있도록 트로포마이오신을 들어 올린다.

56 운동단위에 대한 설명이다. 틀린 것은?

① 한 개의 운동신경섬유에 여러 개의 근육섬유가 붙어 있다.
② 큰 운동단위에는 여러 개의 운동신경이 있다.
③ 큰 운동단위는 수축력도 크다.
④ 눈동자를 움직이는 운동단위는 작은 운동단위이다.

■한 개의 운동신경섬유와 그곳에 붙어 있는 근육섬유를 합한 것이 운동단위이다.

57 그림은 도피반사(withdrawal reflex)와 교차신전반사(crossed-extensor reflex)를 나타낸 것이다. 이에 관한 설명으로 옳지 않은 것은?(2024)

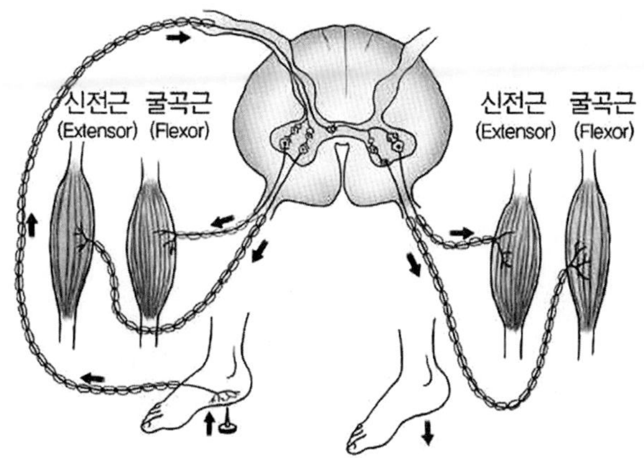

① 반사궁 경로를 통해 통증 자극에 대한 빠른 반사가 일어난다.
② 통증 수용기로부터 활동전위가 발생하여 척수로 전달된다.
③ 신체 균형을 유지하기 위해 반대편 대퇴의 굴곡근 수축이 억제된다.
④ 통증을 회피하기 위해 통증 부위 대퇴의 굴곡근과 신전근이 동시에 수축된다.

■**도피반사** : 두 팔과 두 다리가 강한 자극을 받을 때 몸쪽으로 오므리는 척수반사의 일종으로 방어반사라고도 한다.
■**교차신전반사** : 한쪽 발 또는 다리를 자극하면 그쪽 다리에서 굴곡을 일으키고 반대쪽 다리는 신전반사를 일으키는 것으로, 필립스반사라고도 한다.
■④ 통증을 회피하기 위해 통증이 없는 대퇴의 신전근이 수축한다.

정답 55 : ③, 56 : ②, 57 : ④

운동생리학

■ 인체의 운동반응 조절과정
감각수용기의 감각자극 수용→감각뉴런이 중추신경계로 전달→중추신경계의 정보해석 후 운동반응 결정→운동자극이 운동뉴런에 전달→근육섬유에 도달한 운동자극에 의한 운동 반응

필수문제

58 **보기에 제시된 감각 - 운동 신경계의 인체 운동 반응 조절 과정을 단계별로 바르게 나열한 것은?**

보기
㉠ 자극이 감각 뉴런을 통해 중추신경계로 전달된다.
㉡ 운동 자극이 중추신경계에서 운동 뉴런으로 전달된다.
㉢ 운동 자극이 근섬유에 전달되면 운동 반응이 일어난다.
㉣ 중추신경계가 정보를 해석하고 운동 반응을 결정한다.
㉤ 감각 수용기가 감각 자극을 받아들인다.

① ㉠ → ㉤ → ㉡ → ㉢ → ㉣　　② ㉠ → ㉤ → ㉣ → ㉢ → ㉡
③ ㉤ → ㉠ → ㉡ → ㉢ → ㉣　　④ ㉤ → ㉠ → ㉣ → ㉡ → ㉢

심화문제

59 **신경세포에서 전기적 신호가 전달되는 순서가 옳은 것은?**

① 신경자극→수상돌기→세포체→축삭→축삭종말
② 신경자극→세포체→수상돌기→축삭→축삭종말
③ 신경자극→축삭→세포체→수상돌기→축삭종말
④ 신경자극→수상돌기→축삭→세포체→축삭종말

■ 신경임펄스는 수상돌기에서 세포체를 거쳐서 축삭으로 전달되어 축삭종말로 간다.

■ ① 근방추 : 근육 안에 있으면서 근육의 길이 변화와 변화 속도 감지 등 보기와 같은 역할을 수행함.
■ ② 골지건(힘줄)기관 : 근육과 힘줄의 경계 부위에 있으면서 근육이 발휘하는 장력 수준을 척수 및 뇌에 보고하는 수용체임.
■ ③ 자유신경종말 : 신경종말. 가장 단순한 모양의 신경수용기. 여기에서 분지된 말초신경섬유의 잔가지는 결합조직 또는 상피 안에서 끝남.
■ ④ 파치니안 소체 : 피부에 있는 타원형의 수용기

필수문제

60 **보기에서 설명하는 고유수용기는?**

보기
» 감각 및 운동신경의 말단이 연결되어 있다.
» 감마운동뉴런을 통해 조절된다.
» 근육의 길이 정보를 중추신경계로 보낸다.

① 근방추　　② 골지건기관
③ 자유신경종말　　④ 파치니안 소체

심화문제

61 **근육의 길이 변화에 관한 정보를 중추신경계통으로 전달하는 고유감각수용기는?**

① 골지힘줄기관　② 관절수용기　③ 루피니소체　④ 근육방추

정답　58 : ④, 59 : ①, 60 : ①, 61 : ④

뼈대근육과 운동

뼈대근육의 구조

- ☞ 생명이 있는 최소단위는 세포이고, 근육세포는 실같이 생겼다고 해서 근육섬유라 한다.
- ☞ 여러 개의 근육섬유가 모여서 다발을 이룬 것을 근육섬유다발이라고 한다.
- ☞ 근육섬유다발이 여러 개 모여서 근육을 이룬다.
- ☞ 근육섬유를 둘러싸고 있는 막을 근육섬유막 또는 근육속막(근내막), 근육섬유다발을 둘러싸고 있는 막을 근육다발막(근주막), 근육을 둘러싸고 있는 막을 근육바깥막(근외막) 또는 근막이라고 한다.

근육세포가 일반 세포와 다른 점

- ☞ 보통은 실처럼 길게 생겼지만 다른 조직세포보다 오히려 짧은 근육세포도 있다.
- ☞ 근육세포 하나에 세포핵이 여러 개 있는 경우가 많다.
- ☞ 여러 가지 세포소기관이 들어 있는 것은 다른 세포와 같고, 글리코겐과 마이오글로빈을 함유하고 있는 것이 보통세포의 세포질과 다르다.
- ☞ T세관은 근육세포에만 있고 신경임펄스가 신속하게 퍼질 수 있도록 하는 역할을 한다.

근육섬유

1 근육섬유(근육세포)의 구조

- ☞ 근육섬유는 여러 개의 근육원섬유들이 다발처럼 묶여 있는 것이다.
- ☞ 근육원섬유에는 마이오신 필라멘트와 액틴 필라멘트가 있고, 2가지 근육원섬유는 격자구조를 갖도록 규칙적으로 배열되어 있다.
- ☞ 근육원섬유의 마디를 근육원섬유마디(근절)라 하고, 근육원섬유마디는 근육수축의 기본단위이다.
- ☞ 근육원섬유마디가 있는 위치를 Z선이라 하고, 뼈대근육에 가로무늬가 보이는 것은 Z선 때문이다.
- ☞ 액틴과 마이오신 필라멘트 사이에 연결다리(cross bridge)가 생기는 것이 근육수축이다.
- ☞ 뼈대근육의 기능(역할)……운동, 자세유지, 체온유지, 관절의 안정성 확보

2 근육의 종류별 특성

	뼈대근육	심장근육	내장근육
무늬	가로줄무늬	가로줄무늬	민무늬
세포 당 핵의 수	많음	1~2개	1개
근형질세망	발달되어 있음	약간 있음	조금 있음
수축속도	빠름/느림	느림	아주 느림
수축조절	수의적	불수의적	불수의적

3 근육섬유의 종류별 특징

	Type I (지근, 적근)	Type II a (속근, 백근)	Type II x (속근, 백근)
피로에 대한 내성	높음	중간	낮음
에너지 시스템	유산소	유/무산소	무산소
수축속도	느림	중간	빠름
장력	중간	큼	큼
미토콘드리아, 모세혈관, 마이오글로빈	많음	중간	적음
ATPase의 활동	낮음	높음	높음

운동단위의 동원 순서

☞ 수축력의 세기가 작은 운동단위부터 차례로 동원된다.

☞ 같은 수의 근육섬유가 있다고 하면 Type I 운동단위보다는 TypeII운동단위가 수축력은 세고, 지구력은 약하다.

근육수축의 형태

☞ 근육이 수축하는 동안 근육이 발휘하는 근력의 크기가 일정한 것이 등장성수축이다.

☞ 근육이 수축하고는 있지만 근육의 길이가 변하지 않는 것이 등척성수축이다.

☞ 등척성 수축을 정적 수축, 등장성 수축을 동적 수축이라고도 한다.

☞ 신장성 수축은 근육의 길이가 늘어나는 수축이고, 단축성수축은 근육의 길이가 짧아지는 수축이다.

☞ 일반적으로 신장성 수축이 단축성 수축보다 더 큰 근력을 발휘한다.

☞ 신장성 수축은 근육의 수축속도가 빠를수록 근력이 크고, 단축성수축은 근육의 수축속도가 느릴수록 근력이 더 크다.

▶ **구심성 수축과 원심성 수축의 비교**

구심성(단축성) 수축	· 근육의 길이가 짧아지고 장력이 발생함. · 근수축 속도와 반비례하여 근육에 힘이 생성됨. · 근수축 속도가 느릴수록 더 큰 힘이 발생함.
원심성(신장성) 수축	· 근육의 길이가 길어지고 장력이 발생함. · 근수축 속도와 비례하여 근육에 힘이 생성됨. · 근수축 속도가 빠를수록 더 큰 힘이 발생함.

근육이 발휘할 수 있는 근력의 크기

☞ 최대근력을 발휘할 수 있는 근육의 길이가 근육마다 다르다. 즉, 관절의 각도에 따라서 최대근력의 크기가 다르다.

☞ 등장성수축과 등척성수축에 따라서도 최대근력의 크기가 다르다.
☞ 신장성 수축과 단축성 수축에 따라서도 최대근력의 크기가 다르다.
☞ 수축속도에 따라서도 최대근력의 크기가 다르다.

뼈대근육

1 뼈대근육의 트레이닝 효과

☞ 근력이 향상된다. 근육의 크기 증가(근육섬유의 비대)가 주된 원인이지만 신경조절 요인도 관련이 있다.
☞ 근육섬유의 비대는 근육원섬유의 증가, 근육세포질의 증가, 결합조직의 증가에 의한 것이다.
☞ 운동단위의 동시동원은 힘의 발현속도를 증가시킨다.
☞ 저항훈련 초기의 근력 증가는 신경적응 현상(신경의 전도속도가 빨라진 것)에 의한 것이다.

2 뼈대근육의 유산소 트레이닝 효과

☞ Type I 근육섬유가 증가한다.
☞ 근육에 있는 모세혈관의 숫자가 증가한다.
☞ 근육의 마이오글로빈 함량이 증가한다.
☞ 근육세포 안에 있는 미토콘드리아의 숫자와 크기가 증가한다.
☞ ATPase의 활성도가 증가한다.

3 뼈대근육의 근지구력 트레이닝 효과

☞ 단위면적당 모세혈관의 수가 증가한다.
☞ 근육섬유 내의 미토콘드리아의 수와 크기가 증가한다.
☞ 근육의 유산소대사능력이 증가한다.

훈련을 중단하거나 근육을 움직이지 못하게 묶어 놓았을 때의 변화

☞ 단백질 합성의 감소 → 근육조직의 손실 → 근 위축 → 근력감소
☞ 다시 운동을 해서 회복하는 데에 걸리는 시간이 운동을 못한 시간보다 더 길다.

근통증

☞ 고강도로 운동을 한 후에 또는 과도하게 근력을 사용한 후에 근통증이 나타난다.
☞ 근육섬유의 손상이나 근육섬유막의 손상이 원인이다.
☞ 피로를 수반하는 급성근통증은 혈장으로부터 조직 안으로 체액이 이동하는 것(부종)이 원인이다.
☞ 힘든 운동을 하고 하루나 이틀이 지나서 나타나는 지연성근통증을 근육조직이 아주작게 찢어지거나 힘줄(건)에 있는 결체조직이 파열된 것이 원인이다.

근손상

근섬유의 구조적 손상	마라톤 경기 후 근육섬유막의 파손
염증성 손상	백혈구가 근육 내에 염증반응을 유발시킴
좌상	너무 큰 근장력 때문에 근육이 과신전되면서 근육섬유가 분리되거나 찢어지는 것
근경직	불수의적으로 근수축과 이완이 교대로 일어나는 것
타박상	외부에서 연조직을 심하게 가격한 것이 원인이 되어 모세혈관이 찢어져 근육 속에서 출혈이 되는 것

근육활주설

☞ 근육섬유가 수축할 때 A띠의 길이는 변화하지 않지만 I띠는 짧아지고, A띠의 중앙 부분인 H역은 사라진다. 이러한 현상은 A띠의 중앙 부분에서 가는근육미세섬유가 서로 활주하여 서로 교차하는 움직임 때문이라고 한다. 근육의 수축이 가는근육미세섬유의 활주에 의해 이루어진다고 하여 **근육활주설**이라고 한다.

☞ **안정**(충전되지 않은 ATP십자형다리(교) 확장, 액틴과 마이오신의 약한 결합, 그물에 칼슘 축적) → **자극 · 결합**(칼슘 방출, 액토마이오신 형성) → **수축**(에너지 방출, 십자형교 회전, 장력 발생) → **재충전**(ATP 재합성, 액틴과 마이오신 재순환) → **이완**(그물에 칼슘 축적, 근육이완)

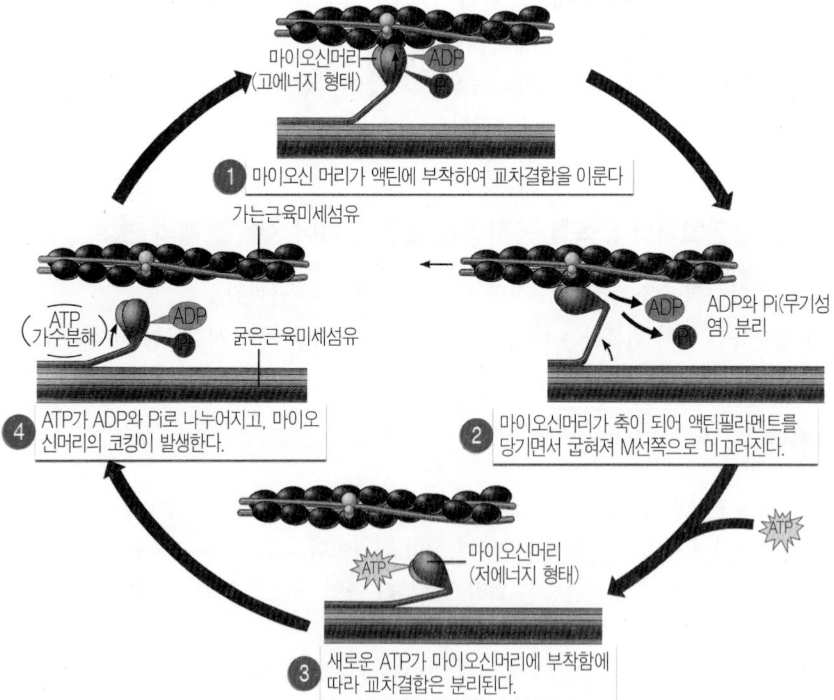

출처: 정일규(2018). 휴먼퍼포먼스와 운동생리학 전정판, 대경북스.

필수 및 심화 문제

필수문제

01 근수축에 필수적인 Ca^{2+} 이온을 저장, 분비하는 근육세포 내 소기관은?

① 근형질세망　② 위성세포
③ 미토콘드리아　④ 근핵

원형질막	· 운동신경에서 근육섬유로 가는 활동전압의 전도 · 산-염기 평형 유지 · 모세혈관의 혈액에서 근육섬유 안으로 대사물질 운반
위성세포	· 원형질막과 기저막 사이에 있음. · 골격근의 성장과 발달, 근육의 손상, 비활동 훈련 등에 영향을 줌.
근형질	· 글리코겐 저장 · 미오글로빈이 저장되어 있어 산소 운반을 도움.
T세관(가로세관)	· 개개의 근육원섬유로 신경자극 전달
근형질세망	· 칼슘 저장　· 근수축 시 칼슘 방출과 근이완 시 칼슘 재흡수

심화문제

02 골격근 섬유에 관한 설명으로 옳은 것은?(2024)

① 근수축에 필요한 칼슘(Ca^{2+})은 근형질세망에 저장되어 있다.
② 운동단위(motor unit)는 감각뉴런과 그것이 지배하는 근섬유의 결합이다.
③ 신경근접합부(neuromuscular junction)에서 분비되는 근수축 신경전달물질은 에피네프린이다.
④ 지연성 근통증은 골격근의 신장성(eccentric) 수축보다 단축성(concentric) 수축 시 더 쉽게 발생한다.

■ ② : 운동단위는 하나의 운동뉴런이 지배하는 근육섬유
■ ③ : 신경근접합부에서 분비되는 신경전달물질은 아세틸콜린
■ ④ : 지연성 근통증은 골격근의 신장성 수축일 때 더 쉽게 발생한다.

필수문제

03 보기에서 설명하는 근육 기관은?

보기
» 골격근에서 발견된다.
» 근육의 길이를 감지한다.
» 근육의 급격한 신전 시 반사적 근육활동을 촉발시킨다.

① 근방추　② 동방결절　③ 모세혈관　④ 근형질세망

■ 근방추의 기능(골격근의 길이와 수축 속도를 감지하는 주머니 모양의 신경구조)
· 근육이 손상되지 않도록 근육을 수축시켜 근육의 길이를 줄여주는 역할
· 신체의 긴장도, 자세, 정렬 균형 등을 유지하는 데 도움
· 신장반사를 통해 방어기제를 제공
· 너무 빠르거나 안전하지 않은 범위까지 길이가 늘어나는 것이 감지되면 바로 반사작용으로 근육을 짧게 만듦
· 근방추가 활성화되면 신체의 위치와 균형감, 중력중심에 영향

정답　01 : ①, 02 : ①, 03 : ①

▪근(육)섬유 : 골격근을 이루며, 근(육)세포라고 함.
▪근(육)원섬유 : 수축단백질을 포함한 수많은 필라멘트가 싸고 있음. 미오신(마이오신, myosin ; 굵은 필라멘트)와 액틴(actine ; 가는 필라멘트)로 구성됨.
▪위성세포 : 근육성 줄기세포로 형질막과 바닥막 사이에 있음.

운동생리학

필수문제

04 근섬유(muscle fiber) 및 근원섬유(myofibril)에 관한 설명으로 옳은 것은?

① 근섬유는 여러 개의 핵을 가진 다른 세포들과 다르게 단핵세포로 구성된다.
② 근섬유는 결합조직인 근내막(endomysium)으로 싸여 있다.
③ 근원섬유는 근세포라 불리며, 가는 세사와 굵은 세사로 구성된다.
④ 근원섬유의 막 주위에는 위성세포(satellite cells)가 존재한다.

심화문제

05 근섬유의 구조와 기능에 대한 설명으로 옳지 않은 것은?

① 근형질세망(sarcoplasmic reticulum) : 칼슘 저장
② 가로세관(transverse−tubule) : 산 · 염기 평형 유지
③ 근형질(sarcoplasm) : 글리코겐과 미오글로빈 저장
④ 근초(sarcolemma) : 뼈에 부착된 건과 융합

▪가로세관은 신경임펄스가 신속하게 퍼질 수 있도록 하는 역할을 한다.

06 골격근의 수축과정 중 근형질세망(sarcoplasmic reticulum)에서 분비되어 트로포닌(troponin)과 결합하는 물질은?

① 아데노신삼인산 ② 칼슘이온 ③ 무기인산 ④ 아세틸콜린

▪근형질세망에 있던 칼슘이온이 방출되어 트로포닌과 결합한다.

필수문제

07 인체 근육조직은 여러 가지 조직으로 결합되어 있다. 근육의 구조를 올바르게 나열한 것은?

① 근섬유 → 근원섬유 → 필라멘트 → 근다발
② 근원섬유 → 필라멘트 → 근다발 → 근섬유
③ 필라멘트 → 근다발 → 근섬유 → 근원섬유
④ 근다발 → 근섬유 → 근원섬유 → 필라멘트

▪골격근(뼈대근육)의 구조
근육다발막(근다발)
↓
근육섬유막(근섬유)
↓
근원섬유의 다발(근원섬유)
↓
근육필라멘트(필라멘트)

필수문제

08 근육세포가 일반 세포와 다른 점을 설명한 것이다. 틀린 것은?

① 보통은 실처럼 길게 생겼지만 다른 조직세포보다 오히려 짧은 근육세포도 있다.
② 보통 근육세포 하나에 세포핵이 여러 개 있다.
③ 여러 가지 세포소기관이 들어 있는 것은 다른 세포와 같고, 글리코겐과 미오글로빈을 함유하고 있는 것이 보통세포의 세포질과 다르다.
④ T세관은 근육세포에만 있는 것이 아니라 다른 세포에도 있다.

▪T세관은 근육세포에만 있고, 신경임펄스가 신속하게 퍼질 수 있도록 하는 역할을 한다.

정답 04 : ②, 05 : ②, 06 : ②, 07 : ④, 08 : ④

심화문제

09 근육 내에서 산소를 운반하는 물질은?

① 알부민　② 신경전달물질　③ 아세틸콜린　④ 마이오글로빈

필수문제

10 근육섬유(근육세포)의 구조를 설명한 것이다. 틀린 것은?

① 근육섬유는 여러 개의 근육원섬유들이 다발처럼 묶여 있는 것이다.
② 근육원섬유에는 마이오신 필라멘트와 액틴 필라멘트가 있고, 2가지 근육원섬유는 격자구조를 갖도록 규칙적으로 배열되어 있다.
③ 근육원섬유의 마디를 근육원섬유마디(근절, sarcomere)라고 하고, 근육원섬유마디는 근육수축의 기본단위이다.
④ 근육원섬유마디가 있는 위치를 Z선이라 하고, 뼈대근육에 가로무늬가 보이는 것은 Z선 때문이다.
⑤ Z선과 Z선 사이에 연결다리(연결교, crossbridge)가 생기는 것이 근육수축이다.

심화문제

11 다음 중 근섬유에 대한 일반적 설명으로 가장 옳은 것은?

① 근섬유에는 미토콘드리아가 많이 분포하지는 않는다.
② 근섬유는 우리의 의지에 따라 움직일 수 없다.
③ 운동선수나 일반인이나 근섬유 주위에 모세혈관은 거의 동일하다.
④ 하나의 근섬유 위에 운동신경이 접합되는 지점을 운동종판이라고 한다.

필수문제

12 보기의 ㉠~㉣에 해당하는 용어를 바르게 나열한 것은?

보기
» 골격근은 (㉠)신경계의 조절에 의해 (㉡)으로 수축한다.
» 걷기와 같은 저강도 운동 중에는 (㉢) 섬유가 주로 동원되고, 전력질주와 같은 고강도 운동 중에는 (㉣) 섬유가 주로 동원된다.

	㉠	㉡	㉢	㉣
①	자율	수의적	typeⅠ	typeⅡ
②	체성	불수의적	typeⅡ	typeⅠ
③	자율	불수의적	typeⅡ	typeⅠ
④	체성	수의적	typeⅠ	typeⅡ

정답　09 : ④, 10 : ⑤, 11 : ④, 12 : ④

■ 체내에서 마이오글로빈(미오글로빈)의 역할은 근육조직에 산소를 확보하여 저장하는 것이다.
■ 혈액 내에서 산소를 운반하는 것은 헤모글로빈이다.

■ 연결다리는 Z선과 Z선 사이가 아니라 액틴과 마이오신 필라멘트 사이에 생긴다.

■ 중추로부터의 자극을 골격근에 전달하는 운동신경의 말단이 근섬유로 이어지는 곳이 운동종판인데, 여기에서는 1개의 신경섬유와 1개의 근섬유 사이에서 시냅스가 형성된다.

■ 골격근은 체성(몸) 신경계통의 조절에 의해 수의적으로 수축한다.
■ typeⅠ(서근섬유) : 걷기 등의 지구성 운동에 적합.
■ typeⅡ(속근섬유) : 달리기 등의 순발력 운동에 적합.

운동생리학

■뼈대근육이 체성분을 유지하는 것이 아니라 관절의 안정성을 확보한다.

필수문제

13 뼈대근육의 역할이 아닌 것은?

① 운동 ② 자세 유지 ③ 체온 유지 ④ 체성분 유지

■근육경직 : 근육의 수축과 이완이 불수의적으로 교대로 일어나는 것.
■㉣ 탄수화물 저장량의 증가가 운동유발성 근육경직을 방지하는 기전이 된다.

심화문제

14 보기에서 운동유발성 근육경직(exercise-associated muscle cramps)을 방지하기 위한 방법으로 적절한 것을 모두 고른 것은?

보기
㉠ 발생하기 쉬운 근육을 규칙적으로 스트레칭한다.
㉡ 필요 시 운동 강도와 지속 시간을 감소시킨다.
㉢ 수분과 전해질의 균형을 유지한다.
㉣ 탄수화물 저장량을 낮춘다.

① ㉠ ② ㉠, ㉡ ③ ㉠, ㉡, ㉢ ④ ㉠, ㉡, ㉢, ㉣

■속근섬유는 근형질세망이 잘 발달되어 있어서 수축속도가 빨라 자극에 대한 반응이 빠르다.
■①, ③, ④는 지근섬유의 특징

필수문제

15 지근섬유(Type I)와 비교되는 속근섬유(Type II)의 특성으로 옳은 것은?(2024)

① 높은 피로 저항력 ② 근형질세망의 발달
③ 마이오신 ATPase의 느린 활성 ④ 운동신경세포(뉴런)의 작은 직경

■근육섬유의 종류별 특징(p. 42) 참조.

필수문제

16 아래 표는 근육섬유의 종류별 특성이다. ( )에 들어가야 할 단어들을 잘 짝지은 것은?

특성	Type I	Type IIa	Type IIx
피로 내성	㉠	중간	㉡
에너지시스템	㉢	유/무산소	㉣
수축속도	㉤	중간	㉥
장력	㉦	큼	㉧

	㉠	㉡	㉢	㉣	㉤	㉥	㉦	㉧
①	높음	낮음	유산소	무산소	느림	빠름	중간	큼
②	높음	낮음	무산소	유산소	빠름	느림	큼	중간
③	낮음	높음	유산소	무산소	느림	빠름	중간	큼
④	낮음	높음	무산소	유산소	빠름	느림	큼	중간

정답 13 : ④, 14 : ③, 15 : ②, 16 : ①

심화문제

17 운동강도 증가에 따라 동원되는 근육섬유의 순서로 옳은 것은?

① TypeⅡa섬유→TypeⅡx섬유→TypeⅠ섬유
② TypeⅡx섬유→TypeⅡa섬유→TypeⅠ섬유
③ TypeⅠ섬유→TypeⅡa섬유→TypeⅡx섬유
④ TypeⅠ섬유→TypeⅡx섬유→TypeⅡa섬유

■ 운동을 할 때는 수축력의 세기가 작은 근육섬유부터 동원된다. 지근섬유(Type Ⅰ섬유)는 모든 활동에 먼저 동원되고, 그 다음 속근섬유인 Type Ⅱa섬유와 Type Ⅱx섬유가 동원된다.

18 보기에서 Type I 근섬유에 대한 설명으로 옳은 것은?

보기
㉠ 빠른 수축 속도 ㉡ 강한 피로 내성
㉢ 빠른 ATPase 효소 ㉣ 낮은 해당 능력

① ㉠, ㉢ ② ㉠, ㉣ ③ ㉡, ㉢ ④ ㉡, ㉣

■ 지근섬유는 피로에 대한 내성이 높고, 해당능력(당분해능력)이 낮다.

19 보기에서 속근(fast-twitch fiber)에 대한 옳은 설명만으로 묶인 것은?

보기
㉠ 빠른 수축 속도 ㉡ 강한 피로 내성
㉢ 높은 산화 능력 ㉣ 높은 해당 능력

① ㉠, ㉡ ② ㉡, ㉢ ③ ㉢, ㉣ ④ ㉠, ㉣

■ 속근섬유는 수축속도가 빠르고, 당분해능력(해당능력)이 높다.

20 근섬유의 형태에 따른 특성으로 적절하지 않은 것은?

① 지근은 속근에 비해 모세혈관의 밀도가 높다.
② 지근은 속근에 비해 미토콘드리아 수가 많다.
③ 속근은 지근에 비해 ATPase의 활성도가 높다.
④ 속근은 지근에 비해 피로에 대한 저항성이 높다.

■ 피로에 대한 저항성은 지근섬유가 높다.

필수문제

21 보기에서 ㉠과 ㉡의 근섬유 유형별 특성으로 적절한 것은?

보기
훈련되지 않은 사람과 비교하여 단거리 선수의 장딴지 근육은 주로 (㉠)의 비율이 높고, 장거리 수영선수의 팔 근육은 (㉡)의 비율이 높은 경향이 있다.

① ㉠은 ㉡에 비하여 수축 속도가 느리다.
② ㉠은 ㉡에 비하여 피로에 대한 저항성이 낮다.
③ ㉡은 ㉠에 비하여 미토콘드리아 밀도가 낮다.
④ ㉡은 ㉠에 비하여 해당 능력(glycolytic capacity)이 높다.

■ 피로에 대한 저항성은 서근섬유가 높다.
■ 단거리선수의 근육은 속근섬유의 비율이 높고, 장거리선수의 근육은 지근섬유의 비율이 높다.
■ ㉠은 속근섬유, ㉡은 서근섬유

정답 17 : ③, 18 : ④, 19 : ④, 20 : ④, 21 : ②

■속근섬유가 비대해지면 해당(당분해)과정을 통한 ATP 생산능력이 향상된다. 속근섬유(FG섬유, Type Ⅱa)는 ATPase(아데노신3인산 분해효소)의 활성이 높아 수축속도가 빠르지만, 에너지소비율이 높아 다른 유형의 섬유보다 효율성은 낮다.

운동생리학

필수문제

22 스프린트 트레이닝 후 나타나는 생리적 적응이 바르게 나열된 것은?

① 속근섬유 비대-해당과정을 통한 ATP 생산능력 향상
② 지근섬유 비대-해당과정을 통한 ATP 생산능력 향상
③ 속근섬유 비대-해당과정을 통한 ATP 생산능력 저하
④ 지근섬유 비대-해당과정을 통한 ATP 생산능력 저하

심화문제

23 속근섬유의 특성과 거리가 먼 것은?

① 무산소 대사능력이 뛰어나다.
② 마이오글로빈 함량이 많아 근육 내 산소공급이 원활하다.
③ ATPase 활성도가 높으며 수축속도가 빠르다.
④ 피로에 대한 내성이 낮다.

■속근섬유는 마이오글로빈 함량이 적다.

24 근육섬유의 유형에 대한 설명 중 틀린 것은?

① 지근(서근)에는 많은 수의 미토콘드리아가 있다.
② 지근(서근)에는 마이오글로빈이 많아서 피로에 대한 저항력이 높다.
③ 지근섬유가 속근섬유보다 큰 장력을 발휘한다.
④ 지근섬유가 속근섬유보다 에너지효율이 높다.

■장력은 속근섬유가 더 크다.

25 속근섬유를 많이 가지고 있는 사람에게 적합한 종목은?

① 마라톤　② 경보　③ 높이뛰기　④ 크로스컨트리 스키

■속근섬유는 순발력이 필요한 운동에 적합하다.

26 지구력운동선수들의 근육섬유의 특징을 바르게 설명한 것은?

① 무산소운동에 적합한 근육섬유가 발달하였다.
② Type Ⅱx가 발달하였다.
③ 근육수축력이 크게 발달하였다.
④ 지근섬유가 많이 발달하였다.

■①, ②, ③은 순발력을 필요로 하는 운동선수들이다.

27 다음 설명 중 잘못 설명한 것은?

① 동적 수축에는 단축성 수축과 신장성 수축이 있다.
② Type Ⅱx섬유가 가장 높은 파워를 낸다.
③ 근지구력은 Type Ⅱa섬유가 가장 높다.
④ 파워는 힘×속도이다.

■근지구력은 서근(지근)섬유(Type Ⅰ)가 높다.

정답 22 : ①, 23 : ②, 24 : ③, 25 : ③, 26 : ④, 27 : ③

필수문제

28 **보기에 제시된 운동단위(motor unit)에 대한 설명 중 옳은 것을 있는 대로 고른 것은?**

보기
㉠ 하나의 운동신경과 그 신경에 의해 지배되는 근육섬유들로 정의된다.
㉡ 운동신경에 연결된 근섬유 수가 많을수록 큰 힘을 내는 데 유리하다.
㉢ 자극비율(innervation ratio)이 낮은 근육은 정교한 움직임에 적합하다.

① ㉠ ② ㉠, ㉡
③ ㉡, ㉢ ④ ㉠, ㉡, ㉢

※ 참고 : innervation ratio를 '자극비율'이라고 번역하면 안 되고 '신경지배비율'로 번역해야 한다.

■ ㉠ 1개의 운동신경에 연결된 근섬유가 운동단위이다.
■ ㉡ 단일운동신경이 활성화되면 연결된 모든 근육섬유가 자극받아 수축하므로 연결된 근섬유의 수가 많을수록 큰 힘을 낼 수 있다.
■ ㉢ 단일운동신경에 연결된 근섬유의 수를 자극비율이라고 하며, 근섬유의 수를 운동신경으로 나눈 값이다. 섬세한 운동을 하는 근육일수록 자극비율이 낮다.

필수문제

29 **운동단위(motor unit)에 관한 설명으로 적절한 것은?**

① 하나의 근섬유와 연결되는 여러 개의 알파운동뉴런을 말한다.
② Type I 운동단위는 Type I 운동단위보다 단위 당 근섬유 수가 많다.
③ Type I 운동단위는 Type II 운동단위보다 일반적으로 먼저 동원된다.
④ Type I 운동단위는 Type II 운동단위보다 알파운동뉴런의 크기가 크다.

■ 운동단위는 크게 서근섬유(Type I), 중간근섬유(Type IIa), 속근섬유(Type IIb)로 나눠지며, 그중 서근섬유의 수축속도가 가장 느리다. 그러나 서근운동단위의 신경섬유들은 속근운동단위의 신경섬유보다 흥분역치가 낮기 때문에 거의 모든 활동에 먼저 동원된다.

심화문제

30 **운동단위와 관련된 다음 설명 중 관련성이 낮은 보기는?**

① 운동단위는 운동신경과 운동신경이 지배하는 모든 근섬유를 뜻한다.
② 1개의 운동단위는 여러 개의 근섬유를 지배할 수 있다.
③ 하나의 운동단위가 동시에 지근과 속근섬유의 수축에 영향을 미친다.
④ 속근에는 지근에 비해 운동단위의 수가 적다.

■ 운동단위마다 수축역치가 다르기 때문에 지근과 속근섬유가 하나의 운동단위에 속할 가능성은 전혀 없다.

필수문제

31 **운동강도의 증가에 따라 동원되는 근섬유 유형의 순서로 올바른 것은?**

① FTa → FTx → ST ② FTx → FTa → ST
③ ST → FTa → FTx ④ ST → FTx → FTa

■ 운동단위의 동원 순서
· 수축력의 세기가 약한 운동단위부터 차례로 동원된다.
· 근육섬유의 수가 같을 때에는 Type I 운동단위보다 Type II 운동단위가 수축력은 세고 지구력은 약하다.

정답 28 : ④, 29 : ③, 30 : ③, 31 : ③

운동생리학

심화문제

32 보기에서 괄호에 들어갈 용어를 바르게 연결한 것은?

> 보기
> 걷기와 같은 저강도 운동 중에는 주로 (㉠)가 동원되며, 달리기와 같은 더 높은 강도의 운동 중에는 추가적으로 (㉡)가 동원된다. 나아가 전력질주와 같은 최고 강도의 운동 시에는 (㉢)가 최종적으로 동원된다.

① ㉠ 속근섬유(Type IIa)－㉡ 속근섬유(Type IIx/IIb)－㉢ 지근섬유(Type I)
② ㉠ 속근섬유(Type IIx/IIb)－㉡ 속근섬유(Type IIa)－㉢ 지근섬유(Type I)
③ ㉠ 지근섬유(Type I)－㉡ 속근섬유(Type IIa)－㉢ 속근섬유(Type IIx/IIb)
④ ㉠ 지근섬유(Type I)－㉡ 속근섬유(Type IIx/IIb)－㉢ 속근섬유(Type IIa)

33 운동단위의 동원 순서와 관련된 설명이다. 틀린 것은?

① 운동단위에 속해 있는 근육섬유의 수에 따라서 운동단위의 크기가 결정된다.
② 한 운동단위에는 같은 종류의 근육섬유만 있다.
③ 큰 운동단위가 작은 운동단위보다 수축력이 세다.
④ 같은 수의 근육섬유가 있다고 하면 Type I 운동단위보다는 Type II 운동단위가 수축력은 세지만 지구력은 약하다.
⑤ 수축력의 세기가 큰 운동단위부터 차례로 동원된다.

■ 수축력의 세기가 작은 운동단위부터 차례로 동원된다.

필수문제

34 보기에서 근육의 힘, 파워, 속도의 관계에 대한 설명 중 옳은 것만을 모두 고른 것은?(2024)

> 보기
> ㄱ. 단축성(concentric) 수축 시 수축 속도가 빨라짐에 따라 힘(장력) 생성은 감소한다.
> ㄴ. 신장성(eccentric) 수축 시 신장 속도가 빨라짐에 따라 힘(장력) 생성은 증가한다.
> ㄷ. 근육이 발현할 수 있는 최대 근파워는 등척성(isometric) 수축 시에 나타난다.
> ㄹ. 단축성 수축 속도가 동일할 때 속근섬유가 많을수록 큰 힘을 발휘한다.

① ㄱ, ㄴ, ㄷ ② ㄱ, ㄴ, ㄹ ③ ㄱ, ㄷ, ㄹ ④ ㄴ, ㄷ, ㄹ

■ 발휘되는 근력의 크기는 신장성수축>등척성 수축>단축성수축이다.

정답 32 : ③, 33 : ⑤, 34 : ②

심화문제

35 '근육의 길이가 길어지면서도 힘을 발휘할 수 있는 수축'은?

① 단축성 수축　② 동적 수축　③ 신장성 수축　④ 정적 수축

■ 길이가 늘어나는 것을 '신장'이라고 한다.

36 등장성(isotonic) 근수축의 형태로 근육의 길이가 늘어나는 동안 장력(tension)이 발생되는 것은?

① 단축성(구심성 : concentric) 수축　② 신장성(원심성 : eccentric) 수축
③ 등척성(isometric) 수축　④ 등속성(isokinetic) 수축

■ ① **단축성 수축** : 근육이 짧아지면서 장력이 발생하는 수축
■ ② **신장성 수축** : 근육이 길어지면서 장력이 발생하는 근육
■ ③ **등척성 수축** : 근육의 길이와 관절각도가 변하지 않고 장력이 발생하는 수축
■ ④ **등속성 수축** : 관절각도가 일정하게 움직여 밀거나 당기는 구분없이 전운동범위에 걸쳐 일정한 속도로 근육이 최대 수축하는 것

37 상완이두근의 움직임에 대한 근육 수축 형태로 옳지 않은 것은?

① 자세를 유지할 때 - 등척성 수축　② 턱걸이 올라갈 때 - 단축성 수축
③ 턱걸이 내려갈 때 - 신장성 수축　④ 공을 던질 때 - 등속성 수축

■ ④ 공을 던질 때의 수축속도는 위치에 따라 다르므로 상완이두근(위팔두갈래근)은 등속성 수축에 해당되지 않는다.
■ 등속성 수축은 일정한 관절의 각도로 근육을 수축시키는 운동.

필수문제

38 골격근의 수축 특성을 결정하는 요인에 대한 설명 중 보기의 ㉠, ㉡에 들어갈 용어가 바르게 연결된 것은?(2024)

보기
- 특이장력=근력/(㉠)
- 근파워=힘×(㉡)

	㉠	㉡		㉠	㉡
①	근횡단면적	수축속도	②	근횡단면적	수축시간
③	근파워	수축속도	④	근파워	수축시간

■ 단위면적당 근육에서 발생되는 힘이 특이장력인데, 근육마다 다르다.
■ **특이장력**= $\frac{\text{근력}}{\text{근횡단면적}}$
■ 근육의 일률이 근파워인데, **순발력**이라고도 한다.
■ **근파워** = 근력 × 수축속도

필수문제

39 골격근의 수축형태와 기능에 관한 설명으로 옳은 것은?

① 단축성 수축은 동적 수축이며 속도가 빠를수록 더 큰 힘이 생성된다.
② 단축성 수축은 근절의 길이가 짧아지는 수축이며 근절의 길이가 최소일 때 최대 힘이 생성된다.
③ 신장성 수축은 정적 수축이며 속도가 0일 때 최대 힘이 생성된다.
④ 동일 근육에서의 신장성 수축은 단축성 수축에 비해 같은 속도에서 더 큰 힘이 생성된다.

■ 단축성 수축은 활동근육의 길이가 짧아지며, 수축속도가 느릴수록 근력이 더 크다.
■ 최대 근력이 발휘되는 근절의 적정 길이가 있으며, 그보다 길거나 짧으면 근력은 감소한다.
■ 신장성 수축은 동적 수축이다.

정답　35 : ③, 36 : ②, 37 : ④, 38 : ①, 39 : ④

운동생리학

운동생리학

심화문제

40 다음 중 근육의 길이가 늘어나면서 근력을 발휘시키는 것은?

① 등척성 수축 ② 신장성 수축 ③ 단축성 수축 ④ 등속성 수축

41 보기의 ㉠, ㉡에 들어갈 내용이 바르게 나열된 것은?

보기
» 골격근의 신장성 수축은 수축속도가 (㉠) 더 큰 힘이 생성된다.
» 동일 골격근에서 단축성 수축은 신장성 수축에 비해 같은 속도에서 더 (㉡) 힘이 생성된다.

	㉠	㉡		㉠	㉡
①	빠를수록	작은	②	느릴수록	작은
③	느릴수록	큰	④	빠를수록	큰

■신장성 수축은 동적 수축이어서 수축속도가 빠를수록 더 큰 힘이 생성된다.
■단축성 수축은 수축속도가 느릴수록 더 큰 힘이 생성된다. 따라서 같은 속도일 때에는 신장성 수축이 단축성 수축보다 더 큰 힘이 생성된다. p.42 참조.

필수문제

42 보기에 제시된 근수축 과정을 단계별로 바르게 나열한 것은?

보기
㉠ 근육세포의 활동전위(action potential) 발생
㉡ 근형질세망(SR)에서 칼슘이온(Ca^{2+}) 분비
㉢ 축삭 종말에서 아세틸콜린(ACh) 방출
㉣ ATP 분해에 따른 근세사 활주 시작

① ㉠-㉢-㉣-㉡ ② ㉡-㉢-㉠-㉣
③ ㉢-㉠-㉡-㉣ ④ ㉣-㉢-㉡-㉠

■**근수축과정** : 신경과 근세포가 만나 골격근세포에 자극(축삭종말에 도달하면 아세틸콜린 방출) → 근육세포의 활동전위 발생 → 근형질세망에 저장되어 있던 칼슘이온 방출 → 칼슘이온은 가는 필라멘트의 트로포닌 분자와 결합 → 가는필라멘트와 굵은필라멘트 연결 → ATP 분해로 발생하는 에너지를 이용하여 운동

필수문제

43 근육이 발휘할 수 있는 근력의 크기는 일정한 것이 아니고 환경에 따라 변화되는 것을 설명한 것이다. 틀린 것은?

① 최대근력을 발휘할 수 있는 근육의 길이가 근육마다 다르다.
② ①을 "관절의 각도에 따라서 근육이 발휘할 수 있는 최대근력의 크기가 다르다."고도 표현한다.
③ 수축형태(신장성 수축 또는 단축성 수축)에 따라서도 최대근력의 크기가 다르다.
④ 수축속도와 발휘할 수 있는 최대근력 사이에는 아무런 관계도 없다.

■④ 신장성 수축은 수축속도가 빠를수록, 단축성 수축은 수축속도가 느릴수록 최대근력의 크기가 커진다.
■신장성 수축이 단축성 수축보다 더 큰 근력을 발휘한다.

정답 40 : ②, 41 : ①, 42 : ③, 43 : ④

심화문제

44 **근력발휘에 대한 설명이다. 옳은 것은?**

① 근력발휘 초기에 근육원섬유마디의 길이가 길수록 큰 힘을 발휘한다.
② 자극의 빈도가 감소할수록 큰 힘을 발휘한다.
③ 수축속도가 빠를수록 큰 힘을 발휘한다.
④ 동원되는 운동단위의 수가 많을수록 큰 힘을 발휘한다.

필수문제

45 **근력 트레이닝의 효과를 설명한 것이다. 옳은 것은?(2개)**

① 근력 트레이닝 초기의 근력 증가는 동원되는 운동단위의 수가 증가하였기 때문이다.
② 근육섬유의 굵기가 굵어진 것은 근육섬유 내에 근육원섬유와 근육세포질이 더 생겼기 때문이다.
③ 근력이 증가한 것은 단위 면적당 발휘하는 근력이 증가하였기 때문이다.
④ 근력이 증가한 것은 동원되는 운동단위의 수가 증가한 것과 근육섬유가 비대해졌기 때문이다.

■①은 신경요인의 변화(예: 신경의 전도속도가 빨라진 것) 때문이다. ③은 단위면적당 근력의 세기가 변한 것이 아니라 근육의 단면적이 증가하였기 때문에 근육 전체가 발휘하는 근력이 증가한 것이다.

심화문제

46 **장기간의 운동이 뼈대근육에 미치는 효과와 관련된 설명이다. 바르게 설명한 것은?**

① 근육섬유를 비대하게 하고, 모세혈관의 수를 증가시킨다.
② 근육섬유의 굵기는 유전적으로 정해지지만, 근육섬유의 수는 훈련에 의해 변한다.
③ 에너지대사능력은 트레이닝의 영향을 받지 않는다.
④ 훈련을 하지 않으면 근육비대는 발생하지 않는다.

■② 근육섬유의 수는 유전적으로 결정된다. ③ 트레이닝을 하면 에너지 대사능력이 향상된다. ④ 어린이가 자라면 훈련을 하지 않아도 근육비대가 생긴다.

47 **근력 결정요인으로 옳지 않은 것은?**

① 근육 횡단면적　　② 근절의 적정 길이
③ 근섬유 구성비　　④ 근섬유막 두께

■근력의 결정요인 : 근육의 (횡)단면적, 근육섬유의 종류, 근육의 길이, 관절의 각도

48 **근력트레이닝에 따른 근육의 적응현상과 거리가 가장 먼 것은?**

① 근육 단면적의 변화 : 근육섬유의 비대
② 모세혈관 밀도의 변화 : 산소와 영양소 공급 증가
③ 마이오글로빈 함유량의 변화 : 유산소대사능력 향상
④ 뼈의 밀도 변화 : 뼈세포 감소

■근력트레이닝을 하면 뼈세포가 증가한다.

정답　44 : ④, 45 : ②, ④, 46 : ①, 47 : ④, 48 : ④

운동생리학

■훈련을 하면 근육섬유의 수에는 변화가 없고, 근육섬유가 비대해진다.

■트레이닝에 의해서 가장 먼저 발달하는 것은 근육신경계통이고, 근섬유의 숫자는 절대로 증가하지 않는다.

■유산소 트레이닝에 의한 골격근의 적응 현상
· Type I (서근) 섬유 단면적의 증가
· 모세혈관밀도 증가
· 마이오글로빈의 함량 증가
· 미토콘드리아 수와 크기의 증가
· 산화효소의 활성도 증가

■유산소 트레이닝을 하면 미토콘드리아의 숫자와 크기가 증가한다.

■유산소훈련을 하면 뼈대근육의 마이오글로빈 함량이 증가한다.

49 다음은 훈련에 대한 뼈대근육의 적응현상(트레이닝의 효과)에 대한 설명이다. 틀린 것은?

① 근력이 향상되는 것은 근육섬유의 수가 증가하는 것이 주된 원인이다.
② 근육섬유의 비대는 근육원섬유의 증가, 근육세포질의 증가, 결합조직의 증가와 같은 구조적인 변화가 있어야 한다.
③ 신경조절 요인 중에서 운동단위의 동시동원은 힘의 발현속도를 증가시킨다.
④ 저항훈련 초기의 근력 증가는 신경적응 현상에 의한 것이다.

50 트레이닝 초기에 근력이 증가하였을 때, 가장 먼저 영향을 준 요인은?

① 근신경계통의 발달 ② 근섬유의 크기 증가
③ 근섬유의 숫자 증가 ④ 스테로이드 호르몬에 의한 근비대

필수문제

51 유산소 트레이닝에 의한 골격근의 적응 현상으로 옳지 않은 것은?

① 모세혈관의 밀도 증가 ② TypeⅡ 섬유의 현저한 크기 증가
③ 마이오글로빈의 함유량 증가 ④ 미토콘드리아의 수와 크기 증가

심화문제

52 유산소성 트레이닝을 통한 근육 내 설명으로 옳지 않은 것은?(2024)

① 근원섬유 사이의 미토콘드리아 밀도 증가
② 근육 내 젖산과 수소 이온(H+) 생성 감소
③ 손상된 미토콘드리아 분해 및 제거율 감소
④ 근육 내 크레아틴인산(phosphocreatine) 소모량 감소

53 다음은 유산소 훈련에 대한 뼈대근육의 적응현상을 설명한 것이다. 틀린 것은?

① Type I 근육섬유가 증가한다.
② 근육에 있는 모세혈관의 숫자가 증가한다.
③ 근육의 마이오글로빈 함량이 감소한다.
④ 근육세포 안에 있는 미토콘드리아의 숫자와 크기가 증가한다.
⑤ ATPase의 활성도가 증가한다.

54 다음 중 굵은 필라멘트는?

① 마이오신 ② 액틴
③ 트로포마이오신 ④ 트로포닌

정답 49 : ①, 50 : ①, 51 : ②, 52 : ③, 53 : ③, 54 : ①

필수문제

55 지구성 훈련을 통하여 기대할 수 있는 근섬유 내의 생화학적 변화와 관련이 없는 것은?

① 근섬유 내 모세혈관의 밀도가 증가하여 산소, 이산화탄소 및 포도당과 같은 화학물질의 확산 및 이동거리가 짧아진다.
② 근섬유의 모세혈관 밀도는 Type I 보다는 Type II 근섬유에서 더욱 현저하게 증가한다.
③ 미토콘드리아 내의 유산소성 효소가 증가되기 때문에 크렙스사이클 및 전자전달계의 효율성이 좋아진다.
④ 미오글로빈의 농도가 증가하여 근육 내 산소 운반능력이 좋아진다.

■ 지구성 훈련을 하면 Type I (지근) 섬유가 발달한다.

심화문제

56 지구성 훈련에 의한 지근섬유(Type I)의 생리적 변화로 옳지 않은 것은?(2024)

① 모세혈관 밀도 증가
② 마이오글로빈 함유량 감소
④ 미토콘드리아의 수와 크기 증가
④ 절대 운동강도에서의 젖산 농도 감소

■ 지근섬유에는 속근섬유보다 미토콘드리아 및 모세혈관의 수, 마이오글로빈의 함유량 등이 더 많기 때문에 높은 유산소대사능력과 피로에 대한 저항력이 있다.
■ 근육섬유의 종류별 특징(p. 42 참조)

57 장기간의 저항성 트레이닝에 따른 골격근의 적응으로 적절하지 않은 것은?

① 근형질(sarooplasm)의 양이 증가한다.
② 근원섬유(myofibril)의 수가 증가한다.
③ 미토콘드리아(mitochondria)의 밀도가 증가한다.
④ 속근섬유(type II fiber)의 단면적이 증가한다.

■ 장기간 저항성 트레이닝을 하면 미토콘드리아의 수와 크기는 증가하지만, 밀도에는 영향을 미치지 않는다.

58 저강도(1RM의 30~40%)의 고반복(세트당 20~25회) 저항성 트레이닝에 따른 골격근의 주요 변화로 적절한 것은?

① 근지구력(muscle endurance) 향상
② 근비대(muscle hypertrophy)
③ 근력(muscle strength) 향상
④ 근파워(muscle power) 향상

■ 저중량 고반복운동이 근지구력 향상에 좋다. 고중량 저반복운동은 순발력 향상에 좋다.

59 근지구력 트레이닝의 효과를 잘못 설명한 것은?

① 단위면적당 모세혈관의 수가 증가한다.
② 근육섬유 내의 미토콘드리아의 수와 크기가 증가한다.
③ 최대근력이 현저하게 증가한다.
④ 근육의 유산소대사능력이 증가한다.

■ 뼈대근육의 근지구력 트레이닝 효과(p. 43) 참조

정답 55 : ②, 56 : ②, 57 : ③, 58 : ①, 59 : ③

운동생리학

필수문제

60 근세사활주설(slicing filament theory)에 관한 설명으로 적절하지 않은 것은?

① 액틴(actin)은 근절(sarcomere)의 중앙부위로 마이오신(myosin)을 잡아당긴다.
② 마이오신 머리(myosin head)에 있는 인산기(PI)가 방출되면서 파워 스트로크(power stroke)가 일어난다.
③ 활동전위는 근형질세망(sarcoplasmic reticulum)으로부터 나온 Ca^{2+}을 근형질(sarcoplasm) 내로 유입하게 한다.
④ Ca^{2+}은 액틴 세사의 트로포닌(troponin)과 결합하고 트로포닌은 트로포마이오신(tropomyosin)을 이동시켜 마이오신 머리가 액틴과 결합할 수 있도록 한다.

▪근세사활주설(근육활주설)의 첫 단계는 마이오신 머리가 액틴에 부착되어 교차결합을 이룬다.

필수문제

61 보기의 ㉠~㉢에 들어갈 용어가 바르게 나열된 것은?

보기
【근육수축 과정】
» 골격근막의 활동전위는 가로세관(T-tubule)을 타고 이동하여 근형질세망(sarcoplasmic reticulum)으로부터 (㉠) 유리를 자극한다.
» 유리된 (㉠)은 액틴(actin) 세사의 (㉡)에 결합하고, (㉡)은 (㉢)을 이동시켜 마이오신(myosin) 머리가 액틴과 결합할 수 있도록 한다.

	㉠	㉡	㉢
①	칼륨	트로포닌	트로포마이오신
②	칼슘	트로포마이오신	트로포닌
③	칼륨	트로포마이오신	트로포닌
④	칼슘	트로포닌	트로포마이오신

▪골격근막의 활동전위 : 가로세관을 타고 이동→근형질세망에 저장되어 있는 칼슘방출→액틴 세사(가는세사)의 트로포닌 분자와 결합→액틴 세사와 마이오신 세사의 결합을 차단하고 있는 트로포마이오신의 위치 변경→십자형 가교 결합→액틴 세사와 마이오신 세사 연결

심화문제

62 다음 중 근원섬유(근육원섬유)에서 근수축을 활성화시킬 수 있도록 칼슘이온이 접착하는 부위는?

① 액틴 ② 마이오신 ③ 트로포닌 ④ 트로포마이오신

63 다음 중 신경자극과 근수축 발생까지의 현상을 나타낸 것으로서 바르지 않은 것은?

① 칼슘이 근형질세망에서 방출된다.
② 칼슘펌프에 의해 칼슘이 제거된다.
③ 액틴과 마이오신이 결합하여 액토마이오신이 형성된다.
④ 근수축을 위해 운동신경의 종말로부터 아세틸콜린을 분비한다.

▪칼슘이 제거되면 근수축이 일어날 수 없다.

정답 60 : ①, 61 : ④, 62 : ③, 63 : ②

내분비계통과 운동

운동생리학

내분비계통

☞ 우리 몸의 내부로 호르몬을 분비하는 신체기관들을 총칭하는 것으로 뇌하수체, 솔방울샘(송과체), 갑상샘, 부갑상샘, 이자(췌장), 부신, 생식샘(성선) 등이 있다.

☞ 내분비기관이 호르몬을 혈액 내로 분비하면 호르몬이 혈액을 타고 목표 장기로 이동하여 효과를 나타낸다.

☞ 호르몬은 신체의 성장과 발달, 대사 및 항상성을 유지하는 데 중요한 역할을 담당한다.

☞ 호르몬은 구성 성분에 따라 크게 펩타이드호르몬과 스테로이드호르몬으로 나눌 수 있다.

주요 호르몬의 분비기관, 분비호르몬의 이름, 주요 생리작용

기관	이름(약칭)	주요 생리작용
시상하부	성장호르몬방출호르몬(GHRH)	성장호르몬의 분비를 촉진
	부신겉질자극호르몬 방출호르몬(CRH)	부신겉질자극호르몬의 분비를 촉진
	생식샘자극호르몬 방출호르몬(GnRH)	황체형성호르몬과 난포자극호르몬의 분비를 촉진
	갑상샘자극호르몬 방출호르몬(TRH)	갑상샘자극호르몬 및 프롤락틴의 분비를 촉진
	소마토스타틴	성장호르몬분비를 억제
	멜라토닌	수면, 인체리듬의 조절
뇌하수체 앞엽	성장호르몬(GH)	근육의 단백질합성을 촉진, 뼈의 성장을 촉진, 지방의 이화작용을 촉진
	부신겉질자극호르몬(ACTH)	부신겉질호르몬의 분비를 촉진, 아데노코르티코트로핀
	갑상샘자극호르몬(TSH)	갑상샘의 성장을 촉진, 갑상샘호르몬의 분비를 촉진, 사이트로핀
	난포자극호르몬(FSH)	난포의 성숙, 에스트로겐의 분비를 촉진
	황체형성호르몬(LH)	황체의 형성을 촉진, 배란을 촉진, 황체호르몬의 분비를 촉진, 남성은 남성호르몬의 분비를 촉진
	프롤락틴(PRL)	젖샘의 발육을 촉진(임신 중), 젖의 분비를 촉진(분만 후)
뇌하수체 뒤엽	항이뇨호르몬(ADH)	혈관 수축작용을 하며, 바소프레신이라고도 불린다. 요세관의 수분재흡수를 촉진하여 소변량 억제, 혈압 상승
	옥시토신(OT)	자궁근육의 수축
갑상샘	트라이아이오딘티로닌(T3)	기초대사의 유지 · 상승, 혈당의 상승. ※ 요소(=아이오딘) 원자를 3분자 가졌기 때문에 T3으로 표기된다.
	타이록신(T4)	작용은 T3과 동일하지만 T3이 몇 배 더 작용이 강하다.
	칼시토닌(CT)	혈중 칼슘농도의 저하, 뼈의 칼슘분해 억제
부갑상샘 (상피소체)	부갑상샘호르몬(PTH)	혈중 칼슘농도의 상승, 혈중에서 인산염을 소변으로 배설

이자	인슐린	뼈대근육, 지방조직의 글루코스 합성을 촉진, 혈중글루코스농도를 저하
	글루카곤	간의 글리코겐분해 등에 의하여 혈중글루코스농도를 상승
	소마토스타틴	인슐린의 분비를 억제, 성장호르몬의 분비를 억제
심장	심방나트륨이뇨펩타이드(ANP)	이뇨작용 및 말초혈관의 확장에 의한 혈압의 강하(심장의 부담을 가볍게 한다)
	뇌나트륨이뇨펩타이드(BMP)	주로 심실에서 합성, 이뇨작용에 의하여 체액량 및 혈압을 낮춘다. 전구체인 NTproBMP가 심실에 대한 부담의 지표로 이용된다.
부신속질	아드레날린(에피네프린)	동공의 확대, 심박수의 상승, 기관지의 확장, 말초혈관의 수축, 혈당의 상승
	노르아드레날린(노르에피네프린)	혈압의 상승(심장근육 수축) 등의 기능은 아드레날린과 동일하나 혈당의 상승 작용은 약하다.
부신겉질	코티솔(당질코르티코이드)	아미노산의 분해, 포도당의 합성, 항염증 작용, 항스트레스 작용
	알도스테론(전해질코르티코이드)	요세관에 작용하여 나트륨이온의 재흡수와 칼륨이온의 배설을 촉진
정소	안드로겐	테스토스테론, 디하이드로테스토스테론, 디하이드로에피안드로스테론 등의 총칭. 남성의 성기 발달 · 목소리 변화 등 남성의 2차 성징을 발현, 정자 형성을 촉진, 뼈 · 뼈대근육의 성장을 촉진(단백질동화작용)
난소	에스트로겐(난포호르몬)	에스트론(E1), 에스트라디올(E2), 에스트리올(E3)의 세 종류로 구성된다. 태반에서도 생산. 여성의 2차 성징을 발현하고, 배란을 촉진한다.
	게스타겐(황체호르몬)	주로 프로게스테론이라는 착상 및 임신을 유지하는 여성호르몬. 배란의 억제, 자궁점막의 증식, 젖샘발육을 촉진

※카테콜아민(CA) : 부신속질에서 분비됨. 교감신경자극전달물질로, 부신수질-교감신경계기능을 고찰하는 중요한 지표임. CA에는 아드레날린, 노르아드레날린, 도파민이 있다.

호르몬의 특성

1 호르몬

☞ 내분비계통에 있는 내분비세포에서 분비되는 물질이다.
☞ 신경계통과 함께 인체의 생리적 반응을 조절한다.
☞ 혈액 속에 분비되고, 혈액에 의해서 이동한다.
☞ 호르몬은 표적기관이 각기 다르고, 수행하는 역할도 모두 다르다.

2 호르몬의 작용

☞ 특정 호르몬의 수용체를 표적기관(표적조직)이 가지고 있다.
☞ 스테로이드 호르몬은 콜레스테롤에서 만들어지고, 지용성이다.
☞ 비스테로이드계(펩타이드)호르몬은 아미노산(단백질)에서 만들어지고, 수용성이다.
☞ 스테로이드계 호르몬은 세포막을 쉽게 통과할 수 있기 때문에 표적기관의 세포핵에 직접 달라붙어서 기능을 수행한다.
☞ 비스테로이드계 호르몬은 세포막을 잘 통과하지 못하기 때문에 2단계 전령시스템에 의해서 기능을 수행한다.

3 호르몬 분비의 조절

- ☞ 혈중 호르몬 농도는 부적피드백(negative feedback)에 의해서 조절된다.
- ☞ 양적피드백(positive feedback)에 의해서도 혈중 호르몬 농도를 조절한다.
- ☞ 호르몬 분비를 조절하는 목적은 신체의 항상성을 유지하기 위해서이다.
- ☞ 호르몬의 분비량과 호르몬 수용체의 민감도에 의해서 혈중 호르몬 농도가 조절된다.

운동 시 글루코스대사(혈당 조절)

- ☞ 간에서 혈액 내에 방출되는 글루코스의 양과 에너지를 얻기 위해서 근육이 혈액으로부터 흡수하는 글루코스의 양에 의해서 혈중 글루코스 농도(혈당치)가 결정된다.
- ☞ 글루코스의 방출을 돕는(혈당을 높이는) 호르몬은 글루카곤(이자), 에피네프린(부신수질), 노르에피네프린(부신수질), 코티졸(부신겉질)이고, 글루코스의 흡수를 돕는(혈당을 낮추는) 호르몬은 인슐린(이자)이다.
- ☞ 호르몬에 대한 세포의 민감도에 의해서도 혈당치가 영향을 받는다.

운동 시 지방대사

- ☞ 장시간 운동을 하면 혈중 글루코스와 근육 내의 글루카곤이 고갈된다.
- ☞ 그러면 지방을 분해해서 글루코스와 글루카곤을 보충한다.
- ☞ 이때 지방을 분해하는 속도는 글루코스대사에 동원되었던 호르몬들이 조절한다.
- ☞ 운동 시 지방분해 속도는 인슐린, 에피네프린, 노르에피네프린, 코티솔, 성장호르몬 등에 의해 조절된다.
- ☞ 코티졸은 유리지방산(FFA)의 사용을 증가시킨다.

운동 시 수분과 전해질의 조절

- ☞ 뇌하수체 후엽과 부신겉질에서 수분과 전해질을 조절하는 호르몬이 분비된다.
- ☞ 뇌하수체 후엽은 신경조직에 호르몬을 분비하기 때문에 신경뇌하수체라고도 하고, 뇌하수체 후엽에서는 항이뇨호르몬과 옥시토신이 분비된다.
- ☞ 항이뇨호르몬은 신장에서 재흡수되는 수분의 양을 증가시켜서 소변의 양을 줄인다고 해서 붙여진 이름이다.
- ☞ 혈액에서 빠져나갔던 수분을 다시 흡수한다는 것은 혈장의 양을 증가시킨다는 것이 되고, 그것은 다시 혈장의 농도를 낮춘다는(정상으로 되돌린다는) 것이 된다.
- ☞ 부신겉질에서는 전해질코르티코이드(알도스테론)를 분비한다.
- ☞ 전해질코르티코이드는 알도스테론이라고도 하며, 혈압·혈액량·나트륨과 칼륨의 혈장농도 조절에 관여한다.

산 · 염기의 평형

- ☞ 인체는 산도(pH)의 변화에 매우 민감하여 pH를 7.36~7.44로 조절하려고 노력한다.

- ☞ 운동을 하면 대사과정에서 생기는 이산화탄소가 물에 녹으면 탄산(H_2CO_3)이 되어 일시적으로 산성화된다.
- ☞ 그러면 신장에서 수소이온을 배출하거나
- ☞ 호흡으로 일산화탄소를 배출하거나
- ☞ 완충제[강산을 약산으로 만드는 중탄산염(HCO_3^-)]을 이용해서 산-염기 평형을 회복한다.

운동생리학

운동에 의한 혈중 호르몬의 반응

호르몬명	일회성 운동에 의한 혈중 호르몬의 반응	장기간 트레이닝에 의한 혈중 호르몬의 반응
성장호르몬	상승, 장시간 운동 후반에 감소	같은 운동에 대한 상승 정도가 적다. 장시간 운동에서 그 수준 유지
프롤락틴	상승, 장시간 운동 후반에 감소	여성은 상승
갑상샘자극호르몬	상승. 장시간 운동에서 감소	안정 상태에서 농도 감소
부갑상샘자극호르몬	상승. 장시간 운동에서 더욱 상승	같은 운동에 대한 상승 정도가 적다. 장시간 운동에서 그 수준 유지
바소프레신	상승	변화 없음
티록신	변화 없음 또는 상승(유리형에서도 불일치)	
칼시토닌	일반적으로 변화 없음. 그러나 장시간 운동에서 상승	
부갑상샘호르몬	운동 시에 비단려자의 안정 수준까지 상승. 장시간 운동에서도 그것을 유지	
광물코르티코이드	시간에 따라 상승	안정상태에서 농도가 감소
글루코코르티코이드	상승. 그러나 장시간 운동 후반에 안정 수치로 감소	지구력 트레이닝에서 동일한 운동 시에는 상승 정도가 적고, 격렬한 운동에서 더욱 상승
노르아드레날린	상승	동일한 운동 시에는 상승 정도가 적다(% 최대산소섭취량으로 나타내면 불변).
아드레날린	고강도운동 시에는 상승	동일한 운동 시에는 상승 정도가 적다(% 최대산소섭취량으로 나타내면 불변).
인슐린	감소. 장시간 운동 시에는 더욱 감소	안정상태에서 농도가 감소하여 동일 운동 시에는 감소 정도가 적다.
글루카곤	운동 후반에 상승	동일한 운동 시에는 상승 정도가 적다.
소마토스타틴	장시간 운동 시에는 점차 상승	
남성호르몬	격렬한 운동 시에는 상승 또는 변화 없음. 장시간 운동 시에는 감소	(남성) 안정상태에서의 수치가 근력 트레이닝으로 상승, 지구력 트레이닝으로 감소. (여성) 상승
여성호르몬	격렬한 운동 시에는 상승 또는 변화 없음	(남성) 안정상태에서 에스트로겐 감소 (여성) 배란기에 감소(안정상태에서 높아지기 때문)
레닌	상승. 장시간 운동 시에는 더욱 상승	안정상태에서 농도가 감소하여 동일 운동 시에는 상승 정도가 적다.
엔도르핀	상승	상승 정도가 크다.
cAMP	상승. 장시간 운동 시에는 더욱 상승	변화 없음

필수 및 심화 문제

필수문제

01 호르몬을 화학적 구조에 따라서 분류한 것은?

① 스테로이드호르몬 ② 뇌하수체호르몬
③ 갑상샘호르몬 ④ 항이뇨호르몬

■ 화학적 구조상 스테로이드핵을 갖는 호르몬을 총칭하여 **스테로이드호르몬**이라 하며, 이것은 스테로이드호르몬과 비스테로이드호르몬(펩타이드호르몬)으로 나눌 수 있다.

심화문제

02 에너지대사를 촉진하거나 억제시키는 호르몬을 분비하지 않는 곳은?

① 부신속질 ② 부신겉질
③ 이자 ④ 콩팥

■ 에너지대사와 관련이 있는 호르몬은 부신속질, 부신겉질, 이자에서만 분비된다. 〈외워둘 것〉

필수문제

03 보기에 있는 변화 중에서 운동에 의해서 엔도르핀의 분비가 증가했을 때 일어나는 변화들만을 모은 것은?

보기
㉠ 운동내성의 증가 ㉡ 운동 후 감성(mood)의 변화
㉢ 심박수의 감소 ㉣ 면역기능의 증진
㉤ 신경 전도속도의 향상

① ㉠㉢㉤ ② ㉡㉢⑤ ③ ㉢㉣⑤ ④ ㉠㉡㉣

■ **엔도르핀** : 동물의 뇌 등에서 추출되는 모르핀과 같은 진통효과가 있는 물질의 총칭. 내인성 모르핀
■ 운동에 의한 엔도르핀 분비 상승 효과
· 운동내성 증가
· 운동탐닉 경향
· 장시간 운동 시 나타나는 유쾌한 기분
· 면역기능 향상

심화문제

04 엔도르핀을 분비하는 곳은?

① 뇌하수체뒤엽 ② 뇌하수체앞엽
③ 시상하부 ④ 소뇌

■ 엔도르핀은 뇌하수체 앞엽에서 분비되며, 모르핀과 같은 진통효과가 있다.

05 멜라토닌이 분비되는 곳은?

① 솔방울샘(송과체) ② 척수
③ 갑상샘 ④ 부신

■ 멜라토닌은 송방울샘에서 생성 · 분비되며 바이오리듬조절 기능을 한다.

정답 01 : ①, 02 : ④, 03 : ④, 04 : ②, 05 : ①

운동생리학

■ 에피네프린은 부신속질(부신수질)에서, 티록신은 갑상샘에서, 성장호르몬은 뇌하수체앞엽에서 분비된다.

필수문제

06 에피네프린, 티록신, 성장호르몬의 분비기관과 호르몬의 기능이 올바르게 짝지어진 것은?

	에피네프린	티록신	성장호르몬
①	부신속질－중성지방분해	갑상샘－대사 촉진	뇌하수체앞엽－단백질 합성
②	부신겉질－중성지방분해	뇌하수체앞엽－단백질 합성	뇌하수체앞엽－단백질 합성
③	뇌하수체앞엽－단백질 합성	뇌하수체앞엽－단백질 합성	갑상샘－대사 촉진
④	뇌하수체앞엽－단백질 합성	갑상샘－대사율 촉진	부신겉질－중성지방분해

■ ① 노르에피네프린 : 부신속질에서 분비. 스트레스 반응, 혈압 상승.
■ ③ 성장호르몬 : 뇌하수체앞(전)엽에서 분비. 근육의 단백질 합성 촉진, 뼈 성장 촉진, 지방의 이화작용 촉진.
■ ④ 인슐린 : 이자(췌장)에서 분비. 뼈대근육과 지방조직의 글루코스합성 촉진, 혈중 글루코스 농도 저하.

필수문제

07 보기가 설명하는 호르몬은?

보기
» 운동 시 뇌하수체 전엽에서 분비된다.
» 트라이아이오드타이로닌(T_3)과 티록신(T_4) 호르몬의 분비를 조절한다.

① 노르에피네프린(norepinephrine)
② 갑상선자극호르몬(thyroid－stimulating hormone)
③ 성장호르몬 (growth hormone)
④ 인슐린(insulin)

■ ㉢ 에리스로포이에틴(콩팥에서 분비) : 적혈구 생산 촉진
■ ㉣ 항이뇨호르몬(뇌하수체 후엽에서 분비) : 수분손실 감소
■ ㉠ 인슐린(췌장의 랑게르한스섬에서 분비) : 혈당 감소, 아미노산의 단백질 합성 보조
■ ㉡ 성장호르몬(뇌하수체 전엽에서 분비) : 단백질 합성 촉진, 세포의 크기와 수 증가

필수문제

08 보기 중 적절한 것으로만 나열된 것은?

보기
㉠ 인슐린(insulin)은 혈당을 증가시킨다.
㉡ 성장호르몬(growth hormone)은 단백질 합성을 감소시킨다.
㉢ 에리스로포이에틴(erythropoietin)은 적혈구 생산을 촉진시킨다.
㉣ 항이뇨호르몬(antidiuretic hormone)은 수분손실을 감소시킨다.

① ㉠, ㉡　　② ㉠, ㉢　　③ ㉡, ㉣　　④ ㉢, ㉣

■ 내분비샘을 자극하는 호르몬들은 뇌하수체앞엽에서 분비되기 때문에 뇌하수체를 내분비계통의 대장이라고도 한다.

필수문제

09 중추신경계통에서 호르몬을 분비하는 곳은?

① 숨뇌　　② 시상하부　　③ 갑상샘　　④ 뇌하수체앞엽

정답 06 : ①, 07 : ②, 08 : ④, 09 : ④

심화문제

10 다음 중 일회성 운동에서 운동강도에 따라 분비량이 가장 크게 증가하는 호르몬은?

① 부신겉질자극호르몬
② 난포자극호르몬
③ 갑상샘자극호르몬
④ 인슐린

필수문제

11 뇌하수체 앞엽에서 분비되는 성장호르몬의 기능에 대한 설명으로 적합하지 않은 것은?

① 간조직의 글리코겐 분해 자극
② 간조직의 당신생과정 자극
③ 지방조직으로의 당 이동 제한과 지방 동원 자극
④ 단백질 합성 및 골 성장 자극

■ 성장호르몬의 기능
· (뇌를 제외한) 다른 신체 부위의 성장을 자극
· 칼슘저장량을 증가시키고 뼈의 석회화(연골의 경골화, 즉 성장) 촉진
· 단백질 합성 및 뼈 성장 자극
· 지방 분해 촉진
· 간의 포도당 흡수 감소
· 간 내 포도당 합성 촉진
· 랑게르한스섬 작용에 관여
· 면역작용 촉진

심화문제

12 이 호르몬의 분비 증가는 결합조직 및 근육조직의 성장에 매우 유용하고, 단련된 사람의 뼈·인대·힘줄 등이 튼튼한 것과 관련이 있다. 이 호르몬은?

① 프로락틴 ② 엔도르핀
③ 성장호르몬 ④ 인슐린

■ 근육조직의 성장에 유용한 호르몬은 성장호르몬이다.
■ 프로락틴은 젖샘의 발육 · 발달과 관련이 있다.

13 운동 시 호르몬이 분비되는 내분비선과 주요기능에 관한 설명으로 옳지 않은 것은?

	호르몬	내분비선	주요기능
①	알도스테론	부신피질	나트륨(Na+) 흡수, 수분 손실 억제
②	코티졸	부신피질	당신생, 유리지방산 동원 증가
③	에피네프린	부신수질	근육과 간 글리코겐 분해, 유리지방산 동원 증가
④	성장호르몬	뇌하수체후엽	단백질 합성 증가, 유리지방산 동원 증가

■ 성장호르몬 : 뇌하수체앞엽에서 분비. 조직의 성장 촉진, 단백질합성속도 증가, 지방사용 증가, 탄수화물 사용 증가

필수문제

14 운동 중 수분과 전해질의 균형에 영향을 미치는 호르몬을 분비하는 곳은?

① 뇌하수체뒤엽 ② 뇌하수체뒤엽과 부신겉질
③ 부신겉질 ④ 콩팥과 부신겉질

■ 뇌하수체뒤엽에서는 항이뇨호르몬, 부신겉질에서는 전해질코르티코이드(코티졸)를 분비한다.

정답 10 : ①, 11 : ①, 12 : ③, 13 : ④, 14 : ②

심화문제

■ 항이뇨호르몬은 신장(콩팥)에서 재흡수되는 수분의 양을 증가시켜 소변의 양을 줄인다.

15 체내의 수분량을 조절하는 호르몬은?

① 인슐린 ② 노르에피네프린
③ 항이뇨호르몬 ④ 테스토스테론

필수문제

■ 부신수질(부신속질)에서 분비되는 카테콜아민(에피네프린과 노르에피네프린)은 심장 근육을 수축시키므로 혈류량을 증가시킬 수 없다.

16 운동하는 근육으로의 혈류량을 증가시키는 국소적 내인성(intrinsic) 자율조절 요소로 적절하지 않은 것은?

① 수소이온, 이산화탄소, 젖산 등 대사 부산물
② 부신수질로부터 분비된 카테콜아민(catecholamine)
③ 혈관 벽에 작용하는 압력에 따른 근원성(myogenic) 반응
④ 혈관내피세포(endothelial cell)에서 생성된 산화질소, 프로스타글랜딘(prostaglandin), 과분극인자(hyperpolarizing factor)

심화문제

17 운동 시 뇌하수체후(뒤)엽에서 분비되어 신장(콩팥)을 통한 수분손실을 감소시켜주는 호르몬은?

① 항이뇨호르몬 ② 에피네프린
③ 칼시토닌 ④ 코티솔

■ 항이뇨호르몬과 옥시토신은 뇌하수체뒤엽에서 분비된다. 뇌하수체앞엽에서는 샘을 조절(자극)하는 호르몬들이 분비된다.

18 내분비기관과 호르몬이 잘못 짝지어진 것은?

① 이자 –인슐린 ② 이자 –글루카곤
③ 뇌하수체앞엽 –항이뇨호르몬 ④ 뇌하수체뒤엽 –옥시토신

필수문제

■ 부갑상샘호르몬이 혈중 칼슘농도를 증가시키고, 갑상샘호르몬이 낮춘다.

19 혈중 칼슘농도를 증가시키는 호르몬은?

① 부갑상샘호르몬 ② 갑상샘호르몬
③ 부신속질호르몬 ④ 부신겉질호르몬

정답 15 : ③, 16 : ②, 17 : ①, 18 : ③, 19 : ①

필수문제

20 보기는 췌장에서 분비되는 혈당조절 호르몬에 대한 설명이다. ㉠, ㉡에 들어갈 용어를 바르게 나열한 것은?

보기
» (㉠)은 혈당 저하 시 글리코겐과 중성지방의 분해를 증가시켜, 혈당을 높여주는 역할을 한다.
» (㉡)은 혈당 증가 시 세포 안으로 포도당 흡수를 촉진하여, 혈당을 낮추는 역할을 한다.

① ㉠인슐린 ㉡글루카곤　② ㉠인슐린 ㉡알도스테론
③ ㉠글루카곤 ㉡알도스테론　④ ㉠글루카곤 ㉡인슐린

■ 글루카곤 : 이자의 랑게르한스섬에 있는 알파(α)세포에서 분비되는 호르몬. 주로 간에 작용하여 포도당을 신생시켜 혈액으로 포도당을 방출하여 혈당을 상승시킨다.
■ 인슐린 : 탄수화물 · 지방 · 단백질 등 모든 영양소의 합성을 촉진하고, 혈당이 높을 때 분비되어 혈액 내 포도당을 근육 · 간 · 지방조직으로 유입되게 하며, 아미노산이 단백질로 합성하는 작용을 한다.

심화문제

21 혈액 내에 있는 당분이 뼈대근육의 세포와 같은 조직세포의 안으로 유입되는 것을 촉진하여 혈당의 농도를 줄이는 호르몬은?

① 인슐린　② 성장호르몬
③ 카테콜아민　④ 글루카곤

■ 이자섬(랑게르한스섬)에서 분비되는 인슐린은 혈당 조절에 관여한다.

22 혈액 내의 글루코스 수준을 낮추는 호르몬은?

① 인슐린　② 글루카곤
③ 당질코티코이드(코티졸)　④ 에스트로겐

■ 혈액 내의 글루코스 수준을 낮추는 것은 이자에서 분비되는 인슐린이고, 높이는 것은 이자에서 분비되는 글루카곤이다.〈외워둘 것〉.

23 부족하면 당뇨병이 생기는 호르몬은?

① 글루카곤　② 인슐린
③ 성장호르몬　④ 티록신

24 일회성 운동 시 호르몬 반응에 대한 설명으로 올바르지 않은 것은?

① 카테콜아민의 혈중농도는 운동강도에 비례하여 증가한다.
② 인슐린의 혈중농도는 운동지속시간에 비례하여 증가한다.
③ 글루카곤의 혈중농도는 운동지속시간에 비례하여 증가한다.
④ 코티졸의 혈중농도는 운동지속시간에 비례하여 증가한다.

■ 운동을 하면 혈중 인슐린 농도는 휴식 시의 50% 이하 감소한다.

25 1시간 이내의 중강도 운동 시 시간 경과에 따라 혈중 농도가 점차 감소하는 호르몬은?

① 에피네프린(epinephrine)　② 인슐린(insulin)
③ 성장호르몬(growth hormone)　④ 코르티솔(cortisol)

■ p. 62 참조.

정답 20 : ④, 21 : ①, 22 : ①, 23 : ②, 24 : ②, 25 : ②

26 제2형 당뇨(type-2 diabetes)의 원인으로 알려지고 있는 주된 호르몬은?

■ 인슐린에 대한 민감성이 저하된 것이 제2형당뇨이다.

① 카테콜아민(catecholamine) ② 인슐린(insulin)
③ 글루카곤(glucagon) ④ 코티졸(cortisol)

27 보기에서 설명하는 호르몬은?

보기
» 췌장의 베타세포에서 분비된다.
» 혈당(glucose) 조절에 관여한다.
» 장시간의 운동 중 혈액 내 농도는 감소된다.

① 인슐린(insulin) ② 글루카곤(glucagon)
③ 알도스테론(aldosterone) ④ 에피네프린(epinephrine)

■ 20번 문제 참조

28 혈중 글루코스 수준을 증가시키는 호르몬과 분비장소를 바르게 연결한 것은?

① 인슐린-췌장 베타세포 ② 글루카곤-췌장 알파세포
③ 인슐린-췌장 알파세포 ④ 글루카곤-췌장 베타세포

■ 에피네프린의 기능
· 심장에 작용하여 심박수 증가
· 간이나 근육에 작용하여 당원 분해 촉진
· 혈당상승
· 트레이닝 후 지방세포의 호르몬민감성 지방분해효소라는 에피네프린과 노르에피네프린에 의해 민감해져 지방산동원 증진

필수문제

29 보기에서 설명하는 호르몬은?

보기
» 운동 시 부신수질로부터 분비가 증가된다.
» 간과 근육의 글리코겐 분해를 촉진시킨다.
» 심박수와 심근의 수축력을 증가시킨다.

① 에스트로겐(estrogen)
② 에피네프린(epinephrine)
③ 성장호르몬(growth hormone)
④ 갑상선자극호르몬(thyroid stimulating hormone)

■ ① : 부신속질(부신수질)에서 분비되는 에피네프린, 노르에피네프린, 도파민의 세 호르몬을 카테콜아민(catecholamine)이라 한다.
■ ② 이 중에서 에피네프린과 노르에피네프린은 교감신경말단에서 분비된다.
■ ③ $\alpha1$ 수용체와 결합하면 혈관 수축, cAMP 불활성화
■ ④ $\beta1$ 수용체와 결합하면 심박수 상승, 혈관 확장, 당원 분해, 지질 분해
■ ① 카테콜아민은 부신속질(부신수질)에서 분비됨.

필수문제

30 카데콜아민에 대한 설명으로 옳지 않은 것은?(2024)

① 부신피질에서 분비
② 교감신경의 말단에서 분비
③ $\alpha1$ 수용체 결합 시 기관지 수축
④ $\beta1$ 수용체 결합 시 심박수 증가

정답 26 : ②, 27 : ①, 28 : ②, 29 : ②, 30 : ①, ③

필수문제

31 **운동 중 혈중 포도당 농도를 유지하기 위한 호르몬에 대한 설명으로 옳지 않은 것은?**(2024)

① 성장호르몬 — 간에서 포도당신생합성 증가
② 코티솔 — 중성지방으로부터 유리지방산으로 분해 촉진
③ 노르에피네프린 — 골격근 조직 내 유리지방산 산화 억제
④ 에피네프린 — 간에서 글리코겐 분해 촉진 및 조직의 혈중 포도당 사용 억제

■노르에피네프린은 유리지방산의 산화를 증가시킨다.

심화문제

32 **보기가 설명하는 호르몬은?**

보기
» 부신수질에서 분비된다.
» 운동의 강도와 시간이 증가함에 따라 분비가 증가하며, 지방조직과 근육 내 지방의 분해를 촉진하는 역할을 한다.

① 인슐린(insulin)
② 에피네프린 (epinephrine)
③ 글루카곤(glucagon)
④ 알도스테론(aldosterone)

33 **분비기관과 분비호르몬이 잘못 짝지어진 것은?**

① 이자 –인슐린
② 뇌하수체앞엽 –갑상샘자극호르몬
③ 뇌하수체뒤엽 –항이뇨호르몬
④ 부신겉질 –에피네프린

■부신겉질에서 분비되는 호르몬은 모두 '코르티(corti) ~ '라 부르고, 부신속질에서 분비되는 호르몬은 모두 '~ 에피네프린'이다.

34 **글리코겐이나 지방을 분해하는 호르몬을 분비하는 기관과 호르몬을 잘 짝지은 것은?**

① 부신속질–에피네프린과 노르에피네프린
② 부신겉질–에피네프린과 노르에피네프린
③ 콩팥–항이뇨호르몬
④ 이자–인슐린

필수문제

35 **카테콜아민(Catecholamine)을 의미하는 두 가지 호르몬으로 바르게 연결된 것은?**

① 인슐린(insulin) : 글루카곤(glucagon)
② 코티졸(cortisol) : 티로신(tyrosine)
③ 아드레날린(adrenaline) : 코티졸(cortisol)
④ 에피네프린(epinephrine) : 노르에피네프린

■카테콜을 함유하고 있는 아민의 총칭이다. 카테콜아민에는 도파민, 아드레날린, 노르아드레날린 등이 있으며, 모두 부교감신경의 전달물질로 부신수질에서 분비된다. 이름에서 '아드레날'은 '부신이라는 뜻이고, 에피네르핀에서 '에피'는 껍데기, '네프론'은 신장을 뜻한다.
■ p. 60 참조

정답 31 : ③, 32 : ②, 33 : ④, 34 : ①, 35 : ④

운동생리학

- ■**칼시토닌** : 갑상샘에서 분비. 뼈에서 혈액의 칼슘이온 농도 조절
- ■**부갑상선(샘)호르몬** : 부갑상선(샘)에서 분비. 소장 · 신장 · 뼈에서 세포외액의 칼슘이온 농도 조절
- ■**인슐린** : 췌장에서 분비. 포도당 수준의 감소로 혈당 농도 조절
- ■**안드로겐** : 스트로이드계통
- ■**티록신** : 아미노산 유도체
- ■**글루카곤** : 간에서 분비. 글리코겐 분해 촉진 또는 글리코겐 합성효소 억제

필수문제

36 보기의 ㉠, ㉡에 들어갈 호르몬이 바르게 연결된 것은?

> 보기
> 규칙적인 신체활동을 통해 골형성을 자극하거나 활동부족으로 골손실을 자극하는 칼슘(Ca^{2+}) 조절 호르몬의 역할에 대한 설명이다.
> » (㉠)은 혈중 칼슘 농도가 증가하면 뼈의 칼슘 방출을 감소시킨다.
> » (㉡)은 혈중 칼슘 농도가 감소하면 뼈의 칼슘 방출을 증가시킨다.

	㉠	㉡		㉠	㉡
①	인슐린	부갑상선호르몬	②	안드로겐	티록신
③	칼시토닌	부갑상선호르몬	④	글루카곤	티록신

심화문제

37 운동 중에 호르몬이 글루코스 대사를 조절하는 것을 설명한 내용이다. 틀린 것은?

① 글루카곤 : 간에 저장된 글리코겐의 분해를 촉진하고, 아미노산으로부터 글루코스 합성을 촉진한다.
② 노르에피네프린 : 글리코겐 분해를 촉진한다.
③ 코티졸 : 단백질 분해를 촉진한다(결과적으로 글루코스 신생합성을 촉진한다).
④ 알도스테론 : 글리코겐 분해를 촉진한다.

■알도스테론은 나트륨이온의 재흡수를 촉진한다.

필수문제

38 보기에서 괄호에 들어갈 용어를 바르게 연결한 것은?

> 보기
> 체액(혈압) 감소→간에서 안지오텐시노겐 분비→신장에서 분비된 (㉠)이/가 안지오텐시노겐을 안지오텐신-I으로 전환→(㉡)이/가 안지오텐신-I을 안지오텐신-II로 전환→안지오텐신-II가 부신피질로부터 (㉢)의 생성 및 분비→분비된 (㉢)이/가 신장의 세뇨관에서 수분 및 전해질의 재흡수 촉진→체액(혈압) 증가

① ㉠ 레닌- ㉡ 알도스테론- ㉢ 안지오텐신 전환효소
② ㉠ 레닌- ㉡ 안지오텐신 전환효소- ㉢ 알도스테론
③ ㉠ 안지오텐신 전환효소- ㉡ 레닌- ㉢ 알도스테론
④ ㉠ 안지오텐신 전환효소- ㉡ 알도스테론- ㉢ 레닌

■사구체 옆 세포에 저장되어 있던 레닌이 분비되면→안지오텐신Ⅰ→안지오텐신Ⅱ→알도스테론 분비→수분과 염분의 재흡수(콩팥에 의한 혈압조절)

정답 36 : ③, 37 : ④, 38 : ②

심화문제

39 나트륨과 칼륨을 조절하는 호르몬은?

① 전해질코르티코이드(알도스테론)
② 당질코르티코이드(코티졸)
③ 인슐린
④ 에피네프린

■ 나트륨과 칼륨이 전해질이라는 것을 생각하면 답을 알 수 있다.

40 보기의 모든 과정이 적용되는 인체 체액량 유지 호르몬은?

보기
» 운동 시 수분손실에 자극된다.
» Na^+을 재흡수하여 수분 손실을 억제한다.
» 부신피질에서 분비된다.
» 표적기관은 신장이다.

① 코티졸(cortisol) ② 알도스테론(aldosterone)
③ 항이뇨호르몬(antidiuretic hormone) ④ 에피네프린(epinephrine)

■ 부신피질에서 분비되는 알도스테론은 운동 시 수분손실에 의해 자극을 받아 원위세뇨관에서 Na^+ 재흡수를 촉진하고, K^+ 배출의 촉진 작용을 통해 혈중 Na^+ 농도와 K^+ 농도가 일정하도록 조절한다.

필수문제

41 운동 중 수분과 전해질 균형에 관한 설명으로 옳은 것만을 모두 고른 것은?(2024)

보기
ㄱ. 장시간의 중강도 운동 시 혈장량과 알도스테론 분비는 감소한다.
ㄴ. 땀 분비로 인한 혈장량 감소는 뇌하수체 후엽의 항이뇨호르몬 분비를 유도한다.
ㄷ. 충분한 수분섭취 없이 장시간 운동 시 체내 수분 재흡수를 위해 레닌-안지오텐신Ⅱ 호르몬이 분비된다.
ㄹ. 운동에 의한 땀 분비는 수분 상실을 초래하며 혈중 삼투질 농도를 감소시킨다.

① ㄱ, ㄷ ② ㄱ, ㄹ
③ ㄴ, ㄷ ④ ㄴ, ㄹ

■ 중(간)강도 이상의 운동을 장시간 하면
ㄱ. 혈장량과 알데스테론 분비는 증가한다.
ㄹ. 운동에 의하여 수분이 상실되면 혈중 삼투질 농도를 증가시킨다. 이때문에 수분 재흡수량을 증가시킨다.

■ 정일규(2024). **휴먼 퍼포먼스와 운동생리학**. 대경북스. pp. 468~470 참조.

42 운동 중 지방의 대사를 조절하는 호르몬이 아닌 것은?

① 코티졸 ② 레닌
③ 노르에피네프린 ④ 성장호르몬

■ 운동 시 지방분해의 속도는 인슐린, 에피에프린, 노르에피네프린, 코티졸, 성장호르몬 등에 의해 조절된다.

정답 39 : ①, 40 : ②, 41 : ③, 42 : ②

운동생리학

■호르몬의 특성
· 내분비계통에 있는 내분비세포에서 분비됨.
· 신경계통과 함께 인체의 생리적 반응 조절
· 혈액 속에서 분비되고, 혈액과 함께 이동
· 표적기관과 수행하는 역할이 각각 다름.

필수문제

43 호르몬의 특성을 잘못 설명한 것은?

① 내분비계통에 있는 내분비세포에서 분비되는 물질이다.
② 신경계통과 함께 인체의 생리적 반응을 조절한다.
③ 혈액 속에 분비되고, 혈액에 의해서 이동한다.
④ 호르몬은 이름만 다르지 수행하는 기능은 서로 비슷하다.

심화문제

44 호르몬의 특성이 아닌 것은?

① 미량으로 강력한 기능을 수행한다.
② 여러 가지 대사과정을 조절한다.
③ 혈액이 운반한다.
④ 전달속도가 느리고, 작용하는 시간도 짧다.

45 호르몬의 분비반응에 대한 설명이다. 틀린 것은?

■운동을 하면 혈중 인슐린 농도는 휴식 시 수준의 50% 이하로 감소한다(24번 문제 참조).

① 고강도로 운동을 하면 카테콜아민이 분비된다.
② 운동을 하면 인슐린의 분비가 증가한다.
③ 장기간 훈련을 하면 성장호르몬의 분비가 증가한다.
④ 운동을 하면 갑상샘호르몬의 분비가 증가한다.

46 운동 중 수분과 전해질의 균형을 유지하기 위한 호르몬 반응이 아닌 것은?

■땀이 나오면 수분이 부족하므로 항이뇨호르몬 분비가 증가한다.

① 운동 시 수분이 부족하면 레닌의 생성을 촉진한다.
② 세뇨관에서 나트륨과 수분의 재흡수를 촉진하기 위하여 알도스테론이 분비된다.
③ 수분 부족 시 항이뇨호르몬이 분비된다.
④ 근육활동으로 땀이 많이 분비되면 항이뇨호르몬의 분비가 감소된다.

필수문제

47 운동 중 지방분해를 촉진하는 요인으로 옳지 않은 것은?(2024)

■인슐린은 혈당 수준을 낮추는데, 운동 강도와 시간이 증가할수록 감소폭은 커진다.

① 인슐린 증가 ③ 글루카곤 증가
③ 에피네프린 증가 ④ 순환성(cyclic) AMP 증가

정답 43 : ④, 44 : ④, 45 : ②, 46 : ④, 47 : ①

심화문제

48 호르몬 분비의 조절에 대한 설명이다. 틀린 것은?

① 일반적으로 혈중 호르몬 농도는 부적피드백(negative feedback)에 의해서 조절된다.

② 양적피드백(positive feedback)에 의해서 혈중 호르몬 농도를 조절하는 호르몬도 있다.

③ 호르몬 분비를 조절하는 목적은 신체의 가동성을 유지하기 위해서이다.

④ 내분비샘에서 분비되는 호르몬의 양뿐만 아니라 호르몬 수용체의 민감도에 의해서도 혈중 호르몬 농도가 조절된다.

■ 호르몬 분비의 조절 목적은 항상성을 유지하기 위해서이다.

49 운동 시 인체의 호르몬 반응에 대한 설명으로 옳지 않은 것은?

① 성장호르몬(growth hormone)은 단백질 합성, 간의 당신생, 지방산 동원을 증가시킨다.

② 코티졸(cortisol)은 운동 시 혈당 유지를 위하여 유리지방산의 혈액유입을 촉진한다.

③ 에피네프린(epinephrine)은 부신수질에서 분비되어 심혈관계와 호흡계에 영향을 미친다.

④ 글루카곤(glucagon)은 간과 근육에 당을 저장시켜 운동을 지속할 수 있게 한다.

■ 글루카곤은 간에 저장되어 있는 글리코겐을 분해하여 혈당을 높이는 역할을 한다.

필수문제

50 스테로이드계 호르몬의 특성이 아닌 것은?

① 세포막을 통과하지 못한다.

② 핵 속으로 들어가 DNA와 직접 결합한다.

③ mRNA가 핵 내부에서 합성된다.

④ mRNA가 세포질로 이동해서 단백질 합성을 지휘한다.

■ 스테로이드계 호르몬은 세포막을 쉽게 통과하고, 비스테로이드계 호르몬은 세포막을 통과하지 못한다.

심화문제

51 호르몬의 작용에 대한 설명이다. 틀린 것은?

① 특정 호르몬의 수용체를 표적기관(표적조직)이 가지고 있다.

② 스테로이드 호르몬은 콜레스테롤에서 만들어지고, 지용성이다.

③ 비스테로이드계 호르몬은 아미노산(단백질)에서 만들어지고, 수용성이다.

④ 스테로이드계 호르몬은 세포막을 쉽게 통과할 수 있기 때문에 표적기관의 세포핵에 직접 달라붙어서 기능을 수행한다.

⑤ 비스테로이드계 호르몬은 세포막을 잘 통과하지 못하기 때문에 1단계 전령시스템에 의해서 기능을 수행한다.

■ 비스테로이드계 호르몬은 2단계 전령시스템에 의해서 기능을 수행한다.

정답 48 : ③, 49 : ④, 50 : ①, 51 : ⑤

운동생리학

52 운동 시 혈장의 호르몬농도에 영향을 미치는 요인이 아닌 것은?

① 호르몬의 분비속도 및 제거속도
② 혈장의 양
③ 운동강도
④ 체온

53 운동 시 탈수현상을 예방하기 위한 지침서의 내용으로 가장 적절한 것은?

① 운동 전(약 3시간 전)에 400-800 mL 수분섭취
② 운동 중 15-20분 간격으로 150-300 mL 수분섭취
③ 운동 후 충분한 수분보충
④ 위(①, ②, ③) 전부

필수문제

54 보기의 괄호 안에 들어갈 용어를 바르게 나열한 것은?

보기
호흡에 의한 인체 내 산-염기 균형 조절은 점증부하 운동 시 증가된 혈중 (㉠) 농도가 (㉡)의 완충작용과 폐환기량의 증가에 의해 감소되는 것을 의미한다.

	㉠	㉡
①	산소(O_2)	염소이온(Cl^-)
②	산소(O_2	중탄산염(HCO_3^-)
③	수소이온(H^+)	중탄산염(HCO_3^-)
④	수소이온(H^+)	염소이온(Cl^-)

■산-염기의 평형(p. 61) 참조

정답 52 : ④, 53 : ④, 54 : ③

호흡 · 순환계통과 운동

호흡계통의 구조

☞ 비강(코속공간)에 있는 점막이 공기 중의 먼지 등을 붙잡아둔다.

☞ 코속공간에 있는 모세혈관 망이 공기의 온도와 습도를 조절한다.

☞ 비교적 큰 기관지들은 공기의 통로 역할만 한다.

☞ 아주 작은 기관지의 끝이 허파꽈리(폐포)이고, 허파꽈리에서는 가스교환이 일어난다.

1 들숨(흡기)과 날숨(호기)의 역학적 메커니즘

☞ 평상시(안정 시) 들숨은 바깥갈비사이근(외늑간근)과 가로막(횡격막)의 수축에 의해서 이루러진다.

☞ 평상시 날숨은 바깥갈비사이근과 가로막이 이완되고, 호흡기관들의 탄력에 의해서 수동적으로 이루어진다.

☞ 운동 시 들숨은 목갈비근(사각근)과 목빗근(흉쇄유돌근)이 추가로 수축해서 힘을 보탠다.

☞ 운동 시 날숨은 배곧은근(복직근), 배속빗근(내복사근), 가로막의 수축에 의해서 능동적으로 일어난다.

2 허파(폐)용량과 허파(폐)용적

☞ 용적(volum)은 직접 측정해야 알 수 있는 부피이다.

☞ 용량(capacity)은 2개 이상의 용적을 이용해서 계산하여야 알아낼 수 있는 양이다.

☞ 1회호흡량과 잔기량은 측정해야 알 수 있기 때문에 엄밀하게 말하면 1회호흡용적과 잔기용적이다.

☞ 평상시 1회호흡량은 남자는 약 600ml, 여자는 약 500ml이다.

☞ 숨을 내쉬어도 허파에 남아있는 공기의 양을 잔기량이라고 한다.

☞ 운동을 할 때와 쉴 때의 잔기량은 같지만 실재로 들이쉰 공기의 량 또는 내쉰 공기의 양에 대한 잔기량의 비율은 적어질 수밖에 없다. 그것을 기능적 잔기량이라고 한다.

☞ 가스교환은 허파꽈리에서만 일어나기 때문에 코에서 허파꽈리 사이에 있는 공기는 들락날락은 했지만 가스교환과는 전혀 관계가 없다. 그래서 그 공간을 사강(죽은 공간)이라고 한다. 숨을 깊게 쉴수록 죽은 공간의 부피가 상대적으로 줄어든다.

3 호흡의 기능

☞ 에너지 생산에 필요한 산소를 조직세포에 공급하고, 이산화탄소를 배출하는 것이다.

☞ 허파꽈리에 있는 공기와 혈액 사이에 일어나는 가스교환을 외호흡이라고 한다.

☞ 모세혈관과 조직세포 사이에 일어나는 가스교환을 내호흡이라고 한다.

☞ 외호흡은 공기 중에 이산화탄소를 버리고 산소를 흡수하는 것이고, 내호흡은 조직에게 산소를 공급하고 이산화탄소를 수거하는 것이다.

운동생리학

4 운동 시 허파환기량의 조절

- ☞ 운동이 시작되기 전에 환기량이 미리 증가하는 것은 호흡중추가 활성화되기 때문이다.
- ☞ 운동 초기에 환기량이 갑자기 증가하는 것은 근육과 관절에 있는 고유수용기들이 신경자극을 증가시키기 때문이다.
- ☞ 운동강도가 올라가면 1회호흡량(용적)이 점차 증가하고, 기능적 잔기량은 점차 감소한다.
- ☞ 처음에는 1회호흡량만 증가하지만, 운동강도가 높아질수록 호흡수가 현저하게 증가한다.
- ☞ 운동강도에 비례해서 점차 증가하던 분당환기량이 어떤 시점에 갑자기 증가한다. 그 때의 운동강도를 무산소역치라 하고, 유산소대사에서 무산소대사로 에너지 공급체계가 바뀌는 것을 의미한다.
- ☞ 운동을 계속하면 화학수용기의 자극에 의해서 환기량이 조절되어 항정상태가 된다.
- ☞ 운동이 끝난 직후 환기량이 급격히 감소하는 것은 근육과 관절에 있는 고유수용기들의 신경자극이 줄었기 때문이다.
- ☞ 운동이 끝나고 어느 정도 시간이 지나면 다시 안정 시 환기량 수준으로 되돌아오는 것은 화학수용기의 자극이 변하였기 때문이다.

5 호흡과 관련된 용어의 정의

과다호흡 (hyper pnea)	운동에 필요한 에너지를 얻기 위해서 호흡량이 증가하는 것
과다환기 (hyper ventilation)	호흡을 길고 빠르게 해서 운동에 필요한 환기량보다 더 많이 환기하는 것. 혈중 이산화탄소의 농도가 낮아진다.
저환기 (hypo ventilation)	과다환기의 반대. 산소결핍
무호흡(apnea)	어떤 원인에 의해서 일시적으로 호흡을 하지 않는 것.
호흡정지	무호흡 상태에서 다시 호흡 상태로 되돌아가지 못하는 것.
무산소(성)역치	점진적 운동 중 혈중젖산농도가 급격히 증가하는 시점. 젖산역치 또는 젖산축적개시점(OBLA)라고도 한다.
초과산소섭취량	운동 시작 후 산소부채를 제거하기 위하여 산소섭취량을 증가시키는 것.

6 장기간 트레이닝에 의한 호흡계통의 변화(적응)

- ☞ 안정 시와 최대하 운동 중의 호흡수는 감소하고, 최대 운동 시의 호흡수는 증가한다.
- ☞ 총허파용량에는 변화가 없다.
- ☞ 안정 시와 최대하 운동 중 허파환기량은 약간 감소하고, 최대 운동 시에는 허파환기량이 현저하게 증가한다.
- ☞ 최대 산소섭취량이 크게 증가한다.

심장의 구조

- ☞ 섬유심장막……심장 전체를 보호하고 있는 2겹의 섬유성주머니이다.
- ☞ 심장벽……3개의 층으로 구성되어 있다. 바깥부터 심장바깥막, 심장근육층, 심장속막. 섬유심장막과 심장바깥막 사이의 공간을 심장막공간이라 하고, 그 안에 심장막액이 들어 있어서 심장이 마찰 없이 수축할 수 있다.
- ☞ 심장은 2개의 심방과 2개의 심실로 구성되어 있다.
- ☞ 심실과 심실 사이에는 심실사이막이 있고, 심방과 심실 사이에는 방실판막이 있다. 오른 심방과 오른 심실 사이에 있는 방실판막은 3첨판이고, 왼 심방과 왼 심실 사이에 있는 방실판막은 2첨판이다.
- ☞ 심실과 혈관 사이에는 반월판막이 있다. 심실사이막, 방실판막, 반월판막 모두 혈액의 역류를 방지하기 위한 장치들이다.

1 심혈관계통의 기능

- ⑧ 운송기능……산소와 영양소
- ⑧ 제거기능……CO_2와 노폐물
- ⑧ 운반기능……호르몬
- ⑧ 유지기능……체온, pH, 체액
- ⑧ 방어기능……감염

심장근육층은 수축세포로 구성되어 있어서 혈액을 펌프질 할 수 있고, 동굴심방결절, 히스다발, 퍼킨예섬유는 모두 전도성세포로 구성되어 있다. 그 세포들은 심장근육의 활동전위를 심방 또는 심실의 근육에 신속하게 전달하는 역할을 한다.

2 심장의 자극전도 순서

동굴심방결절(동방결절) → 방실결절 → 방실다발 → 왼방실 다발 갈래와 오른방실 다발 갈래 → 퍼킨예섬유

3 심전도

- ☞ 심장의 전기적 활동을 기록한 것이다.
- ☞ P파는 심방근육이 탈분극될 때 나타난다.
- ☞ QRS 복합파는 심실이 탈분극될 때 나타난다.
- ☞ 심방의 재분극은 심실의 탈분극과 겹치기 때문에 아무런 파도 나타나지 않는다.
- ☞ T파는 심실이 재분극될 때 나타난다.

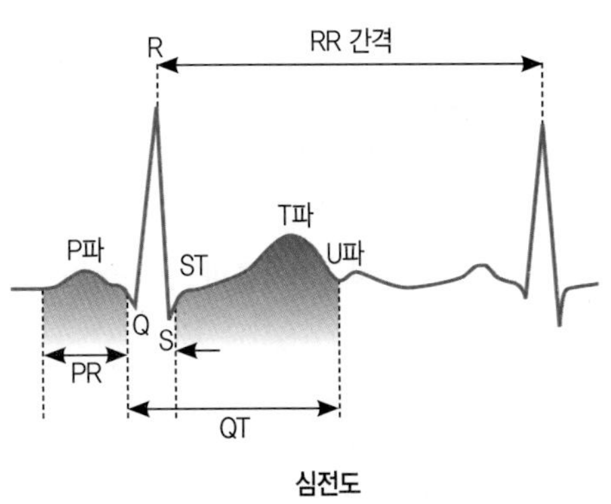

심전도

4 정맥혈의 환류에 도움을 주는 것들

ⓐ 정맥에 있는 판막

ⓐ 근 수축 시 펌프 역할

ⓐ 동맥과 정맥의 벽을 이루고 있는 민무늬근육의 수축

ⓐ 호흡동작

평상시 혈액의 약 60~70%는 정맥에, 동맥에는 약 10%, 모세혈관에는 약 5%, 허파와 심장에는 합해서 약 20%가 있다.

ⓐ 혈류의 조절……혈액의 pH(화학 조절), 혈압(자율신경계통이 조절)

혈액의 성분

☞ 세포성분과 혈장으로 나눌 수 있다.

☞ 세포성분에는 적혈구, 백혈구, 혈소판 등이 있다.

☞ 백혈구를 호중구, 호산구, 호염기구, 림프구, 단핵구로 나누고 호중구와 림프구의 양이 1위와 2위로 많다.

1 운동 시 혈류의 변화

☞ 안정 시에는 심박출량의 15~20% 정도만 근육으로 보낸다.

☞ 최대 운동 시에는 80~85%를 근육으로 보낸다.

☞ 대신에 창자나 간에 보내는 혈액량을 줄인다.

☞ 혈류는 비 활동기관의 세동맥을 수축시키거나, 활동기관의 세동맥을 이완시켜서 조절한다.

2 운동 시 혈압의 변화

☞ 확장기혈압은 별 변화가 없다.

☞ 수축기혈압은 약 200mmHg까지 증가한다. (선수는 약 250mmHg까지)

☞ 심박출량의 증가가 동맥혈관의 확장보다 상대적으로 크기 때문에 수축기혈압이 상승된다.

3 운동 시 순환계통의 변화

☞ 1회박출량이 증가한다.

☞ 분당 심박수가 증가한다.

☞ 심박출량(1회박출량×분당심박수)이 증가한다.

장기간 트레이닝이 인체에 미치는 효과

1 장기간 트레이닝이 순환계통에 미치는 효과

☞ 심장의 부피와 심장벽의 두께가 증가한다.

☞ 심장근육의 수축력이 증가한다.

☞ 1회박출량과 최대 심박출량이 모두 증가한다.

☞ 안정 시 심박수가 감소한다.

☞ 혈중 헤모글로빈의 농도가 증가한다.

2 장기간 트레이닝이 혈압에 미치는 효과

☞ 안정 시 혈압이 감소한다.

☞ 동맥벽의 탄력 저하를 예방한다.

☞ 혈중 지질농도가 감소한다.

☞ 혈압을 안정적으로 유지할 수 있게 된다.

3 장기간 트레이닝이 혈액에 미치는 영향

☞ 총 적혈구 수가 증가한다.

☞ 혈장단백질(알부민)이 증가한다.

☞ 혈액점성이 감소되어서 혈류 저항이 감소한다.

☞ 혈장량이 증가한다.

4 중간강도 운동 중 심혈관계통의 변화

항목	변화	해 설
심박출량	증가	심박수(회/분)×1회박출량(mℓ/min). 심박수와 1회박출량 모두 증가
심박수	증가	교감신경계통 활성화로 SA node 활성화, 부교감신경계통 활성화 감소
1회박출량	증가	교감신경계통 활성화로 심실 심근의 수축력 증가, 프랭크-스탈링 법에 의해 박출량 증가, 심실의 이완 후 용량 증가
총말초저항	감소	누운 자세에서 혈관 저항보다 심장이나 골격근에서의 저항 감소
심장과 골격근의 혈류량	증가	총말초혈관 저항 감소보다 심박출량 증가
피부혈류량	증가	1회박출량과 속도 증가
평균동맥압	증가	높은 심박수에 의해 심장 내 혈액이 채워지는 시간이 감소되며, 이는 혈관수축, 골격근 펌프, 증가된 호흡량에 의해 보상
이완 후 용량	증가	혈관시스템의 혈액량 증가는 국소부위의 대사요인에 의해 조절
피부혈류량	증가	체온상승으로 인해 피부혈관으로 교감신경계통 전달이 제한
복강혈류량	감소	교감신경계통은 복강 내 내장기관과 신장 혈관을 자극
뇌혈류량	변화 없음	평균 동맥압의 증가에도 불구하고 뇌 혈관에서는 자동으로 조절
동정맥산소차	증가	강도에 비례하여 증가

출처 : 운동생리학회(2015). 운동생리학. 대한미디어. p. 223에서 수정 게재.

필수 및 심화 문제

■ 호흡계통의 전도영역(기관, 기관지, 세기관지)의 기능
· 공기의 통로
· 호흡하는 공기에 습기 첨가
· 호흡하는 공기의 여과 작용

필수문제

01 보기에서 운동 중 호흡계 전도영역의 기능으로만 묶인 것은?

보기
㉠ 호흡하는 공기에 습기를 제공한다.
㉡ 폐포의 표면장력을 감소시키는 표면활성제(surfactant)를 제공한다.
㉢ 공기를 여과하는 역할을 한다.
㉣ 호흡가스 확산을 증가시킨다.

① ㉠, ㉡　　② ㉠, ㉢
③ ㉡, ㉢　　④ ㉢, ㉣

■ 허파꽈리에서는 가스교환이 이루어진다.

필수문제

02 호흡계통의 구조에 대한 설명이다. 틀린 것은?

① 비강(코안)에 있는 점막이 공기 중의 먼지 등을 붙잡아둔다.
② 코안에 있는 모세혈관 망이 공기의 온도와 습도를 조절한다.
③ 비교적 큰 기관지들은 공기의 통로 역할만 한다.
④ 아주 작은 기관지의 끝이 허파꽈리(폐포)이고, 허파꽈리에서는 배설작용이 일어난다.

■ 공기는 가슴우리가 커지면 기도를 거쳐서 허파꽈리로 들어간다.

심화문제

03 호흡계통의 이동경로를 순서대로 바르게 연결한 것은?

① 가슴우리 : 기도 → 허파꽈리　　② 기도 : 가슴우리 → 허파꽈리
③ 기도 : 허파꽈리 → 가슴우리　　④ 허파꽈리 : 기도 → 가슴우리

■ 폐포의 가스교환은 가스의 분압차이에 의한 확산으로 일어난다. 따라서 정맥을 통해 들어온 혈액을 폐로 운반하는 폐동맥의 산소량이 낮을수록 산소교환율이 증가한다.

필수문제

04 운동 시 폐포와 폐모세혈관 사이에서의 산소교환율을 증가시키는 직접적인 원인은?

① 폐동맥의 낮은 산소량　　② 폐동맥의 높은 산소량
③ 폐정맥의 낮은 산소량　　④ 폐정맥의 높은 산소량

정답　01 : ②, 02 : ④, 03 : ①, 04 : ①

심화문제

05 호흡의 원리에 대한 설명으로 옳지 않은 것은?

① 폐내 압력이 대기압보다 낮아지면서 흡기(inspiration)가 일어난다.
② 안정 시 흡기는 흡기에 동원되는 호흡근(respiratory muscles)의 능동적인 수축으로 일어난다.
③ 안정 시 호기(expiration)는 흡기 시 수축했던 호흡근이 이완되면서 수동적으로 일어난다.
④ 운동 시 호기는 횡격막(diaphragm)과 외늑간근(external intercostal muscles)의 능동적인 수축으로 일어난다.

■호기 시에 동원되는 가장 중요한 근육은 복직근과 내복사근이다.
■횡격막과 외늑간근은 안정 시 흡기근육이다.

필수문제

06 들숨(흡기)과 날숨(호기)의 역학적 메커니즘에 대한 설명이다. 틀린 것은?

① 평상시(안정 시) 들숨은 바깥갈비사이근(외늑간근)과 가로막(횡격막)의 수축에 의해서 이루러진다.
② 평상시 날숨은 바깥갈비사이근과 가로막이 이완되고, 호흡기관들의 탄력에 의해서 저절로(수동적으로) 이루어진다.
③ 운동 시 날숨은 목갈비근(사각근)과 목빗근(흉쇄유돌근)이 추가로 수축해서 힘을 보탠다.
④ 운동 시 날숨은 호흡기관들의 탄력에 의해서 이루어진다.

■운동 시 날숨은 배곧은근(복직근), 배속빗근(내복사근), 가로막의 수축에 의해서 능동적으로 일어난다.

심화문제

07 호흡계통에 대한 설명이다. 잘못된 것은?

① 숨길(기도)은 공기의 통로 역할을 한다.
② 실질적인 가스교환은 기관지부터 시작된다.
③ 허파꽈리(폐포)에서는 가스교환이 일어난다.
④ 가스교환이 일어나는 곳 전체를 호흡영역이라고 한다.

■가스교환은 폐포(허파꽈리)에서만 일어난다.

08 다음 중 흡기활동에 대한 설명이 맞지 않는 것은?

① 횡격막(가로막)이 수축하여 가슴안(흉강)이 확장된다.
② 바깥갈비사이근(외늑간근)이 수축하여 가슴안(흉강)이 수축한다.
③ 흉강의 확장에 의해 허파꽈리(폐포)의 내압이 감소한다.
④ 허파쪽 가슴막(장측늑막)과 벽쪽가슴막(벽측늑막)이 서로 밀착하여 흉강이 확장된다.

■가슴안(가슴속공간)이 수축하면 호기활동이다.

정답 05 : ④, 06 : ④, 07 : ②, 08 : ②

■ ㉠ 폐활량(lung capacity) : 한 번 공기를 최대한 들여마셨다 내뿜을 수 있는 공기의 최대량으로, 안정 시와 운동 시 변하지 않음.
■ ㉡ 1회환기량(tidal volume) : 안정상태에서 1회에 들이마시는 공기의 부피 또는 1회에 내쉬는 공기의 부피로, 운동 중에는 증가함.
■ ㉢ 기능적잔기량(functional residual capacity) : 안정상태에서 숨을 내쉰 다음 폐에 남아 있는 공기의 양으로, 운동 중에는 1회환기량의 증가 때문에 감소함.
■ ㉣ 잔기량(residual volume) : 폐 속에 있는 공기를 아무리 내보내려 해도 폐 속에 남아 있는 공기의 부피로, 절대 변하지 않음.

운동생리학

필수문제

09 그림은 폐활량계를 활용하여 측정한 폐용적(량)을 나타낸 것이다. ㉠~㉣에서 안정 시와 비교하여 운동 시 변화에 대한 설명으로 적절한 것은?

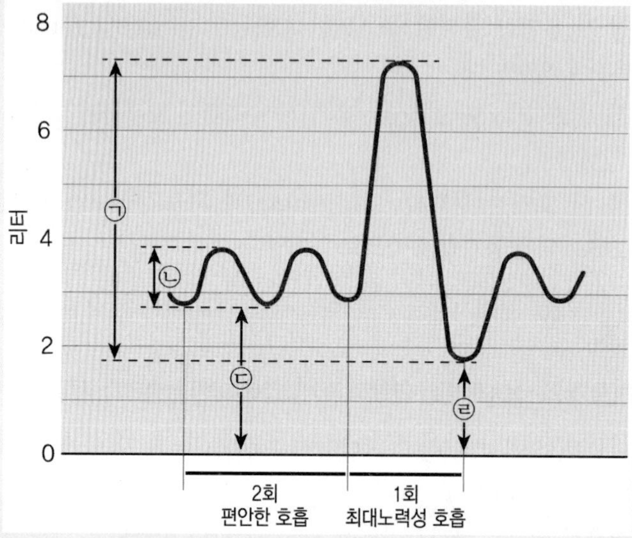

① ㉠ : 증가 ② ㉡ : 감소 ③ ㉢ : 감소 ④ ㉣ : 증가

■ **분당환기량** : 1분간 들이마시거나 내쉬는 공기의 부피. 1회호흡량×호흡률(분당호흡수). 세 사람의 분당환기량은 모두 7,500㎖/min
■ **폐포(허파꽈리)환기량** : [1회호흡량−사강(무효공간)]×호흡률
· 주은의 폐포환기량 =(375−150)×20=4,500㎖=4.5L/min
· 민재의 폐포환기량 =(500−150)×15 =5,250㎖=5.25L/min
· 다영의 폐포환기량 =(750−150)×10=6,000㎖=6L/min

필수문제

10 표는 참가자의 폐환기 검사 결과이다. 보기에서 옳은 것만을 모두 고른 것은?(2024)

참가자	1회호흡량 (mL)	호흡률 (회/min)	분당환기량 (mL/min)	사강량 (mL)	폐포환기량 (mL/min)
주은	375	20	( )	150	( )
민재	500	15	( )	150	( )
다영	750	10	( )	150	( )

보기
ㄱ. 세 참가자의 분당환기량은 동일하다.
ㄴ. 다영의 폐포환기량은 분당 6L/min이다.
ㄷ. 주은의 폐포환기량이 가장 크다.

① ㄱ, ㄴ ② ㄱ, ㄷ ③ ㄴ, ㄷ ④ ㄱ, ㄴ, ㄷ

정답 09 : ③, 10 : ①

심화문제

11 죽은 공간(dead space, 사강)이 아닌 것은?

① 폐포(허파꽈리) ② 코안(비강) ③ 기관 ④ 기관지

■ 가스교환은 허파꽈리에서만 일어나기 때문에 코에서 허파꽈리 사이에 있는 공기는 들락날락했지만, 가스교환과는 전혀 관계가 없다. 그래서 그 공간을 사강(죽은 공간)이라고 한다. 숨을 깊게 쉴수록 죽은 공간의 부피가 상대적으로 줄어든다.

필수문제

12 허파(폐)용량과 허파(폐)용적에 대한 설명이다. 틀린 것은?

① 용적(volum)은 직접 측정해야 알 수 있는 부피이다.
② 용량(capacity)은 2개 이상의 용적을 이용해서 계산하여야 알아낼 수 있는 양이다.
③ 1회호흡량과 잔기량은 엄밀하게 말하면 1회호흡용적과 잔기용적이다.
④ 평상시 1회호흡량은 남 · 여 모두 600ml이다.

■ 평상시 여자의 1회호흡량은 남자보다 작아서 500ml이다.

필수문제

13 보기에서 인체 내 가스교환에 관한 설명 중 ㉠과 ㉡에 들어갈 용어를 바르게 나열한 것은?

보기
» 운동 시 폐포로 유입된(㉠)는 폐 모세혈관으로 확산된다.
» 운동 시 근육에서 생성된 (㉡)는 모세혈관으로 확산된다.

	㉠	㉡		㉠	㉡
①	산소	이산화탄소	②	산소	산소
③	이산화탄소	이산화탄소	④	이산화탄소	산소

■ **가스교환** : 체내의 영양물질이 가진 에너지를 방출할 때 필요한 산소는 흡기에, 배출되는 이산화탄소는 호기에 의해 교환되는 현상

심화문제

14 호흡에 대한 설명 중 틀린 것은?

① 에너지 생산에 필요한 산소를 조직세포에 공급하고, 이산화탄소를 배출하는 것이다.
② 허파꽈리에 있는 공기와 혈액 사이에 일어나는 가스교환을 외호흡이라고 한다.
③ 모세혈관과 조직세포 사이에 일어나는 가스교환을 내호흡이라고 한다.
④ 내호흡과 외호흡 모두 혈액 내의 산소가 증가하고 이산화탄소가 감소한다.

■ 외호흡에서는 혈액 내의 산소가 증가하지만, 내호흡에서는 혈액 내의 산소가 감소한다.

15 호흡계통의 기능과 거리가 가장 먼 것은?

① 이산화탄소 배출 ② 근육수축 에너지 공급
③ 체온조절 ④ 근육에 산소 공급

■ 근육수축 시의 에너지 공급은 호흡계통의 기능과는 거리가 멀다.

정답 11 : ①, 12 : ④, 13 : ①, 14 : ④, 15 : ②

■혈액 속의 이산화탄소는 ① 혈장 안에서 용해되어, ② 카바미노화합물로 헤모글로빈 또는 단백질과 결합하여, ③ 중탄산염 형태로 운반된다.
■미오(마이오)글로빈은 근육세포 안에 있는 붉은 색소의 단백질로, 산소를 저장하는 역할을 한다.

■대사활동으로 혈중 CO_2와 젖산농도가 증가하여 혈액의 pH가 감소하면 경동맥체와 대동맥궁에 있는 화학적 수용기를 자극하게 된다. 이때 화학적 수용기가 감지한 정보가 연수(숨뇌)에 있는 호흡중추로 보내짐으로써 호흡활동이 이루어진다.

■1회호흡량이 증가하면 기능적 잔기량은 줄어야 한다. 그러나 잔기량에는 변화가 있을 수 없다. 분당환기량이 갑자기 변하는 시점의 운동강도를 무산소역치라고 한다.
■9번 문제 참조

■㉡ 운동 초기에 환기량이 미리 증가하는 것은 호흡중추가 활성화되기 때문이다.
■㉢ 운동강도가 증가하면 1회호흡량은 점차 증가하고, 기능적 잔기량은 점차 감소한다.

운동생리학

16 **호흡 시 혈액 내의 이산화탄소를 폐로 운반하는 방법이 아닌 것은?**

① 혈장 내에 용해되어 운반 ② 헤모글로빈과 결합하여 운반
③ 중탄산염(HCO_3^-) 형태로 운반 ④ 미오글로빈과 결합하여 운반

17 **심박출량을 심박수로 나누면?**

① 혈압 ② 1회박출량 ③ 초당박출량 ④ 혈류량

18 **유산소 운동 중 호흡계의 환기량 증가 요인에 관한 설명으로 옳지 않은 것은?**

① 중추 화학적 수용체인 경동맥체와 대동맥체는 동맥의 산소 분압 증가에 따라 환기량 증가를 자극한다.
② 근육 내 화학적 수용체는 칼륨(K^+)과 수소(H^+)의 농도 증가에 따라 환기량 증가를 자극한다.
③ 근방추나 골지힘줄기관의 구심성 신경자극 증가는 환기량 증가를 자극한다.
④ 사용된 근육의 운동단위 증가는 환기량 증가를 자극한다.

19 **1회성 운동 시 허파용적 또는 허파용량의 변화를 설명한 것이다. 틀린 것은?**

① 1회호흡량(용적)이 점차 증가한다.
② 기능적 잔기량도 점차 증가한다.
③ 처음에는 1회호흡량만 증가하지만, 시간이 갈수록 또는 운동강도가 높아질수록 호흡수 증가가 현저하게 나타난다.
④ 운동강도에 비례해서 점차 증가하던 분당환기량이 어떤 시점에 갑자기 증가한다.

필수문제

20 **운동에 따른 환기량의 변화로 옳은 것을 모두 고른 것은?**

보기
㉠ 운동 시작 직전에는 운동 수행에 대한 기대감으로 환기량이 증가할 수 있다.
㉡ 운동 초기 환기량 변화의 주된 요인은 경동맥에 위치한 화학수용기반응이다.
㉢ 운동 강도가 증가하면 1회 호흡량은 감소하고 호흡수는 현저히 증가한다.
㉣ 회복기 환기량은 운동 중 생성된 체내 수소이온 및 이산화탄소 농도와 관련 있다.

① ㉠, ㉡ ② ㉠, ㉢ ③ ㉠, ㉣ ④ ㉡, ㉢, ㉣

정답 16 : ④, 17 : ②, 18 : ①, 19 : ②, 20 : ③

심화문제

21 **운동 시 허파환기량이 조절되는 양상을 설명한 것이다. 틀린 것은?**

① 운동이 시작되기 전에 환기량이 미리 증가하는 것은 호흡중추가 활성화되기 때문이다.
② 운동 초기에 환기량이 갑자기 증가하는 것은 근육과 관절에 있는 고유수용기들이 신경자극을 증가시키기 때문이다.
③ 운동 중에는 화학수용기의 자극에 의해서 환기량이 조절되어 항정상태가 된다.
④ 운동이 끝난 직후 환기량이 급격히 감소하는 것은 근육과 관절에 있는 고유수용기들의 신경자극이 줄었기 때문이다.
⑤ 운동이 끝나고 어느 정도 시간이 지나면 다시 안정 시 환기량 수준으로 되돌아오는 것은 호흡중추가 비활성화되기 때문이다.

■안정 시 환기량 수준으로 되돌아오는 것은 화학(적)수용기의 자극이 변하였기 때문이다.

22 **분당산소섭취량을 결정하는 요인은 무엇인가?**

① 1회박출량 ② 동 · 정맥산소차
③ 심박수 ④ ①, ②, ③ 전부

■산소섭취량은 심박출량, 동 · 정맥산소차, 심박수에 의하여 결정된다.

필수문제

23 **1회 박출량(stroke volume) 증가 요인으로 옳지 않은 것은?(2024)**

① 심박수 증가
② 심실 수축력 증가
③ 평균 동맥혈압(MAP) 감소
④ 심실 이완기말 혈액량(EDV) 증가

■**1회박출량** : 심장이 한 번 뛸 때 뿜어져나오는 혈액의 양
■1회박출량이 증가하면 심박수는 감소한다.

심화문제

24 **무산소역치에 대한 설명이다. 틀린 것은?**

① 무산소역치는 유산소트레이닝에 의해서 증가된다.
② 무산소역치는 지구력수준을 나타낸다.
③ 무산소역치는 지구력향상을 위한 트레이닝 시 적정 운동강도로 활용된다.
④ 무산소 대사에서 유산소 대사로 전환되는 시점이다.

■무산소역치는 유산소대사에서 무산소대사로 전환되는 시점이다.

정답 21 : ⑤, 22 : ④, 23 : ①, 24 : ④

■② 안정 시에는 중력의 작용으로 혈액순환이 제한적이어서 폐 윗부분에는 혈액의 순환량이 적지만, 운동 시에는 심박출량이 증가하여 폐 윗부분으로의 혈류량이 증가하여 가스교환을 증진시키는 데 유리하다.

운동생리학

필수문제

25 직립 상태에서 폐-혈액 간 산소확산 능력은 안정 시와 비교하여 운동 시 증가한다. 이에 기여하는 요인으로 적절한 것은?

① 폐포와 모세혈관 사이의 호흡막(respiratory membrane) 두께 증가
② 증가한 혈압으로 인한 폐 윗부분(상층부)으로의 혈류량 증가
③ 폐정맥 혈액 내 높은 산소분압
④ 폐동맥 혈액 내 높은 산소분압

심화문제

26 점진적으로 운동을 할 때 호흡계통의 반응 중 옳지 않은 것은?

① 일정한 강도로 최대하 운동 시 초기에는 호흡이 빠르게 증가하지만 곧 평정상태가 된다.
② 운동강도를 점진적으로 증가시키면 최대산소섭취량이 직선적으로 증가하다가 갑자기 급격하게 증가하는 시점이 있다.
③ 최대하 운동 중 호흡량이 증가하는 것은 화학물질이 목동맥토리(경동맥소체)를 자극하기 때문에 생긴다.
④ 10~20%MVC의 최대하 운동을 해도 시간이 지나면 최대심박수에 도달한다.

■아주 낮은 강도의 운동을 하면 최대심박수에 도달하기 전에 지쳐서 운동을 더 이상 하지 못하게 된다.

27 호흡과 관련된 용어의 설명 중 틀린 것은?

① 과다호흡(hyperpnea) : 운동에 필요한 에너지를 얻기 위해서 호흡량이 과다하게 증가하는 것
② 과다환기((hyperventilation) : 호흡을 길고 빠르게 해서 운동에 필요한 환기량보다 더 많이 환기하는 것(이산화탄소농도 저하)
③ 저환기(hypoventilation) : 과다환기의 반대(산소결핍)
④ 무호흡(apnea) : 사망해서 숨을 쉬지 않는 것

■어떤 원인에 의해서 일시적으로 호흡을 하지 않는 것이 무호흡이다. 무호흡 상태에서 다시 호흡 상태로 되돌아가지 못하는 것은 호흡정지이다. 즉 사망은 호흡정지 상태이다.

필수문제

28 운동 후 초과산소섭취량(Excess Post-exercise Oxygen Consumption : EPOC)이 발생하는 원인으로 적절하지 않은 것은?

① 운동 중 증가한 혈압 감소 ② 운동 중 증가한 젖산 제거
③ 운동 중 증가한 체온 저하 ④ 운동 중 증가한 산소 제거

■**운동후초과산소섭취량** : 운동종료와 함께 산소소비량은 감소하지만, 바로 안정 시의 값까지 감소되지 않고 안정 시보다 더 많은 산소를 요구하는 것. 산소부채. 운동 후 초과산소섭취량은 ATP-PC를 다시 합성하는 데 이용되고, 산소는 젖산 제거, 글리코겐 재합성, 체온 조절, 심장과 환기 작용을 위한 산소 소비 등에 이용된다.

정답 25 : ②, 26 : ④, 27 : ④, 28 : ④

심화문제

29 운동 후 초과산소섭취량(EPOC)에 영향을 미치는 요인으로 적절하지 않은 것은?

① 운동 중 증가한 체온
② 운동 중 증가한 젖산
③ 운동 중 증가한 호르몬(에피네프린, 노르에피네프린)
④ 운동 중 증가한 크레아틴인산(phosphocreatine, PC)

■운동후초과산소섭취량=회복기 산소소비량−(휴식 시 분당산소소비량×회복시간)
■크레아틴인산은 EPOC에 영향을 미치지 않는다.

30 용어의 설명이 잘못된 것은?

① 허파(폐)활량 : 공기를 최대로 들이마신 후 최대로 배출할 수 있는 공기의 양
② 분당환기량 : 1회호흡량 × 분당호흡수
③ 1회호흡량 : 1회의 흡기량 또는 배기량
④ 허파환기량 : 허파에서 흡수하는 산소의 양

■허파환기량=1회호흡량(약 450~500ml)×분당호흡수(약 16회)=약 8리터이다.

필수문제

31 보기에 있는 설명 중에서 옳은 것만을 모두 고른 것은?

보기
㉠ 순환계통은 크게 심장, 혈관, 혈액으로 구성된다.
㉡ 허파순환은 산소를 공급하고 이산화탄소를 제거하는 기능을 수행한다.
㉢ 심박출량은 심박수에 의해서 좌우된다.
㉣ 동맥이 정맥보다 산소함유량이 많다.
㉤ 혈액은 운반, 체온조절 및 유지, 산염기 평형유지 등의 기능을 수행한다.

① ㉠㉡㉤ ② ㉠㉡㉢㉣㉤
③ ㉠㉡㉣㉤ ④ ㉢㉣

필수문제

32 심장의 활동과 관련이 있는 것들에 대한 설명이다. 틀린 것은?

① 왼심실이 확장되었을 때의 부피와 수축했을 때의 부피 차이를 1회박출량이라고 한다.
② 1회박출량은 성인남자가 약 60~80ml이다.
③ 심박출량은 1분 동안에 왼심실에서 박출된 혈액의 양이다.
④ 그러므로 '심박출량=1회박출량×분당심박수'로 계산한다.

■모두 옳다.

정답 29 : ④, 30 : ④, 31 : ②, 32 : 없음

운동생리학

■관상(심장)동맥→심장근육으로 혈액공급
■폐(허파)동맥→우심실에 있는 정맥혈을 허파로 전달
■허파에서 대동맥은 상(위)대동맥을 거쳐 아래쪽의 하(아래)대동맥으로 흐름

■심장 자체에 혈액을 공급해주는 혈관이 심장동맥이다.

■방실결절은 우심방에 있다.

■심방과 심실 사이를 나누는 것은 방실판막이고, 방실판막에는 2첨판과 3첨판이 있다. 심실사이막과 심실중격은 같은 것이다.

■동굴심방결절, 히스다발, 퍼킨예섬유는 모두 전도성 세포로 구성되어 있다.

■심장막은 심장 전체를 보호하고 있는 섬유성주머니이다.

■심실중격은 좌심실과 우심실을 나누는 근육벽이다.

심화문제

33 운동 중 심근(myocardium)으로 혈액을 공급하는 동맥은?

① 관상동맥 ② 폐동맥 ③ 하대동맥 ④ 상대동맥

34 심장(관상)동맥의 역할은?

① 온몸에 혈액을 공급한다.
② 허파에 혈액을 공급한다.
③ 심장의 근육에 혈액을 공급한다.
④ 두뇌에 혈액을 공급한다.

35 심장의 구조와 기능에 대한 설명으로 옳지 않은 것은?

① 판막은 혈액의 역류를 방지한다.
② 심장은 두 개의 방과 두 개의 실로 구성되어 있다.
③ 심실중격은 좌·우심실 간 혈액의 혼합을 방지한다.
④ 방실결절은 좌심방에 위치하며 맥박조정자(pacemaker) 역할을 담당한다.

36 심장의 두 구성요소 사이에 끼어 있는 막이다. 잘못된 것은?

① 심실과 심실 — 심실사이막
② 오른심방과 오른심실 — 3첨판
③ 왼심방과 왼심실 — 2첨판
④ 심실과 혈관 — 반월판막
⑤ 심방과 심실 — 심실중격

37 다음 중 수축성 세포로 구성되어 있는 것은?

① 동굴심방결절 ② 심방과 심실의 벽
③ 히스다발 ④ 퍼킨예섬유

38 심장의 벽을 이루지 않는 것은?

① 심장막(심낭) ② 심장속막
③ 심장근육층 ④ 심장바깥막

39 혈액의 역류를 방지하는 막이 아닌 것은?

① 반월판 ② 승모판
③ 심실중격 ④ 정맥판막

정답 33 : ①, 34 : ③, 35 : ④, 36 : ⑤, 37 : ②, 38 : ①, 39 : ③

필수문제

40 보기가 설명하는 것은?

보기
» 우심방 벽에 위치한다.
» 장수축을 위한 전기적 자극이 시작되므로 페이스메이커(pacemmaker)라고 한다.

① 동방결절(SA node) ② 방실다발(AV bundle)
③ 퍼킨제섬유(purkinje fibers) ④ 삼첨판막(tricuspid valve)

■ 심장의 주기적인 수축과 이완은 우심방 안쪽 벽에 있는 동방결절(동굴심방결절)에서 하며, 이것은 심장의 주기적인 수축을 조절하므로 페이스조절기(pace controller)라고도 한다.

운동생리학

심화문제

41 자기 스스로 전기적 신호를 발생시키는 능력이 있는 것은?

① 동굴심방결절(동방결절) ② 방실결절 ③ 퍼킨예섬유 ④ 히스섬유

필수문제

42 보기의 ㉠, ㉡에 들어갈 용어가 바르게 나열된 것은?(2024)

보기
» 심장의 부담을 나타내는 심근산소소비량은 심박수와 (㉠)을 곱하여산출한다.
» 산소섭취량이 동일한 운동 시 다리 운동이 팔 운동에 비해 심근산소소비량이 더 (㉡) 나타난다.

	㉠	㉡		㉠	㉡
①	1회 박출량	높게	②	1회 박출량	낮게
③	수축기 혈압	높게	④	수축기 혈압	낮게

■ **심근산소소비량**(심장이 하는 일률)=심박수(회/분)×수축기혈압(SBP)
■ 산소섭취량이 같을 때 다리운동이 팔운동보다 심근산소소비량이 적다.

필수문제

43 심혈관계에 대한 설명으로 옳은 것은?

① 혈액은 우심실에서 박출되어 인체의 모든 기관에 순환된다.
② 산소가 포화된 혈액은 폐정맥을 통해 좌심방으로 이동된다.
③ 폐순환은 산소를 인체의 모든 조직에 직접 전달하는 것이다.
④ 우심방으로 들어온 혈액은 우심실을 거쳐 바로 좌심방으로 이동된다.

■ 혈액은 우심방→우심실을 거쳐 다시 허파로 보내지며, 허파에서 가스교환(이산화탄소를 주고 산소를 받음)을 마친 혈액은 허파정맥을 통해 좌심방→좌심실을 거쳐 다시 온몸으로 보내진다. 온몸에 혈액을 보내는 경로는 체순환이다.

정답 40 : ①, 41 : ①, 42 : ④, 43 : ②

■㉠ 산소와 영양소, ㉡CO_2와 노폐물, ㉢호르몬, ㉣체온과 pH 및 체액, ㉤감염

필수문제

44 보기에 있는 기능 중에서 심장혈관계통의 기능만을 모두 모은 것은?

보기
㉠ 운송기능　㉡ 제거기능　㉢ 운반기능
㉣ 유지기능　㉤ 방어기능

① ㉠㉡㉢㉣㉤　② ㉠㉡㉢㉤　③ ㉠㉢㉣㉤　④ ㉠㉣㉤

심화문제

■온몸순환(체순환) : 왼심실→대동맥→모세혈관→대정맥→오른심방
■심실에서 나오는 혈관은 무조건 동맥이다.

45 온몸순환(체순환) 경로를 올바르게 나열한 것은?

① 왼심실 → 정맥 → 모세혈관 → 동맥 → 오른심방
② 왼심실 → 동맥 → 모세혈관 → 정맥 → 오른심방
③ 왼심방 → 동맥 → 모세혈관 → 정맥 → 오른심방
④ 왼심방 → 정맥 → 모세혈관 → 동맥 → 왼심실

■운동기능은 골격계와 근육계의 기능이다.

46 심혈관계의 기능이라고 하기 어려운 것은?

① 운반기능　② 제거기능
③ 운동기능　④ 방어기능

■감각정보의 전달은 신경계의 기능이다.

47 심혈관계의 주 기능이 아닌 것은?

① 산소 운반　② 체액균형 조절
③ 대사노폐물 제거　④ 감각정보 전달

48 보기는 심장의 수축력에 대한 설명이다. 옳은 것은?

보기
㉠ 교감신경이 자극되면 심장근육의 수축력이 증대된다.
㉡ 순환하는 혈액량이 감소되면 심장근육의 수축력이 증대된다.
㉢ 정맥환류량과 심장근육의 수축력 사이에는 아무런 관계도 없다.
㉣ 심장근육섬유의 길이가 늘어나면 심장근육의 수축력이 증대된다.

■심장근육섬유의 길이가 늘어나면 심장근육의 수축력이 단축된다.

① ㉠㉡㉢　② ㉠㉢㉣
③ ㉠㉡㉣　④ ㉡㉢㉣

정답 44 : ①, 45 : ②, 46 : ③, 47 : ④, 48 : ①

필수문제

49 심장의 자극전도 순서가 올바른 것은?

① 동굴심방결절(동방결절) → 방실결절 → 방실다발 → 왼방실다발갈래와 오른방실다발갈래 → 퍼킨예섬유
② 동굴심방결절(동방결절) → 방실결절 → 방실다발 → 퍼킨예섬유 → 왼방실다발갈래와 오른방실다발갈래
③ 방실결절 → 동굴심방결절(동방결절) → 방실다발 → 왼방실다발갈래와 오른방실다발갈래 → 퍼킨예섬유
④ 방실결절 → 동굴심방결절(동방결절) → 방실다발 → 퍼킨예섬유 →왼방실다발갈래와 오른방실다발갈래

■ 심장의 자극전도는 동굴심방결절에서 시작되어 퍼킨예섬유에서 끝난다.

운동생리학

필수문제

50 보기의 심전도(ECG)에 관한 설명 중 옳은 것으로만 묶인 것은?

보기
㉠ 심방을 통한 전도속도가 감소하면 P파는 넓어진다.
㉡ PR간격은 심방의 탈분극부터 심실의 탈분극 전까지 걸리는 시간이다.
㉢ QRS복합파를 이용해서 심박수를 측정할 수 없다.
㉣ QRS복합파는 심실에서의 탈분극을 일컫는다.
㉤ ST분절은 심실 재분극에 소요되는 총 시간이다.

① ㉠, ㉡, ㉣　② ㉠, ㉡, ㉤　③ ㉡, ㉢, ㉣　④ ㉢, ㉣, ㉤

■ **심전도** : 심장에서 일어나는 전기적 활동을 피부표면에 유도해 낸 것.
㉠ P파 : 심방의 탈분극. 동굴심방결절(SA node, 동방결절)에서 발생한 전기적 자극이 심방근육 전체로 확산될 때 나타남. P파의 지속시간은 심방을 통하는 전도시간과 관련되므로 전도속도가 감소하면 P파는 넓어진다.
㉡ PR간격 : 심방의 탈분극에서 심실의 탈분극까지 소요되는 시간
㉢, ㉣ QRS복합파 : 심실에서 일어나는 탈분극. 이것을 숫자로 계산하면 심박수를 측정할 수 있다.
㉤ ST분절 : 심실의 활동전위에서 QT간격의 기준선. 심장근육허혈 · 심장비대 · 전도차단 · 약물투여 등으로 이 부분의 함몰상태를 볼 수 있다.

심화문제

51 심전도에 대한 설명이다. 틀린 것은?

① 심장의 전기적 활동을 기록한 것이다.
② P파는 심방이 탈분극될 때 나타난다.
③ QRS복합파는 심실이 탈분극될 때 나타난다.
④ T파는 심방이 재분극될 때 나타난다.

■ 심방의 재분극은 심실의 탈분극과 겹치기 때문에 아무런 파도 나타나지 않고, T파는 심실이 재분극될 때 나타난다.

정답 49 : ①, 50 : ①, 51 : ④

운동생리학

필수문제

52 운동 중 정맥혈 회귀(venous return)를 조절하는 요인이 아닌 것은?

① 근육 펌프 ② 호흡 펌프
③ 정맥수축 ④ 모세혈관 수축

■운동 중에 몸의 각 조직으로 흘러갔던 혈액이 정맥을 통해서 다시 심장으로 돌아오는 것을 '**정맥혈 회귀**'라고 한다. 모세혈관에는 민무늬근육이 없다.

심화문제

53 운동 중 호흡순환 조절에 대한 설명으로 옳은 것은?

① 고온 환경에서 장시간의 최대하운동은 서늘한 환경에서보다 1회박출량을 감소시킨다.
② 우심실로부터 나온 혈액의 산소분압은 폐포의 산소분압보다 높기 때문에 폐포에서 혈관으로 산소가 유입된다.
③ 환기량은 운동 강도가 증가함에 따라 직선적으로 증가한다.
④ 고강도 운동은 저강도 운동에 비하여 혈액의 pH농도와 산소분압을 증가시킨다.

■고온환경에서 운동을 하면 정맥환류량이 감소되기 때문에 1회 박출량이 감소한다.

54 동맥혈은 심장이 수축하는 힘에 의해서 흐르지만, 정맥혈이 심장으로 되돌아오는 길에는 압력을 가하는 특별한 장치가 없다. 정맥혈의 환류에 도움을 주는 것이 아닌 것은?

① 호흡동작 ② 근수축 시 펌프역할
③ 중력 ④ 정맥에 있는 판막

■혈관은 폐쇄회로를 이루고 있기 때문에 중력은 정맥혈의 환류에 전혀 도움이 되지 않는다. 동맥과 정맥의 벽을 이루고 있는 민무늬근육의 수축도 혈류에 도움을 준다.

55 다음 중 안정 시 및 최대운동 시 혈중 가스분압의 변화로 바르지 않은 것은?

① 단련자가 일반인보다 활동근 정맥혈에서의 산소분압이 더욱 높게 나타난다.
② 단련자가 일반인보다 산소를 추출하여 운동을 수행하는 능력이 높다.
③ 단련자는 일반인에 비해 동정맥 산소차가 크게 나타난다.
④ 단련자는 일반인과 비교해 동맥혈 산소함량에는 큰 차이가 없다.

■정맥혈의 산소분압이 높다는 것은 산소를 잘 이용하지 못한다는 말이 된다.

56 보유하고 있는 혈액의 양이 가장 많은 것은?

① 허파와 심장 ② 동맥
③ 모세혈관 ④ 정맥

■평상시 혈액의 약 60~70%는 정맥에, 동맥에는 약 10%, 모세혈관에는 약 5%, 허파와 심장에는 합해서 약 20%가 있다.

57 다음 중 혈류를 조절하는 것과 관련이 없는 것은?

① 맥압(최대혈압과 최소혈압의 차이) ② 말초저항
③ 외인성조절(신경 또는 호르몬) ④ 혈액의 pH

■맥압이 크면 혈류량이 많아지고, 말초저항이 크면 혈류량이 작아진다.

정답 52 : ④, 53 : ①, 54 : ③, 55 : ①, 56 : ④, 57 : ④

필수문제

58 **보기는 산소 헤모글로빈 해리 곡선의 운동 시 변화에 관한 설명이다. ㉠, ㉡, ㉢, ㉣에 들어갈 용어를 바르게 나열한 것은?**

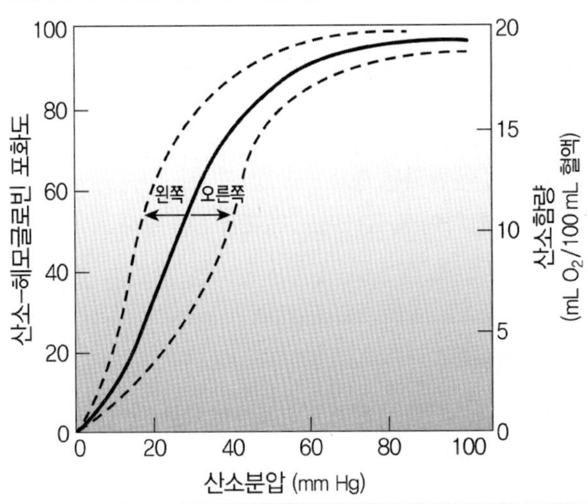

보기
» 심부체온이 증가하여 산소–헤모글로빈 해리곡선은 (㉠)으로 이동하며, 헤모글로빈의 산소친화력을 (㉡)시킨다.
» 신체의 pH가 감소하여 산소 헤모글로빈 해리곡선은 (㉢)으로 이동하며, 헤모글로빈의 산소친화력을 (㉣)시킨다.

	㉠	㉡	㉢	㉣
①	왼쪽	감소	오른쪽	감소
②	왼쪽	증가	왼쪽	감소
③	오른쪽	증가	왼쪽	감소
④	오른쪽	감소	오른쪽	감소

■ 헤모글로빈 등의 혈색소가 산소와 결합하는 비율과 산소함량과의 관계를 나타내는 곡선으로, 이 둘은 거의 비례관계에 있다.
■ 산소해리곡선은 CO_2증가, 온도 증가 및 pH 감소(산성화)에 의해 오른쪽으로 이동한다. 운동 시에는 CO_2 증가 및 젖산 생성에 의해 pH가 낮아지고, 열생산에 의해 체온이 상승한다. 이 경우 헤모글로빈의 산소친화력은 저하된다.

필수문제

59 **적혈구용적률(hematocrit)에 관한 설명으로 적절한 것은?**

① 높은 적혈구용적률(60% 이상)은 혈액의 흐름을 수월하게 한다.
② 지구성 트레이닝에 대한 적응으로 혈장량이 감소하여 적혈구용적률은 증가한다.
③ 일반적으로 성인 여성이 성인 남성보다 높은 적혈구용적률을 보인다.
④ 전체 혈액량 대비 혈장(plasma)량의 비율이 높을수록 적혈구용적률은 낮다.

■ 적혈구용적률(혈액 중 적혈구의 비율)은 적혈구 수의 증가나 감소의 영향을 받는다. 따라서 혈액 중 혈장량의 비율이 높을수록 적혈구 비율이 낮아져 적혈구용적률도 낮아진다.

$$\text{헤마토크리트(적혈구용적률)} = \frac{\text{혈액비중} - \text{혈장비중}}{1.0964 - \text{혈장비중}}$$

정답 58 : ④, 59 : ④

심화문제

60 적혈구에 대한 설명으로 옳은 것은?

① 산소운반과 pH조절 ② 감염방지
③ 항체생산 ④ 혈액응고

■혈액의 이산화탄소 운반의 약 70%는 중탄산염이온(HCO_3^-) 형태가 차지한다.
■혈액에 용해되거나 헤모글로빈과 결합해서 운반되는 양은 10~20%에 불과하다.

61 혈액 내 이산화탄소의 운반형태 중에서 70% 정도를 차지하는 것은?

① 중탄산염 형태
② 혈액 내 용해되어 운반되는 형태
③ 헤모글로빈과 결합하여 카르바미노 헤모글로빈 형태
④ 수소와 결합형태

■혈액의 산소운반법은 혈액(혈장)에 녹아 있는 상태로 운반되는 방법과 적혈구의 헤모글로빈과 결합된 상태로 운반되는 방법이 있는데, 대부분 후자에 의한다.

62 혈액 내 산소운반 물질은?

① 글루코스(glucose) ② 헤모글로빈(hemoglobin)
③ 마이오글로빈(myoglobin) ④ 유리지방산(free fatty acid)

63 혈액의 성분에 대한 설명이다. 틀린 것은?

① 세포성분과 혈장으로 나눌 수 있다.
② 세포성분에는 적혈구, 백혈구, 혈소판 등이 있다.
③ 림프구와 단핵구는 백혈구에 속한다.
④ 호중구, 호산구, 호염기구 중에서 호염기구가 가장 많다.

■호중구가 약 60%, 림프구가 약 30%이다.

64 혈관의 직경이 큰 것에서 작은 것 순으로 바르게 나열한 것은?

① 대동맥 → 세동맥 → 소동맥 → 모세혈관
② 대동맥 → 소동맥 → 모세혈관 → 세동맥
③ 대동맥 → 모세혈관 → 소동맥 → 세동맥
④ 대동맥 → 소동맥 → 세동맥 → 모세혈관

■운동 시 심박출량의 증가는 1회박출량과 심박수의 증가에 의한다. 비훈련자는 1회박출량이 최대산소섭취량의 약 40~50%에서 더 이상 증가하지 않기 때문에 최대산소섭취량의 40~50%보다 큰 작업량에서 심박출량 증가는 심박수 증가로 이루어진다.
참고: 운동강도에 정확하게 비례해서 변하지는 않는다.

필수문제

65 운동 시 비훈련자의 심혈관계 변화로 적절하지 않은 것은?

① 최대강도까지 운동강도에 비례하여 심박수 증가
② 최대강도까지 운동강도에 비례하여 심박출량 증가
③ 최대강도까지 운동강도에 비례하여 1회박출량 증가
④ 최대강도까지 운동강도에 비례하여 동정맥산소차 증가

정답 60 : ①, 61 : ①, 62 : ②, 63 : ④, 64 : ④, 65 : ③

심화문제

66 운동 시 혈압의 변화를 설명한 것이다. 틀린 것은?

① 확장기혈압은 별 변화가 없다.
② 수축기혈압은 약 200mmHg까지 증가한다.
③ 선수는 수축기혈압이 약 250mmHg까지 증가한다.
④ 심박출량의 증가가 동맥혈관의 확장보다 상대적으로 작기 때문에 수축기혈압이 상승한다.

■ 심박출량의 증가가 동맥혈관의 확장보다 상대적으로 크기 때문에 수축기혈압이 상승한다.

67 혈압을 상승시키는 요인이 아닌 것은?

① 혈액량 증가　② 혈관저항 증가
③ 혈관탄성 증가　④ 1회박출량 증가

■ 혈관탄성이 증가하면 혈압이 낮아진다.

68 혈액순환 시 혈압의 감소가 가장 크게 발생하는 혈관은?

① 모세혈관(capillary)　② 세동맥(arteriole)
③ 세정맥(venule)　④ 대동맥(aorta)

■ ③ 혈액의 흐름에서 저항이 가장 큰 혈관은 소동맥(세동맥)인데, 평균동맥압의 70~80%의 감소가 이곳을 가로질러 발생한다.
■ 혈압 감소의 순서 : 대동맥→소동맥(세동맥)→모세혈관→정맥→대정맥

69 운동 시 혈류의 변화를 설명한 것이다. 틀린 것은?

① 안정 시에는 심박출량의 15~20% 정도만 근육으로 보낸다.
② 최대 운동 시에는 80~85%를 근육으로 보낸다.
③ 대신에 창자나 간에 보내는 혈액량을 줄인다.
④ 혈류조절은 체온에 의해서 한다.

■ 혈류는 비활동기관의 세동맥을 수축시키거나, 활동기관의 세동맥을 이완시켜서 조절한다.

필수문제

70 지구성 트레이닝 후 최대 동-정맥 산소차(maximal arterial-venous oxygen difference) 증가에 기여하는 요인으로 적절하지 않은 것은?

① 미토콘드리아 크기 증가　② 미토콘드리아 수 증가
③ 모세혈관 밀도 감소　④ 총 혈액량 증가

■ ③ 동맥혈과 정맥혈의 농도차이가 동·정맥 산소차이다. 지구성 트레이닝 후에는 모세혈관 밀도가 증가하여 동·정맥 산소차가 감소한다. 또한 미토콘드리아 크기와 수가 증가하여 많은 양의 ATP를 생성하며, 적혈구와 혈장량의 증가로 총 혈액량도 증가한다.

심화문제

71 운동 시 동정맥산소차에 대한 설명으로 옳은 것은?

① 동정맥산소차는 근육세포의 산소 소비량에 비례한다.
② 고강도 운동은 동정맥산소차를 감소시킨다.
③ 골격근의 모세혈관 분포의 증가는 동정맥산소차를 감소시킨다.
④ 동정맥산소차의 감소는 지구력을 증가시킨다.

■ 동맥을 통해서 모세혈관까지 온 동맥혈에서 조직이 산소를 많이 뽑아서 사용하면 동·정맥산소차가 커지고, 조직이 산소를 거의 사용하지 않으면 동정맥산소차가 거의 없게 된다.

정답 66 : ④, 67 : ③, 68 : ②, 69 : ④, 70 : ③, 71 : ①

운
동
생
리
학

■① 점증부하운동을 하면 심근산소소비량이 증가한다.
■② 고강도운동을 하면 내장기관으로 가는 혈류량은 감소하고 근육으로 가는 혈류량은 증가한다.
■③ 일정한 부하로 장시간 운동을 하면 시간경과에 따른 심박수는 증가한다.

필수문제

72 운동에 대한 심혈관 반응에 관한 설명으로 옳은 것은?(2024)

① 점증 부하 운동 시 심근산소소비량 감소
② 고강도 운동 시 내장기관으로의 혈류 분배 비율 증가
③ 일정한 부하의 장시간 운동 시 시간 경과에 따른 심박수 감소
④ 고강도 운동 시 활동근의 세동맥(arterioles) 확장을 통한 혈류량 증가

■운동을 많이 한 사람이 가만히 쉴 때 숨을 헐떡거리는가?

필수문제

73 트레이닝의 효과가 아닌 것은?

① 산소 부족에 견디는 능력의 향상　② 산소 섭취능력의 향상
③ 호흡기관의 기능 향상　④ 안정 시 1회 호흡량의 증가

심화문제

74 유산소 트레이닝이 엘리트 선수의 인체 적응효과에 미치는 영향으로 옳지 않은 것은?

① 최대 산소섭취량이 더 이상 증가하지 않더라도 지구성 트레이닝을 계속하면 지구력이 증가된다.
② 개인의 유전적 소질은 유산소 능력 향상에 영향을 주지 않는다.
③ 고도로 단련된 남녀 지구력 선수의 비교에서 여자선수는 남자선수보다 최대 산소섭취량이 10% 가량 낮다.
④ 심폐지구력을 최대화시키면 경기력 향상에 도움이 된다.

75 지구력 트레이닝의 적응현상을 설명한 것이다. 틀린 것은?

① 심장의 부피와 심실벽의 두께가 증가한다.
② 안정 시 심박수가 증가한다.
③ 근육 내의 모세관밀도가 증가한다.
④ 혈액 내의 적혈구 수가 증가한다.

■지구력 트레이닝을 하면 안정 시 심박수는 감소하고, 최대운동 시 환기량이 증가한다.

필수문제

76 장기간의 유산소 트레이닝에 따른 심혈관계의 적응으로 적절하지 않은 것은?

① 안정 시 심박수 감소
② 최대산소섭취량(VO_2max) 증가
③ 최대 심박출량(cardiac output) 증가
④ 안정 시 1회박출량(stroke volume) 감소

■장기간 트레이닝을 하면 안정 시 1회박출량과 최대심박출량, 최대산소섭취량 모두 증가한다. 그러나 안정 시 심박수는 감소한다.

정답　72 : ④, 73 : ④, 74 : ②, 75 : ②, 76 : ④

필수문제

77 장기간 유산소 트레이닝에 따른 심혈관계의 변화로 옳지 않은 것은?

① 트레이닝 전과 비교하여 안정 시 심박수 증가
② 트레이닝 전과 비교하여 안정 시 1회박출량 증가
③ 트레이닝 전과 비교하여 최대 운동 시 심박출량 증가
④ 트레이닝 전과 비교하여 최대 운동 시 산소섭취량 증가

■장기간 트레이닝을 하면 안정 시 심박수가 감소한다.

심화문제

78 운동 시 환기량의 변화와 지구력 트레이닝에 의한 호흡계통의 적응현상이다. 틀린 것은?

① 운동을 시작하기 전에 환기량이 증가하는 것은 대뇌겉질(대뇌피질)의 자극 때문이다.
② 지구력 트레이닝을 오래 동안 하면 최대운동 시 환기량이 감소된다.
③ 운동 시 환기량의 증가는 호흡중추에 의해서 조절된다.
④ 지구력 트레이닝을 해도 총 허파용량에는 변화가 없다.

■지구력 트레이닝을 하면 최대운동 시 환기량을 증가하고, 안정 시 심박수는 오히려 줄어든다.

79 장기간 트레이닝에 대한 순환계통의 적응 현상이다. 틀린 것은?

① 심장의 부피와 심장벽의 두께가 증가한다.
② 심장근육의 수축력이 증가한다.
③ 1회박출량과 최대심박출량이 모두 증가한다.
④ 안정 시 심박수가 증가한다.

■장기간 트레이닝을 하면 안정 시 심박수가 감소한다.

80 장기간 지구성 트레이닝에 의한 심혈관계의 적응으로 옳지 않은 것은?

① 안정 시 심박수가 증가한다.
② 안정 시 1회박출량이 증가한다.
③ 최대하 운동 시 동일한 절대적 운동강도에서 심박수가 감소한다.
④ 최대하 운동 시 동일한 절대적 운동강도에서 1회박출량이 증가한다.

■지구성 트레이닝을 하면 안정 시 심박수가 감소한다(예 : 스포츠 심장)

81 장기간의 트레이닝에 대한 호흡계통의 적응을 설명한 것이다. 틀린 것은?

① 안정 시와 최대하 운동 중의 호흡수는 감소하고, 최대 운동 시의 호흡수는 증가한다.
② 총허파용량에는 변화가 없다.
③ 안정 시와 최대하 운동 중 허파환기량은 약간 감소하고, 최대 운동 시에는 허파환기량이 현저하게 증가한다.
④ 최대 산소섭취량에는 변화가 없다.

■장기간 트레이닝을 하면 최대산소섭취량이 크게 증가한다.

정답 77 : ①, 78 : ②, 79 : ④, 80 : ①, 81 : ④

운동생리학

82 보기에서 트레이닝에 의한 호흡·순환계통의 적응 현상을 모두 고른 것은?

■ 트레이닝을 하여도 허파용적에는 변화가 없다. 혈중 헤모글로빈농도는 사람마다 거의 일정하다.

보기
㉠ 허파용적의 증가
㉡ 1회박출량의 증가
㉢ 최대 산소섭취량의 증가
㉣ 안정 시 심박수의 증가
㉤ 혈중 헤모글로빈농도의 증가

① ㉠㉡㉢㉣㉤ ② ㉡㉢㉣㉤
③ ㉡㉢㉤ ④ ㉠㉣㉤

83 젊은 성인의 스포츠심장에 대한 설명으로 옳지 않은 것은?

■ 정답에 문제가 있다. 심장의 크기가 커지고 심장벽이 두께가 두꺼워지면 당연히 산소소비량도 증가한다.

① 심장의 이완기 연장 ② 안정 시 심박수의 감소
③ 최대심박출량의 증가 ④ 심장 자체의 산소소비량 증가

84 장기간 트레이닝에 의한 순환계통의 적응에 대한 설명 중 틀린 것은?

■ 운동으로 느린맥(서맥)이 생기는 것은 오히려 좋은 현상이다.

① 장기간 지구력훈련을 해서 느린맥(서맥)이 생기면 빨리 치료해야 한다.
② 동정맥 산소분압차도 점차적으로 증가한다.
③ 1회심박출량이 점차 증가한다.
④ 심장 벽의 두께가 두꺼워진다.

필수문제

85 장기간 트레이닝에 의해서 혈압과 관련된 인자들이 변화하는 것을 설명한 것이다. 틀린 것은?

■ 장기간 트레이닝을 하면 혈압을 안정적으로 유지할 수 있게 된다.

① 안정 시 혈압이 감소한다.
② 동맥벽의 탄력 저하를 예방한다.
③ 혈중 지질농도가 감소한다.
④ 혈압의 굴곡이 심해진다.

심화문제

86 장기간 유산소 트레이닝이 비만인의 혈액성분에 미치는 영향이 아닌 것은?

■ 장기간 유산소훈련을 하면 혈중 총콜레스테롤이 감소한다.

① 혈중 중성지방 감소
② 혈중 저밀도 지단백(Low Density Lipoprotein: LDL) 콜레스테롤 감소
③ 혈중 고밀도 지단백(High Density Lipoprotein: HDL) 콜레스테롤 증가
④ 혈중 총콜레스테롤 증가

정답 82 : ③, 83 : ④, 84 : ①, 85 : ④, 86 : ④

필수문제

87 1회 박출량(stroke volume)에 관한 설명으로 적절하지 않은 것은?

① 심실 수축력이 증가하면 1회 박출량은 증가한다.
② 평균 동맥혈압이 감소하면 1회 박출량은 증가한다.
③ 심장으로 돌아오는 정맥혈 회귀(venous return)가 감소하면 1회 박출량은 감소한다.
④ 수축기말 용적(end-systolic volume)에서 확장기말 용적(end-diastolic volume)을 뺀 값이다.

■ 심장이 한 번 박동하는 동안 심실에서 펌프되는 혈액의 부피가 1회박출량인데, 확장기말 혈액량에서 수축기말 혈액량을 뺀 값이다. 이것을 결정하는 요인은 심장으로 되돌아오는 정맥혈의 양(정맥환류량), 심장의 수축력, 대동맥 및 허파동맥의 혈압이다.

운동생리학

심화문제

88 1회박출량에 대한 설명 중 틀린 것은?

① 수축기 동안에 왼심실로부터 박출되는 혈액량이다.
② 심실의 수축기말 용적과 확장기말 용적의 차이이다.
③ 심장근육의 수축력이 증대될수록 증가한다.
④ 최대운동 시까지 운동강도에 비례해서 증가한다.

■ 1회박출량은 운동강도가 40~60% 이상이 되면 더 이상 증가하지 않는다.

89 보기에서 설명하는 용어는?

> 보기
> » 심실이 수축할 때 배출되는 혈액의 양
> » 확장기말 혈액량(EDV)과 수축기말 혈액량(ESV)의 차이

① 심박수　　② 1회박출량
③ 분당 환기량　　④ 최대산소섭취량

90 보기의 ㉠과 ㉡에 들어갈 용어를 바르게 나열한 것은?

> 보기
> 지구성 트레이닝에 대한 적응으로 최대 동·정맥산소차는 (㉠)하고, 최대 1회 박출량(stroke volume)은 (㉡) 한다.

	㉠	㉡
①	증가	감소
②	증가	증가
③	감소	증가
④	감소	감소

■ 운동 시에는 근육에 의한 산소소비가 증가함에 따라 동·정맥산소차와 최대1회박출량이 증가한다.

정답 87 : ④, 88 : ④, 89 : ②, 90 : ②

운동생리학

필수문제

91 **고강도 운동 시 심박출량 증가 요인으로 옳지 않은 것은?**

① 혈중 에피네프린 증가에 따른 심박수 증가
② 활동근의 근육펌프 작용에 따른 정맥회귀량 증가
③ 교감신경계의 활성에 따른 심실수축력 증가
④ 부교감신경계의 활성에 따른 심박수 증가

■ 심박출량은 심장의 수축운동에 의해 좌심실이 1분간 박출하는 총혈액량이다. 교감신경은 심장의 박동수를 증가시켜 수축력을 강하게 하고, 부교감신경은 심박수를 감소시킨다.

심화문제

92 **보기에서 설명하는 심혈관계의 구성요소는?**

보기
» 1분 동안 심장으로부터 박출되는 혈액의 양이다. » 심박수와 1회박출량의 곱(HR × SV)으로 계산된다.

① 분당 환기량　② 심박출량
③ 동정맥산소차　④ 최대산소섭취량

■ 1분 동안 허파를 드나드는 공기의 양은 분당환기량, 1분 동안 심장을 드나드는 혈액의 양은 심박출량이다.

93 **심박출량(cardiac output)에 대한 설명 중 옳지 않은 것은?**

① 1회박출량과 심박수의 곱으로 산출한다.
② 심박출량은 운동강도의 증가에 따라 직선적으로 계속 증가한다.
③ 1분당 심장에서 박출되는 총 혈액량이다.
④ 정맥회귀(venous return)량은 심박출량에 영향을 준다.

■ 심박출량은 포물선같이 급격히 증가하다가 더 이상 증가하지 않는다.

94 **인체 운동에 따른 신체적응에 대한 설명으로 올바른 것은?**

① 단련자는 비단련자보다 최대 심박출량이 높게 나타난다.
② 단련자는 비단련자보다 동일조건의 운동에서 심박수가 높게 나타난다.
③ 단련자는 비단련자보다 안정 시 심박수가 높게 나타난다.
④ 단련자는 비단련자보다 최대 심박수가 낮게 나타난다.

■ 단련자는 심장의 크기가 크고, 평상시에는 심박수가 낮다. 그러나 최대운동을 할 때에는 심박수가 더 높다.

95 **보기에서 혈류량과 관계 없는 것은?**

보기
㉠ 혈압　㉡ 혈류저항　㉢ 혈액의 점성　㉣ 혈관의 길이

① ㉠　② ㉠㉡　③ ㉡㉢　④ ㉡㉢㉣

■ 혈압이 높다고 혈액이 빨리 흐르는 것이 아니다. 동·정맥의 혈압차이가 커야 혈액이 빨리 흐른다.

96 **1회박출량(Stroke Volume)을 조절하는 요인이 아닌 것은?**

① 심실이완기말 혈액량　② 평균 대동맥혈압
③ 폐활량　④ 심실수축력

■ 폐활량은 혈액과 관계가 없다.

정답　91 : ④, 92 : ②, 93 : ②, 94 : ①, 95 : ①, 96 : ③

환경과 운동

인체의 체온 조절

체온조절 중추	사이뇌에 있는 사상하부가 체온을 조절하는 중추이다. 시상하부앞엽은 체온의 증가에, 시상하부뒤엽은 체온의 감소에 관여한다.
열 수용기	중추 수용기(시상하부에 있는 뉴런), 깊은 부위 수용기(복부내장, 척수, 대정맥 주위에 있는 뉴런), 말초 수용기(피부에 있는 뉴런).
열 효과기	골격근(열을 생산한다.), 땀샘(증발에 의해서 열을 발산한다.), 동맥의 민무늬근(피부로 흐르는 혈액의 양을 조절하여 체온조절에 기여한다.), 내분비샘(호르몬을 분비해서 세포의 대사작용을 조절하여 체온을 조절한다.)
열전도의 방법	전도, 대류, 복사, 증발 (증발이 가장 효과적인 방법이다.) » 전도 : 직접적인 분자 접촉을 통해 한 물질에서 다른 물질로 열 이동 » 대류 : 열이 한 장소에서 다른 장소로 이동되는 것 » 복사 : 물리적 접촉 없이 서로 다른 물체의 표면으로 열 전달 » 증발 : 운동 중 땀의 증발로 열 제거

고온 환경

1 고온 환경에서 운동 시 나타나는 생리적 변화

- ☞ 열을 방출하기 위해서 피부혈류량이 증가한다.
- ☞ 다량의 땀 분비로 수분이 손실되어 혈장량이 감소한다(갈증 또는 탈수증이 생긴다).
- ☞ 정맥 환류 량이 감소되기 때문에 1회박출량이 감소한다.
- ☞ 근육의 글리코겐 이용률이 높아져서 젖산이 생기기 때문에 피로가 빨리 오고, 전해질불균형이 생긴다.

2 고온 환경에서 운동 시 발생하는 열 관련 장애

열경련	다량의 땀을 흘려서 무기질과 수분 부족이 원인이다.
열탈진	과다한 수분 상실과 무기질 상실은 물론이고 혈액량까지 감소되었을 때 오는 증상.
열사병	과도한 체온 상승 때문에 체온조절 기전이 제대로 작동되지 못하는 상태이다.

3 체온 손실 요인

체표면적	체표면적의 넓이에 비례해서 열이 손실된다.
신체구성	피하지방은 뛰어난 단열재이기 때문에 열손실을 막아준다.
풍속냉각	바람이 불면 열손실 속도를 증가시킨다.
잠수	물속에 들어가거나 젖으면 열손실이 약 26배 증가한다.

저온 환경

1 저온 환경에서 운동 시 나타나는 생리적 변화

☞ 심부온도가 저하되면 호흡 순환계통의 기능이 저하되어 운동 수행능력이 저하된다.

☞ 근육온도가 저하되면 근육활동이 둔화되고 열 생산 능력이 저하된다.

☞ 피하조직으로 흐르는 모세혈관이 수축되면 근육에서 글리코겐의 이용률이 증가하여 빨리 피로해진다.

2 저온 환경에서 운동 시 발생하는 열 관련 장애

저체온증	체온이 34.5도 이하로 떨어지면 시상하부에서 체온을 조절할 수 있는 능력이 상실되기 시작한다.
심박출량의 급감	심부 온도의 저하와 심박수의 감소에 의해서 발생한다.
동상	피부 온도가 0도 이하로 내려가면 피부가 언다.

고지 환경

1 고지 환경이 평지 환경과 다른 점

☞ 해발 4,300까지 올라가면 대기압이 760mmHg에서 460mmHg로 내려간다.
→ 산소 분압도 비례해서 내려간다. → 허파에서 산소를 적게 흡수한다.
→ 산소가 부족하므로 숨을 가쁘게 쉬어서 보충하려고 한다.
→ 숨을 내쉴 때 수분이 많이 날아간다. → 잠을 설친다.→고산병에 걸린다.

☞ 고산 뇌부종 및 고산 폐부종

☞ 극단적인 고지에서는 인지능력의 저하

2 고지 환경에서 운동 시 나타나는 생리적 변화

☞ 동맥혈의 산화헤모글로빈 포화도가 감소한다.

☞ 최대 산소섭취량이 감소한다.

☞ 유산소 에너지 대사능력이 감소한다.

☞ 자신이 느끼는 운동강도는 증가되고, 운동능력이 저하된다.

☞ 평지에서 운동할 때보다 심박수가 증가하고, 혈액 속에 있는 적혈구 수도 증가한다.

3 고지 적응훈련을 통해서 얻을 수 있는 변화

⑧ 적혈구와 헤모글로빈 농도의 증가

⑧ 산소 운반능력의 향상과 모세혈관의 증가

⑧ 근육 내의 미오글로빈과 미토콘드리아의 증가

수중 환경

1 수중 환경의 특성
☞ 빠르게 체온이 내려간다.
☞ 체온을 유지하기 위해서 혈액이 재분배된다.
☞ 혈액 재분배 과정에서 깊은 부위 혈액량이 증가되기 때문에 방뇨현상이 나타난다.
☞ 수중에서는 서맥현상이 나타나고, 심박출량이 감소한다.
☞ 체내의 수분과 전해질 평형이 일시적으로 깨진다.

2 온수에 입수했을 때 생기는 변화
⊗ 찬물에 입수하면 말초혈류가 위축되지만, 온수에 입수하면 말초혈류가 증가
⊗ 심박수의 증가 ⊗ 혈장량의 감소 ⊗ 운동능력의 감소

3 수중 운동에 적응되면
☞ 최대 흡기압과 폐활량이 증가한다.
☞ 고탄산혈증에 대한 민감도가 낮아진다.
☞ 저산소증에 견디는 능력이 향상된다.

4 숨정지 잠수 반응
☞ 숨을 정지하고 잠수하는 것이다.
☞ 약 3분 잠수가 가능하다－혈중 이산화탄소의 압력이 증가하기 때문에
☞ 가슴쪽으로 체수분이 이동하여 심장의 크기가 커진다.
☞ 잠수서맥과 심박출량의 감소가 생긴다.

5 스쿠버다이빙
☞ 스쿠버장비를 이용해서 수중에서 숨을 쉬면서 잠수하는 것이다.
☞ 흡입저항이 커져서 분당 환기량이 감소한다.
☞ 깊이 잠수할수록 체온을 많이 잃는다.

대기오염

1 공기오염 물질
⊗ 1차오염물질 : 일산화탄소, 산화황, 분진 등 공장이나 자동차에서 배출되는 물질
⊗ 2차오염물질 : 오존, 연무 등 1차오염물질의 상호작용으로 생성된 물질

2 공기오염 물질이 인체에 미치는 영향
⊗ 일산화탄소(CO_2) : 산소운반능력 방해, 허파의 확산능력과 최대유산소능력을 감소시켜 운동지속시간과 최대 산소섭취량 감소 등
⊗ 산화황(SO_2) : 기도장애, 기관지축소 등
⊗ 오존(O_3) : 기도의 불쾌감과 폐기능 저하 등

필수 및 심화 문제

운동생리학

■사이뇌(간뇌)에 있는 사상하부가 체온을 조절하는 중추이다. 시상하부앞엽은 체온의 증가에, 시상하부뒤엽은 체온의 감소에 관여한다.

필수문제

01 체온조절중추는?

① 대뇌 ② 사이뇌 ③ 소뇌 ④ 뇌줄기

심화문제

■폐활량은 체온유지와 관련이 없다.

02 수중 운동 시 체온유지를 위한 요인으로 옳지 않은 것은?

① 폐활량 ② 체지방량 ③ 운동 강도 ④ 물의 온도

03 운동 시 체온조절에 관한 설명으로 옳은 것은?

■운동할 때 생기는 열을 버리는 방법은 주로 땀의 증발이다.

① 체온조절은 뇌의 전두엽이 담당한다.
② 인체의 열생성을 위한 방법으로는 수의적인 운동이 유일하다.
③ 격렬한 운동으로 증가된 체온은 주로 땀의 증발을 통해 조절된다.
④ 운동 강도의 증가는 대류와 복사에 의한 열손실을 증가시킨다.

필수문제

04 열수용기를 있는 위치에 따라서 분류한 것 중에서 옳지 못한 것은?

■복부내장, 척수, 대정맥 주위에 있는 뉴런이 깊은부위수용기에 속한다. 열수용기(p. 101) 참조.

① 중추수용기 : 시상하부에 있는 뉴런
② 깊은부위수용기 : 복부내장에 있는 뉴런
③ 말초수용기 : 피부에 있는 뉴런
④ 깊은부위수용기 : 입속에 있는 뉴런

필수문제

05 체온을 조절하는 효과기가 아닌 것은?

■골격근은 열을 생산하고, 땀샘은 열을 발산하며, 동맥의 민무늬근육은 피부로 흐르는 혈액의 양을 조절하여 체온조절에 기여한다. 내분비샘은 호르몬을 분비해서 세포의 대사작용을 조절하여 체온을 조절하지만 정맥의 민무늬근육은 체온조절에 아무런 기여도 하지 않는다.

① 골격근
② 땀샘
③ 정맥의 민무늬근
④ 내분비샘

정답 01 : ②, 02 : ①, 03 : ③, 04 : ④, 05 : ③

심화문제

06 **장시간의 운동 시 발생하는 탈수현상이 심혈관계에 미치는 영향으로 적절한 것은?**

① 심박수가 점차 증가한다.
② 혈액량이 점차 증가한다.
③ 심실의 확장기말 용량(end-diastolic volume)이 점차 증가한다.
④ 우심방으로 돌아오는 정맥환류(venous return)의 양이 점차 증가한다

■ 운동 중 체중의 4~5% 정도의 탈수현상이 생기면
· 직장온도와 심박수 증가
· 세포 내외의 체액량 감소
· 심박출량 감소
· 젖산생성 증가로 근육 내 전해질 불균형 야기
· 운동수행능력 감소
· 구토, 경련, 출혈 등 대사성 장애 유발

필수문제

07 **보기에서 설명하는 열손실 기전은?**

보기
» 피부의 땀이나 호흡을 통하여 체열을 손실시킨다.
» 실내 트레드밀 달리기 중 열손실의 가장 주된 기전이다.
» 대기조건(습도, 온도)과 노출된 피부 표면적의 영향을 받는다.

① 복사 ② 대류 ③ 증발 ④ 전도

■ ①**복사** : 물리적 접촉 없이 서로 다른 물체의 표면으로 열 전달
■ ②**대류** : 열이 한 장소에서 다른 장소로 이동되는 것
■ ③**증발** : 운동 중 열 발산을 위해 땀의 증발로 열 제거. 체온조절에서 핵심적인 역할을 함.
■ ④**전도** : 직접적인 분자 접촉을 통해 한 물질에서 다른 물질로 열 이동

필수문제

08 **보기에서 고온 환경의 장시간 최대하 운동 시 운동수행능력을 저하시키는 요인으로 옳은 것만을 모두 고른 것은?(단, 심각한 탈수 현상은 발생하지 않는 환경)**(2024)

보기
ㄱ. 글리코겐 고갈 가속 ㄴ. 근혈류량 감소
ㄷ. 1회 박출량 감소 ㄹ. 운동단위 활성 감소

① ㄱ, ㄷ ② ㄱ, ㄴ, ㄹ ③ ㄴ, ㄷ, ㄹ ④ ㄱ, ㄴ, ㄷ, ㄹ

■ 고온 환경에서 장시간 최대하운동을 하면 수분 손실로 인해 1회 심박출량이 증가하고 심박수가 증가한다.

필수문제

09 **고온 환경에서 운동할 때 나타나는 생리적 변화 중에서 틀린 것은?**

① 열을 방출하기 위해서 피부혈류량이 증가한다.
② 다량의 땀 분비로 수분이 손실되어 혈장량이 감소한다(갈증 또는 탈수증이 생긴다).
③ 정맥환류량이 감소되기 때문에 1회박출량이 감소한다.
④ 근육의 글리코겐 이용률이 낮아져서 피로가 빨리 온다.

■ 고온 환경에서 운동을 하면 근육의 글리코겐 이용률이 높아져서 젖산이 생기기 때문에 피로가 빨리 오고, 전해질불균형이 생긴다.

정답 06 : ①, 07 : ③, 08 : ②, 09 : ④

운동생리학

심화문제

10 고온 환경에서 운동할 때 나타나는 변화 중에서 옳지 않은 것은?

▪고온 환경에서 운동을 하면 글리코겐이용률이 증가하여 젖산이 빨리 축적되고, 피로도 빨리 온다.

① 근육의 글리코겐 이용률이 감소하기 때문에 젖산 축적량이 저하된다.
② 깊은부위(심부)온도가 증가한다.
③ 훈련된 선수는 체온조절 능력이 좋기 때문에 피부온도가 낮게 나타난다.
④ 정맥 환류량이 감소되기 때문에 심박수가 증가한다.

11 고온 환경에서 운동 시 생리적 반응으로 옳지 않은 것은?

▪심박수가 증가한다.

① 심부온도 증가　② 교감신경계 자극 증가
③ 심박수 감소　④ 피부혈류량 증가

12 더운 환경에서 운동 시 나타나는 인체의 생리적 반응으로 옳지 않은 것은?

▪체온이 내려가는 것을 방지하기 위해 몸을 떨게 된다.

① 심박수가 증가한다.　② 땀 분비가 증가한다.
③ 떨림(shivering)이 증가한다.　④ 피부혈관의 혈류가 증가한다.

13 고온 환경에서 운동할 때 나타나는 현상이 아닌 것은?

▪고온 환경에서 운동을 하면 심박수가 증가한다.

① 1회박출량의 감소　② 심박수의 감소
③ 심박출량의 유지　④ 운동능력의 감소

14 더울 때 땀을 흘리는 가장 중요한 이유는?

① 효율적으로 열을 발산하기 위해서
② 체수분을 줄이기 위해서
③ 관절을 부드럽고 매끄럽게 유지하기 위해서
④ 피부를 통해서 세균이나 바이러스가 침투하는 것을 방지하기 위해서

15 고온 환경에서 운동할 때 나타나는 현상이 아닌 것은?

▪고온 환경에서 운동을 하여도 호흡수에는 큰 변화가 없다.

① 심장 박동수가 높게 나타난다.　② 호흡이 가빠진다.
③ 1회박출량이 감소한다.　④ 말초혈관이 확장된다.

16 더위에 적응한 현상으로 옳은 것은?

▪땀이 빨리 많이 나오고, 피부온도가 천천히 상승한다.

① 땀의 배출량이 줄어든다.
② 땀이 배출되기 시작하는 시간이 지연된다.
③ 심박수가 증가한다.
④ 피부온도가 천천히 상승한다.

정답　10 : ①, 11 : ③, 12 : ③, 13 : ②, 14 : ①, 15 : ②, 16 : ④

필수문제

17 **보기에서 설명하는 것은?**

보기
» 고온환경의 운동 중 극도의 피로, 혼란, 혼미, 현기증, 구토
» 심한 탈수 현상으로 심혈관계가 인체의 요구에 적절히 대처하지 못함
» 심부체온 40 ℃ 미만

① 열사병 ② 열탈진
③ 열순응 ④ 저나트륨혈증

■ **열사병** : 과도한 체온상승으로 체온조절 기전이 제대로 작동하지 못하는 상태
■ **열순응(열적응)** : 더운 환경에서 운동을 수행할 수 있는 능력
■ **저나트륨혈증** : 혈중 나트륨 농도가 135mmol/L 미만으로 낮아진 경우

심화문제

18 **고온 환경에서 운동을 하다가 체온조절 시스템이 마비되어 땀이 나지 않는 증상은?**

① 열상 ② 열경련
③ 열탈진 ④ 열사병

■ 열사병(p. 101) 참조.

19 **장기간 신체활동을 고온 환경에서 행할 경우, 얻게 되는 열 순응에 대한 설명으로 틀린 것은?**

① 발한시점 조기화 ② 피부밑(피하) 혈관의 수축
③ 발한율 증가 ④ 혈장량 증가

■ 피부밑 혈관이 수축하면 땀이 잘 나지 않게 된다.

20 **고온 환경에서 규칙적인 운동을 한 결과로 생긴 열적응으로 옳은 것은?**

① 혈장량 감소 ② 운동 중 느린 땀 배출
③ 발한율 증가 ④ 피부혈류량 증가

■ 고온 환경에서 운동을 할 때 생기는 일시적인 생리적 변화를 최소한으로 줄이는 쪽으로 발달하는 것이 열적응이다.

필수문제

21 **저온 환경에 노출되었을 때 생기는 생리적 변화 중에서 틀린 것은?**

① 체온을 유지하기 위해서 외부혈관이 수축된다.
② 근육의 떨림이 증가한다.
③ 세포의 대사활동을 활발하게 하는 호르몬 분비가 증가한다.
④ 심박출량이 증가한다.

■ 저온 환경에 노출되면 심박출량이 현저하게 감소한다.

정답 17 : ②, 18 : ④, 19 : ②, 20 : ③, 21 : ④

심화문제

22 체온 저하 시 생리적 반응으로 적절한 것은?

■①, ②, ③은 고온환경일 때 발생하는 생리적 반응이다.
■21번 문제 참조.

① 심박수 증가
② 피부혈관 확장
③ 땀샘의 땀 분비 증가
④ 골격근 떨림(shivering) 증가

23 저온 환경에서 운동할 때 나타나는 현상으로 옳지 않은 것은?

■저온환경에서 운동을 하면 심박수가 감소한다.

① 근육이 떨리고, 호르몬이 증가한다.
② 말초혈관이 수축하고, 혈압이 상승한다.
③ 깊은부위온도가 낮아지며 심박수가 증가한다.
④ 최대산소섭취량이 감소한다.

24 저온 환경에서 운동할 때 발생하는 현상과 거리가 먼 것은?

■저온 환경에서 운동을 하면 혈관이 수축된다.

① 혈관의 이완
② 깊은 부위 혈류량의 증가
③ 티록신과 카테콜아민 분비(세포의 대사촉진)
④ 골격근의 떨림

25 다음 중 저온환경에서 순발력 저하의 원인으로 바르지 않은 것은?

■일반적으로 온도가 내려가면 화학반응의 속도가 느려진다.

① 근육온도의 저하로 인해 근육세포 내 수분의 점도 증가
② 근육세포 내 ATP합성을 위한 화학반응의 속도 증가
③ 근육 내 화학반응속도 감소로 인해 최대근육수축의 도달시간 증가
④ 교차결합과 액틴의 움직임에 대한 물리적 저항 증대

26 저온 환경에 적응한 결과가 아닌 것은?

■저온 환경에 적응되면 피부혈류량이 증가한다.

① 피부의 떨림 없이 열 생산이 증가된다.
② 손발의 체온을 유지하기 위해서 말초혈류량이 증가한다.
③ 추위에서 견딜 수 있는 능력이 향상된다.
④ 피부 혈류량이 감소된다.

27 저온 환경에서 생기는 변화 중 틀린 것은?

① 피부 혈관이 확장된다.
② 열 생산량이 증가된다.
③ 열을 효율적으로 보존한다.
④ 추위를 이기려고 골격근이 떨린다.

정답 22 : ④, 23 : ③, 24 : ①, 25 : ②, 26 : ④, 27 : ①

필수문제

28 고지대에서 지구성 운동능력이 저하되는 원인은?

① 동정맥산소차 증가　② 산소분압 감소
③ 최대산소섭취량 증가　④ 호흡빈도와 호흡량 감소

■ 고지대에서는 대기압이 낮다. 대기압이 낮으면 산소분압도 감소하고, 산소분압이 감소되면 산소의 흡수량이 적어지기 때문에 지구성 운동능력이 저하된다.

심화문제

29 고지와 평지의 차이를 설명한 것이다. 틀린 것은?

① 고지는 평지보다 대기압이 낮다.
② 고지는 평지보다 대기 중의 산소농도가 낮다.
③ 고지는 평지보다 대기 중의 산소분압이 낮다.
④ 고지는 평지보다 동맥혈의 산소분압과 조직세포 내의 산소분압이 낮다.

■ 대기 중의 산소농도는 고지와 평지 모두 약 21%로 같다. 동맥혈의 산소분압과 조직세포 내의 산소분압은 평지가 모두 높다.

필수문제

30 해수면과 비교하여 고지 환경에서 운동 시 생리적 반응으로 옳지 않은 것은?

① 최대하 운동 시 폐환기량이 증가한다.
② 최대하 운동 시 심박수와 심박출량은 감소한다.
③ 최대하 운동 시 동맥혈 산화헤모글로빈 포화도는 감소한다.
④ 무산소 운동능력보다 유산소 운동능력이 더 감소한다.

■ **고지 환경에서 운동 시의 생리적 반응**
· 폐환기량 증가
· 동맥혈의 산화헤모글로빈 포화도 감소
· 유산소에너지 대사능력 감소
· 심박수 증가, 심박출량 감소
· 1회박출량 감소

심화문제

31 고지환경에 단기간 노출되었을 때 나타나는 생리적 반응으로 옳지 않은 것은?

① 혈압 감소
② 호흡수 증가
③ 심박수 증가
④ 심박출량 증가

■ 심박수와 심박출량이 증가하면 혈압도 증가된다.

32 고지대에서 장기간 노출 시 나타나는 생리적 적응 현상으로 적절하지 않은 것은?

① 적혈구 수 증가
② 혈액의 산소운반능력 향상
③ 근육의 모세혈관 밀도 감소
④ 주어진 절대강도 운동 시 폐환기량 증가

■ 장기적인 고지적응의 효과는 조직 내 모세혈관밀도 증가, 마이오글로빈농도 증가, 미토콘드리아밀도 증가, 세포 내 산화효소 활성도 증가 등이다. 이러한 결과는 저산소상태에서 산소 공급과 산소 이용의 감소를 보상하기 위해 일어나는 반응이다.

정답 28 : ②, 29 : ②, 30 : ②, 31 : ①, 32 : ③

■ 고지에서도 운동강도는 변함이 없으나, 자신이 느끼는 운동강도는 증가되고, 운동능력이 저하된다. 똑같은 강도의 최대하 운동을 고지에서 하면 평지에서 할 때보다 심박수가 증가하고, 혈액 속에 있는 적혈구 수도 증가한다.

33 고지 환경에서 호흡순환계통에 나타나는 변화가 아닌 것은?

① 동맥혈의 산화헤모글로빈 포화도가 감소한다.
② 최대 산소섭취량이 감소한다.
③ 유산소 에너지 대사능력이 감소한다.
④ 운동강도가 저하된다.

34 고지 환경에서 운동할 때 나타나는 변화 중 옳은 것은?

■ 심박수가 한없이 증가할 수는 없으므로 고원현상을 보인다.

① 안정 시 , 최대하 운동 시, 최대 운동 시 모두 1회박출량이 감소한다.
② 안정 시와 최대하 운동 시에는 심박수가 증가하지만, 최대 운동 시에는 그렇지 않다.
③ 최대 산소섭취량이 감소한다.
④ 동맥혈의 산화헤모글로빈 포화도가 급격히 감소한다.

필수문제

35 고지 트레이닝에 의한 적응현상이 아닌 것은?

■ 헤마토크리트의 감소는 고지트레이닝에 의한 적응현상이 아니다(p. 102 참조)

① 적혈구 생산 호르몬의 증가
② 적혈구와 헤모글로빈 농도의 증가
③ 근육 내 산소 공급의 증가
④ 헤마토크리트의 감소

심화문제

36 고지 훈련을 통해서 얻을 수 있는 긍정적인 변화 중에 틀린 것은?

■ 고지훈련을 하면 산소운반능력이 향상될 수 있다.

① 적혈구 농도의 증가
② 헤모글로빈 농도의 증가
③ 산소 운반능력의 저하
④ 근육 내의 미오글로빈과 미토콘드리아의 증가

37 고지 운동과 관련된 설명 중에서 옳은 것은?

■ 고지에서는 공기밀도가 낮아진다. 고지에서 운동을 하면 산소운반능력은 좋아지지만, 혈액순환과는 관계가 없다.

① 공기 밀도가 높아져서 운동능력이 저하된다.
② 기압 감소의 효과가 인체에 영향을 미치려면 고도가 약 2,000m 이상이어야 한다.
③ 고지에서 트레이닝을 하면 헤모글로빈 농도가 증가해서 혈액순환이 잘 된다.
④ 고지에서 트레이닝을 한 다음 평지로 되돌아오면 항상 운동능력이 향상된다.

정답 33 : ④, 34 : ②, 35 : ④, 36 : ③, 37 : ②

38 고지 환경에서 일반적으로 나타나는 증상이 아닌 것은?

① 수분 손실
② 수면 장애
③ 극단적인 고지에서는 인지능력의 저하
④ 근력 저하

39 고지대 환경에서 시합 시, 경기력의 저하가 가장 크게 나타나는 종목은?

① 100m ② 200m ③ 400m ④ 마라톤

■ 고지대는 산소가 부족하기 때문에 유산소 운동이 어렵게 된다.

필수문제

40 수심이 깊은 곳에서 활동을 하다가 공기를 내뱉지 않고 수면으로 급상승하면 공기가 팽창하면서 허파조직이 손상되어서 생기는 증상은?

① 공기색전증 ② 질소마취
③ 벤드증상 ④ 공기가슴증(기흉)

■ 허파 속의 압력이 급격하게 내려가면 혈장에 녹아 있던 기체가 유리되면서 혈액 안에 작은 공기 방울이 생긴다. 그 공기 방울들이 모여서 뇌로 가는 혈관을 막아버렸을 때 나타나는 증상이 공기색전증이다. 벤드증상은 급격한 기압의 하강에 의하여 나타나는 팔다리 통증과 복통을 말한다.

심화문제

41 수중 환경의 특성(잠수반사) 중에서 틀린 것은?

① 물의 열전도율이 공기보다 훨씬 크기 때문에 빠르게 체온이 내려간다.
② 체온을 유지하기 위해서 혈액이 재분배된다.
③ 혈액 재분배 과정에서 깊은부위혈액량이 증가되기 때문에 방뇨현상이 나타난다.
④ 심박수와 심박출량이 증가한다.

■ 수중에서는 느린맥(서맥)현상이 나타나고, 심박출량이 감소한다. 체내의 수분과 전해질 평형이 일시적으로 깨진다.

42 물속에 잠수했을 때 나타나는 생리적 반응으로 옳지 않은 것은?

① 소변량 증가 ② 정맥환류량 감소
③ 깊은부위혈액량 증가 ④ 안정 시 심박수 감소

■ 부력 때문에 중력의 영향이 작아지므로 정맥환류량이 오히려 증가한다.

43 스쿠버다이빙 시 생기는 문제가 아닌 것은?

① 가슴공기증(기흉)과 공기색전증
② 산소중독
③ 질소마취
④ 이산화탄소 중독

■ 이산화탄소 중독과 스쿠버다이빙은 관련이 없다.

정답 38 : ④, 39 : ④, 40 : ④, 41 : ④, 42 : ②, 43 : ④

운동생리학

■ 찬물에 입수하면 말초혈류가 위축되지만, 온수에 입수하면 말초혈류가 증가한다.

44 **온수에 입수했을 때 생기는 변화와 거리가 먼 것은?**

① 말초혈류의 위축 ② 심박수의 증가
③ 혈장량의 감소 ④ 운동능력의 감소

■ 자동차나 공장에서 직접 배출되는 일산화탄소, 산화질소, 분진 등이 1차 오염물질이다. 1차 오염물질의 상호작용에 의해서 생겨난 오존과 연무가 2차 오염물질이다.

필수문제

45 **다음 중 2차 오염물질은?**

① 오존 ② 일산화탄소
③ 매연 ④ 미세먼지

심화문제

46 **대기 오염물질과 그 폐해를 설명한 것이다. 틀린 것은?**

① 일산화탄소 : 헤모글로빈과의 결합력이 아주 강해서 조직으로 산소를 운반하는 것을 방해한다.
② 이산화질소 : 고농도의 이산화질소에 노출되면 허파가 손상된다.
③ 미세 먼지 : 하기도(아래숨길)까지 침투하여 침착시킨다.
④ 오존 : 기능적 환기량을 지나치게 증가시킨다.

■ 오존은 기능적 환기량을 저하시킨다.

47 **대기오염 물질 중의 하나인 오존에 대한 설명이다. 틀린 것은?**

① 맑고 햇빛이 강할 때 증가한다.
② 도시 스모그의 주요 성분이다.
③ 한 낮에 운동을 피하면 오존의 피해를 줄일 수 있다.
④ 호흡량을 감소시키고, 허파기능을 저하시킨다.

■ 스모그의 주요 성분은 매연과 먼지이다.

48 **산소보다 헤모글로빈과의 친화력이 높아서 근육으로 산소가 이동하는 것을 방해하는 물질은?**

① 이산화탄소 ② 다이옥신
③ 수은 ④ 일산화탄소

49 **체내에 산소와 이산화탄소가 과도하게 축적되었을 때 나타나는 것은?**

① 산소중독
② 이산화탄소중독
③ 잠수병
④ 공기가슴증(기흉)

■ 산소가 지나치게 많은 공기를 흡입하면 산소가 혈액에 너무 많이 녹아들고 조직에서 배출하는 이산화탄소가 헤모글로빈과 결합하지 못하기 때문에 축적되는 것이 산소중독이다.

정답 44 : ①, 45 : ①, 46 : ④, 47 : ②, 48 : ④, 49 : ①

2025

스포츠지도사 2급 필기

운동역학

단원별 출제빈도 분석

단원	2015 (전문)	2015 (생활)	2016	2017	2018	2019	2020	2021	2022	2023	2024	누계 (개)	출제율 (%)
제1장 운동역학의 개요	2	3	4	2	2	2		1	1	1	2	20	9
제2장 운동역학의 이해	2	3	2	1	2	3	3	3	1	3	1	24	11
제3장 인체역학	2	3	1	2	2	1	1	4	2	3	3	24	11
제4장 운동학의 스포츠 적용	6	3	6	4	4	5	8	2	4	4	3	49	22.5
제5장 운동역학의 스포츠 적용	3	3	3	5	7	4	3	5	6	5	9	53	24
제6장 일과 에너지	3	3	2	3	2	2	2	3	3	3	1	27	12.5
제7장 운동기술의 분석	2	2	2	3	1	3	3	2	3	1	1	23	10
합계	20	20	20	20	20	20	20	20	20	20	20	220	100

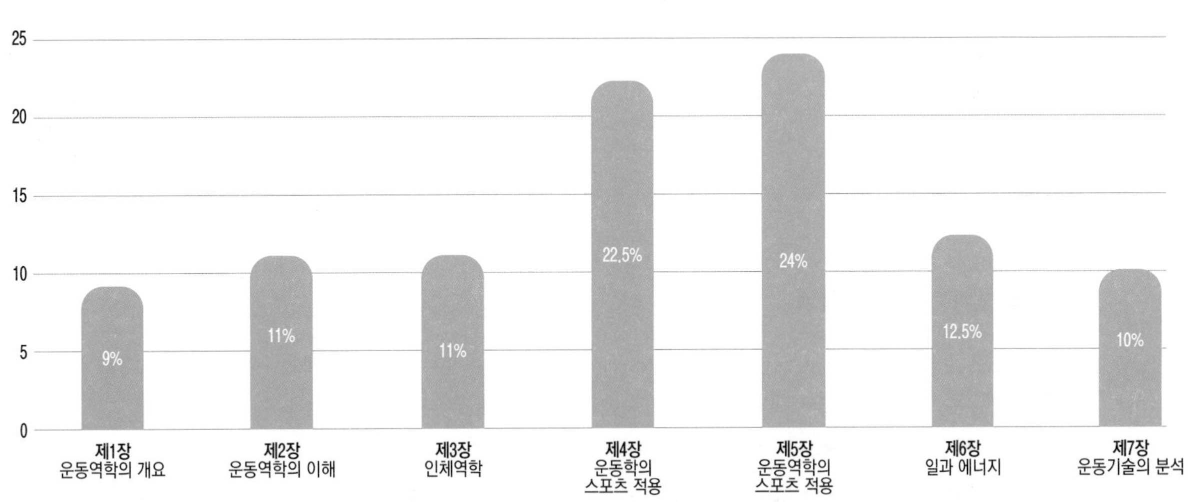

단원별 출제비율 그래프

운동역학의 개요

☞ 운동역학의 영어 명칭은 sports biomechanics이고, 우리말 명칭은 스포츠생체역학이다.

운동역학의 정의

☞ 운동수행을 더 잘 이해하기 위하여 물리학의 법칙을 인간의 운동수행에 적용하는 스포츠과학의 한 분야이다.

☞ 인간의 움직임을 설명하고, 분석하고, 평가하는 학제 간 학문(여러 학문이 섞여서 만들어진 종합학문, interdisciplinary studies)이다.

☞ 운동수행능력을 향상시키기 위하여 인체의 움직임과 기술을 연구하는 학문이다.

☞ 살아 있는 유기체의 구조와 기능에 역학적인 기술과 원리를 적용시키는 학문이다.

운동역학의 연구 목적

☞ 운동기술의 분석 및 개발

☞ 운동상해의 예방

☞ 운동용기구의 개발 및 평가

☞ 운동역학 연구방법의 개발

☞ 측정방법 및 측정기구의 개발

운동역학의 연구방법

☞ 경기분석

☞ 영상분석(동작분석)

☞ 지면반력분석

☞ 근전도분석

☞ 기타 힘측정 자료분석

운동역학의 연구영역

☞ 스포츠생체역학(sports biomechanics) : 스포츠기술을 수행할 때 인체의 근육·관절·뼈대의 활동을 연구대상으로 한다. 스포츠 기술에 대하여 역학적으로 잘 이해하는 것이 운동수행, 재활, 부상예방, 기술숙달 등에 아주 중요하기 때문이다.

☞ 운동생체역학(biomechanics of exercise) : 일반적으로 'sports'는 경기종목, 'exercise'는 건강을 위한 운동을 의미한다. 운동의 효과를 극대화하려면 어떻게 해야 하고, 부상을 최소화

하려면 어떻게 해야 하는가에 관심이 있다.

- ☞ 재활역학(rehabilitation mechanics) : 장애가 있는 사람의 운동패턴을 연구하여 그들에게 도움을 줄 수 있는 방법을 찾는다. 의족이나 클러치(지팡이) 같은 장애인을 위한 보조도구나 운동도구에도 관심을 갖는다.
- ☞ 장비개발(equipment design) : 운동용구(라켓, 볼, 자전거 등), 운동용품(옷, 장갑, 헤드기어 등), 운동시설(운동장, 체육관 등)을 개량하는 연구를 말한다.
- ☞ 측정 및 분석방법의 개발 : 역학적 요인을 더 간편하면서도 정확하게 측정할 수 있는 방법이나 도구를 개발한다든지, 운동을 더 쉽고 정확하게 이해할 수 있도록 분석하는 방법을 개발하는 것이다.
- ☞ 인체측정 및 해부기능학(anthropometry & anatomical kinesiology) : 신체분절의 질량, 길이, 무게중심, 관성모멘트 등을 측정하고 일반화하는 것에 관심을 갖는다.
- ☞ 유체역학(bio-fluid mechanics) : 수영, 스쿠버다이빙, 패러글라이딩과 같이 공중이나 물속에서 하는 스포츠를 연구할 때 필요하다.

운동역학의 연구방법

- ☞ 정성적 분석 : 영상장비 등을 사용하여 관찰 및 분석하는 것으로, 객관성 확보가 필요하다. 현장적용이 쉽다.
- ☞ 정량적 분석 : 객관화된 자료를 이용하여 동작분석을 하는 것. 현장적용에 한계가 있다.

운동역학과 관련된 용어

- ☞ 정역학(statics) : 정지하고 있는 물체의 역학
- ☞ 동역학(dynamics) : 운동하는 물체의 역학

- ☞ 강체(rigid body) : 어떻게 움직여도 모양이 변하지 않는 물체를 강체라고 한다. 자세가 변하더라도 크기나 모양이 변하지 않는다고 가정할 수 있는 뼈가 강체에 해당된다.
- ☞ 연체(soft body) : 피부 · 근육 · 연골 등과 같이 자세가 바뀌면 크기와 모양이 변하는 것을 연체라고 한다.

- ☞ 운동학(kinematics) : 힘이나 토크와 관련된 역학적 요인들은 제외하고 거리 · 각도 · 시간 · 속도 등의 요인들만 취급한다.
- ☞ 운동역학(kinetics) : 힘이나 토크와 관련된 요인들도 취급한다. 즉 '운동학+힘과 토크'를 연구하는 것이 운동역학이다.

필수 및 심화 문제

필수문제

01 운동역학의 필요성을 잘못 설명한 것은?

① 스포츠지도자는 운동역학적 지식을 토대로 운동학습의 효과를 극대화시킬 수 있다.
② 스포츠과학자는 운동역학적 지식을 현장에 적용시키기 위해 스포츠지도자와 협력적인 관계를 지속적으로 유지해야 한다.
③ 스포츠과학자는 운동역학적 이론을 현장에 적용하여 경기력 향상에 크게 기여한다.
④ 선수들을 지도할 때 운동역학적 지식이 풍부한 운동경험과 관찰능력보다 항상 우위에 있다.

■ 지도자의 오랜 경험에서 나오는 직관이 더 정확한 경우가 많다.

심화문제

02 보기는 운동역학이 발전해온 발자취이다. ㉠, ㉡, ㉢에 들어가야 하는 것을 잘 짝지은 것은?

보기

학자	㉠	뉴턴	㉢
연구내용	유체의 정역학	㉡	보행분석

① 뉴턴-운동의 법칙-아인슈타인
② 레오나르도 다빈치-중력법칙-보일
③ 아르키메데스-운동의 법칙-머레이
④ 갈릴레오-만유인력의 법칙-케플러

■ 아르키메데스-유체의 정역학, 뉴턴-운동의 법칙, 머레이-보행분석

03 운동역학(sport biomechanics)에 대한 내용으로 가장 적절한 것은?

① 스포츠 상황에서의 경쟁과 불안에 대해서 연구하는 학문이다.
② 스포츠를 사회현상으로 이해하고 설명하려는 학문이다.
③ 스포츠 상황에서 인체 힘의 원인과 결과를 다루는 학문이다.
④ 스포츠 상황에서 인체에서 일어나는 화학반응 및 생리현상에 대해서 설명하는 학문이다.

■ 스포츠상황에서 인간 움직임을 물리학의 원리를 응용하여 연구하는 학문이 운동역학(kinetics)이다.
■ ①은 스포츠심리학, ②는 스포츠사회학, ④는 운동생리학에 관한 연구이다.

정답 01 : ④, 02 : ③, 03 : ③

04 운동역학(sports biomechanics)의 내용으로 적절한 것은?

① 스포츠 현상을 사회학적 연구 이론과 방법으로 설명하는 학문이다.
② 운동에 의한 생리적·기능적 변화를 기술하고 설명하는 학문이다.
③ 스포츠 수행에 영향을 주는 심리적 요인을 설명하는 학문이다.
④ 스포츠 상황에서 인체에 발생하는 힘과 그 효과를 설명하는 학문이다.

■①은 스포츠사회학, ②는 운동생리학, ③은 스포츠심리학에 관한 연구 내용이다.

필수문제

05 운동역학의 연구목적으로 적절하지 않은 것은?

① 운동기술 향상 ② 운동불안 완화
③ 운동장비 개발 ④ 스포츠 손상 예방

■운동역학의 연구목적
- 운동기술 분석 및 개발
- 운동상해 예방
- 운동용 · 기구 개발 및 평가
- 운동역학 연구방법 개발
- 측정방법 및 기구 개발

■운동불안 완화는 스포츠심리학의 연구목적이다.

심화문제

06 운동역학(Sports Biomechanics) 연구의 목적과 내용이 아닌 것은?

① 동작분석 ② 운동장비 개발
③ 부상 기전 규명 ④ 운동 유전자 검사

■④ 운동 유전자 검사는 운동생리학의 연구 목적이다.

07 운동역학의 목적에 적합한 내용이 아닌 것은?

① 무릎관절의 상해기전에 대해 알아보기 위하여 도약 후 착지 시 무릎에 가해지는 힘을 측정하는 방법을 개발한다.
② 드라이버 비거리를 향상시키기 위하여 영상분석을 통해 다운스윙 시 손목의 동작을 분석함으로써 피드백을 제공한다.
③ 태권도 시합 중 발생할 수 있는 뇌진탕을 방지하기 위하여 최적의 헤드 기어를 연구 개발한다.
④ 재활치료 중 운동수행의 중단 효과를 감소시키기 위한 이미지 트레이닝 방법을 연구 개발한다.

■④는 트레이닝론 또는 스포츠심리학의 목적이다.

08 운동역학의 연구내용으로 바르지 않은 것은?

① 운동기술의 분석 및 개발 ② 운동기구의 평가 및 개발
③ 트레이닝 방법의 평가 및 개발 ④ 분석방법 및 자료처리 기술개발

■③ 트레이닝 방법의 평가 및 개발은 트레이닝론에서 연구한다.

정답 04 : ④, 05 : ②, 06 : ④, 07 : ④, 08 : ③

09 운동역학 분야의 목적과 내용으로 옳지 않은 것은?

① 심폐지구력 향상 훈련법의 개발
② 스포츠 동작 신기술 개발을 통한 경기력 향상
③ 역학적 이해를 통한 스포츠 동작의 효율성 극대화
④ 스포츠 상황에서 역학적으로 발생하는 상해 원인분석

■① 심폐지구력 향상 훈련과 같은 훈련방법의 개발은 트레이닝론의 연구영역이다.

10 운동역학의 주요 연구목적에 포함되지 않는 것은?

① 경기력 및 운동기술의 향상
② 스포츠 현장에서의 상해 예방
③ 스포츠 선수의 심리 조절
④ 경기력 향상을 위한 운동장비 개발

■③ 스포츠선수의 심리 조절은 스포츠심리학의 연구목적이다.

11 운동역학을 스포츠 현장에 적용한 사례로 적절하지 않은 것은?(2024)

① 멀리뛰기에서 도약력 측정을 위한 지면반력 분석
② 다이빙에서 각운동량 산출을 위한 3차원영상 분석
③ 축구에서 운동량 측정을 위한 웨어러블 센서(wearable sensor)의 활용
④ 경기장 적응을 위해 가상현실을 활용한 양궁 심상훈련 지원

■가상현실을 활용한 양궁의 심상훈련 지원은 스포츠심리학 분야이다.

12 운동역학 연구의 주된 목적이 아닌 것은?

① 운동기술의 향상
② 운동 용기구의 개발 및 평가
③ 멘탈 및 인지 강화 프로그램의 구성
④ 운동수행 안전성의 향상 및 손상의 예방

■③ 멘탈 및 인지 강화 프로그램 구성은 스포츠심리학의 연구목적이다.

13 스케이팅의 클랩스케이트, 장대높이뛰기의 유리섬유질 장대, 탁구 라켓의 이질 러버와 관계되는 운동역학의 연구내용 분야는?

① 트레이닝 방법의 평가 및 개발
② 운동기술의 분석 및 개발
③ 운동기구의 평가 및 개발
④ 분석방법 및 자료처리 기술 개발

14 운동역학의 연구방법이 아닌 것은?

① 동작 분석
② 가스 분석
③ 지면반력 분석
④ 근전도 분석

■② 가스 분석은 운동생리학의 연구방법 중 하나이다.

정답 09 : ①, 10 : ③, 11 : ④, 12 : ③, 13 : ③, 14 : ②

운동역학

15 **운동역학의 연구에 사용되는 방법이 아닌 것은?**

① 힘분석법
② 동작분석법
③ 근전도분석법
④ 운동부하검사법

■④ 운동부하검사법은 운동생리학의 연구에 사용된다.

필수문제

16 **인체의 운동분석은 운동학(kinematics)과 운동역학(kinetics)으로 나눌 수 있다. 이에 대한 설명으로 옳지 않은 것은?**

① 운동학 : 운동의 변위, 속도, 가속도를 기술
② 운동역학 : 속도를 기준으로 분석
③ 운동학 : 무게중심, 관절각 등을 기술
④ 운동역학 : 운동의 원인이 되는 힘을 측정

■② 속도를 분석하는 것은 운동학이다.

심화문제

17 **운동학적(kinematic) 분석과 운동역학적(kinetic) 분석에 관한 설명으로 옳지 않은 것은?**(2024)

① 일률, 속도, 힘은 운동역학적 분석요인이다.
② 운동학적 분석은 움직임을 공간적·시간적으로 분석한다.
③ 근전도 분석, 지면반력 분석은 운동역학적 분석방법이다.
④ 신체중심점의 위치변화, 관절각의 변화는 운동학적 분석요인이다.

■일률 · 속도 · 힘은 운동학적 분석요인이다.

필수문제

18 **정역학(statics)의 범주에 해당하지 않은 것은?**

① 물체에 작용하는 모든 힘이 평형을 이루고 있고 회전이 발생하지 않을 때
② 물체가 일정한 속도로 움직일 때
③ 물체가 정지하고 있을 때
④ 물체가 가속할 때

■④ 정지된 상태에서 하는 역학적 연구가 정역학이다.

심화문제

19 **학문 영역에 대한 설명으로 옳지 않은 것은?**

① 정역학(Statics) : 인체측정학적 요인을 연구하는 학문
② 동역학(Dynamics) : 가속에 영향을 받는 시스템을 연구하는 학문
③ 운동학(Kinematics) : 공간이나 시간을 고려하여 움직임을 기술하는 학문
④ 운동역학(Kinetics) : 힘의 작용을 연구하는 학문

■① 정지된 물체를 역학적으로 연구하는 것이 정역학이다.

정답 15 : ④, 16 : ②, 17 : ①, 18 : ④, 19 : ①

필수문제

20 운동역학(Kinetics)적 분석의 예로 옳은 것은?

① 축구에서 드리블하는 동안의 이동 거리 측정
② 보행 시 지면반력 측정
③ 100m 달리기 시 신체중심의 구간별 속도 측정
④ 멀리뛰기 발구름 시 발목관절의 각도 측정

■① 거리, ③ 속도, ④ 각도를 측정하는 것은 운동학(kinematics)적 분석이다.

심화문제

21 움직임의 원인은 고려하지 않고 움직임만을 관찰하고 분석하는 것은?

① 운동역학 ② 운동학
③ 정역학 ④ 유체역학

■② 움직이는 동작에만 관심을 두면 운동학이다.

22 운동학적(kinematics) 분석의 예로 옳은 것은?

① 테니스 포핸드 스트로크에서 그립 압력(grip pressure)의 크기 측정
② 스쿼트 동작에서 대퇴사두근의 근활성도 측정
③ 축구 헤딩 후 착지 시 무릎관절의 모멘트 계산
④ 골프 드라이버 스윙 시 클럽헤드의 최대속도 계산

■①, ②, ③과 같이 힘이나 모멘트를 측정하는 것은 운동역학(kinetics)적 분석이다.

23 운동학적(kinematics) 측정의 예가 아닌 것은?

① 자유투 시 농구공이 날아가는 궤적을 측정한다.
② 야구 스윙 시 배트의 각속도를 측정한다.
③ 컬링의 스위핑 시 브러쉬에 가해지는 압력을 측정한다.
④ 테니스 스트로크 동작 시 팔꿈치 각도를 측정한다.

■힘을 측정하면 무조건 운동역학이다.

24 운동학적 변인이 아닌 것은?

① 변위 ② 속도
③ 각속도 ④ 토크

■토크는 운동역학적 변인이다.

정답 20 : ②, 21 : ②, 22 : ④, 23 : ③, 24 : ④

운동역학의 이해

운동역학의 해부학적 기초

뼈대계통	몸에 있는 뼈, 뼈와 관련이 있는 연골, 힘줄(건), 인대를 포함한다. 생명유지에 필수적인 기관들을 보호하고, 신체조직을 지지해주고, 움직임을 위한 지렛대 역할을 한다.
근육계통	체중의 약 40~50%를 차지한다. 골격근을 통해서 인체의 운동을 일으키고, 심장근과 내장근을 통해서 인체의 중요한 기관들의 기능을 발현시킨다. 뼈대근육(골격근)은 세포핵이 여러 개이고, 가로무늬가 있으며, 수의근이다. 심장근육은 세포핵이 하나이고, 가로무늬가 있으며, 불수의근이다. 내장근육은 세포핵이 하나이고, 무늬가 없으며, 불수의근이다. 뼈대근육이 뼈에 부착되어 있는 지점 중에서 상대적으로 움직임이 적은 부분을 시작점(기시점), 반대쪽을 부착점(정지점)이라 한다. 근육이 하는 주된 역할에 따라서 굽힘근(굴근)과 폄근(신근), 벌림근(외전근)과 모음근(내전근), 돌림근(회전근), 주동근과 길항근, 협력근 등으로 분류한다. **근육의 수축방법** · 등장성 수축 : 물건을 들고 가만히 있을 때처럼 근육이 발휘하는 힘의 크기가 변하지 않는(같은) 경우 · 등척성 수축 : 힘을 주어서 벽을 밀고 있을 때처럼 근육의 길이는 변하지 않지만 힘은 계속해서 발휘하고 있는 경우 · 단축성 수축 : 근육의 길이가 짧아지면서 힘을 발휘하는 경우 · 신장성 수축 : 근육의 길이가 늘어나면서 힘을 발휘하는 경우
해부학적 자세	자세, 위치, 방향, 공간, 면 등을 기술할 때 기준이 되는 자세이다. 똑바로 서서 앞을 바라보고, 두 팔은 아래로 늘어뜨려 양 옆구리에 붙인다. 두 발은 11자 모양으로 붙여서 앞꿈치가 정면을 향하고, 두 손바닥은 곧게 펴서 정면을 향하게 한다.
인체의 운동 면	앞면(좌우면, 이마면, 관상면), 옆면(시상면, 전후면, 측면), 가로면(횡단면, 수평면)으로 분류한다. · 좌우면(frontal plane)……좌우가 다 보이는 면. 전액면(前額面), 이마면, 관상면(冠狀面), 앞면. · 전후면(sagittal plane)……앞과 뒤가 다 보이는 면. 시상면(矢狀面 ; 가슴에 화살이 박혀 있다고 가정했을 때 이루는 면), 정중면(正中面 ; 한가운데의 면). · 가로면(transverse plane)……보통 수평면(水平面)이라고 하지만, 사람이 누워 있을 때에는 수평면이라고 하기 곤란하기 때문에 가로면이라 한다. 횡단면(인체를 가로로 자르는 면).
인체의 운동 축	가로축(횡축, 좌우축, 수평축), 세로축(종축, 상하축, 수직축), 앞뒤축(전후축, 수평축), 장축(긴 축)과 단축(짧은 축)으로 분류한다.
인체의 운동 방향	앞과 뒤(전후, 배쪽과 등쪽, 복측과 배측), 왼쪽과 오른쪽(좌우), 위와 아래(상하, 두측과 미측, 머리쪽과 꼬리쪽), 안쪽과 가쪽(내측과 외측, 가운데쪽과 곁쪽), 몸쪽과 먼쪽(근위와 원위), 겉쪽과 속쪽(심측과 표측, 깊은층과 얕은층)

운동역학

관절의 종류와 운동

관절에는 부동관절(못움직관절), 반관절, 가동관절(움직관절)의 3종류가 있다.

1 가동관절의 종류

중쇠관절	맷돌처럼 한 쪽 뼈의 끝 가운데에 구멍이 뚫려있고, 다른 쪽 뼈의 끝이 뾰족한 중쇠처럼 생겨서 구멍에 쏙 들어가 있는 형태의 관절. 회전운동만 가능하다. 환추관절이라고도 한다. 1번 경추와 2번 경추의 관절.
경첩관절	여닫이문에 있는 경첩처럼 한 방향으로만 회전할 수 있다. 팔꿉관절과 무릎관절
타원관절	한 쪽 뼈의 끝이 과일처럼 둥글 넙적하게 생겼고 반대 쪽 뼈의 끝 부분이 둥글 넙적하게 파여 있어서 두 뼈가 안정되게 결합할 수 있는 관절. 두 방향으로 회전이 가능하다. 과일같이 생겼다고 해서 과상관절이라고도 한다. 손목관절
안장관절	말안장에 앉아있는 기수는 앞뒤로 미끄러지면서 움직일 수도 있고, 좌우로 회전하면서 움직일 수도 있다. 안상관절이라고도 한다. 엄지손가락의 손허리뼈와 손바닥뼈 사이의 관절. 엄지손가락과 다른 손가락을 마주대기(맞섬)가 가능하다.
절구관절	절구에 곡식을 넣고 갈아서 가루를 만들 때처럼 오목한 뼈 속에 다른 뼈가 끼어들어가 있는 형태의 관절. 모든 방향으로 회전할 수 있다. 어깨관절과 엉덩관절(고관절)
평면관절	두 뼈가 서로 맞닿는 부분이 평평하게 생긴 관절. 두 뼈가 서로 미끄러질 수 있다고 해서 미끄럼관절 또는 활주관절이라고도 한다.
차축관절	한 쪽 뼈가 기둥처럼 서 있고 반원형인 다른 뼈가 기둥에 붙어서 돌 수 있는 관절. 팔꿈치의 노뼈(요골)와 자뼈(척골)가 만나는 지점의 관절. 아래팔을 회내 또는 회외시킬 수 있다.

2 관절운동의 종류

의학에서는 굽힘과 폄이라고 하지만, 체육에서는 굽히기와 펴기라고 해야 한다.

3 굽히기와 펴기(굴곡과 신전)

- ☞ 시상면상에서 관절각도가 커지거나 작아지는 운동.
- ☞ 걸을 때 어깨관절의 각도처럼 각도 측정이 애매할 때는 관절에서 머리 방향으로 그은 직선을 기준으로 각도를 측정한다.
- ☞ 펴기를 하다가 기준선을 넘어가면 갑자기 굽히기(굴곡)가 되는 것이 아니라, 과다펴기(과신전)라고 해야 한다.
- ☞ 손목과 발목에서는 바닥쪽으로 굽히기와 등쪽으로 굽히기로 구분하고, 굽혔던 것이 해부학적 자세로 되돌아가는 것을 방향과 관계없이 모두 펴기라고 한다.
- ☞ 머리와 몸통은 이마면(앞면)에서 움직이는 것도 굽히기와 펴기라고 한다. 즉 앞으로 굽히기와 뒤로 굽히기, 오른쪽으로 굽히기와 왼쪽으로 굽히기.

4 벌리기와 모으기(외전과 내전)

이마면에서 몸의 중심선에서 멀어지는 것과 그 반대.

5 돌리기(회전)

☞ 장축을 축으로 신체 분절을 돌리는(비트는) 것을 돌리기라 한다.
☞ 머리와 몸통은 오른쪽으로 돌리기와 왼쪽으로 돌리기라 한다,
☞ 팔 다리는 안쪽으로 돌리기와 바깥쪽으로 돌리기(내측회전과 외측회전)라 한다.

6 회선

☞ 신체분절의 궤적이 원뿔을 이루는 것을 회선이라 한다.
☞ 완전히 큰 원 하나를 그리면 휘돌리기라 한다.
☞ 방향은 시계방향과 반시계방향으로 구분한다.

7 엎치기와 뒤치기(회외와 회내)

☞ 장축을 축으로 신체 분절을 돌리는(비트는) 것은 돌리기(회전)라 한다.
☞ 몸 전체를 수평면 상에서 돌리면 엎드리기와 눕기(뒤집기)라 한다.
☞ 아래팔만 수평면상에서 돌리면 엎치기와 뒤치기(회외와 회내)라 한다.

8 안쪽으로 번지기와 바깥쪽으로 번지기(내번과 외번)

☞ 의자에 앉은 자세에서 엄지발가락과 발꿈치를 잇는 선을 안쪽발날, 새끼발가락과 발꿈치를 연결하는 선을 바깥쪽발날이라고 한다.
☞ 안쪽발날을 축으로 바깥쪽발날을 들면 안쪽으로 번지기(내번), 바깥쪽발날을 축으로 안쪽발날을 들면 바깥쪽으로 번지기(외번)라고 한다.
☞ 안쪽으로 번지기를 X자 다리 만들기, 바깥쪽으로 번지기를 O자 다리 만들기라고 한다.
☞ 의자에 앉은 자세에서 발바닥을 들어서 하퇴를 좌우로 흔드는 것은 내번과 외번이라고 할 수도 있고, 내전과 외전이라고 할 수도 있다.

9 올림과 내림(거상과 강하)

어깨를 위로 올리거나 아래로 내리는 것.

10 내밀기와 뒤로 빼기

턱을 앞으로 내밀거나 뒤로 빼서 움츠리는 것.

11 마주대기와 제자리로 돌리기(대립과 복원)

엄지손가락과 다른 손가락을 마주대거나 떼어서 제자리로 돌아가는 것.

운동역학

운동의 종류

운동이란 시간에 따라 물체의 위치가 변하는 것이다.

직선운동	물체의 이동궤적이 직선인 운동.
원운동	물체의 이동궤적이 원인 운동.
곡선운동	물체의 이동궤적이 곡선인 운동으로, 직선운동과 원운동이 복합적으로 일어나는 운동.
병진운동	이동운동 중에서 인체의 각 부위가 동일한 거리를 이동하는 운동이라는 의미에서 병진운동이라고 한다. 예를 들어서 스키의 할강이 인체의 각 부위가 이동하는 거리가 거의 같고 궤적도 모양이 비슷하다. 그러나 엄밀한 의미에서는 병진운동은 없다.
회전운동	하나의 직선을 축으로 물체가 빙빙 도는 운동. 한 점 한 점을 따로 떼어서 보면 원운동을 한다.
각운동	어느 정도 회전했다가 다시 제자리로 되돌아가는 것을 반복하는 운동.
포물선운동	물체의 이동궤적이 포물선의 일부와 같은 운동. 수평방향의 운동과 수직방향의 운동이 합쳐진 것이다.
복합운동	병진운동과 회전운동이 결합된 운동으로, 인체 운동은 대부분 이에 해당된다. 보행과 체조 동작은 복합운동의 예이다.

필수 및 심화 문제

필수문제

01 해부학적 자세(anatomical position)에서 방향용어의 표현으로 적절한 것은?

① 코는 귀의 외측(바깥쪽 : lateral)에 위치한다.
② 가슴은 엉덩이의 하측(아래쪽 : inferior)에 위치한다.
③ 어깨는 목의 내측(안쪽 : medial)에 위치한다.
④ 머리는 가슴의 상측(위쪽 : superior)에 위치한다.

■ ① 코는 귀의 안쪽에 위치한다.
■ ② 가슴은 엉덩이의 위쪽에 위치한다.
■ ③ 어깨는 목의 가쪽에 위치한다.

심화문제

02 해부학적 자세에서 몸의 중심을 기준으로 한 방향용어의 사용이 옳지 않은 것은?

① 복장뼈(흉골 : sternum)는 어깨의 가쪽(외측 : lateral)에 있다.
② 손목관절은 팔꿈치관절보다 먼쪽(원위 : distal)에 있다.
③ 엉덩이는 무릎보다 몸쪽(근위 : proximal)에 있다.
④ 머리는 발보다 위(상 : superior)에 있다.

■ 복장뼈는 어깨 안쪽에 있다.

03 해부학적 자세를 기준으로 발목관절(족관절 : ankle joint)의 바닥쪽굽힘(족저굴곡 : plantar flexion)과 등쪽굽힘(배측굴곡 : dorsiflexion)이 발생하는 면(plane)은?

① 수평면(horizontal plane) ② 전두면(frontal plane)
③ 대각면(diagonal plane) ④ 시상면(sagittal plane)

■ 족저굴곡과 배측굴곡 동작을 모두 보려면 옆에서 보아야 한다.

04 인체의 시상(전후)면(sagittal plane)에서 수행되는 움직임이 아닌 것은?

① 인체의 수직축(종축)을 중심으로 회전하는 피겨스케이팅 선수의 몸통분절 움직임
② 페달링하는 사이클 선수의 무릎관절 굴곡/신전 움직임
③ 100m 달리기를 하는 육상 선수의 발목관절 저측/배측굴곡 움직임
④ 앞구르기를 하는 체조 선수의 몸통분절 움직임

■ 전후(시상)면에서 일어나는 운동은 굴곡(굽히기)와 신전(펴기)이다.
■ ①은 회전이므로 좌우면의 움직임이다.

05 인체의 움직임은 3개의 운동 면에서 설명할 수 있다. 다음 중 인체의 3가지 면에 해당되지 않는 것은?

① 전좌면(anterioleft plane) ② 전후면(sagittal plane)
③ 좌우면(frontal plane) ④ 수평면(horizontal plane)

■ 전좌면의 운동은 없다.

정답 01 : ④, 02 : ①, 03 : ④, 04 : ①, 05 : ①

06 다음 중 해부학적 자세에 대한 설명으로 바르지 않은 것은?

■팔은 곧게 뻗어서 내려뜨리고 손바닥을 펴서 정면에서 보이도록 한다.

① 시선은 전방을 향한다.
② 인체를 곧게 세운 직립자세를 말한다.
③ 각 분절의 운동축과 운동면은 해부학적 자세를 기준으로 한다.
④ 팔은 엄지손가락이 전방을 향하여 손바닥이 몸통을 향하게 한다.

07 인체의 측면을 통과하여 인체를 전후로 나누는 해부학적 운동면은?

① 횡단면(수평면)
② 전후면(정중면)
③ 좌우면(관상면)
④ 시상면

08 해부학적 방향을 나타내는 용어와 의미가 바르게 묶이지 않은 것은?

■'얕은'은 인체의 표면쪽을 나타낸다.

① 앞쪽(anterior, 전) - 인체의 정면 쪽
② 아래쪽(inferior, 하) - 머리로부터 먼 쪽
③ 안쪽(medial, 내측) - 인체의 중심 쪽
④ 얕은(superficial, 표층) - 인체의 안쪽

09 뼈와 근육을 연결해주는 것은?

■뼈와 근육은 힘줄(건)이 연결하며, 인대는 뼈를 튼튼하게 고정시키는 역할을 한다.

① 인대 ② 힘줄 ③ 신경 ④ 관절

필수문제

10 보기의 ㉠~㉢에 들어갈 용어가 바르게 연결된 것은?

보기
(㉠)에서는 주동근에 의해 발휘되는 (㉡)가 (㉢)보다 커서 근육의 길이가 짧아진다.

■단축성 수축은 근육의 길이가 짧아지는 수축이다. 따라서 주동근의 힘모멘트가 저항모멘트보다 커야 한다. 이와 반대되는 것은 신장성 수축이다.

	㉠	㉡	㉢
①	단축성 수축(concentric contraction)	저항모멘트	힘모멘트
②	단축성 수축(concentric contraction)	힘모멘트	저항모멘트
③	신장성 수축(eccentric contraction)	저항모멘트	힘모멘트
④	신장성 수축(eccentric contraction)	힘모멘트	저항모멘트

정답 06 : ④, 07 : ③, 08 : ④, 09 : ②, 10 : ②

심화문제

11 보기에서 근수축 형태와 기계적 일(mechanical work)과의 관계를 설명한 것 중 옳은 것만을 모두 고른 것은?

> 보기
> ㉠ 위팔두갈래근(상완이두근, biceps brachi)의 신장성 수축(eccentric contraction)은 팔꿉관절(albow joint)에 대해 양 (positive)의 일을 한다.
> ㉡ 위팔두갈래근의 단축성 수축(concentric contraction)은 팔꿉관절에 대해 음(negative)의 일을 한다.
> ㉢ 위팔두갈래근의 등척성 수축(isometric contraction)이 팔꿉관절에 대해 한 일은 0이다.

① ㉠, ㉡, ㉢ ② ㉠, ㉡ ③ ㉢ ④ ㉡, ㉢

■ 등척성 수축은 근육 섬유의 길이에 변화가 없고 관절각도의 변화도 없는 상태(정지상태)에서 근육에 힘이 들어가므로 관절운동이 일어나지 않는다.

12 보기의 ㉠, ㉡에 알맞은 내용으로 바르게 나열된 것은?

> 보기
> 신장성 수축(eccentric contraction)은 근육군에 의해 발휘되는 힘 모멘트가 외력에 의한 저항 모멘트보다 (㉠), 근육이 (㉡) 발생하는 수축형태이다.

	㉠	㉡		㉠	㉡
①	작아서	길어지며	②	작아서	짧아지며
③	커서	길어지며	④	커서	짧아지며

■ 신장성 수축은 근육이 발휘하는 힘이 외력에 의한 저항모멘트보다 작아서 근육이 늘어나는 수축형태이다.

13 근육의 신장(원심)성 수축(eccentric contraction)이 아닌 것은?

① 스쿼트의 다리를 굽히는 동작에서 큰볼기근(대둔근, gluteus maximus)의 수축
② 팔굽혀펴기의 팔을 펴는 동작에서 위팔세갈래근(상완삼두근, triceps brachii)의 수축
③ 턱걸이의 팔을 펴는 동작에서 넓은등근(광배근, latissimus dorsi)의 수축
④ 윗몸일으키기의 뒤로 몸통을 펴는 동작에서 배곧은근(복직근, rectus abdominis)의 수축

■ 신장성 수축은 근육의 길이가 늘어나면서 힘을 발휘하는 것으로, ②의 경우 위팔세갈래근은 단축성 수축을 한다.

14 인체의 근골격계에 관한 설명으로 옳은 것은?(2024)

① 골격근의 수축은 관절에서 회전운동을 일으키지 못한다.
② 인대(ligament)는 골격근을 뼈에 부착시키는 역할을 한다.
③ 작용근(주동근, agonist)은 의도한 운동을 발생시키는 근육이다.
④ 팔꿈치관절에서 굽힘근(굴근, flexor)의 수축은 관절의 각도를 커지게 한다.

■ 골격근은 수축과 이완을 통하여 회전운동을 일으킨다(①).
■ 인대는 뼈와 뼈 사이를 연결하는 결합조직이다(②).
■ 팔꿈치관절에서 굽힘근이 수축하면 관절의 각도가 작아진다(④).

정답 11 : ③, 12 : ①, 13 : ②, 14 : ③

운동역학

필수문제

15 보기에 있는 관절의 종류를 잘 짝지은 것은?

> 보기
> ㉠ 첫째와 둘째목뼈 사이의 관절
> ㉡ 팔꿈치의 관절
> ㉢ 엄지손가락의 손허리뼈 사이의 관절

① ㉠ 경첩관절 ㉡ 안장관절 ㉢ 중쇠관절
② ㉠ 안장관절 ㉡ 경첩관절 ㉢ 중쇠관절
③ ㉠ 중쇠관절 ㉡ 경첩관절 ㉢ 안장관절
④ ㉠ 경첩관절 ㉡ 중쇠관절 ㉢ 안장관절

■ 볼록한 둘째목뼈는 반지(고리)모양을 한 첫째목뼈의 구멍 사이에 끼어 있어서 중쇠관절이라 한다. 팔꿉관절은 경첩처럼 생겼고, 엄지손가락의 손허리관절은 안장관절이다.
■ 가동관절의 종류(p. 122) 참조

심화문제

16 인체 관절의 종류 중에서 절구관절(ball and socket joint)에 대해 잘못 설명한 것은?

① 관절을 이루는 뼈의 표면이 각각 볼록하고 오목하다.
② 모든 운동 면에서 회전이 가능하다.
③ 어깨관절, 엉덩관절 등이 절구관절에 해당된다.
④ 절구관절은 타원의 장축과 단축만으로 회전하는 운동을 하기 때문에 2축 관절이다.

■ 절구관절은 3축관절이다.

17 손목관절은?

① 경첩관절 ② 절구관절 ③ 이축관절 ④ 고리관절

■ 손목은 두 방향으로 굽힐 수 있다.

필수문제

18 좌우축을 축으로 하는 전후면 상에서의 운동으로 올바른 것은?

① 굴곡(flexion) ② 외번(eversion) ③ 내번(inversion) ④ 회전(rotation)

■ 굴곡→굽히기
외번→가쪽번지기
내번→안쪽번지기
회전→돌리기

심화문제

19 팔꿉관절(주관절)을 축으로 시행하는 암컬(arm-curl) 동작은 어떻게 이루어지는가?

① 벌림과 모음(외전과 내전)
② 굽힘과 폄(굴곡과 신전)
③ 휘돌림과 돌림(회선과 회전)
④ 손바닥 안쪽돌림과 바깥쪽돌림(회내와 회외)

■ 암컬 동작은 팔꿈치를 축으로 하여 아래팔(전완)의 굽히기와 펴기를 반복하는 동작이다.

정답 15 : ③, 16 : ④, 17 : ③, 18 : ①, 19 : ②

20 **팔벌려뛰기(jumping jack) 동작의 운동축과 운동면은?**

① 전후축-전후면 ② 전후축-좌우면
③ 좌우축-전후면 ④ 세로축-수평면

21 **창던지기 동작을 관찰하기에 가장 적합한 위치는?**

① 전후축의 연장선 ② 상하축의 연장선
③ 좌우축의 연장선 ④ 세로축의 위쪽

■ 옆에서 보아야 한다.

필수문제

22 **좌우면 상에서 일어나는 관절운동은?**

① 걷기 ② 원반던지기
③ 벌리기 ④ 펴기

■ 벌리기와 모으기는 이마면(관상면, 좌우면)에서 몸의 중심쪽으로 멀어지는 것과 가까워지는 것이다.
■ 펴기는 굽히기의 반대운동이다.

심화문제

23 **인체의 움직임을 표현하는 용어로 옳지 않은 것은?**

① 굽힘(굴곡, flexion)은 관절을 형성하는 뼈들이 이루는 각이 작아지는 움직임이다.
② 폄(신전, extension)은 관절을 형성하는 뼈들이 이루는 각이 커지는 움직임이다.
③ 벌림(외전, abduction)은 뼈의 세로축이 신체의 중심선으로 가까워지는 움직임이다.
④ 발등굽힘(배측굴곡, dorsi flexion)은 발등이 정강이뼈(경골, tibia) 앞쪽으로 향하는 움직임이다.

■ ③ 벌림(외전, 벌리기)은 신체의 중심선에서 멀어지는 것. 가까워지는 것은 모음(내전, 모으기)이다 (pp.10~11 참조).

24 **그림에서 다리의 벌림(외전 : abduction)과 모음(내전 : adduction)이 발생하는 면(plane)은?**

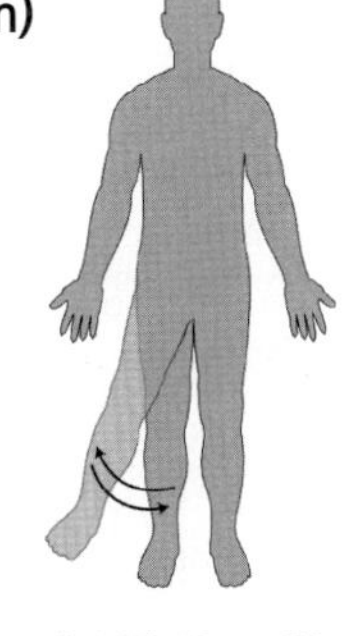

① 수평면(횡단면 : horizontal or transverse plane)
② 좌우면(관상면 : frontal plane)
③ 전후면(시상면 : sagittal plane)
④ 대각면(diagonal plane)

■ 벌림(벌리기)과 모음(모으기)은 가쪽과 안쪽에서 이루어지는 좌우 방향의 운동이다.
■ 인체의 운동면(p. 9) 참조.

25 **10kg의 아령을 손에 들고 굴곡(굽힘) 운동(curl)을 할 때 아령과 아래팔(전완)의 무게는 저항이고, 팔꿉관절(주관절)은 축이라 할 때 작용하는 힘은 어떤 근육에서 발휘하는가?**

① 위팔두갈래근(상완이두근) ② 위팔세갈래근(상완삼두근)
③ 등세모근(승모근) ④ 넙다리네갈래근(대퇴사두근)

■ 팔꿈치를 굽히는 동작의 주동근은 상완이두근이다.

정답 20 : ②, 21 : ③, 22 : ③, 23 : ③, 24 : ②, 25 : ①

26 다음 설명 중 틀린 것은?

① 뼈가 자신의 세로축을 축으로 도는 것이 회전이다.
② 관절 사이의 각도를 줄이는 것이 굽히기이다.
③ 정중선이나 정중면에 가까워지는 것이 벌리기이다.
④ 손바닥의 회전운동과 손바닥 엎치기는 같은 동작이다.

▪정중선이나 정중면에 가까워지는 동작은 모으기이다.

27 인체의 좌우축을 중심으로 전후면(시상면)에서 발생하는 관절운동이 아닌 것은?

① 굽힘(flexion, 굴곡) ② 폄(extension, 신전)
③ 벌림(abduction, 외전) ④ 발바닥굽힘(plantar flexion, 저측굴곡)

▪벌림은 좌우면(이마면, 관상면)에서 발생하는 운동이다.

필수문제

28 철봉의 대차운동에 대한 설명이다. 맞는 것은?

① 좌우축을 축으로 하는 회전운동이다. ② 전후면 상의 운동이다.
③ 수평면 상의 운동이다. ④ 전후축을 축으로 하는 회전운동이다.

▪철봉의 대차운동은 중점을 두고 보는 방향에 따라서 수평면 상의 운동도 되고 전후면 상의 운동도 된다. 좌우축을 축으로 하는 회전운동이다.

심화문제

29 운동의 종류에 대한 설명으로 옳지 않은 것은?

① 철봉 대차돌기는 복합운동 형태이다.
② 각운동은 중심선(점) 주위를 회전하는 운동이다.
③ 선운동(병진운동)에는 직선운동과 곡선운동이 있다.
④ 대부분의 인간 움직임은 각운동과 선운동 요소가 결합되어 나타난다.

▪철봉의 대차돌기는 회전운동이다.

30 분절의 운동궤적이 원뿔을 이루는 운동은?

① 등쪽으로 굽히기 ② 회선 ③ 안쪽으로 번지기 ④ 모으기

필수문제

31 다음 설명 중 틀린 것은?

① 신체분절을 세로축을 축으로 돌리는 것을 회전이라고 한다.
② 머리와 몸통은 오른쪽으로 회전과 왼쪽으로 회전으로 구분한다.
③ 팔다리는 해부학적 자세에서 엄지손가락이나 엄지발가락이 신체중심선 쪽으로 오도록 돌리는 것을 안쪽으로 돌리기 또는 엎치기라고 한다.
④ 안쪽으로 돌리기와 엎치기, 바깥쪽으로 돌리기와 뒤치기는 서로 다른 동작이다.

▪같은 동작인데 습관상 어떤 때는 업치기, 어떤 때는 안쪽으로 돌리기라고 한다.

정답 26 : ③, 27 : ③, 28 : ①, 29 : ①, 30 : ②, 31 : ④

필수문제

32 의자에 앉아서 발바닥을 땅에 대고 있던 사람이 발바닥에 오물이 묻었는지 확인하기 위해서 발바닥을 새끼발가락과 발꿈치를 연결하는 선을 축으로 가쪽으로 기울였다. 무슨 동작인가?

① 가쪽으로 번지기(외번)
② 안쪽으로 번지기(내번)
③ 등쪽으로 굽히기(내측굴곡)
④ 바닥쪽으로 굽히기(저측굴곡)

■ 이 동작은 가쪽으로 번지기(외번)이다.

심화문제

33 인체의 운동면과 관절운동이 잘못 연결된 것은?

① 전후면(시상면) : 굽히기와 펴기
② 좌우면(관상면) : 벌리기와 모으기
③ 수평면(가로면) : 가쪽번지기와 안쪽번지기
④ 복합운동면 : 휘돌리기

■ 번지기의 운동면은 수직면(횡단면)이다.

34 엄지손가락을 다른 손가락과 맞대는 동작은?

① 손등쪽으로 굽히기
② 손바닥쪽으로 굽히기
③ 맞섬(맞대기)
④ 바닥쪽으로 굽히기

■ 인간의 손이 맞대기를 할 수 있기 때문에 연장을 사용할 수 있다.

필수문제

35 신체 관절의 움직임 자유도(degree of freedom)에 관한 설명으로 옳은 것은?

① 타원관절(ellipsoid joint)의 움직임 자유도는 3이다.
② 절구관절(ball and socket joint)의 움직임 자유도는 3이다.
③ 경첩관절(hinge joint)의 움직임 자유도는 2이다.
④ 중쇠관절(pivot joint)의 움직임 자유도는 2이다.

■ 자유도는 관절이 움직일 수 있는 방향의 수로서, 경첩관절은 1, 안장관절은 2, 절구관절은 3, 타원관절은 2, 중쇠관절은 1이다.

필수문제

36 운동의 종류에 관한 설명으로 옳은 것은?

① 병진운동에는 직선운동만 있다.
② 곡선운동은 회전운동에 포함되는 운동이다.
③ 복합운동은 병진운동과 회전운동이 혼합된 운동이다.
④ 병진운동은 한 개의 고정된 축을 중심으로 물체가 회전하는 운동이다.

■ 곡선운동 : 직선운동과 원운동이 복합적으로 일어난다.
■ 병진운동 : 물체를 구성하는 모든 질점들이 같은 방향에 대해 평행하게 동일거리를 이동하는 운동이다. 회전운동과 동시에 일어난다. 직선적 병진운동은 신체의 중심이 직선적으로 이동하는 것이며, 곡선적 병진운동은 신체의 중심이 곡선적으로 이동하고 회전없이 던져진 물체나 신체중심의 이동궤적운동이다.

정답 32 : ①, 33 : ③, 34 : ③, 35 : ②, 36 : ③

심화문제

37 보기에서 복합운동(general motion)에 해당하는 것을 모두 고른 것은?

> 보기
> ㉠ 커브볼로 던져진 야구공의 움직임
> ㉡ 페달링하면서 직선구간을 질주하는 사이클 선수의 대퇴(넙다리) 분절 움직임
> ㉢ 공중회전하면서 낙하하는 다이빙 선수의 몸통 움직임

■ 복합운동은 병진운동과 회전운동이 결합된 것이므로 ㉠, ㉡, ㉢ 모두 해당된다.

① ㉠ ② ㉠, ㉢
③ ㉡, ㉢ ④ ㉠, ㉡, ㉢

38 운동의 형태에 관한 설명으로 옳은 것은?

■ 복합운동 : 병진운동과 회전운동이 결합된 운동.
■ 회전운동 : 물체가 한 점이나 한 축을 중심으로 움직이는 운동.

① 병진운동은 회전축 주위를 일정한 각도로 이동하는 운동이다.
② 복합운동은 선운동과 병진운동이 결합되어 나타나는 운동이다.
③ 회전운동은 신체의 각 부위가 동일한 거리를 이동하는 운동이다.
④ 곡선운동은 회전운동이 아닌 병진운동에서 일어나는 운동이다.

39 선운동에 해당되지 않는 것은?

■ 대차돌기 시 신체중심의 이동궤적은 원운동이다.

① 스키점프 비행구간에서 신체중심의 이동궤적
② 선수의 손을 떠난 투포환 질량중심의 투사궤적
③ 100m달리기 시 신체중심의 이동궤적
④ 체조의 대차돌기 시 신체중심의 이동궤적

40 다음 설명 중 틀린 것은?

■ 변위는 출발점에서 도착점까지 직선방향으로 측정한 것으로, 크기와 방향을 가지고 있다

① 물체가 한 점에서 다른 점으로 이동했을 때 궤적의 길이가 거리이다.
② 속력=거리/시간
③ 속도는 크기와 방향이 있다.
④ 변위는 크기만 있다.

41 선운동과 각운동이 혼합된 운동은?

① 병진운동 ② 복합운동 ③ 회전운동 ④ 이동운동

정답 37 : ④, 38 : ④, 39 : ④, 40 : ④, 41 : ②

인체역학

인체의 물리적 특성

1 질량과 무게

질량	그 물체 고유의 양. 단위 : kg
무게	그 물체에 작용하는 중력의 크기. 단위 : kg중
뉴턴(N)	1kg중=9.8N 1N=약 0.1kg중=약 100g중
MKS단위	길이 m, 질량 kg, 시간 s(초)
중력	지구 전체와 지구 주변에 있는 물체 사이에 작용하는 만유인력이다. 지구의 중심 방향이다. 힘=질량×가속도 이고, 무게=중력='질량×중'이므로 무게 때문에 생기는 가속도='중'이다. 즉 지구 주변에 있는 모든 물체는 지구 중심 방향으로 '중'의 가속도로 떨어지려고 한다. 실제로 측정해봤더니 중=9.8 m/s^2 이었다. 즉 모든 물체는 떨어지는 속도가 중력 때문에 1초에 9.8m/s씩 빨라진다.

2 인체의 무게중심

물체	질량과 부피(크기)가 있는 것.
질점	질량은 있고 부피는 없는 것. 실제로는 없다.
점과 선	질량은 없고 부피는 있는 것. 위치를 표시하기 위해 가상으로 정한 것이다.
중심(中心)	모양의 중심이 되는 곳
무게중심(重心)	그 물체의 질량이 모두 모여 있다고 간주할 수 있는 점
인체의 무게중심의 이동	인체의 무게중심은 한 곳에 머무르지 않으며, 인체의 움직임에 따라 인체의 질량이 재분배됨으로써 위치가 항상 변함.
무게중심선 (重心線, 重力線)	무게중심에서 수직하방으로 내려 그린 선.
중심선 (中心線)	좌우 대칭인 인체의 가운데를 지나는 선 또는 어떤 물체의 모양의 중심이 되는 선으로, 重心線과 中心線이 완전히 일치하는 경우는 극히 드물다. 정지 자세에서 重心을 찾아내는 방법 : 매다는 방법(현수법), 평형판법, 기타 운동 중에는 취하는 자세에 따라서 수시로 重心의 위치가 변한다.

인체의 평형과 안정성

1 인체의 평형

역학적 평형	물체에 작용하는 힘의 합력이 0이어서 물체의 운동상태가 변하지 않는 것.
열적 평형	물체가 흡수하는 열량과 방출하는 열량이 같아서 물체의 온도가 일정하게 유지되는 것.
화학적 평형	물질의 화학변화가 반대방향으로 일어나는 화학변화와 같은 속도로 일어나 외관상 변화가 일어나지 않는 것.
정적 평형	체조선수가 평균대 위에서 일정한 자세로 안정적으로 있는 것.
동적 평형	스케이트를 타고 달리다가 가만히 있어도 안정적으로 앞으로 계속 나가는 것.
안정적 평형	평형상태로 있던 물체의 평형조건이 깨져서 평형상태에서 약간 벗어났더라도 원래의 상태로 되돌아오는 것.
불안정적 평형	위의 원인으로 평형상태가 완전히 깨져버리는 것.

2 안정성의 원리

바닥면의 면적	바닥면(기저면)의 면적이 넓을수록 안정적이다.
무게중심의 높이	무게중심의 높이가 낮으면 안정적인 자세(가동성은 안 좋음)이고, 높으면 불안정한 자세(가동성은 좋음)이다.
중심선의 위치	중심선이 바닥면의 중앙 위치에 올수록 안정적이고, 바닥면의 한쪽 끝에 위치할수록 불안정한 자세가 되며, 바닥면 밖으로 나가는 순간 넘어지게 된다.
기타	마찰계수가 클수록 안정성이 높다. 또 물체의 질량이 클수록 안정성이 증가한다.

3 인체의 안정성 결정요인

- ☞ 무게중심의 높이가 낮을수록 안정하다.
- ☞ 기저면의 넓이가 넓을수록 안정하다.
- ☞ 중심선이 기저면과 만나는 점의 위치에 따라서 안정성이 변한다.
- ☞ 기타……무게, 생김새, 근력, 마찰력, 평형감각, 온도, 습도, 재질 등의 영향도 크다.
- ☞ 안정성이 좋으면 이동성(운동성)이 나쁘고, 안정성이 나쁘면 이동성이 좋다.

인체의 구조적 특성

1 인체분절의모형

운동역학에서 가장 많이 사용하는 인체의 분절 모형은 다음과 같다.

- ☞ 인체는 먼저 몸통부분(axial body)과 팔다리부분(appendicular body)의 2부분으로 나눈다.
- ☞ 몸통 부분은 머리(두, head), 목(경부, neck), 몸통(체간, trunk)의 3개 분절로 나눈다.
- ☞ 팔다리 부분은 몸통에 추가된 부속물로 좌우 팔(상지, upper extremity)과 좌우 다리(하지, lower extremity)로 나뉜다.
- ☞ 팔은 팔이음뼈(상지대, shoulder girdle), 위팔(상지, arm), 아래팔(전완, forearm), 손(수, hand)의 4개 분절로 나눈다.
- ☞ 다리는 골반(pelvis, pelvic girdle), 넙다리(대퇴, thigh), 종아리(하퇴, leg), 발(족, foot)의 4개 분절로 나눈다.

2 인체지레의 종류

- ☞ 근육이 힘을 발휘해서 관절을 회전축으로 뼈(지렛대)를 회전시키는 것을 인체분절의 움직임으로 본다.
- ☞ 관절이 있는 위치를 회전축, 근육이 뼈에 붙어 있는 점을 힘점, 분절의 무게와 들고 있는 물체의 무게를 합한 것의 무게중심이 있는 위치를 저항점이라고 한다.
- ☞ 회전축에서 힘점까지의 거리를 힘팔, 회전축에서 저항점까지의 거리를 저항팔이라 한다.
- ☞ 힘점, 회전축, 저항점의 위치에 따라서 다음과 같이 3종류로 나눈다.

» 받침점이 가운데에 있고 지렛대의 양쪽 끝에 힘점과 저항점이 있는 것

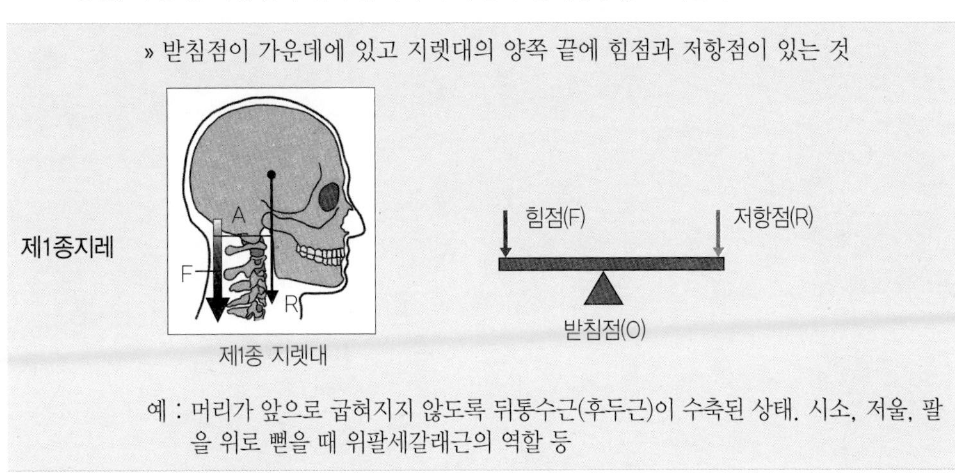

제1종 지렛대

예 : 머리가 앞으로 굽혀지지 않도록 뒤통수근(후두근)이 수축된 상태, 시소, 저울, 팔을 위로 뻗을 때 위팔세갈래근의 역할 등

» 받침점이 한쪽 끝에 있고 저항점이 가운데에 있는 것

제2종지레

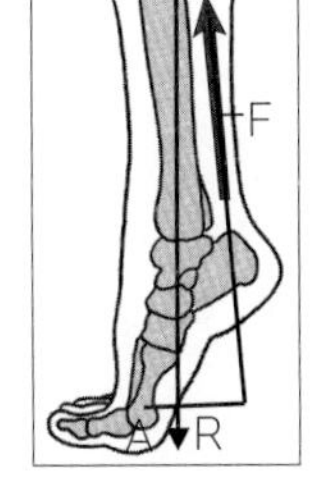

제2종 지렛대

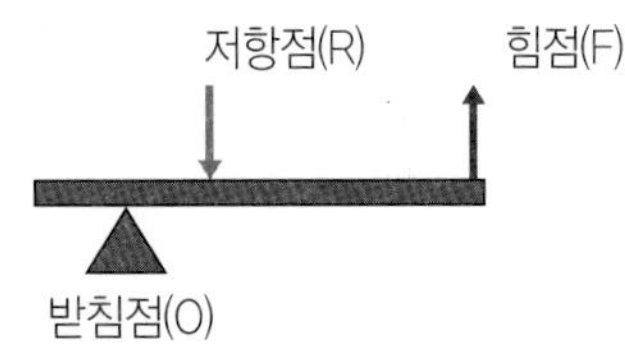

예 : 발꿈치가 바닥에 닿지 않도록 장딴지근(비복근)이 수축된 상태, 발꿈치 들기, 팔 굽혀펴기 등

3종지레	» 받침점이 한쪽 끝에 있고 힘점이 가운데에 있는 것 제3종 지렛대 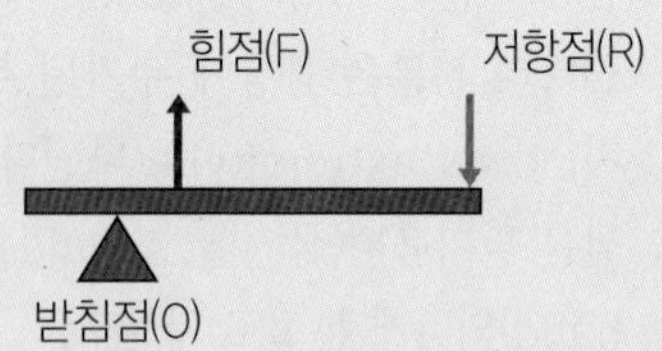 예 : 손바닥에 들고 있는 물건의 무게 때문에 아래팔이 펴지지 않도록 위팔두갈래근(상완이두근)이 수축된 상태, 팔꿈치굽히기 등

필수 및 심화 문제

필수문제

01 1N의 힘으로 1m 거리를 움직였을 때 수행한 일(work)은? (단, 힘의 작용방향과 이동방향은 일치함)

① 1J(Joule) ② 1N(Newton) ③ $1m^3$(Cubic meter) ④ 1J/s(Joule/sec)

필수문제

02 인체의 물리량과 물리적 특성에 관한 설명으로 옳은 것은?

① kg은 무게의 단위이다.
② 질량은 스칼라(scalar)이고, 무게는 벡터(vector)이다.
③ 무게중심의 위치는 자세와 상관없이 항상 인체 내부에 있다.
④ 질량은 인체가 가지고 있는 관성의 척도로 장소에 따라 크기가 변한다.

필수문제

03 보기에서 무게중심이 신체 내부에 위치하는 자세를 모두 고른 것은?

보기

① ㉠, ㉡, ㉢, ㉣ ② ㉠, ㉡, ㉢ ③ ㉠, ㉡ ④ ㉢

정답 01 : ①, 02 : ②, 03 : ④

- N(뉴턴) : 힘의 MKS 단위. 질량 1kg의 물체에 작용하여 $1m/sec^2$의 가속도를 일으키는 힘. $1N=1kg \cdot m/s^2=10^5dyne$
- $1m^3$(cubic meter) : 입방미터. 가로×세로×높이가 각 1m인 부피 환산 단위
- 1J/s(joule/sec) : 열에너지의 단위. 초당 1줄(joul)의 전력을 1Watt로 표시함.

- 무게는 kg중으로 표기한다.
- 무게중심의 위치는 항상 인체 내부에만 있는 것은 아니다.
- 물체의 고유한 속성을 나타내는 물리량의 하나가 질량이다.

- 무게중심(重心)이란 어떤 물체의 무게가 모두 어느 한 점에 모여 있다고 생각할 수 있는 점이다.
- ㉠, ㉡, ㉣의 자세일 때 무게중심은 신체의 외부에 있다.
- 해부학적 자세일 때는 무게중심이 배꼽 근처에 있지만, 손을 들어올리면 무게중심의 위치도 올라간다.

심화문제

■토크는 물체를 회전시키는 원인이 되는 물리량이다.
■무게중심은 토크의 합이 0이다. (○)
■토크의 합이 0이면 무게중심이다. (×)

04 인체의 무게중심에 대한 설명으로 옳은 것은?

① 무게중심은 항상 불변이다.
② 두 사람의 몸무게가 같으면, 두 사람의 무게중심 위치는 항상 같다.
③ 무게중심은 토크(torque)의 합이 0인 지점으로 회전균형을 이룬다.
④ 무게중심은 인체 외부에 위치할 수 없다.

05 인체의 무게중심에 대하여 잘못 설명한 것은?

① 여자는 남자보다 골반이 넓고 어깨의 폭이 좁기 때문에 무게중심이 남자보다 높다.
② 자유롭게 움직이는 분절은 인체 전체의 무게중심점의 위치를 수시로 변하게 한다.
③ 서양인은 동양인에 비해 하지장의 길이가 길기 때문에 무게중심이 동양인보다 높다.
④ 인체의 무게중심이 높으면 불안정해진다.

■여자가 남자보다 무게중심의 위치가 낮다.

06 인체 무게중심에 대한 설명으로 옳은 것은? (단, 공기저항은 무시함)

① 무게중심은 항상 신체 내부에 위치한다.
② 체조 선수는 공중회전하는 동안 무게중심을 지나는 축을 중심으로 회전하게 된다.
③ 지면에 선 상태로 팔을 위로 올리면 무게중심은 아래로 이동한다.
④ 서전트 점프 이지(take-off) 후, 공중에서 팔을 위로 올리면 무게중심은 위로 이동한다.

■①은 위 문제 해설 참조
■③의 경우 무게중심은 위로 이동한다.
■④의 경우 무게중심은 아래로 이동한다.

07 인체의 무게중심에 관한 설명으로 옳지 않은 것은?(2024)

① 무게중심은 인체 외부에 위치할 수 있다.
② 무게중심의 위치는 안정성에 영향을 준다.
③ 무게중심은 토크의 합이 '0'인 지점이다.
④ 무게중심의 위치는 동작의 변화와 관계없이 일정하다.

■동작이 변하면 무게중심의 위치도 변한다.

필수문제

08 중력에 대한 설명으로 틀린 것은?

① 지구의 모든 지역에서 동일하게 작용된다.
② 물체의 질량과 중력가속도의 곱이다.
③ 물체의 질량에 비례한다.
④ 인체나 물체를 지구 중심을 향해 끌어당기는 힘이다.

■지구의 중심(中心)에서 멀어질수록 중력이 작아진다.

정답 04 : ③, 05 : ①, 06 : ②, 07 : ④, 08 : ①

심화문제

09 **다음 중 틀린 것은?**

① 지구와 달 사이에 작용하는 힘은 만유인력이다.
② 지구와 사람 사이에 작용하는 힘은 중력이다.
③ 어떤 물체에 작용하는 중력의 크기를 그 물체의 질량이라고 한다.
④ 힘은 벡터량이다.

■ 물체에 작용하는 중력의 크기를 그 물체의 무게라고 한다.

10 **흔히 "내 체중은 65kg이다."라고 말한다. 지구상에서 이 사람의 무게를 잘못 나타낸 것은?(지구의 중력가속도 =9.8m/s²)**

① 65,000g　② 65kg중　③ 637N　④ $637kg \cdot m/s^2$

■ g, kg은 질량의 단위이다.

11 **인체 무게중심의 위치를 알 수 있는 방법이 아닌 것은?**

① 균형판법　② 매다는 방법(현수법)
③ 삼각측량법　④ 인체의 매개변수와 좌표로 계산하는 방법

■ 삼각측량법은 지면에서 거리와 위치를 측정하는 방법이다.

12 **중력가속도에 대한 설명이다. 틀린 것은?**

① 지구의 인력 때문에 생기는 가속도이다.　② 위치에 따라서 크기가 달라진다.
③ 항상 지구의 중심방향인 벡터량이다.　④ 물체의 생김새와 관계가 있다.

■ 나뭇잎과 같이 공기의 저항을 많이 받는 물체는 중력가속도가 작아진다. 그러나 물체의 생김새 때문에 변하는 양까지 계산하면 너무 복잡하기 때문에 일반적으로 중력가속도는 물체의 생김새와는 관계가 없는 것으로 한다.

필수문제

13 **보기의 ㉠~㉢에 들어갈 내용을 바르게 연결한 것은?**

보기
신체의 정적 안정성을 높이기 위해서는 기저면(base of support)을 (㉠), 무게중심을 (㉡), 수직 무게중심선을 기저면의 중앙과 (㉢) 위치시키는 것이 효과적이다.

	㉠	㉡	㉢		㉠	㉡	㉢
①	좁히고	높이고	가깝게	②	좁히고	높이고	멀게
③	넓히고	낮추고	가깝게	④	넓히고	낮추고	멀게

■ **안정성에 영향을 주는 요소** : 바닥면(기저면)의 면적이 넓을수록, 무게중심의 높이가 낮을수록, 무게중심선의 위치가 가까울수록 안정성이 높다.

심화문제

14 **기저면의 변화를 통해 안정성을 증가시킨 동작으로 옳지 않은 것은?(2024)**

① 산에서 내려오며 산악용 스틱을 사용하여 지면을 지지하기
② 씨름에서 상대방이 옆으로 당기자 다리를 좌우로 벌리기
③ 평균대 외발서기 동작에서 양팔을 좌우로 벌리기
④ 스키점프 착지 동작에서 다리를 앞뒤로 교차하여 벌리기

■ 평균대 위에서 외발로 서서 양팔을 좌우로 벌리는 동작은 기저면의 변화를 통한 안정성 증가 동작이 아니다.

정답　09 : ③, 10 : ①, 11 : ③, 12 : ④, 13 : ③, 14 : ③

15 인체의 안정성에 관한 설명으로 옳지 않은 것은?

① 기저면의 크기는 안정성에 영향을 미친다.
② 기저면의 형태는 안정성에 영향을 미친다.
③ 무게중심의 높이는 안정성에 영향을 미치지 않는다.
④ 무게중심을 통과하는 수직선(중심선)이 기저면의 중앙에 가까울수록 안정성은 높아진다.

■안정성은 무게중심의 높이가 높을수록 불안정하고, 낮을수록 높다.

16 인체의 안정성에 대한 설명이다. 틀린 것은?

① 무거운 물체가 가벼운 물체보다 안정성이 크다.
② 바닥면의 넓이가 넓을수록 안정성이 크다.
③ 무게중심의 위치가 낮을수록 안정성이 크다.
④ 중심선의 위치와 안정성 사이에는 아무런 관계도 없다.

■중심선이 기저면의 경계선에서 멀리 떨어져 있을수록 안정성이 크다.

17 기저면이 좁은 자세에서 넓은 자세 순으로 바르게 열거한 것은?

① 차렷 자세 : 태권도 주춤 서기 자세 : 평균대 위에서 한 발 서기 : 레슬링에서 옆굴리기 저항 자세
② 평균대 위에서 한 발 서기 : 태권도 주춤 서기 자세 : 차렷 자세 : 레슬링에서 옆굴리기 저항 자세
③ 평균대 위에서 한 발 서기 : 차렷 자세 : 태권도 주춤 서기 자세 : 레슬링에서 옆굴리기 저항 자세
④ 차렷 자세 : 평균대 위에서 한 발 서기 : 레슬링에서 옆굴리기 저항 자세 : 태권도 주춤 서기 자세

필수문제

18 보기의 ㉠, ㉡, ㉢에 알맞은 내용은?

보기
직립자세에서 안정성을 높이기 위해서는 기저면(base of support)을 (㉠), 무게중심을 (㉡), 수직무게중심선을 기저면의 (㉢)에 위치시키는 동작이 효과적이다.

	㉠	㉡	㉢		㉠	㉡	㉢
①	좁히고	높이고	안	②	좁히고	높이고	밖
③	넓히고	낮추고	안	④	넓히고	낮추고	밖

■기저면은 넓게 하고, 무게중심은 낮아야 안정성이 높아진다.
■㉢은 안·밖으로 구분하는 것보다 중앙과 가장자리로 구분하면 더 명확하다.
■13번 문제 참조

정답 15 : ③, 16 : ④, 17 : ③, 18 : ③

심화문제

19 경기력 향상을 위해 무게중심을 효과적으로 활용하는 상황이 아닌 것은?

① 높이뛰기 선수가 바를 효과적으로 넘기 위해 배면뛰기 기술을 구사한다.
② 레슬링 선수가 안정성 증가를 위해 무게중심을 낮춘다.
③ 단거리 크라우칭 스타트(crouching start) 시 빠른 출발을 위해 무게중심을 낮춘다.
④ 배구 스파이크 시 타점을 높이기 위해 무게중심을 높인다.

■ 단거리 스타트는 빨리 출발해야 하는데, 그러려면 자세가 불안정해야 한다. 그래서 출발 직전에 엉덩이를 높이 든다.

20 불안정할수록 유리한 종목자세에 따른 역학적 요인으로 올바른 것은?

① 유도의 방어자세 : 기저면을 좁히고, 몸의 무게중심을 낮춘다.
② 씨름의 방어자세 : 기저면을 넓히고, 몸의 무게중심을 높인다.
③ 레슬링의 방어자세 : 무게중심이 기저면의 가장자리에 위치하게 한다.
④ 육상의 100미터 크라우칭 스타트 자세 : 무게중심이 진행방향의 기저면 가장자리에 위치하게 한다.

■ 육상의 크라우칭 스타트 자세는 가장 불안정한 자세여야 한다.

21 인체의 안정성과 관련이 가장 적은 것은?

① 무게중심의 높이 ② 근력 ③ 기저면의 크기 ④ 마찰력

■ 노인들이 잘 넘어지는 것은 근력이 약하기 때문이다. 얼음판 위에서 불안정한 것은 마찰력 때문이다. 그런데 ①, ②, ③, ④ 중 관련이 가장 적은 것은 근력이다.

필수문제

22 인체 지레에 관한 설명으로 옳은 것은?

① 1종 지레는 힘점이 받침점과 작용점 사이에 있다.
② 2종 지레는 작용점이 힘점과 받침점 사이에 있다.
③ 3종 지레는 받침점이 힘점과 작용점 사이에 있다.
④ 인체 지레의 대부분은 2종 지레에 해당되어 힘에서 이득을 본다.

■ 인체의 경우
· 분절→지렛대
· 힘점→근육의 정지점
· 작용점→움직이는 분절의 무게중심
· 받침점→운동하는 관절
■ 인체지레의 종류(pp. 135~136) 참조.

필수문제

23 그림에서 인체 지레의 구성으로 바르게 묶인 것은?

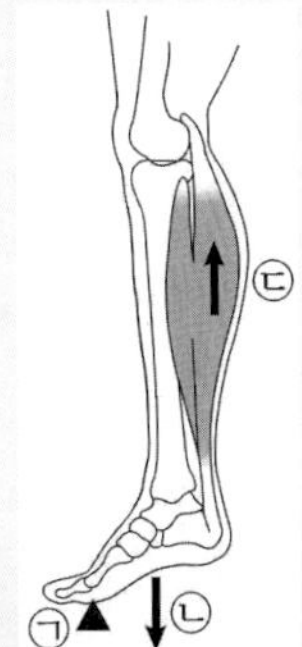

	㉠	㉡	㉢
①	받침점	힘점	저항점
②	저항점	받침점	힘점
③	받침점	저항점	힘점
④	힘점	저항점	받침점

■ 그림은 받침점이 한쪽 끝에 있고 저항점이 가운데에 있는 2종 지레이다(㉠은 받침점, ㉡은 저항점, ㉢은 힘점).
※ 참고 : 인체 지레의 종류(pp.135~136) 참조

정답 19 : ③, 20 : ④, 21 : ②, 22 : ②, 23 : ③

■신체의 중심 부근에 있는 인체지레는 대부분 1종지레이다(그래야 몸통을 전후좌우로 자유롭게 움직일 수 있다).

심화문제

24 목뼈(경추: cervical vertebrae) 1번 관절에서 위쪽등세모근(상부승모근: upper trapeziusmuscle)의 근력과 머리 하중이 형성하는 지레의 종류는?

① 1종 지레 ② 2종 지레 ③ 3종 지레 ④ 해당사항 없음

25 다음 보기에서 설명하는 인체지레의 종류로 올바른 것은?

> 보기
> 물체의 저항점이 힘의 작용점과 회전축 사이에 있으며, 힘팔이 저항팔보다 항상 긴 구조를 갖는다. 예) 엎드려 팔굽혀 펴기

■2종지레는 저항점이 가운데에 있고, 힘팔이 저항팔보다 항상 길다.

① 1종지레 ② 2종지레
③ 3종지레 ④ 4종지레

26 시소의 중심으로부터 1.50m지점에 몸무게가 500N의 사람이 앉아 있다. 몸무게가 600N인 사람이 반대편에 앉아 시소의 평형을 유지하기 위해서는 시소의 중심으로부터 몇 m지점에 앉아야 하는가?

■500×1.5=600×?

① 1.20m ② 1.25m ③ 1.30m ④ 1.35m

27 인체 지레에 대한 설명이다. 틀린 것은?

① 받침점이 중앙에 있으면 1종지레이다.
② 저항점이 중앙에 있으면 2종지레이다.
③ 힘점이 중앙에 있으면 3종지레이다.
④ 인체에 가장 많이 있는 것은 1종지레이다.

■인체지레의 99%가 3종지레다.

운동역학

28 지렛대 원리에 대한 설명으로 틀린 것은?

> 보기
> 힘점 : Force (F) 축 : Axis (A) 작용점 : Resistance (R)

■축이 가운데에 있으면 1종지레, 축이 한쪽 끝에 있으면서 저항점에 가까우면 2종지레, 힘점에 가까우면 3종지레

① 지면에서 수직으로 발뒤꿈치 들고 서기(calf raise)는 인체의 2종 지렛대 원리이다.
② 2종 지레는 작용점(R)이 축(A)과 힘점(F)사이에 있다.
③ 3종 지레는 축(A)이 힘점(F)과 작용점(R) 사이에 있다.
④ 시소(seesaw)의 구조는 축(A)이 힘점(F)과 작용점(R) 사이에 있는 1종 지렛대 원리이다.

정답 24 : ①, 25 : ②, 26 : ②, 27 : ④, 28 : ③

29 그림에서 카누선수가 보트 위에서 오른손으로 패들의 끝을 잡고, 왼손으로 패들을 잡고 당기는 순간에 적용되는 지레는?

① 1종 지레　② 2종 지레　③ 3종 지레　④ 1종과 2종 지레의 혼합

■ 1종지레 : 힘점–받침점–작용점
■ 2종지레 : 받침점–작용점–힘점
■ 3종지레 : 작용점–힘점–받침점

필수문제

30 인체 지레에 대한 설명 중 옳은 것은?

① 지레에서 저항팔이 힘팔보다 긴 경우에는 힘에 있어서 이득이 있다.
② 1종지레는 저항점이 받침점과 힘점 사이에 있는 형태로, 팔굽혀펴기 동작이 이에 속한다.
③ 2종지레는 받침점이 힘점과 저항점 사이에 있는 형태로, 힘에 있어서 이득이 있다.
④ 3종지레는 힘점이 받침점과 저항점 사이에 있는 형태로, 운동의 범위와 속도에 있어서 이득이 있다.

■ 제3종지렛대

F
A
R
힘점(F)　저항점(R)
받침점(O)

심화문제

31 인체에 적용되는 지레(levers)의 원리에 관한 설명으로 옳지 않은 것은?(2024)

① 1종 지레에서 축(받침점)은 힘점과 저항점(작용점) 사이에 위치하고 역학적 이점이 1보다 크거나 작을 수 있다.
② 2종 지레는 저항점이 힘점과 축 사이에 위치하고 역학적 이점이 1보다 크다.
③ 3종 지레에서 힘점은 축과 저항접 사이에 위치하고 역학적 이점이 1보다 크다.
④ 지면에서 수직 방향으로 발뒤꿈치를 들고 서는 동작(calf fraise)은 2종 지레이다.

■ 3종 지레의 힘점은 받침점과 저항점 사이에 있다.

32 골프 스윙동작에 대한 설명이다. 틀린 것은?

① 힘에 손해를 본다.　② 속도에 이득을 본다.
③ 1종지레이다.　④ 일 또는 에너지에 손해도 이득도 없다.

■ 골프의 스윙동작은 3종지레이다.

정답　29 : ③, 30 : ④, 31 : ③, 32 : ③

운동역학

운동학의 스포츠 적용

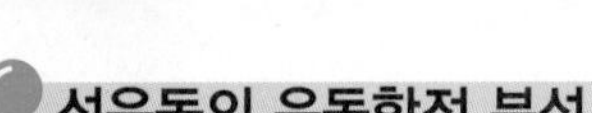

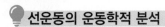

선운동의 운동학적 분석

1 거리와 변위

거리(길이)	물체가 한 곳에서 다른 곳까지 이동한 길이, 즉 그 물체가 이동한 궤적의 총길이. 크기를 나타내는 스칼라량.
변위	거리의 크기에 방향성을 더한 물리량. 그 물체의 이동시작점과 종점 사이의 직선거리. 크기와 방향을 나타내는 벡터량.

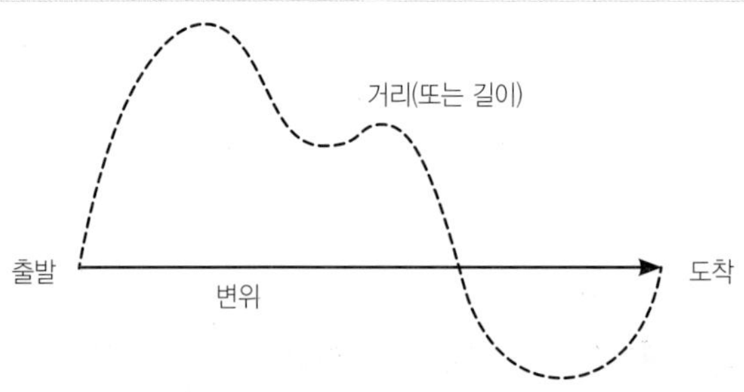

▶ 벡터와 스칼라

벡터(vector)	방향과 크기가 모두 있는 것[예 : 힘(N), 속도(m/sec), 변위(m)]
스칼라(scalar)	방향은 없고 크기만 있는 것[예 : 길이(m), 질량(kg), 시간(sec), 사람(명), 속력 등]

▶ 단위의 크기

☞ MKS 단위계에서 기본단위인 미터(m)를 생각하여 보자. 지구에서 은하계까지의 거리를 미터로 나타낸다면 숫자가 너무 커서 읽기 어려울 것이고, 세포의 반지름을 미터로 나타낸다면 숫자가 너무 적어서 읽기 어려울 것이다.

☞ 그래서 숫자가 너무 크거나 작지 않게 만들기 위해서 기본단위의 1,000배가 되면 k자를 붙여서 km, 기본단위의 1/1,000배가 되면 m자를 붙여서 mm로 나타내기로 정했다.

☞ 다음 표는 배수를 나타내는 접두어들을 모아놓은 것이다.

배수	접두어	약자
10배	deca	da, Da
100배	hecto	h, H
1,000배	kilo	k, K
10^6배	mega	M
10^9배	giga	G
10^{12}배	tera	T
10^{15}배	peta	P
10^{18}배	exa	E

배수	접두어	약자
1/10배	deci	d
1/100배	centi	c
1/1,000배	milli	m
10^{-6}배	micro	μ
10^{-9}배	nano	n
10^{-12}배	pico	p
10^{-15}배	femto	f
10^{-18}배	atto	a

2 속력과 속도

속력	» 이동한 거리를 걸린 시간으로 나누어서 계산한다. 거리와 시간이 모두 스칼라이므로 속력도 스칼라이다. 단위는 '거리(m)/시간(s)'이다. $속력 = \frac{이동한\ 거리}{걸린시간}$
속도	» 이동한 변위를 걸린 시간으로 나누어서 계산한다. 변위가 벡터이기 때문에 속도도 벡터이다. 즉, 속도는 반드시 방향을 말해주어야 한다. 속도도 단위는 '거리(m)/시간(s)'이다. $속도 = \frac{이동한\ 변위}{걸린시간}$ » 물체가 이동한 궤적이 직선일 때에는 속력과 속도의 크기가 같다.
평균속력과 평균속도	» 몇 시간 동안에 이동한 거리(또는 변위)를 시간으로 나누어서 속력(또는 속도)을 계산하였다고 하자. 몇 시간 동안을 줄곧 같은 빠르기로 달렸다고 생각하는 사람은 아무도 없을 것이므로 그때 계산해서 나온 속력(또는 속도)을 평균속력(또는 평균속도)이라고 한다.
순간속력과 순간속도	» 만약 0.001초 동안 이동한 거리(또는 변위)를 시간으로 나누어서 속력(또는 속도)을 계산하였다고 하자. 0.001초 동안은 아주 짧은 순간이기 때문에 그때 계산해서 나온 속력(또는 속도)은 순간속력(또는 순간속도)이라고 한다. » 그 짧은 순간 이동한 경로가 곡선이라고 생각하는 사람은 없을 것이므로 직선을 이동한 셈이고, 그러면 순간속력과 순간속도는 같아진다. 즉 평균속력과 평균속도는 대부분 크기가 다르지만 순간속력과 순간속도는 무조건 크기가 같다.

3 가속도

☞ 옥상에서 돌을 가만히 떨어뜨리면 떨어지는 속도가 점점 빨라지고, 운동장에서 공을 위로 차면 올라가는 속도가 점점 느려진다. 위와 같이 속도가 점점 빨라지거나 점점 느려지는 것을 한마디로 '속도가 점차적으로 변한다'고 한다.

☞ '속도가 점차적으로 변한다.'는 것을 다른 말로 '가속도가 있다.'고 한다. 다시 말해서 '가속도가 있다.'는 것은 '속도가 변화한다.' 라는 뜻이다.

☞ 속도가 변한 것을 구체적인 숫자로 이야기하려면 몇 초 동안 속도가 얼마에서 얼마로 변했다고 해야 할 것이다. 그러려면 처음속도, 나중속도, 속도가 변하는 데 걸린 시간을 알아야 한다.

☞ 그래서 가속도= (나중속도−처음속도)÷ 걸린 시간으로 계산한다.

☞ 더하기나 빼기를 하면 단위가 변하지 않으므로 가속도의 단위는 속도의 단위(m/s)÷시간의 단위(s)=m/s^2이 된다.

☞ 예를 들어 가속도가 $5m/s^2$이라고 하면 시간이 1초 지나갈 때마다 속도가 5m/s씩 증가한다는 뜻이다.

운동역학

4 속도 변화에 따른 운동의 구분

등속도 운동	» 속도가 변하지 않는(속도가 일정한) 직선운동을 말하고 편의상 직선이라는 말은 생략한다. 원운동이나 각운동일 때는 원이나 각이라는 말을 생략해서는 안 된다. 속도가 일정하므로 이동한 거리=속도×시간으로 계산하면 된다.
가속도 운동	» 가속도가 있는 운동=속도가 변하는 운동. 이때도 직선이란 말을 생략한다.
감속도 운동	» 가속도가 －이어서 속도의 크기가 점점 작아지는 운동. 속도가 '빨라진다.' 또는 '느려진다.'는 말과 속도가 '증가한다.' 또는 '감소한다.'는 말은 서로 의미가 다르다.
등가속도 운동	» 가속도가 변하지 않고 일정한 운동. 가속도가 +이든 －이든 관계없이 일정하기만 하면 된다. » 가속도가 일정한 운동 = 속도가 계속해서 조금씩 변하는 운동이므로, 평균속도=제일 느린 속도와 제일 빠른 속도의 중간 또는 처음속도와 나중속도의 평균이고, 이동한 거리= 평균속도×시간으로 계산한다.

5 투사체(포물선)의 운동

☞ 던지거나 발사한 물체의 운동이라는 뜻이다. 이동한 궤적이 포물선의 일부와 똑 같기 때문에 포물선 운동이라고도 한다.

☞ 수평방향으로 이동하는 운동과 위로 올라갔다가 내려오는 운동이 합쳐진 것이다.

☞ 수평방향으로 이동하는 운동은 공기의 저항을 무시하면 등속도 운동이다.

☞ 수직방향은 가속도가 -9.8m/s^2인 등가속도 운동이다.

☞ 올라가는 동안에는 속도가 점점 느려지고, 내려오는 동안에는 점점 빨라진다.

☞ 그러므로 정점에서 수직방향의 속도는 0이고, 수평방향의 속도는 처음에 던질 때와 같다.

☞ 물체의 높이가 바닥의 높이와 같아지면 착지한 것이므로 더 이상 이동하지 않는다.

6 투사체의 궤적과 관련이 있는 요인들

투사 각도	» 처음에 던질 때 수평방향의 속도와 수직방향의 속도의 비율에 따라서 투사각도가 정해진다. » 수평방향의 속도와 수직방향의 속도가 같으면 투사각도가 45도가 된다. 그러면 최고점에 도달했을 때의 높이는 그때까지 수평으로 이동한 거리의 반이 된다. 결과적으로 최고점의 높이×4 한 지점에 떨어진다. » 수평방향의 속도가 수직방향의 속도보다 더 크면 투사각도가 45도보다 작아진다. 그러면 수평방향으로 이동은 빨리빨리 하지만 공중에 떠 있을 수 있는 시간이 짧기 때문에 45도일 때보다 가까운 지점에 빨리 떨어진다. » 수직방향의 속도가 수평방향의 속도보다 더 크면 투사각도가 45도보다 커진다. 그러면 공중으로 높이 올라가서 공중에 떠 있는 시간은 길어지지만 수평방향으로 이동하는 속도가 너무 느리기 때문에 45도일 때보다 가까운 지점에 늦게 떨어진다. » 수직방향 이동거리=평균속도×시간

투사 높이	» 공이 손에서 떨어지는 순간 지면에서 공까지 높이를 투사높이라고 한다. 그러나 투사높이는 공이 떨어지는 지점이 지면보다 낮게 파여 있는 것과 똑 같은 효과가 있기 때문에 보통은 공이 손에서 떨어지는 순간의 높이와 공이 땅에 떨어지는 지점의 높이 차이를 투사높이라고 한다. » 투사높이가 높으면 높은 산에 올라가서 계곡으로 공을 던지는 것과 같기 때문에 더 멀리 날아가서 땅에 떨어진다. 반대로 언덕 위를 향해서 던지면(투사높이가 낮으면) 조금밖에 못 날아가서 땅에 떨어진다.
투사 속도	» 투사각도와 투사높이가 같다면 당연히 투사속도가 빠를수록 멀리까지 날아갈 수 있다. 투사속도를 증가시키는 것이 가장 어렵기 때문에 야구에서 던진 공의 최대속도가 빠를수록 투수의 몸값이 비싸지게 된다.

각운동의 운동학적 분석

1 각도법과 호도법

각도법	» 원의 중심각을 0도 ~ 360도로 나타내는 방법.
호도법	» 호의 길이가 반지름의 몇 배인가로 원의 중심각을 나타내는 방법. » 도와 구분하기 위해서 단위를 라디안이라고 한다. » 결과적으로 원의 중심각을 0라디안 ~ 2π 라디안으로 나타낸다. » 호도법을 사용하면 계산이 간편하기 때문에 과학에서는 호도법을 사용한다.

2 각거리와 각변위

각거리	» 각도와 같은 의미로, 두 직선 사이의 각도를 도 또는 라디안으로 측정한 것. » 일반적으로 두 직선 사이의 각도 중 작은 각도를 말하지만, 의학에서는 큰 각도를 측정하는 경우도 있다. » 각거리는 항상 360도(2파이 라디안)보다 작다. » 각도는 어느 방향으로 측정했는지 말할 필요가 없기 때문에 스칼라이다.
각변위	» 물체가 이동한 궤적의 처음에서 마지막까지의 직선거리(벡터량) » 시계 방향으로 회전된 각변위는 음(−)의 값 » 반시계 방향으로 회전된 각변위는 양(+)의 값 » 각변위는 360도(2파이 라디안)보다 더 클 수도 있다.

3 각거리와 각변위

각속력	$\frac{\text{각거리}}{\text{소요시간}}$(이때 각거리는 0~360도) *스칼라량
각속도	$\frac{\text{각변위}}{\text{소요시간}}$ *벡터량
순간가속도	각속도와 각속력의 크기가 같을 때

운동역학

각가속도	$\frac{\text{나중각속도}-\text{처음각속도}}{\text{소요시간}}$ *운동역학에서는 '각가속도=0'인 운동(각속도가 일정한 운동)만 취급한다.

4 선속도와 각속도의 관계

선속도 : 일차원운동에서 시간에 대한 위치의 변화율

$$\text{각속도}(\omega)=\frac{\text{회전각}(\theta)}{\text{단위시간}(t)}=\text{rad/s}$$

$$\text{선속도}(v)=\frac{\text{이동거리}(s)}{\text{시간}(t)}=r\omega=\text{반지름}\times\text{각속도}$$

필수 및 심화 문제

필수문제

01 선운동(linear motion)에 대한 설명으로 옳은 것은?

① 거리(distance)는 두 지점을 잇는 최단 경로이다.
② 변위(displacement)는 시작점에서 끝점까지의 누적된 이동궤적의 총합이다.
③ 속력(speed)은 스칼라량으로 방향만 가지고 있다.
④ 속도(velocity)는 벡터량으로 크기와 방향을 가지며 변위를 경과시간으로 나눈 것을 말한다.

■ ①과 ②는 설명이 바뀌었고, 속력은 방향이 없고 크기는 있다.
■ **거리** : 물체가 한 곳에서 다른 곳으로 이동한 길이. 즉 그 물체가 이동한 궤적의 총 길이. 스칼라량
■ **변위** : 거리의 크기에 방향을 더한 물리량. 그 물체의 이동 시작점과 종점 사이의 직선거리. 벡터량
■ **속력** : 일정 시간 동안 이동한 거리로 물체의 빠르기를 나타내는 것. 스칼라량.

심화문제

02 단위 시간당 이동한 변위(displacement)를 나타내는 벡터량은?

① 속도(velocity) ② 거리(distance)
③ 가속도(acceleration) ④ 각속도(angular velocity)

■ 속도= $\frac{\text{이동한 변위}}{\text{걸린시간}}$
■ **벡터량** : 방향과 크기가 모두 있는 것

03 거리와 변위를 설명한 것 중 바른 것은?

① 거리와 변위는 똑같이 스칼라량이다.
② 400m 곡선 트랙을 달릴 경우 거리와 변위는 모두 400m이다.
③ 거리는 벡터량이고, 변위는 스칼라량이다.
④ 거리는 단지 크기만을 가지고 있고, 변위는 크기와 방향을 모두 가지고 있다.

■ 거리는 스칼라, 변위는 벡터이다.

04 다음 보기 중 괄호 안에 들어갈 용어를 바르게 나열한 것은?

> 보기
> (㉠)은(는) 단위시간에 움직인 거리를 나타내는 (㉡)량이고, (㉢)는(은) 단위시간에 움직인 변위를 나타내는 (㉣)량이다.

① ㉠ 속력 ㉡ 벡터 ㉢ 속도 ㉣ 스칼라
② ㉠ 속도 ㉡ 벡터 ㉢ 속력 ㉣ 스칼라
③ ㉠ 벡터 ㉡ 속력 ㉢ 스칼라 ㉣ 속도
④ ㉠ 속력 ㉡ 스칼라 ㉢ 속도 ㉣ 벡터

■
속력= $\frac{\text{거리}}{\text{시간}}$(스칼라량)
속도= $\frac{\text{변위}}{\text{시간}}$(벡터량)

정답 01 : ④, 02 : ①, 03 : ④, 04 : ④

운동역학

■저항력 분석은 운동역학적 분석임.
■운동학(kinematics) : 운동의 변위, 속도, 가속도, 무게중심, 관절각도 등과 같이 움직이는 동작을 연구함.
■운동역학(kinetics) : 움직이는 동작뿐만 아니라 동작의 원인이 되는 힘까지 연구함.

필수문제

05 수영 동작의 운동학(kinermatics)적 분석이 아닌 것은?

① 저항력(drag force) 분석
② 턴 거리(turn distance) 분석
③ 스트로크 길이(stroke length) 분석
④ 추진 속도(propelling velocity) 분석

심화문제

■변위와 거리의 정의(p. 32) 참조.

06 거리란 물체의 처음 위치부터 마지막 위치까지의 운동경로에 따른 길이의 측정치를 의미한다. 그렇다면 처음 위치부터 마지막 위치로의 방향과 직선거리를 나타내는 벡터를 무엇이라 하는가?

① 스칼라 ② 변위 ③ 위치 ④ 궤적의 길이

■벡터는 크기와 방향이 있고, 스칼라는 크기만 있는 것이다. 그러므로 가속도는 벡터에 해당한다.
■속력·비거리·위치에너지는 모두 스칼라량이다.

필수문제

07 골프 수행에 관한 변인 중 벡터(vector)에 해당하는 것은?

① 골프공의 속력(speed)
② 골프공의 비거리(distance)
③ 골프클럽의 가속도(acceleration)
④ 골프공의 위치에너지(potential energy)

■**골프 스윙에서 클럽헤드의 선속도를 증가시키는 방법**
· 임팩트 전에 팔꿉관절을 굽혀 손목의 코킹으로 질량을 회전축에 가깝게 하여 각속도를 증가시킨다.
· 임팩트 직전에 팔꿈치를 펴고 언코킹(uncocking)으로 회전반경(회전반지름)을 증가시킨다.
① 임팩트 이전부터 회전반경을 최대한 크게 하면 선속도를 증가시킬 수 없다.

심화문제

08 골프 스윙 동작에서 임팩트 시 클럽헤드의 선속도를 증가시키는 방법으로 옳지 않은 것은?

① 스윙 탑에서부터 어깨관절을 축으로 회전반지름을 최대한 크게 해서 빠른 몸통회전을 유도한다.
② 임팩트 전까지 손목 코킹(cocking)을 최대한 유지하여 빠른 몸통회전을 유도한다.
③ 임팩트 시점에는 팔꿈치를 펴서 회전반지름을 증가시킨다.
④ 임팩트 시점에는 언코킹(uncocking)을 통해 회전반지름을 증가시킨다.

■스칼라량은 방향은 없고 크기만 있는 것이다.

09 보기에 있는 변인 중에서 스칼라량만을 모두 고르시오.

보기
㉠ 질량 ㉡ 거리 ㉢ 변위 ㉣ 시간 ㉤ 속도 ㉥ 속력 ㉦ 가속도

① ㉠㉡㉢㉣ ② ㉠㉡㉣㉥ ③ ㉢㉣㉤㉥ ④ ㉠㉢㉤㉦

정답 05 : ①, 06 : ②, 07 : ③, 08 : ①, 09 : ②

운동역학

10 **거리(distance)와 변위(displacement)에 대한 설명으로 옳지 않은 것은?**

① 거리 : 물체가 실제로 이동한 경로를 따라 측정한 거리
② 거리 : 스칼라량으로써 크기만 존재
③ 변위 : 벡터량으로써 크기만 존재
④ 변위 : 두 지점을 잇는 최단 직선거리

■ 벡터량은 반드시 방향이 있어야 한다.

11 **운동역학에서 기본 물리량의 국제단위계(SI단위계)로 바르지 않은 것은?**

① 시간(s) ② 속도(m/s^2) ③ 길이(m) ④ 질량(kg)

■ 길이 · 질량 · 시간이 기본 물리량이다.
■ 속도는 2개 이상의 기본물리량을 곱하거나 나눈 것이므로 유도 물리량이다.

필수문제

12 **길이 50 m 수영장에서 자유형 100 m 경기기록이 100초였을 때 평균속력과 평균속도는? (단, 출발과 도착 지점이 동일하다고 가정)**

① 평균속력 : 1 m/s, 평균속도 : 1 m/s
② 평균속력 : 0 m/s, 평균속도 : 0 m/s
③ 평균속력 : 1 m/s, 평균속도 : 0 m/s
④ 평균속력 : 0 m/s, 평균속도 : 1 m/s

■ 평균속력 $= \frac{100}{100초} = 1(m/s)$
■ 평균속도 $= \frac{0}{100초} = 0(m/s)$

심화문제

13 **400m 트랙 한 바퀴를 50초에 달린 육상선수의 평균속력과 평균속도로 적절한 것은?(단, 출발점과 도착점의 위치가 같음)**

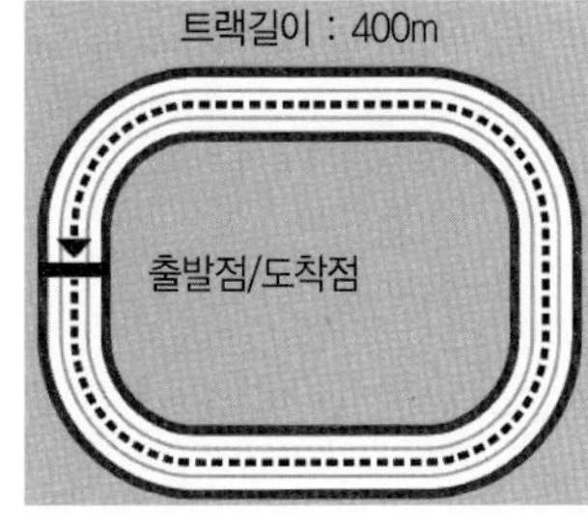

	평균속력(m/s)	평균속도(m/s)
①	0	8
②	0	0
③	8	0
④	8	8

■ 평균속력 $= \frac{400m}{50초} = 8m/s$
■ 평균속도=0(출발점과 도착점이 같아 선수가 달린 변위는 0km이므로)

정답 10 : ③, 11 : ②, 12 : ③, 13 : ③

운동역학

14 100m 달리기에서 속도와 가속도에 대한 설명이다. 진행방향을 +로 잡았을 때 틀린 것은?

① 결승선을 통과한 후에 천천히 달릴 때의 속도는 −이다.
② 속도가 일정하게 유지되는 동안에는 가속도가 0이다.
③ 출발 후 속도가 급격하게 빨라질 때 가속도는 +이다.
④ 결승선 가까이에서 속도가 줄 때는 가속도가 −이다.

■ 속도가 −이면 반대 방향으로 간다.

15 컬링경기에서 스톤을 원하는 위치로 보내려고 일정한 힘을 가하면서 천천히 밀었다. 이때 힘을 가한 시간과 정비례하는 것은?

① 이동거리 ② 이동속도
③ 스톤의 질량 ④ 마찰력

■ 일정한 힘을 가했으므로 가속도가 일정하다. 가속도가 일정하므로 힘을 가한 시간과 이동속도는 정비례한다.

16 단거리 선수가 100m를 10초에 달렸다면 평균속도는 얼마인가?

① 5m/s ② 10m/s
③ 15m/s ④ 20m/s

■ 평균속도 $= \frac{\text{이동한 변위}}{\text{걸린 시간}}$

필수문제

17 그림에서 달리기 선수의 질량은 60kg이며 오른발 착지 시 무게중심의 수평속도는 2m/s이다. A와 B의 면적이 각각 80N/s와 20N/s일 때, 오른발 이지(take-off) 순간 무게중심의 수평속도는?

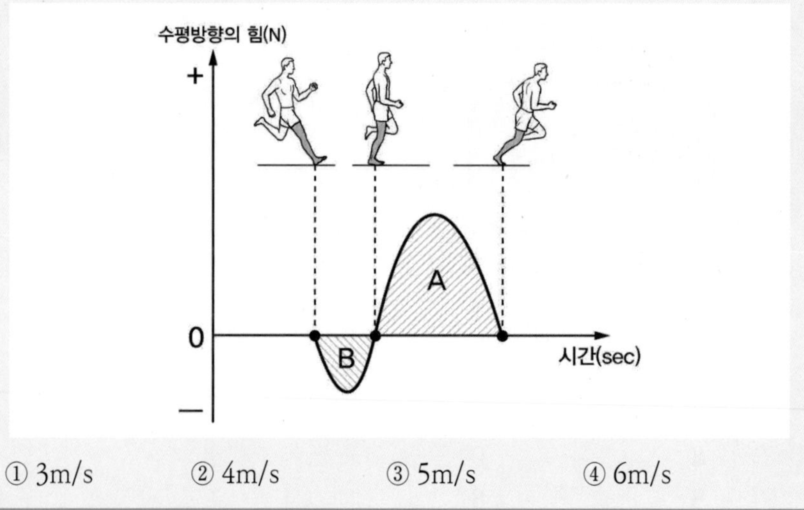

① 3m/s ② 4m/s ③ 5m/s ④ 6m/s

■ 그림은 충격량(운동량의 변화량) 그래프이다.
■ 달리기 선수의 운동량 = 질량(kg) × 속도(2m/s) = 60 × 2 = 120kg · m/s
■ B구간에서의 운동량 = 120−20 = 100kg · m/s
■ A구간에서의 운동량 = 100+80 = 180kg · m/s
■ 수평속도 $= \frac{\text{운동량}}{\text{질량}} = \frac{180}{60} = 3\text{m/s}$

정답 14 : ①, 15 : ②, 16 : ②, 17 : ①

필수문제

18 보기의 그래프에 대한 설명으로 옳은 것은?

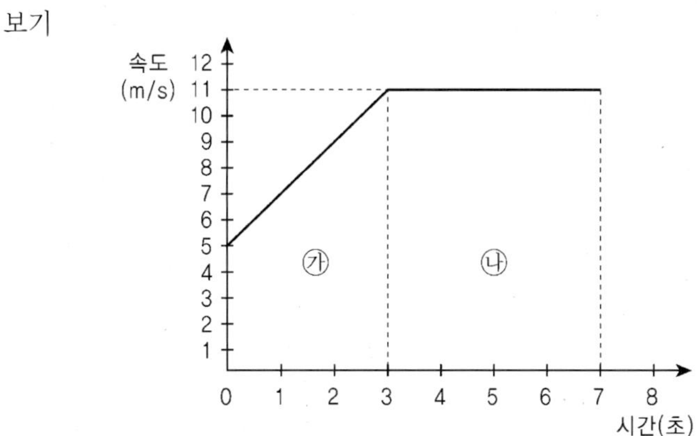

① ㉮구간의 가속도가 ㉯구간의 가속도보다 크다.
② ㉮구간의 가속도는 증가한다.
③ ㉯구간의 가속도는 1m/s이다.
④ ㉯구간은 정지한 상태이다.

■ 가속도= $\frac{\text{나중속도}-\text{처음속도(m/s)}}{\text{걸린시간(s)}}$

■ ① ㉮구간의 가속도는 $2m/s^2$이고, ㉯구간의 가속도는 $0m/s^2$이다.

■ ② ㉮구간은 가속도가 일정한 등가속도 운동상태이다.

■ ③ ㉯구간의 가속도는 $0m/s^2$이다.

■ ④ ㉯구간은 등속도 운동상태이므로 가속도가 0이다.

심화문제

19 가속도에 대한 설명으로 옳은 것은?

① 가속도는 시간의 변화에 따른 변위의 변화 정도이다.
② 가속도의 단위는 m/s이다.
③ 가속도의 방향은 속도의 방향과 항상 같다.
④ 가속도의 방향은 합력의 방향과 항상 같다.

■ ① 시간의 변화에 따른 변위의 변화 정도는 속도이다.

■ ② 가속도의 단위는 m/s^2이다.

■ ③ 가속도의 방향과 속도의 방향이 다른 경우도 많다.

필수문제

20 중력가속도의 개념에 관한 설명으로 옳지 않은 것은?(2024)

① 중력가속도의 크기는 $9.8m/sec^2$이다.
② 중력가속도는 지구 중심방향으로 작용한다.
③ 인체의 무게는 질량과 중력가속도의 곱으로 산출한다.
④ 토스한 배구공이 상승하는 과정에서는 중력가속도의 영향을 받지 않는다.

■ 토스한 배구공은 상승할 때 중력가속도의 영향을 받는다.

■ **중력가속도**란 "공중에서 어떤 물체가 떨어질 때 가속도가 발생하는 것"이다.

정답 18 : ①, 19 : ④, 20 : ④

운동역학

21 보기는 200m 달리기 경기에서 경과시간에 따른 평균속도 변화이다. 이에 관한 설명으로 옳지 않은 것은?

보기

경과시간(초)	0	1	3	5	7	9	11	13	15	17	19	21	23
평균속도(m/s)	0	2.4	8.4	10	10	9.6	9.5	8.9	8.7	8.6	8.5	8.4	8.3

① 평균가속도가 0인 구간이 존재한다.
② 처음 1초 동안 2.4 m를 이동하였다.
③ 후반부의 평균속도는 감속되고 있다.
④ 최대 평균가속도는 5초와 7초 사이에 나타난다.

■가속도 = $\frac{\text{나중속도}-\text{처음속도}}{\text{걸린시간}}$
■보기에서 속도의 변화가 가장 큰 구간은 1~3초로 6m/s이므로 가속도는 3m/s²이다. 따라서 보기에서 최대평균가속도 구간은 1~3초 사이이다.

필수문제

22 보기의 ㉠, ㉡에 들어갈 내용이 바르게 연결된 것은?(2024)

그림

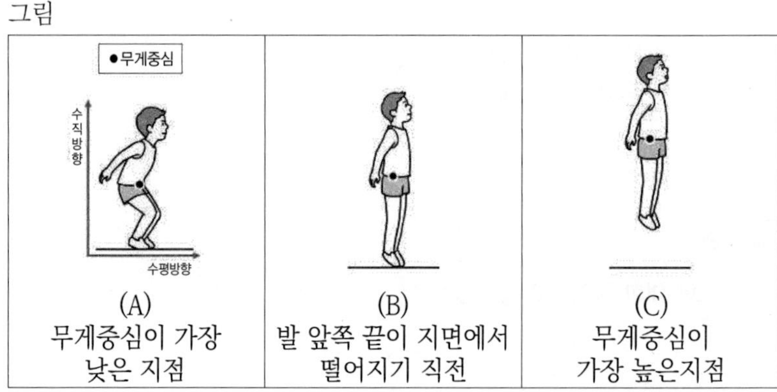

(A) 무게중심이 가장 낮은 지점 / (B) 발 앞쪽 끝이 지면에서 떨어지기 직전 / (C) 무게중심이 가장 높은지점

① (A)부터 (B)까지 한 일(work)은 위치에너지의 변화량과 같다.
② (A)부터 (B)까지 넙다리네갈레근(대퇴사두근, quadriceps)은 신장성 수축(eccentric contraction)을 한다.
③ (B)부터 (C)까지 무게중심의 수직가속도는 증가한다.
④ (C) 지점에서 인체 무게중심의 수직속도는 0m/sec이다.

■(A)에서 (B)까지 한 일은 위치에너지의 변화량과 다르다.
■(A)에서 (B)까지 넙다리네갈래근은 단축성 수축을 한다.
■(B)에서 (C)까지 무게중심의 수직가속도는 감소한다.

필수문제

23 학교 옥상에 올라가서 돌을 수직방향으로 30m/s의 속도로 던졌더니 5초 후에 운동장에 떨어졌다. 3초 후의 수직방향 속도는(단, 공기저항은 무시한다)?

① 30m/s ② 3×30m/s ③ 9.8m/s ④ 3×9.8m/s

■수평방향은 등속도 운동을 하지만, 수직방향은 등가속도 운동을 한다.

정답 21 : ④, 22 : ④, 23 : ④

심화문제

24 **위 문제에서 3초 동안에 날아간 수평거리는(단, 공기저항은 무시한다)?**

① 30m ② 3×30m
③ 9.8m ④ 3×9.8m

▪ 이동한 거리=평균속도×시간=3×30m

25 **위 문제에서 3초 동안에 떨어진 수직거리는?**

① 30m ② 3×30m
③ (1/2)×9.8×9m ④ (1/2)×30×9m

▪ $H=1/2gt^2$이므로 $1/2\times9.8\times3^2$m가 된다.

26 **학교 옥상에 올라가서 돌을 수평방향으로 30m/s의 속도로 던졌더니 5초 후에 운동장에 떨어졌다. 3초 후의 수평방향 속도는(단, 공기저항은 무시한다)?**

① 30m/s ② 3×30m/s
③ 9.8m/s ④ 3×9.8m/s

▪ 수평방향은 등속도운동을 한다.
▪ 물체의 이동궤적이 직선(수평방향)일 때는 속력과 속도의 크기가 같다.

27 **물체가 등속도 원운동을 하고 있다. 가속도의 방향은?**

① 회전하는 방향 ② 회전하는 반대방향
③ 원의 중심방향 ④ 중심에서 멀어지는 방향

▪ 등속도원운동은 등가속도운동이고, 가속도의 방향은 항상 원의 중심방향이다.

28 **물체에 작용하는 외력의 합이 0이 아닌 것은?**

① 등속도 직선운동을 하고 있을 때
② 배가 물에 떠 있을 때
③ 자동차가 점점 더 천천히 가고 있을 때
④ 비행기가 일정한 높이에서 같은 속도로 날아가고 있을 때

▪ 등속도운동은 가속도가 0이므로 힘이 없다는 뜻하고, 배가 물에 떠 있을 때는 부력=중력이다.

필수문제

29 **30m/s의 수평투사속도로 야구공을 던질 때, 야구공의 체공시간이 2초라면 투사거리는? (단, 공기저항은 무시함)**

① 15m ② 30m ③ 60m ④ 90m

▪ 투사거리=평균속도×시간=30m/s×2s=60m

정답 24 : ②, 25 : ③, 26 : ①, 27 : ③, 28 : ③, 29 : ③

필수문제

30 원반던지기의 투사거리에 중요한 영향을 미치는 3가지 요소는?

① 투사각도 - 투사속도 - 투사높이　② 투사속도 - 조파항력 - 부력
③ 투사높이 - 부력 - 투사속도　④ 조파항력 - 투사각도 - 투사속도

■투사체의 투사거리에 영향을 미치는 요소는 투사높이, 투사각도, 투사속도이다.

심화문제

31 공의 포물선 운동에 대한 설명으로 옳지 않은 것은? (단, 공기저항은 무시함)

① 공의 속력은 항상 일정하다.
② 공의 수평가속도는 $0m/s^2$이다.
③ 공의 수직가속도는 중력가속도와 같다.
④ 공의 투사각도는 투사거리에 영향을 미친다.

■공이 포물선 운동을 할 때 속력이 항상 일정한 것은 아니다.

필수문제

32 투사체 운동에 대한 설명으로 옳은 것은? (단, 공기저항은 고려하지 않음)

① 투사체에 작용하는 외력은 존재하지 않는다.
② 투사체의 수평속도는 초기속도의 수평성분과 크기가 같다.
③ 투사체의 수직속도는 9.8 m/s로 일정하다.
④ 투사높이와 착지높이가 같을 경우, 38.5°의 투사각도로 던질 때 최대의 수평거리를 얻을 수 있다.

■① 투사체의 운동에서 수직방향으로 외력이 작용하고, 수평방향으로는 공기의 저항력이 작용한다.
■③ 투사체의 수직방향 가속도는 $9.8m/s^2$이다.
■④ 투사점과 착지점의 높이가 같을 경우 외력이 작용하지 않으면 45°에서 최대 투사거리를 얻을 수 있다.

심화문제

33 투사체의 운동에 대한 설명이다. 틀린 것은?

① 수직방향으로는 중력이 작용하고. 수평방향으로는 공기의 저항력이 작용한다.
② 수직방향의 가속도는 $9.8m/s^2$이고, 공기의 저항을 무시하면 수평방향의 가속도는 0이다.
③ 정점에서 수직방향의 속도는 무조건 0이지만, 수평방향의 속도는 0이 아니다.
④ 수직방향, 수평방향 모두 등가속도운동이다.

■투사체는 수직방향으로는 등가속도운동을 하고, 수평방향으로는 등속도운동을 한다.

34 농구 자유투에서 투사된 농구공의 운동에 대한 설명으로 옳은 것은?(단, 공기저항은 무시함)

① 농구공 질량중심의 수직속도는 일정하다.
② 최고점에서 농구공 질량중심의 수평속도는 0m/s가 된다.
③ 최고점에서 농구공 질량중심은 수평방향으로 등속도 운동을 한다.
④ 최고점에서 농구공 질량중심은 수직방향으로 등속도 운동을 한다.

■③ 투사체는 수평방향으로 투사된 직후부터 착지 직전까지 등속도 운동을 한다.
■①의 수직속도는 등속도 운동을 한다.
■②의 수평속도는 투사 직후부터 착지 직전까지 일정하다.
■④의 농구공 질량중심은 수직방향으로 등속도 운동을 한다.

정답 30 : ①, 31 : ①, 32 : ②, 33 : ④, 34 : ③

35 포물선 운동에 대한 설명이다. 틀린 것은?

① 투사거리는 투사속도, 투사각도, 투사높이에 의해서 결정된다.
② 투사높이가 높을수록 최적투사각도를 높여야 투사거리가 증가한다.
③ 투사속도가 빠를수록 투사거리도 증가한다.
④ 투사점보다 착지점의 높이가 낮으면 최적투사각도는 45도보다 작아진다.

■ 투사높이가 높으면 투사각도를 낮추어야 최대 투사거리가 나온다.

36 농구 자유투의 투사체 운동에 대한 설명으로 옳은 것은(공기저항을 무시함)?

① 농구공 무게중심의 가속도는 수직하방으로 작용하는 중력가속도이다.
② 농구공 무게중심의 수평 가속도는 $0m/s^2$이 아니다.
③ 농구공 무게중심의 속력(speed)은 일정하다.
④ 농구공 무게중심의 수평속도는 최고점에서 0m/s가 된다.

■ ② 농구공 무게중심의 수평가속도는 $0m/s^2$이다.
■ ③ 농구공 무게중심의 속력은 공의 위치에 따라 다르다.
■ ④ 농구공 무게중심의 수직속도는 최고점에서 0m/s이다.

필수문제

37 각운동에 관한 내용으로 옳은 것은?

① 접선속도(선속도)=반지름×각속도에서 각속도의 단위는 도(degree)이다.
② 라디안은 반지름과 호의 길이의 비율로 계산한다.
③ 지름(회전반경)의 크기가 커지면 1라디안(radian)의 크기는 커진다.
④ 360도는 2라디안이다.

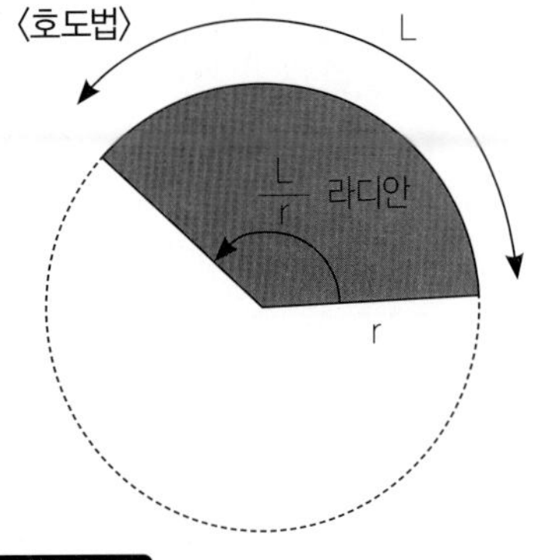

■ ① 각속도는 벡터량이고, '각변위÷소요시간'으로 계산한다. 단위는 rad/sec, deg/sec, rpm 등이다.
■ ③ 1rad은 각의 크기이며, 반지름의 길이와 호의 길이가 같을 때 그 부채꼴의 각이 1rad이다.
■ ④ 360°는 2πrad이다.

심화문제

38 라디안에 대한 설명이다. 틀린 것은?

① 반지름각(radius+angle=radian)이라는 뜻이다.
② 호의 길이가 반지름의 길이와 똑 같을 때의 중심각이 1라디안이다.
③ 1바퀴는 2π rad과 같다.
④ 각거리는 도(˚)로로 나타내야 하고, 각변위는 라디안으로 나타내야 한다.

■ 운동역학에서는 각거리와 각변위 모두 라디안으로 나타내야 한다. 다만 우리가 초등학교 때부터 도를 써왔기 때문에 습관적으로 도를 쓸 뿐이다.

정답 35 : ②, 36 : ①, 37 : ②, 38 : ④

필수문제

39 각운동에 대한 설명으로 옳지 않은 것은?

① 각속도(angular velocity)는 각변위를 소요시간으로 나눈 값이다.
② 각가속도(angular acceleration)는 각속도의 변화를 소요시간으로 나눈 값이다.
③ 1라디안(radian)은 원(circle)에서 반지름과 호의 길이가 같을 때의 각으로 57.3°이다.
④ 시계 방향으로 회전된 각변위(angular displacement)는 양(+)의 값으로 나타내고, 반시계 방향으로 회전된 각변위는 음(-)의 값으로 나타낸다.

■각운동 : 물체가 회전축의 둘레를 일정한 거리를 둔 채 도는 운동
■시계방향으로 회전된 각변위는 음(−)의 값으로, 반시계방향으로 회전된 각변위는 양(+)의 값으로 나타낸다.

심화문제

40 각운동에 대한 설명으로 옳은 것은?

① 직선 경로로 움직이는 운동과 축을 중심으로 회전하는 운동이 복합된 운동 형태
② 물체나 신체를 구성하는 모든 질점(particle)의 경로가 평행하게 곡선을 이루는 운동 형태
③ 물체나 신체를 구성하는 모든 질점이 일정한 시간 동안 같은 거리, 같은 방향으로 평행하게 움직이는 운동 형태
④ 물체나 신체가 고정된 축을 중심으로 일정 시간 동안 회전하는 운동 형태

■①은 곡선운동, ②는 병진운동, ③은 직선운동이다.

필수문제

41 각가속도에 대한 설명으로 옳은 것은?

① 단위 시간당 속도의 변화율이다.
② 단위 시간당 각속도의 변화율이다.
③ 단위 시간당 각변위의 변화율이다.
④ 단위 시간당 각거리의 변화율이다.

■변위의 변화율=속도
■속도의 변화율=가속도
■각변위의 변화율=각속도
■각속도의 변화율=각가속도

심화문제

42 운동역학(kinetics)적 변인이 아닌 것은?

① 토크(torque)
② 각속도(angular velocity)
③ 족압력(foot pressure)
④ 양력(lift force)

■힘과 관련이 없는 것을 찾으면 된다.

43 스프링보드 다이빙 경기에서 공중동작 중에 팔다리를 최대한 몸쪽으로 끌어당겨서 공 같은 자세를 취했다. 다음 중 옳은 것은?

① 각도가 최대가 된다.
② 각속도가 최대가 된다.
③ 관성모멘트가 최대가 된다.
④ 토크가 최대가 된다.

■공중동작이므로 각운동량에는 변화가 없다. 공같이 둥근 자세를 취하면 관성모멘트가 최소가 되므로 각속도가 최대로 변한다.

정답 39 : ④, 40 : ④, 41 : ②, 42 : ②, 43 : ②

운동역학

필수문제

44 회전운동에 관한 설명으로 옳지 않은 것은?(2024)

① 회전하는 물체의 접선속도는 각속도와 반지름의 곱으로 구한다.
② 회전하는 물체의 각속도는 호의 길이를 소요시간으로 나누어 구한다.
③ 인체의 관성모멘트(moment of inertia)는 회전축의 방향에 따라 변한다.
④ 토크는 힘의 연장선이 물체의 중심에서 벗어난 지점에 작용할 때 발생한다.

■② 속도=변위/운동시간, 속력=전체이동거리/시간이다. 따라서 각속도는 단순히 호의 길이가 아니라 마지막 각 위치에서 처음 각 위치의 차이를 운동시간으로 나누어 산출해야 한다.
■③ 관성모멘트는 반드시 회전축의 방향에 따라 변하는 것이 아니다.

심화문제

45 소프트볼 투수가 공을 던지는 동작의 설명으로 바르지 않은 것은?

① 던지는 팔의 회전속도는 공의 선속도에 영향을 미친다.
② 투수의 팔 길이가 길면 공의 선속도를 증가시키는데 유리하다.
③ 공의 선속도는 던지는 팔의 길이와 팔의 각속도의 곱으로 나타난다.
④ 공을 던지는 순간 투수의 던지는 팔 길이를 길게 하면 팔의 회전 각속도는 크다.

■던지는 팔길이를 길게 하면 회전각속도는 변하지 않고, 선속도만 증가한다.

46 다음 중 옳은 것은?

① 처음 위치와 마지막 위치 사이의 직선 길이가 거리이다.
② 각변위는 시계방향으로 도는 것을 +로 계산한다.
③ 각거리는 벡터량이다.
④ 각속력=각거리/시간

■모든 각도는 시계반대방향으로 측정한다. 트랙에서 달리기를 할 때에도 시계반대방향으로 돌아야 한다. 각거리는 스칼라량이다.

필수문제

47 해머를 손에 잡고 빙빙 돌릴 때 회전축에서 해머까지의 길이가 4m이었다. 해머의 회전속도가 540도/초일 때 릴리즈했다면 해머의 선속도는 얼마인가?

① 3πm/s ② 12πm/s ③ 36πm/s ④ 24πm/s

■540도/초는 1초에 1.5바퀴 돈다. → 1바퀴는 2π 라디안이므로 1초에 3π 라디안 돈다.
■선속도= 반지름×각속도(라디안)=4m×3π/s=12πm/s(p. 36 참조)

심화문제

48 운동 상황에서 선속도와 각속도에 대한 설명으로 옳은 것은?

① 야구 배트 헤드의 선속도는 배트의 각속도에 반비례한다.
② 테니스 라켓의 선속도 방향은 각속도 방향과 같다.
③ 팔꿈치를 펴면 배드민턴 라켓 헤드의 선속도가 증가한다(동일한 팔회전 각속도 조건).
④ 팔 길이가 짧을수록 야구공 릴리스 선속도가 크다(동일한 팔회전 각속도 조건).

■각속도가 동일하면 반지름이 클수록 선속도가 증가한다.

정답 44 : ②, ③, 45 : ④, 46 : ④, 47 : ②, 48 : ③

운동역학

■선속도는 각도에 반지름의 길이를 곱한 값과 같다.

49 다음 중 틀린 것은?

① 선속도=변위÷시간 ② 각속도=각변위÷시간
③ 각도(rad)=호의 길이÷반지름의 길이 ④ 선속도=각도(rad)÷반지름의 길이

■선속도=반지름×각속도=0.5m×50rad/s=25m/s

50 야구공이 야구배트의 회전축에서부터 0.5m 지점에서 타격되었다. 야구공이 타격되는 순간 배트의 각속도가 50 rad/s이면 타격지점에서 배트의 선속도는?

① 12.5 m/s ② 12.5 rad/s ③ 25m/s ④ 25 rad/s

■선속도=반지름(샤프트의 길이)×각속도
① 헤드나 샤프트의 각속도는 같다.
③ 반발계수가 커야 공을 멀리 보낼 수 있다.
④ 샤프트의 길이가 길어지면 샤프트의 관성모멘트는 커진다.

51 골프에 관한 운동학(kinematics)적 또는 운동역학(kinetics)적 개념에 관한 설명으로 옳은 것은? (단, 샤프트(shaft)는 휘어지지 않는다고 가정함.)

① 드라이버 스윙 시 헤드(head)와 샤프트의 각속도는 다르다.
② 7번 아이언 헤드의 선속도는 헤드의 각속도와 샤프트의 길이에 비례한다.
③ 골프공의 반발계수를 작게 하면 더 멀리 보낼 수 있다.
④ 샤프트의 길이가 길어지면 샤프트의 관성모멘트는 작아진다.

52 보기 중에서 옳은 것을 모두 고르시오.

보기
㉠ 선속도의 단위는 m/s, 각속도의 단위는 rad/s이다. ㉡ 일정한 빠르기로 회전하고 있는 운동은 등속도 원운동이다. ㉢ 원운동의 선속도는 호의 길이÷시간으로 계산할 수 있다. ㉣ 원운동의 선속도는 반지름×각도(rad)로 계산할 수 있다.

■원운동의 선속도는 '반지름×각속도'로 계산한다.

① ㉠㉡㉢㉣ ② ㉠㉡㉢ ③ ㉠㉡ ④ ㉡㉢

53 극좌표계에 대한 설명이다. 틀린 것은?

① 축점 또는 중심점에서의 거리와 기준선과 이루는 각도를 이용해서 위치를 나타낸다.
② 각도의 크기는 반드시 도(°)로 나타내야 한다.
③ 중심선에서 시계 반대방향으로 회전하는 각도를 +로 한다.
④ 회전운동을 표시할 때에 편리하다.

■각도의 크기는 라디안(rad)으로 나타내야 한다.

54 다음은 등속원운동에 대한 설명이다. 옳지 못한 것은?

① 일정한 빠르기로 원운동을 계속하는 것이다.
② 선속도가 일정한 운동이다.
③ 1초 동안에 회전하는 중심각이 일정한 운동이다.
④ 가속도가 있는 운동이다.

■일정한 빠르기로 원운동을 계속하는 것이 등속원운동이다.

정답 49 : ④, 50 : ③, 51 : ②, 52 : ②, 53 : ②, 54 : ②

운동역학

운동역학의 스포츠 적용

선운동의 운동역학적 분석

1 힘의 정의와 단위

힘의 정의	물체의 모양이나 운동상태를 변화시키는 원인. 가속도의 법칙에 의하면 힘=질량×가속도
힘의 단위	힘의 단위=질량의 단위(kg)×가속도의 단위(m/s^2)=kgm/s^2=N(뉴턴)

2 힘의 벡터적 특성

힘 벡터의 개념	벡터량으로 표시함.
힘 벡터의 표기	힘 벡터는 화살표를 사용해 힘의 3요소(크기, 방향, 작용점)를 나타낸다.

3 힘의 종류

▶ 근력

⑧ 근육의 수축에 의하여 발생하는 근육의 힘

⑧ 최대 강축상태에서 발생하는 힘이 절대근력이다.

▶ 중력

⑧ 물체의 질량×중력가속도

⑧ 지구의 만유인력+자전에 의한 원심력

⑧ 고도나 지역에 따라 크기가 다름

▶ 마찰력

⑧ 한 물체를 움직이거나 다른 표면을 가로질러 움직일 때 언제나 일어나는 힘

⑧ 마찰력의 종류

정지마찰력	정지해 있는 두 물체의 접촉면 사이에 있는 힘. 운동 시작을 방해하는 저항력
미끄럼마찰력	두 물체가 접촉하고 있는 상태에서 미끄러질 때 서로에 대해 발생하는 상대적 마찰력
구름마찰력	공이나 바퀴처럼 둥근 물체가 지지 또는 접촉하는 면 위를 구를 때 한쪽 또는 양쪽 물체의 형태가 접촉면에서 변형될 때 생기는 마찰력

▶ 압력

⑧ 누르는 힘

⑧ 전압력과 압력으로 구분

* 전압력=바닥 전체를 누르는 힘=물체의 무게

운동역학

* 압력=바닥면적/m^2을 누르는 힘=전압력/바닥면적

⑧ 파스칼의 원리

▶ 부력

⑧ 물이나 공기 중에서 물체가 뜨는 원리

⑧ 물이나 공기같은 유체에 잠긴 물체가 받는 힘의 방향은 수직이고 크기는 유체와 같은 힘

⑧ 아르키메데스의 원리

▶ 항력

⑧ 유체에서 이동하는 물체가 운동방향의 정면에서 받는 힘

⑧ 이동방향에서 물체의 단면적에 비례하고, 이동속도의 제곱에 비례함.

⑧ 단면적이 같으면 유선형에 가까울수록 적게 작용함.

▶ 양력

⑧ 이동하는 물체 주변에 있는 유체의 상대속도 차이에 의해 물체의 이동방향에 수직으로 작용하는 힘

⑧ 유체의 이동속도가 증가할수록 그 유체가 작용하는 양력은 감소됨.

⑧ 베르누이의 정리 : 유체의 속도가 빠르면 압력이 낮고, 유체의 속도가 느리면 압력이 높다.

» 회전과 마그누스효과 : 공에 스핀을 주어 던지면 공이 회전하는 방향으로 휘어지면서 날아간다(그림 참조).

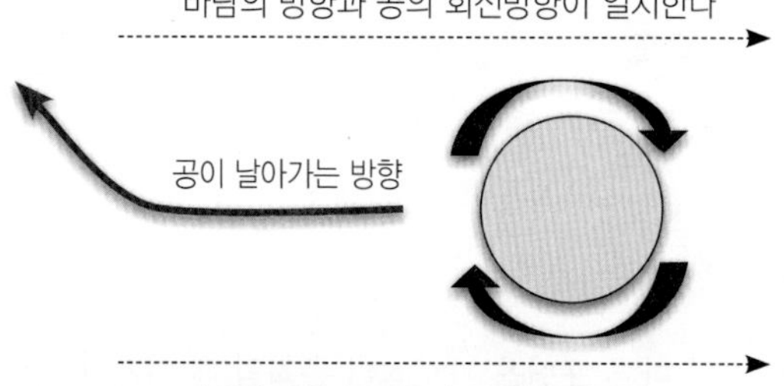

날아가는 공의 마그누스효과

4 뉴턴의 선운동법칙

제1법칙 (관성의 법칙)	물체에 힘을 가하지 않고 내버려두면 처음에 하고 있던 운동을 그대로 한다. 즉 힘이 작용하지 않으면 같은 운동을 계속한다.
제2법칙 (가속도의 법칙)	힘이 작용하면 가속도가 생긴다. 가속도의 크기는 힘의 크기에 비례하고, 물체의 질량에 반비례한다. 가속도=힘÷질량, 힘=질량×가속도, 질량=힘÷가속도
제3의 법칙 (작용반작용의 법칙)	물체 A가 물체 B에게 힘을 작용시키면 물체 B는 물체 A에게 반작용력을 준다. 이때 작용력과 반작용력의 크기는 똑 같고 방향은 정반대이다. 작용력 = –반작용력

5 운동량과 충격량

▶ 운동량

⑧ 운동하는 물체의 운동 세기를 운동량이라고 하며, 스칼라량이다(트레이닝에서 말하는 운동량과 역학에서 말하는 운동량은 다르다).

운동량 =물체의 질량(m)×운동속도(v)

⑧ 운동하고 있는 물체를 가만히 내버려두면 질량이 변하지 않고 속도도 변하지 않는데(운동량이 변하지 않음), 이것이 **운동량보존의 법칙**이다.

⑧ 이론적으로는 운동량이 보존되지만 실제로는 마찰력 등 무엇인가 방해꾼 때문에 운동량이 약간 손실될 수밖에 없지만 손실되는 운동량은 무시하기로 한다.

⑧ 앞으로 달려가다가 위로 뛰어올랐다고 하자. 만약 앞으로 달려가던 운동량이 보존되지 않는다고 하면 위로 올라가기만 하고 앞으로는 더 이상 가지 말아야 한다. 그런 경우가 생기면 운동을 할 수 있겠는가?

▶ 충격량

⑧ 운동하고 있는 두 물체가 충돌하면 둘 다 충격을 받는데, 그 크기를 충격량이라고 한다.

충격량 =충격력×충돌해서 서로 붙어 있던 시간의 길이(작용시간)
=충돌 후 운동량−충돌 전 운동량
=운동량의 변화량

⑧ 자동차와 사람이 충돌했다고 가정하고 사람만 생각하여 보자. 사람이 왜 충격을 받았는가? 자동차로부터 어떤 힘을 받았기 때문이다. 그 힘을 **충격력**이라고 한다. 자동차와 사람이 순간적으로 충돌하고 말았느냐 자동차에 질질 끌려갔느냐에 따라서도 충격량이 달라진다. 즉 충격량은 충격력과 충돌해서 서로 붙어 있던 시간의 길이에 따라서 달라진다. 그래서 **충격량 = 충격력×충돌해서 서로 붙어 있던 시간의 길이**로 계산한다.

⑧ 이번에는 자동차를 생각해보자. 자동차는 충격을 받지 않았는가? 충격을 받아서 찌그러졌다. 그러면 얼마만큼의 충격을 받았을까? 자동차가 사람에게 충격력을 주면 작용반작용의 법칙에 의해서 사람도 반드시 자동차에게 충격력을 주어야 한다. 즉 사람이 받은 충격력과 자동차가 받은 충격력은 크기가 같고 방향이 반대이다. 그리고 자동차와 사람이 붙어 있던 시간은 자동차와 사람이 무조건 똑 같다. 그러므로 자동차가 받은 충격량과 사람이 받은 충격량은 크기가 똑 같고 방향이 반대이다. 즉 자동차와 사람이 충돌하면 똑 같은 크기의 충격량을 서로 주고받는다.

⑧ 마지막으로 사람과 자동차가 충돌하기 전과 충돌한 후에 무엇이 달라졌는가? 사람과 자동차 모두 속도가 변했다. 물론 뼈가 부러지고 차가 찌그러지는 등 모양도 변했지만 모양이 변한 것까지 계산하기에는 우리들의 능력이 너무 모자라므로 모양이 변한 것은 없던 일로 한다.

⑧ 속도가 변했다는 말을 운동량이 변했다고 해도 되므로 '충돌 전과 후에는 운동량이 변한다.'고 한다. 이것을 증명하는 수식이 아주 간단하기는 하지만 잘 모르니까 그냥 "충돌 전과 후에 운동량이 달라진 크기와 물체가 받은 충격량의 크기는 같다."고 외워두자.

6 탄성

탄성이란	어떤 물체가 외력에 의해 변형되었다가 외력이 제거되면 원형으로 되돌아가려는 성질
탄성의 형태	완전탄성 : 충돌 전과 후의 상대속도가 같을 때. 탄성계수 1. 예 :당구 불완전탄성 : 충돌한 다음에 에너지가 손실되어 속도가 작아질 때. 탄성계수 0~1. 예 : 대부분의 스포츠
완전비탄성충돌	충돌 후 상대속도가 0일 때. 탄성계수 0. 예 : 양궁

$$\text{탄성계수} = \frac{\text{충돌 후 상대속도}}{\text{충돌 전 상대속도}}$$

각운동의 운동역학적 분석

1 토크(모멘트)

토크란	물체가 회전하도록 하는 원인이 되는 것. 인체지레는 하나의 축이 중심이 되어 회전하기 때문에 항상 토크(torque, 회전력=비틀림모멘트)를 생성한다.
토크의 계산	힘×모멘트팔 힘의 토크(=힘의 모멘트=힘의 회전능률)=힘의 크기×힘팔의 길이(받침점에서 힘점까지의 거리) 저항의 토크(=저항의 모멘트=저항의 회전능률)=저항력×저항팔의 길이(받침점에서 저항점까지의 거리)
토크의 생성	내력(내적 토크) : 물체가 외부에서 힘을 받을 때 스스로 모양을 유지하기 위해 내부에서 버티는 힘 외력(외적 토크) : 물체가 외부에서 받는 힘.

2 관성모멘트

관성이란	물체가 외부로부터 힘을 받지 않을 때 처음의 운동상태를 유지하려는 성질
관성모멘트	회전하는 물체가 회전을 계속하려고 하는 성질의 크기
관성의 크기 결정요인	물체의 질량 : 질량이 클수록 물체의 관성도 크다. 질량 분포 : 회전축에 대한 그 물체의 질량 분포상태
모멘트 팔	모멘트 팔 : 회전축과 힘선 사이의 가장 짧은 거리(수직거리) 단축성 수축 : 순토크와 관절운동이 같은 방향으로 일어나는 토크. 근육의 길이가 짧아진다. 등척성 수축 : 근육의 길이가 변하지 않고 근육의 장력이 발생함. 관절의 움직임은 없다. 신장성 수축 : 관절운동의 반대방향으로 일어나는 토크. 근육이 길어진다.

3 뉴턴의 각운동법칙

제1법칙 (각관성의 법칙)	» 선운동 : 힘이 작용하지 아니하면 정지하여 있던 물체는 계속 정지하여 있고, 직선운동하던 물체는 같은 빠르기로 직선운동을 계속한다. » 각운동 : 토크가 작용하지 아니하면 정지하여 있던 물체는 계속 정지하여 있고, 각운동하던 물체는 같은 빠르기로 각운동을 계속한다.

제2법칙 (각가속도의 법칙)	» 선운동 : 힘이 작용하면 가속도가 생긴다. 가속도는 힘의 크기에 비례하고, 질량에 반비례한다. 선운동=질량×선가속도 » 각운동 : 토크가 작용하면 각가속도가 생긴다. 각가속도는 토크의 크기에 비례하고, 관성모멘트에 반비례한다. 각운동토크=관성모멘트×각가속도
제3법칙 (각반작용의 법칙)	» 선운동 : A가 B에게 힘 F를 작용하면 B는 A에게 반작용력 -F를 준다. » 각운동 : A가 B에게 토크 T를 작용하면 B는 A에게 반작용토크 -T를 준다.
선운동과 각운동의 차이점	» 선운동은 질량이 관성을 나타내고, 각운동은 관성모멘트가 관성을 나타낸다. » 선운동은 힘이 작용하면 가속도가 생기고, 각운동은 토크가 작용하면 각가속도가 생긴다.

4 각운동량과 회전충격량

각운동량	» 회전하는 물체가 가지고 있는 운동의 양(회전운동의 양) » 각운동량=관성모멘트×각속도=질량×회전반경^2×각속도
회전충격량	» 주어진 시간 동안 가해진 회전력(토크)의 총량 » 각충격량=토크×작용시간

5 각운동량의 보존과 전이

보존	» 각운동량에서 전이가 발생할 때 순수한 외적 토크가 가해지지 않는다면 전체각운동량은 일정하게 보존됨.
전이	» 물체 내에서 운동량이 재분배되는 과정임.
각운동과 선운동의 차이점	» 각운동이나 선운동 모두 운동량보존의 법칙이 성립됨. » 선운동의 관성은 질량이고, 질량은 변하지 않는다. » 그런데 각운동의 관성은 관성모멘트이고, 관성모멘트는 취하는 자세에 따라서 언제 어디서나 쉽게 변한다.

6 구심력과 원심력

구심력	» 곡선을 따라 움직이는 물체에 존재하는 힘. 즉 원의 중심을 향하는 힘. 구심력=질량×반지름×각속도^2($F=mr\omega^2$)
원심력	» 구심력과 크기는 같고 방향은 반대인 힘.

필수 및 심화 문제

필수문제

01 힘(force)에 대한 설명으로 옳지 않은 것은?

① 힘은 움직임을 일으키는 원인이다.
② 힘의 3요소는 크기, 방향, 작용점이다.
③ 힘의 단위는 N(newton)이다.
④ 힘은 크기가 0보다 큰 스칼라(scalar)량이다.

■힘은 물체의 모양이나 운동상태를 변화시키는 원인이며, 벡터량이다.

심화문제

02 보기에서 힘(force)에 관한 설명으로 옳은 것을 모두 고른 것은?(2024)

보기
ㄱ. 움직임을 일으키는 원인으로 에너지이다.
ㄴ. 질량과 가속도의 곱으로 결정된다.
ㄷ. 단위는 N(Newton)이다.
ㄹ. 크기를 갖는 스칼라(scalar)이다.

① ㄱ, ㄴ　② ㄱ, ㄹ　③ ㄴ, ㄷ　④ ㄷ, ㄹ

■힘=질량×가속도(ㄴ)
■단위=N(뉴턴)(ㄷ)

03 힘(force)에 관한 설명으로 옳지 않은 것은?

① 벡터(vector)이다.　② 단위는 m/s이다.
③ 중력(gravitational force)은 힘이다.
④ 내력(internal force)과 외력(external force)으로 구분할 수 있다.

■힘의 단위는 뉴턴(N)이다.

04 작용력과 반작용력에 대한 설명이다. 틀린 것은?

① 지면으로부터 받는 반작용력을 지면반력이라 한다.
② 작용력이 있으면 반드시 반작용력이 있다.
③ 작용력과 반작용력은 크기가 같고 방향이 반대이다.
④ 작용력+반작용력=0이므로 운동에 아무런 영향도 미치지 않는다.

■작용력과 반작용력은 다른 물체에 작용하는 힘이기 때문에 더하면 안 된다.

05 팔굽혀펴기 동작을 설명한 것이다. 틀린 것은?

① 힘팔의 길이가 저항팔의 길이보다 길다.
② 몸무게보다 작은 힘으로 몸을 움직일 수 있다.
③ 팔에서 소비되는 에너지보다 한 일의 양이 더 많다.
④ 2종지레이다.

■힘이나 거리에는 손해 또는 이득이 있을 수 있지만, 소비한 에너지와 한 일은 항상 같다.

정답　01 : ④, 02 : ③, 03 : ②, 04 : ④, 05 : ③

필수문제

06 운동학적(kinematic) 및 운동역학적(kinetic) 변인에 대한 설명으로 옳지 않은 것은?

① 질량(mass)은 크기만을 갖는 물리량이다.
② 시간(time)은 크기만을 갖는 물리량이다.
③ 힘(force)은 크기만을 갖는 물리량이다.
④ 거리(distance)는 시작점에서 끝점까지 이동한 궤적의 총합으로 크기만을 갖는 물리량이다.

■③ 힘은 물체의 모양이나 운동상태를 변화시키는 근원으로 크기·방향·작용점의 3요소를 가진 벡터량이다.
· 스칼라량 : 숫자로 표시되는 크기에 단위만을 붙인 물리량(길이, 질량, 시간, 속력 등)
· 벡터량 : 크기와 방향을 함께 갖는 물리량(힘, 속도, 변위 등)

심화문제

07 힘을 그림으로 나타내려고 할 때 표시하지 않아도 되는 것은?

① 작용점 ② 크기 ③ 방향 ④ 근원(source)

■힘의 3요소는 힘의 크기, 방향, 작용점이다.

필수문제

08 보기의 그림에 제시된 덤벨 컬(dumbbell curl) 운동에서 팔꿈치관절각도(θ)와 팔꿈치관절에 발생되는 회전력(torque)의 관계를 옳게 나타낸 그래프는? (단, 덤벨 컬 운동은 등각속도 운동임)

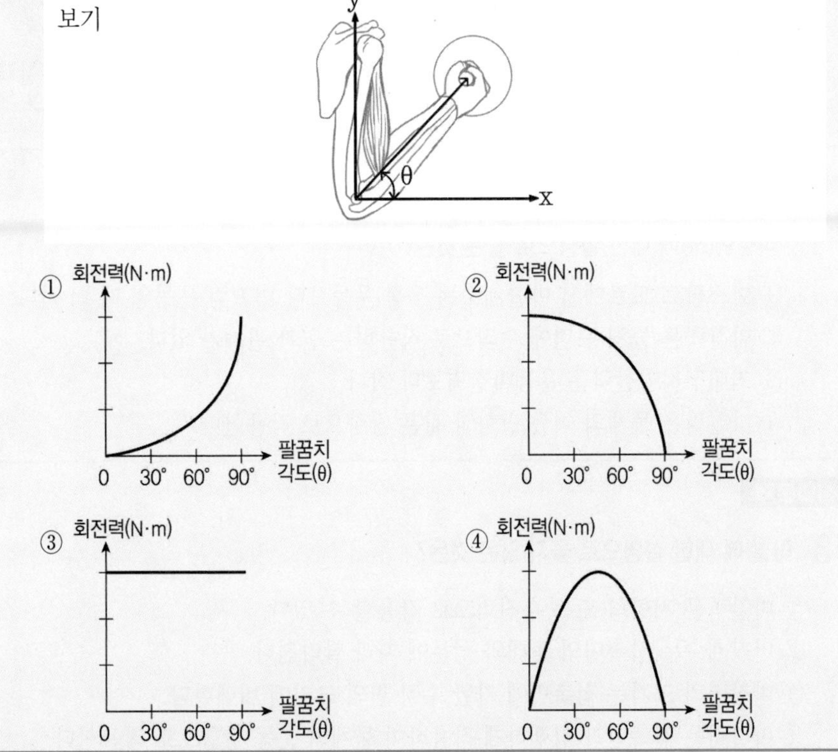

■덤벨 컬 운동은 덤벨을 수평으로 든 상태(x축)에서 덤벨을 위팔(y축)까지 들어올리는 운동이다.
■회전력은 회전축(팔꿈치)에서 덤벨까지의 수평거리가 멀수록 커진다. 따라서 회전력의 단위는 힘(N)×거리(m)이다.
■팔꿈치를 굽혔다 펴는 동작에서 관절 안쪽의 각도가 90°일 때 회전력이 가장 크다. 안쪽 각도가 90°일 때 문제에서의 팔꿈치 외측 각도(θ)는 0°이며, 90°에 가까워질수록 회전력은 감소한다. 따라서 팔꿈치의 각도가 작아질수록 회전력이 감소하는 ②가 옳다.

정답 06 : ③, 07 : ④, 08 : ②

운동역학

심화문제

09 **800N 바벨을 정지상태에서 위로 올린 후 다시 정지시키는 벤치프레스 동작에서 바벨에 가한 시간-수직 힘크기 그래프로 가장 옳은 것은?**

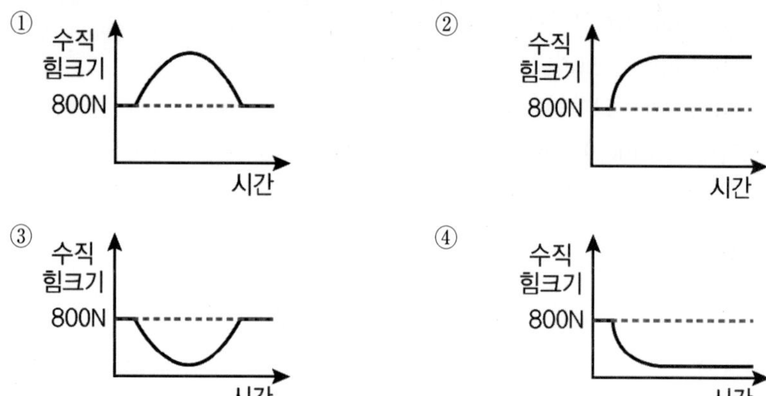

■바벨을 가만히 들고 있으면 바벨의 무게인 800N의 힘이 필요하고, 위로 올리려면 800N보다 더 큰 힘이 필요하다. 바벨을 밀어 올리다가 정지시키려면 속도를 줄이기 위해서 힘을 주려야 하고, 다시 정지하려면 800N의 힘만 있으면 된다.

10 **힘의 3가지 요소에 해당되지 않는 것은?**

① 힘의 작용시간 ② 힘의 작용점 ③ 힘의 방향 ④ 힘의 크기

■힘의 작용시간에 따라 달라지는 것은 충격량이다.

필수문제

11 **인체가 운동할 때 외력이 아닌 것은?**

① 중력 ② 지면반력 ③ 근력 ④ 공기마찰력

■근력은 자신이 내는 힘이므로 내력이다.

필수문제

12 **마찰력(F_f)에 대한 설명으로 옳은 것은?**

① 아스팔트 도로에서 마찰계수는 구름 운동보다 미끄럼 운동일 때 더 작다.
② 마찰력은 물체 표면에 수직으로 작용하는 힘과 관계가 있다.
③ 최대정지마찰력은 운동마찰력보다 작다.
④ 마찰력은 물체의 이동 방향과 같은 방향으로 작용한다.

■② 마찰력 = 마찰계수×수직반력(반작용의 힘)
■마찰력은 수직반력의 힘과 관계가 있다.
■① 구름운동(구름마찰력)은 미끄럼운동(미끄럼마찰력)보다 크다.
■③ 최대정지마찰력은 운동마찰력보다 크다.
■④ 마찰력은 물체의 이동 방향의 반대방향으로 작용한다.

심화문제

13 **'마찰'에 대한 설명으로 옳지 않은 것은?**

① 마찰력은 저항력 또는 추진력으로 작용할 수 있다.
② 마찰계수는 접촉면의 형태와 성분에 따라 달라진다.
③ 마찰력의 크기는 접촉면에 가한 수직 힘의 크기에 비례한다.
④ 마찰력은 접촉면과 평행하게 작용하며 물체의 운동 방향으로 작용한다.

■④ **마찰력**은 접촉면에 작용하는 힘이며, 물체의 운동 방향과 반대 방향으로 작용한다.

정답 09 : ①, 10 : ①, 11 : ③, 12 : ②, 13 : ④

운동역학

14 마찰력에 대한 설명 중 옳은 것은?

① 마찰력의 크기는 마찰계수와 접촉면에 수평으로 가해진 힘의 곱이다.
② 접촉면의 형태와 성분(재질)은 마찰계수에 영향을 미친다.
③ 최대정지마찰력은 운동마찰력보다 작다.
④ 마찰력은 추진력으로 작용할 수 없다.

■ ①은 수직으로 가해진 힘, ③의 최대정지마찰력은 운동마찰력보다 크다. ④ 육상의 스타트에서는 마찰력이 추진력으로 작용하기도 한다.

15 스키 활강 경기에서 설면의 마찰력에 대한 설명이다. 옳은 것은?

① 마찰력은 수직하방으로 작용한다.
② 스키선수의 체중이 무거울수록 마찰력이 커진다.
③ 정지하고 있을 때보다 움직이고 있을 때의 마찰력이 더 크다.
④ 스키의 길이가 길수록 마찰력이 커진다.

■ ① 마찰력은 뒤로 작용한다.
③ 운동마찰력이 정지마찰력보다 작다.
④ 스키의 길이와 마찰력은 아무 상관도 없다.

16 마찰력에 관한 설명으로 옳지 않은 것은?

① 마찰력은 추진력으로 작용될 수 없다.
② 최대정지마찰력은 운동마찰력보다 크다.
③ 마찰계수는 접촉면의 형태에 영향을 받는다.
④ 마찰력은 마찰계수와 접촉면에 수직으로 작용한 힘의 곱으로 구한다.

■ 마찰력은 추진력으로 작용될 수도 있다. 예 : 정지마찰력은 자동차를 앞으로 가게 하는 추진력도 있다.

17 마찰력의 크기와 관계가 없는 것은?

① 접촉면의 재질　　② 접촉면의 습도
③ 접촉면의 면적　　④ 접촉면의 온도

■ 접촉면의 면적은 마찰력의 크기와 관계가 없다.

18 힘의 종류에 대한 설명 중 바르지 못한 것은?

① 추진력은 운동을 유발하는 힘이다.
② 저항력은 운동을 방해하는 힘이다.
③ 양력은 '떠오르게 하는 힘'으로 중력에 반대되는 힘이다.
④ 탄성력은 접촉면의 형태, 성분 등에 의해 결정되는 힘이다.

■ 접촉면의 형태 · 성분 등에 의해서 결정되는 힘은 마찰력이다.

필수문제

19 수영할 때 작용하는 힘에 관한 설명이다. 틀린 것은?

① 몸과 수면이 평행할 때가 직각일 때보다 물의 저항력이 작다.
② 부력 때문에 체중이 가벼워진다.
③ 물에서는 부력만 작용하고 중력은 작용하지 않는다.
④ 숨을 들이마시면 부력이 더 커진다.

■ 지구상에서 중력이 작용하지 않는 곳은 없다.

정답　14 : ②, 15 : ②, 16 : ①, 17 : ③, 18 : ④, 19 : ③

운동역학

심화문제

20 바르게 설명한 것은?

① 근력은 항상 중력의 반대방향으로 작용한다.
② 부력은 항상 중력의 반대방향으로 작용한다.
③ 양력은 항상 중력의 반대방향으로 작용한다.
④ 마찰력은 항상 중력의 반대방향으로 작용한다.

■비행기의 양력은 중력의 반대방향이지만, 경주용 자동차의 양력은 중력방향이다.

필수문제

21 보기의 ㉠~㉣에 들어갈 내용이 바르게 제시된 것은?(2024)

보기
» (㉠)가 커질수록 부력도 커진다.
» (㉡)가 올라갈수록 부력은 작아진다.
» (㉢)는 수중에서의 자세 변화에 따라 달라진다.
» (㉣)은 물에 잠긴 신체의 부피에 비례하여 수직으로 밀어 올리는 힘이다.

	㉠	㉡	㉢	㉣
①	신체의 밀도	신체의 온도	무게중심의 위치	부력
②	유체의 밀도	신체의 온도	무게중심의 위치	항력
③	신체의 밀도	물의 온도	부력중심의 위치	항력
④	유체의 밀도	물의 온도	부력중심의 위치	부력

■㉠ **유체의 밀도**가 커질수록 부력도 커진다. 예를 들면 공기의 밀도는 물의 약 1/775에 불과하므로 공기 중에서는 뜨지 못한다.
■㉡ **물의 온도**가 올라갈수록 밀도가 작아지므로 부력도 작아진다.
■㉢ 인체는 자세에 따라 무게중심점이 변하므로 **부력중심의 위치** 역시 자세에 따라 달라진다.
■㉣ **부력**이란 '뜨게 하는 힘'이란 뜻으로, 무조건 윗방향으로 작용한다.

필수문제

22 보기에서 항력과 관련된 설명으로 옳은 것만 고른 것은?(2024)

보기
ㄱ. 육상의 원반 투사 시, 최적의 공격각(attack angle)은 $\frac{\text{항력}}{\text{양력}}$이 최대일 때의 각도이다.
ㄴ. 야구에서 투구 시 공에 회전을 넣어 커브 구질을 만든다.
ㄷ. 파도와 같이 물과 공기의 접촉면에서 형성된 난류에 의하여 발생하기도 한다.
ㄹ. 날아가는 골프공의 단면적(유체의 흐름방향에 수직인 물체의 면적)에 비례한다.

① ㄱ, ㄴ　② ㄱ, ㄹ　③ ㄴ, ㄷ　④ ㄷ, ㄹ

■(ㄱ) 원반을 던질 때의 최적각은 양력/항력이 최대일 때의 각도임.
■(ㄴ) 커브볼은 마그누스의 효과를 이용하여 던진다(**마그누스 효과** : 물체가 회전하면서 유체를 통과할 때 물체 외부에 발생하는 압력차이에 의하여 물체의 이동경로가 변한다는 이론).

정답 20 : ②, 21 : ④, 22 : ④

심화문제

23 유체 속에서 운동하는 물체가 있을 때 항상 운동하는 반대방향으로 작용하는 힘은?

① 부력 ② 압력 ③ 양력 ④ 항력

■ 유체의 마찰력을 항력이라 하는데, 마찰력은 항상 반대방향으로 생긴다.

필수문제

24 양력에 대한 설명으로 옳지 않은 것은?

① 양력은 물체가 이동하는 방향의 반대 방향으로 작용한다.
② 양력은 베르누이 원리(Bernoulli principle)로 설명된다.
③ 양력은 형태의 비대칭성, 회전(spin) 등에 의해 발생한다.
④ 양력은 물체의 중심선과 진행하는 방향이 이루는 공격각(angle of attack)에 의해 발생한다.

■ ① 양력은 이동하는 물체 주변에 있는 유체의 상대속도 차이에 의해 물체가 이동하는 방향에 수직으로 작용한다.

심화문제

25 스핀을 주면서 공을 찼더니 공이 휘어져 나갔다. 휘어지게 한 힘과 가장 가까운 것은?

① 마찰력 ② 중력 ③ 부력 ④ 양력

■ 보통 마그누스효과라고 한다.

26 지면에 놓여 있는 질량 150kg인 물체에 2,000N의 힘을 수직상방으로 작용시켰다. 옳은 것은?

① 물체는 계속해서 정지하여 있다. ② 물체는 위로 올라간다.
③ 물체는 앞으로 간다. ④ 물체는 위·앞으로 간다.

■ 물체에 작용하는 중력은 150×9.8=1,470N이다.

필수문제

27 그림의 야구 투구에서 공의 회전방향과 마구누스 힘(Magunus force)의 방향이 바르게 연결된 것은?

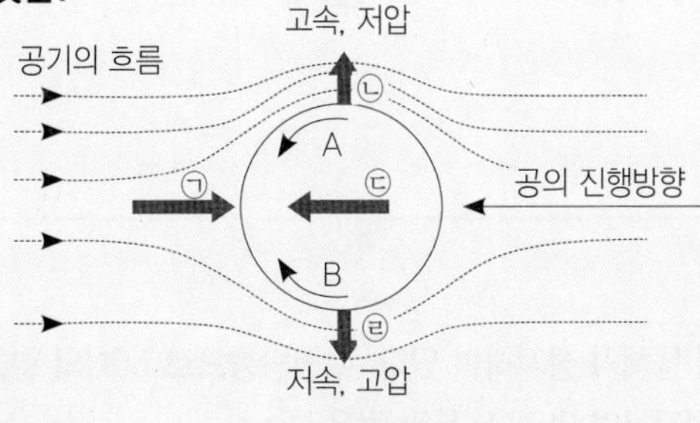

	공의 회전방향	마구누스 힘의 방향
①	A	㉠
②	B	㉡
③	A	㉢
④	B	㉣

■ 회전하며 돌아가는 공의 위아래쪽의 압력 차이에 의해 공의 경로가 굽어지는 현상이 마그누스의 효과이다. 공은 회전방향에서는 공기(유체)와 충돌하므로 저속·고압상태가 되며, 반대방향으로는 공기의 흐름과 같은 방향으로 회전하여 고속·저압상태가 되므로 B 방향으로 회전한다. 마그누스 힘의 방향은 고압쪽에서 저압쪽이 되므로 ㉡이다.

정답 23 : ④, 24 : ①, 25 : ④, 26 : ②, 27 : ②

심화문제

28 **마그누스 효과(Magnus effect)에 관한 내용이 아닌 것은?**

■마그누스 효과는 회전하는 물체가 공기 중에 비행할 때 진로가 변화는 것이므로 ①에 해당되지 않는다.

① 레인에서 회전하는 볼링공의 경로가 휘어지는 현상
② 커브볼로 투구된 야구공의 경로가 휘어지는 현상
③ 사이드스핀이 가해진 탁구공의 경로가 휘어지는 현상
④ 회전(탑스핀)이 걸린 테니스공이 아래로 빠르게 떨어지는 현상

29 **보기의 ㉠, ㉡에 알맞은 내용으로 연결된 것은?**

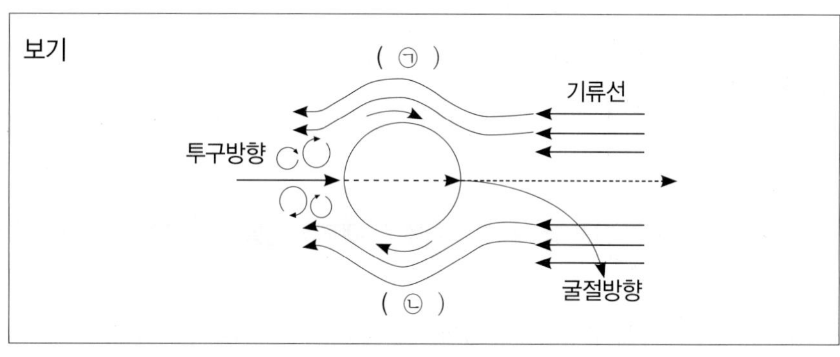

■공은 저기압쪽으로 휘어진다. 기류의 속도가 느리면 고기압이다. 그러므로 ㉡은 저기압이고, 저기압이니까 기류의 속도가 빠르다. ㉠은 고기압이고, 기류의 속도가 느리다.

	㉠	㉡
①	고기압대 - 기류감속	저기압대 - 기류가속
②	고기압대 - 기류가속	저기압대 - 기류감속
③	저기압대 - 기류감속	고기압대 - 기류가속
④	저기압대 - 기류가속	고기압대 - 기류감속

필수문제

30 **수평면 위에 물체가 정지하여 있다. 수평방향으로 50N의 힘을 작용시켰더니 물체가 그대로 정지하여 있었다. 틀린 것은?**

■작용력과 마찰력의 합은 0이기 때문에 물체가 움직이지 않는다. 반작용력은 물체에 작용하는 힘이 아니고 물체를 민 사람에게 작용하는 힘이다.

① 작용력의 크기가 50N이다.
② 마찰력의 크기가 50N이다.
③ 반작용력의 크기도 50N이다.
④ 작용력과 반작용력이 서로 반대방향이므로 물체가 움직이지 않는다.

정답 28 : ①, 29 : ①, 30 : ④

운동역학

필수문제

31 **보기의 ㉠, ㉡에 알맞은 내용은?**

보기
충격량은 질량과 속도의 곱인 (㉠)의 변화량이며, 가해진 (㉡)과(와) 접촉시간의 곱이다.

	㉠	㉡		㉠	㉡
①	토크	관성모멘트	②	토크	충격력
③	운동량	관성모멘트	④	운동량	충격력

■ 운동량=질량×속도
■ 충격량=충격력×충돌해서 서로 붙어 있던 시간의 길이(접촉시간)

심화문제

32 **동일한 조건에서 크기가 같은 무거운 공(0.50kg)과 가벼운 공(0.25kg)이 날아갈 때 운동량에 대한 설명으로 바른 것은?**

① 같은 속도로 날아오는 무거운 공과 가벼운 공의 운동량은 같다.
② 같은 공으로 속도를 다르게 해서 던져도 운동량은 같다.
③ 같은 속도로 날아오는 무거운 공과 가벼운 공의 운동량은 다르다.
④ 같은 공으로 속도를 같게 던져도 운동량은 다르다.

■ 운동량=질량×속도이다.

33 **운동량에 대한 설명이다. 틀린 것은?**

① 질량이 클수록 운동량이 크다.
② 속도가 빠를수록 운동량이 크다.
③ 힘이 작용하지 않으면 운동량이 변하지 않는다.
④ A, B 두 물체가 충돌하였을 때 충돌 전 A의 운동량은 충돌 후 A의 운동량과 같다.

■ 충돌 전 A와 B의 운동량의 합이 충돌 후 A와 B의 운동량의 합과 같다.

34 **6m/s의 속도로 오른쪽으로 움직이는 체중 90kg인 럭비선수(A)와 7m/s의 속도로 왼쪽으로 움직이는 80kg인 선수(B)가 정면으로 충돌한다면 각 선수들의 운동량은 얼마나 되는가?**

① A 선수 560kg·m/s, B 선수 540kg·m/s
② A 선수 540kg·m/s, B 선수 560kg·m/s
③ A 선수 90kg·m/s, B 선수 80kg·m/s
④ A 선수 80kg·m/s, B 선수 90kg·m/s

■ A선수 6×90
B선수 7×80

35 **질량 50kg인 엄마가 1m/s로 걸어오고 있었다. 질량이 20kg인 아이가 엄마에게 3m/s로 달려가서 안겼더니 엄마가 아이를 안고 뒷걸음쳤다. 이것을 가장 잘 설명해주는 것은?**

① 운동량=질량×속도
② 충격량=힘×시간
③ 충돌 전의 운동량=충돌 후의 운동량
④ 충격량=나중운동량-처음운동량

■ 운동량 보존의 법칙

정답 31 : ④, 32 : ③, 33 : ④, 34 : ②, 35 : ③

36 **정지하여 있는 질량 10kg의 물체에 20N의 힘을 3초 동안 작용시켰다. 틀린 것은?**

① 2m/s^2의 가속도가 생긴다.
② 3초 후의 속도는 6m/s이다.
③ 물체가 받은 충격량은 60Ns이다.
④ 3초 후에 물체가 가지고 있는 운동량은 알 수 없다.

■ 운동량=질량×속도
10kg×6m/s
=60kgm/s

■ 각운동량=관성모멘트×각속도로 계산한다. ① 도약할 때에는 각운동량을 최대로 얻어야 하고, ② 공중동작에서는 각운동량이 보존되므로 빨리 회전하고 싶으면 관성모멘트를 작게 하고, ③ 천천히 회전하고 싶으면 관성모멘트를 크게 만든다. ④ 입수할 때 몸이 회전하면 물이 많이 튀겨서 점수를 잃게 되므로 가능한 한 관성모멘트를 크게 하고, 각속도는 최소화해야 한다.

필수문제

37 **다이빙 동작의 각 단계에서 각운동량 보존의 법칙의 적용 결과에 대한 설명으로 옳은 것은?**

① 도약 시 몸을 최대로 신전시켜서 관성모멘트를 최소화한다.
② 공중동작에서 몸을 최대로 굴곡시켜서 관성모멘트를 최대화하고 각속도를 크게 한다.
③ 공중동작에서 몸을 최대로 굴곡시켜서 관성모멘트를 최소화하고 각속도를 작게 한다.
④ 입수 시 수면과 수직방향으로 몸을 최대로 신전시켜서 관성모멘트를 최대화하고 각속도를 최소화한다.

심화문제

38 **충돌 전후의 운동량 사이의 관계를 가장 잘 설명하는 것은?(2024)**

① 관성의 법칙　② 가속도의 법칙
③ 작용-반작용의 법칙　④ 운동량 보존의 법칙

■ ① **선운동량**＝질량×속도(벡터량)
■ ③ 시간에 따른 힘 그래프에서 접선의 밑넓이가 **충격량**이다.
■ ④ 충격량이 토크로 전환되려면 각운동량과 회전충격량이 필요하다.

필수문제

39 **선운동량 또는 충격량에 관한 설명으로 옳은 것은?(2024)**

① 선운동량은 질량과 속도를 더하여 결정되는 물리량이다.
② 충격량은 충격력과 충돌이 가해진 시간의 곱으로 결정되는 물리량이다.
③ 시간에 따른 힘 그래프에서 접선의 기울기는 충격량을 의미한다.
④ 충격량이 선운동량으로 전환되기 위해서는 먼저 충격량이 토크로 전환되어야 한다.

운동역학

■ 충격량 : 어떤 물체에 짧은 시간 동안 진짜 힘이 작용하여 물체의 운동량이 변할 때, 작용하는 힘을 시간에 대해 작용하는 힘의 곡선을 적분한 값. 단위는 kg · m/s=N · s로 운동량의 단위와 같다. 충격량은 벡터량이다.

심화문제

40 **충격량(impulse)에 관한 설명으로 옳지 않은 것은?**

① 스칼라(scalar)이다.　② 단위는 kg·m/s이다.
③ 운동량(momentum) 변화의 원인이 된다.　④ 시간에 대한 힘의 곡선을 적분한 값이다.

정답　36 : ④, 37 : ④, 38 : ④, 39 : ②, 40 : ①

필수문제

41 압력과 충격량에 관한 설명 중 옳지 않은 것은?

① 유도에서 낙법은 신체가 지면에 닿는 면적을 넓혀 압력을 증가시키는 기술이다.

② 권투에서 상대방의 주먹을 비켜 맞도록 동작을 취하여 신체가 받는 압력을 감소시킨다.

③ 높은 곳에서 뛰어내릴 때 무릎관절 굽힘을 통해 충격 받는 시간을 늘리면 신체에 가해지는 충격력의 크기는 감소된다.

④ 골프 클럽헤드와 볼의 접촉구간에서 충격력을 유지하면서 접촉시간을 증가시키면 충격량은 증가하게 된다.

■① 유도의 낙법은 작용시간을 길게 할 수 없을 때 충격량을 분산시켜 압력을 감소시키는 기술이다.
※ 충격량은 작용시간이 단축되면 증가한다.
※ 압력 $P = \frac{F(힘)}{A(면적)}$

필수문제

42 보기에서 물리량에 대한 설명으로 옳은 것만 고른 것은?(2024)

보기
ㄱ. 압력은 단위면적당 가해지는 힘이며 벡터이다.
ㄴ. 일은 단위시간당 에너지의 변화율이며 벡터이다.
ㄷ. 마찰력은 두 물체의 마찰로 발생하는 힘이며 스칼라이다.
ㄹ. 토크는 회전을 일으키는 효과이며 벡터이다.

① ㄱ, ㄴ　② ㄱ, ㄹ　③ ㄴ, ㄷ　④ ㄷ, ㄹ

■ 일은 힘을 들여서 물체의 위치를 변동시키는 것으로 **스칼라**이다.
■ 마찰력은 한 물체를 움직이거나 다른 표면으로 가로질러 움직일 때 일어나는 힘으로 **벡터**이다.
※**스칼라** : 크기만 있다. 돈, 일, 숫자, 거리, 속력, 질량
벡터 : 방향과 크기가 있다. 힘, 토크, 변위, 속도, 무게

심화문제

43 보기의 ㉠, ㉡에 들어갈 용어가 바르게 연결한 것은?

보기
농구선수는 양손 체스트패스 캐치 동작에서 공을 몸쪽으로 당겨 받는다. 그 과정에서 공을 받는 (㉠)은 늘리고 (㉡)은 줄일 수 있다.

	㉠	㉡
①	시간	충격력(impact force)
②	충격력	시간
③	충격량(impulse)	시간
④	충격력	충격량

■ 충격력을 적게 하려면 질량이나 속도의 변화량을 적게 해야 한다. 여기에서 농구공(질량)은 변화시킬 수 없으므로 속도 변화량을 적게 해야 한다(p. 163 참조).

44 힘×시간으로 측정되는 양은?

① 충격력　② 충격량　③ 운동량　④ 관성량

정답　41 : ①, 42 : ②, 43 : ①, 44 : ②

운동역학

45 그림은 A 선수와 B 선수가 제자리에서 수직점프 후 착지할 때 착지구간에서 시간에 따른 수직 힘의 변화를 나타내는 그래프이다. 이에 관한 설명으로 옳은 것은?(단, 가와 나의 면적은 동일)

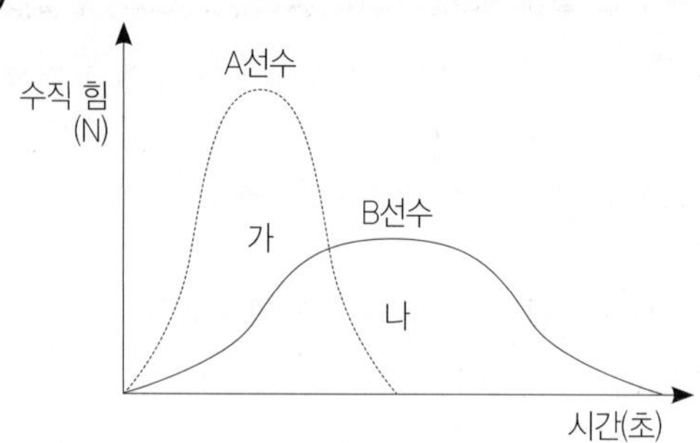

① A 선수와 B 선수의 수직 충격량은 동일하다.
② A 선수와 B 선수에서 수직 운동량의 변화량은 다르다.
③ A 선수와 B 선수의 수직 충격력이 다르기 때문에 수직 충격량이 다르다.
④ A 선수와 B 선수의 수직 힘의 작용시간이 다르기 때문에 수직 충격량이 다르다.

■① 가와 나의 면적이 동일하므로 두 선수의 수직 충격량은 같다.
■② 운동량의 변화량은 충격력과 같으므로 두 선수의 운동량의 변화량은 같다.
■③ 수직 충격력은 다르지만, 수직 충격량은 같다.
■④ 수직 힘의 작용시간은 다르지만, 수직 충격량은 같다.

46 복싱경기에서 면적이 넓은 글러브를 사용하면 면적이 작은 글러브나 맨주먹보다 신체에 가해지는 (　)을 분산시켜 상해를 예방할 수 있다. 다음 중 (　)에 해당하는 것은?

① 근력　　② 마찰력
③ 충격력　　④ 중력

■압력이라고 해도 되지만, 보통은 충격력이라고 한다.

47 물체에 힘을 가할 때 충격량(impulse)의 크기가 다른 것은?

① 한 사람이 2초 동안 30N의 일정한 힘을 가했을 때
② 한 사람이 3초 동안 20N의 일정한 힘을 가했을 때
③ 한 사람이 4초 동안 15N의 일정한 힘을 가했을 때
④ 한 사람이 2초 동안 40N의 일정한 힘을 가했을 때

■충격량=충격력×충돌해서 붙어 있던 시간의 길이

48 54m/s로 날아오는 질량 0.06kg인 테니스공을 라켓으로 쳤더니 반대 방향으로 66m/s로 날아갔다. 라켓이 테니스공에 가한 충격량의 크기는?

① 3.24NS　　② 3.34NS
③ 6.58NS　　④ 7.2 NS

■충격량=운동량의 변화량=질량×속도의 변화량. 즉 0.06×{66−(−54)}=0.06×120=7.2 kg·m/s =7.2 NS

49 0.2kg의 야구공이 40m/s로 날아오는 것을 배트로 쳤더니 반대방향으로 60m/s의 속력으로 날아갔다. 배트로 야구공에 가한 충격량은?

① 20N　　② 20kg·m/s　　③ 20J　　④ 20cal

■①은 힘, ②는 운동량 또는 충격량, ③은 일 또는 에너지, ④는 열량의 단위이다.

정답 45 : ①, 46 : ③, 47 : ④, 48 : ④, 49 : ②

필수문제

50 반발계수(coefficient of restitution)에 관한 설명으로 적절하지 않은 것은?

① 0부터 1 사이의 값이다.
② 두 물체 간의 충돌 전후의 상대속도의 비율로 측정한다.
③ 공을 떨어뜨린(drop) 높이와 공이 지면에서 튀어 오른(bounce) 높이의 차이 값이다.
④ 완전탄성충돌(perfectly elastic colision)의 반발계수는 1이다.

▪반발계수 : 두 물체가 충돌하여 반발할 때 충돌 전의 상대속도와 충돌 후의 상대속도와의 비율. 즉 충돌 전의 두 물체가 가까워지는 속력과 충돌 후 두 물체가 멀어지는 속력의 비율
▪완전탄성충돌 : 원자나 공기분자들 간의 충돌. 역학적 에너지가 보존됨. 반발계수=1
▪완전비탄성충돌 : 충돌 후 두 물체가 한 덩어리가 되는 것. 반발계수=0
▪비탄성충돌 : 주변에서 발생하는 대부분의 충돌. 반발계수는 0과 1 사이.

필수문제

51 충돌에 관한 설명으로 옳지 않은 것은?

① 탄성(elasticity)은 충돌하는 물체의 재질, 온도, 충돌 강도 등에 따라 그 정도가 달라진다.
② 탄성은 어떠한 물체에 힘이 가해졌을 때, 그 물체가 변형되었다가 원래 상태로 되돌아가려는 성질을 말한다.
③ 복원계수(반발계수, coefficient of restitution)는 단위가 없고 0에서 1 사이의 값을 갖는다.
④ 농구공을 1 m 높이에서 떨어뜨려 지면으로부터 64cm 높이까지 튀어 올랐을 때의 복원계수는 0.64이다.

▪④ 반발계수(복원계수, 충돌계수) $= \frac{\text{충돌 후의 상대속도}}{\text{충돌 전의 상대속도}}$로 계산하는데, 이 조건으로는 복원계수를 알 수 없다.

필수문제

52 그림과 같이 공이 지면(수평 고정면)에 충돌하는 상황에 관한 설명으로 옳은 것은? (단, 공의 충돌 전 수평속도 및 수직속도는 같음)

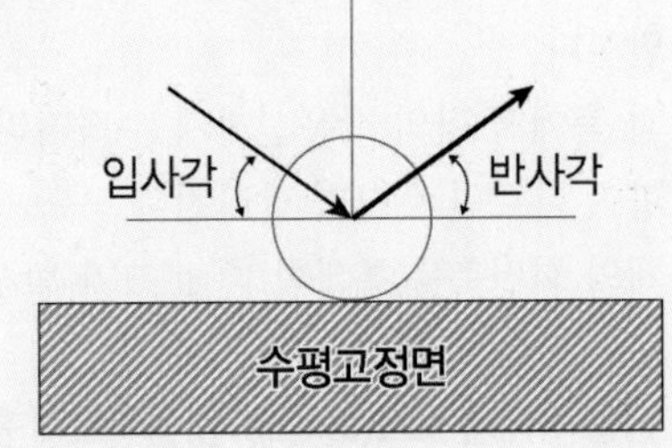

① 충돌 후, 무회전에 비해 백스핀된 공의 수평속도가 크다.
② 충돌 후, 무회전에 비해 톱스핀된 공의 수직속도가 크다.
③ 충돌 후, 무회전에 비해 톱스핀된 공의 반사각이 크다.
④ 충돌 후, 무회전된 공과 백스핀된 공의 리바운드 높이는 같다.

▪①과 ②는 수평속도와 수직속도가 바뀌었고, ③은 반사각이 작아진다. ④는 백스핀된 공의 리바운드 높이는 회전이 없는 공보다 높이가 높다(박성순 외(2010). 운동역학 전정판. 대경북스. p. 290).

정답 50 : ③, 51 : ④, 52 : 없음

심화문제

53 탁구공과 농구공을 같은 높이에서 책상 위에 떨어뜨렸더니 탁구공이 많이 튀어올랐다. 이 현상을 가장 잘 설명하는 것은?

① 탁구공이 농구공보다 탄성이 좋다.
② 농구공이 탁구공보다 무겁다.
③ 농구공의 마찰계수가 탁구공보다 크다.
④ 탁구공은 속이 비어 있고, 농구공은 속에 공기가 들어 있다.

필수문제

54 토크(torque)를 결정하는 2가지 요소는?

① 작용하는 힘, 모멘트 암
② 이동한 속도, 경사각도
③ 모멘트 암, 이동한 속도
④ 작용하는 힘, 이동한 속도

■ 토크=힘의 세기×힘팔(또는 저항팔)

심화문제

55 윗몸일으키기를 할 때 두 팔로 머리를 감싸는 자세를 취하면 두 팔을 가슴에 얹어놓는 자세를 취할 때에 비해서 힘이 더 든다. 그 이유는?

① 회전해야 할 각도가 증가하기 때문에
② 회전해야 할 거리가 증가하기 때문에
③ 회전에 필요한 토크가 증가하기 때문에
④ 회전에 필요한 각속도가 증가하기 때문에

56 한 축에서 발생하는 토크(torque, moment of force)에 대한 설명 중 틀린 것은?

① 토크는 회전력을 말한다.
② 토크는 가해진 힘과 축에서 힘의 작용선까지 수직거리의 곱이다.
③ 힘이 작용하는 방향이 다르면 토크가 달라진다.
④ 힘의 작용선이 물체의 회전축을 통과할 때 토크가 발생한다.

■ 힘의 작용선이 물체의 회전축을 통과하면 토크는 무조건 0이다.

57 일상생활 또는 스포츠 상황 속에서 토크(torque)를 올바르게 활용하는 방법이 아닌 것은?

① 유도의 업어치기 시 상대와 자신의 신체중심 사이의 거리를 최대한 넓히는 것
② 볼트(bolt)를 쉽게 돌리기 위하여 렌치(wrench)를 이용하는 것
③ 테니스 서브를 강하게 하기 위해 공을 임팩트 할 때 신체를 최대한 신전하는 것
④ 역도에서 바벨을 몸의 중심에 가까이 유지하면서 들어 올리는 것

■ ①과 같이 하면 상대가 넘어지지 않는다.

정답 53 : ①, 54 : ①, 55 : ③, 56 : ④, 57 : ①

필수문제

58 보기와 같이 조건을 (A)에서 (B)로 변경하였을 때, ㉠~㉢에 들어갈 내용으로 바르게 나열한 것은?(단, 각운동량 그리고 줄과 공의 질량은 변화가 없는 것으로 가정)(2024)

보기

(A)

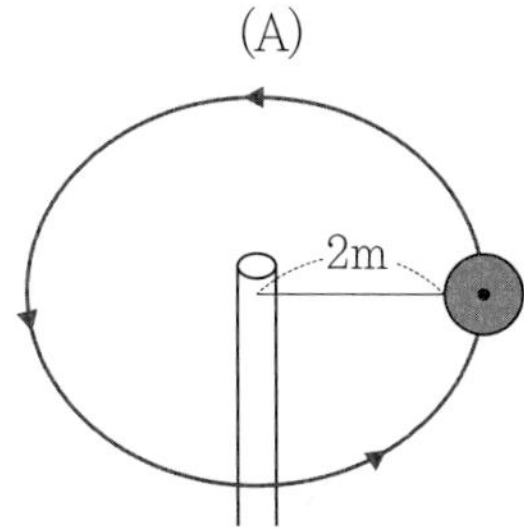

» 회전축에서 공의 중심까지 거리: 2m
» 회전속도: 1회전/sec

(B)

회전축에서 공까지의 거리를 1m로 줄이면, 회전반경이 (㉠)로 줄어들고 관성모멘트가 (㉡)로 감소하기 때문에 공의 회전속도는 (㉢)로 증가한다.

	㉠	㉡	㉢
①	$\frac{1}{2}$	$\frac{1}{2}$	2회전/sec
②	$\frac{1}{2}$	$\frac{1}{4}$	2회전/sec
③	$\frac{1}{4}$	$\frac{1}{2}$	4회전/sec
④	$\frac{1}{2}$	$\frac{1}{4}$	4회전/sec

■ 관성모멘트와 각운동량

· 관성모멘트는 회전하는 물체가 계속해서 회전하려는 성질을 유지하지 않으려는 성질임.
관성모멘트 = 질량 × 회전반지름^2

· 회전하는 물체의 운동량인 각운동량은 관성모멘트와 각속도에 비례한다.
각속도량=관성모멘트×각운동량=질량×회전반지름^2 ×각운동량

· 문제는 질량이 일정하다고 하였으므로 질량=1kg으로 가정하고 계산한다.
(A)의 회전반지름 =2m → (B)의 회전반지름=1m(1/2 감소)
(A)의 관성모멘트 $=1kg\times(2m)^2=4kg\cdot m^2$ → (B)의 관성모멘트 $=1kg\times(1m)^2=1kg\cdot m^2$(1/4감소)

· 문제에서 각운동량은 보존된다고 하였으므로 (B)의 회전속도는 다음과 같다.
(A)의 각운동량= $4kg\cdot m^2\times1$회전=4 → (B)의 각운동량 $=1kg\cdot m^2\times\chi$ 회전=4
(A)의 회전속도 : 1회전/sec → (B)의 회전속도 : 4회전/sec

필수문제

59 운동 상황에서 회전축을 중심으로 발생하는 인체의 관성모멘트(moment of inertia)에 대한 설명으로 옳지 않은 것은?

① 피겨스케이트 트리플 악셀 점프에서 팔을 몸통으로 이동시키면 관성모멘트는 감소한다.
② 다이빙 동작에서 몸을 펴면 관성모멘트는 감소한다.
③ 야구 배팅 스윙에서 배트가 몸통 가까이에 붙어 회전하면 관성모멘트는 감소한다.
④ 달리기 동작에서 발 이륙 후 무릎을 접으면 하지의 관성모멘트는 감소한다.

■ 회전동작에서 몸을 길게 만들면 관성모멘트가 커지고, 몸을 둥글게 만들면 관성모멘트가 작아진다.

정답 58 : ④, 59 : ②

필수문제

60 보기의 ㉠~㉣에 들어갈 내용을 바르게 연결한 것은?

보기
다이빙 선수의 공중회전 동작에서는 다이빙 플랫폼 이지(take-off) 직후에 다리와 팔을 회전축 가까이 위치시켜 관성모멘트를 (㉠)시킴으로써 각속도를 (㉡)시켜야 한다. 입수 동작에서는 팔과 다리를 최대한 펴서 관성모멘트를 (㉢)시킴으로써 각속도를 (㉣)시켜야 한다.

	㉠	㉡	㉢	㉣
①	증가	감소	증가	감소
②	감소	증가	증가	감소
③	감소	감소	증가	증가
④	증가	증가	감소	감소

■다이빙선수는 플랫폼 지지 시에 웅크린 자세를 취하여 관성모멘트를 **감소**시켜 각속도(1초에 몇 도 또는 몇 라디안씩 돌아가는 것)를 **증가**시켜야 한다. 반대로 입수 시에는 레이아웃 자세를 하여 관성모멘트를 **증가**시켜 각속도를 **감소**시켜야 한다.

심화문제

61 다이빙선수의 공중동작에서 발생할 수 있는 회전운동에 관한 설명으로 옳은 것은?

① 질량분포가 회전축에서 멀수록 관성모멘트는 작아진다.
② 관성모멘트는 각운동량에 비례하고 각속도에 반비례한다.
③ 회전반경의 길이는 관성모멘트의 크기에 영향을 주지 않는다.
④ 공중자세에서 관성모멘트가 달라져도 각속도는 변하지 않는다.

■각운동 시의 관성=회전관성=관성모멘트
■① 질량분포가 회전축에서 멀어질수록 관성모멘트는 커진다.
■③ 회전반경의 길이는 관성모멘트에 영향을 준다.
■④ 공중자세에서 관성모멘트가 달라지면 각속도도 변한다.

62 보기의 ㉠, ㉡에 알맞은 내용은?

보기
다이빙 선수가 전방으로 공중 회전하는 동작에서 사지를 쭉 편 레이아웃(layout) 자세보다 사지를 웅크린 턱(tuck)자세가 회전수를 (㉠)시킨다. 레이아웃자세는 신체 질량이 회전축으로부터 멀리 분포되어 있어 회전반경과 관성모멘트가 (㉡)

	㉠	㉡
①	감소	커진다.
②	증가	커진다.
③	증가	작아진다.
④	감소	작아진다.

■다이빙을 할 때 몸을 웅크리면 회전반경이 작아져 관성모멘트가 감소하여 회전수가 많아진다.
■그러나 몸을 펴면 회전반경이 커져 관성모멘트가 증가한다.

63 피겨스케이팅에서 공중회전을 하기 위해서 팔다리를 회전축에 가깝게 오므렸더니 회선반경이 1/3배가 되었다. 관성모멘트는 몇 배로 변하는가?

① 1/3배 ② 1/9배 ③ 3배 ④ 9배

■관성모멘트=질량×(회전반경)^2

정답 60 : ②, 61 : ②, 62 : ②, 63 : ②

운동역학

64 관성모멘트(moment of inertia)에 대한 설명 중 틀린 것은?

① 단위는 kg·m^2이다.
② 질량이 회전축으로부터 멀리 분포될수록 커진다.
③ 어떤 물체를 회전시키려 할 때 잘 돌아가지 않으려는 속성이다.
④ 물체의 크기, 형태, 밀도가 변해도 동일하다.

■ 같은 물체라도 회전하는 방향에 따라 회전 관성이 다르다.

65 관성과 거리가 먼 것은?

① 옷을 털면 먼지가 떨어진다.
② 트럭보다 승용차가 가속이 잘 된다.
③ 버스가 커브를 돌 때 몸이 바깥쪽으로 쏠린다.
④ 라켓을 빠르게 휘두르면 공이 빨리 날아간다.

■ ③은 원심력인데, 이것은 일종의 관성력이다.
■ ④는 가속도의 법칙과 관련이 더 깊다.

66 관성에 대한 설명 중 틀린 것은?

① 운동상태를 변화시키지 않으려고 하는 성질이다.
② 관성의 크기는 질량에 반비례한다.
③ 모든 물체는 관성을 가지고 있다.
④ 관성을 극복하려면 힘이 있어야 한다.

■ 관성의 크기는 질량에 비례한다.

67 종종 야구 배트를 효과적으로 가속시키기 위해 배트의 위쪽을 원통 모양으로 잘라내고 그 안에 코르크와 같은 가벼운 소재로 채워 넣는다. 배트의 무엇을 줄이기 위한 것인가?

① 관성 모멘트　② 배트의 회전속도　③ 탄성에너지　④ 마찰력

■ 질량이 작아지면 관성모멘트도 작아진다.

필수문제

68 보기에서 설명하는 운동법칙은?

보기
물체에 작용하는 힘의 크기가 일정할 때, 물체의 질량이 증가하면 가속도는 감소하게 된다.

① 뉴턴의 제1법칙　② 뉴턴의 제2법칙
③ 뉴턴의 제3법칙　④ 질량 보존의 법칙

■ 뉴턴의 제1법칙(관성의 법칙) : 물체에 힘을 가하지 않고 내버려두면 처음에 하고 있던 운동을 그대로 계속한다.
■ 뉴턴의 제3법칙(작용반작용의 법칙) : 두 물체가 충돌하면 똑같은 힘을 서로 주고받는다.
■ 질량보존의 법칙 : 화학반응 전후에 반응물질의 전질량과 생성물질의 전질량은 같다

정답　64 : ④, 65 : ④, 66 : ②, 67 : ①, 68 : ②

심화문제

69 다음 설명 중 틀린 것은?

■물을 뒤로 밀어서 생기는 반작용력을 이용해서 앞으로 나가므로 운동을 도와준다.

① 수영 스트로크 시 물을 뒤로 밀어서 생기는 힘은 운동을 방해한다.
② 중력은 운동을 방해할 때도 있고 도와줄 때도 있다.
③ 마찰력은 항상 운동을 방해한다.
④ 달리기를 할 때 지면반력은 추진력의 역할을 한다.

70 보기에서 설명하는 뉴턴의 운동법칙은?

보기 물체는 외부로부터 외력이 가해지지 않는 한 정지 또는 운동 상태를 계속 유지한다.

■관성의 법칙(p. 50) 참조

① 작용·반작용의 법칙　② 관성의 법칙　③ 가속도의 법칙　④ 훅의 법칙

71 운동법칙에 대한 설명이다. 항상 옳은 것이 아닌 것은?

■외부의 힘이 없어도 관성에 의해서 등속도 운동을 한다.

① 외부로부터 받는 힘의 크기가 0이면 정지하여 있는다.
② 외부로부터 힘을 받으면 가속도가 생긴다.
③ 작용력이 있으면 반드시 반작용력이 있다.
④ 작용력과 반작용력은 서로 다른 물체에 작용하는 힘이므로 합성할 수 없다.

72 근대 운동역학의 기초가 되는 세 가지 운동법칙(관성의 법칙, 가속도의 법칙, 작용-반작용의 법칙)을 발표한 학자는?

① 아리스토텔레스(Aristotle)　② 레오나르도 다빈치(Leonardo da Vinci)
③ 갈릴레오(Galileo)　④ 뉴턴(Newton)

정답 69 : ①, 70 : ②, 71 : ①, 72 : ④

필수문제

73 **다음 표에 들어갈 법칙을 바르게 나열한 것은?**

뉴턴의 운동법칙의 예
(㉠) : 버스가 급출발하거나 급정거할 경우 버스 안의 승객들이 뒤로 혹은 앞으로 쏠리는 것은 버스의 운동 변화와는 달리 승객들은 원래 운동상태를 유지하려고 한다.
(㉡) : 보트를 타고 노로 물을 뒤로 밀면 배는 앞으로 간다.
(㉢) : 자전거를 타고 페달을 강하게 밟을수록 자전거는 외력이 커져서 가속되면서 앞으로 간다.

① ㉠ 관성의 법칙 ㉡ 가속도의 법칙 ㉢ 작용반작용의 법칙
② ㉠ 가속도의 법칙 ㉡ 작용반작용의 법칙 ㉢ 관성의 법칙
③ ㉠ 작용반작용의 법칙 ㉡ 관성의 법칙 ㉢ 가속도의 법칙
④ ㉠ 관성의 법칙 ㉡ 작용반작용의 법칙 ㉢ 가속도의 법칙

■뉴턴의 운동법칙(pp. 162~163) 참조

심화문제

74 **다이빙 공중 동작을 할 때 신체의 좌우축에 대한 회전속도(각속도)의 크기가 가장 큰 동작으로 적절한 것은?(단, 각운동량(angular momentum)은 같음)**

① 두 팔과 두 다리 모두 편 자세를 취할 때
② 두 팔과 두 다리를 동시에 몸통 쪽으로 모으는 자세를 취할 때
③ 두 다리는 편 상태에서 두 팔만 몸통 쪽으로 모으는 자세를 취할 때
④ 두 팔은 편 상태에서 두 다리만 몸통 쪽으로 모으는 자세를 취할 때

■각운동량이 일정하다는 가정하에서는 회전속도를 증가시키려면 회전반경을 짧게 해야 한다.

필수문제

75 **뉴턴(I. Newton)의 3가지 법칙과 관련이 없는 것은?**(2024)

① 외력이 가해지지 않으면, 정지하고 있는 물체는 계속 정지하려 한다.
② 가속도는 물체에 가해진 힘에 비례한다.
③ 수직 점프를 할 때, 지면을 강하게 눌러야 높게 올라갈 수 있다.
④ 외력이 가해지지 않으면. 물체가 가진 각운동량은 변하지 않는다.

■④ **뉴턴의 각운동제1법칙(각관성의 법칙)** : 토크가 작용하지 않으면 정지하던 물체는 계속 정지하여 있고, 각운동을 하던 물체는 같은 빠르기로 각운동을 계속한다.
■① 제1법칙(관성의 법칙)
■② 제2법칙(가속도의 법칙)
■③ 제3법칙(작용반작용의 법칙)

정답 73 : ④, 74 : ②, 75 : ④

■ 각운동량보존의 법칙 : 어떤 물체에 토크를 가해서 각운동을 시키다가 손을 떼어도 각운동량의 보존된다. 즉 새로운 토크를 작용시키지 않는 한 회전방향을 변경시킬 수 없다.
■ 각운동량의 전이 : 각운동량이 일정할 때 신체의 일부가 각운동량을 생성하면 그것을 신체의 나머지 부위가 보상하는 원리.
■ ①, ②는 각운동량 전이, ③은 각운동량 보존임.
■ ④ 높이뛰기에서 발 구름을 할 때에는 반대 다리를 최대한 굽혀야 각운동량이 커진다.

필수문제

76 각운동량의 보존과 전이에 관한 운동 동작의 예시로 적절하지 않은 것은?

① 배구에서 공중 스파이크를 하기 전에 팔과 다리를 함께 뒤로 굽히는 동작
② 멀리뛰기에서 착지하기 전에 팔과 다리를 함께 앞으로 당기는 동작
③ 다이빙에서 공중회전을 할 때 팔을 몸통 쪽으로 모으는 동작
④ 높이뛰기에서 발 구름을 할 때 지지하는 다리를 최대한 구부리는 동작

■ 인체가 공중에 뜬 다음에는 회전방향을 바꿀 수 없으나 자세는 바꿀 수 있다. 자세가 바뀌면 관성모멘트가 바뀌고, 관성모멘트가 변하면 회전속도도 변한다.

심화문제

77 각운동량 보존의 법칙을 설명한 것이다. 맞는 것은?

① 인체가 공중에 뜬 다음에는 회전방향을 바꿀 수 없다.
② 인체가 공중에 뜬 다음에는 회전속도를 바꿀 수 없다.
③ 인체가 공중에 뜬 다음에는 신체분절을 회전시킬 수 없다.
④ 인체가 공중에 뜬 다음에는 관성모멘트를 바꿀 수 없다.

■ 각속력은 스칼라이고, 각속도는 벡터이다(p. 175. 43번 문제 참조).
■ 각거리는 출발지점에서 도착지점까지의 각도를 회전한 경로에 따라 누적하여 측정한 값이다(p. 147 참조).

필수문제

78 보기에서 각운동에 관한 설명으로 옳은 것만 고른 것은?(2024)

보기
ㄱ. 각속력은 벡터이고, 각속도(angular velocity)는 스칼라이다.
ㄴ. 각속력(angular speed)은 시간당 각거리(angular distance)이다.
ㄷ. 각가속도(angular acceleration)는 시간당 각속도의 변화량이다.
ㄹ. 각거리는 물체의 처음과 마지막 각위치의 변화량이다.

① ㄱ, ㄴ ② ㄱ, ㄹ ③ ㄴ, ㄷ ④ ㄷ, ㄹ

정답 76 : ④, 77 : ①, 78 : ③

심화문제

79 **배구경기에서 강력하게 볼을 스파이크하기 위해서 상체를 뒤로 젖혔다가 앞으로 힘차게 내리쳤더니, 하체도 저절로 뒤로 젖혔다가 앞으로 굽혀졌다. 이것을 설명하는 것은?**

① 각운동량 보존의 법칙　② 회전에너지 보존의 법칙
③ 각관성의 법칙　④ 각속도 일정의 법칙

▪ 스파이크를 하려고 뛰어오를 때에는 각운동량이 없기 때문에 상체를 앞으로 회전시키면 하체도 앞으로 회전해야 서로 반대방향의 토크가 되어서 각운동량의 합이 0이 된다.

80 **운동 상황에서 운동량 보존과 전이에 대한 설명으로 옳지 않은 것은(공기저항을 무시함)?**

① 다이빙의 공중 동작에서 각운동량은 보존된다.
② 체조 도마의 제 2비약(도마 이륙 후 착지 전까지 동작)에서 상·하체 각운동량의 합은 일정하지 않다.
③ 축구의 인프론트킥에서 발끝 속도는 몸통의 각운동량이 하지로 전이되어 발생한다.
④ 높이뛰기에서 이륙 후 인체의 총 각운동량은 일정하다.

▪ 인체가 공중에 떠 있을 때에는 힘을 작용시킬 수 없기 때문에 각운동량은 변하지 않는다.

필수문제

81 **운동 상황에서 구심력과 원심력에 대한 설명으로 옳지 않은 것은?**

① 해머던지기 선수는 원심력에 저항하기 위해 투척할 때 후경 자세를 취한다.
② 쇼트트랙 선수는 곡선주로에서 원심력을 줄이려고 왼손으로 빙판을 짚는 동작을 취한다.
③ 육상 선수는 곡선주로에서 원심력을 줄이기 위해 질주속도를 증가시킨다.
④ 벨로드롬 사이클 곡선주로에서 지면마찰력이 구심력으로 작용한다.

▪ ③ 육상선수는 원심력을 줄이기 위해서 곡선주로에서 속도를 감소시킨다.
▪ ④ 벨로드롬 사이클 경주에서 몸이 안쪽으로 기울어지는 것은 구심력 때문이다.

심화문제

82 **쇼트트랙 경기에서 원운동을 할 때 원심력과 구심력에 관한 설명으로 옳은 것은?(2024)**

① 원심력과 구심력은 크기가 같고, 방향이 반대이다.
② 원심력은 원운동을 하는 선수의 질량과 관계가 없다.
③ 원심력을 극복하는 방법으로 반지름을 작게 하여 원운동을 한다.
④ 신체를 원운동 중심의 방향으로 기울이는 것은 접선속도를 크게 만들기 위함이다.

▪ 원심력은 구심력과 크기는 같고, 방향은 반대이다(p. 165 참조).

정답　79 : ①, 80 : ②, 81 : ③, 82 : ①

심화문제

83 **구심력과 원심력에 대한 설명이다. 옳지 못한 것은?**

① 구심력은 실제 힘이지만, 원심력은 가상의 힘이므로 아무런 운동도 일으키지 못한다.

② 구심력은 원의 중심방향으로, 원심력은 구심력의 반대방향으로 작용한다.

③ 질량에 비례한다.

④ 각속도의 제곱에 비례한다.

■구심력=원심력 $=mr\omega^2=mv^2/r$

필수문제

84 **해머던지기에서 구심력과 원심력에 관한 설명으로 옳지 않은 것은?**

① 7kg의 해머와 비교하여 14kg의 해머를 동일한 각속도로 회전시키려면 선수는 구심력을 두 배로 증가시켜야 한다.

② 직선으로 운동하려는 해머의 관성을 이겨내고 원형경로를 유지하려면 안쪽으로 당기는 힘이 요구된다.

③ 선수가 해머를 안쪽으로 당기는 힘을 증가시키면 해머도 선수를 당기는 힘을 증가시킨다.

④ 해머의 각속도를 두 배로 증가시키려면, 선수는 두 배의 힘으로 해머를 안쪽으로 당겨야 한다.

■구심력 : 물체를 원운동시킬 때 원운동의 중심방향으로 잡아당기는 힘. $F=mv^2/r$ m:질량, v: 속도, r: 반지름

■원심력 : 구심력의 반대. 물체를 원의 회전중심으로부터 멀리 벗어나게 하는 힘.

심화문제

85 **다음 보기의 괄호 안에 들어갈 용어를 바르게 나열한 것은?**

> 보기
> (㉠)은 원운동을 발생시키는 원인으로 원의 중심을 향한다. 반면에 (㉡)은 원운동을 하는 물체가 바깥쪽으로 벗어나려고 하는 경향을 나타내는 힘이다.

① ㉠ 구심력 ㉡ 원심력
② ㉠ 원심력 ㉡ 구심력
③ ㉠ 구심력 ㉡ 향심력
④ ㉠ 원심력 ㉡ 향심력

■원운동을 일으키려면 구심력이 필요하고, 원운동을 하면 원심력이 생긴다.

86 **오토바이 경주에서 커브 길을 안전하게 돌 수 있는 방법과 거리가 먼 것은?**

① 가능한 한 커브를 크게 돈다.
② 속도를 낮춘다.
③ 몸을 커브 안쪽으로 기울인다.
④ 팔을 머리 위로 쭉 뻗는다.

■팔을 머리 위로 쭉 뻗으면 더 쉽게 넘어진다.

정답 83 : ①, 84 : ④, 85 : ①, 86 : ④

일과 에너지

일과 일률

1 일

일이란	» 운동역학에서는 일을 "힘을 들여서 물체의 위치를 이동시키는 것'으로 정의함.
일의 단위	» 힘의 단위(N)×거리의 단위(m)=Nm(뉴턴미터)가 되지만, 영국의 물리학자 Joule을 기념하기 위해서 뉴턴미터를 줄이라 하고 약자로는 J를 쓴다. » 힘은 방향이 있는 벡터이지만 일은 방향이 없는 스칼라이다.
일의 계산	» 일(w)=힘(F)×거리(d) » 1J=1N×1m…1뉴턴(N)의 힘으로 1m 이동시킨 경우 » 정적 일 : 힘을 준 방향으로 움직인 경우 » 부적 일 : 힘을 준 반대방향으로 움직인 경우 » 원운동에서의 일=구심력×이동거리(호의 길이) » 각운동에서의 일=작용시킨 힘×호의 길이

2 일률

일률이란	» 일하는 빠르기, 즉 단위시간당 수행한 일의 양. 1초 동안 한 일의 양=일률
일률의 단위	» 일률의 단위는 (일의 단위(J)÷시간의 단위(s))=J/s(줄퍼세크)가 되지만, 영국의 물리학자 James Watt를 기념하기 위해서 줄퍼세크를 왓트라 하고 약자로는 W를 쓴다(1초 동안 1J의 일을 한 것=1W). » 일률을 영어로는 **파워**(power)라 하고, 파워를 번역할 때에는 순발력이라고 한다.
일률의 계산	$일률=\frac{한\ 일의\ 양(w)}{걸린\ 시간(t)}=\frac{F\times d}{t}=F\times v$ $1W=\frac{J}{t}$ (t : 소요시간, d : 이동변위, v : 속도)

에너지

1 에너지의 정의

에너지란	일을 할 수 있는 능력. 스칼라량.
에너지의 단위	J(줄)

2 에너지의 종류

위치에너지	» 높은 위치에 있던 물체가 바닥으로 떨어지면서 할 수 있는 일 » 바닥에서 높은 위치로 올려놓을 때 해주어야 하는 일 » 위치에너지(PE) = mgh (m : 질량, g : 중력가속도, h : 높이)
운동에너지	» 운동하던 물체가 정지하면서 할 수 있는 일 » 정지하고 있는 물체를 속도 v로 운동하게 만들 때 해주어야 하는 일 » 운동에너지(KE) = $\frac{1}{2}mv^2$ (m : 질량, v : 속도)
탄성에너지	» 용수철이 원래 모양으로 되돌아가면서 할 수 있는 일 » 원래 모양의 용수철을 변형시킬 때 해주어야 하는 일 » 탄성에너지(SE) = $\frac{1}{2}kx^2$ (k : 탄성계수, x : 변형된 크기)

역학적 에너지보존의 법칙

역학적 에너지란	가역적인 위치에너지, 운동에너지, 탄성에너지가 역학적(기계적)에너지이다.
역학적 에너지 보존의 법칙	위치에너지, 운동에너지, 탄성에너지는 형태를 바꾸어 다른 형태의 에너지가 될 수는 있지만, 없어지지는 않는 것
역학적 에너지의 계산	역학적 에너지=운동에너지($\frac{1}{2}mv^2$)+위치에너지(mgh) → 항상 일정

인체의 에너지효율

인체의 에너지 효율이란	인체가 소비한 에너지의 양과 역학적 일의 양과의 관계
인체의 에너지효율 계산	인체 에너지효율 = $\frac{\text{역학적 일의 양}}{\text{소모한 에너지의 양}}$

일과 에너지의 관계

☞ 힘을 들여서 위치를 이동시키면 일을 했다고 한다.

☞ 일은 스칼라량이다.

☞ 일은 '힘×힘의 방향으로 이동한 거리'로 계산한다.

☞ 일의 단위에는 J, Nm, Kg중m 등이 있다.

☞ 일반적으로 에너지를 소모하면 일을 할 수 있다.

☞ 그러나 일을 해준다고 해서 반드시 에너지가 생기는 것은 아니다.

☞ 일을 에너지로, 에너지를 일로 자유롭게 변환할 수 있는 것을 역학적 에너지 또는 보존에너지라고 한다.

☞ 역학적 에너지에는 위치에너지, 운동에너지, 탄성에너지가 있다.

☞ 음식물이 가지고 있는 에너지는 화학적 에너지의 일종이다.

필수 및 심화 문제

필수문제

01 역학적 일(work)을 하지 않은 것은?

① 역도 선수가 바닥에 있던 100kg의 바벨을 1m 높이로 들어 올렸다.
② 레슬링 선수가 상대방을 굴려서 1m 옆으로 이동시켰다.
③ 체조 선수가 철봉에 매달려 10초 동안 정지해 있었다.
④ 육상 선수가 달려서 100m를 이동했다.

■ 역학적인 일은 방향과 크기가 있어야 하는데, ③은 해당되지 않는다.

심화문제

02 운동 상황에서 얻어진 물리량 중 단위가 다른 하나는?

① 야구에서 투수가 던진 공의 운동에너지
② 역도 인상에서 선수가 바벨을 들어 올린 일률(power)
③ 높이뛰기에서 지면반력이 인체에 가하는 역학적 인 일(work)
④ 장대높이뛰기에서 장대에 저장되는 탄성에너지

■ 일과 에너지는 단위가 같지만, 일률은 단위가 다르다.

필수문제

03 역학적 일(work)과 일률(power)의 개념을 바르게 설명한 것은?(2024)

① 일의 단위는 watt 또는 joule/sec이다.
② 일률은 힘과 속도의 곱으로 산출한다.
③ 일률은 이동한 거리를 고려하지 않는다.
④ 일은 가해진 힘의 크기에 반비례한다.

■ 운동역학에서 일은 '힘을 들여서 물체의 위치를 변화시키는 것'으로, 단위는 'J(joule)'이다(①).
■ 일은 힘×거리이다.
■ 일률은 '1초 동안에 한 일의 양'으로 단위는 W(watt)이며, 이동한 거리를 고려하게 된다.

04 일(work)과 일률(power)을 계산하는 공식 중 옳지 않은 것은?

① 일=(작용한 힘) × (힘 방향의 변위) ② 일률=일/시간
③ 일=(작용한 힘) / (힘 방향의 변위) ④ 일률=(작용한 힘)×(힘 방향의 속도)

■ 작용한 힘을 힘 방향의 변위로 나누면 아무것도 아니다.

05 역학적 일을 구하는 공식은?

① 일 = 작용한 힘 × 거리 ② 일 = 작용한 힘 × 속도
③ 일 = 작용한 힘 × 가속도 ④ 일 = 작용한 힘 × 토크

■ 일=작용한 힘×변위, 또는 일=작용한 힘×힘방향의 변위이다. 일률=힘×속도이다.

정답 01 : ③, 02 : ②, 03 : ②, 04 : ③, 05 : ①

06 그림과 같이 팔꿈치 관절을 축으로 쇠공을 들고 정적(static) 동작을 유지하기 위해서 위팔두갈래근(상완이두근, biceps brachii)이 발생시켜야 할 힘(F_B)의 크기는?

■ 정적동작(정적평형 상태)을 유지하려면
· 물체에 작용하는 전체 힘의 수직성분의 합계가 0이 되어야 한다.
· 물체에 작용하는 전체 힘의 수평성분의 합계가 0이 되어야 한다.
· 모든 토크의 합이 0이 되어야 한다.
■ 문제에서 팔꿈치에 작용하는 쇠공의 무게(토크의 합) 때문에 발생하는 토크와 위팔두갈래근의 수축으로 발생하는 토크의 합이 0이 되어야 정적인 동작을 유지할 수 있다.
$(50N \times 0.2m) - (F_B \times 0.02m) = 0$
$F_B = \frac{10N}{0.02m} = 500N$

보기
» 손, 아래팔(전완), 쇠공을 합한 무게는 50N이다.
» 팔꿈치 관절점(E_J)에서 위팔두갈래근의 부착점까지의 거리는 2cm이다.
» 팔꿈치 관절점에서 손, 아래팔, 쇠공을 합한 무게중심(C_G)까지의 거리는 20cm이다.
» 위팔두갈래근은 아래팔에 90°로 부착되었다고 가정한다.

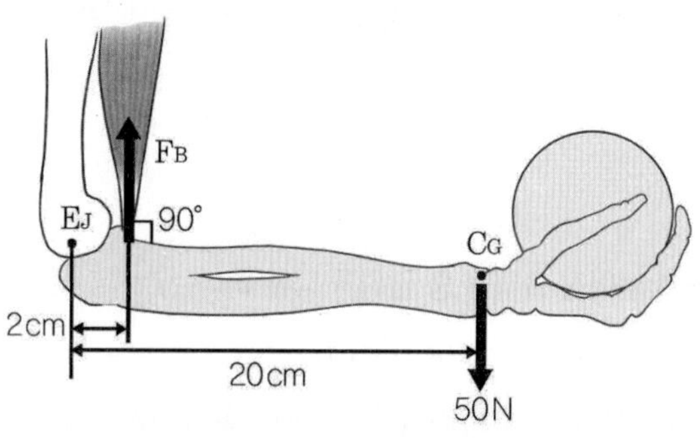

① 100N ② 400N ③ 500N ④ 1,000N

07 돌을 옮기려는데 너무 무거워서 지렛대를 이용해서 옮겼다. 틀린 것은?

■ 지렛대를 이용하더라도 사람이 일을 해야 한다.

① 한일=힘×힘팔의 길이×돌아간 각도
② 한일=저항×저항팔의 길이×돌아간 각도
③ 가와 나는 크기가 같다.
④ 지렛대를 이용했으므로 지렛대가 일을 했고, 사람은 일을 하지 않은 것이다.

08 100m 달리기 경기에서 80kg인 선수가 출발 3초 후 12m/s의 속도가 되었다면 달리는 방향으로 발휘한 평균 힘의 크기는?

■ 힘=질량×가속도
■ 가속도=속도변화량/시간=12/3=4
■ 힘=80kg×4=320N

① 240N ② 320N ③ 800N ④ 960N

09 체중 900N의 역도선수가 1,000N의 바벨을 들고 가만히 서 있었다면 바벨에 대한 일은 몇인가?

■ 일=힘×거리에서 거리가 0이다.

① 0J ② 25J ③ 50J ④ 100J

정답 06 : ③, 07 : ④, 08 : ②, 09 : ①

운동역학

10 농구선수가 20N의 힘으로 농구공을 수직으로 2 m 들어 올렸을 때 역학적 일(work)의 크기는?

① 0 N·m (J) ② 10 N·m (J)
③ 22 N·m (J) ④ 40 N·m (J)

■ 일=힘×거리=N · m(J)
■ 20(N)×2(m)=40N · m(J)

11 A, B 두 사람이 줄다리기를 했는데 A가 B에게 끌려갔다. 옳은 것은?

① A는 양의 일을 했다.
② B는 음의 일을 했다.
③ 두 사람 모두 일을 하지 않았다.
④ 두 사람이 한 일은 '(B의 힘-A의 힘)×이동한 거리'이다.

■ 끌려간 사람은 음의 일, 끌고 간 사람은 양의 일을 한다. 두 사람이 한 일의 합은 ④와 같다.

필수문제

12 어떤 물체에 200N의 힘을 가해 물체를 10초 동안 5m 이동시켰을 때 일률(power)은?(단, 힘의 작용방향과 이동방향은 일치함)

① 100 Watt ② 400 Watt ③ 1,000 Watt ④ 10,000 Watt

■ $P=\frac{200N\times5}{10초}=100W$
■ 일률(p. 187) 참조.

심화문제

13 일률(power)에 대한 설명으로 옳은 것은?

① 단위 시간당 수행한 일(work)의 양이다. ② 질량과 가속도의 곱이다.
③ 단위는 N(Newton)이다. ④ 수행시간을 길게 하면 증가된다.

■ ②, ③은 힘에 관한 것이다. ④ 수행시간을 길게 하면 일률이 작아진다.

14 일률(파워, power)에 대한 설명으로 옳은 것은?

① 단위는 J(Joule)이다. ② 힘과 속도의 곱으로 구한다.
③ 이동거리는 고려하지 않는다. ④ 소요시간을 길게 하면 증가한다.

■ ① 일률의 단위는 W(와트), J/s, N · m/s
■ ③ 일률을 계산할 때 이동변위를 고려한다.
■ ④ 걸린 시간이 길면 일률이 감소한다.

15 일률(power)의 단위가 아닌 것은?

① N·m/s ② $kg\cdot m/s^2$ ③ Joule/s ④ Watt

■ $kg\cdot m/s^2$: 힘의 단위

16 파워(power)에 대한 설명으로 옳지 않은 것은?

① 단위 시간 당 수행한 일(work)의 양이다.
② 일의 빠르기를 나타내는 물리량이다.
③ 단위는 watt 혹은 Joule/s이다
④ 단위는 에너지의 단위와 같다.

■ 파워의 단위는 W(와트)이고, 에너지의 단위는 J(줄)이다.

정답 10 : ④, 11 : ④, 12 : ①, 13 : ①, 14: ②, 15 : ②, 16 : ④

■일하는 빠르기가 일률이다.

17 일률에 대한 설명이다. 틀린 것은?

① 한 일의 총량을 일률이라 한다. ② '한일÷시간'으로 계산한다.
③ 단위는 와트(W) 또는 J/s이다. ④ 순발력이라고도 한다.

■ power=순발력=$\frac{일}{시간}$

18 역학적 일의 강도에 대한 가장 좋은 지표이며 시간당 한 일을 나타내고, 순발력이라고 표현하기도 한다. 이것은 무엇을 설명하는가?

① 힘 ② 모멘트 ③ 운동에너지 ④ 파워

19 파워에 대한 설명이다. 틀린 것은?

■파워 = 힘×속도이므로 힘과 속도가 모두 커야 한다.

① 단위시간당 한 일의 양이다.
② 일하는 빠르기를 나타낸다.
③ 단위에는 마력이 있다.
④ 자신이 낼 수 있는 최대의 힘을 사용해야 파워가 가장 크다.

20 양궁선수가 활시위를 당겼다 놓아서 화살을 발사하였더니 날아가서 과녁에 꽂혔다. 에너지 손실을 무시할 때 그 변화로 옳은 것은?

■화살이 과녁에 꽂히는 것은 사람이 일을 한 것이다.

① 사람의 에너지→탄성에너지→일→운동에너지
② 사람의 에너지→일→탄성에너지→운동에너지
③ 사람의 에너지→운동에너지→탄성에너지→일
④ 사람의 에너지→탄성에너지→운동에너지→일

21 라켓으로 공을 쳐서 공을 빠르게 리턴할 수 있는 조건이 못되는 것은?

■공이 너무 빨리 날아오면 라켓이 뒤로 밀릴 수도 있다.

① 공의 반발계수가 커야 한다.
② 공과 임팩트하는 순간에 라켓의 속도가 빨라야 한다.
③ 임팩트하기 직전에 날아오는 공의 속도가 빨라야 한다.
④ 임팩트 직전 라켓의 운동량이 커야 한다.

22 라켓으로 공을 쳐서 가능한 한 빠른 속도로 공이 날아가게 하려고 한다. 옳지 않은 것은?

① 체중을 앞으로 이동시키면서 공을 친다.
② 팔을 충분히 뻗은 상태에서 공과 라켓이 임팩트되도록 한다.
③ 임팩트되는 순간 손목의 힘을 뺀다.
④ 라켓면에 수직하게 공이 맞도록 친다.

정답 17 : ①, 18 : ④, 19 : ④, 20 : ④, 21 : ③, 22 : ③

필수문제

23 다음 보기 중 괄호 안에 들어갈 용어와 공식을 바르게 나열한 것은?

> 보기
> 역학적 에너지 =(㉠) + (㉡) = (㉢) + 9.8mh = (㉣)

① ㉠ 위치에너지 ㉡ 운동에너지 ㉢ 일정 ㉣ $\frac{1}{2}mv^2$
② ㉠ 위치에너지 ㉡ 운동에너지 ㉢ $\frac{1}{2}mv^2$ ㉣ 일정
③ ㉠ 운동에너지 ㉡ 위치에너지 ㉢ $\frac{1}{2}mv^2$일정 ㉣ 일정
④ ㉠ 위치에너지 ㉡ 운동에너지 ㉢ 일정 ㉣ $\frac{1}{2}mv^2$

■ 역학적 에너지=운동에너지+위치에너지=일정=½mv^2+9.8mh

심화문제

24 보기의 다이빙 선수가 가지는 에너지의 변화에 관한 설명에서 ㉠, ㉡, ㉢에 들어갈 용어로 적절한 것은?

> 보기
> 플랫폼에서 정지하고 있는 선수의 (㉠)에너지는 0이고, 낙하할수록 (㉡)에너지는 감소하고, (㉢) 에너지는 증가하게 된다.

① ㉠역학적 ㉡위치 ㉢운동
② ㉠운동 ㉡운동 ㉢역학적
③ ㉠운동 ㉡위치 ㉢운동
④ ㉠운동 ㉡위치 ㉢역학적

■ 운동에너지 : ① 정지하면서 하는 일, ② 정지된 물체를 다시 속도(v)로 만들 때 해주어야 하는 일
■ 위치에너지 : ① 떨어지면서 할 수 있는 일, ② 원위치시킬 때 해주어야 하는 일

25 스키점프 동작의 역학적 에너지에 대한 설명으로 옳지 않은 것은?(단, 공기저항은 무시함)

① 운동에너지는 지면 착지 직전에 가장 크다.
② 위치에너지는 수직 최고점에서 가장 크다.
③ 운동에너지는 스키점프대 이륙 직후부터 지면 착지 직전까지 동일하다.
④ 역학적 에너지는 스키점프대 이륙 직후부터 지면 착지 직전까지 보존된다.

■ ③운동에너지는 이륙 직후보다 착지 직전이 가장 크다.

26 에너지에 관한 설명으로 옳지 않은 것은?

① 에너지의 단위는 Joule이다.
② 일을 수행할 수 있는 능력이다.
③ 운동에너지는 물체의 속도뿐만 아니라 질량과도 관계가 있다.
④ 위치에너지는 물체의 질량과는 관계가 있으나 높이와는 관계가 없다.

■ 위치에너지는 물체의 높이와 관계된다.

정답 23 : ③, 24 : ③, 25 : ③, 26 : ④

27 에너지를 계산하는 공식이다. 틀린 것은?

■ 1cal = 4.2J 이므로 열에너지(cal)=한 일(J)÷4.2로 계산한다.

① 위치에너지 = mgh
② 운동에너지 = $(1/2)mv^2$
③ 탄성에너지 = $(1/2)kx^2$
④ 열에너지 = 4.2m

28 질량 m인 체조선수가 철봉 위에 물구나무서기 자세로 정지하여 있을 때 무게중심의 높이가 h였다. 이 선수가 대차돌기로 한 바퀴를 돈 다음 제자리에 똑 같은 자세로 정지하였다. 이 선수가 한 일은? (마찰은 무시한다.)

■ 역학적 에너지가 그 형태만 변화한 것이다. 즉 위치에너지→운동에너지→위치에너지. 그러므로 일은 하지 않았다.

① mgh
② 0
③ 일을 하긴 했는데 계산할 수는 없다.
④ 1/mgh

29 도르래에 100J(줄)의 일을 공급하여 도르래가 회전할 때 마찰로 인해 40J(줄)의 에너지를 열로 잃었고 출력된 일은 60J(줄)이다. 이때 도르래의 효율은 몇 %인가?

■ $\frac{60}{100} = 0.6 = 60\%$

① 100%
② 60%
③ 40%
④ 0%

30 트램펄린 위에서 점프 동작을 할 때 신체의 위치에너지에 대한 설명으로 옳은 것은? (단, 공기 저항은 무시함)

■ 위치에너지는 점프한 높이에 따라 고저가 바뀐다.

① 위치에너지는 신체의 점프 높이에 상관없이 일정하다.
② 위치에너지는 신체가 트램펄린에 닿을 때 최대가 된다.
③ 위치에너지는 신체가 트램펄린에 근접할 때 최대가 된다.
④ 위치에너지는 신체가 수직으로 가장 높이 올라갔을 때 최대가 된다.

31 스키점프 동작에서 이륙 후 역학적 에너지에 대한 설명으로 옳지 않은 것은(공기저항을 무시함)?

■ 위치에너지는 높이에 비례한다.

① 역학적 에너지는 착지 직전까지 보존된다.
② 위치에너지는 수직 최고점에서 가장 작다.
③ 운동에너지는 착지 직전에 가장 크다.
④ 위치에너지는 수직 최고점에서 가장 크다.

정답 27 : ④, 28 : ②, 29 : ②, 30 : ④, 31 : ②

운동역학

필수문제

32 그림의 장대높이뛰기에서 역학적 에너지의 변화 과정을 순서대로 나열한 것은?

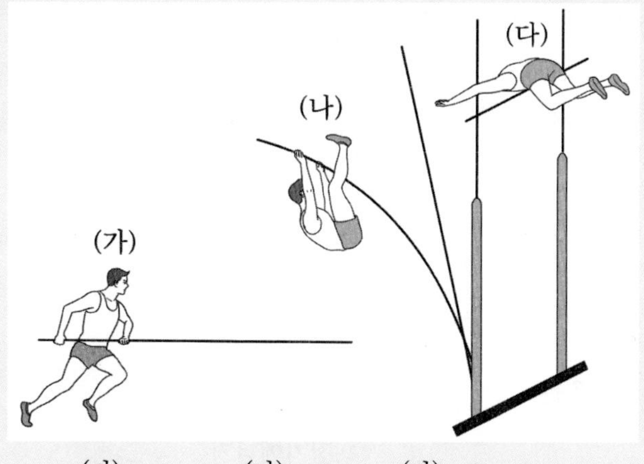

(가)	(나)	(다)
① 탄성에너지 →	운동에너지 →	위치에너지
② 탄성에너지 →	위치에너지 →	운동에너지
③ 위치에너지 →	운동에너지 →	탄성에너지
④ 운동에너지 →	탄성에너지 →	위치에너지

■ 운동에너지 : 정지하고 있는 물체를 일정한 속도로 운동하게 하는 일…(가) 구간
■ 탄성에너지 : 용수철이 원래 모양으로 되돌아가면서 할 수 있는 일…(나) 구간
■ 위치에너지 : 높은 곳에 있던 물체가 바닥으로 떨어지면서 할 수 있는 일…(다) 구간

33 다음 중 운동, 탄성, 위치에너지가 모두 작용하는 종목으로 가장 적합한 것은?

① 높이뛰기　　② 단거리 달리기
③ 장대높이뛰기　　④ 멀리뛰기

■ 보기에서 탄성에너지와 관련있는 것은 장대높이뛰기밖에 없다.

운동역학

34 가장 큰 역학적 에너지는?

① 7m/s로 평지를 달리고 있는 질량 90kg인 럭비선수의 운동에너지
② 8m/s로 평지를 달리고 있는 질량 100kg인 럭비선수의 운동에너지
③ 5m 높이에 서 있는 질량 50kg인 다이빙선수의 위치에너지
④ 4m 높이에 서 있는 질량 60kg인 다이빙선수의 위치에너지

■ 운동에너지 : $KE=\frac{1}{2}mv^2$
■ 위치에너지 : $PE=m\times 9.8m/s^2\times h$
① $\frac{1}{2}90\times 7^2=$ $2,205kg\cdot(m/s)^2$
② $\frac{1}{2}100\times 8^2=$ $3,200kg\cdot(m/s)^2$
③ $50\times 9.8\times 5=$ $2,450kg\cdot(m/s)^2$
④ $60\times 9.8\times 4=$ $2,352kg\cdot(m/s)^2$

정답 32 : ④, 33 : ③, 34 : ②

35 다음 설명 중 역학적 일과 거리가 먼 것은?

■일=힘×거리에서 제자리에 가만히 있다는 것은 거리=0이라는 말이다.

① 바벨을 머리 위에서 3초 동안 움직이지 않게 버티고 있었다.
② 바닥에 있는 바벨을 머리 위까지 올렸다.
③ 머리 위에서 바닥으로 바벨을 내려놓았다.
④ 바벨을 다시 바닥에서 가슴 높이까지 올렸다.

36 역학적 에너지가 아닌 것은?

■운동에너지나 위치에너지는 보존되지만, 전기에너지는 한 번 써 버리면 다시 전기에너지로 재생되지 않는다.

① 운동에너지 ② 전기에너지
③ 중력에 의한 위치에너지 ④ 탄성에 의한 위치에너지

37 다음 중 역학적 에너지를 가지고 있지 않은 것은?

■①은 운동에너지, ②는 위치에너지, ④는 탄성에너지를 가지고 있다.

① 날아가는 탁구공
② 위로 쏘아올린 포탄이 정점에 도달했을 때
③ 바닥에 놓여 있는 무거운 바벨
④ 길게 늘어난 고무줄

운동역학

38 소모한 에너지의 양에 대한 한 일의 비율을 무엇이라고 하는가?

■순발력=일률=일하는 빠르기=일÷시간
■탄성률=충돌 후의 속도÷충돌 전의 속도
■효율=소모한 에너지÷한 일

① 순발력 ② 일률
③ 효율 ④ 탄성률

정답 35 : ①, 36 : ②, 37 : ③, 38 : ③

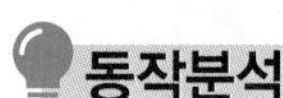

운동기술의 분석

동작분석

1 영상분석의 개요

장점	» 자신이 수행한 기술동작을 볼 수 있다. » 내가 기술동작을 수행하는 것과 다른 사람이 기술동작을 수행하는 것을 비교해서 차이점을 알 수 있다. » 같은 동작을 수없이 다시 볼 수 있다. » 간단한 측정만 해도 거리 · 각도 · 시간 등을 비교적 정확하게 알아낼 수 있다.
어려운점	» 목적이 모든 수단을 정당화시킴. » 목적 달성을 위해서는 수단과 방법을 가리지 않아도 된다는 위험성이 있음. » 행위의 결과를 정확하게 예측할 수 없기 때문에 행위를 할 당시에는 옳고그름을 판단할 수 없음. » 배분적 정의를 고려하지 못함.

2 영상분석의 종류

2차원 영상분석	촬영한 동작을 화면으로 보면서 분석하는 것 예 : 철봉의 회전 동작, 달리기 동작 등
3차원 영상분석	카메라로 동작을 촬영하여 분석하는 것. 예 : 여러 가지 운동동작

힘측정

1 힘측정이란

☞ 힘이 가해지면 물체가 변형되거나 이동하는 상태를 측정하는 것

☞ 누르는 힘(압력), 잡아당기는 힘(장력), 던지거나 때리는 힘, 비트는 힘 등을 측정한다.

2 힘측정방법

지면반력	힘을 측정할 수 있는 장치를 지면과 평평하게 설치한 다음 선수가 발로 지면을 밟을 때 얼마만큼의 힘으로 밟는지 측정하여 분석하는 것이다. » 선수가 지면을 밟는 전후 · 좌우 · 상하 방향의 힘을 알 수 있다. » 신체의 무게중심이 이동하는 것을 정확하게 알 수 있다. » 충격량, 에너지, 순발력 등도 계산해서 알 수 있다. » 지면을 발로 밟는 동작 이외의 동작이나 운동은 측정하기 어렵거나 부정확하다. » 영상분석과 함께해야 타이밍을 알 수 있다.

운동역학

스트레인게이지	» 물체의 변형상태와 그 양을 측정하기 위하여 물체의 표면에 부착하는 게이지로, 전기식과 기계식이 있다.
근전도	» 근육이 수축할 때 근육과 신경에서 발생하는 미세한 활동전위 측정
보행분석	» 보행분석은 대부분 영상분석, 지면반력분석, 근전도분석을 동시에 할 수 있는 보행분석 시스템을 이용해서 한다. » 보행분석과 같이 여러 가지 분석을 동시에 수행할 때 가장 중요한 것은 동기화(synchronize)이다.

▶ 보행주기의 구분

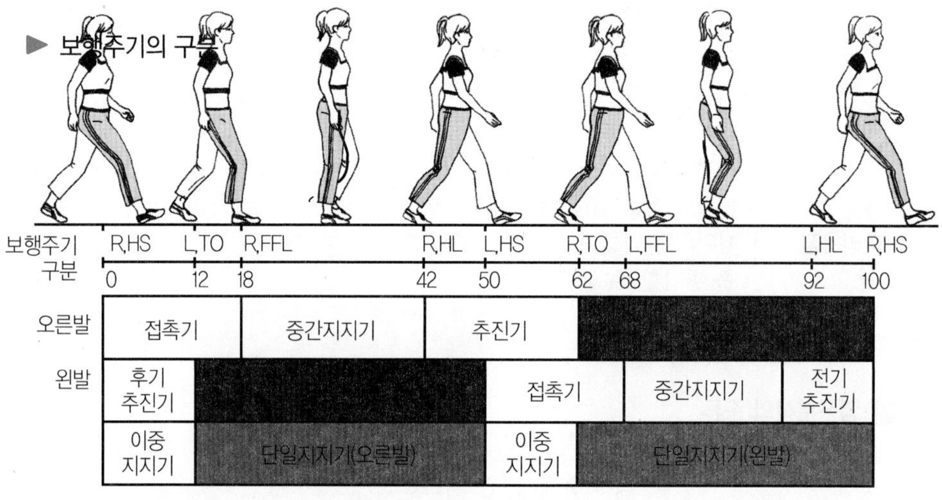

그림에서 R=right, L=left, H=heel, T=toe, S=strike, O=off, FFL=full forefoot load(발바닥 전체가 지면과 접촉)의 약자이다.

근전도분석

선수의 몸에 전극을 부착한 다음 선수의 근육이 활동할 때 생기는 생체전류를 포착해서 분석하는 것이다.

▶ 활용

- ⑧ 기술동작에 동원되는 근육(주동근, 협력근, 대항근 등)을 알 수 있다.
- ⑧ 근육이 동원되는 순서를 알 수 있다.
- ⑧ 근육이 활동하는 정도와 발휘하는 근력을 어느 정도 짐작할 수 있다.
- ⑧ 근육이 피로한 정도를 짐작할 수 있다.

▶ 단점

- ⑧ 개인차가 너무 커서 선수 간에 직접 비교하기 어렵다.
- ⑧ 분석하는 기술과 원리가 너무 어렵다.
- ⑧ 정확하게 알 수 있는 것이 거의 없다.
- ⑧ 영상분석과 함께해야 타이밍을 알 수 있다.

근전도검사와 평가

☞ 골격근의 수축으로 일어나는 근활동 전류를 유도해서 증폭을 기록한 것. 근수축효과의 말초적 표면 검사

☞ 근수축의 원인이 되는 운동신경계의 활동상황을 알 수 있다. 최근에는 미세전극을 근육에 꽂아 단일신경근의 활동상황을 검사할 수도 있다.

☞ 자세를 유지하거나 특수한 신체운동을 시키는 골격근의 종류를 탐지할 수 있고, 눈의 근육이나 손가락운동과 같은 섬세한 근육의 활동분석에도 이용할 수 있다. 수 있다.

필수 및 심화 문제

필수문제

01 **인체의 움직임을 카메라 등의 장비를 통해 기록하고 기록된 영상으로부터 인체 운동의 정보를 추출해 내는 분석 방법은?**

① 가속도계 분석 ② 영상 분석 ③ 압력판 분석 ④ 전자각도계 분석

■ 동작을 비디오나 카메라로 촬영해서 다시 보거나 분석하는 것이 영상분석이다.

심화문제

02 **영상분석을 하는 목적과 거리가 가장 먼 것은?**

① 근육이 발휘하는 힘의 크기를 알아보려고
② 신체 분절들의 활동상황을 알아보려고
③ 자신의 동작을 직접 관찰해보려고
④ 우수선수의 동작과 나의 동작을 비교해보려고

■ 영상분석으로는 힘의 크기를 계산하기 어렵다.

03 **영상분석 장비로 산출할 수 있는 것은?**

① 지면반력의 수직성분 ② 근력의 활성시점
③ 압력중심의 궤적 ④ 가속도

■ ①, ②, ③은 힘과 관련된 요소의 측정장비를 이용하여 산출할 수 있다.

04 **선수의 경기력을 향상시킬 목적으로 선수의 동작과 세계적인 스타선수의 동작을 촬영하여 비교하는 것은?**

① 영상분석 ② 근전도분석 ③ 지면반력분석 ④ 경기분석

■ 동작을 촬영하여 비교·분석하는 것은 영상분석이다.

05 **영상분석을 통해서 얻기 어려운 자료는?**

① 신체중심의 이동속도 ② 관절의 각도
③ 이동궤적 ④ 압력중심의 위치

■ 압력중심의 위치는 지면반력을 측정해야 알 수 있다.

필수문제

06 **보기에서 운동학적(kinematics) 분석방법으로만 묶인 것은?**

보기
㉠ 영상분석 ㉡ 고니오미터(goniometer) 각도 분석
㉢ 스트레인 게이지 힘 분석 ㉣ 지면반력 분석

① ㉠, ㉡ ② ㉠, ㉢ ③ ㉡, ㉣ ④ ㉢, ㉣

■ ㉠, ㉡은 동작분석, ㉢, ㉣은 힘분석

정답 01 : ②, 02 : ①, 03 : ④, 04 : ①, 05 : ④, 06 : ①

운동역학

심화문제

07 영상분석에 관한 설명으로 옳지 않은 것은?

① 운동역학(kinetics)적 변인을 직접 측정할 수 있다.
② 2차원 영상분석은 평면상에서 관찰되는 운동을 분석하는 것이다.
③ 3차원 영상분석은 2대 이상의 카메라를 사용한다.
④ 동작의 정량적 분석이 가능하다.

■ 영상분석으로 운동역학적 변인을 직접 측정할 수 없다.

필수문제

08 2차원 영상분석에서 배율법(multiplier method)에 관한 설명으로 옳지 않은 것은?(2024)

① 동작이 수행되는 평면에 직교하게 카메라를 설치한다.
② 분석대상이 운동평면에서 벗어나면 투시오차(perspective error)가 발생할 수 있다.
③ 체조의 공중회전(somersault)과 트위스트(twist)와 같은 운동 동작을 분석하는 데 주로 활용된다.
④ 기준자(referenceruler)는 영상평면에서의 분석대상 크기를 실제 운동 평면에서의 크기로 조정하기 위해 사용된다.

■ 비틀기(twist)가 있는 체조의 공중동작은 한 평면 위에서 일어나는 동작이 아니므로 3차원분석이 필요하다.

심화문제

09 영상분석에서 사용하는 2차원과 3차원 분석법에 대한 설명 중 옳은 것은?

① 3차원 분석법에 요구되는 최소 카메라 수는 1대이다.
② 3차원 분석법은 2차원 분석법에서 발생하는 투시오차를 해결할 수 있다.
③ 체조의 비틀기 동작분석에서 2차원 분석법이 3차원 분석법보다 더 적절하다.
④ 2차원 분석법에서 하나의 인체 분절 정의에 필요한 최소 반사마커 수는 3개이다.

■ ① 3차원 분석을 하려면 카메라가 최소 2대는 있어야 한다. ③ 비틀기 동작은 2차원으로는 분석할 수 없다. ④ 2차원 분석에서 관절을 정의할 때에는 3개의 마커가 필요하고, 분절을 정의할 때에는 2개의 마커가 필요하다.

10 달리기 동작의 2차원 영상분석에 대한 설명으로 옳은 것은?

① 지면반력기를 사용한다.
② 반드시 2대의 카메라가 필요하다.
③ 2차원상의 평면운동을 분석하는 것이다.
④ 움직임의 원인이 되는 힘을 직접 측정하는 방법이다.

■ 2차원 영상분석은 같은 평면에서 일어나는 운동을 분석한다.
■ ① 지면반력은 지면반력기로 측정한다. ② 3차원영상 분석 시에 2대의 카메라가 필요하다. ④ 힘은 근전도분석, 지면반력분석으로 측정한다.

정답 07 : ①, 08 : ③, 09 : ②, 10 : ③

운동역학

11 **영상분석을 하기 위해서 여러 대의 카메라로 촬영하는 이유는?**

① 2D 데이터를 얻기 위해서
② 3D 데이터를 얻기 위해서
③ 신체의 상하 움직임도 관찰하기 쉽게 하려고
④ 거리와 시간을 정확하게 측정하기 위해서

필수문제

12 **달리기 출발구간 분석에서 〈표〉의 ㉠, ㉡, ㉢에 들어갈 측정장비가 바르게 나열된 것은?**

측정장비	분석 변인
㉠	넙다리곧은근(대퇴직근, rectus femoris)의 활성도
㉡	압력중심의 위치
㉢	무릎 관절 각속도

	㉠	㉡	㉢
①	동작분석기	GPS 시스템	지면반력기
②	동작분석기	지면반력기	지면반력기
③	근전도분석기	GPS 시스템	동작분석기
④	근전도분석기	지면반력기	동작분석기

■근전도분석기 : 근육이 수축할 때 근육과 신경에서 발생하는 미세한 활동전위 측정기.
■지면반력기 : 발로 지면을 밟을 때 밟는 힘 측정기.
■동작분석기 : 운동역학에서 활용도가 높은 인간 운동의 기본 구성요인인 동작을 다양한 방법으로 분석하는 것으로, 영상분석이 가장 많이 사용됨.

필수문제

13 **역학실험 장비로 맨손 스쿼트(squat)동작을 분석하고자 한다. 다음에 제시된 분석변인과 관련된 측정장비의 순서가 바르게 나열된 것은?**

측정장비	분석변인
㉠	무릎관절각, 엉덩관절각
㉡	압력중심궤적
㉢	넙다리네갈래근(대퇴사두근: quadriceps femoris)의 활성치

	㉠	㉡	㉢
①	지면반력기	동작분석기	근전도장비
②	동작분석기	동작분석기	근전도장비
③	근전도장비	지면반력기	동작분석기
④	동작분석기	지면반력기	근전도장비

■㉠ 관절각도는 사진을 찍어야 알 수 있고, ㉡ 압력중심은 지면반력을 측정해야 알 수 있다. ㉢ 근육의 활성도는 근전도를 기록해야 알 수 있다.

정답 11 : ②, 12 : ④, 13 : ④

필수문제

14 지면반력의 측정과 활용에 관한 설명으로 옳은 것은?

① 지면반력기는 수직 방향으로 작용하는 힘만 측정할 수 있다.
② 지면반력기에서 산출된 힘은 인체의 근력으로 지면에 가하는 작용력이다.
③ 높이뛰기 도약 동작분석 시 지면반력기에 작용한 힘의 소요시간을 측정할 수 있다.
④ 보행 분석에서 발이 지면에 착지하면서 앞으로 미는 힘은 추진력, 발 앞꿈치가 지면으로부터 떨어지기 전에 뒤로 미는 힘은 제동력을 의미한다.

■③ 지면반력을 측정하면 힘의 크기, 소요시간을 측정할 수 있다.
■① 지면반력기는 지면을 밟는 전후 · 좌우 · 상하 방향의 힘을 알 수 있다.
■② 지면반력기는 인체가 지면에 힘을 가할 때 지면에 발생한 반작용력(작용 · 반작용의 법칙에 의함)이다.
■④ 발앞꿈치가 지면에서 떨어지기 전에 뒤로 미는 힘은 추진력이다.

심화문제

15 지면반력기(force plate)를 통해 얻을 수 있는 변인이 아닌 것은?

① 걷기 동작에서 디딤발에 가해지는 힘의 방향
② 외발서기 동작에서 디딤발 압력중심(center of pressure)의 이동거리
③ 서전트 점프 동작에서 발로 지면에 힘을 가한 시간
④ 달리기 동작의 체공기(non-supporting phase)에서 발에 작용하는 힘의 크기

■지면반력기로는 지면을 밟을 때에 발생하는 힘의 방향, 크기, 이동거리, 시간 등을 측정한다.

16 걷기 동작에서 측정되는 지면반력(ground reaction force)에 대한 설명으로 옳지 않은 것은?

① 지면반력기로 측정할 수 있다.
② 발이 지면에 가하는 근력을 측정한 값이다.
③ 지면이 신체에 가하는 반력을 측정한 값이다.
④ 뉴턴의 작용-반작용 법칙으로 설명할 수 있다.

■지면반력은 발이 지면에서 가하는 힘의 세기를 측정한 값이다.

17 지면반력분석으로 알 수 없는 것은?

① 압력중심의 위치 ② 수직지면반력의 크기
③ 다리근육의 파워 ④ 무게중심의 위치

■무게중심의 위치는 영상분석을 해야 알 수 있다.

18 운동 상황에서 측정된 지면반력에 대한 설명 중 옳은 것은?

① 달릴 때와 걸을 때 최대 수직 지면반력의 크기는 항상 같다.
② 인체가 수평 정지 상태에 있으면 수직 지면반력의 크기는 몸무게와 항상 같다.
③ 전진 보행에서 뒤꿈치가 지면에 닿을 때 발생하는 전후 지면반력은 추진력이다.
④ 수직점프 할 때 반동동작은 수직 지면반력의 크기에 영향을 주지 않는다.

■① 지면반력은 달릴 때는 체중의 약 6배, 걸을 때는 약 3배이다.
■③ 추진력은 발가락으로 땅을 뒤로 밀 때 생긴다.
■④ 점프 시의 반동동작은 지면반력에 영향을 준다.

정답 14 : ③, 15 : ④, 16 : ②, 17 : ④, 18 : ②

운동역학

■지면반력 : 지면에 힘을 가했을 때의 반작용력

19 보행 동작에서 지면으로부터 보행자의 발에 가해지는 힘은?

① 근력(muscle force)
② 부력(buoyant force)
③ 중력(gravitational force)
④ 지면반력(ground reaction force)

■땅에 닿아야 지면반력이 생긴다.

20 지면반력분석이 아주 유용한 경우는?

① 보행 분석
② 철봉의 공중동작 분석
③ 몸통의 회전운동 분석
④ 어깨근육의 활동상황 분석

■영상분석으로는 힘을 측정할 수 없다.

21 운동 상황에서 힘을 직접 측정하는 방법이 아닌 것은?

① 영상분석 방법
② 스트레인 게이지(strain gauge) 측정 방법
③ 마찰력 측정 방법
④ 지면반력 측정 방법

■동기화 : 작업들 사이의 수행시기를 맞추는 것. 사건이 동시에 일어나게 하거나 일정한 간격을 두고 일어나도록 시간 간격을 조정하는 것.

22 여러 가지 측정장비를 이용해서 실험을 할 때 각 장비의 데이터 수집 시각을 정확하게 일치시키는 것은?

① 동기화
② 고정화
③ 함수화
④ 초기화

■보통 스트라이드라고 한다. 보폭의 2배이다.

23 보행 시 왼발꿈치에서 다음 번 왼발 착지 시 발꿈치까지의 거리는?

① 보폭
② 2보폭
③ 족 간격
④ 보행속도

■② 신체분절의 위치는 X-ray 검사로 측정한다.
■근전도검사와 평가 (p. 199) 참조

필수문제

24 근전도(electromyography: EMG) 검사와 평가에 대한 설명으로 옳지 않은 것은?

① 근수축과 관련된 전기적 신호를 측정하는 것이다.
② 근전도 검사를 통해 신체 분절의 위치를 측정할 수 있다.
③ 근전도 검사에 사용되는 전극은 표면전극과 삽입전극으로 구분된다.
④ 근전도 신호의 분석을 통해 근 피로에 대한 정보를 일부 추정할 수 있다.

정답 19 : ④, 20 : ①, 21 : ①, 22 : ①, 23 : ②, 24 : ②

심화문제

25 체육 분야에서 근전도 분석을 할 때 사용하는 전극은?

① 침전극 ② 가는 철사 전극
③ 표면전극 ④ 주사바늘

■ 선수에게 상처가 나면 안 되므로 표면전극을 사용해야 한다.

26 근전도 분석에서 수집되는 신호는?

① 역치전압 ② 활동전위
③ 신경임펄스 ④ 발휘되는 근력

■ 근육이 활동할 때 나오는 전압을 활동전위라고 한다.

27 근전도 신호를 통해 알 수 있는 정보로 올바른 것은?

① 근파워 ② 충격력
③ 압력중심궤적 ④ 근육의 동원순서

■ 근전도로는 힘을 정확하게 측정할 수 없다.

28 근전도(EMG)기에 대한 설명으로 옳은 것은?

① 지면반력을 측정한다.
② 운동학적 변인을 측정한다.
③ 근육의 수축을 유발하는 전기적 신호를 측정한다.
④ 압력의 변화를 측정한다.

■ 근전도기로는 근육의 수축을 유발하는 전기적 신호뿐만 아니라 근육의 수축하면서 생기는 전기적 신호도 측정한다.

29 근전도(electromyogram, EMG) 분석을 통하여 얻을 수 있는 정보로 옳지 않은 것은?

① 제자리멀리뛰기에서 장딴지근(비복근)의 최대 수축 시점
② 스쿼트에서 넙다리곧은근(대퇴직근)의 근피로도
③ 제자리높이뛰기에서 무게중심의 3차원 위치좌표
④ 팔굽혀펴기에서 위팔세갈래근(상완삼두근)의 근활성도

■ 무게중심의 이동은 지면반력분석으로 알 수 있다.

정답 25 : ③, 26 : ②, 27 : ④, 28 : ③, 29 : ③

■근전도에는 플러스와 마이너스가 뒤섞여 있고, 진폭이 클 때도 있고 작을 때도 있다. 진폭 변화로 근육의 활동시기, 활동지속시간, 활동강도 등을 알 수 있다.

30 근전도(electronyography, EMC) 신호에 관한 설명으로 옳은 것은?

① 신호의 분석을 통해 관절 각도를 측정할 수 있다.
② 측정 시간을 곱한 값을 선형 포락선(linear envelop)이라고 한다.
③ 진폭amplitude)과 근력과의 관계는 근육의 수축 형태와 상관이 없다.
④ 양과 음의 값을 모두 가지고 있다.

■같은 사람의 같은 근육일 경우에는 근전도의 진폭이 크면 근력을 크게 발휘하였다고 할 수 있지만, 다른 사람과 직접 비교는 안 된다.

31 나하고 철수하고 팔씨름을 하면서 근전도의 최대진폭을 측정했더니 나는 2mV, 철수는 3mV가 나왔다. 다음 중 옳은 것은?

① 나의 근력이 철수보다 세다.
② 철수의 근력이 나보다 세다.
③ 누구의 근력이 센지 알 수 없다.
④ 나와 철수는 근력이 같다.

■**정량적 분석**
장비를 사용하거나 측정 또는 실험을 통해 동작 및 힘 관련 정보를 분석하여 구체적인 수치와 단위로 객관화시키는 것.

■**정성적 분석**
· 활동이나 경기기술의 수행을 지도자가 눈으로 확인하여 움직임의 특성을 주관적 관점을 평가하는 것.
· 훈련이나 학습현장에서 즉각적인 피드백이 이루어질 수 있는 즉시성이 있음.

필수문제

32 보기의 ㉠, ㉡ 안에 들어갈 내용이 바르게 묶인 것은?

보기
(㉠)은 다양한 장비를 활용하여 동작 및 힘 정보를 수치화하고 분석하는 방법이다. (㉡)을 통해 객관적이고 정확한 정보를 획득할 수 있으며, 주관적인 판단을 배제할 수 있다.

	㉠	㉡
①	정성적 분석	정량적 분석
②	정량적 분석	정성적 분석
③	정성적 분석	정성적 분석
④	정량적 분석	정량적 분석

정답 30 : ④, 31 : ③, 32 : ④

MEMO

MEMO

2025
스포츠지도사 2급 필기

특수체육론

단원별 출제빈도 분석

단원	2015 장애인	2016 장애인	2017 장애인	2018 장애인	2019 장애인	2020 장애인	2021 장애인	2022 장애인	2023 장애인	2024 장애인	누계 (개)	출제율 (%)
제1장 특수체육의 의미	2	6	3	1	5	2	5	4	2	1	31	15.5
제2장 특수체육에서 사용하는 사정과 측정도구	4	1	4	2		3	3	2	2	5	26	13
제3장 특수체육의 지도전략	2	5	1	9	5	3	3	4	6	4	42	21
제4장 지적장애 · 정서장애 · 자폐성 장애의 특성 및 스포츠 지도 전략	4	2	4	4	1	4	2	4	3	4	32	16
제5장 시각장애 · 청각장애의 특성 및 스포츠 지도 전략	5	2	2	2	4	3	3	1	4	2	28	14
제6장 지체장애 · 뇌병변장애의 특성 및 스포츠 지도 전략	3	4	6	2	5	5	4	5	3	4	41	20.5
합계	20	20	20	20	20	20	20	20	20	20	200	100

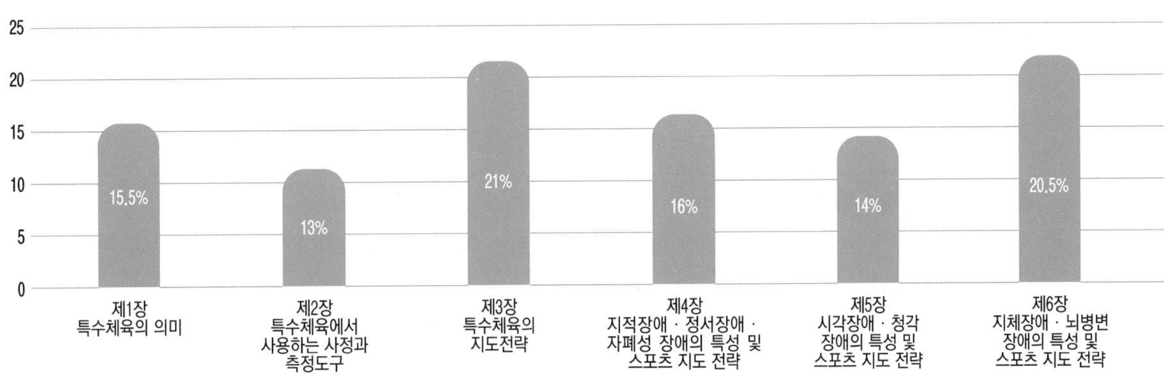

단원별 출제비율 그래프

특수체육의 의미

특수체육의 역사

1 장애자에 대한 사회적 태도의 변천

- ☞ 원시 사회에서는 장애인들이 전투적인 생활에 견딜 수 없었기 때문에 대부분이 어린 나이에 죽거나 죽임을 당했다.
- ☞ 중세에는 죄가 커서 마귀에 의해서 장애자가 되었다고 생각해서 교수형에 처해지거나 따돌림을 당했다.
- ☞ 르네상스 시대와 산업혁명 시대에는 장애자들에 대한 태도가 많이 부드러워지기는 했지만 특별한 보살핌이나 관심을 받지는 못하였다.
- ☞ 세계대전을 치르면서 수많은 장애자들이 전장에서 사회로 복귀하면서부터 장애자를 도와야 된다는 방향으로 사회적 인식이 바뀌었다.
- ☞ 불구자가 된 병사들을 치료하는 기술이 크게 발달하였고, 장애자들의 재활을 돕기 위한 모금 활동도 활발하게 전개되었다. 초기에는 박애회, 개인의 자선, 사회봉사 단체들의 모금에 의존하였으나 나중에는 정부가 책임을 지게 되었다.
- ☞ 1960년대에는 미국의 교육부에 '장애자교육국'이 설치되었다.
- ☞ 1975년에는 "장애아교육법"이 미국 의회를 통과해서 장애아동들을 위한 '개별화된 교육 프로그램'을 설정할 수 있게 되었다. 장애아동들을 특수학급에서 별도의 교육을 해 오던 개념에서 벗어나 메인스트리밍으로 장애아동의 교육개념이 바뀌었다.
- ☞ 장애자들의 고용에 관한 사회의 태도 변화는 장애인들의 경제적 지위향상에 크게 기여하였다.

2 특수체육의 역사

- ☞ 특수체육은 스웨덴의 링이 스웨덴체조를 창안하면서부터라고 보는 사람이 많다.
- ☞ 1952년에 미국의 보건 · 체육 · 레크리에이션 · 무용협회가 특수체육위원회를 발족시키고, 장애인체육을 '적응체육'으로 바꾸어 부르기 시작하였다.
- ☞ 1967년에는 미국에서 "정신지체아를 위한 시설 설치법"이 의회를 통과하였다.
- ☞ 1975년 장애아교육법(PL 94-142)이 공포되었다.
- ☞ 1990년에 "The Individuals with Disabilities Education Act(장애인교육헌장) : PL 101-476"이 제정되었다.

3 우리나라 특수체육의 역사

- ☞ 1946년부터 특수학교에서 체육교과를 가르치기는 하였지만 그것을 특수체육이라고 부르지는 않았다.
- ☞ 1986년 서울 아세안게임 학술대회와 1988년 서울 패럴림픽대회를 개최한 이후 장애인에 대한 사회적 인식과 교육, 연구, 정책이 크게 바뀌게 되었다. 장애를 수치로 생각하여 숨어 살던 장애인들이 '장애는 단지 불편할 뿐'이라고 생각을 바꾸는 계기가 되었다.

☞ 1989년 한국장애자체육회가 설립되었다.

☞ 1990년 한국특수체육학회가 창립되어 특수체육을 본격적으로 연구할 수 있는 기반이 마련되었다.

☞ 2005년 국민체육진흥법이 개정되어서 대한장애인체육회를 설립할 수 있는 법적 근거가 마련되었다.

특수체육론

장애의 정의와 장애인스포츠대회

1 장애의 정의

▶ WHO의 1980년 정의

☞ 장애는 질병과 동일한 것이 아니고 질병의 결과임.

☞ 장애는 손상, 장애, 핸디캡의 3차원으로 분류할 수 있음.

▶ WHO의 2001년 정의

☞ 핸디캡은 '참여제약'으로, '손상'은 '신체기능과 구조'로, '장애'는 '활동제한'으로 용어를 변경함.

☞ 장애란 환경적 · 개인적 요구에 의해 누구에게든 발생할 수 있는 일반적인 현상으로 이해함.

2 장애인스포츠대회

▶ 패럴림픽

☞ 참가자격 : 지체장애인, 지적장애인, 뇌병변장애인

☞ 개최 : 동 · 하계올림픽 종료 후

☞ 주관단체 : 국제패럴림픽위원회(IPC)

▶ 스페셜올림픽

☞ 참가자격 : 만 8세 이상의 지적 · 자폐장애인

☞ 개최 : 4년마다 동 · 하계대회

☞ 주관단체 : 국제스페셜올림픽위원회(SOI)

▶ 페플림픽(농아인올림픽)

☞ 참가자격 : 보청기, 달팽이관 이식 등을 하지 않은 청각장애인(55dB 이상)

☞ 개최 : 올림픽 다음 해에 동 · 하계대회

☞ 주관단체 : 국제농아인스포츠위원회(ICSD)

특수체육의 개념 및 정의

1 특수체육의 정의(Joseph P. Winnick)

☞ 장애로 인하여 체육활동을 원활하게 할 수 없거나 일반인들이 행하는 체육활동에 참여하기 어려운 사람들을 위하여 특별히 계획된 체육 프로그램을 '특수체육'이라고 한다.

» 특별한 요구를 충족시키기 위해 계획된 개별화 프로그램

» 신체능력에 차이가 있는 학생들이 안전하게 스포츠를 경험하게 함.

» 신체 교정 · 훈련 · 치료 등 계획된 요소를 포함함.

» 장애인은 심동적 어려움을 가진 모두를 지칭함.

☞ 특수체육에는 다음 4가지 유형의 프로그램이 있다(Jansma & French, 1994).

» 적응체육(adaptive physical education) : 장애인에게 안전하고 성공적이며 만족스러운 참여의 기회를 제공하기 위하여 전통적인 체육활동을 변형하는 것.

» 교정체육(corrective physical education) : 주로 기능적인 자세와 신체의 물리적인 결함에 대하여 훈련 또는 재활하는 것.

» 발달체육(developmental physical education) : 장애아동의 능력을 일반 또래 수준까지 향상시키기 위한 점진적인 건강체력 및 대근 운동프로그램.

» 의료체조(medical gymnastics) : 특정한 신체활동을 통하여 장애인의 운동능력을 회복/발달시키려는 활동.

2 특수체육의 개념

특수체육은 보는 관점에 따라서 의학적 모델과 교육적 모델로 나눈다.

특수체육의 의학적 모델	의학적으로 처방된 치료운동과 프로그램이다. 장애학생이 가지고 있는 문제에 대한 검사, 진단, 치료에 초점을 맞춘다. 장애학생은 서비스의 수동적 수혜자가 된다. 일반적인 병리 현상에 따라 장애학생을 분류하기 때문에 범주적 접근이라고도 한다.
특수체육의 교육적 모델	1975년에 미국에서 "전장애아교육법(PL 94-142)"이 제정되고 나서부터 널리 활용되었다. 장애학생의 교육에 관한 의사결정은 의학적 진단에만 의존하는 하는 것 보다는 다양한 학문분야의 전문가로 구성된 팀에 의해서 파악된 장애학생의 개인적 요구에 대한 종합적 평가에 기초를 두어야 한다는 것이다. 장애학생들의 개인 차이가 존중되기 때문에 체육교사는 장애학생 개개인의 교육적 요구를 충족시켜 주기 위한 개별화 교육 프로그램을 활용하게 된다. 운동학습의 과정에서 나타나는 강점과 약점을 중심으로 장애학생을 분류하는 비범주적 접근이다.
적응된 신체활동	2001년 세계특수체육학회에서 'Special Physical Education(특수체육)' 또는 'Adapted Physical Education(적응체육)'이라고 불러오던 것을 'Adapted Physical Activity(적응된 신체활동)'로 통일하기로 결정하였다. 장애인이 비장애인과 함께 살아갈 수 있는 기회를 제공하고, 평생에 걸쳐 나타나는 심동적인 문제를 해결하기 위한 학제적 학문으로 특수체육을 보는 광의의 개념이다. 오늘날 적응된 신체활동으로서의 특수체육은 기본적인 인권으로서 개념화되어 가고 있다.

3 특수체육과 관련된 논쟁

☞ 참여 대상에 대한 논쟁……장기적인 장애조건을 가지고 있는 사람들을 대상으로 해야 하는가? 일반적인 스포츠 검사에서 30% 이하의 수행을 나타내는 사람들을 대상으로 해야 하는가?

☞ 통합프로그램과 분리프로그램에 대한 논쟁……비장애인들과 함께 통합프로그램에 참여할 수 있는 기회를 제공하는 것이 장애인들의 건강한 사회성 발달에 매우 중요하다는 의견과 장애인들이 통합프로그램에 성공적으로 참여하기 위해서 필요한 기본적인 기술을 발전시킬 수 있는 분리프로그램이 중요하다는 의견.

☞ 약물 규제와 관련된 논쟁……장애인 스포츠에서 약물 규제가 비장애인 스포츠에서 약물 규제와 똑같아야 하는가?

4 특수체육의 목적

상위 영역	하위 영역	내 용
정의적 영역	긍정적 자아	» 신체활동 참여를 통해 자아개념과 신체상을 강화한다. » 신체에 대한 이해와 존중, 그리고 움직임을 위한 신체능력을 향상시킨다. » 변화될 수 없는 한계를 수용하고, 환경에 적응하는 것을 배운다(예 : 자아실현을 위한 노력)
	사회적 능력	» 사회적 고립을 감소시킨다. » 우정을 발전시키고 유지하는 방법, 스포츠맨십과 승패에서의 자제력을 배운다. » 적절한 사회적 행동을 포함하여 비장애인들과 생활하기 위해 필요한 기술을 배운다(예 : 나눔, 차례 지키기, 순종하기, 지도하기 등과 같이 다른 사람들과 상호작용하기 위해 필요한 것들)
	즐거움과 긴장 이완	» 운동, 신체활동, 스포츠, 댄스, 수상경기 등에 대한 태도를 향상시키고 그러한 활동에 참여하는 것이 즐겁고 행복하다는 것을 안다. » 신체활동 참여를 통해 정신건강을 향상시킨다. » 건강하고 사회적으로 받아들여지는 방법으로 긴장을 이완시키는 것을 배운다. » 활동의 과민성을 감소시키고 이완하는 것을 배운다.
심동적 영역	운동기술과 패턴	» 기본적인 운동기술과 패턴을 배운다. » 게임, 스포츠, 댄스, 수상경기 등의 참여에 필요한 운동기술에 숙달한다. » 자조, 학교생활, 직장생활, 놀이, 소근육운동, 대근육운동 등에 필요한 협응력을 향상시킨다.
	체력	» 심혈관계 기능을 향상시킨다. » 최적 체중을 도모한다. » 근력, 지구력, 유연성 등을 향상시킨다. » 올바른 자세를 유지한다.
	여가활동에 필요한 기술	» 체육시간에 학습한 것을 평생 스포츠, 댄스, 수상경기 등을 즐기는 습관으로 전이시키는 것을 배운다. » 레크리에이션을 위한 지역사회의 재원과 익숙해진다. » 개인 및 단체 경기, 스포츠, 댄스, 수상경기 등의 기술 폭을 넓히고 익숙해진다.
인지적 영역	놀이와 게임행동	» 자연스럽게 노는 것을 배운다. » 독자적 · 평형적 놀이 행동에 적절한 협동적 · 경쟁적 게임 행동에 이르는 놀이의 발달단계에 따라 진보한다. » 장난감, 놀이기구, 다른 사람과 접촉 및 상호작용 등을 도모한다. » 기본적인 게임의 형식과 놀이를 위해 필요한 정신 조작능력을 학습한다. » 간단한 게임의 규칙과 전략에 능숙해진다.
	운동기능과 감각통합	» 시각, 청각, 촉각, 전정기관 감각, 운동감각의 기능 등을 향상시킨다. » 게임과 인지/운동학습을 통해 교과학습을 강화한다. » 감각통합 향상을 통해 인지기능, 언어기능, 운동기능 등을 향상시킨다.
	창조적 표현	» 움직임과 사고의 창조성을 향상시킨다. » 움직임과 관련된 문제에 노출될 때 많은 반응, 다양한 반응, 독창적인 반응 등을 생성한다. » 상상하는 것을 학습하고 꾸미고 첨가한다. » 새로운 것을 시도하고 적절한 게임 전략을 고안한다.

출처 : 전혜자 외(2015). 특수체육론. 대한미디어. p. 18에서 수정 게재.

5 특수체육의 특징

Sherrill, C.(1998)은 특수체육에는 다음과 같은 특징이 있다고 주장하였다.

☞ 특수체육은 법률적 기초 위에서 제공되는 서비스이다.
☞ 장애학생의 요구에 대한 총괄적 평가를 통해서 심동적 문제를 확인해야 한다.
☞ 특수체육은 학제적 학문이다.
☞ 특수체육은 평생교육을 강조한다.
☞ 특수체육은 평균 이하 혹은 정상과 차이가 있는 심동적 특성을 보이는 학습자들을 주로 가르친다.
☞ 특수체육의 중요한 목표 중의 하나가 평생 동안 스포츠에 참여할 수 있도록 장애학생들의 여가선용의 기술을 발달시키는 것이다.
☞ 연속적인 서비스를 제공해야 한다.
☞ 책무성이 있다. 모든 교사는 행정가와 학부모 등에게 자신들이 학생들에게 제공한 교육 서비스가 학생의 특정 행동 영역에 긍정적인 영향을 미쳤다는 사실을 증명해야 한다.
☞ 특수체육은 모두 수용하고 모두 성공하는(zero reject and zero fail) 교육이다.

특수체육의 방향과 가치 추구

1 특수체육의 방향

장애학생들은 지속적으로 반복되는 실패의 경험으로 인해 자신에 대한 자아개념이나 신체상에 큰 상처를 받게 된다. 따라서 특수체육에서는 일반 체육교육과정을 개인의 요구에 맞게 적응시켜 실패의 경험을 최소화하고 자아개념과 신체상을 긍정적이고 지속적으로 강화시키는 방향 즉, 적응체육의 방향으로 나아가야 한다.

2 특수체육이 추구하는 가치

적응의 원리 쉐릴(C. Sherril)	환경, 과제, 그리고 개인에 대한 형식적 · 비형식적 평가의 결과에 따라 환경이나 과제의 변인들을 수정 · 조정 · 변화시켜주는 과정을 의미한다. 적응이론은 특수체육의 핵심 이론으로서 특수체육의 목표를 성취하여 바람직한 결과를 이끌어내기 위해 활용된다.
정상화의 원리 니르제(B. Nirje)와 울펜스버거(W. Wolfensberger)	장애인을 보호시설에 수용하지 말고 일반적인 사회 환경에서 생활할 수 있도록 해야 하며, 모든 장애인이 가능한 한 정상에 가까운 교육 및 생활 환경을 제공받아야 한다. 정상화의 원리에는 사회가 장애인을 수용해야 하고, 장애의 유무를 떠나 모든 인간이 인간으로서의 존엄성을 존중받아야 한다는 철학적인 신념도 내포하고 있다.
최소제한 환경의 원리 (미국의 특수아동교육 위원회)	아동은 자신의 교육적 요구가 만족스럽게 충족될 수 있는 최소로 제한된 환경에서 교육받아야 하고, 장애아동은 가능한 한 비장애아동들과 함께 교육받아야 한다.
주류화	정상화를 실현하기 위해서 장애아동을 가능한 한 또래의 비장애아동들과 같은 교육환경에 배치하여 상호작용하게 하면서 부족한 부분만 특수교육을 시키는 점진적 통합교육을 말한다.

통합교육	장애학생에게 적절한 수준의 프로그램을 제공하고, 활동에 필요한 사항을 적절히 지원하여 비장애학생들과 함께 스포츠와 신체활동에 참여할 기회를 주어야 한다는 것이다.

3 장애모델

장애의 원인, 장애를 보는 관점, 그리고 중재의 목표에 따라서 장애모델을 6가지로 분류할 수 있다.

도덕모델	장애는 신이 내린 벌이고, 장애인은 죄인이므로 주류사회에서 살 권리가 없다고 본다.
자비모델	장애인은 자기 스스로는 어떻게 할 수 없는 존재이므로 자비로운 마음으로 보살펴야 한다고 본다.
의학모델	장애인은 결함이 있거나 열등한 존재이므로 가능한 한 비장애인에 가깝게 치료해주려고 노력해야 된다고 본다.
사회모델	장애는 육체적 · 사회적 장벽 때문에 지역사회의 생활에 참여할 수 있는 기회를 잃었거나 제약을 받는 것으로 본다.
경제모델	장애문제는 직업교육을 통해서 장애인들이 소득을 창출할 수 있게 하면 해결된다고 본다.
인권모델	인간에게는 인간의 존엄성과 행복추구권과 같은 기본권이 있고, 기본권은 법 앞에서 모든 사람에게 동등하게 적용되어야 하므로 장애인도 비장애인과 똑같은 인권이 있다고 본다.

4 장애인의 권리선언

장애인들이 다양한 활동 분야에서 최대한 자신의 능력을 개발할 수 있도록 도와주고, 가능한 한 정상적인 생활 속에서 자신의 이상을 실현할 수 있도록 촉진해야 한다는 취지를 담고 있는 선언으로, 1975년 12월 9일 국제연합 총회에서 만장일치로 채택되었다.

5 장애인 임파워먼트

장애인의 권리선언을 계기로 주장된 권리는 다음과 같다.

자결권	장애인에게도 자신들의 삶에 영향을 미칠 수 있는 일의 의사결정에 직접 참여하여 할 수 있는 권리가 있다.
자기유능감	자기 자신에 대한 긍정적인 태도를 가지며, 자기 자신이 능력이 있다고 느낄 권리가 있다.
사회적 참여	다른 장애인을 확인하고 지지하고, 자신에 대한 낙인과 불공평을 인식하고 지원활동에 참여할 수 있는 권리가 있다.

위와 같은 3가지 권리를 주장하는 사회운동을 empowerment, 권리신장, 권리부여, 권리인정이라고도 한다.

필수 및 심화 문제

필수문제

01 특수교육의 발달을 시대적으로 구분한 것이다. 잘못 설명한 것은?

① 고대와 중세 : 왕의 명령으로 특수기관에서 보호하던 시대
② 중세 말 이후 : 기독교사상으로 자선적 보호와 치료를 하던 시대
③ 19세기 말 이후 : 민주주의를 바탕으로 한 교육의 시대
④ 1980년 이후 : 미국에서 전장애인교육법(IDEA)이 제정된 이후의 시대

■ 고대와 중세는 장애아동을 유기, 학대, 방임, 조롱하던 비인도적인 시대였다.

심화문제

02 특수교육이 발전하게 된 요인이라고 할 수 없는 것은?

① 민주적 · 인도주의적 정신
② 교육의 의무 및 권리 사상
③ 체육의 발달
④ 사회 · 경제적 생활조건의 향상

■ 특수체육은 특수교육의 일부분이므로 체육의 발달과 특수교육의 발달은 별개의 사안이다. 그밖에 과학의 발달이 특수교육을 발달시킨 한 요인이다.

필수문제

03 '국민체육진흥법과 동 시행령'에서 규정하고 있는 '장애인 스포츠지도사'에 대한 내용으로 옳지 않은 것은?

① 만 18세 이상 누구나 지원 가능하며, 장애인의 문화, 예술, 여가, 체육활동 등을 지도하는 사람을 말한다.
② 장애유형에 따른 운동방법 등에 대한 지식을 갖추고, 34개의 자격종목에 대하여 장애인을 대상으로 전문체육이나 생활체육을 지도하는 사람을 말한다.
③ 2급 장애인스포츠지도사는 자격검정에 합격하고 연수과정을 이수한 사람으로 한다.
④ 2급 연수과정은 인지, 정서 장애인, 지체장애인, 시 · 청각 장애인의 특성에 따른 스포츠지도를 포함하고 있다.

■ 장애인스포츠지도사는 장애인을 대상으로 전문체육이나 생활체육을 지도하는 사람이다.

심화문제

04 장애인스포츠지도사의 지원강도에 관한 설명으로 옳지 않은 것은?

① 간헐적(intermittent) 지원 – 일시적이고 단기간에 걸쳐 요구할 때 지원
② 제한적(limited) 지원 – 제한된 시간 동안 신체활동에서 지원
③ 확장적(extensive) 지원 – 지도자의 판단에 따른 일시적 지원
④ 전반적(pervasive) 지원 – 지속적이고 신체활동 내내 지원

■ 지도자의 판단에 따른 일시적 지원은 옳지 않다.

정답 01 : ①, 02 : ③, 03 : ①, 04 : ③

05 '대한장애인체육회'를 명문화하고 체육지도자의 한 분야로 '장애인스포츠지도사'를 규정하고 있는 것은?

① 장애인복지법
② 장애인 차별 금지 및 권리 구제 등에 관한 법률
③ 국민체육진흥법
④ 체육시설의 설치 이용에 관한 법률

■ 국민체육진흥법에 의해서 대한체육회와 대한장애인체육회가 동등한 기관이 되었다.

06 보기에서 국민체육진흥법 시행령의 '장애인스포츠지도사 2급 연수과정'이 아닌 것으로 묶인 것은?

보기		
㉠ 스포츠 윤리	㉡ 선수 관리	㉢ 지도역량
㉣ 스포츠 매니지먼트	㉤ 장애특성 이해	㉥ 코칭 실무

① ㉠, ㉤　② ㉢, ㉣　③ ㉡, ㉥　④ ㉤, ㉥

■ **체육지도자의 연수과정**(국민체육진흥법시행령 별표 11)
2급 장애인스포츠지도사 과정
1) 스포츠 윤리 : 선수 · 지도자 · 심판 윤리, 선수와 인권, (성)폭력 방지, 공정 경쟁, 도핑 방지, 스포츠와 법
2) 장애특성 이해 : 인지 · 정서 장애인 특성에 따른 스포츠지도, 지체장애인 특성에 따른 스포츠지도, 시 · 청각 장애인 특성에 따른 스포츠지도
3) 지도역량 : 장애특성별 운동프로그램, 운동기술과 체력의 진단 및 평가, 통합체육 이해와 적용 방안, 스포츠 심리 및 트레이닝 실무, 체육지도 방법
4) 스포츠 매니지먼트 : 스포츠 지도를 위한 한국수어, 스포츠시설 및 용품 관리, 생활체육 프로그램 운영 및 관리, 커뮤니케이션 및 상담기법, 스포츠 행정 실무
5) 현장실습
6) 그밖에 문화체육관광부장관이 필요하다고 인정하여 고시하는 사항

필수문제

07 장애인복지법(1989)에 근거하여 최초로 설립된 장애인 체육 행정 조직은?(2024)

① 대한장애인체육회　② 대한민국상이군경회
③ 한국장애인복지체육회　④ 한국소아마비아동특수보육협회

■ 장애인복지법 제29조의 2에 근거하여 1989.4.28.에 설립된 **장애인복지체육회**는 2008.4.11. **한국장애인개발원**으로 변경되었음.

심화문제

08 세계 최초의 특수학교는?

① 파리농학교　② 라이프치히농학교
③ 파리맹학교　④ 평양여자맹학교

09 우리나라 최초의 특수학교는?

① 제생원맹아부　② 평양농학교
③ 평양여자맹학교　④ 평양광명맹학교

정답 05 : ③, 06 : ③, 07 : ③, 08 : ①, 09 : ③

특수체육론

■장애인을 비장애인과 평등하게 보지 않고, 동정의 대상 · 도와줘야 할 대상으로 보거나 무조건 사랑하는 것은 장애인의 인권을 무시하는 것이다.

필수문제

10 비장애인이 장애인을 바라보는 시각 중 옳은 것은?

① 평등의 시각으로 본다. ② 동정의 시각으로 본다.
③ 항상 도와줘야 하는 대상으로 본다. ④ 무조건 사랑의 손길을 보낸다.

■"이 사람은 무엇에 장애가 있는 사람이요."라고 명찰을 써 붙이는 것을 표찰이라고 한다. "나는 무슨 장애인이요."라고 써붙이고 다니면 그 사람을 존중해줄까?

심화문제

11 장애와 관련된 표찰(labeling)에 대한 설명으로 옳지 않은 것은?

① 장애인의 독특한 개인차를 존중할 수 있는 기회를 제공해 준다.
② 부정적 자아개념을 형성하게 한다.
③ 개별화 체육 프로그램의 작성과 수행에 거의 도움이 되지 않는다.
④ 장애인에 대한 부정적인 고정관념을 강화시킬 수 있다.

12 장애를 나타내는 용어들에 대한 설명이다. 적절하지 못한 것은?

① Disability : 신체적 또는 정신적으로 어떤 기능을 사용하는 데에 제약을 받음.
② Impairment : 심리적 · 생리적 · 해부학적으로 어떤 손상을 입었거나 손실되어서 정상적이 아님.
③ Handicap : 정상적으로 사회생활을 하는 데에 지장이나 불이익을 당함.
④ Disorder : 어떤 순서나 차례가 잘못됨.

■Disorder는 정신과 관련이 있는 장애를 말한다.

필수문제

13 시각장애, 지적장애, 지체장애와 같이 장애조건에 따라 장애인을 분류하여 지도하는 접근방법은?

① 범주적 접근방법(categorical approach)
② 비범주적 접근방법(non-categorical approach)
③ 기능론적 접근방법(functional approach)
④ 발달론적 접근방법(developmental approach)

■진단을 유목(類目)화하며 분류하는 접근방식이 **범주적 접근방법**이다. 분류대상을 증상 · 행동 특성에 따라 나누고, 질적인 차이를 강조한다.

심화문제

14 장애아동 교육의 원리이다. 잘못 설명한 것은?

① 완전수용 : 장애아동들은 전원 특수교육기관에서 수용해야 한다.
② 비차별적 평가 : 장애가 있다는 이유로 차별적으로 평가를 받아서는 안 된다.
③ 개별화교육 : 장애학생의 특성과 능력에 맞게 계획된 교육을 해야 한다.
④ 최소제한 환경 : 장애아동들은 최대한 일반아동과 함께 교육을 받아야 한다.

■장애아동 교육의 원리에서 완전수용은 "교육적 배치에서 장애아동을 배제해서는 안 된다."는 원리이다.

정답 10 : ①, 11 : ①, 12 : ④, 13 : ①, 14 : ①

15 '장애인차별금지 및 권리구제 등에 관한 법률 제25조(체육활동의 차별금지)'의 제한 · 배제 · 분리 · 거부에 해당하는 사례로 적절하지 않은 것은?

① 스포츠센터장은 시각장애인의 수영 강습 등록을 거부하였다.
② 학교장은 지체장애학생의 생존수영수업 참여를 제한하였다.
③ 스포츠센터장은 중증장애인을 위한 가족탈의실을 분리하여 설치하였다.
④ 스포츠센터장은 농구리그에 청각장애인팀의 참가를 배제하였다.

■ 중증장애인을 위한 가족탈의실의 분리 설치는 차별금지의 제한 · 배제 · 분리 · 거부가 아니다.

필수문제

16 스페셜올림픽(Special Olympics)에 대한 설명으로 옳은 것은?

① 참가자격은 15세 이상의 지적장애인이다.
② 모든 경기는 성별의 구분 없이 혼성경기로 진행된다.
③ '10% 법칙'이 적용되지만, 일부 경기에는 적용되지 않을 수 있다.
④ 모든 경기에서 1등부터 3등까지 상을 수여한다.

■ ① 지적장애인이면 누구나 참가할 수 있다. ② 성별과 장애 정도에 따라 별도로 경기를 한다. ③ 10%의 법칙은 경제사회학에서 나오는 법칙으로 "상위 10%가 전체의 90%를 차지한다."는 법칙이다. ④ 모든 참가자에게 참가상을 준다.

심화문제

17 패럴림픽에 참가할 수 있는 장애가 아닌 것은?

① 지체장애 ② 청각장애 ③ 시각장애 ④ 지적장애

■ 패럴림픽에 청각장애인들을 위한 경기는 없다.

18 장애인 체육대회에 대한 설명이다. 틀린 것은?

① 데프림픽(Deaflympics) : 시각장애인대회
② 스페셜올림픽(Special Olympics) : 케네디재단에서 지적장애인인 케네디 대통령의 여동생을 위해서 시작한 캠프에서 유래
③ 패럴림픽(Paralympics) : 영국 스토크맨드빌 병원에서 2차 세계대전 중에 생긴 하체마비자들을 위한 대회를 개최한 데서 유래
④ 아시안패럴림픽(Asian Paralympics) : 아시안게임 직후에 개최되는 장애인경기대회

■ 데프림픽은 청각장애인 대회이고, 프랑스 파리에서 1924년에 처음 개최되었다.

19 제8회 서울패럴림픽대회 이후의 변화가 아닌 것은?

① 대한장애인체육회 설립 ② 이천훈련원 건립
③ 평창 동계패럴림픽대회 개최 ④ 전국장애인체육대회 개최 시작

■ 전국장애인체육대회는 1981년에 시작되었다. 제8회 서울패럴림픽대회는 1988년에 개최되었다.

정답 15 : ③, 16 : ③, 17 : ②, 18 : ①, 19 : ④

필수문제

20 보기는 국제 기능 · 장애 · 건강분류(International Classification of Functioning, Disability, and Health: ICF)에서 어떤 영역에 해당하는가?

> 보기
> A는 스포츠에 독립적으로 참여하는데 어려움이 있으나 적절한 지원을 받을 경우 문제없이 참여할 수 있다.

① 신체기능과 구조
② 참여
③ 활동
④ 장애

■ ICF 요약

구성요소	1부 / 기능수행과 장애		2부 / 배경 요인	
	신체기능과 구조	활동[4]과 참여[5]	환경적 요인[8]	개인적 요인
영역	신체기능[1] 신체구조[2]	삶의 영역 (과제, 행위)	기능수행과 장애에 대한 외적 영향	기능수행과 장애에 대한 내적 영향
구성	신체기능의 변화 (생리학적) 신체구조의 변화 (해부학적)	표준환경에서 과제를 실행하는 능력. 현재환경에서 과제를 실행하는 수행력	물리적 · 사회적 및 태도적 측면에서 촉진하거나 저해하는 영향력	개인의 태도에 대한 영향력
긍정적 측면	기능과 구조의 통합	활동, 참여	촉진 요인	적용 안 됨
	기능수행			
부정적 측면	손상[3]	활동 제한[6], 참여 제약[7]	장애 요인 저해 요인	적용 안 됨
	장애			

1) 신체기능 : 신체계통별 생리적 기능(심리적 기능 포함)
2) 신체구조 : 기관, 팔다리 및 그 구성요소들과 같은 신체의 해부학적 부위
3) 손상 : 현저한 변형이나 손실에 의한 신체기능 또는 구조상의 문제
4) 활동 : 개인이 과제나 행위의 실시
5) 참여 : 생활의 상황에 관여
6) 활동 제한 : 개인이 활동을 실시하는 동안 겪을 수 있는 어려움
7) 참여 제약 : 개인이 생활상황에 관여하는 동안 경험할 수 있는 문제
8) 환경적 요인 : 사람들이 생활하고 삶을 수행하는 데 필요한 물리적 · 사회적 · 태도적 환경을 구성하는 것.

정답 20 : ②

심화문제

21 **보기에서 세계보건기구(WHO)의 기능 · 장애 · 건강에 대한 국제 분류(International Classification of Functioning, Disability, and Health: ICF)'에 대한 설명 중 괄호 안에 들어갈 가장 적절한 말은?**

> 보기
> 장애는 (　　)의 세 가지 영역 모두 또는 어느 한 가지 영역에서 겪게 되는 어려움으로 발생하며, 개인적 · 환경적 요인들에 의해서도 영향을 받는다.

① 신체 기능과 구조, 활동, 참여　② 지능, 신체 기능과 구조, 참여
③ 활동, 대인관계 능력, 신체 기능　④ 지능, 대인관계 능력, 신체 구조

22 **국제 기능·장애·건강 분류(International Classification Functioning, Disability and Health: ICF)에 제시된 장애에 대한 개념적 특징이 아닌 것은?**

① 환경적 요인에 의하여 누구나가 장애인이 될 수 있음을 강조한다.
② 유형과 정도가 같은 장애인들이 동일한 활동에 참여하도록 한다.
③ 기능과 장애는 건강 상태와 개인적·환경적 요인들의 상호작용이다.
④ 장애는 개인, 주변의 태도, 환경적 장벽 사이 상호작용의 결과이다.

■ WHO의 기능 · 장애 · 건강에 대한 국제분류 : 신체의 구조와 기능, 활동과 참여, 환경요인과 개인요인이 상호작용하며, 포괄적인 건강상태를 설명하는 것.
■ 그 단계는 다음과 같다.
- 0(어려움 전혀 없음; 0~4%)
- 1(약간 어려움: 5~24%)
- 2(보통 정도로 어려움: 25~49%),
- 3(상당히 어려움: 50~95%)
- 4(완전히 어려움: 96~100%)

■ 22번 문제에서 ②는 ICF와 관련이 없다(20번 문제 참조).

필수문제

23 **위닉(J. Winnick, 1987)의 장애인스포츠 통합 연속체에서 보기의 내용에 해당하는 단계는?**

> 보기
> » 시각장애 볼링선수가 가이드 레일(guide rail)의 도움을 받아 비장애선수와 함께 경쟁하였다.
> » 희귀성 다리순환장애 골프선수가 카트를 타고 비장애선수와 함께 경쟁하였다.

① 일반스포츠(regular sport)
② 편의를 제공한 일반스포츠(regular sport with accommodation)
③ 일반스포츠와 장애인스포츠(regular sport & adapted sport)
④ 분리된 장애인스포츠(adapted sport segregated)

■ 위닉(J. Winnick)의 5단계 스포츠통합연속체계

통합 단계	참가 수준
Level 1. 일반스포츠	모두 선수에게 동일한 기준 적용.
Level 2. (편의를 제공한) 일반스포츠	경기 결과에 관계없이 시설 · 기구를 이용할 수 있음.
Level 3. 일반스포츠와 장애인스포츠	장애 여부에 관계없이 경기에 함께 참여. 규칙을 그대로 적용.
Level 4. 통합 장애인스포츠	장애인선수와 비장애인선수가 규칙을 변경하여 참가.
Level 5. 분리된(환경의) 장애인스포츠	장애인선수만 참가.

정답 21 : ①, 22 : ②, 23 : ③

24 **보기는 위닉(J. Winnick)의 5단계 스포츠 통합 연속체계이다. ㉠, ㉡에 들어갈 용어로 바르게 묶인 것은?**

보기

(약함 ↑ 제한 정도 ↓ 강함)

구분	제한 정도에 따른 단계
1	(㉠)
2	편의를 제공한 일반 스포츠 (Regular Sport with Accommodation)
3	일반 스포츠와 장애인 스포츠 (Regular Sport & Adapted Sport)
4	(㉡)
5	분리 환경의 장애인 스포츠 (Adapted Sport Segregated)

	㉠	㉡
①	일반 스포츠 (Regular Sport)	통합 환경의 장애인 스포츠 (Adapted Sport Integrated)
②	일반 스포츠 (Regular Sport)	장애인 스포츠 (Adapted Sport)
③	통합스포츠 (Unified Sport)	통합 환경의 장애인 스포츠 (Adapted Sport Integrated)
④	통합스포츠 (Unified Sport)	장애인 스포츠 (Adapted Sport)

■ 1은 같은 시설, 같은 경기규칙을 적용하여 장애인과 비장애인의 구별 없이 함께 참석하는 스포츠이고, 5는 시설과 경기규칙을 바꾸어서 장애인만 따로 참여하는 스포츠이다. 1에서 5까지 연속체가 되려면 4에는 시설과 경기규칙이 일반 스포츠와 비슷한 환경에서 장애인들이 따로 하는 스포츠가 들어가야 한다.

필수문제

25 **용어의 시대적 변화를 순서대로 연결한 것은?**

보기

㉠ 특수체육(adapted physical activity)
㉡ 교정체육(corrective physical education)
㉢ 의료체조(medical gymnastics)
㉣ 특수체육(adapted physical education)

① ㉢－㉡－㉣－㉠　　② ㉢－㉣－㉠－㉡
③ ㉣－㉢－㉠－㉡　　④ ㉣－㉢－㉡－㉠

■ **특수체육의 용어 변화**
의료체조→교정체육→적응체육(adapted physical education, 문제에서는 특수체육이라 했음)→특수체육(adapted physical activity)

정답　24 : ①, 25 : ①

심화문제

26 특수체육의 정의 중에서 틀린 것은?

① 장애아동의 한계 · 능력 · 흥미에 알맞게 짜여진 발달활동, 게임, 스포츠, 리듬 활동 등의 프로그램이다.
② 일반 수업에서 기대되는 효과를 얻지 못하거나 안전하게 참여할 수 없는 학생들에게 적절한 프로그램을 제공하는 전문영역이다.
③ 장애인의 독특한 욕구를 충족시키기 위하여 특별히 계획된 프로그램을 취급하는 체육의 한 영역이다.
④ 장애인들에게 신체활동의 즐거움을 제공하기 위해서 일반 체육프로그램을 적용시키는 것이다.

■ 특수체육은 일반체육 프로그램을 장애인 개개인에게 맞도록 적절히 변형하여 적용시키는 것이다.

27 특수체육(adapted physical activity)에 관한 설명 중 옳지 않은 것은?

① 참여촉진의 수단으로 변형을 활용한다.
② 학교체육 및 평생체육을 포함한다.
③ 개인의 장애를 치료하는데 주목적이 있다.
④ 정상화를 실현하기 위해 통합체육을 강조한다.

■ 개인의 장애를 치료하는 것은 의사의 역할이다.

28 특수체육에 대한 설명으로 적절하지 않은 것은?

① 독특한 요구를 충족시키기 위해 시행되는 다양한 신체활동을 포함한다.
② 심동적, 인지적, 정의적 가치를 추구한다.
③ 특수체육의 용어에서 특수는 영문으로 Adapted라는 용어를 사용한다.
④ 장애인들을 위한 치료활동으로 의료기관 중심의 처치를 강조한다.

■ 치료활동은 체육이 아니다.

29 보기에서 설명하는 특수체육의 하위 영역은?

보기
장애인 건강권 및 의료접근성 보장에 관한 법률(2015)에 근거하여 장애인 또는 손상이나 질병 발생 후 완전한 회복이 어려워 일정기간 내에 장애인이 될 것으로 예상되는 사람의 신체적 · 정신적 기능과 사회적 능력을 향상시키기 위한 프로그램을 제공한다.

① 운동치료　　② 재활운동 및 체육
③ 심리운동　　④ 감각 및 지각 운동

■ 장애인이나 장애인이 예상되는 사람의 신체적 · 정신적 · 사회적 능력 향상 프로그램은 재활운동 및 체육인데, 이것은 특수체육의 하위영역이다.

정답 26 : ④, 27 : ③, 28 : ④, 29 : ②

특수체육론

■특수체육은 개인적 욕구충족을 위해 분리된 환경에서 실시해서는 안 된다.

필수문제

30 특수체육(Adapted Physical Activity)의 개념에 관한 설명 중 옳지 않은 것은?

① 법률에 기초하여 신체활동 서비스를 제공한다.
② 심동적 문제의 발견과 해결을 목적으로 하는 다학문적 지식체계이다.
③ 개인적 요구를 충족시켜주기 위해 분리된 환경에서의 서비스 제공을 기본으로 한다.
④ 신체활동 참여에서 임파워먼트(empowerment)를 강조한다.

■의료체육은 특정한 신체활동을 통하여 장애인의 운동능력을 회복시키고, 발달시키려는 활동이다.

심화문제

31 특수체육의 분류 중에서 틀린 것은?

① 적응체육 : 장애인에게 안전하고 성공적이며 만족스러운 운동참여 기회를 제공하기 위해서 전통적인 체육활동을 변형시켜서 적용하는 것
② 교정체육 : 자세와 신체기능의 결함을 개선하기 위해서 하는 훈련 또는 재활활동
③ 발달체육 : 장애학생의 능력을 일반 또래 수준까지 향상시키기 위해서 점진적으로 실시하는 건강체력 및 큰 근육 활동
④ 의료체육 : 만성적인 성인병을 치료하기 위해서 실시하는 체육활동

■**인지적 영역** : 지식·이해력·사고력·분석력·종합력·평가력 등
■**심동적 영역** : 인간의 조작적 기능·운동기능·신경근육의 발달 정도나 숙련 정도·신체의 운동을 사용하고 조작하는 능력과 관련된 행동능력 등
■**정의적 영역** : 인간의 흥미·태도·감상·가치관·감정·신념 등

필수문제

32 보기의 ㉠, ㉡, ㉢에 해당하는 특수체육의 교육목표 영역이 바르게 나열된 것은?

보기
» (㉠) 영역 : 새로운 것을 시도하고 적절한 게임 전략을 고안한다.
» (㉡) 영역 : 게임, 스포츠, 댄스, 수영에 필요한 운동 기술을 숙달한다.
» (㉢) 영역 : 건강하고 사회적으로 받아들여지는 방법으로 긴장을 이완시키는 것을 배운다.

	㉠	㉡	㉢
①	심동적	정의적	인지적
②	심동적	인지적	정의적
③	인지적	정의적	심동적
④	인지적	심동적	정의적

정답 30 : ③, 31 : ④, 32 : ④

심화문제

33 특수체육의 정의적 영역의 목표에 해당하는 것은?

① 기본적인 운동기술과 운동양식을 배운다.
② 신체활동의 참여를 통해 자아개념과 신체상을 강화한다.
③ 심폐지구력을 기른다.
④ 게임, 스포츠, 댄스 등에 참여하기 위해 필요한 운동기술을 숙달한다.

■①, ③, ④는 심동적 영역(실천)의 목표이다.

34 특수체육의 심동적 목표가 아닌 것은?

① 기본적인 운동기술이나 운동패턴을 효과적으로 유지하거나 발달시킨다.
② 긍정적인 자아개념과 신체상을 갖게 한다.
③ 건강 및 운동체력을 적절한 수준으로 유지하고 발달시킨다.
④ 스포츠나 유희 등에서 사용되는 기술을 발달시킨다.

■②는 특수체육의 정의적인 목표이다.

35 특수체육의 구성요소가 아닌 것은?

① 심동적 영역(실천) : 운동기술과 패턴의 학습
② 인지적 영역(지식) : 지각운동 기능과 행동에 관한 지식
③ 정의적 영역(믿음) : 긍정적 자아개념
④ 신체적 영역(체력) : 평균적인 신체활동

■신체적 영역은 심동적 영역의 일부로 간주할 수 있다. 장애인이 평균적인 신체활동을 할 수 있겠는가?

36 장애를 개념화하는 접근 모델 중 사회적/교육적 모델에 관한 설명으로 옳은 것은?

① 장애인을 병리 현상에 따라 분류하고 신체활동을 재활의 도구로 간주한다.
② 장애인을 체육서비스의 수동적 수혜자로 간주한다.
③ 장애인의 문제를 검사, 진단하고 치료에 초점을 맞춘다.
④ 장애인의 개인차를 존중하며 스스로가 장애조건을 변화시키는 주체로 간주한다.

■특수체육의 교육적 모델(p. 4) 참조.
■①, ②, ③은 의학적 모델에 대한 설명이다.

정답 33 : ②, 34 : ②, 35 : ④, 36 : ④

필수문제

37 통합(inclusion)에 관한 설명으로 옳지 않은 것은?

① 통합은 장애인과 비장애인의 상호 이해의 계기를 제공한다.
② 비장애인과 함께 신체활동에 참여하면 장애인은 사회성 기술을 발전시킬 수 없게 된다.
③ 통합은 법적 강제 사안은 아니다.
④ 통합 환경에서 비장애인의 올바른 운동기술 수행은 장애인에게 훌륭한 모델이 될 수 있다.

■ 사회성 기술을 배울 수 있는 기회를 제공하기 위하여 통합교육을 한다.

필수문제

38 특수체육이 추구하는 가치가 아닌 것은?

① 정상화 : 장애아동이 가능한 한 무난하게 일반사회에 적응해갈 수 있도록 한다.
② 최소제한 환경(LRE) : 장애가 있는 학생을 그가 가진 능력에 적합한 환경에 배치하되 가능한 한 일반학생들의 환경과 비슷해야 한다.
③ 주류화 : 일반 교육프로그램에 장애학생을 통합하려고 노력하는 것
④ 특성화 : 장애학생과 일반학생을 구별하여 특별교육을 시키는 것.

■ 특수체육이 추구하는 가치(p. 6 참조)에 '특성화'는 없다.

심화문제

39 체육 또는 스포츠가 장애인에게 주는 가치를 잘못 설명한 것은?

① 치료적 가치 : 치료훈련이며, 다른 요법의 효과를 상승시킨다.
② 신체적 가치 : 체력과 운동기능을 향상시킨다.
③ 심리적 가치 : 생활에서 즐거움을 발견하려는 의욕을 고취시킨다.
④ 사회적 가치 : 사회적 불안요소를 제거한다.

■ "사회적인 성격형성을 돕는다."가 사회적 가치이다.

정답 37 : ②, 38 : ④, 39 : ④

필수문제

40 **쉐릴(C. Sherrill)이 제시한 적응이론(adaptation theory)에 관한 설명으로 옳지 않은 것은?**

① 지도와 학습을 통하여 지도자와 학습자 모두가 발전적으로 변화한다.
② 과제, 환경, 사람 변인 간의 상호작용을 강조하는 생태학적 과제 분석과 밀접한 관련성이 있다.
③ 적응 과정은 지도자 주도의 직접 지도 과정이다.
④ 적응은 개인의 요구에 따라 다양한 변인을 조정하고 변경하는 것을 의미하므로 개별화의 과정이다.

■ 적응이론은 생태학적 과제 분석과 밀접한 관련성이 있고, 적응 과정은 지도자 주도의 직접 지도과정이며, 개인의 요구에 따라 다양한 변인을 조정·변경하므로 개별화 과정으로 볼 수 있다. 따라서 ①은 적응이론과 관련이 없다.

특수체육론

필수문제

41 **최소제한환경(Least Restrictive Envi-ronment : LRE)에 관한 설명으로 옳은 것은?**

① 완전통합(full inclusion)의 개념을 포함한다.
② 장애인에게는 무조건 편의를 제공해야 한다.
③ 장애인의 개인적 요구에 따라 서비스를 제공한다.
④ 장애인은 비장애인과 함께 신체활동을 할 수 없다.

■ 최소제한환경은 장애아동을 또래의 비장애아동, 가정, 지역사회로부터 최소한으로 분리시켜야 한다는 개념인데, 이는 결국 장애인의 개인적 요구에 따라 서비스를 제공해야 한다는 뜻이다.

심화문제

42 **최소제한환경(LRE)의 개념에 대한 설명이다. 틀린 것은?**

① 장애아동들이 최대한 비장애아동들과 함께 교육을 받아야 한다는 개념이다.
② 장애아동들의 삶은 장애 때문에 특수할 수밖에 없다는 개념이다.
③ 장애아동들의 교육은 개별적인 필요에 따라야 하지만, 필요 이상으로 개인의 자유가 침해되어서는 안 된다는 개념이다.
④ 장애아동은 장애가 없는 또래, 가정, 지역사회로부터 가능한 한 최소한으로 분리되어야 한다는 개념이다.

■ 최소제한환경은 장애학생의 교육을 위해 장애학생을 일반 학교 환경에서 배제하는 것을 최소화해야 한다는 것이다. 즉 장애아동들의 삶은 가능한 정상적이어야 한다는 개념이다.

43 **보기는 경기 참여 방식에 따라서 최소제한환경(LRE)의 정도를 나타낸 것이다. (③) 안에 들어가야 할 말은?**

보기				
① 일반스포츠	② 비장애인 스포츠의 적용	(③)	④ 통합된 장애인스포츠	⑤ 분리된 장애인스포츠
최소	←	환경의 제한	→	최대

① 비장애인스포츠와 장애인스포츠
② 준(반)장애인스포츠
③ 준(반)비장애인스포츠
④ 변형스포츠

정답 40 : ①, 41 : ③, 42 : ②, 43 : ①

필수문제

44 **장애의 원인과 맥락을 이해하기 위해서는 각종 장애모델과 주요 관점을 알아야 한다. 장애모델과 주요 관점에 대한 설명이 잘못된 것은?**

① 도덕모델 : 장애에 대하여 도덕적 책임이 있다.
② 의학모델 : 장애는 결함이 있거나 열등한 것을 의미한다.
③ 사회모델 : 장애는 사회적으로 낙오를 의미한다.
④ 인권모델 : 장애와 관계없이 모든 인간은 불변의 권리가 있다.

■ '장애'는 '사회적으로 낙오'를 의미하는 것이 아니라 '서로 다르다'를 의미한다.

필수문제

45 **참여자에게 종목선택권을 부여하고 의사결정 참여 기회의 폭을 넓혀주는 것은?**

① 몰입(flow)
② 임파워먼트(empowerment)
③ 강화(reinforcement)
④ 사회적 참여(social engagement)

■ 장애인에게도 자신들의 삶에 영향을 미칠 수 있는 일의 의사결정에 직접 참여할 수 있는 권리(자결권)가 있다는 것이 장애인 임파워먼트(권리신장, 권리 부여, 권리 인정)이다.

심화문제

46 **미국 장애인법(ADA)에 명시된 내용을 잘못 설명한 것은?**

① 장애인의 고용을 거부할 수 없고, 고용된 장애인에게 편의시설을 제공해야 한다.
② 장애인 모두 교통시설을 이용할 수 있게 해야 한다.
③ 편의시설은 비장애인용과 장애인용을 구별해서 설치해야 한다.
④ 전화회사는 청각장애인을 위한 통신시설을 24시간 제공해야 한다.

■ 모든 편의시설은 장애인이 이용할 수 있어야 한다.

47 **장애인의 임파워먼트(권리신장)에 대한 설명이다. 잘못된 것은?**

① 자결성 : 자신의 삶에 영향을 미치는 의사결정에 직접 참여한다.
② 장애성 : 장애를 인정하고, 적극적으로 도움을 이끌어낸다.
③ 사회적 참여 : 낙인이나 불공정에 대해 정당한 분노를 하고 지지활동에 참여한다.
④ 개인적 유능감 : 긍정적인 자기유능감을 갖는다.

■ 장애인의 권리를 인정하는 것이지, 장애를 인정하는 것은 아니다.

48 **임파워먼트(empowerment)의 속성으로 장애인 스스로가 스포츠 활동을 선택하고 참여한다는 개념은?**

① 자신감(self-confidence)
② 자결성(self-determination)
③ 사회적 참여(social engagement)
④ 개인적 유능감(personal competence)

■ 자신감은 임파워먼트와 관련이 없고, 자기 일은 자기 스스로 결정할 수 있다는 것이 자결성이다.

정답 44 : ③, 45 : ②, 46 : ③, 47 : ②, 48 : ②

필수문제

49 **장애인스포츠와 관련된 긍정적인 변화를 위한 사회적 노력으로 잔스마와 프랜치(P. Jansma와 R. French, 1994)가 제시한 '4L'의 방법이 아닌 것은?**

① 장애인스포츠와 관련된 지식의 창출과 보급(Literature)
② 장애인스포츠 관련 단체 등의 목표를 성취하기 위한 집단행동(Leverage)
③ 장애인스포츠에 대한 법률관계 확정을 위한 소송(Litigation)
④ 장애인스포츠에 대한 장애인의 학습(Learning)

■ 잔스마와 프랜치의 4L
· Literature : 새로운 지식의 창출과 보급
· Leverage : 목표 달성을 위한 집단 행동
· Litigation : 법률관계 확정(권리주장)을 위한 소송
· Learning : 실행을 보장하기 위한 입법
자료 : 특수체육론(최승권 저)
참고 : 잔스마와 프랜치의 특수체육의 정의
특수체육이란 특별한 요구가 있는 아동들에게 적합한 프로그램을 제공하기 위해 개발한 체육의 특수영역인데, 교정체육, 발달체육 및 특수체육 프로그램으로 구분된다.

필수문제

50 **미국 장애인교육법(Individuals with Disabilities Education Act: IDEA, 2004)에서 명시한 통합교육과 관련된 용어는?**

① 통합(inclusion)
② 정상화(nomalization)
③ 주류화(mainstreaming)
④ 최소한으로 제한된 환경(least restrictive environment)

■ **미국 장애인교육법** : 전장애아교육법(EHA : 1975)을 1990년에 개정하여 IDEA로 함. 최초의 개정 법은 2004년에 현재의 명칭인 미국장애인교육향상법(IDEA)임.
■ IDEA의 모든 장애아동에게 적절한 교육을 제공하기 위한 주요 원칙
· 교육적 배치에서 아동 배제 금지
· 평가절차상의 보호(편견적 판별과 평가)
· 무상의 적절한 공교육 제공
· 최소로 제한된 교육환경
· 적법절차에 따른 장애 아동과 부모의 권리보호
· 교육 프로그램 결정 시 부모와 학생 공동 참여

심화문제

51 **보기에서 미국 관보(Federal Register, 1977)가 체육을 정의한 내용에 해당하는 것을 모두 고른 것은?**

보기
㉠ 건강과 운동 체력의 발달
㉡ 특수체육, 적응체육, 움직임교육, 운동발달을 포함
㉢ 수중활동, 무용, 개인과 집단의 게임과 스포츠에서의 기술 발달
㉣ 기본운동기술과 양식(fundamental motor skills and patterns)의 발달

① ㉠, ㉡ ② ㉡, ㉢
③ ㉠, ㉢, ㉣ ④ ㉠, ㉡, ㉢, ㉣

■ 전 장애아동 교육법(미국에서 1975년에 공포한 공법 94-142)의 특수교육 조항에서 내린 체육의 정의
· 건강과 운동체력의 발달
· 특수체육 · 적응체육 · 움직임 교육 · 운동발달 등을 포함
· 수중활동 · 무용 · 개인 및 단체 게임 · 스포츠 등의 기술 발달
· 기본 운동 기술 · 양식의 발달

정답 49 : ④, 50 : ④, 51 : ④

특수체육에서 사용하는 사정과 측정도구

사정의 의미와 가치

1 사정의 정의

교육적 의사결정에 필요한 자료를 수집하고 평가하는 과정을 **사정**이라고 한다. 사정을 위하여 수집되는 자료는 양적 자료일 수도 있고 질적 자료일 수도 있다. 양적 자료는 지필검사 점수나 5점 척도 점수처럼 수량적 형태로 제시되는 자료를 말하고, 질적 자료는 과제물에 대한 기술적 표현처럼 서술적 형태로 제시되는 자료를 의미한다.

양적 자료를 수집하는 과정을 **측정**(measurement)이라 하고, 사정을 통하여 양적 및 질적인 특성을 파악한 후 가치판단을 통하여 미래의 방향을 설정하는 것을 **평가**(evaluation)라 한다.

2 사정의 방법

검사(test)	점수 또는 다른 형태의 수량적 자료를 산출하기 위하여 요구하는 질문 또는 과제이다.
관찰(observation)	일상적인 상황에서 자연스럽게 나타나는 아동의 행동을 기술 또는 기록함으로써 객관적인 자료를 수집하는 방법이다.
면접(interview)	면접자와 피면접자가 대면 대화를 통해 일련의 질문에 대한 반응을 기록하는 방법이다.
교육과정중심 사정 (curriculum-based assessment)	아동에게 가르치는 교육과정과 관련하여 아동의 수행에 대한 자료를 수집하는 방법이다.
수행 사정 (performance assessment)	행위를 수행하거나 결과를 산출하는 아동의 기술을 관찰하여 판단하는 사정 방법이다.
포트폴리오 사정 (portfolio assessment)	아동의 작업이나 작품을 수집하여 아동의 성취를 평가하는 방법이다.

3 사정의 의미

다음은 특수체육에서 사정의 의미를 여러 학자들이 설명한 것을 모아서 정리한 것이다.

- ☞ 피교육자의 수준을 파악하고, 탐색하며, 지도하는 기초자료이다.
- ☞ 자료의 의미를 결정하기 위하여 검사 자료를 분석하는 것이다.
- ☞ 자료를 수집하고 해석하며 의사결정을 하는 종합적인 과정이다.
- ☞ 수집된 정보를 다양한 방법으로 연관시켜서 문제를 해결하는 과정이다.

위의 의견들을 종합하여 볼 때 특수체육에서의 '사정'은 장애아동 한 사람 한 사람에게 가장 적절한 체육교육 서비스를 제공하기 위해서 개별화교육을 준비하고, 설계하고, 실행하고, 평가하는 모든 과정이 포함된 의미라는 것을 알 수 있다.

4 진단과 평가의 개념

진단은 특수아동을 발견 또는 확인하고 특수교육을 위한 계획서를 작성하기 위해서 어떤 검사를 하는 것이고, 평가는 교육을 시킨 결과 그 성취도가 어느 정도인지 알아보기 위해서 어떤 검사를 하는 것이다.

그런데 특수체육에서는 진단한 결과를 가지고 장애아동을 적절하게 배치해야 하고, 개별화교육 계획을 세워야 한다. 그러려면 진단을 하든, 측정을 하든, 평가를 하든 모두 평가가가 뒤따라야 하기 때문에 특수체육에서는 사정이라는 용어를 사용하는 것이다.

평가방법

1 형식적 평가와 비형식적 평가

대학수학능력시험처럼 검사(시험지)를 만들 때부터 검사의 내용, 검사방법, 채점방법, 채점결과의 해석 및 이용방법 등을 모두 구체적으로 결정해서 하는 검사를 형식적 평가라고 한다.

형식적 평가의 장점은 다음과 같다.

☞ 검사하기가 간편하고 쉽다.

☞ 검사의 신뢰도와 타당도가 높다.

☞ 객관성이 있다.

형식적 평가의 단점은 다음과 같다.

☞ 검사문항을 작성하기 어렵고

☞ 검사 내용이 제한적이다.

☞ 검사를 받는 학생의 의도대로 결과를 조작할 수 있다.

면접이나 관찰같이 어떤 형식이 갖추어져 있지 않고 검사자의 관찰결과와 평가에 의존하는 방법을 비형식적 평가라고 한다. 비형식적 검사는 장애아동의 현재 수준 또는 향상된 정도를 쉽고 정확하게 알 수 있다는 장점이 있지만, 규준이 없기 때문에 검사결과의 해석이나 평가를 검사자의 재량에 맡겨야 된다는 단점이 있다.

2 진단평가와 성취도평가

☞ 검사대상인 장애아동이 특정한 영역에 장애가 있는지 또는 기능상의 결함이 있는지 알아보기 위해서 어떤 검사를 해보는 것을 진단평가라 한다.

☞ 일정 기간 동안 특수체육 지도를 한 다음 학생의 운동행동에 얼마만큼 변화가 생겼는지 알아보기 위해서 어떤 검사를 해보는 것을 성취도평가라 한다.

3 준거지향 평가와 규준지향 평가

☞ 사전에 결정된 어떤 수행준거 또는 목표를 얼마나 성취하였는지에 초점을 두고 평가하는 것을 준거지향평가(절대평가)라고 한다.

☞ 개인의 성취수준을 다른 사람들 또는 규준집단의 성취 정도와 비교해서 상대적인 위치로 평가하는 것을 규준지향평가(상대평가)라고 한다.

4 준거지향 평가의 특징

☞ 학습자의 핵심 성취기준이나 행동목표의 도달 정도를 알아보기 위한 평가방법이며, 절대평가라고도 한다. 비형식적 평가는 대부분이 준거지향 평가이다.

☞ 교육목표에 비추어 평가하기 때문에 목표지향 평가라고도 한다. 교육목표나 학습목표를 설정해 놓고 그 목표에 맞추어서 학습자 개개인의 학업 성취를 따지는 입장이다.

☞ 학습자가 '무엇'을 얼마나 알고 있는지 또는 학습자가 정해진 준거나 목표에 도달하였는지를 판단하는 평가이다.

☞ 검사의 타당도를 강조한다.

☞ 장점은 교수−학습 이론에 적합하며, 교육목표 · 교육과정 · 교수학습 방법의 개선에 용이하게 사용할 수 있다.

☞ 단점은 누가 잘 하고 누가 잘 못하는지 구별하기 어렵고, 검사 결과(점수)를 통계적으로 활용할 수 없다.

5 규준지향 평가의 특징

☞ 학습자의 평가 결과를 그가 속해 있는 집단 내에서 상대적인 위치로 나타내는 평가방법으로, 상대평가라고도 한다.

☞ 학습자들의 상대적인 능력이나 기술을 비교해 보고, 그것에 대한 우열을 가려내는 기능을 강조한다. 형식적 평가의 대부분은 규준지향 평가이다.

☞ 소수의 우수 학생을 가려내거나 학생 집단 내에서의 학업성취 수준의 차이를 밝혀내려는 입장이다.

☞ 규준은 원점수의 상대적인 위치를 설명하기 위해 쓰이는 척도이며, 모집단을 대표하기 위해 추출된 표본에서 산출된 평가와 표준편차로 이루어진다.

☞ 검사의 신뢰도를 강조하고 검사의 정상분포를 기대한다.

☞ 장점은 개인차의 변별이 가능하며, 교사의 편견이 배제되는 평가가 가능하다. 그리고 경쟁을 통해 학습자들의 동기유발을 이끌어내는 데 효과적이다.

☞ 단점은 교수−학습 이론에 부적절한 평가방법이다. 과다한 경쟁 심리로 인해 학생들의 인성을 저해하기도 한다.

6 생태학적 접근

아동의 발달 또는 학습은 개인과 환경의 상호작용에 의해서 끊임없이 역동적으로 변화하는 것으로 보는 것을 생태학적 접근이라고 한다.

브론펜브레너(Bronfenbrenner, U.)는 다음과 같은 5가지 수준의 주위 환경이 아동의 발달(학습)에 영향을 미친다고 설명하면서, 아동은 단순히 환경의 영향을 받는 존재가 아니라 환경에 영향을 주기도 하는 상호작용적인 존재임을 강조하였다.

미세구조 (microsystem)	물리적 환경, 부모, 또래, 형제자매, 학교 교직원을 포함하여 아동과 가장 밀접한 사람과의 활동이다.
중간구조 (mesosystem)	소구조들 사이의 관계와 상호작용을 포함한다.
외부구조 (exosystem)	사회지원기관, 부모의 직장, 확대가족, 이웃, 법체계 등으로 아동과 먼 상호작용을 하지만 그들의 발달에 영향을 미치는 외부체계이다.
거대구조 (macrosystem)	아동이 속해 있는 사회의 가치, 법률, 관습, 규범, 국민성, 문화적 태도, 정치적 환경, 대중매체 등 문화적 · 법적인 구조에 해당한다.
시간구조 (chronosystem)	어떤 개인이나 환경의 특성이 시간의 경과에 따라 변화하거나 계속해서 일관성을 유지하는 체계를 말한다.

생태학적 관점에서 볼 때 학습은 개인이 환경에 적응해나가는 과정이고, 교육은 개인이 환경에 잘 적응하도록 돕는 일일 뿐이다. 그러므로 학생들의 환경을 잘 파악하고, 그 환경 중에 부족한 것을 적절히 보완하거나 조정해주는 일이 교육이 해야 할 일이 된다.

그러한 맥락에서 보면 교육평가는 교육목표를 얼마나 달성했는가를 측정하는 일이 중요한 것이 아니라, 아동이 최선의 선택을 할 수 있도록 도와주기 위해서 각종 정보를 수집하고 가치판단을 하는 일이 더 중요하다.

생태학적 입장에서 학습을 보는 학자들은 "지금까지 해 오던 학생을 선발하기 위한 선발형평가 또는 서열을 매기기 위한 서열형 평가는 줄이고, 학생의 성장 · 발달을 돕기 위한 충고형 평가로 전환해야 한다."고 주장한다(한국교육과정평가원, 2000).

장애인 대상 검사(평가)도구

1 TGMD(대근육발달검사)

미국 미시간대학에서 대근육의 운동능력을 검사하는 도구로 개발한 것이다. 다음은 TGMD-2 검사의 특성들을 정리한 것이다.

- ☞ 3~10세의 장애아동 또는 비장애아동을 대상으로 검사를 한다.
- ☞ 달리기(run), 말뛰기(gallop), 외발뛰기(hop), 건너뛰기(leap), 제자리멀리뛰기(jumping), 옆으로 뛰기(slide) 등 이동기술 6종목을 검사한다.
- ☞ 치기striking a ball), 튕기기(dribble), 받기(catching), 차기(kicking), 던지기(overhand throw) 등 조작기술 5종목을 검사한다.
- ☞ 동작의 정확성과 숙련도를 확인해서 원점수를 부여해야 한다.
- ☞ 경증 장애아동의 경우 표준화점수를 알아보려면 점수변환 방법을 잘 읽어본 다음 변환을 한다. 그러면 백분위점수, 표준점수, 대근운동발달지수 등을 구할 수 있다.
- ☞ 원점수를 준거지향 평가의 결과로 변환해서 나온 점수는 규준지향 평가의 결과로 사용할 수 있다.

특수체육론

2 BPFT(브록포트 건강체력검사)

미국의 뉴욕주립대학교 브록포트 칼리지에서 개발한 건강관련 체력검사를 준거지향 평가 방식으로 수행할 수 있는 도구이다. 다음은 BPFT의 특성을 요약하여 정리한 것이다.

☞ 1~17세의 척수장애 · 뇌성마비 · 절단장애 · 지적장애 · 시각장애 아동 또는 비장애아동을 대상으로 체력검사를 한다.

☞ 장애유형과 장애 정도에 따라서 검사항목과 검사방법을 다르게 선택해서 할 수 있다. 즉, 사람마다 검사항목과 검사방법을 다르게 구성할 수 있다.

☞ 근골격계의 기능과 근력 및 근지구력 검사방법 16가지, 신체조성 측정방법 2가지, 유산소성 기능 측정방법 3가지, 유연성 측정방법 5가지로 구성되어 있다.

☞ 연령대별 건강기준과 권장기준이 있다.

3 학생 건강체력 평가(PAPS)

☞ 학생들의 비만과 체력 저하 방지를 위해 우리나라에서 개발된 건강 체력관리 프로그램이다.

☞ 학생들의 건강 정도를 평가해 그 결과에 따라 운동처방을 내리기 위한 목적으로 실시된다.

☞ 5개 체력요인(심폐지구력, 유연성, 근력 · 근지구력, 순발력, 체지방)을 12개 종목에서 선택하여 측정한다.

☞ 12개 종목 외에 근육량 · 지방량 · 체지방률 등을 측정하는 **비만평가**, **심폐능력 정밀 평가**, **자기신체 평가**, 자세이상, 신체 뒤틀림 등을 평가하는 **자세평가**도 있다.

☞ 장애학생의 건강체력을 측정할 수 있는 별도의 평가도구인 **장애학생 건강체력 평가**(PAPS-D)도 개발되었다.

4 피바디 운동발달 검사-2(Peabody Development Motor Scales-2 : PDMS-2)

출생에서 5세까지 아동기의 운동 기능을 평가하는 6개 영역의 검사인데, 여기에서는 249개 항목을 검사한다. 검사 후의 운동발달 촉진 프로그램으로 교육 및 중재에 활용할 수 있는 Peabody Motor Activities Program(P-MAP)이 포함되어 있다. 이 프로그램에서는 다음 6개의 검사항목으로 소근육 운동, 대근육 운동, 총운동 등 3개 지수를 산출하여 운동발달 정도를 평가한다.

☞ **반사** : 환경에 자동으로 반응하는 아동의 능력 측정(8항목)

☞ **비이동 운동** : 무게중심을 조절하고 평형성을 유지하며 신체를 제어하는 이동능력 측정(30항목)

☞ **이동 운동** : 한 곳에서 다른 곳으로 이동하는 능력 측정(89항목)

☞ **물체조작 운동** : 공을 조작할 수 있는 능력 측정(24항목)

☞ **움켜쥐기** : 손을 사용할 수 있는 능력 측정(26항목)

☞ **시각-운동 통합** : 시각적 지각기술을 사용하여 물체 도달 및 쥐기, 블록으로 만들기 및 모양 복사와 같은 복잡한 눈-손 협응 과제를 수행하는 능력 측정(72항목)

과제분석

과제분석(課題分析, task analysis)이란 "학습자가 수행해야 할 과제를 더 단순한 하위 과제로 분할하는 것"을 말한다. 모든 과제는 더 세분화된 하위 과제로 쪼갤 수 있으며, 하위 과제들을 누적하여 익히면 목표로 하는 학습에 도달할 수 있다는 가정 하에 과제분석을 한다.

1 과제분석의 목적

과제분석은 다음과 같은 용도로 사용할 수 있다.

- ☞ 교사가 체계적이고 논리적인 순서로 학생들을 지도할 수 있도록 교수 계획을 수립하는 데 활용할 수 있다.
- ☞ 단번에 학습하기 어려운 과제를 조금씩 점진적으로 학습할 수 있게 하는 교수 방법으로 활용할 수 있다.
- ☞ 학생이 과제 내에서 무엇을 할 수 있고 무엇을 할 수 없는지를 파악하는 데에 활용할 수 있다.
- ☞ 학생의 성취 정도를 알아보는 데에 활용할 수 있다.
- ☞ 교사가 학생들을 잘 가르쳤는지 교수 효과성을 알아보는 데에 활용할 수 있다.

특수체육에서는 과제분석이 교수계획, 교수방법, 교수평가의 여러 가지 측면에서 모두 사용할 수 있어서 좋은 점도 많지만 다음과 같은 단점도 있다.

- ☞ 학습과제의 기능적 측면보다 발달적 측면을 지나치게 강조함으로써 장애학생의 학습 가능성을 제한할 수도 있다.
- ☞ 단계적으로 나누기 곤란하고 총체적으로 학습해야만 하는 학습과제에는 적용하기 어렵다.

2 과제분석의 유형

► 과제분석의 목적에 의한 분류

동작중심 과제분석	» 운동수행능력의 질적 향상을 목표로 함. » 세부 움직임 기술에 대한 단계적 지도.
유사활동 중심 과제분석	» 특정 목표 달성과 연관된 활동의 병렬식 구분. » 유사성이 있는 과제들로 구성한 목표 달성.
영역중심 과제분석	» 경기와 같은 과제 수행을 위해 분류 영역을 넓힌 경우 » 심동적 · 정의적 · 인지적 영역에서 추구할 내용과 지도내용을 구체화하기 위한 활동.

► 환경요인에 의한 분류

생태학적 과제분석	» 운동기술 · 움직임과 함께 학생의 특성 · 선호도 · 운동기술 · 운동수행 등에 영향을 줄 수 있는 환경요소를 고려. » 기능적 움직임의 생태학적 과제분석 모형의 4단계 과제목표 확인 → 선택 → 조작 → 지도
생체역학적 과제분석	» 이상적인 동작수행을 위한 생체역학적 요소를 발전시킬 필요가 있을 때.

필수 및 심화 문제

특수체육론

■**사정** : 교육적 의사결정에 필요한 자료를 수집하고 평가하는 과정
■**평가** : 측정하여 수집된 자료를 근거로 교육적 의사결정을 내리는 과정
■**측정** : 검사 도구를 이용하여 인간의 행동특성을 모아서 기호(숫자, 단어, +, – 등)로 나타내는 과정
■**검사** : 측정을 위한 도구의 하나로, 규준참조 검사나 준거참조 검사가 있음.

필수문제

01 보기의 ㉠~㉣에 들어갈 용어를 옳게 나열한 것은?(2024)

보기
» (㉠) : 개인의 행동특성을 다양한 형태의 증거를 근거로 종합적으로 판단(예 : 배치)하는 과정
» (㉡) : 수집된 자료에 근거하여 가치 판단을 내리는 과정
» (㉢) : 행동특성을 수량화하는 과정
» (㉣) : 운동기술과 지식 등을 측정하기 위한 도구

	㉠	㉡	㉢	㉣
①	사정	평가	검사	측정
②	평가	사정	측정	검사
③	사정	평가	측정	검사
④	평가	사정	검사	측정

필수문제

02 개개인의 운동능력을 측정하기 위한 표준화검사에 대한 설명이다. 잘못된 것은?

■규준지향검사에서는 또래그룹의 평균점수가 중요한 의미를 갖지만, 준거지향검사에서는 평균점수가 아무런 의미도 없다.

① 표준화검사는 규준지향검사와 준거지향검사로 구분한다.
② 규준지향검사는 개개인의 능력을 또래 그룹의 수행능력과 비교하는 것이다.
③ 준거지향검사는 개개인의 능력을 사전에 결정된 준거와 비교하는 것이다.
④ 규준지향검사는 백분위, T점수, Z점수 등으로 나타내고, 준거지향검사는 무엇을 할 수 있고, 무엇을 할 수 없는 지에 초점을 맞춘다.
⑤ 두 가지 검사방법 모두 평균점수가 중요한 의미를 갖는다.

필수문제

03 규준지향검사와 준거지향검사의 특성과 장단점에 대한 설명이다. 잘못된 것은?

■준거지향검사는 IEP(개별화 교육 프로그램) 작성에 도움이 되고, 규준지향검사는 지적장애아동에게 적용할 때는 불편하다.

① 준거지향검사는 숙달기준인 준거와 비교하여 대상자의 수준을 알아본다.
② 규준지향검사는 또래 집단의 점수분포에서 대상자의 위치를 알아본다.
③ 준거지향검사는 프로그램의 계획 및 평가에 사용하고, 규준지향검사는 동일집단 내에서의 상대적 위치를 파악할 때 사용한다.
④ 준거지향검사는 IEP 작성에 도움이 되지 못하고, 규준지향검사는 지적장애아동에게 적용하는 데에 편리하다.

정답 01 : ③, 02 : ⑤, 03 : ④

필수문제

04 보기에서 ㉠~㉢에 들어갈 장애인스포츠 프로그램 서비스 전달 단계가 바르게 묶인 것은?

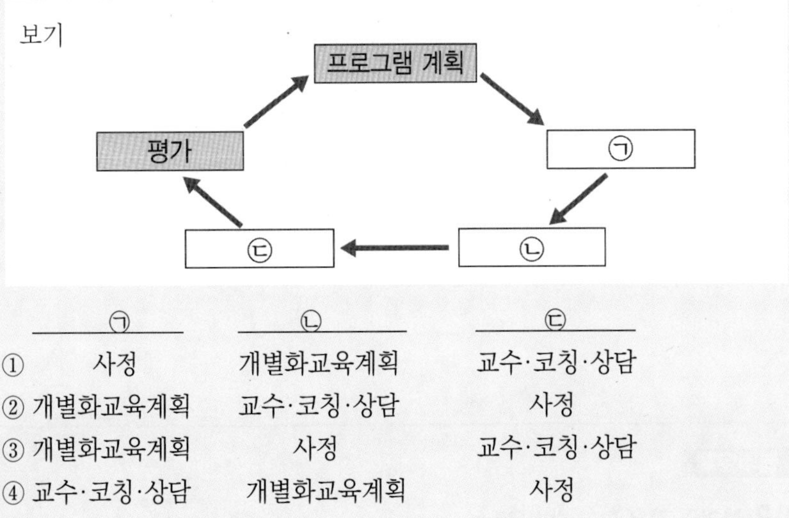

	㉠	㉡	㉢
①	사정	개별화교육계획	교수·코칭·상담
②	개별화교육계획	교수·코칭·상담	사정
③	개별화교육계획	사정	교수·코칭·상담
④	교수·코칭·상담	개별화교육계획	사정

■ 장애인 스포츠 프로그램 순환체계(성취 기반 교육과정에 의함) : 프로그램계획(목표로 하는 기술에서 시작하여 기초기술을 지도함)→사정(의사결정용 자료수집)→교육(수업)계획(운동기술 습득 후 학생의 요구해결을 위한 수업계획 수립)→교수 · 코칭 · 상담(교수 및 지도 : 목표로 하는 기술 습득을 위한 환경 조성)→평가(학생의 수행능력에 관한 자료 조사)

심화문제

05 장애인에게 신체활동을 지도할 때 효과적인 순환체계를 그림으로 표시한 것이다. ( ) 안에 들어갈 것을 차례로 잘 짝지은 것은?

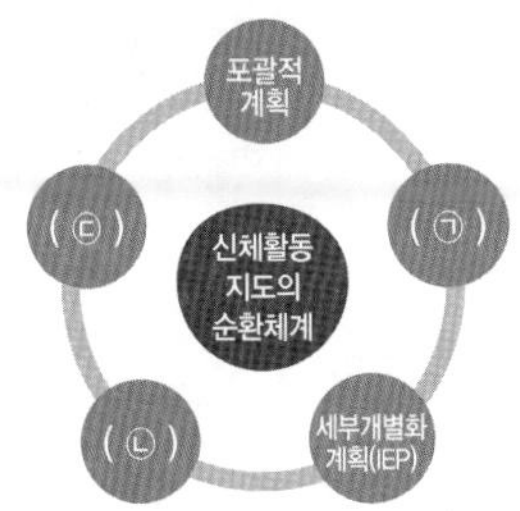

① ㉠ 사정 및 배치 ㉡ 지도 및 상담 ㉢ 평가
② ㉠ 평가 ㉡ 지도 및 상담 ㉢ 사정 및 배치
③ ㉠ 지도 및 상담 ㉡ 사정 및 배치 ㉢ 평가
④ ㉠ 지도 및 상담 ㉡ 평가 ㉢ 사정 및 배치

■ 장애인 신체활동 지도 시의 순환체계
계획→사정 및 배치→개별화계획→지도와 상담→평가

필수문제

06 사정(assessment)에 관한 설명으로 가장 옳은 것은?

① 배치, 프로그램 계획 등에 관한 의사결정을 목적으로 한 자료 수집과 해석의 과정이다.
② 체계적인 관찰과 특정 도구 혹은 절차를 이용하여 자료를 수집하는 과정이다.
③ 미리 설정된 표준과 비교하여 측정치의 결과를 해석하는 과정이다.
④ 간단한 평가를 통하여 심화평가 의뢰 여부를 결정하는 과정이다.

■ **사정**은 평가와 측정의 중간 개념으로, 교육에 관련된 의사결정에 필요한 자료의 수집과 해석 과정이다. ②는 측정을 설명한 것이고, ③은 준거지향검사의 설명이다.

정답 04 : ①, 05 : ①, 06 : ①

특
수
체
육
론

심화문제

07 지도프로그램을 효과적으로 실행하기 위한 사정의 단계가 올바르게 나열된 것은?

■가르칠 학생을 뽑아서 어느 정도의 능력이 있는지 알아본 다음 적절한 교육을 시켜서 그 결과를 평가해야 한다.

① 선발을 위한 사정 – 진단을 위한 사정 – 평가를 위한 사정
② 선발을 위한 사정 – 평가를 위한 사정 – 진단을 위한 사정
③ 진단을 위한 사정 – 선발을 위한 사정 – 평가를 위한 사정
④ 진단을 위한 사정 – 평가를 위한 사정 – 선발을 위한 사정

필수문제

08 보기와 같은 평가 방법은?

보기

환경	잠실실내수영장	과제	비어 있는 사물함 찾기
세부환경	탈의실	수행자	지적장애인

관찰 내용	반응평가 O	반응평가 X
1. 탈의실 출입문을 찾아서 들어간다.	✓	
2. 문이 열려 있는 사물함을 찾는다.		✓
3. 다른 사람이 찾는 것을 보고 문이 열려 있는 사물함을 찾는다.	✓	
4. 문이 열린 사물함으로 다가간다.	✓	
5. 사물함이 비어 있는 것을 확인한다.		✓

평가결과 :
1. 탈의실 출입문을 찾을 수 있다.
2. 문이 열려 있는 사물함을 찾아야 한다는 과제를 이해하지 못하고 있다.
3. 타인의 행동과 주변 환경에 대한 관찰을 통해서 문이 열려 있는 사물함을 찾을 수 있다.
4. 문이 열린 사물함으로 다가갈 수 있다.
5. 사물함이 비어 있는지 확인해야 한다는 것을 이해하지 못하고 있다.

① 루브릭　② 생태학적 평가　③ 포트폴리오　④ 규준참조평가

■**생태학적 평가** : 아동과 환경의 상호작용에 의하여 끊임없이 역동적으로 변화하는 환경 내에서 바람직한 성과를 거두기 위해 요구되는 행동과 기술을 정의·분석하는 것.
■**루브릭** : 학습자가 과제를 수행할 때 나타내는 반응의 평가 기준 집합.
■**포트폴리오** : 자신의 실력을 보여줄 수 있는 작품 등을 집약한 자료수집철.
■**규준참조평가** : 한 아동이 받은 점수가 다른 아동들이 받은 점수에 따라 상대적으로 결정하는 평가방식

정답 07 : ①, 08 : ②

필수문제

09 **보기에서 설명하는 장애학생건강체력평가(Physical Activity Promotion System for Student with Disabilities: PAPS-D)에 해당하는 것은?**

보기
장애학생건강체력평가는 개인의 건강 체력이 동일 장애조건을 가진 사람들 중 어느 정도인지에 대한 정보를 제공한다.

① 비형식적 검사 ② 비표준화검사
③ 규준참조검사 ④ 준거참조검사

필수문제

10 **다음 중 기술통계에서 사용하는 통계적 척도로 장애인의 운동수행을 측정하고 평가하는 것은?**

① 준거지향검사 ② 규준지향검사
③ 내용지향검사 ④ 포트폴리오검사

심화문제

11 **다음 중 임의적으로 설정한 등급이나 수준으로 측정하는 것은?**

① 준거지향검사 ② 규준지향검사
③ 내용지향검사 ④ 포트폴리오검사

필수문제

12 **평가도구와 목적을 바르게 연결한 것은?**

① PDMS - 2 : 성인기 대근 및 소근 운동 기능 평가
② TGMD - 2 : 신체, 언어, 인지 기능 평가
③ BPFT : 운동수행력과 적응행동 평가
④ PAPS - D : 장애유형을 고려한 장애학생 체력 평가

- PDMS-2(Peabody Developmental Motor Scales-2) : 취학 전 아동의 대근육과 소근육의 기능을 평가·측정·훈련하는 도구. 반사행동, 정지동작(균형), 조작능력, 악력, 시각, 근육의 협응력 등의 측정.
- TGMD-2(Test of Gross Motor Development-2) : 3~10세 장애 및 비장애아동의 동작 정확성과 숙련도 평가.
- BPFT(Brockport Physical Fitness Test) : 10~17세 장애 및 비장애아동의 장애유형과 정도에 따른 건강관련 체력 검사.
- PAPS-D(Physical Activity Promotion System-D) : 장애학생 건강관련 체력 평가.

정답 09 : ③, 10 : ②, 11 : ①, 12 : ④

- **규준참조(규준지향) 검사** : 이미 검사를 받은 규준집단의 점수 분포인 규준과 피검사자의 점수를 비교하여 집단 내에서 상대적인 위치를 확인하는 검사
- **비형실적 검사** : 교사가 만든 시험, 행동발달 상황을 조사하기 위하여 개발한 설문지 등에 의한 검사
- **비표준화 검사** : 대표적인 비표준화 검사는 관찰법, 질문지법, 면접법, 평정법, 투사법, 사회성 측정법, 사례연구법, 누가기록법 등이다. 표준화검사에 비해 신뢰도와 타당도가 떨어지는 검사
- **준거참조(준거지향) 검사** : 교사가 설정한 기준까지 피검사자의 능력을 끌어올리기 위해 교수 목표를 설정하는 검사
- PAPS-D는 상대 비교 평가로 규준참조(규준지향) 검사에 해당함.

특수체육론

심화문제

13 보기의 (가)는 장애학생 건강체력평가(Physical Activity Promotion System for Students with Disabilities : PAPS-D) 중 휠체어 오래달리기의 검사결과이다. (나)의 최소건강기준표와 비교하여 알 수 있는 정보는?

> 보기
> (가) 검사결과
> • 학년 및 성별 : 중학교 3학년 남학생 • 장애유형 : 척수장애
> • 검사종목 : 휠체어 오래달리기 • 검사결과 : 1,120초 / 1,000m
>
> (나) 휠체어 오래달리기 최소건강기준표

학년	남자	여자
중3	1,000초	1,000초

■오래달리기는 심폐기능 수준을 뜻하는데, 최소건강기준표는 1,000초이지만 이 학생은 1,120초가 걸렸으므로 심폐기능 수준이 낮다.

① 근기능 수준이 최소건강기준에 미치지 못한다.
② 심폐기능 수준이 최소건강기준에 미치지 못한다.
③ 유연성 수준이 최소건강기준에 미치지 못한다.
④ 순발력 수준이 최소건강기준에 미치지 못한다.

필수문제

14 보기에서 설명하는 양호도는?

■TGMD는 대근육운동능력을 측정하는 검사도구임.

> 보기
> 새롭게 개발된 대근 운동발달 수준 측정 도구의 타당도를 확보하기 위해 TGMD-2와 비교 검증하였다.

① 준거타당도(criterion-referenced validity)
② 구성타당도(construct validity)
③ 내용타당도(content validity)
④ 안면타당도(face validity)

■양호도(usability) : 타당도, 신뢰도, 실용도를 합친 것.
■준거타당도 : 검사도구의 측정결과가 준거가 되는 다른 측정결과와 관련이 있는 정도.
■구성타당도 : 검사도구가 구성 개념을 실제로 적정하게 측정했는지의 정도를 나타내는 것.
■내용타당도 : 검사문항이 측정하려는 내용을 얼마나 잘 대표하고 있는지를 나타내는 것.
■안면타당도 : 친숙한 정도, 즉 측정하려는 문항이 자주 접해 본 적이 있는지를 나타내는 것.

정답 13 : ②, 14 : ①

심화문제

15 국내에서 개발된 장애인 건강체력 검사도구는?

① BPFT ② TGMD-2 ③ PAPS-D ④ Fitnessgram

■BPFT(브록포트건강체력검사) : 미국 뉴욕주립 대학교의 브록포트 칼리지에서 개발
■TGMD-2(대근육발달검사) : 미국 미시건대학에서 개발
■PAPS-D(장애학생건강체력검사시스템) : 우리나라에서 개발된 검사시스템
■Fitnessgram(피트니스그램) : 캘리포니아 교육부의 체력검사 프로그램

필수문제

16 브록포트체력검사(BPFT)에 대한 설명이다. 틀린 것은?

① 브록포트대학에서 10~17세의 척수장애, 뇌성마비, 절단장애, 지적장애, 시각장애 및 비 장애아동을 대상으로 실시한 건강관련 체력검사이다.
② 심폐지구력(4종목), 근력 및 근지구력(16종목), 유연성(5종목), 체성분(2종목)으로 구성되어 있다.
③ 장애학생과 비 장애학생을 함께 검사할 수 있다.
④ 건강체력 수준을 준거지향적으로 해석한다.
⑤ 측정종목이 너무 많아서 실시하기 어렵다.

■브록포트체력검사(BPFT)는 다양한 측정종목 중에서 분야별로 1종목만 측정하면 되기 때문에 장애유형별 특성을 고려해서 각기 다른 종목으로 측정할 수 있다는 장점이 있다.

심화문제

17 다음 중 BPFT 체력검사의 검사요인이 아닌 것은?

① 심폐지구력 ② 근력 및 근지구력 ③ 안정성 ④ 유연성

■BPFT(브록포트건강체력검사)는 근력과 근지구력, 유산소성 기능(심폐지구력), 유연성을 평가한다.

18 브록포트 체력검사(Brockport Physical Fitness Test : BPFT)의 설명으로 옳은 것은?

① 대근운동기술을 측정한다.
② 동일 체력요인을 장애유형에 따라 다른 검사로 측정할 수 있다.
③ 건강체력과 운동기술체력을 동시에 검사한다.
④ 통합체육 상황에서는 적용할 수 없다.

■①, ③, ④는 TGMD(대근육운동발달검사)에 대한 설명이다.

19 다음의 특수체육 검사도구 중에서 측정영역이 다른 것은?

① 장애학생 건강체력 검사(PAPS-D)
② 운동발달 체크리스트(Motor Development Checklist : MDC)
③ 대근운동발달 검사(Test of Gross Motor Development : TGMD)
④ 피바디운동발달 검사(Peabody Develop-mental Motor Scale : PDMC)

■②, ③, ④는 장애학생과 비장애학생 모두를 대상으로 측정할 수 있다.

정답 15 : ③, 16 : ⑤, 17 : ③, 18 : ②, 19 : ①

필수문제

20 **보기는 D. Ulrich(1985)이 제시한 대근운동발달 단계이다. ㉠에 들어갈 내용으로 옳은 것은?**(2024)

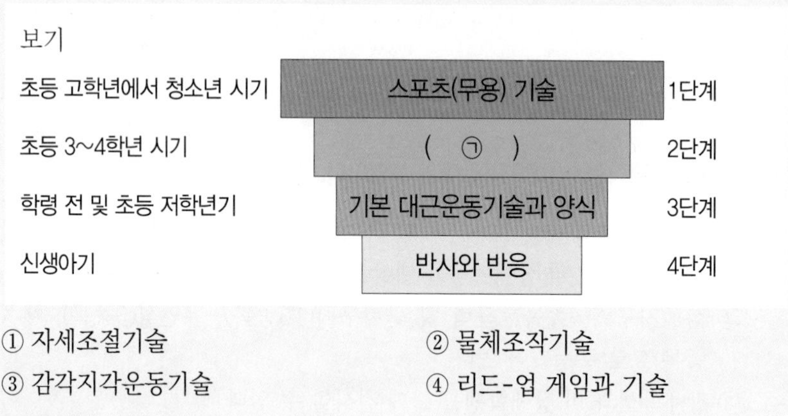

① 자세조절기술　② 물체조작기술
③ 감각지각운동기술　④ 리드-업 게임과 기술

■ 울리히의 대근운동 발달 단계

구분	시기	내용
1단계	신생아기	반사 및 반응
2단계	학령 전 및 초등 저학년기	게임 운동 기술
3단계	초등 3~4학년기	대근(기본) 운동기술과 양식
4단계	고등 고학년~청소년기	스포츠 및 전문 여가 운동기술

필수문제

21 **보기의 대근운동발달검사-Ⅱ(Test of Gross Motor Development-Ⅱ: TGMD-Ⅱ)에 대한 설명 중 옳은 것으로 묶인 것은?**

보기
㉠ 4~12세 아동의 대근운동발달 수준을 검사하는 표준화된 평가도구이다.
㉡ 조작운동기술 점수는 남녀의 발달 차이를 고려하여 각각 다른 규준을 적용한다.
㉢ 각 과제마다 2회를 시행하고 점수를 합산하여 항목별 점수를 산출한다.
㉣ 영역별 원점수의 평균을 구해 표준 점수와 백분율 점수를 얻을 수 있다.
㉤ 규준참조검사와 준거참조검사 방식을 모두 적용한다.

① ㉠, ㉡, ㉣　② ㉡, ㉢, ㉤　③ ㉡, ㉢, ㉣　④ ㉠, ㉣, ㉤

■ ㉠ 3~10세의 장애아동과 비장애아동을 대상으로 검사를 실시함. ㉣ 원점수를 준거지향 평가의 결과로 변환해서 나온 점수는 규준지향 평가의 결과로 사용할 수 있다.

정답 20 : (※출제 오류로 전항 정답임), 21 : ②

심화문제

22 장애인을 대상으로 하는 검사도구 중에서 대근 운동능력 측정(TGMD)에 대한 설명이 다. 틀린 것은?

① 이동기술 7종목과 물체 조작기술 5종목으로 구성되어 있다.
② 3~10세 아동의 대근 운동기술을 측정한다.
③ 원점수를 부여하기 위해서 동작의 수행 여부와 동작의 정확성을 관찰한 것을 준거지향적 의미로 사용할 수 있다.
④ 원점수를 표준화점수로 변환한 것은 규준지향적 의미로 사용하기 위해서이다.
⑤ 대근 운동능력의 발달은 아동들의 발달연령과 관련이 없다.

■ 대근 운동능력은 아동의 발달연령과 밀접한 관계가 있기 때문에 사정도구로 사용한다.

필수문제

23 운동발달의 관점에서 조작성 운동양식에 관한 설명으로 옳지 않은 것은?(2024)

① 3세에는 몸으로 끌어안으며 공을 받는다.
② 2~3세에는 다리를 펴고 제자리에 서서 공을 찬다.
③ 2~3세에는 앞을 보고 상하 방향으로 공을 친다.
④ 4~5세에는 던지는 팔과 반대쪽 발을 앞으로 내밀며 공을 던진다.

■ ④ 4~5세에는 던지는 팔과 같은 쪽 발을 앞으로 내밀며 공을 던진다.

필수문제

24 TGMD-3(Test of Gross Motor Development-3)에 대한 설명으로 옳은 것은?(2024)

① 3세~6세 아동만을 대상으로 한다.
② 규준참조 평가도구로 사용할 수 없다.
③ 6가지의 이동기술 검사항목과 5가지의 공(ball)기술 항목을 검사한다.
④ 각 검사항목의 수행 준거를 정확하게 수행하면 1점, 정확하게 수행하지 못하면 0점을 부여한다.

■ 대근육운동발달검사-3
- 3~11세의 장애 · 비장애아동을 대상으로 대근육운동능력을 평가하는 검사(①)
- 절대평가 요소와 상대평가 요소를 가지고 있으며, 운동발달 또는 운동수행능력을 또래 혹은 동일한 특성을 가진 사람과 비교하여 정보를 제공하는 규준참조 평가의 도구가 됨(②).
- 6가지 이동기술과 7가지 물체조작기술을 측정함(③)

정답 22 : ⑤, 23 : ④, 24 : ④

특수체육론

■ **비대칭 긴장성 목반사** : 누운 상태에서 머리를 한쪽 방향으로 돌리면 같은 쪽의 팔과 다리는 펴지고, 반대쪽 팔과 다리는 굽혀진다.
■ **원시반사** : 태아기 때 처음 나타나 생후 1년까지 지속됨.
■ **원시반사의 종류** : 모로반사, 포유반사, 흡입반사, 손바닥파악반사, 발바닥파악반사, 바빈스키반사, 비대칭 목경직반사, 대칭성목경직반사

필수문제

25 보기에서 설명하는 원시반사(primitive reflex)는?(2024)

보기
» 누운 자세에서 머리를 좌우로 돌렸을 때 나타나는 반응이다.
» 뒤통수 쪽의 팔과 다리는 굽혀지고, 얼굴 쪽의 팔과 다리는 펴진다.
» 뇌성마비장애인은 반사가 사라지지 않고 남아 있다.

① 비대칭 긴장성 목반사 ② 모로반사
③ 긴장성 미로 반사 ④ 대칭성 긴장성 목반사

■ PDMS-2의 검사 영역은 반사, 비이동 운동, 이동 운동, 물체 조작 운동, 움켜쥐기, 시각-운동통합임(p. 26 참조).

필수문제

26 보기는 피바디 운동 발달 검사-2(Peabody Development Motor Scales-2 : PDMS-2)의 평가영역이다. ㉠에 해당하는 것은?

보기
㉠ (　　　) ㉡ 움켜쥐기 ㉢ 시각-운동 통합
㉣ 비이동 운동 ㉤ 이동 운동 ㉥ 물체적 조작

① 반사 ② 손-발 협응
③ 달리기 ④ 블록 쌓기

정답 25 : ①, 26 : ①

필수문제

27 보기의 세부내용을 설명하는 용어는?

보기

프로그램	휠체어테니스교실	대상	지체장애인
내용	백 핸드 스트로크		
세부내용	1. 수행이 이루어지는 동안 계속해서 공을 본다. 2. 풋워크를 통해 재빨리 공에 접근한다. 3. 라켓을 몸 중심에서 뒤로 가져간다(백스윙). 4. 엉덩이와 어깨를 네트와 수직으로 위치시킨다. 5. 공을 칠 때 엉덩이와 어깨를 회전시키면서 무게중심을 앞발로 옮긴다. 6. 공이 엉덩이 앞쪽에 올 때 공을 친다. 7. 공을 칠 때 손목을 고정시킨다. 8. 반대쪽 팔은 중심을 잡기 위해 몸 바깥쪽으로 뻗는다. 9. 팔로우 스루를 어깨높이나 그 이상에서 계속 해서 유지한다.		

① 준거참조평가 ② 근거기반실무
③ 과제분석 ④ 과정중심평가

■ **과제분석**은 학생이 수행해야 할 과제를 더 단순한 하위 과제로 분할하는 것이다. 모든 과제는 더 세분화된 하위과제로 나눌 수 있으며, 하위과제들을 익히면 목표로 하는 학습과정에 도달할 수 있다.

심화문제

28 휠체어농구 기술수행 검사의 타당성과 관련한 내용으로 옳은 것은?

① 최소의 시간과 비용으로 측정할 수 있는가?
② 여러 사람이 측정하여도 그 결과가 같은가?
③ 휠체어 조작 기술과 농구 기술을 정확하게 측정할 수 있는가?
④ 검사를 두 번 반복하였을 때에도 그 결과가 일치하는가?

■ 검사란 체계적인 관찰과 같은 측정 도구와 절차를 활용하여 자료를 수집하는 기술인데, 휠체어농구 기술수행 검사의 점수는 지도자가 선수 각자의 요구에 맞는 의사결정을 할 때 사용한다.

29 특수체육에서 시행하는 측정평가의 목적이 아닌 것은?

① 수행하고자 하는 특정 프로그램의 타당성을 제공한다.
② 개개인이 갖고 있는 강점만을 파악한다.
③ 성장, 발달, 교과지도에 관한 기록을 만든다.
④ 실행해야 할 교과내용과 이에 관한 보조자료를 파악한다.

■ 강점만을 파악하려고 하는 측정평가는 없다.

정답 27 : ③, 28 : ③, 29 : ②

■생태학적 과제분석 : 운동기술, 움직임과 함께 학생의 특성과 선호도, 운동기술이나 움직임의 수행에 영향을 줄 수 있는 환경요소를 고려하는 것
■생체역학적 과제분석 : 생체시스템을 알고 역학적 원리를 활용하여 근육의 운동과 관절에 작용하는 힘이 어떻게 나타나는지를 분석하는 것
■발달적 과제분석 : 신체의 성숙, 개인적인 노력, 사회적 기대 등을 기초로 삶의 어떤 시점에서 개인이 획득해야 하는 지식 · 태도 · 기능 · 기술을 분석하는 것
■전통적 과제분석 : 목표과제를 시작단계부터 최종단계까지 세부적으로 구분하여 과제를 쉬운 단계부터 어려운 단계로 제시하는 것

필수문제

30 **다음 표에서 적용된 과제분석 유형은?**

단계	적용 내용
대상	오른팔에 절단이 있는 중학교 3학년 남학생
과제	폭이 6m인 수영장에서 독립적으로 수영을 한다. 발차기, 횡영(sidestroke), 돌핀킥(dolphin kick)을 한다.
준거	질적 준거: 스트로크의 효율성과 정확성 양적 준거: 속도, 이동 거리, 공간 정확성, 시간 정확성
변형	과제변인 : 부유기구 사용, 이동 거리, 이동 시간 환경변인 : 물의 깊이, 레인의 폭, 동료의 수
지도	개별적인 촉진(prompt)이나 강화, 필요한 경우 교정 피드백 등을 활용한 직접 교수(direct instruction)

① 생체역학적 과제분석(biomechanical task analysis)
② 생태학적 과제분석(ecological task analysis)
③ 발달적 과제분석(developmental task analysis)
④ 전통적 과제분석(task analysis)

■생태학적 과제분석의 절차
과제목표 확인→변인 선택→관련된 변인 조작→지도

심화문제

31 **데이비스와 버튼(W. Davis & A. Burton, 1991)이 제시한 생태학적 과제분석의 실행 과정을 순서대로 나열한 것은?**

① 변인 선택 → 관련 변인 조작 → 과제 목표 → 지도
② 과제 목표 → 관련 변인 조작 → 변인 선택 → 지도
③ 변인 선택 → 과제 목표 → 관련 변인 조작 → 지도
④ 과제 목표 → 변인 선택 → 관련 변인 조작 → 지도

정답 30 : ②, 31 : ④

필수문제

32 **보기에서 상지의 근력 및 근지구력 향상을 위한 프로그램에 적용한 과제분석 방법은?**

보기
» 1과제 : 누워서 양팔 굽혔다 펴기
» 2과제 : 누워서 양손으로 큰 공 잡고 굽혔다 펴기
» 3과제 : 서서 양손 벽에 대고 팔 굽혔다 펴기
» 4과제 : 서서 양손으로 아령 들고 올렸다 내리기
» 5과제 : 바닥에 무릎 대고 팔 굽혔다 펴기

① 생태학적 과제분석 ② 영역 중심 과제분석
③ 동작 중심 과제분석 ④ 유사활동 중심 과제분석

■유사활동 중심 과제분석
· 목표를 달성하기 위해 다양한 활동이 필요할 때 활용한다.
· 유사한 과제들로 구성한 목표를 달성하게 한다.
■생태학적 과제분석 : 26번 문제 참조.
■영역중심 과제분석 : 경기나 게임과 같은 과제를 활동할 때 영역을 넓혀 분석하는 것.
■동작 중심 과제분석 : 동작의 질적 향상을 목적으로 분석하는 것.

특수체육론

심화문제

33 **기능적 움직임의 생태학적 과제분석 모형 4단계가 순서대로 연결된 것은?**

① 과제목표의 확인→선택→조작→지도
② 과제목표의 확인→선택→지도→조작
③ 과제목표의 확인→지도→조작→선택
④ 과제목표의 확인→조작→선택→지도

■과제목표를 확인했으면 그 목표를 달성할 수 있는 지도방법을 선택해야 하고, 지도방법을 대상학생(장애인)에게 알맞도록 조작한 다음 실제로 지도해야 한다.

34 **생태학적 과제분석(ecological task analysis)의 3대 구성요소가 아닌 것은?**

① 수행자 ② 수행환경 ③ 수행평가자 ④ 수행과제

■생태학적 과제 분석에서는 운동기술 · 움직임(수행과제)과 더불어 학생(수행자)의 특성과 선호도, 운동기술이나 움직임의 수행에 영향을 줄 수 있는 환경(수행과제) 요소를 고려해야 한다.

35 **과제 분석에 대한 설명으로 옳은 것은?**

① 장애인의 개인차를 고려하여 교육내용을 변형하고 학습활동을 계획하는 활동이다.
② 특정 과제를 지도하기 위해 과제를 세부적으로 나누는 활동이다.
③ 서로 다른 학습과제를 연습하도록 수업환경을 조직하는 활동이다.
④ 수행능력과 목표행동의 두 요소를 명확히 진술하는 활동이다.

■①은 개별화교육이다.

정답 32 : ④, 33 : ①, 34 : ③, 35 : ②

특수체육의 지도전략

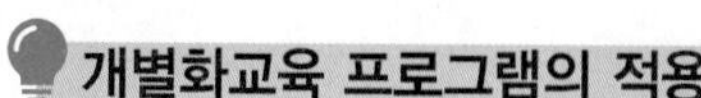

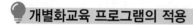

개별화교육 프로그램의 적용

우리나라의 장애인 등에 관한 특수교육법에서 정하고 있는 **개별화교육 프로그램(IEP : Individualized Education Program)**에 대한 내용을 요약하면 다음과 같다.

- ☞ 특수교육 대상자의 교육적 요구에 적합한 교육을 제공하기 위하여 보호자, 특수교사, 일반교사, 진로 및 직업교육 담당교사, 특수교육 관련 서비스 담당자 등으로 개별화교육 지원팀을 구성한다.
- ☞ 개별화교육 대상자의 학업성취도 평가를 매 학기마다 실시하고, 그 결과를 특수교육 대상자 또는 그 보호자에게 통보해야 한다.

1 IEP 작성의 목적

- ☞ 특수교육 대상자의 능력과 특성에 따라 적절한 지도를 한다.
- ☞ 가정, 학교, 체육센터 등 유관기관 간의 의사소통 · 협력 · 지원에 도움이 된다.
- ☞ 평가도구의 역할을 한다.

2 IEP의 구성요소

개별화교육 프로그램 계획에 반드시 포함되어야 하는 내용을 말한다.

- ⑧ 특수교육 대상자의 인적 사항
- ⑧ 특별한 교육지원이 필요한 영역의 현재 학습수행 수준
- ⑧ 연간 교육목표와 함께 단기목표
- ⑧ 교육내용
- ⑧ 교육방법
- ⑧ 일반교육 프로그램에 참여할 수 있는 정도
- ⑧ 평가계획
- ⑧ 제공할 특수교육 관련 서비스의 내용과 방법
- ⑧ 특수교육이 종료된 다음 전환계획
- ⑧ 시작과 종결 시기

3 IEP의 교육 목표 진술 3요소

조건	물리적 환경(도구, 시설 등)과 심리적 조건을 포함하여 6하 원칙에 해당하는 조건 선택.
기준	행동의 지속성과 정확성을 규정하는 것을 동작 수행을 위한 질의 기준으로 설정.
행동	수행의 최종 결과인 신체적 움직임으로, 객관적으로 측정 · 관찰할 수 있어야 함.

※ 출처 : 최승권(2018). 특수체육론. p.159에서 수정 게재.

4 IEP의 기능 및 작성 절차

기 능	관리 · 점검 · 평가를 위한 도구, 의사소통 수단
절 차	준비 → 진단 → 계획 → 지도 → 평가 → 학년말 평가

5 IEP의 지도전략

또래교수	교사가 장애학생을 지도할 때 학생을 보조교사로 활용하는 것. 동급생, 상급생, 상호(양방), 일방, 전 학급 또래교수가 있다.
팀교수	두 명의 교사가 협력하여 수업을 진행하는 것.
스테이션 교수	한 학급을 소규모집단으로 분류하여 기술연습을 할 수 있도록 각 스테이션을 구성해 순환하는 형식으로 진행하는 수업형태
협동학습	학생들끼리 팀이나 소집단을 구성하여 함께 학습하는 수업형태
역주류화 수업	비장애학생이 장애학생과 수업에 함께 참여하는 것.

6 IEP 작성 시 고려사항

ⓐ 1 : 1로 작성
ⓐ 장애학생에게 필요한 운동 찾기
ⓐ 부모의 서면 동의
ⓐ 장기목표와 단기목표 설정
ⓐ 장애학생의 장점 찾기

활동 변형

장애학생의 신체적 · 정신적 발달특성에 맞는 신체활동을 제공하기 위해서 활동의 내용 및 환경 요소를 변형시키는 것이다. 활동변형 시에는 다음 사항을 고려한다.

☞ 최소한의 규칙만을 사용한다.
☞ 참여를 극대화하는 방향으로 변형한다.
☞ 해당 스포츠활동의 본질적인 특성을 가능한 한 살린다.
☞ 반드시 필요한 경우에만 활동 변형을 한다.

1 변형의 대상

체육시설과 환경의 변형	접근성, 안전성, 흥미성, 효율성 등을 고려해야 한다.
용기구의 변형	장애의 유형과 정도, 학생의 체력수준, 운동기능 등을 고려하여 스포츠용 · 기구를 변형시키는 것이다.
규칙의 변형	한 팀의 인원, 경기시간, 경기규칙 등을 변형하는 것이다.

2 장애유형별 변형

☞ 지체장애인들은 신체활동에 많은 제약이 있으므로 활동 변형을 하려면 먼저 보조기구에 대하여 잘 이해하고 있어야 한다.
☞ 지적장애인들은 시설 및 환경, 용 · 기구, 규칙 등을 거의 모두 변형시켜야 한다.
☞ 자폐성장애인은 공격적인 행동, 부적절한 언어, 사회적 상호작용과 인지능력의 부족 등의 문제를 가지고 있다. 경쟁을 시키지 말고, 보조지도자를 충분히 확보해야 한다.
☞ 시각장애인들은 이동과 방향 탐색에 어려움이 많으므로 청각과 촉각을 십분 활용해야 한다.

☞ 청각장애인들은 평형감각, 방향감각, 그리고 협응능력에 문제가 있으므로, 언어적 지도보다는 시범을 통해서 지도하고, 손짓 · 전등 · 깃발 등 약속된 신호를 정해야 한다. 지도자는 수화 · 구화 등 기본적인 능력을 갖추어야 한다.

수업스타일 및 지도방식

수업형태-수업스타일-지도방식은 모두 "수업활동이 전개되어 가는 과정에서 교사와 학생 간에 일어나는 활동관계"를 나타내는 용어이므로 혼용해도 된다. 수업형태를 분류하는 방법에 따라 다음과 같은 수업형태들이 있다.

☞ 교사와 학생 중 누가 주도적으로 수업을 이끌어 나가느냐에 따라 '교사중심 수업과 학생중심 수업'으로 나눈다. 교사중심 수업에는 주입식 수업, 설명식 수업, 강의식 수업 등이 있고, 학생중심 수업에는 토의식 수업, 발견식 수업, 탐구식 수업 등이 있다.

☞ 교사와 보조교사의 수에 따라 단독수업과 팀티칭(team teaching)으로 나눈다.

☞ 교육 대상자 가운데서 함께 학습활동을 하는 집단의 크기에 따라 '일제수업, 분단수업, 개별수업'으로 나누고, 분단수업은 소그룹 수업과 대그룹 수업으로 나눈다.

☞ 학생과 교사의 사고활동(思考活動)에 따라 문답식 수업, 문제해결식 수업, 토의식 수업, 발견식 수업 등으로 나눈다.

☞ 체육수업에서 인간의 운동발달을 보는 관점에 따라서 '기능적 접근과 발달적 접근'으로 나눈다.

☞ 체육수업에서 표현방법에 따라서 모방학습, 신체표현학습, 놀이학습, 창작학습 등으로 나눈다.

☞ 작업방법에 따라 조사학습, 실험실습, 연습과 복습 등으로 나눈다.

위에 있는 수업형태의 분류는 어느 것이 상위 분류체계이고 어느 것이 하위 분류체계라는 구분이 없으므로 일부 수업형태만을 골라서 간단히 설명하기로 한다.

1 교사중심 수업

☞ 수업내용, 수업방법, 수업진도 등을 모두 교사가 결정한다.

☞ 수업진행이 빠르고, 계획대로 추진해 나갈 수 있으며, 가르칠 내용을 빠짐없이 가르칠 수 있다는 것이 장점이다.

☞ 학생들의 자발적인 학습활동을 기대하기 어렵고, 수업이 획일적으로 진행되기 때문에 학생들의 개인차를 극복하기 어려우며, 교사의 능력에 따라 교육의 성패가 좌우된다는 것이 단점이다.

2 학생중심 수업

☞ 수업내용, 수업방법, 수업진도 등이 학생의 욕구와 흥미에 따라 선정되고 변경된다.

☞ 교사는 상담자, 정보제공자, 안내자의 역할을 한다.

☞ 학생의 능력이나 기량의 향상보다는 참여 자체의 즐거움과 학생의 인지적 · 정의적 발달에 더 관심이 있다.

3 토의식 수업

☞ 학생들 간의 상호작용을 통하여 정보와 의견을 교환하고 결론을 이끌어내는 형태의 수업 방법이다.

☞ 학생들이 적극적으로 참여해야 효과를 올릴 수 있다.

☞ 민주적 시민으로서 필요한 사회적 태도 및 기능을 키울 수 있는 수업방식이다.

4 발견 학습

☞ 학생이 스스로 학습목표에 도달할 수 있도록 교사가 학습환경을 조성해 주는 학습형태이다.

☞ 학습자의 탐구능력과 자발적인 학습의욕을 신장시키는 것이 목표이다.

☞ 과제의 파악과 과제 해결을 위한 가설의 설정, 가설의 검증, 적용의 단계로 학습이 이루어진다.

5 문제해결 학습

☞ 이전에 학습했던 내용이나 기술을 활용하여 주어진 과제를 학생들이 해결토록 하는 수업 형태이다. 문제해결 학습에서는 전에 학습한 내용이나 기술을 사용하여 문제를 해결하는 것이고, 발견 학습은 내용 및 기술을 배워나가는 것이다.

☞ 학생들은 문제해결 과정을 통해서 보다 높은 수준의 인지능력을 습득할 수 있고, 관련 내용 지식, 협동학습 능력, 문제해결 능력, 의사소통 능력 등을 습득할 수 있게 된다.

6 개별화 교수

☞ 학습자 개개인의 개별적인 독특성을 최대한 존중하면서 학습자의 능력을 개발 · 신장시키는 데 목적이 있다.

☞ 학습자의 흥미, 경험, 능력, 욕구 등이 우선적으로 고려되고, 그에 따라서 교수의 내용 및 방법이 정해지게 된다.

☞ 수업의 과정에서 교사로부터 학습에 관련된 다양한 학습 정보들을 제공받고, 주어진 문제를 학습자 스스로 해결해 나가려는 능동적이고 자발적인 학습활동이 중요하다.

7 기능적 접근과 발달적 접근

☞ 체육수업에서 기술 동작을 가르칠 때 전체동작을 먼저 가르치고 세부동작을 나중에 가르치는 것을 기능적 접근 또는 하향식 접근이라 하고,

☞ 세부동작을 먼저 가르치고 그것들을 조합하면 전체동작이 되는 식으로 가르치는 것을 발달적 접근 또는 상향식 접근이라고 한다.

행동관리

학생이 표출하는 행동이 상황에 맞지 않거나, 부적응이거나, 자신이나 타인에게 위협을 가하는 행동이면 그것을 문제행동이라 한다.

학생이 문제행동을 일으켰을 때 교사가 그 학생에게 벌을 주는 것, 문제행동을 못하게 제지하

거나 예방하는 것, 문제행동을 덜 하고 바람직한 행동을 하도록 유도하는 것을 모두 합쳐서 행동관리라고 한다.

행동수정은 처벌 중심적인 용어이고, 행동관리는 개인의 욕구와 필요성을 인정하면서 문제를 해결하고자 하는 인본 중심적이라는 차이가 있다.

1 문제행동을 일으키는 목적

⑧ 교사나 부모의 관심을 끌기 위해서
⑧ 과제나 자극을 피하려고
⑧ 원하는 물건을 얻거나 원하는 행동을 할 수 있는 기회를 잡으려고
⑧ 자기 자신의 각성 수준 또는 에너지 수준을 조절하려고
⑧ 단순한 재미로(놀이나 오락으로)

2 문제행동의 유형

공격 행동, 자기자극 행동, 방해 행동, 주의산만 행동, 성적 행동, 위축 행동, 위협 행동, 파괴 행동 등이 있다.

3 행동관리의 기본원리

아동이 한 문제 행동은 아동의 과거 경험이나 잘못된 강화에 의해서 학습된 것이므로, 환경을 다시 구성하거나 강화를 통해서 문제행동을 감소시킬 수 있다는 것이 행동관리의 기본 원리이다. 행동관리를 할 수 있는 방법에는

☞ 정적 강화를 제공하여 바람직한 행동의 발생을 증가시키거나
☞ 과거의 잘못된 강화를 제거하여 문제행동의 발생빈도를 줄이거나
☞ 부적 강화를 제공함으로써 문제행동의 발생을 억제하는 방법 등이 있다.

4 행동관리의 절차

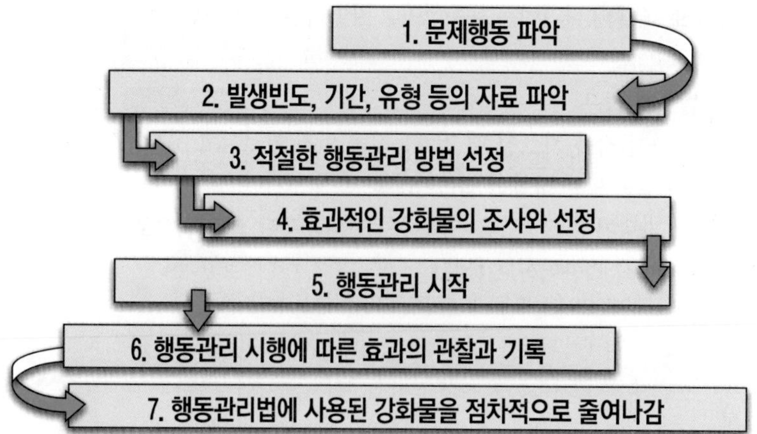

1. 문제행동 파악
2. 발생빈도, 기간, 유형 등의 자료 파악
3. 적절한 행동관리 방법 선정
4. 효과적인 강화물의 조사와 선정
5. 행동관리 시작
6. 행동관리 시행에 따른 효과의 관찰과 기록
7. 행동관리법에 사용된 강화물을 점차적으로 줄여나감

5 행동관리 시 주의할 점

☞ 교사의 행동에 일관성이 있어야 하고, 애매모호한 태도를 보이지 말 것.

☞ 학생이 무엇을 잘못했는지를 먼저 이해시켜야 한다.
☞ 같은 잘못이면 누구나 같은 처벌을 한다.
☞ 잘못했다고 해서 비난하거나 빈정대면 안 된다.
☞ 체벌하거나 위협하지 말 것.
☞ 운동을 벌로 이용하지 말 것.
☞ 반복적으로 잘못할수록 더 정확하게 벌을 주어야 한다.
☞ 한 사람의 잘못을 이유로 전체 학생을 벌하지 말 것.

특수체육론

6 행동수정 기법

▶ 바람직한 행동의 유지 및 증가 기법(정적 강화)

칭찬	바람직한 행동에 대하여 격려와 지지를 보낸다.
토큰(token)의 강화	토큰을 모았다가 원하는 것과 교환할 수 있도록 한다.
프리맥(Premack) 원리	바람직한 행동을 하면 좋아하는 것을 할 수 있게 해준다.
행동계약	지도자와 학생 또는 부모와 학생 사이에 계약서를 써서 서로 보관한다.
촉진	과제 수행을 부모나 지도자가 도와준다.
용암법(fading)	지원이나 도움을 점진적으로 제거한다.

▶ 문제행동의 제거 및 감소 기법(부적 강화)

타임아웃(time-out)	제외 · 고립 · 차단시켜서 문제행동을 관리하는 방법.
소거	문제행동의 원인 또는 강화를 제거하는 방법.
벌	야단치거나 벌을 주는 방법. 좋아하는 것을 못하게 하는 방법.
과잉교정	문제행동을 더 심하게 해서 스스로 잘못을 알게 하는 방법.
체계적 둔감법	대상에게서 느끼는 공포나 불안을 점차적으로 감소시키는 방법.
박탈	원하는 물건이나 강화를 박탈하거나 중지하는 방법.
포화	문제행동을 싫증날 때까지 반복시키는 방법.

발달의 원리

인간의 발달은 사람마다 그 정도가 다르지만, 발달의 변화는 체계적이고 규칙적이며 일관성이 있는 원리에 따라 진행된다.

☞ 발달에는 일정한 순서와 방향성이 있다.
☞ 발달은 연속적인 과정이며, 속도가 일정하지 않다.
☞ 유전적 요인과 환경의 상호작용으로 진행된다.
☞ 발달은 보편적인 성장의 과정을 거치지만 개인차도 있다.

☞ 발달은 점진적으로 분화해가고 전체로 통합되어가는 과정이다.
☞ 먼저 발달한 부분을 기초로 다음 발달이 이루어진다.
☞ 신체 및 심리 발달이 가장 용이하게 이루어지는 결정적 시기 혹은 최적의 시기가 있다.
☞ 어릴 때의 발달이 이후 모든 발달의 기초가 된다.
☞ 특정 시기의 발달이 잘못되면 원래의 발달 상태로 회복되지 않는다.
☞ 어떤 시기의 발달결손은 계속 누적되어 다음 단계에 영향을 미친다.

장애아동의 운동발달

운동발달 시기별로 다음과 같은 증상을 보이면 장애를 의심해 보아야 한다. 이때 가능한 한 정확한 중재적 조치를 빠른 시기에 취해야 장애 정도를 최소화할 수 있다.

반사 운동기	반사반응이 없거나, 약하거나, 비대칭이거나, 없어져야 할 반사운동이 계속해서 남아 있다.
기초 운동기	중추신경 장애, 정신 장애, 정형외과적 장애 등으로 수의적 움직임의 초기 단계에 운동발달이 저해되거나 지각손상으로 발달이 안 된다.
기본 운동기	움직임이 정교해질수록 비장애아동과 발달의 차이가 현저하게 나타난다.
전문화 운동기	이 시기에 장애인의 운동기능을 향상시키면 자립심과 자존감의 향상에 큰 도움이 된다.

장애인 체력 측정 시 유의점

장애인은 비장애인에 비하여 체력이 저하되어 있고, 비장애인과 똑같은 방법으로 체력을 측정하기 어려우므로 다음과 같은 원칙을 지키면서 창의적인 방법으로 측정한다.

☞ 개인의 가능성과 장점을 찾기 위한 측정을 할 것.
☞ 체력 요소별로 다양한 측정방법을 준비할 것.
☞ 측정기구나 측정방법을 변형해서 측정해야 하는 경우가 많다.
☞ 비장애인의 체력기준을 그대로 적용하면 0점이 나올 수도 있다. 그러나 어떤 경우에도 영점(0점)이 나오면 안 된다.
☞ 규준지향 검사보다는 준거지향 검사를 활용한다.
☞ 형태측정도 체력측정 요인 중의 하나이다.
☞ 신뢰도와 타당도를 확보할 수 있는 측정방법을 선택해야 한다.
☞ 개인의 향상 정도를 근거로 측정결과를 평가해야 한다.

체력육성의 기본원리

과부하의 원리	적정한 과부하로 기관이나 조직을 자극해야 발달이 이루어진다.
점진적 과부하의 원리	부하는 단계적으로 서서히 올려야 한다.

특이성의 원리	운동의 형태나 트레이닝 방법에 따라서 효과가 다르게 나타난다.
개별성의 원리	개인의 특성에 따라서 효과가 다르게 나타난다.
가역성의 원리	과부하가 주어지지 않거나 운동을 중지하면 체력이 빠르게 감소해서 운동하기 이전의 상태로 다시 돌아간다.

장애인 체력운동 시 고려해야 할 사항

장애인들은 장애의 정도를 최소화하기 위해서 끊임없이 체력운동을 해야 한다. 장애인들은 체력운동의 효과가 미미하지만, 운동을 게을리 해서 오는 신체기능의 퇴보는 굉장히 빨리 나타난다.

운동종목의 선정	운동 목적에 맞는 종목, 개인이 좋아하고 관심이 큰 종목, 접근이 쉬운 종목, 경제적인 부담이 적절한 종목을 선정해야 한다.
운동강도	개인의 능력에 맞게 운동강도 또는 운동횟수를 서서히 늘린다. ① 심박수로 운동강도를 설정하는 방법 • 최대심박수 = 220－나이 • 여유심박수 = 최대심박수 － 안정시심박수 • 운동 시 심박수 증가량 = 여유심박수 × 운동강도(%) • 목표심박수 = 안정시심박수 + 운동 시 심박수 증가량 ② 자각척도로 운동강도를 설정하는 방법 • 자신이 느끼는 운동강도를 자각척도라고 한다. • 자각척도에는 몹시 가볍다(6~7), 매우 가볍다(8~9), 적당히 가볍다(10~11), 다소 힘들다(12~13), 힘들다(14~15), 매우 힘들다(16~17), 몹시 힘들다(18~20) 등 7종류가 있다. • 보통 운동강도를 자각척도 12~16으로 설정한다.
운동시간	유산소운동을 하려면 적어도 20~30분 동안은 운동을 해야 한다. 그러나 장애인의 경우는 대부분 체력이 약하기 때문에 자주 쉬어야 한다.
운동빈도	개인의 체력과 신체 상태에 맞게 운동빈도와 운동시간을 조절한다. 근력운동은 주당 2회, 유산소운동은 3회 이상을 해야 효과를 기대할 수 있다.
운동기간	흥미를 상실하지 않고 지속적으로 오래 동안 운동을 수행할 수 있게 해야 한다.

장애인 스포츠활동의 효과(가치)

장애를 극복하는 데 스포츠만큼 중요하고 도움이 되는 것은 없다.

☞ 스포츠활동을 하면 체력요인들이 발달하고, 운동부족이 해소되어 성인병 예방에 효과가 있다. 이와 같은 효과는 비장애인보다 장애인이 스포츠활동을 했을 때 더 많이 얻을 수 있다.

☞ 장애인들은 스포츠활동을 하면 신체기능이 증진되고 운동기술이 향상된다.

☞ 스포츠활동을 통하여 본능적 욕구를 충족시켜 심리적 안정을 얻을 수 있고, 스트레스를 해소할 수 있다.

☞ 스포츠활동을 하면 다른 사람과 원만한 대인관계를 맺을 수 있는 등 사회적응에 크게 도움이 된다.

필수 및 심화 문제

■IEP의 목표 진술 3요소 : 조건, 기준, 행동(p.38 참조)

필수문제

01 개별화 교육 프로그램(IEP)의 목표 진술 3요소가 아닌 것은?

① 조건(condition) ② 기준(criterion)
③ 행동(action) ④ 비용(cost)

■**개별화교육 프로그램**은 특수교육 대상자 각자의 능력 계발을 위해 장애유형 및 특성에 맞는 교육목표 · 교육방법 · 교육내용 · 특수교육 관련 서비스 등이 포함된 계획을 수립하여 실시하는 교육프로그램이다. 개별화교육프로그램(IEP : Individualized Educational Program)은 특수체육의 다른 이름이기도 하다.

심화문제

02 특수체육의 특성을 가장 잘 나타낸 것은?

① 특수한 체육 ② 별난 체육
③ 개별화 교육 프로그램(IEP) ④ 별도의 체육

■**개별화 교육계획** : 장애학생의 장애유형 및 특성을 고려하여 교육목표, 교육방법, 교육내용, 관련서비스 등이 포함된 계획을 수립하여 실시하는 교육.

03 개별화 교육계획에 대한 설명으로 가장 적절한 것은?

① 개별화 교육계획은 쉽게 말해 집단을 모둠화하여 지도하는 것만을 의미한다.
② 개별화 교육계획은 교육목표를 제시할 뿐 평가도구의 역할은 못한다.
③ 개별화 교육계획 작성 시 학부모의 의견은 포함시키지 않는다.
④ 개별화 프로그램은 필요에 따라 언제든지 수정 · 보완할 수 있다.

■IEP를 작성할 때는 대상자의 인적사항이 아니라, 현재의 능력수준과 교육할 내용을 반드시 고려해야 한다.

04 개별화 교육 프로그램을 작성할 때 고려할 사항이 아닌 것은?

① 대상자의 인적 사항
② 세부동작을 고려한 전체동작의 지도
③ 적절한 지도 방법
④ 일반 체육활동의 규칙 · 기구 · 시설 등을 변형시켜야 하는 정도

필수문제

05 개별화 교육계획(Individualized Education Program: IEP)의 기능 중 보기의 설명에 해당하는 것은?

> 보기
> 계획된 목표와 학생의 진보가 어느 정도 일치하고 있는가를 확인하기 위한 기능

① 의사소통 기능 ② 통합 기능 ③ 평가 기능 ④ 관리 기능

■보기는 IEP의 작성 절차 중에서 평가 기능을 설명한 것임

정답 01 : ④, 02 : ③, 03 : ④, 04 : ①, 05 : ③

필수문제

06 보기에서 설명하는 것은?

보기
» 과학적으로 반복 검증된 프로그램을 사용한다.
» 프로그램 효과에 대한 예측을 가능하게 한다.
» 프로그램 표준화에 대한 기초자료가 된다.

① 근거기반 프로그램(evidence-based program)
② 사례기반 프로그램(case-based program)
③ 과제지향 프로그램(task-oriented program)
④ 위기관리 프로그램(risk-management program)

■ 근거(증거)기반 프로그램 : 어떤 일이나 의논·의견의 근본에 기초를 둔 프로그램.
■ 사례기반 프로그램 : 실제로 발생한 일이나 상황에 기반을 둔 프로그램.
■ 과제지향 프로그램 : 집단성원의 활동이 집단의 목표 달성에 직접 관련되게 하는 프로그램.
■ 위기관리 프로그램 : 위기상황을 예방하고 그에 적절하게 대처해 나가는 프로그램.

특수체육론

심화문제

07 특수체육 지도의 효과를 증진시키기 위해 임상적 또는 학문적으로 검증된 프로그램이나 지도 전략을 적용하는 방법은?

① 불연속 교수(discrete teaching)
② 증거기반 교수(evidence-based practices)
③ 교류식 교수(reciprocal teaching)
④ 보편적 교수 설계(universal design for teaching)

■ 검증되었다는 것을 증거로 쓸 수 있다는 뜻이다.

08 개별화 교육 계획(IEP)을 작성하는 방법으로 적절하지 않은 것은?

① 현재 운동수행 수준을 정확히 파악하기 위해서는 실제 상황에서의 평가가 유용하다.
② 목표 진술에는 조건(condition), 기준(cri-terion), 행동(action)이 포함된다.
③ 학기말 평가에서는 표준화 검사를 이용하여 규준(norm)과 비교한다.
④ 지도에 필요한 용기구, 변형 방법, 관련 서비스, 보조인력의 활용 등을 명시한다.

■ 표준화 검사를 이용하여 규준과 비교하는 것은 IEP의 작성방법이 아니다.

09 개별화 교육 프로그램을 작성하는 목표 또는 역할이 아닌 것은?

① 개인의 능력과 특성에 따른 적절한 지도를 보장한다.
② 유관기관 간의 의사소통이나 연대에는 별 도움이 되지 않는다.
③ 참가자의 변화를 알아보는 평가도구 역할을 할 수 있다.
④ 교사, 부모, 물리치료사 등 당사자 간의 의견 차이를 좁힐 수 있는 기회가 된다.

■ 개별화교육 프로그램에서는 보호자, 특수교사 등으로 구성된 개별화교육 지원팀이 활동한다. 따라서 관련된 기관 간의 의사소통이나 연대에 도움이 된다.

정답 06 : ①, 07 : ②, 08 : ③, 09 : ②

특수체육론

■IEP는 미국의 장애인교육법과 우리나라의 장애인 등에 관한 특수교육법에 명시된 교육방법임.
■IEP 대상자의 학업 성취도를 매 학기마다 평가하며, 그 결과를 학생 또는 그 보호자에게 통지하여야 함.

필수문제

10 미국 장애인교육법(IDEA, 1997)에서 요구하고 있는 개별화교육프로그램(IEP)의 필수 구성 요소가 아닌 것은?(2024)

① 부모의 동의
② 학생의 현재 수행 수준
③ 학생에게 정기적으로 통지하는 방법
④ 측정할 수 있고 구체적인 연간계획과 장기목표

필수문제

11 블룸(B. Bloom)이 분류한 교육 목표 영역에 따라 장기목표를 제시하고자 한다. 보기의 요인과 교육 목표 영역이 바르게 연결된 것은?

보기
㉠ 긍정적 자아, 사회적 능력, 즐거움과 긴장 이완
㉡ 운동의 기술과 양식, 체력, 여가활동에 필요한 기술
㉢ 놀이와 게임 행동, 창조적 표현, 인지－운동기능과 감각통합

	㉠	㉡	㉢
①	인지적 영역	정의적 영역	심동적 영역
②	인지적 영역	심동적 영역	정의적 영역
③	정의적 영역	심동적 영역	인지적 영역
④	정의적 영역	인지적 영역	심동적 영역

■**정의적 영역** : 정서함양, 사회성 향상, 움직임 감상 능력 증진 등
■**심동적 영역** : 체력 향상 및 운동기능 습득
■**인지적 영역** : 놀이와 스포츠(게임) 관련 규칙 준수, 운동의 특성효과방법전략 등의 이해

필수문제

12 쉐릴(C. Sherrill)이 제시한 특수체육 서비스 전달체계의 실천요소에 대한 설명이 아닌 것은?

① 계획 : 개인의 요구는 물론 학교와 지역사회의 철학에 따라 적절한 체육의 목적을 설정하는 것을 의미한다.
② 사정 : 개인과 환경에 대한 검사, 측정, 평가로 구성되는 과정이다.
③ 교수/상담/지도 : 최적의 운동 수행을 도모하기 위해 심리 · 운동적 요소들을 변화시키는 과정이다.
④ 평가 : 장애인의 학습 정도와 프로그램의 효과를 확인하는 비연속적인 과정이다.

■**특수체육 서비스 전달체계**
계획(프로그램 계획 ①과 같음) → **사정**(②) → **개별적인 교육계획**(같은 수업계획으로는 발육발달 상의 차이점을 충족시킬 수 없으므로 발육발달의 수준에 맞는 교육프로그램의 계획과 실시) → **교수 · 지도**(③) → **평가**(④는 비연속적이 아닌 연속적인 과정임)

정답 10 : ③, 11 : ③, 12 : ④

필수문제

13 보기에서 설명하는 지도 방법으로 가장 적절한 것은?

보기
㉠ 2가지 이상의 과제가 각기 다른 장소에서 동시에 진행되도록 학습 환경을 조성한다.
㉡ 학습자들을 소집단으로 나누어 협동학습을 진행할 수 있다.
㉢ 실제학습시간(Academic Learning Time : ALT)이 증가되는 장점이 있다.
㉣ 운동기능이 낮은 학습자가 지도자와 효과적으로 상호작용할 수 있는 환경을 만들 수 있다.

① 팀 교수(team teaching)
② 또래 교수(peer teaching)
③ 스테이션 교수(station teaching)
④ 개별화 교수(individualized teaching)

■ **스테이션 교수** : 몇 명의 교사가 자기 정거장(교실)에 머물러 있으면서 각기 다른 내용을 가르치고, 학생들을 몇 개의 그룹으로 나누어서 각기 다른 정거장으로 가서 수업을 받는 것. 실제 학습시간이 증가됨.
■ **팀 교수** : 2명 이상의 교사가 동시에 지도하는 협력교수방식.
■ **또래 교수** : 수업활동에서 학생을 보조교사로 활용하는 수업방식.
■ 개별화 교수 : 학생 각자의 특성을 존중하여 능력향상을 도모하는 수업방식.

필수문제

14 보기에서 설명하는 특수체육 수업방식은?(2024)

보기
지도자는 효과적인 농구 수업을 위해 체육관의 각기 다른 구역에 여러 가지의 과제를 준비했다. 한 가지 과제에서 시작하여 주어진 활동을 마치거나 지도자가 신호하면 학습자들은 다음 과제의 수행장소로 이동한다. 지도자는 각각의 과제를 수행하는 곳을 돌며 도움이 필요한 학습자를 지도한다.

① 스테이션 수업
② 대그룹 수업
③ 협력학습 수업
④ 또래교수 수업

■ **대그룹 교수** : 비장애 학급과 통합하거나 학생들의 참여를 유도하기 위한 수업 형태로, 장애학생이 비장애 학급에 적응하는 데 도움이 됨.
■ **협력(합동)학습 교수** : 학생들끼리 서로 돕기 위하여 팀 또는 소집단으로 공부하는 수업 형태.
■ **또래교수** : 학생이 교사 역할과 학습자 역할을 번갈아가며 수업하는 형태

정답 13 : ③, 14 : ①

특수체육론

심화문제

15 보기에서 설명하는 수업 스타일은?

보기

프로그램	생활체육 통합농구교실		
목 표	2점 슛을 성공할 수 있다.	내 용	자유투라인에서 슛을 한다.
대 상	발달장애인	장 소	실내체육관

수업 스타일
» 경험 많은 참여자가 보조지도자로서 신규 참여자를 지도한다. » 지도자에 대한 참여자의 비율을 줄이는 효과가 있다.

① 역주류화수업(reverse mainstreaming)
② 팀교수(team teaching)
③ 또래교수(peer tutoring)
④ 협동학습(cooperative learning)

■ **또래교수**(동료교수) 방식의 지도는 한 사람의 참여자가 또래교사가 되어 지도자와 함께 다른 참여자들을 지도하는 것이다.
■ **팀교수** : 14번 문제 해설 참조.
■ **역주류화수업** : 비장애학생이 하루 종일 또는 일정 시간 장애학생들과 통합하여 학습하는 것
■ **협동학습** : 학급 전체 또는 5~6명의 소그룹이 공동목적을 달성하기 위해 협력적으로 하는 학습. 공동학습.

필수문제

16 장애인에게 적합한 신체활동 변형에 관한 설명으로 옳지 않은 것은?

① 활동의 본질적인 특성을 변형한다.
② 참여를 촉진하는 방향으로 변형한다.
③ 최적의 수행능력을 발휘하도록 변형한다.
④ 장애로 인해서 제한이 발생하지 않도록 변형한다.

■ 장애인의 신체활동 변형은 다음과 같이 한다.
· 참여의 극대화
· 필요한 경우에만 활동 변형
· 해당 스포츠활동의 본질적인 특성 살림
· 최소한의 규칙 변화

심화문제

17 활동변형에 대한 설명 중 틀린 것은?

① 대상자의 장애유형과 정도에 맞는 신체활동을 제공하기 위해서 변형하는 것이다.
② 개인의 흥미와 여건에 맞는 신체활동을 제공하기 위해서 변형하는 것이다.
③ 체육시설과 환경을 수정 또는 변형하는 것은 활동변형이 아니다.
④ 용기구와 규칙 등을 수정 또는 변형하는 것이다.

■ 체육시설과 환경, 용기구, 규칙 등의 변형도 활동변형이다.

18 활동변형은 필요에 따라서 알맞게 해야 하지만, 가능한 한 변형을 최소화하려고 노력해야 한다. 다음 중 활동변형으로 보기 어려운 것은?

① 체육시설과 환경의 변형
② 체육 용기구의 변형
③ 규칙의 변형
④ 지도방식의 변형

■ 지도방식의 변형은 활동변형이 아니라 수업스타일 및 방식의 변형이다.

정답 15 : ③, 16 : ①, 17 : ③, 18 : ④

19 보기에 근거하여 밑줄 친 ㉠에 대한 지도전략으로 옳지 않은 것은?(2024)

보기
» 틀에 박힌 일이나 의례적인 행동에 집착한다.
» 받달 수준에 맞게 친구 관계를 형성하지 못한다.
» 지도자가 "공을 던져라"라고 지시하면, "공을 던져라"라는 말을 반복한다.
» ㉠ 정해진 경로로 이동하지 않거나 시간이나 장소의 갑작스러운 변화에 저항한다.

① 체육활동에 대한 시각적 일과표를 제공한다.
② 체육활동을 일정한 규칙과 순서로 진행한다.
③ 지도할 때 그림 카드, 의사소통 보드 등을 활용한다.
④ 참여자의 선호도보다는 지도자의 의도대로 진행한다.

■④ 지도자의 의도보다는 참여자의 선호도로 진행해야 한다.

특수체육론

필수문제

20 장애인스포츠지도사의 역할로 옳지 않은 것은?(2024)

① 장애인의 독특한 요구(unique needs)를 확인한다.
② 장애인의 기능 회복을 위한 치료 서비스를 제공한다.
③ 장애인에게 적합한 지도환경과 지도내용을 결정한다.
④ 스포츠와 관련된 과제, 환경 등을 장애인의 요구에 맞게 변형한다.

■장애인의 기능 회복을 위한 치료 서비스 제공은 의사의 역할이다.

필수문제

21 장애인의 스포츠 참여를 촉진하기 위한 방법으로 적절하지 않은 것은?

① 청각장애인을 위한 사이클 경기에서 탠덤 자전거(tandem cycle)를 사용한다.
② 지적장애인을 위한 축구 경기에서 오프사이드(off side) 반칙을 없앤다.
③ 척수장애인을 위한 농구 경기에서 더블 드리블(double dribble)을 허용한다.
④ 시각장애인을 위한 볼링 경기에서 가이드레일(guide rail)을 설치한다.

■두 사람이 페달을 밟아서 갈 수 있는 2인용 자전거와 청각장애인의 자전거 경기는 관련이 없다.

심화문제

22 장애인의 신체활동 참여를 촉진하는 변형전략으로 적절한 것은?

① 정기적으로 활동을 변형한다.
② 활동의 본질적인 구성을 변형한다.
③ 규칙의 변형을 최소화하여 활동에 적응하게 한다.
④ 참여자가 소극적일 때에는 경기장의 규격을 넓혀서 적용한다.

■규칙 변형을 최소화하여 활동에 적응하여야 운동의 본래목적을 달성할 수 있다.

정답 19 : ④, 20 : ②, 21 : ①, 22 : ③

■청각장애인이 소프트볼 게임을 할 때는 활동변형을 할 필요가 거의 없다.

23 장애인들이 소프트볼 게임을 할 때 적용되는 활동변형의 예로 적절하지 않은 것은?

① 시각장애인을 위해 소리 나는 공과 베이스를 사용한다.
② 청각장애인을 위해 베이스는 일반 경기장과 다른 재질을 사용한다.
③ 지적장애인을 위해 활동에 필요한 규칙을 좀 더 단순화한다.
④ 근력이 부족한 사람을 위해 가벼운 배트나 공을 사용한다.

■오락성이 아니고, 참가자의 흥미를 유발시킬 수 있는 흥미성이 필요하다.

24 장애인들이 활동하는 체육공간이 갖추어야 할 기본조건이 아닌 것은?

① 접근성과 편의성 ② 안전성
③ 오락성 ④ 효율성

■변형을 위해 활동의 본질을 바꿔서는 안 된다.

■**장애인스포츠활동 변형 요건**
· 최소한의 규칙 적용
· 협동심이 필요한 활동 제시
· 스포츠의 본질 유지
· 참여의 극대화를 유도

25 보기는 미국장애인교육법에서 명시한 정의이다. 밑줄 친 '독특한 요구'를 충족시켜 주기 위한 지도방법으로 옳지 않은 것은?

> 보기
> 특수체육은 장애인의 '<u>독특한 요구(unique needs)</u>'를 충족시키기 위해 고안된 체력과 운동체력 ; 기본운동기술과 양식 ; 수중, 무용, 개인 및 집단 게임, 스포츠에서의 기술의 발달을 위한 개별화된 프로그램이다.

① 개인별 목표 성취를 위해 신체활동의 방법을 변형한다.
② 휠체어 사용자를 위해 체육시설의 접근성을 높인다.
③ 동선 상의 위험요인을 제거한다.
④ 변형을 위해 활동의 본질을 바꾼다.

■**하향식 접근법** : 개발적인 측면에서 시작하여 점차 세분화해가는 지도법.
■**발달적 접근법** : 세부동작을 가르친 다음에 그것을 조합하여 전체 동작으로 이어지도록 지도하는 것.
■**생태학적 접근법** : 개인의 발달과정을 개인과 환경의 상호작용과 제도적인 측면에서 이해하려는 연구방법.
■**기능적 접근법** : 전체 동작을 가르친 다음에 세부 동작을 지도하는 것.

필수문제

26 보기의 특수체육 실행 과정에서 적용한 과제 지도 방식은?

> 보기
> 축구를 지도하기 위해 〈기초 기능〉 → 〈응용 기능〉 → 〈수비 · 공격 전술〉 → 〈간이 게임〉 순서로 지도하였다.

① 하향식 접근법(top-down approach)
② 발달적 접근법(developmental approach)
③ 생태학적 접근법(ecological approach)
④ 기능적 접근법(functional approach)

정답 23 : ②, 24 : ③, 25 : ④, 26 : ②

필수문제

27 보기에서 괄호 안에 해당하는 문제행동 관리의 절차는?

보기
1. 문제행동이 무엇인지 파악한다.
2. (   )
3. 적절한 행동 관리법을 선정한다.
4. 효과적인 강화물을 조사하고 선정한다.

① 행동 관리를 시작한다.
② 문제행동이 발생하는 빈도 · 기간 · 유형 등을 파악한다.
③ 행동 변화를 파악한다. ④ 행동 관리의 효과를 파악한다.

▪ 문제행동 관리의 절차
1. 문제행동 파악
2. 발생빈도 · 기간 · 유형 등 파악
3. 적절한 행동관리 방법 선정
4. 효과적인 강화물 조사와 선정
5. 행동관리 시작
6. 행동관리 시행에 따른 효과의 관찰과 기록
7. 행동관리법에 사용된 강화물을 점차 줄임

심화문제

28 지적장애아동 또는 자폐성장애아동들이 문제행동을 일으키는 이유이다. 적절하지 못한 것은?

① 관심 끌기 ② 과제나 자극 피하기
③ 원하는 물건이나 활동 얻기 ④ 자기조절
⑤ 무의미한 놀이나 오락 ⑥ 비방 또는 비하하기

▪ 지적장애아동 또는 자폐성장애아동은 비방이나 비하를 모른다.

필수문제

29 보기에서 설명하는 행동수정기법은?

보기
체육 기구를 계속 던지면서 수업을 방해할 때마다 제자리에 돌려 놓도록 강제적이고 반복적으로 시켰다.

① 프리맥 원리 ② 과잉교정
③ 토큰강화 ④ 타임아웃

▪ **프리맥 원리** : 바람직한 행동을 하면 좋아하는 것을 하게 해주는 것. Premack의 이론.
▪ **토큰강화** : 바람직한 행동을 하면 그것을 강화시키기 위하여 원하는 것과 교환할 수 있는 토큰을 주는 것.
▪ **타임아웃** : 문제행동을 하면 제외 · 고립 · 차단시켜서 그것을 못하도록 관리하는 것.
▪ **과잉교정** : 문제행동을 하면 그것을 더 심하게 하도록 해서 스스로 잘못을 알게 하는 것.

심화문제

30 농구를 너무 좋아하는 자폐성 장애를 가진 학생이 농구 수업 중 동료학생들을 지속적으로 방해할 때 특수체육지도자가 취할 수 있는 강화 중 가장 적절한 것은?

① 타임아웃 ② 칭찬
③ 모델링 ④ 피드백

▪ 너무 좋아하는 것을 못하게 하면 효과가 즉시 나타난다.

정답 27 : ②, 28 : ⑥, 29 : ②, 30 : ①

특수체육론

31 보기에서 김 선생님이 사용하고 있는 행동수정 기법은?

> 보기
> 장애인스포츠지도사인 김 선생님은 인라인스케이트를 좋아하는 철수에게 줄넘기를 지도하고 있다. 줄넘기에 흥미가 없는 철수에게 김 선생님은 줄넘기를 10분간 연습하면 인라인스케이트를 20분 탈 수 있다고 약속하였다.

① 반응대가(response cost)
② 토큰 경제 강화(token economy reinforcement)
③ 프리맥 원리(Premack principle)
④ 타임 아웃(time-out)

■좋아하는 것을 할 수 있게 해주는 것을 프리맥 원리라고 한다(p. 45 참조).

■**행동형성** : 목표행동에 점진적으로 접근하게 궁극적으로 그 행동을 하게 하는 방법.
■**반응대가** : 일정한 행동을 함으로써 정적 강화의 중단 또는 벌칙을 가하는 방법.
■**프리맥 원리** : 바람직한 행동을 하면 좋아하는 행동을 하게 하는 방법.
■**과교정** : 잘못된 행동을 더 심하게 해서 자신의 잘못을 알게 하는 방법.

필수문제

32 보기에서 적용한 행동관리 방법으로 가장 적절한 것은?

> 보기
> 셔틀콕을 계속 바닥에 던지는 학생에게 자신이 던진 셔틀콕을 반복적으로 가져오게 하거나 친구들이 사용한 셔틀콕까지 정리하게 한다.

① 행동형성(shaping) ② 반응대가(response cost)
③ 프리맥 원리(Premack principle) ④ 과교정(overcorrection)

심화문제

33 바람직하거나 긍정적인 행동을 했을 때 제공하는 정적 강화기법에 대한 설명이다. 잘못된 것은?

① 용암법(fading) : 지원이나 도움을 점진적으로 제거하는 것
② 토큰(token)강화 : 토큰을 모았다가 원하는 것과 교환할 수 있도록 해서 강화하는 것
③ 프리맥(Premack)의 원리 : 좋아하는 행동으로 싫어하는 행동을 강화하는 것
④ 촉진 : 손으로 쓰다듬는 등 신체접촉을 통해서 행동을 강화하는 것

■촉진은 부모나 지도자가 도와주는 것이다.

34 보기에서 사용하는 행동관리 기법은?

> 보기
> 처음에는 두 손으로 보조를 하다가 한 손으로 보조를 하거나, 언어적 보조를 하다가 언어적 보조를 점차적으로 제거한다.

① 칭찬(praise) ② 용암(fading)
③ 토큰 강화(token economy) ④ 프리맥의 원리(Premack principle)

■사용하던 강화물을 점차적으로 줄이는 것을 용암(점차적 소멸)이라고 한다.

정답 31 : ③, 32 : ④, 33 : ④, 34 : ②

35 보기의 ㉠~㉣에 들어갈 개념이 바르게 묶인 것은?

보기

		절차의 형태	
		후속자극 (consequence) 제시	후속자극 (consequence) 제거
목표	바람직한 행동의 증가	㉠	㉡
	바람직하지 않은 행동의 감소	㉢	㉣

	㉠	㉡	㉢	㉣
①	정적강화	부적강화	정적처벌	부적처벌
②	부적강화	정적강화	부적처벌	정적처벌
③	정적강화	정적처벌	부적강화	부적처벌
④	부적강화	부적처벌	정적처벌	정적강화

- 정적강화 : 어떤 행동이 발생한 후에 긍정적 강화물(보상, 칭찬 등)을 제시하여 행동의 빈도나 확률이 높아지도록 유도하는 것
- 부적강화 : 원하지 않는 자극(부정적 자극)을 제거해 줌으로써 긍정적 행동 변화를 유도하는 것
- 정적처벌 : 어떤 행동이 발생한 다음에 특정 자극이 제시되거나 자극의 강도가 강해져 앞선 행동을 줄이거나 제거하는 것
- 부적처벌 : 어떤 행동이 일어난 다음에 특정 자극을 제거하거나 강도가 앞선 행동을 줄이거나 제거하는 것

		절차	
		자극 제시	자극 제거
목표	행동 증가	정적강화	부적강화
	행동 감소	정적처벌	부적처벌

출처 : 최승권(2018). 특수체육론. p.181.

필수문제

36 갤러휴(D. Gallahue)와 오즈먼(J. Ozmun)이 제시한 운동 발달의 단계가 아닌 것은?

① 지각운동 ② 기본운동
③ 기초운동 ④ 전문화된 운동

- 운동발달의 단계(David Gallahue)
  - · 반사운동(반사 움직임) 단계
  - · 초보운동(초보 움직임) 단계
  - · 기본운동(기본 움직임) 단계
  - · 전문운동(전문화 움직임) 단계

정답 35 : ①, 36 : ①

특수체육론

필수문제

37 운동발달의 형태별 특징을 설명한 것이다. 잘못 설명한 것은?

① 반사운동 형태 : 불수의적인 움직임이고, 정보유입단계와 정보유출단계로 구분한다.
② 기초운동 형태 : 불수의적인 움직임이 시작되면서부터 나타나고, 반사억제단계와 통제이전단계로 구분한다.
③ 기본운동 형태 : 유아기에 기초운동능력이 발달하면서 시작된다. 초기단계, 기초단계, 성숙단계로 구분한다.
④ 전문적 운동 형태 : 기본운동형태 이후에 나타나고, 운동기술을 배워서 스포츠활동에 적용하게 된다. 전이단계, 적용단계, 평생활용단계로 나눈다.

■기초운동 형태는 수의적인 움직임이 시작되면서부터 나타난다.

필수문제

38 보기에서 설명하고 있는 반사는?

보기
» 이 반사는 비장애아에게도 일정기간 존재하고, 대뇌피질이 발달되면 통합되어 억제된다.
» 이 반사는 적절한 시기에 나타나지 않거나 통합되지 않으면 뇌의 발달에 문제가 있음을 의미한다.
» 뇌성마비 장애인에게는 이 반사가 평생 동안 남아 있을 수 있다.

① 신전반사　　② 운동반사
③ 원시반사　　④ 자유반사

■아기의 반사행동에는 생존을 위해서 하는 생존반사와 태어난 직후에 있다가 몇 개월 후에 사라지는 원시반사가 있다. 원시반사의 대표적인 것으로는 모로반사와 잡기반사가 있다.

심화문제

39 운동발달 단계를 순서대로 바르게 연결한 것은?

① 반사/반응 행동→감각운동 반응→운동양식→운동기술
② 감각운동 반응→운동기술→운동양식→반사/반응행동
③ 운동기술→운동양식→반사/반응행동→감각운동 반응
④ 운동양식→반사/반응행동→운동기술→감각운동 반응

■반사행동이 제일 처음이고 운동기술 행동이 맨 마지막이다.

40 운동발달의 원리가 아닌 것은?

① 머리 → 발 방향의 발달　　② 근위 → 원위 협응 발달
③ 발달단계의 동일성　　④ 소근육 → 대근육 발달

■대근육이 소근육보다 먼저 발달한다.

정답 37 : ②, 38 : ③, 39 : ①, 40 : ④

41 보기에서 설명되고 있는 이동기술은?

보기
» 앞발을 내디딘 후 뒷발을 앞발 뒤꿈치에 가깝게 내딛는다.
» 어느 쪽 발로 시작해도 무방하다.
» 두 발이 동시에 땅에서 떨어지는 순간이 있다.
» 양팔을 구부려 허리 높이로 들어 올린다.

① 홉(hop) ② 달리기(run)
③ 갤럽(gallop) ④ 슬라이드(slide)

■ 갤럽은 우리말로 깡충뛰기이고, 홉은 외발로 뛰기이며, 슬라이드는 미끄러지기이다.

42 발달의 원리 중에서 잘못된 것은?

보기
㉠ 발달은 연속성을 가지며, 수정에서 사망까지 연속적으로 이어지는 과정이다.
㉡ 발달순서에는 동일성이 있다.
㉢ 발달은 신경학적 성숙과 관련이 있고, 생물학적 발달, 인지적 발달, 사회정서적 발달이 서로 밀접한 영향을 주고받는다.
㉣ 발달은 대근육→소근육 방향, 머리→꼬리 방향, 몸 쪽(근위)→먼 쪽(원위) 방향, 양 방향→한 방향, 수평적 동작→수직적 동작 방향으로 진행된다.
㉤ 발달속도에는 개인차가 없다.

① ㉡ ② ㉢ ③ ④ ④ ㉤

■ 발달속도에는 개인차가 있다.

필수문제

43 장애인을 위한 체력 육성의 일반적인 원칙으로 적절하지 않은 것은?

① 규칙적으로 반복하여 실시한다.
② 개인의 특성과 능력에 맞게 구성한다.
③ 운동 강도와 빈도를 계획에 따라 일률적으로 적용한다.
④ 흥미를 잃지 않도록 운동과 휴식을 조화롭게 구성한다.

■ 장애인에게는 운동강도와 빈도를 일률적으로 적용해서는 안 된다.

심화문제

44 장애인의 체력을 측정할 때 반드시 지켜야 할 원칙이 아닌 것은?

① 측정기구나 평가기준을 변경하지 않고 측정할 것.
② 영점(0점)이 없는 측정을 할 것.
③ 다양한 방법을 준비하여 다양한 능력을 측정할 것.
④ 개인의 가능성과 장점을 찾기 위한 측정을 할 것.

■ 장애의 유형과 정도의 차이를 고려해서 측정기구나 평가기준을 변경해서 측정해야 한다.

정답 41 : ③, 42 : ④, 43 : ③, 44 : ①

특수체육론

■ 발작하는 동작을 할 때에는 억지로 붙들면 두 사람 모두 다친다. 발작행동 때문에 다른 물건과 부딪쳐서 상해를 입지 않도록 주변에 있는 위험한 물건을 치워야 한다.

■ ACSM의 운동 참여 전 건강검진 알고리즘에서 의료적 허가가 필요하지 않은 사람은 현재 운동을 하고 있지만, 심혈관질환 · 대사질환 · 신장질환의 징후나 증상이 없는 경우이다(㉣).

필수문제

45 체육관에서 장애인이 운동을 하다가 발작을 일으켰을 때의 대응 방법으로 가장 적절한 것은?

① 발작 부위를 잡아서 진정시킨다.
② 발작이 끝난 후에는 곧바로 운동에 참여시킨다.
③ 침이 흐르지 않도록 손수건을 입에 대고 머리를 똑바로 세운다.
④ 몸을 부축해서 천천히 자리에 눕히고 주변에 위험한 물건을 치운다.

필수문제

46 미국스포츠의학회(ACSM)의 '운동 참여 전 건강검진 알고리즘'을 적용할 때, 보기에서 의료적 허가가 필요하지 않은 시각장애인은?

보기

대한장애인체육회에서는 생활체육 골볼교실에 참가하는 시각장애인에게 운동참여 전 건강 문진을 통해서 다음의 결과를 얻었다.

문항 \ 시각장애인	㉠	㉡	㉢	㉣
현재 규칙적으로 운동에 참여하는가?	예	예	아니오	예
심혈관 질환, 대사 질환, 또는 신장 질환이 있는가?	예	아니오	예	아니오
질병을 암시하는 징후 또는 증상이 있는가?	아니오	예	아니오	아니오
원하는 운동강도가 있는가?	고강도	중강도	고강도	고강도

① ㉠ ② ㉡ ③ ㉢ ④ ㉣

■ ITP는 개별화 교육과정에 첨부되는 계획으로, 장애학생이 학교를 졸업한 다음 효과적인 사회생활 적응을 위해 재학 시에 중점을 두어야 할 일들을 문서로 작성한 계획이다.
■ 여기에는 직장 · 개인 · 가정생활 및 교육 · 여가생활, 지역사회 생활 등이 포함된다.
■ ITP는 과거의 활동에 주안점을 두면 안 된다.

필수문제

47 개별화전환계획(Individualized Transition Plan: ITP)에 관한 설명으로 적절하지 않은 것은?

① 장애학생과의 인터뷰를 통해 신체활동 선호도를 알아본다.
② 지역사회 체육시설을 활용하여 사회적응기술을 가르친다.
③ 장애학생을 위한 신체활동 프로그램이 지역사회에도 있는지를 확인한다.
④ 장애학생의 현재 및 미래의 기대치를 논하기보다는 과거의 활동에 주안점을 둔다.

정답 45 : ④, 46 : ④, 47 : ④

필수문제

48 **보기에서 설명하는 모스톤과 애쉬워스(M. Mosston & S. Ashworth, 2002)의 교수 스타일은?**

보기
» 장애인스포츠지도자가 수업 운영과 관련된 모든 사항을 결정한다.
» 지도자는 장애인에게 운동과제에 대한 설명과 시범을 보이고, 연습하게 하고 피드백을 제공한다.
» 수업에서 장애인의 안전을 확보하는데 효과적인 교수 스타일이다.

① 지시형 스타일(command style)
② 연습형 스타일(practice style)
③ 상호학습형 스타일(reciprocal style)
④ 유도발견형 스타일(guided discovery style)

■ 모스톤과 애쉬워스의 특수체육 교수 스타일

유 형	내 용
지시형	수업을 시작하기 전에 교사가 수업에 관련된 모든 내용을 결정하여 설명하고 시범을 보이면 학생은 지시적으로 피드백을 받는다. 안전 확보에 적절한다.
연습형	교사는 수업에서 개인차를 허용하며, 학생에게 특정 피드백을 한다. 스테이션을 이동하며, 과제 카드를 읽는 학생에게 격려 · 지지 · 피드백을 제공한다.
상호 학습형	장애 정도가 다른 또래와 짝을 이룬다. 짝의 수준이 맞지 않으면 교사가 관리한다. 지시형이나 연습형보다 사회적 상호 작용과 피드백이 많이 제공된다.
소집단(개별화)	상호 학습형의 확장으로, 소그룹을 구성하여 각각 돌아가며 역할을 맡는다. 학생의 책임감을 증진시키고, 교사의 책임감을 덜어서 그룹에 부여한다.
유도 발견형	교사가 정답을 주지 않고 학습자를 과제에 집중하게 한다. 이 유형은 수직 점프 혹은 축구 드리블과 같은 운동을 할 때 사용된다.
확산 발견형 (문제 해결형)	움직임 접근, 움직임 탐구와 같은 말이다. 결과보다는 과정을 중요시한다. 교사는 학생에게 도전적 움직임을 제공하고, 합리적인 움직임 동작을 찾도록 한다. 교사는 도전의 의미를 이해시키며 격려하여 도움을 준다.
자기 설계형	신체적 능력과 인지적 능력에 기초를 두고 창의력을 개발하기 위한 교수 유형이다. 교사는 과제만 정해 주고, 학생 스스로 문제와 답을 찾게 한다.

출처 : 최승권. 특수체육론. p.176에서 수정 게재.

정답 48 : ①

CHAPTER 04 지적장애·정서장애·자폐성장애의 특성 및 스포츠지도전략

장애인의 분류

신체적 · 정신적 장애로 오랫동안 일상생활이나 사회생활에서 상당한 제약을 받는 자를 장애인이라 하고, 장애인복지법에 장애인의 종류 및 기준이 정해져 있다.

☞ 장애인을 신체적 장애자와 정신적 장애자로 분류한다(대분류).

☞ 신체적 장애는 외부 신체기능의 장애와 내부기관의 장애로 나누고, 정신적 장애는 발달장애와 정신장애로 나눈다(중분류).

☞ 소분류에서는 15가지 장애로 분류하고, 더 자세한 분류는 세분류에 있다.

지적장애

1 지적장애의 정의

정신지체라고도 하며, 다음 3가지 요건을 모두 만족시켜야 지적장애인으로 인정된다.

☞ 지능지수가 70 이하일 것.

☞ 18세 이전에 발생할 것.

☞ 적응행동이 동년배의 집단에게 요구되는 것보다 유의미하게 제한될 것.

2 미국 지적 및 발달장애협회(AAIDD, 2010)의 지적장애의 정의

▶ 정의 : 지적장애란 지적 기능성과 개념적·사회적·실제적 적응기술로 표현되는 적응행동의 두 영역에서 의미 있는 제한성을 보이는 것이다. 이 장애는 18세 이전에 시작된다.

이러한 정의를 적용하기 위해서는 다음의 가정들이 반드시 전제되어야 한다.

☞ 현재 기능적인 제한성은 그 개인의 동년배와 문화에 전형적인 지역사회 환경의 맥락 안에서 고려되어야 한다.

☞ 타당한 평가는 의사소통, 감각과 운동 및 행동 요인에서의 차이뿐만 아니라 문화와 언어에서의 다양성도 함께 고려하여 실시해야 한다.

☞ 한 개인은 제한성만 갖고 있는 것이 아니라 동시에 강점도 갖고 있다.

☞ 제한성을 기술하는 중요한 목적은 그 개인에게 필요한 지원이 무엇인지 파악하기 위해서이다.

☞ 개별화된 적절한 지원이 장기간 제공되면 지적장애인의 생활기능은 전반적으로 향상될 것이다.

▶ 원인 : 다요인적 지적장애의 원인은 생의학적(유전적 요인과 사고나 질병에 의한 후천적 요인이 합쳐진 것) · 사회적 · 행동적 · 교육적 원인으로 범주화할 수 있다.

▶ 지적능력 : AAIDD에서는 Spearman의 일반요인을 토대로 지능을 개념화하였다. 즉 일반요인과 특수요인으로 구분하였다. 일반요인은 지적인 능력과 관련된 모든 과제에 필요한 능력으로, 이 부분에서의 개인차가 바로 지적능력에서의 개인차에 해당한다. 이는 지능이 단일 능력이 아니라 다양한 요인의 구성이며, 지적능력의 대부분이 일반요인이라는 공통요인에 의해 설명될 수 있다는 의미이다. 지능이 낮은 수준은 -2표준편차 이하를 의미한다.

3 적응행동(기술)의 종류

적응행동은 일상생활뿐만 아니라 환경적 요구에 반응하는 능력

개념적 기술	언어와 문해기술, 금전 개념, 시간 개념, 수 개념, 자기 지시
사회적 기술	대인기술, 사회적 책임감, 자긍심, 속기 쉬움, 조심, 사회적 문제 해결, 규칙 및 법률 준수, 희생되는 것을 피함.
실제적 기술	일상생활 활동, 직업기술, 금전 사용, 건강과 안전, 여행/대중교통 이용, 일과 계획

4 지적장애의 종류

다운증후군	21번 염색체가 3개가 존재하여 생기는 유전 질환으로, 환 · 축추가 불안정하며, 고관절탈구가 많고, 새가슴이나 내반족이 많다. 특징적인 얼굴 모습을 관찰할 수 있다. 지능이 낮고, 일반인에 비하여 수명이 짧다.
터너증후군	성염색체인 X염색체 부족으로 이상이 발생하는 유전 질환이다. 성인이 되어도 키가 140cm 정도밖에 안 된다.
윌리엄스 증후군	엘라스틴을 만드는 유전자 하나가 없어서 발생하는 증후군이다. 코가 치켜 올라가 있고 턱이 작다. 소리에 극도로 민감하고, 또래에 비해 일찍 나이가 드는 것처럼 보인다. 간단한 수학문제도 풀지 못하지만 언어를 유창하게 구사하고, 얼굴을 기억하는 데 뛰어난 능력을 가지고 있기도 하다.
약체 X 증후군	X염색체의 끝부분이 약해서 생기는 증후군이다. 고환이 거대하고, 가운데 손금이 뚜렷한 일자이며, 엄지손가락 마디가 두 개다. 눈을 잘 맞추지 못하고, 촉각방어를 보인다.

5 지적장애아동의 스포츠 지도전략

- ☞ 지적장애인의 운동능력은 모든 영역에서 같은 연령의 비장애인에 비해 그 성적이 낮고, 복잡한 운동 과제일수록 그 차이가 커진다.
- ☞ 장애의 정도에 따라서 언어지도→시범(모델링)지도→직접지도 방법을 적절히 사용하여 지도해야 하고, 쉬운 과제에서 어려운 과제로, 익숙한 과제에서 새로운 과제로 지도해야 한다.
- ☞ 스포츠를 활용하여 자립과 사회경제활동의 참가, 여가선용, 신체기능의 유지 · 증진을 꾀하는 삶의 질 향상이 목표이다.
- ☞ 스포츠를 즐기게 되면 사회적응능력을 습득할 수 있고, 합병증 예방과 개선에도 효과적이다.

6 중도 지적장애인의 스포츠지도 전략

- ☞ 정적 강화기법을 많이 활용
- ☞ 주의집중에 방해가 되는 걸림돌 제거
- ☞ 설명을 자세히 하고, 전체 동작보다는 부분 동작 중심으로 지도
- ☞ 과격한 신체활동 지양
- ☞ 과격한 신체활동은 지양하고, 먼저 시범을 보인 다음 이를 따라 하도록 지도
- ☞ 언어적 지도는 되도록 짧고 간단명료하게
- ☞ 반복 학습
- ☞ 다양한 감각적 단서 제공
- ☞ 높은 수준의 스포츠기술을 지도하지 않기

정서장애

1 정서장애의 정의

정서의 표현 방법이 일반인에 비해 편향되어 있거나, 과격하게 표현하는 등 자신의 의지로는 통제하기 어려운 상태에 있는 것을 정서장애라고 한다. 타인에게 공격적이며, 파괴적인 행동이 아주 심하고, 여러 종류의 '비행'을 저지르며, 자기 자신이 놀림을 받고 있다고 느끼기도 한다.

아동 정신의학에서의 정의	본인 자신이 괴로워하는 정서장애와 주위를 곤란하게 하는 반사회적 행동을 하는 행동장애로 나눌 수 있다.
특수교육에서의 정의	부적응행동과 학습상의 문제 등이 겹쳐져 특별한 교육적 배치나 배려를 필요로 하는 아동을 의미한다.
생태학적 관점에서의 정의	정서장애는 아동에게 내재하는 것이 아니며, 특정 환경과 결부될 수도 없다. 일반아동도 정서장애아동과 같이 일탈 혹은 부적절한 행동을 하는데, 장애아동은 보다 심각하고 장기간 지속되며 발생빈도가 높고 복합적이라는 점에서 다르다.

2 정서장애아동의 행동특성

Quay(1973)는 정서장애아동의 행동특성을 다음과 같이 4가지로 분류하였다.

행동장애(conduct disorder)	자리 이탈, 교실 배회, 지시 불응 등과 같은 분열행동과 같은 행동을 반복하는 상동행동이 있다.
불안감-위축행동(anxiety-withdrawal)	주변 환경에 잘 대처하지 못하는 행동.
미성숙행동(immaturity)	심하게 울기, 분노 발작 등.
사회화된 공격행동(socialized aggression)	사람이나 사물에 하는 위해행동.

☞ 지적인 분야……정서장애아동들은 비장애아동보다 IQ가 낮다.

☞ 공격성……정서장애아동들은 어떤 일을 꾸준히 지속하는 끈기가 부족하고, 파괴적 행동을 보인다. 정서장애아동들의 행동은 극단적이고, 정상적인 훈육 방법에 의해서 변화되지 않고, 벌을 주어도 효과가 거의 없다.

☞ 위축성……위축되고 미성숙한 행동을 한다. 정상적인 성격발달과 원만한 대인관계를 기대하기 어렵다.

☞ 사회성……사회적인 성숙도가 낮기 때문에 놀이집단이 없고, 혹시 있어도 자기 연령에 맞지 않는 집단이다. 결국에는 사회적으로 고립된다.

☞ 주의력 부족……과잉행동은 주의력 부족의 대표적인 증상이다.

☞ 정서적인 분야……불안해하고, 두려워하며, 긴장한다. 공포, 강박관념 및 우울 행동이 있다. 자신의 일을 남몰래 하는 경향이 있다.

3 정서장애의 종류

주의력결핍에 의한 과잉행동장애(ADHD)	부주의하고, 충동적이며, 과잉행동을 보이는 것이 특징이다. 지나치게 안절부절한다. 학업이나 다른 활동에 부주의한 실수를 저지른다. 지시를 따르지 못하고, 임무를 수행하지 못한다. 다른 사람의 활동을 방해하고 간섭한다.

품행장애(CD)	사기 또는 도둑질, 심각한 규칙 위반, 사람과 동물에 대한 공격행동을 하는 것이 특징이다. 파괴적이고, 비협조적이며, 무례하다. 정직하지 못하고, 무책임하며, 약한 아이들을 괴롭히거나 협박한다. 사람이나 동물에게 신체적으로 잔혹하게 대한다.

4 정서장애아동의 스포츠 지도전략

운동발달이나 체력이 또래보다 약하다는 증거는 없다. 그러나 자기방임 행동, 불순종적 행동, 공격적 행동, 자기자극 행동 등 때문에 스포츠활동에 참여하기 어렵다. 그러므로 문제행동을 먼저 수정한 다음 스포츠에 참여시켜야 한다.

☞ 기능적 행동 사정……문제행동의 동기가 되는 상황이나 맥락을 확인하고

☞ 원인 제거……문제행동의 동기가 되는 원인을 제거하거나

☞ 긍정적 행동 중재……문제행동을 대체할 긍정적인 행동을 연습시켜야 한다.

자폐성 장애

1 자폐성 장애의 정의

사회적 상호작용과 의사소통에 결함이 있고, 제한적이고 반복적인 관심과 활동을 보임으로써 교육적 성취 및 일상생활에 도움이 필요한 사람을 자폐성 장애인이라고 한다. 자폐의 증상과 원인이 다양하기 때문에 세계보건기구에서 자폐증의 공식 명칭을 **자폐 스펙트럼 장애**로 바꾸었다.

자폐성 장애는 근본적인 치유는 불가능한 것으로 보이고, 교육을 통해서 다른 사람과 상호작용하는 법을 배우면 증상을 완화할 수는 있다. 자폐성 장애인은 모두 천재적인 능력을 갖고 있다는 설도 있지만 사실이 아니다.

2 자폐성 장애아동의 행동특성

☞ 자폐성장애아동은 의사소통이 어려워 사회적 상호작용이 힘들고, 상동행동을 하며, 제한적이고 반복된 행동으로 관심을 끌려는 경향이 있다.

☞ 의사소통……돌이 지나도 의사소통이 거의 되지 않는다.

☞ 상동행동……같은 음식, 같은 만화, 같은 놀이 등을 지나치게 고집하기 때문에 다른 아이들과 어울려서 놀지 못한다.

☞ 사회적 성장……얼굴을 마주 보는 것을 싫어하고, 부모의 감정 표현에 거의 반응하지 않는다.

3 자폐성 장애아동의 스포츠 지도전략

자폐성 장애아동들은 스포츠 학습이 어려우므로 상황의 변화에 맞추어 행동해야 하는 스포츠 종목은 피하고, 연속적인 동작으로 구성된 스포츠 종목을 지도해야 한다.

☞ 지도자의 질책은 자폐성 장애아동에게 학습된 무기력에 빠지게 하거나 문제행동을 일으키는 원인이 될 수 있다.

☞ 기능적 행동사정과 긍정적 행동 중재를 이용하여 지도해야 한다.

4 아스퍼거증후군(Asperger's syndrome)

소아에게 나타나는 자폐증과 유사한 장애. 남자아이에게 많고, 지속적인 사회관계 형성에 장애가 있고, 제한되고 정형화된 유형의 행동을 보인다.

필수 및 심화 문제

■ AAIDD(미국 지적장애 및 발달장애협회)의 장애의 정의(2010)
· 지적장애는 지적 기능성과 실제적 · 사회적 · 개념적 적응 기술로 표현되는 적응행동의 두 영역에서 유의한 제한성을 가진 것으로 특징지어진다.
· 이 장애는 만 18세 이전에 시작한다.
■ p. 62 참조.

필수문제

01 보기의 ㉠, ㉡에 들어갈 장애의 정의로 알맞은 것은?

보기
» −2 표준편차 이하의 지적 기능을 나타낸다.
» (㉠) 영역에서 적응 행동의 제한이 명백히 나타난다.
» (㉡) 이전에 시작된다.
– 미국 지적장애 및 발달장애협회(AAIDD, 2010) –

	㉠	㉡		㉠	㉡
①	실제적, 사회적, 개념적	18세	②	개념적, 실제적, 사회적	19세
③	발달적, 사회적, 실제적	18세	④	교육적, 행동적, 사회적	19세

심화문제

02 미국지적장애 및 발달장애협회(AAIDD, 2021)의 지적장애 정의에 근거하여 보기의 ㉠~㉢에 들어갈 내용이 바르게 나열된 것은?(2024)

보기
» 표준화 검사를 통해 산출된 지능지수 점수가 (㉠) 표준편차 이하이다.
» 적응행동의 (㉡) 기술은 식사, 옷 입기, 작업 기술, 건강과 안전, 일과 계획, 전화사용 등이 포함된다.
» (㉢) 이전에 발생한다.

	㉠	㉡	㉢
①	-2	실제적	20세
②	-2	개념적	20세
③	-2	실제적	22세
④	-2	개념적	22세

■ AAIDD 2010년에는 이 장애가 18세 이전에 시작한다고 하였으나, 2021년에는 22세 도달 전으로 수정하였다.

03 미국 지적 및 발달장애협회(AAIDD, 2010)의 지적장애 정의에 대한 설명 중 옳지 않은 것은?

① 만 20세 이후에 시작된다.
② 적응행동에서의 명백한 제한이 나타난다.
③ 지능 지수가 평균에서 2 표준편차 이하이다.
④ 적응행동은 개념적, 사회적, 실제적 적응기술에서 명백한 제한이 나타난다.

■ ① 만 18세 이전에 시작된다(p. 62 참조).

정답 01 : ①, 02 : ③, 03 : ①

04 **각 나라마다 또는 각 기관마다 지적장애인에 대한 정의가 조금씩 다르지만, 공통점은 다음과 같다. 틀린 것은?**

① 지적기능이 IQ70 이하인 사람
② 적응행동 기술이 또래집단에게 요구되는 것에 비하여 의미있게 제한되는 사람
③ 장애의 발생시기가 만 18세(또는 20세) 이하인 사람
④ ① ② ③ 중 한 가지라도 해당되면 지적장애인으로 분류한다.

■ ①, ②, ③의 3가지가 모두 충족되어야 지적장애인으로 분류한다.

필수문제

05 **표의 ㉠~㉢에 해당하는 행동관리 기법을 바르게 나열한 것은?**(2024)

보기

성별(나이)	남자(14세)	장소	수영장
장애유형	지적장애	프로그램	수영하기
문제행동	멈춰 서서 친구 방해하기		
상황	지도자 A : 한국(가명)이는 수영할 때 반복적으로 멈춰서서 친구들을 방해해요. 그때마다 잘못된 행동이라고 지적을 해도 계속하네요. 지도자 B : 우선 ㉠ 문제 행동이 발생하면 바로 일정 시간 동안 물 밖에 있도록 하세요. 물과 좀 멀리요. 지도자 A : 알겠습니다. 한국이는 수중 활동을 좋아하고 물에 있으면 행복해하거든요. 지도자 B : 다른 기법도 있어요. ㉡ 문제 행동을 했을 때 한국이에게 이미 주어진 정적 강화물을 상실하게 하는 방법도 있어요. ㉠과 ㉡ 기법으로 문제 행동의 빈도가 감소한다면, 큰틀에서 (㉢)이 됩니다.		

	㉠	㉡	㉢		㉠	㉡	㉢
①	타임아웃	반응대가	부적 벌	②	타임아웃	용암	정적 벌
③	소거	반응대가	정적 벌	④	소거	용암	부적 벌

■ **타임아웃** : 정해진 시간 동안 문제 행동을 보인 학생을 정적 환경에서 멀어지게 하는 방법으로, 관찰법, 배타적, 격리적 등 3가지 유형이 있다.
■ **반응대가** : 이미 획득한 강화를 박탈하는 방법으로, 자유시간 줄이기, 운동기구 빼앗기, 획득점수 줄이기 등이 있다.
■ **부적 벌(처벌)** : 특정 행동의 발생빈도를 줄이기 위해 좋아하는 보상을 제거하여 행동을 못하게 하거나 자극(처벌)을 줄이거나 제거하는 방법

필수문제

06 **장애인복지법시행령(2014)에서 발달장애로 분류하는 장애유형으로 바르게 묶인 것은?**

① 정신장애 – 지체장애
② 시각장애 – 청각장애
③ 언어장애 – 정신장애
④ 지적장애 – 자폐성장애

■ 지적장애와 자폐성장애는 발달장애에 속한다.
■ 지체 · 시각 · 청각 · 정신장애는 발달이 또래보다 덜 된 것이 아니다.

정답 04 : ④, 05 : ①, 06 : ④

■ 지능지수가 34 이하-1등급, 49 이하-2등급, 70 이하-3등급

■ 다운증후군 지적장애인에서는 신전반사를 거의 볼 수 없다.
■ 다운증후군 지적장애(p. 61) 참조.

■ 사람과 동물에 대한 공격성이 심한 것은 정서 및 행동장애인 중에서 **품행장애인**이다.

■ 피아제의 인지발달단계
· 감각운동기(0~2세) : 단순한 감각을 이용한 반사행동으로 주위 탐색, 감각적 경험이 제한된 동작·활동을 함
· 전조작기(2~7세) : 언어가 어느 정도 발달하여 자기중심적 직관적 사고를 하게 되며, 사물을 다양한 관점에서 보지 못함.
· 구체적 조작기(7~11세) : 구체적현실적 논리적 사고를 형성하며, 사고활동의 내면화가 시작됨. 보존 개념과 유목화, 서열화가 형성됨.
· 형식적(추상적) 조작기(11세 이후) : 추상적(형식적) 조작은 하지만, 논리적인 증명능력은 미숙함. 과학적·체계적 추리 및 사고, 논리적 추론도 가능함.

심화문제

06 우리나라 장애인복지법 시행규칙에 의한 지적장애 등급분류 기준은?

① 적응행동 ② 지원요구 강도 ③ 지능지수 ④ 참여와 맥락

필수문제

08 다운증후군 지적장애인의 신체적 특징으로 옳지 않은 것은?

① 환축추 불안정(atlantoaxial instability)을 볼 수 있다.
② 새가슴이나 내반족을 볼 수 있다.
③ 척추가 휘어 있거나 고관절 탈구가 많다.
④ 과도한 신전반사(hyperactive stretch reflex)가 빈번히 나타난다.

심화문제

09 지적장애인의 특성이 아닌 것은?

① 주의집중 · 모방 · 기억 등 인지적 능력이 낮아서 지식의 습득과 추론 등에 어려움이 있다.
② 운동의 발달과 운동의 기능이 모두 지체된다.
③ 감정을 표현하거나 사회적 상황에 적절하게 행동하는 데에 어려움이 있다.
④ 사람과 동물에 대한 공격성이 심하다.

필수문제

10 표는 피아제(J. Piaget)가 제시한 인지발달단계에 따른 지도 목표를 기술한 것이다. 지도 목표가 적절한 것을 모두 고른 것은?

프로그램	축구 교실	장애 유형	지적장애	장애 정도	1~3급
목 적	슛과 패스 기술 익히기				

인지발달단계	지도 목표
감각운동기	㉠ 다양한 종류의 공을 다루면서 공에 대한 도식이 형성되도록 한다.
전 조작기	㉡ 공을 세워놓고 차기 기술을 지도한다.
구체적 조작기	㉢ 공차기를 슛과 패스로 구분하여 지도한다.
형식적 조작기	㉣ 전략과 전술을 지도한다.

① ㉠ ② ㉠, ㉡
③ ㉠, ㉡, ㉢ ④ ㉠, ㉡, ㉢, ㉣

정답 07 : ③, 08 : ④, 09 : ④, 10 : ④

필수문제

11 스포츠를 처음 배우는 중도(重度) 지적장애인을 위한 지도전략으로 옳지 않은 것은?

① 배구에서 배구공을 가볍고 큰 공으로 변형한다.
② 기본운동기술을 높은 수준의 스포츠 기술로 변형한다.
③ 골프에서 골프공을 가볍고 큰 공으로 변형한다.
④ 평균대 위 걷기에서 안전바(safety bar)를 잡고 걷게 한다.

■중도 지적장애인에게는 높은 수준의 스포츠 기술을 지도해서는 안 된다.
■p. 63 참조.

필수문제

12 보기가 설명하는 스페셜올림픽의 종목은?(2024)

보기
» 경기장은 3.66m×18.29m 크기의 직사각형이다.
» 공식 경기는 단식 경기, 복식 경기, 팀 경기 등이 있다.
» 한 팀당 4개의 공을 소유하고, 표적구에 가까이 던진 팀이 점수를 획득하는 경기이다.

① 보체(bocce) ② 플로어볼(floorball)
③ 보치아(boccia) ④ 넷볼(netball)

■보체 : 이탈리아에서 시작된 스페셜 올림픽 종목. 3.66m×18.29m의 경기장에서 표적구를 던져놓고 그 공에 가깝게 가도록 공을 던지는 경기.

심화문제

13 지적장애인을 위한 체육활동의 변형 방법으로 적절한 것은?

① 축구 : 경기장의 크기를 확대한다. ② 배구 : 비치볼(beach ball)을 사용한다.
③ 농구 : 골대의 높이를 올린다. ④ 수영 : 레인의 폭을 축소한다.

■지적장애인 체육지도 시 공·라켓 등은 작은 것에서 점차 큰 것으로 바꾸는 것이 적절하다.

필수문제

14 지적장애인의 스포츠 지도에서 성공적인 과제수행을 돕기 위한 전략으로 적절하지 않은 것은?

① 강화제를 즉시 주기 어려울 때는 토큰을 주고 나중에 원하는 강화제와 교환하도록 한다.
② 문제행동의 예방을 위해 주의집중에 방해가 되는 장애물을 미리 제거한다.
③ 자해행동을 할 때는 신체 구속(physical restraint)을 통해 즉시 동작을 중단시킨다.
④ 중도(重度) 지적장애인에게는 구두 설명을 상세히 하고 전체 동작 시범을 보인다.

■중도 지적장애인에게 스포츠를 지도할 때에는 설명은 간단하게 하고, 전체 동작은 세부적으로 나눠서 부분별로 반복하여 설명·시범을 보여야 한다.
■지적장애인스포츠 지도전략(p. 63) 참조

정답 11 : ②, 12 : ①, 13 : ②, 14 : ④

특수체육론

심화문제

■ 지적장애의 정도에 따라서 지도방법이 달라야 하고, 장애 정도가 가장 심한 사람에게는 직접지도 방법을 사용해야 한다.

15 **지적장애인에게 스포츠를 지도하는 방법 중에서 옳지 못한 것은?**

① 쉬운 과제에서 어려운 과제 순으로 지도해야 한다.
② 언어지도 방법으로 지도해야 한다.
③ 시범지도 방법으로 지도해야 한다.
④ 직접지도 방법으로 지도해야 한다.

■ 지적장애인의 활동 내용은 참여자의 장애 정도에 따라 결정해야 하며, 지도자가 일방적으로 결정해서는 안 된다.

16 **지적장애인을 위한 신체활동 지도전략으로 적절하지 않은 것은?**

① 참여자의 활동을 지도자가 결정해준다.
② 활동을 단순화시키고 강화를 제공한다.
③ 학습 동기가 감소할 경우 활동내용에 변화를 준다.
④ 운동기술의 습득과 전이가 이루어지고 있는지 수시로 점검한다.

■ 지적 장애인에게는 복잡하고 추상적인 시범이나 언어적 피드백은 적절하지 않다(p. 63 참조).

17 **지적장애인에게 운동기술을 지도할 때 필요한 전략으로 적절하지 않은 것은?**

① 활동을 단순화시키고 정적 강화를 제공한다.
② 익숙한 과제에서 새로운 과제의 순서로 지도한다.
③ 언어적 피드백과 시범은 복잡하고 추상적으로 제시한다.
④ 운동기술의 습득, 파지, 전이가 이루어지고 있는지 수시로 점검한다.

■ 못 알아듣는데 설명만 계속하면 어떻게 되나?

18 **지적장애인 체육활동 시 교육적 고려사항이 아닌 것은?**

① 시범을 보이며 지도한다.
② 언어적 지도는 되도록 길게 하면서 지도한다.
③ 반복학습을 하며 지도한다.
④ 다양한 감각적 단서를 제공하며 지도한다.

필수문제

■ 다운증후군은 비장애인보다 21번 염색체가 1개 많은 3개가 있어서 생기는 유전질환이다. 다운증후군 아이들은 근육의 긴장도도 떨어져 있어서 과신전 유연성 운동은 무리할 수도 있다.

19 **장애유형별로 실시한 체력프로그램으로 적절하지 않은 것은?**

① 척수장애인에게 최대근력을 고려한 근력운동을 지도했다.
② 다운증후군 지적장애인에게 과신전 유연성 운동을 지도했다.
③ 과잉행동 주의력 결핍 장애인(ADHD)에게 유산소성 운동을 지도했다.
④ 청각장애인에게 비장애인과 똑같은 빈도로 심폐지구력 운동을 지도했다.

심화문제

■ 지적장애인은 지능과 운동능력이 일반인보다 현저하게 낮으므로 조심해서 운동을 시켜야 한다.

20 **다운증후군 지적장애인의 신체활동 지도전략으로 옳은 것은?**

① 고관절의 과신전에 의한 부상에 주의한다.
② 손가락이 짧기 때문에 테니스와 같은 라켓 종목에는 참여시키지 않는다.
③ 팔의 근력이 약하기 때문에 머리를 바닥에 대고 물구나무서기를 하게 한다.
④ 심폐지구력의 강화를 위하여 달리기의 운동강도를 90% 이상으로 유지한다.

정답 15 : ②, 16 : ①, 17 : ③, 18 : ②, 19 : ②, 20 : ①

21 **축구 경기에서 발목을 삔 지적장애인에게 응급처치하였다. RICE 절차와 내용의 연결이 옳지 않은 것은?**

① 휴식(rest) - 즉각적으로 부상 부위를 움직이지 않게 한다.
② 냉찜질(ice) - 얼음으로 부상 부위를 차게 해준다.
③ 압박(compression) - 붕대로 부상 부위를 감아서 혈액응고 및 부종을 예방한다.
④ 올림(elevation) - 부상 부위를 잡아당겨서 고정한다.

■올림은 부상부위를 심장보다 높은 곳에 위치시키는 것이다.
■RICE 요법 : 근육골격계 손상 시의 응급처치법
R(rest, 휴식),
I(ice, 얼음찜질, 냉찜질),
C(compression, 압박),
E(elevation, 올림, 거상)

특수체육론

필수문제

22 **표는 동호회 야구선수를 관찰한 기록이다. 관찰내용에서 나타나는 장애 유형의 설명으로 옳지 않은 것은?**

이름	홍길동	나이	만 42세	성별	남
날짜	2023년 4월 29일(토)	장소	잠실야구장		
관찰 내용	손과 발을 가만히 두지 못하고 여기저기 돌아다닌다.				
	대기타석에서 안절부절못하며 뛰어다닌다.				
	옆 선수에게 끊임없이 말을 한다.				
	코치의 질문이 끝나기도 전에 불쑥 말을 한다.				
	자신의 타격순서를 기다리지 못한다.				
	다른 선수의 연습 스윙을 방해하거나 참견한다.				

① 장애인복지법에서는 지적장애로 분류된다.
② 다양한 상황에서도 동일한 문제행동이 나타난다.
③ 주의력 결핍, 과잉행동 또는 충동성이 7세 이전에 나타난다.
④ 주의력 결핍, 과잉행동 또는 충동성의 평가항목 중에서 6개 이상의 항목이 최소 6개월 이상 지속된다.

■관찰내용은 ADHD의 특징이다(p. 64 참조).
■다음 23번 문제 참조.

필수문제

23 **주의력결핍 과잉행동장애(Attention Deficit Hyperactivity Disorder : ADHD)의 일반적인 특징으로 옳지 않은 것은?**

① 동작이 서투르고 운동발달이 느리다.
② 낮은 지능과 미숙한 적응행동으로 인해 지적장애로 분류된다.
③ 정확한 운동 조절과 타이밍에 결함이 나타난다.
④ 뇌 전두엽 및 그 연결망의 이상으로 억제력, 작업기억, 실행기능 등에 어려움을 보인다.

■ADHD 아동이 지능이 낮은 것인지 지능검사 자체를 수행하기 어려워서 지능이 낮게 나오는지 알지 못한다.
■**ADHD의 특징** : 부적절한 대인관계, 이상한 행동습관, 혼자서 과제 수행 불가, 지시 불응, 규칙위반, 행동 예측 불가능, 무표정, 의사소통 부족 등

정답 21 : ④, 22 : ①, 23 : ②

심화문제

24 정서장애는 장기간에 걸쳐 학습상의 어려움을 겪기 때문에 특별한 교육적 조치가 필요한 사람이다. 다음 중 정서장애인으로 볼 수 없는 것은?

① 개인문제에 관련된 신체적인 통증이나 공포를 나타내는 사람
② 언어의 수용 및 표현능력이 인지능력에 비하여 현저하게 부족한 사람
③ 일반적인 상황에서 부적절한 행동이나 감정을 나타내는 사람
④ 전반적인 불행감이나 우울증을 나타내는 사람

■ 언어적 표현 능력이 부족한 사람은 장애인이 아니다.

25 다음 중 품행장애(CD)의 특성이 아닌 것은?

① 사람과 동물에 대한 공격성　② 재산의 파괴
③ 사기 또는 도둑질　④ 부주의

■ 부주의는 ADHD의 특성이다.

필수문제

26 정서장애인의 스포츠 지도전략으로 옳은 것은?

① 반항적인 행동은 체벌을 통해서 지도한다.
② 긍정적 피드백을 통해서 바람직한 스포츠 참여행동을 지도한다.
③ 품행장애인은 폭력적이기 때문에 단체 스포츠에 참여시키지 않는다.
④ 주의력 결핍 과잉행동장애인은 휠체어에 결박하여 참여시킨다.

■ 정서장애인은 혼을 내면 더 말을 듣지 않는다(p. 65 참조).

필수문제

27 보기에서 설명하는 장애유형은?

보기
㉠ 또래 친구와 인사를 하거나 함께 놀지 않는다.
㉡ 출석을 불러도 반응하지 않거나 눈을 맞추지 않는다.
㉢ 비닐과 같은 특정 물건을 반복적으로 만지거나 냄새를 맡는 행동을 한다.
㉣ '공을 차'라고 지시했지만, 지시를 이해하지 못하고 '공을 차'라는 말만 반복한다.

① 청각장애　② 지적장애　③ 뇌병변장애　④ 자폐성장애

■ 자폐성 장애인의 행동 특징
· 대인관계가 형성되지 않는다.
· 말을 전혀 안 하거나 의사소통 수단으로 사용하지 못한다.
· 똑같은 말만 따라하거나 대명사만을 반복하여 되풀이한다.
· 한 가지 동작을 되풀이하거나 손을 눈 앞에서 흔들어댄다.
· 변화를 싫어한다.
· 특정한 물건이나 물체에 특별한 관심이나 애착을 보인다.
· 과잉 또는 과소 행동을 한다.
· 눈맞춤을 못한다.

정답 24 : ②, 25 : ④, 26 : ②, 27 : ④

필수문제

28 보기에서 설명하는 장애유형은?

보기

» 의사소통 : 유창한 말하기와 풍부한 어휘 능력을 가지고 있다.
» 사회적 상호작용 : 대화 중에 눈을 마주치거나 고개를 끄덕이는 행동을 어려워한다.
» 관심사와 특이행동 : 특정한 사물에 강한 관심을 나타내는 경향이 있다.
» 관계 형성 : 가족과의 애착이 형성될 수는 있으나 또래와의 관계 형성은 어려울 수 있다.

① 아스퍼거증후군 ② 뇌병변장애 ③ 지체장애 ④ 시각장애

■ 아스퍼거증후군 (Asperger's syndrome)
· 발달장애의 일종으로 자폐 스펙트럼 장애(ASD)의 일종임.
· 다른 사람과 눈을 맞추거나 고개를 끄덕이는 행동이 잘 안 됨.
· 또래친구 사귀기가 힘듦.
· 자세 · 표정 등에 장애가 있음.
· 관심사에 너무 집착함.
· 상황에 맞지 않는 말을 너무 많이 함.

필수문제

29 보기가 설명하는 장애유형에 관한 설명으로 옳지 않은 것은?(2024)

보기

» 21번 염색체가 삼염색체(trisomy 21)이다.
» 의학적 문제(선천성 심장질환. 근시 등)가 있을 수 있다.
» 인종, 국적, 종교, 사회적 지위 등과 관계없이 발생하는 보편성을 지니고 있다.

① 염색체 중 상염색체(autosome chromosome)에 문제가 있다.
② 대부분 포만중추의 문제로 저체중 발생빈도가 매우 높다.
③ 근육의 저긴장성 때문에 지도자의 관리하에 근력 운동이 필요하다.
④ 경추 정렬(atlantoaxial instability)의 문제 때문에 운동 참여 시 척수손상에 대해 특히 주의한다.

■ 보기의 장애유형은 다운증후군이다. 이 환자들은 당조절기능이 낮기 때문에 비만이 되기 쉽고, 당뇨병 발병률이 높다.
■ 포만중추에 이상이 있으면 비만(과체중)의 발생빈도가 높아진다.

필수문제

30 자폐성장애인의 문제점과 해결할 수 있는 전략이 바르게 묶인 것은?

	문제점	해결 전략
①	부정적인 신체적 자아개념	불필요한 자극을 줄인다.
②	상동행동	지도 환경을 구조화하고 지도 방식의 일관성을 유지한다.
③	감각자극에 대한 비정상적인 반응	개인 활동에서 시작하여 단체 활동으로 발전시킨다.
④	의사소통의 어려움	언어적 단서를 줄이고 수업환경에서 자연스러운 단서를 활용한다.

■ 자폐성 장애인은 의사소통이 거의 되지 않는다. 이들을 지도할 때는 언어적으로 하기보다는 행동주의적 접근 방식을 활용하는 것이 좋다.

정답 28 : ①, 29 : ②, 30 : ④

특수체육론

■①, ②, ③의 행동을 보임으로써 교육적 성취 및 일상생활의 적응에 도움이 필요한 사람을 자폐성장애인이라고 한다.

심화문제

31 우리나라의 '장애인 등에 대한 특수교육법'에서 자폐성장애아동을 정의한 기준이 아닌 것은?

① 사회적 상호작용에 결함이 있음.
② 의사소통에 결함이 있음.
③ 반복적이며 상동적인 행동유형이 나타남.
④ 교육적 수행에는 별 영향이 없음.

■같은 행동을 반복하는 것은 상동행동이다.

32 자폐성 장애인이 특정 행동이나 동작을 습관적으로 반복하는 행동은?

① 일상행동 ② 돌출행동
③ 상동행동 ④ 진단행동

■자폐성 장애인 지도에서는 환경적 단서가 언어적 단서보다 효과적이다. 자폐성 장애인은 사회적 관계 형성이 잘 되지 않으므로 익힐 필요가 있다.

필수문제

33 자폐성장애인의 스포츠 지도전략으로 틀린 것은?

① 언어적 지도와 비언어적 지도를 병행한다.
② 지도자가 학습자의 행동을 말로 표현해 준다.
③ 사회적 관계형성을 익히도록 한다.
④ 환경적 단서(cue)보다 언어적 단서가 효과적이다.

■자폐성 장애인의 스포츠 지도 시에는 시각적 단서 제공이 적절한 방법이다.

심화문제

34 자폐성 장애인의 특성을 고려한 지도전략으로 적절한 것은?

① 자연스러운 단서보다 언어적 단서를 주로 사용한다.
② 그림카드를 활용하여 시각적 단서를 제공한다.
③ 환경의 비구조화를 통해 다양한 신체활동을 제공한다.
④ 신체활동 순서와 절차를 바꾸면서 흥미를 준다.

정답 31 : ④, 32 : ③, 33 : ④, 34 : ②

시각장애·청각장애의 특성 및 스포츠 지도 전략

특수체육론

시각장애

1 시각장애의 정의

장애인 등에 대한 특수교육법에서는 시각계의 손상이 심하여 시기능을 전혀 이용하지 못하거나 보조 공학기기의 지원을 받아야 시각적 과제를 수행할 수 있는 사람을 시각장애인이라 한다.

▶ 의학적 정의

맹	1/3m 이내에서 안전지수를 판별하지 못하는 경우(시력 0.02 미만).
준맹	양안 교정시력이 0.02~0.04 미만.
약시	양안 교정시력이 0.03~0.3 미만

▶ 법적 정의(미국)

맹	좋은 눈의 교정시력이 20/200 이하이거나, 또는 20/200 이상일 경우에 시야가 20도 이하인 경우.
저시력	좋은 눈의 교정시력이 20/200 이상 20/70 미만.

▶ 교육적 정의

맹	시력을 사용하지 않고 청각과 촉각 등을 사용하여 학습하는 아동
저시력	학습자료, 학습환경 등을 변형하지 않으면 시력을 통한 학습에 어려움을 받는 아동

2 시각장애의 분류

국제분류		
약자	영문명	한글명
VI	visual impairment	시각손상
VD	visual disability	시각불능
VH	visual handicap	시각장애
VL	visual limitation	시각적 제한
	partially sighted	약시

재활 및 교육		
한글명	영문명	설명
전맹(완전실명)	blind	시력이 전혀 없음
광각	light perception	암실에서 광선 인식
수동	hand movement	눈 앞에서 좌우로 움직이는 손을 알아본다.
지수	finger counting	1미터 전방에서 손가락수를 셀 수 있다.
저시력	low vision	책을 읽지 못할 수도 있지만 시력으로 일상생활을 할 수 있다.

특수체육론

3 저시력과 약시의 비교

저시력 (Low vision)	두 눈에 발생, 안질환에서 오는 안구조직의 변화로 인한 시력 장애, 최대 교정시력이 0.3 이하, 시야협착이 20도 이내.
약시 (amblyopia)	눈 자체에 특별한 질병이 없는데도 불구하고 어떠한 방법으로도 시력이 교정되지 않는 상태, 보통 최고 시력이 0.7 이하이거나 두 눈의 시력이 시력표 상 2줄 이상 차이가 나는 경우.

4 시각장애의 원인

시각정보 유입의 문제	각막손상, 굴절이상, 안구건조증 등으로 시각정보가 제대로 유입되지 못해서 시각장애가 발생하는 경우.
망막 조직세포의 이상	물리적인 충격에 의해서 망막이 손상되거나, 합병증으로 망막이 손상되어 시각장애가 발생하는 경우.
시신경의 손상	망막에서 대뇌의 시각피질까지 신호를 전달하는 신경계통에 이상이 생겨서 시각장애가 발생하는 경우.

5 시각장애의 종류(원인에 따른 분류)

중심시력 장애	시야에 있는 물체를 상세한 부분까지 구분해내는 능력을 '중심시력'이라고 한다.
굴절이상	눈의 굴절에 이상이 생겨서 초점을 제대로 잘 맞추지 못하는 것으로, 원시, 근시, 난시, 노안 등이 있다.
눈 손상	백내장이나 녹내장과 같은 눈 질환으로 시각장애를 입은 경우
중추성 시각장애	시신경교차에서부터 대뇌의 시각 피질 사이에 있는 신경이 손상되어서 발생되는 시각장애. 시각피질의 손상도 포함된다.
약시	망막질환이나 시신경 질환에 의해서 발생한다. 특별한 질환이 없어도 굴절이상 때문에 두 눈의 시력이 크게 차이가 나면 **부동성 약시**라고 한다.

6 시각장애아동의 행동특성

지적 특성	지적인 능력 면에서 비장애아동과 큰 차이가 없지만, 이를 개발할 수 있는 기회의 부족으로 실제적인 수행 면에서 약간 뒤진 경향을 보인다.
신체적 특성	신체발달은 비장애아동과 유사하지만 시력손상으로 인해서 간접적인 영향을 받는다.
사회 · 정서적 특성	사회 · 정서 발달이 늦다는 연구도 있고, 그렇지 않다는 연구도 있어서 일률적으로 이야기하기는 어렵다.
언어적 특성	이야기하는 속도가 느리고, 음을 조절하지 못해서 크게 이야기하며, 억양에 변화가 없고, 몸짓과 얼굴표정을 덜 사용하며, 발음할 때 입술을 덜 움직인다.
행동 특성	보폭을 줄여서 걷거나 한쪽 방향으로 기울인 자세로 걷는다. 몸이 경직되어 바른 자세를 취하지 못한다. 눈을 자주 비비거나 깜박거린다.

7 시각장애아동의 스포츠 지도전략

체력과 운동수행 능력이 또래의 비장애아동보다 약간 낮다. 그것은 시각장애아동들이 운동에 참가할 기회가 적고, 사고의 위험을 걱정하는 보호자에 의해 신체활동이 제약되기도 하며, 시각장애아동 본인이 신체활동에 소극적이기 때문이다.

시각장애아동에게 스포츠를 지도할 때에는 다음과 같은 지도전략을 적절히 구사하여야 한다.

☞ 체력과 운동발달 속도가 비장애아동보다 약간 느리다는 것을 고려해야 한다.

☞ 약시인 아동은 현존 시각능력을 고려해서 지도해야 한다.

☞ 안전을 위한 환경 구성, 규칙 변형, 장비 변형에 신경을 많이 써야 한다.

☞ 스포츠활동을 시작하기 전에 환경을 탐색할 수 있는 시간을 주어야 한다.

☞ 가급적 장비들의 위치가 바뀌지 않도록 배려해야 한다.

☞ 환경, 장비, 방향 등을 반드시 언어로 자세하게 설명해야 한다.

☞ 평형성과 보행능력의 개선에 중점을 두어야 한다.

청각장애

1 청각장애의 정의

청각 경로의 어느 부분에 이상이 생겨서 듣는 데 어려움을 겪는 것을 청각장애라 한다. 청력의 손실 정도에 따라 '농'과 '난청'으로 구분하고, 농과 난청을 합하여 청각장애라고 한다.

청력은 데시벨(dB)이라는 단위로 나타내는데, 보통 사람이 들어서 감지할 수 있는 가장 작은 소리의 크기를 0데시벨이라 한다.

2 청각장애의 분류

▶ 생리학적 분류……90데시벨 이상으로 청력이 손실된 사람을 농, 그 이하로 청력이 손실된 사람을 난청이라 한다.

경도 청각장애	26~54데시벨
중등도 청각장애	55~69데시벨
등고도 청각장애	70~89데시벨
최중도 청각장애	90데시벨 이상

▶ 교육학적 분류……들을 수 있는 소리의 크기와 언어정보의 처리 능력을 고려해서 분류한 것이다.

청각장애	경도에서 최중도 청각장애까지를 모두 포괄하는 의미이다.
농	보청기를 착용하더라도 청각으로 언어정보를 성공적으로 처리할 수 없는 자.
난청	보청기를 사용하면 청각으로 언어정보를 처리할 수 있는 자.

▶ 특수교육진흥법 상의 분류

☞ 두 귀의 청력손실이 각각 90데시벨 이상인 자.

☞ 보청기를 착용하여도 음성언어에 의한 의사소통이 불가능하거나 곤란한 자.

☞ 청각의 기능적 활용이 불가능하여 비장애인과 함께 교육받기가 곤란한 자.

3 청각장애아동의 행동특성

언어발달	청각장애아동들은 일반적인 언어 획득에 상당히 어려움을 겪게 된다. 비장애 아동들과 똑같은 수준으로 언어가 발달하는 것은 거의 불가능하다.
지적 능력	청각장애아동과 비장애아동의 지적 능력에 차이가 있는지 결론짓기는 어렵다. 그러나 다음 3가지 면에서 청각장애아동들이 불리하다는 것은 분명하다. » 지능검사가 비장애아동과 의사소통이 잘 되는 사람들에 의해서 만들어졌고 또 실시되기 때문에 청각장애아동들에게는 적절하지 못할 수도 있다. » 청각장애아동들은 비장애아동들에 비하여 지적 발달을 위해서 적절한 자극을 받지 못한다. » 비장애아동 또는 비장애성인과 의사소통을 잘 못한다.
학업성취	학업성취 면에서 비장애아동들보다 수준이 낮다. 특히 읽기에서 어려움을 가장 많이 겪는다.
사회 · 정서적 발달	1980년대 이전에는 농 아동들이 의존성 · 사회적 미숙 · 자기중심성 · 충동성 등과 같은 부정적인 행동특성을 보인다고 주장하였지만, 그 이후에는 농 아동의 사회 · 정서적인 문제는 주위환경과의 상호작용에서 비롯되는 것으로 본다.
청각장애인의 농 문화	자신들만의 독특한 사회문화를 형성하고 있다. 자기들끼리의 공동체 의식이 있고, 자신들만의 행동규범과 가치관을 가지고 있으며, 청각장애인 사회를 위한 많은 자발적인 단체와 지원망을 가지고 있다. 자신들을 장애인으로 대하는 사회인식을 거부한다.

4 청각장애아동의 스포츠 지도전략

청각장애아동은 체력과 운동수행 능력에 있어서 같은 또래의 비장애아동에 비하여 별로 차이가 없고, 의사소통 이외에는 별로 제한점이 없으므로 대부분의 운동과 스포츠에 비장애인과 같은 규칙과 조건으로 참가할 수 있다. 그러나 핸디캡이 전혀 없는 것은 아니다. 예를 들어 청각으로 획득하는 여러 가지 정보를 시각정보 또는 다른 감각정보로 바꾸어야 한다.

청각장애아동들에게 스포츠는 자기표현의 장이 되기도 하고, 자신의 존재의식을 느끼고 동료와 교류할 수 있는 공동의 매개체가 되기도 한다. 청각장애아동에게 운동 또는 스포츠를 지도할 때에는 다음 사항을 주의해야 한다.

☞ 청각장애아동이 지도자의 입과 눈을 볼 수 있는 위치에 지도자가 있어야 한다.

☞ 청각장애아동을 등지고 설명하거나 시범을 보이면 안 된다.

☞ 청각장애아동의 의사소통 능력(구어 또는 수화)을 확인하여, 적절한 방법으로 소통해야 한다.

☞ 언어적인 설명보다는 시각적인 설명(시범)이 더 효과적이다.

☞ 격투기, 다이빙, 깊은 잠수, 근력을 위주로 하는 종목, 스카이 다이빙이나 행글라이딩 등은 피해야 한다.

▶ 지포츠 지도 관련 수화

운동, 스포츠, 체육	운동 경기	축구	볼링
팔을 들어올리는 동작을 한다.	두 주먹을 어깨 위로 동시에 두 번 올렸다 내린 다음 엄지를 모두 펴서 세운 두 주먹을 앞뒤로 엇갈리게 두번 움직인다.	발로 차는 것을 나타내는 동작을 한다.	첫째 · 넷째손가락을 편 오른손 주먹을 밖으로 내밀어 편다.

야구	달리기	탁구	농구
왼손은 오른쪽 팔꿈치를 받치고, 오른손은 검지를 펴 주먹을 쥐고 안쪽으로 반원을 그린다.	주먹을 쥔 두 팔을 양쪽 가슴 옆에서 번갈아 두 번 올렸다 내린다.	손가락끝을 모아 끝이 위로 향하게 쥔 왼손을 오른손바닥으로 쳐대는 동작을 한다.	왼손을 굽혀 손끝이 오른쪽으로 향하게 하여 가슴 앞에 두고, 손등이 밖으로 향하게 쥔 오른손 주먹을 왼손 사이로 내린다.

테니스	수영	권투	배구
오른손 주먹을 오른쪽에서 왼쪽 밖으로 휘돌려 올린 다음 왼쪽에서 오른쪽밖으로 휘돌려 올린다.	손등은 위로 하여 손끝이 오른쪽으로 향한 왼팔에 오른손 주먹의 등을 대고, 첫째 · 둘째손가락을 펴서 번갈아 움직이며 오른쪽으로 이동시킨다.	두 주먹을 가슴 앞으로 올려 번갈아 내지른다.	두 손을 펴서 눈앞에서 비스듬히 위로 올린다.

씨름	스케이트
두 주먹을 쥐고 엄지손가락을 펴서 끝이 위로 향하게 비스듬히 세워 바닥을 X자로 맞대고 앞뒤로 힘주어 움직인다.	둘째 · 셋째손가락을 펴서 화살표처럼 교대로 움직인다.

필수 및 심화 문제

특수체육론

■시각장애인은 운동발달속도가 약간 느리다.
■시각장애인은 청각·촉각이 예민하므로 소근육운동을 잘 수행한다(㉡).
■몸이 경직되어 바른 자세를 취하지 못한다(㉢).
■보폭이 좁고 지면에 접촉시간이 길다.
■불필요한 동작이 많다(㉤).

필수문제

01 보기에서 시각장애인의 심동적 특징에 대한 설명으로 바르게 묶인 것은?

보기
㉠ 상황이 수시로 변하는 운동 과제의 수행에 어려움을 보인다.
㉡ 대근운동기술보다 소근운동기술의 수행에 더욱 어려움을 보인다.
㉢ 발을 땅에 끌며 걷거나 구부정하고 경직된 자세를 보인다.
㉣ 걸을 때 보폭이 넓고 지면에 접촉하는 시간이 짧은 특징을 보인다.
㉤ 불필요한 동작을 하게 되어 더 많은 에너지를 소비하게 된다.

① ㉠, ㉡, ㉢ ② ㉠, ㉢, ㉤ ③ ㉡, ㉢, ㉣ ④ ㉡, ㉣, ㉤

■보기는 ②녹내장의 증상과 원인이다.
■**백내장** : 눈의 수정체가 회백색으로 흐려져 시력이 떨어짐.
■**황내장** : 이런 질환은 없음.
■**황반변성** : 망막 한가운데에 있는 누르스름한 반점인 황반에 변성이 일어남.

필수문제

02 보기에서 설명하는 시각장애 발생의 원인은?

보기
㉠ 두통, 눈의 통증, 구토 등의 증상이 나타날 수 있다.
㉡ 시야가 좁아져서 주변 상황에 대한 정보 습득이 어렵다.
㉢ 안압이 높아지면서 시신경이 눌리거나, 혈액 공급이 원활하지 않아서 발생할 수 있다.

① 백내장 ② 녹내장 ③ 황내장 ④ 황반변성

■**시력** : 물체의 존재나 형상을 인식하는 눈의 능력
■**약시** : 눈 자체에 특별한 질병이 없는데도 불구하고 어떠한 방법으로도 시력이 교정되지 않는 상태
■**법적맹** : 일반적으로 스넬렌시력표에서 시력이 6/60이나 20/200 이하이거나 또는 좋은 눈의 시야가 20도 이하로 감소한 상태(법적 실명의 정의 기준은 집단별로 다양함).

필수문제

03 시각장애와 관련된 설명으로 옳은 것은?

① 시력(visual acuity)은 시각을 사용하여 과제를 수행하는 능력이다.
② 시각(vision)은 눈을 통해 빛의 자극을 받아들이는 과정이다.
③ 약시(amblyopia)는 터널 속에서 터널 입구를 바라보는 모양으로 시야가 제한된 상태이다.
④ 법적맹(legally blind)은 교정시력이 20/20 ft 이하이거나 시야가 20° 이하인 상태이다.

정답 01 : ②, 02 : ②, 03 : ②

심화문제

04 **시각장애인은 스포츠 활동을 할 때 B1, B2, B3 세 가지 등급으로 나뉜다. 각자의 기능적 능력이 올바른 것은?**

① B1에서 B3로 갈수록 장애 정도가 심하다.
② B1은 시야가 5도 이상 20도 이하인 경우다.
③ B2는 시야가 5도 이하인 경우다.
④ B1은 손의 형태를 인지할 수 있는 단계에서부터 시력이 2/60m 이다.

■ 시각장애는 B1(전맹), B2(준맹), B3(약시)로 나눈다. 일반적으로 장애인의 스포츠 등급은 알파벳 1~2자와 숫자로 구성되어 있다. 알파벳은 장애 유형 또는 경기종목을 나타내고, 숫자가 적을수록 중증장애인들의 경기이다.

필수문제

05 **보기에서 시각장애인을 지도할 때 고려사항이 바르게 묶인 것은?**

보기
㉠ 경기장을 미리 돌아보게 한다.
㉡ 장비의 모양, 크기, 재질 등을 알 수 있도록 한다.
㉢ 방향정위를 위해 목소리, 나무 방울 혹은 자동 방향 감지기 등을 사용한다.
㉣ 높이뛰기, 멀리뛰기와 같은 도약 경기에 참가하는 선수에게는 걸음걸이를 미리 세어보도록 한다.

① ㉢, ㉣ ② ㉠, ㉡, ㉢ ③ ㉠, ㉡, ㉣ ④ ㉠, ㉡, ㉢, ㉣

■ **시각장애인의 스포츠 지도전략**
- 약시인 사람은 현존 시각능력을 고려해서 지도
- 안전을 위한 환경 구성, 규칙 변형, 장비 변형 등
- 스포츠활동을 시작하기 전에 환경을 탐색할 수 있는 시간 제공
- 가급적 장비들의 위치가 바뀌지 않도록 배려
- 환경, 장비, 방향 등을 반드시 언어로 자세하게 설명
- 평형성과 보행능력의 개선에 중점을 둔 지도

심화문제

06 **시각장애인의 지도전략으로 옳지 않은 것은?(2024)**

① 스포츠 참여는 안전을 위해 개인 종목만 지도한다.
② 시범은 잔존시력 범위에서 보이면서 언어적 설명을 병행하는 것이 효과적이다.
③ 지도자는 지도할 때 시각장애인에게 신체 접촉의 형태, 방법, 이유 등을 구체적으로 안내한다.
④ 전맹의 경우 스포츠 동작에 대한 이해도를 높이기 위해 관절이 굽어지는 인체 모형을 사용할 수 있다.

■ 시각장애인에게 개인종목만 지도하는 것이 아니다.

07 **시각장애인의 신체활동 지도를 위해 사전에 알아야 할 정보가 아닌 것은?**

① 시력 상실의 원인 ② 시력 상실의 시기
③ 잔존시력 정도 ④ 주거환경

■ 시각장애인의 신체활동 지도에서 주거환경은 사전에 알아야 할 정보가 아니다.

정답 04 : ③, 05 : ④, 06 : ①, 07 : ④

필수문제

08 표에서 제시된 수업목표가 추구하는 지각운동 영역은?

프로그램	골볼 교실	장애 유형	시각장애	장애 정도	1급
내용	참여를 위한 사전 교육				
목표	· 자신의 포지션을 찾아갈 수 있다. · 팀 벤치 에어리어를 찾아갈 수 있다. · 상대 팀 골라인의 위치를 찾을 수 있다.				

① 신체상(body image)
② 방향정위(orientation)
③ 신체 정렬(physical alignment)
④ 동측협응(ipsilateral coordination)

■ **방향전위** : 시각장애인이 주위환경을 이해하여 자신의 현재 위치와 물체의 방향을 파악하는 정신적인 과정
■ **골볼** : 소리가 나는 공을 이용하여 상대팀의 골에 공을 넣는 시각장애인 경기

심화문제

09 시각장애인에게 축구를 지도할 때 적용할 수 있는 변형의 사례로 적절한 것은?

① 경기력 향상을 위하여 매일 비장애인팀과 게임을 하였다.
② 참여를 촉진하기 위해 일반 축구의 규칙 변형을 최소화하였다.
③ 경기 중 부상의 위험을 줄이기 위해 경기장 규격을 확대하였다.
④ 구슬이 들어간 공과 소리가 나는 골대를 설치하고 주변 소음을 차단하였다.

■ 시각장애인에게 스포츠를 지도할 때는 청각적인 단서를 활용해야 한다. 이때 소리를 내는 기구의 위치가 바뀌면 안 된다.
■ 시각장애인 스포츠 지도 전략(p. 77) 참조.

필수문제

10 시각장애인을 위한 신체활동 지도법으로 옳지 않은 것은?

① 독립성을 기르기 위해 청각 및 촉각을 활용하지 않도록 습관화하여야 한다.
② 과제의 전체 동작과 부분 동작을 순서대로 시범 보인다.
③ 신체적 가이던스(physical guidance)의 강도를 점진적으로 줄인다.
④ 동작의 확인을 돕기 위해 '만져서 자세를 확인하는 방법(brailing)'을 사용한다.

■ 시각장애인에게 스포츠를 지도할 때에는 소리가 나는 공이나 배트 등을 활용하고, 언어지도→촉각탐색→직접지도의 단계를 거친다.

정답 08 : ②, 09 : ④, 10 : ①

심화문제

11 시각장애인의 스포츠활동 방법에 대한 설명으로 옳지 않은 것은?

① 레슬링 : 서로 떨어지지 않고 상대 선수를 붙잡은 상태로 경기한다.
② 볼링 : 핸드 가이드 레일을 이용할 수 있다.
③ 2인용 자전거타기 : 시각장애인이 앞자리에 앉고 비장애인이 뒷자리에 앉아 방향 조정을 돕는다.
④ 양궁 : 음향신호, 점자 방향 지시기, 발 위치 표시기 등을 사용할 수 있다.

■ 자전거의 핸들을 조작하려면 비장애인이 앞에 타야 한다.

12 시각장애인을 위해 고안된 종목이 아닌 것은?

① 쇼다운(showdown)
② 골볼(goalball)
③ 텐덤 사이클(tandem cycling)
④ 보체(bocce)

■ 쇼다운, 골볼, 텐덤 사이클은 시각장애인 스포츠이고, 보체는 보치게임(잔디에서 하는 이탈리아의 볼링)

13 시각장애인의 운동특성으로 적절하지 않은 것은?

① 비장애인보다 보폭이 큰 편이다.
② 비정상적인 자세를 가지고 있는 경우가 많다.
③ 비장애인보다 감각운동과 협응력이 떨어지는 편이다.
④ 상동행동이 나타날 수 있다.

■ 시각장애인은 비장애인보다 보폭이 좁다.

14 시각장애인이 5인제 축구를 할 때에 골대의 위치, 경기장 밖의 구조물(펜스) 등을 파악하여 자신의 위치를 알아가는 과정은?

① 방향정위 ② 신체상
③ 활동안내 ④ 이동 방향 정립

■ **방향정위**는 시각장애인이 주위 환경을 이해하여 자신의 현재 위치를 파악하는 정신적인 과정

15 백내장으로 인한 양안의 교정시력이 0.02인 시각장애인에게 농구를 지도하기 위한 전략으로 옳은 것은?

보기
㉠ 농구공은 바닥의 색과 대비되도록 한다.
㉡ 시각의 사용을 줄여서 시력 감퇴를 예방한다.
㉢ 시각 자료는 확대하고 촉각 자료도 활용한다.
㉣ 충돌에 의한 부상의 위험이 있으므로 시합에는 참여시키지 않는다.

① ㉠, ㉢ ② ㉠, ㉣ ③ ㉡, ㉢ ④ ㉢, ㉣

■ 시력이 0.02이면 농구공을 볼 수 있다.

정답 11 : ③, 12 : ④, 13 : ①, 14 : ①, 15 : ①

특수체육론

필수문제

16 보기의 ㉠, ㉡, ㉢에 해당하는 수어의 의미를 바르게 나열한 것은?

보기

㉠ 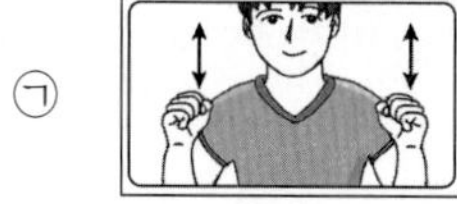 ◀두 주먹을 양어깨 앞에서 위로 올렸다 내리는 동작

㉡ 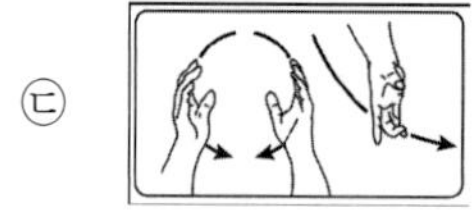 ◀두 주먹의 엄지를 펴서 그 끝이 위를 향하게 하여 약 5cm의 간격을 두고 서로 어긋나게 전후로 움직이는 동작

㉢ ◀두 손으로 공 모양을 만든 다음, 오른손으로 잡고 밀어 던지는 동작

	㉠	㉡	㉢
①	체육(운동)	달리기	볼링
②	역도	복싱(권투)	배구
③	역도	복싱(권투)	볼링
④	체육(운동)	달리기	배구

■ p. 79 참조.

■ 스포츠 종목별 수어
- **체육**(운동, 체조) : 두 주먹을 양쪽 어깨 앞에 위치하고 팔운동을 하는 것처럼 위로 올렸다 내린다.
- **달리기** : 두 주먹을 쥐고 엄지를 펴서 그 끝이 위를 향하게 한다. 두 손을 대략 5cm 간격으로 나란히 세워서 서로 엇갈리도록 앞뒤로 움직인다(마라톤의 경우는 달리는 동작을 천천히 한다).
- **볼링** : 두 손으로 공모양을 표현한 다음 오른손으로 볼링공을 잡는 것과 같이 표현한 후 공을 잡아서 밀어던지는 동작을 취한다.
- **역도** : 두 주먹을 쥐고, 손등이 앞을 보이도록 하여 역도바가 있다고 가정하고 허리에서부터 머리 위까지 역기를 들어올리는 동작을 취한다.
- **복싱**(권투) : 두 손으로 잽을 날리는 동작을 한다.
- **배구** : 두 손을 펴서 손바닥은 밖을, 손끝은 위를 향하게 한 후 공을 위로 쳐올리듯이 뻗어올린다.

심화문제

17 보기의 수어가 나타내는 스포츠 종목은?

보기

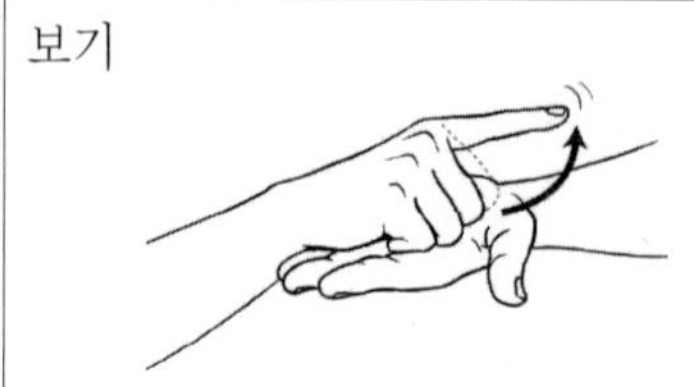

왼손바닥을 위로 향하게 펴고, 오른주먹의 손등이 위로 향하게 하여 왼손바닥 위에 올려놓고, 오른손의 검지를 튕기며 편다.

① 휠체어농구 ② 권투 ③ 탁구 ④ 축구

■ p. 79 참조.

정답 16 : ①, 17 : ④

18 보기의 수어가 나타내는 스포츠 종목은?

보기

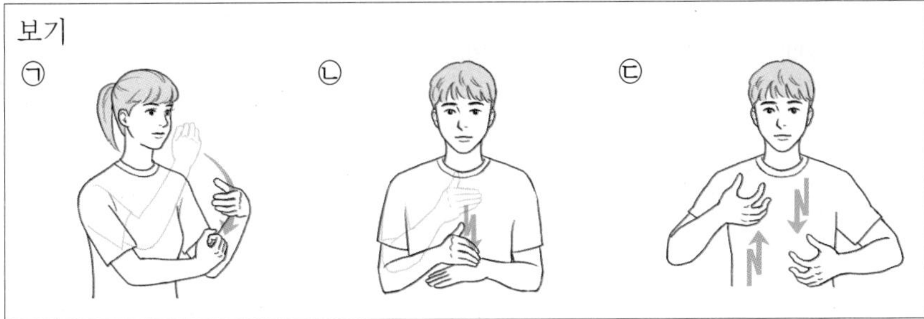

	반갑습니다	농구	고맙습니다		반갑습니다	농구	고맙습니다
①	㉡	㉠	㉢	②	㉡	㉢	㉠
③	㉢	㉠	㉡	④	㉠	㉢	㉡

■ p. 79 참조.

19 제시어와 보기의 수어가 나타내는 스포츠 종목은?(2024)

보기

㉠ 두 주먹을 어깨 앞에서 위, 아래로 움직인다.

㉡ 검지와 중지를 교대로 움직이며 손등 방향으로 움직인다.

㉢ 검지와 중지를 펴서 화살표와 같이 교대로 내민다.

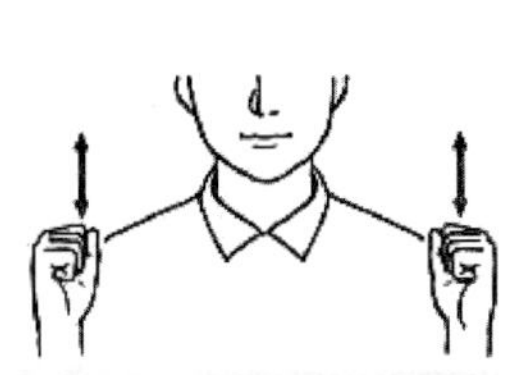

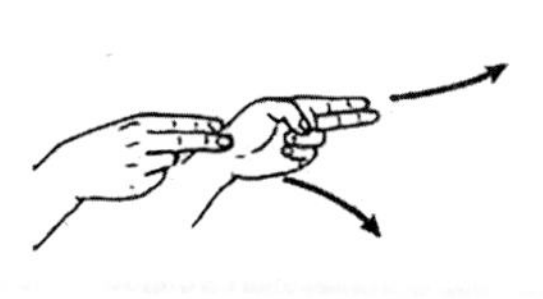

	수영	운동	스케이트		수영	운동	스케이트
①	㉠	㉡	㉢	②	㉠	㉢	㉡
③	㉡	㉠	㉢	④	㉢	㉠	㉡

■ p. 79 참조.

필수문제

20 최근 장애인복지법에서 규정하고 있는 청각장애의 판정 기준으로 틀린 것은?

① 두 귀의 청력 손실이 각각 40데시벨(dB) 이상
② 한 귀의 청력 손실이 80데시벨(dB) 이상이며, 다른 한 귀의 청력 손실이 40데시벨(dB) 이상
③ 두 귀에 들리는 보통 말소리의 명료도가 50% 이하
④ 평형기능의 상당한 장애가 있는 경우

■ 귀의 청력 손실이 40dB 이상이면 장애인복지법 상으로는 청각장애인이 아니다.

정답 18 : ③, 19 : ③, 20 : ①

필수문제

21 보기에서 설명하는 청각장애의 유형은?

보기
㉠ 청력 손실이 60~70dB을 넘지 않는다.
㉡ 소리를 외이에서 내이로 전달하는 과정에서 문제가 생긴다.
㉢ 중이염, 고막 손상, 외이도 염증 등에 의해서 발생하기도 한다.
㉣ 후천적인 원인에 의해 발생하는 경우가 많으며, 보청기 착용의 효과가 좋다.

① 혼합성 난청(mixed hearing loss)
② 감소성 난청(reductive hearing loss)
③ 전음성 난청(conductive hearing loss)
④ 감각신경성 난청(sensorineural hearing loss)

■ 청각장애의 유형
- 전음성 난청 : 외이 · 고막 · 중이 등 소리를 전달해주는 기관의 장애로 인해 음파가 정상적으로 전달되지 않는 난청(보기의 경우)
- 감각신경성 난청 : 달팽이관의 소리를 감지하는 기능이상이나 소리의 자극을 뇌로 전달하는 청각신경 또는 중추신경계통의 이상으로 인한 난청
- 혼합성 난청 : 전음성 난청과 감각신경(감음신경)성 난청이 혼합된 난청
- 돌발성 난청 : 갑자기 청력이 감소하는 난청

심화문제

22 보기에서 설명하는 청각장애의 유형은?

보기
㉠ 소리의 왜곡은 없지만 희미하게 들린다.
㉡ 후천성인 경우가 많아 수화보다는 구화나 보청기를 주로 사용한다.
㉢ 청각신경 손상보다는 소리를 외이에서 내이로 전달하는 과정의 문제로 발생한다.

① 혼합성(mixed)
② 전음성(conductive)
③ 감소성(reductive)
④ 감음신경성(sensorineural)

■ 소리를 외이에서 내이로 전달한다는 말을 한문으로 쓰면 전음(傳音)이다.

23 청각장애인에 관한 설명으로 옳지 않은 것은?

① 지필 대화를 할 수 있다.
② 부정확한 발음은 즉시 교정해 준다.
③ 눈을 마주 보고 대화를 한다.
④ 수어통역사가 있더라도 가능하면 직접 대화한다.

■ 청각장애인에게는 부정확한 발음의 교정보다 구화나 수어 등의 적절한 의사소통 방법을 활용한다.
■ 청각장애아동의 스포츠 지도전략(p. 78) 참조

24 청각장애인이 비장애인에 비해 운동 수행력이 낮은 이유로 적절하지 않은 것은?

① 청각장애로 언어훈련에 힘쓰느라 운동 경험이 부족하다.
② 어휘력의 발달이 부족하여 신체활동을 바르게 이해하지 못하는 경우가 발생한다.
③ 청각장애로 의사소통에 어려움이 있기 때문에 신체활동 참여 기회가 적다.
④ 청각장애는 지적기능의 손상을 동반하기 때문에 운동수행을 정확히 이해하기 힘들다.

■ 청각장애가 있다고 해서 지적기능에 손상이 생기는 것은 아니다.

정답 21 : ③, 22 : ②, 23 : ②, 24 : ④

25 청각장애인에게 신체활동을 지도할 때의 유의점으로 적절하지 않은 것은?

① 인공와우 수술을 받은 청각장애인은 정전기를 유발할 수 있는 기구를 사용하지 않게 한다.
② 신체활동 지도에 필요한 수어를 사용할 수 있도록 준비한다.
③ 인공와우 수술을 받은 청각장애인은 축구와 레슬링 같은 활동을 피하게 한다.
④ 과장된 표정과 입술 모양은 부담을 줄 수 있으므로 구화보다는 수어 사용에 중점을 둔다.

▪ 청각장애인에게는 언어적 설명보다 시각적인 설명(시범)이 더 효과적이다.

필수문제

26 장애유형별 스포츠지도 전략으로 적절하지 않은 것은?

① 척수장애인은 신경손상으로 인한 이상 반응에 대비해야 한다.
② 저시력 장애인이 잔존시력을 효과적으로 활용하도록 밝은 곳에서 지도한다.
③ 보청기를 착용한 청각장애인은 수영할 때에도 계속 착용하도록 지도한다.
④ 지적장애인에게는 단순한 과제에서 복잡한 과제의 순서로 제시한다.

▪ 수영장과 같이 시끄러운 곳에서는 보청기 사용이 좋지 않고, 또 보청기가 물에 빠질 수도 있다.

심화문제

27 청각장애 체육활동 지도 시 특수체육 지도자의 고려사항으로 적절하지 않은 것은?

① 지도자는 태양을 등지고 설명한다.
② 심한 소음이나 시각적 자극이 많은 곳은 가급적 피한다.
③ 정확한 입모양으로 큰소리로 상황을 설명한다.
④ 프로그램 시작은 익숙한 것부터 시작한다.

▪ 태양을 등지면 지도자가 잘 볼 수 있다.

28 청각장애인의 스포츠활동 지도법에 대한 설명으로 옳지 않은 것은?

① 대화할 때 항상 시선을 맞추고 대화한다.
② 필요하면 대화를 위해 필기도구를 준비한다.
③ 청각장애인이 명확히 이해하고 있는 수신호만을 이용한다.
④ 통역사를 보고 청각장애인에게 질문한다.

▪ 청각장애아동의 스포츠 지도전략(p. 78) 참조

29 시각장애인을 위한 스포츠지도 전략으로 적절하지 않은 것은?

① 저시력일 경우에는 청각과 촉각에만 의존하여 학습하도록 한다.
② 지도자와 성별이 다른 경우에는 신체 접촉에 대한 주의를 기울여야 한다.
③ 시각장애인이 놀라지 않도록 신체적 가이던스(physical guidance)를 제공하기 전에 미리 알려준다.
④ 전맹일 경우에는 시범을 보이는 지도자의 자세를 자신의 손으로 확인하도록 한다.

▪ 저시력인 경우에는 현존하는 시각능력을 고려해서 지도해야 한다.

정답 25 : ④, 26 : ③, 27 : ①, 28 : ④, 29 : ①

지체장애·뇌병변장애의 특성 및 스포츠 지도 전략

지체장애

1 지체장애의 정의

지체장애란 골격, 근육, 신경계 중 어느 부분에 질병이나 외상으로 인하여 몸통, 상지 및 하지에 장애가 있는 상태를 말한다.

장애인 등에 대한 특수교육법	기능 · 형태상 장애를 가지고 있거나, 몸통을 지탱하거나 팔다리의 움직임 등에 어려움을 겪는 신체적 조건이나 상태로 인해 교육적 성취에 어려움이 있는 사람.
한국특수교육학회	원인에 관계없이 체간 및 사지 기능의 부자유로 인하여 그대로 두면 장차 자활이 곤란한 사람.
장애인복지법	» 한 팔, 한 다리 또는 몸통의 기능에 영속적인 장애가 있는 사람. » 한 손의 엄지손가락을 지골관절 이상의 부위에서 잃은 사람. 또는 한 손의 둘째손가락을 포함한 두 개 이상의 손가락을 모두 제1지골 관절 이상의 부위에서 잃은 사람. » 한 다리를 리스프랑관절(족근–종족관절) 이상의 부위에서 잃은 사람. » 두 발의 발가락을 모두 잃은 사람. » 한 손의 엄지손가락 기능을 잃은 사람 또는 한 손의 둘째손가락을 포함한 손가락 두 개 이상의 기능을 잃은 사람. » 왜소증으로 키가 심하게 작거나 척추에 현저한 변형 또는 기형이 있는 사람. » 위 각 목의 어느 하나에 해당하는 장애정도 이상의 장애가 인정되는 사람.

2 지체장애의 분류

척수 손상	척추 또는 척수신경의 질환이나 상해로 유발됨(소아마비, 이분척추, 척주편위 등). 손상된 척수의 위치가 높을수록 신체마비의 범위가 넓음.
절단장애	팔이나 다리가 선천적으로 없거나 후천적으로 상실한 유형.
관절장애	해당 관절의 강직, 근력의 약화 또는 마비, 관절의 불안정 등으로 운동에 제한이 있는 유형.
신체기능장애	신체의 일부 또는 전부를 움직일 수 없거나, 움직일 수 있어도 조절이 되지 않고, 약화된 상태. 팔 · 다리의 기능장애와 척수장애로 대별된다.
신체변형장애	척추나 상 · 하지의 형태가 변형되어서 기능적 장애가 있는 경우로, 다리길이의 단축, 척추의 만곡, 왜소증 등이 포함된다.

▶척추손상의 부위에 따른 운동기능 및 감각 장애

척추 부위	기능	운동기능 장애	감각 장애
C1~C3	호흡 머리목움직임	운동기능 없음. 호흡 유지	팔감각, 유두 위 3인치까지 감각 손실
C4		· 팔 · 몸통 · 다리의 수의적 기능 상실 · 휠체어 사용 불가능	가슴벽 앞쪽 상부의 감각 존재
C5	심장박동 제어 팔움직임 C5~C7 : 팔꿈치~손목 C8~T1 : 손가락	어깨세모근, 위팔두갈래근 기능 잔존	가슴부위 앞쪽 상부와 어깨에서 팔꿉관절 가쪽면까지 감각 존재
C6		· 노쪽손목 기능 · 전동휠체어 조작 가능	팔 전체 가쪽면과 엄지 · 검지 · 중지의 절반에 감각 존재
C7		어깨세모근, 손목굽힘근 · 폄근 기능	중지에 감각 존재
C8		팔 기능 정상, 잡기 동작은 어려움	팔 가쪽면 전체, 손 전체, 아래팔 안쪽 팔꿉관절
T1 ʃ T2		팔 기능은 정상, 하반신 마비	전체 팔, 유두 부위, 가슴 부위 앞쪽은 정상
L1 L2 L3	L1~S1 : 다리움직임(골반, 다리, 발)		
L4		엉덩관절 굽힘근 · 모음근 · 넙다리네갈래근은 정상, 앞정강근 운동 기능, 발목 · 볼기근육 강화	넙다리 부위 모두, 종아리 부위의 안쪽면 및 발 감각 정상
L5		중간볼기근 · 안쪽 햄스트링 부분적 기능, 큰볼기근 기능 상실로 엉덩관절 굴곡 변형	종아리 가쪽면, 발의 발바닥면을 제외하고 정상
S1		엉덩관절 · 무릎관절근은 정상, 큰볼기근 · 장딴지근 · 가자미근의 약화, 발의 모음근 약화	다리감각 정상, 항문 주위는 무감각
S2 S3 S4 S5	배변, 방광 및 성기능		

※ 출처 : 전혜자 외(2015). 특수체육론. p.159에서 일부 수정 게재.

목뼈(경추) cervical vertebrae : C
등뼈(흉추) thoracic vertebrae : T
허리뼈(요추) lumbar vertebrae : L
엉치뼈(천추) sacral vertebrae : S

3 지체장애아동의 행동 특성

지체장애아동은 장애 원인과 상태가 다르기 때문에 이들의 일반적인 특성을 이끌어내기는 쉽지 않다.

구분	내용
학업성취	지체장애아동의 대부분은 비장애아동과 지능에는 차이가 없다. 그러나 학업성취면에서 같은 연령의 비장애아동보다 떨어질 수 있다.
의사소통	지체장애학생의 대부분을 차지하고 있는 뇌성마비아동은 약 85~90%가 말과 의사소통에 장애를 가지고 있다. 선천성 운동장애를 가진 지체장애아동들은 대개 말하기능력과 언어능력이 정상이지만, 읽기와 쓰기에 어려움을 겪는다.
사회 · 심리적인 문제	지체장애학생은 성격이상, 정서적 불안정이나 사회적 부적응 현상을 보이기 쉽다.

4 지체장애아동의 스포츠 지도전략

지체장애의 증상은 대부분이 운동기능 장애와 감각기능 장애이다. 그러므로 대부분의 지체장애아동들은 수술→의학적 재활→운동재활을 거친 다음 맨마지막으로 스포츠활동의 단계에 들어서게 된다.

☞ 거의 대부분 용 · 기구나 규칙의 변형이 필요하다.

☞ 절단 부위의 근육을 강화하기 위한 운동, 대근운동 능력 향상을 위한 운동 위주로 지도해야 한다.

☞ 낙상방지와 평형성과 보행능력 향상을 위한 운동을 권장한다.

뇌병변장애

1 뇌병변장애의 정의

뇌성마비, 외상성 뇌손상, 뇌졸중 등 뇌의 기질적 병변으로 인하여 발생한 신체적 장애이다. 마비의 정도 및 범위, 불수의 운동의 유무, 이동능력과 일상생활 동작의 수행능력의 평가로 판정한다.

2 뇌병변장애의 분류

구분	내용
뇌성마비	세균에 의한 병이 아니고, 뇌의 일부분이 손상되어 수의적 운동기능장애를 일으키는 신경근육계통의 결함이다.
뇌졸중	뇌경색이나 뇌출혈에 의해서 뇌의 일부분에 혈액을 공급하지 못하여 뇌가 손상되어 나타나는 증상이다.
외상성 뇌손상	일시적으로(몇 초에서 몇 분 동안) 뇌 기능(의식, 인지, 감각, 운동 등)의 감소 혹은 소실된 상태를 의미하고, 뇌진탕이라고도 한다.
파킨슨병	뇌의 흑질에 분포하는 도파민의 신경세포가 점차 소실되어 발생하는 신경계의 만성 진행성 퇴행성 질환이다.

3 뇌성마비의 증상

뇌성마비는 뇌의 손상은 더 이상 진행되지 않지만 신체적인 증상은 시간의 흐름에 따라 끊임없이 변하게 된다. 경직형과 운동장애형으로 분류할 수 있다.

4 뇌성마비의 분류

구분	내용
경직성 뇌성마비	운동피질과 추체계의 손상으로 근육이 과다긴장되어 상하지 근육이 갑자기 강하게 수축하는 것. 편마비, 양하지마비, 사지마비로 구분됨.
무정위운동성 뇌성마비	대뇌기저핵의 손상에 의해 사지가 불수의적으로 불규칙하게 움직이는 것. 곰지락운동형.
운동실조성 뇌성마비	소뇌의 손상에 의해 평형성과 협응력에 이상이 나타나는 것.
혼합성 뇌성마비	경직성과 무정위운동성이 혼합되어 사지에 모두 침범하는 것.

경련성 뇌성마비	근육의 장력이 증가함으로써 근육의 움직임이 둔해지고 과다긴장상태가 되는 것.
진정성 뇌성마비	운동을 할 때 몸의 일부가 불수의적으로 떠는 것.

▶CP-ISRA의 뇌성마비장애인의 스포츠 등급

등급		설 명
1	사지마비-중증, 심각한 무정위	전동휠체어나 이동보조장치에 의존
2	사지마비-중증에서 중간정도	몸통과 팔다리의 힘이 약하지만, 휠체어 추진 가능
3	사지마비-중증 편마비	혼자서 휠체어 추진 가능
4	양측마비-중간정도에서 중증	보조장비 없이는 장거리 이동 불가능 스포츠를 하려면 휠체어가 필요.
5	양측마비-중간정도	걸을 때는 보조장비가 필요할 수도 있지만, 서 있거나 던질 때는 필요 없음.
6	느린 비틀림 운동(athetoid), 실조증-중간정도	보조장비 없이 걷기 가능, 5등급보다 상체움직임 조절에는 문제가 있지만, 하지 기능(특히 달리기)은 더 좋음.
7	편마비	보조장비 없이 걸을 수 있지만, 종종 하지경련으로 파행.
8	달릴 때는 거의 정상에 가까워 보임	경기를 할 때와 트레이닝을 할 때 기능적 제한이 있음.

5 뇌졸중의 초기증상

뇌졸중은 갑작스럽게 죽거나, 정신적 또는 신체적으로 장애가 생길 수 있는 무서운 질병이다.

☞ 한쪽 팔이나 다리에 갑자기 힘이 빠지거나 저림 현상이 나타나고,
☞ 말을 갑자기 잘하지 못하거나 못 알아듣는 현상이 생기기도 하며,
☞ 발음이 둔해지거나 때로는 극심한 어지럼증이 나타나기도 한다.
☞ 중심을 못 잡아서 술에 취한 것처럼 비틀대기도 하며,
☞ 갑자기 한쪽 시력이 떨어져 앞이 잘 안 보이기도 한다.

6 외상성 뇌손상의 증상

머리에 충격이 가해져서 의식, 인지, 감각, 운동 등에 문제가 나타나는 질환이다.

인지 증상	집중력 부족, 학습 장애, 기억상실, 우울증, 수면장애, 청력 및 시력 장애 등이 나타날 수 있다.
행동 증상	충동, 무관심, 부적절한 반응 등이 나타날 수 있다.

7 파킨슨병의 증상

떨림	편안한 상태에 있을 때 손가락이나 손목관절과 같은 말단 관절에 율동적 떨림이 나타난다.

경직	근육의 긴장도가 증가되고 관절을 수동적으로 움직이면 경직이 관찰된다.
운동완만	움직임이 느린 상태를 말한다. 단추 잠그기나 글씨 쓰기와 같은 세밀한 작업 활동에 어려움을 겪고, 걸을 때 팔 흔들기가 자연스럽지 않다. 얼굴에 표정이 없는 현상을 초래하기도 하는데, 이를 '표정감소'라고 부른다.
자세불안정	파킨슨병이 어느 정도 진행되면 점차 자세의 변화가 일어난다. 전형적인 파킨슨병 자세는 구부정하게 있는 것이다. 몸의 균형을 상실한 상태를 자세 불안정성이라 하고, 병이 더 진행되면 반사능력이 떨어져 자주 넘어지게 된다.
임상적 증상	자율신경계통 증상(침 흘림, 삼킴 곤란), 인지기능 장애, 수면 장애, 기립 빈혈, 다한증, 배뇨 장애, 성기능 장애, 안구건조증 등이 있다.

8 뇌병변장애아동의 행동특성

☞ 뇌병변장애아동들은 자신에 대한 부정적인 감정이 많고, 또래 관계 형성에 어려움을 느끼며, 학교생활에 부적응을 겪고 있는 경우가 많다.

☞ 무기력한 의존성, 자기불신, 불안증세 등의 패배적인 입장을 나타내기도 한다.

☞ 심리적 문제를 경험하면서 외부인과의 접촉을 기피하는 경향도 있다.

☞ 열등감, 현실도피, 자기중심적이 되어 인간관계에 있어서도 융통성이 없게 되고 심각한 경우 성격장애까지 동반할 수 있다.

9 뇌병변장애아동의 스포츠 지도전략

☞ 일단 손상된 뇌를 다시 회복시킬 수는 없다.

☞ 아직 손상되지 않은 신경계가 제기능을 다할 수 있도록 적절하게 구성되고, 계획된 운동 프로그램을 실시해야 한다.

☞ 스포츠활동을 통해서 신체기능을 회복하는 것은 불가능하고, 더 나빠지는 것을 예방하는 것을 목표로 운동을 지도해야 한다.

☞ 상당수가 복합적인 장애를 가지고 있으므로 운동능력을 면밀히 평가하여 운동기능을 촉진할 수 있는 프로그램을 구성해야 한다.

☞ 기술을 빠르게 수행하도록 요구한다거나 경쟁적 압박을 하지 않는 것이 중요하다.

☞ 이완시키는 방법을 가르치는 데 주력한다.

☞ 칭찬과 용기를 효과적으로 사용하는 것이 좋다.

☞ 운동능력에 맞도록 규칙이나 활동을 변형시킬 필요가 있다.

필수 및 심화 문제

필수문제

01 **척수장애의 장애 정도가 가장 심한 것은?**

① 목뼈(경추, cervical vertebrae) 1번과 2번 사이 손상
② 목뼈(경추, cervical vertebrae) 6번과 7번 사이 손상
③ 등뼈(흉추, thoracic vertebrae) 1번과 2번 사이 손상
④ 등뼈(흉추, thoracic vertebrae) 11번과 12번 사이 손상

▪ p. 89 '척추손상의 부위에 따른 운동기능 및 감각장애' 참조

심화문제

02 **T6(흉추 6번) 이상의 손상이 있는 선수의 체력운동 시 고려사항으로 옳지 않은 것은?**(2024)

① 근육량이 적은 선수는 유산소 운동보다는 무산소 운동이 적절하다.
② 유산소 운동 중 젖산이 급격히 생성되므로 긴 휴식시간과 에너지원 보충이 필요하다.
③ 땀을 흘리는 피부 면적이 좁아 더위에서 운동하면 체온이 급격히 올라가는 것을 고려해야 한다.
④ 교감신경에 손상이 있는 경우, 심박수를 운동과정과 회복과정 그리고 운동처방에 사용한다.

▪ T6 이상이 손상되면 혈류이송체계가 손상되어 심박수를 120~130박/분 이상 증가시키지 못하므로 훈련 시에는 충분한 준비운동으로 운동부하량을 점진적으로 증가시켜야 한다.

03 **표는 척수손상 위치에 따라 휠체어농구 교실 참여가 가능한지를 결정한 내용이다. ㉠~㉣ 중에서 참여 가능 여부의 결정이 옳지 않은 것은?**

프로그램	장애 유형	장애 정도
휠체어농구 교실	척수장애	1~3급
손상 위치	잠재적 능력을 고려한 참여 가능 여부	
	가능	불가능
㉠ 흉추 1번~2번 사이		
㉡ 흉추 2번~3번 사이	○	
㉢ 흉추 11번~12번 사이	○	
㉣ 흉추 12번~13번 사이	○	

① ㉠ ② ㉡ ③ ㉢ ④ ㉣

▪ 흉추(등뼈) 1~5번이 손상되면 다리는 마비되지만 팔은 운동할 수 있으므로 휠체어 농구는 할 수 있다(p. 89 참조).

정답 01 : ①, 02 : ①, 03 : ①

특수체육론

■회백수염(척수성 소아마비) : 폴리오(polio)바이러스에 의한 신경계통의 감염으로 발생함.
■다발성경화증 : 뇌·척수·시각신경 등의 중추신경계통에 발생하는 만성신경면역계 질환. 신체 여러 부위에 동시다발적으로 염증이 발생하여 근육이 굳어지며 전신무력감이 나타남.
■근이영양증(근육디스트로피) : 골격근이 점차 변성·위축되어 퇴화되어가는 진행성·불치성·유전성 질환. 호흡장애와 심장질환 등의 합병증을 일으키는 질환으로, 듀센형과 베커형이 있음.

필수문제

04 보기의 ㉠, ㉡, ㉢에 들어갈 용어로 바르게 묶인 것은?

보기
» (㉠)은 바이러스 감염에 의한 마비로써 척수의 운동 세포에 영향을 미쳐 뼈의 변형이나 보행에 문제를 일으킨다.
» (㉡)은 중추신경계 질환으로 몸의 여러 곳에 염증이 발생하여 근육이 굳어지며 전반적인 무력감을 일으킨다.
» (㉢)은 근육 퇴화를 유발하는 유전 질환으로 호흡장애와 심장질환 등의 합병증을 유발한다.

	㉠	㉡	㉢
①	회백수염 (poliomyelitis)	근이영양증 (muscular dystrophy)	다발성경화증 (multiple sclerosis)
②	회백수염 (poliomyelitis)	다발성경화증 (multiple sclerosis)	근이영양증 (muscular dystrophy)
③	근이영양증 (muscular dystrophy)	다발성경화증 (multiple sclerosis)	회백수염 (poliomyelitis)
④	다발성경화증 (multiple sclerosis)	근이영양증 (muscular dystrophy)	회백수염 (poliomyelitis)

■② 진행성근이영양증환자에게 근위축현상이 생기면 수영·걷기와 같은 유산소운동과 가벼운 스트레칭이 좋다.
■③ 듀센형 근이영양증환자의 약 1/3은 인지장애는 없지만, 주의집중·언어학습 및 기억·정서적 상호작용의 3가지 영역에서 학습장애가 있다.

심화문제

05 진행성 근이영양증(Muscular Dystrophy: MD)에 관한 설명으로 옳지 않은 것은?(2024)

① 디스트로핀(dystrophin) 단백질 결손과 관련된 유전질환이다.
② 근위축은 규칙적인 근력 및 근지구력 운동으로 예방할 수 있다.
③ 듀센형 (Duchenne MD) 장애인은 대부분 평균 이상의 지적 능력을 보인다.
④ 듀센형 장애인은 종아리 근육에 가성비대(pseudohypertrophy)가 나타난다.

■환상통증은 사고나 수술로 신체의 일부를 잘라 낸 후에도 고통을 겪었던 부위가 계속적으로 아프고 쑤시는 증상임.
■절단 후 남아 있는 부위에서 근육경련이 일어난다.

06 절단장애인의 환상통증(phantom pain)에 대한 설명이 아닌 것은?

① 궤양과 같은 고통스러운 통증을 느낄 수 있다.
② 절단 후 남아 있는 부위에서는 근육 경련이 일어나지 않는다.
③ 절단된 부위가 아직 남아 있는 것처럼 생각하고 그 부위에서 통증을 느낀다.
④ 인공 의지(prosthesis)나 보조기를 착용해도 통증을 느낄 수 있다.

정답 04 : ②, 05 : ②, ③, 06 : ②

필수문제

07 표의 FITT 구분에 따른 운동 계획 중에서 틀린 것은?

프로그램	건강관리 교실	장애 유형	지체장애	장애 정도	3급
운동 참여경험	최근 3개월 동안 주 3회, 회당 30분씩 운동했다				
의료적 문제	최근 종합검진에서 심혈관질환을 비롯한 의료적 문제가 없다고 진단받았다.				

인지발달단계	지도 목표
① 빈도Frequency)	운동을 주 3회(월, 수, 금) 실시한다.
② 강도(Intensity)	최대산소섭취량의 50% 수준으로 달리기한다.
③ 시간(Time)	준비운동 10분, 본운동 20분, 정리운동 5분으로
④ 시도(Trial)	본운동을 5회 반복한다.

■ FITT의 구성요소
- 빈도(frequency) : 주당 수행해야 할 운동 일의 수
- 강도(intensity) : 운동을 수행해야 할 세기(강도)
- 시간(time) : 운동시간으로, 일반적으로 분 단위로 나타냄.
- 형태(type) : 운동의 형태나 종류로, 일반적으로 유산소 운동과 무산소 운동으로 분류함.

필수문제

08 척수손상 장애인의 자율신경 반사 이상(autonomic dysreflexia)에 관한 내용으로 옳지 않은 것은?

① 자율신경 반사 이상은 예방할 수 없다.

② 운동 전 방광과 장을 비움으로써 예방할 수 있다.

③ 자율신경 이상이 증가하면 운동을 중단한다.

④ 경추 6번 및 윗 부위의 손상 장애인에게서 발생 가능성이 높다.

■ 자율신경 반사 이상
대체적으로 제6흉수 이상의 척수손상장애인에게 나타나는 증상으로, 손상된 척수보다 아랫쪽의 유해자극에 대한 교감신경의 반응으로 나타난다. 주요 증상은 혈압상승, 얼굴홍조, 두통, 심박수 저하, 땀분비 등이다. ②③④와 같이 하면 어느 정도 예방할 수 있다.

심화문제

09 척수손상 장애인의 특성에 관한 지도자의 대처로 옳지 앉은 것은?(2024)

① 욕창이 생기지 않도록 자세를 자주 바꾸게 한다.

② 기립성 저혈압의 경우 압박 스타킹을 착용하도록 한다.

③ 자율신경 반사이상(autonomic dysreflexia)이 발생할 때 고강도 순환 운동으로 전환한다.

④ 운동 중에 과도하게 체온이 상승하는 것을 예방하기 위해 물을 분무해 주면서 휴식을 취하도록 한다.

■ ③ 자율신경 반사이상이 발생하면 운동을 중지해야 한다.

정답 07 : ②, 08 : ①, 09 : ③

특수체육론

■ 등을 쓰다듬어 주면 몸이 이완된다.
■ **발달장애** : 신체 및 정신이 해당하는 나이에 맞게 발달하지 못한 상태

필수문제

10 촉각적 추구성향을 보이는 발달장애인의 행동 특성이 아닌 것은?

① 부드럽고 편안한 촉각적 경험을 좋아한다.
② 손톱을 물어뜯거나 극단적으로 매운 음식을 찾는다.
③ 허리띠나 넥타이를 꽉 조여 맨다.
④ 등을 쓰다듬어 주는 촉각적 칭찬에 몸이 경직된다.

필수문제

11 척수장애인의 운동지도 지침이 아닌 것은?

① 자율신경 반사 이상의 위험을 줄이기 위해 운동 전에 장과 방광을 비우게 한다.
② 유산소성 운동 후 체온을 낮추어 주기 위해 시원한 압박붕대를 사용한다.
③ T6 이상에 손상을 입은 경우, 유산소성 훈련 효과를 극대화하기 위해 최대심박수를 150회/분까지 증가시킨다.
④ 심장으로 들어가는 혈액량의 감소로 인한 저혈압의 위험을 줄이기 위해 충분한 준비운동을 하게 하고 운동부하를 점진적으로 증가시킨다.

■ 흉추 6번(T6) 이상의 척수손상인은 혈압 상승, 심박수 감소 등이 일어날 수 있으므로 체온조절에 유의해야 한다.

심화문제

12 척수장애인의 체육활동 시 고려요인으로 옳지 않은 것은?

① 수영을 포함한 모든 활동에서 안전을 위해 브레이스를 착용하게 한다.
② 자세를 자주 바꾸고 수분 흡수가 가능한 의복을 착용하게 하여 욕창에 대처한다.
③ 너무 춥거나 더운 환경에서 운동을 하지 않도록 하여 온도변화에 대처한다.
④ 손가락 테이핑이나 보호용 커버를 사용(휠체어 사용자)하게 하여 물집에 대처한다.

■ 척수장애인이 운동하기에 가장 적합한 환경이 수중운동이다. 브레이스는 신체의 움직임을 지지해주는 장치이므로 격렬한 운동 시에는 도움이 되지만 수중활동에서는 도움이 되지 않는다.

13 휠체어 이용 척수장애인이 활용할 수 있는 심폐지구력 운동 장비로 적절하지 않은 것은?

① 핸드 사이클(handcycle)
② 벤치 프레스(bench press)
③ 암 에르고미터(arm ergometer)
④ 휠체어 트레드밀(wheelchair treadmill)

■ **핸드사이클** : 심폐지구력 향상
■ **벤치 프레스** : 중량을 들므로 근육 및 뼈에 무리가 되어 척수장애인에게는 좋지 않다.
■ **암 에르고미터** : 심폐지구력 향상
■ **휠체어 트레드밀** : 유산소능력 및 심폐지구력 향상

14 척수장애인의 산소소비량이 적은 이유는?

① 인대의 위축
② 염색체의 기능 이상
③ 신경계의 기능 이상
④ 적은 근육량

■ 척수장애인은 운동을 거의 할 수 없어서 근육량이 매우 적다.

정답 10 : ④, 11 : ③, 12 : ①, 13 : ②, 14 : ④

15 보기의 지체장애인을 위한 스포츠 지도전략으로 옳은 것은?

> 보기
> 민수는 교통사고에 의한 흉추 6번의 손상으로 병원에서 수술과 재활을 받고 척수손상에 의한 지체장애 판정을 받았다. 의사는 민수에게 스포츠 참여를 제안하였다.

① 사지를 사용할 수 없기 때문에 보치아에 참여시킨다.
② 상지를 사용할 수 있기 때문에 휠체어 스포츠에 참여시킨다.
③ 하지를 사용할 수 있기 때문에 축구의 규칙을 변형하여 참여시킨다.
④ 사지를 사용할 수 있기 때문에 본인의 희망 종목에 참여시킨다.

■ 흉추6번에 손상을 입었다면 하지는 사용하지 못하고 상지는 사용할 수 있다.

필수문제

16 보기에서 설명하는 장애인스키 장비는?

> 보기
> » 절단 등의 장애 때문에 균형 유지가 어려운 장애인이 사용한다.
> » 스키 폴(pole) 하단에 짧은 플레이트를 붙여서 만든 보조장치이다.

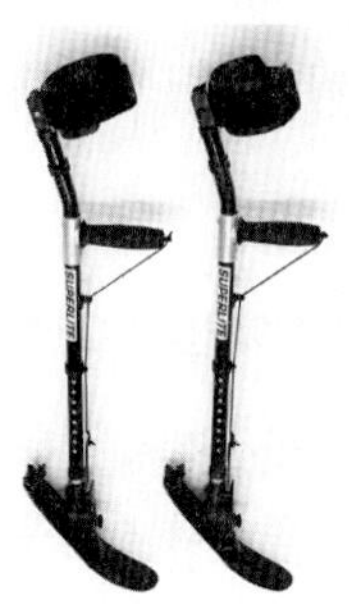

① 아웃리거(outriggers) ② 듀얼리거(dualriggers)
③ 바이리거(biriggers) ④ 인리거(inriggers)

■ 그림은 아웃리거(outriggers)인데, 이것은 방향전환과 균형유지를 위해 스키 폴과 아래팔의 목발이 결합된 폴에 스키 플레이트의 앞부분을 잘라내서 붙인 것이다(원래 아웃리거란 노의 지지점이 선체 밖에 붙어 있는 것을 말한다).

필수문제

17 지체장애인에게 스포츠를 지도할 때 고려해야 할 사항으로 적절하지 않은 것은?

① 기립성 저혈압(orthostatic hypotension) 증상이 발생할 때에는 몸을 앞으로 숙이거나 서 있도록 조치한다.
② 욕창 예방을 위해 30분 운동 후 1분 정도 휠체어 좌석에서 엉덩이를 들어올려 피부 압박을 줄여준다.
③ 척추측만증과 같은 자세 결함을 교정하기 위해 근력 운동이나 스트레칭 운동을 실시한다.
④ 제 6번 등뼈(흉추 : T6) 이상의 손상자는 자율신경반사부전증(autonomic dysreflexia) 발생 가능성이 높아 운동 전에 장과 방광, 혈압의 상태를 점검한다.

■ 기립성 저혈압은 일어서면 저혈압이 되어 현기증이 나는 증상인데, 이런 사람을 세워두면 되겠는가?

정답 15 : ②, 16 : ①, 17 : ①

특수체육론

심화문제

■ 선수 교체를 하지 않으면 계속해서 뛰라고!

18 **근지구력이 약한 지체장애인에게 휠체어농구를 지도하기 위한 전략으로 적합하지 않은 것은?**

① 인터벌 트레이닝으로 근지구력을 향상시킨다.
② 휴식시간을 자주 준다.
③ 경기 시간의 단축을 위해 선수 교체를 하지 않는다.
④ 체력소모를 줄이기 위해 농구 코트의 크기를 작게 한다.

19 **하지절단 장애인의 운동 중 균형유지를 위한 방법으로 적절하지 않은 것은?**

① 축구에서 클러치(clutch)를 사용하여 체중을 안정적으로 지탱한다.
② 스키에서 아웃리거(outriggers)를 사용한다.
③ 수영에서 의족을 착용한다.
④ 탁구에서 탁구대에 몸을 지지한다.

■ 자율신경계 반사부전증은 제6흉수 이상의 척수손상을 받은 환자에서 유해한 자극을 받아 교감신경반응이 급격히 일어날 때 발생하는 증상

20 **절단장애인에게 신체활동을 지도할 때 고려사항으로 적절하지 않은 것은?**

① 자율신경계 반사부전증을 일으키는 요인을 인식하여 문제 발생을 예방한다.
② 염증이나 감염을 방지하기 위해 절단 부위를 관리한다.
③ 신체활동 강도에 따라 휴식 시간을 조절하여 피로 발생을 완화한다.
④ 운동역학적 효율성을 고려하여 무게중심의 변화에 적응하도록 한다.

■ 보행 보조기구를 늦게 사용할수록 좌우 다리의 근력차이가 커진다.

21 **좌측 발목 절단장애인을 위한 스포츠 지도전략으로 틀린 것은?**

① 상하지의 균형적 발달을 위한 활동을 하게 한다.
② 좌측 다리의 근육을 강화시켜 우측 다리와 균형을 이루도록 한다.
③ 보행 보조기구는 하지의 근력이 강해진 후에 사용하도록 한다.
④ 비만 예방을 위한 스포츠 프로그램에 규칙적으로 참여시킨다.

■ 장애인스포츠 지도 시에 신체 보조를 너무 많이 하면 효과적인 지도가 되지 않는다.

22 **다음 중 특수체육 지도의 효과적인 보조를 제공하기 위해 고려해야 할 내용으로 적절하지 않은 것은?**

① 개인 및 장애특성에 대한 충분한 이해
② 보조보다는 활동과제에 집중하도록 유도
③ 가능한 최대한의 신체보조를 제공
④ 언어보조, 시각보조, 신체보조의 적절한 연계

정답 18 : ③, 19 : ③, 20 : ①, 21 : ③, 22 : ③

23 순발력이 운동수행의 주요 요인이 아닌 스포츠 종목은?

① 휠체어농구 ② 휠체어마라톤 ③ 휠체어럭비 ④ 휠체어테니스

■ 휠체어마라톤은 심폐지구력과 관련된 스포츠종목이다.

특수체육론

필수문제

24 보기에서 기술하는 것과 장애유형이 바르게 연결된 것은?

보기
» (㉠) 운동기능에 손상이 있으나 손상이 진행적이지 않다.
» (㉡) 호흡기 근육군의 퇴화가 올 수 있다.

	㉠	㉡		㉠	㉡
①	뇌성마비	근이영양증	②	근이영양증	다발성경화증
③	다발성경화증	뇌성마비	④	뇌성마비	다발성경화증

■ **뇌성마비** : 세균에 의한 병이 아니고, 뇌의 일부분이 손상되어 수의적 운동기능에 장애를 일으킨다. 뇌의 손상은 더 이상 진행되지 않는다.
■ **근이영양증(근육디스트로피)** : 인체의 근육이 긴장되고 위축되어 호르몬이상과 대사장애가 나타나 근육의 약화·구축·변형 등을 일으키는 우성 유전병.
■ **다발성경화증** : 다발경화증. 뇌와 척수 전역에 걸쳐 신경부분의 말이집(미엘린, 수초)이 되풀이하여 산발적으로 파괴되는 병. 시각이상, 지각이상, 언어장애, 운동실조, 운동마비, 배설곤란, 현기증 등을 일으킴.

필수문제

25 뇌성마비의 유형별 특징으로 옳지 않은 것은?

① 경직성은 대뇌피질의 손상으로 근육의 저긴장 상태를 보인다.
② 운동실조성은 소뇌의 손상으로 균형과 협응에 어려움을 보인다.
③ 무정위운동성은 기저핵의 손상으로 불수의적인 움직임을 보인다.
④ 혼합형은 경직성과 무정위운동성이 혼재하며, 경직성 유형이 좀 더 두드러진다.

■ **경직성 뇌성마비** : 운동피질과 추체계의 손상으로 근육이 과다긴장되어 상하지 근육이 갑자기 강하게 수축하는 것. 편마비, 양하지마비, 사지마비로 구분됨.
■ **무정위운동성 뇌성마비** : 대뇌기저핵의 손상에 의해 사지가 불수의적으로 불규칙하게 움직이는 것. 곰지락 운동형.
■ **운동실조성 뇌성마비** : 소뇌의 손상에 의해 평형성과 협응력에 이상이 나타나는 것. 저긴장성.
■ **혼합성 뇌성마비** : 경직성과 무정위운동성이 혼합되어 사지에 모두 침범하는 것.

정답 23 : ②, 24 : ①, 25 : ①

특수체육론

■뇌성마비는 세균에 의한 병이 아니고, 뇌의 일부분이 손상되어 수의적 운동기능에 장애를 일으키는 신경근육계통의 결함이다. 경직성, 무정위형 운동성(꼼지락운동), 운동실조성이 나타난다.
■25번 문제 해설 참조.

필수문제

26 표는 운동기능에 따른 뇌성마비의 분류체계이다. 표의 ㉠~㉢에 들어갈 내용을 바르게 나열한 것은?(2024)

구분	경직형 (spastic)	운동실조형 (ataxia)	무정위운동형 (athetoid)
손상부위	· 운동피질	·(㉠)	·(㉡)
근긴장도	· 과긴장성	· 저긴장성	· 근긴장의 급격한 변화
운동특성	· 관절 가동 범위의 제한 · 가위 보행	· 평형성 부족 · 협응력 부족	·(㉢)움직임 · 머리조절의 어려움

	㉠	㉡	㉢		㉠	㉡	㉢
①	소뇌	기저핵	불수의적	②	기저핵	중뇌	수의적
③	소뇌	연수	불수의적	④	기저핵	소뇌	수의적

■뇌종양은 병이지 장애가 아니다.

필수문제

27 다음 중 뇌병변장애에 속하지 않는 것은?

① 뇌종양 ② 뇌성마비 ③ 뇌졸중 ④ 외상성뇌손상

■뇌성마비는 출생 시 또는 출생 후에 뇌의 기능이 마비되어서 생기는 여러 가지 질병이다. 근위축성 뇌성마비는 근육세포에 이상이 생긴 것이다.

심화문제

28 신경운동학적 분류에 따른 뇌성마비의 유형에 해당하지 않은 것은?

① 경련성 뇌성마비(spastic cerebral palsy)
② 무정위운동성 뇌성마비(athetoid cerebral palsy)
③ 운동실조성 뇌성마비(ataxia cerebral palsy)
④ 근이영양성(근위축성) 뇌성마비(muscular dystrophy cerebral palsy)

■무정위형 뇌성마비는 대뇌 중앙에 있는 대뇌기저핵의 손상으로 나타나며, 불수의적인 몸의 움직임(꼼지락운동)이 나타난다.

필수문제

29 보기의 괄호 안에 들어갈 내용으로 옳은 것은?

보기
무정위형 뇌성마비(athetosis cerebral palsy)는 (㉠)의 손상으로 인해 발생하며, 사지의 (㉡) 움직임을 나타낸다.

	㉠	㉡		㉠	㉡
①	대뇌기저핵	수의적	②	대뇌기저핵	불수의적
③	전두엽 운동피질	수의적	④	전두엽 운동피질	불수의적

정답 26 : ①, 27 : ①, 28 : ④, 29 : ②

심화문제

30 뇌병변장애인에 대한 설명으로 옳지 않은 것은?

① 외상성뇌손상 장애인은 몸의 균형 및 협응에 문제를 보인다.
② 뇌성마비 장애인은 원시반사로 인해 효율적인 움직임이 어렵다.
③ 뇌병변장애인은 보행의 어려움과 과도한 근 긴장 때문에 수중운동을 피한다.
④ 뇌졸중 장애인은 감각 및 운동기능 손상, 시야 결손, 의사소통의 어려움이 있다.

■ 뇌병변장애인에게는 수중운동이 좋다.

필수문제

31 국제 뇌성마비 스포츠 레크리에이션 협회(Cerebral Palsy-International Sports and Recreation Association. CP-ISRA)의 등급 분류 체계에 관한 설명이 아닌 것은?

① 5등급은 다시 5-A와 5-B로 세분화된다.
② 뇌성마비뿐만 아니라 뇌병변 장애인을 포함하고 있다.
③ 1~4등급은 보행이 가능한 등급이며, 5~8등급은 휠체어로 이동하는 등급이다.
④ 경기의 승패가 손상이 아니라 노력의 정도에 의해 결정되도록 하는 것을 목적으로 한다.

■ 1~4등급은 보행이 불가능하며, 5~8등급은 보행이 가능하다(p. 91 참조).

심화문제

32 국제 뇌성마비인 스포츠레크리에이션협회(CP-ISRA)에서는 뇌성마비 장애인스포츠 등급을 몇 개로 구분하는가?

① 2개 ② 4개
③ 6개 ④ 8개

33 뇌성마비 장애인의 체력프로그램에서 고려할 사항이 아닌 것은?

① 스포츠 기술의 수행능력 향상을 위해서 스피드 훈련을 실시한다.
② 근육의 긴장이 높은 경우에는 운동 시간을 길게 설정한다.
③ 원시 반사의 영향과 적절한 운동신경의 조절 능력을 확인한다.
④ 매우 낮은 운동강도에서도 에너지 소비가 높기 때문에 강조 조절에 유의한다.

■ 근육의 긴장이 높을 때에는 운동시간을 길게 하면 안 된다.

34 외상성 뇌손상 및 뇌졸중 장애인에게 사용할 수 있는 체육활동으로 가장 적절한 것은?

① 사이클시합 ② 패러글라이딩
③ 아쿠아로빅스 ④ 휠체어농구시합

■ 수중운동은 부력으로 인해 몸에 힘을 주지 않아도 뜰 수 있어서 근육을 풀어줄 수 있다.

정답 30 : ③, 31 : ③, 32 : ④, 33 : ②, 34 : ③

35 장애인 신체활동 지도 시 부상 예방을 위한 설명으로 옳지 않은 것은?

① 환추축 불안정(atlantoaxial instability) 상태를 보이는 다운증후군 지적장애인에게 머리와 목의 근육에 충격을 줄 수 있는 운동은 위험하다.
② 뇌성마비 장애인을 가죽 끈 등으로 휠체어에 고정시키는 것(strapping)은 안전과 운동수행력의 향상을 저해하기 때문에 위험하다.
③ 녹내장이 있는 시각장애인에게 역도와 같은 폭발적 파워 운동은 위험하다.
④ 망막박리가 있는 시각장애인에게 충돌이나 접촉성 운동은 위험하다.

■ 뇌성마비 장애인을 운동시킬 때에는 휠체어에 고정시켜야 한다.

36 보기에서 보치아 경기규칙으로 옳은 것만을 모두 고른 것은?

> 보기
> ㉠ 보치아의 세부 경기종목으로는 개인전, 2인조(페어), 단체전이 있다.
> ㉡ 공 1세트는 적색 구 6개, 청색 구 6개, 흰색 표적구 1개로 구성된다.
> ㉢ 경기에 참여하기 위해서는 반드시 휠체어를 사용해야 한다.
> ㉣ 보조자의 도움을 받아서 투구할 수 있다.

① ㉠ ② ㉠, ㉡ ③ ㉠, ㉡, ㉢ ④ ㉠, ㉡, ㉢, ㉣

■ 보치아는 컬링과 비슷한 방식으로 감각과 집중력을 기르는 뇌성마비 장애인용 경기이다.
■ ② 공을 던질 때는 코치의 도움을 받아 마우스스틱이나 홈통 등을 이용한다.

37 스포츠 등급분류에서 1급에 해당하는 뇌성마비 장애인에게 적합한 운동은?

① 보치아 ② 사이클 ③ 7인제 축구 ④ 마라톤

■ 보치아는 잔디에서 하는 이탈리아의 볼링이다.

필수문제

38 발작(seizure)에 대한 지도자의 대처방법으로 옳지 않은 것은?

① 발작 동안 주변 사물과 충돌하지 않도록 조치한다.
② 발작 이후 즉시 심폐소생술을 실시한다.
③ 발작이 10분 이상 지속할 경우 응급상황으로 판단한다.
④ 발작 이후 호흡 상태 관찰과 필요시 회복자세를 취하도록 한다.

■ 발작 시에 환자를 못 움직이게 하거나 주물러주는 것은 오히려 해롭다.
■ **발작이 일어난 경우의 대처방법**
몸을 수축해서 천천히 자리에 눕힌다→주변에 위험한 물건을 치운다→발작이 5~10 이상 지속되거나 의식이 회복되지 않은 채 발작이 반복되면 병원으로 옮긴다→호흡상태를 관찰한 다음 회복자세를 취하게 한다.

심화문제

39 체육활동 중 대발작경련을 일으킨 참여자에 대한 응급처치로 적절하지 않은 것은?

① 안경을 낀 참여자는 안경을 빼주고 바닥에 눕힌다.
② 정신을 차릴 수 있도록 물을 흘려 입에 넣어준다.
③ 발작하고 있는 시간을 기록한다.
④ 발작이 일어나기 전 전조가 보이면 바닥에 눕히고 허리에 쿠션을 대준다.

■ 물을 잘못 먹이면 사망할 수도 있다.

정답 35 : ②, 36 : ③, 37 : ①, 38 : ②, 39 : ②

2025

스포츠지도사 2급 필기

유아체육론

단원별 출제빈도 분석

단원	2015 유소년	2016 유소년	2017 유소년	2018 유소년	2019 유소년	2020 유소년	2021 유소년	2022 유소년	2023 유소년	2024 유소년	누계 (개)	출제율 (%)
제1장 유아체육의 이해				1	1	2		2			6	3
제2장 유아기의 발달 특성	3		4	4	7	6	5	5	6	4	44	22
제3장 유아기의 운동발달에 관한 이론	6	6	6	3	5	3	5	4	5	6	49	24.5
제4장 유아기 운동발달 프로그램의 구성	4	9	3	8	1	6	6	6	5	4	52	26
제5장 유아체육 프로그램의 교수-학습법	7	5	7	4	6	3	4	3	4	6	49	24.5
합계	20	20	20	20	20	20	20	20	20	20	200	100

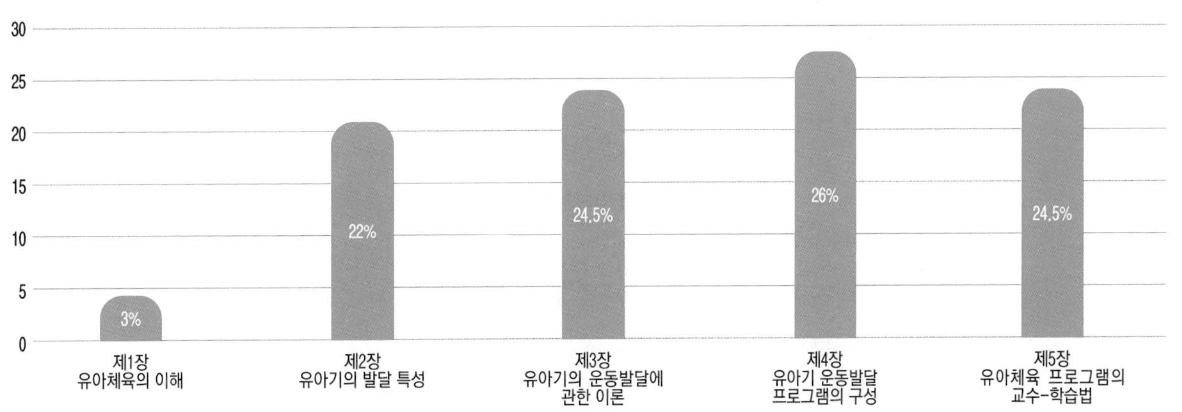

단원별 출제비율 그래프

유아체육의 이해

유아체육이란

1 발달단계의 구분

소아기는 크게 다섯 단계로 나뉜다.

► 신생아(생후 4주간) → 영아(1개월~1세) → 유아(2~5세) → 학령기 아동(6~11세) → 청소년

2 유아교육의 정의

☞ 유아교육은 유아기의 어린이들을 대상으로 하여 유아들의 몸과 마음의 특성에 유의하면서 유아들의 발달단계에 알맞은 신체운동을 시킴으로써 몸과 마음이 모두 건강한 어린이로 길러낼 목적으로 하는 교육적인 행동이다.

☞ 신체활동을 통하여 유아의 성장발달을 도와 신체적 · 정신적 · 사회적으로 완전한 전인적 인간으로 만들려는 교육이다.

☞ 유아들이 느끼는 흥미와 관심에 따라서 각종 운동 내용들의 특성을 설정하여 유아의 교육계획에 활용함으로써 운동 놀이로서의 기능을 발휘하고자 하는 교육을 말한다.

☞ 활발한 신체의 움직임을 수반하는 놀이를 통하여 무한한 잠재력을 신장시켜 개인적으로 행복하게 하고, 나아가 그들의 역량을 국가 발전의 자원이 되도록 건강한 신체와 건전한 정신을 기르는 것이다.

3 유아체육의 정의

☞ 유아체육은 놀이를 중심으로 한 유아들의 모든 신체활동을 포함하는 것으로, 가장 핵심이 되는 것은 움직임 교육이다.

☞ 유아기의 적절한 운동은 성장 발육과 운동기능의 발달을 가져오고, 유아의 전인적인 성장과 성숙을 위해서도 꼭 필요하다.

☞ 본래 유아는 2~5세의 어린이를 말하지만, 우리나라에서는 스포츠지도사를 양성하는 과정에서 유아와 만 12세 이하의 초등학생까지를 합해서 '유소년'이라 하고, 체육활동을 통하여 유소년들을 전인적인 인간으로 기르려고 하는 교육활동을 '유소년 체육'이라고 한다.

4 유아체육의 기본원리

ⓐ 자발적인 활동의 원리	ⓐ 흥미의 원리	ⓐ 실험의 원리
ⓐ 개별화의 원리	ⓐ 사회화의 원리	ⓐ 통합의 원리

어린이들이 하는 신체운동은 성인들이 하는 체력운동과는 성격이 전혀 다르다. 어린이들은 재미로 운동놀이를 하는 중에 신체는 물론이고 정신까지도 건전하게 발육발달이 촉진된다.

☞ 유아체육은 신체적 · 정신적 · 정서적 · 사회적 발육 · 발달에 중점을 두어야 한다.

☞ 유아체육은 발달 단계와 민감기를 고려하여 적당한 운동을 적용해야 한다.

☞ 유아체육은 놀이 중심의 다양한 신체활동과 지적 활동이 동시에 이루어져야 한다.

☞ 유아체육은 개인차를 고려해야 한다.

필수 및 심화 문제

필수문제

01 성인체육과 비교 시 유아체육의 특징으로 적절하지 않은 것은?

① 집중력 저하를 고려한 놀이 중심의 신체활동과 지적 활동을 병행한다.
② 신체활동에 의한 성장과 발달을 통해 전인적 인간 육성을 지향한다.
③ 스포츠 활동에 필요한 전문화된 기술 습득을 강조한다.
④ 발육과 발달에 중점을 둔다.

■ 유아체육은 유아들의 발달단계에 알맞은 신체운동을 통하여 몸과 마음이 건강한 어린이로 만들려는 교육이지, 스포츠활동에 필요한 전문적 기술습득을 강조하는 교육이 아니다.

필수문제

02 보기에서 국민체육진흥법(2014)의 유소년스포츠지도사 자격제도에 관한 설명으로 옳은 것을 모두 고른 것은?

보기
㉠ 유소년은 만 3세부터 중학교 취학 전까지를 말한다.
㉡ '유소년스포츠지도사'란 유소년을 대상으로 체육을 지도하는 사람을 말한다.
㉢ 유소년스포츠지도사는 유소년의 행동양식, 신체 발달 등에 대한 지식을 갖춘다.

① ㉠, ㉡ ② ㉠, ㉢ ③ ㉡, ㉢ ④ ㉠, ㉡, ㉢

■ 보기의 ㉠, ㉡, ㉢ 모두 국민체육진흥법 시행령 제2조(정의) 9호에 정해진 것이다.

유아체육론

심화문제

03 국민체육진흥법 개정(2013)에서 제시하는 유소년의 정의로 옳은 것은?

① 만3세부터 중학교 취학 전까지의 어린이
② 만3세부터 중학교 1학년까지의 어린이
③ 만3세부터 중학교 2학년까지의 어린이
④ 만3세부터 중학교 3학년까지의 어린이

04 영유아보육법 (2011) 제1장 제2조에서 정의한 영유아에 관한 내용으로 옳은 것은?

① 생후 4주부터 1년까지의 아동을 말한다.
② 만 3세부터 초등학교 2학년까지의 아동을 말한다.
③ 만 6세 미만의 취학 전 아동을 말한다.
④ 만 6세부터 초등학교 6학년까지의 아동을 말한다.

■ 영유아보육법 제2장(정의) 제1항 "영유아란 6세 미만의 취학 전 아동을 말한다."

정답 01 : ③, 02 : ④, 03 : ①, 04 : ③

필수문제

05 보기에서 유아기의 운동 효과에 해당하는 내용으로만 묶인 것은?

보기
㉠ 운동기능 발달
㉡ 사회성 촉진
㉢ 원시반사 촉진
㉣ 성조숙증 촉진
㉤ 정서 발달
㉥ 체력 발달

① ㉠, ㉢, ㉤ ② ㉠, ㉣, ㉤ ③ ㉡, ㉣, ㉥ ④ ㉡, ㉤, ㉥

■유아체육은 신체적 · 정신적 · 정서적 · 사회적 발육 · 발달에 중점을 두어야 한다.

필수문제

06 유아체육의 지도 원리와 설명으로 적절하지 않은 것은?

① 표현성 원리 : 음악의 리듬에 맞추어 효과적인 표현지도
② 사회화 원리 : 소규모 집단으로 구성하여 지도
③ 연속성 원리 : 연령, 건강, 체력 등의 특성을 고려하여 지도
④ 흥미성 원리 : 흥미를 존중하여 학습 능력을 높이도록 지도

■이미 습득한 동작과 새로 배우려는 동작 사이에 연속성이 있어야 한다.

유아체육론

심화문제

07 누리과정에서 제시한 유아체육의 목표에 해당하지 않은 것은?

① 원시반사에 의존하여 자극에 반응하게 한다.
② 신체 각 부분의 명칭을 알고 움직임에 관심을 가지게 한다.
③ 신체 각 부분의 움직임을 조절해보며, 눈과 손을 협응하여 소근육을 조절한다.
④ 자신과 다른 사람의 운동능력의 차이를 이해하며 친구와 함께 신체활동에 참여한다.

■원시반사에 의존하여 자극에 반응하게 하는 것은 유아체육의 목표가 될 수 없다.

08 신체활동을 통하여 유아의 성장 · 발달을 도와 신체적 · 정신적 · 정서적 · 사회적으로 건전한 인간으로 성장시키려고 노력하는 것을 유아체육이라고 한다. 다음 중 유아체육이 성인체육과 다른 점을 잘못 설명한 것은?

① 신체적 · 정신적 · 정서적 · 사회적 발육 · 발달에 중점을 두어야 한다.
② 발달단계와 민감기를 고려하여 적절한 운동을 적용해야 한다.
③ 놀이 중심의 다양한 신체활동과 지적활동이 함께 이루어져야 한다.
④ 유아는 개인차가 거의 없으므로 개인차를 고려할 필요는 없다.

■유아의 발달은 개인차가 크다.

정답 05 : ④, 06 : ③, 07 : ①, 08 : ④

필수문제

09 유아의 학습행동 발달 유형의 순서를 바르게 나열한 것은?

① 탐색 – 탐구 – 활용 - 인식
② 인식 – 탐색 – 탐구 – 활용
③ 탐구 – 활용 – 인식 - 탐색
④ 활용 – 인식 – 탐색 – 탐구

■ 유아의 학습행동 발달 순서 : 인식→탐색→탐구→활용

심화문제

10 유아의 발달적 특성을 고려한 신체활동 지도 방법으로 적절하지 않은 것은?

① 지도 내용과 방법에 변화를 준다.
② 개인차를 고려하여 적절한 자극을 부여한다.
③ 놀이 상대를 바꾸어 주어 흥미를 유지한다.
④ 목표 설정이 없는 동일한 활동을 반복한다.

■ 유아의 신체활동을 지도할 때 목표를 설정하지 않은 동일한 활동을 반복해서는 안 된다.

필수문제

11 미국 스포츠·체육교육협회(NASPE)의 유아기 신체활동 촉진을 위한 지도지침으로 적절하지 않은 것은?

① 매일 최소 60분의 계획된 신체활동에 참여해야 한다.
② 안전한 실내와 실외에서 대근육 활동을 해야 한다.
③ 근육과 뼈를 강화시키는 신체활동은 피하게 한다.
④ 수면시간을 제외하고 60분 이상 눕거나 앉아 있지 않도록 한다.

■ 미국스포츠 · 체육교육협회(NASPE)의 유아기 신체활동 촉진 지도지침

1. 매일 최소 60분 정도의 구조화된 신체활동을 해야 한다.
2. 매일 60분에서 몇 시간까지 구조화되지 않은 신체활동을 한다.
3. 수면시간을 제외하고 60분 이상 앉거나 누워 있지 말라.
4. 매일 최소 60분 정도의 뼈와 근육을 강화시키는 신체활동을 한다.
5. 권장 안전기준에 적합한 실내공간과 실외공간에서 대근육활동을 해야 한다.
6. 신체활동에 대한 중요성을 인식하고 유아가 운동기술을 쉽게 발휘할 수 있게 한다.

정답 09 : ②, 10 : ④, 11 : ③

유아기의 발달 특성

신체적 발달의 특성

발육은 형태적인 측면에서 양적으로 증대되었다는 뜻이고, 발달은 기능적인 측면에서 질적으로 향상되었다는 뜻이며, 성장은 발육과 발달을 아우르는 단어이다.

1 신체부위별 발육비율

어린이들의 신체 각 부위가 발육될 때에는 부위마다 각각의 특징이 있기 때문에 일률적으로 자라는 것이 아니다. 신체의 전체 길이가 머리길이의 4배가 되면 4등신, 5배가 되면 5등신이라고 한다. 체형으로 보면 젖먹이는 짱구이고, 0~1세는 4등신, 2~5세는 5등신, 성인은 7~8등신이다.

2 스캐몬의 발육곡선

미국의 해부학자 스캐몬(Scammon, R. E.)이 뇌신경계통, 근육골격계통, 생식샘계통, 림프계통의 발육상황을 보여주기 위해서 20세 때의 질량을 100으로 보았을 때 연령별 크기를 그래프로 그린 것이다.

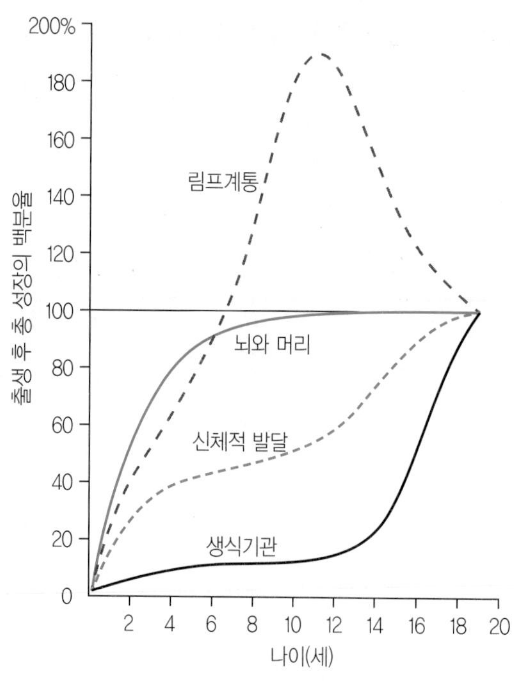

스캐몬의 발육곡선 그래프

① 인간이 태어나서 성인이 될 때까지(0~약 19세) 신체가 고르게 발달하는 것이 아니다.

② 뇌와 머리(신경계통)가 가장 빨리 발달하고, 생식기관이 가장 늦게 발달한다.

③ 림프계통은 청소년기 초기에 지나치게 발달(약 200%)하였다가 청소년기 후기에 쇠퇴하여 성인기의 크기로 축소된다.

④ 근골격계통(신체적 발달)은 신생아기와 영아기에 급속히 발달하다가 정체기를 맞고, 이후 사춘기(청소년기)에 다시 급속하게 발달하여 성인기에 이른다.

3 신체발달의 기본원리

☞ 발달은 유전과 환경의 역동적인 상호작용을 통해서 이루어진다.

☞ 발달은 일정한 순서와 방향성을 갖는다.

» 기어 다니다가 앉고, 앉게 된 다음에 서게 된다. 선 다음에 걷게 되듯이 일정한 순서가 있다.

» 신체 · 운동은 일정한 방향성을 갖고 발달한다.

머리-꼬리의 법칙 : 머리 부분이 먼저 발달한 다음 하체부분이 발달한다.

중심-말초의 법칙 : 신체의 중심부가 먼저 발달한 다음 말초가 발달한다. 또는 중추신경이 먼저 발달한 다음 말초신경이 발달한다.

전체-부분의 법칙 : 일반적이고 전체적인 행동에서 점차 분화되어 부분적인 행동으로 진전되어 나간다. 예 : 처음엔 소리에 몸 전체로 반응을 보이던 영아가 점차 고개만 돌릴 수 있게 된다.

☞ 발달은 계속적인 과정이지만, 발달의 속도는 일정하지 않다.

☞ 발달에는 결정적인 시기가 있다.

» 특정한 시기에 어떤 기관이나 기능의 발달이 급격하게 이루어진다. 그 시기를 '결정적 시기'라고 하고, 결정적 시기의 발달은 환경의 영향을 크게 받는다.

☞ 발달에는 개인차가 있다.

» 발달은 일정한 순서에 따라 이루어지지만, 발달의 속도와 형태에는 개인차 또는 성차가 있다.

☞ 발달의 각 영역은 상호 밀접한 연관이 있다.

» 신체적 발달, 인지적 발달, 정서적 발달, 사회적 발달, 성격 등은 각각 분리되어 발달하는 게 아니라 서로 밀접한 연관이 있어서 총체적으로 발달한다.

4 반사와 발달

신생아가 생애 초기에 보이는 대부분의 운동행동은 반사행동으로 이루어져 있다. 특정 자극에 대한 무의식적이고 자동적인 반응을 '반사행동'이라 한다. 대부분의 반사행동은 중추신경계의 하부영역(예 : 척수)에서 관장한다.

대부분의 반사행동은 연령이 증가함에 따라 뇌의 고등영역이 발달하면서 의식적 운동으로 대치되거나 사라진다. 신생아의 반사행동은 다음과 같은 역할을 한다.

☞ 아기의 생존을 돕는 역할을 한다……젖찾기반사, 젖빨기반사, 쥐기반사 등은 기본적인 생명을 유지하고 보호할 수 있도록 도와주는 역할을 한다.

☞ 미래의 움직임을 예측할 수 있게 하는 역할을 한다……걷기반사는 미래의 걷기동작을 연습하는 기회를 제공하는 것으로 볼 수 있다.

☞ 영아의 운동행동을 진단하는 역할을 한다……특정한 시기에 나타나는 반사는 적당한 시기가 되면 수의적인 움직임으로 대치되면서 사라져야 한다. 그러므로 특정 반사의 출현과 소멸 시기를 관찰함으로써 신경상태의 이상 유무를 예측할 수 있다.

☞ 그러나 "신생아의 모든 반사행동의 기능과 기제를 일률적인 개념으로 이해할 수는 없다."는 것이 일반적인 정설이다.

신생아의 반사행동은 크게 원시반사, 자세반사, 이동반사로 나눌 수 있고, 반사행동과 유사한 스테레오타입 행동도 있다.

원시반사	영아의 생존 또는 생명보호와 관계가 있다. 대부분의 원시반사는 태내에서부터 나타난다. 손바닥쥐기반사, 젖찾기반사, 젖빨기반사, 모로반사, 대칭목경직반사, 비대칭목경직반사 , 발바닥오므리기반사, 바빈스키반사
자세반사	자세를 유지하기 위하여 나타나는 반사행동이다. 중력반사, 낙하반사, 미로반사, 턱걸이반사, 머리–신체 일치반사
이동반사	기기반사, 걷기반사, 수영반사
스테레오타입 행동	반사행동은 자극에 의해서 나타나지만, 스테레오타입 행동은 특정한 자극 없이도 발생한다는 것이 다르다. 발과 다리의 스테레오타입 행동, 몸통의 스테레오타입 행동, 손 · 팔 · 손가락의 스테레오타입 행동

5 신경기능의 발달

신경기능의 발달은 유아기에 가장 현저해서 민첩성과 교치성이 급속하게 발달한다. 5살 어린이의 체중은 성인의 약 1/3이지만, 신경기능은 성인의 2/5 정도이다. 그러므로 유소년기에는 가급적 많은 운동경험을 하게 해서 민첩성, 교치성, 평형성 등을 몸에 익힐 수 있게 해야 한다.

6 근육기능의 발달

신체의 운동은 뼈에 붙어 있는 근육이 신경의 명령에 따라 활동함으로써 이루어진다. 발육과 함께 근육의 길이와 두께는 성장하지만, 근육을 이루고 있는 근육섬유의 수는 변하지 않는다. 근육섬유의 수가 그대로 있더라도 근육의 두께가 두꺼워질 수 있는 이유는 근육섬유 사이에 있는 결합조직과 근수축에 필요한 화학물질의 양이 증가하기 때문이다.

5살 어린이의 경우 체중은 성인의 약 1/3 정도 되는 데 비하여 근력은 성인의 약 1/6밖에 되지 않는다. 그러기 때문에 “유아가 자전거나 스키를 연습할 때에는 부모 못지 않게 발전하지만, 물통의 물을 운반하는 데에는 전혀 도움이 되지 못한다.”

7 호흡기능의 발달

안정시 호흡수는 신생아가 분당 50~60회, 1세 어린이가 30~35회, 2세 어린이가 25~30회, 5세 어린이가 20~25회, 성인이 16~18회이다.

8 순환기능의 발달

연령	신생아	1세	2세	3세	4세	5세	성인
안정시 심박수	120~160	120~140	110~120	100~110	95~105	90~110	60~70

☞ 유아들은 20미터 달리기를 한 직후의 맥박수가 안정시 맥박수보다 오히려 적은 서맥현상을 보인다(성인은 운동 직후의 맥박수가 가장 많다).

☞ 가장 어린 나이(4세 전반)에는 서맥현상이 뚜렷하지만, 6세 후반이 되면 서맥현상이 거의 없어져서 성인의 형태와 비슷해진다.

9 에너지 대사능력의 발달

대사량의 측면에서 보면 어린이들은 모두 대식가인 셈이다. 그 이유는 어린이들은 어른보다 더 많이 움직이기 때문에 더 많은 에너지를 필요로 한다. 그리고 어린이들의 대사량은 개인차가 아주 큰 것도 특징 중의 하나이다. 4~5세의 어린이 중 아주 활발한 아이가 얌전한 아이보다 약 2배의 에너지가 필요하고, 보통 아이는 얌전한 아이보다 약 1/3의 에너지가 더 필요하다.

10 수면(睡眠)의 발달

수면은 보통 렘수면과 비렘수면으로 나눈다. 렘수면은 안구가 빠르게 운동하고 있는 상태로 깨어 있는 것에 가까운 얕은 수면이고, 비렘수면은 정말로 잠을 자는 시간으로 잠의 깊이에 따라서 4단계로 나눈다.

신생아는 하루의 약 2/3 정도 잠을 자는데, 그중의 약 절반이 렘수면이다. 5~9세가 되면 렘수면 시간이 성인과 거의 같아지고, 렘수면 시간은 더 이상 줄지 않는다.

인지적 발달의 특성

1 지능의 발달

어떤 문제에 봉착했을 때에 그 문제를 해결해 나갈 수 있는 능력을 '지능'이라 한다. 지능은 무엇을 외워서 아는 것과 같은 단순한 지식과는 다르기 때문에 '가지고 태어난 지식'이라고도 하며, 지능은 출생 후에 받는 교육 등에 의해서 발달된다.

1세가 되어서 걷기 시작하면 생활공간이 갑자기 비약적으로 확대되기 때문에 지능도 급속도로 높아진다.

2세가 되면 달릴 수 있을 정도로 행동능력이 좋아질 뿐 아니라 지능도 한 층 더 높아져서 그림을 그리거나 글씨를 쓸 수도 있고, 리듬에 맞추어서 몸을 움직이기도 하고, 노래를 부르기도 한다.

3세가 되면 언어적인 지시에 반응할 수도 있고, 형태에 대한 개념이 상당히 명확해져서 원, 삼각형, 사각형을 구분하고 종이에 그릴 수도 있다. 4세가 되면 물건의 수를 계산할 수도 있게 된다.

5세가 되면 지능이 상당히 높은 수준에 도달하여 동물의 소리를 흉내 낼 수도 있고, 장난감을 조립할 수도 있다. 집단적인 놀이를 할 수 있고, 놀이 친구 중에서 누가 좋은지 확실히 대답할 수 있을 정도로 판단력이 생긴다.

2 감각의 발달

0~6세는 지적 활동의 발달에 필요한 일정한 능력을 습득하기 위한 감각적 활동이 매우 민감한 시기이다. 감각기능은 정신 · 신경 발달 중에서 가장 빨리 완성되는 기능이다.

- ☞ 피부감각(촉각, 습도감각, 통각)은 출생 시 가장 강하게 발달된 감각이고, 태어날 때부터 맛을 구별할 수 있다.
- ☞ 후각은 태어날 때에는 잘 발달되어 있지 않으나 모유에 대해서는 반응을 보인다.
- ☞ 청각은 태내에 있을 때부터 발달하는 것이 증명되었다.
- ☞ 시각은 감각 중 가장 늦게 발달한다. 출생 시에는 두 눈이 협동이 잘 되지 않아 동일하게 움직이지 못하기 때문에 혹시 내 아이가 사시(사팔뜨기)가 아닌지 걱정하게 되지만, 생리적 사시는 생후 6개월 전후에 사라진다.

일상생활에서는 하나의 감각기관이 독립적으로 발달하거나 작용하는 것이 아니라 여러 개의 감각기관이 서로 영향을 주고받으며 전체적으로 통합되어 발달된다. 그러므로 유아의 감각기관이 형성되고 발달하는 시기에 감각이 잘 발달되도록 도와주어야 한다는 것이 '몬테소리 감각교육'이다.

3 인지발달 이론

피아제(Piaget, J.)가 주장한 "인간의 지적 능력은 타고 난 것이지만, 신체적 성숙과 환경적 경험에 의해서 정신적 과정이 점진적으로 재조직되는 것이 인지발달"이라는 이론이다.

이것을 설명하기 위해서 피아제는 도식과 적응이라는 개념을 설정했다.

도식 (schema)	도식은 사물이나 사건에 대한 전체적인 윤곽을 말한다. 예를 들어 "바퀴가 2개이고, 사람이 타고 다니는 것이 자전거이다."라고 배웠다고 하면 그 아이는 "바퀴가 2개이고, 사람이 타고 다니는 것은 자전거이다." 라는 도식을 갖게 된다.
적응 (순응, adaptation)	적응은 환경과의 상호작용을 통해서 새로운 도식을 만들거나 기존의 도식을 변화시키는 것을 의미하는데, 이것은 동화와 조절이라는 두 가지의 상호 보완적인 과정을 통해서 이루어진다.
동화 (assimilation)	자전거라는 도식을 가지고 있는 아이가 다음 날 오토바이를 보았다고 하자. 그러면 자신이 가지고 있던 자전거라는 도식과 비교해서 같으므로 "야! 자전거다!"라고 소리치는 것이 '동화'이다.
조절 (accommodation)	그런데 엄마가 "아니야! 저것은 오토바이야!"라고 가르쳐주면 아이는 일시적으로 혼란에 빠진 다음 자전거와 오토바이의 차이점을 찾기 시작한다. 그 결과 "자전거는 바퀴가 2개이고, 페달을 밟으면서 타고 다니는 것이다."라는 도식과 "오토바이는 바퀴가 2개이고, 엔진의 힘으로 달리는 것이다."라는 도식이 생기는 것처럼 기존의 도식을 수정하거나 조절해서 새로운 도식을 만들어내는 것이 '조절'이다. 위의 예에서 만약 오토바이를 보지 못했으면 새로운 도식이 생기지 않았을 것이다. 그러므로 동화와 조절이 잘 이루어질 수 있도록 어린이들에게는 많은 것을 보고, 듣고, 경험할 수 있게 하는 것이 중요하다는 것이다.
평형(equilibrium)	새로운 상황에서 일관성과 안전성을 이루려는 시도. 이것은 계속적인 동화와 조절의 과정을 통해 이루어진다.
조직화 (organizing)	조직화는 유기체가 현재 가지고 있는 도식을 새롭고, 더욱 복잡한 도식으로 변화시키는 과정을 말한다. 오토바이와 자전거를 구분할 수 있게 된 아이가 '탈 것'이라는 범주 안에 오토바이, 자전거, 버스, 승용차, 배, 비행기 등을 포함시키고, 그 범주 안에 있는 것들을 서로 구분할 수 있도록 만드는 것을 '조직화'라고 한다.

4 인지발달의 단계

물체 또는 대상이 시야에서 사라져도 그 물체가 계속 존재한다고 믿는 것을 '대상의 영속성'이라고 한다. 다음은 피아제가 한 유명한 실험이다.

☞ 생후 6~7개월 된 아이가 보는 앞에서 장난감을 천천히 이불 밑으로 숨기면 그 과정을 열심히 들여다 본 아이라도 장난감을 다시 찾지 않는다. 이것은 이 시기에 있는 아이들은 눈앞에서 사라지면 그 물체는 존재하지 않는다고 믿기 때문이다.

☞ 그러나 10개월쯤 된 아이는 물체가 시야에 사라져도 계속해서 존재한다고 믿기 때문에 장난감을 다시 찾는다. 즉, 대상의 영속성은 처음부터 갖고 태어나는 능력이 아니라 9~10개월이 되어야 (성숙되면서) 생기는 능력이다.

☞ 피아제는 이처럼 특정 능력은 특정한 때가 되어야 발달한다고 하면서 인간의 인지발달은 4단계를 거치게 되고, 각 단계들은 질적으로 차이가 있기 때문에 정해진 순서대로 진행되며, 단계가 높아질수록 복잡성이 증가된다고 하였다.

① 감각운동기(0~2세)

영아가 손가락이나 물건을 자신의 입에 넣고 빠는 등 감각(시각, 청각, 촉각 …)과 운동기술을 사용해서 외부 환경과 상호작용을 한다는 의미에서 '감각운동기'라고 이름 붙였다. 이 시기 동안에는 대부분의 반사행동이 없어지고, 간단한 지각능력과 운동능력이 생긴다. 또한 대상의 영속성이 생기기 때문에 엄마와 떨어지지 않으려 하고 낯가림을 한다.

② 전조작기(2~7세)

어떤 논리적인 사고를 통해서 조작하는 행위를 할 수 있기 이전의 시기라는 의미에서 '전조작기'라고 한다. 이 시기에는 자신이 내재적으로 가지고 있는 표상을 언어나 그림으로 표현할 수 있고, 모방이나 기억이 가능하며, 반사행동이 자신의 의도에 따라 계획된 목적행동으로 바뀌게 된다.

전조작기에 있는 아이들의 사고방식 중에서 주요한 특징은 다음과 같다.

상징적 사고	소꿉놀이나 병원놀이와 같은 가상적인 사물 또는 상황을 실제 사물이나 상황처럼 상징적으로 생각한다.
자기중심적 사고	타인의 생각, 감정, 지각, 관점 등이 자신과 동일하리라고 생각하기 때문에 남을 배려하지 못하고, 보는 위치에 따라서 산의 모양이 달라진다는 것을 이해하지 못한다.
직관적 사고	직관적인 특성에 의해서 대상을 이해하려고 한다. 예를 들어 A, B 두 비커에 같은 양의 물이 들어 있는 것을 보여준 다음 하나를 다른 모양의 그릇에 붓고 어느 쪽이 더 많으냐고 물어보면 둘 중에 하나가 더 많다고 대답하면서 높이가 높다든지, 넓이가 넓다든지 하는 이유를 댄다.
물활론적 사고	모든 사물에 모두 생명이 있다고 여기기 때문에 인형이나 장난감과 대화하며 논다.
인공론적 사고	모든 것을 사람이 만들었다고 생각한다. 모든 것이 나를 위해서 만들어졌다고 생각한다.

③ 구체적 조작기(7~11세)

구체적인 문제들 또는 구체적인 의미에서 쉽게 상상될 수 있는 사물이나 문제들에 대해서만 논리적이고 체계적으로 사고할 수 있고, 순수하게 추상적인 내용에 대해서는 사고할 수 없기 때문에 붙여진 이름이다.

이 시기의 아이들은 인지능력이 현저하게 발달되어서 자기중심적 사고에서 벗어나게 되고, 비커에 있던 물을 다른 그릇에 담아도 그 양은 변하지 않는다는 것을 이해할 수 있게 된다(보존개념의 획득).

보존개념 이외에 구체적 조작기의 아이들이 갖는 사고방식의 특징은 다음과 같다.

유목화	자동차, 배, 비행기는 서로 모양이 다르지만 '운송수단'이라는 공통점을 이용해서 하나의 범주로 유목화하는 것처럼 공통점과 차이점, 관련성 등을 이해할 수 있다.
서열화	사물이나 대상을 크기, 무게, 밝기 등과 같은 특성에 따라서 순서를 매길 수 있다.

④ 형식적 조작기(11~15세)

구체적으로 존재하지 않는 추상적인 사상이나 개념에 대해서도 논리적이고, 체계적으로 생각할 수 있으며, 실제와 다른 가설적인 상황에 대해서도 사고가 가능한 시기라는 의미이다.

형식적 조작기에 있는 아이들의 사고의 특징은 다음과 같다.

가설-연역적 사고	가능성에 대해 연역적으로 사고하고, 이를 체계적으로 시험하여 결론에 이르는 생각의 형태를 뜻한다.
추상적 사고	실제에 근거하지 않고 논리적 가능성에 근거하여 사고하는 능력을 말한다. 현실에 존재하지 않는 가능성에 대해서도 사고할 수 있다는 측면에서 사고가 매우 탄력적이고 유연해진다. 이들은 현실과 가능성을 구분하고, 무엇이 가능한 것인지에 대해 생각할 수 있으며, 창조적이고 독창적인 상상을 할 수 있다.
과학적 사고	주어진 문제를 해결하기 위하여 사전에 일련의 계획을 세우고 체계적으로 시험하면서 해결책을 찾을 수 있게 된다.
체계적 사고	자신의 이상적인 기준에 따라 자신의 주장과 타인의 주장을 비교 · 분석 할 수 있다.

정서적 발달의 특성

1 정서의 발달

- ☞ 한 살짜리 아기는 0살짜리 아기에 비해서 정서가 분화되기는 했지만 아직까지는 쾌 · 불쾌만 따라가고, 흥미의 지속시간도 극히 짧다.
- ☞ 두 살이 되면 말이 늘어서 추어올려주면 신이 나서 하라는 대로 잘 한다. 즉, 칭찬의 효과가 즉각적으로 나타나는 시기이다.
- ☞ 세 살이 되면 정서가 더욱 더 분화된다. 즐거움, 슬픔, 좋음, 화남, 두려움 등 단순한 쾌 · 불쾌보다는 좀 더 세밀한 감정을 나타낼 수 있게 된다. 그와 동시에 자신과 외부 세계와의 대립을 경험하기 때문에 세 살 후반이 되면 반항을 하고, 정서적으로 불안정한 상태가 자주 목격된다. 이 시기의 어린이를 어른이 대하는 태도가 그 아이의 정서 형성에 아주 큰 영향을 미치게 된다. 용인하는 태도로 대하면 버릇이 없어지고, 심하게 나무라면 밤에 오줌을 싸는 원인이 된다. 태어난 이후 처음으로 정서불안을 겪는 시기가 세 살 후반이다.
- ☞ 네 살이 되면 정서가 급격하게 안정된다. 칭찬받을 수 있는 일과 그렇지 않은 일을 구분해서 하는 여유도 생긴다.
- ☞ 다섯 살이 되면 정서가 더욱 더 세분화되어서 다른 사람과 공감하고, 동정하고, 원망하고, 분석하려는 생각 등 사회적으로 세밀한 정서적인 감정을 갖게 된다.

2 욕구의 발달

어린이들에게 있는 여러 가지 욕구들을 아래 표와 같이 분류할 수 있다. 그러한 욕구 중에서 체육과 관계가 깊은 것은 활동과 휴식의 욕구이다.

어린이들의 욕구

구분	욕구의 예
생리적 욕구	식음의 욕구, 성적 욕구, 활동과 휴식의 욕구
신체적 욕구	위험으로부터 도피욕구, 분노와 투쟁의 욕구
사회적 욕구	사회적 관계에 끼어들고 싶은 욕구, 다른 사람과 똑 같고 싶은 욕구, 다른 사람을 사랑하고 다른 사람으로부터 사랑받고 싶은 욕구, 다른 사람보다 우월하고 싶은 욕구, 자기 표현의 욕구, 자기 주장의 욕구
물질적 욕구	탐색의 욕구, 장난감을 갖고 싶은 욕구, 흥미의 욕구

어린이들이 참는다는 것은 쉬운 일이 아니고, 하고 싶은 일을 즉시에 하지 않으면 기분이 상하기 때문에 '잠깐만'이라는 말이 통하지 않는다.

3 흥미의 발달

어린이들은 아직 알지 못하고 있는 것이 대단히 많기 때문에 무엇이든지 알고 싶어 한다. 어린이들은 일단 호기심이 발동하면 그것을 마음속에 담아두고 있지 못하고 반드시 직접 행동으로 부딪쳐봐야 한다.

유아체육론

사회적 발달의 특성

1 사회성의 발달

☞ 한 살짜리 아기에게는 부모와 형제 등 가족집단이 중요한 사회이다.

☞ 두 살이 되면 행동공간이 넓어져서 이웃에서 사는 놀이 친구가 생긴다.

☞ 세 살이 되면 약속을 할 수도 있고, 집단적인 놀이도 할 수 있으며, 소꿉놀이도 할 수 있게 된다. 그러나 세 살 후반에 접어들면 정서가 불안정한 시기에 들어가기 때문에 싸우기 시작하고 친구와 같이 놀지 않게 된다. 혼자 놀아도 여전히 잘 논다.

☞ 네 살이 되면 정서가 다시 안정되고, 친구를 그리워하게 되기 때문에 친구를 사귀기 시작한다. 상대의 존재를 인식하고, 자기 주장을 함과 동시에 타협의 필요성도 체험하게 된다. 경쟁심도 나타나기 시작하지만 서로 협력하는 것도 알게 된다.

☞ 다섯 살이 되면 사회성이 급격하게 발전해서 놀이 친구가 3~4명으로 늘어나고, 각자가 아이디어를 내기도 하며, 놀이의 종류가 많아질 뿐 아니라 방법도 변화된다. 놀이 친구들이 놀이집단을 형성하기 시작하고, 놀이 친구 중에 대장이 나타나며, 놀이 친구들이 고정화되고, 공동의 목표를 설정해서 그것을 달성하려고 협력하며, 놀이의 매너를 배우고, 놀이의 규칙을 새로 만드는 등 조직화되기 시작한다.

2 유아집단의 기능

아기가 성장함에 따라서 가족, 이웃, 학교 등 몇몇 집단의 구성원이 되어간다. 그러한 유아집단들의 가장 큰 특징은 놀이를 중심으로 하는 집단이라는 것이다. 어린이가 유아집단에서 노는 것은 신체, 정신, 사회성에 미치는 영향이 대단히 크다. 다음은 유아들의 놀이집단의 기능을 요약한 것이다.

☞ 놀이의 종류나 내용이 다채로워지고, 노는 시간도 길어지기 때문에 신체에 미치는 영향이 한층 더 높다.

☞ 집단놀이를 통해서 지적 발달을 촉진할 수 있다. 노는 친구들과 자신 사이에 좋거나 싫은 감정이 생기고, 이기거나 지는, 손해를 보거나 이득을 보는, 강하거나 약한 관계가 있다는 것을 깨닫게 된다.

☞ 정서의 지배와 관계되는 것을 배우는 데에 중요하다. 유아들은 친구들과 노는 가운데 즐거움, 기쁨, 슬픔, 두려움, 미움, 질투심과 같은 감정이 생기는 것을 경험하게 된다. 그러한 감정들을 표현하는 방법을 배우고, 감정을 표출하는 방법이 사회적으로 용인되지 않을 경우 그것을 제어하는 방법도 학습한다.

☞ 놀이를 통해서 기본적인 사회적 관계의 모습을 이해할 수 있게 된다. 놀이도구를 혼자 차지하려 하거나 좋은 것은 항상 자기가 하려고 하는 등 제멋대로 구는 친구가 있으면 다른 친구들이 같이 놀려고 하지 않고, 억지로 놀게 되더라도 금방 싸워서 놀이가 깨져버린다. 놀이는 평등한 조건에서 능력이 비슷한 아이들끼리 하는 것이지 그렇지 않으면 놀이가 재미없다는 것을 어린이들도 안다. 대형 놀이를 할 때에는 모두 힘을 합쳐서 책상을 옮기고, 필요한 것을 나누어서 가져오며, 공동의 목적을 위해서 협력해야 한다는 것을 어린이들이 배운다.

☞ 다섯 번째로 놀이를 하는 중에 동료(타인)를 존중하는 것, 놀이를 재미있게 하는 방법(경쟁과 협력), 행동의 규준(규칙과 법) 등 사회에 적응하는 데에 꼭 필요한 기초적인 사회성을 배운다.

놀이와 탐색

놀이와 탐색은 비슷한 의미처럼 보이지만, 서로 분명히 다른 개념이다. 행동 · 구조 · 동기 · 기능 측면에서 모두 차이가 있다.

탐색은 정보를 수집하기 위한 일종의 모험이다. 즉 탐색 기능은 정보 수집이다.

반면 놀이는 정보 수집같은 특정 결과에 관심을 두는 것이 아니며(Pellegrini, 2009), 놀이를 하는 과정에서 자연스럽게 연습이 이루어질 수도 있다. 놀이와 탐색은 발생하게 되는 동기도 다르다(Hutt, 1966).

탐색은 탐색 대상물을 알기 위하여 "이 물건(때로는 물체)은 무엇인가?"라는 질문으로부터 나오는 활동이다. 아동은 만져 보고, 입에 넣어 보고, 돌려 보고, 떨어뜨려 보는 등의 행동으로 무엇인지를 알아보려고 한다(정보 획득). 즉 탐색을 한다.

이동은 충분히 탐색하여 그 사물이 익숙해진 다음에야 그것을 가지고 놀이할 수 있다(정형화).

탐색할 때는 별다른 정서표현이 없거나 부정적인 정서상태(심각함)이고, 심장박동이 빠른 편이며, 주의가 산만해지지 않는다(낮은 변화성).

놀이는 사물보다 사람이 중심이 되는 활동(익숙한 물체)으로 "나는 이 물건으로 무엇을 할 수 있나(자극 생성)?"라는 질문에서부터 나온다.

아동이 놀이를 할 때에는 긍정적인 정서상태로서 이완되어 있으며(행복감), 심장박동은 놀이활동에 따라 다르게 나타나고(높은 변화성), 쉽게 주의가 산만해진다(다양함).

한편 탐색과 놀이는 아동의 연령에 따라 나타나는 비중이 다르다(Belsky & Most, 1981). 생후 9개월까지는 탐색행동이 놀이행동에 비해 압도적으로 많고, 생후 12개월 정도가 되면 탐색과 놀이가 거의 비슷하며, 생후 18개월 무렵이 되면 놀이행동이 압도적으로 많이 나타난다.

놀이와 일

Brown (2009)	놀이와 일이 서로 상반되는 것이 아니라 놀이와 일이 서로 지원하는 개념이라는 주장이다. 놀이를 함으로써 새로움, 몰입, 현재에 충실하기, 활기 등을 얻을 수 있고, 일을 함으로써 목적의식을 가지고 경제적 안정을 얻으며 사회에 기여하고 있다고 느끼게 된다. 놀이를 통해 얻을 수 있는 것과 일을 통해 얻을 수 있는 것이 다르다. 이 둘은 상호보완적이어서 놀이만 하거나 일만 한다면 균형 있는 삶을 살아갈 수 없다. 일과 놀이는 모두 창의성이 관여한다는 공통점이 있다. 일을 하며 또 놀이를 하며 자신의 세계를 구축할 수 있으며, 새로운 관계, 새로운 신경회로, 새로운 사물이 만들어지기도 한다. 또한 진정한 의미의 놀이는 장기적으로 일을 통해 지속적인 기쁨과 만족을 경험하게 한다.
Sutton-Smith (2008)	놀이에서 경험하게 되는 즐거움은 일상의 다른 영역에 모두 퍼지며 긍정적 영향을 준다. 따라서 놀이는 일반적으로 생각하듯 일을 하는 데 지장을 주는 것이 아니라 오히려 일을 즐겁게 할 수 있는 지원체계이다.
Dattner (1969)	놀이와 일을 비교하여 놀이의 개념을 설명하였다. 놀이는 지극히 자발적으로 표출되는 행동이지만, 일은 생계를 유지하기 위해서 하는 것으로 외부에서 강조되는 것이다. 놀이는 그 자체가 목적이지만, 일은 생산과 관련이 있다. 놀이를 지배하는 규칙은 자발적으로 형성되지만, 일은 외부의 강요된 규칙에 의한다. 놀이는 현실세계를 초월할 수 있지만, 일은 현실세계에서만 이루어진다.

파튼(Parten)의 사회적 놀이발달 이론

비참여 행동	• 목적 없는 움직임
방관자적 행동	• 다른 친구들의 놀이를 가까운 거리에서 바라본다. 특정 놀이 집단을 지켜보며 말을 건네거나 질문을 하기도 하지만, 참여하지는 않는다.
혼자(단독)놀이	• 혼자 독자적 놀이에 몰두
병행놀이	• 다른 친구와 놀잇감을 함께 사용하거나 친구의 놀이를 흉내내어도 거의 상호작용 없이 혼자 놀이한다.
연합놀이	• 자연스럽게 혹은 우발적으로 함께 놀이한다.
협동놀이	• 연합놀이와 가장 큰 차이는 사전계획이나 서로 간의 협동이 있으며, 역할을 분담하고, 놀이를 주도하는 리더가 있다는 점이다.

에릭슨(Erikson)의 심리사회적 발달단계

건강하게 발전하는 사람이 출생 시부터 성인기까지 통과해야 하는 8단계를 식별하는 정신분석이론

성격 특성 (과업 vs 위기)	연령	관계	특 성
신뢰 vs 불신 (trust vs mistrust)	영아, 젖먹이 (0~1세)	엄마	믿을 수 있는가?(신체적 · 심리적 요구를 적절히 충족해 주는 사람에게는 신뢰감을 주고, 그렇지 못할 경우 불신감이 형성되는 시기)
자율성 vs 수치심과 의심 (autonomy vs shame & doubt)	걸음마단계의 아기 (2~3세)	부모	그것이 내게 좋은 것인가?(자발적 행동을 지나치게 통제하거나 과잉보호하면 수치심을 갖게 되는 시기)
주도성 vs 죄의식 (initiative vs guilt)	미취학 아동 (3~6세)	가족	내가 하거나, 움직이거나, 활동하기 좋은 것인가?(자신이 세운 목표나 계획을 실천하고자 하는 욕구와 또래의 판단 사이에서 갈등을 겪게 되는 시기)
근면성 vs 열등감 (industry vs inferiority)	초등학생 (6~12세)	학교, 이웃	나는 사람과 사물의 관계에서 무엇을 창조할 수 있는가?(아이가 행한 업적을 칭찬해주고 격려해주면 근면성을 발달시키지만, 활동을 제한하고 비판하면 열등감이 생기는 시기)
정체성 vs 혼돈 (identity vs role confusion)	십대 (13~19세)	또래, 역할모델	나는 누구인가? 나는 무엇이 될 수 있을까?(발달이 순조롭게 이루어졌다면 자아정체감을 확립하지만, 그렇지 못하면 혼미감을 느끼고 정체감의 위기에 빠지는 시기)
친밀감 vs 고립감 (intimacy vs isolation)	성인 초기	연인사이	나는 사랑할 수 있을까?(이 시기에 친밀한 인간관계를 형성하지 못하면 개인과 사회에 건강하지 못한 고립감을 경험하는 시기)
생산성 vs 침체성 (generativity vs stagnation)	장년	가정, 동료	내 삶은 스스로 인정할 수 있는가?(생산성을 형성하지만, 생산성이 결핍되면 사회에 의미있는 기여를 하지 못했다는 회의로 인해 침체를 경험하는 소위 중년의 위기를 겪게 되는 시기)
자아통합 vs 절망 (ego integrity vs despair)	노년	사람	내 스스로 나의 삶에 만족했었는가?(자아통합달성에 실패하면 지나온 생을 후회하며 절망하는 시기)

필수 및 심화 문제

필수문제

01 보기의 ㉠~㉢에 들어갈 용어가 바르게 제시된 것은?(2024)

㉠	·일정 시기가 되면 자연히 발생되는 양적인 변화과정이다. ·신장, 체중, 신경조직, 세포증식의 확대에 의한 증가를 뜻한다.
㉡	·신체, 운동, 심리적 측면에서 전 생애에 걸쳐 일어나는 체계적이고 연속적인 변화를 뜻한다. ·변화하는 속도에는 개인차가 있으며, 상승적 변화뿐아니라 하강적 변화도 포함한다.
㉢	·기능을 더 높은 수준으로 발전할 수 있도록 하는 질적 변화를 뜻한다. ·신체적·생리적 변화뿐 아니라 행동 변화까지 포함한다.

	㉠	㉡	㉢		㉠	㉡	㉢
①	성숙	발달	성장	②	발달	성숙	성장
③	성장	발달	성숙	④	발달	성장	성숙

■**발달** : 신체, 정서, 운동, 지능 등이 성장하거나 질적으로 향상되는 것(㉠).
■**성장** : 생물체의 크기·무게·부피 등이 증가하는 것으로, 형태가 변하지 않고 양이 늘어나는 것. 발육과는 다름(㉡).
■**성숙** : 신체적·생리적으로 어린아이 티를 벗고 어른의 몸으로 변하는 것이며, 기능은 질적 변화를 일으켜 높은 수준에 이르는 것(㉢).

필수문제

02 영아의 반사에 관한 설명으로 적절하지 않은 것은?

① 비대칭목경직반사(Asymmetric Tonic Neck Reflex) 검사로 눈·손의 협응과 좌·우측 인식의 발달 수준을 추측할 수 있다.

② 신경적 장애 진단을 위한 반사의 출현과 소멸 간의 관계 검사는 전문가의 도움이 필요하다.

③ 걷기반사(Stepping Reflex) 검사로 불수의적 운동행동의 발달을 추측할 수 있다.

④ 모로반사(Moro Reflex) 검사로 신경적인 변이나 손상을 추측할 수 있다.

■다음은 영아의 반사행동인 원시반사, 자세반사, 이동반사 중 영아의 생존 또는 생명보호와 관계가 있는 원시반사의 일부이다.
■③ 걷기반사 : 생후 몇 주~5개월. 바로 세운 상태에서 발바닥이 표면에 닿으면 걷기 동작과 유사한 반응을 한다. 걷기에 영향을 준다. 수의적 운동행동의 발달을 추측할 수 있다.
■① 비대칭목경직반사 : 출생 후 4~6개월. 누워 있는 상태에서 머리를 한쪽 방향으로 돌리면 같은 방향의 팔과 다리를 펴고, 반대편 팔과 다리를 굽힌다. 6개월 후 지속적으로 나타나면 척주가 휘는 등 기형적으로 발달할 위험이 있다. 눈과 손의 협응을 가능케 한다.
■② 영아의 반사행동에 관련된 검사나 평가의 전문가가 해야 한다.
■④ 모로반사 : 생후 4~6개월 까지 지속. 큰 소리나 갑작스런 위치 변화가 생기면 팔을 벌려서 끌어안을 것 같은 동작을 취한다. 출생 시 모로반사 행동이 없으면 중추신경계통의 장애를 추측하고, 소멸 시기 후에도 남아 있으면 감각운동 장애를 추측할 수 있다.
■김은정 외(2020). 유아체육론. 대경북스.

정답 01 : ④, 02 : ③

■ **영유아의 뇌 발달**
· 출생 시의 뇌중량 : 350~500g (성인의 약 25%)
· 생후 6개월의 뇌중량 : 성인의 약 50~60%
· 2세 말~3세 초의 뇌중량 : 성인의 약 75%
· 7~8세의 뇌중량 : 성인의 약 95%

■ 뇌는 영유아기에는 급속히 발달하다가 그 이후 완만히 발달한다.

■ **대뇌피질**(대뇌겉질 : 기억 · 사고 · 집중 · 언어 · 각성 · 의식 등의 기능 수행)은 출생 이후에도 발달함.

■ **유아의 신체운동의 발달 순서**
· 머리 → 꼬리
· 중심 → 말초
· 전체 → 부분

필수문제

03 영유아기 뇌 발달에 대한 설명으로 옳지 않은 것은?

① 대뇌피질은 출생 이후에도 발달한다.
② 3세의 뇌 무게는 성인의 75% 정도이다.
③ 6세경 뇌 무게는 성인의 90% 정도에 도달한다.
④ 뇌는 영유아기까지 완만하게 발달하다 이후에는 급격히 발달한다.

필수문제

04 유아의 발달과정에 대한 설명으로 옳지 않은 것은?

① 신체 중심에서 말초 부위로 발달　② 대근육에서 소근육으로 발달
③ 머리에서 발가락으로 발달　④ 사지에서 몸통 근육으로 발달

심화문제

05 신생아기 신체발달의 특징을 잘못 설명한 것은?

① 머리의 길이가 신체길이의 약 ¼을 차지한다.
② 머리에서 꼬리 쪽으로(두→미), 몸통에서 팔다리 쪽으로(근→원), 속에서 겉 쪽으로(심→표) 신체가 발달한다.
③ 하루의 약 2/3 동안 잠을 잔다.
④ 뼈의 개수가 증가하지만, 남아와 여아 사이에 뼈 성숙도에는 차이가 없다.

■ 여아가 남아보다 뼈의 성숙도가 빠르다.

06 유아기 신체발달의 방향성에 관한 설명으로 옳은 것은?

① 머리부터 발달한다.　② 말초부위부터 발달한다.
③ 소근육과 대근육은 동시에 발달한다.　④ 일정한 순서 없이 발달한다.

■ 유아의 신체는 중심부위부터, 대근육부터 일정한 순서에 따라서 발달한다.

필수문제

07 영아기 신체발달의 특징을 잘못 설명한 것은?

① 체중과 신체의 길이가 발달하지만 그 속도가 느리다.
② 뇌신경이 급속하게 발달한다.
③ 대 근육에서 소 근육으로, 전체에서 특수 부분으로 발달한다.
④ 반사동작이 움직임의 주를 이룬다.

■ 영아기는 일생 중 체중과 키의 성장 속도가 가장 빠른 시기이다.

정답　03 : ④, 04 : ④, 05 : ④, 06 : ①, 07 : ①

심화문제

08 유아의 성장 · 발달에 영향을 가장 적게 미치는 것은?

① 영양섭취 ② 성격 ③ 질병 ④ 운동

09 아동청소년기 신체적 발달의 특징이 아닌 것은?

① 안정 시 분당 호흡수는 출생 후 점차 줄어든다.
② 아동기의 근력은 성장에 따라 발달하지 않는다.
③ 남성의 유연성은 사춘기 전후에 여성보다 빠르게 감소한다.
④ 안정 시 분당 심박수는 평균적으로 신생아가 4~5세 아동들보다 높다.

■ 아이가 자라면 저절로 힘도 세진다.

10 영아기의 설명으로 옳지 않은 것은?

① 영아기는 생후 4주~2세까지를 말함
② 신체 길이가 빠르게 성장하고 피부밑(피하)조직이 크게 증가함
③ 생후 약 12개월이 되면 걸음마가 시작될 정도로 발달
④ 신체 부위별 크기 증가는 똑같은 비율로 이루어짐

■ 영아의 신체 부위별 크기는 똑같은 비율로 증가하지 않는다.

필수문제

11 보기에서 영유아의 신체 및 운동발달 특징 중 옳은 것으로만 묶인 것은?

보기
㉠ 머리에서 다리 방향으로 발달한다.
㉡ 반사 및 반응 행동은 운동발달에 필수적인 단계이다.
㉢ 근육량의 증가로 안정 시 분당심박수는 점차 증가한다.
㉣ 연령증가에 따라 상체와 하체의 비율은 변화하지 않는다.

① ㉠, ㉡ ② ㉠, ㉢ ③ ㉡, ㉢ ④ ㉢, ㉣

■ ㉢ 영유아의 안정시 분당심박수는 100~200회/분에서 성인이 되면 70~80회/분이 된다.
■ ㉣ 영유아의 신체 각 부위는 발육에 따른 부위별 특징이 있어서 일률적으로 자라지 않는다.

심화문제

12 유아의 성장 · 발달에 영향을 주는 요인과 그 설명이다. 잘못된 것은?

① 신장과 체중은 느리지만 꾸준하게 증가하는 것이 지각정보와 운동정보의 협응을 방해한다.
② 영양부족이나 영양과잉이 성장패턴에 영향을 미칠 수 있고, 심각하게 부족하거나 과잉한 상태가 오래 지속되면 성장패턴에 항구적인 영향을 미칠 수도 있다.
③ 신체운동이 성장과정에 긍정적인 영향을 미친다. 그리고 훈련량이 지나치게 과도하지 않는 한 신체활동이 성장발달에 해롭다는 증거는 없다.
④ 질병과 기후도 성장 · 발달에 영향을 미친다.

■ 신장과 체중은 느리지만 꾸준하게 증가하기 때문에 지각정보와 운동정보를 협응시키는 연습을 할 시간이 생긴다.

정답 08 : ②, 09 : ②, 10 : ④, 11 : ①, 12 : ①

■**부호화**는 주로 전두엽과 측두엽에서 새로운 정보를 받아들이고 처리하는 첫 번째 단계인데, 여기에서 정보는 감각입력을 통해 들어와 의미있는 형태로 변환된다.

■**부호화 과정**
- 시각적 부호화 : 이미지 또는 시각 정보 처리
- 음향적 부호화 : 소리 또는 언어 정보 처리
- 의미적 부호화 : 정보가 가진 의미를 처리하는 것으로, 가장 효과적이며 장기 기억으로 저장됨.

■**운동피질**은 생후 6개월을 전후하여 발달이 시작된다. 특히 생후 4개월~2세는 정보해독단계이다.

■**원시반사** : 모로반사, 바빈스키, 비대칭목경직, 발바닥쥐기, 젖찾기, 젖빨기, 대칭목경직, 발바닥오므리기

■비대칭목(경직)반사
- 원시반사의 일종
- 누운 상태에서 머리를 돌리는 쪽으로 팔과 다리를 편다.
- 눈과 손의 협응동작이 가능해진다.
- 출생 전~출생 후 6개월

■신생아(영아기) 반사와 행동의 역할
- 아기의 생존을 돕는 역할
- 미래의 움직임을 예측할 수 있게 하는 역할
- 아기의 운동행동을 진단하는 역할

유아체육론

필수문제

13 반사 움직임 시기의 '정보 부호화 단계(information encoding stage)'에 대한 설명으로 옳지 않은 것은?(2024)

① 피질의 발달과 특정 환경적 억제 요인의 감소 현상이 일어난다.
② 태아기를 거쳐 생후 약 4개월까지 관찰될 수 있는 불수의적 움직임의 특징을 보인다.
③ 뇌 중추는 다양한 강도와 지속시간을 가진 여러 자극에 대해 불수의적 반응을 유발할 수 있다.
④ 뇌하부 중추는 운동 피질보다 더 많이 발달하며 태아와 신생아의 움직임을 제어하는데 필수적이다.

필수문제

14 보기에서 동일한 유형의 반사(reflex)나 반응(reaction)인 것을 고른 것은?

보기
㉠ 모로(Moro)　　㉡ 당김(pull-up)
㉢ 목가누기(neck righting)　　㉣ 바빈스키(Babinski)
㉤ 비대칭목경직(asymmetrical tonix neck)　　㉥ 낙하산(parachute)

① ㉠, ㉡, ㉥　② ㉠, ㉣, ㉤　③ ㉡, ㉢, ㉣　④ ㉡, ㉢, ㉤

필수문제

15 비대칭목경직반사(Asymmetric Tonic Neck Reflexes : ATNR)에 관한 설명으로 옳지 않은 것은?

① 생후 6개월에 나타난다.　② 원시반사의 한 유형이다.
③ 눈과 손의 협응력 발달에 중요하다.
④ 머리를 오른쪽으로 돌리면 오른쪽 팔과 다리가 펴진다.

심화문제

16 영아기 반사의 기능이 아닌 것은?

① 생존을 돕는다.　② 운동 행동을 진단한다.
③ 미래의 움직임을 예측한다.
④ 미래에 발현하는 불수의적인 움직임을 자의적으로 연습하게 한다.

정답　13 : ①, 14 : ②, 15 : ①, 16 : ④

필수문제

17 보기에서 설명하는 반사의 종류는?

보기
» 신생아에게 나타날 수 있는 자세반사로써 중력반사라고도 한다.
» 자세 유지를 위해 나타나며, 생후 10개월 이후에도 나타난다.
» 아기를 뒤에서 안아 상체를 아래로 내리면 손을 앞으로 뻗고 손바닥을 펴 자신을 보호하려 한다.
» 추락에 대한 보호반응이다.

① 모로반사(Moro reflex) ② 당김반사(pull-up reaction)
③ 낙하산반사(parachute reaction) ④ 바빈스키반사(Babinski reflex)

■ **낙하산반사** : 아기를 들어올려 몸을 앞으로 기울이면 자신을 보호하기 위하여 팔·다리를 펴는 반사
■ **모로반사** : 놀라기 반사
■ **바빈스키반사** : 간지럼반사
■ **당김반사** : 끌어당기는 반사

심화문제

18 보기에서 설명하는 신생아의 원시반사는?

보기
» 아기 머리의 갑작스런 위치변화나 강한 소리와 빛에 반응하여 무엇을 껴안으려고 한다.
» 출생 시 나타나지 않으면 중추신경계의 문제가 있을 수 있다.

① 빨기반사(sucking reflex) ② 모로반사(Moro reflex)
③ 바빈스키반사(Babinski reflex) ④ 손바닥파악반사(palmar grasp reflex)

■ 팔을 벌려서 무엇인가를 껴안으려고 하는 것이 **모로반사**이다.
■ 발바닥을 자극하면 발가락을 쫙 펴는 것이 **바빈스키반사**이다.

유아체육론

필수문제

19 영아기 원시반사(primitive reflexes)에 대한 설명 중 옳은 것은?

① 반사는 운동발달의 기초가 된다.
② 영아의 중추신경계 장애를 진단할 수 없다.
③ 반사는 영아의 생존과는 무관하다.
④ 대뇌피질에서 통제되는 수의적 움직임이다.

■ 수의적 움직임이 아닌 것을 반사운동이라고 하는데, 운동발달의 기초가 된다.

심화문제

20 유아기 건강체력 발달에 대한 특징으로 적절하지 않은 것은?

① 최대 심박수는 성인기에 비해 높다.
② 유아기 1회박출량은 성인기에 비해 높다.
③ 유아기 안정시 호흡수는 성인기에 비해 높다.
④ 성장함에 따라 근력이 증가하고 근섬유도 굵어진다.

■ 유아기 1회박출량은 성인보다 낮다.

정답 17 : ③, 18 : ②, 19 : ①, 20 : ②

21 보기에서 설명하는 것은?

보기
① 출생 후에 나타나는 기본적인 움직임 중의 하나이다. ② 보통 자극과 반응 사이에 짧은 잠복기가 있다. ③ 학습되는 것이 아니고 저절로 하는 것이다. ④ 불수의적인 움직임이다.

① 지각발달 ② 안정성 움직임 ③ 이동성 움직임 ④ 반사동작

■보기에서 불수의적인 동작은 반사동작밖에 없다.

■반사운동은 특정 자극에 대한 무의식적 자동적 반응이며, 연령이 증가하면 의식적 운동으로 대치되거나 사라진다.

22 다음 중 반사운동의 역할이라고 하기 어려운 것은?

① 기본적인 생명을 유지할 수 있도록 돕는 역할을 한다.
② 미래의 수의적인 움직임을 연습할 수 있는 기회를 제공한다.
③ 반사운동의 출현과 소멸은 운동발달을 예견할 수 있게 하는 중요한 지표이다.
④ 반사운동은 불수의 운동일 뿐만 아니라 잠시 나타났다가 곧 사라지므로 아무런 의미도 없다.

■**피아제(Piaget)의 인지발달 4단계**
· 감각운동기(0~2세)→전조작기(2~7세)→구체적 조작기(7~11세)→형식적 조작기(11세~)
· 피아제는 인간은 발달 단계와 학습을 통해 환경을 지각하고 이해하는 인지적 발달이 이루어진다고 하였다. 도식은 환경을 이해하는 틀인데, 이때 평형, 동화, 조절은 도식을 발달시키는 방법이다(p. 112 참조).

■**비코츠키(Vygotsky)의 사회문화적 이론**
· 인간의 발달은 사회문화적 환경의 영향을 받는다는 이론
· 아동이 스스로 학습하려는 노력과 부모, 교사 또는 좀 더 뛰어난 또래와의 상호작용을 통한 **연속적 발달단계**이다.
· 성인이 이끌어줄 수 없는 학습영역 내에 있는 개발가능영역인 **근접발달영역**이 있다. 이때 교사나 부모의 역할은 비계(집을 지을 때 임시로 설치한 가설물)일 뿐이다.

유아체육론

필수문제

23 보기는 인지발달 관점에 따른 주요 이론의 내용이다. ㉠~㉢에 들어갈 용어가 바르게 제시된 것은?(2024)

보기

이론	발달단계	주요 개념	인지발달의 방향
인지발달단계 이론	감각운동기 전조작기 구체적 조작기 (㉡)	(㉢) 동화 조절	내부→외부
(㉠)	연속적 발달단계	내면화 (㉣) 비계설정	외부→내부

	㉠	㉡	㉢	㉣
①	정보처리 이론	형식적 조작기	부호화	기억기술
②	사회문화적 이론	형식적 조작기	평형화	근접발달영역
③	정보처리 이론	성숙적 조작기	부호화	근접발달영역
④	사회문화적 이론	성숙적 조작기	평형화	기억기술

정답 21 : ④, 22 : ④, 23 : ②

필수문제

24 **유아기 발달에 관한 이론의 설명으로 적절하지 않은 것은?**

① 사회적놀이이론 (M. Parten) : 파튼은 사회적 놀이를 사회적 참여도에 따라 여섯 가지 형태로 분류하였다.

② 성숙주의이론(A, Gesell) : 인간의 발달은 유전적 요인에 기인한다고 주장하였다.

③ 인지발달이론(J. Piaget) : 인간의 본성은 태어날 때부터 환경에 따른 훈련에 의해 만들어진다고 주장하였다.

④ 도덕성발달이론(L, Kohlberg) : 인간의 존엄성과 양심에 따라 자율적이고 독립적 판단이 가능하다고 주장하였다.

■ **인지발달이론** : 인간의 지적 능력은 타고난 것이지만, 신체적 성숙과 환경적 경험에 의해 정신적 과정이 점진적으로 재조직된다는 이론이 인지발달이론이다.

필수문제

25 **보기에 해당하는 발달이론이 바르게 나열된 것은?**

보기

	발달이론
㉠	» 인간의 발달은 환경에 따른 훈련으로 이루어진다. » 학습에 의한 긍정적 행동의 촉진을 강조한다.
㉡	» 유아의 다양한 경험을 토대로 동화, 조절, 평형화의 과정을 통해 도식이 발달된다. » 조직화와 적응을 강조한다.
㉢	» 타인을 관찰하는 것만으로 새로운 행동을 획득할 수 있다. » 모방학습의 중요성을 강조한다.

	㉠	㉡	㉢
①	스키너(B. Skinner)의 행동주의 이론	게셀(A. Gesell)의 성숙주의 이론	에릭슨(E. Erickson)의 심리사회발달 이론
②	반두라(A. Bandura)의 사회학습 이론	피아제(J. Piaget)의 인지발달 이론	비고스키(L. Vygotsky)의 상호작용 이론
③	에릭슨(E. Erickson)의 심리사회발달 이론	게셀(A. Gesell)의 성숙주의 이론	반두라(A. Bandura)의 사회학습 이론
④	스키너(B. Skinner)의 행동주의 이론	피아제(J. Piaget)의 인지발달 이론	반두라(A. Bandura)의 사회학습 이론

■ **㉠ 스키너의 행동주의 이론** : 문제 38(p. 129) 참조

■ **㉡ 피아제의 인지발달이론** : 모든 유기체가 성공적으로 발달하면 태어난 목적을 완수할 수 있다는 이론.

■ **㉢ 반두라의 사회학습이론** : 사람의 행동은 타인의 행동이나 어떤 상황을 모방함으로써 형성된다는 이론.

■ **비고스키의 상호작용이론** : 인지발달에서 사회적 상호작용의 중요성을 강조한 이론. 인간의 심리적 기능발달에 필수적·공통적으로 형성되는 사회적 학습이 유아의 발달보다 선행된다.

■ **에릭슨의 심리사회발달이론** : 인지발달은 환경과의 상호작용에 의해 이루어지는 적응과정이라는 이론.

정답 24 : ③, 25 : ④

26 다음은 Bandura의 사회학습 이론에 대한 설명이다. 틀린 것은?

① 유아는 모방과 관찰학습에 의해서 새로운 행동을 학습한다.
② 모방학습은 단순히 타인의 행동을 모방하는 것이 아니라, 주변의 인물 특히 부모의 언어, 성역할, 사회적 행동을 모방하는 것이고,
③ 관찰학습은 모델(부모, 지도자, 또래 등) 의 행동을 관찰하여 모방함으로써 새로운 행동을 학습하는 것이다.
④ 그러므로 관찰학습에는 반드시 직접적 강화가 있어야 한다.

■강화가 없어도 관찰학습이 이루어진다.

27 유아기 운동발달 이론 중 보기가 설명하는 이론은?

보기
» 환경에 능동적으로 대응하며 운동기능을 발달시킨다.
» 지도사, 부모, 또래집단은 운동발달에 영향을 미친다.
» 집단 활동의 구성은 운동발달의 효과적인 교수법이다.

① 상호작용이론 ② 인지발달이론
③ 정신분석이론 ④ 정보처리이론

■아이는 환경, 부모, 또래와 상호작용을 하며 자란다.

유아체육론

필수문제

28 보기에 들어갈 인지발달 이론의 요소가 바르게 나열된 것은?

보기
» (㉠):새로운 경험과 자극이 유입되었을 때, 기존에 가지고 있는 도식을 사용하여 해석한다.
» (㉡): 기존의 도식으로는 새로운 사물이나 사건을 이해할 수 없을 때, 새로운 사물이나 대상에 맞도록 기존의 도식을 변경한다.
» (㉢): 현재의 조직들이 서로 상호작용하며 효율적인 체계로 결합하여 더 복잡한 수준의 지적 구조를 이루는 과정이다.

	㉠	㉡	㉢
①	조절(accommodation)	동화(assimilation)	적응(adaptation)
②	적응(adaptation)	조절(accommodation)	조직화(organization)
③	동화(assimilation)	조절(accommodation)	조직화(organization)
④	동화(assimilation)	조직화(organization)	적응(adaptation)

■㉠ 동화 : 예를 들면 자전거라는 도식을 가지고 있는 아이가 오토바이를 보았을 때 자기가 가지고 있던 도식(자전거)과 비교해서 같으므로 그것을 '자전거'라고 하는 것.
■㉡ 조절 : 엄마가 '오토바이'라고 가르쳐주면 아이는 그 차이점을 찾아 새로운 도식을 만드는 것.
■㉢ 조직화 : 오토바이와 자전거를 구분할 수 있게 되면 '탈 것'이라는 범주 안에 '오토바이, 자전거, 차, 배, 비행기' 등을 포함시킨 다음 그 범주 안에 있는 것들을 구분할 수 있게 만드는 것.
■인지발달 이론(p. 112) 참조.

정답 26 : ④, 27 : ①, 28 : ③

필수문제

29 피아제(J. Piaget)의 인지발달 단계 중 보기에서 설명하는 것은?

보기
» 지각운동시기로 사물과 사건의 관계를 인식하는 사고능력의 큰 진보가 이루어지지만 자기중심성이 강하다.
» 게임을 할 때 일반적인 규칙이나 전략을 사용할 수 있지만 완전하지는 못하다.

① 감각운동기 ② 전조작기
③ 구체적 조작기 ④ 형식적 조작기

■ 전조작기 : 자신이 내재적으로 가지고 있는 표상을 언어나 그림으로 표현할 수 있고, 모방이나 기억이 가능하다. 상징적 사고, 자기중심적 사고, 직관적 사고, 물활론적 사고, 인공론적 사고 등의 특징이 있다.

심화문제

30 피아제(J. Piaget)의 인지발달 단계에 포함되지 않는 것은?

① 감각운동기 ② 전조작기 ③ 구체적 조작기 ④ 직관적 조작기

■ 직관적 조작기가 아니라 형식적 조작기이다.

31 우리가 사는 세상을 이해하고 타인과 상호작용하는 학습과정은?

① 정서발달 ② 사회화 ③ 도덕성 발달 ④ 인간화

■ 50번 문제(p. 131) 참조

32 피아제(Piaget)의 인지발달 이론에 대한 설명 중 옳지 않은 것은?

① 감각운동기, 전조작기, 구체적 조작기, 형식적 조작기로 구분됨
② 전조작기에는 행동이 아닌 생각으로 행위를 수행할 수 있으며, 자기중심적인 특징이 있음
③ 모든 사람이 형식적 조작기에 이를 수 있음
④ 구체적 조작기에는 동일성, 보상성, 가역성의 특징을 나타냄

■ 지적장애아는 장애정도에 따라서 전조작기, 또는 구체적 조작기 이상의 단계에 도달하지 못한다.

■ 피아제의 인지발달단계(p. 112~113 참조)
· 감각운동기(0~2세) : 감각경험과 움직임을 조화시켜 자신이 처한 환경에 대한 의미 구성
· 전조작기(2~7세) : 자신의 세계를 언어와 이미지에 연결하는 상징적 사고 능력 확대
· 구체적 조작기(7~11세) : 구체적 사건을 논리적으로 생각하여 자신의 주위에 있는 대상을 다양한 상황으로 분류
· 형식적 조작기(11~15세) : 논리적 · 추상적 · 관념적 방식으로 생각

필수문제

33 보기에서 설명하는 유아기 발달이론은?

보기
다양한 속도로 날아오는 공을 때리는(striking) 경험은 도식(schema)의 변화를 유도하여 때리기 동작을 점차 발달시킨다.

① 피아제(J. Piaget)의 인지발달이론
② 프로이드(S. Freud)의 정신분석이론
③ 에릭슨(E. Erickson)의 심리사회발달이론
④ 하비거스트(R. J. Havighurst)의 환경이론

■ 인간은 타고난 발달단계와 학습의 상호작용을 통해 환경에 대해 지각하고, 생각하며, 이해하는 인지적 발달이 이루어진다는 이론. 참고로 스키마라는 말이 나오면 인지발달과 관련이 있다.

정답 29 : ②, 30 : ④, 31 : ②, 32 : ③, 33 : ①

유아체육론

■피아제가 인지발달 이론을 주장하기 위하여 설정한 도식과 적응의 개념은 다음과 같다. 도식→적응(순응)→동화→조절→평형→조직화

필수문제

34 피아제(J. Piaget)의 도식(schema) 형성과정이 아닌 것은?

① 동화과정(assimilation) ② 조절과정(accommodation)
③ 평형과정(equilibrium) ④ 가역과정(reversibility)

심화문제

35 피아제(J. Piaget)의 인지발달이론 중 차기동작(kicking)의 도식(schema)과 그 도식의 형성과정에 대한 설명으로 적절하지 않은 것은?

① 도식은 기존의 차기동작 경험을 통해 형성된 인지적 구조이다.
② 동화(assimilation)는 다른 속도로 굴러오는 공에 기존의 차기기술로 반응하는 것이다.
③ 조절(accommodation)은 다른 속도로 굴러오는 공에 새로운 차기기술로 반응하는 것이다.
④ 평형(equilibrium)은 동화와 조절의 균형을 통해 도식이 변화하는 것이다.

■동화와 조절을 반복하면서 심리적 구조와 일관성이 생기는 것을 '평형화'라고 한다.

36 다음은 Piaget의 인지주의 이론에 대한 설명이다. 틀린 것은?

① 유아가 환경과 끊임없이 상호작용을 한 결과로 얻어진 것이 지적 성장이다.
② 즉 유아 자신이 포괄적인 인지구조를 능동적으로 형성해 나간다고 보는 것이 인지주의 발달이론이다.
③ 인지주의 발달이론에서는 인지 발달단계를 감각운동기, 전조작기, 구체적 조작기, 형식적 조작기의 4단계로 나누고, 인지 발달단계에 따라서 유아의 행동발달이 이루어진다고 주장한다.
④ 유아기는 감각운동기에 속한다.

■감각운동기는 0~2세, 전조작기는 2~7세, 구체적 조작기는 7~11세, 형식적 조작기는 12세 이후이다. 그리고 유아기는 1~6세이므로 유아기는 전조작기에 해당된다.

필수문제

37 보기의 ㉠, ㉡에 들어갈 용어가 바르게 나열된 것은?

보기
» 특정 능력이나 행동의 발달에 최적인 시기를 (㉠)라고 한다.
» 각 시기에 따른 유아의 발달은 특정 시기에 도달해야 할 (㉡)을 갖기 때문에 시기를 놓쳐버리면 올바른 성장이 저해될 수 있다.

	㉠	㉡
①	민감기	통합성
②	민감기	발달과업
③	감각운동기	발달과업
④	전조작기	병변현상

■민감기 : 특정능력이나 행동의 발달에 최적인 시기. 발달단계에 따라 많은 영향을 받음.
■발달과업 : 시기별 유아의 발달이 특정시기에 도달해야 할 과제로, 그 시기를 놓쳐버리면 올바른 성장이 저해될 수 있다.
■감각운동기와 전조작기 : 피아제의 인지발달 이론(p.112) 참조.

정답 34 : ④, 35 : ④, 36 : ④, 37 : ②

필수문제

38 **보기에서 설명하는 발달 이론은?**

보기
» 환경을 변화시켜 바람직한 행동을 형성한다.
» 피드백을 통해 유아의 바람직한 행동을 촉진한다.

① 게셀(A. Gesell)의 성숙주의 이론 ② 피아제(J. Piaget)의 인지발달 이론
③ 스키너(B. Skinner)의 행동주의 이론 ④ 프로이드(S. Freud)의 정신분석 이론

필수문제

39 **유아의 지각-운동 발달에 관한 설명으로 옳지 않은 것은?(2024)**

① 유아기는 지각—운동 발달의 최적기이다.
② 지각이란 감각수용세포가 자극으로 들어온 정보를 뇌로 전달하는 것을 뜻한다.
③ 지각-운동 발달은 아동의 운동능력을 하나이다.
④ 유아기의 지각—운동 학습경험이 많을수록 다양한 운동상황에 반응하는 적응력이 발달된다.

필수문제

40 **유아의 지각운동발달 요소와 설명이 적절하지 않은 것은?**

① 공간지각 – 높이가 다른 뜀틀 넘기를 한다.
② 시간지각 – 음악에 맞추어 율동 동작을 한다
③ 시간지각 – 다양한 속도로 날아오는 야구공을 받는다.
④ 공간지각 – 신체 각 부분의 명칭과 근육의 긴장과 이완을 이해한다.

필수문제

41 **영유아의 시지각(visual perception)에서 '형태(form)지각'에 대한 설명으로 옳지 않은 것은?**

① 신생아는 형태를 지각할 수 있으며, 직선보다 곡선을 더 선호하는 것으로 알려졌다.
② 모양을 구별하고 여러 가지 양식들을 분간할 수 있는 능력이다.
③ 자신으로부터 대상이 떨어져 있는 거리를 판단하는 능력이다.
④ 생후 6개월경에 급속히 발달한 후에 정교해진다.

정답 38 : ③, 39 : ②, 40 : ③, ④, 41 : ④

■ 스키너의 행동주의 이론
· 스키너는 Pavlov(고전적 조건이론)와 Thorndike(자극-반응이론)를 잇는 행동주의 이론인 조건적 조직화 이론을 주장하였다.
· 외부환경 요인을 잘 활용하여 유아를 훈련·학습시키는 것이 발달에 중요하다.
· 바람직한 행동은 장려하고, 반대의 행동은 소거시켜야 유아의 행동발달을 성공적으로 이끌 수 있다.
· 이 이론은 유아발달 이론에서는 인간을 동물적으로 본다는 점 때문에 비판을 받고 있다.

■ **지각**이란 감각기관을 통하여 정보를 인식하는 과정이다. 감각수용세포가 받아들인 정보를 뇌로 전달하는 과정이 **전달과 전도**인데, 이때 감각수용체가 외부자극을 감지하여 전기신호로 변환시키는 것이 **지각**이다.

■ **공간지각** : 방향감각과 공간관계를 감각을 통해 인지하는 것.

■ 시지각(시각+지각)에서 형태 지각은 시각을 통해 실물이나 그림 등을 빠르게 비교·판별하고, 형태·명암의 차이를 알아보는 능력임.

■ ③은 **공간지각**(방향감각과 공간관계를 감각을 통해 인지하는 것) 능력이다.

유아체육론

■ 지각운동의 요소에는 공간지각, 신체지각, 시간지각, 방향지각, 관계지각, 움직임의 질, 무게지각 등이 포함된다. 속도는 이동성 운동의 요소이다.

42 지각운동의 요소가 아닌 것은?

① 속도지각 ② 공간지각
③ 신체지각 ④ 시간지각

■ 유아의 신체활동을 통한 자기개념
· 자기개념은 환경의 영향을 받기 때문에 여러 개일 수 있고, 상황에 따라 변할 수도 있음.
· 자신이 어떤 일을 성공적으로 수행할 수 있는 능력이 있다고 믿고 기대하게 되므로 자기개념과 자기효능감을 향상시킴(㉡).
· 스포츠활동으로 획득한 목표 달성 및 성공 경험은 내적 동기를 자극하여 목표 수행에 도움을 줌(㉢).
· 스포츠 활동으로 얻은 자신감은 신체적 능력이나 외모에도 영향을 미쳐 자존감 발달에 기여함.

필수문제

43 보기에서 유소년 신체활동을 통한 자기개념(self-concept) 발달에 대한 설명으로 옳은 것을 모두 고른 것은?

보기
㉠ 움직임은 긍정적인 자기개념을 촉진시킬 수 있는 최상의 방법이다.
㉡ 유소년에게 용기를 북돋아 주고, 생활에 모험활동이 포함되도록 한다.
㉢ 자신들의 한계 내에서 합리적인 수행목표를 세울 수 있도록 도와준다.
㉣ 실패의 가능성을 높이고, 실패와 실패지향적 경험들을 많이 제공한다.

① ㉠ ② ㉠, ㉣
③ ㉡, ㉢ ④ ㉡, ㉢, ㉣

유아체육론

■ 초등학교 고학년이 후기 아동기이다.
① 모험심이 강해서 친구나 또래집단의 위험하거나 은밀한 행동에 참여하려는 욕구가 크다. ②, ③, ④는 후기 아동기의 정서적 특징이다.

필수문제

44 후기 아동기 시기의 정서 발달 특징에 대한 설명으로 옳지 않은 것은?

① 정서적 수준은 이미 성숙한 수준으로 가정에서나 학교에서 일관된 행동을 보임
② 자아중심적이며 소집단활동에서는 잘 놀지만, 장시간 이어지는 대집단 놀이에서는 서투른 편임
③ 때때로 공격적이고 자아 비판적이며 과잉반응으로 행동함
④ 남아와 여아의 관심사가 비슷하지만 이후부터는 점차 달라지기 시작함

심화문제

45 유아기 정서적 발달의 특징 중 틀린 것은?

■ 유아기에는 부모나 교사가 좋아하는 것을 민감하게 실행하여 관심을 끌려고 한다.

① 자기중심적으로 사고하는 경향이 짙다.
② 신체적 욕구와 정신적 욕구의 충족을 중요시한다.
③ 칭찬을 하면 자신감이 생기고 의욕적인 태도를 보인다.
④ 부모나 교사가 좋아하는 것에 관심이 없다.
⑤ 수줍어한다.

정답 42 : ①, 43 : ③, 44 : ①, 45 : ④

46 유아기의 정서로만 묶인 것은?

① 기쁨－분노－우정　　② 분노－애정－기쁨
③ 질투－애정－근면　　④ 공포－질투－냉담

■ 유아기의 주 정서는 호기심, 분노, 기쁨, 공포, 애정 등이다.

필수문제

47 유아의 신체적 자기개념(self-concept)에 관한 설명으로 적절한 것은?

① 신체적 자기개념은 단일 개념이다.
② 신체적 자기개념은 자기효능감과는 관련이 없다.
③ 스포츠 참여를 통한 성공경험과 스포츠유능감 간의 관련성은 없다.
④ 스포츠 참여는 신체적 능력에 대한 개념을 형성하는 데 도움을 준다.

■ ① 유아의 스포츠참여는 신체적 능력에 관한 자기개념의 형성에 도움이 된다.
■ ② 신체적 자기개념은 복수의 개념이며, 자기효능감과 관련되어 있다.
■ ③ 스포츠참여를 통한 성공경험과 스포츠유능감은 서로 관련되어 있다.

필수문제

48 유아기의 사회적 발달 특징 중 틀린 것은?

① 사회적 집단으로 가족, 또래, 학교집단이 형성되지만, 모두 유희적 만족을 추구하는 집단이다.
② 자율성과 주도성이 나타난다.
③ 놀이를 통해서 리더십의 향상과 경쟁, 협동심이 발달된다.
④ 언어적 설명을 좋아한다.

■ 유아는 언어로 설명하면 이해하지 못하는 경우가 많아서 실제행동으로 시범을 보여주기를 원한다.

심화문제

49 다음 설명 중 유아의 사회적 발달의 특성이 아닌 것은?

① 친구와 놀이하는 것을 좋아하기도 하지만 반대로 싸우기도 많이 함
② 자아가 발달하기 시작하는 시기로 자기의 주장을 굽히려 하지 않음
③ 타인에 대한 이해력이 부족하기 때문에 자기중심적임
④ 성역할이 매우 뚜렷하여 남녀를 구별하여 놀이함

■ 유아기에는 남녀의 성역할에 차이가 없다.

50 유아체육 프로그램을 통해 형성되는 심리적 특성 중 보기가 설명하는 것은?

> 보기
> » 팀원 간의 관계를 형성하는 역동적인 과정
> » 팀에서 자신에게 부여된 역할과 팀의 규범에 부합하는 가치관을 내재화하는 과정

① 객관화　　② 자아통합　　③ 사회화　　④ 자존감

■ 사회화의 과정에 대한 설명이다.
■ 31번 문제(p.127) 참조.

정답　46 : ②, 47 : ④, 48 : ④, 49 : ④, 50 : ③

51 유아의 사회성 놀이 발달 단계 순서로 옳은 것은?

■ 평행놀이 단계가 아니라 병행놀이 단계이다. 단독→병행→연합→협동

① 단독놀이 단계 → 평행놀이 단계 → 연합놀이단계 → 협동놀이단계
② 평행놀이 단계 → 단독놀이 단계 → 연합놀이단계 → 협동놀이단계
③ 연합놀이 단계 → 평행놀이 단계 → 단독놀이단계 → 협동놀이단계
④ 단독놀이 단계 → 연합놀이 단계 → 평행놀이단계 → 협동놀이단계

■ 에릭슨의 심리사회적 발달단계 이론은 출생시부터 성인기까지 통과해야 하는 8단계를 식별하는 정신분석이론이다.
■ 주도성 대 죄의식(죄책감)은 그중 세번째인데, 미취학 아동(4~6세)에 해당된다. 자아개념 형성은 4~5세경에 시작된다.

필수문제

52 에릭슨(E. Erikson)의 심리사회발달 단계 중 주도성 대 죄책감에 관한 설명으로 옳지 않은 것은?

① 자기개념 형성이 시작되는 시기이다.
② 놀이를 스스로 시도할 수 있는 시기이다.
③ 취학 전 연령기(만 3세~6세)에 해당 된다.
④ 놀이를 통한 성공경험은 주도성 형성에 도움이 된다.

유아체육론

심화문제

53 보기에 해당하는 에릭슨(E. Erikson)의 심리사회발달 단계는?

보기
» 목표나 계획을 세워 성공하고자 노력하는 시기이다.
» 이동성이 커지면서 성인과 다를 바 없다는 사실을 자각한다.
» 아동은 의미 있는 놀잇감을 조작하면서 만족스러운 성취감을 경험한다.

■ 에릭슨의 심리사회적 발달단계(p. 118) 참조

① 1단계 – 신뢰감(trust) 대 불신감(mistrust)
② 2단계 – 자율성(autonomy) 대 수치심(shamme)
③ 3단계 – 주도성(initiative) 대 죄책감(guilt)
④ 4단계 – 친밀성 (intimacy) 대 고립감(isolation)

54 에릭슨(E. Erikson)이 제시한 심리사회발달 단계에 대한 내용의 연결이 적절하지 않은 것은?

■ 에릭슨의 심리사회적 발달단계(p. 118) 참조

	단계	내용
①	신뢰감 대 불신감	정체감을 확립하지 못한 경우 자신감을 가지지 못함
②	자율성 대 수치·회의	근육 발달을 조절할 수 있으며 자기 주위를 탐색함
③	주도성 대 죄의식	목표나 계획을 세워 성공하고자 노력함
④	근면성 대 열등감	기초적인 인지 기술과 사회적 기술을 습득함

정답 51 : ①, 52 : ①, 53 : ③, 54 : ①

필수문제

55 **보기의 훗트(C. Hutt)가 제시한 놀이 관련 행동에 대한 설명에서 ㉠, ㉡에 들어갈 용어는?**

보기

구분	(㉠)	(㉡)
맥락	새로운 물체	익숙한 물체
목적	정보 획득	자극생성
행동	정형화됨	다양함
기분	심각함	행복함
심장박동 변화	낮은 변화성	높은 변화성

	㉠	㉡
①	모방	놀이
②	모방	과제 관련 행동
③	탐색	과제 관련 행동
④	탐색	놀이

필수문제

56 **파튼(M. Parten)의 사회적 놀이발달 이론에 대한 설명으로 적절하지 않은 것은?**

① 혼자(단독) 놀이 : 다른 친구의 놀이를 지켜보며 가끔씩 구경하는 친구에게 말을 걸기도 한다.
② 병행놀이 : 주변의 친구들과 동일한 놀이를 하지만 함께 놀이를 하지는 않는다.
③ 연합놀이 : 다른 유아와 활동을 공유하며 놀이에 대해 이야기를 주고받거나 놀잇감을 빌려주기도 하지만 놀이 내용이 조직적으로 전개되지는 않는다.
④ 협동놀이 : 역할의 분담과 목적의 공유가 이루어지는 단계로서 병원 놀이 같은 것이 있다.

필수문제

57 **보기의 ㉠~㉢에 들어갈 용어를 옳게 나열한 것은?**

보기

» 피카(R. Pica)는 동작요소를 (㉠), 형태, (㉡), 힘, 흐름, 리듬으로 구성된다고 하였다.
» 퍼셀(M. Purcell)은 (㉠) 인식, 신체 인식, 노력, (㉢) 같은 동작요소에 대한 이해를 바탕으로 이를 응용영역에 적용시킬 수 있어야 한다고 하였다.

	㉠	㉡	㉢
①	공간	시간	관계
②	저항	속도	무게
③	공간	관계	시간
④	무게	속도	저항

정답 55 : ④, 56 : ①, 57 : ①

■ **탐색** : 정보를 수집하는 기능
■ **놀이** : 정보수집과 같은 특정 결과에 관심이 없고, 놀이 과정에서 자연스럽게 연습이 이루어진다.

■ 파튼(Parten)의 사회적 놀이 발달 이론 (p. 118) 참조

■ 학자별 동작의 구성요소
· 피카(R. Pica) : 동작활동을 문장구조에 비유하면서 동작기술은 동사에 해당하고, 동작요소는 부사에 해당하며, 동작요소는 공간, 형태, 시간, 힘, 흐름으로 구성됨.
· 퍼셀(M. Purcell) : 신체 인식(전신의 움직임, 부분적 움직임, 신체 모양), 공간인식(개인공간-일반공간, 방향, 수준, 범위, 경로), 노력(공간, 시간, 힘, 흐름), 관계(신체 부분과 부분, 신체와 물체, 사람과 사람
· 라반(R. V. Laban) : 공간(방향, 수준, 범위, 경로), 시간(속도, 기간), 무게, 흐름(연속성, 비연속성)
· 길리옴(Gilliom) : 신체인식, 공간, 시간, 힘, 흐름. 구성요소들을 대조법을 통해 언어화
· 슬레이터(Slater) : 무엇을(신체) 어떻게(노력) 어디로(공간) 누구와(관계)

유아체육론

CHAPTER 03 유아기의 운동발달에 관한 이론

유아기의 운동발달

1 운동능력, 기초운동능력, 운동기능의 구별

☞ 운동을 잘 해나갈 수 있는 능력(활동체력 또는 행동체력)을 운동능력이라고도 한다. 그러므로 운동능력에는 근력, 순발력, 지구력과 같은 근골격계통과 호흡순환계통의 노력에 의해서 생기는 힘과 민첩성, 평형성, 교치성 등과 같이 신경계통의 노력에 의해서 생기는 조정력, 운동의 폭을 넓히는 데에 필요한 유연성 등이 포함된다. 한마디로 말해서 운동수행에 필요한 신체적인 능력의 총체를 '운동능력'이라고 한다.

☞ 달리기, 뛰기, 던지기 등과 같이 인간이 행하는 여러 가지 운동 중에서 가장 기본이 되는 운동을 할 수 있는 능력을 '기초운동능력'이라고 한다.

☞ '운동기능' 또는 '운동기술'은 운동능력을 기반으로 연습 또는 학습을 통해서 얻어진 성과를 말하므로 운동기능의 발달이 아니라 운동기능의 향상이라고 해야 한다.

그러나 어린이가 자라는 것은 운동능력의 발달, 기초운동능력의 발달, 운동기능의 향상이 뒤섞여 있기 때문에 이러한 단어들을 혼용하여 사용하고 있다.

2 운동발달 모형(David Gallahue)

유아의 운동발달은 머리에서 꼬리로, 신체 중심부에서 겉 부위로 발달하는 순서성도 있지만, 반사운동에서 의도적인 움직임으로 발달하는 것과 같이 운동의 형태가 단계적으로 변화하는 위계성도 있다.

유아의 운동발달을 위계성에 따라 모형화한 학자들과 이론이 몇 가지 있지만, 가장 널리 알려져 있는 것이 미국의 갈라휴(David Gallahue)가 제시한 운동발달 모형이다. 갈라휴는 유아의 운동발달을 반사운동 단계, 초보운동 단계, 기본운동 단계, 전문운동 단계로 나누었다.

► 반사운동 단계

태어나서 약 1세까지를 반사운동단계라 하고, 접촉, 빛, 소리, 압력 등에 대하여 반사적인 움직임을 보인다. 유아가 신체 방어와 생존을 위한 본능적 반사 운동을 보이는 시기로, 모로반사, 빨기반사 및 걷기반사 등의 움직임을 보인다. 반사운동의 발달과 쇠퇴를 보고 아기의 신경계통에 이상이 있는지 여부를 짐작할 수 있다. 생후 1년이 되면 대부분의 반사운동은 사라진다.

► 초보운동 단계

생후 1년 정도가 지나면 반사운동이 사라지고 수의적으로 움직일 수 있는 초보운동 단계로 발전한다. 생존에 필요한 수의적인 움직임의 기본형태인 초보운동에는 안정성 움직임(머리, 목, 몸통 움직이기), 조작적 움직임(뻗기, 잡기, 놓기), 이동성 움직임(뒤집기, 기기, 걷기) 등이 포함된다. 서툴지만 신체의 균형을 유지하고, 물체를 조작할 수도 있다.

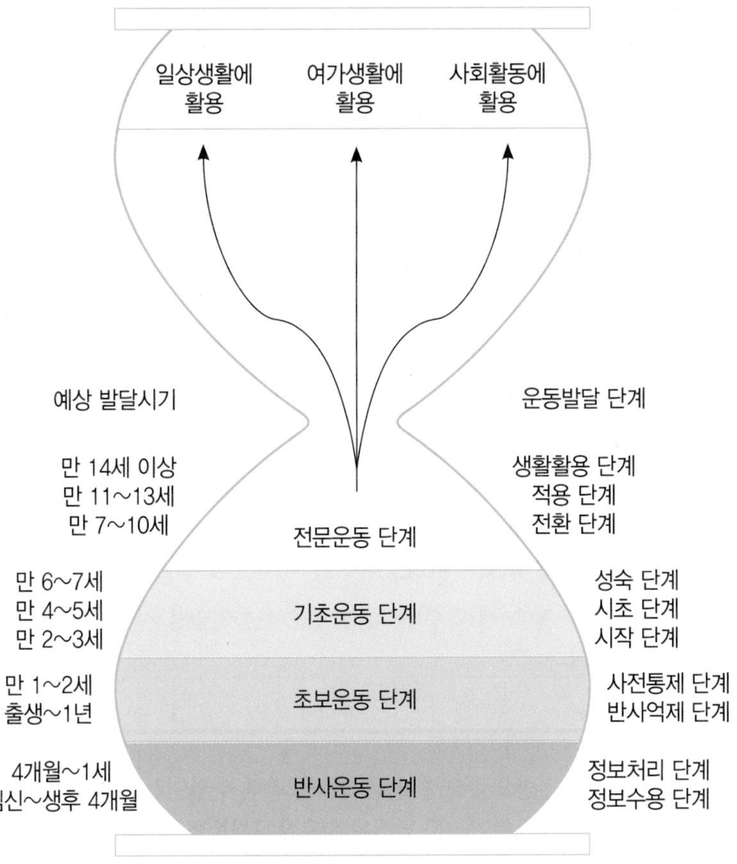

갈라휴의 운동발달 모형

자료 : Gallahue & Ozmum(2002).

▶ 기초(기본)운동 단계

두 살이 되면 좀 더 활동적인 기본운동 단계가 시작되어서 약 일곱 살까지 계속된다. 유아가 신체의 움직임을 통해서 적극적으로 탐구하는 시기라고 할 수 있다. 기초운동 단계는 시작(입문) 단계, 초보 단계, 성숙 단계로 이루어진다.

시작(입문) 단계에서는 눈과 손 또는 손과 발의 협응이 제대로 되지 않아서 신체의 사용이 일부 제한되거나 과장된 움직임 또는 매끄럽지 못한 움직임이 나타나기도 한다.

초보 단계(3~4세)에서는 기본움직임의 제어와 협응이 향상되어서 움직임이 시간적 · 공간적으로 상당히 매끄러워진다. 그러나 아직도 제한되거나 과장된 움직임의 형태가 남아 있어서 음식을 먹을 때 흘리거나 떨어뜨린다.

성숙 단계(5~6세)에서는 운동의 제어와 협응이 제대로 이루어질 뿐 아니라 역학적으로 효율적인 운동을 하는 면도 보인다. 그러나 날아오는 공을 받거나 배트로 치는 운동은 눈과 신체 동작이 고도로 협응이 되어야 하기 때문에 완전하지 못하다.

이 시기에 연습과 격려 등 운동지도를 받으면 운동발달이 효율적으로 진행되고, 그렇지 못하면 운동발달이 덜 된 상태에서 전문운동 단계로 넘어가게 된다. 그러면 성숙 단계에서 배웠어야 하는 운동기능이 미숙하기 때문에 전문 단계의 운동발달에도 부정적인 영향을 미친다.

▶ 전문화된(전문) 운동 단계

만 7세 이후에는 전문운동 단계에 접어들면서 또래와 스포츠활동을 익히고 즐길 수 있는 능력이 생긴다. 전문운동 단계는 기초운동 단계에서 배우고 익힌 운동들을 일상생활, 기본적인 스포츠기술, 레크리에이션 등에 응용해서 보다 더 세련되고 복잡한 운동기술로 발전시켜 나가는 단계라고 할 수 있다. 이 단계는 과도기 단계, 적용 단계, 평생이용 단계로 이루어진다.

과도기 단계(7~10세)에서는 기본적인 움직임 기술을 결합시키고 응용해서 스포츠나 레크리에이션에서 사용하는 전문기술을 수행하려 하고, 일상생활에도 이용하려고 한다. 대부분의 아이들이 스포츠에 관심을 갖게 되고, 새로운 기술을 배우면 응용하려고 한다. 부모나 교사가 아동의 운동기술이 향상될 수 있도록 도와주면 발달이 빠르지만 잘못 배우면 숙달장애 때문에 기본적인 운동기능 조차도 배우기 어려워질 수도 있다.

적용 단계(11~16세)에서는 인지능력이 정교해지고, 운동경험이 확대되면서 자신이 좋아하는 스포츠를 고르게 된다. 이 시기의 아이들에게 중요한 것은 스포츠활동에 참여할 수 있을 정도로 운동기능이 발달되어 있어야 하고, 게임에 대한 지식을 충분히 갖추고 있어야 하며, 운동의 정밀성, 정확성, 자세를 중시해야 한다는 것이다.

마지막으로 평생운동 단계(14세 이후)는 앞서 배운 운동기술을 자신이 선택한 운동에 응용해서 평생 동안 즐기는 것이다.

3 운동기술의 정의

운동기술은 운동능력을 기반으로 연습 또는 학습을 통해서 얻어진 성과를 말하므로 달리기, 뛰기, 던지기와 같은 기본적인 운동기능도 발전시키면 운동기술이 될 수 있고, 각종 스포츠에서 수행하는 스포츠 기술도 운동기술에 포함된다.

운동기술의 특징은

☞ 특정한 목적이 있는 수의적인 동작이다.……반사동작은 불수의적인 움직임이기 때문에 운동기술이 아니고, 길거리를 지나가다가 괜히 돌을 걷어차는 것은 특정한 목적이 없는 행동이므로 운동기술이 아니다.

☞ 목적 달성을 위해서 신체의 일부 특히 사지의 운동을 이용한다.……바둑이나 장기를 두는 것은 신체활동이 아주 적으므로 운동기술이 아니다.

4 운동기술의 분류와 발달

운동기술을 분류하는 방법에는 아래 표와 같이 여러 방법이 있다.

▶ 운동기술의 분류

분류 기준 : 근육의 크기		
대근육운동기술	몸통이나 팔다리의 큰 근육을 동원	달리기, 던지기, 뛰기
소근육운동기술	주로 손가락을 이용	피아노치기, 글씨쓰기
분류 기준 : 움직임의 연속성		
불연속적 운동기술	동작의 시작과 끝이 확실한 기술	골프 스윙
계열적 운동기술	불연속적 운동기술이 연속적으로 연결된 기술	농구의 드라이브인슛
연속적 운동기술	특정한 움직임이 반복되는 기술	수영, 달리기

분류 기준 : 환경의 안정성		
폐쇄운동기술	변하지 않는 환경에서 수행하는 운동기술 목표물(타깃)이 고정되어 있음	사격, 양궁
개방운동기술	변하는 환경에서 수행하는 운동기술 목표물(공)이 움직임	축구, 농구

▶ 유아기의 기본 운동기술의 유형

이동계	배를 땅에 대고 기기(crawling), 네발로 기기(creeping), 기어오르기, 걷기, 오르기, 내려가기, 달리기, 멈추기, 리프(leap), 스킵, 홉, 갤롭, 뛰기, 뛰어오르거나 내리기, 기어가듯이 오르기, 뛰어넘기, 가랑이 벌려 뛰어넘기, 몸을 돌려 비키기, 빠져나가기, 미끄러지기, 헤엄치기
평형계	팔로 지탱하기, 앉기, 굽히기, 서기, 일어나기, 한 발로 서기, 균형 잡고 서기, 타기, 건너기, 뜨기
조작계	잡기, 집기, 놓기, 멀리 내던지기, 던지기, 차기, 치기, 잡기(공 튀기기), 때리기, 잡기, 받기, 노젓기
비이동계 (제자리에서 하는 것)	매달리기, 밀기, 당기기

5 운동발달을 보는 관점

▶ 성숙론적 관점

미국 애리조나 주에 사는 인디언 호피족은 전통적으로 아기가 태어나면 '양육판'이라는 판자에 묶어 키운다. 이처럼 아기는 배우지 않아도 커가면서 점점 운동 발달이 명확해지고, 스스로 조절할 수 있는 능력을 갖게 된다는 관점이 성숙론적인 관점이다.

☞ 유전적으로 형성된 발달 프로그램의 순서대로 운동이 발달한다.

☞ 전 세계의 영아들은 양육 상황이 다름에도 불구하고 세계 모든 영아들의 운동기능 발달이 비슷한 순서로 진행된다.

☞ 쌍생아 연구에서 한 아기는 운동발달이 잘 되도록 환경을 조성했고, 다른 아기는 경험을 차단했음에도 불구하고 운동발달은 큰 차이를 보이지 않았다.

☞ 결과적으로 운동발달은 내적인 성숙에 의해서 진행된다.

▶ 학습론적 관점

생후 2년간을 대부분 고아원 침대에서 누워 지낸 이란의 고아들이 2세가 되어도 걷지 못하고 3~4세가 되었을 때 15%만이 혼자서 걸을 수 있었다. 이것은 운동기술의 발달에는 성숙이 필요하지만 성숙만으로는 충분하지 못하고, 학습과 경험이 중요하다는 것을 증명하는 것이다.

☞ 유아들에게 다양하고 풍부한 신체활동을 경험할 수 있도록 배려해야 한다.

☞ 그러면 유아들의 운동발달 수준을 향상시킬 수 있다.

▶ 생태학적 관점

인간의 운동행동은 단순한 성숙의 결과나 학습에 의한 반응이 아니고, 내적 · 외적 요인의 복잡한 관계 속에서 형성되는 구성물이다.

☞ 개인 · 환경 · 과제 수준 등이 복합적으로 상호작용하는 가운데에 운동발달이 이루어진다. (역동적 체계이론)

☞ 인간의 운동발달은 비선형적이고 불연속적인 특성을 가지고 있다.

☞ 인간의 행동은 지각체계와 행동체계의 상호관계에 의해서 이루어진다.(지각-행동이론)

☞ 운동행동의 주체인 인간이 환경 및 과제특성과 상호작용을 하면서 운동발달을 형성하여 간다.

☞ 움직임은 새로운 운동기술을 습득하고자 하는 영아의 의지에 의한 것이고, 호기심이 많고 능동적인 영아가 목표를 달성하기 위해서 이미 가지고 있는 운동기술을 재조직함으로써 운동기술이 발달하게 된다.

6 대근육운동의 발달

대근육운동은 걷기나 달리기와 같이 신체를 움직이는 것으로 균형과 협응성을 필요로 하는 운동이고, 유아는 신체를 움직임으로써 주위환경을 탐색하고 생각하며 발달하기 때문에 대근육운동과 소근육운동이 발달한다.

갈라휴의 운동발달단계는 대근육운동의 발달을 기준으로 해서 나눈 것이고, 유아기에 발달하는 대근육운동에는 걷기(walking), 달리기(running), 두발뛰기(jumping), 한발뛰기(hopping), 말뛰기(galloping), 스키핑(skipping) 등이 있다.

7 소근육운동의 발달

소근육운동은 손의 정교성, 눈과 손의 협응능력 등이 관여하는 것으로 유아기에 놀이나 학습을 위해 필요한 움직임이고, 여아가 남아보다 더 빨리 발달하는 것으로 보인다.

눈과 손이 협응하여 손기술을 정확하게 구사하는 능력 소근육 조작능력이라 하고, 여러 가지 운동능력들이 통합되고 중추신경계가 성숙함을 의미한다.

그림 그리기는 만 3~4세에 나타나고, 5~6세경에는 블록 쌓기를 매우 잘하며, 6세가 지나면 숟가락과 젓가락을 사용한다.

옷을 벗는 시기는 3세 이후, 4세경에는 세수와 양치질, 빗질도 가능, 5~6세경에는 혼자서 옷을 입고 벗을 수 있으며 신발 끈도 맬 수 있다.

8 유아의 운동발달에 영향을 미치는 요인

유아기에 운동능력을 잘 발달시키면 평생을 살아가는 데에 큰 도움이 된다는 것은 모두가 다 아는 사실이다. 그래서 많은 학자들이 유아의 운동능력 발달을 촉진시키는 요인에는 무엇이 있고 억제시키는 요인에는 무엇이 있는지 알아내려고 많은 노력을 해왔다. 그 결과 유아의 운동능력 발달은 한두 가지 요인에 의해서 결정되는 것이 아니라 여러 가지 요인들이 복합적으로 상호작용한 결과라는 것을 알게 되었다.

다음은 유아들의 운동발달에 영향을 미치는 요인들에 대하여 지금까지 연구한 결과를 요약해서 정리한 것이다.

☞ 생물학적 관점에서 볼 때 유아들의 운동능력 발달에 가장 크게 영향을 미치는 요인은 신장의 크기이고, 체중은 관련이 아주 적다.

☞ 기초체력 중에서 유아의 운동능력과 관계가 깊은 순서는 각근력>완근력>협응력>평형성>유연성 순이다.

☞ 어릴 때에는 지적 발달이 운동능력 발달에 크게 영향을 미치지만, 자라면 힘의 세기가 영

향을 더 미친다.

- ☞ 지능이 정상보다 낮은 아이는 손재주가 필요한 운동은 물론이고 큰 힘을 필요로 하는 운동도 잘못한다.
- ☞ 4세에서 6세 사이의 유아들을 대상으로 운동능력이 상위인 집단과 하위인 집단의 성격을 비교해본 결과 상위 집단이 사회성, 유치원 적응도, 사회적 안정도 등이 더 좋았다.
- ☞ 열등감이 강하든지, 변덕스럽든지, 신경질이 있는 유아는 대체적으로 운동능력이 좋지 않았다. 즉, 성격도 유아의 운동발달에 영향을 미친다.
- ☞ 대도시, 중소도시, 농(산)촌 유아들의 운동능력을 비교해봤더니 4세까지는 농촌 유아가 키는 더 작지만 운동능력은 더 좋았다. 즉, 사회적 환경의 차이가 유아들의 운동능력 발달에 영향을 미친다.
- ☞ 부모가 유아와 잘 놀아주는 가정의 유아가 운동능력이 더 좋았다.
- ☞ 형제가 있는 유아가 없는 유아보다 운동능력이 더 좋았다. 즉, 사회적 요인도 유아의 운동발달에 영향을 미친다.
- ☞ 친구와 집단놀이를 하는 유아가 운동능력이 좋았고, 여자 친구가 많은 남자 유아는 그렇지 않은 유아보다 운동능력이 좋았다. 즉, 교우관계가 운동능력의 발달에 영향을 미친다.
- ☞ 우리나라의 유아들이 서양의 유아들보다 손과 관련이 있는 운동기능이 잘 발달된다. 즉, 문화적인 환경도 유아의 운동능력 발달에 영향을 미친다.
- ☞ 유아들의 운동능력을 발달시키는 데에 교육적인 노력(환경적 요인)이 아주 중요하지만, 교육적인 노력만으로 모두 해결되는 것은 아니다. 즉, 유아들의 운동발달에 유전적인 영향도 크다.
- ☞ 다음의 표는 水野忠文이 쌍둥이들의 자료를 통계적으로 분석해서 유전과 환경이 운동능력의 발달에 영향을 미치는 정도를 분석한 결과이다.

▶ 유전과 환경이 운동능력 발달에 미치는 영향

항목	종목	유전적 요인(%)	환경적 요인(%)
체격	신장	75	25
	체중	53	37
	흉위	64	36
	폐활량	65	35
근력	악력(오른쪽)	26	74
	악력(왼쪽)	57	43
	배근력	25	75
운동능력	제자리멀리뛰기	11	89
	높이뛰기	27	73
	공던지기	54	46
	50미터달리기	79	21
	버피테스트	68	32

유아기의 건강과 운동

1 영유아의 건강에 영향을 미치는 요인

영유아의 건강에 영향을 미치는 요인들은 대단히 다양하고, 그 요인들이 서로 역동적이며 복합적으로 작용하기 때문에 어떤 요인이 얼마만큼 영향을 미친다고 정확하게 설명할 수는 없다.

☞ 유전적 요인……부모에게서 받는 유전인자들은 영유아의 신체적 · 정신적 기초를 형성하고, 특성을 결정짓는 역할을 한다. 건강과 관련된 유전적 요인에는 체질, 심장질환, 암, 당뇨, 정신질환 등이 있다.

☞ 환경적 요인……유전적 요인에 의해서 건강의 기초가 형성된다고 하면 환경적 요인에 의해서는 그 기초를 얼마나 지속적으로 발달시킬 수 있는지가 결정된다고 할 수 있다. 영유아들의 건강에 영향을 주는 환경적 요인에는 다음과 같은 것들이 있다.

A. 영양섭취 : 성장 · 발육이 왕성하고 활동량이 많은 영 · 유아기에는 단위체중당 소모하는 열량 또는 영양소가 성인에 비해서 훨씬 많다. 또한 영유아는 위가 적어서 한꺼번에 많은 양의 음식을 먹을 수 없으므로 자주 음식을 섭취해야 한다.

B. 수면과 휴식 : 수면은 피로를 회복하고 에너지를 재충전하기 위해서 꼭 필요한 생리적 현상이고, 개개의 영유아에게 필요한 수면시간이나 숙면의 정도는 개인차가 있다. 밤 10시부터 11시 사이에 가장 깊은 잠을 자고 성장호르몬도 가장 많이 분비되므로 성장기에 있는 유아와 초등학생들은 밤 10시 이전에 잠을 자고 새벽에 일어나는 습관을 들여야 한다.

C. 위생적인 환경과 생활습관 : 위생적인 환경을 유지하고 자신의 몸을 깨끗이 하는 생활습관을 기르는 것은 건강을 유지하는 데에 아주 중요한 일이다.

D. 정서적 안정 : 영유아들도 신체적으로뿐만 아니라 정서적으로도 편안한 환경에서 살아야 건강하게 자랄 수 있으며, 불안한 환경이나 스트레스가 심한 상황에 놓이게 되면 여러 가지 신체적 · 정신적 질환에 걸릴 확률이 높다.

E. 정기적 건강진단 및 질환의 조기발견과 치료 : 질병에 걸리지 않도록 예방하기 위해서는 정기적으로 건강검진을 받게 해야 한다.

F. 치아관리 : 치아는 음식물에 들어 있는 영양분을 섭취할 수 있도록 음식물을 잘게 부수어 주는 역할을 하므로, 평소에 이를 잘 닦는 습관을 갖게 하여 충치가 생기지 않도록 치아관리를 해야 한다.

G. 운동 : 규칙적인 운동은 건강을 유지하기 위해서 아주 중요한 요인이다. 운동을 통해 생명을 유지하는 데 중요한 기관인 심장과 폐를 튼튼하게 할 수 있고, 신체 각 부위의 고른 발달과 적응을 도와주기 때문에 영 · 유아에게도 중요하다.

2 유아기 운동의 특징

☞ 유아기 어린이의 운동은 대개 좌우대칭이고, 운동연습을 하면 그 효과가 특정 부위에만 나타나는 것이 아니라 신체 전체의 성장 · 발달로 이어진다.

☞ 유아기의 체력발달은 지금까지 경험한 적이 없는 새로운 운동 패턴을 연습해서 차차 성숙한 동작으로 변해가고,

☞ 체력이 다음 단계로 발달하기 위해서는 신체적으로 준비가 되어 있어야 한다.

☞ 특정한 체력이 발달하는 데에는 최적기와 임계기가 있다.

☞ 운동능력과 운동에 대한 흥미에서 남녀의 성차가 나타나기 시작한다.

3 유아기 운동의 효과

☞ 유아기에는 놀이중심 교육을 통해서 유아들의 건강체력과 지각능력 및 사회성을 기르는 것이 가장 중요하다.

☞ 유아기에 적절한 대근육운동을 하면 근육과 내장기관을 발달시키고 혈액순환을 촉진시킨다.

☞ 유아들의 근육은 가냘프고 뼈에 잘 부착되어 있지 않기 때문에 쉽게 피로해지고, 피로에서 빠르게 회복되므로 운동 중에 휴식 시간을 자주 가져야 한다.

☞ 유아기에 운동을 하면 각종 감각기관을 발달시키고, 움직임의 개념을 터득하는 데에 도움이 된다. 신경조직이 발달되어 기억력이 증가하고 학습능력이 향상된다.

☞ 유아기의 운동은 발육을 촉진시키고, 정서적 심리적 안정과 사회성 함양에 크게 도움이 된다.

4 WHO에서 5~17세의 소아청소년들에게 권고한 신체활동 지침

☞ 5~17세의 어린이와 청소년의 신체활동에는 가정, 학교 및 지역사회에서의 놀이, 게임, 스포츠, 이동, 여가, 체육수업 또는 계획된 운동 등이 포함된다.

☞ 심폐체력 및 근력, 뼈 건강, 심혈관 및 대사적 건강의 생물학적 지표를 개선하고 불안 및 우울증 증상을 감소시키기 위해서는 다음과 같이 권장된다.

» 5~17세의 어린이와 청소년은 매일 적어도 합계 60분의 중간강도 내지 격렬한 강도의 신체활동을 해야 한다.

» 매일 60분 이상의 신체활동을 하면 더 많은 건강 유익이 있을 것이다.

» 매일 하는 신체활동의 대부분은 유산소 활동이어야 한다. 근육과 뼈 강화활동을 포함한 격렬한 강도의 활동을 적어도 주 3회 이상 실시한다.

5 보건복지부의 어린이 및 청소년 신체활동 지침

☞ 규칙적으로 신체활동을 하는 것은 몸을 건강하게 하고 체력을 키우며 다양한 만성질환을 예방한다.

☞ 신체활동은 가정이나 학교에서 스포츠활동 및 체육수업 등에서 운동, 걷기 및 자전거타기 등의 이동 등을 포함하며 전반적으로 활동적인 습관을 갖는 것이 중요하다.

☞ 권장 신체활동은 가장 기본적인 수준이므로 좀 더 건강에 도움이 되려면 신체활동의 강도를 높이거나 활동횟수를 늘리는 것이 좋다.

☞ 움직이지 않고 보내는 여가시간을 하루 2시간 이내로 줄이는 것이 좋으며, 약간의 신체활동이라도 하는 것이 건강에 좋다.

☞ 청소년들이 즐겁고 다양한 신체활동에 참여하도록 적합한 신체활동을 제안하고 적극적인 활동을 격려하는 것이 매우 중요하다.

☞ 중간강도 이상의 유산소 신체활동을 매일 한 시간 이상하고, 최소 주 3일 이상은 고강도의 신체활동으로 실시한다.

☞ 근력운동을 1주일에 3일 이상, 주요 신체부위를 모두 포함하여 실시한다. 근력운동을 한 신체부위는 하루 이상 휴식을 취한 후 다시 하는 것이 좋다. 근력운동으로 체중부하 운동(정글짐, 하늘 사다리, 웨이트트레이닝 등)을 하도록 한다.

필수 및 심화 문제

필수문제

01 발달의 일반원리 중에서 틀린 것은?

① 발달은 분화, 통합적으로 진행된다.
② 발달에 순서는 있지만, 최적기는 없다.
③ 발달은 계속적인 과정이지만, 속도에는 차이가 있다.
④ 성숙과 학습이 발달에 영향을 미친다.

■ 발달에는 순서와 최적기가 있어서 최적기를 놓치면 항구적인 미발달이 올 수도 있다.

심화문제

02 유아의 운동능력 발달의 특성 중 옳지 못한 것은?

① 뇌에서 가까운 부분부터 발달한다.
② 중심부분에서 말초부분으로 발달한다.
③ 일방에서 양방으로 발달한다.
④ 수평적 동작에서 수직적 동작으로 발달한다.

■ 유아의 운동능력은 양방에서 일방으로 발달한다. 즉 두 손을 모두 쓰다가 오른손잡이 또는 왼손잡이가 된다.

03 안정성 운동능력에 대한 설명 중 바른 것은?

① 정적 평형성은 무게 중심이 이동할 때 평형을 유지하는 능력
② 동적 평형성은 무게 중심이 고정되어 있을 때 평형을 유지하는 능력
③ 축성 평형성은 굽히기, 펴기, 비틀기, 몸 돌리기 등과 같은 정적자세 유지 능력
④ 안정성 운동은 비교적 가장 늦게 발달하는 능력

■ ①과 ②의 설명이 서로 바뀌었다.
■ 안정성운동은 빨리 발달한다.

필수문제

04 이동성 운동능력의 출현 순서로 옳은 것은?

㉠ 서서 도움 없이 초보적 걷기
㉡ 처음으로 달리기(도움 없이 하는 단계)
㉢ 위로 점프하기(약 30cm)
㉣ 숙련된 갤로핑, 성숙된 형태

① ㉠ → ㉡ → ㉢ → ㉣　　② ㉠ → ㉢ → ㉡ → ㉣
③ ㉠ → ㉣ → ㉢ → ㉡　　④ ㉠ → ㉣ → ㉡ → ㉢

■ ㉠은 반사움직임
■ ㉡은 초보움직임
■ ㉢은 기본움직임
■ ㉣은 전문화움직임

정답 01 : ②, 02 : ③, 03 : ③, 04 : ①

필수문제

05 표의 ㉠, ㉡, ㉢에 들어갈 던지기(overarm throw) 동작의 발달단계를 바르게 짝지은 것은?

발달단계	특징	동작
㉠	» 체중은 명확하게 앞쪽으로 이동됨 » 던지는 팔과 같은 쪽의 다리를 앞으로 내밈	
㉡	» 준비 움직임 동안 체중을 뒷발에 실음 » 체중이 이동하면서 반대 발이 앞으로 나아감	
㉢	» 양발은 고정된 상태를 유지함 » 던지기를 준비하는 동안 양발을 이동하는 경우가 자주 있으나 특별한 목적은 없음	

① ㉠초보 ㉡시작 ㉢성숙 ② ㉠초보 ㉡성숙 ㉢시작
③ ㉠성숙 ㉡시작 ㉢초보 ④ ㉠성숙 ㉡초보 ㉢시작

■ 던지기 동작의 발달단계
· 2~3세 : 양발을 고정시킨 채로 몸은 목표방향을 함(시작).
· 4~5세 : 던지는 팔과 같은 쪽의 발을 앞으로 내밀고, 체중을 앞으로 이동시킴(초보)
· 5세 이상 : 체중을 뒷발에 싣고, 체중을 이동하면서 던지는 팔과 반대쪽 발이 앞으로 나감(성숙).

심화문제

06 보기의 동작에서 성숙단계로 발달하도록 지도하는 방법으로 적절 하지 않은 것은?(2024)

보기

시작 단계의 드리블 동작

① 두 발을 벌리고, 내민 발의 반대편 손을 앞으로 내밀어 드리블하도록 지도한다.
② 허리 높이에서 몸통을 약간 앞으로 기울여 드리블하도록 지도한다.
③ 공을 튀길 때 손목 스냅을 이용하여 공을 바닥 쪽으로 밀어내도록 지도한다.
④ 공을 튀길 때 손바닥으로 공을 때리도록 지도한다.

■ 단계별 드리블의 특징
· **시작단계** : 양손으로 공 잡기, 양팔로 공을 아래쪽으로 밀어냄, 공을 몸이 가까운 지면에서 접촉, 튀는 공의 높이가 일정하지 않음. 드리블 동작을 지도할 때는 공을 때리지 말고 밀도록 해야 한다.
· **초보단계** : 공의 위 아래를 다른 손으로 잡음. 공을 가슴높이에서 다룸. 공 제어 능력이 부족함.
· **성숙단계** : 내민 발의 반대쪽 손으로 드리블, 몸통을 약간 앞으로 숙임, 공을 허리 높이로 올림, 드리블 방향 제어.

정답 05 : ②, 06 : ④

필수문제

07 아래의 ㉠, ㉡에 들어갈 갤라휴(D. Gallahue)의 운동발달 단계로 바르게 묶인 것은?

단계	내용
(㉠)	» 움직임은 일상생활, 기본 스포츠 기술, 레크리에이션 분야 등에 응용되고, 세련된 활동이 가능하다. » 기술 발달의 시작과 정도는 다양한 과제요인, 개인요인, 환경요인에 의해 좌우된다.
(㉡)	» 수행이 역학적 효율성을 가지며, 5~6세 유아의 움직임 기술에 해당된다. » 움직이는 물체를 추적하는 정교한 시각운동과 신체의 움직임 등은 완전히 발달하지 않는다.

	㉠	㉡
①	전문화된 움직임	초보 움직임
②	전문화된 움직임	기본 움직임
③	기본 움직임	초보 움직임
④	기본 움직임	전문화된 움직임

■ **기본 움직임** : 4~6세에서 이루어지며, 성숙단계의 움직임.
■ 1~2세는 초보, 5~6세는 기초(기본), 초등은 전문이다.
■ **전문화된 움직임** : 보다 세련되고 응용된 움직임.

심화문제

08 갤라휴(D. Gallahue)의 운동발달 단계에 대한 설명으로 옳은 것은?

① 초보운동 단계-운동동작을 서로 연관시켜 하나의 일관된 동작으로 완성하는 단계
② 반사운동 단계-정보를 받아들이는 정보수용단계, 수용된 정보를 처리하며 초기 자발적 움직임이 일어나는 정보처리 단계
③ 기초운동 단계-운동 패턴이 세련되고 효율적인 형태로 발전하는 단계
④ 전문운동 단계-연령에 따라 점차 새로운 운동 기능이 나타나 성숙 되어가는 단계

■ **갤라휴의 운동발달 모형**
■ 반사운동 단계- 신체 방어와 생존을 위한 본능적 반사운동을 보이는 단계.
■ 초보운동 단계-생존에 필요한 수의적 움직임
■ 기초운동 단계-적극적으로 탐구. 시작-초보-성숙단계가 있다.
■ 전문화된 운동 단계(전문 운동 단계)-스포츠기술을 익히고 평생 동안 활용한다(pp. 134~136 참조).

09 전문화된(specialized) 움직임 시기의 '적용(application) 단계'에 대한 설명으로 옳지 않은 것은?

① 특정 활동을 찾거나 기피하기 시작한다.
② 움직임 수행의 정확성과 더불어 양적 측면이 강조된다.
③ 다양한 과제, 개인, 환경 요인 등을 토대로 어떤 활동에 참여할 것인지를 결정한다.
④ 인지능력이 저하되고 경험 토대가 축소되면서 많은 것을 학습하기가 어려워진다.

■ ④ 전문화된 움직임(전문운동) 시기의 '적용'단계에서는 인지능력이 정교해지고 운동 경험이 확대되면서 자신이 좋아하는 스포츠를 선택하게 됨.

정답 07 : ②, 08 : ②, 09 : ④

10 **갈라휴(D. L. Gallahue)의 기본운동 분류 중 축성움직임(axial movement)에 대한 설명으로 옳은 것은?**

① 늘리기(stretching)는 축을 이용하는 움직임이다.
② 동적 안정성(dynamic stability)을 위한 기본 움직임이다.
③ 체조의 텀블링 기술과 연계되지 않는다.
④ 이동운동(locomotion)과 결합될 수 없다.

■ 제자리에서 이동하지 않는 부분이 있어야 축성 운동이다.
■ 축성운동은 동적 안정성을 위한 기본 움직임이 아니다.
■ 축성운동은 체조의 텀블링 기술과 연계되어 있다.
■ 축성운동은 이동운동과 결합될 수 있다.

필수문제

11 **표는 갤러휴(D. Gallahue)의 운동에 대한 2차원 모델이다. ㉠~㉢에 들어갈 내용이 바르게 연결된 것은?(2024)**

운동발달 단계	움직임 과제의 의도된 기능		
	안정성	이동	조직
반사움직임 단계	» 직립 반사	» 걷기 반사	(㉢)
초보 움직임 단계	(㉠)	» 포복하기	» 잡기
기본 움직임 단계	» 한발로 균형잡기	» 걷기	» 던지기
전문화 움직임단계	» 축구 페널티킥 막기	(㉡)	» 야구 공치기

	㉠	㉡	㉢
①	포복하기	축구 골킥하기	손바닥 파악반사
②	머리와 목 제어	육상 허들 넘기	손바닥 파악반사
③	포복하기	육상 허들 넘기	목 가누기 반사
④	머리와 목 제어	축구 골킥하기	목 가누기 반사

■ pp. 134~136 참조.

필수문제

12 **기본 움직임 과제들의 '기술 내 발달 순서(intraskill sequences)'에 관한 설명으로 옳지 않은 것은?(2024)**

① 기본 움직임 패턴에서 신체 부위들의 발달 속도는 서로 다를 수 있다.
② 기본 움직임 기술의 습득 및 성숙은 과제·개인·환경 요인들에 영향을 받는다.
③ 움직임 기술의 발달 단계 구분은 움직임 패턴의 특수성이나 관찰자의 정교함에 영향을 받지 않는다.
④ 갤러휴(D. Gallahue)와 클렐랜드(F. Cleland)는 운동기술의 발달 순서에 대해 시작, 초보, 성숙으로 분류하였다.

■ 움직임 기술의 발달 단계에서는 움직임 패턴의 특수성이나 관찰자의 정교함이 영향을 미친다.

정답 10 : ①, 11 : ②, 12 : ③

유아체육론

필수문제

13 보기에 들어갈 유아의 기본움직임 발달단계가 바르게 나열된 것은?

■ 갈라휴(D.Gallahue)의 운동발달 단계 중 기본(기초)운동단계 : 시작(입문단계 : ㉠)→초보단계(㉡)→성숙단계(㉢)
p.135 참조

보기
» (㉠) : 기본적인 움직임을 보이지만, 협응이 원활하지 않아 움직임이 매끄럽지 못하다.
» (㉡) : 기본 움직임에 대한 제어와 협응이 향상되지만, 신체 사용이 비효율적이다.
» (㉢) : 움직임의 수행이 역학적으로 효율성을 갖게 되어 협응과 제어가 향상된다.

	㉠	㉡	㉢		㉠	㉡	㉢
①	시작 단계	전환 단계	전문화 단계	②	초보 단계	성숙 단계	전문화 단계
③	시작 단계	초보 단계	성숙 단계	④	초보 단계	적용 단계	성숙 단계

심화문제

14 다음 설명 중 잘못된 것은?

■ '학습에 의한 변화'는 발달에는 포함되지만, 성장이나 성숙에는 포함되지 않는다.

① 일정한 시기가 되면 자연히 발생하는 신체적 · 생리적 변화에 의한 양적 변화를 '성장'이라고 한다.
② 성장을 기초로 해서 나타나는 질적 변화를 '성숙'이라고 한다.
③ 유기체 또는 유기체의 기관이 양적으로 증대하고, 구조가 정밀해지며, 기능이 유능해지는 것을 '발달'이라고 한다.
④ 발달에는 환경과의 상호작용이나 학습에 의해서 이루어지는 변화는 포함되지 않는다.

15 걷기 동작의 발달단계 중 시작 단계(생후 12개월 전후)의 특징으로 옳지 않은 것은?

■ 영아는 다리를 벌리고 걸으므로 기저면이 넓다.

① 균형을 쉽게 잃게 된다. ② 보폭이 짧다.
③ 기저면이 상대적으로 좁다. ④ 발바닥 전체로 바닥과 접촉하며 걷는다.

16 오버핸드 던지기 운동기술의 발달단계 중 시작단계의 특징으로 옳지 않은 것은?

■ 체중을 이용하는 것은 마지막 단계이다.
■ 5번 문제(p.143) 참조

① 팔꿈치 위주로 동작한다. ② 양발은 고정된 상태를 유지한다.
③ 몸통회전을 이용하지 못한다. ④ 체중을 이용한다.

정답 13 : ③, 14 : ④, 15 : ③, 16 : ④

필수문제

17 표의 ㉠, ㉡에 들어갈 기본 움직임 기술의 발달 단계를 바르게 제시한 것은?

단계	(㉠)	(㉡)
움직임 기술	물구나무서기	공차기
	· 삼각지지를 통한 물구나무서기 가능 · 일정하지 않은 균형점을 보이고, 간헐적으로 자세를 오랫동안 유지함 · 감각적으로 사지의 위치를 살피려고 노력함	· 차기동작 동안 양팔흔들기가 나타남 · 팔로우 스로우가 이루어지는 동안 몸통이 허리까지 굽혀짐 · 다리 스윙이 길어지고, 달리거나 껑충 뛰어서 공에 다가감

	㉠	㉡		㉠	㉡
①	시작	시작	②	시작	성숙
③	초보	초보	④	초보	성숙

■ 앞의 13번 문제 참조.

필수문제

18 보기에 해당하는 이동운동 기술은?

보기

» 체중을 한 발에서 다른 발로 이동시키는 기술이다.

» 달리기보다 더 높이, 더 멀리 뛰면서 바닥을 접촉하지 않는 상태를 유지한다.

» 한 발로 멀리 건너뛰기를 하거나 보폭을 크게 하여 달리는 모습과 비슷하다.

① 갤로핑(galloping) ② 호핑(hopping)

③ 리핑(leaping) ④ 슬라이딩(sliding)

■ **갤로핑** : 한 발은 앞으로 걷고 다른 발은 달리듯 끌어다 앞다리에 붙이는 동작.

■ **슬라이딩** : 야구에서 수비수가 공을 잡거나 주자가 베이스에 닿을 때 미끄러지듯 몸을 던지는 동작

■ **호핑** : 댄스에서 한 발로 뛰었다가 뛴 발로 착지하는 기본 스텝 동작의 한 가지.

정답 17 : ④, 18 : ③

심화문제

19 보기에서 설명하는 기초이동 운동능력은?

보기

» 모든 구간에서 체중 이동이 자연스러움
» 체중 이동이 이루어지는 동안 팔의 움직임이 줄어듦
» 호핑 구간 동안 지지하는 다리의 발이 지면 가까이 있음

① 리핑(leaping) ② 겔로핑(galloping)
③ 슬라이딩(sliding) ④ 스키핑(skipping)

■ 교대로 한쪽 발로 가볍게 뛰는 동작이 스키핑이다.

필수문제

20 스포츠 기술에 반영된 조작 운동과 지각운동 구성요소의 연결이 옳은 것은?

	스포츠 기술	조작운동	지각운동 구성요소
①	골프공 때리기, 축구공 차기	추진	안정
②	농구패스 잡기, 핸드볼패스 잡기	추진	공간
③	티볼 펀팅, 탁구공 되받아치기	흡수	시간
④	축구패스공 멈추기, 야구 공중볼 받기	흡수	공간

■ **조작운동**
· 추진 : 공굴리기, 던지기, 차기, 치기, 튀기기
· 흡수 : 잡기, 받기, 공 멈추기

■ **지각운동**
· 신체 지각 : 신체의 명칭 · 모양 표현
· 공간 지각 : 장소, 높이, 방향, 범위
· 방향 지각 : 앞, 뒤, 옆, 위, 아래, 오른쪽, 왼쪽
· 시간 지각 : 속도, 리듬
· 관계 지각 : 신체 간의 관계, 사람과의 관계, 물체와의 관계
· 움직임의 질 : 균형, 시간, 힘, 흐름

필수문제

21 보기에서 설명하는 유아의 기본운동기술 유형은?

보기
» 물체를 다루는 능력이다.
» 추진운동 기술과 흡수운동 기술로 구분한다.
» 예로는 치기(striking)와 받기(catching)가 있다.

① 안정성(stability) ② 지각성(perception)
③ 이동성(locomotion) ④ 조작성(manipulation)

■ 유아기의 기본운동기술의 유형 중 **조작성기술**은 잡기, 놓기, 내던지기, 던지기, 차기, 치기, 잡기(공튀기기), 때리기, 받기, 노젓기 등이다.

정답 19 : ④, 20 : ④, 21 : ④

심화문제

22 운동기술이 움직임과 다른 점을 설명한 것이다. 옳지 못한 것은?

① 운동기술은 관련된 동작이 특정한 목적이 있어야 한다.
② 운동기술은 수의적인 동작이어야 한다.
③ 운동기술은 목적을 달성하기 위해서 신체나 사지의 움직임이 반드시 있어야 한다.
④ 운동기술은 반드시 효율적인 움직임이어야 한다.

■대부분의 운동기술이 효율적인 움직임으로 구성되어 있지만, 비효율적인 움직임이라고 해서 운동기술이 아닌 것은 아니다.

23 뻗기, 쥐기, 놓기, 잡기, 치기 등은?

① 이동성 움직임 ② 조작성 움직임
③ 안정성 움직임 ④ 평형성 움직임

■힘과 관련이 있으면 조작성 움직임이다.

필수문제

24 운동기술의 1차원 분류법에 대한 설명이다. 틀린 것은?

① 운동기술에 관련된 움직임의 어느 한 면만을 관찰하여 분류하는 방법이다.
② 움직임을 일으키는 근육에 따라서 대근 운동기술과 소근 운동기술로 분류한다.
③ 움직임의 (시간적)연속성에 따라서 불연속 운동기술, 연속 운동기술, 지속 운동기술로 분류한다.
④ 움직임이 일어나는 환경에 따라서 정적 운동기술과 동적 운동기술로 분류한다.
⑤ 움직임의 목적 또는 기능에 따라서 안정과제, 이동과제, 조작과제로 분류한다.

■날아오는 공을 잡기처럼 환경의 변화를 예측할 수 없는 상태에서 수행하는 기술은 **개방형 운동기술**, 정지하여 있는 공을 차기처럼 안정되고 변화하지 않는 환경에서 수행하는 기술을 **폐쇄형 운동기술**로 분류한다.

심화문제

25 보기의 ㉠, ㉡에 들어갈 기본 운동발달의 요소는?

보기

(㉠)	» 배트로 치기 연습하기(striking) » 날아오는 공을 발로 잡기(trapping)
(㉡)	» 철봉 잡고 앞뒤로 흔들기 (swinging) » 몸통을 굽히거나 접기 (bending)

	㉠	㉡		㉠	㉡
①	조작운동	이동운동	②	이동운동	조작운동
③	안정성운동	조작운동	④	조작운동	안정성운동

■**조작운동** : 차기, 던지기, 때리기, 공굴리기, 잡기, 멈추기 등
■**안정성운동** : 굽히기, 늘리기, 돌기, 흔들기, 몸 굴리기, 균형잡기 등

정답 22 : ④, 23 : ②, 24 : ④, 25 : ④

유아체육론

필수문제

26 **보기는 퍼셀(M. Purcell)이 제시한 동작교육과정에 관한 내용이다. ㉠~㉢에 해당하는 용어가 바르게 연결된 것은?(2024)**

보기
» (㉠) : 전신의 움직임, 신체 부분의 움직임
» (㉡) : 수준, 방향
» (㉢) : 시간, 힘
» (관계) : 파트너/그룹, 기구 · 교수 자료

	㉠	㉡	㉢
①	공간 인식	노력	신체 인식
②	신체 인식	공간 인식	노력
③	노력	신체 인식	공간 인식
④	신체 인식	노력	공간인식

■ 동작교육 과정
· 신체 인식 : 전신의 움직임, 신체의 부위별 움직임, 신체 모양
· 공간 인식 : 자기 공간, 일반 공간, 방향, 범위(넓이), 수준(높낮이), 경로
· 노력 : 시간, 힘, 흐름
· 관계 : 신체 부위들 간의 관계, 파트너나 그룹과의 관계, 물체와의 관계

27 **그림의 동작에서 성숙 단계로 발달하도록 지도하는 방법이 적절하지 않은 것은?**

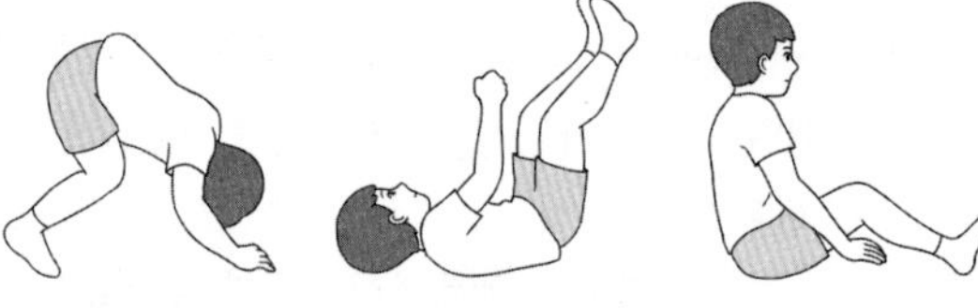

시작단계의 구르기(rolling) 동작

① 이마가 지면에 닿게 지도한다.
② 머리가 동작을 리드할 수 있도록 지도한다.
③ 구르는 힘을 생성할 수 있도록 양팔의 움직임을 지도한다.
④ 몸이 구르는 내내 압축된 C자 모양을 유지할 수 있도록 지도한다.

■ 구르기 동작의 단계별 특징

■ 시작단계
· 머리를 바닥에 댐
· 몸을 늘어진 C자 모양으로 웅크림
· 양손을 협응하는 능력이 없음
· 뒤 혹은 옆으로 구르지 못함
· 앞으로 구른 후 몸을 L자로 곧게 폄

■ 초보단계
· 앞으로 구른 후 동작들이 끊어짐
· 머리가 동작을 억제하는 것이 아니라 동작을 리드함
· 머리 위가 여전히 지면에 닿아 있음
· 구르기 시작 시 몸을 압축된 C자 모양으로 웅크림
· 구른 후 L자 모양으로 곧게 폄
· 양손과 팔의 약간 밀어내는 동작으로 구르기 동작에 어느 정도 도움이 됨
· 한 시기에 한 번의 구르기만 할 수 있음

■ 성숙단계
· 머리가 동작을 리드함
· 뒤통수가 바닥에 살짝 닿음
· 몸은 내내 압축된 C자 모양 유지
· 양팔은 힘을 생성하는 데 도움이 됨
· 운동량으로 인해 아동은 원래의 시작자세로 돌아옴

정답 26 : ②, 27 : ①

28 유아의 기초운동 기능 중 조작운동에 포함되지 않는 것은?

① 치기 ② 던지기 ③ 달리기 ④ 차기

■ 조작운동은 힘을 주고받는 운동이다.

29 그림의 동작이 성숙단계로 발달하도록 지도하는 방법으로 적절하지 않은 것은?

그림

수직점프(vertical jump)의 초보단계

① 도약과 착지 지점이 멀리 떨어지도록 지도한다.
② 두 팔을 동시에 위로 올리는 협응동작을 지도한다.
③ 두 발로 동시에 도약하고 착지할 수 있도록 지도한다.
④ 도약 후 공중에서 몸 전체를 뻗을 수 있도록 지도한다.

■ 수직점프를 할 때는 도약지점과 착지지점이 가까워야 한다.

유아체육론

필수문제

30 아동의 발달을 이론적으로 설명하는 이론에는 성숙주의 이론, 행동주의 이론, 인지주의 이론, 사회학습 이론 등이 있다. 다음은 Gessel의 성숙주의 이론의 설명이다. 틀린 것은?

① 인간의 개체가 성숙한 단계에 이르게 되는 힘은 유전적 요인에 있다는 것을 전제조건으로 하기 때문에 성숙주의 이론이라고 한다.
② 유아가 발달적 준비가 되었을 때 자신의 발달수준에 맞는 활동을 스스로 선택해서 하도록 해야 한다고 주장하면서
③ 약 10년 동안의 유아기에 일어나는 변화를 표로 만들어서 표준목록으로 제시하였다.
④ 그 표준목록에 맞추어서 성장하도록 돕기만 하면 된다고 주장하는 이론이다.
⑤ 성숙주의 이론은 인간의 발달에 유전적 요인이 미치는 영향을 너무 과소평가하였다는 비판을 받는다.

■ 성숙주의 이론은 유전적 요인을 너무 과대평가하고, 환경적 요인을 너무 과소평가하였다.

정답 28 : ③, 29 : ①, 30 : ⑤

■**성숙주의** : 유아는 스스로 발달한다는 이론
■**생태학적 이론** : 인간은 생물로서 다양하게 발달한다는 이론
■**인지주의** : 내부적으로 일어나는 능동적인 사고와 인지과정
■**심리사회발달이론** : 영아기에서부터 생애 전 과정에 이르는 발달 이론

필수문제

31 아래의 ㉠, ㉡에 들어갈 유아기 발달 이론이 바르게 묶인 것은?

단계	적용 내용
대상	» 발달단계에 이르게 되는 결정적인 힘은 개체가 가진 유전적 요인에 전적으로 의존한다는 관점이다. » 유아가 발달 준비가 되었을 때, 성인의 개입을 최소화하고 자신의 발달수준에 적합한 활동을 스스로 선택하도록 한다.
지도	» 최근 대두되는 관점으로, 인간이 생물로서 다양한 환경에 적응하는 것을 발달적 관점에서 연구하는 이론이다. » 유아의 행동을 미시체계, 메소체계, 엑소체계, 거시체계의 개념으로 나누어 연구한다.

① ㉠성숙주의(A. Gesell) ㉡ 심리사회발달 이론(E. Erikson)
② ㉠성숙주의(A. Gesell) ㉡ 생태학적 이론(U. Bronfenbrenner)
③ ㉠인지주의(J. Piaget) ㉡ 생태학적 이론(U. Bronfenbrenner)
④ ㉠인지주의(J. Piaget) ㉡ 심리사회발달 이론(E. Erikson)

■미각과 후각체계는 운동발달과 관련성이 별로 없다.

심화문제

32 보기에서 운동 발달과 관련성이 높은 감각체계들을 바르게 고른 것은?

보기
㉠ 시각(visual) 체계 ㉡ 운동감각(kinesthetic) 체계
㉢ 미각(gustatory) 체계 ㉣ 후각 (olfactory) 체계

① ㉠, ㉢ ② ㉡, ㉣ ③ ㉠, ㉡ ④ ㉢, ㉣

■유아기에는 수시로 영양을 섭취해야 한다.

필수문제

33 유아기의 영양섭취와 거리가 먼 것은?

① 신체와 정신발달에 영향을 미친다. ② 부모의 지도가 필요하다.
③ 편식습관에 주의해야 한다. ④ 운동 전에 섭취해야 한다.

■순환형이 아니라, 신체형이다.

심화문제

34 영유아의 신체가 발달하는 형태가 아닌 것은?

① 신경형 ② 림프형 ③ 생식형 ④ 순환형

정답 31 : ②, 32 : ③, 33 : ④, 34 : ④

필수문제

35 유아기의 운동특성이다. 틀린 것은?

① 운동양식이 대개 좌우대칭이다.
② 운동연습을 하는 부위가 주로 발달한다.
③ 여러 가지 운동패턴을 경험한다.
④ '더 빨리 더 힘 있게'하는 식으로 발달하는 것이 아니라 '얼마나 안전하게', '얼마나 많은 종류의 운동을 할 수 있느냐?'하는 식으로 발달한다.

■유아기에는 운동연습을 하면 모든 부위가 발달하고, 영양을 섭취하면 모든 부위로 분배된다.

심화문제

36 유아기의 규칙적인 운동의 효과가 아닌 것은?

① 체지방률 감소 ② 골밀도 감소
③ 심폐지구력 발달 ④ 운동기능의 발달

■유아에게 운동을 시키면 뼈가 튼튼하게 자라므로 골밀도가 증가한다.

필수문제

37 세계보건기구(WHO, 2020)가 권장한 유아·청소년기 신체활동 지침으로 옳은 것은?

① 만 1세 이전 : 신체활동을 권장하지 않는다.
② 만 1~2세 : 하루 180분 이상의 저·중강도 신체활동을 권장한다.
③ 만 3~4세 : 최소 60분 이상의 중·고강도 신체활동을 포함한 하루 180분 이상의 신체활동을 권장한다.
④ 만 5~17세 : 최소 주 5회 이상의 고강도 근력 운동을 포함한 하루 60분 이상의 중·고강도 신체활동을 권장한다.

■만 1세 이전에도 신체활동이 필요하다.
■만 1~2세는 하루 180분 이상의 중간 및 고강도 신체활동이 필요하다.
■만 5~17세는 최소한 주 5회 이상의 중간 강도 근력운동을 포함하여 하루 1시간 이상의 중간 및 고강도 신체활동이 필요하다.

필수문제

38 2012년 세계보건기구(WHO)에서 제시하는 아동의 신체활동 지침에 대한 설명으로 옳은 것은?

① 유산소성 신체활동을 주로 한다.
② 저항성 운동을 실시하지 않는다.
③ 누적 60분 이상의 중고강도 수준으로 신체활동을 주 3회 한다.
④ 정기적인 신체활동을 권고하는 이유는 안전 때문이다.

■② 아동들에게도 적절한 저항성 운동이 필요하다.
■③ 주기적인 중·고강도 운동은 아동들에게 적절하지 않다.
■④ 아동들에게 신체활동을 권고하는 이유는 육체적·정신적·사회적으로 건강한 사람으로 성장시키기 위해서이다.

정답 35 : ②, 36 : ②, 37 : ③, 38 : ①

필수문제

39 표는 미국스포츠의학회(ACSM, 2022)의 '어린이와 청소년을 위한 FITT(빈도, 강도, 시간, 형태) 권고사항'이다. ㉠~㉢에 들어갈 용어가 바르게 연결된 것은?(2024)

구분	유산소 운동	저항 운동	뼈 강화 운동
형태	여러 가지 스포츠를 포함한 즐겁고 (㉠)에 적절한 활동	신체활동은 (㉡)되지 않은 활동이나 (㉡) 되고 적절하게 감독할 수 있는 활동으로 구성	달리기, 줄넘기, 농구, 테니스 등과 같은활동
시간	하루 (㉢) 이상의 운동시간이 포함되도록 함		

	㉠	㉡	㉢
①	기술 향상	분절화	60분
②	성장 발달	분절화	40분
③	성장 발달	구조화	60분
④	기술 향상	구조화	40분

■ ACSM(2022)의 어린이와 청소년을 위한 FITT 권고사항
· 즐거우면서 **성장 발달**에 적절한 행동
· **구조화**되지 않는 활동이나 구조화되어 적절하게 감독할 수 있는 신체활동
· 운동시간은 **하루 60분**(1시간) 이상

■ 어린이와 청소년을 위한 FITT(ACSM 11판)

구분	유산소운동	저항운동	뼈강화운동
빈도	매일 최소 주3일 이상 고강도운동	주 3일 이상	주 3일 이상
강도	중간강도~고강도	체중 또는 8~15회 반복 가능한 무게	충격 또는 기계적 부하와 같이 부하를 주는 신체활동
시간	하루 60분 이상	하루 60분 이상	하루 60분 이상
종류	달리기, 뛰기, 뛰어넘기, 줄넘기 등	놀이기구 오르내리기, 팔굽혀펴기, 윗몸일으키기, 중량들기, 밴드 등	달리기, 줄넘기, 농구, 저항 트레이닝 등

필수문제

40 국립중앙의료원(2010)이 제시한 어린이·청소년 신체활동 권장사항이 아닌 것은?

① 인터넷, TV, 게임 등을 위해 앉아서 보내는 시간은 하루 2시간 이내로 한다.
② 일주일에 3일 이상 유산소운동, 근육강화운동, 뼈강화운동을 한다.
③ 운동강도 조절을 위해 놀이공간의 안전성은 고려하지 않는다.
④ 매일 1시간 이상 운동을 한다.

■ 국립중앙의료원이 제시한 어린이·청소년 신체활동 권장사항(2010)
· 매일 1시간 이상 운동을 권장한다.
· 유산소운동, 근육강화운동, 뼈강화운동은 1주일에 3일 이상(1회 운동시간 1시간 이상) 실시한다.
· 앉아서 보내는 시간(인터넷, TV시청, 게임 등)은 1일 2시간 이내로 한다.

정답 39 : ③, 40 : ③

필수문제

41 **고강도 운동 시 성인과 비교하여 유소년에게 나타나는 생리적 반응으로 적절하지 않은 것은?**

① 1회박출량 : (성인에 비하여) 낮음　② 호흡 수 : (성인에 비하여) 높음
③ 수축기 혈압 : (성인에 비하여) 낮음　④ 심박수 : (성인에 비하여) 낮음

■ ④ 유소년들은 고강도 운동을 하면 성인보다 심박수가 높다.

필수문제

42 **미국 질병통제예방센터(CDC)가 제시한 연령별 신체활동 가이드라인으로 옳지 않은 것은?**

① 미취학 아동에게 성장과 발달을 위해 일정 시간 이상의 신체활동이 권장된다.
② 미취학 아동의 보호자는 제한적인 활동유형의 소근육 위주 놀이를 장려해야 한다.
③ 어린이와 청소년에게 매일 60분 이상의 중강도 신체활동을 장려해야 한다.
④ 어린이와 청소년들에게 연령에 적합하며, 즐겁고 다양한 신체활동에 참여할 수 있는 기회와 격려의 제공이 권장된다.

■ CDC의 연령별 신체활동 가이드라인
· 3~5세(미취학아동)
–성장과 발달을 위해 일정 시간 신체활동 권장
–보호자는 다양한 활동유형의 놀이 장려
· 6~17세(어린이와 청소년)
–매일 60분 이상의 중간강도 또는 고강도 유산소운동(주당 3일 이상)
–매일 60분 이상의 근육강화를 위한 신체활동(주당 3일 이상)
–매일 60분 이상의 뼈강화를 위한 신체활동(주당 3일 이상)
–연령에 적합하고 다양하고 즐거운 신체활동 장려
–매일 60분 이상 중간강도의 신체활동 장려

필수문제

43 **보기는 인간행동의 '역학적 요인'이다. ㉠~㉢에 들어갈 용어가 바르게 연결된 것은?**(2024)

보기
» 안정성 요인 : 중력 중심, 중력선, (㉠)
» 힘을 가하는 요인 : 관성, (㉡), 작용/반작용
» 힘을 받는 요인 : 표면적, (㉢)

	㉠	㉡	㉢		㉠	㉡	㉢
①	지지면	가속도	거리	②	가속도	거리	지지면
③	지지면	거리	가속도	④	거리	가속도	지지면

■ 안정성 증가 요인 : 중력중심이 지지면의 중앙에 가까울수록, 중력선이 일직선에 가까울수록
■ 힘을 가하는 요인의 증가요인 : 관성이 클수록, 물체의 질량이 같을 때는 가속도가 클수록, 한 물체에 작용하면 힘이 클수록 반작용의 힘도 커짐.
■ 힘을 받는 요인의 증가요인 : 표면적이 좁을수록, 거리가 가까울수록

정답 41 : ④, 42 : ②, 43 : ①

유아기 운동발달 프로그램의 구성

유아기 운동발달 프로그램 구성의 기본원리

1 적합성의 원리

아이에게는 각 영역별 발달이 활발하게 일어나는 시기가 있다. 이 시기를 '결정적 시기' 또는 '민감기'라 하고, 이 시기에 적절한 자극을 주면 제대로 발달할 수 있지만 이 시기를 놓치게 되면 그 영역의 발달이 더뎌진다. 그러므로 유아들의 운동프로그램을 구성할 때에는 민감기를 고려해서 적절한 운동을 경험할 수 있도록 해주어야 한다는 것을 적합성의 원리라고 한다.

민감기에는 다음과 같은 활동을 주로 해 주어야 좋다.

☞ 아이가 하고 싶은 것을 하고, 보고 싶은 것을 보고, 만지고 싶은 것을 만질 수 있도록 해주어야 한다……아이가 바라는 것이 있다고 느껴지면 아이의 욕구를 즉각적으로 채워주려고 노력하는 것이다.

☞ 근육의 발달을 도와준다……이 시기의 아이들은 근육이 점점 발달하면서 점점 활동량이 늘어난다. 손과 같은 작은 근육뿐 아니라 몸 전체의 대근육도 발달한다. 목을 가누고 몸을 뒤집고, 기어가는 등 이동능력이 점점 발달하면서 아이가 바라는 물건이 생기면 스스로 다가가기도 한다. 위험한 것이 아니라면 아이가 물건을 충분히 탐색할 기회를 만들어주기 위해서 만져보도록 놔두는 것이 좋다.

☞ 아이의 행동에 반응을 보여준다……아이가 옹알이를 할 때마다 그에 대해 반응을 보여주는 것이 중요하다.

2 방향성의 원리

아동의 발달은 일정한 순서와 방향에 따라서 이루어지므로, 유아들을 위한 운동프로그램을 구성할 때에도 그 순서와 방향에 부합되게 해야 된다는 것을 '방향성의 원리'라고 한다. 두미의 원리, 중심말초의 원리, 세분화의 원리

3 특이성의 원리

아동들은 연령이나 성별에 따라 보편적인 발달 경향을 따르기는 하지만 그들의 외모가 다른 것만큼이나 발달에서도 개인차를 보인다. 이와 같이 발달에는 개인차가 있으므로 유아들을 위한 운동프로그램을 구성할 때에는 개개인의 발달 차이를 고려해서 해야 한다는 것을 '특이성의 원리'라고 한다.

4 안전성의 원리

유아들은 호기심이 강하고 주의력과 조심성이 부족하기 때문에 위험한 환경을 인식하기도 어렵고 적응도 잘 못한다. 그러므로 유아체육 지도자는 체육활동이 안전하고 충분한 공간 내에서 이루어지도록 해야 한다는 것을 '안전성의 원리'라고 한다.

5 연계성의 원리

연계성의 원리는 3가지 측면에서 설명할 수 있다.

- ☞ 3세 유아들의 운동프로그램을 구성하는 내용과 4세 유아들의 운동프로그램 구성 내용이 서로 연관성이 있어야 한다.
- ☞ 유아들의 성장발달 과정이 미숙한 단계에서부터 점차로 진보적인 단계로 진행된다는 것을 고려해서 유아들의 운동프로그램을 구성할 때에는 전단계의 발달을 이어받고, 동시에 다음에 진행될 발달을 촉진시켜 줄 수 있도록 구성해야 한다.
- ☞ 유아들에게 운동을 시킨다고 해서 운동능력만 발달하는 것이 아니라 인지능력, 감각능력, 정서적인 측면, 사회적인 측면에서의 능력들이 서로 영향을 미치면서 모두 발달하기 때문에 유아들의 운동프로그램을 구성할 때에는 운동능력 이외의 다른 능력들도 향상시킬 수 있도록 구성해야 한다.

6 다양성의 원리

다양성의 원리는 다음과 같은 목적을 달성할 수 있도록 운동프로그램을 다양하게 구성해야 한다는 원리이다.

- ☞ 유아들은 집중력이 떨어지고 쉽게 흥미를 잃어버린다는 특성이 있기 때문에 유아들의 흥미를 끌려면 운동프로그램을 아주 다양하게 구성해야 한다.
- ☞ 유아들의 운동은 어떤 운동을 아주 세련되고, 힘차고, 빠르게 하는 것이 목적이 아니고 가급적이면 많은 종류의 운동을 폭 넓게 경험할 수 있도록 구성해야 한다.

유아의 운동발달 프로그램 구성 시 일반적인 고려사항

유아들의 운동프로그램을 구성할 때에는 일반적으로 다음 사항들을 고려해야 한다.

교육대상	교육대상으로 하려는 영유아의 나이, 요구, 흥미, 발달 수준 등을 정확하게 파악하고 고려해서 프로그램을 구성해야 한다.
가정환경 및 부모의 요구	교육대상인 아동들의 가정환경과 그 부모들의 요구 사항을 충분히 고려해서 프로그램을 구성해야 한다.
지역사회의 실정	교육대상인 아동들이 살고 있는 지역사회의 특성, 사회문화적인 환경, 지리적 특성, 주민들의 생활양식, 사회시설 등도 고려해서 학습내용과 학습활동을 선정해야 한다.
교육과정	교육과정을 편성할 때 누리과정 등에서 법으로 정해 놓은 영역과 영양, 건강, 안전, 지역사회와의 교류, 부모에 대한 서비스 등을 고려해서 편성해야 한다.
수업일수와 시간	연간 수업일수는 공휴일을 제외하고는 연중무휴를 원칙으로 하는 것이 좋다. 하루 수업시간도 부모들의 근무시간 등을 고려해서 정해야 한다.
학급당 원아의 수	교육시설의 형태와 원아들의 연령대에 따라 학급당 원아의 수를 정하고, 학급당 원아의 수를 고려해서 프로그램을 구성해야 한다.
보육시설	유아들은 주위 환경과 상호작용을 하면서 다양한 활동을 통해서 자란다. 그러므로 보육시설의 자연환경은 물론이고 놀이시설 등 각종 교육시설도 중요한 역할을 하므로 잘 고려해서 프로그램을 구성해야 한다.

안정성 발달을 위한 운동프로그램의 구성요소

1 축성 안정성 운동

신체나 신체분절의 중심선을 가운데에 두고 양쪽에서 서로 반대방향으로 움직이거나 관절을 축으로 움직이는 운동을 축성운동이라 하고, 다음과 같은 운동들이 포함된다. 굽히기(bending), 늘리기(stretching), 비틀기(twisting), 돌기(turning), 흔들기(swinging)

2 정적 안정성 운동

정지한 상태에서 균형을 잡는 운동으로 다음과 같은 운동들이 포함된다. 직립균형잡기(upright balance), 거꾸로 균형잡기(inversed balance)

3 동적 안정성 운동

몸이 움직이는 상태에서 안정되게 균형을 잡는 것으로 다음 운동들이 포함된다. 구르기(rolling), 시작하기(starting), 멈추기(stopping), 피하기(dodging), 돌기(turning), 흔들기(swinging)

이동운동 발달을 위한 운동프로그램의 구성요소

1 단일요소 이동운동

신체의 위치를 다른 곳으로 이동시키는 운동 중에서 한 가지 운동 요소만을 포함하고 있는 것을 단일요소 이동운동이라 하고, 다음과 같은 운동들이 거기에 포함된다. 걷기(walking), 달리기(running), 리핑(leaping), 모둠발뛰기(jumping), 외발뛰기(hopping)

2 복합요소 이동운동

걷거나 뜀뛰기와 같은 단일 요소에 다른 요소가 더 첨가되어 있는 운동으로 다음과 같은 것들이 포함된다. 기어오르기(climbing), 갤로핑(galloping), 슬라이딩(sliding), 스키핑(skipping)

조작운동 발달을 위한 운동프로그램의 구성요소

1 추진 조작운동

손이나 발로 물체에 힘을 가해서 물체를 움직이게 하거나 더 빠르게 움직이도록 만드는 운동으로 다음과 같은 것들이 포함된다. 쓰기(writing), 그리기(drawing), 자르기(cutting), 찌르기(poking), 굴리기(rolling), 던지기(throwing), 치기(punching), 차기(kicking), 튀기기(bouncing), 펀팅(punting), 맞추기(striking), 되받아치기(volleying)

2 흡수 조작운동

날아오거나 굴러오는 물체에 힘을 가해서 정지시키거나 속도를 줄이는 운동으로 다음 것들이 포함된다. 잡기(catching), 받기(receiving), 볼 멈추기(ball trapping)

지각운동 발달을 위한 운동프로그램의 구성요소

모든 수의적인 운동은 주위환경이나 신체 내부에 있는 감각기관들로부터 들어오는 각종 감각 정보들을 중추신경계통에서 통합하고 해석해서 인지한 다음 그 자극에 대응하는 반응을 하도록 근육뼈대계통에 명령을 내리면 근육뼈대계통이 그 명령을 수행함으로써 이루어진다.

이때 감각기관에는 눈, 귀, 코, 혀와 같이 특별한 기관이 있는 경우도 있고, 촉각, 압각, 통각, 운동감각, 공간감각, 시간감각처럼 온 몸에 감각기관이 흩어져 있는 경우도 있다.

그리고 각종 정보를 통합하고 해석해서 인지하는 것을 지각이라고 한다. 같은 정보가 입력되더라도 사람마다 지각하는 내용도 다르고 반응하는 방법도 다르다. 그러므로 지각운동 능력은 개개인의 감각능력과 인지능력의 영향을 크게 받고, 신체를 조절하고 결합시키는 능력과 직접적인 관계가 있다.

지각운동이 감각의 종류만큼이나 다양하기 때문에 지각운동을 발달시키기 위한 운동프로그램을 구성하는 요소도 다음과 같이 대단히 다양하다.

신체지각	자신의 신체의 위치나 모양, 신체 부위 간의 관계 등을 구별하는 능력.
공간지각	공간 안에서 자신의 신체 위치를 인식하는 능력과 공간의 거리와 높이를 구별하는 능력.
방향지각	방향과 좌우를 구별하는 능력.
시간지각	동작의 속도와 리듬을 구별하는 능력. 시간인식, 리듬인식, 속도인식.
관계지각	사물이나 다른 사람과의 관계를 구별하는 능력.
움직임의 질	움직임에 포함되어 있는 균형, 힘, 시간, 흐름을 구별하는 능력.
무게지각	근육의 긴장 정도와 자세 변화를 구별하는 능력.

체력발달을 위한 운동프로그램의 구성요소

체력은 신체적 활동을 수행할 수 있는 능력을 말하며, 스포츠 등 육체적인 능력이 좋은 사람, 질병에 저항력이 좋은 사람, 피로에 잘 견디는 사람 등은 체력이 좋다고 평가된다.

체력은 건강관련 체력과 운동관련 체력으로 구분하고, 체력발달을 위한 운동프로그램에는 다음과 같은 구성요소가 포함되어 있어야 한다.

1 건강관련 체력

일상생활에서 적극적으로 활동할 수 있는 신체능력으로, 적절한 운동을 하면 건강관련 체력을 후천적으로 향상시킬 수 있다.

심폐지구력	호흡기관이나 순환계통이 오랜 시간 동안 지속되는 운동이나 활동에 버틸 수 있는 능력을 말한다. 운동을 통해서 심폐능력이 향상되면 운동수행능력의 향상뿐만 아니라 쉽게 피로해지지 않고, 심혈관질환이나 심장동맥질환의 위험요인도 감소된다.
근력	근육이나 근조직이 한 번 수축할 때에 발휘할 수 있는 힘 즉, 저항을 이기고 근육이 힘을 낼 수 있는 능력을 말한다. 신체활동 및 신체기능에 근력이 많은 영향을 미치고, 50대 이후부터는 10년마다 약 10%씩 감소되므로 지속적인 운동을 통해서 근력을 유지하는 것이 매우 중요하다. 그리고 근력은 운동을 하면 증가되지만, 운동을 하지 않으면 감소되는 특성을 지니고 있다.
근지구력	근육저항에 대해서 근육이 오래 동안 지속적으로 대항할 수 있는 능력 즉, 근육이 반복적으로 수축을 계속할 있는 능력을 뜻한다. 노화과정에서 근지구력도 감소되는 변화를 보이므로 반복적인 저항성 운동을 통해서 근지구력을 유지하는 것이 중요하다.
유연성	근육과 관절이 움직일 수 있는 범위가 넓은 것을 말하고, 관절의 움직임을 평가하는 중요한 지표가 된다. 유연성은 스트레칭을 통해서 지속적으로 이루어질 수 있고, 목, 어깨, 허리, 고관절의 유연성이 건강관련 체력에 크게 영향을 미친다.
신체조성	신체의 구성 비율을 말하며 크게 체지방량과 제지방량으로 나누어 볼 수 있다. 나이가 들면서 피하지방은 줄고 내장지방은 늘어가는데, 내장지방은 심혈관 및 내과적 질환의 발생률을 증가시킬 수 있으므로 적정체중을 유지하는 것이 매우 중요하다.

2 운동관련 체력

스포츠 등에서 기술을 발휘하는 데에 필요한 능력을 말하고, 선천적인 요소를 많이 가지고 있기 때문에 운동을 통해서 운동체력을 향상시키는 데에는 한계가 있다.

☞ 순발력……단시간에 폭발적으로 힘을 내는 능력으로 근력이 강하고 속도가 빠르면 순발력이 크다. 순발력을 강화하기 위한 트레이닝

A. 운동강도 : 근력이 좋고 속도가 부족 시에는 최대근력의 30%
속도가 좋고 근력 부족 시에는 최대근력의 80%

B. 운동시간 : 속도가 부족 시에는 최대근력의 30% 중량으로 3~6초 실시하며, 반복횟수는 8~12회.
근력이 부족 시에는 최대근력의 80% 중량으로 5~8초 실시하며, 반복 횟수는 3~5회.

C. 운동빈도 : 주 3회 또는 격일제로 실시하고, 세트와 세트 사이의 휴식은 3~4분 정도.

☞ 민첩성……움직임의 방향이나 몸의 위치 등을 신속하게 변화시켜서 다른 움직임으로 옮길 수 있는 능력으로, 속도, 균형, 협응성과도 관계가 깊다. 속도에 관한 능력은 선천적인 경향이 있으나 훈련을 통하여 향상시킬 수 있다. 질주 트레이닝, 부하를 경감한 트레이닝, 연속도약 트레이닝 등을 통해서 민첩성을 향상시킬 수 있다.

☞ 평형성……운동 중에 또는 정지하여 있을 때에 신체의 안정을 유지하는 능력을 말한다.

☞ 협응성(조정력)……끊임없이 변화하는 운동과제에 대하여 신속 · 정확하게 대응하여 운동을 수행하는 능력을 말한다. 조정력을 향상시키려면 운동 시 동작을 정확하게 해야 하고, 몸이 피로하지 않은 상태에서 연습해야 하며, 정확한 동작을 반복해서 연습함으로써 신경망을 구축해야 한다.

☞ 교치성……근육과 신경계의 협응으로 정확한 동작을 수행할 수 있는 능력이다.

2019 개정 누리과정(신체운동 · 건강 영역)

신체활동 즐기기	신체를 인식하고 움직인다. 신체 움직임을 조절한다. 기초적인 이동운동, 제자리 운동, 도구를 이용한 운동을 한다. 실내외 신체활동에 자발적으로 참여한다.
건강하게 생활하기	자신의 몸과 주변을 깨끗이 한다. 몸에 좋은 음식에 관심을 가지고 바른 태도로 즐겁게 먹는다. 하루 일과에서 적당한 휴식을 취한다. 질병을 예방하는 방법을 알고 실천한다.
안전하게 생활하기	일상에서 안전하게 놀이하고 생활한다. TV, 컴퓨터, 스마트폰 등을 바르게 사용한다. 교통안전 규칙을 지킨다. 안전사고, 화재, 재난, 학대, 유괴 등에 대처하는 방법을 경험한다.

국민체력100(청소년 체력의 구성요소)

체력요소	체력요인 및 측정항목
건강체력	체성분, 근력(악력 측정, kg), 근지구력(윗몸말아올리기, 회), 유연성(앉아서 윗몸굽히기, cm), 심폐지구력(10m 왕복 오래 달리기, 회)
수행(기술)체력	평형성(한 발로 중심잡기, 초), 순발력(제자리멀리뛰기, cm), 민첩성(5m×4회 왕복달리기, 초), 협응성(공던지기, 공차기, 버튼누르기), 스피드, 반응시간

유아 운동프로그램 구성 시 고려사항

1 유아기(초기 아동기)

- ☞ 대근운동놀이 기회를 제공한다.
- ☞ 다중감각에 접근하는 방식을 이용한다.
- ☞ 창의력과 탐구력 극대화를 위해 움직임 경험은 움직임 탐색과 문제해결 활동에 중점을 둔다.
- ☞ 건강한 자기 개념 형성에 도움이 되는 움직임 교육 프로그램을 활용한다.
- ☞ 실패에 대한 두려움을 줄이기 위해 긍정적 강화를 많이 포함시킨다.
- ☞ 이동성 · 조작성 · 안정성과 관련된 기본적인 능력을 발달시킨다.
- ☞ 간단한 능력에서 복잡한 능력으로 진행시키는 데 중점을 둔다.
- ☞ 남아와 여아의 관심과 능력이 비슷하기 때문에 분리 활동을 할 필요 없다.
- ☞ 지각-운동기능 향상을 위한 활동을 제공한다.
- ☞ 물체의 조작, 눈과 손의 협응성에 필요한 다양한 활동을 제공한다.
- ☞ 팔·어깨·상체를 모두 움직이는 활동을 많이 한다.
- ☞ 여러 가지 기본적 움직임을 정확하게 실행할 수 있게 한다.

유아체육론

☞ 협응성을 강조하되, 속도 및 민첩성과 연계시키지 않는다.
☞ 개인차에 대비하고, 자신의 속도에 스스로 맞추어 진행할 수 있게 한다.
☞ 준수할 수 있는 행동기준을 마련한다.
☞ 발달을 위한 움직임 프로그램은 각 개인의 발달 수준을 토대로 구성한다.
☞ 단측성 움직임(예 : 호핑 스텝)이 어느 정도 완성되면 양측성 움직임(예 : 갤로핑 스텝, 스키핑 스텝)과 횡단측성 움직임들의 통합을 시작한다.

2 후기 아동기

☞ 대근육 발달에서 소근육 발달을 고려한다.
☞ 기본 움직임 단계에서는 이동성·조작성·안전성에 관련된 움직임을 발달시킬 수 있게 한다.
☞ 기본 움직임 단계에서는 협응력이 발달되는 중요한 시기이므로 다양한 움직임을 경험케 하여야 전문화된 움직임 단계로 전환할 수 있다.
☞ 성인으로부터 격려와 긍정적인 강화를 받을 수 있는 기회를 많이 제공하여 긍정적인 자기개념을 지속적으로 발달시킨다.
☞ 자립심을 촉진하기 위해 많은 책임감이 부여되는 경험들과 접촉하게 한다.
☞ 기본 움직임 능력, 창의력, 음악과 리듬의 구성요소에 대한 기초적인 이해를 높여주기 위해 음악과 리듬을 포함한 활동을 제공한다.
☞ 학구적 개념과 움직임 활동을 통합하여 비판적 사고의 기술들을 강화시킨다.
☞ 옳고그름에 대한 판단력을 높여주기 위해 교대하기, 페어플레이, 속이지 않기, 그 외의 보편적인 가치관 같은 주제가 포함된 놀이 상황을 제시한다.
☞ 움직임 기술 수행 시 정확성 · 형식 · 기술을 강조한다.
☞ 소집단 활동에 이어 대집단 활동과 팀 스포츠를 경험할 수 있도록 격려해 준다.
☞ 협응성 발달을 위해 리듬 활동을 제공한다.

필수 및 심화 문제

필수문제

01 유소년 운동프로그램 구성의 기본원리에 대한 설명으로 옳은 것만을 모두 고른 것은?(2024)

보기
ㄱ. 가역성의 원리 : 운동을 중단하면 운동의 효과가 없어지므로 꾸준히 지속하는 것이 중요하다.
ㄴ. 전면성의 원리 : 운동을 부상없이 효과적으로 수행하기 위해서는 운동강도 및 운동량을 점차적으로 증가시켜야 한다.
ㄷ. 점진성의 원리 : 신체의 특정 부위에 치중하지 않고, 전신운동을 통해 신체를 균형 있게 발달시킨다.
ㄹ. 과부하의 원리 : 운동강도가 일상적인 활동보다 높아야 체력이 증진된다.

① ㄱ, ㄹ ② ㄴ, ㄷ ③ ㄱ, ㄷ, ㄹ ④ ㄴ, ㄷ, ㄹ

■ ㄴ. 전면성의 원리 : 모든 체력요소가 골고루 발전되도록 해야 한다.
■ ㄷ. 점진성의 원리 : 운동강도 및 운동량을 점차적으로 증가시켜야 한다.

필수문제

02 보기의 ㉠~㉢에 해당하는 설명과 유아체육 프로그램의 구성원리가 올바르게 제시된 것은?(2024)

보기
㉠ 차기(kicking)의 개념 학습 후, 정지된 공에서 빠르게 움직이는 공의 순으로 수업을 설계한다.
㉡ 대근육 운동에서 소근육 운동으로 확장된 움직임 수업을 설계한다.
㉢ 발달 단계에 따른 민감기를 고려한 움직임 수업을 설계한다.

	㉠	㉡	㉢
①	연계성	전면성	특이성
②	다양성	방향성	적합성
③	연계성	방향성	적합성
④	다양성	적합성	개별성

· 연계성의 원리 : 연령 · 성별 · 성장발달 과정의 특성과 변화에 따른 운동 프로그램의 구성내용을 조직적으로 연계하며, 신체적 · 정서적 · 사회적 발달을 위한 프로그램의 연계성이 필요하다.
· 방향성의 원리 : 아동의 발달은 일정한 순서나 방향에 따라 이루어지므로, 유아운동 프로그램 구성도 그 순서와 방향에 부합되어야 한다.
· 적합성의 원리 : 유아에게는 영역별 발달이 활발하게 이루어지는 시기가 있는데, 이를 민감기 또는 결정적 시기라 한다. 유아운동 프로그램을 구성할 때도 이 시기를 고려하여 적절한 운동을 경험하게 해주어야 한다.

심화문제

03 다음 중 유아기 운동발달 프로그램 구성의 기본원리가 아닌 것은?

① 안전성의 원리 ② 연계성의 원리 ③ 적합성의 원리 ④ 일관성의 원리

■ 유아기 운동발달 프로그램의 기본원리는 적합성, 방향성, 특이성, 안전성, 연계성, 다양성이다.

정답 01 : ①, 02 : ③, 03 : ④

유아체육론

04 유아체육 프로그램의 구성방법으로 옳지 않은 것은?

① 활동적인 유아를 위해 주 3~4회의 운동을 편성한다.
② 흥미를 잃지 않도록 발달수준을 고려하여 구성한다.
③ 운동기능의 향상을 위해 점진적 방법을 적용한다.
④ 체력 향상을 위해 장시간의 고강도 운동을 포함한다.

■ 유아는 틈만 나면 놀아야 한다.

05 유아체육 프로그램의 운영지침에 대한 설명으로 옳은 것은?

① 설정한 목표를 반드시 달성하도록 한다.
② 실제 신체활동 참여시간을 늘린다.
③ 일상생활과 관련된 내용을 프로그램에 포함하지 않는다.
④ 기초운동기술 발달만을 강조한다.

■ 유아들은 신체활동을 함으로써 발달하기 때문에 실제 신체활동 참여시간을 늘려야 한다.

06 유아체육 프로그램으로 적절하지 못한 것은?

① 운동빈도 : 주당 2~3회
② 운동시간 : 1회 운동 시 20~40분 이내
③ 운동강도 : 여러 가지 운동을 해보았다는 경험 위주로
④ 운동형태 : 기본운동, 지각운동, 체력운동을 골고루 섞어서

■ 유아체육 프로그램은 운동빈도가 높을수록 좋다.

07 유아 운동프로그램의 구성방법으로 적절하지 않은 것은?

① 체력을 고려한 신체활동으로 구성한다.
② 연령과 운동발달 수준을 고려한 신체활동으로 구성한다.
③ 눈과 손의 협응력 향상에 필요한 다양한 활동을 포함한다.
④ 남아와 여아의 흥미가 다르기 때문에 분리활동이 필요하다.

■ 유아 운동프로그램을 구성할 때 남아와 여아를 분리해서는 안 된다.

08 유아의 지적 능력과 더불어 운동능력 발달에 영향을 미치는 2가지 요소는?

① 성숙과 경험 ② 정서와 관계
③ 규칙과 전략 ④ 웃음과 즐거움

■ 유아의 운동발달에는 지적 능력과 함께 성숙과 경험도 영향을 미친다.

필수문제

09 유아기의 운동프로그램 구성을 위해 고려해야 할 사항으로 적절하지 않은 것은?

① 다양한 기본움직임 경험보다 복합적이고 정교한 동작수행에 중점을 두어 구성한다.
② 협응성 운동 시, 속도나 민첩성의 요소가 연계되지 않도록 한다.
③ 운동수행의 성공 빈도를 높일 수 있도록 프로그램을 구성한다.
④ 간단한 움직임에서 복잡한 움직임으로 진행되도록 구성한다.

■ 유아의 운동프로그램은 어떤 운동을 세련되고 힘차고 빠르게 하는 것이 목적이 아니고, 가급적이면 많은 종류의 운동을 폭넓게 경험할 수 있도록 구성해야 한다.

정답 04 : ④, 05 : ②, 06 : ①, 07 : ④, 08 : ①, 09 : ①

심화문제

10 발달단계에 따른 유소년체육 프로그램 구성 시, 고려해야 할 사항으로 적절하지 않은 것은?

① 대근육에서 소근육으로의 발달단계를 고려하여 구성한다.
② 기본움직임 단계에서는 다양한 안정성, 이동 및 조작 움직임을 습득하도록 구성한다.
③ 기본움직임 단계는 협응력이 발달되는 중요한 시기이므로, 다양한 움직임 경험을 갖도록 구성한다.
④ 기본움직임에서 전문화된 움직임으로의 전환(transition)단계에서는 움직임 수행의 형태, 기술, 정확성과 더불어 양적 측면을 강조하여 구성한다.

■기본움직임에서 전문화된 움직임으로 전환할 때에는 움직임 수행의 형태 · 기술 · 정확성과 더불어 질적 측면을 강조하여야 한다.

필수문제

11 보기에서 유소년의 전문화된 운동기술 연습 시, 인지단계(cognitive stage)의 지도전략에 해당하는 것으로 가장 적절한 것은?

보기
㉠ 스스로 자신의 운동수행을 평가할 기회를 제공한다.
㉡ 복잡한 운동기술은 여러 단계로 구분하여 지도한다.
㉢ 운동의 목적과 요구되는 기술을 명확히 설명해준다.
㉣ 다양한 기술과 연계지어 동작의 형태를 바꾸는 전략을 찾게 한다.

① ㉡, ㉢ ② ㉠, ㉣ ③ ㉡, ㉣ ④ ㉠, ㉢

■**인지단계** : 기술습득의 첫 단계. 한 사람이 어떤 기술의 여러 부분들을 서술적 규칙의 집합으로 부호화하는 단계.
인지단계에서는 복잡한 운동기술을 발달 수준에 맞춰 여러 단계로 구분하여 지도해야 하며, 운동의 목적과 운동기술을 명확하게 설명해 주어야 한다.
■㉠ 운동수행의 평가는 교사나 지도자가 한다.
■㉣ 앞서 수행한 활동과 연계하여 동작이 반복되도록 구성해야 한다.

필수문제

12 보기의 ㉠~㉢에 해당하는 지각운동의 요소로 바르게 연결된 것은?

보기

요소	활동
㉠	몸을 구부려 훌라후프 통과하기
㉡	박수 소리에 맞추어 리듬감 있게 점프하기
㉢	신호에 따라 오른쪽으로 회전하기

	㉠	㉡	㉢		㉠	㉡	㉢
①	공간	시간	방향	②	관계	시간	신체
③	관계	방향	공간	④	공간	방향	관계

■**공간지각** : 공간 안에서 자기 몸의 위치 · 모양 · 신체 각 부위 간의 관계 등을 구별하는 능력
■**시간지각** : 동작 속도와 리듬을 구별하는 능력
■**방향지각** : 방향과 좌우를 구별하는 능력

정답 10 : ④, 11 : ①, 12 : ①

유아체육론

심화문제

■ **안전성의 원리** : 유아들은 호기심이 강하고 주의력 · 집중력이 부족할 뿐만 아니라 자신의 운동능력을 과대평가하는 경향이 있으므로 안전에 주의시켜야 한다.

■ **적합성의 원리** : 아이들은 발육발달의 개인차가 있는 것을 고려하여 프로그램을 구성해야 한다.

13 보기의 ㉠, ㉡에 들어갈 유아체육 프로그램의 구성원리로 바르게 묶인 것은?

보기
» (㉠) 자신의 운동능력을 과대평가하는 경우 안전에 주의하도록 한다.
» (㉡) 동일 연령의 유아라도 발육발달의 개인차를 프로그램에 반영한다.

	㉠	㉡		㉠	㉡
①	안전성	다양성	②	안전성	적합성
③	적합성	다양성	④	적합성	주도성

■ **특이성의 원리** : 유아들을 위한 운동 프로그램을 구성할 때는 각자의 발달차이를 고려해야 함.

■ **탐구학습의 원리** : 유아가 스스로 움직임의 개념을 탐색하고 발견할 수 있도록 지도해야 한다는 원리임.

14 보기의 대화에서 ㉠, ㉡에 들어갈 유아체육 프로그램 기본원리와 교수방법은?

A 지도자: 저는 수업에서 유아 간에 체력이나 소질 같은 개인차가 발생하는 부분이 늘 고민이었어요. 운동프로그램 구성을 위한 원리 같은 것이 있을까요?
B 지도자: (㉠)의 원리 같은 경우가 적용될 수 있을 것 같아요. 이 원리는 일반화된 특성뿐만 아니라 유전과 환경요인 같은 개인차를 고려하는 것을 말해요.
A 지도자: 그렇다면 유아가 창의성 있게 자발적으로 참여하게 하는 지도방법은 어떤 것이 있을까요?
B 지도자: (㉡) 방법이 효과적일 것 같아요. 이 방법은 유아 스스로의 실험과 문제해결, 자기 발견을 통해 학습이 일어나는 과정을 강조하는 방법이에요.

	㉠	㉡		㉠	㉡
①	특이성	탐색적(exploratory)	②	특이성	과제 중심 접근(task-oriented)
③	연계성	탐색적(exploratory)	④	연계성	과제 중심 접근(task-oriented)

15 보기의 ㉠, ㉡에 들어갈 유아체육 프로그램의 구성 원리는?

보기

(㉠)	» 연령에 따른 민감기를 고려하여 적절한 운동이 적용되면 운동발달에 효과적이다. » 신체활동의 경험, 기술 및 발달 수준, 체력을 고려한 프로그램 구성이 필요하다.
(㉡)	» 운동발달 프로그램을 구성할 때 개개인의 유전과 환경요인이 반영된 개인차를 고려하여 구성한다.

■ 유아기 운동발달 프로그램 구성의 기본원리(p. 156) 참조

	㉠	㉡		㉠	㉡
①	연계성 원리	특이성 원리	②	연계성 원리	적합성 원리
③	적합성 원리	특이성 원리	④	적합성 원리	연계성 원리

정답 13 : ②, 14 : ①, 15 : ③

유아체육론

필수문제

16 유아체육 프로그램의 구성 절차로 옳은 것은?

① 자료수집→프로그램작성→적용대상선정→프로그램지도→프로그램평가→피드백
② 자료수집→프로그램작성→적용대상선정→프로그램평가→프로그램지도→피드백
③ 자료수집→적용대상선정→프로그램작성→프로그램평가→프로그램지도→피드백
④ 자료수집→적용대상선정→프로그램작성→프로그램지도→프로그램평가→피드백

■ 대상을 알아야 프로그램을 작성할 수 있고, 지도를 해야 그 결과를 평가할 것이 아닌가?

필수문제

17 적합성의 원리를 고려해서 연령에 맞는 운동프로그램을 설명한 것이다. 잘못된 것은?

① 0~2세 : 영양분을 섭취하기 위한 운동프로그램
② 2~3세 : 사지를 발달시키기 위한 운동프로그램(엄마와 함께)
③ 3~4세 : 자립심을 키울 수 있는 운동프로그램(혼자)
④ 5~6세 : 또래와의 사교 및 학습능력을 향상시키기 위한 운동프로그램(놀이를 이용)

■ 0~2세의 영아는 특별한 운동프로그램이 필요하지 않고, 엄마와 접촉하고 여러 가지 환경 자극에 노출되는 경험이 중요하다.

심화문제

18 보기에서 설명하는 원리는?

보기
» 유아체육 프로그램은 유아들을 위한 발달적이고, 적절한 활동들을 고려해야 한다.
» 각각의 발달상태, 움직임 활동에 대한 이전의 경험, 기술, 수준, 체력, 연령 등을 고려해야 한다.

① 연계성의 원리 ② 안전성의 원리 ③ 적합성의 원리 ④ 다양성의 원리

■ 유아기 운동발달 프로그램 구성의 기본원리(pp. 156~157) 참조.

19 유아기 운동발달 프로그램 구성의 기본원리 중에서 '적합성의 원리'에 대한 설명이다. 옳지 않은 것은?

① 인간이나 동물의 발달과정에서 특정능력을 발달시킬 수 있도록 준비가 잘 이루어지는 시기를 민감기 또는 최적기라고 한다.
② 민감기를 놓치면 같은 환경에서 같은 자극을 주어도 최적의 발달을 기대하기 어렵다.
③ 그러므로 유아가 어떤 운동기능의 민감기에 있는지 알고, 그 운동기능을 발달시키기에 적합한 운동 프로그램을 시행해야 한다는 원리이다.
④ 유아마다 발육발달의 정도와 민감기에는 차이가 없다.

■ 유전인자, 환경, 움직임의 경험 등에 따라 민감기에는 차이가 있다.

정답 16 : ④, 17 : ①, 18 : ③, 19 : ④

필수문제

20 유아기 운동발달 프로그램 구성의 기본원리 중에서 '방향성의 원리'에 대한 설명이다. 잘못된 것은?

① 인간의 성장과 발달은 일련의 방향성을 가지고 발달한다.
② 머리에서 꼬리(두미)의 법칙과 중심에서 말초의 원리가 있다.
③ 대근육에서 소근육으로 발달한다.
④ 한 쪽에서 양 쪽으로 발달한다.

■양 쪽에서 한 쪽으로 발달한다.

필수문제

21 유아기 운동발달 프로그램 구성의 기본원리 중에서 '특이성의 원리'에 대한 설명이다. 틀린 것은?

① '특정 운동발달 프로그램은 특정 운동기능만 발달시킨다.'는 원리이다.
② 유아의 발달은 모든 유아에게 공통적으로 나타나는 특성과 개인마다 다르게 나타나는 개인차가 있으므로 두 가지를 모두 고려해서 운동 프로그램을 구성해야 한다는 원리이다.
③ 유아들의 운동능력에 개인차가 현저하게 나타나는 원인에는 연령차이, 체력차이, 성별의 차이, 운동소질 및 적성의 차이 등이 있다.
④ 수업을 하는 과정에서는 유아의 자발성과 창의성을 존중하고, 유아의 움직임이나 반응에 유의하여 임기응변적으로 변경할 수 있는 탄력성이 필요하다.

■①은 성인의 체력운동에서 말하는 특이성의 원리이다.

유아체육론

심화문제

22 유아기의 운동발달 프로그램을 구성할 때에는 전형적이고 공통적인 일반화 특성뿐만 아니라 개인차를 고려해야 한다는 것은?

① 적합성의 원리 ② 안전성의 원리
③ 특이성의 원리 ④ 방향성의 원리

■유아 운동 프로그램을 구성할 때 개개인의 발달 차이를 고려해야 한다는 것이 **특이성의 원리**이다.

23 보기에서 유아체육 프로그램 구성 원리 중 특이성에 해당하는 내용으로 묶인 것은?

보기
㉠ 체력 향상의 다양한 측면보다 일부분만 고려한다.
㉡ 유아의 유전과 환경요인을 고려한 개인차를 반영한다.
㉢ 프로그램 특성의 변화와 순서를 조직적으로 연계한다.
㉣ 유아의 자발성이나 창의성을 고려하여 계획한다.

① ㉠, ㉡ ② ㉡, ㉢ ③ ㉡, ㉣ ④ ㉠, ㉣

■㉡은 개인차를 고려하는 원리, ㉣은 창의성이라고 할 수도 있지만 유아니까 특이성이 더 맞다.

정답 20 : ④, 21 : ①, 22 : ③, 23 : ③

24 유아발달 프로그램의 기본 원리 중 특이성의 원리에 해당하는 것은?

① 체력 향상의 다양한 측면보다 극히 일부분만 관여
② 개개인의 유전과 환경요인을 고려한 개인차를 반영
③ 체력의 구성요소들을 발달시키기 위해서는 단일 종목의 운동을 반복적으로 연습
④ 흥미를 잃지 않도록 프로그램을 구성

■ 특이성의 원리 : 발달에는 개인차가 있으므로 개개인의 발달 차이를 고려해야 한다는 것

필수문제

25 보기에서 설명하는 유아체육 프로그램의 기본원리는?

보기
» 신체조정능력과 판단력이 완전히 발달되지 않은 유아에게 우선적으로 고려해야 할 원리이다.
» 자신의 능력을 과대평가하는 아동의 성향을 고려한 운동환경을 마련한다.
» 우발적 사고에 대한 부모나 지도자의 올바른 인식이 중요하다.

① 연계성의 원리 ② 방향성의 원리 ③ 안전성의 원리 ④ 주도성의 원리

■ 아동들은 호기심이 강하지만 주의력과 조심성이 떨어지고, 자신의 능력을 과대평가하는 성향이 있으므로 안전성에 주의하여 프로그램을 수립해야 한다.

심화문제

26 기본운동 능력을 발달시키기 위한 운동 프로그램의 구성요소가 아닌 것은?

① 안정성 운동 : 균형운동이라고도 하고, 자리를 이동하지 않는 상태에서 이루어지는 운동이다.
② 이동운동 : 수평이동과 수직이동을 모두 포함하고, 기초적인 이동운동과 복합적인 이동운동으로 나눈다.
③ 조작운동 : 손이나 발을 사용하여 물체에 힘을 가하거나 물체로부터 힘을 받아 움직이는 것이다.
④ 회전운동 : 축을 중심으로 움직이는 것으로 굽히기, 비틀기, 돌기, 흔들기 등이 있다.

■ 회전운동은 안정성 운동의 하나이다.

필수문제

27 보기에서 제시하는 유아체육 프로그램 개발의 기본 원리로 가장 적절한 것은?

보기
» 신체적, 사회적, 정서적 발달을 함께 고려한다.
» 발육발달과 운동기술발달의 수준을 동시에 고려한다.
» 쉬운 과제에서 어려운 과제의 순서로 구성한다.

① 안전성 원리 ② 방향성 원리 ③ 복잡성 원리 ④ 연계성 원리

■ 연계성의 원리 (p.157) 참조.

정답 24 : ②, 25 : ③, 26 : ④, 27 : ④

유아체육론

필수문제

28 유아기 운동발달 프로그램 구성의 기본원리 중에서 '다양성의 원리'에 대한 설명이다. 옳지 못한 것은?

① 유아는 발육발달이 시작되는 단계이므로 다양한 경험이 가능하도록 프로그램을 구성해야 한다.
② 한 부위 또는 한 가지 기능을 발달시키기 위해서 집중적으로 운동을 시키는 프로그램이 중요하다.
③ 유아는 집중력이 떨어지고 쉽게 흥미를 잃으므로 재미있고 복합적인 운동 프로그램을 구성하는 것이 좋다.
④ 유아들이 자신들의 능력을 최대한 활용할 수 있도록 이끌어주어야 한다.

■다양성의 원리는 집중적으로 운동을 시키는 것이 아니라, 다양한 운동을 해야 하는 것이다.

필수문제

29 유아체육 프로그램을 계획할 때 반드시 고려해야 할 사항이 아닌 것은?

① 유아의 발달 상태와 발달 과정에 따라 다른 운동 프로그램을 계획해야 한다.
② 유아의 운동발달 요소들을 충분히 반영한 운동 프로그램을 계획해야 한다.
③ 프로그램 계획서를 먼저 작성해야 하고, 계획안에는 프로그램의 목적이 구체화되어 있어야 한다.
④ 유아의 부모나 친척이 원하는 것을 반드시 포함시켜서 계획해야 한다.

■부모가 원하는 것을 다 해줄 수 있겠는가?

유아체육론

심화문제

30 아동의 신체적 유능감 향상을 위한 지도전략으로 적절하지 않은 것은?

① 운동기술 수준에 맞는 도전적인 프로그램을 제공한다.
② 흥미를 위해 경쟁적인 프로그램을 제공한다.
③ 무조건적인 칭찬이 아닌 노력에 연계된 격려를 제공한다.
④ 개개인의 발달 수준을 고려한 개별화 프로그램을 제공한다.

■흥미를 끌기 위한 경쟁적인 프로그램은 적절한 지도전략이 아니다.

31 유아운동 프로그램 구성 시 교사의 고려사항이 아닌 것은?

① 과제를 위한 시간 분배를 가지고 진행을 예측
② 유아의 개인차보다 과제 수행을 우선시함
③ 학습자가 과제를 인식할 수 있도록 어떤 신호나 자극을 줌
④ 과제를 설명할 때 학습자와 의사소통이 될 수 있도록 함

정답 28 : ②, 29 : ④, 30 : ②, 31 : ②

32 유아체육 프로그램을 구성할 때 고려해야 할 요소 중에서 가장 덜 중요한 것은?

① 운동빈도 ② 운동강도 ③ 운동시간 ④ 운동용구

33 유아체육을 지도할 때 지도사의 역할수행으로 적절하지 않은 것은?

① 열정을 보여준다. ② 상과 벌을 함께 제공한다.
③ 유아들의 반응에 관심을 가진다. ④ 지나친 경쟁의식을 갖지 않게 한다.

■ 유아에게 상과 벌을 함께 주면 혼란을 초래하게 된다.

34 유아체육 프로그램 구성 시 고려해야 할 사항 중 운동형태를 분류한 것이다. 다른 셋과 어울리지 않는 것은?

① 체력을 발달시키기 위한 운동
② 기본운동 능력을 발달시키기 위한 운동
③ 이동운동 능력을 발달시키기 위한 운동
④ 지각운동 능력을 발달시키기 위한 운동

■ 안정운동, 이동운동, 조작운동을 합해서 기본운동이라고 한다.

유아체육론

35 유아기 운동발달 프로그램의 구성요소가 아닌 것은?

① 운동 경험 ② 운동 빈도 ③ 운동 강도 ④ 운동 시간

■ 운동경험을 다양하게 하려고 유아운동을 한다(목적이다).

필수문제

36 기본 움직임 기술에 대한 대근운동발달검사(TGMD)에서 검사항목과 수행기준이 적절하지 않은 것은?

	기본움직임기술	검사항목	수행기준
①	이동운동	달리기(15m)	팔꿈치를 구부리고 팔과 다리는 엇갈려 움직인다
②	이동운동	제자리멀리뛰기	던지는 팔의 반대쪽 발을 내딛으며 무게를 이동시킨다.
③	조작 운동	던지기 (over-hand throw)	엉덩이와 어깨를 목표지점을 향하여 회전시킨다.
④	조작 운동	공 차기	디딤발로 외발 뛰기를 하면서 차는 발을 길게 뻗는다.

■ 대근육운동 발달검사의 범위
· 이동운동 : 달리기, 갤로핑, 호핑, 리핑, 제자리멀리뛰기, 스키핑, 슬라이딩
· 조작운동 : 차기, 튕기기, 받기, 치기, 던지기

■ ② 제자리멀리뛰기 : 팔을 몸 뒤로 편 다음 무릎을 굽히고 팔을 앞쪽 위로 힘껏 펴서 머리 위로 최대한 들고 양발에 탄력을 주어 뛴다.

정답 32 : ④, 33 : ②, 34 : ③, 35 : ①, 36 : ②

심화문제

37 보기는 대근운동발달검사-Ⅱ(Test of Gross Motor Development-Ⅱ : TGMD-Ⅱ)의 영역별 검사항목이다. ㉠, ㉡에 들어갈 항목이 바르게 연결된 것은?(2024)

보기

구분	영역	세부 검사항목
대근운동 기술	이동 기술	달리기, 제자리멀리뛰기, 외발뛰기(hop), (㉡), 립(leap), 슬라이드(slide)
	(㉠) 기술	공 던지기(over—hand throw), 공 받기, 공 치기(striking), 공 차기, 공 굴리기, 공 튕기기 (dribble)

	㉠	㉡		㉠	㉡
①	안정성	갤롭(gallop)	②	물체 조작	피하기 (dodging)
③	안정성	피하기 (dodging)	④	물체 조작	갤롭(gallop)

■앞의 문제 참조.

필수문제

38 운동발달에 대한 검사와 평가에 관한 설명으로 적절하지 않은 것은?

① 운동발달 검사는 전반적인 운동발달 상황을 확인할 수 있는 유용하고 객관적인 지표를 제공한다.
② 평가는 내용에 따라 규준지향 평가와 준거지향 평가로 나뉘고, 기준에 따라 결과지향 평가와 과정지향 평가로 나뉜다.
③ 평가 결과는 특정 기술수행에서 결여된 부분을 확인하고 그 원인을 파악해 프로그램의 구체적인 목표를 설정할 수 있게 한다.
④ 대근운동발달검사(Test of Gross Motor Development)는 만 3~10세 아동을 대상으로 한 이동 및 조작 운동기술에 대한 검사도구이다.

■② 평가는 기준에 따라 규준지향 평가와 준거지향 평가로 나뉜다.

필수문제

39 보기를 가장 잘 설명하는 지각운동은?

보기
» 음악에 맞추어 동작을 학습한다.
» 다양한 속도로 날아오는 공을 받는다.
» 악기의 연주 빠르기에 따라 다양한 속도로 이동기술을 연습한다.

① 관계지각운동 ② 공간지각운동 ③ 시간지각운동 ④ 환경지각운동

■**관계지각운동** : 누구와 어떤 동작을 함께 하느냐가 관련된 지각 형태.
■**공간지각운동** : 신체가 움직이는 방향과 대상의 위치, 대상의 방향·속도 등과 관련된 지각 형태.
■**환경지각운동** : 주위 환경을 얼마나 지각하며 운동하는가에 따른 지각 형태.
■**시간지각운동** : 시간감각을 이해하고 지각운동을 실시하는 형태(예 : 음악에 맞추어 운동하기, 다양한 속도로 날아오는 공 받기 등).

정답 37 : ④, 38 : ②, 39 : ③

필수문제

40 보기의 ㉠, ㉡에 들어갈 가장 적절한 용어로만 나열된 것은?

보기

» 유아교육 교사 : 유아는 다양한 기본움직임 기술이나 기초체력 향상에 관한 활동을 스스로 익히기 어렵습니다. 유아가 이와 같은 요소들을 자연스럽게 익히려면 어떻게 해야 할까요?

» 스포츠지도사 : 네. 유아는 징검다리 걷기, 네발로 걷기 등의 놀이 중심 신체활동 프로그램을 통해 기본움직임기술과 기초체력 요소를 향상시킬 수 있어요.

구분	징검다리 걷기	네발로 걷기
기본움직임기술 요소	(㉠) 운동	이동 운동
기초체력 요소	평형성	(㉡)

	㉠	㉡
①	안정성	민첩성
②	안정성	근력/근지구력
③	조작	근력/근지구력
④	조작	민첩성

■ 기본움직임기술 요소
· 안정성 운동기술 : 징검다리 걷기(평균대 걷기)와 같이 움직일 때 무게중심을 바꿈으로써 균형적인 요소를 강조한다.
· 이동운동 기술 : 네발로 걷기(기어오르기)와 같이 공간에서 신체를 이동하는 기술로, 근력과 근지구력을 기른다.
· 조작운동 기술 : 도구를 이용하여 움직이는 능력을 기른다.
■ 기초체력 요소: 민첩성, 순발력, 근력, 근지구력, 유연성, 평형성 등과 같은 행동체력 요소이다.

심화문제

41 유아의 운동기술 중에서 안정성 운동기술에 속하지 않는 것은?

① 목 가누기 ② 뒤집기
③ 서기 ④ 기기

■ 기기는 이동성 운동기술이다.

42 안정성 운동기술에 관한 설명으로 옳지 않은 것은?

① 정적, 동적, 축성 안정성으로 구분한다.
② 구르기(rolling)는 동적 안정성과 관련이 있다.
③ 재빨리 피하기(dodging)는 동적 안정성과 관련이 있다.
④ 몸통 앞으로 굽히기(bending)는 정적 안정성과 관련이 있다.

■ 안정성 운동은 축성, 정적, 동적 운동으로 구분함.
■ 동적 안정성 운동 : 구르기, 멈추기, 피하기, 돌기 등
■ 굽히기는 축성 안정성 운동이다.

43 유아체육 수업의 환경 구성에 대한 설명으로 옳지 않은 것은?

① 흥미유발을 위해 다양한 교구를 사용한다.
② 대근운동 시 충격 흡수를 위한 안전매트를 깔아준다.
③ 안전을 위해 가능한 좁고 한정된 공간을 확보한다.
④ 필요하면 음향시설을 활용할 수 있다.

■ 유아체육 지도 시 안전을 위해 넓고 일정 부분 이상의 공간이 확보되어야 한다.

정답 40 : ②, 41 : ④, 42 : ④, 43 : ③

유아체육론

44 보기는 어떤 지각에 대한 설명인가?

■ 공간 안에서 자신의 신체 위치를 인식하는 능력과 공간의 거리·높이를 구별하는 능력이 공간지각능력이다.

> » 자기 공간과 다른 사람의 공간을 존중하는 인식
> » 공간에서 안전하게 움직이기
> » 움직임의 범위를 조절하는 방법 익히기

① 시간지각 ② 신체지각 ③ 방향지각 ④ 공간지각

45 지각 운동능력을 발달시키기 위한 운동 프로그램의 구성요소에 대한 설명이다. 틀린 것은?

■ 관계지각은 사물이나 다른 사람과의 관계가 가까이/멀리, 위/아래, 주변에/나란히 등을 말한다.

① 시간 지각 : 오전/오후/밤, 소리/리듬에 맞추어서 등
② 관계 지각 : 너/나, 친구/적 등
③ 움직임의 질 : 정적/동적 균형, 속도의 증가/감소, 움직임을 부드럽게 등
④ 신체 지각 : 신체 각 부위의 위치와 모양 이해하기, 신체로 표현하기 등

46 보기의 밑줄친 ㉠과 관련 깊은 지각운동의 유형은?

> 보기
> 지도사 : 오늘은 잡기 놀이를 해볼까요? 술래 친구가 정해지면 술래를 피해 달아나 보세요. 술래를 잘 피하려면 어떻게 해야 할까요?
> 유 아 : 술래에게 안 잡히려고 빨리 도망가야 해요!!
> 지도사 : 네! 맞았어요. <u>㉠ 술래가 움직이는 걸 보고 술래의 앞쪽이나 뒤쪽, 술래의 왼쪽이나 오른쪽으로 가면 잡히지 않고 도망갈 수 있어요.</u> 그럼 우리 모두 한번 해볼까요?
> 유 아 : 네!

■ 방향지각 : 앞뒤와 좌우, 측면을 구별하는 능력

① 시간지각 ② 관계지각 ③ 방향지각 ④ 신체지각

47 운동과제에서 요구하는 힘을 만들거나 수정할 수 있는 능력은?

■ 과제에 알맞은 힘을 사용해야 움직임의 질이 좋아진다.

① 방향지각 ② 공간지각 ③ 움직임의 질 ④ 관계지각

필수문제

48 기본움직임기술(fundamental movement skills: FMS)과 움직임 양식과의 연결이 옳지 않은 것은?

■ ① 굽히기, 늘리기, 직립균형은 안정성 운동임.
■ 추진 조작운동 : 쓰기, 그리기, 자르기, 찌르기, 굴리기, 던지기, 치기, 차기, 튀기기, 맞추기, 되받아치기, 펀팅
■ 흡수 조작운동 : 잡기, 받기, 볼 멈추기
■ 단일요소 이동운동 : 걷기, 달리기, 리핑, 모둠발뛰기, 외발뛰기
■ 복합요소 이동운동 : 기어오르기, 갤로핑, 슬라이딩, 스키핑

① 조작 운동 : 굽히기(bending), 늘리기(stretching), 직립균형(upright balance)
② 조작 운동 : 때리기(striking), 튀기기(bouncing), 되받아치기(volleying)
③ 이동 운동 : 걷기(walking), 호핑(hopping), 스키핑(skipping)
④ 이동 운동 : 점핑(jumping), 갤로핑(galloping), 슬라이딩(sliding)

정답 44 : ④, 45 : ②, 46 : ③, 47 : ③, 48 : ①

심화문제

49 기본 운동발달 중 안정성(stability) 향상 프로그램이 아닌 것은?

① 굽히기 ② 직립균형 ③ 슬라이딩 ④ 늘리기

■ 슬라이딩은 이동운동 프로그램이다.

50 지각운동발달 프로그램 구성 요소에 포함되지 않는 것은?

① 신체지각 ② 공간지각
③ 관계지각 ④ 객관지각

■ 객관지각은 없다.

51 다음 활동 중 유아의 공간인지 능력을 발달시키는 활동으로 적합한 것은?

① 신체를 '점점 높게, 점점 낮게, 앞, 뒤, 위, 아래'로 움직임
② 빠르거나 느리게 걷거나 뛰어 봄
③ 팔을 강하게 또는 약하게 위에서 아래로 당김
④ 몸을 부드럽게 흔들어봄

■ 공간 안에서 자신의 신체 위치를 인식하는 능력과 공간의 거리·높이를 구별하는 능력이 공간지각능력이다.

필수문제

52 안정성(stability) 운동기술 중 축성(axial) 움직임만으로 나열된 것은?

① 구르기(rolling), 늘리기(stretching), 흔들기(swinging)
② 늘리기(stretching), 비틀기(twisting), 흔들기(swinging)
③ 구르기(rolling), 비틀기(twisting), 거꾸로 균형(inversed balance)
④ 비틀기(twisting), 흔들기(swinging), 거꾸로 균형(inversed balance)

■ 축 이용 기술 : 굽히기, 늘리기, 비틀기, 돌기, 흔들기
■ 정적 및 동적 운동 프로그램 : 구르기, 거꾸로 균형

심화문제

53 안정운동에서 축 이용 기술이 아닌 것은?

① 굽히기(bending) ② 늘리기(stretching)
③ 던지기(throwing) ④ 비틀기(twisting)

■ 던지기는 조작운동이다.

정답 49 : ③, 50 : ④, 51 : ①, 52 : ②, 53 : ③

필수문제

54 보기의 괄호 안에 들어갈 알맞은 용어는?

보기
(　　　　　　)은 날아오거나 굴러오는 물체에 힘을 가해서 정지시키거나 속도를 줄이는 운동으로 잡기, 받기, 볼 멈추기 운동 등이 포함된다.

① 정적(static) 안정성 운동　② 추진(propulsive) 조작 운동
③ 흡수(absorptive) 조작운동　④ 동적(dynamic) 안정성 운동

■ **흡수조작 운동** : 움직이는 물체의 힘을 흡수(잡기, 받기, 볼 멈추기 등)하는 운동

심화문제

55 뻗기, 쥐기, 놓기와 같은 기본적인 손기술을 익히고 제어하는 능력은?

① 조작성　② 이동성　③ 안정성　④ 평형성

■ 손기술은 조작기술이다.

필수문제

56 2~3세 유아에 적합한 체육프로그램의 고려사항으로 옳지 않은 것은?

① 성별의 차이는 고려하지 않는다.
② 협응성을 강조하면서 속도 및 민첩성을 연계한다.
③ 발육발달 상태를 평가한다.
④ 놀이방법을 이해할 수 있는지를 확인한다.

■ 2~3세 유아에게 체육 프로그램을 구성할 때는 성별을 고려하지 않고, 발달상태를 평가해야 하며, 놀이방법의 이해 여부를 확인해야 한다. 그러나 협응성·속도·민첩성을 연계하기는 어려운 시기이다.

필수문제

57 '국민체력100'에서 제시하는 유아기 체력측정에 관한 설명으로 옳은 것만을 모두 고른 것은?(2024)

보기
ㄱ. 체력측정은 건강체력과 운동체력 항목으로 나뉜다.
ㄴ. 건강체력 측정의 세부항목으로는 10m 왕복오래달리기, 상대악력, 윗몸말아올리기, 앉아윗몸앞으로굽히기 등이 있다.
ㄷ. 운동체력 측정의 세부항목으로는 5m×4 왕복달리기, 제자리멀리뛰기, 3×3 버튼누르기 등이 있다.

① ㄱ, ㄴ　② ㄱ, ㄷ　③ ㄴ, ㄷ　④ ㄱ, ㄴ, ㄷ

■ 국민체력100(p. 161) 참조.

정답 54 : ③, 55 : ①, 56 : ②, 57 : ④

필수문제

58 유아의 체력 요인과 검사 방법으로 적절한 것은?

① 순발력 : 모둠발로 멀리 뛴 거리의 측정
② 근지구력 : 왕복달리기(2m) 시간의 측정
③ 평형성 : 1분 간 앉았다 일어나기 동작 횟수의 측정
④ 민첩성 : 평균대 위에서 한 발로 서 있는 시간의 측정

■**순발력** : 순간적으로 낼 수 있는 힘의 능력. 제자리 멀리뛰기로 측정.
■**근지구력** : 오래 달리거나 오래 동안 움직일 수 있는 능력. 매달리기 등으로 측정.
■**평형성** : 몸을 움직일 때 밸런스를 맞추는 것. 눈감고 한 발 서기 등으로 측정.
■**민첩성** : 빠르게 방향을 바꾸거나 멈추는 것. 10m왕복달리기 등으로 측정.

심화문제

59 유아의 체력 요소 검사 방법으로 적절하지 않은 것은?

① 근지구력 – 스키핑 동작으로 뛴 높이를 측정한다.
② 순발력 – 모둠발로 멀리 뛴 거리를 측정한다.
③ 균형성 – 평균대 위에서 외발로 서 있는 시간을 측정한다.
④ 민첩성 – 7m 거리를 왕복하여 달린 시간을 측정한다.

■스키핑동작으로 뛴 높이를 측정하는 것은 점프력 테스트인데, 강력한 순발력 · 도약성 · 유연성 · 조정력이 요구된다.

60 아동의 체력요인과 검사방법이 바르게 연결되지 않은 것은?

① 순발력 – 제자리 멀리뛰기
② 평형성 – 평균대 위에서 외발서기
③ 근지구력 – 5m 왕복달리기
④ 유연성 – 앉아서 몸 앞으로 굽히기(좌전굴)

■아동들의 근지구력은 잘 측정하지 않지만, 윗몸일으키기로 측정하는 경우도 가끔 있다. 5m 왕복달리기는 민첩성 측정이다.

61 보기에서 운동기술체력 요소와 운동능력이 적절한 것으로 바르게 묶인 것은?

보기
㉠ 협응력–상대방에게 공을 던지고 받는 능력
㉡ 유연성–무릎을 펴고 몸을 앞으로 굽히는 능력
㉢ 순발력–제자리에서 모둠발로 점프하여 멀리 뛰는 능력
㉣ 민첩성–오래달리기를 하며 속도를 오랫동안 유지하는 능력

① ㉠, ㉡ ② ㉡, ㉣ ③ ㉠, ㉢ ④ ㉢, ㉣

■㉡의 유연성은 건강관련 체력요소이고, ㉣은 민첩성이 아니고 지구력이다.

62 표에서 체력의 구분 및 요소, 검사방법의 연결이 옳은 것을 고른 것은?

	구분	체력요소	검사방법
㉠	건강체력	순발력	모둠 발로 멀리뛰기
㉡	이동운동	심폐지구력	셔틀런(페이서, PACER)
㉢	운동체력	평형성	평균대 위에서 한발로 서기
㉣	건강체력	유연성	1분간 앉았다 일어나기

① ㉠, ㉢ ② ㉠, ㉣ ③ ㉡, ㉢ ④ ㉡, ㉣

■㉠ 순발력은 운동관련 체력임
■㉣ 유연성은 운동관련 체력임

정답 58 : ①, 59 : ①, 60 : ③, 61 : ③, 62 : ③

유아체육론

63 유아의 체력요소와 측정방법이 바르게 연결된 것은?

① 유연성–앉아서 윗몸 앞으로 굽히기
② 평형성–제자리멀리뛰기
③ 순발력–몸 지탱하기
④ 민첩성–평균대 위에서 외발서기

■속도는 건강관련 체력요소가 아니다. 신체구성(비만도)도 건강관련 체력요소에 포함된다.

64 다음 중 건강관련 체력요소가 아닌 것은?

① 속도 ② 유연성
③ 근지구력 ④ 신체구성

65 제자리멀리뛰기로 측정할 수 있는 체력요소는?

■짧은 시간에 폭발적으로 힘을 내는 것은 순발력이다.

① 민첩성 ② 순발력
③ 평형성 ④ 근력

유아체육론

필수문제

■2019개정 누리과정에서 신체활동·건강 영역의 범주는 신체활동 즐기기, 건강하게 생활하기, 안전하게 생활하기이다.

66 누리과정(2019)에서 '신체운동·건강 영역'의 내용범주가 아닌 것은?

① 신체활동 즐기기 ② 건강하게 생활하기
③ 안전하게 생활하기 ④ 창의적으로 표현하기

심화문제

67 누리과정에서 유아의 신체활동 영역의 목표로 명시한 것이 아닌 것은?

① 기초적인 운동기술을 향상시킨다.
② 기본적인 감각능력을 키우고, 자신의 신체를 긍정적으로 인식한다.
③ 신체를 조절하고, 기본 운동능력을 기른다.
④ 신체활동에 즐겁게 참여한다.

■기초적인 운동기술은 대부분의 유아가 거의 자동적으로 배운다.

68 유아 운동의 권장사항과 거리가 먼 것은?

① 여러 가지 운동에 흥미를 갖도록 한다.
② 건강한 생활에 필요한 습관과 태도를 습득할 수 있도록 한다.
③ 안전하게 운동하고 생활할 수 있도록 한다.
④ 부모가 지도해야 한다.

■어린이교실에 다닐 나이이다.

정답 63 : ①, 64 : ①, 65 : ②, 66 : ④, 67 : ①, 68 : ④

69 유아운동 권장지침으로 옳지 않은 것은?

① 간접적 · 직접적 상황에서 대근육 활동을 할 수 있는 기회의 지속적 제공
② 물체의 조작과 눈과 손의 협응이 자연스럽도록 프로그램 구성
③ 전신을 움직이는 활동보다 세부적 움직임 기술 우선 구성
④ 지각운동 기능이 향상될 수 있도록 특별한 활동 포함

■ 유아에게는 세부적인 움직임 기술보다 전신을 움직이는 활동이 우선되어야 한다.

70 누리과정에서 3세 유아의 신체조절능력을 향상시키기 위한 프로그램의 내용으로 적절하지 않은 것은?

① 신체균형을 유지해본다.
② 도구를 활용한 조작운동을 한다.
③ 공간, 힘, 시간 등의 움직임 요소를 경험한다.
④ 신체 각 부분의 움직임을 조절해 본다.

■ 조작운동은 5~6세가 되어야 발달한다.

71 2019 개정 누리과정에서 '신체운동 건강 · 영역'의 세부내용에 대한 설명으로 적절하지 않은 것은?

① 신체 움직임을 조절한다.
② 경쟁 활동을 통해 스포츠 기술을 습득하고 건강을 증진한다.
③ 신체를 인식하고 움직인다.
④ 기초적인 이동운동, 제자리 운동, 도구를 이용한 운동을 한다.

■ 2019 개정누리과정(신체운동 · 건강 영역)(p. 161) 참조

72 3~5세 연령별 누리과정의 지도 원리에서 신체운동 · 건강 영역의 내용범주가 아닌 것은?

① 신체인식하기 ② 전통놀이 활동하기
③ 안전하게 생활하기 ④ 신체조절과 기본운동하기

■ 전통놀이는 좀 더 커서 한다.

필수문제

73 초등체육 교육과정의 3~4학년군 성취기준에 대한 내용으로 옳지 않은 것은?

① 체력운동이나 스포츠활동보다 신체를 인식하고 움직이는 기초적인 이동운동을 한다.
② 기본 체력운동의 방법과 절차를 익히며 자신의 수준에 맞는 운동을 시도한다.
③ 기본 움직임 기술의 의미와 종류를 이해하고 스포츠와의 관계를 파악한다.
④ 움직임의 심미적 표현에 대한 호기심과 감수성을 나타낸다.

■ 신체를 인식하고 움직이는 기초적인 이동운동은 초보 움직임 단계에서 한다.
· 초보움직임 : 생존에 필요한 기본적인 수의적 움직임으로, 머리 · 목 · 몸통 등의 근육제어, 뻗기, 잡기, 놓기 등

■ 초등 3~4학년 시기는 전문화된 움직임 단계 중 적용단계에 해당된다. 이때는 인지능력이 정교해지고 경험이 많아지면서 많은 것을 학습하게 된다.

정답 69 : ③, 70 : ②, 71 : ②, 72 : ②, 73 : ①

유아체육론

유아체육 프로그램의 교수-학습법

유아체육의 지도개념

대부분의 사람들이 지도를 가르치는 것이라고 생각한다. 그러나 유아들은 가르쳐서 어떤 틀에 맞도록 끼워 넣는 것이 아니라, 유아들이 잠재적으로 가지고 있는 싹을 찾아내서 길러 꽃피우는 것이다. 그러므로 교사들이 해야할 일은 유아들의 자발성을 촉진하고, 개성이 풍부하고 창조적으로 접근할 수 있는 여건을 마련해주는 것이다.

그러므로 유아체육을 지도하는

- ☞ 지도자는 유아들에게 무엇을 어떻게 지도할 것인지 지도계획을 수립하는 입안자가 되어야 한다.
- ☞ 지도자는 지도계획을 실행하는 과정에서는 유아들의 자발성과 창조성을 중요하게 생각하고, 유아들의 자발성과 창조성을 촉발시키려고 노력해야 한다.
- ☞ 지도자는 지도계획을 입안한 사람이지만 실행단계에서는 유아들의 친구이고 형제자매이며 때로는 조직 전체를 조정하는 사람의 역할을 해야 한다.

유아체육의 지도내용

유아체육에서 무엇을 지도할 것인가? 라는 질문에 대한 대답은

- ☞ 활발한 신체 움직임을 수반하는 놀이를 여러 방면에서 경험할 수 있도록 하는 것이다.
- ☞ 그러한 놀이를 하는 중에 신체적으로 건전하게 발달할 수 있도록 촉진하는 것이다.
- ☞ 놀이를 하는 중에 정신적으로 건전하게 발달할 수 있도록 촉진하는 것이다.
- ☞ 놀이를 하는 과정 중에 친구를 사귀도록 촉진하는 것이다.

유아체육의 지도원리

놀이중심의 원리	유아의 흥미를 고려하여 지속적으로 운동에 참여하도록 유도한다.
생활중심의 원리	일상생활에서의 신체활동 경험을 바탕으로 체육활동을 지도 한다.
개별화의 원리	유아 개개인의 운동능력과 발달속도의 차이를 인정하며 지도한다.
탐구학습의 원리	유아가 스스로 움직임의 개념을 탐색하고 발견할 수 있도록 지도한다.
반복학습의 원리	3가지 기초운동(안정, 이동, 조작)을 반복적으로 지도한다.
융통성의 원리	유아가 신체활동 시간을 스스로 결정할 수 있도록 융통성을 주어야 한다.
통합의 원리	운동능력이 통합적으로 발달할 수 있도록 지도한다.

유아체육의 교수방법

교사 주도적 교수방법	언제, 무엇을, 어떻게 할 것인가를 교사가 정해서 가르치는 방법이다. 전체 학습자가 동시에 학습해야 할 것을 지도하는 데에 효과적이다.
유아 주도적 교수방법	학습과정의 주도권을 유아에게 주는 방법이다. 유아 개개인의 능력과 흥미의 차이를 인정하고, 각자의 취향에 따라 운동을 선택하게 하며, 유아 스스로 독창성을 발휘하여 자기발견 학습을 할 수 있게 한다는 장점이 있다.
상호 주도적 교수방법	유아의 흥미에 근거한 교수방법과 교사 주도의 교수방법을 균형적으로 연결해주는 방법이다. 도입 단계, 동작습득 단계, 창의적 표현 단계, 평가 단계의 순서로 교수-학습활동이 전개된다. 동작습득 단계에서는 유아들이 체육활동의 기본요소를 탐색하고 기본동작을 연습할 수 있는 기회를 제공하고, 창의적인 표현 단계에서는 동작습득 단계에서 탐색한 여러 가지 동작과 운동능력을 일반화시켜서 표현할 수 있도록 활동을 구성한다.

유아체육의 지도방법

교과과정	유아체육에서도 교과과정을 편성해야 한다. 그러나 지도대상인 유아들의 생활이 유동적이어서 예상 밖의 일이 생길 수도 있으므로 유아들의 실태를 파악한 다음 그것을 기본으로 유아체육의 목표를 확실하게 설정하고, 그 목표를 달성하기 위한 대략적인 길을 설정하는 것이 보통이다. 그렇게 하면 이런저런 사정의 변화에 대처할 수 있는 탄력성이 생긴다.
교재의 선택	몇 살짜리 유아들에게 어떤 운동을 지도할 것인지 심사숙고한 다음에 적절한 교재를 선택해야 한다. 유치원이나 어린이집에서는 집단으로 지도하는 것이 원칙이므로 운동능력이 우수한 유아와 운동능력이 좋지 못한 유아를 동시에 지도해야만 한다. 이 경우에는 교재 선택의 기준을 70% 수준으로 정하는 것이 좋다. 통계적으로 볼 때 유아들의 운동능력이 정규분포를 한다고 가정하면, 5단계 평가에서 수, 우, 미에 해당되는 유아가 약 68%이고, 양과 가에 해당되는 유아가 약 32%이다. 실제로는 정확하게 68%가 아닐 것이므로 대강 70%로 잡은 것이다.
동기부여	유아들의 운동욕구의 방향을 정해서 자발적으로 무엇인가를 하고 싶다는 마음을 갖게 만드는 것이다.
개인차 고려	유아들은 개인차가 심하다. 같은 나이라도 약 1년 차이가 나는 유아들이 섞여 있는 경우가 허다하고, 한 사람 한 사람의 유아들은 가정환경이 서로 다르기 때문에 한 사람 한 사람의 유아의 능력을 나름대로 신장시키는 '개인 안에서의 변화'에 주목하는 것이다.
집단 안에서의 지도	집단놀이는 혼자 하는 놀이에 비해서 질적으로나 양적으로나 효과가 대단히 크다. 집단으로 무엇을 한다는 것은 유아의 발달에 더할 나위없이 큰 의의가 있으므로 유아들을 지도할 때 잘 활용해야 한다.
단계적 지도	유아들의 발달단계와 놀이의 계통단계를 연계시켜서 지도해야 한다. 유아의 운동에서는 "이것을 못하면 다음 것을 할 수 없다."는 공식이 성립되지 않는다. 어떤 운동을 전혀 하지 못하는 데도 다음 운동을 할 수 있는 경우가 많다. 그런 식으로 이 운동 저 운동 하다가 원래 못했던 운동을 해보면 이미 아주 잘할 수 있게 발달되어 있다. 이와 같이 유아들의 운동능력은 나선형으로 발달되기 때문에 어떤 운동을 완전히 마스터한다는 식의 완벽주의는 피해야 한다.

운동내용	유아들의 놀이에는 다양한 내용이 들어 있다. 하나의 운동에 그 운동 고유의 내용이 들어 있는 경우도 있고, 하나의 운동에 여러 가지 내용이 들어 있는 경우도 있다. 그러므로 여러 가지 운동 중에 어떤 운동과 어떤 운동을 조합해서 할 것인가도 생각해봐야 하고, 또 운동내용을 어떻게 편성할 것인지도 고려해야 한다.
놀이의 생활화	지도한 놀이가 그때 한 번 하고 끝나버리면 실패다. 지도한 놀이에 유아들이 흥미가 있어서 지도자가 있든 없든 상관없이, 즐겁게, 또 하고 싶어 해야 놀이지도에 성공한 것이다. 이것을 '놀이의 생활화'라고 한다.
놀이의 고도화	'쉬운 과제에서 어려운 과제로'라는 원리는 전적으로 유아들 자신이 자신의 힘으로 발달과정을 거치지 아니하면 충분히 발달되었다고 말할 수 없다는 뜻이다. 그러므로 더 이상의 발전을 기대할 수 없는 막다른 골목식의 놀이 지도는 의미가 없는 일이다.
실시시간	유아는 하루 종일 놀이만 하는 것 같지만 하나하나의 지속시간은 짧고, 활동과 휴식의 경계도 모호하다. 어른들처럼 일 할 때는 일하고 쉴 때는 쉬는 것이 아니라, 짧은 시간 간격으로 활동했다가 쉬기를 반복하는 것이 유아들이다. 그러기 때문에 유치원에서 체육적 놀이를 지도할 때에도 한 가지 놀이에 약 20분씩 3개의 놀이를 조합해서 약 1시간 동안의 체육적 놀이를 지도하는 것이 바람직하다.
시범	유아체육 시간에는 이것저것을 말로 설명하고 지시하는 것보다는 교사가 직접 몸으로 표현하는 것이 유아들이 이해하기 쉽다.

유아체육 지도자의 역할

다음은 유아체육 지도자들이 반드시 지켜야 할 임무 또는 역할을 정리한 것이다.

☞ 유아들의 발달 수준과 욕구를 정확하게 파악하고 신체활동에 대한 폭 넓은 지식을 수집하여 교육계획을 수립하여야 한다.

☞ 유아의 신체 전반에 대한 이해가 선행되어야 유아에게 적당한 운동을 선정할 수 있고, 사고 발생 시 응급처치를 할 수 있다.

☞ 교사는 활동내용을 일방적으로 전달하지 말고 유아들과 같은 참여자라는 인식과 태도를 가져야 한다.

☞ 유아 개인의 건강에 대한 정보를 미리 수집해두어야 하고, 활동을 진행할 때와 끝낼 때 유아의 건강 상태를 파악하고 적절한 처치를 해야 한다.

☞ 유아가 교사를 믿고 심리적으로 의지할 수 있도록 밝은 표정과 다정한 태도로 대해주고, 유아의 능력에 대한 신뢰를 보여주어야 한다.

☞ 활동 중에 재미있는 몸동작이나 유머 있는 언어를 사용함으로써 유아가 신체활동 시간을 즐거운 시간이라는 느낌을 갖도록 한다.

☞ 유아에게 새로운 활동이나 방법을 제시할 때에는 언어로 지시하기보다는 몸으로 시범을 보여주는 것이 좋다.

☞ 유아기에는 신체발달의 개인차가 크기 때문에 같은 운동이라도 능숙하게 해내는 아이도 있고, 시도조차도 하지 못하는 아이도 있다. 이때 교사는 조바심을 내거나 재촉하지 말고 충분히 기다려주고, 다른 방법으로 할 수 있는 기회를 주어야 한다.

☞ 신체활동은 개인적인 운동능력의 발달뿐 아니라 다른 사람과 협동하여 활동하면서 사회성을 기를 수 있도록 진행되어야 한다.

☞ 교사는 유아들이 활동을 시작하기 전에 활동내용의 적절성뿐 아니라 활동하는 공간의 안전성에 대해서 면밀하게 점검해야 한다.
☞ 난이도가 있는 활동을 할 때에는 교사가 보조자가 되어서 유아의 부족한 부분을 도와주어야 한다.
☞ 교육과정을 다른 활동과 통합적으로 운영해야 한다.
☞ 신체활동을 시작하기 전에 유아의 체력과 운동능력을 평가하고 그에 적절한 활동내용을 선정해야 한다.
☞ 일정한 주기를 정하여 계속적으로 평가를 해서 그 결과를 다음 계획에 반영해야 한다.
☞ 끝마무리는 정리체조와 함께 정리정돈하는 것을 습관화시켜야 한다.

유아체육 지도자의 개인적인 자질

☞ 신체적 · 정신적으로 건강해야 한다.
☞ 성실한 사람이어야 한다.
☞ 따뜻한 성품의 소유자여야 한다.

유아체육 지도자의 전문적인 자질

☞ 유아들의 발달단계와 특성에 대한 전문적인 지식을 갖추어야 한다.
☞ 건강과 체육에 대한 전문지식이 있어야 한다.
☞ 교육에 대한 전문지식을 알고 있어야 한다.

유아체육 지도자의 사회문화적인 자질

☞ 생명을 존중하는 자연친화적인 태도를 가진 사람이어야 한다.
☞ 사회 구성원 대부분이 공통적으로 가지고 있는 건전한 가치관과 윤리의식을 가지고 있는 사람이어야 한다.

유아 운동프로그램 진행 시 안전지도

유아 운동프로그램을 진행할 때에 안전사고를 예방하려면 지도자가 철저하게 준비하고, 세심하게 어린이들을 배려해야 한다. 다음은 운동 전, 중, 후로 나누어서 유의할 점을 설명한 것이다.

1 운동 전

☞ 유아들이 운동을 시작하기 전에 유아들의 건강상태를 지도자가 꼼꼼하게 확인하여야 한다. 열이나 복통이 있거나, 설사나 기침을 심하게 하거나, 상처 난 곳이 있으면 운동을 시키지 말아야 한다.

유아체육론

- ☞ 복장상태를 확인해야 한다. 운동화 끈이 풀려 있거나 모자가 바람에 날리면 그것을 잡으려다 안전사고가 일어나는 경우가 많다.
- ☞ 반드시 준비운동을 시켜야 한다. 짧은 시간 동안이라도 준비운동을 시켜서 호흡순환계통, 근육과 관절계통, 그리고 정신적으로 운동하기에 적합한 상태를 만들어 주어야 한다.
- ☞ 식사 직후나 직전에는 운동을 피하는 것이 좋다. 그리고 운동 직후에 식사를 하면 체할 가능성이 높기 때문에 피하는 것이 좋다.

2 운동 중

- ☞ 운동을 하는 중에는 유아의 얼굴빛을 잘 살펴봐야 한다. 얼굴이 창백해지거나, 다른 아이들보다 숨이 많이 가빠하면 즉시 운동을 멈추게 해야 한다. 어린이들은 몸이 성숙되지 않았기 때문에 작은 자극에도 큰 손상을 입을 수 있다.
- ☞ 운동을 하다가 어린이들이 다치는 일이 많다. 작은 상처라도 다시 한 번 생각해봐야 한다. 필요하면 응급처치를 한 다음 부모에게 연락하거나 병원에 데리고 가는 등 후속 조치를 지체 없이 취해야 한다.
- ☞ 어린이가 지도자가 직접 눈으로 볼 수 있는 범위 내에서 운동을 하도록 해야 한다.

3 운동 후

- ☞ 정리운동을 반드시 한다. 어린이들에게는 스트레칭 같은 정리운동이 필요한 것이 아니라 숨을 고르고 몸이 일상적인 상태로 돌아오는 시간이 필요한 것이다.
- ☞ 운동이 끝난 다음에는 샤워를 하는 것이 가장 좋지만, 사정이 여의치 못하면 손발과 얼굴만 깨끗이 씻어도 된다.
- ☞ 어린이들은 빨리 지치므로 운동이 끝나고 손발을 씻은 다음에는 잠깐 동안의 휴식시간을 주는 것이 좋다.

유아 운동을 위한 환경조성

유아에게 운동놀이를 지도할 때에는 환경을 어떻게 구성하느냐가 유아의 성장과 발달에 영향을 미치는 것은 물론이고, 교사가 하는 지도활동의 효율도 달라진다.

다음은 유아에게 운동놀이를 지도할 때 고려해야 할 환경조성 요소들을 간추린 것이다.

안전성	유아들은 조심성과 주의력이 모자라기 때문에 스스로 자신의 안전을 도모할 수 없다. 그러므로 지도자가 최우선적으로 안전을 고려해야 한다. 설비들을 안전하게 배치하고 지속적으로 관리 · 감독함으로써 유아들을 사고의 위험에서 최대한 보호해야 한다.
편안함	온도, 습도, 조명, 환기 등에 신경을 써서 유아들이 편안하게 활동에 몰입할 수 있도록 해야 하고, 교사가 활동하기에도 편리하도록 해야 한다.
공간의 확보	유아들이 실내에서 활동할 때 필요한 공간은 1인당 약 1평이고, 실외활동에는 2~3배의 공간이 필요하다.

소음	너무 소음이 심하면 소음을 흡수할 수 있는 방안을 마련해야 하고, 비교적 시끄러운 가운데에 활동이 이루어지는 것끼리 가깝게, 조용한 활동끼리 기깝게 장소를 배정해야 한다.
이동공간	수업활동 중에 유아들이 이동하면서 서로 부딪치지 않도록 충분한 이동 공간이 있어야 하고, 너무나 길면서 텅 빈 공간이 있으면 안전사고의 위험이 크다.

유아 운동을 위한 시설설비의 선정 원칙

다음은 여러 종류의 놀이시설 또는 설비 중에 무엇을 구비하는 것이 좋을지 결정할 때 고려해야 할 4가지 원칙에 대하여 설명한 것이다.

안전성	안전성은 다른 어떤 원칙보다도 가장 우선적으로 고려되어야 한다.
흥미성	어린이들의 자발성과 자주성을 기른다는 의미에서도 어린이들의 흥미성을 고려하는 것이 대단히 중요하다.
필요성	어떤 일을 어린이가 전혀 흥미가 없어 하더라도 어린이의 발달 측면에서 생각했을 때 어린이에게 꼭 필요한 것이라면 그냥 두어서는 안 된다.
경제성	제조사의 편의주의나 이윤추구 때문에 시설이나 설비가 어린이에 맞지 않게 되거나, 경제성에 얽매이면 곤란하다.

화상의 구분

화상은 국소 손상의 깊이에 따라 1~4도로 구분된다.

1도	화상 피부가 붉게 변하면서 국소열감과 동통을 수반한다. 물집은 생기지 않고 대부분 별다른 후유증 없이 낫는다.
2도	화상피부의 진피층까지 손상된 상태로 물집(수포)이 생기고, 붓고, 심한 통증이 동반된다. 감염의 위험이 있으며, 상처가 다 나은 후에도 흉터가 남을 수 있다. 손상 깊이에 따라 표재성2도화상과 심부2도화상으로 나눈다. · 표재성2도화상 : 진피의 일부만 손상된 상태로 상피 재생이 일어나면서 2주 정도면 회복된다. · 심부2도화상 : 진피층의 대부분이 손상된 상태로 감염이 없을 경우에는 2~4주 후에 회복되며 흉터가 남는다.
3도	화상 피부 전층이 손상된 상태로 피부색이 흰색 또는 검은색으로 변하며, 피부신경이 손상되어 통증이 느껴지지 않는다.
4도	화상 피부 전층과 근육, 신경 및 뼈조직이 손상된 상태이다.

유아체육론

필수 및 심화 문제

■ 체육과 교정과정(2022)의 핵심적인 신체활동 역량
체육과는 활동적이고 창의적인 삶, 건강하고 주도적인 삶, 신체활동 문화를 향유하며, 사회 속에서 바람직하고 더불어 사는 삶을 영위할 수 있는 신체활동 역량 향상을 목표로 한다.
· 움직임 관련 지식을 이해하고, 움직임의 목적과 환경에 적합하며 움직임 기술을 수행하며, 움직임 수행에 필요한 가치와 태도 실천(①)
· 건강 관련 지식을 이해하고, 생애 전반에 걸쳐 건강을 증진 및 관리하며, 건강의 증진과 관리에 필요한 가치와 태도 실천(②)
· 신체활동의 고유한 문화 특성을 이해하고, 신체활동 문화를 일상생활에서 누리며, 다양한 문화양식에 내재된 가치와 태도 실천(③)

■ 동일한 과제 수준의 프로그램 제공은 효과적인 교수전략이 아니다.

■ 원시반사는 시간이 지나면 저절로 소멸된다.

필수문제

01 체육과 교육과정 (2022)에서 추구하는 핵심적인 신체활동 역량의 내용이 아닌 것은?(2024)

① 움직임 수행 역량 : 운동, 스포츠, 표현 활동 과정에서 동작에 필요한 지식, 기능, 태도를 다양한 상황에 적용하며 발달한다.
② 건강관리 역량 : 체육과 내용 영역에서 학습한 신체활동을 일상생활에서 실천하며 함양한다.
③ 신체활동 문화 향유 역량 : 각 신체활동 형식의 특성을 이해하고 인류가 축적한 문화적 소양을 내면화하여 공동체 속에서 실천하면서 길러진다.
④ 자기 주도성 역량 : 신체적으로 활동적인 삶을 사는 데 필요한 움직임을 다양한 환경에서 수행하고 적용함으로써 길러진다.

필수문제

02 유아 산체활동의 내적 참여동기를 증진시키는 효과적 교수전략으로 옳지 않은 것은?(2024)

① 유아의 능력과 과제 난이도를 고려한 프로그램 제공을 통해 몰입을 돕는다.
② 학습과제 범위 내에서 유아에게 자율적 선택권을 부여한다.
③ 활동적으로 참여하는 유아를 격려하고 칭찬한다.
④ 프로그램 내 과제 수준을 동일하게 제공한다.

심화문제

03 유아체육 프로그램 목표에 대한 설명으로 옳지 않은 것은?

① 다양한 신체활동을 통해 기본 운동기술을 이해한다.
② 원시반사를 소멸시킬 수 있는 기회를 제공한다.
③ 자신의 감정을 표현할 수 있는 기회를 제공한다.
④ 지각과 동작 간의 협응 과정을 통해 지각운동기술을 발전시킨다.

정답 01 : ④, 02 : ④, 03 : ②

필수문제

04 유아체육 프로그램의 인지적 목표에 해당하는 것은?

① 신체 움직임의 개념을 학습할 수 있다.
② 사물을 조작하는 기술을 습득할 수 있다.
③ 긍정적인 정서를 형성할 수 있다.
④ 협동기술을 습득할 수 있다.

■ ②는 기술적 목표, ③은 정서적 목표, ④는 사회적 목표

필수문제

05 보기의 지도자별 교수 방법이 바르게 연결된 것은?(2024)

보기
A 지도자 : 콘을 지그재그로 통과하면서 드리블하는 시범을 보이고 따라 하게 유도한다. 실수하거나 느린 아이들은 지적하면서 동작을 수정해준다.
B 지도자 : 아이들이 개별적으로 볼을 가지고 놀면서 자유롭게 드리블을 하게 한다. 모든 공간을 쓸 수 있게 허용한다. 어떠한 신체 부위를 사용하든지 관여하지 않는다.
C 지도자 : 인사이드 드리블, 아웃사이드 드리블 등 다양한 유형의 기술을 시범 보인다. 이후에 아이들이 자신이 좋아하거나 잘하는 기술 위주로 자유롭게 선택하여 연습할 수 있도록 유도한다.
D 지도자 : 활동 전 아이들에게 어떻게 하면 콘을 건드리지 않고 드리블해 나갈 수 있을지를 질문한 후 실제 활동을 하게 한다. 이후 다양한 수준을 가진 아이들의 수행을 관찰하게 한다.

① A 지도자 : 탐색적 (exploratory) 방법
② B 지도자 : 과제 중심 접근(task-oriented) 방법
③ C 지도자 : 지시적 교수법 (command style teaching)
④ D 지도자 : 안내-발견적(guide-discovery) 방법

■ A 지도자 : 지시적 교수법
■ B 지도자 : 탐색적 교수법
■ C 지도자 : 직접-교사주도적 교수법

정답 04 : ①, 05 : ④

유아체육론

■④ 탐구적 방법 : 유아가 스스로 움직임의 개념을 탐색하고 활동할 수 있도록 지도하는 방법임. 지도자가 운동과제나 질문을 제시하면 유아 스스로 여러 가지 해결방법을 찾도록 하는 것임.
■①은 상호 주도적 교수방법(p.181 참조).
■②는 교사 주도적 교수방법 중 과제 제시 방법임.
■③은 교사 주도적 교수방법 중 지시적 방법임.

필수문제

06 유아체육 지도 방법 중 '탐구적 방법'에 해당되는 내용으로 적절한 것은?

① 도입, 동작 습득, 창의적 표현, 평가의 단계별 활동 전개하기
② 학습환경에 자유와 융통성을 도입하여 더 많은 책임 부여하기
③ 시범 보이기, 연습해보기, 언급해주기, 보충 설명하기, 시범 다시 보이기
④ 동작 과제나 질문을 제시하고 유아들이 제안한 다양한 해결방법을 인정하고 받아들이기

심화문제

07 유아 대상의 운동 지도방법으로 적절하지 않은 것은?

■유아에게 체육을 지도할 때에는 어렵고 위험한 과제는 신체적 가이던스를 충분히 해주어야 한다.

① 자세한 설명보다는 시범을 자주 보여준다.
② 게임 파트너를 교대하며 다양한 변화를 준다.
③ 미디어를 활용하여 운동참여에 대한 관심을 유도한다.
④ 어렵고 위험한 과제에도 신체적 가이던스(physical guidance)를 자제한다.

08 유아체육 프로그램을 지도할 때 유아의 흥미를 고려한 지도방법으로 옳은 것은?

① 경쟁만을 유도하는 단계적 목표를 선정하여 프로그램을 구성한다.
② 정적인 운동을 중심으로 프로그램을 구성한다.
③ 수업의 규칙을 지키지 않아도 되는 프로그램을 구성한다.
④ 음악이나 도구를 활용하여 다양한 프로그램을 구성한다.

■프로그램이 다양해야 흥미를 느낀다.

필수문제

09 유아체육이 지도 원리와 설명으로 적절하지 않은 것은?

■연속성을 가지고 꾸준히 체육활동을 할 수 있도록 지도하는 원리가 연속성의 원리이다. 유아의 연령·건강·체력 등의 특성을 고려한 지도는 개별화 원리이다.

① 표현성 원리 : 음악의 리듬에 맞추어 효과적인 표현지도
② 사회화 원리 : 소규모 집단으로 구성하여 지도
③ 연속성 원리 : 연령, 건강, 체력 등의 특성을 고려하여 지도
④ 흥미성 원리 : 흥미를 존중하여 학습 능력을 높이도록 지도

정답 06 : ④, 07 : ④, 08 : ④, 09 : ③

심화문제

10 유아 운동프로그램의 지도 원리로 적절하지 않은 것은?

① 추상적인 것에서 시작하여 구체적인 것으로 운동을 지도한다.
② 유아 간 연령별 체력의 차이, 운동소질 및 적성의 차이를 고려하여 지도한다.
③ 기초체력, 기본운동기술과 지각운동의 발달이 통합적으로 이루어 지도록 지도한다.
④ 다양한 감각을 통해 구체적 경험이 형성되도록 프로그램을 구성하여 지도한다.

■ ① 유아 운동프로그램은 행동의 중심적인 목표 및 목적을 구체적으로 제시하여 운동을 지도해야 한다.
■ ②는 유아 운동프로그램의 지도원리 중 개별화의 원리임.
■ ③은 유아 운동프로그램의 지도원리 중 통합의 원리임.
■ ④는 유아 운동프로그램의 지도원리 중 융통성의 원리임.

11 유아기 운동발달 프로그램의 지도 원리에 대한 설명이다. 설명이 옳은 것은?

① 생활 중심의 원리 : 일상생활에서 경험할 수 없는 활동을 지도
② 개별화의 원리 : 유아 개개인의 운동능력과 발달속도의 차이를 인정하는 지도
③ 탐구학습의 원리 : 유아가 움직임의 개념을 알도록 언어적으로 지도
④ 융통성의 원리 : 유아가 신체활동을 선택할 수 있도록 지도

■ 적합성 · 방향성 · 특이성 · 안전성 · 연계성 · 다양성의 원리가 있다. 특이성을 개별화라고도 한다.

12 유아체육 지도사가 갖추어야 할 바람직한 자세가 아닌 것은?

① 유아의 눈높이에서 열린 마음으로 친절하게 지도한다.
② 정확한 동작을 하도록 지도하고, 창의적인 신체표현까지 할 수 있도록 충분한 시간을 준다.
③ 유아 개개인의 발달속도에 맞추어 개별적으로 지도한다.
④ 설정한 목표를 이룰 수 있도록 유아들을 독려한다.

■ 유아들은 스스로 할 수 있을 때까지 기다려 주어야 한다.

13 유아체육 지도의 원리 중 옳지 않은 것은?

① 놀이 중심의 원리 : 유아의 흥미를 고려하여 다양한 운동도구를 활용한 프로그램에 참여
② 개별화의 원리 : 유아의 운동능력과 발달 속도에 따라 체육활동을 경험
③ 반복의 원리 : 안정, 이동, 조작운동의 3가지 기초운동 반복학습
④ 융통성의 원리 : 기초운동기술, 운동능력, 지각-운동능력의 발달이 통합적으로 이루어지게 함

■ 유아가 신체활동 시간을 스스로 결정할 수 있도록 해야 한다는 것이 융통성의 원리이다.

14 유아체육의 지도원리가 아닌 것은?

① 놀이중심의 원리 ② 개별화의 원리
③ 반복학습의 원리 ④ 점진성의 원리

■ 유아체육에서 점진성의 원리는 없다. 어제 못하던 것도 오늘 다른 것을 하여 보면 아주 잘하는 경우가 많기 때문이다.

정답 10 : ①, 11 : ②, 12 : ④, 13 : ④, 14 : ④

유아체육론

필수문제

15 보기의 대화에서 지도자가 활용한 유아체육 교수방법은?

> 보기
> 지도자 : 제자리에서 공을 앞으로 멀리 던져볼까?
> 아 동 : 어떻게 하면 공을 멀리 보낼 수 있어요?
> 지도자 : 공을 던지는 팔은 뒤로 하고 반대쪽 발은 앞으로 나가야 해.
> 아 동 : 그럼 몸통도 같이 돌아가요. 손을 뒤로 많이 하니까 공이 더 멀리 가요.
> 지도자 : 멋진 걸 발견했구나!

① 결과 중심 교수방법
② 교사 주도적 교수방법
③ 유아 주도적 교수방법
④ 유아-교사 상호 주도적 · 통합적 교수방법

■유아-교사 상호주도적 통합 교수방법은 유아의 흥미에 근거한 교수방법과 교사 주도의 교수방법을 균형적으로 연결해주는 방법이다(p. 181 참조).

유아체육론

심화문제

16 유아-교사 상호주도적 통합교수방법에 대한 설명으로 옳은 것은?

① 유아가 어떤 활동이든 똑같이 반복할 수 있도록 지도
② 유아가 무엇을, 언제, 어떻게 할 것 인가를 교사가 주도적으로 결정
③ 운동선택 결정 기회를 전적으로 유아에게 부여하고, 운동도구나 소도구를 자유롭게 이용
④ 유아의 흥미와 교사의 체계적인 접근방법이 균형을 이룸

17 유아체육 지도방법 중에서 유아-교사 상호 주도적 교수방법에 대한 설명이다. 틀린 것은?

① 교사 주도의 학습지도법과 유아 흥미위주의 학습지도법을 균형적으로 이용하는 방법이다.
② 도입 단계 → 동작습득 단계 → 창의적 표현 단계 → 평가 단계로 학습활동이 전개된다.
③ 동작습득 단계에서는 체육활동의 기본요소를 탐색하고 기본동작을 연습할 수 있는 기회를 제공한다.
④ 창의적 표현 단계에서는 탐색한(습득한) 동작을 바탕으로 일반화시켜서 표현할 수 있도록 한다.
⑤ 도입 단계는 유아가 배우고 싶은 운동을 선택하는 단계이다.

■도입 단계는 지도자가 앞으로의 학습활동을 안내하는 것이다.

정답 15 : ④, 16 : ④, 17 : ⑤

필수문제

18 직접-교사 주도적 교수방법에 관한 설명으로 옳지 않은 것은?

① 지시적 방법과 과제제시 방법으로 나뉜다.
② 지시적 방법은 지도사의 시범과 설명이 주로 이루어진다.
③ 과제제시 방법은 유아에게 의사결정을 허용하지 않는다.
④ 대 그룹 활동을 지도할 때 효과적이다.

■ 직접-교사 주도적 교수방법은 교사가 제시한 과제 중에서 일부를 유아가 선택해서 해결하는 것이다.

심화문제

19 유아체육 지도방법 중에서 유아주도적 방법에 대한 설명이다. 틀린 것은?

① 활동이나 운동을 선택하는 기회를 유아에게 준다.
② 유아 개개인의 능력이나 흥미의 차이를 인정한다.
③ 유아 스스로 독창성을 발휘하여 자기 발견 학습을 하게 한다.
④ 학습의 결과를 중시하는 지도방법이다.

■ 유아주도적 방법은 학습의 결과보다 과정을 중시하는 지도방법이다.

필수문제

20 신체활동 프로그램에서 실제학습시간(Academic Learning Time: ALT)을 증가시키는 전략으로 적절하지 않은 것은?

① 설명은 간결하고 명확하게 한다.
② 동작에 대한 시범을 위해 오랜 시간을 할애한다.
③ 주의집중을 위해 상호 간에 약속된 신호를 만든다.
④ 수업 시작 전 교구를 효율적으로 배치한다.

■ **실제학습시간**(ALT: academic learining time) : 교사가 학업적 과제에 참여하는 시간이 아니고 학습자가 수업내용에 참여하여 소비한 시간. 유아들은 이해력이 높지 않고 순진하기 때문에 지시나 동작에 대한 시범은 간결하고 명료하게 해야 한다.

심화문제

21 효과적 학습경험 설계를 위한 유아체육 지도자의 교수전략으로 옳지 않은 것은?(2024)

① 각 유아에게 적합한 수준에서 연습할 수 있도록 개별화된 학습경험을 제공해야 한다.
② 유아의 실제학습시간(ALT)을 증가시킬 수 있는 환경을 조성해야 한다.
③ 유아의 능력 수준을 고려한 학습과제를 제공하고, 연습 시간을 최대한 확보해준다.
④ 새로운 기능 학습 시에는 수업 초반에 제시한 과제 수준을 일관되게 유지한다.

■ 효과적인 학습경험 설계를 위한 교수전략은 과제 수준이 일정해서는 안 된다.

정답 18 : ③, 19 : ④, 20 : ②, 21 : ④

22 유아의 운동기술 연습 시 지도자의 적합한 시범으로 옳지 않은 것은?(2024)

■시범을 보일 때에는 말로 하는 것보다 실제 행동으로 보여주어야 효과적이다.

① 시범에서 언어적 표현을 보다 많이 활용할 때 더 효과적이다.
② 시범은 추가적 학습단서(learning cue)와 함께 제공될 때 더 효과적이다.
③ 다양한 각도에서 이루어진 시범을 통해 정확한 정보를 제공한다.
④ 자주 실수하는 동작에 대해 반복적인 시범을 보여준다.

23 체육수업 중 유아의 실제 과제참여 시간을 증가시키는 방법은?

■체육수업장비와 기구를 충분히 제공하면 유아의 흥미를 유발시켜 참여시간을 늘릴 수 있다.

① 장비와 기구를 충분히 제공해 준다. ② 기구의 안전관리 점검을 실시한다.
③ 운동기구는 활동마다 재배치한다. ④ 언어적 지시는 최대한 자세히 한다.

24 유아에게 가장 적합한 운동시간은?

■유치원의 수업시간은?

① 1회 수업 시 1시간 이상 ② 1회 수업 시 3시간 이상
③ 1회 수업 시 20~40분 ④ 1회 수업 시 10분 이내

유아체육론

필수문제

25 유아체육 지도 방법과 해당 설명의 연결이 올바르지 않은 것은?

■과제제시 방법은 유아가 해야 할 행동이나 활동방법을 지도자가 정하지만, 유아에게 어느 정도 의사결정을 허용하는 방법이다.

① 지시적 방법 – 시범 보이기, 연습해보기, 일반적인 언급해주기, 보충설명과 시범 다시 보이기
② 안내 발견적 방법 – 올바른 동작 방법을 제시하고 자유롭고 창의적으로 표현하게 하기
③ 탐구적 방법 – 동작 과제나 질문을 제시하고 유아들이 제안한 다양한 해결방법을 인정하고 받아들이기
④ 과제제시 방법 – 동작을 위해 지도자나 또래의 활동을 관찰함으로써 과제수행 방법을 이해시키기

필수문제

26 발달 목표별로 운동발달 프로그램의 지도방법을 예로 든 것이다. 틀린 것은?

■시각 발달 : 거리 · 길이 · 높이를 판단하는 능력과 물건의 형태를 구별할 수 있는 능력을 기르는 것.

① 기초체력의 발달 : 근지구력 향상에 중점을 둔다.
② 신체지각 발달 : 신체 각 부위의 활동과 중요성 알기를 지도한다.
③ 공간지각 발달 : 신체가 공간에서 차지하는 비중을 알 수 있도록 지도한다.
④ 시각 발달 : 시력이 더 좋아지는 방법을 지도한다.

정답 22 : ①, 23 : ①, 24 : ③, 25 : ④, 26 : ④

심화문제

27 유아기 운동발달 프로그램의 지도원칙에 대한 설명이다. 틀린 것은?

① 가정과 긴밀한 연락을 유지한다.
② 발달단계에 알맞은 지도를 한다.
③ 신체적 기능뿐만 아니라 지적 · 정서적 · 사회적 능력과 모두 연관이 있다는 것을 고려한다.
④ 한 가지 운동능력이 잘 발달되도록 집중적으로 지도한다.

■ 유아들은 어떤 운동을 마스터하려고 배우는 것이 아니다.

28 기술수준의 초급 단계에서 추구하지 않는 것은?

① 발견 ② 인식
③ 세련 ④ 탐색

■ 세련은 상급 단계에서 추구한다.

29 다음 중 유아체육을 지도할 때 반드시 고려해야 할 것은?

① 객관성 ② 전문성
③ 효율성 ④ 흥미성

■ 아이들이 재미없어하면 아무것도 안 된다.

유아체육론

필수문제

30 유아체육 지도자의 역할로 적절하지 않은 것은?

① 호기심을 자극하고, 반응에 관심을 보이며 지도한다.
② 이기는 것이 제일 중요하다는 것을 강조하며 지도한다.
③ 주제와 장소를 고려하여 적절한 장비를 선택하며 지도한다.
④ "해보자!", "해보지 않겠니?" 등의 권유형 언어를 사용하여 지도한다.

■ 이기는 것이 중요하다고 강조하는 것은 바람직하지 않다.
■ 유아체육 지도자의 역할은 사회성을 함양하고, 호기심을 자극하여 균형있는 발달을 유도하는 것이다.

심화문제

31 3~4세 유아의 체육활동에서 진행 통제가 어려운 경우 지도자의 역할로 적절하지 않은 것은?

① 경쟁과 결과를 강조하는 진행자 역할
② 서로 다투는 유아를 위한 중재자 역할
③ 뜀틀을 무서워하는 유아의 수행을 위한 보조자 역할
④ 언어적 지시를 이해하지 못하는 유아에게 시범을 보여주는 안내자 역할

■ 경쟁과 결과를 강조하는 지도는 잘못된 방법이다. 유아체육지도자는 객관적인 입장에서 유아들이 사회성을 가지고 스스로 해결할 수 있도록 중재하는 역할이 중요하다.

정답 27 : ④, 28 : ③, 29 : ④, 30 : ②, 31 : ①

32 유아체육 수업을 할 때 신체활동 시간을 증가시키기 위한 전략으로 가장 좋은 것은?

① 어려운 활동이나 게임을 한다.
② 자세하게 설명해주고 시범은 여러 번 보인다.
③ 간결 · 명료하게 지시한다.
④ 천천히 활동하도록 유도한다.

필수문제

33 유아체육 지도사가 갖추어야 할 전문적 자질과 거리가 가장 먼 것은?

■ 자존심만 있으면 유아들을 잘 가르칠 수 있나?

① 유아에 대한 전문적인 지식
② 일반교양에 관한 지식
③ 유치원 교육과정에 대한 이해
④ 긍정적인 자아개념

유아체육론

심화문제

34 유소년스포츠지도사의 전문적 자질을 향상시키는 방법으로 가장 적절하지 않은 것은?

■ 수용적인 태도를 갖는 것은 갖추어야 할 덕목이지 자질을 향상시키는 방법은 아니다.

① 유소년스포츠지도사 자격증을 취득한다.
② 유소년스포츠지도사 연수과정에 참여한다.
③ 아동의 안전사고에 대비하여 필요한 지식을 습득한다.
④ 아동에 대한 수용적인 태도를 지닌다.

35 유아의 신체활동 시간을 증가시키기 위한 전략으로 옳지 않은 것은?

■ 대기시간을 늘리면 언제 활동하나?

① 발육발달 수준에 맞는 신체활동 프로그램을 전개한다.
② 기술을 연습할 수 있도록 대기시간을 늘린다.
③ 활동적으로 참여하는 것에 대해 긍정적인 피드백을 제공한다.
④ 유아들의 흥미를 유발할 수 있는 다양한 활동을 제공한다.

필수문제

36 유아들에게 기구를 이용하는 운동을 지도할 때 좋지 못한 방법은?

① 기구탐색, 활용법, 응용법 등 여러 가지 형태의 운동을 제시한다.
② 기구 사용에 필요한 선행운동을 할 필요는 없고 평소와 같이 준비운동을 한다.
③ 안전에 유의해야 한다.
④ 유아의 체력을 고려하여 체계적이고 계획적으로 지도한다.

정답 32 : ③, 33 : ④, 34 : ④, 35 : ②, 36 : ②

심화문제

37 유아체육 활동 시 안전을 위한 고려사항이 아닌 것은?

① 발달 수준에 적합한 운동 기구 선택
② 도구 사용법이나 운동방법에 대한 사전교육
③ 위험한 장소에서 운동수행
④ 운동 전 · 후에 올바른 준비 · 정리 운동 실시

필수문제

38 유아체육수업의 환경 조성에 관한 설명으로 적절하지 않은 것은?

① 유아가 선호하는 하나의 교구만을 배치한다.
② 다양한 감각 자극을 제공할 수 있는 환경을 조성한다.
③ 유아가 자유롭게 몸을 움직일 수 있도록 충분한 공간을 확보한다.
④ 적절한 교구 배치를 통해 효과적 지도가 가능한 환경을 조성한다.

■ 유아체육을 지도할 때 환경 설정의 기본은 안전성, 흥미성, 효율성(필요성), 경제성이다. 유아가 선호하는 하나의 교구만을 배치해서는 유아의 흥미성을 제고할 수 없다.

심화문제

39 실외 수업 시 유의사항 중 잘못된 것은?

	원칙	내용
①	흥미성	호기심, 모험심 등을 표현할 수 있는 지도환경 조성
②	안전성	부드러운 마감재나 바닥 재질, 공간의 벽 등을 고려한 지도환경 조성
③	필요성	음향시설, 냉난방시설, 활동공간의 크기 등을 고려한 지도환경 조성
④	경제성	설비나 용구로 인한 건강 저해나 활동의 위험성이 없도록 지도 환경 조성

■ ④ 건강저해나 활동의 위험성이 없도록 지도환경을 조성하는 것은 안전성임.

필수문제

40 유아체육 지도 시 안전한 지도와 가장 거리가 먼 것은?

① 유아는 신경계통의 기능이 미숙하여 힘이나 속도를 제어하는 것이 서툴다는 것을 이해한다.
② 유아는 판단능력이 미숙하여 위험한 행동을 흉내 내기도 한다는 것을 이해한다.
③ 유아는 자발적으로 신체를 움직인다는 것을 이해한다.
④ 유아는 안전에 대한 불감증 때문에 사고에 자주 노출된다는 것을 이해한다.

■ 위험하다는 것을 알면서도 시정하지 않는 것이 안전에 대한 불감증이다.

정답 37 : ③, 38 : ①, 39 : ④, 40 : ④

심화문제

41 실외 수업 시 유의사항 중 잘못된 것은?

① 교육에 앞서 안전교육을 먼저 실시한다.
② 유아의 몸 상태나 날씨는 고려하지 않고 수업을 진행한다.
③ 수업이 끝난 다음에는 놀이 시설과 기구를 깨끗하게 정리 · 정돈하는 습관을 지도한다.
④ 유아의 발달수준을 고려하여 다양한 수준으로 수업을 설계하고 진행한다.

42 유아 발달에 적합한 실내 · 외 지도 환경에 대한 설명으로 적절하지 않은 것은?

① 활동성을 고려해 좁은 공간을 확보하는 것이 바람직하다.
② 공간의 구성은 놀이 형태와 지속시간에 영향을 준다.
③ 놀이 공간과 놀이 교구는 유아의 놀이에 영향을 미친다.
④ 발달과 학습을 유도할 수 있는 환경을 의도적으로 구성해야 한다.

■ 유아의 활동성을 고려해 넓은 공간 확보가 바람직하다.

43 유소년 체육활동에서 체온조절과 관련된 내용으로 지도자가 고려해야 할 사항으로 옳지 않은 것은?

① 적당한 온도 및 습도가 유지된 환경을 조성해야 한다.
② 체온조절을 위해 가능한 더운 공간에서의 활동을 장려한다.
③ 더운 여름철의 체육 활동에는 적절한 수분 보충을 장려한다.
④ 유소년은 체육활동 시 성인에 비해 열을 빨리 획득하게 된다는 것을 인지한다.

■ ② 더운 공간에서 활동하면 체온조절이 될까?

필수문제

44 유아 운동 지도 시 교구배치 방법과 그 효과에 대한 설명으로 적절하지 않은 것은?

① 공간 활용성을 높인 교구배치로 안전사고를 예방한다.
② 시각적 효과를 높인 교구배치로 학습자의 시선을 분산한다.
③ 순환식 교구배치로 대기시간을 줄여 실제학습시간을 늘려준다.
④ 병렬식 교구배치로 교구 사용을 반복하여 자신감을 갖도록 유도한다.

■ **교구배치 방법**
· 교구는 공간 활용성을 높여 안전사고를 예방할 수 있도록 배치해야 한다.
· 시각적 효과를 높인 배치 : 여러 가지 기구를 배치하여 도구로 사용함으로써 학습자의 시선을 집중시켜 만족감을 높인다.
· 순환식 배치 : 여러 가지 기구를 한꺼번에 접할 수 있도록 배치함으로써 대기시간을 줄여 실제 학습시간을 늘린다.
· 병열식 배치 : 여러 가지 기구를 한꺼번에 접하는 부담을 줄이기 위한 배치방법으로, 교구 사용을 반복함으로써 자신감을 갖게 한다.

심화문제

45 다음 중 운동기구 배치 유형이 아닌 것은?

① 병렬식 배치　　② 순환식 배치
③ 시각적 효과의 배치　　④ 청각적 효과의 배치

정답 41 : ②, 42 : ①, 43 : ②, 44 : ②, 45 : ④

46 **유아에게 일어날 수 있는 우발적인 사고를 예방하기 위한 두 가지 접근방법으로 옳은 것은?**

① 환경적 요인 변화 – 유아의 행동 변화
② 교사의 행동 변화 – 부모의 행동 변화
③ 환경적 요인 변화 – 교사의 행동 변화
④ 부모의 행동 변화 – 유아의 행동 변화

■ 우발적인 사고는 환경적 요인 때문에 생긴다.

47 **유아를 위한 교재 · 교구의 선정 원칙으로 옳지 않은 것은?**

① 안전성 ② 적합성
③ 소모성 ④ 확장성

■ 유아체육에서 교재 · 교구를 선택할 때는 안전성, 적합성, 경제성, 확장성 등을 고려해야 한다.

48 **유아 운동프로그램의 교구 중 대도구에 포함되지 않는 것은?**

① 매트 ② 철봉
③ 평균대 ④ 후프

■ **대도구** : 매트, 뜀틀, 철봉, 평균대, 허들 등

필수문제

49 **보기에서 '영유아 기도폐쇄' 응급처치에 관한 설명으로 옳은 것을 모두 고른 것은?**

보기
㉠ 1세 미만의 경우 등 두드리기 및 흉부압박이 권장된다.
㉡ 의식이 없는 경우 혀에 의한 기도폐쇄가 있는지 확인한다.
㉢ 등 두드리기를 할 때 머리를 가슴보다 낮게 하고, 안은 팔을 허벅지에 고정시킨다.
㉣ 흉부를 압박할 때 등을 받치고 머리를 가슴보다 낮게 하여, 안은 팔을 무릎 위에 놓는다.

① ㉠, ㉡ ② ㉠, ㉢
③ ㉡, ㉢, ㉣ ④ ㉠, ㉡, ㉢, ㉣

■ 보기는 모두 영유아 기도폐쇄 시의 응급처치에 관한 설명이다.

필수문제

50 **신체활동 중 응급 상황 시 행동요령 순서로 옳은 것은?**

① 응급상황인지→도움유무결정→구급차 호출→부상자 진단→응급처치 실시
② 응급상황인지→부상자진단→도움유무결정→응급처치실시→구급차 호출
③ 응급상황인지→도움유무결정→부상자진단→구급차 호출→응급처치실시
④ 응급상황인지→부상자진단→응급처치실시→도움 유무결정→구급차 호출

■ 맨 먼저 도움을 받을 수 있는지 확인하고, 119에 연락한 다음 자신의 능력에 따라 응급구조활동을 전개해야 한다.

정답 46 : ①, 47 : ③, 48 : ④, 49 : ④, 50 : ①

심화문제

51 응급처치의 기본원칙에 어긋나는 것은?

① 배우지 않은 응급처치 방법이더라도 급하므로 일단 시행하고 본다.
② 호흡정지나 호흡곤란이 있는지 먼저 확인해야 한다.
③ 충격을 예방하고 신속하게 119에 연락한다.
④ 사고현장을 잘 관찰하거나 목격자에게 물어서 사고원인을 알아낸다.

■ 자신의 수준에 맞는 응급처치 이상을 하면 법률 위반이다.

52 발목부상의 처치과정에 대한 설명으로 옳지 않은 것은?

① 휴식(rest) : 부상부위를 고정하고 안정을 취한다.
② 얼음찜질(ice) : 부상부위에 얼음주머니를 대고 붕대를 감는다.
③ 압박(compression) : 탄성붕대를 이용하여 압박한다.
④ 거양(elevation) : 다리를 심장보다 낮게 놓고 안정을 취한다.

■ 부상을 입은 발목은 심장보다 높게 놓고 안정을 취해야 한다.

필수문제

53 보기가 설명하는 질환은?

보기
» 주로 생후 6개월~5세 사이의 영유아에게서 발생한다.
» 자기 올라간 고열과 함께 경련을 일으킨다.
» 주된 원인으로 고열, 뇌 손상, 유전적인 요인 등이 거론된다.

① 독감　② 2도 화상　③ 열성경련　④ 근육경련

■ **독감** : 인플루엔자 바이러스가 상기도에 침입하여 일으키는 바이러스 감염증의 호흡기질환
■ **화상** : 불, 뜨거운 물, 화학물질 등에 의해 피부 및 조직이 손상된 것(p. 185 '화상의 구분' 참조)
■ **근육경련** : 근육피로, 기후 변화, 준비운동 부족 등에 의하여 근육에서 일어나는 경련

필수문제

54 보기가 설명하는 것은?(2024)

보기
» 체온이 40℃ 이상으로 오른다.
» 땀을 전혀 흘리지 않거나 과도하게 많이 흘린다.
» 신체 내 열을 외부로 발산하지 못해 고체온 발생 및 중추신경계의 이상을 보인다.
» 신속한 체온감소 조치와 병원 후송이 필요하다.

① 일사병　② 열사병　③ 고체온증　④ 열경련

■ ① **일사병** : 강한 햇볕에 오래 노출되어 생기는 병(열사병은 뜨거운 환경에서 발생함).
■ ③ **고체온증** : 체온이 정상범위를 벗어나 비정상적으로 높은 상태.
■ ④ **열경련** : 높은 온도와 습도에서 운동이나 일을 할 때 땀을 많이 흘려 일어남.

정답 51 : ①, 52 : ③, 53 : ③, 54 : ②

2025

스포츠지도사 2급 필기

노인체육론

단원별 출제빈도 분석

단원	2015 노인	2016 노인	2017 노인	2018 노인	2019 노인	2020 노인	2021 노인	2022 노인	2023 노인	2024 노인	누계 (개)	출제율 (%)
제1장 노화와 노화의 특성	5	5	5	6	3	4	7	7	5	4	51	25.5
제2장 노인 운동의 효과	3	3	6	5	4	2	3	4	2	3	35	17.5
제3장 노인 운동프로그램의 설계	4	8	3	3	4	7	5	4	5	2	45	22.5
제4장 질환별 운동프로그램 설계	5	1	4	2	6	4	2	2	4	10	40	20
제5장 노인체육의 효과적인 지도	3	3	2	4	3	3	3	3	4	1	29	14.5
합계	20	20	20	20	20	20	20	20	20	20	200	100

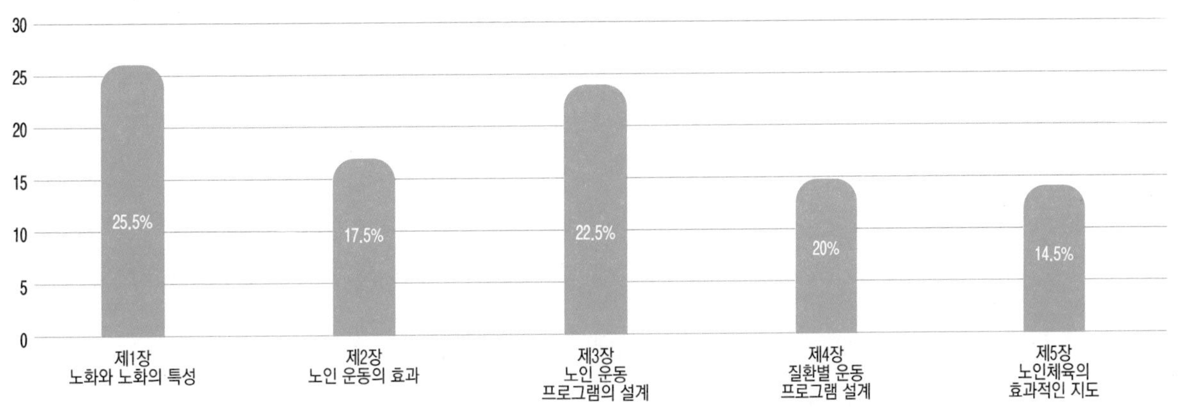

단원별 출제비율 그래프

노화와 노화의 특성

노화의 개념

1 노화의 정의

나이가 들어 신체의 전반적인 활력이 떨어지고 모든 생리적 기능이 저하되는 과정을 노화라고 한다. 세포의 단백질 합성능력의 감소, 면역기능의 저하, 근육의 축소, 근력의 감소, 체내의 지방 성분 증가, 골밀도의 감소 등이 동반된다.

2 노화의 특징

보편성	노화는 모든 사람에게 보편적으로 일어난다. 노화는 모든 동 · 식물에서도 일어나는 하나의 자연현상이다.
내인성	노화의 주원인은 체내에 있다.
쇠퇴성	노화는 신체기능에 부정적인 영향을 미쳐 사망에 기여한다.
점진성	노화는 점진적으로 일어난다.

3 스피르두소의 신체적 능력 5단계

단계	능력 수준	활동 내용
1단계	신체적으로 의존 수준	·일상생활에서 기본적인 활동 불가 ·가정이나 시설에서 보호 필요
2단계	신체적으로 연약 수준	·일상생활의 기본적인 활동 가능 ·가벼운 집안 일, 조리 ·집 밖으로 이동 제한
3단계	신체적으로 독립 수준	·신체적 부담이 적은 가벼운 신체활동 ·여행, 운전 등 도구를 이용한 일상생활 가능
4단계	신체적으로 단련 수준	·중간강도의 신체활동 ·지구력 스포츠와 취미 활동 가능
5단계	신체적으로 아주 잘 단련 수준	·경쟁 스포츠 활동 ·고위험 및 파워 스포츠 가능

4 노인의 분류

나이로	연소노인(65~74세), 중고령노인(75~84세), 고령노인(85~99세), 초고령노인(100세 이상)
남아 있는 신체기능의 정도로	신체적으로 잘 단련된 노인, 단련된 노인, 독립적인 노인, 연약한 노인, 의존적인 노인
국가의 인구 중 노인들이 차지하는 비율로	고령화사회(7% 이상), 고령사회(14% 이상), 초고령사회(21% 이상)

5 노인스포츠지도사가 갖추어야 할 지식 또는 경험

- ☞ 노인성 질환의 발병기전과 특성
- ☞ 운동 시 주의해야 할 사항에 대한 의학적 지식
- ☞ 신체적 허약을 극복할 수 있는 체력요인에 대한 지식
- ☞ 넘어짐을 방지하기 위한 다감각훈련에 관한 지식과 경험

노화이론

노화와 관련된 학설은 수백 개에 이르고, 어느 한 가지 이론으로 설명하기에는 한계가 있다.

1 생물학적 노화이론

유전적 노화 이론	DNA 속에 노화의 속성이 저장되어 있어서 정해진 시기에 이르면 세포를 노화시켜서 노화가 진행된다.
유전자 돌연변이 이론	DNA 복구 시스템이 비정상적으로 작동하면 돌연변이 세포가 만들어지고, 돌연변이 세포가 누적되면서 노화가 진행된다.
사용마모 이론	기계가 마모되듯이 인체의 세포도 점진적으로 닳아 없어지면서 노화가 진행된다.
손상이론	세포 손상의 누적이 세포의 기능장애를 일으키는 요소로 작용하여 노화를 진행시킨다.
노폐물 누적이론	살아가는 동안 인체 내부에 노폐물이 축적되고, 축적된 노폐물이 세포기능이 정상적으로 작동하는 것을 방해해서 노화가 진행된다.
교차연결(결합)이론	세포 내부의 분자들이 서로 교착되어서 세포의 기능이 저하됨으로써 노화가 진행된다.
산화기 이론	체내에 남아 있는 산화기(활성산소)가 세포막과 결합하여 세포막을 변형시켜서 노화가 일어난다.
점진적 불균형 이론	신경계통과 내분비계통의 세포들이 약간씩 줄어들면서 불균형상태가 되어 노화가 진행된다.
면역이론	체내의 면역체계가 항체를 만들 때 정상세포까지 파괴하는 항체를 조금씩 만들고, 그 항체들이 누적되면서 노화가 진행된다.

2 심리학적 노화이론

사람이 생물학적으로 늙어갈 때 어떻게 해야 심리적으로 늙는 것을 예방하거나 지연시킬 수 있는지 그 방법에 대한 이론이다.

자아발달단계(통합) 이론	Erickson(1963)은 출생에서 노년까지의 자아발달을 8단계로 나누고, 맨 마지막 단계를 노년기로 보았다. 노년기 : 자아통합 vs 절망
발달과업 이론	Havighurst(1972)는 생애주기를 6단계로 구분하고, 각 단계에서 주어진 과업을 완수하는지 여부가 행복에 결정적인 역할을 한다고 주장하였다.
사회적 와해 이론	Kuypers & Bengtson(1973)은 심리적으로 허약한 개인이 주변 환경으로부터 부정적인 반응을 받게 되고, 그 결과로 자아개념이 무너지면서 사회적으로 와해된다고 주장하였다.
성공적 노화 이론	Rowe와 Kahn(1998)은 노후에는 신체 및 지적 퇴화로 인해 젊었을 때처럼 사회활동에 적극적으로 참여할 수 없지만, 개인에게 일과 보상이 주어진다면 성공적인 노화를 보낼 수 있다고 주장하였다.

▶에릭슨의 심리사회적 발달단계

건강하게 발전하는 사람이 출생 시부터 성인기까지 통과해야 하는 8단계를 식별하는 정신분석이론

성격특성 (과업 vs 위기)	연령	관계	질 문
신뢰 vs 불신	0~1세 (영아, 젖먹이)	엄마	믿을 수 있는가?
자율성 vs 수치심과 의심	2~3세 (걸음마단계의 아기)	부모	그것이 내게 좋은 것인가?
주도성 vs 죄의식	4~6세 (미취학 아동)	가족	내가 하거나, 움직이거나, 활동하기 좋은 것인가?
역량 vs 열등감	7~12세 (초등학생)	학교, 이웃	나는 사람과 사물의 관계에서 무엇을 창조할 수 있는가?
독자성 vs 혼돈	13~19세 (십대)	또래, 역할모델	나는 누구인가? 나는 무엇이 될 수 있을까?
친밀감 vs 고립감	젊은 성인	연인 사이	나는 사랑할 수 있을까?
생산성 vs 침체	중년 성인	가정, 동료	내 삶은 스스로 인정할 수 있는가?
자아주체성 vs 절망	노년기	사람	내 스스로 나의 삶에 만족했었는가?

3 사회학적 노화이론

노화과정에서 나타나는 개인적 특성이나 행동, 노년기에 일어나는 사회적 관계와 역할의 변화를 사회학적 측면에서 설명하는 이론들이다.

사회분리(유리) 이론	노인의 사회적 역할과 상호작용을 감소시켜서 노인들을 사회에서 분리시킨다.
활동 이론	노인의 사회활동 참여도가 높을수록 심리적 만족감과 생활만족도가 높아진다.
사회교환 이론	노인이 되면 젊은 사람보다 가지고 있는 교환자원의 가치나 양이 열세이기 때문에 사회에서 열등한 지위로 내몰리게 된다.
지속성 이론	노인마다 각기 다른 노화패턴을 가지고 있으므로 노인이 자신의 기준대로 사회에 적응해나가도록 돕는 것이 성공적인 노화를 돕는 일이다.
연령계층 이론	Riley & Foner(1968)는 연령집단에 따라 사회적 계층화가 나타나게 된다고 주장하였다.
하위문화 이론	Rose(1965)는 한 범주에 속하는 구성원들끼리 더 많은 관계를 유지하면서 독특한 하위문화를 형성하듯 노인들도 그들만의 하위문화를 형성시킨다고 주장하였다.
현대화 이론	사회구조 및 사회체제의 변화가 세대 간의 이질성을 심화시켰기 때문에 노인들의 신분이 하락하였다고 주장하였다.

성공적인 노화

1 성공적인 노화의 모델

Rowe & Kahn(1998)은 성공적인 노화의 3가지 요인을 다음과 같이 주장하였다.

☞ 질병과 그와 관련된 장애 가능성이 낮은 상태
☞ 높은 수준의 신체적·정신적 건강상태 유지 기능
☞ 활기찬 인생 참여(사회활동)

2 성공적인 노화를 촉진하는 방안

☞ 노인의 건강증진을 위한 생활습관의 관리와 2차적 예방이 이루어져야 한다.
☞ 심리적으로 만족스럽고, 정신적으로 건강한 삶을 영위할 수 있도록 원조하여야 한다.
☞ 경제적 안정을 위한 지원을 해야 한다.
☞ 경제발전이나 사회발전에 기여할 수 있는 활동에 참여할 수 있는 기회를 부여해야 한다.
☞ 사회적 관계 유지와 적극적 여가 참여를 지원해야 한다.

노화에 따른 변화

1 신체적 및 생리적 변화

외관상의 변화	골반의 지름이 증가하고, 어깨너비가 좁아진다. 피부의 탄력이 감소하고, 신장이 줄며, 자세가 구부정해진다.
신체기능과 조성의 변화	복부 내장지방의 증가로 체지방 비율이 증가하고, 수분과 고형성분의 비율이 감소한다.
시력 및 청력의 변화	시력과 청각이 감퇴되어 노안과 난청이 된다. 전정기관의 기능저하로 평형성 유지가 어려워진다.
감각기관의 변화	기본적으로 외부를 인식하는 오감이 모두 퇴화한다.
신체기관의 변화	호흡기계의 약화, 치아결손, 소화기능의 감퇴, 신장기능의 저하, 신경 전달속도의 저하, 호르몬 분비의 감소 등이 일어난다.
회복능력의 변화	신체조직의 기능저하로 회복하는 기능이 감퇴한다.
심혈관계의 변화	·최대심박출량 감소 ·최대1회박출량 감소 ·최대심박수 감소 ·최대산소섭취량의 점진적 감소 ·심장근육의 수축시간 연장 ·수축기 혈압의 점진적 증가 ·운동하는 동안 분비된 카테콜아민에 대한 심장근육 반응 감소 ·운동하는 근육으로 혈액흐름 감소 ·동정맥산소차 감소 ·근육의 산화능력 감소 ·근육 미토콘드리아의 숫자와 밀도 감소

호흡계의 변화	·잔기량 증가 ·1회호흡량 감소 ·폐의 탄력성 감소 ·흉곽의 경직성 증가 ·호흡기의 근력 감소 및 호흡기 중추신경활동의 민감성 감소
근육계의 변화	·근육량 감소 및 운동단위 감소 ·근력 · 근파워 · 근지구력 감소 ·근육미토콘드리아의 유산소효소 활성 감소
신경계의 변화	·기억 · 주의력 · 지능 · 정보처리속도를 포함한 인지기능 저하 ·단순반응시간과 선택반응시간 및 신경전도속도 감소 ·체성감각 · 고유수용감각 · 전정계기능 감소 ·시청각기능 감소

2 심리적인 변화

☞ 가족과 사회 구성원으로서의 역할기능이 축소되거나 상실되면서 허탈감에 빠지기 쉽다.

☞ 고집과 거부 성격을 띠게 되고, 자신의 역할 기능을 계속 하려고 한다.

☞ 새로운 상황에 대한 학습이나 적응에 어려움을 겪고, 말이 많고, 과거에 집착한다.

☞ 무력감을 느끼고, 질투심이 많아지며, 우울 경향과 내향성 및 수동성이 증가한다.

☞ 조심성과 사고의 경직성이 증가한다.

☞ 친근한 사물에 대한 애착심이 증가하고, 시간 전망이 달라진다.

3 사회적인 변화

노인에게 사회적 역할 변화를 가져오게 하는 대표적인 사건은 은퇴, 배우자와 친족의 상실, 자녀의 결혼이다.

은퇴	은퇴는 여러 가지 의미에서 인생의 분기점이 된다. 장년기에서 노년기로의 이행이며, 노동을 끝내고 새로운 여가생활로 이행해 가는 분기점이 된다. 이 시기에 노인은 다양한 감정을 경험하게 한다.
배우자와 친족의 상실	노인들은 죽음에 대해 더 많이 생각하게 된다. 배우자나 친구와 사별하는 경우 막연하게 느끼던 죽음이 현실화되면서 심한 허무감, 절망감, 고독감을 갖게 된다.
자녀의 결혼	남성 노인은 가장의 자리를 아들에게 인계함에 따라 고독감을 느끼게 되고, 여성 노인은 자식이 성장하여 자립하게 되면 '빈둥지증후군'을 경험하게 된다.
지위와 역할의 변화	한 개인이 행사할 수 있는 권력, 재력 또는 사회적 영향력은 그 사람의 삶의 질을 결정하는 매우 중요한 요소이다. 그런데 노년기에는 이전에 획득했던 사회적 지위와 역할을 상실하는 경우가 대부분이다.
사회관계망의 변화	친구나 배우자의 상실과 부양자의 위치에서 피부양자로 전환되는 과정에서 사회관계망이 크게 줄어든다.
연령규범과 사회화	사회가 특정 연령대에 있는 사람에게 요구하거나 기대하는 적합한 행동이나 가치를 연령규범이라고 한다. 노인의 연령규범에 대한 사회적 합의가 이루어져야 한다.

필수 및 심화 문제

필수문제

01 보기가 설명하는 노화의 특징은?(2024)

보기
» 노화는 신체기능에 부정적 영향을 미쳐 사망을 초래한다.
» 나이가 들면서 신체기능이 더 좋아지면 노화가 아니다.

① 보편성 ② 내인성 ③ 점진성 ④ 쇠퇴성

■ 노화의 특징(p. 200) 참조

필수문제

02 건강수명에 대한 설명으로 적절하지 않은 것은?

① 건강과 일상생활의 기능을 유지하는 기간을 뜻한다.
② 질병이나 신체장애 없이 생존한 삶의 기간을 뜻한다.
③ 성별·연령별로 몇 년을 더 살아갈 것인지 통계적으로 추정한 기대치로 생존연수를 뜻한다.
④ 신체적·정서적·인지적 활력 또는 기능적 웰빙을 유지할 것으로 예상되는 삶의 기간을 뜻한다.

■ 기대수명 : 출생아(0세)가 앞으로 생존할 것으로 기대되는 평균 생존연수
■ 평균수명 : 일정한 지역 주민들의 수명을 평균한 것
■ 건강수명 : 평균수명에서 질병이나 부상 때문에 활동하지 못한 기간을 뺀 기간. 단순히 얼마나 오래 살았는지가 아니라 실제로 활동을 하며 건강하게 산 기간을 나타내는 지표
■ 행복수명 : 경제적 가치와 건강 등을 모두 충족하면서 행복하게 산 기간

심화문제

03 기대수명(life expectancy)에 대한 설명으로 옳지 않은 것은?

① 나이가 증가함에 따라 변화한다.
② 기대수명과 평균수명은 동일한 개념이다.
③ 대부분의 나라에서 꾸준히 증가하고 있다.
④ 평균적으로 여성의 기대수명이 남성의 기대수명보다 높다.

■ 문제 2의 ③과 같이 통계적으로 추정한 기대치는 **기대수명**인데, 이는 평균수명과 같은 개념이 아니다.

필수문제

04 노화에 대한 설명으로 옳은 것은?

① 노화는 60세 이후 시작된다.
② 노화는 대부분의 사람들이 겪는 신체기능의 점진적 감퇴를 수반한다.
③ 노화는 일률적이고 개인차가 없이 누구나 겪는 과정이다.
④ 성공적 노화는 수명연장에 따른 연대기적 나이로 평가한다.

■ 노화는 누구나 겪는 과정이라는 말은 맞지만, 개인차가 없다는 말은 틀렸다.
■ 성공적 노화 → p. 203 참조

정답 01 : ④, 02 : ③, 03 : ②, 04 : ②

■연대기적 연령 : 살아온 햇수를 의미
■기능적 연령 : 같은 나이·성별의 사람들과 비교한 체력적 요인을 바탕으로 한 연령 구분
■생리적 연령 : 질병, 적응력 상실, 기능적 능력 감소 등으로 죽음을 이르게 하는 체내의 과정
■심리적 연령 : 개인의 심리적 성숙도, 환경 변화에 대한 적응력, 스트레스 대처 능력, 인간관계 형성 능력, 독립성이 연령 구분의 기준이 됨

■연대기적 나이는 역연령과 같은 말이다.

필수문제

05 보기에서 설명하는 연령지표는?

보기
» 가장 보편적인 지표로 출생 이후 살아온 시간의 길이를 의미한다.
» 노인의 경우, 연소노인(young-old : 65~74세), 중고령 노인(middle-old : 75~84세), 고령노인(old-old : 85~99세), 초고령노인(oldest-old : 100세 이상)으로 구분한다.

① 기능적 연령 ② 생리적 연령 ③ 심리적 연령 ④ 연대기적 연령

심화문제

06 기능적 나이(functional age)에 포함되지 않는 것은?

① 신체적 나이(physiological age) ② 연대기적 나이(chronological age)
③ 사회적 나이(social age) ④ 심리적 나이(psychological age)

■노인의 기능상태 5단계
· 신체적 의존
· 신체적 허약(연약)
· 신체적 자립
· 신체적 건강(단련)
· 신체적 엘리트

필수문제

07 보기는 Spirduso 등이 노인의 기능상태를 5가지 범주로 분류한 것이다. ( ) 안에 들어가야 할 범주가 잘 짝지어진 것은?

보기
(㉠) – 신체적 허약 – (㉡) – 신체적 건강 – 신체적 엘리트

① ㉠ 신체적 장애 ㉡ 신체적 보통 ② ㉠ 신체적 의존 ㉡ 신체적 자립
③ ㉠ 신체적 장애 ㉡ 신체적 독립 ④ ㉠ 신체적 의존 ㉡ 신체적 독립

심화문제

08 스피르두소(W. Spirduso)의 신체적 능력 5단계에서 보기의 활동이 가능한 노인의 신체 기능 수준은?

보기
» 경쟁스포츠 (예 : 축구, 농구 등)
» 파워스포츠 (예 : 역도, 원반던지기 등)
» 모험스포츠 (예 : 행글라이딩, 레프팅 등)

① 신체적으로 연약한 수준 ② 신체적으로 독립적 수준
③ 신체적으로 단련된 수준 ④ 신체적으로 아주 잘 단련된 수준

정답 05 : ④, 06 : ②, 07 : ②, 08 : ④

노인체육론

필수문제

09 노인스포츠 지도사의 마음가짐으로 적절하지 못한 것은?

① 운동이 신체에 미치는 긍정적인 효과를 노인 참여자들에게 설명함으로써 동기를 유발시킨다.
② 운동 중재가 노인들의 자기효능감을 향상시키고, 일상생활의 적응도를 향상시켜 노후 삶의 질을 향상시킨다는 것을 알린다.
③ 기능 제한이 있는 노인들에게 기능 제한을 극복할 수 있는 다양한 방법을 제시하고 독려함으로써 문제해결 능력을 향상시키고, 문제해결을 돕는다.
④ "얼마나 오래 살 수 있는가?"라는 과제를 해결하여야 된다는 사명감을 가지고 노인스포츠 지도에 임한다.

■ 노인스포츠지도사는 "얼마나 오래 살 수 있는가?"라는 과제가 아니고, "얼마나 건강하고, 생산적이며, 성공적인 노화과정을 거치는가?"라는 과제 해결을 위한 사명감을 가져야 한다.

심화문제

10 노인 운동지도 시 "자신의 능력에 최대한 맞게 운동을 하되, 무리하거나 통증을 발생하거나 스스로 안전하다고 생각하는 수준을 넘어서지 않게 운동하도록" 지도해야 한다는 뜻을 가진 운동원리는?

① 기능관련성(functional relevance) ② 과부하(overload)
③ 난이도(challenge) ④ 수용(accommodation)

■ 노인 운동지도 시에 자신의 능력에 최대한 맞게 운동하되, 무리하거나 통증이 발생하지 않고 스스로 안전하다고 생각하는 수준을 넘지 않도록 운동을 지도해야 한다는 것이 수용이다.

필수문제

11 노화의 특성으로 적절하지 않은 것은?

① 노화는 생물학적 노화, 심리적 노화, 사회적 노화의 과정을 포함한다.
② 생물학적 노화는 모든 사람에게 보편적으로 일어나는 것이다.
③ 노화의 속도와 기능 저하의 정도는 개인차가 존재한다.
④ 신체적·심리적·사회적인 발달과정이 종료된다.

■ 노화는 시간의 흐름에 따라 생리적 · 심리적 · 사회적으로 일어나는 모든 변화의 총체이다.
■ 노화에 의해 신체적 · 심리적 · 사회적 발달이 종료되지 않는다.
■ 노화의 예방에 따라 유지되거나 쇠퇴할 수 있다.

필수문제

12 노인과 관련된 설명 중 바른 것은?

① 전체 인구 중 65세 이상의 노인인구가 차지하는 비중이 20% 이상일 때 '고령사회'라고 한다.
② 사회가 고령화되면 복지비용은 감소하고 의료비의 비중도 감소한다.
③ 성공적 노화란 신체적·인지적 기능뿐만 아니라 사회적 역할과 생산 활동 등에 적극적으로 참여하는 것을 말한다.
④ 노화의 사회적 이론으로는 손상이론과 점진적 불균형이론 등이 있다.

■ ① 고령사회는 노인인구의 비율이 14% 이상이다.
■ ② 고령화사회가 되면 복지비용과 의료비가 증가한다.
■ ④ 손상이론과 점진적 불균형이론은 생물학적 노화이론이다.

정답 09 : ④, 10 : ④, 11 : ④, 12 : ③

심화문제

■고령화사회 : 7% 이상
■고령사회 : 14% 이상
■초고령사회 : 20% 이상

13 **국가의 인구 중에 65세 이상의 노인들이 차지하는 비율이 커짐에 따라서 고령화사회, 고령사회, 초고령사회로 나눈다. 고령사회는 노인인구가 전체인구의 몇 % 이상인가?**

① 7% 이상 ② 14% 이상 ③ 21% 이상 ④ 28% 이상

■연소노인 : 65~74세
■중고령노인 : 75~84세
■고령노인 : 85~99세
■초고령노인 : 100세 이상

14 **나이에 따라서 노인을 연소노인, 중고령노인, 고령노인, 초고령노인으로 분류한다. 중고령노인은?**

① 65~74세 ② 75~84세 ③ 85~99세 ④ 100세 이상

■연속성(지속성) 이론은 가장 성공적으로 늙는 사람은 긍정적인 건강습관과 선택, 생활방식, 인간관계를 중년부터 노년까지 지속하는 사람이라는 이론이다.

15 **노화의 이론 중 '연속성 이론'에서 성공적으로 노화를 이룬 사람의 특징으로 바르지 않은 것은?**

① 긍정적 건강습관 ② 좋은 직장
③ 올바른 생활방식 ④ 좋은 인간관계

필수문제

■유전적 노화이론 : DNA에 저장된 노화의 속성 때문에 정해진 시기가 되면 노화가 진행됨.
■손상이론 : 세포손상의 누적은 세포기능에 장애를 일으켜 노화를 진행시킴.
■점진적 불균형이론 : 신경계통과 내분비계통의 세포들이 약간씩 줄어들어 불균형상태가 됨으로써 노화가 진행됨.

16 **보기의 ㉠~㉢에 해당하는 노화의 생물학적 이론이 바르게 연결된 것은?**

보기
» (㉠) : 유전적 요인이 노화의 속도를 결정한다.
» (㉡) : 세포손상의 누적이 세포의 기능장애에 결정요소로 작용한다.
» (㉢) : 인체기관이 다른 속도로 노화하면서 신경내분비계에 불균형을 초래한다.

	㉠	㉡	㉢
①	유전적 이론	손상 이론	점진적 불균형 이론
②	성공적 노화이론	손상 이론	점진적 불균형 이론
③	손상 이론	점진적 불균형 이론	유전적 이론
④	지속성 이론	점진적 불균형 이론	손상 이론

정답 13 : ②, 14 : ②, 15 : ②, 16 : ①

필수문제

17 보기는 생물학적 노화이론에 대한 설명이다. ㉠, ㉡에 들어갈 용어를 바르게 나열한 것은?

보기
» (㉠) : 분자들이 서로 엉켜서 조직이 탄력성을 잃고 세포 내·외부로의 영양소와 화학적 전달물질 교환을 방해하는 현상
» (㉡) : 신체기관도 기계처럼 오래 사용하면 기능이 약화되고 정지되는 것처럼 점진적으로 퇴화되는 현상

	㉠	㉡
①	신체적 변이이론 (somatic mutation theory)	면역반응이론 (immune reaction theory)
②	교차결합이론 (cross-linkage theory)	사용마모이론 (wear and tear theory)
③	신체적 변이이론 (somatic mutation theory)	사용마모이론 (wear and tear theory)
④	교차결합이론 (cross-linkage theory)	면역반응이론 (immune reaction theory)

■ **교차결합이론** : 노화가 진행되면 결합조직의 대형 분자들이 교차결합하여 폐, 신장, 혈관, 소화계, 근육, 인대, 건 등의 탄력성이 감소한다. 분자의 교차결합은 분자들을 서로 엉키게 만들어 세포 내부의 영양소와 화학전달물질의 수송을 방해한다.
■ **사용마모이론** : 기계도 오래 사용하면 기능이 약해지고 정지되듯이 신체기관도 노화가 진행될수록 점진적으로 퇴화한다.
■ **신체적 변이이론**(유전자돌연변이이론) : 세포가 상해를 입으면 본래의 성질이 변하는데, 변이된 세포가 축적되면서 노화가 일어난다는 이론.
■ **면역반응이론**(면역이론) : 항원에 노출되면 특별하게 대응하기 위하여 일련의 방어반응을 보인다는 이론.

심화문제

18 보기가 설명하는 노화이론은?(2024)

보기
» 항체의 이물질에 대한식별능력이 저하되어 이물질이 계속 체내에 있으면서 부작용을 일으켜 노화 촉진

① 유전적 노화이론
② 교차연결이론
③ 사용마모이론
④ 면역반응이론

■ ① **유전적 노화이론** : 노화를 일으키는 특정한 유전자가 일정 시기에 적극적으로 작용함으로써 노화과 진행된다는 이론
■ ② **교차결합(연결)이론** : 위 문제 참조
■ ③ **사용마모이론** : 위 문제 참조

정답 17 : ②, 18 : ④

③ 노화를 퇴화와 성숙을 함께 가지고 있는 자기조절 과정으로 보는 것은 **심리학적 노화 이론**이다.

19 생물학적 노화의 특징으로 옳지 않은 것은?

① 노화로 인한 변화는 점진적이다. ② 모든 사람에게 보편적으로 나타난다.
③ 발달과 쇠퇴를 모두 포함하는 변화이다.
④ 환경적 요인을 배제한 내재적 요인에 의해 발생한다.

20 노화와 관련된 생물학적 이론과 그 설명이다. 잘못된 것은

① 유전적 노화이론 : DNA 속에 노화의 속성이 저장되어 있어서 정해진 횟수만큼 세포분열을 하면 노화된다.
② 사용마모 이론 : 기계가 마모되듯이 인체의 세포도 점진적으로 퇴화하면서 노화된다.
③ 교차연결 이론 : 세포손상이 누적되어 세포의 기능에 장애가 생기고 그것이 발전하여 노화된다.
④ 면역이론 : 체내의 면역체계가 항체를 만들 때 정상세포까지 파괴하는 항체를 조금씩 만들고, 그 항체들이 누적되면서 노화가 진행된다.

■ ③은 교차연결이론이 아니라 세포손상이론이다. 생물학적 노화이론(p. 201) 참조.

21 노화와 관련된 생물학적 이론이 아닌 것은?

① 유전적 이론 ② 손상 이론 ③ 점진적 불균형 이론 ④ 교환 이론

■ **교환이론**은 노인이 되면 교환자원의 가치와 양이 감소된다는 사회학적 노화이론이다.

22 신체 내부의 노화속도를 결정하는 데 있어 생물학적 이론과 관련이 없는 것은?

① 노화의 욕구단계 이론 ② 노화의 유전학적 이론
③ 노화의 점진적 불균형 이론 ④ 노화의 손상 이론

■ 욕구단계이론은 심리학적 이론이다.

23 보기에서 설명하는 노화에 관한 심리학적 관점은?

» 성공적 노화는 신체적, 정신적, 사회적 손실에 대한 적응력과 관련이 있다.
» 기능적 능력의 향상을 통해 노화로 인한 손실을 보완하도록 도움을 준다.

① 성공적 노화 모델 ② 분리이론
③ 자아통합 이론 ④ 보상이 수반된 선택적 적정화 모델

■ 25번 문제 참조.

24 보기에서 설명하는 노화이론은?

보기
» 자유기(free radical)에 의한 세포훼손이 일어난다.
» 결합조직의 엘라스틴과 콜라겐의 교차결합(cross linkage)이 폐, 신장, 혈관, 소화계, 근육 등의 탄력성을 감소시킨다.

① 유전적 이론 ② 손상 이론 ③ 연속성 이론 ④ 점진적 불균형 이론

■ 손상이론 : 세포의 손상이 누적되면 세포의 기능장애를 일으켜 노화를 진행시킨다는 이론

정답 19 : ③, 20 : ③, 21 : ④, 22 : ①, 23 : ④, 24 : ②

필수문제

25 보기의 ㉠, ㉡에 해당하는 노화와 관련된 심리학적 이론이 바르게 나열된 것은?

㉠	» 자부심과 만족을 느끼면서 자신의 삶을 되돌아볼 수 있으며 죽음을 위엄있게 받아들인다. » 삶에서 달성해야 하는 것들을 달성하지 못했다고 느끼며, 삶의 종말이 다가오는 것에 대해 좌절감을 느낀다.
㉡	» 성공적 노화는 신체적 · 정신적 · 사회적 손실에 적응하는 노인의 능력과 관련이 있다. » 기능적 능력을 향상함으로써 노화로 인한 손실을 보완하도록 도움을 준다.

	㉠	㉡
①	하비거스트(R. Havighust)의 발달과업 이론	로우(J. Rowe)와 칸(R. Kahn)의 성공적 노화 이론
②	하비거스트(R. Havighust)의 발달과업 이론	펙(R. Peck)의 발달과업 이론
③	에릭슨(E. Erikson)의 심리사회발달단계 이론	로우(J. Rowe)와 칸(R. Kahn)의 성공적 노화 이론
④	에릭슨(E. Erikson)의 심리사회발달단계 이론	발테스와 발테스(M. Baltes & P. Baltes)의 보상이 수반된 선택적 적정화 이론

■보상이 수반된 선택적 적정화이론(Baltes와 Baltes) : 개인의 적응력, 변화 대처능력, 회복력 등을 성공적 노화의 핵심적 요소로 간주하고, 노년기에 경험하는 상실은 최소화+긍정적 결과를 최대화하기 위한 개인과 환경 간의 지속적인 상호작용 과정으로 본 노화이론. 그 내용은 문제의 보기와 같다.

■성공적 노화이론(Rowe와 Kahn) : 노화가 되면 신체적 · 지적 퇴화로 젊었을 때처럼 적극적인 사회활동은 어렵지만, 개인에게 일과 보상이 주어지면 성공적인 노화를 보낼 수 있다는 것.

■(사회)분리이론 : 노화가 되면 사회적 역할 및 상호작용의 감소로 인하여 사회에서 은퇴 내지 분리된다는 것

■심리사회발달단계 이론(자아통합단계이론 : E. Erikson) : p. 4 '에릭슨의 심리사회적 발달단계' 참조

심화문제

26 보기에서 설명하는 이론은?

> 보기
> 85세의 마이클 조던은 노화로 인한 신체기능 저하로 더 이상 예전의 농구기량을 보여줄 수 없게 되었다. 농구를 계속하고 싶었던 마이클 조던은 다음과 같은 전략을 수립했다.
> » 농구를 계속하기로 함
> » 풀코트 대신 하프코트, 40분 정규시간 대신 20분만 뛰기로 함
> » 동일한 연령대의 그룹과 경기하기로 함

① 반두라(A. Bandura)의 자기효능감 이론
② 로우(J. Rowe)와 칸(R. Kahn)의 성공적 노화 이론
③ 펙(R. Peck)의 발달과업 이론
④ 발테스와 발테스(M. Baltes & P. Baltes)의 보상이 수반된 선택적 적정화이론

■A. Bandura의 자기효능감 이론 : 자기 효능에 관한 지각은 개인이 추구하거나 피하려고 선택하는 활동에 영향을 미쳐 그가 누구인지, 그가 무엇이 될 것인지를 결정하게 된다는 이론

■R. Peck의 발달과업 이론 : 7단계 인간 발달 이론을 제시하면서 노년기에 심리적으로 적용해야 할 과업으로 자아분화 대 직업 역할 몰두, 신체 초월 대 신체 몰두, 자아 초월 대 자아 몰두를 제시

정답 25 : ④, 26 : ④

27 노화와 관련된 인지기능에서 나타나는 보편적 변화가 아닌 것은?

■ 노화가 되면 정보처리의 속도가 느려진다.

① 기억력 저하 ② 빠른 정보처리 속도
③ 인지능력의 저하 ④ 느려진 반응시간

28 보기에서 노인 운동의 심리적 효과에 해당하는 내용으로 묶인 것은?

■ 노인 운동의 심리적 효과는 삶의 질 향상, 기분 전환, 스트레스 및 불안 감소, 우울증 감소, 인지기능 향상, 치매 지연, 기억장애 발생 줄임, 집중력과 단기 기억력 향상 등이다.

보기
㉠ 스트레스 및 불안 감소 ㉡ 사회적 통합 ㉢ 긍정적인 기분전환
㉣ 우울증 감소 ㉤ 신체기능 향상

① ㉠, ㉡, ㉢ ② ㉠, ㉢, ㉣ ③ ㉡, ㉢, ㉣ ④ ㉢, ㉣, ㉤

필수문제

29 하비거스트(R. Havighurst)의 발달과업이론에서 노년기의 과업으로 적절하지 않은 것은?

■ 하비거스트(1972)는 생의 발달단계를 생의 주기에 따라 다음의 6단계로 구분하였다.
- 약화되는 신체의 힘과 건강 약화에 따른 적응
- 은퇴와 경제적 수입 감소에 따른 적응
- 동년배 집단과 유대관계 강화
- 생활에 적합한 물리적 생활환경 조성
- 사회적 역할을 융통성 있게 수행하고 적응하는 일
- 배우자의 죽음에 대한 적응

① 배우자의 죽음에 대한 적응 ② 선호하는 사회적 모임에 대한 적응
③ 근력 감소와 건강 약화에 대한 적응 ④ 은퇴와 수입 감소에 대한 적응

필수문제

30 에릭슨(E. Erikson)의 심리사회발달 단계에 관한 내용이 옳은 것은?

	연령	단계	긍정적 결과
①	13~18세	역량 대 열등감	어떻게 살기 원하는지에 대한 생각을 발달시킨다.
②	젊은 성인	독자성 대 역할혼동	타인과 밀접한 관계를 형성한다.
③	중년 성인	친분 대 고독	가족의 부양 또는 어떤 형태의 일을 통해 생산적인 생활을 할 수 있다.
④	노년기	자아주체성 대 절망	자부심과 만족을 느끼면서 삶을 되돌아볼 수 있다.

■ 에릭슨의 심리사회적 발달단계(8단계)

단계	내용	단계	내용
1단계	신뢰감 대 불신(0~1.5세)	2단계	자율성 대 수치와 의심(1.5~3세)
3단계	주도성 대 죄책감(3~5세)	4단계	근면성 대 열등감(5~12세)
5단계	정체성 대 역할 혼돈(12~20세)	6단계	친밀감 대 고립감(성인 초기, 20~24세)
7단계	생산성 대 정체(성인기, 24~65세)	8단계	자아통합 대 절망(노년기, 65세 이후)

■ 에릭슨의 심리사회적 발달단계(p. 202) 중 8단계 '자아통합 대 절망'에 해당됨.

정답 27 : ②, 28 : ②, 29 : ②, 30 : ④

심화문제

31 에릭슨(Erikson, 1986)의 심리사회적 단계가 옳게 나열된 것은?(2024)

연령 증가 →

① 생산적 대 정체 → 자아 주체성 대 절망 → 친분 대 고독
② 친분 대 고독 → 생산적 대 정체 → 자아 주체성 대 절망
③ 자아 주체성 대 절망 → 생산적 대 정체 → 친분 대 고독
④ 생산적 대 정체 → 친분 대 고독 → 자아 주체성 대 절망

■ 에릭슨의 사회심리적 단계
· 6단계 : 친밀감 대 고독감
· 7단계 : 생산적 대 정체
· 8단계 : 자아통합 대 절망

32 에릭슨(E. Erickson)의 심리사회적 이론에서 기술한 각 연령대의 발달과업으로 옳은 것은?

① 0~1세 : 신뢰 - 불신
② 13~18세 : 역량 - 열등감
③ 중년 성인기 : 친분 - 고독
④ 노년기 : 죄책감 - 역할혼돈

■ 0~2세 : 신뢰감 vs 불신감, 2~4세 : 자율성 vs 수치심, 4~6세 : 주도성 vs 죄책감, 6~12세 : 역량 vs 열등감, 12~20세 : 독자성 vs 혼란감, 22~34세 : 친밀성 vs 고립, 34~60세 : 생산성 vs 정체, 60세 이상 : 자아주체성 vs 절망감

필수문제

33 노인의 운동참여에서 불안과 두려움을 극복하기 위한 반두라(A. Bandura)의 자기효능감 이론의 변인과 증진전략으로 옳지 않은 것은?

	변인	증진전략
①	성공수행경험	어떻게 살기 원하는지에 대한 생각을 발달시킨다.
②	간접경험	운동에 함께 참여하는 동료 노인을 통해 간접경험을 갖게 한다.
③	언어적 설득	운동과 관련된 의사결정을 스스로 내리도록 한다.
④	정서적 상태	불안과 두려움을 조절할 수 있도록 인지적 훈련을 시킨다.

■ 자기효능감(Bandura, A.) : 자신이 어떤 일을 성공적으로 수행할 수 있는 능력이 있다고 믿는 기대와 신념으로, 자기존중감과는 구별된다.

자기효능감 형성 요인	자기효능감 증진 방안		
· 성공경험 · 대리경험 · 언어적 설득 · 정서적 상태	· 성공 경험 제공 · 정서적 대처기술 제공 · 구체적 학습전략 지도 · 교사의 높은 효능감 유지	· 모델 활용(대리 경험) · 귀인변화 훈련 · 정보적 보상 제공	· 언어적 설득 · 피드백 제공 · 협동학습 활용

※③ 언어적 설득은 학생이 과제 수행에 자신감을 갖도록 칭찬이나 격려를 통해 자기효능감을 증진시키는 것.

정답 31 : ②, 32 : ①, 33 : ③

심화문제

34 자아효능감 이론에 대한 설명으로 바르지 않은 것은?

① 신념과 행동사이의 관계를 설명하는 이론으로 태도, 주관적 규범 등이 행동에 영향을 미친다.
② 경험, 모델, 설득 등이 자아효능감을 발달시킨다.
③ 행동변화에 대한 기대, 결과에 대한 기대 등이 자아효능감에 영향을 미친다.
④ 개인의 행동변화를 위한 동기유발과 관련이 있다.

■①은 행동변화 이론에 대한 설명이다.

35 보기에서 괄호 안에 들어갈 용어는?

> 보기
> 노인이 일정 수준의 수행을 성취할 수 있는 자신의 역량에 대한 판단은 (㉠)을 뜻하며, (㉡)은 자신에 대해 가지고 있는 모든 의견, 감정, 믿음이다.

	㉠	㉡		㉠	㉡
①	자존감	자기개념	②	자기효능감	자존감
③	자기효능감	자기개념	④	자존감	자기효능감

■자기효능감 : 자신이 어떤 일을 성공적으로 수행할 수 있는 능력이 있다고 믿는 기대와 신념
■자기개념 : 자기 자신에 대해 느끼고 인지하고 있는 개념적인 자기 인지의 전부.
■사회학적 노화이론 (p. 202) 참조

필수문제

36 보기의 ㉠, ㉡에 들어갈 용어가 바르게 나열된 것은?

> 보기
> » 노인은 사회적 역할의 상실 등으로 인하여 자신감을 잃기 쉬우며, 점점 고립되어 고독감을 느끼게 되기 때문에, 다른 사람이나 사회로부터의 보살핌, 존중, 도움을 받는 (㉠)이/가 필요하다.
> » 노인은 일정 수준의 목표를 성취할 수 있다는 자신의 역량에 대한 믿음을 뜻하는 (㉡)을 가져야 한다.

	㉠	㉡		㉠	㉡
①	사회적 지지	자기효능감	②	사회적 설득	자기효능감
③	사회적 설득	자부심	④	사회적 지지	자부심

■**사회적 지지(social support)** : 어떤 사람을 둘러싸고 있는 중요한 타인(가족, 친구, 동료, 전문가 등)에게서 얻는 여러 가지 형태의 원조.
■**자기효능감** : 어떤 일을 잘 해낼 수 있다는 개인적인 신념인데, 노인 운동에서는 목표를 성취하기 위한 자신의 역량에 대한 믿음.

심화문제

37 반두라의 자기효능감 이론에 근거한 운동참여 유도방법으로 옳지 않은 것은?

① 관련 책자나 자료집을 제공하여 간접경험을 하게 한다.
② 일상생활에서 접근이 쉬운 것부터 시작하게 한다.
③ 과제의 성공적 수행을 통해 성취경험을 하게 한다.
④ 사회적 지지보다는 혼자 생각하는 시간을 갖게 한다.

■사회적 지지가 있어야 자기효능감이 상승한다.

정답 34 : ①, 35 : ③, 36 : ①, 37 : ④

필수문제

38 보기에서 설명하는 노화와 관련된 사회학적 이론은?

> 보기
> » 노화와 관련된 사회학적 이론에서 가장 널리 인정되는 이론이다.
> » 노인의 사회활동 참여 정도가 높을수록 생활만족도가 높아진다.
> » 지속적인 활동이 성공적 노화의 핵심이다.

① 분리 이론 ② 활동 이론
③ 현대화 이론 ④ 하위문화 이론

■ 활동 이론 : 노인의 사회활동 참여도가 높을수록 심리적 만족감과 생활만족도가 높아진다.
■ 사회분리(유리) 이론 : 노인의 사회적 역할과 상호작용을 감소시켜서 노인들을 사회에서 분리시킨다.
■ 현대화 이론 : 사회구조 및 사회체제의 변화가 세대 간의 이질성을 심화시켰기 때문에 노인들의 신분이 하락하였다.
■ 하위문화 이론 : 한 범주에 속하는 구성원들끼리 더 많은 관계를 유지하면서 독특한 하위문화를 형성하듯이 노인들도 그들만의 하위문화를 형성시킨다(Rose의 주장).

심화문제

39 노화의 사회적 이론에 대한 설명으로 가장 바르지 않은 것은?

① 개인의 사회적 환경과 자연환경이 노화과정에 영향을 미친다.
② 부적합한 사회적 환경과 자연환경은 사망률과 질병 발병률을 증가시킨다.
③ 부적합한 사회적 환경과 자연환경은 전반적인 건강 및 웰빙의 감소와 관련이 있다.
④ 스트레스는 호르몬 분비 기능에 영향을 미쳐 호르몬 불균형과 부족을 가져와 대사적 불균형을 초래한다.

■ 대사적 불균형은 생물학적 노화이론이다.

40 노인의 신체활동을 통한 사회성 발달에 대한 설명으로 가장 바른 것은?

① 규칙적으로 신체활동에 참가하면 사회활동에서 은퇴하고자 하는 욕구가 커진다.
② 신체활동이 소규모 집단에서 이루어질 때만 사회적, 문화적 교류가 증진된다.
③ 신체활동은 노화와 노인의 부정적인 고정관념을 강화시킨다.
④ 집단 신체활동은 새로운 우정과 교류를 촉진시킨다.

■ 노인들은 보통 협동심이 없어 신체활동에 소극적인데, 집단으로 운동을 하며 주위사람들을 새로운 친구로 사귈 수도 있다.

41 보기에서 설명하는 노화와 관련된 사회학적 이론은?

> 보기
> » 분리이론과 대립되는 이론이다.
> » 지속적인 활동이 성공적인 노화의 핵심이다.
> » 노인의 사회활동 참여정도가 높을수록 생활만족도가 높아진다.

① 활동 이론 ② 은퇴 이론
③ 하위문화 이론 ④ 구조기능주의 이론

■ 노인의 사회활동 참여도가 높을수록 심리적 만족감과 생활만족도가 높아진다는 것은 **활동 이론**이다.

정답 38 : ②, 39 : ④, 40 : ④, 41 : ①

■① 유전인자는 노화에 영향을 미친다. ② 고령화사회가 되면 부양비 부담이 증가한다. ④ 모든 노인이 의존성이 높아지는 것은 아니다.

42 **노인에 대한 사회·문화적 인식으로 옳은 것은?**

① 유전인자는 노화에 영향을 미치지 않는다.
② 고령화 사회가 되면 의료비 부담이 증가되고 부양비 부담은 감소한다.
③ 노인의 생활습관과 삶의 태도는 신체적·정신적 건강에 중요한 요인이다.
④ 모든 노인은 의존성이 높아 돌봄의 대상이다.

■사용마모 이론은 생물학적 노화이론이다.

43 **노화와 관련된 사회적 이론이 아닌 것은?**

① 사용마모 이론 ② 활동 이론 ③ 분리 이론 ④ 지속성 이론

44 **보기에서 설명하는 노화와 관련된 사회학적 이론은?**

> 보기
> 공통된 특성을 가진 노인들이 집단을 형성하고 빈번한 상호작용을 통해 그들 특유의 행동양식을 만든다.

■사회학적 노화이론 (p. 202) 참조

① 분리이론(disengagement theory) ② 하위문화이론(subculture theory)
③ 활동이론(activity theory) ④ 현대화이론(modernization theory)

필수문제

45 **Rowe와 Kahn이 제시한 성공적인 노화모델의 개념과 거리가 먼 것은?**

■②는 성공적인 노화의 개념과는 거리가 멀고 복지사회건설을 위한 요소이다(p. 4 참조).

① 질병과 장애가 발생할 가능성이 낮은 상태
② 의료와 보건복지가 잘 되어 있는 사회
③ 사회적으로 건강한 삶 즉, 생산적이며 만족한 삶
④ 높은 신체적·정신적 건강상태의 유지

심화문제

46 **Rowe와 Kahn이 주장한 성공적 노화에 필요한 요소가 잘 짝지어진 것은?**

■Rowe와 Kahn의 성공적 노화
질병 및 질병에 관련된 장애의 발생 가능성 낮음–높은 인지적 · 신체적 기능–적극적인 삶에 대한 관여

① 질병·장애예방 – 삶의 적극적 참여 – 높은 신체적·인지적 기능
② 치매예방 – 삶의 질 향상 – 높은 신체적·인지적 기능
③ 만성질환예방 – 취미 활동 – 높은 신체적·인지적 기능
④ 사고예방 – 자기효능감 고취 – 높은 신체적·인지적 기능

정답 42 : ③, 43 : ①, 44 : ②, 45 : ②, 46 : ①

47 노인이 운동참여로 얻을 수 있는 사회적 효과로 옳지 않은 것은?

① 새로운 우정과 교류를 촉진시킨다.
② 역할 유지와 새로운 역할을 맡는데 도움이 된다.
③ 새로운 운동기술을 습득한다.
④ 세대 간의 교류 기회를 확대시킨다.

■ 새로운 운동기술의 습득은 노인운동의 사회적 효과가 아니다.

48 노인의 운동참여에 대한 사회적 효과는?

① 골밀도 유지
② 원만한 인간관계 유지
③ 감각과 지각기능 증가
④ 운동 기술 습득

필수문제

49 보기에서 설명하는 노화와 관련된 유전인자는?

보기
· 세포의 분열수명을 제어
· 조로증(progeria)의 원인

① 마이오카인 ② 사이토카인 ③ 글루코오스 ④ 텔로미어

■ ① **마이오카인** : 근육 수축에 의하여 뼈대근육세포에서 만들어져 방출되는 수백 개의 사이토카인 중의 하나
■ ② **사이토카인** : 면역세포에서 분비되는 면역조절인자로서 자가분비신호, 곁분비신호, 내분비신호 등의 전달과정에서 특정수용체와 결합하여 면역반응에 관여함.
■ ③ **글루코스** : 단당류의 한 가지. 포도당 흰색 결정으로 단맛이 있고, 수용성이며, 환원성이 있음.
■ ④ **텔로미어** : 세포의 염색체 끝부위가 풀어지지 않도록 보호하는 단백질 성분의 핵산서열을 말함. 세포가 한 번 분열할 때마다 길이가 단축되기 때문에 세포는 점점 노화하여 죽음에 이르게 됨.

필수문제

50 보기에서 노화로 인한 평형성과 기동성(balance and mobility) 변화에 영향을 미치는 요인을 모두 고른 것은?

보기
㉠ 체성감각계 ㉡ 시각계 ㉢ 전정계 ㉣ 운동계

① ㉠, ㉡, ㉢, ㉣ ② ㉡, ㉢, ㉣ ③ ㉢, ㉣ ④ ㉣

■ 평형성과 기동성에 영향을 미치는 기관은 ㉠ 체성감각계(몸의 위치, 통각, 촉각, 온도 등), ㉡ 시각계, ㉢ 전정계(평형감각), ㉣ 운동계 등이다.

정답 47 : ③, 48 : ②, 49 : ④, 50 : ①

필수문제

51 노화에 따른 신체적 변화를 설명한 것이다. 틀린 것은?

① 신체조성의 변화 : 신체의 조성 중 지방의 비율이 증가하고 수분과 고형성분의 비율도 증가한다.
② 신체기능의 변화 : 모든 신체기능이 저하되고, 항상성을 회복하는 데에 시간이 걸린다. 환경변화에 적응하지 못하거나 느리게 대처한다. 정신기능의 노화가 가장 적고 느리다.
③ 외관상의 변화 : 머리와 피부색의 변화, 주름살과 얼룩반점 형성, 신장이 줄고 자세의 변화, 피부의 탄력 감소
④ 만성질환과 퇴행성 질환의 유병률 증가 : 생리적 기능의 감퇴가 원인

■노화에 따라 체지방 비율은 증가하지만, 수분과 고형성분의 비율은 감소한다.

심화문제

52 노화와 관련된 신체적 변화로 옳지 않은 것은?

① 근 질량 감소　② 관절 유연성 감소
③ 폐 탄력성과 흉곽 경직성 증가　④ 수축기혈압과 이완기혈압 증가

■노화가 되면 폐의 탄력성 감소, 흉곽(가슴우리)의 경직성 증가, 호흡기 근력의 감소, 호흡기 중추신경 활동의 민감성 감소 등이 일어난다(p. 203 참조).

53 노인 체성분의 특성은?

① 제지방체중이 증가한다.　② 근육량이 증가한다.
③ 체지방 특히 내장지방이 증가한다.　④ 수분이 증가한다.

■노인이 되면 체지방량의 비율이 증가한다.

54 노년기에 나타나는 신체 외관의 변화 중 틀린 것은?

① 주름의 증가　② 신장의 감소
③ 구부정한 자세　④ 피부탄력의 증가

■노인이 되면 피부탄력이 감소한다.

55 노인의 체중 변화의 원인으로 적절치 못한 것은?

① 피하지방의 감소　② 근육량의 감소
③ 복부지방의 감소　④ 체지방비율의 증가

■노인이 되면 복부의 내장지방이 증가한다. 피하지방이 감소하기 때문에 주름이 생긴다.

56 노년기의 신체적 특성이 아닌 것은?

① 대사기능의 저하　② 골밀도의 감소
③ 체지방비율의 감소　④ 연골조직의 약화

■노화에 따른 신체적 변화(p. 203) 참조.

정답　51 : ①, 52 : ③, 53 : ③, 54 : ④, 55 : ③, 56 : ③

노인체육론

57 노인 신체의 형태적 변화와 그 원인으로 적절치 못한 것은?

① 넙다리(대퇴)의 길이가 줄면서 신장이 준다.
② 골반의 지름이 작아진다.
③ 어깨세모근(삼각근)의 무게가 감소하면서 어깨너비가 좁아진다.
④ 골밀도가 감소하면서 신장이 준다.

■ 노인이 되면 골반의 지름이 증가한다.

58 노년기의 변화가 아닌 것은?

① 치아 결손 ② 소화 효소량 감소 ③ 연동운동 저하 ④ 기초대사량 증가

■ 노년기가 되면 기초대사량이 감소한다.

필수문제

59 보기의 ㉠, ㉡, ㉢, ㉣에 들어갈 용어로 알맞은 것은?

보기
노인은 연령이 높아질수록 근육량은 (㉠)하고, 최대심박수는 (㉡)하고, 혈관 경직도는 (㉢)하고, 최대산소섭취량은 (㉣)한다.

	㉠	㉡	㉢	㉣
①	증가	증가	감소	증가
②	감소	증가	감소	증가
③	감소	감소	증가	감소
④	증가	증가	감소	감소

■ 노화에 따른 변화
연령이 증가할수록
· 근육량과 기능→감소
· 최대심박수→감소
· 혈관경직도→증가
· 최대산소섭취량→감소

필수문제

60 노화에 따른 생리적 변화로 옳은 것은?(2024)

① 1회 박출량 증가 ② 동·정맥산소차 감소
③ 근육의 산화능력 증가 ④ 심장근육의 수축시간 감소

■ 노화에 따른 심혈관계의 변화(p. 203) 참조

심화문제

61 노화로 인한 생리적 변화가 아닌 것은?

① 최대산소섭취량의 감소 ② 폐의 탄력성과 호흡기 근력의 저하
③ 수축기 및 이완기 혈압수치의 감소 ④ 동정맥산소차의 감소

■ 노화가 되면 최대산소섭취량 감소, 허파 탄력성 저하와 호흡계통 근력 저하, 동정맥산소차 감소 등의 변화가 나타난다. 그런데 노화가 되면 경우에 따라 혈압이 상승하지만 감소하지는 않는다.

정답 57 : ②, 58 : ④, 59 : ③, 60 : ②, 61 : ③

심화문제

62 노화로 인한 일반적인 생리적 변화에 대한 설명 중 옳지 않은 것은?

■ 노화가 되면 모든 생리기능이 저하된다. 따라서 최대심박수는 감소한다.

① 체지방의 비율이 증가한다. ② 근육량과 근력이 감소한다.
③ 최대산소섭취량이 감소한다. ④ 최대심박수가 증가한다.

63 노년기의 신체적 특성이 아닌 것은?

■ 노년기에는 체지방, 특히 복부지방이 증가한다.

① 골밀도 감소 ② 골반의 지름이 증가
③ 어깨너비의 감소 ④ 체지방비율의 감소

64 노화로 인한 근골격계 변화로 적절하지 않은 것은?

■ **노화로 인한 신체적 변화**
- 근력과 근파워 감소
- 신체구조 및 기능 변화
- 신체 외모의 변하
- 만성질환 유병률 증가

① 근육량의 변화로 근력과 근파워는 증가한다.
② 골대사의 변화로 뼈의 밀도와 질량이 감소한다.
③ 관절 움직임의 제한으로 낙상 위험이 증가한다.
④ 관절가동범위의 감소는 평형성과 안정성 상실을 초래한다.

65 노화로 인한 체력 저하에 대한 설명으로 옳지 않은 것은?

■ ③ 평형성은 20대에 최대치를 이루고, 그후 점차적으로 저하된다.

① 근력은 20대에 최대치를 이루고 그 후 점차적으로 저하된다.
② 순발력은 10대에 최대치를 이루고 근력에 비해 빠르게 저하된다.
③ 평형성은 20대에 최대치를 이루고 그 후 급속히 저하된다.
④ 지구력은 근력, 순발력에 비해 느리게 저하된다.

66 노인의 균형감에 관한 설명으로 옳은 것은?

■ 노화가 되면 체성감각 기능이 저하되어 넘어짐의 위험과 자세 불안정을 증가시킨다.

① 의식적인 노력은 균형감 향상과 무관하다.
② 시력 약화는 균형감을 향상시킨다.
③ 전정계 기능의 저하는 균형감을 향상시킨다.
④ 체성감각 기능의 저하는 균형감을 떨어뜨린다.

67 노인에게 낙상의 위험성이 높은 원인으로 적절한 것은?

■ 발목 가동성이 감소되면 낙상위험성을 증가시킨다.

① 보행 속도의 증가 ② 보폭의 증가
③ 자세 동요의 감소 ④ 발목 가동성의 감소

정답 62 : ④, 63 : ④, 64 : ①, 65 : ③, 66 : ④, 67 : ④

필수문제

68 **보기의 대화에서 노인에게 나타날 수 있는 증상이 아닌 것은?**

A : 코로나19로 경로당 운영이 중단돼서 운동도 못하고, 친구들도 못 만나니 너무 두렵고 슬퍼. 예전에 친구들과 함께 운동하던 때가 그립구만…….

B : 나도 그래. 최근 옆집에 혼자 사는 최 씨가 안보여 찾아가보니 술로 잠을 자려고 하던데 정말 걱정이야. 밖으로 나가 운동도 하고 친구도 만나야 하는데……. 저러다 치매에 걸릴까 겁이 나네.

① 수면 장애 ② 불안감 고조 ③ 고립감 약화 ④ 사고력 약화

■ 고립감이란 타인과 사귀지 않거나 도움을 받지 못하여 홀로된 느낌인데, 보기의 경우에는 고립감이 강해진다.

심화문제

69 **보기에서 노인의 심리적 특성을 모두 고른 것은?**

보기
㉠ 불안감과 초조감 ㉡ 자기중심적 사고
㉢ 과거에 대한 집착 ㉣ 학습능력 저하

① ㉠ ② ㉠ ㉡ ③ ㉠ ㉡ ㉢ ④ ㉠ ㉡ ㉢ ㉣

■ 학습능력은 심리적 특성이 아니라 인지적 특성이다.

70 **보기의 심리적 특성의 변화 중에서 노화에 따른 변화를 모두 고르시오.**

보기
㉠ 과거에 집착 ㉡ 조심성 증가
㉢ 자기중심적 사고 ㉣ 감정의 기복이 심해짐

① ㉠ ② ㉠ ㉡ ③ ㉠ ㉡ ㉢ ④ ㉠ ㉡ ㉢ ㉣

■ 노화에 따른 심리적 변화(p. 204) 참조

71 **노인인구 증가와 관련된 설명으로 옳은 것은?**

① 65세 이상의 노인인구 비율이 14% 이상이면 고령화사회이다.
② 노인 부양비와 의료비 증가로 사회적 문제가 발생한다.
③ 노인의 경제력 약화로 실버산업의 침체가 가속화된다.
④ 우리나라 고령화 속도는 선진국에 비해 상대적으로 느리다.

■ ① 65세 이상의 노인인구 비율이 14% 이상이면 고령사회이다.
■ ③ 노인이 많으면 실버산업이 성장한다.
■ ④ 우리나라는 전 세계에서 가장 고령화속도가 빠른 나라이다.

정답 68 : ③, 69 : ③, 70 : ④, 71 : ②

CHAPTER 02 노인 운동의 효과

노인 운동의 개념

1 신체운동에 대한 노인들의 인식

이 단원에서 사용하는 운동은 '체력을 향상시키거나 건강을 유지 또는 향상시키려고 수행하는 계획적이고 구조화된 신체활동'을 의미한다. 그리고 노인 운동은 '노인이 자신의 체력을 유지 또는 향상시키기 위해서 하는 운동'을 말한다.

운동의 필요성을 느끼는 사람의 비율이 나이가 많아질수록 점점 줄어드는 경향을 보이고, 건강이나 체력을 유지하거나 증진시키기 위한 방안으로는 운동보다는 영양 또는 휴양이 좋다고 생각하는 사람이 더 많다.

2 노인 운동의 트레이닝역치

노인들이 운동을 통해서 건강이나 체력을 유지하거나 증진시키는 효과를 볼 수 있는 운동강도와 운동시간을 노인 운동의 트레이닝역치라 하고, 120박/분의 운동강도로 약 30분 동안 운동하는 것이다.

3 노인 운동의 역할

- ☞ Hammond & Gafinkel(1964)은 운동을 하면 수명이 연장된다고 보고하였다.
- ☞ 나이가 들면 최대산소섭취량이 점점 줄어들어서 같은 운동을 해도 점점 더 힘들어진다.
- ☞ 그러므로 힘이 들더라도 적극적으로 트레이닝을 해서 신체기능의 저하를 예방하려고 노력해야 한다.
- ☞ 노인들에게는 트레이닝 강도를 높이는 것이 트레이닝 빈도를 높이는 것보다 더 효과적이다.
- ☞ 근육에 쌓인 젖산을 없애기 위해서 혈액 안으로 젖산을 방출하기 시작하는 시점의 운동강도를 젖산역치라 하고, 운동을 오래 동안 지속해온 사람의 젖산역치가 높다.
- ☞ 그것은 높은 강도의 운동을 오래 동안 지속할 수 있는 능력이 생겼다는 의미도 되고, 근육의 대사능력이 좋아졌다는 의미도 된다.
- ☞ 운동을 하면 노인도 최대산소섭취량을 유지하거나 오히려 향상시킬 수 있지만, 나이가 들수록 최고심박수가 줄기 때문에 최대산소섭취량도 줄 수밖에 없다.
- ☞ 그러나 일상생활에서 신체의 활동량을 최대한으로 늘이면 최대산소섭취량의 감소를 어느 정도는 막을 수 있다.

노인 운동의 효과

1 노인 운동의 신체적(생리적) 효과

근골격계통	근력의 향상, 뼈의 질량 증가, 근육의 발달, 체지방의 감소, 피부탄력 향상, 골격 및 관절 강화
심혈관계통과 호흡계통	심장 및 혈관의 기능 향상, 유산소 능력의 유지, 최대산소섭취량의 증가, 심박수의 감소, 1회 박출량의 증가, 혈액의 산소운반능력의 증가, 분당환기량의 증가, 안정 시 호흡수의 감소, 폐활량의 증가
내분비계통	인슐린 감수성의 증가, 대사증후군 유병률 감소, 당뇨병 예방 및 개선, 상처 치유 속도 향상, 저밀도지질콜레스테롤(LDL-C)의 감소, 고밀도지질콜레스테롤(HDL-C)의 증가
신경계통	반응시간의 단축, 신경전달 기능의 향상, 신체의 제어능력 및 협응력의 향상, 청력과 시력 향상, 수면상태 호전, 기억력 향상, 치매 발생의 감소, 우울증의 호전
활력	원기 왕성, 각종 장기의 기능 향상, 면역기능 향상, 성기능 향상,

2 체력요인별 노인 운동의 종류 및 효과

체력요인	정의	운동 종류	효과
심폐지구력	심장의 순환기능과 폐의 호흡기능을 오래 유지할 수 있는 힘으로, 오래 동안 지속적으로 전신운동을 수행할 수 있는 능력.	걷기, 에어로빅, 자전거타기, 수영, 수중운동 등	심혈관계질환 발생 위험 감소 등
근지구력	오래 동안 일정한 근력을 지속적으로 발휘할 수 있는 힘으로, 같은 근육의 운동을 반복해서 수행할 수 있는 능력.	턱걸이, 노젓기 등	근육 및 뼈의 강화로 일생생활 수행능력 향상 등
근력	근육의 힘으로 근육의 길이가 변하지 않고 발휘하는 최대 장력으로 나타낸다.	역도, 덤벨들고 앉았다 일어서기 등	
순발력	근육이 순간적으로 빨리 수축하면서 내는 힘으로, 여러 종류의 스포츠에서 기초가 되는 능력. '힘×스피드'로 나타냄.	줄넘기, 플라이오메트릭스, 계단오르기 등	모든 스포츠에서 기초가 됨. 전신밸런스 향상
민첩성	자극에 대한 재빠른 반응, 신체를 재빨리 조작하는 능력으로, 신경과 근육의 관계, 근육속도 등 생리학적 요소가 기초가 됨.	왕복달리기, 사이드스텝, 버피테스트 등	재빠른 방향전환, 자극에 대한 재빠른 반응 등
평형성	몸을 한쪽으로 기울지 않고 일정한 상태를 유지하는 능력.	앞·뒤·옆으로 걷기, 발꿈치로 걷기 등	신체의 안정성 유지기능 향상 등
협응성	신경기관·운동기관·근육 등이 서로 호응하면서 신체를 신속하고 능률적으로 조정·통제하는 능력.	짐볼운동, 메디신볼운동, 스트레칭 등	전신을 신속하고 능률적으로 통제하는 능력 향상 등
유연성	하나 혹은 여러 관절의 가동범위를 최대로 하는 능력.	의자에 앉아 윗몸 앞·뒤로 굽히기, 스트레칭 등	신체활동 시 기능적 제한을 예방함으로써 부상 방지 등

3 노인 운동의 심리적 효과

☞ 삶의 질 향상
☞ 스트레스 및 불안 감소
☞ 우울증의 감소
☞ 인지기능의 향상
☞ 치매를 지연시키는 효과
☞ 기억장애의 발생을 줄임
☞ 집중력과 단기 기억력의 향상

4 노인 운동의 사회적 효과

- ☞ 지속적인 사회활동
- ☞ 새로운 친구 사귀기
- ☞ 사회 네트워크의 확장
- ☞ 역할의 유지 및 새로운 역할의 학습
- ☞ 세대 간의 소통 강화

노인 체력검사

1 한국형 노인체력검사 시 측정방법

·w=체중=0.1 킬로그램까지 측정, h=신장=0.1 센티미터까지 측정, 신체질량지수(BMI)= w/h^2 로 계산

악력(상지근력)	Smedley식 악력계 사용. 악력계를 수직으로 내린 상태에서 좌우 손의 악력을 2번씩 측정하여 좋은 점수를 사용한다. 상대악력(%)=악력÷체중으로 계산한다.
의자에 앉았다가 일어서기(하지근력)	등받이가 없는 둥근 의자에 허리를 곧게 펴고 앉는다. 양 손을 교차하여 가슴 앞에 댄다. 시작 소리와 함께 일어섰다 앉기를 반복한다. 30초 동안에 완전히 일어선 횟수를 기록한다.
표적 돌아와서 다시 앉기(민첩성, 순발력)	위와 같이 앉는다. 시작 소리와 함께 일어나 걸어가서 표적을 돈 다음 원래의 위치로 돌아와 앉는다. 걸린 시간을 0.1초까지 기록한다.
윗몸 앞으로 굽히기(유연성)	양 발바닥을 측정도구의 바닥면에 수직으로 대고 무릎을 곧게 펴고 앉는다. 시작하면 양 손 끝으로 밀어낼 수 있는 데까지 밀어낸다. 0.1센티미터까지 측정한다.
6분 걷기(지구력)	폭 5미터 · 길이 20미터인 트랙을 만든다. 트랙에는 1미터 간격으로 거리 표시를 해둔다. 시작 소리와 함께 출발하여 트랙을 돈다. 가능한 한 빠른 속도로 걷도록 독려한다. 뛰면 안 된다. 중간에 쉬는 것은 괜찮지만 시간은 계속 돌아간다. 중간중간에 남은 시간을 알려준다. 6분이 되면 거리를 계산해서 알려준다.
2분 제자리 걷기(지구력)	슬개골(무릎뼈) 중앙에서 장골능(엉덩뼈능선) 중앙까지 중간이 되는 높이의 대퇴(넙다리)에 파랑색 테이프를 부착한다. 양 기둥에 묶여 있는 고무줄의 높이를 파랑 테이프와 일치하도록 조절한다. 시작 소리와 함께 제자리에서 걷되 무릎이 고무줄 높이까지 올라온 회수를 측정한다.
8자 보행(민첩성, 순발력)	길이 3.6미터 · 폭 1.6미터인 사각형 운동장을 준비한다. 사각형의 긴 쪽 두 모서리에 고깔을 세워둔다. 반대편 중앙에 의자를 놓고 피험자가 앉는다. 시작 소리와 함께 의자에서 일어나 한 쪽 고깔을 돌아와서 다시 의자에 앉는다. 곧바로 일어서서 반대쪽 고깔을 돌아와서 다시 의자에 앉는다. 그때까지의 시간을 측정한다.

2 노인 체력검사의 인준

금상	5가지 체력검사 항목(7종목)이 모두 금상 이상이신 어르신
은상	5가지 체력검사 항목(7종목)이 모두 은상 이상이신 어르신
동상	5가지 체력검사 항목(7종목)이 모두 동상 이상이신 어르신

필수 및 심화 문제

필수문제

01 노인체육 관련 용어의 의미가 옳지 않은 것은?

① 신체활동(physical activity) : 골격근에 의해 에너지 소비가 이루어지는 신체의 움직임
② 운동(exercise) : 관찰 가능한 외형적인 움직임
③ 체력(physical fitness) : 신체활동을 수행할 수 있는 기능적 특성
④ 건강(health) : 질병이 없거나 허약하지 않을 뿐만 아니라 신체적, 심리적, 사회적으로 안녕한 상태

■ 운동이란 체력요소의 하나 또는 그 이상을 향상시키거나 건강의 유지 내지 향상과 같은 구체적인 목표하에 수행되는 계획적 · 구조적 · 반복적인 신체의 활동이다. 따라서 관찰 가능한 외형적 움직임은 운동이 아니다.

심화문제

02 운동에 관한 설명으로 옳지 않은 것은?

① 운동은 신체활동을 수행할 수 있는 능력이다.
② 운동은 체력의 향상과 유지를 위한 계획적인 신체활동이다.
③ 운동프로그램에는 심폐지구력, 근력, 유연성 운동 등이 포함된다.
④ 운동은 에너지를 소모하는 골격근에 의해 이루어지며 건강과 삶의 질에 영향을 준다.

■ 신체활동을 수행할 수 있는 능력이 운동은 아니다.
■ 운동프로그램에는 심폐지구력 · 근력 · 유연성 운동 등이 포함된다.
■ 운동은 주로 골격근의 움직임에 의해 수행되며, 건강과 삶의 질에 영향을 준다.

필수문제

03 보기에서 제시하는 트레이닝 원리는?

보기
노인의 하체 근육을 강화시키기 위해서 걷기와 계단 오르기를 실시한다.

① 과부하(overload)의 원리
② 가역성(reversibility)의 원리
③ 특수성(specificity)의 원리
④ 개별성(individuality)의 원리

■ 특수성의 원리 : 트레이닝의 형태에 따라 트레이닝의 효과가 달라지고, 트레이닝 효과가 나타나는 신체부위는 운동에 따라 다르다.

정답 01 : ②, 02 : ①, 03 : ③

심화문제

04 보기에 적용되는 트레이닝 원리는?

> 보기
> 올해 70세인 박 할머니는 지난 6개월 동안 집 근처 헬스장에서 하루 1시간씩, 주 5회 이상 노인스포츠지도사와 운동을 하여 체력이 향상되었으나 최근 코로나 19(COVID-19) 때문에 운동을 3개월 동안 하지 못하여 지금은 계단을 오르기조차 힘들어졌다.

① 개별성의 원리　② 과부하의 원리
③ 특이성의 원리　④ 가역성의 원리

■ 가역성의 원리 :트레이닝을 중지하면 신체는 원래 수준으로 돌아가고, 근력이나 근육량은 그 사람이 사용하던 일상적인 수준으로 후퇴하게 되는 것

05 노년기의 운동이 성공적인 노화를 위해서 긍정적인 역할을 하는 것으로 보기 어려운 것은?

① 심리적 행복감과 안정　② 인지적 능력의 향상
③ 만성병이나 퇴행성질환 예방　④ 부상에서 회복할 수 있는 능력의 향상

■ 노인은 상해를 당하면 회복하기 어렵고, 운동을 한다고 해서 부상에서 회복할 수 있는 능력이 좋아지는 것이 아니다.

필수문제

06 보기에서 운동이 노인에게 미치는 생리적 효과로 옳은 것만을 모두 고른 것은?

> 보기
> ㉠ 인슐린 내성 증가　㉡ 체지방 감소
> ㉢ 인슐린 감수성 증가　㉣ 안정시 심박수 감소
> ㉤ 주어진 절대 강도에서 심박수 증가
> ㉥ 고밀도지단백콜레스테롤(HDL-C) 감소

① ㉠, ㉡, ㉥　② ㉡, ㉢, ㉣
③ ㉡, ㉢, ㉥　④ ㉣, ㉤, ㉥

■ 운동이 노인에게 미치는 생리적 효과
㉡ 체지방-감소
㉢ 인슐린 감수성-증가
㉣ 안정시 심박수-감소

㉠ 인슐린 내성(저항성)-감소
㉤ 주어진 절대 강도에서 심박수-감소
㉥ 고밀도지(질)단백질콜레스테롤(HDL-C)-증가

심화문제

07 노인의 운동효과라고 하기 어려운 것은?

① 인체의 조직과 기능을 강화하여 노화를 지연시킨다.
② 질병에 대한 내성을 향상시킨다.
③ 웰빙을 통한 삶의 질 향상에 도움이 된다.
④ 운동관련체력을 증진시킬 수 있다.

■ 노인이 운동을 한다고 해도 운동관련체력이 향상되는 것을 기대하기는 어렵다.
■ 운동을 오랫동안 하면 안정 시 심박수가 감소하고, 최대심박수는 증가한다.

정답 04 : ④, 05 : ④, 06 : ②, 07 : ④

필수문제

08 노인이 운동참여로 얻을 수 있는 신체적 이점으로 적절하지 않은 것은?

① 안정 시 호흡빈도 감소와 폐활량 증가
② 혈관 확장과 말초혈관의 저항성 증가
③ 반응시간의 단축과 협응력 향상
④ 근육량과 뼈의 강도 증가

■ 노년기 운동 시의 말초혈관 변화
· 운동하는 근육의 혈류 증가
· 동정맥산소차 증가
· 근육의 산화능력 증가
· 근육 미토콘드리아 숫자와 밀도 증가
■ 노년기의 운동은 말초혈관의 저항력을 감소시킨다.

심화문제

09 노인이 규칙적인 유산소운동을 통해 얻을 수 있는 효과로 옳지 않은 것은?

① 최대산소섭취량과 1회 박출량 증가
② 분당 환기량 증가와 안정 시 호흡수 감소
③ 말초혈관의 저항 감소와 혈관 탄력성 증가
④ 복부지방 감소와 안정 시 인슐린 분비의 증가

■ 규칙적으로 유산소운동을 하면 복부지방을 감소시키고 안정 시 인슐린 분비를 감소시킨다.

10 노인에 대한 유산소성 운동의 이점으로 틀린 것은?

① 동맥 경직도 증가
② 골격근의 모세혈관 밀도 증가
③ 인슐린 민감도 증가
④ 고밀도지단백콜레스테롤(HDL-C) 증가

■ 노년기의 유산소운동은 동맥경직도를 감소시킨다.

필수문제

11 체력요인에 따른 노인의 운동 방법과 효과가 바르게 연결되지 않은 것은?

체력요인	운동 방법	효과
① 심폐지구력	고정식 자전거 타기	심혈관계 질환의 위험률 감소
② 근력	덤벨 들고 앉았다 일어서기	근육 및 뼈 강화로 인한 일상생활수행능력 향상
③ 유연성	앉아서 윗몸 앞으로 굽히기	신체활동 시 기능적 제한 예방
④ 평형성	의자 잡고 옆으로 한발 들기	신체 각 부위가 조화를 이루면서 원활히 움직일 수 있는 능력 향상

■ ④ 평형성 운동 : 뒤로 걷기, 옆으로 걷기, 발꿈치로 걷기, 발끝으로 걷기, 앉았다 일어서기 등
■ ④는 협응성 운동임. 신체 각 부위가 조화를 이루면서 원활하게 움직일 수 있는 능력 (p.223 참조)

정답 08 : ②, 09 : ④, 10 : ①, 11 : ④

심화문제

12 보기에서 체력요소별 정의로 바르게 묶인 것은?

> 보기
> ㉠ 순발력–짧은 시간 동안 신체의 방향을 빠르게 전환하는 능력
> ㉡ 민첩성–최대한 빠르고 멀리 신체를 이동시키는 능력
> ㉢ 근지구력–동일한 근수축 운동을 반복적으로 수행할 수 있는 능력
> ㉣ 심폐지구력–긴 시간 동안 지속적으로 전신활동을 수행할 수 있는 능력

① ㉠, ㉡ ② ㉠, ㉢ ③ ㉡, ㉣ ④ ㉢, ㉣

■ 순발력 : 순간적으로 근육을 수축시켜 동작을 만들어내는 힘.
■ 민첩성 : 신체를 재빨리 조작하는 능력.

13 운동관련체력이 아닌 것은?

① 민첩성 ② 평형성 ③ 협응성 ④ 유연성

■ 운동관련체력에는 민첩성, 평형성, 협응성 외에 순발력이 포함된다.
■ 건강관련체력 : 유연성, 근력, 심폐지구력

14 노인의 체력요소와 이를 향상시키는 운동방법이 바르게 연결된 것은?

① 심폐지구력 - 고정식 자전거 타기
② 유연성 - 덤벨 들고 앉았다 일어서기
③ 협응성 - 의자 잡고 옆으로 한발 들기
④ 평형성 - 의자에 앉아서 등 굽혔다 펴기

■ 심폐지구력 : 걷기, 에어로빅, 사이클, 트레드밀, 수영, 수중운동 등
■ 유연성 : 의자에 앉아서 윗몸 앞 · 뒤로 굽히기 등
■ 협응성 : 덤벨 들고 앉았다 일어서기 등
■ 평형성 : 눈 감고 외발 서기 등

15 보기의 ㉠, ㉡에 들어갈 용어는?

> 보기
> » 관절가동범위를 증가시키는 운동을 통해서 (㉠)을 유지하거나 회복시킬 수 있다.
> » 운동을 통해서 낙상의 주요 원인인 (㉡) 감소를 방지하거나 지연시킬 수 있다.

	㉠	㉡		㉠	㉡
①	유연성	지구성	②	지구성	기동성
③	유연성	평형성	④	기동성	지구성

■ 유연성은 관절가동범위 증가운동으로 회복된다.
■ 노인이 낙상하는 주요 원인은 평형성 감소 때문이다.

필수문제

16 운동경험이 없는 노인이 장기간 저항성 운동을 했을 때 예상되는 변화는?

① 골밀도와 낙상 위험의 감소 ② 20대의 근비대 수준으로 근력 회복
③ 근력과 제지방량의 증가 ④ 혈관 경직도 증가

■ 운동경험이 없는 노인이 장기간 저항운동을 하면 근력향상과 제지방량 증가 효과가 있다.

정답 12 : ④, 13 : ④, 14 : ①, 15 : ③, 16 : ③

필수문제

17 노인 운동프로그램의 장기적 효과에 대한 설명으로 옳은 것은?

① 운동은 노화로 인해 중추신경계의 반응속도가 느려지는 것을 지연시키는 데 도움이 된다.
② 운동은 베타엔도르핀과 세로토닌의 분비를 증가시키지 않는다.
③ 운동은 뇌의 인지기능 향상과는 무관하다.
④ 저항운동은 근육량을 증가시키고 인슐린 감수성을 낮추며 당뇨병 관리에 도움이 된다.

■② 운동은 베타엔도르핀과 세로토닌 분비를 증가시킨다.
■③ 운동은 뇌의 인지기능 향상에 도움이 된다.
■④ 저항운동은 근육량을 증가시키고, 인슐린 감수성도 증가시킨다.

심화문제

18 노년기에 규칙적으로 운동을 한 결과가 아닌 것은?

① 안정 시 심박수 증가
② 근력과 근육의 탄력 증가
③ 1회심박출량의 증가
④ 분당산소섭취량의 증가

■운동을 하면 안정시 심박수는 감소하고, 최대심박수는 증가한다.

19 다음 중 노인스포츠 지도의 의의를 가장 잘 설명한 것은?

① 노년기의 생활을 건강하고 행복하게 만든다.
② 생리적 기능 쇠퇴를 완화시켜주고, 각종 질병의 예방과 치료에 도움을 주며, 생활의 활력소를 제공한다.
③ 건강한 삶을 누릴 수 있게 해준다.
④ 자기효능감을 향상시켜서 삶의 질을 높여준다.

필수문제

20 보기의 내용을 설명할 수 있는 노인의 건강행동 이론 또는 모형은?

보기
» 신체활동의 효과를 인식하고 이를 행동으로 옮길 수 있는 자기효능감은 행동 변화를 쉽게 유발할 수 있다.
» 지각된 개연성, 지각된 심각성, 지각된 이익, 지각된 장애, 행동의 계기, 자기효능감의 6가지 요소로 구성된다.

① 건강신념모형(health belief model)
② 학습이론(learning theory)
③ 범이론적모형(transtheoretical model)
④ 계획행동이론(planned behavior theory)

■**건강신념모형** : 신념이 건강을 추구하는 행동에 중요한 역할을 한다는 이론. 구성요소는 지각된 심각성, 자각된 이익, 지각된 장애, 행동 계기, 자기효능감의 6가지이다.
■**학습이론** : 어떤 행동의 지속 또는 중단을 설명해주는 이론.
■**범이론적 모형** : 행위의 변화과정 및 변화단계를 중심으로 개인이나 집단이 문제 행동의 수정과 긍정적인 행동을 선택하는 방법에 관한 이론.
■**계획행동이론** : 태도와 행동의 관계를 밝히는 이론.

정답 17 : ①, 18 : ①, 19 : ②, 20 : ①

■사회성 향상은 사회적 효과이다.

■준비운동을 하면 반응시간이 단축된다.

■최대근력은 저항성 운동에서 운동강도를 설정할 때 적합하다.

■노인 운동의 심리적 효과
· 삶의 질 및 심리적 웰빙 향상(㉢)
· 우울증 감소(㉡)
· 스트레스 및 불안 감소
· 인지기능 향상
· 치매 지연
· 기억장애 발생 감소
· 집중력 및 단기 기억력 향상
㉠ 운동 기술 습득은 운동기능 향상이고, ㉣ 사회적 연결망 확장은 사회적 효과이다.

21 노인 운동참여에 의한 신체 및 생리적 효과가 아닌 것은?

① 면역기능의 변화 ② 사회성 향상 ③ 골격근의 변화 ④ 골밀도 감소율 저하

22 노인의 준비운동 효과로 옳지 않은 것은?

① 심장 혈류량 증가 ② 협응력 향상
③ 관절 가동범위 증가 ④ 신체 반응시간 증가

23 노인의 심폐지구력 향상을 위한 운동강도를 설정하는 기준으로 옳지 않은 것은?

① 최대산소섭취량(VO_2max) ② 최대근력(1RM)
③ 운동자각도(RPE) ④ 최대심박수(HRmax)

필수문제

24 보기에서 운동이 노인에게 미치는 심리적 효과로 옳은 것만을 모두 고른 것은?

보기
㉠ 운동 기술 습득 ㉡ 우울증 감소
㉢ 심리적 웰빙 향상 ㉣ 사회적 연결망 확장

① ㉠, ㉡ ② ㉠, ㉢ ③ ㉡, ㉢ ④ ㉢, ㉣

필수문제

25 보기의 ㉠, ㉡에 해당하는 노인체력검사(SFT) 항목이 바르게 연결된 것은?

» (㉠) : 식료품 나르기와 손자 안아주기가 어렵다.
» (㉡) : 버스에서 신속하게 내리기가 어렵다.

	㉠	㉡
①	30초 아령 들기	등 뒤에서 양손 마주잡기
②	30초 아령 들기	2.4 m 왕복 걷기
③	등 뒤에서 양손 마주잡기	2분 제자리 걷기
④	2.4 m 왕복 걷기	2분 제자리 걷기

■SFT검사 항목
· 의자에서 일어섰다 앉기 : 양팔을 모으고 30초간 의자에서 일어섰다가 앉는 횟수
· 덤벨들기 : 여성 2.27kg, 남성 3.37kg의 덤벨을 들고 30초간 이두근을 굽혔다 편 횟수
· 6분걷기 : 45.7m 코스를 6분간 뛰지 않고 최대한 빠르게 걸은 거리
· 2분스텝테스트 : 좌우 무릎을 2분간 각각 무릎 높이 이상 올린 횟수
· 의자에 앉아 손뻗기 : 의자에 앉아서 한 쪽 다리를 뻗고 양손을 모아 발끝을 향해 뻗음
· 등 뒤에서 양손 모으기 : 한 손은 어깨 위로, 다른 손은 등 가운데로 뻗은 상태에서 양손 중지 사이의 거리
· 앉아 있다가 2.44m 왕복걷기 : 앉아 있다가 신호를 주면 2.44m 반환점을 돌아 앉은 자세로 복귀하는 시간

정답 21 : ②, 22 : ④, 23 : ②, 24 : ③, 25 : ②

필수문제

26 보기의 기능을 평가하기 위한 리클리와 존스(Rikli & Jones)의 노인체력검사(Senior Fitness Test: SFT)의 검사항목은?

보기
» 버스 타고 내리기
» 빨리 일어나서 전화 받기
» 욕조에 들어가고 나오기
» 자동차나 다른 물체로부터 신속하게 몸 피하기

① 덤벨 들기 ② 2분 제자리 걷기
③ 2.44 m 왕복걷기 ④ 의자 앉아 앞으로 굽히기

■ 보기와 같이 빠른 동작을 필요로 하는 과제에서 중요한 것은 민첩성과 동적 균형의 평가인데, 검사항목은 2.44m 왕복걷기이다.

필수문제

27 노인의 산체기능검사에 관한 설명으로 옳지 않은 것은?(2024)

① 6분 걷기 검사는 6분 동안 걸을 수 있는 최대거리(m)로 심폐지구력을 평가하고, 장거리 보행이나 계단 오르기 등의 일상생활 동작과 관련이 있다.
② 기능적 팔 뻗기 검사(FRT)는 균형을 잃지 않고 팔이 닿을 수 있는 최대거리를 측정하여 동적 평형성을 평가하고, 노인의 낙상 위험도 범주 분류에 사용된다.
③ 노인체력검사(SFT)의 어깨 유연성을 평가하는 '등 뒤에서 손잡기' 검사는 머리 위로 옷을 벗거나, 자동차에서 안전벨트를 매는 동작과 관련된 항목이다.
④ 단기신체기능검사(SPPB)는 보행 속도, 균형 능력 및 의자 앉았다 일어나기 시간의 점수를 합산하여 평가하고 점수가 높을수록 더 낮은 기능을 의미한다.

■ 단기 신체기능검사(SPPB : Short Physical Performance Battery)
· 다리기능을 평가하는 것으로 직립균형검사, 보행속도, 의자에서 일어나기의 3가지 항목의 수행검사가 있다.
· 점수 : 12점 만점. 수행 불능일 때는 0점이고, 수행 차이에 따라 1점에서 4점까지 점수를 부여함.

심화문제

28 노인체력검사(Senior Fitness Test) 항목에서 2.4m 왕복 걷기와 관련된 활동으로 옳은 것은?

① 자동차나 목욕탕에 들어가고 나오기 ② 손자 안기, 식료품 가방 들기
③ 장거리 보행, 계단 오르기 ④ 버스 빠르게 타고 내리기

■ ①은 의자에 앉았다 일어서기로 평가
②는 덤벨 들기로 평가
③은 6분 걷기로 평가

정답 26 : ③, 27 : ④, 28 : ④

노인체육론

■등뒤에서 양손 마주 잡기
· 방법 : 한 손은 어깨 위로, 다른 손은 등 가운데로 뻗어 양손의 중지 사이 거리 측정
· 목적 : 머리 감기 · 벗기, 옷 입고벗기, 안전벨트 착용 등이 요구되는 상체 유연성 평가
· 위험 수준 :
남자 – 20cm 이상
여자 – 10cm 이상
■의자에서 앉았다 일어서기
· 방법 : 양팔을 가슴에 모은 채 30초 동안 의자에서 일어섰다 앉은 횟수
· 목적 : 걷기, 계단오르기, 욕조나 차량 승하차 등 생활과제 수행을 위한 하체능력 평가
· 위험수준 : 남녀 모두 도움 없이 8회 미만

필수문제

29 보기에서 ㉠, ㉡에 들어갈 용어를 바르게 나열한 것은?

보기

리클리와 존스(Rikli & Jones)의 노인체력검사(Senior Fitness Test: SET)		
검사항목	㉠	㉡
일상생활 능력	• 욕실에서 머리 감기 • 상의를 입고 벗기 • 차에서 안전벨트 매기	• 걷기 일상생활 • 계단 오르기 • 자동차 타고 내리기

	㉠	㉡
①	등 뒤에서 양손 마주 잡기	의자에 앉았다가 일어서기
②	등 뒤에서 양손 마주 잡기	의자에 앉아윗몸 앞으로 굽히기
③	아령 들기	의자에 앉아윗몸 앞으로 굽히기
④	아령 들기	의자에 앉았다가 일어서기

목욕, 옷입기, 화장실 사용 등은 도구를 사용하지 않는 일상활동이다.

심화문제

30 노인의 생활 기능 분류에서 도구적 일상생활 활동(Instrumental Activities of Daily Living: IADLs)에 해당하는 것은?(2024)

① 요리 ② 목욕 ③ 옷입기 ④ 화장실 사용

31 한국형 노인체력검사에서 유연성을 검사하기 위해서 앉아서 윗몸 앞으로 굽히기를 측정하는 방법을 설명한 것이다. 틀린 것은?

① 피검자는 신을 벗고 양쪽 발바닥이 측정기구의 수직면에 밀착되도록 무릎을 펴고 바르게 앉는다.
② 피검자가 양쪽 팔을 쭉 뻗었을 때 측정자의 손끝에 닿도록 측정자의 위치를 조절한다.
③ 시작 신호와 함께 허리를 굽히고, 팔과 손바닥을 쭉 뻗어서 측정자를 최대한 멀리 밀어낸다. 무릎을 구부리면 안 된다.
④ 허리에 반동을 주어야 멀리 밀어낼 수 있고, 2회 반복 측정하여 최고기록을 0.1cm까지 기록한다.

■앉아서 윗몸 앞으로 굽히기를 할 때 허리에 반동을 주면 안 된다.

정답 29: ①, 30 : ①, 31 : ④

노인체육론

필수문제

32 '국민체력 100'에서 제시한 노인 체력에 대한 측정 방법과 운동 방법의 연결이 옳지 않은 것은?

	체력	측정 방법	운동 방법
①	동적 평형성	의자에 앉아 3m 표적 돌아오기	베개 등 다양한 지지면 위에서 균형 걷기
②	유연성	앉아 윗몸 앞으로 굽히기	스트레칭
③	하지 근기능	30초간 의자에 앉았다가 일어서기	밴드 잡고 앉아서 다리 밀기
④	심폐지구력	8자 보행	고정식 자전거 타기

■ 심폐지구력은 6분 걷기로 측정하며, 운동으로는 걷기, 에어로빅, 자전거타기, 수영 등이 좋다.

심화문제

33 심폐지구력을 검사하기 위해서 6분 걷기를 측정하는 방법을 설명한 것이다. 틀린 것은?

① 바닥에 20m×5m 또는 10m×5m인 직사각형을 그려놓고, 매 1m마다 표시를 한다.

② 시작 신호와 함께 가능한 한 빠른 속도로 걷거나 뛰어서 직사각형을 계속해서 돈다.

③ 측정 중에 의자에 앉아서 쉬었다가 다시 걸어도 된다.

④ 3분이 지난 다음부터는 남은 시간을 1분 단위로 알려주고, 6분이 되는 순간의 위치와 바퀴 수로 걸은 총거리를 계산해서 기록한다.

■ 뛰면 안 되고, 반드시 걸어야 한다.

34 한국형 노인체력검사에서 2분 제자리걷기를 측정할 때 유효한 걸음수로 계산될 수 있는 무릎의 높이는?

① 무릎과 엉덩뼈능선(장골능)의 중간 높이

② 무릎에서 엉덩뼈능선(장골능)의 1/3되는 높이

③ 무릎에서 엉덩뼈능선(장골능)의 2/3되는 높이

④ 엉덩뼈능선(장골능)의 높이

35 한국형 노인체력검사에서 보행 및 동적 평형성을 검사하기 위해서 의자에 앉았다 일어나서 3m 표적 돌아와 앉기를 측정하는 방법이다. 틀린 것은?

① 의자의 중앙에서 고깔의 중앙이 3m가 되도록 설치한다.

② 피검자는 의자의 중앙에 발바닥을 편평하게 바닥에 대고 앉는다. 손은 허벅다리 위에 얹는다.

③ 시작 신호와 함께 의자에서 일어나 걸어서 고깔을 돌아온 다음 의자에 다시 앉을 때까지 시간을 측정한다.

④ 2회 측정하고, 빠른 것을 0.1초까지 기록한다.

■ 의자 앞에서 고깔 뒤까지의 거리가 3m여야 한다.

정답 32 : ④, 33 : ②, 34 : ①, 35 : ①

■의자에 앉았다 일어나서 3m 표적 돌아와 의자에 앉기는 보행 및 동적 평형성을 측정하는 것이다.
■미국형 노인체력검사에는 민첩성이 있지만, 한국형 노인체력검사 항목에는 협응성이 있다.

36 **한국형 노인체력검사에서 측정요인과 측정방법을 잘못 짝지은 것은?**

① 심폐지구력 - 2분 제자리걷기
② 협응력 - 8자 걷기
③ 다리근육기능 - 의자에 앉았다 일어나서 3m 표적 돌아와 의자에 앉기
④ 유연성 - 앉아 윗몸 앞으로 굽히기

■①은 하지근력, ②는 유연성, ③은 민첩성을 측정한다.

37 **노인체력검사에서 '보행 및 동적평형성'을 동시에 측정하는 검사방법은?**

① 의자에 앉았다 일어서기
② 앉아 윗몸 앞으로 굽히기
③ 8자 보행
④ 의자에 앉아 있다 3m 앞 표적 돌아와서 다시 앉기

38 **한국형 노인체력검사에서 다리 근육기능을 검사하기 위해서 의자에 앉았다가 일어서기를 측정하는 방법이다. 틀린 것은?**

■30초 동안의 반복횟수를 1회 단위로 기록한다.

① 등을 곧게 펴고 의자에 앉아서 양발을 바닥에 완전히 댄다.
② 양팔을 손목에서 교차하여 가슴 앞에 모은다.
③ 시작 신호와 함께 완전히 일어섰다가 앉은 자세로 되돌아온다.
④ 30초 동안에 반복한 횟수를 0.1회 단위로 기록한다.

39 **'2분 제자리 걷기'로 측정할 수 있는 노인 체력요인은?**

① 민첩성
② 유연성
③ 심폐지구력
④ 평형성

40 **한국형 노인체력검사에서 팔근육 기능을 검사하기 위해서 상대악력을 측정하는 방법에 대한 설명이다. 틀린 것은?**

■팔을 아래로 내려 곧게 편 자세에서 악력계를 잡고 측정한다.

① Smedley식 악력계를 사용한다.
② 악력계가 어깨 높이에 오도록 잡고 측정한다.
③ 좌우를 교대로 2회씩 측정하고, 최고치를 0.1kg 단위로 기록한다.
④ '악력÷체중×100'으로 상대악력(%)을 계산한다.

41 **한국형 노인체력검사(국민체력 100)의 측정항목과 측정방법의 연결이 옳지 않은 것은?**(2024)

■미국형에서는 상지근 기능을 덤벨 들기로 검사하지만, 한국형에서는 악력으로 검사한다.

	측정항목	측정방법
①	협응력	8자 보행
②	심폐지구력	6분 걷기
③	상지 근 기능	덤벨 들기
④	유연성	앉아 윗몸 앞으로 굽히기

정답 36 : ③, 37 : ④, 38 : ④, 39 : ③, 40 : ②, 41 : ③

노인체육론

CHAPTER 03 노인 운동프로그램의 설계

운동 프로그램의 요소

노인 운동이든 청소년 운동이든 운동프로그램에는 운동양식(종류), 운동강도, 운동시간, 운동빈도와 같은 요소가 반드시 있어야 한다.

1 운동양식

☞ 운동양식 또는 종류라고 하면 농구, 배구, 축구 등과 같은 특정 종목을 생각하기 쉽지만, 노인들이 하는 운동은 건강을 위해서 하는 운동이기 때문에 특정한 종목에 치우치지 말아야 한다.

☞ 노인의 운동은 남을 따라서 하는 운동이 아니라 자기 자신의 생명력을 유지시키는 운동이어야 한다.

☞ 개인별 능력에 따라서 적절한 운동을 선택하여야 한다.

▶ 유산소 운동

ⓐ 유산소 운동이란 운동종목에 구애를 받지 않고 보통 30분 이상 지속 가능한 운동을 말한다.

ⓐ 유산소 운동은 목표심박수에 맞춰서 해야 효과가 극대화되고, 부상의 위험도 적다. 보통 초보자(저강도)는 여유심박수의 50%, 중급자(중간강도)는 60%, 고급자(고강도)는 70%를 목표심박수로 잡는다.

▶ 근력강화 운동

ⓐ 유산소 운동만으로는 노년기 건강을 위한 운동으로 충분하지 않다. 주당 2일 이상 근육을 강화하는 운동을 해야 한다.

ⓐ 근력강화 운동은 평소의 일상활동을 할 때보다 근육을 더 많이 사용하는 것을 말한다.

ⓐ 근력강화 운동은 중간강도 또는 고강도로 해야 하고, 힘이 들어서 더 이상 반복할 수 없을 때까지 계속해야 효과가 있다.

ⓐ 보통 8~12번 반복하는 것을 1세트라 하고, 1세트를 마치고 쉬었다가 힘이 있으면 1세트를 더 하는 식으로 운동을 한다.

▶ 유연성 운동

ⓐ 관절의 유연성은 나이가 들수록 감소하지만, 운동으로 회복할 수 있다.

ⓐ 유연성 운동은 저항운동과 함께했을 때 자세의 안정성과 균형감각을 향상시켜준다.

ⓐ 정적 스트레칭은 근력이나 다른 사람 또는 도구(탄력밴드, 막대 등)의 도움으로 자세를 유지하는 것으로, 근육 속의 신경감각을 예민하게 만든다.

ⓐ 움직이는 신체의 탄력을 이용해서 스트레칭하는 것을 역동적 스트레칭이라고 한다.

⑧ 한 자세에서 다른 자세로 서서히 이동하는 것을 동적 스트레칭이라 하고, 여러 번 반복할 수록 운동범위가 점점 증가한다.

⑧ 근육의 온도를 올리면 유연성 운동의 효과를 더 올릴 수 있다.

▶ 균형 운동

⑧ 노인들이 가장 조심해야 할 것 또는 가장 걱정해야 할 것 중 하나가 낙상이다. 낙상의 위험이 있으면 주당 3일 이상 균형 운동을 할 것이 권장된다.

⑧ 균형 운동은 가구처럼 안정적인 물체를 지지하고 수행할 수도 있고, 지지하는 물체 없이 수행할 수도 있다.

⑧ 하루에 20~30분 이상, 주당 2~3일 이상, 주당 총 60분 이상의 균형 운동을 할 것을 권장하고 있다.

2 운동강도

☞ 숨이 턱 끝까지 차오를 때까지 운동을 할 것인지, 아니면 쉬엄쉬엄 운동을 할 것인지를 운동강도라고 한다.

☞ 노인들의 운동강도를 결정할 때에는 안전성과 유효성 두 가지를 고려해야 한다. 즉, 안전성의 한계와 유효성의 한계 사이에서 설정해야 한다.

운동강도를 정하는 방법에는 다음과 같은 방법들이 있다.

▶ 최대산소섭취량을 이용하여 정하는 방법

⑧ 사람마다 최대산소섭취량을 측정한 다음 그것의 몇 % 라는 식으로 운동강도를 정한다.

⑧ 호흡가스분석기가 장착된 트레드밀에서 선수가 쓰러지기 직전까지 운동을 시켜야 한다.

⑧ 너무 위험하기 때문에 노인에게는 사용하지 않는다.

▶ 심박수를 이용하여 정하는 방법

⑧ 1분 동안에 뛰는 심장 박동의 수로 운동량을 정하는 방법이다.

⑧ 1분 동안에 심장이 박동하는 횟수는 어린아이일수록 빠르고 나이가 들면 적어진다. 보통 220에서 자신의 나이를 뺀 숫자가 최대심박수와 비슷하다.

⑧ 심박수로 운동강도를 결정하는 가장 쉬운 방법은 '최대 심박수의 80%까지 운동을 하겠다.'라는 식으로 정하는 것이다.

⑧ 깨어 있으면서 의자에 앉아서 편히 쉬고 있을 때의 심박수를 '안정시 심박수'라고 한다. 안정시 심박수는 사람마다 다르고, 운동을 많이 한 사람은 안정시 심박수가 낮다.

⑧ 최대 심박수에서 안정시 심박수를 뺀 차이를 '여유 심박수'라고 한다. 즉, 운동을 해서 증가시킬 수 있는 여유분이라는 뜻이다.

⑧ 보통 여유 심박수의 몇 %까지 운동을 하겠다는 식으로 운동강도를 정한다.

▶ 운동자각도를 이용해서 정하는 방법

⑧ 운동을 하는 본인이 얼마나 힘든 운동이라고 느끼는지를 '운동자각도'라고 한다.

⑧ 가장 손쉽게 할 수 있는 운동을 6, 가장 힘들게 할 수 있는 운동을 20으로 해서 몹시 가볍다(7), 매우 가볍다(9), 가볍다(11), 약간 힘들다(13), 힘들다(15), 매우 힘들다(17), 몹시 힘들다(19)로 숫자를 매기는 것이다.

⑧ 운동자각도 6은 심박수 60에 해당하고, 운동자각도 20은 심박수 200에 해당하는 것을 원칙으로 만들었지만, 정확하게 일치하지는 않는다.

⑧ 운동자각도 12~13이 여유심박수 50%의 운동강도와 비슷하다고 한다.

▶ MET수를 이용해서 정하는 방법

⑧ 앉아서 편안하게 휴식을 취하고 있을 때 체중 1kg이 1분 동안에 소모하는 열량을 1MET라고 한다.

⑧ 1MET는 사람마다 차이가 있지만 평균 약 1킬로칼로리이다. 체중 50킬로그램인 사람이 10분 동안 앉아서 휴식을 취하고 있었다면 약 500 킬로칼로리의 열량을 소비하는 셈이 된다.

⑧ 운동이나 생활활동의 운동강도를 MET수로 나타내면 편안히 쉴 때보다 몇 배의 에너지를 소모하는 운동이라는 뜻이 되므로 편리하다.

⑧ 1 MET는 산소소비량 3.5 밀리리터에 해당된다.

⑧ 보통 3METs 이하는 저강도 운동, 6METs 이하는 중간강도 운동, 6METs 이상이면 고강도 운동으로 분류한다.

▶ 반복횟수를 이용하여 정하는 방법

⑧ 중량운동을 할 때 단 한 번만 들어올릴 수 있는 역기의 무게를 1RM이라고 한다.

⑧ 10번 반복해서 들어올릴 수 있는 무게이면 10RM이다.

⑧ 그러므로 10RM이 1RM의 10분의 1이라는 뜻은 아니다.

⑧ 노인들을 상대로 1RM을 측정하려고 하면 부상의 위험이 크므로 공식을 이용해서 간접적으로 측정하는 것이 좋다.

⑧ 중량을 바꾸어가면서 여러 번 실험을 해서 10RM의 무게를 알아낸 다음 거기에 1.25를 곱하면 1RM과 거의 비슷하다.

⑧ 노인들이 중량운동을 할 때에는 1RM의 65~75%의 무게로 운동을 하는 것이 좋다. 65~75%의 무게는 보통 8~12회 반복해서 들어올릴 수 있기 때문에 8~12RM이라고도 한다.

3 운동시간

노인 운동프로그램을 설계할 때 운동시간을 설정하는 방법은 다음과 같다.

☞ 운동시간은 운동강도가 높으면 짧게, 운동강도가 낮으면 길게 설정하는 것이 원칙이지만, 노인들에게 긴 운동시간은 피로 또는 부상을 유발할 가능성이 많으므로 피하는 것이 좋다.

☞ 적절한 강도의 신체활동은 1주에 150분, 격렬한 강도의 신체활동은 1주에 75분이 적당하다.

☞ 유산소 운동은 한 번에 적어도 10분 이상 지속하고, 저항 운동은 2~3세트가 적당하다.

☞ 낙상을 방지하기 위한 균형 운동은 1주에 '90분+걷기 60분'을 해야 한다.

4 운동빈도

노인 운동프로그램을 설계할 때 운동빈도를 정하는 방법은 다음과 같다.

- ☞ 운동시작 시의 체력수준을 반드시 고려하고, 유산소 운동은 1주에 3~5회 실시해야 한다.
- ☞ 근력운동은 1주에 3회 실시한다. 근력운동과 근력운동 사이에 48시간의 휴식시간을 둔다.
- ☞ 낙상위험이 높은 노인은 1주에 3회 이상의 균형능력 향상 운동을 실시한다.
- ☞ 유연성 운동은 운동할 때마다 10분 이상하고, 동작마다 10~30초 동안 자세를 유지하고, 3~4회 반복한다.

동기유발

1 행동변화 이론

신체활동을 하지 않는 사람들을 대상으로 신체활동에 참여하도록 유도하는 방법, 즉 행동변화를 일으키는 방법에 대하여 이론적으로 연구하는 것을 '행동변화 이론'이라고 한다.

▶ 행동주의 학습이론

원하는 반응이 나타나도록 반복적으로 자극을 가하면 점증적으로 행동의 변화가 일어난다는 이론이다. 따라서 노인들이 운동을 하게 하려면 자극과 반응을 잘 조작하여 학습을 시켜야 한다.

그런데 노인들의 활동은 미래의 보상에 대한 기대를 통해서 유지되거나 학습된다. 노인들에게 미래의 보상으로 작용하는 것은 신체적으로 보기 좋음, 타인의 칭찬이나 선물, 내적인 성취감 등이다. 그러므로 위의 3가지를 잘 이용하면 노인이 운동할 수 있도록 행동변화를 일으킬 수 있다.

▶ 건강 신념 모형

노인들이 건강을 추구하는 행동(건강 행동)을 할 것인지 아니할 것인지는 다음 4가지 신념이 아주 중요하다는 이론이다.

- ⑧ 지각된 취약성……자신이 질병이나 장애에 취약하다는 것을 지각하는 것.
- ⑧ 지각된 심각성……질병이나 장애에 걸리면 그 결과가 심각하다는 것을 지각하는 것.
- ⑧ 지각된 이점……건강을 증진하는 행동을 하면 이득이 된다는 것을 지각하는 것.
- ⑧ 지각된 장애물……건강행동을 방해하는 요소가 있다는 것을 지각하는 것.

위의 4가지 건강 신념 중 운동을 하면 이익이 된다는 것은 부추기고, 운동에 방해가 되는 요소들은 제거해주거나 영향이 미미함을 알려주면 노인들이 운동하도록 행동변화를 일으킬 수 있다.

▶ 합리적 행위이론

사람들이 어떤 행동을 하려고 결정하기 전에 관련된 정보를 합리적이고 체계적으로 사용하며, 행동의 결과에 대해 신중히 고려한 다음에 비로소 행동한다는 이론이다.

- ⑧ 행동을 직접적으로 결정하는 것은 행동을 하려는 '의도'이고, 의도에 영향을 미치는 것은

'행동에 대한 태도'와 '주관적 규범'이다.

- ⑧ '행동에 대한 태도'는 그 행동이 어떠한 결과를 가져올 것이라는 개인적 평가와, 그러한 결과가 나타날 가능성이 얼마나 있느냐에 따라서 결정된다.
- ⑧ 그러므로 행동의 결과가 좋은 결과를 가져올 것이고, 그 가능성도 높으며, 행동변화를 일으킬 수 있다는 확신을 심어주면 운동을 하는 방향으로 행동변화가 일어난다.
- ⑧ '주관적 규범'은 그 행동에 대해 자신이 중요하게 여기는 '타인들의 태도'와 자기 자신이 타인들의 뜻에 따르려는 '순응동기'에 따라 결정된다. 즉, 주위 사람들이 운동을 하면 좋다고 권유하고, 본인이 그에 응하면 운동을 시작하는 방향으로 행동변화가 온다.
- ⑧ 이 이론은 여러 행동을 비교적 간략한 요인들로 설명할 수 있다는 장점이 있어서 많은 연구자들이 널리 사용했는데, 그 한계점도 있다. 왜냐하면 사람들이 어떤 행동을 하려는 의도가 있어도 실행할 능력이나 자원이 부족하면 행동으로 연결되기 어렵기 때문이다.

▶ 계획된 행동이론

합리적 행위이론에서 사람이 어떤 행동을 하려는 의도에 영향을 미치는 변인에는 '행동에 대한 태도'와 '주관적 규범'이 있다고 하였는데, 여기에 '지각된 행동 통제력'이라는 변인을 하나 더 추가해야 한다는 것이 계획된 행동이론이다.

- ⑧ '지각된 행동 통제력'이란 그 사람이 바라는 행동 결과를 달성하는 것이 얼마나 쉽거나 어려운지에 대한 그 사람의 신념으로 과거의 행동 경험과 자기 능력에 대한 지각을 반영한다.
- ⑧ 운전을 할 때 과속을 해도 자기 자신이 속도를 잘 통제할 수 있어서 사고를 막을 수 있다는 자신감이 있어야 과속을 하듯이, 자기 자신의 '지각된 통제력'이 있어야 행동변화를 일으킨다는 것이다.

▶ 행동변화 단계이론

행동변화 단계이론에서는 행동을 변화시키는 요인을 의사결정 균형, 자기효능감, 그리고 변화과정으로 본다.

- ⑧ 의사결정 균형……신체활동을 해서 얻는 이익도 있지만 신체활동을 하기 위해서는 돈이나 시간 등을 희생해야 한다는 것도 알고,
- ⑧ 자기효능감……신체활동을 하지 않으면 질병에 걸릴 위험성이 크다는 것도 알지만, 신체활동을 행동으로 옮기려면 능력과 자신감이 있어야 한다. → 즉, 의사결정 균형과 자기효능감이 있어야 행동 변화를 일으켜서 건강행동을 할 수 있게 된다는 이론이다.
- ⑧ 변화 과정……행동 변화를 일으키는 과정에는 체험적 과정과 행동적 과정이 있는데, 다음 단계로 넘어가기 위해서는 반드시 두 과정을 모두 거쳐야 한다.
  - ① 체험적 과정……운동에 대한 개인의 태도, 생각, 느낌을 바꾸는 것. / 운동을 시작하기 위해 필요한 정보를 얻는 과정→운동에 관한 자료를 제공하거나 운동을 시작한 사람의 예를 설명해 주는 등의 중재활동을 해야 한다.
  - ② 행동적 과정……행동 수준에서 환경 변화를 유도하는 것→운동복을 눈에 잘 띄는 곳에 걸어두기, TV 리모컨 배터리 빼기 등의 중재 활동을 해야 한다.

*프로차스카(J. Prochaska)의 범이론적 모형

행동 변화는 5단계를 거쳐서 일어나되, 낮은 단계에서 위로 올라갈 수도 있지만 후퇴 또는 정체도 가능하다.

1) 무관심 단계(고려 전 단계)……앞으로 6개월 이내에 운동을 시작할 의사가 없다. 무관심단계에 속한 사람은 운동으로 얻는 혜택보다는 손실을 더 크게 생각한다.
   → 운동에 따른 혜택에 관한 정보를 제공, 소책자, 비디오, 상담.
2) 관심 단계(고려 단계)…앞으로 6개월 이내에 운동을 시작할 의사가 있다. 운동을 했을 때 자신에게 오는 이득과 손해가 비슷하다고 생각한다. 운동에서 오는 이득에 대해 좀 더 구체적으로 생각하게 한다. 하루 일과에 운동시간을 포함시킨다. 자신이 과거에 잘 했거나 즐거움을 느꼈던 운동을 생각해 보고 시도를 한다.
   → 운동에 대해 도움을 줄 수 있는 사람 한두 명으로부터 조언을 구한다.
3) 준비 단계…현재 운동을 하고 있지만, 가이드라인을 채우지 못함. 운동을 할 준비가 되어 있지만 제대로 못할 것이라는 생각에 자기효능감이 낮다. 구체적인 운동계획을 주위 사람들에게 이야기한다. 혹시나 실패하면 어떻게 하나가 가장 큰 걱정거리이다.
   → 자기효능감을 높여주는 전략과 운동을 시작하도록 실질적인 도움을 준다. 운동 동반자 구하기, 운동목표 설정하고 달성 방법 계획하기.
4) 실천 단계(행동 단계)…이미 운동을 실천해 오고 있다. 이전 단계로 후퇴하지 않도록 조심해야 하는 단계, 가장 불안정한 단계이다. 자신의 행동 중 건강하지 못한 행동을 건강한 운동으로 대체하려고 노력한다. 건강 운동을 하지 않는 사람과의 만남을 회피한다. 이 단계에 있는 사람은 건강 행동을 보다 더 강력하게 실천할 수 있는 방법에 대한 학습이 필요하다.
   → 운동 실천을 방해하는 요인을 극복하는 방법을 제시한다. 목표 설정, 운동 계약, 스스로 격려하기, 연간계획 수립하기, 주변의 지지 얻기
5) 유지 단계…6개월 이상 꾸준히 운동을 해 왔다. 하위 단계로 내려갈 가능성이 낮다. 스트레스 또는 어떤 원인 때문에 건강 운동을 그만두는 일이 발생할 수도 있다는 것을 알고, 그것을 극복할 수 있는 방법을 모색하려고 노력한다.
   → 운동을 못하게 되는 상황이 무엇인가를 미리 파악하여 대비하는 전략. 일정을 조정하여 운동 시간을 확보하기, 자신감과 웰빙 느낌 높이기, 다른 사람에게 운동 조언자 역할하기.

▶ 사회인지 이론(상호결정론)

인간의 행동은 개인의 ① 내적 요인(인지적 능력, 신체적 특성, 신념과 태도), ② 행동요인(운동반응, 정서적 반응, 사회적 상호작용), ③ 환경요인(물리적 환경, 사회적 환경, 가족과 친구)의 상호작용에 의해서 변화가 생긴다는 이론이다.

2 노인 운동의 동기유발 요인과 동기저해 요인

▶ 동기 유발 요인

☞ 건강증진 및 질병위험 감소
☞ 스트레스 해소 등 정신적 건강
☞ 가족이나 친구와 함께 운동하는 등 사회참여
☞ 외모의 유지와 체중관리

▶ 동기 저해 요인
☞ "무엇은 절대로 안 돼!" 하는 식의 개인적 신념
☞ 비현실적인 몸매 만들기에 대한 기대
☞ 신체적인 기능 향상에 대한 기대
☞ 교통의 불편 또는 시설에 접근하기 어려움

3 목표 설정

노인들에게는 새로운 신체활동을 시작하라고 권유하는 것보다는 신체활동의 목표를 설정하라고 권유하는 것이 더 효과적이다. 단기적 목표와 장기적 목표로 나누어서 설정하되, 다음과 같은 세부적인 원리에 따라서 설정해야 한다.

☞ S(Specific)……구체적으로
☞ M(Measurable)……측정 가능한 것으로
☞ A(Attainable)……이룰 수 있는 것을
☞ R(Relevant)……적절한 것을 합리적인 방법으로
☞ T(Time based)……시간 또는 기간을 정해서

운동 권장지침 및 운동방안

1 노인과 성인의 차이점

☞ 노인은 평소 생활능력이 일반 성인보다 한참 떨어진다.
☞ 사소한 질환이 생겼을 때 신체기능이 일반 성인에 비해 큰 폭으로 떨어진다.
☞ 기능이 떨어진 후에는 일반 성인과 달리 의존적이 된다.
☞ 회복시간도 한참 길다.
☞ 회복이 되더라도 예전 수준까지 회복하지 못한다.

2 노인 신체활동 권장지침

65세 이상의 노인 건강을 위한 WHO의 신체활동 권장지침은 다음과 같다.

☞ 65세 이상의 노인은 일주일에 적어도 합계 150분 이상의 중간강도 유산소 활동 또는 일주일에 적어도 75분 이상의 격렬한 유산소 활동을 하거나, 아니면 동등 양의 중간강도와 격렬한 활동을 섞어서 실시한다.
☞ 유산소 활동이 적어도 10분 이상 지속되도록 실시한다.
☞ 건강 유익을 더하기 위해서 노인은 중간강도의 유산소 활동을 일주일에 300분, 또는 격렬한 활동을 일주일에 150분으로 늘리거나, 아니면 동등 양의 중간강도와 격렬한 활동을 섞어서 해야 한다.
☞ 기동성이 낮은 이 연령대의 노인은 균형감각을 강화하고 낙상을 방지하는 신체활동을 일주일에 3회 이상 해야 한다.
☞ 근육강화 활동은 주요 근육을 포함하여 일주일에 2회 이상 해야 한다.
☞ 이 연령 그룹의 노인이 건강 상태로 인해 권장량만큼의 신체활동을 할 수 없는 경우에는

자기 컨디션에 맞게 신체활동을 해야 한다.

노인 신체활동 프로그램의 개요 및 구성

1 노인 운동프로그램 계획 시 고려할 사항

☞ 노인의 일상생활에 필요한 기능 활동을 우선적으로 고려해야 한다.

☞ 노인들은 나이가 비슷하더라도 체력에 큰 차이가 있으므로 개인의 능력에 알맞은 강도와 난이도로 운동 프로그램을 계획해야 한다.

☞ 노인은 절대로 무리하면서 운동을 해서는 안 된다.

☞ 노인은 한 가지 운동을 했을 때 여러 가지 부수적인 운동효과를 기대하기 어렵다.

☞ 노인 운동프로그램은 유산소 운동, 저항 운동, 평형성 운동, 스트레칭 운동으로 구성하는 것이 보통이다.

☞ 운동강도, 운동시간, 운동빈도에 대해서는 일률적으로 권장하기 어렵다.

☞ 운동의 장점 리스트를 작성해서 잘 보이는 곳에 두면 운동을 오랫동안 지속하는 데에 도움이 된다.

2 노인이 운동할 때 주의해야 할 점

☞ 준비운동과 정리운동을 반드시 5분 이상씩 실시해야 한다.

☞ 덥거나 추울 때 또는 몸이 피곤할 때에는 운동을 피하는 것이 좋다.

☞ 낙상으로 인한 상해를 주의하고, 힘이 들면 운동을 중단하고 휴식을 취한다.

☞ 운동 전·후에 커피, 콜라, 홍차 등은 삼가고, 음료수(물)를 섭취하도록 한다.

☞ 운동 전 2시간 또는 운동 후 1시간 이내에는 식사를 피한다.

☞ 운동 후에 흡연은 특히 금해야 한다.

3 노인을 위한 유산소 운동

☞ 신체의 큰 근육들이 규칙적으로 움직이는 운동으로 빠르게 걷기, 조깅, 자전거 타기 등이 대표적인 유산소 운동이다.

☞ 일주일에 150분 정도의 유산소 운동을 하면 60대는 3년 반 이상 수명 연장의 효과가 있다.

4 노인을 위한 저항운동(근력강화 운동)

☞ 근력강화 운동은 평소 일상생활에서 사용하는 것보다 더 많은 근육을 사용하는 운동을 말한다.

☞ 다리·가슴·허리·배·어깨·팔 등의 근육이 주요한 근육이고, 역기를 들거나, 팔 굽혀 펴기, 턱걸이, 윗몸 일으키기 등이 근력강화 운동에 속한다.

☞ 근력운동은 최대근력의 50~70% 강도로 10~20회 반복하고, 일주일에 2~3회 정도한다.

☞ 근력이 향상되면 운동강도를 점차적으로 올린다.

5 노인을 위한 유연성 운동

☞ 정적 스트레칭을 주로 한다.
☞ 약간 불편을 느낄 정도의 강도로 운동한다. (중간~고강도)
☞ 반드시 10~20초의 정지동작을 포함해야 한다.
☞ 주당 2~3회가 적당하다.

6 노인을 위한 평형성 운동

☞ 근력강화 운동의 일부로 실시한다.
☞ 하지관절 주위의 근육과 인대를 강화시키는 방향으로 운동을 한다.
☞ 탁자 등을 잡고 하거나 혼자 서서 한다.
☞ 주당 3회 정도가 좋다.

건강한 노인을 위한 여가활동

노인의 삶은 여가시간의 연속이라고 해도 과언이 아니다. 노년기의 여가시간 활용 여부가 노년기 삶의 질을 결정한다.

1 노인들에게 여가의 의의

☞ 노년기의 여가활동은 자아실현을 위한 마지막 기회가 될 수 있다.
☞ 노년기의 여가활동을 통하여 정신적·사회적 건강을 도모할 수 있다.
☞ 여가활동을 통하여 친구 또는 집단과의 관계를 유지·발전시켜 나갈 수 있다.
☞ 가족이나 이웃과 친밀한 관계를 형성할 수 있고, 사회참여의 계기를 마련할 수 있다.

2 노후를 보내고 싶은 방법(보건사회연구원)

☞ 건강을 유지하면서 보내고 싶다 - 52.3%
☞ 일하면서 보내고 싶다 - 19.6%
☞ 그냥 편히 쉬고 싶다 - 14.6%
☞ 종교활동(5.8%), 취미활동(4.1%), 자원봉사(2.5%), 자아개발(1.1%)

노인이 선호하는 스포츠를 실시할 때 주의사항

1 스트레칭

스트레칭을 하는 목적은 자신이 필요로 하는 부위의 근육을 펴서 늘리는 것이므로 개인의 체력수준, 유연성, 훈련 정도 등에 따라 운동강도가 달라야 한다. 근육이나 힘줄을 팽팽히 잡아 늘리자면 위험성이 따르므로 운동방법을 바르게 알고 실천하는 것이 중요하다.

☞ 반드시 준비운동을 해야 한다.
☞ 동작을 가능한 한 정확하게 해야 하고,
☞ 무리하거나 반동을 주면 안 된다.

☞ 호흡을 부드럽고 자연스럽게 계속해야 하고,

☞ 절대로 경쟁적으로 스트레칭을 하면 안 된다.

2 걷기

걸을 때에는 허리를 바로 세우고, 배를 내밀지 않은 상태에서 반듯이 걷는 것이 좋다. 팔은 자연스럽게 흔들고 발꿈치가 가장 먼저 땅에 닿은 다음 무게중심을 발앞꿈치 쪽으로 옮기는 것이 좋다. 발바닥 전체로 내딛거나 보폭을 너무 크게 하면 피로가 빨리 오고 나중에는 발바닥에 통증이 생긴다.

운동으로 걷기를 할 때에는 목표심박수를 정해놓고 그에 맞추어서 하는 것이 효과적이다.

☞ 약 10분 정도 걸었을 때 목표심박수에 도달하는 것이 좋다.

☞ 목표심박수에 도달한 다음 30~60분 동안 더 걷는 것이 좋지만, 피곤하면 30분 정도에서 그만둔다.

☞ 운동빈도는 주당 4회 정도가 좋고, 친구와 함께 걸으면 아주 좋다.

☞ 처음에는 하루에 약 2분씩 걷는 시간을 늘리고, 걸은 거리가 4.5 킬로미터 정도 되면 시간을 늘리지 말고, 같은 거리를 더 빠른 시간 안에 걷는 식으로 연습을 한다.

☞ 정리운동을 하고 운동을 마쳐야 하고, 운동 후에 족욕이나 반신욕을 하면 피로가 빨리 풀린다. 그러나 뜨거운 한증탕에 가서 몸을 지지는 것은 금물이다.

☞ 충분히 숙달이 되었으면 목표심박수 또는 총 걷는 거리를 늘린다.

☞ 가볍고 편한 신발을 신어야 하고, 땀이 잘 흡수되는 옷을 입는 것이 좋다.

☞ 추울 때에는 두꺼운 옷보다는 얇은 옷을 여러 벌 껴입는 것이 좋다.

☞ 현기증이나 두통이 느껴지면 걷는 속도를 늦추거나 운동을 중단하고 의사와 상의해야 한다.

3 맨손체조

맨손체조는 기구를 사용하지 않고 맨손으로 하는 온몸운동이다. 신체를 균형 있게 발달시킬 뿐만 아니라 자세를 바르게 하고, 근력과 관절의 가동성을 증가시키기 때문에 운동 전후의 준비운동과 정리운동으로도 널리 이용되고 있다.

☞ 맨손체조는 심장에서 먼 부위에서 시작하여 점차 심장에 가까운 부위로 옮기면서 실시해야 한다.

☞ 움직임이 간단한 운동에서 복잡한 운동으로, 또한 강도가 약한 운동에서 강한 운동으로 순차적으로 실시해야 운동효과를 크게 볼 수 있다.

☞ 인체의 상하좌우 어느 한쪽에 치우침이 없이 골고루 움직여야 한다.

☞ 운동화를 신고 간편한 복장이어야 한다.

☞ 8 또는 16 박자의 리듬에 맞추어 무리 없이 운동을 해야 한다.

4 달리기

달리기는 특별한 기술이나 장소에 구애를 받지 않는다는 점에서는 걷기와 같지만, 운동량이 대단히 많고 다리에 상해를 입을 위험이 크다는 점이 다르다.

☞ 몸이 지면과 수직을 이루는 자세보다는 5~10도 앞으로 기울인 자세가 좋다.

☞ 갑작스럽게 달리거나 무리하게 달리면 안 된다.

- ☞ 손·발·어깨는 힘을 빼야 하고, 무릎은 가급적 위로 들어올리는 것이 좋다.
- ☞ 달리기를 계속하면 몸에 무리가 온다. 걷기와 달리기를 적절히 섞어서 해야 운동을 지속할 수 있다.
- ☞ 노인이 건강을 위해서 달리기를 할 때에는 20~30분 정도가 적당하고, 주당 4회 정도가 좋다.
- ☞ 달리기를 오래 동안 해서 달리기마니아가 된 사람을 무리하게 따라가려고 하면 안 된다.
- ☞ 통증이나 몸에 이상을 느끼면 즉시 달리기를 멈추고 걷거나 서 있어야 한다.
- ☞ 반드시 정리운동을 해야 한다.
- ☞ 쿠션이 좋은 운동화와 땀을 잘 흡수하는 운동복을 착용해야 한다.
- ☞ 손목시계를 착용하여 맥박수와 운동시간을 체크해야 한다.

5 배드민턴

배드민턴은 게임 도구와 장비가 간단하고, 협소한 장소에서도 할 수 있으며, 남녀노소 모두가 즐길 수 있는 경기이다.

배드민턴은 셔틀콕과 라켓이 모두 가벼워서 노인들도 무리없이 할 수 있는 경기이지만 노인에게는 팔꿉관절, 손목관절, 무릎관절, 발목관절 등에 무리가 오기 쉽다는 것도 알아야 한다.

- ☞ 서비스를 할 때에는 반드시 배꼽 아래에서 해야 한다.
- ☞ 셔틀콕이 라인 안쪽에 떨어졌는지 밖에 떨어졌는지 시비하지 말고, 가장 가까운 곳에 있던 경기자의 판단을 믿어야 한다.
- ☞ 약한 상대에게만 계속해서 공을 주는 것은 매너가 좋아 보이지 않는다.
- ☞ 적절한 옷차림은 필수다. 지나치게 노출이 심하거나 등산화를 신고 코트에 들어가면 안 된다.

6 자전거타기

자전가타기는 하체의 큰 근육을 주로 사용하는 유산소 운동으로, 하체의 근력 및 근지구력 향상과 함께 심폐지구력을 향상시킨다. 비교적 먼 거리를 다양한 코스와 지형을 달리기 때문에 지루하지 않게 운동할 수 있는 장점이 있고, 비체중운동이라 관절에 부담을 주지 않기 때문에 하체 근력이 약한 사람, 관절이 약한 사람, 골다공증인 사람 그리고 비만인 사람들 모두에게 효과적인 운동이다.

- ☞ 자전거타기는 하체에만 운동이 집중되기 때문에 심폐능력 향상을 위해서는 걷기나 달리기보다 운동 지속시간을 2배 이상으로 늘려야 한다.
- ☞ 초보자의 경우 여유 심박수의 40~75%의 운동강도로 시작하여 4주간 주 3회의 빈도로 운동을 한다. 체력이 향상되면 60~85%로 운동강도를 높인다.
- ☞ 운동시간은 초기에는 10~20분으로 하고, 점차 시간을 늘려 30~50분 정도 실시한다.
- ☞ 자전거타기 전후에는 준비운동과 정리운동을 반드시 실시한다. 자전거타기를 끝낸 후 1시간 이내에 피로가 회복되지 않는다면 다음 번에는 운동의 강도나 지속시간을 낮추어 실시해야 한다.
- ☞ 내 몸에 맞는 자전거를 타야 하고, 도로를 달릴 때에는 반드시 안전모를 착용해야 한다.
- ☞ 도로 상에서는 우측통행을 하고, 야간에는 밝은 야광 옷을 입고 전조등과 반사등을 반드시 사용한다.

☞ 내리막길에서 무리하게 속력을 내면 안 되고, 뒷바퀴에 먼저 제동을 가한 뒤 앞바퀴에 제동을 가한다.

7 등산

등산은 심폐지구력을 향상시키고, 만성피로와 심혈관질환의 위험을 낮추고 운동부족을 예방할 수 있다. 자신의 체중은 물론, 각종 장비들의 무게로 인하여 근력운동의 효과를 낼 수 있어 골밀도를 높여주기 때문에 골다공증을 예방하는 데에도 도움이 된다. 노인들에게는 만족감과 자신감을 줄 뿐 아니라, 우울증을 해소하는 등 정신건강에도 도움이 된다.

☞ 등산기술의 기초는 걷기이다. 시간과 장소에 따라 걷는 요령이 다르지만, 피로하지 않게 편안한 자세로 걷는 것이 가장 중요하다.

☞ 처음에는 몸이 적응할 수 있도록 천천히 걷다가 차츰 속도를 내어 걷는다.

☞ 초보자의 경우 약 30분 걷고 5~10분 정도 휴식하되, 가능하면 앉지 말고 서서 쉬는 습관을 갖는 것이 좋다.

☞ 하산 시에는 발목과 무릎에 가해지는 무게가 자기 체중의 3배 이상이나 된다. 그러므로 산을 내려올 때에는 평소보다 무릎을 더 구부린다는 생각으로 탄력 있게 내려와야 하며, 절대 뛰지 말아야 한다.

☞ 산행 중 음주와 흡연은 절대 삼가고, 여벌의 옷을 준비하여 보온에 신경을 쓴다. 가슴이 답답하거나 두통·구토·구역질 등의 증상이 나타나면 바로 중단하고 그 자리에서 휴식을 취한다.

☞ 등산을 마친 후에는 스트레칭이나 가벼운 목욕으로 피로해진 근육을 이완시키고 체온을 높여준다.

필수 및 심화 문제

필수문제

01 노인 운동 프로그램의 구성 요소에 대한 설명으로 옳지 않은 것은?

① 운동강도는 적절한 부하량으로 제공되어야 한다.
② 운동량은 운동시간과 운동유형으로 결정된다.
③ 저항성 운동은 주 2~3회가 적당하다.
④ 질환별 특성을 고려하여 운동시간대를 결정한다.

■ 운동량은 운동강도와 운동시간으로 결정된다.

심화문제

02 노인의 운동 프로그램 요소에 대한 설명으로 바르지 않은 것은?

① 운동빈도, 운동강도, 운동시간, 운동종류를 고려하여 구성한다.
② 유산소운동은 주 3회 이상을 권장한다.
③ 유연성은 연령이 증가함에 따라 감소하는 경향이 있다.
④ 운동의 빈도를 결정하는 방법으로는 최대산소섭취량, MET 활용법 등이 있다.

■ 최대산소섭취량, MET수 등은 운동강도를 결정하는 방법이다.

필수문제

03 운동프로그램의 원리 중 '개별성의 원리(individualization principle)'에 대한 설명으로 적절한 것은?

① 훈련자극 및 강도를 지속적으로 증가시켜야 한다.
② 건강정도 및 체력수준을 고려하여 운동형태를 결정해야 한다.
③ 운동의 효과는 운동 중 사용한 특정 근육 및 부위에만 적용된다.
④ 신체의 기능 향상을 위해서는 특정운동 유형에 더 강한 부하를 주어야 한다.

■ 개별성의 원리 : 개인의 차이와 선호도를 고려한 개별적인 운동 프로그램의 적용 원리

심화문제

04 노인 운동프로그램 구성 시 반드시 고려해야 할 요소가 아닌 것은?

① 운동의 비용 ② 운동의 강도
③ 운동의 빈도 ④ 운동의 종류

■ 운동비용을 고려할 필요는 있지만 반드시 고려해야 하는 것은 아니다.

정답 01 : ②, 02 : ④, 03 : ②, 04 : ①

필수문제

05 노인의 신체적 작업능력 또는 심폐능력을 향상시킬 목적으로 유산소운동을 하려고 할 때 운동종목의 선택과 운동의 실시방법에 대한 설명이다. 틀린 것은?

① 무릎관절에 가해지는 스트레스가 적고 부상위험이 적은 운동을 선택해야 한다.
② 걷기, 수영, 자전거타기, 댄스, 수중에어로빅(에어로빅은 아님), 골프 등이 좋다.
③ 준비운동과 정리운동을 할 필요가 없다.
④ 본 운동은 최대심박수의 60~80%의 운동강도로 20~30분 한다.

■준비운동과 정리운동은 반드시 해야 한다. 준비운동과 정리운동 모두 약 50%의 운동강도로 5~10분 동안 스트레칭을 한다.

심화문제

06 노인에게 유산소성 운동을 지도할 때 고려해야 할 사항으로 옳지 않은 것은?

① 체중부하 운동이 힘든 노인의 경우 고정식 자전거를 활용하도록 한다.
② 운동강도는 운동자각도(RPE) 기준에서 '다소 힘들게' 정도로 설정한다.
③ 운동속도는 초기에 최대한 빠르게 하고 점진적으로 느리게 하는 것이 안전하다.
④ 운동은 한 번에 장시간 지속하는 것보다 휴식과 함께 체력 수준에 따라 실시한다.

■유산소운동을 실시할 때는 느리게 시작해서 점진적으로 빠르게 해야 한다.

필수문제

07 노인들에게 유연성 운동이 중요한 이유와 실천 방법에 대한 설명이다. 틀린 것은?

① 연령과 함께 관절의 유연성이 감소되어 가동성도 감소된다.
② 유연성이 감소되면 낙상과 관절손상의 위험이 커진다.
③ 유연성운동으로는 스트레칭이 가장 좋다.
④ 유연성이 향상되면 혈액순환, 자세, 요통완화, 균형감각 등에 부정적인 영향을 미친다.

■유연성이 향상되면 혈액순환, 자세, 요통완화 등에 긍정적인 영향을 미친다.

심화문제

08 중강도의 규칙적인 운동이 노인의 건강에 미치는 영향으로 적절한 것은?

① 근력의 감소 ② 뇌 혈류량의 감소
③ 인슐린 저항성의 감소 ④ 수면의 질 감소

■중(간)강도의 규칙적인 운동을 하면 제2형당뇨병을 일으키는 주요인인 인슐린저항성을 감소시킨다.

09 노인 운동의 운동원리를 잘못 설명한 것은?

① 기능관련성 : 일상생활을 하는 데에 필요한 활동을 이용하여 운동을 한다.
② 수용성 : 자신의 능력에 맞는 운동을 한다.
③ 특정성 : 노인의 특성에 맞는 운동을 선택해야 한다.
④ 운동강도 : 운동강도가 높을수록 체력향상속도가 빠르다.

■자신의 체력에 맞는 운동강도로 운동을 해야 한다. 운동강도가 너무 높으면 부상의 위험이 있다.

정답 05 : ③, 06 : ③, 07 : ④, 08 : ③, 09 : ④

필수문제

10 보기의 ㉠, ㉡에 들어갈 목표심박수 범위가 바르게 나열된 것은?

보기
· 나이 : 70세 · 성별 :남성
· 안정시 심박수 : 80회/분 · 최대심박수 : 150회/분
· 의사는 심폐지구력 운동 시 목표심박수 40~50% 강도를 권고
· 카보넨(Karvonen) 공식을 활용한 목표심박수의 범위는 (㉠)%HRR에서 (㉡)%HRR이다.

	㉠	㉡		㉠	㉡
①	108	115	②	115	122
③	122	129	④	129	136

■ 목표심박수=운동강도×(220−나이−안정시심박수)+안정시심박수
※ 220−나이=최대심박수
목표심박수=0.4×(150−80)+80=108… 40% 강도일 때
목표심박수=0.5×(150−80)+80=115… 50% 강도일 때

심화문제

11 보기의 ㉠, ㉡에 들어갈 심박수(회/분)는?

보기
70세 남성 노인이 달리기 운동을 할 때, Karyonen (여유심박수, KERR) 공식을 활용한 목표심박수의 범위는 (㉠)에서부터(㉡)까지 이다.
[분당 안정시심박수 70회, 여유심박수 60~70% 강도]

	㉠	㉡		㉠	㉡
①	90	105	②	112	119
③	118	126	④	124	138

■ 목표심박수=운동강도×(최대심박수−안정시심박수)+안정시심박수
※최대심박수=220−나이=220−70=140
■ 목표심박수=0.6(150−70)+70=118…60%의 강도일 때
■ 목표심박수=0.7(150−70)+70=126…70%의 강도일 때

12 노인 운동 지도 시 운동강도에 대한 설명으로 가장 옳은 것은?

① 저강도 운동에서 시작하여 점차적으로 운동강도를 높이는 것이 좋다.
② 반드시 최대 산소섭취량의 50% 이상의 운동강도를 유지한다.
③ 개인차를 고려하지 말고 연령을 기준으로 운동강도를 정한다.
④ 어떤 목적으로 운동을 하든 상관없이 2~3METs의 운동강도가 무난하다.

정답 10 : ①, 11 : ③, 12 : ①

13 **노인들의 운동을 위해서 운동강도를 설정하는 방법 중에서 가장 옳은 것은?**

■운동부하검사는 정확하지만 실시하기 어렵고, 예측심박수는 부정확하여 심장혈관계통 질환자의 경우에는 위험하다.

① 운동부하검사를 통해서
② 예측 최대심박수를 이용해서
③ 자각적 운동강도를 이용해서
④ 개개인의 체력수준과 건강상태를 고려해서

14 **건강한 노인들의 근지구력을 향상시키기 위해서는 어느 것이 좋은가?**

	운동강도(1RM의)	반복횟수(세트당)
①	50~60%	6~8회
②	60~70%	6~8회
③	70~80%	8~12회
④	80~90%	8~12회

■운동강도가 너무 높으면 안 되고, 반복횟수가 많아야 근지구력이 향상된다.

필수문제

15 **노인이 자신의 주관적인 느낌을 통해 운동강도를 설정할 수 있는 방법은?**

① 운동자각도(Ratings of Perceived Exertion : RPE)
② 최대산소섭취량(Maximal Oxygen Consump-tion : VO_2max)
③ 분당 호흡빈도(Frequency of Breath)
④ 대사당량(Metabolic Equivalent of Task : MET)

■스스로 느끼는 운동강도를 운동자각도라고 한다.

필수문제

16 **대사당량(METs)에 대한 설명으로 옳지 않은 것은?**

① 안정시 MET값은 연령에 따라 다르다.
② 중강도의 신체활동 기준은 3.0~6.0METs이다.
③ 노인의 유산소 운동시 안전한 운동강도 설정 지표로 활용된다.
④ 1MET는 휴식상태에서 체중 1kg당 1분 동안 사용하는 산소량이다.

■1MET란 휴식 시에 체중 1kg당 1분간 사용할 수 있는 산소의 양(1MET=3.5㎖/min/kg)이므로 연령에 따라 다르지 않다(p. 237 참조).

정답 13 : ④, 14 : ③, 15 : ①, 16 : ①

필수문제

17 노인 운동프로그램을 설계할 때 운동빈도를 정하는 방법에 대한 설명이다. 옳지 않은 것은?

① 유산소운동은 주당 3~5회, 근력운동은 주당 3회 실시한다.
② 운동 빈도와 함께 회복(휴식)시간도 정한다. 휴식시간이 너무 짧으면 과훈련, 너무 길면 운동 중지의 부작용이 생긴다.
③ 유연성운동은 스트레칭으로, 동작마다 10~30초 동안 자세를 유지하고, 3~4회 반복, 주당 2~3회 실시한다.
④ 운동시작 시의 체력수준은 고려할 필요가 없다.

■ 운동강도를 설정할 때에는 운동시작 전의 체력수준을 알아야 한다.

심화문제

18 노인에게 적절한 운동빈도를 설명한 것 중 옳지 못한 내용은?

① 운동빈도는 최대로 높인다.
② 근력 운동은 주당 2회 이상 실시한다.
③ 유연성 운동은 주당 2~3회 이상 실시한다.
④ 운동 시작 시의 체력수준에 따라서 운동빈도를 조절한다.

■ 운동빈도를 최대로 높여서는 안 된다(p. 238 참조).

19 노인을 위한 운동으로 적절치 못한 것은?

① 근력 강화 운동　② 호흡 순환 능력 향상을 위한 운동
③ 관절의 가동 범위를 늘리기 위한 운동　④ 순발력 향상을 위한 운동

■ 노인이 순발력 향상 운동을 하면 부상당할 가능성이 높다.

20 노인에게 아쿠아로빅스와 같은 수중운동을 실시할 때 유의 사항으로 적절하지 않은 것은?

① 폐질환, 요도감염, 심부전증이 있는 사람에게 도움이 된다.
② 충분한 준비운동을 한 후 물속에 들어간다.
③ 근력이 부족한 노인은 물속 걷기가 적합하다.
④ 입수 및 퇴수를 용이하게 하고 안전에 만전을 기한다.

■ 폐(허파)질환, 요도감염, 심부전증이 있는 노인은 수중운동을 시키면 안 된다.

정답 17 : ④, 18 : ①, 19 : ④, 20 : ①

필수문제

21 노인들이 운동에 참여하도록 동기를 유발시키는 방법 중에 가장 효과적인 것이 목표를 설정하고 그것을 달성하려고 노력하는 것이다. 목표설정 시 주의해야 할 점이 아닌 것은?

① 목표달성 여부를 판단할 수 있어야 한다(측정 가능성).
② 운동시간, 빈도, 강도 등을 구체적으로 명시해야 한다(구체성).
③ 노인들이 달성 가능한 목표이어야 한다(현실성).
④ 행동 지향적이기보다는 결과 지향적인 목표여야 한다.

■ 결과 지향적으로 목표를 설정하면 잘하는 사람은 놀고, 못하는 사람은 포기해 버린다.

심화문제

22 노인들이 건강운동에 참여하여 운동을 생활화할 수 있도록 동기를 유발시키는 전략으로 보기 어려운 것은?

① 결석한 노인은 내버려둔다.
② 집단운동 프로그램에 참여시킨다.
③ 참가자들이 서로 마주보면서 운동을 하도록 한다.
④ 운동규칙을 만들고, 서로 네트워크를 형성하도록 유도한다.

■ 결석해도 내버려 두면 운동을 중지할 가능성이 높다. 출석 체크를 해서 노인들에게 소속감을 갖도록 해야 한다.

23 노인이 운동을 하도록 동기를 유발시킬 수 있는 요소가 아닌 것은?

① 건강증진 및 질병위험 감소
② 스트레스 해소 등 정신적 건강
③ 가족이나 친구와 함께 운동하는 등 사회참여
④ 신체적 우월성 과시

■ 노인들의 신체적 우월성 과시는 부질 없는 행동으로 볼 수 있다.

필수문제

24 노인의 지속적인 운동참여를 위한 동기유발 방법으로 적절하지 않은 것은?

① 운동 시설에 대한 접근성을 높인다.
② 동료의 성공적 인 경험을 공유하게 한다.
③ 모험적인 목표를 세워 동기를 유발한다.
④ 체력 수준에 맞게 운동 목표를 구체적으로 설정한다.

■ 동기유발 요인
· 스트레스 해소 및 정신건강 향상
· 가족이나 친구와 함께 운동하는 경험으로 사회 참여
· 외모 유지와 체중관리
· 체력수준에 맞는 운동목표 설정
· 쉽게 갈 수 있는 운동시설

정답 21 : ④, 22 : ①, 23 : ④, 24 : ③

심화문제

25 **보기에 해당하는 대상자의 운동참여 동기유발을 위한 노인스포츠지도사의 상담 내용으로 적절하지 않은 것은?**

> 보기
> » 68세 어르신은 체중조절과 건강관리를 위한 운동에 관심이 있다.
> » 운동 참여 경험은 없지만, 지속적으로 운동에 참여하고 싶다.

① 가족 · 친구들과 함께 운동하며, 사회적 교류 기회가 확대됨을 설명한다.
② 스트레스 해소와 활력감 증진에 도움이 됨을 설명한다.
③ 건강 및 체중 관리에 도움이 됨을 설명한다.
④ 질병치료에 대한 기대감을 갖도록 설명한다.

■ 보기의 노인은 체중조절, 건강관리 및 지속적인 운동을 원하는데, 질병치료에 대한 기대감을 갖게 해서는 안 된다.

26 **노인 운동참여자들의 목표설정에 대한 설명으로 바르지 않은 것은?**

① 측정 가능함 : 참여자는 목표가 달성되었는지를 판단할 수 있어야 함.
② 구체적임 : 참여자가 운동하는 목표를 구체적으로 명시해야 함.
③ 현실적임 : 참여자 스스로가 달성할 수 있다고 확신하는 목표를 통해 자아효능감을 높여야 함.
④ 행동적임 : 참여자는 행동 지향적 목표보다는 결과 지향적 목표를 통해 자아효능감을 높여야 함.

■ 행동지향적 목표를 설정해야 한다.

필수문제

27 **행동변화의 단계별 특성을 건강운동에 비추어 설명한 것이다. 틀린 것은?**

① 고려전단계(계획이전단계) : 건강운동을 시작하려는 의도가 없거나 운동의 중요성을 느끼지 못한다.
② 고려단계(계획단계) : 앞으로 6개월 이내에 건강운동을 시작하려는 의도가 없는 사람이다.
③ 준비단계 : 건강운동을 시작할 준비가 되어 있고, 운동이 삶의 중요한 부분을 차지할 것이라고 믿으며, 구체적인 운동계획을 주위사람들에게 이야기한다.
④ 행동단계 : 자신의 행동 중에서 건강하지 못한 행동을 건강한 운동으로 대체하려고 노력한다. 건강운동을 하지 않는 사람과의 만남을 회피한다.

■ 고려단계에 있는 사람은 앞으로 6개월 이내에 운동을 시작할 의도가 있는 사람이다. 건강운동의 이점과 단점이 비슷하다고 생각하는 경향이 있다.

심화문제

28 **운동 참여를 위한 동기 유발 전략으로 인지유도 전략을 사용해야 하는 단계는?**

① 계획단계 ② 준비단계 ③ 행동단계 ④ 유지단계

■ 말로 설명하거나 책을 보아서 스스로 깨닫게 하는 것을 **인지유도 전략**이라고 한다.

정답 25 : ④, 26 : ④, 27 : ②, 28 : ①

필수문제

29 보기에서 설명하는 행동변화이론으로 가장 적절한 것은?

보기
65세인 조 할머니는 요즘 살이 계속 찌고 움직이는 것도 점점 힘들어졌다. 가족과 친구들이 운동을 권유하였으나 완강하게 거부하며 운동을 하지 않았다. 그러나 최근 병원에서 당뇨병 판정을 받고 의사의 운동 권유로 운동에 대한 믿음과 의지가 생겨서 구체적인 운동 목표를 세우고 헬스센터장에서 운동을 시작하였다.

① 지속성 이론 ② 계획된 행동 이론
③ 사회생태 이론 ④ 자기효능감 이론

■ **행동변화이론의 유형**(pp. 238~240)
· 행동주의 학습이론
· 건강신념 모형
· 합리적 행위이론
· 계획된 행동이론
· 행동변화단계 이론
· 사회인지 이론(상호결정론)

■ 계획된 행동 이론의 모형

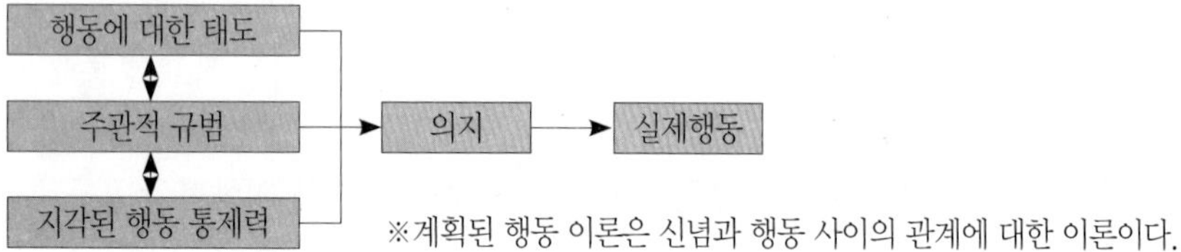

※계획된 행동 이론은 신념과 행동 사이의 관계에 대한 이론이다.

심화문제

30 보기에서 설명하는 행동 변화 이론 또는 모형은?

보기
» 자신의 신념(belief)과 행동(behavior)을 연결하는 이론
» 구성 요인은 태도, 주관적 규범, 지각된 행동 통제, 의도, 행동통제인식

① 학습이론 ② 건강신념모형 ③ 계획행동이론 ④ 행동변화단계모형

■ **계획행동이론** : 계획된 행동 이론(위의 문제 참조).

31 보기가 설명하는 행동변화이론 및 모형은?

보기
» 행동이 변화되는 과정과 전략을 제시한다.
» 개개인의 행동변화를 고려 전, 고려, 준비, 행동, 유지의 5단계로 구분한다
» 목표설정, 피드백, 보상시스템과 같은 행동전략들이 신체활동 참여를 유지하는 데 도움이 된다.

① 건강신념 모형 ② 범이론적 모형
③ 사회인지 이론 ④ 계획된 행동 이론

■ 사람들이 행동변화를 가져오려면 연속적인 단계를 거쳐야 한다는 이론을 행동변화단계이론이라 한다.
■ 행동변화단계별로 중재전략을 제시한 것을 행동변화를 통합적으로 설명한다고 해서 범이론적 모델이라고 한다.

정답 29 : ②, 30 : ③, 31 : ②

32 보기에서 설명하는 노인의 행동 변화 이론은?(2024)

> 보기
> » 인간의 행동 변화는 환경의 영향, 개인의 내적 요인, 행동 요인에 영향을 받는다.
> » 자아효능감은 행동 변화와 밀접한 관련이 있다.
> » 운동지도자의 격려를 통해 지속적으로 운동프로그램에 참여한다.

① 지속성이론(continuity theory)
② 건강신념모형 (health belief theory)
③ 사회인지이론(social cognitive theory)
④ 계획행동이론(planned behavior theory)

■ 사회인지이론(상호결정론) : 인간 행동은 개인의 ① 내적 요인, ② 행동요인, ③ 환경요인의 상호작용에 의해서 변화가 생긴다는 이론.

필수문제

33 건강신념모형에서 건강신념행동을 구성하는 요소로 옳지 않은 것은?

① 지각된 장애 ② 지각된 이익
③ 지각된 심각성 ④ 지각된 자기 인식

■ 건강신념모형의 4가지 모형
· 지각된 취약성
· 지각된 장애(①)
· 지각된 이익(②)
· 지각된 심각성(③)

필수문제

34 인간의 행동변화를 유도하는 이론들이 많지만, 그 이론들을 한데 모아서 정리한 것이 범 이론적 행동모형이다. 범 이론적 행동모형에서는 인간의 행동변화를 5가지 단계로 나누어 설명한다. 보기에 있는 행동변화 5단계 중 (　　) 안에 들어가야 할 단계는?

> 보기
> 고려 전 단계 – 고려단계 – (　　　) – 행동단계 – 유지단계

① 숙고단계 ② 연습단계 ③ 준비단계 ④ 예행단계

■ 프로차스카의 범이론적 모형
무관심(고려 전)단계→관심(고려)단계→준비단계→실천(행동)단계→유지단계

정답 32 : ③, 33 : ④, 34 : ③

심화문제

35 보기에 해당하는 프로차스카(J. Prochaska)의 범이론적 모형 단계와 지도 내용을 바르게 나열한 것은?

> 보기
> 운동을 하지 않았던 김 할아버지는 당뇨병 진단을 받은 후 지난 한 해 동안 매일 만보계를 가지고 중강도의 걷기 운동을 하고 있다.

	단계(stage)	지도내용
①	무의식(precontemplation)	운동이 당뇨에 미치는 효과를 지도
②	유지(maintenance)	즐길 수 있는 스포츠를 경험하도록 지도
③	의식(contemplation)	운동 방법 및 만보계 사용법을 지도
④	행동(action)	운동강도 조절에 관하여 지도

■ 프로차스카(J. Prochaska)의 범이론적 모형(p. 240) 참조.

필수문제

36 2010년 세계보건기구(WHO)가 제시한 65세 이상의 노인을 위한 신체활동 권장 지침의 내용으로 옳지 않은 것은?

① 매주 저강도 유산소 신체활동을 60분 이상 실시한다.
② 주요 근육을 포함하는 근력강화활동을 주 2회 이상 실시한다.
③ 1회 유산소 신체활동은 적어도 10분 이상 실시한다.
④ 이동성이 떨어지는 노인은 낙상예방을 위한 신체활동을 주 2회 이상 실시한다.

■ WHO의 6세 이상 노인의 신체활동 권장지침
65세 이상의 노인에게 신체활동은 여가시간을 활용한 운동, 걷기나 사이클처럼 이동하면서 하는 활동, (현직 종사자의 경우) 직장일, 집안일, 놀이, 게임, 스포츠 또는 계획된 운동 등이 포함된다.
심폐체력 및 근력, 뼈와 기능성 건강을 개선하고, 전염성 질환, 우울증 및 인지저하 위험을 감소시키기 위하여 다음과 같이 권장한다.

- 65세 이상의 노인은 일주일에 적어도 총 150분 이상의 중간강도 유산소 활동 또는 일주일에 적어도 75분 이상의 격렬한 유산소 활동을 하거나 아니면 동등량의 중간강도 내지 격렬한 활동을 함께 실시한다.
- 유산소활동은 적어도 10분 이상 지속되도록 실시한다.
- 건강 유익을 더하기 위해 성인은 중간강도의 유산소활동을 일주일에 300분, 또는 격렬한 활동을 일주일에 150분으로 늘리거나, 동등량의 중간강도 내지 격렬한 활동을 섞어서 해야 한다.
- 기동성이 낮은 이 연령대의 노인은 균형감각을 강화하고 낙상을 방지하는 신체활동을 1주일에 3일 이상 해야 한다.
- 근육 강화 활동은 주요 근육을 포함하여 일주일에 2일 이상 해야 한다.
- 이 연령그룹의 노인이 건강상태로 인해 권장량만큼의 신체활동을 할 수 없는 경우에는 자기 컨디션에 맞게 신체활동을 실시해야 한다.

정답 35 : ②, 36 : ①

필수문제

37 **미국스포츠의학회(ACSM)가 제시한 노인을 대상으로 한 운동부하검사의 고려사항으로 옳지 않은 것은?**

① 시력 손상, 보행 실조, 발의 문제가 있는 경우 자전거 에르고미터 검사를 실시한다.
② 트레드밀 부하는 경사도보다는 속도를 증가시킨다.
③ 균형감과 근력이 낮고, 신경근 협응력이 저조하여 검사의 두려움이 있다면 트레드밀의 양측 손잡이를 잡고 검사를 실시한다.
④ 낮은 체력을 가진 노인은 초기 부하가 낮고(3 METs 이하), 부하 증가량도 작은(0.5~1.0 METs) 노턴(Naughton) 트레드밀 프로토콜을 이용한다.

심화문제

38 **미국스포츠의학회(ACSM, 2018)에서 제시한 노인을 위한 운동 권장 사항으로 적절한 것은?**

① 유연성 향상을 위해 정적스트레칭을 60~90초 동안 유지한다.
② 저항운동은 체력수준을 고려하지 않고 실시한다.
③ 저항운동을 처음 시작할 경우 1 RM의 40~50%로 실시한다.
④ 중강도 유산소운동을 처음 시작할 경우 주당 총 300~450분을 실시한다.

39 **미국스포츠의학회(ACSM, 2022)가 제시한 노인의 운동지침으로 옳지 않은 것은?**(2024)

① 유연성 운동: 약간의 불편감이 느껴질 정도로 30~60초 동안의 정적 스트레칭
② 유산소 운동: 중강도로 주 5일 이상 또는 고강도로 주 3일 이상의 대근육운동
③ 파워 운동: 빠른 속도로 1 RM의 60 % 이상의 고강도 근력운동을 10~14회 반복
④ 저항 운동: 8~10종의 대근육군 운동, 초보자는 1 RM의 40~50% 강도의 체중부하운동

40 **ACSM(American College of Sports Medicine)에서 제시한 노인의 신체활동 권고지침으로 가장 적절한 것은?**

① 운동자각도 7~8수준(10점 척도기준)의 중강도 유산소운동을 한다.
② 근육의 긴장감이 느껴지는 정도의 정적 스트레칭을 한다.
③ 한 번에 최소 30분 이상의 중강도 유산소운동을 한다.
④ 빠른 움직임의 동적 스트레칭을 한다.

정답 37 : ②, 38 : ③, 39 : ③, 40 : ②

■노인에게 운동부하검사를 실시할 때의 고려사항(ACSM 제6판)
· 체력이 약한 노인은 초기 부하를 낮은 수준(2~3Mets)에서 시작하고, 부하증가량은 작은(0.5~1.0Mets) 노턴(Naughton) 프로토콜을 이용한다.
· 균형감각, 근골격계의 조정력 약화, 시력장애, 노인성 보행패턴, 체중부하 제한, 발 등에 문제가 있을 때에는 트레드밀보다 자전거에르고메터가 좋다.
· 균형감각 감소, 근력감소, 신경근 조정능력 빈약, 공포 등이 있으면 트레드밀 양쪽의 손잡이를 잡는다.
· 트레드밀의 속도는 보행능력에 따라 조정할 수도 있다.
· 운동유발성 부정맥이 다른 나이군보다 더 자주 발생한다.

■ACSM 11판(2022)
· 파워운동은 저강도에서 중간강도의 부하로, 1RM의 30~60% 수준의 근력운동

■① 운동 자각도 7~8이면 고강도 운동이다.
■③ 노인을 위한 유산소운동은 옆사람과 의사소통을 할 수 있을 정도로 낮은 강도의 운동이어야 한다. 3~5분씩 3회로 시작해서 10분씩 3회로 늘린다.
■④ 스트레칭은 정적인 것이어야 한다. 동적 스트레칭은 부상의 염려가 크다.

노인체육론

41 미국스포츠의학회(ACSM, 2018)에서 제시한 노인의 중강도 신체활동으로 적절하지 않은 것은?

① 3.0 mi/h(4.83 km/h)의 속도로 걷기
② 청소, 창 닦기, 세차, 페인팅 등의 가사 활동
③ 보그 스케일 (Borg Scale)의 운동자각도(RPE)에서 12~13 수준의 신체활동
④ 축구, 농구, 배구와 같은 경쟁 스포츠

■ 축구, 농구, 배구 등의 경쟁스포츠는 고강도 운동으로 운동자각도 15~20에 해당된다.

42 노인의 신체활동지침에 대한 설명으로 가장 바르지 않은 것은?

① 하루 30분, 주 3일 이상의 신체활동 참가를 권장한다.
② 근력운동이 근골격계 질환의 발생을 감소시킨다.
③ 낙상의 위험이 있는 노인에게는 심폐지구력을 향상시키는 운동을 추천한다.
④ 질환이 있는 노인은 의학적 상황에 따라 운동의 강도와 빈도를 적절하게 조절한다.

■ 낙상위험이 있는 노인은 근력을 길러야 한다.

필수문제

43 미국스포츠의학회(ACSM)가 제시한 노인 신체활동 프로그램으로 옳지 않은 것은?

① 고강도로 주 3일 이상 또는 중강도로 주 5일 이상의 유산소운동
② 체중부하 유연체조와 계단 오르기를 제외한 근력강화 운동
③ 근육의 긴장과 약간의 불편감이 느껴질 정도의 유연성 운동
④ 저 · 중강도로 주 2회 이상의 대근육군을 이용한 저항운동

■ 미국스포츠의학회(ACSM : 2018)의 노인 신체활동 프로그램

운동	운동빈도	운동강도	운동시간	유형
유산소 운동	최소한 고강도로 주3일 또는 중간강도로 주 5일	RPE 10점인 기구상 · 중간강도 : 5~6 고강도 : 7~8	최소 30~60분, 10분씩 간헐적 가능	골격계통에 낮은 스트레스를 주는 활동
저항운동	최소 주 2회	RPE 10점인 기구상 · 중간강도 : 5~6 고강도 : 7~8	8~10개 운동 각 10~15회 반복	주근육을 사용하는 운동으로 계단오르기 등
스트레칭	최소 주 2회	중간강도 : 5~6		각 주근육군의 지속적인 정적 스트레칭

■ 중간강도 활동 : 1주에 총 150~300분, 고강도인 활동은 주당 총 75~100분
■ 만성적 건강문제를 가진 노인 : 최소한의 활동량 초과하는 활동만으로 효과적
■ 낙상 위험성이 있는 노인 : 평형성 운동
■ RPE(rating of perceived exertion, 자각적 운동강도)

정답 41 : ④, 42 : ③, 43 : ②

노인체육론

심화문제

44 보기에서 미국스포츠의학회(ACSM, 2018)의 노인을 위한 유산소운동 지침으로 옳은 것만을 모두 고른 것은?

보기

㉠	운동 빈도(F)	» 중강도 시 5일/주 » 고강도 시 3일/주
㉡	운동 강도(I)	» 중강도 시 5~6(RPE 10점 만점 도구 기준) » 고강도 시 7~8(RPE 10점 만점 도구 기준)
㉢	운동 시간(T)	» 중강도 시 150분~ 300분/주 » 고강도 시 75분~ 100분/주
㉣	운동 형태(T)	» 앉았다 일어서기(스쿼트), 스트레칭

① ㉠, ㉡, ㉢　　② ㉠, ㉡, ㉣
③ ㉠, ㉢, ㉣　　④ ㉡, ㉢, ㉣

■ ㉣의 앉았다 일어서기는 저항성운동이고, 스트레칭은 유연성운동이다.

45 노인의 운동프로그램에 대한 설명으로 옳은 것은?

① 심혈관질환자에게는 지속적인 등척성 운동이 효과적이다.
② 협심증이나 부정맥 환자의 가슴통증이 있는 경우 중강도 이상의 점진적 유산소운동이 가능하다.
③ 점진적 유산소운동프로그램 참여 전 낙상, 무릎통증 등을 예방하기 위해 근력운동을 먼저 한다.
④ 건강한 노인은 고강도 운동을 실시할 수 없다.

■ 심혈관질환자에게는 격렬한 운동이나 등척성 운동은 좋지 않다.
■ 가슴통증이 있을 때에는 저강도 이상의 점진적 유산소운동을 먼저 한다.
■ 개인별 수준에 맞춰 고강도 운동을 실시할 수 있다.

46 다음 중 미국스포츠의학회(ACSM)에서 제시한 노인체육의 중요성이 아닌 것은?

① 규칙적인 신체활동은 노인의 신체기능과 건강을 향상시킨다.
② 독립성과 삶의 질을 향상시킨다.
③ 건강한 노화와 관련된 많은 효과를 얻을 수 있다.
④ 건강한 시민정신을 함양할 수 있다.

■ 노인은 사회경험이 풍부한 사람들이다.

47 노인의 운동부하검사에 대한 설명으로 옳지 않은 것은?

① 고혈압이 있는 고령자는 안전을 위하여 베타차단제를 복용한 후에 검사한다.
② 운동 중 심박수와 혈압을 주기적으로 확인한다.
③ 검사 장비로 트레드밀 보다는 자전거 에르고미터가 권장된다.
④ 운동부하는 저강도부터 서서히 증가시킨다.

■ 베타차단제는 금지약물이다.

정답 44 : ①, 45 : ③, 46 : ④, 47 : ①

48 **보기에서 설명하는 노인의 신체적 수준은?**

> 보기
> 자기 동기부여가 강하고, 자발적이고 규칙적인 운동참여를 통해 운동의 중요성을 인식한다.

① 신체적 결핍 수준 ② 신체적 허약 수준
③ 신체적 건강 수준 ④ 신체적 엘리트 수준

필수문제

49 **노인 운동프로그램에서 주 운동을 실시할 때 주의할 점으로 옳지 않은 것은?**

① 격렬한 경쟁은 가능한 한 피한다.
② 운동 시 갈증을 느끼지 못하더라도 수시로 수분을 보충한다.
③ 근력 운동 중 중량을 들어올릴 때 숨을 들이마신다.
④ 동기부여와 재미를 고려한 프로그램을 실시한다.

■ 중량을 들어올릴 때에는 숨을 멈추어야 한다.

심화문제

50 **노인들의 운동 지도 시 지도자가 반드시 체크해야 할 사항이 아닌 것은?**

① 낙상사고의 위험 ② 참가자의 몸 상태
③ 참가자의 욕구, 장비 및 시설 ④ 참가자의 가족관계

■ 준비운동의 효과
· 근육 · 골격계통 손상과 근육통 예방
· 심폐계를 자극하여 운동하는 작업근육으로의 혈류 증가와 근육온도 상승
· 근육의 탄력성 · 신전성 등의 증가
· 대사율과 체내온도 상승

■ 정리운동의 효과
· 긴장된 근육 이완
· 호흡 · 체온 · 심박수 등을 활동 전의 수준으로 돌려줌
· 혈중젖산농도 저하

필수문제

51 **노인을 위한 준비 및 정리운동의 생리적 효과에 관한 설명으로 옳지 않은 것은?**

① 준비운동은 혈중산소포화도를 증가시켜 근육의 산소 이용률을 증가시킨다.
② 준비운동은 폐 혈류의 저항을 증가시켜 폐의 혈액 순환을 향상시킨다.
③ 정리운동은 호흡, 체온, 심박수를 활동 전 수준으로 되돌리는데 도움을 준다.
④ 정리운동은 혈중젖산농도를 낮추는데 도움을 준다.

■ 노인운동프로그램 설계방법
· 목표달성이 가능하도록 설정
· 운동형태, 시간, 강도, 빈도 등을 구체적으로 설정
· 개인이 달성할 수 있는 수준의 현실적 목표 설정
· 직접 실행에 옮길 수 있는 수준으로 행동지향적 목표 설정

필수문제

52 **노인의 운동참여 시 목표설정 방법으로 적절하지 않은 것은?**

① 구체적인 목표를 설정한다.
② 측정 가능한 목표를 설정한다.
③ 도전성이 높은 목표를 설정한다.
④ 성취 가능성을 고려해서 목표를 설정한다.

정답 48 : ③, 49 : ③, 50 : ④, 51 : ②, 52 : ③

심화문제

53 노인의 지속적인 운동참여를 위한 목표설정 방법으로 옳지 않은 것은?

① 목표는 시간과 기간에 근거를 두어야 한다.
② 목표설정은 단기와 장기 목표로 구분한다.
③ 목표는 달성하기 어려운 것으로 설정한다.
④ 목표는 노인의 신체능력에 맞게 구체적으로 설정한다.

■단기적 목표와 장기적 목표로 나누어서 설정해야 한다. 그리고 목표는 구체적으로, 측정 가능한 것으로, 이룰 수 있는 것을, 적절한 것을 합리적인 방법으로, 시간 또는 기간을 정해서 설정한다.

필수문제

54 노인의 근력, 근지구력, 골밀도, 대사율 등을 향상시킬 목적으로 저항운동을 하려고 할 때 권고사항 중 틀린 것은?

① 근력을 향상시키기 위한 운동강도는 근지구력을 향상시키기 위한 운동강도보다 더 낮게 정해야 한다.
② 밴드 운동, 중량 운동, 요가, 체조 등이 좋다.
③ 8~12회 이상 반복해야 하고, 정확한 동작으로 실시해야 한다.
④ 저항운동과 다음 저항운동 사이에는 적어도 48시간의 휴식이 있어야 한다.

■근력향상을 위해서는 근지구력 향상보다 운동강도를 높게 설정해야 한다.

필수문제

55 노인들의 운동참가 동기를 유발시키기 위해서 지도자가 해야 할 일이 아닌 것은?

① 참가자들의 체력의 차이를 파악하기
② 참가자들의 이름 외우기
③ 청년기의 이상적인 몸매를 자주 묘사하여 운동 욕구를 자극하기
④ 출석 부르기

■노인들은 운동을 해도 폼나는 몸매가 되기 어렵다.

심화문제

56 노인의 심폐지구력 향상에 알맞은 운동으로만 짝지어진 것은?

① 걷기 — 수영 — 자전거타기
② 수영 — 밴드 운동 — 걷기
③ 테니스 — 요가 — 댄스
④ 수중에어로빅 — 수영 — 중량 운동

■심폐지구력을 향상시키려면 유산소운동을 해야 한다. 그런데 밴드 운동, 요가, 중량 운동은 유산소운동이 아니다.

57 노인의 낙상 요인 중에서 성격이 전혀 다른 것은?

① 약물복용
② 반응시간
③ 안뜰(전정)감각
④ 근력

■약물복용은 낙상의 외적 요인이고, 나머지는 모두 내적 요인이다.

정답 53 : ③, 54 : ①, 55 : ③, 56 : ①, 57 : ①

58 낙상 위험 노인을 위한 일반적인 운동지침으로 적절하지 않은 것은?

■ 낙상위험노인에게는 저강도운동을 실시하여 숙달시킨 다음에 고강도운동을 실시해야 한다.

① 사회적 지원, 자기효능감과 같은 행동전략을 활용한다.
② 발끝서기와 같은 자세유지 근육운동을 권장한다.
③ 고강도 운동에서 저강도 운동으로 진행한다.
④ 신경근운동과 함께 평형성 운동도 권장한다.

59 노인의 낙상 방지를 위한 자세 안정성 확보 방법으로 옳은 것은?

■ 기저면의 면적이 넓고, 무게중심의 높이가 낮을수록 안정성이 높다는 것이 안정성의 원리이다. 낙상위험이 있는 노인은 근력을 향상시켜야 한다.

① 기저면을 좁게 하고, 무게중심을 낮춘다.
② 기저면을 좁게 하고, 무게중심을 높인다.
③ 기저면을 넓게 하고, 무게중심을 높인다.
④ 기저면을 넓게 하고, 무게중심을 낮춘다.

■ **노인 걷기의 특성**
· 노인이 되면 보폭수(발걸음수)는 증가함.
· 노인이 되면 양발 지지기의 비율이 증가함.
· 노인이 되면 안정적으로 걷기 위해 신경을 쓰게 됨.
· 노인이 되면 보폭은 줄고 활보장은 감소함.

필수문제

60 노인의 걷기 특성으로 옳지 않은 것은?

① 분당 보폭수(cadence)의 증가
② 보행주기 중 양발 지지기(double support time) 비율의 증가
③ 안정된 걷기를 위한 의식적 관여의 증가
④ 보폭(step length)의 증가와 활보장(stride length)의 감소

■ **노화가 진행되면**
· 보행속도가 감소하고,
· 자세 동요가 심해지며,
· 발목의 발등쪽굽히기가 감소한다.
· 보폭이 좁아져 오리걸음 모양이 된다.

심화문제

61 노화로 인한 낙상의 원인으로 옳은 것은?

① 보행속도의 증가
② 자세 동요의 감소
③ 발목의 발등굽힘 증가
④ 보폭이 좁은 오리걸음 패턴

필수문제

62 건강한 노인의 걷기운동을 지도할 때 주의사항으로 옳지 않은 것은?

■ 올바른 걷기는 팔은 자연스럽게 흔들고, 발꿈치로 먼저 땅을 딛은 다음에 발바닥을 거쳐 무게중심을 앞꿈치쪽으로 옮기는 것이다.

① 팔은 자연스럽게 앞뒤 교대로 흔들면서 걷게 한다.
② 안전한 보행을 위하여 앞꿈치, 발바닥, 뒤꿈치 지지 순서로 걷게 한다.
③ 기립 안정성을 위해 배를 내밀지 않은 상태에서 허리를 바로 세우고 걷게 한다.
④ 발바닥 전체로 내딛거나 보폭을 너무 크게 하면 피로가 빨리 오고 발바닥에 통증이 발생하므로 주의시킨다.

정답 58 : ③, 59 : ④, 60 : ④, 61 : ④, 62 : ②

심화문제

63 노인의 바른 걷기동작에 대한 설명으로 옳은 것은?

① 양팔은 가능한 한 흔들지 않는다.
② 착지는 앞꿈치부터 한다.
③ 시선은 정면을 주시하되 좌우를 살펴야 한다.
④ 안전을 위해서 발끝을 보고 걷는다.

필수문제

64 보기는 노인의 유연성 운동형태에 대한 설명이다. ㉠, ㉡에 들어갈 용어를 바르게 나열한 것은?

보기
» (㉠) : 해당 근육군(muscle group)과 건(tendon)에 등척성 수축을 일으킨 후, 같은 근육군을 정적으로 스트레칭하는 방법
» (㉡) : 하나의 신체 부위에서 다른 신체 부위로 자세를 반복적으로 바꾸어 관절가동범위를 점진적으로 증가시키는 방법

	㉠	㉡
①	탄성 스트레칭 (bouncing stretching)	동적 스트레칭 (dynamic stretching)
②	고유수용성 신경근촉진 (proprioceptive neuromuscular facilitation)	정적 스트레칭 (static stretching)
③	탄성 스트레칭 (bouncing stretching)	정적 스트레칭 (static stretching)
④	고유수용성 신경근촉진 (proprioceptive neuromuscular facilitation)	동적 스트레칭 (dynamic stretching)

■ 고유수용성 신경근 촉진 : 근육과 건에 있는 근방추와 골지건기관의 기능을 활용하여 근육을 이완·수축시키는 스트레칭
■ 동적 스트레칭 : 관절을 움직여 근육을 풀어주는 스트레칭
■ 탄성 스트레칭 : 탄성을 이용하여 동작에 반동을 주는 스트레칭
■ 정적 스트레칭 : 관절이 정지된 상태에서 천천히 근육을 늘려 신전을 유지하는 스트레칭

심화문제

65 노인을 위한 스트레칭에 관한 설명으로 적절한 것은?

① 탄성 스트레칭을 우선적으로 권장한다.
① 스트레칭은 관절의 가동범위와 관련이 없다.
③ 고유수용성 신경근 촉진법은 효과가 없어 사용하지 않는다.
④ 정적 스트레칭은 동적 스트레칭에 비해 상해 위험이 적다.

■ 노인들은 상해위험이 적은 정적 스트레칭이 좋다.

정답 63 : ③, 64 : ④, 65 : ④

66 **노인의 근골격계 손상 위험이 낮은 스트레칭으로 가장 적절한 것은?**

■정적 스트레칭이 근골격계 손상위험이 가장 적다.

① 탄성 스트레칭(ballistic stretching)
② 정적 스트레칭(static stretching)
③ 동적 스트레칭(dynamic stretching)
④ 압박 스트레칭(compressive stretching)

필수문제

67 **노인을 위한 수중운동 지도방법으로 옳지 않은 것은?**

■수중운동을 직립자세를 해서는 안 된다.

① 안전을 위해 처음 몇 회는 물속에서 자세를 취하는 방법을 가르친다.
② 물에 저항하여 움직이도록 지도하여 에너지 소비를 증가시킨다.
③ 관절염을 앓고 있는 노인은 아픈 관절이 물에 잠기게 한다.
④ 물이 몸통 근육의 역할을 하도록 직립자세로 서서 운동하게 한다.

심화문제

68 **보기에서 체중부하운동을 모두 고른 것은?**

■체중부하운동 : 자신의 체중을 이용하는 것으로, 윗몸일으키기, 팔굽혀펴기, 계단오르기, 걷기, 등산, 스케이트, 조깅 등이 있다.

보기
㉠ 걷기 ㉡ 등산 ㉢ 고정식 자전거 ㉣ 스케이트 ㉤ 수영

① ㉠, ㉢
② ㉠, ㉡, ㉣
③ ㉡, ㉢, ㉣
④ ㉡, ㉢, ㉣, ㉤

정답 66 : ②, 67 : ④, 68 : ②

질환별 운동프로그램 설계

호흡 · 순환계통 질환의 운동프로그램

1 심혈관계통 질환의 기전

심장과 주요 동맥에 발생하는 질환을 심혈관계통 질환이라고 한다.

심장병은 대부분 수술이나 약물요법으로 치료하거나 병증을 순화시키고, 운동요법의 도움을 받으려면 반드시 의사와 협의해야 한다. 혈관계통 질환은 주요 동맥에 혈액이 흐르는 것을 어떤 형태로든 방해하는 병으로 죽상경화증(동맥경화증)이 대표적인 질병이다.

혈관의 가장 안쪽 막인 혈관내막에 콜레스테롤이 침착하고 세포가 비정상적으로 증식이 되어서 속이 물컹물컹한 죽 모양의 액체로 채워진 혹이 만들어지는데, 그 혹을 죽종(粥腫)이라 한다. 혈관에 죽종이 생기면 죽종의 표면이 까칠까칠하고, 혈관의 벽이 두꺼워지며, 혈액이 통과할 수 있는 통로가 좁아지기 때문에 혈액 순환에 지장을 받게 된다.

그러면 신체조직에 죽종이 생기기 전과 똑 같은 양의 혈액을 보내기 위해서는 심장이 펌프질을 더 열심히 해야 하고, 그러면 혈압이 올라갈 수밖에 없게 된다. 그것을 고혈압이라 하고, 죽종이 터져서 혈관 안에 피떡(혈전)이 생겨 혈관 내경이 급격하게 좁아지거나, 막히게 되는 것을 죽상경화증(동맥경화증)이라고 한다.

심장에 피를 공급하는 관상(심장)동맥에 죽상경화증이 발생하면 협심증 또는 심근경색, 뇌에 피를 공급하는 뇌동맥이나 목동맥에 죽상경화증이 발생하면 뇌졸중이나 뇌경색, 콩팥에 피를 공급하는 신장(콩팥)동맥에 죽상경화증이 발생하면 신부전증이 발생된다.

2 고혈압과 운동프로그램

혈액이 혈관벽에 가하는 힘을 혈압이라고 하는데, 수축기 혈압이 140mmHg 이상이거나 확장기 혈압이 90mmHg 이상이면 고혈압으로 진단한다. 나이가 들면서 혈압이 서서히 올라가서 고혈압이 되는 것을 1차 고혈압, 어떤 병의 후유증으로 고혈압이 된 것을 2차 고혈압이라 한다.

고혈압 환자의 95% 이상이 1차 고혈압 환자이다. 1차 고혈압이 발병되는 원인은 유전, 노화, 고염식(소금), 흡연, 스트레스 등이다.

고혈압인 사람이 주기적으로 운동을 하면 혈관의 내경을 늘여주고, 혈관의 탄력성이 증가하여 혈압을 낮추어주는 효과가 있다. 그러나 운동을 멈추면 약 2주 후부터 혈압을 낮추어주는 효과가 사라져버린다.

☞ 운동의 종류는 걷기, 맨손체조, 자전거타기, 수영, 뒤로 걷기, 사교댄스, 조깅, 게이트볼 등이 적당하고, 축구, 농구, 테니스, 중량운동 등은 가급적 피한다.

☞ 운동강도는 최대산소섭취량의 50~70%, 운동자각도는 '가볍다' ~ '다소 힘들다', 맥박수로는 138-(나이÷2)로 운동할 것을 권장한다.

☞ 운동 지속시간은 1회에 30~60분, 운동빈도는 주당 2~3회가 적당하다.

▶ 안정상태에서 측정한 혈압을 근거로 한 고혈압, 저혈압, 정상혈압의 분류

수축기 혈압	확장기 혈압	판정
100 미만	얼마이든 상관없이	무조건 저혈압
100~120(정상)	80 미만(정상) 80~90(주의) 90 이상(고혈압)	정상+정상=정상 정상+주의=주의 정상+고혈압=고혈압
120~140(주의)	80 미만(정상) 80~90(주의) 90 이상(고혈압)	주의+정상=주의 주의+주의=주의 주의+고혈압=고혈압
140 이상	얼마이든 상관없이	무조건 고혈압

3 심장병과 운동프로그램

대부분의 심장병은 운동을 권장하지 않고 오히려 금기시한다. 그러나 관상동맥을 통해서 심장근육에 혈액을 공급하는 것이 일시적으로 잘 되지 않아서 가슴이 답답하고 통증을 느끼는 허혈성 협심증일 때에만 운동을 권장한다.

허혈성 협심증이 발생한 후 약 8주가 지나면 회복기에 접어든 것으로 보고, 회복기 중에 운동을 하라는 것이다. 그러나 운동 중 심장에 이상이 생기면 즉시 모니터링할 수 있는 상황일 때에만 운동을 해야 한다.

☞ 운동의 종류는 걷기나 자전거타기가 적당하다.
☞ 운동강도는 여유심박수의 50%를 목표심박수로 결정한다.
☞ 운동 지속시간은 약 20분, 운동빈도는 주당 3회가 적당하다.

▶ 심장질환자의 신체활동 프로그램(ACSM : 2010)

운동	운동빈도	운동강도	운동시간	운동유형
유산소운동	4~7일/주	HRR 40~80%, RPE 11~16	총 20~60분	대근육 사용을 통한 율동적 운동
저항운동	2~3일/주	1RM 60~80% (팔 30~40%/ 다리 50~60%)	8~10가지 운동, 세트당 8~12회 반복 2~4세트	각각의 대근육 사용을 시작으로 소근육 사용을 점진적으로 증가

▶ 뇌졸중환자의 신체활동 프로그램(Circulation, 109(106))

구성요소	빈도	강도	시간	유형
유산소운동	3~7일/주	40~80% 최대 여유심박수	회당 20~60분	대근육운동
저항운동	2~3일/주	–	10~15회 반복 1~3세트	웨이트트레이닝
유연성운동	2~3회/주	–	각 동작당 10~30초 정지	스트레칭
신경근운동	2~3회/주	–		협응력과 균형운동

4 기관지천식과 운동프로그램

기관지가 좁아져서 숨이 차고, 가랑가랑하는 숨소리가 들리면서 기침을 심하게 하는 증상을 기관지천식이라고 한다. 기관지천식은 기관지의 알레르기 염증 반응 때문에 발생하고, 유전적 요인과 환경적 요인이 합쳐져서 나타난다.

기관지천식은 만성적이고 재발이 많은 질환이므로 증상을 잘 조절하고 폐기능을 정상화하여 일상생활을 정상적으로 유지하는 것이 중요하다. 치료방법에는 약물요법, 회피요법, 면역요법, 운동요법이 있다.

천식환자들의 상당수는 운동, 특히 찬 공기를 마시며 달리면 기관지 수축이 와서 심한 호흡곤란을 느끼게 되므로 운동 전에 적절한 약제를 복용하고, 준비운동을 반드시 해야 한다.

▶기관지천식 환자를 위한 운동요법

- ☞ 걷기, 실내에서 자전거타기, 등산, 에어로빅, 수영, 물속에서 걷기 등이 좋다. 특히 물속에서 하는 운동은 기관지가 냉각되어 수축하거나 습도가 낮아 건조해질 염려가 거의 없기 때문에 기관지천식 환자들에게 아주 적절한 운동이다.
- ☞ 운동 지속시간은 20~30분으로 짧게 하고, 그 시간도 한꺼번에 계속해서 운동하지 말고 반드시 중간중간에 휴식을 해야 한다.
- ☞ 운동빈도는 거의 매일 해야 한다. 운동 지속시간이 짧기 때문에 그것을 보상하기 위해서이다.

5 허파질환과 운동처방

- ☞ 세기관지에 염증이 생겨서 붓고 기도가 좁아진 것을 만성기관지염, 허파꽈리(폐포)가 파괴된 것을 허파공기증(허파기흉), 기관지의 알러지 염증반응 때문에 기도에 과민반응이 생긴 것을 천식이라고 한다.
- ☞ 허파질환을 앓고 있는 노인들에게는 호흡을 개선시키고, 심폐지구력을 향상시키기 위해서 유산소심폐지구력 운동을 시켜야 한다.
- ☞ 30~40%의 운동강도로, 운동시간은 짧게 시작해서 점차 늘려야 하며, 주당 3~5회가 좋다.
- ☞ 허파질환이 있는 노인은 반드시 보호 관찰이 가능한 상태에서 운동을 해야 하고, 호흡곤란 증상을 보이면 즉시 운동을 중지시켜야 한다.

대사증후군의 발병기전

체내의 물질대사 장애에 의해서 발생하는 질환을 대사증후군이라 하고, 과도한 영양섭취나 운동부족과 같은 생활습관이 대사증후군의 원인이다. 당뇨병, 고혈압, 고지질혈증(이상지질혈증), 심장병 등이 주요 대사질환이다.

1 당뇨병과 운동프로그램

췌장에서 분비되는 인슐린은 모세혈관 안에 있는 당분(글루코스)을 흡수해서 근육이 에너지원으로 이용할 수 있도록 도와주는 역할을 한다. 어떤 원인에 의해서 인슐린이 제기능을 다하지 못하게 되면 혈액 안에 당분이 너무 많게 되고, 그러면 신장에서 당분을 걸러내서 소변으로 배출하게 된다. 그래서 당분이 많이 들어 있는 소변을 보는 병이라는 뜻으로 '당뇨병'이라고 한다.

당뇨병에는 제1형 당뇨병과 제2형 당뇨병이 있다. 췌장에서 인슐린을 전혀 생산하지 못하게 된 것을 제1형 당뇨병이라 하고, 췌장에서 인슐린을 너무 적게 생산하거나 인슐린 저항성이 커진 것을 제2형 당뇨병이라 한다. 제2형 당뇨병환자는 운동이 필수적이다.

인슐린이 모세혈관의 혈액에서 당분을 흡수하도록 도와주어도 그 효과가 조금밖에 나타나지 않는 것을 인슐린 저항성이 크다고 한다. 나이가 들어서 노인이 되면 인슐린 저항성이 커지는 경우가 많은데, 그러한 증상은 특별히 노인성 당뇨병이라고 한다.

다음 3가지 증상 중 한 가지 이상이 나타나면 당뇨병으로 진단한다.

☞ 공복 시 혈당이 126 mg/dl 이상(정상은 110 mg/dl 미만).

☞ 당뇨병의 전형적인 증상인 다음(물을 자주 많이 마신다.), 다뇨(소변을 자주 본다.), 다식(음식을 많이 먹는다.), 체중감소(몸무게가 준다.)가 나타난다.

☞ 공복 상태에서 혈당 검시를 한 다음 포도당을 먹고 30분 간격으로 혈당검사를 4~6회 하는 것을 경구당부하검사라 하고, 그 검사에서 1번이라도 혈당이 200 mg/dl 이상.

당뇨를 개선하기 위해서는 근본적으로 음식물을 통한 당분의 섭취를 줄이고, 운동을 통해서 혈액 안에 들어 있는 당분의 소비를 증가시키는 것이다. 약물요법, 식이요법, 운동요법을 병행하는 것이 가장 효과적이다.

▶ 당뇨병 환자를 위한 운동프로그램의 내용

☞ 운동의 종류는 걷기, 조깅, 자전거 타기, 수영, 계단 오르기, 등산 등이 적당하다.

☞ 운동강도는 저강도 ~ 낮은 고강도, 최대산소섭취량의 40~60%, 여유심박수의 30~50%, 1RM의 30~50%가 적당하다.

☞ 식사 후 30~60분에 운동을 시작해서 20~60분 동안 운동을 지속하고, 운동빈도는 주당 3회 이상

▶ 당뇨병 환자의 신체활동 프로그램(ACSM : 2010)

운동	운동빈도	운동강도	운동시간	운동유형
유산소운동	3~7일/주	RPE 10~16 HRR 50~80%	최소 10분부터 점차적으로 늘림(20~60분)	체중에 부하를 주지 않는 신체활동
저항운동	최소 2일/주	10~15회 피로감이 있을 때까지, 1RM의 60~80% 8~12회 반복	8~10회 반복 2~3세트	대근육운동

*제2형 당뇨병 환자는 최소 1,000kcal/주 소비할 수 있는 신체활동을 권고한다.

*운동 참여 전 모니터링과 관리를 필요로 한다.

*목표가 체중 감소의 경우보다 높은 칼로리(2,000kcal 이하)를 소모할 수 있도록 조정한다.

*운동 전후에는 혈당 관찰을 권장한다.

2 고지질혈증(이상지질혈증)과 운동프로그램

피 속에 지방 성분이 정상보다 많이 들어 있는 상태를 고지질혈증이라 하고, 혈액 점도가 상승하고, 혈관염증에 의해서 말초순환 장애를 일으키며, 동맥에 죽상경화를 일으켜 뇌경색 또는 심

근경색의 직접적인 원인이 된다.

유전이 원인인 경우가 많지만, 비만이나 술, 당뇨병 등과 같은 다른 원인에 의해서도 고지질혈증이 생길 수 있다. 고지질혈증은 완치되어 없어지는 병이 아니라 조절이 필요한 병이다. 지속적으로 관리하기 위해서는 다음 3가지 사항을 잘 지켜야 한다.

☞ 저지방, 저콜레스테롤의 식품을 섭취한다.

☞ 규칙적인 운동습관을 갖는다.

☞ 필요한 경우 지질 저하제를 복용한다.

▶고지질혈증 환자를 위한 운동요법의 내용

☞ 달리기, 걷기, 수영, 골프, 자전거, 체조, 스키 등이 좋다.

☞ 운동 지속시간은 30분에서 45분 정도가 적합하고, 서서히 운동량을 늘려야 한다.

☞ 운동빈도는 주당 3회 이상이 좋다.

▶고지질혈증 환자를 위한 식이요법의 내용

☞ 식이요법은 모든 고지질혈증 치료의 기본이다. 개개인마다 먹는 것도 다르고 환경도 다르니까 자기에 맞게 식이요법을 시행해야 한다.

☞ 섭취하는 지방량을 총 섭취 칼로리의 25~35%로 제한한다.

☞ 기름은 가능한 한 제거하고, 튀김은 피한다. 너무 짜게 먹는 것도 좋지 않다.

3 비만증과 운동프로그램

비만증은 에너지 공급과 소비의 불균형으로 지방량이 비정상적으로 체내에 쌓이는 질환이다. 발생원인은 유전적 요인, 환경적 요인(잘못된 식습관, 운동 부족, 스트레스) 등이다.

비만은 만병의 근원이라 할 수 있다. 체지방률 산출방법은 여러 가지가 있지만, 현재 국제적으로 가장 널리 이용되는 평가방법은 체질량지수(BMI) 산출법이다.

▶ 체질량지수 산출법

체질량지수(BMI)=체중(kg)÷키(m)^2

☞ BMI가 25 이상이면 비만으로 본다.

☞ 각종 질병 발생 및 합병증 유발이 가장 낮은 BMI는 22.2이다.

☞ BMI 22를 표준체중 또는 이상체중으로 설정하도록 권장하고 있다.

▶비만자를 위한 운동 프로그램

☞ 유산소운동(걷기, 달리기, 등산, 계단오르기 등), 체중부하운동보다는 비체중부하운동(수영, 자전거)이 좋다. 운동 지속시간은 30~60분 정도가 적당하다.

☞ 운동강도는 최대심박수(HRmax)보다는 운동자각도('전혀 힘들지 않다' 6점~'최고로 힘들다' 20점까지의 수치로 측정)를 기준으로 한다.

☞ 낮은 강도의 운동에서 시작하여 점차적으로 강도를 높인다.

☞ 운동빈도는 주 3~5회가 적당하다.

▶ 비만자의 체중감량을 위한 신체활동 프로그램(ASCM : 2010)

☞ 최대 주당 1kg 감량을 목표로 한다.

☞ 정상성인은 하루 칼로리섭취량이 1,200kcal 이하가 되어서는 안 된다.

☞ 사회문화적 배경, 생활습관, 기호, 가격, 구입 및 조리방법 등을 고려하여 섭취하기 쉬운 식품들로 구성한다.

☞ 케톤혈증같은 대사장애를 일으키지 않도록 점차적으로 감량 밸런스(하루 감량 500~1,000kcal 범위)를 맞추도록 한다.

☞ 하루 300kcal 이상 소비하는 운동 프로그램에 참가한다. 운동종목은 보행과 같이 낮은 강도의 장시간 운동이 좋다.

☞ 달성된 저체중을 유지하기 위해서는 새로운 식습관과 신체활동을 계속 유지해야 한다.

근육뼈대계통 질환의 운동프로그램

근육뼈대계통의 질환이나 손상은 통증, 변형과 기능장애의 형태로 나타나며, 생명을 위협하는 경우는 적으나 방치하면 영구적인 장애로 남게 되어서 삶의 질을 저하시킨다.

1 퇴행성 관절염과 운동프로그램

퇴행성 관절염은 관절을 보호하고 있는 연골의 점진적인 손상이나 퇴행성 변화로 인해 관절을 이루는 뼈와 인대 등에 손상이 일어나서 생기는 질환이다.

특별한 기질적 원인 없이 발생하는 것을 1차성 관절염, 외상·질병·기형 등이 원인이 되어 발생하는 것을 2차성 관절염이라 한다. 1차성 관절염은 대부분 노인들에게 발생한다.

▶관절염의 대표적인 증상

☞ 관절의 운동 범위가 감소된다.

☞ 관절이 붓는다(부종).

☞ 관절 주위에 압통이 나타나며 관절 연골의 소실과 변성에 의해 관절면이 불규칙해지면 관절 운동 시 마찰음이 느껴질 수도 있다.

퇴행성 관절염 환자는 아래의 PRICE 원칙을 따라야 한다.

☞ Protection……지팡이를 사용해 체중부하를 줄임으로써 관절을 보호한다.

☞ Rest……가급적 오래 서 있거나, 계단 오르기를 피하고 휴식을 취한다.

☞ Ice……얼음찜질을 하루 15분씩 수차례 실시한다.

☞ Compression……붕대로 감아 압박한다.

☞ Elevation……무릎이 부었으면 다리를 들어올린다.

▶퇴행성 관절염 환자를 위한 운동요법

☞ 수영, 자전거 타기 등을 이용한 운동치료나 물리치료를 초기치료로 병행할 수 있다. 온열요법, 마사지, 경피신경자극 등의 물리치료가 증상 완화와 근육위축 방지에 효과적일 수 있다. 수중운동이나 실내에서 자전거타기를 하는 것이 좋다.

☞ 운동강도는 유산소 운동인 경우 여유심박수의 40~60%, 근력운동인 경우 1RM의 40~60%가 적당하다.

☞ 운동 지속시간은 10분 이하 운동을 한 다음 쉬었다가 다시 운동하는 인터벌트레이닝 방법으로 해야 한다. 주당 3회, 총 운동시간은 주당 150분 정도가 되도록 한다.

2 골다공증과 운동프로그램

뼈의 강도가 약해져서 골절되기 쉬운 상태를 골다공증이라고 한다. 노화에 의하여 자연적으로 발생하는 1차성 골다공증과 병이나 약물이 원인이 되어 발생하는 2차성 골다공증이 있다. 1차성 골다공증은 폐경 여성에서 발생되는 '폐경 후 골다공증'과 '노인성 골다공증'으로 분류한다. 골다공증 예방에는 칼슘 섭취, 비타민 D 섭취, 운동, 금연, 금주 등이 좋다.

▶ 골다공증을 예방 또는 증후를 개선하기 위한 운동요법

☞ 골다공증에는 체중부하 운동이나 균형감을 증진시키는 운동이 권장된다. 걷기나 등산 같은 유산소 운동과 저항성 근력운동을 병행하는 것이 좋고, 스트레칭, 제자리에서 뛰기, 댄싱, 헬스기구를 이용하는 운동 등도 좋다. .

☞ 운동강도는 유산소 운동인 경우 최대산소섭취량의 60~80%, 저항성 근력운동인 경우 최대근력의 60~80%에서 시작하여 90%까지 점차적으로 늘린다.

☞ 운동 지속시간은 하루에 30~60분 이상, 운동빈도는 유산소 운동은 주당 3~5회, 근력운동은 주당 3회가 적당하다. 운동은 습관적·지속적으로 해야 한다.

☞ 1주일에 2회씩은 약 15분 정도 햇볕을 쬐어 뼈에 필요한 비타민 D를 충분히 합성하게 한다.

▶ 골다공증 환자의 신체활동 프로그램(ACSM : 2010)

대상	운동	운동빈도	운동강도	운동시간	운동유형
골다공증 위험요인 보유자	유산소운동	3~5일/주	–	유산소운동과 저항운동 각 30~60분	체중부하 운동
	저항운동	2~3일/주	1RM의 60~80% (8~12회 반복) 1RM의 80~90% (5~6 반복)		웨이트 트레이닝
골다공증 환자	유산소운동	3~5회/주	중간강도 (40~60% 예비심박수)		체중부하 운동
	저항운동	2~3회/주	1RM의 60~80% 8~12회 반복		웨이트 트레이닝

*운동은 관절이나 신체에 통증을 유발하거나, 보유한 통증을 악화시키지 않아야 한다.
*척주에 급하거나 강한 충격을 주는 부하, 뒤틀림, 구부림 등 압박이 가해지는 운동은 피한다.

신경계통 질환의 운동프로그램

신경계통은 신체활동을 상황에 맞게 조절하고 통제하는 역할을 하며, 신경계통 질환은 완치가 어렵다. 대표적인 신경계통 질환은 다음의 4가지이다.

뇌전증	간질이라 부르던 것이 뇌전증으로 변경되었다. 대뇌피질의 신경세포들이 갑작스럽고 무질서하게 과흥분함으로써 나타나는 신체 증상을 뇌전증 발작이라 하고, 뇌전증 발작이 반복적으로 발생해서 약물치료나 수술이 필요하면 뇌전증이라고 한다. 유전, 중추신경계의 손상, 음주가 원인이다.
파킨슨병	운동신경의 신경전달물질인 도파민이 부족하여 발생하는 질환이다. 발병 초기에는 몸이 떨리고 걸음이 느려지다가 점점 근육이 굳고 나중에는 거의 움직이지 못할 정도로 치명적인 질병이다. 미각과 후각이 저하하고 잠꼬대가 늘기도 하며 우울증에 걸리기도 한다.
뇌졸중	뇌경색 또는 뇌출혈이 원인이 되어 뇌세포가 손상되는 질환이다. 고혈압, 당뇨병, 고지질혈증 환자는 뇌졸중에 걸릴 확률이 높다.
치매	치매는 노화로 인해 발생하는 대표적인 신경계통 질환이며, 알츠하이머 치매와 혈관성 치매로 나뉜다. 알츠하이머 치매는 뇌에 특정 단백질이 쌓이는 것이 원인이며, 한 번 발생하면 완치가 어렵고 약물치료로 병의 진행을 늦출 수는 있다. 초기에 발견하면 운동요법의 효과를 기대할 수 있다. 혈관성 치매는 뇌로 가는 혈액이 줄거나 뇌혈관이 손상되어 발생하므로 원인이 생기지 않도록 관리하여 예방치료를 할 수 있다. 걷기 · 수영 · 달리기 등 다양한 유산소 운동을 꾸준히 하고 영양소를 골고루 섭취하는 등 건강한 습관을 가지면 증상이 잘 호전되므로 적극적으로 치료를 받아야 한다.

▶ 치매 예방을 위한 조치 또는 생활습관

☞ 치매 원인은 70여 가지가 있고 그중 3분의 1은 적절한 치료를 통해 증상의 호전이나 완치를 기대할 수 있고, 빨리 발견할수록 치료 가능성이 더욱 높다.

☞ 신체적 건강을 잘 유지하는 것이 기본이다.

☞ 나이가 들어도 긍정적인 생각을 갖고 적극적인 사회생활이나 여가생활을 하면 치매를 예방하는 데 도움이 된다.

☞ 지속적인 두뇌 활동도 알츠하이머 치매의 발병을 어느 정도 예방할 수 있다.

☞ 규칙적이고 적당한 운동은 치매예방에 필수적이다.

▶ 치매 예방 또는 병증을 개선하기 위한 운동요법

☞ 노인이 규칙적으로 운동을 하면 치매에 걸릴 위험이 30~40% 줄어든다. 걷기, 조깅, 자전거타기, 수영 등과 같은 유산소 운동이 좋다. 유산소 운동과 함께 근력운동을 곁들이면 더 좋다.

☞ 운동강도는 옆 사람과 이야기하면서 운동할 수 있을 정도로 '약간 가볍다.' 수준이면 충분하다.

☞ 운동 지속시간은 30분 이상, 운동빈도는 주당 4회 이상이 좋다.

만성질환자의 운동프로그램

▶ 만성질환자 및 장애자의 신체활동 프로그램(ACSM : 2009)

운동	운동빈도	운동강도	운동시간	운동유형
유산소운동	최소 격일제	중간강도 정도로 하되 증상에 따라 활동제한	15~40분/회	걷기, 자전거타기, 수중에어로빅
저항운동	2~3일/주	1RM의 50% 강도로 3~5회, 10~12회 증가시켜 2~3세트	20~30분	자유부하운동, 밴드, 서킷운동
스트레칭운동	5~7일/주	불편하지 않은 지점 이하로 스트레칭 유지	20~60초 유지	스트레칭
평형성운동	매일		–	일상활동, 보행 및 균형훈련

*치료나 의학적인 상황 변화에 따라 빈도를 조절함.

기타 노인성 질환의 운동프로그램

1 전립선비대증과 운동프로그램

전립선비대증은 전립선이 비대해져 소변이 나오는 통로를 막아 소변의 흐름이 감소된 상태로 빈뇨, 절박뇨, 지연뇨, 단절뇨, 복압배뇨, 세뇨, 잔뇨감, 배뇨 후 요점적, 절박성 요실금 등의 증상을 보인다.

▶ 전립선비대증 예방법

☞ 규칙적인 생활과 충분한 휴식을 취하고 너무 오래 앉아 있는 것은 피한다.

☞ 건전하고 적절한 성생활과 규칙적 운동이 전립선비대증 예방에 도움이 된다.

☞ 과일류, 채소류, 생선류의 섭취를 늘리고, 육류와 지방 및 칼로리는 제한하는 것이 좋다.

☞ 자극성 음식, 동물성 지방 음식은 피하고, 과음도 삼가는 것이 좋다.

☞ 피로는 피해야 하고, 좌욕을 자주하는 습관을 갖는 것이 좋다.

2 요실금과 운동프로그램

자신의 의지와 관계없이 소변을 지리게 되는 증상으로 복압성 요실금과 절박성 요실금이 있다.

골반근육과 요도괄약근이 약화되어 복부 내 압력이 증가할 때 방광과 요도를 충분히 지지해주지 못해서 소변이 누출되는 것이 복압성 요실금이다. 절박성 요실금은 갑작스럽게 소변이 마렵고 이로 인해 소변을 참지 못하고 소변을 흘리는 것이다.

▶ 복압성 요실금 환자에게 적용하는 운동요법

☞ 요실금환자를 위한 운동은 방광훈련과 골반바닥근육(골반저근) 강화운동으로 구성된다.

☞ 방광훈련……배뇨를 할 때 일부러 소변을 여러 번으로 나누어서 보는 훈련이다. 처음에는 어렵지만 얼마 지나지 않아서 마음대로 소변을 멈출 수 있게 된다.

☞ 골반바닥근육(골반저근) 강화운동……선 자세, 의자에 앉은 자세, 방바닥에 누운 자세 등을 취하고, 항문·요도·질을 조이는 기분으로 아랫배에 힘을 5초 동안 주고 있다가 서서히 힘을 빼는 동작을 10~20회 반복한다.

보건 관련 기구에서 제시한 노인 신체활동 프로그램

▶ 세계보건기구의 노인 신체활동 프로그램(WHO : 2008)

목적	운동	운동빈도	운동강도	운동시간	운동유형
건강증진 및 유지	유산소운동	중간강도 : 주/5회 고강도 : 주/3회	중간강도 30분 또는 고강도 20분	30분까지 점진적으로 증가	
	저항운동	중간강도 : 주/5회 고강도 : 주/3회	주 2회 근력강화훈련	한 운동당 2세트 8~12회 반복	
	스트레칭	중간강도 : 주/5회 고강도 : 주/3회	최소 3회 근력 및 지구력운동 후	10~30초간	
	평형운동	낙상 위험이 있는 노인	–	–	

*출처 : www.who.int/dietphysicalactivity/factsheet_recommendations/en/index.html

▶ 신체활동 가이드라인 자문위원회의 노인 신체활동 프로그램(PAGAC : 2008)

목적	운동	운동빈도	운동강도
부상률 감소	중간강도 걷기운동	각 30분/세션	주 2~3회
	근력강화운동	각 30분/세션	주 3회
	평형운동	근력강화 프로그램의 일부분으로 시행	주 3회

*출처 : www.health.gov/paguidelines

▶ 국립 노화연구소의 노인 신체활동 프로그램(NIA : 2009)

목적	운동	운동빈도	운동강도	운동시간	운동유형
노인들의 건강 및 독립성 개선	유산소 운동	5~7회	운동자각도 13	30분까지 점진적 증가	걷기, 수영, 조깅
	저항운동	최소 2회 연속적으로 금지	운동자각도 15~17	한 운동당 2세트 8~15회 반복	근육군을 대상으로 저항성밴드, 웨이트 기구를 사용한 운동
	스트레칭	최소 3회 근력 및 지구력운동	최소 저강도~ 불편함을 느낄 정도	10~30초 간	무릎힘줄, 종아리근, 발목, 삼두박근, 손목
	평형운동		탁자 또는 의자를 잡고 시작	–	족저굴곡, 고관절, 굴곡 및 슬관절 신전

*더운 환경일 때는 충분한 수분 공급으로 탈수 방지.
*저체온 또는 추운 환경 방지를 위한 옷입기.

필수 및 심화 문제

필수문제

01 보기에서 김 할아버지의 죽상경화증 심혈관질환의 위험요인을 바르게 제시한 것은?

보기

건강증진 운동프로그램에 참여하고자 하는 김 할아버지의 정보

- 연령 : 67세, 성별 : 남성, 신장 : 170 cm, 체중 : 87 kg
- 총콜레스테롤 : 190 mg/dL,
- 안정 시 혈압 : 130 mmHg / 85 mmHg
- 공복혈당 : 135 mg/dL
- 흡연 : 30대부터 하루에 10~20 개비

* 미국스포츠의학회(ACSM, 2018)를 참고한 기준 적용

① 연령, 비만, 당뇨병, 흡연　② 과체중, 총콜레스테롤, 혈압, 당뇨병
③ 연령, 과체중, 혈압, 흡연　④ 비만, 총콜레스테롤, 혈압, 흡연

심화문제

02 보기에서 설명하는 것은?(2024)

보기
» 죽상동맥경화 병변이 특징인 질환이다.
» 위험요인은 연령, 흡연, 고혈압, 당뇨병, 이상지질혈증이다.
» 주요증상은 체중부하 움직임 시 하지의 간헐적 파행이다.

① 뇌졸중(stroke)　② 근감소증(sarcopenia)
③ 신장질환(kidney disease)　④ 말초동맥질환(peripheral arterial disease)

필수문제

03 보기에서 노인 운동 검사 전 의사에게 의뢰가 필요한 징후나 증상을 모두 고른 것은?

보기
㉠ 가슴 통증이나 불편함　㉡ 빠르고 불규칙한 심장박동
㉢ 현기증이나 기절　㉣ 통증을 동반한 발목의 부종

① ㉠　② ㉠, ㉡　③ ㉠, ㉡, ㉢　④ ㉠, ㉡, ㉢, ㉣

정답　01 : ①, 02 : ④, 03 : ④

■ 죽상경화증(동맥경화증)의 위험요인
· 고콜레스테롤혈증 : 이 경우는 해당 안 됨
· 고중성지방
· 고혈압(140/90mmHg 이상) : 해당됨
· 흡연 : 해당됨
· 당뇨병 : 해당됨
· 심혈관질환의 가족력
· 고연령 : 해당됨
· 운동부족, 과체중 및 복부비만 : 비만에 해당됨

■ 말초동맥질환
· 동맥의 경화(죽상경화증)에 의해 유발
· 흡연, 고혈압, 당뇨병, 이상지질혈증(고지질혈증) 등에 의해 발생
· 주로 걸을 때 많이 발생하고, 한쪽 다리의 통증 또는 경련 유발
· 중증일 때는 다리가 아프고 피부궤양 발생

■ 노인 운동 검사 전 의학적 진단이 필요한 증상
· 심혈관계질환
· 폐질환
· 뇌혈관질환
· 당뇨병
· 말초혈관질환
· 빈혈
· 정맥염
· 색전증
· 암
· 골다공증
· 정서장애
· 섭식이상
· 관절질환

■㉡ 고혈압환자는 나트륨 섭취 제한과 체중조절을 해야 하며, 유산소 운동이 좋다.
■㉢ 저항성 운동을 할 때 발살바 메뉴버 호흡을 하면 혈압이 상승할 수 있으므로 주의해야 한다.
■발살바 메뉴버(Valsalva Maneuver) 호흡은 무거운 중량을 들 때 하는 호흡법으로, 코와 입을 막은 상태에서 배에 힘을 주면서 숨을 세게 내쉬는 방법을 말한다.
■㉠ 등척성 운동은 혈압을 상승시킨다.
■㉣의 약물을 복용하면 운동 후 혈압이 저하할 수 있다.

필수문제

04 보기에서 고혈압 질환이 있는 노인의 운동 지도 시 고려해야 할 사항으로 적절한 것만을 모두 고른 것은?

보기
㉠ 등척성 운동을 권장한다.
㉡ 나트륨 섭취 제한, 체중조절, 유산소 운동을 권장한다.
㉢ 저항성 운동 시 발살바 메뉴버에 의한 혈압 상승에 주의한다.
㉣ 이뇨제, 칼슘채널차단제, 혈관확장제 등의 약물에 의한 운동 후 혈압 상승에 주의한다.

① ㉠, ㉡ ② ㉠, ㉢ ③ ㉡, ㉢ ④ ㉢, ㉣

심화문제

05 수축기혈압이 140mmHg 이상이거나 확장기혈압이 90mmHg 이상이면 고혈압으로 판정한다. 고혈압환자의 운동방법 중에서 틀린 것은?

① 나이가 들면서 서서히 혈압이 올라서 고혈압이 되면 1차고혈압(본태성고혈압), 어떤 질병 때문에 고혈압이 되면 2차고혈압(증후성고혈압) 이라고 한다,
② 너무 격렬한 운동을 하면 위험하고, 너무 쉬운 운동을 하면 효과가 없으므로, 50~70% 강도의 운동을 해야 한다.
③ 운동시간은 30분 이상으로 길게, 주당 3회 이상 운동을 해야 한다.
④ 가급적 추운 환경에서 운동을 한다.

■추운 환경에서 운동을 하면 혈압이 갑자기 상승하므로 위험하다.

06 고혈압이 있는 노인을 위한 운동프로그램으로 적절하지 못한 것은?

① 최대산소섭취량의 60~80% 수준의 운동강도
② 운동시간은 1회 30~60분
③ 운동빈도는 주당 3회
④ 스트레칭 및 유연성운동

■고혈압이 있는 노인이 60~80% 강도로 운동을 하면 뇌졸중이나 심장기능이상의 위험성이 높다.

07 고혈압이 있는 노인의 안정시 혈압을 감소시키는 요인이 아닌 것은?

① 안정시 심박수 감소 ② 말초 저항 감소
③ 안정시 심박출량 증가 ④ 혈관 탄력성 증가

■안정시 심박출량이 증가하면 혈압이 상승한다.

정답 04 : ③, 05 : ④, 06 : ①, 07 : ③

08 고혈압이 있는 노인의 운동에 관한 설명으로 가장 적절한 것은?

① 고강도 저항성 운동을 하는 것이 바람직하다.
② 추운 날씨에는 야외운동을 삼가는 것이 좋다.
③ 주 1회 운동으로도 혈압저하 효과는 크게 나타난다.
④ 발살바조작(Valsalva maneuver)이 동반되는 저항성 운동이 권장된다.

■ 추울 때 입과 코를 막고 숨을 내쉬려고 노력하면 흉강내압이 증가하여 정맥환류가 방해를 받는다.

09 고혈압의 원인이라고 보기 어려운 것은?

① 비만 ② 스트레스
③ 운동 부족 ④ 제한적 염분 섭취

■ 염분섭취를 제한적으로 줄이는 것은 고혈압을 예방하는 방법이다.

10 고혈압은 어디에 속하는가?

① 대사성 질환 ② 심장혈관계통 질환
③ 호흡계통 질환 ④ 신경계통 질환

■ 심장과 주요 동맥에서 발생하는 질환이 심장혈관계통질환이다.

필수문제

11 보기 중에서 천식환자에게 운동을 시켰을 때 기대할 수 있는 효과를 모두 고른 것은?

보기
㉠ 허파꽈리(폐포)의 탄력 향상
㉡ 호흡기능의 향상
㉢ 부교감신경의 과민반응 증가
㉣ 전신지구력의 향상

① ㉠㉢㉣ ② ㉠㉡㉢
③ ㉠㉡㉣ ④ ㉠㉡㉢㉣

■ 운동을 하여 부교감신경의 과민반응이 증가하면 천식이 악화되므로 운동이 천식을 더 나쁘게 했다는 말과 같다.

심화문제

12 노인 폐질환에 관한 설명으로 옳지 않은 것은?(2024)

① 천식의 증상은 운동으로 악화되지 않는다.
② 만성폐쇄성폐질환자의 기도저항은 호흡근 약화를 초래한다.
③ 만성폐쇄성폐질환의 주요 증상은 호흡곤란, 가래, 만성적인 기침이다.
④ 천식 환자의 운동유발성기관지수축은 추운 환경, 대기오염, 스트레스에 의해 촉발된다.

■ 위 문제 참조.

13 만성 허파질환과 거리가 먼 것은?

① 실어증 ② 발작 ③ 호흡 곤란 ④ 체력 약화

■ 허파에 질환이 생겼다고 말을 못하게 되는 것은 아니다.

정답 08 : ②, 09 : ④, 10 : ②, 11 : ③, 12 : ①, 13 : ①

필수문제

14 노화에 따른 호흡계 변화로 옳은 것은?(2024)

① 잔기량의 감소
② 흉곽의 경직성 감소
③ 생리학적 사강의 감소
④ 호흡기 중추신경 활동에 대한 민감성 감소

■ 노화에 의한 호흡계의 변화
노화가 되면 폐포(허파꽈리)와 폐포관 주위의 탄력조직이 약화 내지 석회화되어 다음과 같은 증상이 나타남.
· 잔기량 증가
· 흉곽(가슴우리) 경직성 증가
· 생리학적 사강 증가
· 호흡기 중추신경활동에 대한 민감성 감소

심화문제

15 호흡계통 질환이 있는 노인을 위한 운동프로그램으로 적절하지 못한 것은?

① 저항운동과 유산소운동을 병행한다.
② 수중운동이 바람직하다.
③ 운동시간은 짧게, 자주하는 것이 좋다
④ 하루 중 가급적이면 오전에 운동하는 것이 좋다.

■ 오전보다 오후가 좋다.

필수문제

16 보기에서 노인 당뇨병 환자의 운동 효과로 옳은 것만을 모두 고른 것은?(2024)

보기
ㄱ. 인슐린 저항성 증가
ㄴ. 체지방감소
ㄷ. 죽상동맥경화 합병증 위험 감소
ㄹ. 인슐린 민감성 감소
ㅁ. 골격근의 포도당 수송 능력 감소
ㅂ. 당뇨병 전단계에서 제2형 당뇨병으로의 진행 예방

① ㄱ, ㄴ, ㅂ ② ㄴ, ㄷ, ㄹ ③ ㄴ, ㄷ, ㅂ ④ ㄹ, ㅁ, ㅂ

■ 당뇨병환자의 운동효과
· 인슐린 저항성 감소
· 체지방 감소(ㄴ)
· 죽상동맥경화 합병증 위험 감소(ㄷ)
· 인슐린 민감성 증가
· 골격근이 포도당 수송능력 증가
· 당뇨병 전 단계에서 제2형 당뇨병으로의 진행 예방(ㅂ)

심화문제

17 당뇨병의 진단기준으로 옳은 것을 모두 고르시오.

① 공복혈당이 120mg/dl 이상
② 공복혈당이 126mg/dl 이상
③ 식후 2시간 이내의 혈당이 200mg/dl 이상
④ 식후 2시간 이내의 혈당이 226mg/dl 이상

정답 14 : ④, 15 : ④, 16 : ③, 17 : ②

18 당뇨병이 있는 노인을 위한 운동프로그램 중 옳지 못한 것은?

① 운동강도를 서서히 올릴 수 있어야 한다.
② 당뇨 조절이 안정적인지 불안정한지에 따라 운동프로그램을 결정해야 한다.
③ 운동프로그램만 열심히 실시하면 당뇨가 효과적으로 개선될 수 있다.
④ 걷기, 조깅, 자전거 타기와 같은 전신운동을 주로 한다.

■ 식이요법, 약물요법, 운동요법을 병행해야 효과가 좋다.

19 당뇨병이 있는 노인의 운동 시 주의사항으로 옳은 것은?

① 저항운동과 유산소 운동을 병행하여 실시한다.
② 공복 시 혈당치가 200mg/dl 이상인 경우에 운동을 금지한다.
③ 운동 중 에너지 유지를 위해 식후에 바로 운동을 실시한다.
④ 대근육보다 소근육 운동을 위주로 실시한다.

■ 당뇨병이 있는 노인은 저강도에서 중간강도 수준의 유산소운동과 저항운동을 병행하여 전신운동으로 실시하는 것이 효과적이다.

필수문제

20 혈중 콜레스테롤이 240mg/dl 이상이거나 중성지방이 200mg/dl 이상이면 고지(질)혈증으로 판정한다. 고지(질)혈증 환자를 위한 운동프로그램에 대한 설명 중 옳지 못한 것은?

① 유전적 또는 환경적 요인에 의해서 발병하면 1차성 고지(질)혈증, 다른 병의 영향 때문에 발병하면 2차성 고지(질)혈증이라고 한다.
② 식이요법과 운동요법을 먼저 실시해 보고, 효과가 미미하면 약물요법을 병행하는 것이 좋다.
③ 중·저강도의 유산소운동을 30~60분 동안 하는 것이 좋다.
④ 운동을 하면 혈중 지질농도가 빠르게 감소되지만, 운동을 중지하면 2~3일 안에 운동효과가 소멸된다.
⑤ 고지(질)혈증 환자는 다른 질병이 병발될 가능성이 적다.

■ 고지(질)혈증(이상지질혈증) 환자는 대부분 다른 병을 함께 가지고 있다. 따라서 합병증이 있으면 반드시 의사와 상의한 다음에 운동을 해야 한다.

심화문제

21 이상지질혈증이 있는 노인을 위한 운동 방법으로 적절하지 않은 것은?

① 에너지 소비를 최대로 증가시키기 위해 고강도 운동을 한다.
② 하루 30~60분의 운동이 적당하다.
③ 유연성 운동, 저항운동 및 유산소 운동을 실시한다.
④ 대근육을 이용한 지속적이고 리드미컬한 형태의 운동을 한다.

■ 이상지질혈증(고지질혈증)을 관리하려면 최대산소섭취량이 50~60% 수준이 되는 중간 · 저강도의 유산소운동을 해야 한다.

정답 18 : ③, 19 : ①, 20 : ⑤, 21 : ①

22 보기와 관련된 노인 질환은?

> 보기
> • 원인 : 과도한 열량섭취와 운동부족
> • 운동법 : – 근력운동보다는 유산소운동이 더욱 효과적이다.
> – 운동과 식이제한을 병행할 경우 더욱 효과적이다.
> – 유산소운동은 대략 20분 이상 지속할 것을 권장한다.

① 류머티스 관절염　② 고지혈증
③ 천식　④ 골다공증

■ 고지(질)혈증은 과도한 열량섭취와 운동부족으로 지방성분이 필요 이상으로 혈액 내에 쌓여 심혈관계질환을 일키는 증상이다.

필수문제

23 비만과 관련된 내용이다. 틀린 것은?

① BMI가 25 이상이면 비만, 35 이상이면 고도비만으로 분류한다.
② 아랫배, 엉덩이, 넙다리에 지방이 축적되는 하체형 비만(여성형 비만)과 상체형 비만으로 나누고, 상체형 비만은 다시 피하지방형 비만과 내장지방형 비만으로 나눈다.
③ 건강상 문제가 되는 것은 내장지방형 비만이다.
④ 식이요법, 약물요법, 수술요법보다는 운동요법이 좋고, 두 가지 이상의 요법을 병행하면 더 좋다.
⑤ 운동요법의 효과를 높이기 위해서 하루에 1,200kcal 이하의 열량을 섭취하는 것이 좋다.
⑥ 가급적 많은 근육을 동원하여 20분 이상 운동을 해서 많은 에너지를 유산소적인 방법으로 소모하도록 운동을 해야 한다.
⑦ 당뇨병, 고혈압 등의 합병증을 가지고 있는 노인은 반드시 의사와 상의한 다음에 운동을 해야 한다.

■ 운동효과를 올리려고 너무 심하게 다이어트를 하면 영양실조에 걸릴 위험이 커진다.

심화문제

24 비만 노인의 운동방법에 대한 일반적인 설명으로 적절하지 않은 것은?

① 심폐지구력과 함께 근력운동을 권장한다.
② 규칙적 유산소운동으로 체지방율을 감소시킨다.
③ 비체중부하운동보다는 체중부하운동을 권장한다.
④ 운동강도 설정 방법으로 최대심박수(HRmax)보다는 운동자각도(RPE)를 권장한다.

■ 비만노인에게는 체중이 부하되지 않는 운동을 실시해야 한다. 체중부하운동은 무릎이나 발목관절에 무리를 줄 수 있다.

정답 22 : ②, 23 : ⑤, 24 : ③

25 보기는 만성질환 노인의 운동 효과이다. ㉠~㉢에 들어갈 용어를 바르게 연결한 것은?

보기
» 비만 노인의 체지방량이 (㉠)하고, 근육량은 유지 및 증가된다.
» 당뇨 노인의 혈당량이 감소하고, 근육의 인슐린 민감성이 (㉡)된다.
» 골다공증 노인의 골밀도 (㉢)가 개선되고, 낙상과 골절이 예방된다.

	㉠	㉡	㉢		㉠	㉡	㉢
①	감소	증가	감소	②	증가	증가	감소
③	감소	증가	증가	④	증가	감소	증가

■운동을 하면 체지방량은 감소한다.
■운동을 하면 인슐린 민감성이 증가한다.
■운동을 하면 골밀도 감소현상이 개선된다.

26 대한비만학회의 비만판정 기준으로 옳은 것은?

보기
㉠ BMI > 25　　㉡ BMI > 20
㉢ 허리둘레　남자 > 90cm　여자 > 85cm
㉣ 허리둘레　남자 > 100cm　여자 > 90cm

① ㉠+㉢　② ㉡+㉢　③ ㉠+㉣　④ ㉡+㉣

필수문제

27 비만 노인을 위한 운동프로그램의 구성이다. 잘못된 것은?

① 국소운동보다 전신운동이 바람직하다.
② 유산소운동과 근력운동에 중점을 둔다.
③ 운동효과를 가급적이면 빠르게 얻을 수 있도록 운동량을 높게 잡는다.
④ 1회 운동시간을 적어도 20분 이상으로 한다.

■비만인 노인을 위한 운동프로그램에서 운동량은 처음에는 낮게 잡았다가 서서히 올려야 한다.

심화문제

28 비만 노인을 대상으로 한 운동의 효과에 대한 설명 중 가장 바른 것은?

① 일반적으로 비만치료는 운동치료보다 약물요법과 수술요법을 우선적으로 시행한다.
② 비만을 측정하는 가장 대표적인 방법은 목표심박수계산법이다.
③ 뇌졸중 위험이 있는 비만 노인에게는 서서히 운동강도를 높이는 것이 바람직하다.
④ 가벼운 산책, 자전거 타기, 수영은 비만치료에 도움이 되지 않는다.

정답　25 : ①, 26 : ①, 27 : ③, 28 : ③

필수문제

29 보기에서 설명하는 것은?

보기
» 노화와 관련한 대표적인 증상 또는 질환이다.
» 근육 위축(muscle atrophy)으로도 알려져 있다.
» 유산소 능력, 골밀도, 인슐린 민감성 및 신진대사율 감소를 유발할 수 있다.

① 근감소증 ② 근이영양증
③ 루게릭병 ④ 근육지긴장증

- **근감소증** : 근육을 구성하는 근육섬유의 수가 줄어드는 증상. 노화에 따라 근육량이 줄어들고 근육기능이 저하된 증상.
- **근이영양증** : 근위축증(근디스트로피). 점진적인 근육 약화가 특징인 유전성 질환. 듀센형 근이영양증(디스트로핀 단백질이 없거나 매우 적어서 발생하는 진행성 근력 약화 및 소모)과 베커형 근이영양증(듀센형보다 증상이 가볍거나 늦게 시작됨)이 있다.
- **루게릭병** : 척수신경 또는 간뇌(사이뇌)의 운동세포가 서서히 파괴됨으로써 이 세포의 지배를 받는 근육이 위축되어 기능을 못한다.
- **근육저긴장증**(근긴장저하증) : 운동신경에 영향을 주는 여러 원인에 의해 근육의 저항이 낮아져 팔다리를 힘없이 늘어뜨리거나 머리를 잘 가누지 못하는 증상.

- 근골격계질환 노인을 위한 운동 프로그램
  - 저 또는 중간강도의 운동
  - 긴 시간보다 짧은 시간의 1회 운동
  - 인터벌 운동으로 관절이 휴식
  - 관절에 부담을 적게 주는 수영 또는 자전거타기(관절염)
  - 단축된 결합조직 이완을 위한 유연성 운동(척추질환)
  - 전도 예방을 위한 체중부하 운동(근감소증)
  - 골밀도 증가를 위한 체중부하운동(골다공증)
  - 운동 전후의 뜨거운 사우나는 좋지 않다.
- 근골격계 질환자에게는 ㉡ 수영, ㉣ 수중 운동, ㉥ 고정식 자전거 타기를 권장한다.

필수문제

30 노인의 근·골격계 질환에 관한 권장 운동으로 옳지 않은 것은?(2024)

① 골다공증: 골밀도 증가를 위한 수영
② 관절염: 관절 부담을 적게 주는 자전거 운동
③ 척추질환: 단축된 결합조직을 이완시키는 유연성 운동
④ 근감소증: 넘어짐을 예방하기 위한 체중부하 근력 운동

심화문제

31 보기에서 근골격계 질환이 있는 노인에게 적합한 운동만을 모두 고른 것은?

보기
㉠ 등산 ㉡ 수영 ㉢ 테니스
㉣ 수중 운동 ㉤ 스케이팅 ㉥ 고정식 자전거 타기

① ㉠, ㉡, ㉢ ② ㉡, ㉣, ㉥ ③ ㉢, ㉣, ㉤ ④ ㉣, ㉤, ㉥

정답 29 : ①, 30 : ①, 31 : ②

노인체육론

필수문제

32 퇴행성관절염에 대한 설명이다. 틀린 것은?

① 고령이나 직업적으로 특정관절을 지나치게 사용하여 관절연골이 마모되었기 때문에 발병한다.
② 관절연골이 재생되는 것을 돕기 위해서 깁스 등으로 묶어두어야 한다.
③ 근력운동과 유산소운동을 병행하는 것이 좋고, 수중운동과 실내에서 자전거타기가 좋다.
④ 30~40%의 저강도운동을 10분 이하 실시한 다음에 반드시 쉬어야 한다.

■ 관절을 묶어두면 관절윤활액이 순환되지 않아서 염증이 악화되고 골다공증을 유발시킬 수 있다.

심화문제

33 관절염이 있는 노인이 운동을 할 때 주의해야 할 사항과 거리가 먼 것은?

① 근육이 피로하면 관절에 통증이 올 수 있으므로 근육의 피로를 피한다.
② 체중을 줄이면 관절염 증상을 완화시킬 수 있다.
③ 운동 시간은 짧게 자주하는 것이 좋다.
④ 합병증이 생기지 않도록 주의한다.

■ 관절염은 합병증이 거의 없다.

34 관절염 노인의 운동에 대한 설명으로 가장 적절한 것은?

① 운동강도는 통증 정도를 고려하여 설정한다.
② 수중운동은 운동형태로 적합하지 않다.
③ 염증 부위의 운동강도를 증가시킨다.
④ 고강도 유산소성 운동을 권장한다.

■ 관절염노인에게는 통증 정도를 고려하여 불편함을 느끼기 시작하는 강도보다 낮은 강도의 운동을 실시해야 한다.

35 무릎골관절염 노인의 운동을 지도할 때 고려사항으로 옳지 않은 것은?

① 저항성 운동할 때 통증을 유발하는 운동은 등척성 운동으로 대체할 수 있다.
② 불편함을 느끼기 시작하는 강도보다 낮은 강도로 운동을 시작한다.
③ 수중운동의 경우 물의 온도는 약 29~32°C를 권장한다.
④ 무릎관절에 충격이 큰 체중부하 운동을 권장한다.

■ 무릎 관절염 노인에게 체중부하 운동은 증상을 악화시킨다.

36 장기적으로 사용하였기 때문에 관절연골이 마모되어서 생기는 질환은?

① 퇴행성관절염 ② 류머티스관절염
③ 골다공증 ④ 파킨슨병

■ 류머티스관절염은 일종의 질병이다.

정답 32 : ②, 33 : ④, 34 : ①, 35 : ④, 36 : ①

필수문제

37 요통을 예방하는 방법으로 옳은 것은?

① 등을 굽히고 선다.
② 등을 굽히고 걷는다.
③ 장시간 계속 서 있는 것을 피한다.
④ 등을 굽히고 앉는다.

■요통환자는 등을 굽히고 서기 · 걷기 · 앉기 등은 좋지 않으며, 오랜 시간 계속해서서 있지 않도록 한다.

심화문제

38 요통환자를 위한 운동으로 적절하지 못한 것은?

① 요통체조 ② 걷기 ③ 접영 ④ 배영

■배영은 좋지만, 접영은 요통을 더 악화시킨다.

39 근감소증을 겪고 있는 노인이 일상생활에서 할 수 있는 근육증강훈련으로 가장 효과가 낮은 것은?

① 느린 속도로 수영하기
② 무게를 이용한 저항성 운동하기
③ 앉았다 일어서기 반복하기
④ 계단 오르기 반복하기

■근육증강훈련으로는 저항성운동이 좋다.
■느린 속도로 하는 수영은 유산소운동이므로 심혈관계질환이 있는 노인에게 좋다.

필수문제

40 보기의 ㉠, ㉡에 들어갈 내용을 바르게 연결한 것은?

보기
» 폐경으로 인한 (㉠) 감소로 골다공증 위험 증가
» 대사작용의 산물인 (㉡)의 증가가 여러 노화 관련 질환 유발

	㉠	㉡
①	테스토스테론	활성산소
②	테스토스테론	젖산
③	에스트로겐	활성산소
④	에스트로겐	젖산

■**테스토스테론** : 가장 중요한 남성호르몬, 고환의 사이질세포(Leydig's cell)에서 만들어지며, 부신이나 난소에서도 소량이 만들어짐. 중간 · 고강도의 저항운동 시 분비가 촉진됨.
■**젖산** : 젖산균에 의해 당으로부터 생성되는 유기산
■**에스트로겐** : 여성호르몬. 난소의 소포에서 생성됨. 폐경으로 분비량이 감소하면 신체적 · 정서적 변화가 나타남. 또한 비만, 심혈관계통질환, 골관절질환 등의 발병위험도 상승함.
■**활성산소** : 인체의 대사과정에서 생성됨. 과도하게 생성되면 세포 손상을 유발하는 산화 스트레스를 일으킬 뿐만 아니라 다양한 질병의 원인이 됨.

필수문제

41 골다공증이 있는 노인의 운동에 관한 설명으로 적절하지 않은 것은?

① 심각한 골다공증이 있는 노인에게는 최대근력검사를 권장하지 않는다.
② 통증을 유발하지 않는 중강도 운동을 권장한다.
③ 평형성 향상을 위한 운동을 권장한다.
④ 체중 지지 운동은 권장하지 않는다.

■골다공증 노인에는 체중부하운동이나 균형감을 증진시키는 운동을 권장한다.

정답 37 : ③, 38 : ③, 39 : ①, 40 : ③, 41 : ④

심화문제

42 골다공증 노인에게 운동을 지도할 때 고려해야 할 사항으로 옳지 않은 것은?

① 허리를 뒤로 젖혀서 과신전을 증가시키는 운동은 주의해야 한다.
② 체중부하운동이 불가능한 경우 수중걷기, 수중부하운동을 권장한다.
③ 골밀도를 증가시키기 위해서는 고강도 점프운동을 권장한다.
④ 근력수준에 적합한 체중부하운동과 저항성 근력운동을 실시한다.

■ 고강도 점프운동을 하면 뼈가 부러질 수도 있다.

43 골다공증을 예방하기 위한 운동방법으로 옳지 못한 것은?

① 골밀도가 감소하여 골절 가능성이 높은 상태를 골다공증이라고 한다.
② 칼슘섭취와 등산, 오르막 걷기, 자전거타기 등이 좋고, 수중운동이나 실내에서 자전거 타기는 운동효과가 거의 없다.
③ 골밀도를 증가시켜야 하므로 과격한 운동을 해야 한다.
④ 저항성 근력 운동을 해야 하고, 운동강도는 60%에서 시작해서 90%까지 늘려도 된다.

■ 과격한 운동을 하면 밀도가 개선되기 전에 골절될 위험성이 크다.

44 골다공증을 예방하기 위해서 뼈에 자극을 주는 방법으로 옳지 못한 것은?

■ 체중이 실리지 않는 운동은 뼈가 튼튼해지지 않는다.

① 정적인 자극보다는 동적인 자극을 준다.
② 평상시 부하를 받는 패턴과는 다른 패턴의 자극을 준다.
③ 칼슘과 비타민 D를 충분히 섭취한다.
④ 수중운동이나 실내에서 자전거타기가 효과적이다.

필수문제

45 보기에서 설명하는 질환은?

보기
» 진행성 신경장애-운동완서
» 근육경직-휴식 시 진전
» 자세 불안정-균형감각 장애

① 골다공증 ② 파킨슨병
③ 퇴행성 관절염 ④ 심근경색

■ 파킨슨병 : 신경계통의 만성 퇴행성 진행형 질환으로 떨림, 경직, 운동완서, 자세불안정 등이 나타난다.
■ 심근경색 : 심장동맥의 혈전 또는 심장동맥 경화증 때문에 순환장애를 일으켜 발작성 쇼크상태가 되는 심장질환.
■ 퇴행성 관절염(p. 270) 참조
■ 골다공증(p. 271) 참조

정답 42 : ③, 43 : ③, 44 : ④, 45 : ②

심화문제

46 파킨슨질환(Parkinson's disease)에 대한 설명으로 옳지 않은 것은?

① 신경전달물질인 도파민의 증가로 유발된다.
② 노인에게서 나타나는 퇴행성 신경계 질환 중의 하나이다.
③ 체형변화로 인한 부작용을 근력운동으로 지연시킬 수 있다.
④ 만성적인 진행성 질환이기 때문에 규칙적인 운동이 필요하다.

■파킨슨질환은 도파민의 부족 때문에 생기는 병이다.

47 다음 중에서 파킨슨병의 증상은?

① 기립성 빈혈 ② 운동 완서 ③ 불규칙적 호흡 ④ 시력 감퇴

■기립성 빈혈은 앉아 있다가 일어서면 빈혈 때문에 어지러운 것이고, 운동 완서는 운동이 비정상적으로 완만하거나 육체적 · 정신적 반응이 둔한 상태를 말한다.

필수문제

48 뇌졸중 노인을 위한 운동지도에서 고려해야 할 사항으로 옳은 것은?

① 똑바로 선 상태에서 스텝핑 운동을 빠르게 하도록 한다.
② 마비가 안 된 쪽에 집중적으로 스트레칭 운동을 실시하도록 한다.
③ 낙상위험 때문에 균형감각과 기동성 향상을 위한 운동을 실시하지 않는다.
④ 우측마비 노인의 경우, 언어지시보다 행동적 시범을 보인다.

■뇌졸중 노인은 빠른 스텝핑 운동을 하기 어렵다.
■마비된 쪽의 관절이 굳는 것을 방지하기 위해 관절가동범위 운동을 한다.
■편마비로 인해 한쪽 팔다리를 사용하지 못하므로 균형감각을 키우는 운동이 필요하다.

심화문제

49 혈전이나 출혈에 의해서 뇌 순환 기능에 이상이 생긴 질병은?

① 고혈압 ② 뇌졸중 ③ 심장병 ④ 치매

필수문제

50 치매는 뇌기능이 손상되어 일상생활에 지장을 받을 정도로 기억력의 감소, 언어 및 이해력의 장애, 사고능력의 장애 등이 발생한 상태이다. 다음 치매환자의 운동에 대한 설명 중 틀린 것은?

① 뇌신경세포의 퇴화 및 변성에 의한 알츠하이머형 치매는 치료가 어렵고, 뇌로 가는 혈관이 막히거나 터져서 생기는 혈관성 치매는 유발요인을 개선하면 치료효과가 높다.
② 뇌에 신선한 산소를 공급하고 뇌신경세포에 자극을 주어 활성화시키는 것이 운동의 목적이다.
③ 오전에, 거의 매일, 규칙적으로, 걷기와 같은 일상생활에 필요한 신체의 움직임을 연습하는 것이 좋다.
④ 지도자나 보호자가 있는 상태에서 넘어지지 않게 주의하여야 하고, 이중과제나 마사지는 피하는 것이 좋다.

■물 컵 들고 걷기와 같은 이중과제는 주의력을 향상시킬 수 있어서 좋고, 마사지는 뇌신경세포에 자극을 주는 효과가 있으므로 적극 권장한다.

정답 46 : ①, 47 : ②, 48 : ④, 49 : ②, 50 : ④

노인체육론

심화문제

51 노인 치매에 대한 설명 중 옳지 않은 것은?

① 노인 치매는 치료가 어렵고, 삶의 질을 저하시키는 아주 큰 요인이다.
② 알츠하이머병이나 파킨슨병과 같은 뇌질환이 원인인 치매를 비가역성 치매 또는 1차적 치매라고 한다.
③ 알코올, 화학물질, 비타민결핍 등이 원인인 치매를 가역성 치매 또는 2차적 치매라고 한다.
④ 가역성 치매는 치료가 불가능하다.

■ 가역성 치매라는 말은 원래상태로 되돌릴 수 있는 치매라는 뜻이다.

52 치매 예방에 별로 도움이 되지 못하는 것은?

① 영양섭취 ② 지적 활동 ③ 수면시간 단축 ④ 규칙적인 운동

■ 수면시간을 늘리고 숙면을 하면 치매예방에 도움이 된다.

53 알츠하이머형 치매의 증상이 아닌 것은?

① 기억상실 ② 과잉반응 ③ 의사소통의 어려움 ④ 근육의 약화

■ 치매에 걸렸다고 힘이 없어지는 것은 아니다.

54 치매 노인을 위한 운동지도에서 고려해야 할 사항으로 옳지 않은 것은?

① 운동프로그램을 단순하게 구성하고 잔존 운동기술을 강화하도록 한다.
② 집중 시간이 짧으므로 운동을 하면서 숫자를 세거나 박수를 치도록 한다.
③ 불안과 초조함을 경감시킬 수 있도록 스트레칭을 지도한다.
④ 복잡한 운동 동작은 한 번에 자세하게 설명해 주어야 한다.

■ 치매노인은 지능 · 의지 · 기억 등의 전신 기능이 현저하게 감소하므로 복잡한 동작은 도움이 되지 않는다.

55 노인들은 건강 및 기능상태가 아주 다양하므로, 건강상태에 따라서 의료 및 보건의 목표가 다르다. 다음 중 건강상태와 의료 및 보건의 목표가 잘못 짝지어진 것은?

① 건강노인 : 허약 및 장애의 예방 ② 허약노인 : 치료 및 기능상태의 극대화
③ 치매노인 : 완치 또는 재활 ④ 종말기 노인 : 완화

■ 치매 노인에게는 보호 및 완화요법이 필요하다.

필수문제

56 보기에서 치매 노인에게 적합한 운동 형태로 옳은 것만을 모두 고른 것은?(2024)

보기
ㄱ. 계단 오르내리기 ㄴ. 밴드를 이용한 저항운동
ㄷ. 물건 들고 안전하게 보행하기 ㄹ. 대근육군을 사용하는 자전거 타기

① ㄱ, ㄴ, ㄷ, ㄹ ② ㄴ, ㄷ, ㄹ ③ ㄷ, ㄹ ④ ㄹ

■ 치매 노인에게는 걷기, 조깅, 자전거타기, 수영(ㄱ, ㄷ, ㄹ) 등과 같은 유산소 운동과 가벼운 근력증진운동(ㄴ)이 좋다.

정답 51 : ④, 52 : ③, 53 : ④, 54 : ④, 55 : ③, 56 : ①

■중증치매 노인은 자신에게 적합한 운동을 선택하기 위해 반드시 운동처방을 받아야 하므로 그룹운동보다는 개별운동으로 진행해야 한다.
■치매노인은 새로운 활동이나 운동에 참여하는 데 불편함을 느끼므로 보호자가 운동 프로그램에 반드시 참여해야 한다.
■수면시간을 단축하면 치매의 위험성이 커진다.

57 치매 노인의 신체활동 효과 및 운동지침으로 가장 적절한 것은?

① 중증 치매 노인의 경우, 그룹운동이 개별운동보다 더 효과적이다.
② 단순하고 반복적인 운동보다는 복잡하고 새로운 운동을 권장한다.
③ 뇌에 산소공급량을 감소시키고 신경세포 활성에 도움을 준다.
④ 지도자나 보호자를 동반하여 운동을 실시한다.

58 노인의 치매 예방을 위해서 필요한 것이 아닌 것은?

① 규칙적인 운동　② 지적 활동
③ 수면시간의 단축　④ 균형 잡힌 영양 섭취

59 치매 노인을 위한 보건 또는 운동 목표를 잘못 설명한 것은?

■치매노인에게 운동을 실시하면 인지력이 어느 정도 개선된다.

① 현재의 기능 상태를 최대한 보존한다.
② 질병의 진행을 완화시키려고 노력한다.
③ 신체 및 인지기능이 개선될 가능성이 전혀 없으므로 포기한다.
④ 심장혈관계통 질환이나 낙상으로 인한 합병증이 생기지 않도록 주의한다.

60 알츠하이머 질환이 있는 노인을 대상으로 운동 프로그램을 실시할 때 적절하지 않은 것은?

■알츠하이머 환자에게 운동을 실시할 때는 운동강도가 낮고 간단한 동작 위주로 해야 한다.

① 병이 진행됨에 따라 보호자가 환자를 운동 프로그램에 데려오고 싶지 않은 것에 대처한다.
② 노인환자가 운동프로그램이나 운동환경에 흥분할 수도 있는 행동의 변화를 고려한다.
③ 노인환자의 신체 및 정신적 건강이 쇠퇴하면서 생기는 문제에 대처한다.
④ 운동 프로그램은 가능한 어렵고 복잡한 동작 위주로 구성한다.

■인지기능 : 사고, 기억, 인지, 의사소통, 인식, 계산, 문제해결 등과 같은 지적인 일의 수행능력. 노화가 진행되면 인지기능의 저하가 시작됨.
■결정성 지능 : 문제해결능력, 언어능력, 산술 및 기계적 지식 등인데, 이것은 삶의 오랜 시간 속에서 점차 확장되어 가는 지식임.
■유동성 지능 : 기억력, 추리력, 추론능력 등

필수문제

61 노화에 따른 인지기능 변화로 옳지 않은 것은?(2024)

① 유동성 지능의 감소　② 결정성 지능의 감소
③ 단기 기억력의 감소　④ 인지 처리 속도의 지연

심화문제

62 노인의 만성질환에 따른 운동의 효과에 대한 설명으로 적절하지 않은 것은?

■치매노인에게 운동을 실시하면 치매로 인해 쇠퇴한 신경전달물질이 효과적으로 작용하여 뇌세포의 노화를 지연시키므로 기억력 회복과 인지력 개선에 도움이 된다.

① 비만 노인은 체지방량이 감소되고 제지방량이 증가된다.
② 당뇨 노인은 혈당량이 감소되고 인슐린 감수성이 향상된다.
③ 골다공증 노인은 골밀도 감소가 개선되고 낙상이 예방된다.
④ 치매 노인은 기억력이 감소되고 인지력 저하가 개선된다.

정답 57 : ④, 58 : ③, 59 : ③, 60 : ④, 61 : ②, 62 : ④

노인체육론

필수문제

63 보기에서 표의 특성을 가진 노인의 운동처방에 관한 설명으로 옳은 것만을 모두 고른 것은?(단, ACSM, 2022 기준)(2024)

표
· 나이 : 68세 · 성별: 남 · 흡연
· 신장 : 170 cm · 체중: 65 kg · BMI : 22.5kg/m^2
· 혈압: SBP 129 mmHg, DBP 88 mmHg
· LDL—C: 123 mg/dL, HDL—C: 41 mg/dL
· 공복 시 혈당 : 98 mg/dL · 근력운동의 경험 없음
· 지난 3개월 동안 주 2회, 20분 정도의 천천히 걷기 운동
· 걷기 운동 시 별다른 신체적 증상 없으나 가끔 종아리 통증이 느껴짐.

보기
ㄱ. 심혈관질환 위험요인의 양성 위험요인은 1개이다.
ㄴ. 선별알고리즘에 따라 중강도 운동 시 의료적 허가가 권장되지 않는다.
ㄷ. 운동자각도(10점 척도) 5~6의 빠르게 걷는 유산소 운동을 한다.
ㄹ. 1RM의 40~50%의 강도로 대근육군을 활용한 근력 강화 운동을 한다.
ㅁ. 과체중이므로 체중감량을 위한 운동처방을 해야 한다.

① ㄱ, ㄴ, ㄷ ② ㄱ, ㄹ, ㅁ ③ ㄴ, ㄷ, ㄹ ④ ㄷ, ㄹ, ㅁ

■ ASCM 11판(2022)의 심혈관질환 발생의 위험 요인은 4개임(ㄱ).
· 남자 45세 이상
· 흡연자
· 3개월 동안 주 2회 이상 20분 정도 천천히 걷기 운동 안 함
· HDL-C : 40mg/dl 이상
■ BMI=23kg/m^2 이상이면 과체중인데, 이 노인은 22.5kg/m^{2}이므로 과체중이 아님(ㅁ).

필수문제

64 세계보건기구(World Health Organization)가 제시한 노인의 신체활동에 대한 심리적 단기 효과는?(2024)

① 이완(relaxation)
② 기술 획득(skill acquisition)
③ 인지 향상(cognitive improvement)
④ 운동제어와 수행(motor control and performance)

■ WHO가 제시한 노인의 신체활동에 대한 심리적 단기 효과
· 불안 · 우울 · 스트레스 수준 저하
· 운동기술 획득 · 운동수행 · 인지능력 등은 6개월 이상 꾸준히 해야 향상 효과가 있음.

필수문제

65 페르브뤼헌과 예테(L. Verbrugge & A. Jette, 1994)의 장애과정 모델에서 장애에 이르는 과정을 옳게 나열한 것은?(2024)

① 손상 → 기능적 제한 → 병 → 장애 ② 병 → 손상 → 기능적 제한 → 장애
③ 손상 → 병 → 기능적 제한 → 장애 ④ 병 → 기능적 제한 → 손상 → 장애

■ 장애과정 모델
· 병→손상→기능 제한→장애

정답 63 : ③, 64 : ①, 65 : ②

노인체육의 효과적인 지도

의사소통 기술

1 노인스포츠지도사가 수행해야 할 역할

☞ 체육교사의 역할……신체활동의 원리와 방법 등을 알려주는 역할

☞ 복지 안내자의 역할……노인 복지정책과 그 이용 방법 등을 알려주는 역할.

☞ 건강 관리사의 역할……노인들의 건강을 관리해주는 역할.

☞ 상담사의 역할……노인들의 이야기를 들어주고 문제해결을 도와주는 역할.

☞ 홍보 및 보급 담당자의 역할……노인들이 지속적으로 운동할 수 있게 만드는 역할.

위와 같은 역할을 효과적으로 수행하기 위해서는 노인스포츠 지도사는 다음과 같은 마음가짐을 가져야 한다.

☞ 예의 바른 마음……노인들을 자신의 부모님처럼 공경하고 예의 바르게 대하려는 마음을 가져야 노인들과 소통을 잘 할 수 있다.

☞ 따뜻한 마음……따뜻한 마음으로 노인들을 대해야 마음을 서로 주고받을 수 있어 뜻 깊은 관계를 형성할 수 있다.

☞ 겸손한 마음……단호하지만 권위적이지 않고, 확실하지만 겸손한 마음을 가져야 노인들이 지도자를 믿고 따를 수 있다.

☞ 인내하는 마음……노인들에게는 물론이고 자기 자신에게도 참고 기다려야 원하는 목표를 달성할 수 있다.

2 노인들과 의사소통 방법

▶ 타인과 의사소통이 잘 안 되는 이유

☞ 상대의 말을 귀 기울여 들으려 하지 않기 때문이다.

☞ 말하는 사람과 듣는 사람이 신념, 경험, 생각의 깊이가 다르기 때문에 같은 말도 다르게 들리고, 다르게 해석될 수 있다.

☞ 자유롭게 표현할 수 있는 분위기가 아니기 때문이다.

☞ 듣고 싶은 이야기만 골라서 들으려 하기 때문이다.

▶ 좋은 의사소통의 요소

좋은 의사소통이 되려면 말하는 사람과 듣는 사람이 다음과 같은 요소를 갖추고 있어야 한다.

☞ 공감(empathy, 귀담아 듣기)……상대방의 입장이 되어서 그 사람의 생각과 감정을 인정해주는 것이다.

☞ 주장(assertiveness, 자기표현)……자신의 의사를 상대에게 전달하는 1차적인 책임은 말하는 사람에게 있다. 상대방이 자신의 의사를 잘 못 인식하고 있는 것 같으면 자신의 의사를 분명하고 정확하게 표현할 수 있는 다른 방법을 찾아봐야 한다.

☞ 존중(respect)……상대방을 설득시키려고 한다든지, 깔아뭉개버리려는 태도를 보이면 안 되고 상대를 존중하는 자세로 대해야 한다.

▶ 노인과의 의사소통 기술

☞ 임파워먼트……노인과 상담 또는 대화를 할 때 노인의 능력을 믿어주고, 노인에게 필요한 사회적 자원을 획득할 수 있도록 도와주는 것을 말한다.

☞ 감각과 지각의 증대……노인들은 감각기관의 기능 쇠퇴로 의사소통을 하고 집중하는 데에 걸림돌이 되는 경우가 많다.

☞ 뇌와 관련된 질병……뇌와 관련된 질병으로 실어증, 실독증, 실서증, 실행증, 구음장애 등을 앓고 있는 노인과 의사소통을 하기 위해서는 증세에 맞는 소통기술을 알고 있어야 한다.

☞ 존경하는 마음으로……노인과 대화할 때에는 반드시 경어를 사용해야 하고, 노인이 불리고 싶어 하는 호칭으로 불러야 한다.

☞ 가까이서……노인과 이야기할 때에는 가급적이면 가깝게 다가가서, 낮고 똑똑한 목소리로, 눈을 마주보면서 이야기해야 한다.

☞ 충분한 시간을 가지고……노인과 이야기할 때에는 서둘지 말고 시간을 가지고 천천히 이야기해야 하고, 충분히 의사소통이 되었는지 확인해봐야 한다.

☞ 질문은 간단하게 ……노인과 이야기할 때에는 가급적 간단한 문장으로, 한 가지 내용씩 질문해야 한다.

☞ 개인적인 문제는 조심해서……노인들은 자신의 문제가 남에게 노출되는 것을 싫어한다.

☞ 비언어적 표현에 주의해야……노인과 대화할 때에는 비언어적인 의사소통에 민감해야 한다. 말로는 아무렇지 않다고 하면서 실제로는 몹시 괴로워하는 것은 표정이나 몸짓 또는 자세를 보면 알 수 있다.

☞ 조심성……노인들은 조심성이 많아서 한 가지 질문에 대한 대답도 한참 생각했다가 말을 골라서 하려고 한다.

☞ 의존성……노인들은 나이가 들수록 의존성이 커진다. 그래서 이야기를 더 하면서 같이 있고 싶어 하고, 일부러라도 무엇을 부탁해서 자기와 가까이 하려고 한다.

☞ 자녀처럼……노인이 스포츠지도사를 자녀처럼 보게 만들면 안 된다. 그러면 노인이 말도 안 듣고 오히려 스포츠지도사를 훈계하려고 한다.

☞ 무능력자……스포츠지도사가 노인을 힘도 없고 능력도 없는 무능력자로 보면 절 대 안 된다.

☞ 노인은 자신의 건강문제에 대하여 자세히 설명하려고 한다. 이야기는 끝까지 듣되, 도와드리는 데에 한계가 있다는 것을 분명히 해야 한다.

3 노인운동의 지도기법

▶ 노인들을 교육할 때 적용해야 할 기본원리

☞ 자발성의 원리……노인들은 경험과 지식이 풍부하므로 강압적·타율적 교육은 안 되고 자발성을 기초로 이루어져야 한다.

☞ 경로의 원리……노인이 교육을 받으러 온 것은 소외감이나 좌절감을 극복하려고 또는 소일거리의 하나로 온 것이지 무엇을 배워서 써먹어야겠다는 생각으로 온 것이 아니다. 그러

므로 교사는 경로사상을 가지고 노인 학생들을 대해야 한다.

☞ 사제동행의 원리……노인 교육에서는 학생과 교사가 동등한 입장이고, 교사와 학생의 상호 합의에 의해서 교육이 이루어지므로, 모든 교육활동을 학생과 교사가 동행해야 한다.

☞ 생활화의 원리……노인들에게 가르치는 내용과 방법이 일상생활과 밀접한 관련이 있어야 한다.

☞ 직관의 원리……노인들은 문자로 된 책을 읽는 것보다 비디오로 보거나 다른 감각 기관을 통해서 직접적으로 느끼는 것을 좋아한다.

☞ 개별화의 원리……지적 능력, 학력, 흥미, 성격, 경험, 건강상태, 생활수준, 경제력 등이 노인들 상호간에 차이가 아주 심하므로 개별화 학습이 필요하다.

☞ 경험의 원리……노인들은 자기에게 친숙하거나, 흥미를 가지고 있거나, 자신에게 의미가 있는 과제를 주면 열심히 하고 그렇지 않은 것은 방치해버리기 쉽다.

☞ 사회화의 원리……노인을 교육하는 가장 중요한 목표 중의 하나가 급격하게 변하는 사회적 환경에 노인이 적응할 수 있도록 돕는 것이다.

☞ 다양화의 원리……노인을 교육할 때는 주입식 교육보다는 다양한 체험·활동을 통한 교육이 필요하다.

▶ 노인 운동 지도의 6단계

ⓐ 제1단계 : 참가자들의 기대와 운동 목표 살피기

노인 체육교실 참가자들은 그 운동프로그램의 효과에 대하여 상당한 기대를 갖고 있다.

ⓐ 제2단계 : 참가자들의 개인 목표 정하기

참가자가 자신의 목표를 스스로 결정할 수 있도록 도와주는 것이다.

ⓐ 제3단계 : 피드백 제공하기

운동 중에 피드백을 제공하고, 운동 목표를 향한 진행상황을 수시로 점검한다.

ⓐ 제4단계 : 보상과 인센티브 제공하기

체육교실에 참여한 노인 중에서 자신이 설정한 목표를 달성하거나 초과 달성한 노인을 여러 사람이 알 수 있도록 칭찬해주는 것이다.

ⓐ 제5단계 : 걸림돌 극복하기

운동을 하다가 보면 방해가 되는 걸림돌을 만날 때가 많다. 걸림돌을 제거하는 가장 알맞은 방법은 본인이 가장 잘 알고 있으므로 본인이 걸림돌을 극복할 수 있도록 옆에서 도와주면 된다.

ⓐ 제6단계 : 운동을 지속하게 만들기

대부분의 노인 체육교실은 3~6개월 단위로 새로운 참가자들을 모집한다. 그러므로 체육교실에 참가했던 노인들끼리 모임을 만들어서 운동을 지속적으로 할 수 있는 준비를 하도록 유도해야 한다.

노인 운동의 위험관리

1 노인 운동시설의 안전관리

▶ 시설의 안전관리

노인 운동참여자들이 안전하게 운동할 수 있도록 다음 사항을 지켜야 한다.

☞ 어떠한 응급상황에도 신속하게 대응할 수 있도록 응급조치 계획을 세운 다음 그 내용을 눈에 잘 띄는 곳에 게시해야 한다.
☞ 노인스포츠지도사들을 대상으로 응급조치 훈련을 정기적으로 해야 한다.
☞ 운동에 참여한 노인들 중에 신체에 이상이 있는 사람은 없는지 운동 시작 전에 확인해야 한다.
☞ 노인스포츠지도사는 반드시 심폐소생술을 실시하는 방법을 알아야 한다.
☞ 노인스포츠지도사는 시설과 장비의 사용 방법을 잘 알고 있어야 하고, 노인 운동 참여자가 올바른 방법으로 이용할 수 있도록 지도해야 한다.
☞ 노인들이 운동하는 동선을 파악하여 운동시설과 장비를 안전하게 배치해야 한다.
☞ 운동장비의 사용방법과 사용 시 주의사항을 적절한 장소에 게시해야 한다.
☞ 운동시설과 장비를 설치할 때에는 제조업자가 권고하는 방법을 따라야 한다.
☞ 운동시설과 장비의 안전점검 일지를 매일매일 기록하고, 이상 유무룰 반드시 체크해야 한다.

▶ 환경과 장소의 안전관리
☞ 운동하는 장소에 위험한 물건이나 건강에 해로운 물질이 없는지 잘 살펴보아야 한다.
☞ 무덥고 다습한 환경, 춥고 건조한 환경, 직사광선이 내려 쪼이는 곳, 너무 소란한 곳에서 운동하는 것은 피해야 한다.
☞ 수중운동을 할 때에는 수온과 물의 깊이를 체크해야 하고, 보온 대책과 응급처치 방법을 미리 강구해야 한다.
☞ 노인들은 대부분 시각과 청각에 어느 정도의 이상이 있다는 것을 염두에 두고 장소를 선택해야 한다.

▶ 응급상황의 관리
☞ 운동을 시작하기 전에 반드시 참가자들의 건강상태를 체크해야 한다.
☞ 심장병을 앓고 있거나 심장병을 앓은 병력이 있는 사람이 있으면 운동강도를 바꿀 때마다 체크해야 한다.
☞ 당뇨병환자가 있으면 사탕이나 초콜릿을 준비해두어야 한다.
☞ 노인들은 빨리 피로를 느끼므로 운동 중간중간에 쉬면서 해야 한다.
☞ 응급상황이 발생했을 때 119와 가족에게 연락할 수 있는 비상연락망을 갖추어 놓아야 한다.
☞ 응급상황에 지도자가 당황하면 안 된다. 지도자는 자신이 어떤 처치를 직접 하는 것보다는 운동 참가자들이 처치를 할 수 있도록 지시하는 것이 더 중요하다.
☞ 심폐소생술을 적용할 수 있도록 항상 AED를 준비해두고 있어야 한다.

2 일반적인 응급처치법

어떠한 긴급상황에서든 다음의 기본적인 행동단계를 지켜야 한다.

상황판단 → 응급처치 장소를 안전하게 → 환자를 1차평가방법으로 평가 → 가장 심하게 손상당한 환자부터 응급처치

▶ 상황판단하기

현장 상황을 정확하게 판단하는 것이 사고관리에서 가장 중요하다. 침착한 자세로 안전에 위협이 되는 것이 무엇인지 확인하고, 동원 가능한 인력·장비·도구 등을 판단한다. 사고의 원인은 무엇이고, 몇 사람이 관련되어 있으며, 어린이나 노인은 없는지 알아본다.

▶ 장소를 안전하게 만들기

사고가 발생하도록 만든 장소에는 위험요소가 아직도 존재하고 있으므로 가능하면 제거해야 한다. 환자에게 접근할 때는 자신을 스스로 보호해야 한다. 현장에서 구출이 늦어지면 환자가 추가로 손상당하지 않도록 보호해주어야 한다. 장소를 안전하게 만들 수 없으면 119구급대를 부르고, 구급대원이 안전을 확보할 때까지 조용히 기다린다.

▶ 응급처치하기

안전한 장소가 확보되면 신속하게 환자를 1차평가해서 처치할 우선순위를 먼저 결정한다. 처치는 가능한 한 제자리에서 하고, 위험에 직면해 있거나 생명이 위태로운 경우에만 자리를 옮긴다. 가능하면 주위 사람들의 협조를 요청한다.

▶ 구급대원 돕기

구급대원이 도착하면 구급대원의 질문에 성실히 답하고, 구급대원의 지시에 따라야 한다.

▶ 환자 평가하기

☞ 환자를 평가할 때에는 맨 먼저 생명을 위태롭게 하는 손상이나 증상이 있는지 알아내는 것이 필요하다(1차평가).

☞ 생명을 위협하는 무엇을 발견하려면 ABC 체크의 순서로 확인해야 한다.

· Airway(기도) : 기도가 열려 있고 이물질이 들어 있지는 않는가?

· Breathing(호흡) : 환자가 정상적으로 숨을 쉬는가? 환자가 숨을 쉬지 않으면 즉시 119에 신고한 다음 인공호흡과 함께 가슴압박을 시작한다.

· Circulation(순환) : 환자가 심하게 피를 흘리고 있는가?

3 운동 정지 조건

노인의 운동지도 시에 다음과 같은 경우에는 운동을 중지시켜야 한다.

☞ 협심증과 유사한 증상을 보일 때

☞ 안정시 혈압이 20mmHg 이하로 감소되거나 운동강도를 높여도 수축기혈압이 증가하지 않을 때

☞ 수축기혈압이 260mmHg 이상이거나 확장기혈압이 115mmHg 이상일 때

☞ 땀을 흘리지 않거나, 어지럼증이나 혼란을 겪거나, 불안정하거나, 창백해 보이거나, 입술이 파래졌을 때

☞ 심각하게 피로해 보이거나 피로하다고 할 때

☞ 운동강도를 증가시켜도 심박수에 변화가 없을 때

☞ 운동 중단을 요청할 때

필수 및 심화 문제

필수문제

01 다음은 노인스포츠 지도 시 사용할 수 있는 방법들에 대한 설명이다. 잘못된 것을 모두 고르시오.

① 시범은 올바른 방법을 반복해서 보인다.
② 시범을 보이는 동안 자세하게 설명해준다.
③ 노인들은 한 번에 받아들일 수 있는 언어적 정보의 양이 일반 성인보다 적고, 기억할 수 있는 시간도 짧다.
④ 그러므로 노인들에게는 많은 양의 언어적 정보를 제공해야 기억하는 양이 일반 성인과 비슷해진다.
⑤ 언어적 암시는 짧고 간결한 단어나 어구를 사용하여, 하고 싶은 동작의 특성이나 목표에 집중할 수 있도록 일깨워주는 것이다.
⑥ 그러므로 언어적 암시는 전체적인 동작의 수행과정을 상세하게 묘사할 수 있는 것이어야 한다.
⑦ 운동 참가자들은 자신이 운동을 수행하는 동안 여러 가지 감각기관을 통해서 피드백 정보를 얻는다.
⑧ 그러므로 노인스포츠 지도사가 운동 참가자들에게 피드백을 제공하면 혼란을 야기하므로 피드백을 주지 않는 것이 좋다.
⑨ 그러나 초보자에게는 보강피드백을 많이 줄수록 좋다.

■ ④, ⑥, ⑧, ⑨는 일부러 반대로 써서 문제를 낸 것이다.

심화문제

02 보기에서 바람직하지 않은 노인스포츠지도사는?

보기
김 지도사 : 어르신의 이해를 돕기 위해 시각 정보 없이 언어 정보만을 제공한다.
박 지도사 : 어르신들의 신체활동에 대한 개인차를 고려하여 수준별로 운동을 지도한다.
최 지도사 : 어르신의 특성을 고려해서 한 번에 한두 가지의 동작에 대한 시범을 보여준다.
이 지도사 : 운동을 지도할 때, 어르신들이 이해할 수 있는 언어와 그림을 함께 사용한다.

① 김 지도사 ② 박 지도사 ③ 이 지도사 ④ 최 지도사

■ 어르신의 이해를 돕기 위해서는 언어 정보뿐만 아니라 시각적인 정보도 제공해야 한다.

정답 01 : ④, ⑥, ⑧, ⑨, 02 : ①

필수문제

03 도입 – 전개 – 정리 단계로 진행되는 노인체육수업에서 전개 단계의 지도 전략으로 가장 적절한 것은?

① 긍정적인 피드백을 제공한다.
② 지난 수업내용에 대해 다시 설명한다.
③ 수업시간에 진행될 사항을 설명한다.
④ 참여자들이 성취한 것을 정리한다.

■ **전개단계**에서는 긍정적인 피드백을 수시로 주어야 한다.
■ 도입단계 : 지난 수업 내용 및 진행할 수업 내용 설명
■ 전개단계: 프로그램 수행에 맞춰 긍정적인 피드백 제공
■ 정리단계: 참여자들의 의견 정리

심화문제

04 다음 중 노인스포츠 지도사의 역할과 거리가 먼 것은?

① 노인스포츠 활동의 목표를 설정한다.
② 안전사고를 예방하고 시설을 관리한다.
③ 효과적인 지도기법을 개발한다.
④ 노인들의 운동수행을 도와준다.

■ 노인들이 자발적으로 운동에 참여하여 지속적으로 수행할 수 있도록 동기를 부여해야 한다.

05 노인스포츠 지도사가 훌륭한 교육자의 역할을 수행하기 위해서 갖추어야 할 능력은?

① 운동하기 싫어하는 노인은 빨리 운동 이외의 것으로 방향을 돌려주는 능력
② 자신감 있고 상냥한 태도
③ 자신의 의사를 명확하게 표현할 수 있는 능력
④ 노인 참여자의 의견을 적극적으로 경청하는 의사소통 능력

■ ①, ②, ③ 모두 갖추는 것이 좋지만, 교육자의 역할을 수행하기 위해서는 의사소통능력이 가장 중요하다.

06 다음 중 노인스포츠 지도의 원칙과 거리가 먼 것은?

① 일상적인 생활 특성의 고려
② 자발적인 참여
③ 단체적인 목표달성
④ 통합성과 협동성의 융합

■ 개인적인 흥미와 동기유발이 중요하다.

07 노인에게 운동을 지도할 때 주의사항으로 적절하지 않은 것은?

① 탈수증상을 대비하여 수분을 미리 보충하게 한다.
② 낙상의 위험을 최소화하기 위해 적절한 신발을 착용하게 한다.
③ 운동강도를 높일수록 단열성이 높은 의복을 착용하게 한다.
④ 추운 환경에서는 준비운동을 평소보다 오랜 시간 진행하도록 한다.

■ 운동강도가 높을 때에는 통기성이 좋은 의복을 착용하게 한다.

정답 03 : ①, 04 : ④, 05 : ④, 06 : ③, 07 : ③

노인체육론

필수문제

08 보기에서 노인의 의사소통 방법이 적절한 것으로 묶인 것은?

보기
㉠ 공감하며 경청한다.
㉡ 분명하고 명확하게 말한다.
㉢ 한 번에 많은 정보를 전달한다.
㉣ 신체접촉을 사용하지 않는다.
㉤ 시각적 도구는 쉽게 읽을 수 있게 만든다.

① ㉠, ㉡, ㉤ ② ㉠, ㉡, ㉢ ③ ㉡, ㉢, ㉣ ④ ㉡, ㉣, ㉤

■노인 스포츠지도사의 의사소통 기술 및 원칙
· 효과적인 의사소통에는 언어적, 비언어적, 자기주장기술 등이 있음.
· 내용을 명확하고 간결하게 전달할 것.
· 전문용어나 어려운 단어 사용하지 말 것
· 참여자와 자주 눈을 마주치고 정면에서 바라볼 것.
· 요점만 설명할 것.
· 적절한 신체접촉을 사용할 것.

심화문제

09 노인운동 지도 시 의사소통에 관한 설명으로 옳은 것은?

① 어린아이를 다루듯 말한다.
② 스킨십은 사용하지 않는다.
③ 소리를 질러가며 말하지 않는다.
④ 대상자를 정면에서 쳐다보는 언어적 기술을 사용한다.

■노인과 의사소통을 할 때 소리를 질러가면서 말을 해서는 안 된다.

10 노인과의 올바른 의사소통 방법이 아닌 것은?

① 노인이 원하는 존칭을 사용한다.
② 어린아이를 다루듯 말한다.
③ 분명하고 천천히 말한다.
④ 따뜻한 표정으로 비언어적 의사소통을 사용한다.

■노인과 의사소통 시에는 존중하는 마음으로 대화를 해야지 어린아이 다루듯 해서는 안 된다.

11 청각장애가 있는 노인과 효과적으로 대화할 수 있는 방법 중 잘못된 것은?

① 가급적 큰 소리 또는 고음으로 말한다.
② 귀에 대고 말을 하지 않는다.
③ 눈을 맞추고 이야기한다.
④ 간단하고 쉬운 용어를 사용하고, 입모양이 잘 보이도록 말한다.

■큰 소리로 말하면 듣기 힘들 뿐만 아니라 말이 불분명해진다. 노인성 난청은 대부분 고음청취력의 손상이 원인이다.

12 다음 중 노인스포츠 지도의 목표와 거리가 먼 것은?

① 탐구감각의 향상 ② 의사결정 능력과 독립심 배양
③ 자긍심 향상 ④ 사회적 관계 촉진

■노인의 자긍심은 고집으로 이어지기 쉽기 때문에 협동심을 배양해야 한다.

정답 08 : ①, 09 : ③, 10 : ②, 11 : ①, 12 : ③

13 노인과 의사소통을 효과적으로 하기 위한 방법이 아닌 것은?

■수업 종료 후에는 시간을 할애하여 참가자들과 이야기하고 질문에 답변하는 것이 좋다.

① 노인들에게 지도자의 관심을 진실 되게 표현한다.
② 수업에 참가한 노인들을 존중하는 태도로 대한다.
③ 참가자의 말을 경청한다.
④ 수업이 끝나면 가급적 빨리 자리를 떠난다.

필수문제

14 보기에서 괄호의 ㉠과 ㉡에 공통적으로 들어갈 용어는?

■스포츠지도자의 운동학습 지도원리
· 시범
· 언어적 지도
· 언어적 암시
· 보강피드백
· 연습환경 조성

보기
» (㉠)은/는 하나의 단어 또는 짧고 간결한 어구를 사용하는 것을 의미한다.
» (㉡)은/는 기술의 결정적 측면이나 부분을 일깨워주는 역할을 한다.

① 운동학습　② 피드백　③ 언어적 암시　④ 시범

필수문제

15 보기의 ㉠, ㉡에 해당하는 노인운동 교육의 원리와 설명이 바르게 나열된 것은?

보기
» (㉠)-지적 능력, 학력, 흥미, 성격, 경험, 건강상태 등 개개인의 학습 욕구를 충족시켜줄 수 있는 방법을 모색한다.
» (㉡) - 지도자와 학습자 간의 동등한 관계에서 출발하여 교육활동 전반에서 상호 간의 합의를 이루도록 한다.

	㉠	㉡
①	다양화의 원리	사회화의 원리
②	개별화의 원리	사제동행의 원리
③	개별화의 원리	사회화의 원리
④	다양화의 원리	사제동행의 원리

■㉠은 개별화의 원리
■㉡은 사제동행의 원리(pp.291~292 참조)

심화문제

16 보기에서 설명하는 운동 원리는?

보기
노인스포츠지도사는 일상적인 환경에서의 움직임과 연관된 동작을 포함하는 운동프로그램을 설계하고 실행해야 한다.

① 기능 관련성 원리　② 난이도 원리
③ 점진성 원리　④ 과부하 원리

■**난이도의 원리** : 선택한 운동들을 개인 고유의 능력이나 환경에 맞춰 변경한다.
■**점진성의 원리** : 운동의 내용은 쉬운 것에서 어려운 것으로, 약한 것에서 강한 것으로 레벨 업을 해야 한다.
■**과부하의 원리** : 체력 수준을 더 높이려면 평소보다 강도가 센 운동을 수행해야 한다.

정답 13 : ④, 14 : ③, 15 : ②, 16 : ①

필수문제

17 운동프로그램의 원리 중 '특수성의 원리(specificity principle)'에 대한 설명으로 옳은 것은?

① 훈련 자극 및 강도를 지속적으로 증가시켜야 한다.
② 신체의 기능 향상을 위해서는 더 강한 부하를 주어야 한다.
③ 운동의 효과는 운동 중 사용한 특정 근육 및 부위에서 나타난다.
④ 노인의 개인 특성과 운동능력 및 체력 수준을 고려하여 운동 형태를 결정해야 한다.

■ 특수성(특이성)의 원리는 트레이닝의 효과를 운동된 신체의 일부 계통에 한정되어 나타난다는 원리임.

필수문제

18 보기는 노인스포츠 참가자들이 자기효능감을 높일 수 있는 지도방법을 순서 없이 나열한 것이다. 단계가 순서대로 잘 정리된 것은?

보기
㉠ 참가자들의 기대치 살피기
㉡ 문제해결 방법을 사용하여 장애를 극복하기
㉢ 보상과 인센티브 사용하기
㉣ 장기적으로 참여할 수 있도록 유도하기
㉤ 개인목표 정하기
㉥ 피드백 제공과 목표 점검하기

① ㉠㉡㉢㉣㉤㉥　② ㉠㉤㉥㉢㉡㉣
③ ㉠㉡㉢㉥㉤㉣　④ ㉠㉢㉡㉤㉥㉣

■ 노인 운동지도의 6단계
· 제1단계 : 참가자들의 기대와 운동목표 살리기
· 제2단계 : 참가자들의 개인목표 정하기
· 제3단계 : 피드백 제공하기
· 제4단계 : 보상과 인센티브 제공하기
· 제5단계 : 걸림돌 극복하기
· 제6단계 : 운동을 지속하게 만들기

심화문제

19 행동주의적 지도방법이 아닌 것은?

① 개별상담을 통해 운동의 중요성을 인식하게 한다.
② 체육관 복도에 출석률을 게시한다.
③ 성공적인 운동참여에 대해 긍정적 강화를 제공한다.
④ 런닝머신 걷기를 할 때만 좋아하는 연속극을 시청하게 한다.

■ 행동주의 학습이론 : 지속적인 운동참여를 위한 동기유발방법. 행동의 변화에 초점을 두고 그 변화를 촉진시키는 자극 또는 강화를 정밀하게 계획하여 습득한 지식이 행동의 변화로 나타난다는 이론.
■ ①은 정신과정을 중요시하는 인본주의적 지도방법이다.

20 노인의 단기기억 문제를 고려한 지도방법으로 옳지 않은 것은?

① 각자의 페이스로 동작을 수행하도록 한다.
② 동작을 단순화하여 반복적으로 시범을 보여준다.
③ 동작의 속도와 방향을 다양하게 한다.
④ 심상훈련을 활용한다.

■ 동작의 속도와 방향을 다양하게 하면 노인들이 따라하기 어렵다.

정답 17 : ③, 18 : ②, 19 : ①, 20 : ③

21 **신체적 의존 수준의 노인을 위한 운동을 계획할 때 우선적으로 고려해야 할 사항이 아닌 것은?**

① 신체기능 수준을 유지하거나 향상시킬 수 있는 움직임을 적용해야 한다.
② 일상생활에 즉각적으로 필요한 움직임이어야 한다.
③ 일상생활의 기능 향상에 도움이 되는 움직임이어야 한다.
④ 일단 운동을 정했으면 목표가 달성될 때까지 꾸준히 한다.

■ 더 안전한 다른 운동이 없는지 지속적으로 고려해야 한다.

22 **ACSM(미국 대학스포츠의학회)에서 제시한 노인의 건강·체력 시설 기준 및 지침에 해당되지 않는 것은?**

① 노인 운동 시설과 관련된 법률, 규정, 규범을 준수한다.
② 장비사용에 대한 설명과 위험에 대한 경고를 게시한다.
③ 응급 대처 훈련은 지도자들의 선택사항이다.
④ 지도자가 전문능력을 갖추고 있는지를 증명하도록 요구한다.

■ ACSM의 건강/체력 시설 기준 및 지침
· 어떠한 응급상황에서도 신속하게 반응할 수 있어야 함.
· 응급대처계획을 게시해 놓고, 모든 직원에게 정기적으로 응급대처훈련 실시
· 프로그램의 안전을 위해 신체활동 시작 이전에 참가자 선별
· 심폐소생술(CPR) 및 응급처치 자격증을 포함한 전문능력 자격증을 가진 지도자
· 장비사용방법 및 사용에 관련된 위험사항 게시
· 관련된 법률 및 규정 등의 준수

필수문제

23 **노인 운동 시 위험관리에 관한 지침으로 옳은 것만을 모두 고른 것은?(2024)**

보기
ㄱ. 신체활동 프로그램 시작 전에 신체적 기능에 따라 참여자들을 선별한다.
ㄴ. 심정지 노인의 심폐소생술 시행 중에는 자동심장충격기를 사용하지 않는다.
ㄷ. 시각적 문제가 있는 경우 적절한 조명과 거울로 된 벽, 방향 표시를한다.
ㄹ. 청각적 문제가 있는 경우 잘 들리지 않는 귀 쪽으로 큰 소리로 이야기하며 지도한다.
ㅁ. 심장질환의 징후인 가슴통증, 호흡곤란, 불규칙한 심박수가 나타나면 운동을 바로 중단한다.

① ㄱ, ㄴ, ㄹ ② ㄱ, ㄷ, ㅁ ③ ㄴ, ㄷ, ㅁ ④ ㄷ, ㄹ, ㅁ

■ 노인 운동 시 위험관리의 지침
· 노인 운동을 실시하기 전에 과거 운동력, 기능 상태, 질병 유무 등 신체적 기능을 고려해야 한다(ㄱ).
· 심폐소생술을 실시할 때는 자동심장충격기(AED)를 사용해야 한다.
· 시각에 문제가 있으면 적절한 조명, 거울로 된 벽, 방향 표시 등이 필요하다(ㄷ).
· 청각에 문제가 있으면 잘 들리는 귀쪽으로 큰 소리로 얘기해야 한다.
· 가슴통증, 호흡곤란, 불규칙한 심박수(부정맥) 등이 있으면 운동을 중지한다(ㅁ).

심화문제

24 **노인 운동시설에서 안전하게 장비를 제공하기 위한 설명으로 바르지 않은 것은?**

① 장비는 적절하게 배치하고 정기적으로 검사하고 정비한다.
② 안전에 유념하라는 표시를 장비의 적절한 위치에 명확히 보이도록 한다.
③ 서류로 된 위기관리 계획을 작성해 보고하도록 한다.
④ 자주 사용하는 시설에는 표시나 스티커를 부착하지 않도록 한다.

■ 자주 사용하는 시설에도 표시나 스피커를 붙여야 한다.

정답 21 : ④, 22 : ③, 23 : ②, 24 : ④

노인체육론

필수문제

25 표는 노인이 운동할 때 응급상황에 대한 응급처치 방법과 목적을 제시한 것이다. ㉠~㉢에 들어갈 용어를 바르게 연결한 것은?

방법	목적
·(㉠)	· 추가적 손상 방지
· Rest(휴식)	· 심리적 안정
· Ice(냉찜질)	·(㉡)
· Compression(압박)	· 부종 감소
· Elevation(거상)	· 부종 감소
· Stabilization(고정)	·(㉢)

	㉠	㉡	㉢
①	Posture(자세)	근 경련 감소	마비 예방
②	Posture(자세)	통증, 부종, 염증 감소	마비 예방
③	Protection(보호)	통증, 부종, 염증 감소	근 경련 감소
④	Protection(보호)	마비 예방	근 경련 감소

■추가적 손상을 방지하려면 현장을 조사하여 **보호**해야 하며,
■냉찜질을 하여 **통증·부종·염증을 감소**시킨다.
■환자를 고정시킴으로써 **근육경련을 감소 내지 방지**할 수 있다.

심화문제

26 노인의 운동 중 발생한 응급상황에 대한 처치로 옳지 않은 것은?

① 골절이 발생하면 안정을 시키고 손상부위를 고정시킨다.
② 저혈당이 발생한 경우 빠르게 흡수될 수 있는 당분이 함유된 간식이나 음료를 섭취시킨다.
③ 저체온증이 발생하면 따뜻한 곳으로 옮기고 서서히 체온을 올려준다.
④ 심정지가 발생하면 즉시 119에 신고하고 `구급대가 도착할 때까지 기다린다.

■심정지환자에게는 즉시 심폐소생술을 실시해야 한다.

27 노인의 운동 중 발생한 손상에 대한 지도자의 응급처치로 가장 적절한 것은?

① 의식이 있는 경우, 환자의 동의를 구해야 한다.
② 척추 손상 시에는 즉시 척추를 바로잡아 이동시킨다.
③ 손상 부위를 심장보다 낮게 하여 피를 말단 쪽으로 쏠리게 한다.
④ 타박상으로 부종이 생긴 경우, 온찜질을 냉찜질보다 먼저 실시한다.

■의식이 있는 환자는 동의를 구한 후 후속조치를 취한다.
■척추 손상 시에는 무리하게 옮기기보다는 전문의가 올 때까지 기다리는 것이 좋다.
■손상 부위는 심장보다 높게 하여 피를 상단으로 쏠리게 한다.
■타박상으로 부종이 생긴 경우에는 냉찜질로 환부를 가라앉히는 것이 먼저이다.

정답 25 : ③, 26 : ④, 27 : ①

심화문제

28 운동 중 노인의 심정지 상황에 대한 응급처치로 적절하지 않은 것은?

■ 심폐소생술 실시 중 환자의 의식이 돌아오지 않더라도 가슴압박을 중지해서는 안 된다.

① 심폐소생술 실시 중 의식이 돌아오지 않으면 가슴 압박을 중단한다.
② 자동제세동기를 이용할 수 있는 경우 사용한다.
③ 의식의 확인과 119 신고 후, 심폐소생술을 실시한다.
④ 의식이 없으면 묵시적 동의라고 간주하고 심폐소생술을 실시한다.

29 지도자가 노인의 운동을 중지시켜야 할 조건으로 적절하지 않은 것은?

■ 운동강도에 따른 심박수의 증가는 정상적이다(p. 294 참조).

① 급격하게 혈압이 상승할 때
② 참여자가 운동 중단을 요구할 때
③ 호흡곤란 및 하지경련이 발생할 때
④ 운동강도에 따라 심박수가 증가할 때

30 노인 운동 시 응급상황에 대한 대처 방법으로 옳지 않은 것은?

■ 호흡을 하고 있으면 심폐소생술을 실시하지 않아도 된다.

① 의식 없이 호흡이 있는 경우에 심폐소생술을 실시한다.
② 완전기도폐쇄 시 복부 밀쳐 올리기를 실시한다.
③ 골절이 의심되면 무리하게 움직이지 말고 안정시킨다.
④ 급성 손상 시 RICE 처치법을 실시한다.

31 응급처치에 대한 설명 중 가장 바른 것은?

① 심장질환의 징후가 나타나면 즉시 운동을 중지하고 병원으로 이송한다.
② 노인운동 시설에는 자동심장충격기(자동제세동기)를 설치할 필요가 없다.
③ 전문 심폐소생술은 장비 없이 시행하는 기도개방, 인공호흡을 말한다.
④ 운동 시 심한 피로나 근육통은 무시해도 된다.

필수문제

32 노인의 운동 참여를 제한해야 할 경우가 아닌 것은?

■ ②는 고혈당도 아니지만, 고혈당이더라도 운동을 제한할 필요는 없다.

① 심부전 징후가 나타날 경우
② 공복 시 혈당이 115~125mg/dl인 경우
③ 고온다습 또는 추운 환경인 경우
④ 약물로 조절이 잘 되지 않는 고혈압인 경우

정답 28 : ①, 29 : ④, 30 : ①, 31 : ①, 32 : ②

MEMO

MEMO